佛性與般若

牟宗三 著

上冊

臺灣學生書局印行

序

才性與玄理主要地是詮表魏晉一階段的道家玄理，《心體與性體》是詮表宋明的儒學，而本書則是詮表南北朝隋唐一階段的佛學。

從中國哲學史底立場上說，這三階段主流的思想內容都是極不容易把握的，而佛教一階段尤難。魏晉一階段難在零碎，無集中的文獻。宋明一階段已有集中的文獻矣，而內容繁富，各家義理系統底性格不易領會。佛敎一階段難在文獻太多，又是外來的獨立一套，名言熏習爲難。即使已習慣于名言矣，而宗派繁多，義理系統之性格以及其旣復系統不同而又互相關聯之關節亦極難把握。

一部大藏經浩若烟海，眞是令人望洋興歎。假使令一人獨立地直接地看大藏經，他幾時能看出一個眉目，整理出一個頭緒？即使略有眉目，略得頭緒，他又幾時能達到往賢所見所達之程度？是以吾人必須間接有所憑藉，憑藉往賢層層累積的稱述以悟入。廣言之，自佛而後，除經爲佛所說外，大小乘底義理都是往賢層層累積的稱述。(一切大小乘經是否皆爲佛所說，吾人不討論這個問題。)在印度已有累積，如部派佛敎，大乘空宗，大乘有宗，皆

· 1 ·

是。經過翻譯，傳到中國來，又繼續有累積稱述與新的發展。即，除印度原有者外，復有天臺宗，華嚴宗，以及禪宗。（其他教派不論，講佛教史者可以論之。講佛教史與講佛家哲學史不同。往賢的義理闡發，順佛所說的教義而發展者，正合乎哲學史之論題。）佛所說之經與諸菩薩所造之論傳到中國來，中國和尚有其消化。這種消化工作當然不容易，必須對于重要的相干的經論有廣博的學識與真切的了解方能說消化。後來的消化如華嚴宗的消化以及所謂「教外別傳」的禪宗的消化皆不能超出其範圍。諦觀天臺四教儀開頭即云：「天臺智者大師以五時八教判釋東流一代聖教，罄無不盡。」這種判教即是吾所謂綜和的消化者便是天臺智者大師。這種判教，態度很客觀，對于大小乘經論皆予以承認，予以客觀而公平的安排與判別。我們不能只停于印度原有的空宗與有宗為已足。因為顯然空宗只是般若學，有宗只是唯識學。般若學宗般若經，唯識學宗解深密經。其他的經教怎麼辦呢？如果其他的經教亦是佛教，不是虛妄，即當有一個安排與判釋。如是，吾人當然有其根本處，唯識亦當然有其根本處。但我們不能說般若與唯識即盡了一切。佛不能一時說了，須了解般若與唯識（空宗與有宗）底限度。回來看看那些有關的經論，確乎見出其中實有各方面與各方式的不同教說。當然有其相出入處，而所對之機亦各有不同，甚至各方面與各程度，理應有各方面與各程度。此即既有不同而又互相關聯底關節何在呢？吾人將如何了解呢？了解了此等關節便是了解了中國吸收佛教底發展，此便是此一期的哲學史。判教是靜態地說，發展底關節是動態地說，其義一也。

智者大師已說教相難判。若非精察與通識，決難語此。當然有可商量處，然大體亦不甚

序

差。若讓吾人自己去讀，決難達到此種程度，亦覺不易。我看來許多專家亦很少能達到此程度。何況近時之專家？吾順其判釋之眉目而了解此一期佛教義理之發展，將其既不同而又互相關聯底關節展示出來，此即是本書之旨趣。

本書以天臺圓教為最後的消化。華嚴宗雖在時間上後于天臺，然從義理上言，它不是最後的。它是順唯識學而發展底最高峯，但它不是最後的消化，真正的圓教。本書于天臺圓教篇幅最多，以難了悟故，講之者少故，故須詳展。又以為此是真正圓教之所在，故以之為殿後。

本書以般若與佛性兩觀念為綱領。後來各種義理系統之發展皆從此綱領出。吾人通過此綱領說明大小乘各系統之性格——既不同而又互相關聯之關節。般若是共法；系統之不同關鍵只在佛性一問題。系統而至無諍是在天臺圓教。故天臺圓教是般若之無諍與系統之無諍之融一。徒般若之無諍不能決定系統之不同也。

本書重在集中論點，詳明各系統差異之關節，不重在細大不捐，漫盡一切駢枝。是故三論宗，成實宗，甚至僧肇，皆不曾述及。僧肇是鳩摩羅什門下解空第一，然亦不能盡般若學之詳也。三論宗文字美麗，初學者可由之悟入空門，則亦空宗而已矣。如不止于空宗而有進于空宗者，則不得曰三論宗。三論宗既宗龍樹三論（《中論》、《百論》、《十二門論》），則是汎溢；汎溢而不能達至天臺圓教之程度，則只是一過渡。為此之故，故不述及。如有詳之者，當然有價值。本書則略。

成實論流行，此亦只是有過渡的歷史價值，無所取詳焉。累積太多，須簡。南北朝時，有一個時期，

· 3 ·

化也。

中國吸收佛教，順印度已有之空有兩宗繼續發展，發展至天臺、華嚴、禪，已至其極，故中國已往之吸收亦盡于此。吾人以此頂點爲標準，返溯東流一代聖教，展示其教義發展之關節，即爲南北朝隋唐一階段佛教哲學史之主要課題。史迹與版本文獻之考據無甚關重要也。重要者是在義理之了解。

近時佛學專家多喜習梵文，從頭來。我很希望他們能對於以往的傳譯有所糾正，並希望他們能有新發現，無論是文獻，或是教義。如若讀了梵文，只是將已往的翻譯重新綴上梵文字，則無多大的意義。以往的翻譯是經過了幾百年的傳統，都已成了定本，而且他們的翻譯都是純粹的翻譯，不雜以任何梵文字，即使不是意譯，亦是音譯過來。這樣的翻譯才可以獨立發展。故講述者，無論在當時，或在後時，翻譯家或非翻譯家，都是以譯文爲憑。小出入，小疵病，或不能免，然大體或不至於太差。翻譯工作直到賢首成立華嚴宗時還在進行。賢首即曾參與八十華嚴之譯事，而其引述經文卻大體仍據晉譯六十華嚴。吾不是佛學專家，亦無力學梵文，故只憑東流的經論講述中國吸收梵文程度決不亞於今人。如若今人之學梵文，能有新發見，能超過中國前賢所已吸收者，或能成立一面目不同之新佛教，則當然是大佳事。然這已超出了中國南北朝隋唐一階段之所吸收者，而這一階段，如非全虛妄，仍當有講述之價値。

近人常說中國佛教如何如何，印度佛教如何如何，好像有兩個佛教似的。其實只是一個佛教之繼續發展。這一發展是中國和尚解除了印度社會歷史習氣之制約，全憑經論義理而立言。彼等雖處在中國社會中，因而有所謂中國化，然而從義理上說，他們仍然是純粹的佛

序

教，中國的傳統文化生命與智慧之方向對于他們並無多大的影響，他們亦不契解，亦不想會通，亦不取而判釋其同異，他們只是站在宗教底立場上，爾為爾，我為我。因而我可說，嚴格講，佛教並未中國化而有所變質，只是中國人講純粹的佛教，直稱經論義理而發展，發展至圓滿之境界。若謂有不同于印度原有者，那是因為印度原有者如空有兩宗並不是佛教經論義理之最後階段；而其發展皆有經論作根據，並非憑空杜撰。如是，焉有所謂中國化？即使如禪宗之教外別傳，不立文字，是中國人所獨創，然這亦是經論所已含之境界，不過中國人心思靈活，獨能盛發之而已。其盛發之也，好像是心思不廣，情識用事，未得其實。禪仍是佛亦非偶然而來也。何嘗中國化？須知最高智慧都有普遍性。一般人說禪中國化而迎之，中國人亦能發之，任何人亦能發之。何嘗有如普通所說之中國化？順其理路，印度人能發之，中國人亦能發之。何碍其本質之異耶？若謂有相同，相似者，那是因為最高智慧本有相同，相似處，象山仍是儒家。朱子又說象山是禪而拒之。這種無謂的迎拒都是心思不廣，情識用事，未得其實。有相同相似教，何碍其本質之異耶？若謂有相同，相似者，那是因為最高智慧本有相同，相似處。人莫不飲食也。不能因佛教徒亦飲食，我須不飲食以異之。

我非佛教徒。然如講**中國哲學史**，依學術的立場，則不能不客觀。我平視各大教，通觀其同異，覺得它們是人類最高的智慧，皆足以決定生命之方向。過分貶視儒家道家，我們覺得不對，過分貶斥佛教亦同樣是不對的。若從歷史文化底立場上說，都有其高度的價值，亦都有其流弊。我依此立場，曾經批評過佛教在中國之作用，人們以為我關佛。然而我亦曾屬地批評過儒家與道家，這將如何說？「知我者謂我心憂，不知我者謂我何求。」今純從義理上說，則亦可以心平氣和矣。

西方哲學主要地是在訓練我們如何把握實有（存有、存在之存在性）；而佛教則在訓練我們如何觀空，去掉這個實有。儒家訓練我們如何省察道德意識，通過道德意識來把握實有，把握心體、性體、道體之創造性。道家則處于實有與非實有之間，道德與非道德之間，亦如莊子處于材不材之間；它只有「如何」之問題，而無「是什麼」（存在）之問題。它不原則上否定實有，亦不原則上肯定道德，亦不原則上否定道德。它的「如何」之作用亦可通佛家之般若。此所以以魏晉玄學為橋樑而可接近佛家之般若學也。故吾亦常說 道家是哲學的意味重，教底意味輕。它所說的「無」亦可以是個共法。

我之熏習佛教由來已久，然而初只是道聽塗說，並未著力。初講中國哲學史，對于佛教一階段，亦只是甚淺、甚簡、甚枝末的一般知識。如緣起性空，僧肇、竺道生，以及唯識宗亦都知道一些；對于華嚴宗只知道事理無碍，事事無碍，對于天臺宗根本一無所知，只朦朧地知道個「一心三觀」。這都是一般人口頭上所常說的。然簡單地講一點「諸行無常，諸法無我，涅槃寂靜」，亦不大差。近二十年來，漸漸着力，弄清魏晉一階段，後寫成心體與性體，弄清宋明一時熏習，慢慢蘊蓄。先寫成才性與玄理，一是現象與物自身，以明中西哲學會通之階段。中間復寫成兩書一是智的直覺與中國哲學，道。最後始正式寫成此佛性與般若。吾人以為若南北朝隋唐一階段弄不清楚，即無健全像樣的中國哲學史。我既非佛教徒，故亦無佛教內部宗派上的偏見。內學院的態度，即無健全像樣的歐陽竟無先生說藏密、禪、淨、天臺、華嚴，絕口不談，又說自臺、賢宗與，佛法之光喜。

序

益晦。藏密、淨土,不談可以。天臺、華嚴、禪,如何可不談?若謂人力有限,不能全談,則可。若有貶視,則不可。臺、賢宗興,如何便使佛法之光益晦?而呂秋逸寫信給熊先生竟謂天臺、華嚴、禪是俗學。此皆是宗派作祟,不能見中國吸收佛教發展之全程矣。他們說這是力復印度原有之舊。然而佛之教義豈只停於印度原有之唯識宗耶?此亦是淺心狹志之過也宗派之偏見。然當我着力浸潤時,我即覺得天臺不錯,遂漸漸特別欣賞天臺宗。這雖非偏見,然亦可說是一種主觀的感受。主觀的感受不能不與個人的生命氣質有關。然其機是主觀的感受,而浸潤久之,亦見其有客觀義理之必然。吾人以為若不通過天臺之判教,我們很難把握中國吸收佛教之發展中各義理系統(所謂教相)之差異而又相關聯之關節。當然一個人可以獨自地去摸索,然不必真能達到天臺智者大師之程度。即使真能達到,亦不必定能證明天臺之非。義理現成,乃有目者所共睹也。有真學力與識見者自能決之。此非可純以主觀主義論之也。吾在浸潤過程中稍作比較,覺得智者大師真有學力功力與識見。其相應《法華》開權顯實,發迹顯本,以立性具圓教,荊溪、知禮而後,皆可由對此圓教之了不虛也。經論熟,義理通,心思活,出語警策。此非聰明人如蟲了徹之者也。而吾人今日略用一點新詞語表達之,當更能使其眉目清楚。其與空宗之別,與食木,偶然成字也。經論熟,義理通,心思活,出語警策。此非聰明人如蟲唯識宗之別,與真常心宗之別,與華嚴宗之別,甚至由之以判攝禪宗,皆可由對此圓教之了徹而了解之。此非隨意高下說也。吾自問經論不熟,自愧若獨自摸索決難達至此程度。可以達到,不知何年何月始可有如彼之恰當。故只好通過彼之判釋以及其所自立之圓教以為橋樑。然即對其判釋以及其所立之性具圓教本身,了解亦非易也。

人之生命有限，積思至今，已不覺垂垂老矣。吾之學思時下亦只能達至此而止。將來恐亦不會有多大進步。望教內外方家隨時予以匡正，以增益其所不能。時在中華民國六十四年十二月作者自序于九龍。

上册

序 ……………………………………………………… 一

第一部　綱領

第一章　大智度論與大般若經 ……………………… 三

第一節　大般若經之性格以及其中之法數 ………… 三
第二節　三智義 ……………………………………… 一八
第三節　十八空義 …………………………………… 四〇
第四節　實相、如、法性、實際 …………………… 五七
第五節　般若具足一切法 …………………………… 六九

第二章　中論之觀法與八不 ………………………… 八九

第三章　龍樹之辯破數與時 ……………………… 一二三

第一節　關於數目之辯破 ………………………… 一二七
第二節　關於時間之辯破 ………………………… 一三九

第四章 大涅槃經之佛性義

引言 ……………………………………………………… 一七九
第一節 涅槃經中關于佛性義之種種說 ………………… 一八九
第二節 涅槃經之「三德秘密藏」………………………… 二一六
第三節 涅槃經之「空不空」與「不空空」……………… 二二八
第四節 涅槃經之定與不定原則·一切眾生皆可成佛 …… 二三三
第五節 三因佛性之遍局問題 …………………………… 二四〇

第二部 前後期唯識學以及起信論與華嚴宗

第一章 地論與地論師 …………………………………… 二六一

第二章 攝論與攝論師

第一節 「界」字之異解 ………………………………… 二八五
第二節 出世清淨種之所依止以及其所因而生 ………… 二九六
第三節 本性住種與世親的佛性論中之理性佛性 ……… 三一一

甲、不相應行法 ………………………………………… 一三九
乙、龍樹之辯破 ………………………………………… 一六〇

附錄一：究竟一乘寶性論 ································ 三三〇

附錄二：大乘法界無差別論 ······························ 三三五

第三章 真諦言阿摩羅識

第一節 真諦之譯「決定藏論」 ······················ 三四九

第二節 真諦所譯之「轉識論」 ······················ 三五五

第三節 真諦所譯之「三無性論」 ··················· 三六〇

第四節 真諦之「十八空論」 ························ 三七三

第四章 攝論與成唯識論

第一節 攝論之「義識」與其所似現的「相識」與「見識」之關係 ········· 三九五

第二節 辯中邊頌之本識之變現似塵、根、我、了，一種七現 ········· 三九五

第三節 解深密經之一「本現」與六「轉現」以及世親唯識三十頌之「八識現行」 ······ 四〇一

第四節 賴耶體中的種子與識之不一不異 ········· 四一三

第五節 簡濫與抉擇 ·································· 四二一

第五章 楞伽經與起信論

第一節 楞伽經「如來藏藏識」一詞之意義 ······ 四三五

第二節 起信論之「一心開二門」…………………………四五三

第六章 起信論與華嚴宗

第一節 華嚴經之大旨…………………………四八三

第二節 真如心之「不變隨緣隨緣不變」…………………………四九八

第三節 還滅後海印三昧中之「法界緣起」…………………………五一七

第四節 「別教一乘圓教」與「同教一乘圓教」…………………………五四二

　Ⅰ 緣起因門六義…………………………五一九

　Ⅱ 即、入、攝，以及一中多、多中一、一即多、多即一…………………………五二二

　Ⅲ 十玄緣起無碍法…………………………五二五

　Ⅳ 六相圓融義…………………………五三六

　Ⅴ 杜順之法界觀…………………………五四二

下冊

第三部 天台宗之性具圓教

第一分 圓教義理之系統的陳述…………………………五七五

第一章 天台宗之判教

第一節 法華經之性格 ……五七五

第二節 原初之洞見 ……五九八

第三節 五時八教 ……六一九

第四節 七種二諦之差異以及其層層升進 ……六四八

第二章 從無住本立一切法

第一節 維摩經玄義、玄疏論「無住本」……六七五

第二節 金光明經玄義論「無住本」……七〇二

第三節 法華經文句論「無住本」……七二一

第四節 摩訶止觀論「一念三千」……七三九

第三章 「十不二門指要鈔」之精簡

第一節 知禮之精簡「一念」……七六三

第二節 色心不二門 ……七八二

第三節 修性不二門 ……八一七

第四節 因果不二門 ……八四〇

第五節 染淨不二門 ……八五二

第六節 智者觀音玄義之言「性德善」與「性德惡」……………………八六九
第七節 附論荊溪金剛錍「無情有性」義………………………………八九五

第四章 智者大師之「位居五品」

第一節 「安禪而化，位居五品」………………………………………九一一
第二節 法華玄義正解「圓教五品位」…………………………………九二二
第三節 法華玄義正解「圓教十信位」…………………………………九三五
第四節 法華玄義正解「圓教十住位」…………………………………九四九
第五節 法華玄義正解「圓教十行、十廻向、十地、等覺、妙覺、諸位」…九五九
第六節 法華玄義明諸圓位之伏斷………………………………………九六八
第七節 法華玄義明諸圓位之功用以及通諸教言粗妙……………………九七五
第八節 智者「位居五品彙通六根清淨位」之的義與實義………………九八一
　　八之一 依何標準而言界內三界界外三界？……………………………九八六
　　八之二 界內之見、思、無知，如何規定？……………………………九九一
　　八之三 界外之見、思、無知，如何規定？……………………………九九三
　　八之四 界內外之無知所無之知？破後所有之知是何種意義之知？……一〇〇一
　　八之五 界外之見、思、無知，如何能盡破而至于佛？……………一〇一四
　　八之六 通論智者「位居五品彙通六根清淨位」之的義與實義………一〇一六

第二分 天台宗之故事

第一章 法登論天台宗之宗眼兼判禪宗 …… 一〇二七

　第一節 論天臺宗之宗眼 …… 一〇二七

　第二節 判攝禪宗 …… 一〇三九

第二章 天台宗之文獻 …… 一〇七三

　附論：關于「大乘止觀法門」 …… 一〇七七

第三章 天台宗之衰微與中興 …… 一〇九七

　附錄一：知禮：別理隨緣二十問 …… 一一〇八

　附錄二：知禮：天臺教與起信論融會章 …… 一一一七

第四章 天台宗之分為山家與山外 …… 一一二三

　附錄一：知禮：釋「請觀音疏」中消伏三用 …… 一一三四

　附錄二：知禮：對「闡義鈔」辨三用一十九問 …… 一一三九

第五章 辨後山外之淨覺 …… 一一五一

一、究竟蛣蜣 …… 一一五二

附錄：分別說與非分別說

一、「諸法無行經」之兩譯與「觀察諸法行經」……一一八七

二、「觀察諸法行經」之性格……一一八九

三、「諸法無行經」之性格……一一九二

四、諍法與無諍法：綜述諸大小乘教法不同之關節以及最後的圓教……一二〇四

二、二鳥雙遊：生身即尊特……一一六三

三、辨淨覺「三千書」之斥四明……一一七五

佛性與般若

第一部 綱領

第一章 大智度論與大般若經

第一節 大般若經之性格以及其中之法數

第二節 三智義

第三節 十八空義

第四節 實相、如、法性、實際

第五節 般若具足一切法

第一章 大智度論與大般若經

第一節 大般若經之性格以及其中之法數

中國吸收佛教是從吸收般若學開始。而正式將般若學介紹進來者是始自鳩摩羅什之來華。當然，在鳩摩羅什來華以前，已有部分般若經流行，如道行般若，放光般若等是。東晉之六家七宗大體是環繞般若學而了解佛教者。六家七宗以前尚有自東漢末年開始之吸收佛教，如安世高與支婁迦讖等之傳譯是。凡此皆屬於歷史部分，湯用彤先生的漢魏兩晉南北朝佛教史考核甚詳，讀者一查便知。本書重在教義之陳述，故對此歷史部分略而不述。

般若學之真精神自鳩摩羅什來華始大白於世。般若學的經論大體都是他傳譯進來的。本章先就他譯的龍樹的大智度論而說。大智度論是解釋大般若經的，因此，亦名曰釋論；簡稱則曰大論，空宗之大論也，亦如瑜伽師地論之為有宗之大論。大智度論既是釋論，故經文亦在內，順經文逐句解釋也。但本章是以經旨為主，不以釋論為主。

大般若經主要地是講般若智之妙用。般若是無諍法。般若智之妙用即是蕩相遣執。「一切法皆不合不散，無色無形，無對一相，所謂無相。」經只就諸法表示此意。它並無所建立，它亦未分解地說明任何法相。經中當然有許多法數，但這些只是它所提到的法數，並不

· 3 ·

是它所要正面解釋的法數。它提到這些法數是要就着這些法數而表示「實相一相,所謂無相」,即表示般若智之妙用。它所提到的法數是既成的,已有的,是假定你已經知道了的。所以它不負責說明,亦不負責建立。它所提到的法數是般若無諍法。龍樹即作闡明的是般若無諍法。經旨甚簡單,而論釋則繁富。但讀者不一定皆能知道它所提到的法數,因此,需要有論釋。吾人以經為主,不以論為主。吾人亦不想於論中整理出一個頭緒,因本是釋論,非標宗之作也。

論卷第四十四釋經句義品第十二。經文如下:

爾時,須菩提白佛言:世尊!云何為菩薩句義?佛告須菩提,無句義是菩薩句義。何以故?阿耨多羅三藐三菩提中,無有義處,亦無義。以是故,無句義是菩薩句義。須菩提!譬如鳥飛虛空,無有足跡。菩薩句義無所有,亦如是。須菩提!譬如夢中所見,無有實義;菩薩句義無所有,亦如是。須菩提!如幻,如焰,如響,如影,如佛所化,無有實義。菩薩句義無所有,亦如是。……(此下就各種法數說此義,略。)何以故?是阿耨多羅三藐三菩提菩薩義是一切法皆不合不散,無色無形,無對一相,所謂無相。如是,須菩提!菩薩摩訶薩一切法無礙相中,應當學,亦應當知。

案:此是就菩薩(菩提薩埵)這一個語句而明其無有義。此所謂語句與我們現在所說的

語句不很相同。菩提薩埵實是一個整詞，不是一個語句。但依論的解釋，合字成語，如菩提；合語成句，如菩提薩埵。此依廣義，籠統言之，亦得曰句。若依今日，名之曰整詞，亦無不可。此菩提薩埵之句或詞，依字面解釋之，當然有義。今說其無義，是依般若蕩相遣執之妙用說之，依實相般若，一切法無所有，說之。此亦如「般若非般若，斯之為般若」之無不可。此菩提薩埵之句或詞，依字面解釋之，當然有義。今說其無義，是依般若蕩相遣執之妙用說之，依實相般若，一切法無所有，說之。此亦如「般若非般若，斯之為般若」是故總結云：「菩薩摩訶薩一切法無礙相中，應當學，亦應當知。」

既言「一切法」，何等是一切法？經承上文云：

須菩提白佛言：世尊！何等是一切法？佛告須菩提：一切法者，善法，不善法；記法，無記法；世間法，出世間法；有漏法，無漏法；有為法，無為法；共法，不共法。須菩提！是名為一切法。菩薩摩訶薩是一切法無礙相中應學應知。

須菩提白佛言：世尊！何等名世間善法？佛告須菩提：世間善法者，孝順父母，供養沙門、婆羅門，敬事尊長，布施福處，持戒福處，修定福處，勸導福事，方便生福德，世間十善道，九相：脹相、血相、壞相、膿爛相、青相、噉相、散相、骨相、燒相、四禪、四無量心、四無色定，〔十念〕：念佛、念法、念僧、念戒、念捨、念天、念善、念安般、念身、念死，是名世間善法。

何等不善法？奪他命，不與〔而〕取，邪淫，妄語，兩舌，惡口，非時語，貪欲，惱害，邪見，是十不善道等，是名不善法。

何等記法?若善法,若不善法,是名記法。

何等無記法?無記身業、口業、意業、無記四大,無記五眾(五陰)、十二入、十八界,無記報,是名無記法。

何等名世間法?世間法者,五眾,十二入,十八界,十善道,四禪,四無量心,四無色定,是名世間法。

何等名出世間法?四念處,四正勤,四如意足,五根,五力,七覺分,八聖道分;空解脫門,無相解脫門,無作解脫門;三無漏根:未知欲知根,知根;三三昧:有覺有觀三昧,無覺有觀三昧,無覺無觀三昧;明(三明)、解脫(有為解脫無為解脫),念(十念),慧(十一智慧),正憶、明(隨諸法實相觀,如隨身法觀一切善法之本);八背捨,何等八?色觀色是初背捨,內無色相外觀色是二背捨,淨背捨身作證是三背捨,滅有對相故,滅有異相不念故,入無邊虛空處、入無邊識處、入無所有處、入非有想非無想處,是七背捨,過一切非有想非無想處,入滅受想定,是八背捨;九次第定,何等久?離欲、離惡不善、有覺有觀、離生喜樂,入初禪,滅諸覺觀、內清淨故一心、無覺無觀、定生喜樂,入第二禪,離喜故行捨、受身樂、聖人能脫能捨、念行樂,入第三禪,斷苦樂故、先滅憂喜故、不苦不樂、捨念淨,入第四禪,過一切色相故、滅有對相故、一切異相不念故,入無邊虛空處,過一切無邊虛空處,入一切無邊識處,過一切無邊識處,

入無所有處，過一切無所有處，入非有想非無想處，過一切非有想非無想處，入滅受想定。復有出世間法：內空，乃至無法有法空，佛十力、四無所畏、四無礙智、十八不共法、一切智，是名出世間法。

何等為有漏法？五受衆，十二入、十八界，六種，六觸，六受，四禪，乃至四無色定，是名有漏法。

何等為無漏法？四念處，乃至十八不共法，及一切種智，是名無漏法。

何等為有為法？若法生住滅，欲界、色界、無色界，五衆，乃至意觸因緣生受，四念處，乃至十八不共法，及一切智，是名有為法。

何等為無為法？不生不住不滅，若染盡，瞋盡，癡盡，如不異法相、法性、法住、實際，是名無為法。

何等為共法？四禪，四無量心，四無色定，如是等是名共法。

何等為不共法？四念處，乃至十八不共法，是名不共法。

菩薩摩訶薩於是自相空法中，不應著，不動故。菩薩亦應知一切法不二相，不動故。是名菩薩義。

案：此即般若經句義品對於一切法之綜括。此等法數在初品中俱曾一一提過，而龍樹之論亦曾一一釋過。吾在此不煩再事列舉，一一錄釋。讀者如肯稍費工夫，即可一一把它們排列出來。當然此甚煩瑣，但並非無意義。惟須知經只是提到這些法數，其目的是在就這些法數明「一切法皆不合不散，無色無形，無對一相，所謂無相」，以及「無礙相」、「無二相」

等，並明「不壞假名而說諸法實相」（散華品第二十九、論卷第五十五）。而且其明之也，是就這些法數一一列舉地重複明之。重複而又重複，是經體之特色。例如散華品第二十九云：

爾時釋提桓因作是念：是慧命須菩提其智甚深，不壞假名而說諸法實相，語釋提桓因言：如是如是，憍尸迦！菩薩摩訶薩當作是知，諸法但假名。菩薩摩訶薩如是學，為不學色。何以故？不見色當可學者，不見受想行識當可學。菩薩摩訶薩如是學，為不學檀波羅蜜。何以故？不見檀波羅蜜當可學者。乃至不學般若波羅蜜。何以故？不見般若波羅蜜當可學者。如是學，為不學須陀洹果乃至阿羅漢果、辟支佛道、菩薩道、佛道、一切智、一切種智，亦如是。何以故？是諸法實相無壞不壞故，須陀洹果乃至般若波羅蜜乃至無法有法空。眼乃至意觸因緣生諸受亦如是。四念處乃至十八不共法亦如是。檀波羅蜜乃至般若波羅蜜，內空乃至無法有法空。眼乃至意觸因緣生諸受亦如是。所以者何？是諸法實相無壞不壞故，須菩提所說亦無壞不壞。

佛知釋提桓因心所念，語釋提桓因言：如是如是，憍尸迦！大德須菩提云何不壞假名而說諸法實相？

釋提桓因白佛言：大德須菩提不壞假名而說諸法實相。色但假名，須菩提不壞假名而說諸法實相。受想行識但假名，須菩提不壞假名而說諸法實相。檀波羅蜜乃至般若波羅蜜不壞假名而說諸法實相。須陀洹果乃至阿羅漢果、辟支佛道、菩薩道、佛道、一切智、一切種智不壞假名而說諸法實相。所以者何？是諸法實相無壞不壞故，須菩提所說亦無壞不壞。如是，憍尸迦！須菩提不壞假名而說諸法實相。

須菩提語釋提桓因：如是如是，憍尸迦！如佛所說，諸法但假名。菩薩摩

學內空乃至無法有法空。何以故？不見內空乃至無法有法空當可學者。如是學，為不學四念處乃至十八不共法當可學者。如是學，為不學須陀洹果乃至一切種智當可學者。

爾時釋提桓因語須菩提言：菩薩摩訶薩何因緣故不見色乃至不見一切種智？

須菩提言：色、色空，乃至一切種智、一切種智空。憍尸迦！若如是不學空，是名學色空。乃至一切種智空，以不二故。是菩薩摩訶薩學色空，以不二故。若學色空，乃至學一切種智空，以不二故，是菩薩摩訶薩能學檀波羅蜜，不二故，乃至能學般若波羅蜜，不二故，乃至能學四念處，不二故，乃至能學十八不共法，不二故；能學須陀洹果，不二故，乃至能學一切種智，不二故。是菩薩能學無量無邊阿僧祇佛法。若能學無量無邊阿僧祇佛法，是菩薩不為色增學，不為色減學，乃至不為一切種智增學，不為一切種智減學。是菩薩摩訶薩不為色受學，亦不為色滅學，乃至不為一切種智亦不為受學，亦不為滅學，乃至不為受想行識受學，亦不為滅學，

舍利弗語須菩提：……何因緣故，菩薩摩訶薩不為受色學，亦不為滅色學？

須菩提言：是色不可受，亦無受色者，乃至一切種智不可受，亦無受者，

內外空故。如是舍利弗！菩薩摩訶薩一切法不受故，能到一切種智。

須菩提言：菩薩摩訶薩行般若波羅蜜，不見色生，不見色滅；不見色受，不見色不受；不見色垢，不見色淨，不見色增，不見色減。何以故？舍利弗！色、色性空故。受想行識亦不見生，亦不見滅。何以故？識、識性空故。乃至一切種智亦不見生，亦不見滅；亦不見受，亦不見不受；亦不見垢，亦不見淨；亦不見增，亦不見減。何以故？一切種智、一切種智性空故。如是，舍利弗！菩薩摩訶薩為一切法不生不滅，不受不捨，不垢不淨，不合不散，不增不減故，學般若波羅蜜能到一切種智，無所學無所到故。

案：此即是般若智不捨不着之妙用。不壞假名而說諸法實相。一切諸法性空，但假名，無所有，不可得，不見有一法可學者。以不學學，是之為學。「若如是不學空，是名學空。」亦例云：若如是不學般若，是名學般若。如是學，則能學一切佛法。不如是學，則一切佛法皆學不到。任一佛法皆學不到。如是學，能到一切種智（佛智），亦「無所學，無所到」。如此旨趣，不但此散華品如此說，經共九十品，重重複複，到處皆不過說此旨趣。依天台宗五時判教，佛於第一時說華嚴，小乘如聾如啞。因此，遂進而說方等大乘經，小乘彈斥小乘，此為第三時。三時教相紛歧，參差不齊，為免生着，遂於第四時說般若。般若中無所建立，只是一融通淘汰

實相般若之妙用。此為第二時。為令不滯於小乘，

之精神，一蕩相遣執之妙用。融通淘汰已，於第五時說法華涅槃。般若部只是融通淘汰，蕩相遣執，則是事實。此見《般若經》之獨特性格。此一性格即是不分解地說法立教義，但只就所已有之法而蕩相遣執，皆歸實相。故云色、色性空，識、識性空，乃至一切種智性空。如有一法勝過涅槃，亦是如幻如化。此即示《般若》部無有任何系統，無有任何教相。它可提到系統教相，即其所就之法以明實相者。但其本身不是系統教相，亦不足以決定某某是何系統，是何教相。因此，它是共法。無論大小乘法，皆以般若融通淘汰之，令歸實相。共般若是通小乘而與小乘共之，共般若是通大乘而與大乘共之，共般若是通別圓三教。其實，共般若是通別圓三教，亦不足以決定通教之所以為通教，亦不足以決定大乘之所以為大，乃未審之辭也。共大乘是其在大乘中表現，而其本身非大乘，亦不足以決定大乘之所以為大，尤其不足以決定大乘中之別教之所以為別，圓教之所以為圓。因此，說其隨某某教而表現其蕩相遣執之作用令一切法皆歸實相耳。即使它未提到，亦無礙。《般若》中並無天台所說之圓教，般若之圓非天台圓教之圓。但實相般若，仍可與之共。《般若》中亦無「如來藏恒沙佛法佛性」一觀念，因此，般若之妙用仍可與之共，而適用於其上。因此，共小乘，共大乘，皆是共法。此即示其是共法。既是

共法,即非一特定之系統。由於是共法,所以亦是「無諍法」。龍樹已表明此意。〈大智度論卷第一緣起論〉中以種種理由說明佛何以說此《摩訶般若波羅蜜經》,最後說云:

復次,有二種說法:一者諍處,二者不諍處。諍處,如餘經中已說。今欲說無諍法,故說般若波羅蜜經。有相無相,有物無物,有依無依,有對無對,有上無上,世界非世界,如是等二種法門亦如是。問曰:佛大慈悲心,但應說無諍法,何以說諍法?答曰:無諍法皆是無相,常寂滅,不可說。今說布施等,及無常苦空等諸法,皆為寂滅,無戲論故。利根者知佛意,不起諍;鈍根者不知佛意,取相著心起諍,故名諍。此般若波羅蜜,諸法畢竟空故,無諍處。若畢竟空可得可諍者,不名畢竟空。有無二事皆滅故。是故般若波羅蜜名無諍處。

復次,餘經中多以三種門說諸法,所謂善門、非不善門、非無記門諸法相故,說摩訶般若波羅蜜經。學法、無學法,非學非無學法,見諦斷法,思惟斷法,無斷法,可見有對,不可見有對,不可見無對,上、中、下法,小、大、無量法,如是等三法亦如是。

復次,餘經中隨聲聞法說四念處。於是,比丘觀內身三十六物,除欲貪病。如是觀外身,觀內外身。今欲以異法門說四念處故,說般若波羅蜜經。所說菩薩觀內身,於身不生覺觀,不得身,以無所得故。於身念處中觀身而不生覺觀,是事身,於身不生覺觀,不得身,以無所得故。
〈波羅蜜名無諍處〉

· 12 ·

甚難。三念處亦如是。四正勤，四如意足，四禪，四諦，如是等種種四法門亦如是。

復次，餘經中佛說五衆無常苦空無我相。今欲以異法門說五衆故，說《般若波羅蜜經》。如佛告須菩提：「菩薩色是常行，不行般若波羅蜜。色無常行，不行般若波羅蜜。受想行識無常行，不行般若波羅蜜。受想行識是常行，不行般若波羅蜜。」五受衆，五道，如是等種種五法亦如是。餘六七八等，乃至無量門等種種法門亦如是。

案：龍樹此四段文表示餘經中說諍法，今經說無諍法：餘經中以三門、四門、五門，乃至六七八等門，甚至無量門，說諸法，今經則以「異法門」說諸法。何謂諍法？龍樹未有界定，只說「鈍根者不知佛意，取相着心起諍，故名諍。」此是就執着說諍。但餘經中說諍法（「諍處如餘經中已說」），我們不能說餘經中所說的皆是「取相着心起諍」，因而為諍處，為可諍法。法是說了，執着不執着是另一回事。我們似不能只就執着界定諍法。我們可如此說：凡依分解的方式而有所建立者，皆是「諍處」。它亦提到許多法數，但只就之而明實相無相，常寂滅相，不可說相，無所得相。「今說布施等及無常苦空等諸法皆為寂滅，無戲論故。」因此，《般若經》之融通淘汰，蕩相遣執，是說無諍處；其依此蕩相遣執而示顯的諸法實相，畢竟空，亦是無諍法。因為它根本無所說故。諸法實相是依般若蕩相遣執而示顯（遮顯），不是依分解方式而建立，且實相甚至根

本亦不是一個法。說它是「無諍法」，這「法」字是第二序上的虛說，只有名言意義，無實法意，「諸法」之法才是實法，雖然亦是假名。

依此，餘經中以三門說法，以四門五門說法，乃至以六七八等門說法，甚至以無量門說法，皆是依分解的方式說法者皆是有限定的。因有限定，即可諍論。因有所建立，亦可諍論。可諍論者，換一種說法亦未嘗不可，皆無必然性。此尚不在執着不執着也。它客觀地本質上就是可諍法。若再加上「取相着心」，則更易起諍論。今般若經是以「異法門」說。所謂「異法門」者，不同於餘經依分解的方式以三門說，或以四門五門等說之謂。例如以三門說者，分解地說善、不善、無記等法，告知吾人如何是善法，如何是不善法，如何是無記法。此皆是方便權說，寧有定然？今般若經則不依此方式說，它只就分解說的諸法明其實相。實相亦不是善，亦不是惡，亦不是無記。它是想說「非不善門非不善門非無記門」的諸法之實相。「非不善門」是說無不善門法可得，「非不善門」是說無不善門法可得。「非無記門」是說無無記門法可得。無可得，無所有，畢竟空，此即是諸法之實相。此正是般若經之所欲說者，亦是依「異法門」而說者。又例如餘經中說四念處，是依分解的方式告知吾人如何是觀身，如何是觀受，如何是觀識，如何是觀法。它說四念處是就四念處明其不可得，受不可得，識不可得，法不可得。又例如餘經中依分解的方式說五衆（五陰），它是就五衆而明常是無常、苦、空、無我，這都是正面地說法之義。今般若經則不如此說。它說五衆，亦即是依「異法門」而說五衆是常或無常，苦不苦皆不可得，空不空皆不可得，我無我皆不可得，若有任一面可得，定說五衆皆不可得，皆非行般若波羅蜜者。此亦是高一層地說五衆，亦即是依「異法門」而說五衆是常或無常，皆非行般若波羅蜜者。此亦是高一層地說四念處，亦就是依「異法門」說。

說。其他依六七八等門說者皆然，即餘經以分解的方式說者，〈般若經〉皆以「異法門」說。

「異法門」就是「不同於分解方式」的法門。它高一層，但不是同質地高一層，而是異質地高一層。高一層者，它屬消化層，而不是建立層。異質者，它的表達方式不是分解的表詮，而是詭譎的遮詮。因此，不但觀身，身不可得，斯之爲般若妙觀（實相觀），而且假定你聽見般若，而想求般若，學般若，那也必須知般若亦不可得，不可學。故云「般若非般若，是之謂般若」，又云「以不住法住般若」，是之爲眞住。此即以不得得，以無學學。是故說識空，識性亦空；一切種智空，一切種智性亦空。識空，是識這個緣起法空。識性即識法之性也。識性亦空，即空性無自性也。若無自性，以何爲性？即答曰以空爲性。（十八空中之一空，見下第三節）。因此而說：「如有一法勝過涅槃，吾亦說如幻如化」。因此，始說畢竟空。這畢竟空是無窮無盡的，它隨人之「取相着心」而無窮地空下去。若對「實相」着心而取相，則實相即非實相，此亦必須空此，吾人亦可說「實相非實相，斯之謂實相」。蓋實相本無相，即寂滅相。你如何又着於「無」着於「實」，而凸現一「無」相，一「實」相乎。蓋若如此，即不是無相，而是實相，復亦不是寂滅相而又起浮動矣。故欲得實相，必須用詭譎的遮詮以顯示。但佛不能不說法。如要說法，即須分解。一切大小乘法皆是依分解的方式而建立者。凡依分解方式說者皆有可諍處，有可諍處，即皆是可諍法。戲論性是分解、諍處、方便之所必函。有可諍處，即有戲論性。只要知其爲方便而不執實便可了。只有當由分解的方式轉爲般若〈經〉之異法門，即詭譎的遮詮方式，佛才眞歸於無戲論，因此，其所表達者方是眞正的無諍法。

因此，我們似可綜括說：凡依分解的方式而有所建立者，即有系統性，有系統性即有限定相；有限定相即有可諍處。因此，阿賴耶系統是可諍法，如來藏眞心系統亦同樣是可諍法。

般若經不是分解的方式，無所建立，因而亦非一系統。它根本無系統相，因此，它是無諍法。此種無諍法，吾將名之曰觀法上的無諍。即是實相般若之無諍，亦即般若之作用的圓實，圓實故無諍。此是般若之獨特性格。

但是吾人必須正視還有一個法華經開權顯實，發迹顯本的一乘即佛乘之圓實教，此亦是無諍。此是通過「如來藏恒沙佛法佛性」一觀念而演至者，由天台宗盛發之。此無諍之圓實教不同於般若之作用的圓實之爲無諍，即不同於觀法上的無諍。這是通過「如來藏恒沙佛法佛性」一觀念，由對於一切法即流轉與還滅之一切法作一根源的說明而來者，這不屬於「實相般若」問題，乃是屬於「法之存在」問題者。這一問題決定諸大小乘系統之不同，因此，這是屬於教乘一系者。法華圓敎既屬於這一系，何以又爲無諍？旣是圓實，即當無諍。但旣屬於敎乘一系，而又是一系統，似又不能無諍。其所以終爲無諍者，即因它雖是一系統，卻不是依分解的方式的系統，而是依詭譎的方式說者即是權敎，是可諍法。法華圓敎旣不依分解方式說，因而它無系統相，雖是一系統，亦無另端交替的系統，因而它無系統相，故雖是一系統，無別端實，爲無諍。分解說者中之一切蹺敧相皆歸於圓之一體平舖：低頭擧手無非佛道，依阿賴耶說明一切法，因此，爲阿賴耶眞心說明一切法，此皆是分解地說，故爲權敎，爲可諍。「一念無明法性心」即具十法

• 16 •

界，這不是依分解的方式說，而是依詭譎的方式說，故為圓教，為不可諍。這個無諍的圓實教既是屬於教乘的，即屬於一乘即佛乘之教乘的，不是就「諸法實相」之法說的。在實相般若是透徹了的。但是「諸法」之法是無限定的，是未圓滿起來的，是留在不決定的狀態中的，因而，顯實相般若，觀法上的無諍，是共法，而又不能決定教乘之大小以及圓不圓。凡隨「佛性」一觀念，不及於「如來藏恒沙佛法佛性」一觀念，由之以決定教乘之大小以及於「如來藏恒沙佛法佛性」而卻是依分解的方式說者，是則法華圓教之為圓實無諍，有圓滿的決定的，由天台宗以展示者，是就「諸法」之諸「圓滿起來的圓實無諍，以與觀法上的無諍，般若之作用的方面之圓實無諍。因此，吾將名之曰存有論的圓實無諍。總之，它是「法之存在」圓實，區以別。

吾人必須正視這兩種無諍，然後方能達佛教之究竟。吾人必須正視般若之無諍，一方顯般若為共法，一方顯出教乘之大小與圓不圓為屬於另一系列。至乎法華圓教，則此兩無諍密切地無任何蹺敧地相應為一，交織於一起：以存有論的圓實無諍為經，以觀法上的圓實無諍為緯。如是，「諸法」之「諸」，法之存在，既有圓滿的決定，而「諸法實相」亦隨之而究竟透徹。其他權教皆未能至乎此，皆不免有蹺敧處。「法之存在」之決定既不圓，則實相般若之在它們處亦不免有仄影。凡此，俱須在後面逐部逐章逐步表示。在此只是提綱挈領地一提，多說則不免跨節，讀者亦不能得其詳。

以下仍歸於般若經中無諍法之內容。

第二節 三智義

經（初品）：

舍利弗！菩薩摩訶薩應如是學般若波羅蜜。

菩薩摩訶薩欲得道慧，當習行般若波羅蜜。
菩薩摩訶薩欲以道慧具足道種慧，當習行般若波羅蜜。
欲以道種慧具足一切智，當習行般若波羅蜜。
欲以一切智具足一切種智，當習行般若波羅蜜。
欲以一切種智斷煩惱習，當習行般若波羅蜜。

案：此經文及後第七十品三慧品皆言三智，此為天台宗言三智之所本。道慧與道種慧如何分別？一切智與一切種智如何分別？四智乎？三智乎？抑只一智乎？只有量之差別乎？抑尚有質之差別乎？龍樹論釋似未能盡，而天台宗智者大師所言似有與龍樹所釋不盡相同者，以下試詳簡之。

龍樹未分別道慧與道種慧之不同。似乎總說是道慧，散開說是道種慧。道以一總之曰一道，以二分之曰二道，以三分之曰三道，乃至以四、五、六、七、八、九、十分之，亦如是。「如是等無量道門盡知遍知，是為道種慧」。如論卷第二十七云：

道名一道,一向趣涅槃。於善法中一心不放逸,道隨身念。道復有二道:惡道,善道;世間道,出世間道;定道,慧道;有漏道,無漏道;見道,修道,無學道;信行道,法行道;向道,果道;無礙道,解脫道;信解道,見得道;慧解脫道,俱解脫道:如是無量二道門。

復有三道:地獄道,畜生道,餓鬼道。三種地獄:熱地獄,寒地獄,黑闇地獄。三種畜生道:地行,水行,空行。三種鬼道:作罪者,餓鬼,食不淨鬼,神鬼。三種善道:人道,天道,涅槃道。人有三種:作福者,求涅槃者,復有三種人:受欲、行惡者,受欲、不行惡者,不受欲不行惡者。天有三種:欲天,色天,無色天。涅槃道有三種:學道,無學道,非學非無學道。辟支佛道亦如是。佛道有三種:初發意道,行諸善道,成就眾生道。復有三道:戒道,定道,慧道。如是等無量三道門。

復有四種道:凡夫道,聲聞道,辟支佛道,菩薩道,佛道。復有四種道:苦道,集道,滅道,道道。復有四種道:觀身實相道,觀受、心、法實相道。復有四種道:為斷已生惡令疾滅道,為未生惡不善令不生道,為未生善法令生道,為已生善法令增長道。復有四種道:欲增上道,精進增上道,心增上道,慧增上道。復有四聖種道:不擇衣、食、臥具、醫藥,樂斷樂修定。復有四行道:苦難道,苦易道,樂難道,樂易道。復有四修道:一為今世樂修道,二為

生死智修道,三為漏盡故修道,四為分別慧修道。復有四天道,所謂四禪。復有四種道:天道,梵道,聖道,佛道。如是等無量四道門。

復有五種道:地獄道,畜生、餓鬼、人、天道。復有五無學眾道,無學戒眾道,乃至無學解脫知見眾道。復有五種淨居天道。復有五治道(五欲天道)。復有五如法語道。復有五非法語道。復有五道:凡夫道,聲聞道,辟支佛道,菩薩道,佛道。復有五道:分別色法道,分別心法道,分別心數法道,分別無為法道。復有五道:苦諦所斷道,集諦所斷道,滅諦所斷道,道諦所斷道,思惟所斷道。如是等無量五法道門。

復有六種道:地獄道,畜生、餓鬼、人、天、阿修羅道。復有捨六塵道。復有六和合道(舊云六種道),六神通道,六種阿羅漢道,六地修道,六定道,六波羅蜜道。一一波羅蜜各各有六道。如是等無量六道門。

復有七道:七覺意道,七地無漏道,七想定道,七淨道,七善人道,七財福道,七法福道,七助定道。如是等無量七道門。

復有八道:八正道,八解脫道,八背捨道。如是等無量八道門。

復有九道:九次第道,九地無漏道,九見斷道,九阿羅漢道,九菩薩道:所謂六波羅蜜,方便,成就眾生,淨佛世界。如是等無量九道門。

復有十道:所謂十無學道,十想道,十智道,十一切處道,十不善道,十善道。

乃至一百六十二道。如是等無量道門。

如是諸道，盡知遍知，是為道種慧。

詳此，總說，或一般地說，則曰「道慧」。「菩薩欲得道慧，當習行般若波羅蜜」。意即只有習行般若波羅蜜，始能得到達於涅槃或諸法實相之道慧。道者意即道慧，修行的方法，所謂道諦之道。但一說道慧，決不只是這抽象的，籠統說的道慧，乃必須是具體的，種種的道慧，如是，必須散開說，此即是道種慧。修行必須知道道路。無量道路盡知遍知，具體地知，方是道種慧。如是，「菩薩欲得道慧，當習行般若波羅蜜」，此只是虛籠一提。而具體落實處則在「欲以道慧具足道種慧，當習行般若波羅蜜」。習行般若，可以使你真得到道慧，因為般若是活法門，無住無着，一相無相，所謂「無心為道」也。一離開般若，則道成死道，即不成其為道，此即未得道。而若真得道慧，道慧即具足各種道，而道亦不只是一抽象的道，故道慧即是種種道中具體的道種慧。道慧即具足各種道而為道種慧，乃是即在道慧中使道真成為道，般若不只是活法，而道亦不只是一條道，若着於一條道，則般若亦死，而此一條道亦不成其為道，此即無道慧。故般若在道慧中使道成道，即在道種慧中使條條道皆各成為道，故般若成就道慧，即成就道種慧。如是，則道慧與道種慧無本質上的差別。

然則道種慧與一切智有無差別？如有，當如何分別？如有，當如何分別？龍樹對於前者未有論釋，對於後者則釋如下：

問曰：一切智、一切種智，有何差別？

答曰：有人言無差別，或時言一切智，或時言一切種智。有人言總相是一切智，別相是一切種智；因是一切智，果是一切種智；略說、一切智，廣說、一切種智；一切智者，總破一切法中無明闇；一切種智者，觀種種法門破諸無明；一切智譬如說四諦，一切種智譬如說四諦義；一切智者，如說苦，一切種智者，如說八苦相；一切智者，如說生苦，一切種智者，如說種種眾生處處受生。復次，一切法名眼色乃至意法，是諸阿羅漢辟支佛亦能總相知無常、苦、空、無我等，知是十二入故，名為一切智。聲聞辟支佛不能盡知一眾生處處好醜，事業多少，未來現在世亦如是，何況一閻浮提中金名字，尚不能知，何況三千大千世界？於一物中，種種名字，若天語，若龍語，如是等種種語言名金，尚不能知，何況能知金因緣生處，好惡貴賤，因而得福，因而得罪，因而得道？如是現事尚不能知，何況心心數法，所謂禪定智慧等諸法？

復次，後品中（案後第七十品〈三慧品〉）佛自說一切智是聲聞辟支佛事，道種智是諸菩薩事，一切種智是佛事。

復次，聲聞辟支佛雖於別相有分，而不能盡知故，總相受名。佛盡知故，一切種智，皆是真實，聲聞辟支佛但有名字。一切智譬如畫燈，但有燈名，無有燈用，如聲聞辟支佛。若有人問難，或時不能答，不能斷疑。如佛三問舍利弗，無而不能答。若有一切智，云何不能答？以是故，但有一切智名，勝於凡夫，無

案：此上問答是說一切智與一切種智有總相別相之別。或時無分別，則當如此說：在佛無分別，「或時名佛為一切智人，或時名佛為一切種智人」，在佛，一切智即一切種智。在佛若有分別，則當如此說：「佛一切智、一切種智、皆是真實」「佛是實一切智、一切種智」但亦有總相別相之別，一切種智偏於知總相，不過不相隔別，知總相同時即知別相，知別相同時即知總相，總相別相皆實知之。然在佛，可以知別相概括知總相，故於佛偏於一切種智說。三慧品佛自言：「一切種智是諸佛智」。又云：「須菩提言：世尊，云何為一切種智相？佛言：一相故，名一切智。所謂一切法寂滅相。復次，諸法行類相貌、名字顯示說，佛如實知，以是故，名一切種智」。龍樹論卷第八十四釋云：「一切種智是佛智。一切種智名一切三世法中通達無礙，知大小精粗，無事不知。佛自說一切種智義有二種相⋯⋯一者，通達諸法實相故，寂滅相。如大海水中風不能動，以其深故，波浪不起。一切諸法可以名相文字言說，了達無礙，攝有、無二事故，戲論風所不能動。二者，一切諸法不但實知諸法之總相與別相，而且通過總相知其實相一相，所謂無相，即寂滅相。此即是佛之具體的圓智也。如果一切智偏就知總相說，則在聲聞與辟支佛，一切智與一切種智即不能無別。三慧品佛自言「薩婆若（一切智）是一切聲聞辟支佛智」。是則聲聞辟支佛亦有一切智也。一切智則只能知諸法之總相，而不能知其別相，即只能抽象地知之，而不能具體地知之。而此

三慧品：「須菩提白佛言：世尊，何因緣故，薩婆若是聲聞辟支佛智？佛告須菩提：一切名，所謂內外法，是聲聞辟支佛能知，不能用一切道、一切種智」。龍樹論卷第八十四釋云：「薩婆若是聲聞辟支佛智。何以故？一切名，內外十二入，是法聲聞辟支佛總相知，皆是無常、苦、空、無我等」。是則聲聞辟支佛之一切智只是籠統地抽象地知一切法之總相，即只是類概念地知之，而不能具體地知其種別相。是則其「一切智」之「一切」只是概念的一切，而不是直覺的一切。故是抽象的一切，而不是具體的一切。又，聲聞辟支佛概念地知總相亦不只是知法類之現象的總相，亦能深入地知其無常、苦、空、無我之真實總相。就空、無我說，亦可以說能知其實相一相，所謂無相，即寂滅相。如此，一切智之偏就知相相說，所謂總相，亦可專就諸法之空如相即寂滅相說，如是，一切智即在知諸法之空如性亦只在抽象狀態中。空如性之普遍性亦只是抽象的普遍性，因無道種慧故，而非具體的真實的圓一切智也。故上錄問答中，龍樹論釋云：「聲聞辟支佛但有總相智，而非具體的真實的圓一切智。故一切智如曰平等性，以今語言之，即普遍，就一切智說，一切性，亦是隔離的一切知之，故其所知之空如性，一切智即在知諸法之空如性。若聲聞辟支佛之一切智只是籠統地抽象地知一切法之總相，皆是類概念地知之，而不能具體地知其種別相。是則聲聞辟支佛之一切智譬如畫燈，但有燈名，無有燈用，如聲聞辟支佛之一切智之知別相故，不能盡知別相故，不但在諸法類之現象的總相上「但有名字」，「無有實也」（例如「但有燈名，無有燈用」），即在空、無我之實相的總相上亦復如此，但有空如實相之名，無空如實相之實，即死空如，非活空如，故亦無空如實相之用。以其證空滯空而不出故也。此其所以為小乘。後來天臺宗智者大師即

• 24 •

根據〈中論〉「因緣所生法，我說即是空，亦為是假名，亦是中道義」，說空假中三諦，依三諦說一心三觀，並以三智配之。如是，即以「一切智」觀空，為慧眼，屬聲聞辟支佛；「以道種智」觀假，為法眼，屬菩薩；以「一切種智」觀中，為佛眼，屬佛。此即於「一切智」之知總相取其知空如實相之總相，惟無方便而已，故為小乘。如此說的一切智與一切種智之分別不只泛說的總別之差，亦有本質的差別。如只是泛說的總別之差，則只是籠統地知與詳盡地知，概念地知與直覺地知之差別，此好像只是量的多少之差別，亦稍有分故），顯不出一切智與一切種智之質的差異，或以為有差別，而所謂有差別即是總別之差別。此下，彼即舉了好多例廣說總別之異，而不甚能顯出其質的差異。後引三慧品佛自說「一切智是聲聞辟支佛事，道智是諸菩薩事，一切種智是佛事」，而說「聲聞辟支佛但有總一切智，無有一切種智」。但又說「佛一切智，一切種智皆是真實，聲聞辟支佛但有名字」。一切智譬如畫燈，但有燈名，無有燈用，如聲聞辟支佛。……若有一切智，一切種智，云何不能答？以是故，但有一切智名，勝于凡夫，無有實也」。是則一切智一切種智在聲聞辟支佛只是虛名無實，即等于無有一切智（若有一切智，云何不能答），在佛皆實。（在聲聞辟支佛，如是出入低昂，有名無實，兩者皆虛名，是聲聞辟支佛不但有一切智，亦有一切種智，不過只是虛名而已，是低。在佛皆實，是昂。所謂出者是提出即一切智亦無，此是出。有此出入即是低。入。）但依〈三慧品〉，佛自說一切智是聲聞辟支佛事，一切種智是佛事，則兩者當有顯著之差異，不只是總別之異，亦不只是名實之異。以是故，智者大師之消化整理似有差勝處。依

是，吾人必須分別法類之現象的總相與空如實相之總相。聲聞辟支佛之一切智之知總相，所謂總相，不只是泛說的法類之現象的總相，且當是空如實相之總相，因為知法之目的即在知法之空如相。一切智者即知一切法之大總相（平等性）是空如也。不管是什麼法，一切皆是無常、苦、空、無我，此「一切」即是總說，當然很籠統，故亦是概念的「一切」，故「一切智」之知此總相亦只是抽象地、概念地知之，而不是其體地、直覺地知之。無道種慧，故不能進入一切種智，而其所知所證之空如實相亦只是抽象的、隔離的空如實相，此即是偏于空而滯于空。既偏于空而不化，故一切智之知總相即是偏空之智。若分別地說三諦，即是單相應于空諦之境界。此即小乘之境界。但「因緣所生法」即空即假即中方是圓諦，圓諦即一切諦，本不能偏陷停滯。但人之修證常不能圓而活，故總不免有偏陷停滯。聲聞辟支佛之「一切智」即偏陷停滯之智。依法分別而言，一切智觀空，即一切智亦死，不成其為一切智，是即所謂「但有名字」也。依此而言，一切智觀空，知平等性之總相，此是小乘；道種智觀假，知各種法門之差別相，此是菩薩，一切智與一切種智之本質的差異，不只是泛說的總別之量方能極成三慧品之經文，而亦顯出一切智與一切種智之本質的差異，不只是泛說的總別之量的多少問題也。在佛，則三諦一諦，三智一智，三諦一觀，三眼一眼，一切智即道種智即一切種智，如此說無差亦可。但此無差是就佛心無礙之圓融說，亦即圓智實智也。若就法義說，則三者仍有差別，此即無差而差也。故當就法義分別說時，當明其顯著的不同。以上之疏導差可至此。〔案：天臺宗根據中論「因緣所生法」一偈說空假中三諦雖不合偈文之原義，而根據般若經之三慧品以三智配三諦分屬三人，則無不合處，以三智配三諦亦無不合龍樹之意處。須知二諦三諦開〈中論〉偈文而只就緣生法說三諦亦無不合佛意處，甚至亦無不合龍樹之意處。

並不衝突，蓋各自變換說之耳。詳見下〈中論章〉。

一切智者籠總地知一切法之空如性（平等性）也。

道種智者分別地知各種法門之差別相也。

一切種智者直覺地具體地圓實地知一切法之實相一相，所謂無相，並同時即知各種法門。

是則「一切種智」中之「一」是直覺中的一切；其中之「種」是即寂滅相之差別相（各種）。佛心直覺圓實地盡知遍知一切法門之差別相時即知其種種差別相，此謂寂滅相，此即差而無差；直覺地圓實地知其一相無相所謂寂滅相時即知其一相無相所即無差而差。此一圓實之智即為一切種智。在此圓實之智中，平等性（普遍）是具體的普遍性，是「即差別性」之普遍性；差別性是普遍性的（平等性的）差別性，是「即平等性」的差別性，此是真實具體的差別性。

當然，菩薩並非無一切智，但因為要從小乘解脫出來，故必須開假方能繁與大用，化度眾生。（開假是對小乘說。若在圓智，即無所謂開。）即于此開假上，重點遂落在各種法門上，因此，遂說道種智是菩薩智。此時說道種智即重在知各法門之差別相。若不知差別相，即不算真知一法門。籠統地知無用也。但菩薩雖開假，而于假不必能盡知遍知，又重在知差別相，是故菩薩仍有塵沙惑也。是故道種智是菩薩智。若只停于此而不進，則道種智亦成偏滯而死，而不成其為道種智。若能盡知遍知，又能知其「即平等性」，則已是佛，而不復是菩薩矣。是故菩薩則只說道種智。能知遍知其所知諸法之差別相亦成執着而為抽象的差別相，而非具體而真實的差別相，即非普遍性平等性的差別相，此與

小乘之一切智之但有名字同。故依法義分別而說，三智雖可分屬，然欲道種智之真成為道種智，一切智之真成為一切智，則必須進至于佛智。佛智一智，一智三智，三智之法義極成不濫；而三智一智，三智之圓實亦不失。是則唯有在圓實中方能極成圓實一智也。佛心之所以能如此，亦有真實活法之般若故也。亦唯有在三智不偏無累中方能極成圓實一智也。是故經說：「菩薩摩訶薩欲得道慧，當習行般若波羅蜜；欲以道種慧具足一切智，當習行般若波羅蜜；欲以道慧具足道種慧，當習行般若波羅蜜」。此中道慧即道種慧，不過虛實說而已。故只有三智，並無四智。得道慧即得道種慧，道種慧足以實化虛說的道慧。般若能使你即在道慧中具足一切智，一切種智足以實相無相化道種智，而使之真成其為道種智。般若亦能使你即在道種慧中具足一切智，一切種智差而無差，無差而差，足以圓實化一切智，而使之真成其為道種智。般若亦能使聲聞辟支佛即在一切智中具足一切種智而圓實化道種智，使道種智為活智。如是，三智層層昇進，般若亦能使菩薩即在道種智中具足一切智而充實化其一切智，使一切智為活智。如是，三智層層昇進，只是一實智，而佛境可至。一實智者即是一切種智。至一實智，則煩惱習盡斷而成佛。是故經云：

欲以一切種智斷煩惱習，當習行般若波羅蜜。舍利佛！菩薩摩訶薩應如是學般若波羅蜜。

十七釋云：

案：此三智及斷煩惱習雖是差別次第說，以般若故，實是一心中得。是故龍樹論卷第二

問曰：一心中得一切智，一切種智，斷煩惱習，今云何言以一切智具足得一切種智，以一切種智斷煩惱習？

答曰：實一切一時得。此中為令人信般若波羅蜜故，次第差別說。欲令眾生得清淨心，是故如是說。

復次，雖一心中得，亦有初中後次第。如一心有三相：生因緣住，住因緣滅。又如心、心數法，不相應諸行，及身業口業。以道智具足一切智，以一切智具足一切種智，以一切種智斷煩惱習，亦如是。先說一切智即是一切道智，名金剛三昧。佛初心（一作初發心）即是一切智，一切種智，是時煩惱習斷。（下即言斷煩惱習，略。）

案：「一心中得」實就佛心圓智說。若在聲聞辟支佛以及菩薩實不能「一心中得」也。此「三智一心中得」，後為天臺宗之所本。天臺宗說「三智一心中得」是《智度論》說，這是「欺盡天下人」！今查《智論》明文如此，何故是「欺盡天下人」？

又，龍樹在論卷第二十七釋道種慧時，最後有問答云：

問曰：般若波羅蜜是菩薩第一道，一相所謂無相，何以說是種種道？

答曰：是道皆入一道中，所謂諸法實相。初學有種種別，後皆同一，無有差別。譬如劫盡燒時，一切所有皆同虛空。復次，為引導眾生故，菩薩分別說

29

是種種道,所謂世間道,出世間道等。

問曰:云何菩薩住一相中無相中,而分別是世間道,是出世間道?

答曰:世間名,但從顛倒憶想,虛誑、二法生,如幻如夢,如轉火輪。其實無生無作,但從內外六情六塵和合因緣生。諸凡夫所著故,為說世間。是世間種種邪夫人強以為世間。是世間皆從虛妄中來,今亦虛妄,本亦虛妄。世間即是出世間道。所以者何?智者求世間出世間,二事不可得。何等是出世間道?如實知。世間相常空,世間相即是出世間。若不可得,當知假名為世間,出世間。但為破世間故,說出世間。是世間相常空,世間法定相不見羅網,如亂絲相著,常往來生死中,如是知。世間相不可得即是出世間。若不得世間,亦不著出世無所復有。所以者何?亦不得是出世間。是世間法定相不可得故。如是行者不得出世間,亦不著出世間,愛慢破故,不共世間諍。何以故?行者久知世間空無所有,虛誑故,不作憶想分別。世間名五眾(五陰)。五眾相假,令十方諸佛求之,亦不可得。無來處,無住處,亦無去處。若不得五眾來住去相,即是出世間。行者爾時觀是世間、出世間,亦不見出世間與世間合,亦不見世間與出世間合。如是,則不生二識,所謂世間、出世間。若菩薩能如是知,則能為眾生分別世間、出世間道;有漏無漏,一切諸道,亦如是入一相:是名道種慧。

案:如是而說之道種慧即是圓實之道種慧,亦即一切種智。菩薩能如是知,而又能真至乎

此，斷煩惱習，即是佛。是故道種智，一切智，一切種智，斷煩惱習，實「一心中得」也。「捨世間，不受出世間，是名出世間」，是即「無所住而生其心」之真相。《般若經》共九十品，龍樹論釋共一百卷，重重複複，不過說此義。此即是「實相般若」之真相。以上是就「三智次第說，實即一心得」而明圓實一智。以下再引《三慧品》之經文就三智分屬說，以明此義。

須菩提言：佛說一切智，說道種智，說一切種智，是三種智有何差別？

佛告須菩提：薩婆若（一切智）是一切聲聞辟支佛智，道種智是菩薩摩訶薩智，一切種智是諸佛智。

須菩提白佛言：世尊，何因緣故，薩婆若是聲聞辟支佛智？

佛告須菩提：一切名，所謂內外法，是聲聞辟支佛能知，不能用一切道。

一切種智。

須菩提言：世尊，何因緣故，道種智是諸菩薩摩訶薩智？

佛告須菩提：一切道，菩薩摩訶薩應知：若聲聞道、辟支佛道、菩薩道，應具足知，亦應用是道度眾生，亦不作實際證。

須菩提白佛言：世尊，如佛說，菩薩摩訶薩應具足諸道，不應以是道實際作證耶？

佛告須菩提：是菩薩未淨佛土，未成就眾生，是時不應實際作證。

須菩提白佛言：世尊，菩薩住道中，實際作證。佛言：不也。世尊，住非道中，實際作證。佛言：不也。世尊，住道、非道，實際作證。佛言：不也。世尊，住非道、亦非非道，實際作證。佛言：不也。世尊，菩薩摩訶薩住何處應實際作證？佛告須菩提：於汝意云何？汝住道中受諸法故，漏盡得解脫不？須菩提言：不也，世尊。汝住非道，漏盡得解脫不？不也，世尊。汝住道非道，漏盡得解脫不？不也，世尊。我無所住，不受諸法，漏盡，心得解脫。佛告須菩提：菩薩摩訶薩亦如是，無所住應實證作證。

須菩提言：世尊，云何為一切種智相？

佛言：一相故，名一切種智，所謂一切法寂滅相。復次，諸法行類相貌，名字顯示說，佛如實知，以是故，名一切種智。

案：若有所住而證實際，則所住之道（法門）是死道，道種智亦成死智而不成其為道種智，而所證之實際亦即成非實際。是故應具足諸道，而以無所住證實際，便是實道種智，而此亦即是一切種智，即是佛矣。此下，經文復言一切種智斷煩惱習。聲聞辟支佛可以無煩惱，但不能無煩惱習，即菩薩亦不能斷，惟佛盡斷。

須菩提白佛言：世尊，一切智、道種智、一切種智，是三智結斷有差別、有盡、有餘、不？

第一章 大智度論與大般若經

佛言：煩惱斷無差別。諸佛煩惱習、一切悉斷，聲聞辟支佛煩惱習不悉斷。

世尊，是諸人不得「無為法」，得斷煩惱耶？佛言：不也。世尊，無為法中，不可得差別，何以故說是人煩惱斷，是人煩惱不斷？

佛告須菩提：習非煩惱。是聲聞辟支佛身口有似婬欲、瞋恚、愚癡相，凡夫愚人為之得罪。

須菩提白佛言：世尊，若道無法，涅槃亦無法，（龍樹釋云：若諸法實相中，若道若涅槃無所有，若無所有〕云何如下文），何以故分別說是須陀洹，是斯陀含、是阿那含、是阿羅漢，是辟支佛，是菩薩？

佛告須菩提：是皆以「無為法」故，分別有須陀洹乃至佛〔耶〕？

世尊，實以「無為法」故，分別有須陀洹乃至佛〔耶〕？

佛告須菩提：世間言說故有差別，非第一義。第一義中無有分別說。何以故？第一義中無言說道。斷結故，說後際。

須菩提言：世尊，諸法自相空中，前際不可得，何況說有後際？諸法自相空中，無有前際，何況有後際？無有是佛告須菩提：如是！如是！諸法自相空故，為說是前際，是後際。

須菩提，以眾生不知諸法自相空故，諸法自相空中，前際後際不可得。如是，須菩提，菩薩摩訶薩應以自相空法行般若波羅

蜜。須菩提，若菩薩行自相空法，則無所著，若內法，若外法，若有為法，若無為法，若聲聞法，若辟支佛法，若佛法。

案：是諸人皆以「無為法」斷結使，得涅槃，然以智之圓不圓，實不實，一不一，而有差別，因而其所證得之無為法中亦有差別，非無為法本身有差別也。涅槃寂滅，其本身即是無為。各種道門有有為，有無為，而行道是有為；而若無心為道，則一切行道皆無為。但無為之行中有圓不圓、實不實、一不一之別，故道之無為與涅槃之無為亦不能無差別。小乘只有一切智，而無道種智，更無一切種智，是即其智不能為圓實一智，因而其智之無為即不能真至于無為，受限即是有為相。涅槃既有差別，則其所證得之涅槃，即為小涅槃，而非大涅槃，此即涅槃無為亦有差別也。智既有差限，則其斷結亦不能無為無差別。所以隨順世間言說道而說有如此之差別。說前際後際，亦因斷結故而說：斷結已，說後際，未斷前，說前際。若在第一義中，諸法自相空中，前後際不可得，即一切差別亦不可說。若在佛心圓智之朗現中，一切法無所著，一切法不可得，則此差別亦不可說也。順方便說，煩惱習斷，則佛有三十二相，八十種好，乃至無量相好，而實無一相無好，生身即尊特，尊特即生身，皆是法性身也。是故「菩薩應以自相空法行般若波羅蜜。若菩薩行自相空法，則無所著，若內法，若外法，若有為法，若無為法，若聲聞法，若辟支佛法，〔皆無所著〕。」

龍樹論卷第八十四釋斷煩惱習云：

須菩提聞是已，問佛：智慧故，有上中下分別，煩惱斷復有差別不？佛言無差別。斷時有差別，斷已無差別。如來煩惱及習都盡，聲聞辟支佛但煩惱盡，而習氣有餘。須菩提問佛：世尊，三種斷是有爲，是無爲？佛答：是法無相無量，云何可得差別？復問：世尊，若無差別，可得說：是斷中有餘，是斷中無餘？須菩提，皆是無爲。復問：世尊，有人雖斷一切煩惱，身口中亦煩惱相出，今雖得阿羅漢，猶騰跳樹木。愚人見之，即生輕慢，是比丘似如獼猴！是阿羅漢無煩惱心，而猶有本習。又如畢陵伽婆蹉阿羅漢，五百世生婆羅門中，習輕蔑心故，雖得阿羅漢，猶語恆水神言：小婢止流！恆神瞋恚，詣佛陳訴。佛教懺悔，猶稱小婢。如是等身口業煩惱習氣。佛無如是事。

如一婆羅門惡口，一時以五百事罵佛，佛無慍色。婆羅門心乃歡喜，即復一時以五百善事讚歎於佛，佛亦無喜色。當知佛煩惱習氣盡故，好惡無異。又復佛初得道，實功德中出好名聲，充滿十方，唯佛自知。而孫陀梨梵志女殺身謗佛，惡名流布。佛於此二事，心無有異，亦不憂喜。又入婆羅門聚落中，空鉢而出。天人種種供養。又復三月食馬麥，釋提桓

・若般與性佛・

案智論卷二十七釋經「以一切種智斷煩惱習」云：

「斷一切煩惱習」者，煩惱名，略說則三毒，廣說則三界九十八使，是名煩惱。煩惱習者，名煩惱殘氣。若身業口業不隨智慧，似從煩惱起，不知他心者，見其所起，生不淨心。是非實煩惱。久習煩惱故，起如是業。譬如久鑠（鑽）脚人卒得解脫，行時雖無有鑠，猶有習在。如乳母衣，久故垢著，雖以灰淨浣，垢氣猶在。衣如聖人心，垢如諸煩惱。雖以智慧水浣，煩惱氣猶在。諸餘賢聖雖能斷煩惱，不能斷習。如舍利弗瞋習故，雖得阿羅漢道，于男女大衆中坐，眼先視女衆，而與言語說法。如難陀婬欲習故，聞佛言舍利弗食不淨食，即便吐食，終不復受請。（偈略）。如摩訶迦葉瞋習故，佛滅度後集法時，敕令阿難「八」突吉羅罪懺悔。（案八當爲六，事見卷二），而復自牽阿難手出，不共汝漏未盡不淨人集法。如畢陵迦婆蹉常罵恆

因恭敬，以天食供養。阿羅婆伽林中，棘刺寒風，佛在中宿。又于歡喜園中，在天白寶石上，柔濡滑澤，又敷天臥具。于此好惡事中，心無憂喜。（鑽）以石堆佛，羅睺羅敬心，合手禮佛。于此二人，其心平等，如愛「兩眼」。提婆達瞋心，以石堆佛；羅睺羅敬心，合手禮佛。于此二人，其心平等，如愛「兩眼」。（卷二釋婆伽婆處，「如左右眼，心無愛憎」）。如是等種種千亂，無有異想。譬如真金，燒磨鍛截（煉），其色不變。佛經此衆事，心無增減。是故可知諸佛愛恚等諸煩惱習氣都盡。

36

神為小婢。如摩頭婆私咤（當即卷八十四之蜜婆私詫）掉戲習故，或時從衣架踔上梁，從梁至棚，從棚至閣。等諸聖人雖漏盡而有煩惱習，若劫盡時火，燒三千大千世界無復遺餘，火力大故，佛一切智火亦如是，燒諸煩惱，無復殘習。如一婆羅門，以五百種惡口眾中罵佛，佛無異色，亦無異心。此婆羅門心伏，還以五百種語讚佛，佛無喜色，亦無悅心。于此毀譽，心色無變。又復旃遮婆羅門女，帶盂謗佛，事情既露，佛無愧色。轉法輪時，讚美之聲滿于十方，心亦不高。孫陀利死，惡聲流布，
（案此卽卷八十四「孫陀梨梵志女殺身謗佛，惡名流布」。）阿羅毗國土風寒，又多蒺藜，佛於中坐臥，不以為苦。又在天上歡喜園中，夏安居時，坐劍婆石，柔軟清潔，亦不以為樂。受大天王跪奉天食，不以為美。入薩羅聚落，空鉢而出，不以為失。提婆達多于耆闍崛山推石壓佛，亦不以為得。是時羅睺羅敬毗蘭若國食馬麥，不以為惡。諸大國王供奉上饌，佛亦不憎。降伏狂象，王舍心讚佛，佛亦不愛。阿闍世縱諸醉象，欲令害佛，佛亦不畏。九十六種外道，降伏狂象，
鉢城人益加恭敬，持香花纓絡，出供養佛，佛亦不喜。爾時，佛以神足，一時和合議言，我等亦皆是一切智人。從舍婆提來，欲共佛論議。佛見一切外道賊來，心亦無退。破是外道，諸天世人倍益恭敬供養，心亦不進。
鴦（臍）放光。光中皆有化佛。動，何況能得與佛論議？佛不可動。如是等種種因緣，來欲毀佛，譬如真閻倍益恭敬供養，心亦不進。

37

• 若般與性佛 •

浮檀金，火燒不異，搥打磨斫，不敗不異。佛亦如是，經諸毀辱，誹謗，論議，不動不異。以是故，知佛諸煩惱習都盡無餘。

〈智〉論卷二釋經「婆伽婆」云：

云何名「婆伽婆」？天竺語「婆伽」，秦言「德」；「婆」言「有」。是名「有德」。復次，婆伽名「分別」，婆名「巧」。巧分別諸法總相別相，故名「婆伽婆」。復次，婆伽名「名聲」，婆名「有」，是名「有名聲」。無有得名聲如佛者。……復次，婆伽名「破」，婆名「能」，是人能破婬怒癡故，稱為「婆伽婆」。

問曰：如阿羅漢、辟支佛、亦破婬怒癡，與佛何異？

答曰：阿羅漢辟支佛雖破三毒，氣分不盡。譬如香在器中，香雖去，餘氣故在。又如草木薪，火燒煙出，炭灰不盡，火力薄故。如佛三毒永盡無餘。譬如劫盡火燒須彌山，一切地都盡，無煙無炭。如舍利弗瞋恚餘習，難陀婬欲餘習，畢陵伽婆蹉憍慢餘習。譬如人被鎖，初脫時，行猶不便。……

佛言舍利弗食不淨食。爾時，舍利弗聞是語，即時吐食。自作誓言：從今日不復受人請。是時波斯匿王、長者須達多等，來詣舍利弗所，語舍利弗：佛不以無事而受人請，大德舍利弗復不受請，我等白衣云何當得大信清淨！舍利弗言：我大師佛言舍利弗食不淨食，今不得受人請。于是波斯匿等至佛所，白

• 38 •

佛言：佛不常受人請，舍利弗復不受請，我等云何心得大信？願佛敕舍利弗還受人請。佛言：此人心堅，不可移轉。

復次，長老畢陵伽婆蹉常患眼痛。是人乞食，常渡恒水。到恒水邊，彈指言：小婢住莫流。水即兩斷，得過乞食。是恒神到佛所白佛：佛弟子畢陵伽婆蹉常罵我言小婢。是時大眾笑之，云何懺謝而復罵耶？佛語恒神言：汝見畢陵伽婆蹉合手懺謝不？懺謝無慢，而有此言，當知非慢。此人五百世來，常生婆羅門家。常自憍貴，輕賤餘人。本來所習，口言而已，心無憍也。

如是，諸阿羅漢雖斷結使，猶有餘氣。

如諸佛世尊，若人以刀割一臂，若人以栴檀香泥一臂，如左右眼，心無憎愛。是以永無習氣。

如梵闍婆羅門女，帶盂謗佛。於大眾中言：汝使我有身，何以不憂，與我衣食？爾無羞，誑惑于人。是時，五百婆羅門師等皆舉手唱言：是是，我曹知此事。是時佛無異色，亦無慚色。此事即時彰露，地為大動，諸天供養，散眾名華，讚嘆佛德，佛無喜色。復次，佛食馬麥，亦無憂

爾時毒蛇，舍利弗是。毒蛇思維，我既吐毒，云何還嗽？不可還也。（索此猶俗云牛脾氣）。

時諸醫各設咒術，所醫王蛇即來王所。諸醫積薪然火，敕蛇還嗽汝毒。若不嗽者，當入此火。

蛇所齧。王時欲死。呼諸良醫令治蛇毒。時諸醫言：還令嗽毒。是事劇死思維，定心即時入火。

火。佛爾時，引本生因緣言：昔有一國王為毒蛇所齧。王時欲死。

戚。天王獻食,百味具足,衣服、臥具,讚訶、輕敬等,種種事中,心無異也。以是故,阿羅漢雖斷結得道,猶有習氣,不得稱婆伽婆。

案:佛所以能煩惱習氣都盡,于好惡中,心無憂喜,正以其以自相空法,無所著,不可得,行般若波羅蜜故也。此時純是智身,法性身,而非業識生身,故無煩惱,亦無煩惱習。般若是活智,是圓實一智,于一切法無所著,若內若外等一切法皆無所著。無所著,不可得,而能具足一切法。如是,吾人下言十八空義。

第三節 十八空義

經(初品):

復次,舍利弗,菩薩摩訶薩欲住內空,外空,內外空,空空,大空,第一義空,有爲空,無爲空,畢竟空,無始空,散空,性空,自相空,諸法空,不可得空,無法空,有法空,無法有法空,當學般若波羅蜜。

案:此十八空,龍樹大智度論卷三十一有詳釋,玆簡引如下:

40

1.「內空者,內法,內法空。內法者,所謂內六入:眼耳鼻舌身意、眼耳鼻舌身意空無我,無我所,無色法。聲、香、味、觸、法、亦如是。」(案此內六入亦曰六根)。

2.「外空者,外法,外法空。外法者,所謂外六入:色聲香味觸法。色空無我,無我所,無眼法。耳鼻舌身意亦如是」。(案此外六入亦曰六塵)。

3.「內外空者,內外法,內外法空。內外法者,所謂內外十二入。十二入中無我,無我所,無內外法。」

4.「空空者,以空破內空、外空、內外空。破是三空故,名爲空空。復次,先以法空破內外法,復以此空破是三空,是名空空。先世業因緣,身命盡時,欲放捨八道,故,生空空三昧,是名空空。

問曰:空與空空有何等異?

答曰:空破五受衆,空空破空。

問曰:空若是法,空爲已破。空若非法,空何所破?

答曰:空破一切法,唯有空在。空破一切法已,空亦應捨。以是故,須是空空。復次,空緣一切法,空空但緣空。如一健兒破一切賊,復更有人能破此健人。空空亦如是。又如服藥,藥能破病,病已得破,藥亦應出,則復是病。以空滅諸煩惱病,恐空復爲患,是故以空捨空,是名空空。

復次,以空破十七空故,名爲空空。」

5.「大空者，聲聞法中法空爲大空，如雜阿含大空經說：生因緣老死。若有人言是老死，是人老死，二俱邪見。是人老死，則衆生空。是老死，是法空。摩訶衍經說：十方，十方相空，是爲大空。

問曰：十方空何以名爲大空？

答曰：東方無邊故，名爲大；亦一切處有故，名爲大；遍一切色故，名爲大；常有故，益世間故，名爲大；令衆生不迷悶故，名爲大。如是大方，能破故，名爲大空。餘空破因緣生法，作法，粗法，易破故，不名爲大。是方非因緣生法，非作法，微細法，難破故，名爲大空。

問曰：若佛法中無方，三無爲：虛空、智緣盡、非智緣盡，亦所不攝，何以言有方，亦是常，是無爲法，非因緣生法，非作法，微細法？

答曰：是方法，聲聞論議中無，摩訶衍法中，以世俗諦故有，第一義中，一切法不可得，何況方？如五衆和合，假名衆生。方亦如是。四大造色和合中，分別此間彼間等，假名爲方。日出處，是則東方。日沒處，是則西方。如是等，是方相。是方自然常有故，非因緣生。亦不先無今有，今有後無，故非作法。非現前知故，是微細法。

問曰：方若如是，云何可破？

答曰：汝不聞我先說：以世俗諦故有，第一義故破。以俗諦有故，不墮斷滅中。第一義破故，不墮常中。是名略說大空義。

問曰：第一義空亦能破無作法，無因緣法，細微法，何以不言大空？

6.「第一義空者，第一義名諸法實相，不破不壞故。是諸法實相亦空。何以故？無受無著故。若諸法實相有者，應受應著。以無實故，不受不著。若著者，即是虛誑。復次，諸法中第一法名為涅槃。如阿毘曇中說：云何有上法？一切有為法及虛空、非智緣盡。云何無上法？智緣盡，是即涅槃。涅槃中亦無涅槃相。涅槃空是第一義空。

問曰：若涅槃空，無相，云何聖人乘三種乘入涅槃？又，一切佛法皆為涅槃故說，譬如眾流皆入于海。

答曰：有涅槃是第一實（當為第二實即法實），無上法。是有二種：一者，有餘涅槃，二、無餘涅槃。愛等諸煩惱斷，是名有餘涅槃。聖人今世所受五眾

答曰：前已得大名故，不名為大。今第一義名雖異，義實為大。出世間，以涅槃為大。世間，以方空為大。以是故，第一義空亦是大空。復次，破大邪見故，名為大空。如行者以慈心緣東方一國土眾生，復緣一國土眾生，如是展轉緣時，若謂盡緣東方國土，則墮邊見，若謂未盡，則墮無邊見。生是二見故，即失慈心。若以方空破是東方，則滅有邊無邊見。若不以方空破東方者，則隨慈心方。隨心不已，則漂在露地，有諸苦患。譬如大海，潮時，至其常限，水則旋還。行者如是。若隨心不還，則漂在邪見。若隨心還，不失慈心。如是破大邪見故，名為大空。

（案此段大空即空間空，即破空間也。此段甚有精義，詳見下第三章破數與時中）。

「第一義空者，第一義名諸法實相，不破不壞故。是諸法實相亦空。」

7.「有爲空、無爲空者,有爲法名因緣和合生,所謂五衆,十二入,十八界等。無爲法名無因緣,常不生不滅,如虛空。

今有爲法名有爲法空。一者,無我、無我所,及常相,不變異、不可得故。二者,有爲法、有爲法相空,不生不滅,無所有故。

復次,有爲法、無爲法空者,行者觀有爲法無爲法實相,無有作者,因緣和合故有,皆是虛妄,從憶想分別生,不在內,不在外,不在兩中間。以此假名導引凡夫,知其虛

誑無實,無生無作,心無所著。

復次,諸賢聖人不緣有爲法而得道果,以觀有爲法空故,于有爲法,心不繫

人于一切法中不取相故。

復次,愛等諸煩惱假名爲縛。若修道,解是縛,得解脫,即名涅槃。更無有法名爲涅槃。如人被械得脫,而作戲論,何者是解脫,是械是脚,更求解脫法。衆生亦如是。離五衆械,更求解脫。

復次,一切法不離第一義,第一義不離諸法實相。能使諸法實相空,是名第一義空。

如是等種種,名爲第一義空。」

盡,更不復受,是名無餘涅槃。不得言涅槃無。以衆生聞涅槃名,生邪見,著涅槃音聲,而作戲論,若有若無,以破著故,說涅槃空。若人著有,是著世間。若著無,則著涅槃。破是凡人所著涅槃,不破聖人所得。何以故?聖

44

著故。

復次,離有為則無無為。所以者何?有為法實相即是無為。無為相者,則非有為。但為眾生顛倒故,分別說。有為相者生滅住異,無為相者不生不滅,不住不異。是為入佛法之初門。若無為法有相者,則是有為。有為法生相者,則是集諦。滅相者,則是盡諦。若無集,則不作;若不作,則不滅。是名無為相。若得是諸法實相,不復墮生滅住異相中。是時不見有為法與無為法合,不見無為法與有為法合。于有為法、無為法,不取相,是為無為法。所以者何?若分別有為法、無為法,則于有為無為法中,而有礙。若斷諸憶想分別,滅諸緣,以無緣實智不墮生數中,則得安隱常樂涅槃。

問曰:前五空皆別說,今有為無為空何以合說?

答曰:有為無為法相待而有。若除有為,則無無為。若除無為,則無有為。是二法攝一切法。行者觀有為法無常、苦、空等過,知無為法,所益處廣。無為法非因緣生法,無破無壞,常若虛空,云何空?

問曰:有為法因緣和合生,無自性,故空。此則可爾。無為法非因緣生法,是二事合說。

答曰:如先說,若除有為,則無無為。有為實相即是無為。如有為空,無為亦空。以二事不異故。復次,有人聞有為法過罪,而著無為法,以著故,生諸結使。……以此結使故,能起不善業,不善業故,墮三惡道。是故言無為法空。……

問曰：若云無為法空，與邪見何異？

答曰：邪見人不信涅槃，然後生心言：定無涅槃法。無為空者，破「取涅槃相」。是為異。

復次，若人捨有為，著無為，以著故。無為即成有為，雖破無為，而非邪見。是名有為無為空。

8. 畢竟空者，以有為空無為空破諸法，令無有遺餘，是名畢竟空。……內空、外空、內外空、十方空，第一義空，「空」亦空，「空」不是一法，是對于空之執著，故將此空之執著亦空去。（案：不列「空空」者，「空」，有為空，無為空，更無有餘不空法，是名畢竟空。）

復次，一切法皆畢竟空。是畢竟空亦空，空無有法故，亦無虛實相待。

（案：「畢竟空亦空」與「空空」同。如是，畢竟空是列舉的一切有為無為法，世間出世間法，「從本已來，無有定實不空者」，是一切法空之總述，其本身不特指一法。「畢竟空亦空」與「空空」同。一切法空是指實層說，此可曰第一序之空。「空空」與「畢竟空亦空」是虛層之空，此可曰第二序之空。）

9. 「無始空者，世間若眾生，若法，皆無有始。如今生從前世因緣有，前世復從前世有，如是展轉，無有眾生始。法亦如是。何以故？若先生後死，則不從死故生，生亦無死。若先死後有生，則無因無緣，亦不生而有死。以是故，一切法則無有始。如經中說：佛語諸比丘，眾生無始，無明覆愛所繫，往來生死，始不可得。破是「無始法」故，名為「無始空」。

問曰：無始是實，不應破。何以故？若眾生及法有始者，卽墮邊見，亦墮無因見。遠離如是等過故，應說眾生及法無始。今以無始空破是「無始」，則還墮有始見。

答曰：今以無始空為破無始，又不墮有始見。是則行于中道。譬如救人于火，不應著深水中。今破是無始，亦不應著有始。(案：無始是就緣起法之條件串系無有定始可說，是卽為「無始」。但亦不應著于無始，以為實有一個無始。無始亦空並不還墮有始中。此只表示始與無始皆不可說。法本虛妄無實，如何定說始與無始？此是就緣起串系一層說。破無始旣不同質地說有始，有始是大惑，見下文，亦非同質地說無始，以為無始是實有。此頗合康德所批判的第一背反：一說世界在時間方面有始，在空間方面無限；一說世界在時間方面無始，在空間方面無限。兩相對反，其實皆假，而以不定說之。)

問曰：云何破「無始」？

答曰：以無窮故。若無窮，則無後。無窮無後，則亦無中。若無始，則為破。若無後，則不知其始。不知始故，則無一切智人。若一切智人，不名無始。(案：此義是說：緣起法旣不能說始，亦不能說無始。若旣是無始，則無窮。無窮，不能知其始。旣有所不知，則不能有一切智人，遍知，悉知，無所不知，是以不能說無始。故無始亦須破。是卽函緣起串系旣不能說有窮，亦不能說無窮。正合康德所說之不定。)

復次，若取眾生相，又取諸法一相異相，以此一異相，從今世推前世，從前

47

世復推前世，如是展轉，眾生及法始不可得，則生「無始見」。是見虛妄，以一異為本，是故應破。如有為空卽復為法，是有為空破為患，復以無為空破無為法。今以無始破有始，無始卽復為患，復以無始空破是無始，是名無始空。

問曰：若爾者，佛何以說眾生往來生死，本際不可得？

答曰：欲令眾生知久遠已來往來生死大苦，生厭患心。如經說：一人在世間計一劫中受身，被害時，聚集諸血，多于海水，啼泣出淚。及飲母乳，皆亦如是。積集身骨過于毘浮羅山，數其母及曾祖母，猶不盡。又如盡以地為泥丸，數其父祖曾祖，猶不能盡。如是等無量劫中受生死苦惱，初始不可得故，心生怖畏，斷諸結使。如無常雖為邊。無常亦如是。雖為是邊，亦以是無始而度眾生，為而佛以是無常相續無窮，是時為實。若以慧眼，度眾生，令生厭心，故說有無始，非為實有。所以者何？若[實]有無始，不應說無始空。（案：為度眾生，假說無始，非實有無始。）

問曰：若無始非實法，云何以度人？

答曰：實法中無著法。諸可說法，語言度人，皆是有為虛誑法。佛以方便力故，說是無始。以無著心說故，受者亦得無著。無著故，則生厭離。復次，是時為實。若以慧眼，觀不實，則見眾生及法畢竟空，以宿命智見眾生生死相續無窮，是故說無始空。而佛說常樂為倒，無常苦為諦，以眾生多著常樂，不著不實，樂觀亦不實。而佛說常樂為倒，無常苦為諦，以眾生多著常樂，不著

第一章　大智度論與大般若經

無常苦，是故以無常苦諦破是常樂倒。以是故說無常苦為諦。若眾生著無常苦者，說無常苦亦空。有始無始亦如是。無始能破著始倒。若著無始，復以無始為空，是名無始空。

問曰：有始法亦是邪見，應當破，何以但說破無始？

答曰：有始是大惑。所以者何？若有始則無罪福，無罪福因緣從罪福因緣而生，不名為初身。若有始故，菩薩常習用無始念眾生，故若世間無始，無如是答。是菩薩先已捨是粗惡邪見，未得一切智故，或于無始中錯謬，是故說無始；常行因緣法，故言法無始。無始已破有始，不須空破有始。今欲破無始，故說無始空。」（案：此有始無始與康德所言之第一背反相同。但不與其所言之第三背反相同。無始是指法中之始。此非緣起法中之始。無始是指事件串系中之無始說，此正是超越地異質地指意志因果說，即表示于此事件串中說始與無始俱是邪見。不但始是大邪見，即認實有無始亦是邪見。這是把「無始」亦置定了，成了一個平鋪得下的積極陳述，故亦須空。蓋「以慧眼見眾生及法畢竟空」始相無始相皆不可得，亦如生相滅相，一異相之不可得。此與空空，第一義實相空，涅槃空，尚不同。此後三者是就對于空，實相，涅槃，起念著相而說，是第二序上的。始與無始與常與無常同，是就緣起法之執著說。）

10.「散空者，散名別離相。如諸法和合故有。如車以輻輞轅轂眾合為車。若離散，各在一處，則失車名。五眾和合因緣，故名為人。若別離五眾，人不可

49

得。」（案：此是因散而空，此如說因緣法之壞相。非謂散亦空也。當然若執著定散，則此散之執亦須空。蓋如此，則破壞緣生幻有故。但此是另一義，不是此處說「散空」之義。）

11.「性空者，諸法性常空。假業相續故，似若不空。譬如水性自冷，假火故熱。止火停久，水則還冷。諸法性亦如是。未生時，空無所有，如水性常冷。諸法眾緣和合故有，如水得火成熱。眾緣若少若無，則無有法，如火滅湯冷。如經說：眼空無我，無我所。何以故？性自爾。耳鼻舌身意，色乃至法等，亦復如是。

問曰：此經說我我所空，是為眾生空，不說法空。云何證性空？

答曰：此中但說性空，不說眾生空及法空。性空有二種。一者，於十二入中無我、無我所。二者，十二入相自空。無我、無我所，是聲聞論中說。摩訶衍法說：十二入，我、我所無故空，十二入性無故空。復次，若無我、無我所，自然得法空。以人多著我及我所故，佛但說無我、無我所。如是，應當知一切法空。若我我所尚不著，何況餘法？以是故，眾生空，法空，終歸一義，是名性空。

復次，性名自有，不待因緣。若待因緣，則是作法，不名為性。諸法中皆無性。何以故？一切有為法皆從因緣生，從因緣生，則是作法，若不從因緣和合，則是無法。如是，一切諸法，性不可得故，名為性空。

問曰：畢竟空無所有，則是性空。今何以重說？

答曰：畢竟空者名為無有遺餘。性空者名為本來常爾。如水性冷，假火故熱，止火則還冷。諸法畢竟空。畢竟空如虛空，常不生不滅，不垢不淨。

復次，諸法畢竟空。何以故？性空不可得故。諸法性空。

復次，性空多是菩薩所行。畢竟空多是諸佛所行。何以故？畢竟空中但有因緣和合，無有實性。畢竟空三世清淨。

復次，一切諸法性有二種。一者總性，二者別性。總性者，無常、苦、空、無我、無生無滅、無來無去、無入無出等。別性者，如火熱性，水濕性，心為識性；如人喜作諸惡故，名為惡性，好集善事故，名為善性。如十力經中說：佛知世間種種性。如是諸性皆空，是名性空。

復次，性空者，從本已來空。如世間人謂：虛妄不久者是空。如須彌金剛等物，及聖人所知，以為真實不空。欲斷此疑故，佛說⋯⋯是雖堅固，相續久住，皆亦性空；聖人智慧雖度眾生，破諸煩惱，性不可得故，是亦為空。

又，人謂五眾、十二入、十八界，皆空。但如、法性、實際，皆亦是空。佛欲斷此疑故，但分別說五眾，如、法性、實際，是亦是空。

（案：如、法性、實際，非因緣生法，非作法，因此，若分解地說，不可說性空。等字是抒意字，非實物字，與空、實相同。「若復執有空，大聖所不化」，空空亦復如此。此是執及所執之性空，則亦可說及執實物字，執為實物字，則亦可說性空。此是第二序上的執空，與五眾、十二入、十八界之性空不同，不可混漫。五眾因緣生，性空故為假名、幻有；而假名幻有卽是其實相，如，法性、實際；而法性、實際則非因緣

. 51 .

法，如對之起念著執為實物字，則亦是假，此假與緣生法之為假名幻有不同也。如是，「不壞假名而說諸法實相」，假名有，實相亦有也。空五衆與空實相不同也。空此執實相為一物，空相是空執實相為一物，空此執而顯其為真「實相」，非是意念化之實相，此即實相一相，所謂無相，即寂滅相，此即真寂滅，真實相，非假寂滅，假實相也。若一律以緣起性空義說之，則混漫層序，易生誤解。

復次，有為性三相：生住滅。無為性亦三相：不生，不住，不滅。有為性尚空，何況有為法？無為性尚空，何況無為法？以是種種因緣，性不可得，是名性空。」（案：此亦當如前解。如，法性，實際，非緣生法，即無為法。緣生無性，無為性故空，而即以空為性，此即是法性。而法性不再能說有性無性。若再對之生執，則是高一層序者，焉可以性空儑侗之?）

12.「自相空者，一切法有二種相：總相、別相。是二相空故，名為相空。

問曰：何等是總相？何等是別相？

答曰：總相者，如無常等。別相者，諸法雖皆無常，而各有別相。如地為堅。

問曰：先已說相，今說相，性相有何等異？

答曰：有人言其實無異，名有差別。說性則為說相，說相則為說性。譬如說火性即是熱相，說熱相即是火性。有人言性相小有差別。性言其體，相言其識。如釋子受持禁戒是其性，剃髮，割截染衣，是其相。……是諸相皆空，名為相空。……

13. 問曰：何以不但說相空，而說自相空？
答曰：若說相空，不說法體空。說自相空，即法體空。
「一切法空者，一切法名五衆，十二入，十八界等。是諸法皆入種種門，所謂一切法有相，知相，識相，緣相，增上相，因相，果相，總相，別相，依相。……如是等一法門相攝一切法。……乃至無量法門相攝一切法。是諸法皆空，如上說，名一切法空。」

14. 「不可得空者，有人言：於衆，界，入中，我法常法不可得故，名爲不可得。有人言：諸因緣中，求法不可得，如五指中拳不可得故，名爲不可得空。有人言：一切法及因緣畢竟不可得故，名爲不可得空。
問曰：何以故名不可得空？爲智力少故不可得？爲實無故不可得？
答曰：諸法實無故，不可得，非智力少也。
答曰：若爾者，與畢竟空，自相空，無異。今何以故，更說不可得空？因緣以求。所以者何？佛
問曰：若人聞上諸空，都無所有，心懷怖畏，生疑。今說所以空。
索，不可得故，爲說不可得空。斷是疑怖，故佛說不可得
言：我從初發心，乃至成佛，及十力佛，于諸法中求實不可得。是名不可得空。」

15. 「無法空，有法空，無法有法空。
「無法空」者，有人言：無法名法已滅，是「滅」無故，名無法空。
有法空者，諸法因緣和合生故有法，有法無故，名有法空。無法有法空者，

取無有法相不可得，是為無法有法空故，名無法有法空。復次，觀無法有法空故，名無法有法空。復次，行者觀諸法生滅，若有門，生門生喜，滅門生憂；行者觀生法空，則滅喜心；觀滅法空，則滅憂心。所以者何？生無所得，滅無所失。除世間貪憂故，是名無法有法空。

復次，十八空中，初三空破一切法，後三空亦破一切法。有法空破一切法生時住時。無法空破一切法滅時。無法有法空，生滅一時俱破。

復次，有人言：過去未來法空，是名無法空。現在及無為法空，是名有法空。何以故？過去法滅失變異歸無；未來法因緣未和合，未生未有，未出未起，以是故名無法。觀知現在法及無為法現有，是名有法。空破是二空故，名為無有法空。

復次，有人言：無為法無生住滅，是名無法。有為法生住滅，是名有法。如是等空，名為無法有法空。(案此與有為無為空重複，不取此義)。是為菩薩欲住內空，乃至無法有法空，當學般若波羅蜜。」

案：以上十八空，依龍樹解釋，可分為四類：

一、內空，外空，內外空，有為空，散空，性空，自相空，諸法空，不可得空，無法空，有法空，無法有法空，此十二空為一類，以皆就緣起無性說故，實即「性空」一項，亦即「諸法空」一項，或「不可得空」一項，此當屬于第一層序者。

二、第一義空，無為空，此二空為一類，因為第一義是諸法實相，而「有為實相即是無

爲」，則無爲法亦即實相，此二空是就對實相起念著而言，因此亦可加上時空，數空，乃至若干不相應行法（分位假法），皆屬此類，因皆屬於不相應行法故。依今語言之，此當屬於「形式的有」，以非因緣生法，非作法故。如果第一類法爲實層，則此類法即爲虛層。實法空，虛法亦空。實法空以緣起無性說，虛法空以由內心之執而爲形式的有說。

三、大空，無始空，此二空爲一類，因爲大空破空間，無始空破時間方面之有始無始，故當屬于第二層序者。

四、空空，畢竟空，此二空爲一類。空空是總以上三類法之空而亦空之，因爲空是抒意語，非指實字。如果把這「空」字意念化而爲實，則執著有空，此將爲大患，故亦須破。但空空亦可概括以上三類法，如果空是指實層上的諸法實相如相說，則空空亦可劃爲第二類，故今暫列爲第四類。畢竟空是總以上三類法說。「以有爲空無爲空破諸法令無有遺餘，是名畢竟空」。「內空，外空，內外空，十方空，第一義空，有爲空，無爲空，更無有餘不空法，是名畢竟空」。「畢竟空多是諸佛所行」。三世清淨，畢竟清淨，是名畢竟空。

依是，以上四類十八空亦可以〈中論〉兩頌括之：

一、「因緣所生法，我說即是空，亦爲是假名，亦是中道義」。

二、「大聖說空法，爲離諸見故。若復見有空，諸佛所不化」。

此亦可說諸法空，空亦空，是故畢竟清淨也。畢竟清淨即是實相般若。實相無相，即寂滅相。實相即般若，般若即實相，一體朗現也。

龍樹于解內空，外空，內外空時，總釋何以列為十八空之故，如下：

問曰：諸法無量，空隨法故，則亦無量。何以但說十八？若略說，應一空，所謂「一切法空」。若廣說，隨一一法空，所謂眼空，色空，等甚多。何以但說十八空？

答曰：若略說，則事不周。若廣說，則事繁。譬如服藥，少則病不除，多則增其患。應病投藥，令不增減，則能愈病。空亦如是。若佛但說一空，則不能破種種邪見，及諸煩惱。若隨種種邪見說空，空則過多。人愛著空相，墮在斷滅。說十八空，正得其中。復次，若說十，若說十五，俱亦有疑。此非問也。復次，善惡之法皆有定數。若四念處，四正勤，三十七品，十力，四無畏，四無礙智，十八不共法，五眾，十二入，十八界，十二因緣，三毒，三結，四流，五蓋等，諸法如是各有定數。以十八種法中破著故，說有十八空。

問曰：此種解說亦無甚意義。正亦不必十八，有許多是重複綜說，如諸法空，不可得空，內外空，無法有法空等便是。內空，外空，只就六根六塵，所謂十二入，說，為何不賅括六識而說十八界？依虛實以及第一序第二序而分為四類較允妥。

又就實相般若而明般若波羅蜜空與十八空之一異，如下：

問曰：般若波羅蜜空，十八空，為異為一？若異者，離十八空以何為般若

空？又如佛說：「何等是般若波羅蜜？所謂色空，受想行識空，乃至一切種智空」。又如佛說：「欲住十八空，當學般若波羅蜜」。若不異者，云何言：「欲住十八空，當學般若波羅蜜」？

答曰：有因緣故言異，有因緣故言一。異者，般若波羅蜜名諸法實相，滅一切觀法。十八空是空，令諸法空。菩薩學是諸法實相，能生十八種空，是名異。一者，十八空是空、無所有相。般若波羅蜜亦空，無所有相。十八空是捨離相，般若波羅蜜一切法中亦捨離相。是十八空不著相，般若波羅蜜亦不著相。以是故，學般若波羅蜜則是學十八空，不異故。般若波羅蜜有二分：有小有大。欲得大者，先當學小方便門。欲得大智慧，當學十八空。住是小智慧方便門，能得十八空。何者是方便門？所謂般若波羅蜜經讀誦，正憶念思惟，如說修行。譬如人欲得種種好寶，當入大海。若人欲得內空等三昧智慧實，當入般若波羅蜜大海。

案：此經說「欲住內空等等，當學般若波羅蜜」，此意是說如想真能得到十八空，而畢竟清淨，當學般若波羅蜜。般若是活法，能使十八空真成其為十八空。此亦函說：學般若亦不是空學，當通過十八空而學。如是，般若是活法，成就一切法，亦空一切法。般若是諸法實相。「不壞假名而說諸法實相」，則實相不離一切法，不著一切法，般若亦然。如是，吾人當談諸法實相。實相者，如，法性，實際也。

第四節 實相，如，法性，實際

大智度論卷三十二釋此經云：

經（初品）：

復次，舍利弗，菩薩摩訶薩欲知一切諸法如，法性，實際，當學般若波羅蜜。

舍利弗，菩薩摩訶薩應如是住般若波羅蜜。

「諸法如」有二種。一者各各相，二者實相。各各相者，如地堅相，水濕相，火熱相，風動相，如是等分別諸法，各自有相。實相者，於各各相中分別求實不可得，不可破，無諸過失，如「自相空」中說。地若實是堅相者，何以故膠蠟等與火會時，捨其自性，有神通人入地如水，又分散木石，則失堅相。又，破地以為微塵，以方破塵，終歸于空，亦失堅相。如是推求地相，則不可得。若不可得，其實皆空，空則是地之實相。一切別相，皆亦如是，是名為如。

法性者，如前說各各法空，空有差別，是為如。同為一空，是為法性。

問曰：如持心經說：法性無量，聲聞人雖得法性，以智慧有量故，不能謂諸法實相無量。

答曰：法性有二種。一者，用無著心分別諸法，所謂諸法亦有二相。如阿羅漢名為住于實際。

問曰：如，法性，實際，是三事為一為異？若一，云何說三？若三，今應

58

當分別說。

答曰：是三皆是諸法實相異名。所以者何？凡夫無智，于一切法作邪觀，所謂常、樂、淨、實、我等。佛弟子如法本相觀，是時不見常，是名無常；不見樂，是名苦；不見淨，是名不淨；不見實，是名空；不見我，是名無我。若見苦、空、無我、不淨，亦如是。是故，佛說三法為法印，所謂一切有為法無常印，一切法無我印，涅槃寂滅印。

問曰：是三法印，般若波羅蜜中悉皆破壞。如佛告須菩提：若菩薩摩訶薩觀色常，不行般若波羅蜜。觀色無常，不行般若波羅蜜。苦、樂、我、無我，寂滅、非寂滅，亦如是。如是，云何名法印？

答曰：二經皆是佛說。如般若波羅蜜經中，了了說諸法實相。有人著常顛倒，故捨常，非謂著無常者，以為法印。我乃至寂滅，亦如是。般若波羅蜜中破著無常等見，非謂破不受不著。得是諸法如已，則入法性中，滅諸觀，不生異信，性自爾故。譬如小兒見水中月，愛之，不得便愁。智者語言：性自爾，莫生憂惱。善入法性，于實相中轉異邪曲，如本不異，是名實際。……

復次，諸法實相常住不動。眾生以無明等諸煩惱故，于實相中轉異邪曲。諸佛賢聖種種方便說法，破無明等諸煩惱，令眾生還得實性，如本不異，是名法性。實際名入法性中。

為如。實性與無明合故變異，則不清淨。若除卻無明等，得其實性，是名法性清淨。實際名入法性中。知法性無量無邊，最為微妙，更無有法勝于法性出法

性者，心則滿足，更不餘求，則便作證。譬如行道，日日發引，而不止息，到所至處，而無去心。行者住于實際，亦復如是。如阿羅漢辟支佛住于實際，縱復恆沙諸佛為其說法，亦不能更有增進，又不復生三界。若菩薩入是法性中，懸知實際，教化眾生，爾時若證，妨成佛道。是時菩薩以大悲精進力故，還修諸行。

復次，知諸法實相中無有常法，無有樂法，無有我法，無有實法，亦捨是觀法，如是等一切觀法皆滅，是為諸法實如涅槃，不生不滅，譬如水是冷相，假火故熱。若火滅熱盡，還冷如本。用諸觀法，如水得火，若滅諸觀法，如火滅水冷。是名為如。如實常住。何以故？諸法性自爾。譬如一切色法皆有空分，諸法中皆有涅槃性，是名法性。若得證時，如、法性則是實性。

復次，法性者無量無邊，非心心數法所量，是名法性。妙極于此，是名真際。

案：此釋分別說明如、法性、實際之意義，三者皆是實相之異名。龍樹謂諸法如與法性兩者各有二種。如方面可分別說「各各相」與「實相」二種。法性方面可分別說「諸法各自有性」與「諸法實相同為一空」二種。「各各相」的如相與「各自有性」的法性實皆是現象意義的如與性，亦即「軌持」義的法之如與性」（窺基解法為軌持義之語）。是即每一法皆有其現象意義的自體性也。法華經：「唯佛

與佛乃能究盡諸法實相，所謂諸法如是相，如是性，如是體，如是力，如是作，如是因，如是緣，如是果，如是報，如是本末究竟等，前九種即是軌持義的法之自體性，最後一種即是同為一空之實相。（從相到報是「本末」，畢竟空如是「究竟等」，依天臺「一一法有九種。以假為等，以中為等）。龍樹在此釋中則提出與從相到報相類似之九種：

(一)者，有體。(二)者，各各有法。如眼耳雖同四大造，而眼獨能見，耳無見功。又如火以熱為法，而不能潤。(有法者即每一軌持義的有體法皆有其所繫屬之法)。(三)者，諸法各有力，如火以燒為力，水以潤為力。(四)者，諸法各有因。(五)者，諸法各有緣。(六)者，諸法各有果。(七)者，諸法各自有性。知此法各各有體、法、具足，是名世間下如。(案此下如、中如、即軌持義的法之現象意義的如相)……是法非有非無，非生非滅，滅諸觀法，究竟清淨，是名上如。(案此上如即「本末究竟等」之空如實相)。如者如其所是，不增不減，是名為如。如其為軌持義的法之所是與所應有而不增不減，是「究竟等」的如相。(八)者，諸法各有開通方便。諸法生時，體及餘法凡有九事。知此九法終歸變異盡滅，是名中如。(案此中如，即「本末究竟等」的空如實相。如其本自空無實性，而不增不減，是「究竟等」的如相。此如相即實相也。

「諸法實相」即是就空如實相說。

法性即空如性，寂滅性，涅槃性。諸法「空無自性」即是其性，是名法性。故法性亦相應空如實相而說也。

實際者即是證法性而入法性，住法性。「法性名為實，入處名為際」。(亦龍樹此釋中解語)。際者入處也。以法性之實為入處，住處，故名「實際」。此就極證而言也。實際經中亦曰「無生際」。

般若能眞知諸法實相，如，法性，實際。般若之知是知而無知，以無知知；般若之證是證而無證，以無證證；般若之住是住而無住，以不住住。若是定住，則不名般若，亦不名住般若。住實相亦復如是。是故經集散品第九〈論卷第四十二〉云：「復次，世尊，菩薩摩訶薩欲行般若波羅蜜，如相空。世尊，如相空，不名爲如。如即是空，空即是如。世尊，菩薩摩訶薩欲行般若波羅蜜，法性，法位，實際中不應住。何以故？實際空。世尊，實際空，不名爲實際。實際即是空，空即是實際。」「如相中不應住」，即防執如相爲一意念也。是故「如即是空，空即是如」。如相執念空，則如之名亦失。空如相之執與名，是爲眞如相。

「法相，法位，實際中，不應住，」亦復如是。此中法相即是法性，諸法以如爲位。經初品中有云：「菩薩摩訶薩欲知過去未來現在諸法如，當學般若波羅蜜」。論卷第三十三釋云：「問曰：上說一，此已說如，今何以更說？答曰：上直言諸法如，今三世說。上說三。」法相即是法性。無生際即是實際。過去法如即是過去法相。未來現在亦如是。復次，過去法如即是未來現在法如，現在法如即是過去未來法如。所以者何？如相非一非異故。復次，如先說二種如：一者世間如，二者出世間如。用是世間如，三世各異。用是出世間如，三世爲一。」此所謂「世間如」即前所謂「各各相」；此所謂「出世間如」即前所謂「法相即是法性」，「過去法如即是法相」，以實相之如說相，此如即是世間如也，即空如實相也，故法相即是法性。如果如是就世間各各相說，則法相即是軌持謂實相。

義的法之各各別相，此法相亦即是各自有性的法性。此集散品所說「法性、法相、法位，實際中不應住」，此中所謂「法相」亦當即是法性也。諸法空無自性，而即以空為性。如此空性而不增不減，即是諸法之如相，以此種出世間如說諸法之相也。「法位」者復即以此諸法之「如相」說諸法之位也。此種以空說的性、如、相、位、實際，皆不應住。菩薩以不住住，住于如相中，住于法性、法相、法位、實際中，即是住于實相一相，所謂無相，即寂滅相中，同時亦即住于般若波羅蜜中，此亦是以不住住。何以故？般若波羅蜜亦不可得故。以「不可得」得即是以無執心得也。以無執心得即是以不住住。菩薩應如是住般若波羅蜜中即能於一切法不可得中而具足一切法。菩薩如是住般若波羅蜜中即是以不具具也，以「不受不著」而具也。

經〈大方便品〉第六十九（論卷八十二）云：

須菩提白佛言：世尊，佛以何意故，說般若波羅蜜最上最妙？

佛告須菩提：是般若波羅蜜取一切善法到薩婆若中，住不住故。

須菩提白佛言：世尊，般若波羅蜜有法可取，可取不？

佛言：不也。須菩提，般若波羅蜜無法可取，無法可捨。何以故？一切法不可取不可捨故。

世尊，般若波羅蜜于何等法不取不捨？

佛言：般若波羅蜜于色不取不捨。于受想行識乃至阿耨多羅三藐三菩提，

63

不取不捨。

世尊，云何不取色，乃至不取阿耨多羅三藐三菩提？

佛言：若菩薩不念色，乃至不念阿耨多羅三藐三菩提，是名不取色，乃至不取阿耨多羅三藐三菩提。

須菩提言：世尊，若不念色，乃至不念阿耨多羅三藐三菩提，云何得阿耨多羅三藐三菩提，云何得增益善根？善根不增，云何具足諸波羅蜜？若不具足諸波羅蜜，云何得阿耨多羅三藐三菩提？

佛告須菩提：若菩薩不念色，乃至不念阿耨多羅三藐三菩提，是時善根增益。善根增益故，具足諸波羅蜜。諸波羅蜜具足故，得阿耨多羅三藐三菩提。何以故？不念，乃至不念阿耨多羅三藐三菩提時，便得阿耨多羅三藐三菩提。

世尊，何因緣故，色不念時，乃至阿耨多羅三藐三菩提不念時，便得阿耨多羅三藐三菩提？

佛言：以念故，著欲界，色界，無色界。不念故，無所著。如是，須菩提，菩薩摩訶薩行般若波羅蜜不應有所著。

世尊，菩薩摩訶薩如是行般若波羅蜜，當住何處？

佛言：菩薩摩訶薩如是行，不住色，乃至不住一切種智。

世尊，何因緣故，色中不住，乃至一切種智中不住？

佛言：不著，故不住。何以故？是菩薩不見有法可著可住。如是，須菩提，若菩薩摩訶薩作是菩薩摩訶薩以不著不住法，行般若波羅蜜。

• 64 •

念：若能如是行，如是修，是行般若波羅蜜，修般若波羅蜜，若如是取相，則遠離般若波羅蜜，乃至遠離一切種智。何以故？般若波羅蜜無有著處，亦無著者，自性無故。菩薩摩訶薩若復如是取相，則于般若波羅蜜退，是退般若波羅蜜，則遠離檀波羅蜜，乃至不能生阿耨多羅三藐三菩提，不得受記。菩薩摩訶薩復作是念：住是般若波羅蜜，能生檀波羅蜜，乃至能生大悲，若作是念，則爲失般若波羅蜜。失般若波羅蜜者，則不能生檀波羅蜜，乃至不能生大悲。菩薩若復作是念：諸佛知諸法無受相故，得阿耨多羅三藐三菩提，菩薩若作如是演說，開示教詔，則失般若波羅蜜。何以故？佛于諸法無所知，無所得，亦無法可說。

須菩提白佛言：世尊，菩薩行般若波羅蜜，作是念：諸法無所有，不可取。若法無所有，不可取，則無所得。若如是行，爲行般若波羅蜜中無有著法故。

佛言：若菩薩摩訶薩行般若波羅蜜時，菩薩云何得般若波羅蜜，乃至得一切種智？菩薩摩訶薩行般若波羅蜜時，如是菩薩能生般若波羅蜜，乃至能生一切種智。復次，須菩提，菩薩摩訶薩行般若波羅蜜時，不觀色若常若無常，若苦若

須菩提白佛言：世尊，般若波羅蜜遠離般若波羅蜜耶？檀波羅蜜遠離檀波羅蜜耶？乃至一切種智遠離一切種智耶？世尊，若般若波羅蜜遠離般若波羅蜜，乃至一切種智遠離一切種智？菩薩云何得般若波羅蜜，乃至得一切種智？菩薩云何得般若波羅蜜時，不生色，是色、誰色，乃至一切種智，如是菩薩能生般若波羅蜜，乃至能生一切種

樂,若我若非我,若空若不空,若離若非離,何以故,自性不能生自性,乃至一切種智亦如是,若菩薩摩訶薩行般若波羅蜜,能生般若波羅蜜,乃至能生一切種智。譬如轉輪聖王,有所至處,四種兵皆隨從。般若波羅蜜亦如是,有所至處,五波羅蜜皆悉隨從,到薩婆若中住。譬如善御駕駟,不失平道,隨意所至。般若波羅蜜亦如是,御五波羅蜜,不失正道,至薩婆若。

案:此言「菩薩以不著、不住法行般若波羅蜜」。不著,不住,不取,亦不捨,不受,而具足一切善法到薩婆若中住,此住亦是不住之住。甚至行般若波羅蜜亦是不行之行。

經〈三慧品第七十〉(論卷第八十三):

世尊,若色、色相空,乃至阿耨多羅三藐三菩提相空,云何菩薩摩訶薩應行般若波羅蜜?

佛言:不行是名行般若波羅蜜。

世尊,云何不行是行般若波羅蜜?

佛言:般若波羅蜜不可得故,菩薩不可得,行亦不可得。行者、行法、行處亦不可得,是名菩薩摩訶薩行不行般若波羅蜜,一切諸戲論不可得故。(論釋云:般若波羅蜜體不可得,行者、行法、行處亦不可得。法空故,般若波羅蜜不可得,行者不可得。眾生空故,行者不可得。一切戲論不可得故,菩薩不

• 66 •

行名為般若波羅蜜行）。

世尊，若不行是菩薩摩訶薩行般若波羅蜜，從初發意菩薩云何行般若波羅蜜？

須菩提，菩薩從初發意已來，應學空無所得法。是菩薩用無所得法故，布施、持戒、忍辱、精進、禪定，以無所得法故，修智慧，乃至一切種智亦如是。

須菩提白佛言：世尊，云何名有所得？云何名無所得？

佛言：眼色為二，乃至意法為二，乃至阿耨多羅三藐三菩提佛為二，是名為二。

世尊，何等是二，有所得？何等是不二，無所得？

佛告須菩提：諸有二者是有所得，無有二者是無所得。

世尊，何等是名無所得。如是，菩薩摩訶薩于有所得無所得平等法中應學。

須菩提，菩薩摩訶薩如是學般若波羅蜜，是名無所得者，無有過失。

須菩提白佛言：世尊，若菩薩行般若波羅蜜，不行有所得，不行無所得，云何從一地至一地，得一切種智？

佛告須菩提：菩薩摩訶薩行般若波羅蜜時，不住有所得中，從一地至一地。何以故？有所得中住，不能從一地至一地。何以故？須菩提，無所得是般

・佛性與般若・

若波羅蜜相，無所得是阿耨多羅三菩提相，無所得亦是行般若波羅蜜者相。
須菩提，菩薩摩訶薩應如是行般若波羅蜜。
須菩提白佛言：世尊，若般若波羅蜜不可得，阿耨多羅三菩提亦不可得，行般若波羅蜜者亦不可得，乃至是阿耨多羅三藐三菩提？云何菩薩摩訶薩分別諸法相，是色，是受想行識，乃至是阿耨多羅三藐三菩提？
佛告須菩提：菩薩摩訶薩行般若波羅蜜時，不得色，不得受想行識，乃至不得阿耨多羅三藐三菩提。
世尊，若菩薩摩訶薩行般若波羅蜜時，色不可得，乃至阿耨多羅三藐三菩提不可得，云何具足檀波羅蜜，乃至具足般若波羅蜜，入菩薩法位中，入已，淨佛國土，成就眾生，得一切種智，得一切種智已，轉法輪，作佛事，度眾生生死？
佛告須菩提：菩薩摩訶薩不為色故，行般若波羅蜜，乃至不為阿耨多羅三藐三菩提故，行般若波羅蜜。何以故？一切諸法無所為，無所作。菩薩亦無所為，無所作。般若波羅蜜亦無所為，無所作。阿耨多羅三藐三菩提亦無所為，無所作。如是，須菩提，菩薩摩訶薩應行般若波羅蜜無所為，無所作。

案：無所得，無所為，無所作，以不住住，以不行行之般若行乃具足一切行。如是，吾人當進而言此種具足之意義。

・63・

第五節　般若具足一切法

經（初品）：

佛告舍利弗：菩薩摩訶薩以不住法住般若波羅蜜中。以無所捨法具足檀波羅蜜，施者、受者，及財物，不可得故。罪不罪不可得故，應具足尸羅波羅蜜。心不動故，應具足羼提波羅蜜。身心精進不懈息故，應具足毗梨耶波羅蜜。不亂不味故，應具足禪波羅蜜。于一切法不著故，應具足般若波羅蜜。

菩薩摩訶薩以不住法住般若波羅蜜中，不生故，應具足四念處，四正勤，四如意足，五根，五力，七覺分，八聖道分；空三昧，無相三昧，無作三昧；四禪，四無量心，四無色定；八背捨，八勝處，九次第定，十一切處；八念：念佛，念法，念僧，念戒，念捨，念天，念出入息，念死；十想：無常想，苦想，無我想，食不淨想，死想，不淨想，斷想，離欲想，盡想；十一智：法智，比智，他心智，世智，苦智，集智，滅智，道智，盡智，無生

案：「菩薩以不住法住般若波羅蜜中」，同時應具足六波羅蜜，即布施，持戒，忍辱，精進，禪定，般若，六波羅蜜（六度），同時亦應具足一切其他法數。凡此等法數皆已先總列于前。龍樹《大智度論》對之皆有廣釋。論卷第十一釋「以不住法」句云：

問曰：云何名「不住法住般若波羅蜜中能具足六波羅蜜」？
答曰：如是菩薩觀一切法非常非無常，非苦非樂，非空非實，非我非無我，非生滅非不生滅，如是住甚深般若波羅蜜中，於般若波羅蜜相亦不取，是名不住法。若取般若波羅蜜相，是為住法住。

是則「以不住法住」者即是以「不住著于法」之心境，特定言之，即是不受不著，不住著于般若，不取般若相，而住于般若波羅蜜中也。如是住般若中具足六波羅蜜，如是住般若中具足一切其他法數。如是具足，再上達，即為經下文所說：

舍利弗，菩薩摩訶薩欲過知佛十力，四無所畏，四無礙智，十八不共法，大慈大悲，當習行般若波羅蜜。

菩薩摩訶薩欲得道慧，當習行般若波羅蜜。菩薩摩訶薩欲以道慧具足道種

智，如實智；三三昧：有覺有觀三昧，無覺有觀三昧，無覺無觀三昧；三根：未知欲知根，知根，知已根。

• 若般與性佛 •

• 70 •

慧,當習行般若波羅蜜。欲以道種慧具足一切智,當習行般若波羅蜜。欲以一切智具足一切種智,當習行般若波羅蜜。欲以一切種智斷煩惱習,當習行般若波羅蜜。

乃至「欲住十八空,當學般若波羅蜜。菩薩應如是住般若波羅蜜。」此皆如上所解。「欲知一切諸法如、法性、實際,當學般若波羅蜜。「復次,舍利弗。菩薩摩訶薩欲析一毛爲百分,欲以一分毛盡舉三千大千世界中大地諸山微塵,當學般若波羅蜜。菩薩摩訶薩欲數知三千大千世界中大海江河池泉諸水而不擾水性者,當學般若波羅蜜。菩薩摩訶薩欲一吹令滅者,當學般若波羅蜜。三千大千世界中諸火一時皆然,譬如刼盡燒時,菩薩摩訶薩欲以一指障其風力,令不大風起,欲吹破三千大千世界及諸須彌山,如摧腐草,菩薩摩訶薩欲一結加趺坐,遍滿三千大千世界中虛空者,當學般若波羅蜜」。乃至欲得種種其他神通,作用,功化,德業,直至得無上正等正覺,皆當學般若波羅蜜。《大智度論》釋此初品極爲詳瞻,共三十四卷。其法數與主旨綱脈不過如上所述。

菩薩以不住法住般若中,具足六度,乃至一切其他法數;上達知佛境界,具足三智;住十八空,知諸法如、法性、實際,乃至得無上正等正覺…皆是實相般若之力。在此種住而具足某某,知某某,得某某中,我們綜結一句,亦可以說…般若具足一切法。以何方式具足,遍滿,統攝一切法?曰…以不離不捨不壞亦不受不著不可得一切盡攝于般若中。一切法而具足一切法。是故《智論》卷第四十二解經集散品第九文「色不受,乃至十八

「不共法不受」中有云：

不。不捨者，諸法中皆有助道力故。不受者，諸法實相畢竟空，無所得，故不受。

復次，諸結使煩惱顛倒虛妄，無所捨，但知諸法如，實相無相，無憶念故。是菩薩不受不捨波羅蜜，名為般若波羅蜜。

此彼岸不度故，世間即是涅槃相，涅槃相即是世間。一相所謂無相。若如是知，應當滅。以未具足諸功德故，不滅，大慈悲本願力故，不滅。雖求佛道，于此法中亦無好醜相及受捨相。以是故，非法亦非非法，是名菩薩般若波羅蜜一切相不受。

最後乃是「不壞假名而說諸法實相」（經〈散華品〉第二十九中語，智論卷第五十五）。「是一切法皆不合不散，無色無形，無對一相，所謂無相」（〈句義品〉第十二，亦見〈散華品〉）。經共九十品，論共一百卷，重重複復，不過說此義。

不但般若以不捨不受方式具足一切法，在實相般若中，任一法皆如此，一切法皆可趣任。而「是趣不過」。

〈大智度論〉卷第七十一，經〈善知識品〉第五十二云：

須菩提，諸菩薩摩訶薩為安隱世間故，發阿耨多羅三藐三菩提心；為安樂世間故，為救世間故，為世間歸故，為世間依處故，為世間洲故，為世間將導

故,為世間究竟道故,為世間趣故,發阿耨多羅三藐三菩提心。(案為世間歸,世間依,世間洲,世間將導,世間趣,此與「無始時來界,一切法等依」不同。)

……

云何菩薩摩訶薩為世間洲故,發阿耨多羅三藐三菩提心?須菩提,若江河大海四邊水斷,是名為洲。須菩提,色亦如是,前後際斷,乃至一切種智前後際斷。以是前後際斷故,一切法亦爾。須菩提,是一切法前後際斷故,即是寂滅,所謂空無所得,愛盡無餘,離欲涅槃。須菩提,菩薩摩訶薩得阿耨多羅三藐三菩提時,以寂滅微妙法為眾生說。須菩提,是為菩薩摩訶薩為世間洲故,發阿耨多羅三藐三菩提心。

云何菩薩摩訶薩為世間趣故,發阿耨多羅三藐三菩提心?須菩提,菩薩摩訶薩得阿耨多羅三藐三菩提時,為眾生說色非趣非不趣。何以故?是色空相非趣非不趣。說受想行識非趣非不趣。何以故?是受想行識空相非趣非不趣。如是,須菩提,菩薩摩訶薩為世間趣故,何以故?是一切種智空相非趣非不趣。何以故?空中趣非不趣不可得故。須菩提,一切法趣無相,是趣不過。何以故?無相中趣非趣不可得故。

須菩提,一切法趣無作,是趣不過。何以故?無作中趣非趣不可得故。

須菩提,一切法趣無起,是趣不過。何以故?無起中趣非趣不可得故。

須菩提,一切法趣無所有,不生不滅,不垢不淨,是趣不過。何以故?無所有、不生不滅、不垢不淨中,趣非趣不可得故。

須菩提,一切法趣幻,趣響,趣影,趣化,是趣不過。何以故?夢中趣非趣不可得故。

須菩提,一切法趣無量無邊,是趣不過。何以故?無量無邊中,趣非趣不可得故。

須菩提,一切法趣不與不取,是趣不過。何以故?不與不取中,趣非趣不可得故。

須菩提,一切法趣不舉不下,是趣不過。何以故?不舉不下中,趣非趣不可得故。

須菩提,一切法趣不增不減,是趣不過。何以故?無增無減中,趣非趣不可得故。

須菩提,一切法趣不來不去,是趣不過。何以故?不來不去中,趣非趣不可得故。

須菩提,一切法趣不入不出,不合不散,不著不斷,是趣不過。何以故?趣非趣不可得故。

第一章 大智度論與大般若經

須菩提,一切法趣我,眾生、壽命,人,起使,起作,使作,知者,見者,是趣不過。何以故?我乃至知者見者畢竟不可得,何況當有趣非趣?

須菩提,一切法趣有常,是趣不過。何以故?常畢竟不可得,云何當有趣非趣?

須菩提,一切法趣樂、淨、我,是趣不過。何以故?樂、淨、我畢竟不可得,云何當有趣非趣?

須菩提,一切法趣欲事,是趣不過。何以故?欲事畢竟不可得,何況當有趣非趣?

須菩提,一切法趣瞋事、癡事、見事,是趣不過。何以故?瞋事、癡事、見事,畢竟不可得,何況當有趣非趣?

須菩提,一切法趣如,是趣不過。何以故?如中無來無去故。

須菩提,一切法趣法性、實際、不可思議性中,無來無去故。

須菩提,一切法趣平等,是趣不過。何以故?平等中趣非趣不可得故。

須菩提,一切法趣不動相,是趣不過。何以故?不動相中趣非趣不可得故。

須菩提,一切法趣色,是趣不過。何以故?色畢竟不可得,云何當有趣非趣?

須菩提,一切法趣受想行識,是趣不過。何以故?受想行識畢竟不可得,

75

云何當有趣非趣？

須菩提，一切法趣檀波羅蜜，是趣不過。何以故？檀畢竟不可得故，云何當有趣非趣？

須菩提，一切法趣般若波羅蜜，是趣不過。何以故？般若畢竟不可得故，云何當有趣非趣？

須菩提，一切法趣內空，是趣不過。何以故？內空畢竟不可得故，云何當有趣非趣？

須菩提，……乃至一切法趣無法有法空，是趣不過。何以故？無法有法空畢竟不可得故，云何當有趣非趣？

須菩提，一切法趣四念處，乃至八聖道分，是趣不過。何以故？四念處乃至八聖道分畢竟不可得故，云何當有趣非趣？

須菩提，一切法趣佛十力乃至一切種智，是趣不過。何以故？一切種智畢竟不可得故。

須菩提，一切法趣須陀洹果，斯陀含果，阿那含果，阿羅漢果，辟支佛道，是趣不過。何以故？須陀洹果乃至辟支佛道不可得故。

須菩提，一切法趣阿耨多羅三藐三菩提，是趣不過。何以故？阿耨多羅三藐三菩提中，趣非趣不可得故。

須菩提，一切法趣須陀洹乃至佛，是趣不過。何以故？須陀洹乃至佛中，

趣非趣不可得故。（佛身具足一切法）

案：此種一一列舉重複說，是經體之特色。一切法趣空，趣色等，趣者趣赴義，是動詞。「是趣不過」意即：是種趣空之趣當體即是終極的，無有超過或超出是趣者。何以故？色、空。亦不可得故。趣不是趣者，乃是運動地趣赴，好像磁石之吸鐵，謂趣與不趣矣，指歸于色受想行識，乃至貪瞋痴，指歸于色等即指歸于空，色等既至十八空，乃至三十七道品，此諸法一一法俱不可得，則亦無所謂趣不趣，即趣與非趣亦俱不可得體即是空如實相，亦示是趣當體即是終極的，無有過矣。（攝是抒意地意攝，非物理地吸攝。趣色等者，不是以緣起事造的觀點說色足以引起一切法。天台宗亦常借用此處說趣色等之意。華嚴宗法界緣起一攝一切一不是此處說趣色等而說性具念亦非此處說「趣色趣空是趣不過」之本義。）

吾人欲得般若活智，不能捨離一切法。但亦不能著一切法。若著于法，則成執著，諸法之實相不可見，而般若亦死。依是，般若如成其為般若，只有在不捨不著之方式下具足一切法，方成其為實相般若。而在此方式下具足

一切法，則一切法亦可說是趣般若。趣般若即是趣不捨不著之實相般若，而一切法既在實相中，則亦無所謂趣與不趣，趣與非趣俱不可得，則即趣而無趣。當體即是實相，即是終極，一切法皆如，即一切法皆如在那裡，焉有所謂來去之趣赴乎？是則一切一如平舖，是真實相，是真寂滅，是真般若。然則不捨不著，具足一切，一切來趣，此種來趣而具足，是何意義之具足？由具足亦可說般若成就一切法，不捨不著，不壞假名而說諸法實相，此即是成就一切法，而不是堅生的具足。此種成就是何意義？曰：「是法住法位，世間相常住」，一切法是本來現成的，此不過是在般若活智之作用中具足而成就一切法。般若具足一切法，成就其空如之實相而不必破壞。般若具足一切法，此並非說一切法皆堅生地根源于般若，以般若為最初的根源，一切法皆由之而得一生出之說明。般若經只是憑藉已有之法，而說般若之妙用，未曾予一切法一根源的說明。因此而說具足而成就一切法，而說般若之穿透之，相應般若，大小乘乃至佛乘之共法，以說是共法。說明一切法之來源是另一問題。空宗無此問題。吾人可說：平常所謂空宗者實非一系統，如有願作此工作者，般若經及空宗之所說可以說是普遍的而無色者，故非一系統。如是，幾想予以說明者皆是一系統，如《解深密經》及前後期唯識學即是一系統，《華嚴經》亦是一系統。天台宗之系統性甚特別，與唯識及華嚴俱不同。彼為講圓教，從無住本立一切法，一念無明法性心即具三千世間，由之說明一切淨穢法門，此即是其系統性。此與般若具足一切法不

一門戶。《中論》之緣起性空皆承般若經之旨趣反覆申明諸法之實相，亦未曾以般若為一切法之來源。依此而言，般若經及空宗之所說，不管如何說，都是一如平舖，是真實相，即是終極

龍樹之論釋以及《中論》之緣起性空皆承般若經之旨趣反覆申明諸法之實相，亦未曾以般若為最初之根源，一切法皆由之而生起也。依此而言，

天台宗之系統性甚特別，與唯識及華嚴俱不同。彼為講圓教，從無住本立一切法，一念無明法性心即具三千世間，由之說明一切淨穢法門，此即是其系統性。此與般若具足一切法不

· 78 ·

同。般若之具足只是般若活智之不捨不著，此具足是作用的，尚不是存有論的（佛家式之存有論）。般若之圓只是不捨不著之妙用，此即表示空宗尚非眞圓教。眞圓敎必須是存有論的圓具，而存有論的圓具即是一系統。惟此系統不是分解地建立，故既與講阿賴耶緣起者不同，亦與講如來藏緣起者不同，(因此皆是分解的故)，而又最接近于空宗而又不同于空宗而爲一無系統相之系統也。(參看前第一節)。

經〔一心具萬行品第七十六（論卷第八十七）〕云：

須菩提白佛言：世尊，若一切法、性無所有，菩薩見何等利益爲衆生求阿耨多羅三藐三菩提？

佛告須菩提：以一切法、性無所有故，菩薩爲衆生求阿耨多羅三藐三菩提。何以故？須菩提，諸有得有著者，難可解脫。

須菩提白佛言：世尊，無有果，無有阿耨多羅三藐三菩提。

須菩提白佛言：世尊，無所得相者，有道有果，有阿耨多羅三藐三菩提。

須菩提白佛言：世尊，無所得法欲得道，欲得果，欲得阿耨多羅三藐三菩提，爲欲壞法性。法性不壞故。

……

須菩提白佛言：世尊，若諸法無所得相，布施、持戒、忍辱、精進、禪定、智慧、諸神通，有何差別？

佛告須菩提,無所得法,布施、持戒、忍辱、精進、禪定、智慧、神通,無有差別。以眾生著布施乃至神通故,分別說。

世尊,云何無所得法,布施乃至神通無有差別?

須菩提,菩薩摩訶薩行般若波羅蜜時,不得布施;施者,受者,皆不可得,而行布施。不得戒而持戒,不得忍而行忍,不得精進而行精進,不得禪而行禪,不得智慧而行智慧。不得神通而行神通,不得四念處而行四念處,乃至不得八聖道分而行八聖道分,不得空三昧無相無作三昧,不得眾生而成就眾生,不得佛國土而淨佛國土,不得諸佛法而得阿耨多羅三藐三菩提。須菩提,菩薩摩訶薩應如是行無所得般若波羅蜜時,魔若魔天不能破壞。

須菩提白佛言:世尊,云何菩薩摩訶薩行般若波羅蜜時,一念中具足行六波羅蜜,四禪,四無量心,四無色定,四念處,四正勤,四如意足,五根,五力,七覺分,八聖道分,三解脫門,佛十力,四無所畏,四無礙智,十八不共法、大慈大悲、三十二相、八十隨形好?

佛告須菩提:菩薩摩訶薩所有布施不遠離般若波羅蜜。四禪,四無量心,四無色定,修四念處,乃至八十隨形好,不遠離般若波羅蜜。

須菩提白佛言:世尊,云何菩薩摩訶薩不遠離般若波羅蜜故,一念中具足行六波羅蜜,乃至八十隨形好?

佛言：菩薩行般若波羅蜜時，所有布施不遠離般若波羅蜜不二相。持戒時亦不二相。修忍辱，勤精進，入禪定，亦不二相。乃至八十隨形好亦不二相。

須菩提白佛言：世尊，云何菩薩摩訶薩布施時不二相，乃至修八十隨形好不二相？

須菩提，菩薩摩訶薩行般若波羅蜜時，欲具足檀波羅蜜，檀波羅蜜中攝諸波羅蜜及四念處，乃至八十隨形好。

世尊，云何菩薩布施時攝諸無漏法？

佛告須菩提：若菩薩摩訶薩行般若波羅蜜時，住無漏心中不見相，所謂誰施，誰受，所施何物，以是無相無漏心斷愛，斷慳貪心，而行布施，是時不見布施，乃至不見阿耨多羅三藐三菩提法。是菩薩以無相無漏心持戒，不見是戒，乃至不見一切佛法。……以無相心無漏心修智慧，不見四念處，乃至不見一切佛法。以無相心無漏心修四念處，乃至八十隨形好。

佛告須菩提：菩薩摩訶薩行般若波羅蜜時，以無相心無漏心布施，須食與

世尊，若諸法無相無作，云何具足檀波羅蜜，尸羅波羅蜜，羼提波羅蜜，毗梨耶波羅蜜，禪波羅蜜，般若波羅蜜？云何具足四念處，四正勤，四如意足，五根，五力，七覺分，八聖道分？云何具足空三昧，無相無作三昧，佛十力，四無所畏，四無礙智，十八不共法，大慈大悲？云何具足三十二相，八十隨形好？

食，乃至種種所須盡給與之，若內若外，若支解其身，若國城妻子，布施眾生。是人雖來訶我布施，我終不悔；我當勤行布施，不應不與。行般若波羅蜜菩薩作是念：若有人來語菩薩言：何用是布施爲？是何所益？誰施，誰受，所施何物，迴向者誰，迴向阿耨多羅三藐三菩提，亦不見相。眾生共之，何等是迴向法，何等是迴向處，所謂阿耨多羅三藐三菩提，是相皆不可。何以故？一切法皆以內空故空，外空故空，內外空故空，有爲空，無爲空，畢竟空，無始空，散空、性空、一切法空、自相空故空。如是觀，作是念：迴向何處，迴向阿耨多羅三藐三菩提，是名正迴向。爾時，菩薩能成就眾生，淨佛國土，能具足檀波羅蜜、尸羅波羅蜜、羼提波羅蜜、毘梨耶波羅蜜、禪波羅蜜、般若波羅蜜，乃至三十七助道法，空無相無作三昧，乃至十八不共法。是菩薩能如是具足檀波羅蜜，而不受世間果報。譬如他化自在諸天隨意所須即皆得之。心生所願，隨意即得。是菩薩摩訶薩以是布施攝取眾生故，能供養諸佛，亦能滿足一切眾生，用方便力以三乘法度脫眾生。如是，須菩提，菩薩摩訶薩以檀波羅蜜於無相無得無作諸法中，具足檀波羅蜜。

（此下就其他五波羅蜜分別重說，略）

案：菩薩行般若波羅蜜時，一念具足萬行，布施具足一切，持戒具足一切，其他皆然。此「一念具」即是「智具」。于無相無得無作中具足一切，此仍是不捨不著之具。此「一念

具」顯然與天台宗一念無明法性心即具三千世間不同。天台宗之「一念」是陰入心，煩惱心，故亦曰無明法性心。此即所謂「性具」（詳解見天台宗章）。此是存有論的圓具之說法。及其轉染成淨，亦可說是智具，此即與般若經及空宗之旨趣相符順，然其底子不相同也。天台宗之性具乃是順般若經及空宗之旨趣而進一步，由般若智之作用的圓具，進而為一念無明法性心之存有論的圓具，故可為一系統也。此種進一步底可能之關鍵乃在涅槃經之佛性。必待顧及佛性之觀念，存有論的圓具始能成立，徒般若經尚不能至此也。（鳩摩羅什未及見大涅槃經，四十卷涅槃經之譯出亦稍後。在印度恐亦晚出。但在此可不管時間先後問題，只就般若之本性而說。）

又，「空宗」之名亦不恰。據說，龍樹弟子提婆自標空宗以與無著世親之有宗相對抗，因此在印度自始即有空有兩輪。傳至中國，仍沿其舊。空有對言，令人誤會空宗只講空，不能成就緣起法的有，而有宗似乎又只着重于法數之解釋而不能透徹于空慧。此顯然非是，大家亦知不如此。空宗顯然不只講空，且亦能成就緣起法的有（假名有）。「不壞假名而說諸法實相」豈只空而無有耶？有宗亦不能違背緣生無性，亦能透徹于我法二空，豈只專著重于法數之解釋耶？然空宗有宗兩名總無的解，只是順俗如此說，說及空宗，則說般若三論，說及有宗，則說法相唯識，而空之所以為空，有之所以為有，兩者之本質的差異亦無的解也。今作如此說：兩宗之本質的差異即在有宗是一系統，對于一切法有一起源的說。所謂賴耶緣起如來藏緣起是也；而空宗則非一系統，緣生法是現成的所與，只須以般若智穿透之，見諸法實相，即是佛。因此，空有兩名皆不恰。空宗只是般若學，有宗只是唯識學，或真常心學。若說空，皆是空：十八空之應用，有宗亦不能

83

拒絕也。（辯中邊頌亦言十六空）。若說有，皆是有：不但有起源之說明之一切法是有，「不壞假名」亦是有也。空有兩名不能決定宗派，系統非系統始能決定宗派。如此判之，當較豁順。

華嚴宗是承廣義的唯識學中之真常心系而建立起的「性起」系統。天台宗則是承般若實相學進一步通過「如來藏恒沙佛法佛性」一觀念，依據法華開權顯實發迹顯本，而建立起的「性具」系統。兩者同是系統，而建立底方式有異：前者是分解的，後者是詭譎的。因建立底方式不同，故性起性具之「性」字解釋亦異。性起之性是指如來藏自性清淨心說，所謂「偏指清淨真如」，「唯真心」也。性具之性是就「一念無明法性心」說，通過詭譎之方式，念具即是智具，無明具即是法性具。性具可以說緣起，以智非生滅法故，非緣起法故。無明具可以說緣起，以無明即是心法故，或中道實相理，非心法故，成立不起故，故只言「性起」，不言「性具」。一切法皆在「一念無明法性心」處成立，所謂「一念三千」皆是本有，無一可改。以從勝說，故言「性具」或「理具」。蓋「三千宛然，即空即假即中」。此「不壞假名而說諸法實相」，即圓實相。雖有承于般若實相學，然而亦卻是「中道實相，即圓實相」，亦仍是「不壞假名而說諸法實相」，然而與般若經及龍樹中論所談者異也，以有存有論的圓具故。故般若經與龍樹中論所談者則只是通教。此通教須有重新之規定，當有兩義，一是有限定意義的通教，此如天台宗所說之通教即是此種通教；一是無限定意義的通教，此當是通一切大小乘而為共法。此見下章詳檢。

禪宗到六祖惠能捨《楞伽》傳心而重般若經，依般若經（金剛經）之「應無所住而生其心」，言下大悟「一切萬法不離自性」，「何期自性能生萬法」？「自性能生萬法」，此好像與「性起」為同類，亦是「唯真心」。然而若經過仔細考察，不是望文生義，則知不然。彼言「自性」或「自本性」，就是每一人自己的真性，「本來無一物」的空寂性。此是將實相般若以及《中論》之觀法所見之性空實相直接收于自己身上來，而存在地實踐地亦即頓悟地就「直指人心見性成佛」而言者。此時不是悟自己的本性、真性。此性是無所謂生不生起不起的。「自性生萬法」亦云「含具萬法」。此種不甚嚴格的漫畫辭語倒類性具，不類性起。因為真正實際地生起萬法者是心，並不是性。而心是幻妄心，緣識心。故云「心是地，性是王」。又云「性在身心存，性去身心壞。」依自己的本性起現無所住著的般若清淨心，不于諸境生念，這亦曰「自性般若」，但這卻不是「真心即性」之生起般若智用。故「性起」之意（見下章）。「生」是含具義，成就義，不可以其漫畫式的說法而生誤解也。神會言「靈知真性」倒是相應惠能的悟解，漫畫式的說法，大類性具圓教，不類性起別教。

「自性生萬法」亦云「含具萬法」。此種自性般若就是每一人本有的般若清淨心，由「無念」而見者。故心本如幻，而于幻境上不生念，便是般若清淨心，便是「無所住而生其心」，不是于色聲香味觸法上生心。故亦云：「識自本心，見自本性，即名佛。」此自本心即是無所住著的般若清淨心。此智心含具萬法，以「不斷百思想」，即于幻妄而無念故。故自本性亦含具萬法，以「性在身心存」故。而萬法之實際地生起却在「含藏識」，即于幻妄心，不是由自性生起也。此亦猶《中論》所說「以有空義故，一切法得成」之意（見下章）。「生」是含具義，成就義，不可以其漫畫式的說法而生誤解也。

神會言「靈知真性」倒是相應

85

性起別教之禪,故圭峯宗密得以之與華嚴宗相會而言禪教合一。
以上諸論斷,此後各部各章將陸續展示之。

佛性與般若

第一部 綱領

第二章 中論之觀法與八不

第二章 中論之觀法與八不

大智度論是解經的,故前章以經為主,觀般若之妙用。論中雖內容豐富,然只是就經所涉及者而予以注釋,故吾人不能就論之注釋內容作系統的陳述,以本無系統性格故。就經而言,雖品數浩繁,共九十品,然重重複複,只多方說一個意思,故其主要精神卻甚簡單,只是蕩相遣執,「不壞假名而說諸法實相」。

中論是龍樹之自造,此亦可說是「隨自意語」,故亦稱為宗論,對大論之為釋論而言也。本章是就中論之觀法而言「緣起性空」之諦境,這是從客觀方面說,而般若經則是以般若為主,乃從主觀方面說也。

1. 一切基層具體存在而披露于吾人眼前的事法本是緣生。十二緣生本是佛所親說。諸行無常,諸法無我,涅槃寂靜,所謂三法印,亦是佛所親說。龍樹即就這緣生義徹底地普遍地充其極而說「緣生」為大前題。如果以「緣生」而不增不減,則由緣生即可分析地至那「緣起性空」這一通則;而「緣起性空」一語本身亦是分析語:由緣生分析地即可知無自性,由無自性分析地即可知緣生。故「緣生無性」非綜和語。

· 89 ·

故中論觀因緣品第一開頭即云：

不生亦不滅，不常亦不斷，不一亦不異，不來亦不去。
能說是因緣，善滅諸戲論，我稽首禮佛，諸說中第一。

此頌語即是所謂八不因緣頌。「八不」是形容因緣生起的，不是如一般通常形容一個絕對實有如上帝之類的。本說緣生，何以又說不生乃至不滅等等？曰：此由緣生無性而來也。故若「緣生無性」一語為分析語，則此八不亦皆是分析語，即皆為套套邏輯地必然的。「不生」是說沒有一個有自性的生法，「不滅」是說沒有一個有自性的滅法；「不常」是說沒有一個有自性的常法，「不斷」是說沒有一個有自性的斷法。不二不異，不來不去，亦然。「不生」是遮撥那有自性的生，即有定相的生。此即示生非定相也。吾人通常所說的生、滅、常、斷、一、異、來、去，實當該皆是描述語，並無獨立的意義，故姑且描述地妄言之，方便言之。生滅等若當作概念看，則是有自性的，有一定的意義的，否則不成為概念。但此自性（定義）只是概念自己描述語，即有自性。世間並無一個獨立自體物曰的。若就其所指謂的法之實而言，則是無有自性，「生」。若知生之概念是由描述語（非指實語）而撰成，則撰成後的概念自己雖有其自性，然而既知其怎樣來，即當怎樣融回去。如是，若落于法之實然而言，則仍是無自性。概念自己底自性是由描述而綜括成的。而所描述的法之實處却無一個獨立自體物曰「生」相可得也。因此，就法之實而言，則無自性的緣生即是「無生」。無生者，無有自性定義的「生」。若由這

樣的「無生」而即想到「滅」，則亦不是。蓋這樣的「無生」並不即函着滅也。因此，我們可說「不生亦不滅」。若由這樣減為有自性定義的滅，則更非是。滅概念自己之自性定義亦是由描述而綜括成。怎樣來，即當怎樣融回去，亦無決定的滅可得也。因此我們同樣亦可說「不滅亦不生」。

義的生，則亦同樣非是。

常斷亦復如是。「常」原亦是就無生無滅的緣生相續而作描述的描述語。常概念自己之有自性與定義亦是由描述而綜括成。若落于緣生法之實上卻並無一個獨立自體物曰常。因此，得曰「無常」。無常者，無有自性定義的定常可得也。反之，同樣亦可說「不常亦不斷」。若由這樣的無常而想到斷乃至有自性定義的斷，亦同樣非是。因此，我們可說「不斷亦不常」。

一異亦復如是。同一與別異原亦是就無生無滅的緣生相續而作描述的描述語。一異乃至一異概念自己之有自性與定義亦皆是由描述而綜括成。若落于緣生法之實上，並無定一與定異之可得。因此，我們說「不一亦不異」。

來去亦復如是。（「出」原譯文寫為「出」，實即「去」義，不如直改為「去」。）原誤寫為「出」。）來去是運動相，原亦是就緣生相續而作描述的描述語。來去概念自己之有自性與定義亦皆是由描述而綜括成。若落于緣生法之實上，亦並無定來定去之可言。無定生定滅，即無定來定去。因此，我們亦可說「不來亦不去」。

或者說，生滅、常斷、一異、來去原只是描述語，就描述而成概念，原只是形式概念，

形式概念可以拆穿，拆穿已，落于法之實上，並無這些定相可言，然而緣生法之法體如桌子並非形式概念，乃是實物概念。實物概念所指之實物當有其自性，何以說桌子乃至桌子不同于粉筆？此皆普通所謂個體物，個個不同者。既有個，而又個個不同，則當有其個體之自性。曰：是不然。蓋個物本是緣生，並無獨立自體之個物。個物亦是由描述而綜括成的。個物雖與八相不同，然在此，這兩者是等值的，甚至可說是同一化了的。（普通所說八相遷物與此處所說八相略異，然亦相類，故即以此處之八相說之亦無礙。）因此，八相與個物皆是由描述而計執，由計執而綜括成的，故亦可說皆是假名也。假名者，以虛假之名言來施設個物之個與八相之相也。若知其是假名施設，則撥而去之，無任何定相可說也。故實相一相，所謂無相，即是如相。然則個物之個以及八相之相皆是計執，此則甚為顯然；而康德說這是由時空所表象所概念（範疇）所決定，亦可通也。若知其是計執，是假名施設，是時空所表象，概念所決定，而不客觀地執實，即執有客觀的自性，則亦無過。過在執實，執有客觀的自性也。是則計執，若知其是假名施設，方便表象與決定，方可成俗諦，以今語言之，方可成科學知識也。是則計執，若知其是假名施設，方便表象與決定，方便表象與決定，方便亦並非全無價值。

2. 以上是綜說。若就不生而言，〈中論觀因緣品〉復有頌進而作詳細推核云：

諸法不自生，亦不從他生，不共不無因，是故知無生。
如諸法自性，不在于緣中。以無自性故，他性亦復無。

第十三云：

大聖說空法，為離諸見故。若復見有空，諸佛所不化。

「若復見有空」，即把那個抒義的「空」字執實化，更進而將此空物執實為一本體或實體，則更是大顛倒。是故十八空中必有「空空」。空空者即是空却此執實之空物見與空體見，而還歸于抒義之空字，即是緣生法之如相無相，即實相也。

此種徹底的普遍的「緣起性空」根本就是「體法空」：「即色性空，非色敗空。」前句是體法空，後句是析法空。析法空是小乘之見。到大乘，統是體法空。若真遵守緣生一原則，則必亦自能進至體法空。是故體法空是通一切大小乘之共法。（小乘若不停滯于其析法空，即可以體法空通而引之。雖通而引之，亦不必即能

前四句即是無生四句。諸法不自生，亦不從他生，亦不自他共生，亦不無因生。四句求生不可得，是故緣生如幻。能如此知，即是無法忍也。如諸法有自性，則不在于緣中，即知無自性。本法既無自性，則他法亦無他性。無他性即無他之自性也。是故緣生即無性，無性即緣生。故「緣起性空」一語是分析語也。

「緣起性空」是遮詮，即遮撥自性也。若問：既無自性（性空），則當以何為性？即答曰：以空為性。因此而曰空性或空理，此是表詮也。此正表之空性或空理（亦曰如性或真如）是抒義字，即抒緣生法之義，非實體字。若以此空性為本體或實體，則誤。是故《觀行品》

捨棄其小乘之身分。如天臺宗所言之通教本身是大乘,而其所通共之小乘仍是小乘也。此即示徒觀法之異不能決定大小乘之所以為大為小也。)

3.「體法空」就是「不壞假名而說諸法實相」。是故〈觀四諦〉品第二十四云:

眾因緣生法,我說即是空,亦為是假名,亦是中道義。未曾有一法,不從因緣生。是故一切法,無不是空者。

案:此是《中論》最有名的兩頌。意思似已甚顯,似不應有太多的爭論或糾纏。然在順通語句上前頌却似有兩解。關鍵即在「亦為是假名」之一語。一解,以為此語是說空的,即「空亦復空」義,空亦是假名。此是防執實有空。青目釋云:「眾因緣生法,我說即是空。空亦復空。但為引導眾生,故以假名說。」月稱釋云:「即此空離二邊為中道。」如是,此四句當有兩主語。前兩句以「因緣生法」為主語,後兩句以「空」為主語。前兩句就是「緣起性空」義。後兩句接着就說此性空之空不可執故,所以它就是「中道義」的空。中道是就此空「離有無二邊」說。離有邊,亦因為它亦是假名故,所以「亦為是假名」亦是抒義字,非實體字。若執為實體字,則是有見,常見,增益見。離無邊,是說此空是就緣生無性說的,不是一聞說空,便認為什麼都沒有,成見,斷見,減損見。此兩邊皆是大邪見,亦可說皆是「惡取空」。若認為什麼都沒有,離此兩邊,故是中道空。此解恐是梵文原文的本義。若如此解,則「亦為是假名」中的「為」字是「因為」義,「為是」「為」字亦不可說為「謂」。此空亦因為是假名,所以這空亦就是「中道義」的空。因此,「為」字亦不可說為「謂」。

接着就有下四句：「未曾有一法不從因緣生，是故一切法無不是空者」。「無不是空者」意即無不是這樣的中道空者。〈中論亦曰〈中觀論，就是論這樣的「中道空」或「中道空觀」。此中道空就是第一義諦。俗諦就是無性的緣起幻有，即假名有。因此，這仍歸于本品前面所說：「諸佛依二諦為眾生說法：一以世俗諦，二第一義諦。若人不能知分別于二諦，則于深佛法不知真實義。若不依俗諦，不得第一義。不得第一義，則不得涅槃。汝謂我著空，而為我生過。汝今所說過，于我則無有。以有空義故，一切則可成。」此即示〈中論仍是二諦論。雖有空假中三字。而「中道」是形容假名說的「空」的。我這樣的「中道空」並不是「著空」。于我這樣的「中道空」中並無汝所說之過。正以有這樣的中道的「中道空」，所以「一切法得成」。若無中道的「中道空」，一切則不成。此即〈中論仍是二諦論。

以性空，所以才是緣起，因而才有緣起的一切法。「以有空義故，一切法得成」，這並不是說以空性為緣起了。既無緣起，那裡還有一切法？「以有空義故，一切法得成」，故一切法得成實體而生起萬法也」，乃是說以空假生義，以緣生義得成實體生起上之也。這「因此所以」是「緣起性空」一義之詮表上的邏輯因故關係，非客觀的實體生起上之有的因果關係。此不可誤解。此一總原則當為佛家所共同遵守之通義。後來展轉發展，亦存在的可令人生誤解之嫌疑辭語，如天臺宗之「性具」，起信論與華嚴宗之「自性能生萬法」，皆可令人誤認為是本體論的實體之生起論。六祖壇經亦之畫語，其實意不是如此。天臺宗之「性具」，更不是如此。其實皆不是。六祖語是漫說穿了，亦不是如此。凡此，吾于各該章中俱有詳簡。在此一提，是令人注意「以有空義故，一切法得成」一語之重要以及其實義。

另一解是四句一氣讀，連三即。衆因緣生法，我說它們就是空，同時它們亦就是假名有，同時這亦就是中道義。這大體是天臺宗的講法。這或許不合原文語勢，然于義無違。這樣講法，「亦爲是假名」中的「爲」字無特殊的意義，「爲是」是重疊字，而且此句亦不是謂述「空」的，乃是謂述緣起法之幻有說假名；「空亦復空」是對于空之注解語，是多餘的，說可，不說亦可，縱使不說，亦不至于把空執實，執實爲實體。這是抒其無自性的空義，這是分解地單顯空義以爲眞諦。「亦爲是假名」，這是分解地單就緣起幻有說假名法以爲俗諦。合起來兩面相即，便是中道。空即于緣起無性而爲空，非永遠停在分解說的空義一面而不融于空；緣起即于空無自性而爲緣起，非永遠停在分解說的幻有一面而不融于空。這樣的相融即，便是中道圓實諦，亦名一實諦。三諦是分解地說，最後歸于一實諦，是圓融地說。即三而一，即一而三。分解說的前二諦是方便，歸于一實諦即第三中道諦是圓實。中論是就空一頭說的，因此的二諦說亦不相衝突。這不過是把中論的中道空移爲中諦而已。中論是就分解說的空有兩面說，故中成爲圓實諦，即第三諦。此兩說豈不相函乎？中論說豈不是中道實相而中道實相豈非即中道空乎？而且天臺宗亦非一往說三諦，它亦可說二諦。如法華玄義就四教說七種二諦，豈非二諦論乎？說二說三皆可。最後說一諦無諦亦可。于此起爭論，說同異，實無意趣。天臺宗與空宗之差別不能在此決定也。就「緣起性空」一義，展轉引申，說有種種說法，一是是分析的。吾人不能說前賢對于此基本義尙不透徹也。如賢首說總別同異成壞六相，亦是就緣起性空說的；其展示法界緣起之圓融無碍而說相即相入相攝，亦是就

緣起性空說的（其他不論），杜順法界觀門中之三觀：真空觀，理事無礙觀，周遍含容觀，亦是就緣起性空說的。而華嚴宗與空宗之異亦不能在此決定也。天臺宗說三諦亦復如此。焉能一見說三諦，便覺其與中論相違？說其違原文語勢可，不能說其違義也。說違二諦明文亦可，然二諦三諦相函，並不相衝突，故于義亦無違也。

4.二諦三諦既相函，亦就是「緣起性空」一義之所函，則就二諦說，便函着二諦觀，就三諦說，便函着三諦觀。諦是境，觀是智。智者，般若智也。故無論二諦三諦，皆是通過般若智而說的。天臺宗說三觀，文據是菩薩瓔珞本業經。此經說：「三觀者，從假名入空，二諦觀，心心寂滅，進入初地法流水中，名摩訶薩聖種性，得入中道第一義諦觀；雙照二諦，心心寂滅，進入初地法流水中，名摩訶薩聖種性，得入中道第一義諦觀；雙照二諦，是二觀方便道。因是二空觀，得入中道第一義故。」（卷上賢聖學觀品第三）。以此三觀配空假中之三諦。文雖出于瓔珞，然與般若經之三智亦相順應而無違也。如此，三智三觀與中論緣起性空一義之既可說爲二諦，亦可說爲三諦，順應而無違也。天臺宗是這樣會通說的，依義不依語，不必定執于語勢與二諦之明文也。三智三觀，瓔珞經既可說三智，中論之空假中爲何定不可說三諦？諦境方面既如此，則觀智方面亦如此，即二觀三觀皆般若智之妙用也。

茲仍就中論之二諦來說。中道空固是第一義諦，是實相，即假名幻有（緣起幻有）之俗諦亦是實相，兩者是一義也，故最易于說真俗不二。如幻有之爲幻有而不增不減，即是實相，亦是真如。故「因緣所生法我說即是空」也。《中論》「空亦復空」，空是假名，則緣起幻

有當然更是假名,彼亦不能反對于幻有說假名也。緣起幻有既是假名說,則就幻有而說不生不滅,不常不斷,不一不異,不來不去,這當然是般若智之智照,亦是即寂即照之寂照,俗亦就是實相般若。故八不之緣生幻有觀即是無執無相之實相觀。就幻有之為幻有說俗諦,俗而不執,俗才是諦。故八不之緣生幻有觀即是無執無相之實相觀。就幻有之為幻有說俗諦,俗而不執,俗才是諦。八不不執,即是八不。知其為假名而不執有自性,當然有順俗假名說,亦可方便說八相也。是則俗諦即真諦也。故真俗不二。幻有而為俗諦者,就幻有順俗假名說,亦可方便說八相也。是則俗諦即真諦也。故真俗不二。幻有而為俗諦者,就幻亦就是八不也。是則中論之就八不觀中之幻有假名說俗諦,此俗諦即是如實之照,亦即無執之緣起。「執」即是唯識宗所說之遍計執。就阿賴耶識之緣起說,則說識之遍計執性,或遍計所執性。龍樹學只是般若蕩相遣執之般若學,無唯識之系統。故只就般若而蕩相遣執以言徹底的普遍的中道空,未說及執之根源。若與唯識宗三性相比,則中論似只有依他起性與圓成實性,而無遍計執性。並非不承認有遍計執性,只是在般若智之妙用下,已蕩去一切執矣。一切是緣起性空,即是去自性。自性即是執。不知性空,順緣起而到處執著,即是遍計故緣起遍,執亦可隨之而遍。般若蕩相遣執即是遍蕩一切執,遍遣一切執也。是則表面順二諦似只有二性,實即預伏一遍計執性也。唯不建立阿賴耶系統,對于執之根源無說明耳。此亦見般若學之特色。《般若經》與《中論》皆如此也。此並非說《中論》只講空,不講有。一切緣生法就是現成的有;「不壞假名而說諸法實相」,假名諸法亦是現成的有。「以有空義故,一切法得成。」豈不說有耶?豈是壞耶?惟對于一切法不作根源的說明而已。若說根源,說根源就是緣生,此與阿賴耶系統或如來藏系統之具備一「根源的說明」之說法不同。說根源就是緣生,這等于未說明,這只是一套套邏輯。蓋緣生就是一切法也。然而這却就是般若學之特色。這

《法華玄義》卷第五下說別教三法處有云：

元夫如來初出便欲說實。為不堪者，先以無常遣倒；次用空淨蕩著；次用歷別起心；然後方明常樂我淨。龍樹作論，申佛此意。以不可得空洗蕩封著，淨諸法已，點空說法，是名與般若相應。此空豈不空于無明？無明若空，種子安在？智者應一切法空，是名與般若相應。

是則「點空說法，結四句相（即不自、不他、不共、不無因生之四句）」即是「如來初出便欲說實」之說法也。然則一切分解說的系統皆權說也。然而這些權說亦應有之文章。必先了解此般若學之特此，吾先以此「點空說法」為中論說法（說有）之特色。然後方能了解此後之一切發展。勿謂中論有所不足，色，可是亦勿謂中論就是最後最圓之足，因為它究竟未經過一切權教之消化故，然後方能了解此後之一切發展。勿謂中論有所不足，足。可是亦勿謂中論就是最後最圓之足，因為它究竟未經過一切權教之消化故，是形式的足。此意，下面還要論及。現在返回來仍就俗諦一說未竟之意。

「諸佛依二諦為眾生說法」，此中之二諦是通過般若無執而說的，此亦名曰聖智下的理事二諦或幻空二諦。八不的緣起幻有是世俗諦，幻有性空是第一義諦。這兩者是無礙的，但是無礙，而且根本是一回事，故總說真俗不二，如僧肇之〈不真空論〉即盛發此義。在此，世俗諦是無執的，只就幻有邊說為世俗而已。世而不執，才是俗諦。世而執不能算是諦。如唯識宗三性中之遍計執性純是虛妄，須撥而去之。虛妄便不真，不真便不能說是諦。故世俗而

99

日諦，便是無執的世俗，聖智下的世俗，不是如凡夫不覺所見的世俗那樣的世俗，也就是說不是如我們普通世俗所說的世俗是不自覺地總含有計執在內的，因此，處處覺得總有定相，總有自性。若依佛家，不管是那一宗，這便不能算是諦了。但是在今日，這裡顯出一個問題，即：若處處不能說定相，說自性，便不容易成立科學知識。在八不之下，是不可能有科學知識的。科學知識是依靠決定性的概念而成的。依此，若無計執，根本不能成科學知識。全部科學知識就是一套計執。若于科學知識而亦可以說諦，這才算是真正的俗諦，但這俗諦却是有執的。如是，計執固是虛妄，但這虛妄之執却並非全無價值。我們似可說虛妄之執中即有諦性，因此我們始可說科學真理，否則便不能說眞理了。只是對聖智而言爲虛妄而已。但是眞正的聖智似亦不能忽視這種虛妄之執中的諦性。若全無諦性，則可忽視，亦可撥去。但若有諦性，則不能完全抹殺。聖智亦不能違背這樣的世俗。

吾人如何成就這樣的世俗呢？首先科學家亦可以知道緣生無性。所以我們說世俗所說的生滅常斷一異來去乃至因果等原只是一些描述的詞語。順這種世俗的描述詞語而綜括成一些決定性的概念。再由這些決定性的概念來決定客觀事實，因此，皆成爲定性。是則事實之定性皆是由決定性的概念來綜括成或計執成的。但若不這樣地來綜括成或計執成定性，科學知識便不能進行。這一層意思即隱含着康德所說的那一套。依康德，若無時空性的表象以及科學知識的決定，我們便不能有經驗知識。因此，客觀事實的時空形式所表象以及由作爲範疇的形式概念（純粹概念）所決定。只有這樣，才使科學知識即俗諦成爲可能。這樣講，亦性、質性、與關係性（常體性因果性與共在性）皆是由主觀的時空形式所表象以及由作爲範

不是客觀地肯定緣起法有自性，但却肯定了計執之諦性。如果我們這樣說俗諦，則聖智中之二諦合而為一眞諦。聖智中之二諦無礙是直接的無礙，其實是一回事。但這直接無礙的二諦合而為一眞諦與我們所說的自覺的計執俗諦之為二（這樣說的二諦才是眞正的兩種諦）不能是直接的無礙，亦不能即是一回事。（因為聖智亦不能違背這種俗諦），那當是間接的無礙。此種間接無礙可能即在自覺的計執有自性。只要不客觀地肯定諸法自有自性，順世俗所見而明其是由時空所表象並由概念所決定，這便是自覺地要求于計執，肯定了計執之諦性。自覺地肯定諸法自有自性，這便永不能此計執。此種可以與眞諦無礙——間接地無礙。

無礙了。間接云者，在自覺地要求于計執中，諸法必須有定性，這便不能直接地與八不的無定性相融即而無礙；但旣是自覺地要求于計執，而不是客觀地肯定諸法自有自性，這便不能直接地相融即而無自覺地撤消此計執，這可以無礙。合而言之，便是間接的無礙，而不是直接地相融即之無碍。此便是吾所說的科學知識在中國諸聖敎中是「無而能有，有而能無。」而在西方基督敎傳統中，有者（人）不能無，無者（上帝）不能有。凡此俱見「現象與物自身」一書。讀者欲知其詳，可參看。

吾此處所說的俗諦是比傳統所說者進一步。若依傳統所說，便不能極成這種計執的俗諦，它只能就無的緣起說俗諦。就計執說俗諦就是旣知其是計執，而又知其有諦性，故須自覺地要求此計執。這當然不是說凡計執皆有諦性。

5.現在再就「以有空義故，一切法得成」，這普遍的泛緣起論之原則，以明其具體的應用。我已明這「空」非實體字，因此，此原則不是說由實體性的空起一切法。這只是說由緣

生無性始有一切法。簡單地說,一切法就是緣生。若執有自性,則無緣生,此則便等于無一切法。這是撥去了自性,只剩下幻化的緣生之一層論。這是泛說的通則。現在再就具體的事例以明此通則。〈觀四諦品〉第二十四論主首明難者之意云:

若一切皆空,無生亦無滅,如是則無有四聖諦之法。
以無四諦故,見苦與斷集,證滅及修道,如是事皆無。
以是事無故,則無有四果。無有四果故,得向者亦無。
若無八賢聖,則無有僧寶。以無四諦故,亦無有法寶。
以無法僧寶,亦無有佛寶。如是說空者,是則破三寶。
空法壞因果,亦復悉毀壞一切世俗法。

這是外人的疑難。論主則答云:

汝今實不能知空空因緣,及知于空義,是故自生惱。
(下即「諸佛依二諦為眾生說法」,以及「以有空義故,一切法得成」,乃至「眾因緣生法,我說即是空」等頌,前已引過,今略。)

若一切不空,則無有生滅。如是則無有四聖諦之法。
若不從緣生,云何當有苦?無常是苦義,定性無無常。
若苦有定性,何故從集生?是故無有集,以破空義故。

苦若有定性，則不應有滅。汝著定性故，即破于滅諦。

苦若有定性，則無有修習，若道可修習，即無有定性。

若無有苦諦，及無集滅諦，所可滅苦道，竟為何所至？

若苦定有性，先來所不見，於今云何見？其性不異故。

如見苦不然，斷集及證滅，修道及四果，是二皆不然。

是四道果性，先來不可得，以無八聖故，今云何可得？

若無有四果，則無得向者。諸法性若定，無四聖諦故，亦無有法寶。

無四聖諦故，無法寶僧寶，云何有佛寶？

汝說則不因菩提而有佛，亦復不因佛而有于菩提。

雖復勤精進，修行菩提道，若先非佛性，不應得成佛。

案：此是說若不知緣生無性（性空），而執有「定性」，則苦集滅道四聖諦即不可能。蓋若苦有自性定性，則因見苦而修道滅苦即不可能。有定性，云何能滅？集若有定性，則亦不能因修道而斷集。苦不能滅，集不能斷，則修道亦無用，此即無道諦。既無道諦，則證滅之滅諦亦不可能。證滅既不可能，則聲聞之四果，乃至四向亦不可能。無四向四果，即無僧寶。無四諦，即無法寶。無僧寶，焉有佛寶？是即示：若不知緣生無性，則即破壞四諦以及三寶。

最後兩頌就佛寶說，反能成就四諦三寶。若知緣起性空，則不因佛而有于菩提」。蓋佛既是定性自性的佛，則不是因修道得無上正覺而為佛。而菩提若

是定性自性的菩提,則亦不是因佛(大覺者)之證得菩提而為菩提。如是,若眾生因是眾生故,未成佛故,即是原沒有這定性自性的「佛性」,則雖即修道,亦永不得成佛。蓋佛既是自性定性的佛,則有這樣的佛性,既沒有這樣的佛性,雖修道亦無用。如是,佛成定性佛,則眾生亦成定性眾生,即不能因修道而後有;無這樣的佛性定性佛說。這與《大涅槃經》的「一切眾生皆有佛性」之佛性不必相同。吾人固不能根據此頌說龍樹亦主張「一切眾生皆有佛性」,如真常論者之所主,可是同樣亦不能說龍樹必反對那真常論者的「一切眾生皆有佛性」,尤其不能說那真常論者的「一切眾生皆有佛性」即是自性定性的佛性。自性定性佛是一種執著,是虛妄。若《涅槃經》的「一切眾生皆有佛性」之佛性同于自性定性的佛性,則後期的真常經必皆是假。如是,龍樹學與真常經的佛性論必一真一假而不能相容。這是很嚴重的一種後果!在中國以前吸收佛教的發展中,是無人如此看龍樹學與真常經的,亦無人敢說它們是不相容的。如是,必有可以融通之道。如是,乃有判教龍樹在這裡是破斥自性定性佛,佛可因修道而成,而眾生亦非定性眾生,亦可因修道而成佛。這固不能說龍樹亦主「一切眾生皆有佛性」,但亦不能說他必反對這種主張。佛性論非自性執也。他不能說及此,只是未說及而已。因此,天臺宗判之為通教有特色。此即所謂教相。他的論點不在此,他的論點無法安頓。若不如此,則後來的佛教經論無法安頓。華嚴宗判之為始教。教未說及此,即就其止處而論其教相。若不如此,則為不相容乎?如或不相容,則或者俱假?吾人不能說它們是重複,因為其中確有不同。如是,則除以判教融通之,無其他妙法。一真一假。此皆非佛教之福,此點須注意,以可產生雙方的誤解:一方誤解龍樹亦主「一切眾生皆有佛論及定性佛性,此即〈中論〉此處

性」，另一方則誤解佛性論即是自性定性佛性之執，此皆非是，故特提出論之。〈中論〉此下即言：

> 若諸法不空，無作罪福者。不空何所作？以其性定故。
> 汝于罪福中，不生果報者，是則離罪福，而有諸果報。
> 若從罪福，而生果報者，果從罪福生，云何言不空？
> 汝破一切法，諸因緣空義，則破於世俗，諸餘所有法。
> 若破于空義，即應無所作。無作而有作，不作名作者。
> 若有決定性，世間種種相，則不生不滅，常住而不壞。

案：此是說若不知空義，則破壞因果罪福，以及一切世俗。此則易解。最後四句中的「不生不滅」與八不中的「不生不滅」不同。此是就定性的「世間種種相」說。既有定性，則成「常住不壞，不生不滅」，此是違背世間法的。是故總結說：

> 若無有空者，未得不應得，亦無斷煩惱，亦無苦盡事。
> 是故經中說：若見因緣法，則為能見佛，見苦集滅道。

此就是「以有空義故，一切法得成」之具體地說明。一切法空，無自性，皆是依因待緣而生，因此，遂得有一切法。即使是佛，一個覺悟的生命，佛格的存在，亦不是先天的定性

105

佛，有自性的佛，亦是依因待緣而修成的。因此，這個存在亦是性空，有自性，所以才可緣成而得有這個存在。正因其本無自性，是性空，即幻化的有，並非是自性的有，亦是緣起幻化的存在，即幻化的有，並非是自性的有。因此，這個存在，就其為存在而言，這恐怕是兩個問題。空無自性是一層，單就無自性而說來言「佛性」者就是自性執者。這恐怕是兩個問題。空無自性是一層，單就無自性而說眾生可成佛，此「可」只是形式的可能，而且無必然，結果是三乘究竟。就其依因待緣而進一步言其因義的可能，而且無必然，結果是三乘究竟。就其依因待緣而進一步言其因義可能成為佛之可能，此可能是真實的可能，有必然性，故是一乘究竟。再進一步，就其成佛後而言其佛身或佛格之意義，如清淨、寂滅、寂靜、光明等形容字所示者。再進一步，就其成佛後而言其佛身或佛格之意義，如清淨、寂滅、寂靜、光明等形容字所示者。這又是第三層的形容是自性執。這只是方便說示以勸眾生。若就其自證之不可說而一句不說亦未嘗不可如想像佛為一個自體物而言其即陰離陰的關係，那只是非存在的玩弄光景之戲論，這根本不可與于言佛，故龍樹得以破之。

6. 觀如來品第二十二云：

非陰非離陰，此彼不相在，
如來不有陰，何處有如來？
陰合有如來，則無有自性，
若無有自性，云何因他有？
法若因他生，是即非有我。
若無有自性，云何有他性？
離自性他性，何名為如來？
若不因五陰，先有如來者，
以今受陰故，則說為如來。
今實不受陰，更無如來法。
若以不受無，今當云何受？

若其未有受,所受不名受。無有無受法,而名為如來。
若于一異中,如來不可得,五種求亦無,云何受中有?

案:此是說假定想像佛為一個自體物,就像神我那樣,則「五種求」之,不可得,「一異」求之亦不可得。「五種求」者,㈠如來「非陰」㈡如來「非離陰」㈢㈣兩種,「此彼不相在」一語表示㈢㈣兩種。若想于五陰中求如來,則如來不有陰。「如來不有陰」。㈤如來不有陰。若想不于五陰中求如來,則如來不在五陰,㈣五陰不在如來,則如來不即是五陰。若想于五陰中求如來,那裡還有個掛空的如來?若說如來與五陰相在,則五陰有生滅,如來無生滅,異體如何能相在?若說五陰屬于如來而為如來所有,則如來與五陰仍是異體,離五陰而有如來,如靈魂不滅者然。五種求如來不可得,「一異」求之,亦不可得。「一」者即是如來即陰也。然已明如來「非陰」,故不能「一」。若「異」者,離五陰有如來也。然已明如來「非離陰」,故不能「異」。若「一」者,則如來即無有自性,因他而有,亦無他性。自他性無,即無自體物的如來。以無自體物的如來,以今受五陰故,故成為可說可見的如來。以這顯明可見的如來推知本有如來不同于五陰。雖不同而必須來受五陰始可說為如來,不受五陰,根本不能有一個始掛空的如來。「今當云何受」?既無先有如來來受五陰,如何能說這如來來受五陰?若以不受五陰便無如來,「無有無受法而為所受,以無能受故。既無能受,又無所受,如何說如來?以依汝之定義,則所受的五陰亦不能名為所受。是故以即陰之一與離陰之異求如來亦不可得也。是故...

107

寂滅相中無：常無常等四，寂滅相中無：邊無邊等四。邪見深厚者，則說無如來。如是性空中，思惟亦不可。如來滅度後，分別于有無。如來過戲論，而人生戲論，戲論破慧眼，是皆不見佛。如來無有性，世間亦無性。如來所有性，即是世間性。

案：此顯佛之眞實義。佛是有的。若因找不到自性執的佛，而說根本沒有佛，那是大邪見。佛是覺者。覺悟諸法本性空寂而即證顯了這空寂便是佛的「寂滅相」看佛，則佛根本是一個境界，而不是一個有自性定性的個體。從其降生王宮以後，出家，學道，破魔，成正覺，轉法輪，度眾生，以至入涅槃，這八相實都是因緣和合而有的緣起過程。這是假名說的如來。那裡有一個有自性定性的個體佛？但是從「成正覺入涅槃」方面說，他究竟是個佛（覺者），他證顯了那「寂滅相」本身不是緣起法。緣起法是基層。我們可就這緣起法而以八不觀之，但這作爲境界的「寂滅相」，這便是緣起法。他成正覺入涅槃是因着因緣而有，是緣起法；直證其無生，這便變成生滅有爲的假名幻有。如果我們硬要說它亦是一個法，那它便是另一層的法。這另一層的寂滅境界不是緣起法，因爲它根本不是一個基層的緣起中的一種意義。如果它亦是一個緣起中的法，則它便變成一個循環的圈子。那麼我們又要即就這緣起中的法，這便成一個幻有而直證無生，這便是第二序上的「意義」法，與說緣起法亦不同。此如法與法性，法是緣起法，而法之性（空寂性）不

是法,乃是法之意義。諸法以「如」為相,以「如」為位,諸法是緣起法,而「如」不是緣起法。正因諸緣起法以如為相,以如為位,始可說無一法可得。這無一法可得即是作為境界或意義的「寂滅相」,這就是佛了。這是從證境說佛,不是從假名的個體存在說佛。這作為證境的寂滅相既不能看成是有自性定性的個體佛,亦不能被置定為一實體性的實有,如神我者然,因為此中根本無我義故。它只是一個寂滅的境界,何有於我?我們於此說真我或神我者,是因兩步手術而成:一是把這寂滅相置定為一實體性的實有,二是因着個體假我的我義來拘括這實體性的實有,因此,遂把這寂滅相轉為一個真我或神我,其實這都是執著,根本須蕩除的。

依此,在寂滅相中根本無「常、無常、亦常亦無常、非常非無常」之四句。這些都是自性執中的戲論。如來證境超過戲論遠矣,而人自生戲論。如來是即就世間法之無性而直證無生的。如來所有的性(空寂性)就是世間法所有的性。如來無有自性(性空),世間法亦無有自性。〈觀如來品〉正說如來是如此。

再看〈觀涅槃品〉第二十五之所說:

若一切法空,無生無滅者,何斷何所滅,而稱為涅槃?
若諸法不空,則無生無滅。何斷何所滅,而稱為涅槃?
(此兩頌是承「以有空義故,一切法得成」而來。因頌是反遮前頌。)

無得亦無至,不斷亦不常,不生亦不滅,是說名涅槃。

（此一頌是正顯。）

涅槃不名有，有則老死相。終無有「有」法，離于老死相。
若涅槃是有，涅槃即有為。終無有一法，而是無為者。
若涅槃是有，云何名「無受」？無有不從受，而名為法者。

（此三頌遮涅槃是有。）

若「無」是涅槃，云何名「不受」？未曾有不受，而名為「無」法。

（此兩頌遮涅槃是「無」。）

受諸因緣故，輪轉生死中。不受諸因緣，是名為涅槃。

如佛經中說，斷有斷非有。是故知涅槃，非有亦非無。

（此兩頌總結涅槃非有非無。）

若謂于有無，合為涅槃者，有無即解脫，是事則不然。
若謂于有無，合為涅槃者，涅槃非「無受」，是二從「受」生。
有無共合成，云何名涅槃？涅槃名無為，有無是有為。
有無二事共，云何是涅槃？是二不同處，如明闇不俱。

（此四頌遮涅槃亦有亦無。）

若非有非無，名之為涅槃，此非有非無，以何而分別？
分別非有無，如是名涅槃，若有無成者，非有非無成。

（此兩頌遮涅槃非有非無。）

• 110 •

如來滅度後，不言有與無，亦不言「有無」，非有及非無。
如來現在時，不言有與無，亦不言「有無」，非有及非無。
涅槃與世間，無有少分別。世間與涅槃，亦無少分別。
涅槃之實際，及與世間際，如是二際者，無毫釐差別。

案：此對于涅槃之絕言體會同于〈觀如來品〉所言之「寂滅相」。蓋寂滅相即涅槃也。涅槃名「無受」，是無任何執受的。說有說無都是執受，也就是從寂滅相中凸起一種幻有的表象。它不受有，亦不受無。有受是生死，無受是涅槃。「終無有有法離于老死相」，即，一說「有」，即落于老死中。「未曾有不受而名無法」，即，一說「無」即落于執受中，因而亦落于老死中。因此，有無是有爲法，是緣起法。「涅槃名無爲」，而不可說爲「法」。「無有不從受而名爲法者」。有無既是執受，故是法（有爲法，緣起法）。「涅槃名無受」，此時「法」是第二序者，是吾所謂「意義」法，非法字之本義。但我們有時亦說「無爲法」，這恰似法與法性，法之性槃既無受，故亦非是「法」。法不出如，如亦不是法。是故「受諸因緣故，輪轉生死中；不受諸因緣，是名爲涅槃。」這是絕對的寂示此意。法不出如，如亦不是法。有與無貼不上，亦有亦無，非有非無，更貼不上。涅槃之實際只是空寂無相，（凸起的表象）之展轉增上，全是戲論，並合不上涅槃之實義。涅槃之實際亦是空寂無相，法不出如，亦無一可得。故此二際無少分別。而且涅槃際是即就世間法之緣生無性而直證無生而顯者。故涅槃與世間，世間與涅槃，亦無少

• 111 •

分別。但涅槃只是一種證顯之境界，故不可再墮歸于法，就之直證無生，這便是涅槃了。就寂滅相而言，這兩者無分別也。〈中論〉說涅槃只說至此。說至此，亦可算是盡了。

7. 現在，再進一步，作一衡量。

〈中論〉的講法已到盡頭。但亦可說這只是涅槃之通義，何以又有大小乘之別，而大乘中又有諸般的大乘？這諸般大小乘只是這一通義之不同的表示，因而只是重複，抑還是不只是重複，而尚有其他的特殊處？如果不只是重複，則將如何簡別這諸般大小乘之不同乃至此諸般大小乘與此通義之不同？關鍵唯在是否能進至「一切法作一窮源的說明，即吾所謂存有論的說明。而此問題之關鍵又在是否能進至「如來藏恒沙佛法佛性」一觀念。就〈中論〉對于一切法無根源的說明一問題，因而它亦無「如來藏恒沙佛法佛性」一觀念。它的通化當然不必限于已有的法數以般若蕩相遣執之妙用而通化之。〈般若經〉亦如此。該經只就現成的已有的法數以明。「一切」是通泛的，沒有特殊的規定。即此通泛的一切，亦沒有對之作一窮源的根源的說明。〈中論〉亦然，它只就一切緣生法而遮其自性，直證無生。法之源于緣生，這等于未說明。它的通泛的一切，它亦無對之作一窮源的根源的說明。這「絕對的，徹底的」一義之完成。這「絕對的，徹底的」，是對小乘之「析法空」而為徹底的，不是存有論意義的。它是對小乘之「析法空」一義而徹底地貫徹下去，因為徹底的方便說，未能依「緣生」一原則而貫徹下去，便是所謂邏輯意義的絕對與徹底。依「緣生」一原則而貫徹下去，便是所謂邏輯意義的絕對與徹底。〈般若經〉與〈中論〉都是絕對徹底的「體法

· 112 ·

空」，但這絕對徹底都是邏輯意義的，不是存有論意義的，因俱無存有論的說明故。〈中論〉從頭至尾，觀這觀那，共二十七品，只是表示「體法空」之觀法（中觀法），而所謂二諦亦是「體法空」之二諦：幻有為俗，幻有即空為真。此種體法空之觀法以及體法空之二諦可以說是一個「共法」（通義）。小乘固是「析法空」，然只是析法空之觀法與體法空之差異尚不足以決定大小乘之差別。即使進至巧度，亦不必即能是大乘。小乘之所以為小乘是在其悲願之不足，尤不足以決定其是大乘，捨衆生而自了。體法空固是大乘之觀法，然只這體法空亦不足以決定其是大乘。悲願大，不捨衆生。體法空之觀法只限于六識，而悲願大則是廣，是何形態的大乘。若〈中論〉之教法，藉以表示其體法空敎法，因有不同之說法，遂有各種不同形態不同程度的大乘。廣大悲願所成之大乘教法，天台宗名之曰通教。(華嚴宗名之曰空始教)。此有限定的通教大乘不在其體法空觀法之不足，而在其限于界內，未能窮一切法之源，即未能達至無量之境(恒沙佛法佛性即達至無量之境)。是則就滅度言，只能滅度「分段身」，不能滅度「變易身」。就四諦言，只能說無生四諦，不能說無量四諦。當然三界內的法亦可說無量無邊甚至一個欲界亦可說無量無邊，只是邏輯意義的，有特定範圍的，因而亦就是有限定的，相對的，終未能進至絕對的存有論意義的無量無邊。因此，我們也只好說那體法空所表示的無生四諦是有限定的無生四諦，依〈中論〉，釋迦佛這個個個體生命亦只是假名，如幻如化，這是一個分段身。只以性空說法身即

· 113 ·

示未能進至就「如來藏恆沙佛法佛性」說圓滿常住法身，這就是說只見無常，未能見常。那只依體法空而說的寂滅相（涅槃）雖不能說有說無乃至說亦有亦無，非有非無，亦不能說常無常，亦常亦無常，非常非無常，然這只是由直證無生而證顯的寂滅境界，這不能表示即是那就「恆沙佛法佛性」而說的圓滿常住法身。寂滅相是如，就如當然亦可說常，是無為，就無為亦可說常，（雖不准說有無等四句，常無常等四句，然這只是體法空下強度意義地說常亦無常，這是絕對言的如常，無為常，不是執受常），然這只是恆沙佛法佛性之廣度意義（外延意義）的常，尚非是恆沙佛法佛性之廣度意義（內容意義）的常，而視之只是那圓滿常特法身之示現。這只是就直證無生而滅度了那個分段而顯寂滅相，這就是法身佛。此義即顯中論是有限定的通教大乘。在此，它身與那圓滿常特法身融而為一，而視之只是那圓滿常特法身之示現。此義即顯中論是有限定的通教大乘。在此，它與小乘佛無以異：化緣已盡，灰身入滅。

如果我們以此有限定的通教大乘之體法空來引導小乘使之捨其析法空而進至體法空，這便是以體法空之觀法來與小乘共之，即依此共而說為通教──有限定意義的通教。在此情形下，小乘仍可只是小乘；即使引之進入大乘，亦仍是灰斷佛。即依此義說有限定的通教。即使是有限定的通教當身言，這共法在有限定的通教當身下，亦不能只由這共法來決定。就有限定的通教當身言，這共法在有限定的通教當身下，體法空是共法，可以是究竟，亦可以是大乘，而未究竟。但這個共法的究竟不能決定你是何種大乘。即使是有限定的通教當身，體法空下的寂滅相是通義，這也可以是究竟。就有限定的通教當身言，這共法在有限定的通教當身下，此共通小乘，雖是大乘，而未究竟。如果進至恆沙佛法佛性，它亦可在小乘中表現。如果以如果對此無量四諦尚有不同的說法，如阿賴耶系統的說法，如來藏真心系統的說法，以及天台圓教的說法，則此共法即在此不同的教法中表現。

• 114 •

如果就此共法而言通教，則是無限定的通教。自此而言，則中論與般若經亦可以是究竟的。但此不是天台宗所說的通教。天台宗說通教是指有限定的通教而言。它雖亦說通者前通小乘，後通別圓。但通後別圓是消極的，通前小乘是積極的，此即其所謂通教之當教（即當身）。它指出中論即是這種通教。就般若部而言，它說共般若（不共小乘之般若），此中有通別圓三教。它又指出還有不共般若（不共小乘之般若）亦是這種通教。它本身既非大乘，故亦含在不共小乘之般若中。實則般若只是它在小乘中表現，然因其是大乘，故亦非各種之大乘。它本身不負通別圓之責。它只隨着通別圓而表現其妙用。它是共法，亦是無諍法。天台宗把這共法義轉而為共般若（通教當身）與不共般若（通別圓三教）。因此，它是共法，此不甚妥貼。如果我們把這共法義提出，單就此共法義而說通教，則此通教是無限定的通教。如是，《中論》與般若俱是究竟的。但雖究竟，而又不能負諸大小乘之異而出，（化緣已盡，灰身入滅），則是小乘與有限定的通教。如果佛性是「如來藏恆沙佛法佛性」，則是別教與圓教。

（當然它亦不負小乘之責，所謂二粗一妙。）

般若只是共法義。《中論》則亦有共法義，亦有有限定的通教義。如是，〈中論〉與般若俱是究竟的。但雖究竟，而又不能負諸大小乘之異而出，（化緣已盡，灰身入滅），則是小乘與有限定的通教。如果佛性是「如來藏恆沙佛法佛性」，則是別教與圓教。

現在且把「如來藏恆沙佛法佛性」一觀念作一形式的規定：佛性者具着無量數的佛法而為佛性也。悲願弘大，不捨眾生。無量數的佛法具體地言之，即是十法界法（六道眾生加四

115

聖)。佛性具着恒河沙數那樣多的佛法而為佛性即是具着十法界法而為佛性。佛性從因地說，依涅槃經，即是三因佛性：正因佛性即是中道第一義空也；緣因佛性是斷德，乃是即于十法界法而為空也；緣因佛性是斷德，乃是即于十法界法而為智德也。正因佛性顯為法身，緣因佛性顯為解脫，了因佛性顯為般若。此總曰三德秘密藏，亦即佛果。三因佛性合而為一整一佛性，這樣的佛性根本就是體法空的寂滅相這一模型之應用于或移轉于恒沙佛法佛性上說，它根本未脫離體法空的寂滅相之廣度的（外延的）意義，而此言佛性則是在存有論的圓具下表達了這體法空的寂滅相之強度的（內容的）意義，因此必言恒沙佛法佛性也。（一切眾生皆有此佛性，《中論》無此主張，故外延不備；而且對于證顯了這寂滅相的來亦未能明其是即于而且具備着恒沙佛法而證顯這寂滅相，此亦是外延不備。）正因佛性為中道第一義空即是那體法空下的中道空之移轉于想成佛的眾生身上來而為其佛性。這個佛性既是中道空，則空而不空。空是就無生說，無一法可得。不空是就恒沙佛法之為假名而轉為無量無漏功德說。此即是「真空妙有」一語之所示。但這也就是原初那體法空下就緣起幻有說有，這幻有之轉移，也就是般若經「不壞假名而說諸法實相」中那假名法之轉移。不過原初只說幻有，而現在則是將幻有假名轉為無漏功德，着重在實相，着重在空字（中道空），只說假名而假名即實相，如此轉是即緣起幻有妨礙「幻有為俗，幻有即空為真」之二空不空。如此轉是即緣起幻有說有，因而稱為「妙有」，而着重空不空之中道第一義空（真空妙有）豈有背于體法空下諦耶？正因佛性既如此，則緣了二佛性即是吾人（眾生）藉以具體地體現這真空妙有者。寂

• 116 •

滅相之涅槃雖名曰「無受」，然不亦曰如智與如境乎？不亦曰解脫乎？就般若智德與解脫斷德而說爲清淨心亦未嘗不可。以此清淨眞心爲佛性亦未嘗不可。豈一說清淨心即流于梵我耶？是則就着具備恒沙佛法的三因佛性而說如來藏我，如來藏自性清淨心，亦未嘗不可。此時說常樂我淨亦未嘗不可。此與上帝之爲常，梵我之爲常，皆不同。它只是具備着恒沙佛法而一起爲常，此即所謂法身常住。此時之常不只是一個「如」常，而是具備着恒沙佛法之法而出如，一體平鋪之寂滅相。說無一法可得可，說恒沙佛法，法法宛然，亦可。實則常亦沒有常相。還是不背于那「如」常。此時說「我」亦無我相，那只是因着法身而方便說爲「我」。這只是因着即于而且具備着恒沙佛法而成佛，因而爲恒沙佛法之中心，即就此中心而說爲我。佛佛交光，因而中心亦無中心相。豈因一說我便成梵我耶？樂與淨易明，不須說。這樣的佛性非因此，說無我如來藏亦可。〈中論所遮之自性執之「佛性」。

以上是就「如來藏恒沙佛法佛性」一觀念所作的形式的說明，亦即分析的說明，故皆是必然的，以明其不背于體法空的寂滅相那個作爲共法的模型。此下再就此「恒沙佛法佛性」一觀念說其不同的解釋之系統相。

在「恒沙佛法佛性」一觀念下，如果把如來藏分解爲理佛性與事佛性，理佛性即我法二空所顯眞如，以無爲如理爲體，事佛性即依如理所可應得之事方面之佛性；此以有爲願行爲體，而不空是由事佛性之熏習緣修以起現，起現而爲恒沙佛法以充實那「空不空」但中之理（理佛性即眞實性或圓成實性，是即于依他起而爲如理，故原亦不空，但移于佛性而言空不空，則此空不空之中只是但中，須由熏習緣修以趣赴之）：如果

是如此，則是屬于阿賴耶系統。此系統已能窮法之源矣，但窮至阿賴耶而止。以妄識為主，以正聞熏習為客。天台宗亦以別教名之。但視之為「界外一途法門，非通方法門。恐猶是方便，從如來藏中開出耳。」華嚴宗名之為有始教（對空宗之為空始教而言），即大乘在有方面之開始一階段也。吾今借用此「始」字，依天台宗之判教，名阿賴耶系統為「始別教」。（空始教是大乘在空方面之開始一階段，是相當于天台宗所說之有限定的通教，不就龍樹學之亦有共法義一面而言之。）

在「恒沙佛法佛性」一觀念下，如果把如來藏理解為自性清淨心，或真如心，亦曰真常心，由其隨緣不變之兩義而說明流轉還滅之一切法，則為如來藏真心系統。此真心空不空之中理亦為但中之理，亦須由歷別緣修以趣赴之。此是以真心為主，以虛妄熏習為客。此則窮法之源已窮至超越的真心矣。天台宗亦以別教名之。華嚴宗名之曰終教，此終教以上，即為一段也。吾借用此「終」字，依天台宗之判教，名之曰終別教。依華嚴宗，此終教以上，即為華嚴圓教。然此圓教只是就毘盧遮那佛之寂滅相所顯之清淨境界亦即清淨真心而說一切眾生皆可有之之佛教視之。此一系統既就佛之寂滅相所顯之清淨境界亦即清淨真心以為分析的展示，既如此肯定，自有一實體性的實有或本體（即真心）之生起之嫌，因而亦有梵我之嫌。然亦只是嫌疑而已。此嫌疑仍可打散。及至反本還源，此嫌疑仍可打散。因為此真心原只是佛之寂滅相所顯之清淨境界，而其起現生死流轉實亦不是其自身之所起現，乃是即就着流轉方面通過緣修（內外熏習即真如之自體相熏習與用熏習）而反顯者，是故還滅而至究竟，仍歸于那寂滅而其于還滅方面所起現之清淨法亦不是另有一套法曰清淨法

· 118 ·

相,那嫌疑即被打散。不要以為一言真心即是梵我也。〈起信論〉雖云此真心「是一法界大總相法門體」,然此語只表示此真心具備著恒沙佛法,而恒沙佛法所成之整一法界皆不出此真心之如相,故此真心為此一法界之大總相而且是一切法門之體也。此焉得視為實體性的本體之生起論?

在「恒沙佛法佛性」一觀念下,憑依于此真心,如果如來藏是就迷就事而論,「一念無明法性心」即具十法界,「一念心即如來藏理」,三道即三德,一念心即性德三軌,此則是天台圓教。具系統下之三因佛性論。由性具而成一存有論的圓具,故不只是般若之作用的圓具,而且兼備一存有論的圓具為主,不只是通教之體法空,而亦不背于體法空。本只是念具,而無明即法性,以法性為主,故曰性具,亦曰理具。理者中道實相理也。此中為圓中,非但中。圓中者,性具地一切法趣色趣空趣非色非空之謂也。此是通過〈法華〉之開權顯實,發跡顯本,決了一切權教,決了聲聞法,決了阿賴耶。終別教之但中是性起地備一切而成者。圓中是性具地備一切法。通教體法空之中,〈中論〉之空假中如以三諦說之,此中但異空而已,中無功用,中不備諸法,如以二諦說之,那中只是中道空,亦不備諸法,因為對于一切法無根源的說明故,單只是就緣生無性而直證無生故。我們亦可以說,那體法空之即備,假名而為中或中道空而說其亦備諸法,如就其即于幻有于性具系統。

在禪宗方面,如依神會的如來禪而言,則屬于真心系統;如依惠能的祖師禪而言,則屬于性具系統。惠能說「一切萬法不離自性」,「何期自 `能生萬法`?」此亦不是實體性的本

體之生起論。「生萬法」實即「含具萬法」,而生法之實仍在幻妄之心或含藏識。說「自性生」者是漫畫式的辭語。說「自性具」者以「性是王」故:「性在身心存,性去身心壞。」此仍是「以有空義故,一切法得成」之義也。說「自性」者,以「本來無一物」之空寂性為自家之本性也。此是存在地實踐地將體法空轉移到自己身上來,「直指本心,見性成佛」,故成為禪宗也。

以上皆是略說,詳論見後各部各章。先綜列于此者,為明般若之蕩相遣執與〈中論〉之體法空皆是共法故。〈般若經〉,就其是共法,無諍法,而言,它是究竟的;就其對於一切法無根源的說明,只有般若之作用的圓具,而無存有論的圓具,而言,它是不究竟的。〈中論〉之體法空,就其是共法而言,它是究竟的;就其為有限定的通教或始教,那是不公平的。若就它們是共法而認為這是共法,而只將龍樹列為有限定的通教或始教,那是不公平的。若不知它們是究竟了,其他種種說皆沒有徹底了解「緣起性空」義,或「一切法空」義,這也是不公平的。須知通過「佛性」一觀念而來的真空妙有,空不空之中道,不只是于「緣起性空」一層上加上空不空,徒作無謂的重疊。若只如此,那性空論者的一切法空(中道空)自然已是究竟了,何必來這一些嚕囌!

佛性與般若

第一部 綱領

第三章 龍樹之辯破數與時

第一節 關于數目之辯破

第二節 關于時間之辯破

甲、不相應行法

乙、龍樹之辯破

第三章　龍樹之辯破數與時

《大智度論》卷第一釋「一時」二字云：

一者，今當說。

問曰：佛法中，數時等法實無，陰入持（界）所不攝故。何以言「一時」。

答曰：隨世俗故，有「一時」，無有咎。若畫泥木等作天像，念天故，禮拜無咎。說「一時」亦如是。雖實無「一時」，隨俗說「一時」，無咎。

問曰：不應無「一時」。佛自說言：「一人出世間，多人得樂」。是者何人？佛世尊也。亦如說偈：

我行無師保，志一無等侶。
積一行得佛，自然通聖道。

· 123 ·

如是等,佛處處說「一」,應當有「一」。

復次,「一」法和合故,物名為一。若實無「一」法,非二非三;二物中二心生,何以故一物中一心生,非二非三?若實無諸數,一物中應二心生,非二非三;三物中三心生,非二非三;三物中應一心生。如是等,三四五六皆爾。以是故,定知一物中有「一」法。是法和合故,一物中一心生。

問曰:若一有何過?

答曰:若一與物一,若一與物異,二俱有過。

問曰:若一與物一,何有過?

答曰:若「一、瓶」、是一義,如「因提梨釋迦」亦是一義。若爾者,在有「一」者應皆是瓶。譬如在有因提梨,亦處處有釋迦。今衣等諸物皆應是瓶。如是處處一皆應是瓶。復次「一」是數法,「瓶」亦應是數法。瓶體有五法,一亦應有五法。瓶有色有對,一亦應有色有對。若在一不名為瓶,今不應「瓶一」。「瓶一」不異故,亦不攝一,若說瓶,欲說瓶應說一。如是則錯亂。

又復欲說一,應說瓶,欲說瓶應說一。如是則錯亂。

問曰:一中過如是,異中有何咎?

答曰:若一與瓶異,瓶則非一。若瓶與一異,一則非瓶。若瓶與一合,瓶名一者,今一與瓶合,何以不名一為瓶?是故不得言「瓶、一」異。

第三章 龍樹之破辯數與時

問曰：雖一數合故，瓶為一，然一不作瓶。

答曰：諸數初一，一與瓶異。以是故，一無故，多亦無。何以故？先一後多故。如是異中一亦不可得。以是故，二門中求「一」法不可得。不可得故，云何陰持（界）入攝？但佛弟子隨俗語言名為「一」。實不著，知數法名字有。以是故，佛法中言一人、一師、一時、不墮邪見咎。略說「一」竟。

「時」者，今當說。

問曰：天竺說時名，有二種。一名迦羅，二名三摩耶。佛何以不言迦羅，而言三摩耶？

答曰：若言迦羅，俱亦有疑。

問曰：輕易說故，應言迦羅。迦羅二字，三摩耶三字。重語難故。

答曰：除邪見故，說三摩耶。不言迦羅。復次（一本無此二字）一切天地好醜皆以時為因。如時經中偈說：

時來眾生熟，時至（一作去）則催促。
時能覺悟人，是故時為因。
世界如車輪，時變如轉輪。
人亦如車輪，或上而或下。

更有人言：雖天地好醜一切物非時所作，然「時」是不變，「因」是實有。時法細故，不可見，不可知。以華果等果故，可知有時。往年近年，久近遲疾，見此相，雖不見時，可知有時。何以故？見果知有因故。以是故，有「時」法。時法不壞故常。

答曰：如泥丸是現在時，土塵是過去時，瓶是未來時。時相常故，過去時不作未來時。汝經書法，時是一物。以是故，過去世不作未來世，亦不作現在世。現在世亦如是。

問曰：汝受過去土塵時，若有過去時，必應有未來時。以是故，實有時法。

答曰：汝不聞我先說：未來世土塵，過去世瓶是未來世相中，是未來世相時，云何名過去？以是故，未來世不作過去世。墮未來世相中，非現在相中行。以是故，過去時，過去相中行。未來世，未來時中行。以是故，各各法相有時。

問曰：何以無時？必應有時。

答曰：若令一切三世時有自相，應盡是現在世，無過去未來時。若今有未來，不名未來，應當名現在。以是故，是語不然。

問曰：過去時，未來時，非現在相中行。以是故，過去時，過去相中行。未來世，未來時中行。以是故，各各法相有時。

答曰：若過去復過去，則破過去相。若過去不過去，則無過去相。何以故，自相捨故。未來世亦如是。以是故，時法無實。云何能生天地

第一節　關于數目之辯破

案：「一」是數目，「時」是時間。時間與數目俱是不相應行法，亦是分位假法，是無實自體與實自性的，非陰界入之所攝。陰界入是緣起實法，時與數則是思行之虛法，是抽象之思上的虛法。其爲假而無實可從兩層面說：一是從其自身說，數目皆是假名無實，二是從其粘着於緣起的實法上說。佛弟子，顯著者如龍樹，大體是從其粘着於緣起實法上說其爲假名無實，但名字有。「凡人心著，謂是實有法」。「但佛弟子隨俗語言名爲一心，實不着，知數法名字，但名字出。故，佛法中言一人、一師、一時，不墮邪見咎」。從此附着上說，數目皆是假名無實，即實有一個數目實際存在只是隨俗語言方便說之而已。若執着謂其是客觀世界中實有之法，即實有一個數目實際存在那裡，則無論如何，總說不通。如龍樹之種種破。然雖可破，而終不免於詭辯。此似有服人之口，不足以服人之心處。何以故？以種種分際未能簡別故，只粘附於緣起法上攪混着說，致語意多混擾滑轉故。關於「數」是如此，關於「時間」亦如此。乃至種種其他破，亦有此種混擾滑轉病。以是故，須作分際之簡別。

關於數目，先從其自身看。它是不相應行法，分位假法，這就表示它是從緣起實法上提出來而純是思想上的產物。就其為純思之物說，它是一個思上之形式之形式的有說，它是恒常不變，是形式的有之恒常不變，不是涅槃真我之恒常不變。就其為諸法實相之恒常不變說，它是恒常不變。它是形式的有，就其為「有」說，它是實有，有實自體就是形式的有之為自體，其實自性就是此形式的有之本性就是「形式的」。實自性，有實自體，有實自性，其本性就是「形式的」。有實自體，有實自性，有這形式之有，此是定有。若各別地說，「一」是定有，實有，決定地有，真實地有，有這形式之有，因此，「一」亦是「定一」之一，一即不能為二，是一決定概念也。「一」如此，二、三、等皆然。

數目與緣起實法的關係是標識關係。以虛層之形式的有標識緣起法之實際的有。如果標識而有效，即能標與所標俱成決定者，則形成世間知識，而此時之緣起即成世間之因果關係，乃至種種其他物理關係，種種其他物量數量關係。此時之緣起即非佛法之緣起。順佛法說，此是以虛層之形式的有固定化了那緣起法之實際的有。本然的緣起法之實相本不是如此的。此是一種執着，因執着而使所標識者亦成了決定的概念，因而亦有了自體與自性：「一瓶」真決定地有一個瓶，「一時」真決定地有一個時，一人，一師，這一切概念都成了決定的概念。實則只是吾人之執着。

如果所標識者被固定化而成了決定概念之執着，是一種執着，是思心之造作或幻結；但就其根源上為幻結說，則亦可以拆穿而令其無有，形式的有歸於無，此亦如冰解凍釋，冰凍即化歸為水，而冰相無，凍相無。數目實只是

思心之造作而為一種工具，為有限認知心的一種工具，若在神心圓智，則便無所用於數目。是則數目可拆穿而越過之也。如果吾人立於神心圓智或般若智的立場上，而就緣起實相說，則數目之形式的即拆穿，而其所標識者之決定性亦被拆穿，如是，則緣起實相顯矣。而一切數目之應用皆是順俗假名說，並無實義。如視為有實義，即客觀世界中實有數法，便是執着。執着便有種種說不通的過。

龍樹便是從緣起實相上說數目是假名無實，並破執實者之種種過。前者是通的，然後說者，則有種種不順適的詭辯。吾人以為去此詭辯仍可保存假名無實之實義。以下試檢查此中之詭辯相。

首先，問者曰：「佛處處說一，應當有一。復次，一法和合故，物名為一。若實無一法，何以故一物中一心生，非二非三；二物中二心生，非一非三；三物中三心生，非二非一？若實無諸數，一物中應二心生，二物中應一心生，如是，三四五六皆爾。以是故，定知一物中有一法。是法和合故，一物中一心生。」

對此設問，須有一解釋。「佛處處說一」，龍樹的解答是佛「隨俗語言」處處說一，乃至說二說三，而佛心無著，「知數法名字有」。實則在隨俗語言說一中，同時亦凸現出「一」乃至一般的數法是一種「實有」，此即設問者所說之「應當有一」。但此所應問者，是如何意義的實有呢？抑還是客觀世界中實有一個存在的數法呢？關此，龍樹沒有明確的說明。他所設想的執實者似乎是想其認定客觀世界中實有一個存在的數法，實有是這樣的實有。如果是如此之實有，即須遭受龍樹之辯破。以下先解說執實者何以肯定這樣的實有之數法。

執實者說「一法和合故，物名爲一」。這是說實有之「一」法（一這個法）與實物和合，該實物始得名爲一，即，得名爲「一物」。如果實無「一」法，而當吾人說「一物」時，「何以故一物中一心生，非二非三？」所謂「一心生」，其意蓋是對應「一物」，吾心中即生出「一個物」之意念，不能生出一個物或兩個物之意念；對應兩個物只能生出兩個物之意念，而不能生出一個物或三個物之意念；對應三個物只能生出三個物之意念，而不能生出一個物或兩個物之意念。此即表示實有之數法與一物和合時，有拘定限定之作用。因此限定之作用，一個物即因數目「一」之和合而爲「一物」，而不生二物或三物之意念。若實無「一」法，則吾人對應此「一物」而生一物之意念，而不二心或三心生？爲什麼不可「一物中二心生」，或二物中一心生」？人不能隨便想，一物設無數法之限定，人可以隨便想，一物中只一心生，而不是二心或三心生。既不能隨便想，一物定須想爲一，二物定須想爲二，而不能想爲一。否則便是自相矛盾。人不能自相矛盾，便已認定一物中實有數法矣。如是，必須認定一物中實有數法，是數與物和合，故一物只能想爲一物，非二非三：「一物中有一，是法和合故，一物中一心生」。此恰如這情形，即：若根本無鬼存在，則你可以對於鬼加任何謂詞而無有足以非之者。

如果數之實有真是如執實者之所意謂，則可以說這是數法之實在論。因爲這與水乳和合或物理化學的和合似不相同，縱使像水乳或物理化學生物那樣的和合，緣起性空論者都可以明其不可理解，而何況數法與物和合？數是怎樣地與物合在一起而可以使吾人說一物例如「一瓶」呢？這似乎是神秘！難處就在這個「合」。

• 130 •

第三章 龍樹之破辯數與時

這「合」是一與瓶兩者為同一之合，抑還是不同一而為異之合？數與物，就概念說，當然是兩個不同的概念；但就合說，則可以這樣設問：其合是同一之合呢？抑是不同一而為異物之合呢？執實者當然是認為異物之合，雖異物而仍可以合。但是數如果是客觀世界中實有之物，則其與物究如何合法，頗難索解。如果不是異物之合，而是同一之合，則更不通！因為數與物（瓶）明是兩不同之物，何以能成為同一之合呢？若真是同一之合，則必更有荒謬之結論出現。所以執實者必不會認為是同一之合。但不同一而可合，在這樣的實有論裡，如何而可能呢？問題之困難是在這樣的實有論而言之，倒不見得是在：同一之合，合而即同一，或是不同一而為異物之合，異即不能合，這種進退之兩難。執實者所言之合，其心目中自是在這兩難之外，即：雖異物而可合，雖合而不必為同一。但在兩難之外的這第三可能究如何而可能呢？假定數之實有是執實者之實在論那樣的實有，則這第三可能是很難說明的。所以最後的問題乃在這樣的實在論上論數與物之合。合之所以有困難是在認數之實有為實在論的實有。當直就此而解說之即可，不必設兩難以詭辯也。

但龍樹既設兩難矣，茲就其辯說順通其語意如下：

設一與物一，譬如「一瓶」，一與瓶一。如是，則有下難：

若一瓶是一義（一本無此義字），如因提梨釋迦亦是一義。若爾者，在在有一者，應皆是瓶。譬如在在有因提梨釋迦，亦處處有釋迦。一瓶一故。如是，處處一皆應是瓶。

復次，一是數法，瓶亦應是數法。如瓶衣等悉是一物，一亦應有五法。瓶體有五法，一亦應有五法。瓶有色有對，一亦應有色有對。

若在在一不名為瓶，今不應「瓶一」一。若說一，不攝瓶，若說瓶，亦不攝一，瓶一不異故。又復欲說一，應說瓶，欲說瓶，應說一。如是，則錯亂。

此是龍樹之辯破。如果一與瓶合而說為一瓶，在此「一瓶」之合中，一與瓶是一，即兩者為同一，合是同一之合。如是，「在在有一者應皆是瓶」之歸結。因為兩者既同一，則當其合時，一就是瓶，兩者無二無別。「處處有一者」如「一衣一桌，衣與一無別，衣全同於一，瓶亦全同於一，是故衣亦全同於瓶，是即「應皆是瓶」，亦可以說「應皆是衣」。「瓶衣等悉是一物，無有分別」。此當然不通。是故一瓶不能是一，瓶一不能是同一之合。

復次，「一是數法，瓶亦應是數法」云云，此則易解。此亦顯然不通。故一與瓶不能同一，其合不能是同一之合。

最後，「一與瓶兩者既是同一，則「在在有一者應皆是瓶」。「若在在一不名為瓶」，則「處處一皆應是瓶」。又，瓶一兩者既是同一，則亦不應說「瓶一」。既說「瓶一」，是以必須「處處一皆應是瓶」。「若說瓶，亦今亦不應說「瓶一」。「若說一，不攝瓶」，一就是瓶。「若說瓶，亦是同一，則亦不應說攝合，即無所謂和合。

不攝一」，瓶就是一。何以故？一與瓶為同一（不異），無所攝故。既如此，則亦可以「欲說一，應說瓶」，一就是瓶故。「欲說瓶，應說一」，瓶就是一故。如是，便成大錯亂。以是故，一與瓶不能是一。

如果一與瓶一既不可，然則一與瓶不同一而為異乎？

若一與瓶異，瓶則非一。若瓶與一合，瓶名一者，今一與瓶合，何以不名一為瓶？是故不得言瓶異一。

問曰：雖一數合故瓶名一，然一不作瓶。

答曰：諸數初一，一與瓶異，以是故，瓶不作一。一無故，多亦無。何以故？先一後多故。如是，異中一亦不可得。

以是故，二門中求「一」法不可得。不可得故，云何陰持入攝。但佛弟子隨俗語言，名為一心，實不著，知數法名字有，不墮邪見答。

案：此破異門。一與瓶兩者既異。則兩者相非。先從「一」說起。如果一與瓶異，則瓶非一。異者離義，各別義。「一」數既與瓶離而各異，既不能於瓶說一？即瓶非一也。瓶既不是一，「非」字是排拒義。瓶排拒一，永遠不能與一合而能將「一」粘附於瓶上，使吾人於瓶帶上一而說「一瓶」。瓶非一，不能於瓶說為「一瓶」也。

次從瓶說起。如果瓶與一異，則一非瓶。瓶既離而絕異於一，則瓶即不能趨赴而粘附於一，而一亦非瓶矣。瓶既不能來赴而一非瓶，則於一即不能帶上瓶而說為「一瓶」。以上是從「異」直接說兩相非即不能。

若兩相非而強為說合，則亦有過：「若瓶與一合，瓶名為一者，今一與瓶合，何以不名一為瓶」？意思是說：若瓶與一合，那麼，一與瓶合，瓶得名為一，此與「瓶、一」兩者無別，則瓶名一（瓶是一），一名瓶（一是瓶）兩相違。如是，異即不能相合，合則不能有異。今肯定異而言其相合，則成為異之否定，即結果自相矛盾。是故不能言兩者異。

執實有數法者可辯曰：「雖因一數與瓶合之故，瓶得名為一瓶，然「一」却並不因此而成為瓶。「不成為瓶」。此乃答辯「今一與瓶合，何以不名一為瓶」之問。但答者龍樹可進而辯曰：「諸數初一，一與瓶異，以是故，瓶既不成為一。瓶亦不成為一，於瓶即不能說一。依是，即無所謂一。這樣推下來，既無此開始一，則一與瓶異」這異門中求一亦不可得。（案此辯只是詭辯。「何以故？先一後多故」。因對方明說「雖一數合故瓶為一，然一不作瓶」，則此後諸數之多亦不能有一，則非實有法。佛弟子只隨俗方便假名說「一時」等耳。若認數為實有，因此實有一異之合皆不可通，即表綜起來，以上由一異兩門求「一」法皆不可得。「不可得故，云何陰界入所攝」？既非陰界入所攝，即非實有法。佛弟子只隨俗方便假名說「一時」、「一師」等，則龍樹即持以上一異之兩難以破之。

示「一」法不可得，「一」非實有。此辯當然是詭辯。問題只在：假若執實者是實在論的執實，則數與物和合即不可解，因此，一衣一瓶，乃至一時一師，即不能說。問題到不在此一異之兩難。因爲說數法與物和合時，即明示雖異而可合，雖合而不即爲同一。問題是在：假定數爲客觀世界中實有之物，此種和合如何可能？不直就此義作解說，退而以兩難辯破之，故多不對題之詭辯。假定執實者不是如此之執實，則顯然仍可說數與物和合而說一物。然則此時你是否亦用兩難以難之？當然可以用。但雖可用之，却完全不相干，至多爲詭辯之戲論！世界上究有無肯定數爲客觀世界中之一實物？須知數並非一具體物，亦非一存在物。世間那有一個數之爲物實際存在在那裡？畢塔哥拉斯只說數目之關係形式爲實在，具體物依之而成其爲具體的存在，即，都依數之定式而然，依此，遂有拍拉圖之思想。其說數爲實在，只取其形式義，並不說客觀世界中實有一個數而待與物和合，則如何合法，實成難解。若客觀世界中你說有數一附隨於此一個時，此一個豈不成了二？但兩物之「兼」並不是一物，是則數並不在客觀物中。由是如鬼影那樣附隨不捨呢？一個物中你說有數一附隨不捨，數既非一獨立之存在物，亦非一物之屬性。復次，數亦不是物之性，如水之濕性，火之熱性。數乃是虛層上形式的有，知一切數皆不在客觀物中，即「一」亦不在一個物中。如是，數亦不是物之性，如果說和合，亦其與物之關係乃是標識個物之標識關係，或計算式之表示諸物這表示關係，而不是在客觀物中爲實有而待與物和合。我想世間並無如此痴呆之人是標識或表示的和合，而不是在客觀物中爲實有而待與物和合。若誠有之，則亦值不得破，至小亦不值得費那樣的巧認客觀物中實有一個數而待與物和合。

辯去破他。只須稍予解說即可使之明白。「佛處處說一,應當有一」。此「應當有」不必深文周納定說爲客觀物中實有一個數。佛既處處說一,自然應當有一個「一」。這樣說實有「數」法也就夠了。至於進一步,追問如何有法,則很容易想其爲一虛層上形式的有。即使不說其爲形式的有,則隨「佛處處說一,應當有一」,亦可表示此爲一虛層上形式的有。即「一物」,此亦不表示此物中實有「一」法與物和合而得名爲「一物」。既與物和合而成「一」,遂說此「一」法耳。不必着實了,其與物的關係乃是標識或表示的關係,而不是客觀物中實有一個數而待與物和合。既與物和合而成一個數!如果進一步要着實說,則只能說數爲虛層上形式的有,其與物的關係乃是標識或表示的關係,而不是客觀物中實有一個數而待與物和合。(印度中或許有如上奇怪之執實者,故引起龍樹之辯破)。

吾人以爲作如下之疏導即可:

(一)數自身爲一形式的有,並非客觀世界中一存在的有,因此爲虛層,並非實層。在此,如果說和合,亦是標識或表示的和合,並不是客觀世界中實有物之和合,依此,以一異兩難去辯駁乃無意義者。標識或表示的和合當然是異而可合,合而不即爲同一。

(二)數與物之關係是標識或表示之關係,是吾人標識或計算個物之工具。

(三)每一數是一形式的有,亦是一決定的概念。當吾人以識知之心去使用它,則它的標識或表示作用即有一種拘定、限定、或箍定的作用,因而把緣起法也固定化了,固定化而使吾人視之儼若爲有自體有自性的緣起法,此即成世間知識。此種固定化的自體自性是通過數底箍定作用而成的現象義的自體自性(現象義依康德說)。

(四）如果以般若智照，即如緣起之實相而證性空，則知此現象義的自體自性實只是數底籠定作用之所幻結，並無眞實性。此而拆穿，則緣起法即成如幻如化之假名法，此即緣起法之實相。（緣起法對數法之虛層的形式的有而言，亦可曰緣起實法，言其為實層之實法也。此實層之實法，由於數之籠定，即成儼若有自體自性的實法。拆穿此現象義的自體自性，即成假名的實法）。

（五）緣起法的自體自性，除通過數而成的超越義的自體自性。超越義的自體自性是由於意志因果或天道性體而成的超越義的自體自性。超越義的自體自性是由於意志因果或天道性體而成的。因天道性體創生之，使之實然而如此，即定然而如此，此即緣起法之超越義（定然義）的自體自性。此不是天道性體之籠定作用，而是天道性體之實現之，此是實理之貫注，即因此貫注而有自體自性，故緣起法亦得曰「實事」，佛家順俗可以承認之，承認其為「情有理無」（賢首語），屬偏計執攝。但超越義的自體自性，佛家不能承認。因為緣起性空，並無超越實體以創生之故。即使言如來藏清淨心，所以緣起法仍只是緣起而為如幻如化之假名（似有無性，依他起攝）。但吾不以為如來藏清淨心必排斥道德意志之定向。排斥者只是教之限定，並非清淨心本身必如此。清淨心豈含有道德意志便不清淨乎？豈道德心（如良知，如純善的道德意志）尚不清淨乎？依此，清淨心豈因含有道德意志必不能一往只是假名，則實事而假名。吾不以為假名與實事必相排拒。此將是儒佛之大通。儒佛亦可以說是一相排拒。此即是儒家義。現象義的自體自性，佛家不能承認之，則實事而假名。吾不以為假名與實事必相排拒。此將是儒佛之大通。儒佛亦可以說是一眞理之兩面觀。再加上道家，亦可以說是一

真理之三面觀。惟觀者有偏有全，有自覺到與不自覺到而已。並非真理自身自有如此之限定而必相排拒也。限定只是教相。

（六）如果拆穿現象義的自體自性，知其由數法之箝定作用，緣起實相即顯現。「實相一相，所謂無相」。無數相，無時空相，無生滅常斷一異來去相。一切皆如，則不但此等等相如，即作為「形式的有」之數法本身亦如。亦「如」者，知此形式的有只為思想上之幻結（所謂純邏輯的構造）；當實相般若呈現時，則此形式的有即如冰解凍釋而歸於無。此即當體即如也。（巧說當體即如，拙說拆穿而如）。

（七）但順俗亦可以假名用數而說一衣、一瓶、一師、一時，而顯數相。但既順俗假名說而顯數相，則順俗之箝定作用而並不執實，因此，無現象義的自體自性之假名自身亦必是一「有」，即，必有其所以為假名之有。此是虛層上之形式的有，此與緣起實法如幻如化之假名有不同。有此形式的有，遂得順俗語言，說一衣一瓶，這「一」法之「名字有」。是則名字有（這是數應用時之數相）與形式的有（這是數法本身）同時呈現也。若不明此形式的有，只以一異兩門破執實者「數法和合」之不可解，便謂求「一」法不可得，只是順俗名字有，則所順之俗不明，而「名字有」一說亦蕩蕩而無根。即使是俗，亦非偶然。不然，則順俗名字有，亦必說「一師」，而不說「法師」，何以必說「一時」，而不說「常時」？「一」與「法」，「一」與「常」，定有不同也。此不同是「一」這個數字本身為形式的有。因此有之箝定作用而成，則知「一師」、「一時」由「一」之箝定作用而得以說「一師」、「一時」。知「一」與「法」、「一」與「常」這個字本身之不同。
「一時」。
「一」並無實性（即「一」並不是一客觀的存在物），只是順形式的有而假名說。「假名說」

133

者即姑且如此權說也。此是識知之心上的權說。若是智心圓照，則亦可不用此數目字，是則數相如，而數之本身亦如也。若知因「一」之籤定作用，一衣，一瓶，一師，一時之衣瓶師時而被固定化，則撤銷「一」之籤定作用，即無定衣，定瓶、定師、定時可得，而衣瓶師時之實相即顯。實相一相，所謂無相，亦即如相。是則不但定衣定瓶不可得，即衣瓶師得，只是緣起幻化假名而已。此即無一法可得。若知數為形式的有，其應用有籤定作用，其應用而成者（如一衣一瓶等）只是假名說而不執實，則亦不待撤銷數之應用以及數之本身，而亦可當體即如，即證諸法實相，是即所謂「不壞假名而說諸法實相」。「不壞假名」者不壞數法之假名也。此與「不壞緣起幻化之假名而說諸法實相」不同，蓋層次不同也。雖有不同，而皆可不壞以見緣起實相。是則為般若之圓照。

（八）順俗權說有是積極的意義，有是消極的意義。積極的意義，如康德之所說，旨在成世間知識。消極的意義，則只是借用權說以表緣起法之實相。在此借用中，數目、時間，乃至一多、同異、總別、成壞，皆非決定概念，故只能顯緣起實相，而不成科學知識也。

以上順通數法竟，以下再順通「時間」。

第二節　關於時間之辯破

甲、不相應行法

龍樹辯破時間實有論，亦非常麻煩。現在先把他自己的主張列出。「見陰界入生滅，假名為時，無別時。所謂方時、離合、一異、長短等，名字出。凡人心著，謂是實有法」。

這個結論是可以承認的。陰界入（五陰六入十八界）是具體的緣起法，有生滅流轉。我們即就它們的生滅流轉「假名為時」，即，虛假無實地姑名為時，是以時間是一個虛假的名字，亦如數目之為一虛假名字，並無真實性，即，時間並非是一客觀的實有，除這假名的時間外，並無別樣的客觀實有的時間。此假名的時間即所謂分位假法，即，就生滅流轉分位或分際而姑名為時，並無實義，此亦曰「不相應行法」——「不相應」者即時間之觀念無客觀的實物與之相應，它只是思行上的一個分位假法。我們也可以說它純是主觀的，佛家只籠統地概括之於「行」法，不過是不相應的行法而已。方時、離合、一異、長短、乃至數目等，皆是不相應的行法，亦即分位假法。說「分位假」，頗難索解，不知何以名之曰「行」。這個「行」是歸類。這個「行」字若直接就此等分位假法說，亦即分位假法。說「分位假」，頗難索解，不知何以名之曰「行」。這個「行」是歸類。這個「行」字若直接就此等分位假法說，亦即「諸行無常」的行。若依五蘊說，行是五蘊中之一蘊。若依「諸行無常」說，便很廣泛，豈唯行蘊是行，色受想識獨非行耶？業師熊十力先生〈佛家名相通釋卷上解「諸行」條云：「諸者徧舉之詞。行者遷流義，相狀義。謂本遷流不住，而亦幻有相現。其此二義，故名為行。問曰：所謂行者，依何立名？答曰：即依一切色法心法而立此名也。易言之，一切色法心法通名為行也。據此，我們也可以說行者行動義，由行動而有遷流，十二第十六頁：「若法無常，即是動相，即是空相。」故行即行動義。由行動而有現起，是固定的東西，所以把他叫做行」。一切色法心法亦是行，所謂「如夢勤加」也。身語意三業亦是行，凡有為法皆行也。就心言，曰「修行」、「心行」，所謂「心行路絕」之心行。廣言之，一切色法心法皆行也。此是行之最廣義。

140

就此最廣義中提出色法為色蘊，非謂色法即非行也。復提出受、想、識，別為三蘊，非謂受、想、識即非行也。受、想、識屬心法，即是心行。除此三蘊外，當復有其他種種心法。但其他種種心法即以最廣義之「行」概括之。但色受想識既別立，則此最廣義之行，在五蘊中，即受限制，因而獨成一行蘊。此行蘊雖偏屬心法，然概括甚廣，概括五十一心所法及不相應行法。「心所法」者即心之所有法，依止於心而與心相應故，屬於心法，即是心所有之法故，亦稱「心所」，亦稱「心數」。是則五十一心所，因與心相應故，（叶合如一，名為相應）可名曰相應行。此外還有不相應行，即與心諸法不相應合，因不相應故，難說為心，亦難說為色，但却是依色心等法之分位而假名以立。此所假名立者是間接地攝屬於行蘊，因其本身並無行動、遷流、現起等義故，但亦不可稱為無為法。此等依色心分位而假立之不相應行法，法相唯識系之論典列舉為二十四。熊先生「佛家名相通釋」卷上略引文獻，逐一予以疏釋，茲照錄之如下：

一曰「得」。〈廣論〉（《安慧大乘廣五蘊論》）云：「謂若獲，若成就。」此復三種，謂種子成就，自在成就，現起成就，如其所應。」按「種子成就」者，謂若善種子未為邪見所損，若不善種子未為勝定所伏，如是等種決定有生現行法之用，皆名成就。「自在成就」，若加行位所由善法熏成種子自在，故加行善等名自在成就。「現起成就」者，謂若五蘊方現起故，即名現起成就。自餘一切法皆隨所應、可成不失，即皆名「得」，故總說言「如其所起成就。

・141・

二、「無想定」。《識論》(《成唯識論》)云：『有諸外道執無想天以為涅槃。厭患此想為癰瘡等，是生死因。以出離想作意為先，修習定時，於定加行，厭患想故，令此心想漸細漸微。漸微心時，熏成厭心等種。損伏心想種故，令「不恒行」心想不起。(「不恒行心想」者謂前六識有時間斷，名「不恒行」)。即依此等心上分位而立無想定之名。』

三、「滅盡定」。《識論》云：「謂二乘者見纏動心起，心勞慮，即厭患心心所故，以止息想作意為先，依有頂地，由觀無漏為加行，入遮心心所，令心心所漸細漸微。漸微心時，熏成厭心種子，入本識中。此種(厭心種子)勢力能損伏不恒行及恒行一分心心所法令滅。(不恒行解見前，恒行一分謂染汙意)。即依此等心上分位而立滅盡定之名」。

四、「無想天」。《廣論》云：「謂無想定所得之果。生彼天已，所有不恒行心心法滅(心心法者猶言心心所)，故名」。

五、「命根」。《廣論》：「謂于眾同分中，先業所引，住時分限。後另詳。此云「于眾同分中」，猶言在人類或他有情類之中。「先業所引，住時分限」者，如某甲壽命百年，則自其受生以至臨終，通計所歷百年之期，是其「住時分限」。而此「住時分限」則由某甲過去世中善惡業力所引起，故說「先業所引住時分限」也。(下畧)。

六、「眾同分」者，謂「眾生各各自類相似」。

六、曰「眾同分」。〈廣論〉云：「謂諸羣生各各自類相似，名眾同分」。〈識論〉：「眾謂眾多，同謂相似，分者因也。依諸有情自類相似，起同智言，名眾同分。（原注云：由眾多法上有相似義故，方令人起同法之智解與言說。）或復另有者即是類義。謂人天等眾類同法為智解與言說，故曰分者因義。」按「分」義，前解為正。由眾多法上有相似義，故得為因，令人起同法之智與言。知識所由成立，實以此等範疇為基礎。如無「同分」義，吾人不能于萬法「起同智言」，即知識為不可能。

〔宗案：眾同分，「分者因也」，此訓嫌著。此「分」字恐當同于見分相分之「分」字，意即眾所共同相似之一面耳。有同一面，亦有異一面。下十六「定異」亦可說為「定異分」。小乘說假部說有「有分識」，「有分」之分亦訓為「因」，謂為三有即三界諸有之起現。此亦嫌著，不合常解。「有分識」體恒不斷，周遍三界，由之而可說明三界諸有之起現，此亦可說為諸有之識，由此識立一切有也。「分」字是語勢帶上去的。不必說得那麼著。〕

七曰「生」。〈廣論〉：「謂于眾同分所有諸行本無今有，假說名生」。（原注云：「如某甲在人類眾同分中，其所有五蘊色心諸行，當某甲未生前，此諸行未曾現起，即是本無。而今某甲生，即諸行現起，是名今有。依此假名為生。」〕

八曰「老」。〈廣論〉：「謂彼諸行相續變壞，名老」。〈識論〉云：「諸行變異，說名老故。」

九曰「住」。《廣論》：「謂彼諸行相續隨轉，名住」。按所言住者，非謂諸行恆時兀然堅凝而住，只是「相續隨轉」，假名爲住。《識論等》云：「諸法生已，相似相續名住」。

十曰「無常」。《廣論》云：「謂彼諸行相續謝滅，故名」。按言「無常」者，畧有二義：一諸行刹那生滅名無常。二依諸行相續之相，（如某甲壽百年），一旦此「相續相」謝滅（如某甲身終），亦名無常。《廣論》只約第二義爲釋。

十一曰「名身」。《廣論》：「謂于諸法自性增語，如說眼等」。按此言「諸法自性」者，例如眼根淨色是其自性。于此等自性之上而安立名言，即謂之曰眼，是爲「增語」。增者增益。諸法自性本離名言，今于其上安立名言，故是增益。〔宗案：此云「自性」不是就眞如空性說，乃是就諸法之現象的自體性說。「本離名言」亦不是「心行路絕，言語道斷」之意，乃是諸法自體只是這麼一個事體而已，本無所謂名言。名者是隨便加上去的〕。由第六意識相應想數，于諸法境而取像故，其出諸口而爲音聲，而能詮召諸法。此二名自性異故。〔宗案：「身」者自己，名有自性故。如眼之名與耳之名不同，此「自性」，即名字自己。增者增益。「身」者自己，名身即名之自己，或名之爲身。「法」者軌持義，即由軌持說諸法言「自性」皆是諸法之現象的自體性義，亦如「法」者軌持義，即由軌持說諸法之現象的自體性，並非「法無自性，以空爲性」之自性〕，若就緣起性空說，正是所要空掉的自性，而歸于無自性。故知所云「自

只是法之軌持義之自性，即吾所謂諸法之現象的自體性也。」

十二曰「句身」。〈廣論〉：「謂于諸法差別增語。如說諸行無常等」。按差別者，不一之謂。如「諸行無常」四聲，合有二名。「諸」聲表多數，「行」聲表有，「無」聲表非有，「常」聲表恒常。此二聲合為一名，即通一切色心法各各自體而總名之。是故聚集多名身而成句身。為顯諸法自體之上具有無常、苦、空等等差別義故。「句身」者，身義同前。如「諸行無常」句，與「諸行無常即是苦」句，此二句所詮之義不同，為各有其自性也。

十三曰「文身」。據〈廣論〉云：「文即字，此能表了前二性故」。又云：「前二性者，謂詮自性及以差別」。按「自性」者，謂詮諸法自體，如色等法自體各別故。此名身之所詮也。「差別」者，諸法自體上具有種種之義。此句身之所詮也。詮諸法自體者，為名身之自性。詮諸法自體上差別義者，為句身之自性。此名身句身二性皆依於字，方能衣示顯了。故謂字是能表了前二性也。（下略）。〔宗案：名身句身是語言，文身是文字。〕

十四曰「異生性」。〈廣論〉云：「謂于聖法不得，故名」。（原注：「凡夫不得聖法，異聖者之生故，故名異生」）。〈雜集〉〈雜集論〉云：「謂于因果相續不斷，假立流轉」。此中因果約前後為言。前法為因，後法為果。剎那剎那，相續不斷，故名流

轉。〔宗案：就因果相續假立「流轉」，亦可就流轉假立「因果。」〕

十六曰「定異」。雜集云：「謂于因果種種差別，假立定異」。基（窺基）云：「因果各別故，名定異。」（原注：「如豆不生麻」。）

十七曰「相應」。雜集云：「謂于因果相稱，假立相應」。如下雨為因，泥濘為果。雨因泥果，雖復異類，而互相順故，假說「相應」。

十八曰「勢速」。雜集云：「謂于因果相續流轉，疾迅流轉，假立勢速」。

十九曰「次第」。雜集云：「謂于因果一一流轉，假立次第」。基云：「一一不俱，稱為次第」。

二十曰「時」。雜集云：「謂于因果相續流轉，假立為時，由有因果相續轉故。若此因果已生已滅，立過去時。此若未生，立未來時。已生未滅，立現在時」。

二十一曰「方」。雜集：「謂即于色法徧布處所，因果差別，假說上下東西等方」。

二十二曰「數」。雜集云：「謂于諸行，一一差別，假立為數」。

二十三曰「和合」。雜集云：「謂于因果，眾緣集會，假立和合」。

二十四曰「不和合」。普光百法疏云：「諸行緣乖，名不和合」。

如上色心分位假法，共有二十四種。然亦略示其概，未能徧舉。故顯揚（顯揚聖教論）云：「復有諸餘如是種類差別，應知。」

案：以上二十四個分位假法，我們可以重新排列其次序，予以分類的解說。首先，當以名身、句身、文身三者開始。名身表示語言，文身表示文字。此三者本是語言文字層。語言文字自是吾人詮表諸法自體及以差別之工具。人類有語言，亦能造文字。語言文字可以獨立地研究，所謂語言學者是。然其原初必與存在的事物直接有關，今之所謂語言分析，即就此直接牽連而分析日常語言之意義，非是獨立地研究語言文字本身也。語言文字詮召色心諸法之自體以及自體上之種種差別義，它本身不是色法，亦不是心法。因為色心諸法是存在的事物，是存在之實層，而語言文字則是虛層，它是浮在存在層的上面自成一套，與色心分位假立，此「分位」二字亦是浮泛，嚴格言之，不甚諦當。因為語言文字自身獨立一套，與彼不可施設異不異性」（廣五蘊論）。然此名、句、文三身確然可以與彼色心等分位假立，謂此與彼不可施設異不異性。故語言文字確與其他分位假法有獨特的特殊異處。若謂就諸法自體而說名身、上之差別義而說句身，此亦是分位義，但此分位義很浮泛，不甚切也。又文身即文字，是表了名身與句身之自性，是就名身句身而立，不是就色心諸法而立也。故至文字更遠于色心諸法，獨成一套工具，不可云就色心諸法之分位而假立也。假立自是假立，但卻是人的獨立造作，或依象形而造，如中國文字，或依聲音而造，如拼音文字，難說是依色心假立也。即如眼名與眼法，其關係密切，好像不能說異不異，但其實還是異。眼名只是個名，中文說眼，英文說（eye），其他語言文字各有其說法，與色心之分位有何關係？至于連名成句，亦有句法上的獨立意義。每句抒義，所抒之義不離色心等法，而語言之語句恐與色心之分位無關也。或謂離義無具體的語句，是則義與具體的語句混然一體，義與色心分位有關，具體的語

句亦與色心分位有關也。此仍是「句身詮自體上種種差別義」之義。若就語言為一獨立的共同工具言，即不可說就色心之分位而假立。故在此說分位，意甚浮泛，與其他分位假法不同也。名身、句身、文身既有其自體性，我們即可從其所抒之義中提出來而說此種種義之差別是就色心諸法之分位而假立的一套，亦可將其所抒之義從語言文字中提出來而說其為獨立的假立。

語言文字可以表說一切，亦可以拘限一切，因而生著。依佛家教義，「五蘊皆空」。「因緣所生法，我說即是空，亦為是假，亦是中道義」。如是，一切說皆是假名說。到不可思議時，則「心行路絕，言語道斷」，即一切皆不可說，而語言文字亦即無所用。但有四悉檀因緣，亦可方便權說。終日說，終日不說，時時用語言，時時超越語言。「不壞假名而說諸法實相」，亦可不壞語言而說諸法實相。不隨語言生著，則亦不受其拘限。「實相一相，所謂無相」，則一切語言，皆當體即寂。空空，涅槃亦如幻如化，般若亦不可得，是則豈不是一切皆是不相應的分位假法？此是通貫地究竟說。既一切皆是假名說，則不但時間與數目是假名說也。凡方便權說皆不是隨意地瞎說，必有所當此即是不相應。雖不相應，而可以方便權說。此自體性是依法之軌持義而說。此「自體性」一名豈不是不相應而為方便假立？如果依緣生義，法之自體性既不可得。如是，此「自體性」一名豈不是不相應行法？法是分位假立的，因而所說之法，種種差別，亦可以說是分位假法。不但此二十四不相應行法是分位假立也。例如名身詮諸法自體性，則此自體性即不可得。如此，則句身所詮之自體上種種差別之義，如無常、苦、空、無我等，乃至各層次上之種種說，亦如此。如此，豈不是皆成不相應行法？若如此，則不相應行法太寬泛。通貫地究竟

• 148 •

說，雖可如此，然非此處說不相應行法之專當義。如是，吾人須進一步考察，予以限制，不能隨語言文字之方便說，而籠統一切，皆名之為不相應行法也。

於二十四個不相應行法中，十五「流轉」，十六「定異」，十七「相應」，十八「勢速」，十九「次第」，此五個分位假法最為廣泛。於二十四個分位假法中，佛家原不列「因果」。但此五個分位假法皆就因果說。吾人是否可把這「因果」亦列為不相應的分位假法？似乎也可以。若把因果視為一個更根本的客觀法則，則流轉，定異，相應，勢速，次第，這五者，似乎可以說皆由「因果」而引申，亦可以說皆可反而謂述這因果關係之形式特性。當然亦是句身所詮之差別義。但此等差別義卻不能說是色法之謂詞（特性）。亦不能說是心法之謂詞（特性）。它們與色心法不相應。依此而言，它們既不是色法，不是心法，對這些虛概念言，仍說是存在的實法（實法從緣生說亦是假名），那是另一義，雖是假名，故不能說它們是色法或是心法。「不相應」即皆是分位假立。嚴格言之，「分位假立」尚不能表示出此「不相應行法」之特性可有二義：一、與色心法不相應，不是色心等法之材質的謂詞，故不能說它們是色法或是心法。二、它們並無實體性，即並無一客觀的實有可為其相關者，它們並無所相應的實有。故嚴格言之，即「不相應」亦不能表示出此「不相應行法」之特性。假法自是假法，不相應亦自是「不相應」，這都是不錯的。但此等單提獨說的不相應行法，就適所列舉之五個說（加上因果，是六個），其本質的特性當該是形式概念，即，不

這是獨成一虛層的形式概念（虛概念）。它們是遍謂一切色心法的共同而虛的形式特性，不是材質的特性。（心所）亦不能說是心所有法（色所）。它們是就色心上之分位而假立，這「分位」二字亦太廣泛。若一切皆是假名說，即皆是分位假立。

149

能當作是色法或心法之「材質的謂詞」看之虛層的形式概念。至於此等形式概念中那個是根本的，那個是引申的，在此不必管。只要知其是形式概念即可。

二十四個中，五「命根」，六「衆同分」，七「生」，八「老」，九「住」，十「無常」，此六個分位假法亦可與上為同類，即是最寬的形式概念。生、老、住、無常，即是「成住壞空」之另一種說法。此是描述色心等法之為「行」的共同的形式特性，亦是描述有情衆生「從有到無」的共同的形式特性。「衆同分」是類名，亦可以是「同性」，而與「異性」為相對，皆形式概念也。此不是色心等法之材質的謂詞，亦不是衆生每一個體之材質的謂詞。「本無今有」曰生，漸趨衰敗曰老，「相續隨轉」曰住，「相續謝滅」（歸于虛無）曰無常。這一過程即是從存在到不存在，從實有到虛無之極度過程。依康德，這是實在、虛無、與限制等範疇之所決定者。依此而言，這四者所表示的亦皆形式概念也。吾人且可於「命根」（住時分限）與「住」（相續隨轉的持續性）而說「常體」或「準常體」一概念，此即康德所說之「常體」一範疇，亦即羅素所說之「準常體」一設準。

二十三「和合」，二十四「不和合」，此兩個分位假法即是離、合兩形式概念，此亦不是色心等法之材質謂詞。

以上十三個（加上因果，是十四個）形式概念大體是屬於西方哲學中所謂範疇之類的東西，不過西方哲學中尚無以離、合為範疇者。但是須知康德所系統地建立的範疇表亦只是綱領而已，尚可以引申出許多個。多點少點，存此去彼，皆無關係。然大體皆必須是形式概念，是思想上的純粹概念，康德亦名曰先驗概念。形式概念而謂述存在的特性，是其最普遍

而共同的形式特性。此雖亦是句身所詮表之「義」，但却有一特點，即形式概念者虛意的義也。

二十四個中，二十曰「時」，二十一曰「方」，二十二曰「數」。此三者更為形式與普遍，即是說，更為空洞。它們甚至不是論謂存在物的普遍而形式的特性，即是說，它們不是義，即使是虛意的義也不是。因為它們不是法之自體上的差別。「數」只是標識「個」或「單位」，它既不能抒這個「個」或「單位」之自體性，亦不能抒其差別義。故更為空洞，亦即更為形式的。只要有個或單位處皆可說數，而個或單位則並不限於什麼的個或單位「于諸行——差別，假立為數」，此「——差別」只是注意其——個之差別，並不注意個之差別以外的其他差別。它當然不是論謂色心等法之內容或形式的內容，不管是材質的內容或形式的內容，它是毫無內容的，它可於一、多、綜中表示，但一多綜並不是「數」。依康德，一多綜是範疇。數學中也需要這些範疇而思考數，在這些範疇下而直覺地建立數。依是，數比範疇更為凸出。範疇是一般的形式概念，而數則是獨個的，和，因而直覺的建立（構造）也。數獨成一層，與存在法不同。就色心等存在法之分位而假立，於此言「分位」，亦甚浮泛，並無內容，其分位只是「個」而已。「個」豈必限於色心等法耶？順着說，就「分位」而假立，反過來，實在是標識「個」而已。時，「謂於因果相續流轉，假立為時」，此亦是順着說而已。反過來，其實是時間表象「相續流轉」。「相續流轉」因時間之表象之而可能。因時間之表象之，而以因果概念統思之，遂釐定出「因果相續流轉」之事實。依康德，因果是形式概念，而時間則是感性直覺攝

151

取外物之形式條件。它當然是假立，就色心等法說，它甚至不是色心等法之義——虛意的義，它是表象色心等法的形式條件。它本身不是個概念，而是一個純粹直覺。表象是一個整一，不是由部分而構造成的。它之為假立，是超越的想像所先驗地假立一。它之為整一而先於它的部分，不是它的部分先於整一。它之為假立，是如其為一整一而直覺地假立之。假立之以表象外物即是限定外物，（亦就是表象外物）之形式條件，是如其為一整一而直覺地假立之。假立之以表象外物即是限定外物，限定之即是排列之於時間秩序中。時間是整一，因其表象外物而被界劃，界劃成時間單位，所謂時間之部分。因有時間之表象，吾人於色心等法始瞻前顧後，說其有過去，有現在，有未來。於法之已生或已滅說過去時，此亦是以時間表象法之已生已滅，而謂其為現在，而所謂過去。就法之「已生未滅立現在時」，此亦是以時間表象當前之法，而謂其為現在，而所謂現在。就法之「未生立未來時」，此亦是以時間預表其未來可以出現。法可以有未來（即未出現而可以出現），而時間無所謂未來。法過去了，法當前現在著，法尚未來，這些是法上的事。這些法上的事是因時間之表象而可能。因此，法相續流轉，而時間無所謂流轉。吾人說時間有相續相，那是因為它表象具體物，因具體物之生滅變化的流轉而倒映在它身上。逐說它是一個流，有相續性，實則它本身無所謂流，亦無所謂相續流轉流轉或變化也。它是一個虛的，形式的有，它是一個虛架子。你可以說它根本是虛的有，我們始心底一種執着，是識心底凝結作用而幻成的一個現實的對象。因着這個形式的有，我們始有變化底意識，始能瞻前顧後，說法之過去未來與現在，始能把法表象於時間中而成為一具體的現象，因而始能明確地成為識心的一個現實的對象。設若我們根本無時間意識，則這些亦根本不能有。設若我們超越了時間，而拆穿這個形式的有，則諸法很可以是當體即如，根本就不能成為識心底一個對象，此如僧肇所說之物不遷。依是，色心等法之可以為生滅變化的

• 152 •

現象，有過去未來現在的區別，而可以成為一個對象，根本是由於識心底執着，由于時間之為一形式的有。時間是識心上的虛有。識心、時間、對象，這是在識心層上相關而起的。

時間如此，空間亦如此，不須別論。

二十四個中，二曰無想定，三曰滅盡定，四曰無想天。此三者亦列入「不相應行」中，顯得不倫不類。此將一方面不足以顯單提二十四為不相應行法之獨特性，一方面若順此三者亦為不相應行法想下去，則不相應行法將無窮無盡，此則太寬泛，喪失列舉二十四個為不相應行法之意義。此三者是就修行工夫說的心之狀態而為描述的抒義語，當然是假名，但與名身、句身、文身之為語言文字不同，亦與時方數之為獨成一層之「形式的有」不同，亦與流轉、定異、相應、勢速、次第，以及命根、眾同分、生、老、住、無常，乃至和合、不和合等之可以概括於「形式概念」下亦不同。它們是隨心之狀態而假立，並無獨立的意義，亦不能成為知識之條件。如此名之，只為言說方便，不名亦可，而「定」與「定之果」之事實仍自若。定與定之果，其為心之狀態當然與心所法之為心象不同，亦與色所法之為物象不同，其為狀態似乎是「態勢」(Modal) 義之狀態。依此而言，它們亦與色心法不相應，不能說它們與色心法有何異不異性。只能說它們是就色心等法分位假立。

工夫過程中，無論色法心法皆有各種不同的分際可說，猶不只這三者之就外道與小乘說而已也。即大乘之修行上的各種位次亦皆可說是不相應的分位假法。空三昧，無相三昧，無作三昧，乃至四禪、四無量心、四無色定、八背捨、八勝處、九次第定、十一切處，亦皆可視為不相應行法也，何以獨不列舉？廣之，四念處、四正勤、四如意足、五根、五力、七覺分、八聖道分，這三十七「趣涅槃道」之道品，乃至六波羅蜜之道品，何以獨非「不相應行法」

耶？如此氾濫，將無嚴格原則足以限之。再廣之，就存在的實法說，五蘊皆空，「因緣所生法，我說即是空，亦爲是假名，亦是中道義」，則一切心心所法，色空無實，即皆不相應的分位假法也。色不可得，受想行識亦不可得。不可得即不相應。不相應、無所相應，即是假名。此是因空而爲不相應。復次，「空」是就緣起無性而爲一個負面的謂述語，即負面的抒義語。「空」不是一個實體字，即不能實體化而爲一個形式概念之爲形式的有。說它是一個道理，如儒者之所說。是以對於「空」亦不能實體化。實體化之，即是執着。是以龍樹中論說：「若復見有空，諸佛所不化」。而大智度論十八空中復有「空空」一詞語。說這些詞語就是爲的預防空之實體化。依此而言，空亦是抒義的假名而已。無常、苦、空、無我，連在一起，皆是抒義的假名，豈不亦是不相應的分位假法乎？（分位是就「無自性」這個分位說）。色空，受想行識空，可是空既不與色法相應，亦不與心法相應，而且亦無一作爲實有之空爲其所相應者，如是何以不名空爲「不相應行法」？所謂「涅槃亦如幻如化」，亦如此論。依是，徒「不相應」與「分位假立」實不足以標識出單提二十四法爲不相應行法之獨特性。吾人必須步步撤退，此等假名法不能爲不相應行法，撤退起，空空，涅槃亦如幻如化，此空與涅槃亦不能名法，此空與涅槃亦不能名爲不相應行法；修行工夫上之三十七道品以及六波羅蜜亦不能名爲不相應行法；修行過程中色心等法層層提升之各種分際各種狀態（態勢）之描述詞語亦不能名爲不相應行法；如是，此無想定、滅盡定、無想天三者亦同樣不能名爲不相應行法。

・154・

最後，二十四個中第一個曰「得」（獲、成就），第十四個曰「異生性」，此兩者實是隨意列入。若如此，我們可隨便找一個名詞列入不相應行法中，而且多得很，全無定準。依此，益知「不相應」與「分位假」兩詞太寬泛也。二十四只是略示其概，未能遍舉。然若遍舉起來，若無簡濫原則以限制之，如順得、異性性、以及無想定、滅盡定一類想下去，則將無窮無盡，此便喪失「不相應行法」一詞之義。

依是，吾人必須把名身、句身、文身（此爲一組），以及得與異生性，這八個剔除。如是，將只剩下流轉、定異、相應、勢速、次第、和合、不和合、命根、衆同分、生、老、住、無常、以及時、方、數，這十六個。如果吾人再代爲加上「因果」，則爲十七個。這十七個保留下來，可以保持不相應行法之獨特意義。其所以能保持其獨特意義，是以時、方、數、以及因果爲標準而能定住其他諸個之不顯明性。譬如生、老、住、無常，此四個本如生、老、病、死、或成、住、壞、空，意義相類，可視爲描述的抒義語，如是，並無多大的意義與顯著的作用，可以消融於相續流轉而可說可不說。但若以因果、命根、衆同分之級度中，依此，則生、老、住、無常（取相續謝滅義）以及實在、虛無，與限制這些形式概念，如是便可以形式概念視之（其實義亦實指此）。如是，它們之被列入不相應行中，便有其獨特的意義與作用，不是以視爲是這些形式概念之較具體的表示，實亦指點着這些形式概念，而不是普通的描述抒義語可有可無也。推之，流轉、勢速、次第這三者亦然，即可以因果與準常體

定住之,而視爲形式概念也。因爲它們顯然都不是心等法之材質的謂詞也。既定住已,那些是根本的,那些是引申的,以及多點少點,或存此去彼,皆無關係。如是,我們便可說,時、方、數,爲識心上所假立獨成一層而有其虛層的自體義的形式的有。這樣說,便可視爲識心上所假立的形式概念而可以形式地論謂存在法之普遍的形式特性者。而其餘十三個則可以保持不相應行法之獨特性,其作用即在其爲識心底認知之形式的,即爲知識以及知識之對象之認知的可能之條件。我們將隨康德,說時空爲感性直覺攝取外物之形式條件,說其餘形式概念爲知性統思直覺所攝取之現象這統思上的純粹概念即範疇,亦就是「形式地辨物」之概念。數學與邏輯亦是識心上所建立之獨成一層的形式學問而爲辨物時所必須遵守者。此而既明,則吾人即可進而說明佛家何以以「思」說行蘊,並何以把這十六個(加上因果十七個)列爲不相應行法,以及其與「思」之關係究如何。

我們本已說諸行無常,行字概括極廣,行是遷流義,相狀義,一切色心等法俱可說是行。但就五蘊說,色、受、想、識既分出去,別立爲蘊,則行亦爲一蘊,即受限制,其主要特徵是什麼呢?它又包括些什麼呢?關於第一問題,法相唯識系的論典以「思」說行蘊。成唯識論云:「思、謂令心造作爲性,於善品等役心爲業」。此言思之自性只是「造作」,它的業用即是于善惡等境驅役心及餘心所同起善惡等之表現。故以其造作之性即有役使心之業用。是則思業即是「身語意」三業之意業。意即意識所發之意念,思之造作即含於其中。思即是思慮、思維、思想之思,而取其具體的意義,亦即心理學的意義,故亦名行,亦名業,而爲心所法之一。正因其是心理學意

・156・

的思,所以佛教中又有見惑思惑之分。思惑即煩惱,亦曰修惑。修惑思惑俱對見惑而言。以其本性是造,故必引起煩惱。思本身為一心所,而由其造作之性役使心及餘心所同起善惡等之表現,亦即使心及餘心所同為造作。是則一說思,便概括其餘心所,而為一蘊,色受想識既分出去別自為蘊,故即以受限之「行」名此思蘊,而其本性即以思之造作解說之也。是則行蘊即思蘊。行蘊是廣名之受限,思蘊是直指其內容。

關於第二問題,思既是一蘊,它不只是它本身之為一心所,它亦包括由其造作而引起之一切其他心所法(除受想外)以及屬於思而卻不是心所之不相應行法。思蘊所包括之心所共為五十一心所,分為六類,亦稱六位:

(一)徧行類有五:觸、作意、受、想、思。此五數(心所亦稱心數)徧一切識,徧一切時,徧一切性(善惡無記三性)。

(二)別境類有五:欲、勝解、念、三摩地、慧。此五數非如徧行類一切時恒有,乃別別緣某種境界而起,故名別境。

(三)善心所類,此有十一:信、慚、愧、無貪、無瞋、無痴、勤、輕安、不放逸、捨、不害。此十一數性離慾穢,于自于他俱順益故,故名為善。

(四)煩惱類有六:貪、瞋、痴、慢、疑、惡見(包括我見、邊執見、邪見、見取、戒禁取)。此六數,性是根本煩惱,煩是擾義,惱是亂義。擾亂有情,恒處生死,故名煩惱。

(五)隨煩惱類有二十:忿、恨、覆、惱、嫉、慳、誑、諂、害、憍、無慚、無

・若般與性佛・

愧、掉舉、惛沈、不信、懈怠、放逸、失念、散亂、不正知。此二十數隨他根本煩惱分位差別等流性故，故名隨煩惱。

（六）不定類有四：悔、眠、尋、伺。此四數由不同前五位心所，于善惡等，皆不定故，故名不定。

此五十一心所不詳解，只列舉于此。現在只說隸屬於思而却不是心所者，此即不相應行法。思本身是一心所法，由思之造作而役使心所引起之五十一法亦是心所法。此五十一之心所。思及五十一心所皆與心相應，叶合爲一，一體而轉，爲心之所有，故曰心所。此皆是具體的心象。但思之造作亦可形構成一些其自身非心非色，而有獨立意義，獨成一虛層之形式的有，此如時、方、數、以及其他形式概念是。此等虛層之形式的有乃由思之造作而假立，既假立已，它們即凸出而自有，既不是色，亦不是心，亦不是具體的心態。它們亦無「行」義，因爲它們是形式的恒常而無所謂變不變故。只因爲它們是由于思之造作而成，故隸屬於思，而其本身並無所謂思，因得名曰「不相應行法」。此詞，若嚴格釋之，當該爲「非色非心而隸屬于思之形式法」。此即便可維持住此詞之獨特性。其原初本是具體的心理學的意義，但對應此等形式法，「思」這一心所法亦受一特殊的限定。對應數言，則成爲純邏輯的理智思想，或純粹的直覺；對應時方言，則爲純粹想像，或超越的想像，或純粹的辨解思想或純粹的辨解知性。在佛教，雖然列舉出這些形式法，然而不甚能正視其本性與作用，故列舉得太氾濫而隨意，即「非形式法」者亦列舉在內。此因爲佛教是泛

・158・

心理主義,重在說煩惱,說解脫,而不重在說知識。吾人今日于其所說之「不相應行法」而欲保持並極成此類法之獨特性,故提出來正視其為形式法之意義,目的即在說明知識也。如是,將「不相應行法」只限于「形式法」,而其他則排除,「不相應行法」可不濫,而識心之知識義亦可以得而明。

這樣正視形式法而明識心之知識義,于佛教並無妨礙,而且從五蘊講唯識時,更足以補充並極成識心之執著,以及轉識成智後,識心智心對顯,雙方之豐富的鮮明性以及對顯之顯著性。佛教因為是泛心理主義,所以特重識心之執着義,染污義,以及變現義,所謂唯識所變,境不離識。我們現在從這籠罩的心理主義中,凸出這識心之知識義,反省地明知識所由成之「不相應行法」,即「非色非心而隸屬于思的形式」之特性與作用(思心造作的形式條件)及作用(成知識以及規定知識之對象)已,再消融于那泛心理主義之識心之顯色中,益見識心之執着,即使原是客觀地無顏色地看知識,而知識之所以如此,結果還是識心之執着。及至轉識成智,則識心所造作的形式法被拆穿,而識心所對之對象法以及此對象法之對象義亦被拆穿,而對象即不復成其為對象,如是則般若智之鮮明而對象義亦充分地被朗現而此,便無碍于佛教原初之基本方向,而補上這一層,更足以充實並鮮明了那原初的方向。如此補充並極成識心之執著,以及轉識成智,識心智心對顯,雙方之豐富的鮮明性以及對顯之顯著性。(知識是無顏色的,套在佛家或儒家,或道家,皆可,亦皆可得其充實義以及對翻之鮮明義。此一層本是東方智慧中之所缺,西方哲學中之所長。如此補充,亦可得一中西文化協合之道路)。

此義既明，再回來看龍樹之辯破，則可以去除其詭辯，而暢通其實義，于其實義並無損益也。以下看其如何辯破時間。

乙、龍樹之辯破

印度勝論外道立實、德、業、有、同異、和合、六句，說明一切現象。「實」句中有地、水、火、風、空、時、方、我、意、九種實。時與方亦各為一存在的實有物。「時」是「彼此」當該是指各物說。各物之俱不俱，遲或速，俱須用時間來表象。「速」是快疾，佔時間短。「俱」是同時共在，「不俱」是相續，「遲」是緩慢，佔時間長，「速」是「東南等能詮之因」。方是「東南等能詮之因」。此俱不俱遲速能詮之因，方是「東南等能詮之因」。

此形式的有去表象諸物之俱不俱遲或速。（實、德、業、同是有，故俱不俱遲或速即是物上之時間相。遲速以時間去表象，亦同此解。嚴格說，時間只有兩個模式（相）：同時共在之同時與異時相續之相續。時間之長短即含在相續中。方是東南等能詮之因，轉化為長短，始是時間相，而時間之長短即是時間空間為實有的存在物，似亦如牛頓之視時間空間為兩個絕對的客觀自存的實有。勝輪師視當時復有時論外道，他們有時經。時經中有偈說：

時來眾生熟，時至則催促。
時能覺悟人，是故時為因。

他們主張「一切天地好醜皆以時為因」。我們亦常說：是時候不到，若時候到了，如何如何。好像以時間為主，它能成熟，催促，或覺悟人似的。因此，便說「時為因」。此因似是「生因」。實則這種漫畫式的表示，並不能落實而概念地說時為「生因」。

是故「更有人言：雖天地好醜一切物非時所作，然時是不變，因是實有。時法細故，不可見，不可知。以華果等果故，可知有時。往年近年，久近遲疾，見此相，雖不見時，可知有時。何以故？見果知有因故。以是故，有時法。時法不壞故常，據此，時間是一常有，但不是萬物之生因（非時所作）。時間不可見，因此，其為常有當該只是一形式的有。這是因着因果而推知的。華果等果不是憑空忽然而來的。它們有一歷史的前迹。順此歷史的線索拉長，果有前因，則亦必有一整一的時間隨此拉長而與之俱赴。拉長的因果法中之實物有生滅變化，但時間本身卻無所謂生滅變化，因此而說「時法不壞故常」。這顯然表示出時間是一個整一的形式的有。它隨着歷史前迹而俱赴，實只是以其整一之形式的有而去表象之，其本身實無所謂「赴」也。時論外道很可能與勝論為同一看法。他們只知道時間為一形式的實有，而卻不知道它是思心造作之假立，因此，遂為一客觀自存的有。形式的有不誤，常亦不誤，而視為客觀自存的有，則誤。故康德必須扭轉牛頓的時空觀，而視為吾人感性直覺之先驗形式，為一純直覺而非概念，則仍自若。

龍樹要破它，只須拆穿其為客觀自存的實有

• 佛性與般若 •

即可。然而他却把時間與實物之生滅變化攪混在一起，纏夾着說，遂形成詭辯之相，而總不順適。

龍樹答辯外道執時為客觀實有說：

如泥丸是現在時，土塵是過去時，瓶是未來時。時相常故，過去時不作未來時。汝經書法，時是一物。以是故，過去世不作未來世。雜過故，過去世中亦無未來世。以是故，無未來世。現在世亦如是。

案：此答辯有兩點：一、時相常故，三世互不相作；二、三世互不相雜。既不能相作，又不能相雜，自無時相可言，是則便成時相之否定，即自相矛盾而說不通。但此種反駁恐不足以服人之心。此中有許多分際可說。如果不視時間為一客觀自存的實有，但只視為由內心之執而建構成的一個整一的形式的有，為一無限的既成量，為一純直覺而非概念，如康德之所說，則此時間自身自然是常，實物變，而時間不變。過去、現在、未來三相乃由實物之變化而示出，而時間本身實無所謂過去未來現在也。「常」是就時間本身說，不就過去未來現在說。過去相既既以時間表象實物之變化而示現出或刻畫出，則此時間底過去相自不能作成未來世，亦不能作成現在世，現在世未來世亦復如此。時間是形式的有，其三相如何能相作？三相是由以時間表象實物之變化而示現，根本不能說它們相作也。雖不相作，而時間仍是有。說實

• 162 •

了，只是內心之執。只要一有內心之執（識之執），便有此形式的有之常，只是內心之執。只要一有內心之執（識之執），便有此形式的有之常，便可以之表象實物之變化。只要說明它不是一個客觀自存的實有即可。不必以「不相作」來反駁也。既不能說相作不相作，自亦不能說相雜不相雜。「雜」是一種「過」。若過去世雜有未來世或現在世，則過去不復為過去。三相當然不能相雜，故是「過」也。雖不相雜，仍可因以時間表象實物之變化而說三相。三相不是因過去世之含有未來與現在，未來世之含有過去與現在，現在世之含有過去而說，乃成自相矛盾，故是詭辯。龍樹對於這些分際不先予以解說，而直接以「不相作」與「不相雜」來詭辯，未見順適。只因這一執，始能表象實物之變化，亦因而始有三相可說。若無此執，則無變化可說，亦無所謂三相。故時間只是假名。此結論自可成立。

龍樹設對方之答辯曰：

問曰：汝受過去土塵時，若有過去時，必應有未來時。以是故，實有時法。

案：此種設想對方之答辯並沒有說出什麼。若對方真答辯，必不如此說也。

龍樹答以上之設問曰：

答曰：汝不聞我先說未來世瓶，過去世土塵，未來世不作過去世？墮未來世相中，是未來世相時，云何名過去世？以是故，過去時亦無。

163

案：此仍是以「不相作」來辯駁。過去世不作未來世，未來世亦不作過去世。既不相作，即無有過去未來時。時相只是假名。此結論不誤，而駁辯不如理。

龍樹再設問答曰：

問曰：何以無時？必應有時。現在有現在相，過去有過去相，未來有未來相。若令一切三世時有自相，應盡是現在世，無過去未來時。若今有未來，不名未來，應當名為現在。以是故，是語不然。

案：此亦詭辯。說三世皆有自相，是以形式的有之時間表象實物之變化，(如由土塵而泥丸而瓶)，而刻畫出，而時自身並不變。時自身不變是常，而刻畫出之過去時只好名曰過去時，(嚴格言之，當為物之流過去時的時)，現在時只好名曰現在時，(嚴格言之，當為物之現住時的時)，未來時只好名曰未來時，(嚴格言之，當為物之要來而未來時的時)，現在時只好名曰現在時也。若如此，則成名言混亂，答不在彼。時間既常而不變，三相乃由以時間表象實物之變化而示現。過去時不能有變過去之狀態而以時間表象之而示現出或刻畫出，焉能以說實物者復以之說時間耶？故時間三相既不可因着常便謂三世皆是現在世，亦不可因着實物之變化而謂時亦變化也。

龍樹復設問答曰：

問曰：過去時，未來時，非現在相中行。過去時過去世中行，未來世未來時中行。以是故，各各法相有時。

答曰：若過去復過去，則破過去相。若過去不過去，則無過去相，何以故？自相捨故。未來世亦如是。以是故，時無實，云何能生天地好醜及華果等諸物？

案：此答亦詭辯，不如理。時間三相乃由以時間表象實物之變化而示現，「過去時過去世中行」，不表示「過去時」亦過去也。「未來世未來時中行」，亦不表示「未來時」要來而未來，如實物者然。是故若以「若過去復過去」云云，「若過去不過去」云云，「來辯難，乃是時與實物混也。是故此兩難之辯駁乃不成立者。

執時為實有者，大都是漫畫式地說，只要拆穿其客觀自存的實有，便只是一個由內心之執而成的形式的有。由此說常，以之表象實物之變化，說三相，皆可。只要明其為內心之執，三相皆現在時，過去復過去等來詭辯也。龍樹常喜用兩難的詭辯來直接搏鬥，故服人之口，不足以服人之心。人一看，只覺一團攪混，鮮有能沈著疏通以解其紛者。即有疏解者，亦只是順其辭語重說一遍，于豁順人心無所助益也。

龍樹經過以上之詭辯，作結論云：

如是等種種，除邪見故，不說迦羅時，說三摩耶。見陰界入生滅，假名為

· 若般與性佛 ·

時，無別時。所謂方時，離合，一異，長短等，名字出。凡人心著，謂是實有法。以是故，除棄世界（世間）名字語言法。

案：此結論可成立也。「所謂方時、離合、一異、長短等，名字出」，即皆不相應行法之分位假立也。

以上是疏通〈大智度論〉中之論時。《中論‧觀時品》第十九亦破時間相，其破亦是詭辯也。如下：

若因過去時，有未來現在，未來及現在，應在過去時。
若過去時中，無未來現在，未來現在時，云何因過去？
不因過去時，亦無現在時，亦無未來時，是故無二時。
以如是義故，則知餘二時。上中下一異，是等法皆無。

案：此四頌是破時論外道與勝論師之執時間為客觀自存的實有。吾人現在仍如前疏通。設不以時間為客觀自存的實有，只認其為主觀的形式的有，為常，則可以兩難破，即，時間底三相是為準，看龍樹之辯破。龍樹以為若執時間為實有，而且亦是常，譬如就過去時說，「若因過去時有未來現在」？彼以為若相因，未來及現在，應在過去時。若過去時中無未來現在，此即《大智度論》中所謂相雜，雜是一種過。若不相雜，過去時中無未來現在，即不能說相因。是以一說相因，必有雜過。故相因亦

· 166 ·

實則此兩難辯破根本不能成立。因為時間是一恒常不變的形式的有,我們以之表象物之變化,三相是由表象事物之變化而刻畫出,其本身仍是時,仍是形式的有,根本不能說它們相作或不相作。即說相作,亦說不到相雜。既是相作,何雜之有?即使說不相作,亦仍然有時,何無時之為難?我們普通說三時相關待而有,實則只是就事物之生滅變化而有過去、未來、現在之描述。事物有過去相、未來相、現在相,而時間並無此種活動相。以時間表象事物之過去、未來、現在時,把屬于事物者粘着于時間自身,遂說有物之過去時的時、未來時的時,與現在時的時。實則時只是一也。如何能把它之因表象事物之過去時的時,未來時的時,現在時的時,說時間之三相,而示現出之假名權說之三時,實物化,而說它們相作不相作?故知此種兩難之設問根本上為不如理也。

時間是由內心之執着而凸現出的一個形式的有。其本身既是形式的有,它自然是常,是一個整一。它本身亦無所謂「住」,亦無所謂「去」。我們就事物之生滅變化,把時間表象為一條直線,好像是一條流,平常說為時間流。其實時間無所謂「流」,只是事物之變化流倒映于整一的時間,遂使整一之時間成了一條直線流。其實只是整一的形式的有也。我們以此整一的形式的有表象事物之生滅變化,遂限制出種種時間段。而因此表象,事物之生滅變化才可呈現于吾人之眼前,因而亦始有生滅來去因果一異等之可說。若知時間只是內心之執化所凸現的形式的有,則轉識成智,破此內心之執,此形式的有即頓歸消失。如是,則事物之

生滅變化者亦當體即如。若再加上緣起性空，則當體即空如，此即證無生法忍。（光拆穿時間，不必即能至佛家之空如。因為道家儒家亦可說如，康德亦可說如，但不必是空如。然就緣起性空，亦不妨假名說。）實相一相，所謂無相。如是，則生滅來去因果一異等亦不可說。然就緣起性空，亦不妨假名說。此即「因緣所生法，我說即是空，亦為是假名，亦是中道義」一偈之所說。不但緣生法是假名，即因果一異等亦是假名，方時、離合、一異、長短等亦皆是假名也。如此觀時間，則龍樹之名字出，假名說之時間觀與法相唯識宗之分位假法，皆可相融而並不相衝突，只要聲明實有與常不是客觀自存的實有與常即執時間為實有為常。（外道說時間只是實有，並未詳加檢討。說實了，不會是客觀的，此尅即把「客觀」一詞排除）。然其起源卻只是主觀的內心之執，並不是一個外在的客觀的獨立自存體，在此即把「客觀」一詞，若就形式的有說，亦未嘗不可說。形式的就函蘊着是客觀的，此尅就其本身說。時間之觀念基于時間之意識。時間之意識只是識心之執着而凸現出，執着而凸現出，則只是一觀念。不必直接搏鬪，用兩難推理強施辯駁也。因為假名說中總含有一個時間之形式的有，說其是常亦是當然的。如此疏通，則順適多矣。何必作那些纏夾的詭辯？

以上是關于〈中論觀時品〉破外道之疏導，此下〈觀時品〉復有兩頌破佛教內部小乘之「依法立時」：

時、住不可得，時、去亦叵得。時若不可得，云何說時相？因物故有時，離物何有時？物尚無所有，何況當有時？

163

案：此兩頌，首頌是破依「法住」立時與依「法去」立時之說，次頌是破執物為實有之說。

若依法立時，則首先可問：此時是依法之住而立，抑還是依法之不住而立？法即生滅流動的色心諸法，就一念說也可。法住或念住是表示一法或一念無論怎樣變動，分割到最後，總有最短的一瞬暫住。時間分割到瞬，亦如空間之可分割到點。這一瞬就是梵語所謂一剎那。剎那是最短的時間相，故由物之最短的一瞬暫住即可建立時間——瞬瞬相連即是時間。若瞬之暫實有剎那，則時間亦無法得成。此由瞬之集成時，亦如由點之集成線（空間）故必須實有剎那。最短的一剎那由物最短的暫住而顯。佛教內部小乘學者也許有主張物有暫住，故實有剎那。此種主張自不透徹，也許是一時權說，如普通說成住壞空，也許是思之不透，而認為真有暫住。如果認為真有暫住，則龍樹即可辯說吾人不能由法住建立時間。因為若真是住，則一住永住。就此住之當體說即無所謂時間。因為時間必須就流動而顯示。故云：「時、住不可得」，意言：時間，從法之住（不住）亦不可得之。

由法住不可得時，然則由「法去」是否可得？法若不住而去，時亦不可得。因為若去，則一去永去，無所連貫，自亦無時間可言。去而不去，能連續下來，始可說時。若真是去了，則無時可說。是以「時、去亦叵得」，意言：時間，從法之去（不住）亦不可得之。

這種住與不住底兩難辯破雖似可通，然不免太著實，如實之以罪之實，失卻疏通之意。

如實而論，法無暫住，亦無去來。然從經驗上（從俗諦上）方便權說，亦可說住，亦可說來

去，如說成住壞空，生滅流轉等。依法立時本是俗諦上的事，既不單是依住立時，亦不單是依來去立時，而是依住與來去底貫通而立時，猶如就生滅變化而立時，而所謂依住與來去底貫通而立時，亦不是就住與來去底貫通而抽出時來，時不是法之屬性而可以抽出來。住與來去是法之動靜態勢，而時不是它的態勢，故不可從客觀的法上抽象出來。所謂「依法立時」的「立」是主觀的假立，即是內心之執立。依法立時者究竟是否單依法之住與來去之貫通而立時，則此兩難之辯破便不相應。遂使龍樹有此兩難之辯破？如果不是如此，而只是依法之住與來去之貫通立時，或單依法住立時，或單依法去立時，由刹那以集時，則是錯誤。因為這是部分先於全體，部分先於時。如果依法立時者真認為法有暫住，實有刹那，我們早已有了時間之意識，實早已預設了時間之成立。故康德說時間底原初表象是一個整一，是純粹的直覺，不是概念，是全體先於部分，部分先於時之單位時，是純粹的直覺，不是概念，是全體先於部分，部分先於時之單位時，我們早已有了時間之意識，實早已預設了時間之成立。殊不知當我們認為法有暫住，實有刹那，由刹那以集時，則是錯誤。因為這是部分先於全體。反而即由事物之住界畫出時間之現在相，由事物之來去界劃出時間之過去相與未來相。嚴格說，時本身只是一形式而有，實無所謂住，亦無所謂去來。住與去來是事物之態勢，由時間而表象，而時間之過現未乃至界劃出時間之過現未之三相，乃至界劃出最短暫之一瞬。這一切都是因着時間之表象而可能，故亦是權說——時間本身是假立，當然是權說，即其所表象的事物之態勢亦因時間之表象的事物之態勢亦因時間之表象而可能，故亦是權說，在康德即說為只是現象，不是「物之在其自己」（物自身，物如），而時間之三相乃至最短之一瞬而可由它之表象現象而界劃出，故亦只是假立權說。因此，並不是客觀物上實有最短之一瞬而可由之集成時間象也。只要把這一點去掉，則依法立時亦未嘗不可說。這樣便可疏通順適，而不悖于假名說。

170

若只是着實硬駁，（這裡的辯駁雖似可通，然不必是依法立時者之實意，別處的兩難辯駁則多是詭辯），固失疏通之意，而自家之假名說亦成虛浮、混合、而無來由者。若人一問如何是假之？假之所以爲假何在何由？爲何不假名爲任何別的，而單假名爲時？這樣便頓覺只是一「假名說」爲不够。故在施用兩難法時，必先之以分解，而空頭硬用兩難，在方法上是有缺陷的。當然，其宗旨自不誤。

第二頌，「因物故有時，離物何有時」？「離物」之離，若是絕對地說，則離開物，自無時可說。又，「若肯定物有暫住，實有刹那，刹那是附着於物上的一個客觀特性，則離開物，自亦無時。但若依法立時，是依物之生住滅，由內心之執而假立時間，則及其由假立而爲一形式的有，它便有一虛層上的獨立的意義，如是，即使離開物，亦仍可有時。此恰如康德所說：「我們從不能把空間之不在表象給我們自己」，雖然我們很能想它空無對象」。想空間可以空無對象，即是想空間自身爲一形式的有，它有獨立的意義。若空間是假立，當然不在表象可能有誤解，以爲空間永不能被拆除。但康德說這句話不是此義。他是說空間必須被視爲是依靠於現象的一個決定。它是一先驗的表象，它必然地居於現象可能底條件，而不能被視爲是依靠於現象的一個決定」。空間如此，時間亦如此。是則時空雖依物之下而爲其底據」（意即爲其可能之條件）。依物假立，不是說時空是物上的一個客觀屬性（即不是依靠于物的一個決定）乃是就物之生住滅而由內心之執主觀地假立成也。此種假立即通於外部現象之下而爲其底據」（意即爲其可能之條件）。

171

康德之先驗說。假立之，即反而表象事物之生住滅而使現象為可能（為認知上的可能）。故康德說時空為現象可能之條件，此義亦可適用于此之執着，然說穿了，其視時空為「心之主觀建構」，實只是內心之執也。故康德之說，通其極而觀之，實通于佛家關此之所說。而且對于龍樹所說之「名字出」，「假名說」，乃至法相唯識宗所說之分位假法，可予以積極之疏導，以顯時空之積極的作用。此可以使吾人正視知識而予以積極的說明也。不只是一「假名說」即完，且甚之即使說為分位假法，亦不夠也。

「物尚無所有，何況當有時」？此是進一步就緣起性空，般若智境，說物亦無所有，亦不可得。物且無所有，不可得，「何況當有時」？此從諸法實相說也。然「不壞假名，而說諸法實相」，則物亦可假名有，幻有，而時亦可名字出，假名說，只要不執實就可以了。但在此，須注意，物之不可得與假名有，是就緣起性空說，此是實層；而時是不相應行法，其為名字出，假名說。物可以緣起說，而時不可以緣起說，蓋時為形式的有也。即使說時因物而假立，物亦因時為其條件而可能，這亦是一種相因待的關係，但這嚴格言之，實不可以緣起說。即物方便說為緣起，它不是由色心諸法為緣而生起的一個具體現象，亦與色心諸法（具體現象）之為緣起不同也。不可混漫。蓋時為形式的有，故亦不能以彼為緣，由之而生起其他具體現象也。諸行無常，色心諸法是行，思亦是行，而時、空、數等並不是行，詞語不可混漫也。

《大智度論》卷第三十一釋經初品中十八空義第四十八，釋「大空」云：

・第三章 龍樹之辯破數與時・

大空者，聲聞法中，法空為大空。如雜阿含大空經說：「生因緣老死。若有人言是老死，是人老死，二俱邪見。是人老死，則眾生空。是法有，法空為大空。」摩訶衍經說：「十方、十方相空，是為大空」。

問曰：十方空何以名大空？

答曰：東方無邊故，名為大。亦一切處有故，名為大。遍一切色故，名為大。常有故，名為大。益世間故，名為大。令眾生不迷悶故，名為大。如是大方，能破故，名為大空。餘空破因緣生法，作法，粗法，易破故，不名為大。是方非因緣生法，非作法，微細法，難破故，名為大空。

問曰：若佛法中無方，三無為，虛空、智緣盡、非智緣盡亦所不攝，何以言方亦是常，是無為法，非因緣生法，非作法，微細法？

答曰：是「方」法，聲聞論議中無。摩訶衍法中，以世俗諦故有，第一義中一切法不可得，何況方？如五眾和合，假名眾生。方亦如是。四大造色和合中，分別此間彼間等，假名為方。日出處，則是東方。日沒處，則是西方。如是，是方自然常有故，非因緣生；亦不先無今有，今有後無，故非作法；非現前知故，是微細法。

問曰：方若如是，云何可破？

答曰：汝不聞我先說：以世俗諦故有，第一義故破？以俗諦有故，不墮斷滅中。第一義故破，不墮常中。是名略說大空義。

問曰：第一義空亦能破無作法，無因緣法，細微法，何以不言大空？

・173・

答曰：前已得大名故，不名為大。今第一義名雖異，義實為大。出世間，以涅槃為大，世間以方為大。以是故，第一義空亦是大空。復次，破大邪見故，名為大空。如行者以慈心緣東方一國土眾生，復緣一國土眾生，如是展轉緣時，若謂盡緣東方國土，則墮邊見。若謂未盡，則墮無邊見。生是二見故，即失慈心。若以「方空」破是東方，若謂有邊無邊見。若不以「方空」破東方者，則隨東方心。「隨心」則生。譬如大海，潮時，至其常限，水則旋還。行者如是，若以「隨心」破大邪見故，慈心則滅，邪心則不已，則漂在露地，有諸苦患。若魚有智，則隨水還，永得安隱。行者如是，若「隨心」不還，則漂在邪見。若「隨心」還，不失慈心。如是破大邪見故，名為「大空」。

案：此段解「大空」之文很有意義。「大空」即「空間」空，即破空間也。在此，龍樹視空間「非因緣生法，非作法，微細法」，「亦是常」，「一切處有故名為大，遍一切色故名為大，常有故名為大」。空間（空間）自然常有故，亦不先無今有，今有後無，故非作法。非現前知故，是微細法」。空間若如此，時間亦當如此。時間亦非因緣生法，非作法，微細法，亦是常有。常有自是形式的常有。時空俱是形式的常有，但同時亦俱是假名法，由內心之執而構成也。若如此，則以上關於時間之辯破顯然俱是詭辯。此處說空間是常，則外道說時間為常，只須不視之為客觀自存的常有即可，何須用不作，不相雜，三相皆現在時，過去復過去等詭辯，來辯破？時間空間俱是由內心之執而形構

· 174 ·

成的一個形式的有，用之以表象現象。若知此義，則俗諦有，有其所以有，第一義諦破，有其所以破。若不知此義，只說名字出，假名說，則不知其何以爲常也。復次，若知此義，則自不生大邪見，謂東方有邊或無邊。蓋只是內心之執之形式的有，用之以表象現象，並不是客觀自存的實有屬于物自身也。若視爲客觀自存的實有（常有），屬于物自身，則有邊無邊即成矛盾，此即康德所謂正反兩題之「背反」，此亦通于龍樹所說之邪見。邪見生，則隨心生。隨心生，則慈心失。若知時空是內心之執之形式的有，只表象現象，則時空始可破。隨心是執心，隨時空之執（執之以表象現象）而執也。慈心是不執之心。知時空爲內心之執，則破立自如，故不墮有邊無邊之邪見也。

中論觀六種品第五破地、水、火、風、空、識六種（即六界），主要專在破空間，其破路而破空間乃至時間，而必以詭辯出之！吾不知龍樹何以不隨大智度論此段大空文之思純詭辯，不可取。讀者一看便知，不煩再檢。

本章旨趣在順佛家不相應行法予以疏通，以開與西方康德哲學相會通之理境。詳見拙著<u>現象與物自身</u>。

佛性與般若

第一部 綱領

第四章 大涅槃經之佛性義

引言

第一節 涅槃經中關于佛性義之種種說

第二節 涅槃經之「三德秘密藏」

第三節 涅槃經之「空不空」與「不空空」

第四節 涅槃經之定與不定原則：一切眾生皆可成佛

第五節 三因佛性之遍局問題

第四章 大涅槃經之佛性義

引 言

般若經與空宗是就般若妙用說諸法實相，而涅槃經則是就涅槃法身說佛性。一般言之，小乘佛是灰斷佛，即化緣已盡，灰身入滅，只見無常，未見于常。因此，小乘無佛性常住之義。如前第二章所述，中論亦無佛性常住之義。彼所言之「佛性」是指執佛有自性者說。「自性」是一種執著。若執佛有自性，則佛便不是依因待緣修行而成。若先有此自性，則永不得成佛。若亦不須因緣成。吾已明：破此種自性執不碍涅槃經之言佛性常住。蓋自性執與佛性義不同。此即示中論除實相般若外，于教義方面復有特殊之限定相。即因此故，天臺宗視之為通教——有限定的通教。而通教佛同于小乘佛，即亦是化緣已盡灰身入滅之灰斷佛。而此兼濟又只限于界內，未能透至界外，故終未能見法所以為大只因悲願大，兼濟衆生故。但此兼濟雖是大乘，身常住，佛性常住。而中論亦實無「如來藏恒沙佛法佛性」一觀念。佛之寂滅相雖不可以有無常斷想，但此只表示此寂滅境界之不可說，不可思議，此並無得于言法身常住，佛性常住，亦無"小乘佛與通教佛之為灰斷佛。此即示言法身常住者，言「如來藏恒沙佛法佛性」

179

者，為「只是寂滅境界之不可說」以外之問題，而即使言法身常住，言恆沙佛法佛性，亦仍可言不可說不可說之寂滅境界也。

但般若經中，如前第一章第五節所言，亦有「一切法趣有常，是趣不過。何以故？常畢竟不可得，云何當有趣？一切法趣樂、淨、我，是趣不過。何以故？樂淨我畢竟不可得，云何當有趣非趣？」（經善知識品第五十二）等語。可見般若經中已知有「常樂我淨」之說。惟它重在以般若融通之，重在表示其「畢竟不可得」。此義仍不礙于仍可言「常樂我淨」也。經中提到常樂我淨，此蓋即天臺宗所謂「不共般若」，中有通別圓三教也。但般若經之精神不在教相之分解地建立，而只在隨已有者融通淘汰之。一般以為此觀念是後期的大乘真常經之所說。可是若依佛法佛性」一觀念，不能明確決定。般若經縱在歷史上早期出現，似乎已知「法身常住」之說。而「常樂我淨」正亦是大涅槃經所言者，般若經之性格是就義理說。若依「一切法趣常樂我淨」之語觀之，則般若經之五時判教，則般若部是在第四時說，當然已知之。今依義理說，般若經之重在蕩相遣執，涅槃經則重在言佛性。歷史事實問題不是這裡所注意的。

「佛性」觀念之提出是在說明兩問題：一是成佛之所以可能之問題，一是成佛方是究竟之問題。若如中論所說，光只破除自性執而成佛，此則太空泛而又無力。故必須就因緣義進而內在地說成佛所以可能之佛性，此則不可以自性執視。又，既因但自度而不度他為小乘，則大乘必須度他，成佛必須以一切眾生得度為條件（為內容）。此則有待于「悲願」一觀念，悲願雖大，始能不捨眾生。又，若悲願雖大，而只限于界內，不能窮法之源，而透至于界外，則悲願之大，亦未能充其極。是以若充悲願之

極，必須透至「如來藏恆沙佛法佛性」始可。是則成佛不只是籠統地不捨眾生，而且必須即九法界（六道眾生加聲聞緣覺菩薩為九法界）而成佛。即，成佛必須依圓滿之形態而成佛。圓滿形態的佛是以具備着九法界法而決定，即是十界互具為圓滿形態（九法界加佛法界為十法界）。此圓滿形態即決定「如來藏恆沙佛法佛性」一觀念。法身佛性是具備着恆河沙數的佛法而為法身佛性。此恆河沙數就是無量數。此無量數不是一個邏輯的籠統的無量，而是一個存有論的無量。此即示法身必須遍滿：遍于存有論的一切處，滿備着存有論的一切法。此一切處一切法，由于對于一切法有一根源的說明，是存在論地圓滿地決定了的一切法，不只是如「諸法實相」那樣，諸法之「諸」（法之存在）是停在不決定的狀態中。法身佛性既是這樣的遍滿，即因此遍滿而說常。此常不只是真如理常，而且是遍滿常，即是十法界法一體平鋪之常，「是法住法位，世間相常住」之常，此即是諸法實相。依此遍滿常而說我，此我亦無我相。是以說「我」畢竟不可得亦可。此是大解脫，一切解脫，依此說樂說淨亦可。而樂無樂相，淨無淨相，說樂淨畢竟不可得亦可。此是如上帝梵我那樣的常。依此說涅槃法身佛性常樂我淨之實義。

此就是涅槃經說涅槃法身佛性常樂我淨之實義。依此，涅槃法身是一個永恒無限遍滿的生命，現實的釋迦自然只是一種示現。

吾人依實相般若說無一法可得，此是法之無，亦即法之空靈化。吾人依恆沙佛性，說法之存在，法之有（存在）。這兩面並不衝突。這也是有，是因着佛性須具備恆沙佛法，法身須遍滿，故法有（存在）。無，亦有其所以為無，是因着實相般若，故法無，不可得。這與依緣起性空一義而說幻有與實相無相之有者有其所以為有，無者有其所以為無，不同，雖然恆沙佛法亦只是假名幻有。這後一說法只是實相般若一面之意義。現

181

在說法之存在則是就恆沙佛法佛性說，于實相般若一面外須加法身遍滿常一面。故法之存在是存有論的問題。恆沙佛法是因着法身遍滿常而存在，這是法身所即而具之的，這也是實踐的存有論，非知解的存有論也。

因為佛性須具備着恆沙佛法，法身須遍滿常，這樣才是圓實佛。這樣的說明亦曰存有論的說明，即對于流轉還滅兩面的恆沙佛法須有一存有論的圓滿決定。由於這種決定底緣故，所以才有教乘方面的系統多端，以及圓不圓底問題。原則地言之，若依分解之路前進，便是可諍法，因而是權教，非圓實教。而分解復有經驗的分解與超越的分解兩路，故權教中亦有兩態，此即阿賴耶系統與如來藏眞心系統。若依「詭譎的即具」之路前進，則是無諍法，因而系統無系統相，故為圓實教。故這存有論的決定必待至相應法華開權顯實發迹顯本而開出的天臺圓教始眞達至圓滿的決定。而達至此存有論的決定圓滿決定始眞證成了那恆沙佛法佛性以及法身之遍滿常。此即是說，詭譎的即具之路是由開決了那分解之路而成者，故不與分解之路為同一層次。因此，圓實教只有一，無二無三。

以上是大涅槃經言佛性義之綱領。此下略言史實。

大涅槃經共四十卷，為南北朝時代北涼天竺沙門曇無讖所譯。此前只有六卷泥洹經。此六卷本中無一切衆生皆有佛性，皆可成佛，一闡提亦有佛性亦可成佛之明文。但當時竺道生孤明先發，即聲言一切衆生皆可成佛，一闡提亦可成佛。此義說出，興論譁然，斥之為妄，于經無據，並將道生「顯于衆」（類似公審）而擯之。道生甚憤，即作誓言：「若我所說反于經義者，請于現身即表癘疾。若于實相不相違背者，願捨壽之時據獅子座。」言竟，拂衣而去。後大經全部譯出，傳至南京，果稱一闡提亦有佛性，亦可成佛。如是，道生聲名大

· 182 ·

噪,號爲涅槃之聖。續僧傳載僧旻之言曰:「宋世貴道生,頓悟以通經」,即通此大涅槃經也。關於竺道生之事蹟以及其思想,湯用彤先生佛教史言之甚詳,讀者可參看。

涅槃經至南京後,南朝涅槃學遂盛。諸家鑽研相繼而起。至梁武帝時遂成涅槃集注七十二卷(即今存於大藏經中之涅槃經集解七十一卷)。涅槃經以「佛性」義爲中心,故當時對于佛性有種種說,實皆本於經文也。湯用彤先生佛教史第十七章云:

吉藏大乘玄論卷三出正因佛性十一家,其涅槃遊意說佛性本有始有共三家。元曉涅槃宗要出佛性體有六師。均正(慧均僧正)大乘四論玄義卷七則言正因佛性有本三家末十家之別。雖各有殊異,而大致相同。今以均正所傳爲母,而以吉藏元曉所言爲子,分附於均正各家之下:

均正本三家:

甲、道生法師:當有爲佛性體。

吉藏玄論之第八家:當果爲正因佛性。古舊諸師多用此義。

乙、曇無讖法師:本有中道真如爲佛性。

玄論于其所列之十一家外曰:「河西道朗法師與曇無讖法師共翻涅槃經,親承三藏作涅槃義疏,釋佛性義,正以中道爲佛性。」

丙、瑤法師:

吉藏涅槃遊意之第二解:新安瑤師以眾生有得佛之理爲正因佛性。

均正末十家：

(一)白馬寺愛法師：執生公義云：當果為正因。元曉涅槃宗要之第一師：當有佛果為佛性體。此是白馬寺愛法師述生公義。

(二)靈根寺慧令僧正：執瑤師義云：一切眾生本有得佛之理。此義，靈根僧正所用。吉藏大乘玄論之第九家：以得佛之理為正因佛性。

(三)靈味寶亮（即小亮）法師：真俗共成，眾生真如佛理為正因體。吉藏大乘玄論之第十家：以真如（原文「如」作諦）為佛性，此是和法師，小亮法師所用。

吉藏涅槃遊意之第一解為靈味高高。高高即寶亮之訛。其說則係梁武帝之說。但據均正，謂亮與武帝之說本屬同氣，故遊意云然。

(四)梁武帝：真神為正因體。吉藏大乘玄論之第六家：以真神為正因佛性。

元曉涅槃宗要之第四師：心神為正因體，乃梁武蕭衍義。吉藏涅槃遊意以此為靈味高高之說。高高乃寶亮之誤。武帝說與小亮一氣，故遊意如此言。

(五)中寺法安（即小安）法師：心有冥傳不朽之義為正因體。吉藏大乘玄論之第四家：以冥傳不朽為正因佛性。

(六)光宅寺法雲：心有避苦求樂性義為正因體。吉藏大乘玄論之第五家：以避苦求樂為正因佛性。此是光宅師一時所用。

第四章 大涅槃經之佛性義

(均正云：光宅亦常用亮師義，云心有真如性為正體也。)

(七)河西道朗法師及未有莊嚴寺僧旻與招提白琰公等：眾生為正因體。吉藏大乘玄論之第一家：以眾生為正因佛性。(未言為何師之說。且謂道朗係以中道為正因體。)

(八)定林寺僧柔，開善寺智藏：通則假實皆是正因，別則心識為正因體。故迦葉品(案當為獅子吼品)云：「不即六法，不離六法。」(即上之通)。第三家以心為正因佛性。元曉涅槃宗要之第二師：現有眾生為正因體，是莊嚴寺旻法師義。吉藏大乘玄論之第二家：以六法為正因體。云：「不即六法，不離六法」；別則心識為正因體。

(九)地論師：第八無沒識為正因體。吉藏大乘玄論之第七家：以阿黎耶自性清淨心為正因佛性。均正又云：「地論師曰：分別而言之有三種：一是理性，二是體性，三是緣起性。隱時為理性，顯時為體性，用時為緣起性。」

(十)攝論師：第九無垢識為正因佛性。元曉涅槃宗要第六師：阿摩羅識真如解性為佛性體。如經言：「佛性者名第一義空」。此真諦三藏之義。

吉藏大乘玄論之第十一師：以第一義空為正因佛性。此北地摩訶衍師所用。

附元曉涅槃宗要之第五師：言阿賴耶識法爾種子為佛性體，謂為「新師」等

185

案：以上為湯用彤先生所列。均正所說本三家末十家，除(九)(十)兩家依唯識學說正因佛性義。此當是唐代新法相宗師義也。

其餘大體皆就涅槃經佛性義而說。如本三家中，道生主「當有」為佛性體。此就當有、本有、始有而說。當有、本有、始有不足以成爭論，亦不足以因之而分家。「當有」即是據佛果說因。將佛果轉為因地，即是本有。故當有即本有。「當有」者，未來當得之佛果也。即以此當有之佛果為佛性體（為佛性之自體）。「本自有之，非適今也。」（涅槃經語）。「始有」者，此佛性體「本自有之，非適今也。」（涅槃經語）。「始有」者，此佛性體通過緣因了因而始顯現也。緣因了因亦經中原有，見下錄。是故當有、本有、始有是尅就因果隱顯而說。此亦如起信論之言本覺、不覺、始覺、究竟覺。

曇無讖主本有中道真如為佛性體，此據涅槃經以「中道第一義空」為佛性而言。此是經言佛性之正義，見下錄。曇無讖是此經之譯者，故直據經文正義而說佛性，非其本人特有一主張也。

至于瑤法師執「得佛之理」為佛性，此是形式地說。此「得佛之理」究如何規定？此可就「由當有之果而說的整佛性」而說為「得佛之理」。但據章安灌頂涅槃經玄義所述瑤師之義是以「眾生心神不斷」為得佛之理。此心神不斷大體是根據涅槃經之「真實常心」而說。此見于經言「佛性不即六法不斷」為得佛之理處，見下錄。

末十家中，第一家愛法師執生公義，以當果為正因，此即同於道生說。第二家靈根寺慧令僧正（僧正是佛教內之職名）同於瑤法師以「得佛之理」為正因佛性。第三家靈味寶亮以

「真如佛性」為正因體,此即同于曇無讖。但據章安玄義述小亮(寶亮)則為以「真神佛體」為佛性,此即同于「心神不斷」為得佛之理。第四家梁武帝以真神為正因體,此亦同于寶亮與瑤法師。第五家中寺法安(即小安)以「心上有冥傳不朽之義為正因體」,此亦同于「心神不斷」。是則瑤法師、慧令僧正、小亮、梁武、法安,其義一也。皆本于涅槃經之「真實常心」而說。第六家光宅寺法雲主「心有避苦求樂性義為正因體」,此則稍特別,蓋就解脫斷德而言,所謂緣因佛性也。其根據是經中所說之上中下三定,以上定為佛性,以一切眾生具足初禪為中定,以心數定為下定,見下錄。第七家河西道朗法師等以眾生為正因體,此亦出于涅槃經,亦如經言十二因緣為佛性。此非分解地正說。蓋經中本有種種說也。第八家定林寺僧柔、開善寺智藏主:通則假實皆是正因,故經獅子吼品云「不即六法,不離六法」;別則心識為正因體。此心識亦當就「真實常心」而言。所謂「六法」者即指色受想行識五陰加上我而言。此六法皆有真實一面與幻假一面,故云「通則假實皆是正因」,意即通而論之,假實皆是正因體,亦不離六法也。不即六法是言佛性非幻假的六法。不離六法是說佛性亦就是真實的六法,如真實常色,真實之樂,真實之想(無想想),真實常壽(經言「行名壽命」),真實常我(自在我)是也。凡此皆見下錄。至于第九家地論師以第八無沒識為正因體,此則超出涅槃經之範圍。此所謂地論師是指相州南道派慧光系而言。南道派的地論師以「阿黎耶識自性清淨心」說之。第十家攝論師以第九無垢識(亦稱阿摩羅識)為正因佛性,亦屬于唯識學。此攝論師是指真諦

第八阿黎耶識(亦稱無沒識)為淨識,故吉藏大乘玄論以「阿黎耶識自性清淨心」說之。南道派的地論師以

三藏而言。攝論師與攝論（攝大乘論）不同。蓋眞諦立第九識，又言自性清淨心，非無著攝大乘論本身所固有。此攝論師又與北道派的地論師相同。至於在均正所列此十家外，元曉涅槃宗要中之第五師以阿賴耶識法爾種子爲佛性體，此乃玄奘所傳之唯識，亦是無著、世親、護法一系之思想。「法爾種子」即是菩薩無始已來所自然本有之淨種（無漏種）。無著攝大乘論中不承認有法爾淨種，只言新熏。後來護法又加上去。言與不言無關重要。此見後第二部第二章第三節。

章疏家所列舉各家之說，就其所稱述言，除曇無識與河西道朗以中道眞如爲正因佛性外，其餘所說皆不甚諦當。涅槃經本有正因佛性，緣因佛性，了因佛性之義。正因佛性是中道第一義空，緣因佛性是斷德，了因佛性是智德。正因佛性滿顯爲法身，緣因佛性滿顯爲解脫，了因佛性滿顯爲般若。竺道生以當果爲正因佛性，此說籠統，不恰合正因佛性之義。竺道生雖「孤明先發」，然究是初步，未能深入涅槃經之裡。其餘如「得佛之理」，「心神不斷」，「心上有冥傳不朽之義」，「心有避苦求樂性義」，此種辭語皆不甚切合，非嚴格的佛法家語，即使有當，亦當屬于緣因佛性，而彼等皆以此爲正因。此即不切合經言正因佛性之義。凡此皆是過渡中的歷史陳迹，非方家之言，未可爲憑。（世親佛性論亦不是以法爾種子爲佛性體。）

經中本有種種說，而分際不同。會通經文而理解之，實即一整佛性，而又分解爲三因佛性耳。而章疏家如均正列爲本三家，末十家，吉藏列爲十一家，好像可各自成一說，遂令人心意迷亂，此章疏家執文摘句，好爲紛陳之過也。此如朱明儒言格物，考據家曾統計爲有數十種之多，遂令人想格物難解，且無定是。實則只兩系統耳。一則以伊川、朱子之說爲代

188

表，一則以陽明之說爲代表，亦無實義，亦無法度。焉有如考據家之所誇張者耶？佛性義亦復如是，當依經文會通而確解之，不可隨章疏家之陳列而望文生義，致令迷失也。天臺宗智者大師規定爲三因佛性，此確解也。章疏家何以不列？吉藏晚于天臺，元曉俱唐時人，更晚。彼等列及地論師、攝論師，以及奘傳之唯識，何以獨不列天臺？均正、吉藏是三論宗，或因此故而然耶？或因雖晚于天臺，而時代相差不遠，彼等所列者皆不及也。知耶？此不可曉。總而言之，天臺宗師是涅槃經之方家。此下錄涅槃經之種種說，會通而理解之，以見佛性義究如何。

第一節　涅槃經中關于佛性義之種種說

(1)〈經卷第七〈如來性品第四之四〉：

佛言：善男子！我者即是如來藏義。一切衆生悉有佛性，即是我義。如是我義，從本以來，常爲無量煩惱所覆，是故衆生不能得見。善男子！如貧女人，舍內多有真金之藏。家人大小無有知者。時有異人，善知方便，語貧女人：我今雇汝，汝可爲我耘除草穢。女即答言：我不能也。汝若能示我子金藏，然後乃當速爲汝作。是人復言：我知方便，能示汝子。女人答言：我家大小尚自不知，況汝能知？是人復言：我今審能。女人答言：我亦欲見，並可示我。是人即于其家掘出真金之藏。女人見已，心生歡喜，生奇特想，宗仰是人。

善男子！眾生佛性亦復如是，一切眾生不能得見。如彼寶藏，貧女不知。善男子！我今普示一切眾生，所有佛性為諸煩惱之所覆蔽，如彼貧人有真金藏，不能得見。如來今日普示眾生諸覺寶藏，所謂佛性。而諸眾生見是事已，心生歡喜，歸仰如來。善方便者即是如來。貧女人者即是一切無量眾生。真金藏者即是佛性也。

案：此下尚有種種喻，如力士額珠，雪山一味藥等。此種種喻喻解「一切眾生悉有佛性」。而此佛性「即是我義」。此我是「真我」。「如來所說眞我名曰佛性」（經卷八）。此真我「即是如來藏義」。此言如來藏不像勝鬘經及起信論那樣直言為「如來藏自性清淨心」，而是說為「如來秘密之藏」。「佛性雄猛，難可沮壞，是故無有能殺害者。若有殺者，則斷佛性。如是佛性終不可斷。性若可斷，無有是處。如我性者即是如來秘密之藏，一切無能沮壞燒滅。雖不可壞，然不可見。若得成就阿耨多羅三藐三菩提，爾乃證知。以是因緣無能殺者。」（經卷七）。「如來秘密之藏」，經卷第二壽命品第一之二解說為解脫、般若、與法身三者合成。此三法如伊字∴三點，不縱不橫，亦不別異。此為圓伊，即大涅槃也。涅槃即是「安住秘密藏中」。涅槃是果，亦曰涅槃法身。此三法合一之整法身即曰「真我」。顯名法身，隱名如來藏。安住秘密藏而入涅槃，則法身朗現，秘密藏亦朗現。而在佛自身亦無所謂秘密，秘密是對眾生不解而言。是以如來秘密之藏通隱顯兩義而言。顯即轉名為涅槃法身，隱則轉名為如來藏，此佛果也。

佛性是由那整一佛果法身置于因地而說。佛性與佛果其內容無二無別。就佛果而言佛性，則佛性之義首先是佛之性，猶言佛之性格，或佛之體段。此不是「佛所以成為佛」之性

能之義。普通所理解之佛性是佛所以成為佛之性能之義。但涅槃經言「佛性」，其首先所表示者不是此義，乃是佛之性，佛之體段之義。儒家言性善是直接就道德實踐以言成聖所以可能之根據，不是就聖人之體段而言聖之性。但涅槃經卻首先就佛之體段而言佛之性。當其置于因地而言佛性，亦有是佛果之因，成佛之根據（種子）之義。只說隱名佛性，顯名佛果（法身），人若問如何能顯，想尋求此能顯之原因，則光此佛果之置于因地而不能表示出。而此能顯之原因才是因地佛性之切義。因地佛性要成其為所以成佛之根據或性能之義，則必須即在此因地之中能發現出此能使之為顯之原因或性能。光將佛之體段置于因地而說為佛性，只說一隱顯，尚不足夠。

依是，佛性有兩義：㈠是佛之體段。一切衆生悉有佛性意即悉有成為佛之體段之可能，不過為煩惱所覆，不顯而已。依此，一切衆生皆是一潛在的佛。從此潛在的佛說佛性，即曰如來藏。如來藏之藏有兩義：一是藏庫，一是潛藏。前者表示不空，如來法身是無量無漏功德聚。後者表示此不空之法身為煩惱所覆，隱而不顯。此佛性義是「所以成為佛」之性能或超越根據之義，不是佛之體段之義。㈡是所以能顯。有此佛法身之體段之性能，即此能顯之性能而言佛性。

涅槃經說佛性首先是佛之體段義，此是正面說的。至于所以成為佛之性能之佛性義，則不甚顯豁。但並非無此線索。引至此第二種佛性之義之線索即是緣因了因。涅槃經以佛之體

段義之佛性為正因佛性。但此正因佛性必須有緣因了因以顯之。但《涅槃經》却並未把緣因了因視為二種因,乃是視了因即是緣因,或以緣因為了因。它有時生因了因對言,有時正因緣因對言,有時正因了因對言,說的似乎顯得雜亂。試看以下之經文。

善男子!因有二種。一者生因,二者了因。能生法者,是名生因。灯能了物,故名了因。煩惱諸結是名生因。緣生父母是名生因。復有生因,謂六波羅蜜阿耨多羅三藐三菩提。復有了因,謂六波羅蜜佛性。復有生因,謂首楞嚴三昧阿耨多羅三藐三菩提。復有了因,謂八正道阿耨多羅三藐三菩提。復有生因,所謂信心六波羅蜜。(經卷二十八、〈師子吼菩薩品第十一之二〉)

案:生因了因本有一定之界定。「能生法者是名生因」,此界定不錯。依此界定,則中的「因緣」亦是「生因」。「燈能了物,故名了因。」此是以譬或事例作界定。凡緣起事之因果關係中的原因都是「生因」,一事例。燈光之照物,破除黑暗,並不是物之生物,而只是照物,故為「了因」。依此界定,吾人可說般若智是「了因」。但若說「地水糞等是名了因」,則難解。對穀種為「生因」而言,「地水糞等」只可說是「緣因」,即諸般扶助條件等是「了因」,並不是嚴格的說法,蓋籠統地把了因視為緣助,故以緣助比配了因也。經言此下于「六波羅蜜阿耨多羅三藐三菩提」等等,說生因了因,則生因了因便互有出入,只彷

佛有其義耳。此則不必詳爲分疏，但看取何義耳。

同卷同品又云：

善男子！因有二種，一者正因，二者緣因。正因者，如乳生酪。緣因者，如煖酵等。

案：此似是以生因爲正因。但如果「正因」指佛性言，則「正因佛性」並不生涅槃法身之果。是以「如乳生酪」只是譬況方便說耳。正因佛性並不是「生因」也。「緣因者如煖酵等」，此只示以煖氣與酵母等爲乳生酪之緣助條件也。此緣助條件，如用於正因佛性上說，甚爲廣泛，經中並無明確之限定，即並未規定爲與了因不同之另一種因性。是故同卷同品又云：

世尊！如佛所說有二因者，正因，緣因，眾生佛性爲是何因？

善男子！眾生佛性亦二種因，一者正因，二者緣因。正因者，謂諸眾生。緣因者，謂六波羅蜜。

案：「正因者謂諸眾生」，此是指點地說，言正因佛性不即眾生亦不離眾生也。（見後文）。「緣因者謂六波羅蜜」，此是以六波羅蜜爲助而可由之以顯正因佛性也。但六波羅蜜中，有般若，有禪定，乃至其他。故以六波羅蜜爲緣因，此緣因並非爲與了因不同之另一種因性。蓋了因亦是一緣助條件也。經便是這樣地以緣因籠罩了因，而並未分爲兩種因性也。

是故同卷同品又云：

師子吼菩薩言：世尊！一切眾生有佛性性，如乳中酪性。若乳無酪性，云何佛說有二種因，一者正因，二者緣因。緣因者，一醪，二煖。虛空無性，故無緣因。

佛言：善男子！若使乳中定有酪性者，何須緣因？

師子吼菩薩言：世尊！以有性故，故須緣因。何以故？欲明見故。緣因者即是了因。世尊！譬如闇中先有諸物，為欲見故，以燈照了。若本無者，燈何所照？如泥拘陀子，須地糞而作了因。土中有瓶，故須人水輪繩杖等而為了因。如尼拘陀子，須地糞而作了因。乳中醪煖亦復如是須作了因。是故雖先有性，要假了因，然後得見。以是義故，定知乳中先有酪性。

案：此雖是師子吼菩薩之言，然就我們現在之論點說，彼之所言亦並不差，故以「人水輪繩杖等」，「地水糞等」，諸緣助比配了因，而以之為了因也。此與前文佛所說者同。此中佛似又啟發一新論點，即乳中是否定有酪性。若定有酪性，則何須緣？若定無酪性，則何所了？何故又從乳中可得酪耶？此是定不定之問題。師子吼似未甚意識及。故下文展轉問答，糾纏不已。而最後仍是「二因，正因緣因。正因者，名為佛性。緣因者，發菩提心。以二因緣，得阿耨多羅三藐三菩提，如石出金。」

據上，則知經文雖有正因，緣因，了因之名，然却並未說為三因佛性，蓋其所謂緣因即

了因也，或以了因為緣因，以緣因籠罩了因也。然此種說法究嫌含混籠統，且有許多不恰當者。故天臺宗智者大師即順其名而分別地說為三因佛性，以與三德相對應：正因是中道第一義空（見下），與法身相應；緣因是斷德，與解脫相應；了因是智德，與般若相應。此則名義諦當，各就其主要之義而立名。說了因亦是緣，亦如四緣中說「因緣」亦是緣，然畢竟又分為四緣也。此種明確地規定為三因佛性，雖非經中所原有，然如此規定之，亦不悖于經義，且可使之更明晰也。

智者《觀音玄義》卷上釋名章中釋了因緣因處有云：

了是顯發，緣是資助，資助于了，顯發法身。了者即是般若觀智，亦名慧行正道，智慧莊嚴。緣者即是解脫，行行助道，福德莊嚴。《大論》云：「一人能耘，一人能種」。種喻于緣，耘喻于了。通論，教教皆具緣了義。今正明圓教二種莊嚴之因，佛具二種莊嚴之果。原此因果根本即是性德緣了也。此之性德本自有之，非適今也。《大經》云：「一切諸法本性自空，亦因菩薩修習空故，見諸法空。」即了因種子本自有之。又云：「一切眾生皆有初地味禪」。思益云：「一切眾生即滅盡定」。此即緣因種子本自有之。

據此，則凡《涅槃經》（簡稱《大經》）中言空慧言觀智以為佛性者即了因佛性也，凡言禪定以為佛性者即緣因佛性也。般若觀智照空假中，故是慧行正道，是智德。禪定斷煩惱，得解脫，故是斷德，亦稱福德，此是行行助道。「行行」與「慧行」相對而言。都是行，然而有實行的性，是斷德，亦稱福德，此是行行助道。

是慧，有實行的是定。「慧行」者屬于智慧行之行也，亦可曰智慧底實踐。「行行」者屬于禪定行之行也，亦可曰實踐底實踐。此兩種德其種子即緣因佛性與了因佛性。性德緣因滿，即為解脫。此緣了二佛性不能外求，即在正因佛性中分析得之，因此而有三因佛性。正因佛性即是佛之體段轉爲因地，此是客觀地說的佛性。緣了二佛性是主觀義的主體，此是主觀地說的佛性。正因佛性是客觀義的主體，緣了二佛性之所在。客觀義的佛性可曰「法佛性」，主觀義的佛性可曰「覺佛性」。（以了因爲主，以緣因爲助，從主而言，故曰覺佛性。）

上錄經文以「如來藏眞我」爲佛性，即客觀說的整一正因佛性也。此由四顚倒而說到。非苦而生苦想，苦而樂想，是名顚倒。無常常想，常無常想，是名顚倒。淨不淨想，不淨淨想，是名顚倒。涅槃法身常樂我淨，此比說無常苦空無我不淨爲進一步，故以「眞我」爲佛性也。「眞我」無我相，不可執也。只是一「法身」——法性身。法性不只是抽象地說的那空如性，乃是即于萬法而爲法性。因此，當說「法身」時，萬法便成了無量無作的清淨功德。法身者即是法性化了的法聚，即無量功德聚也。佛已證得，即爲佛果。由佛果說佛性，即是佛之體段也。由佛果轉爲因地而說佛性，此即正因佛性。一切衆生悉有佛性，即有此正因佛性。此示一切衆生即可達至佛之體段，不過爲煩惱所覆，其正因佛性不顯而已。然不可謂其不潛存地具此佛之體段，是以在衆生即曰「理性正因佛性」，即只從一切法之法理（中道實相理）上說的正因佛性也，此即天臺宗所謂「理即

佛」，但有其理而無其事之謂也。其所以能達至佛之體段即因其性德緣了能自湧現，因而使正因佛性顯而為法身也。緣了湧現而為慧行與行，此即為有緣了之事。緣了在理，未發心，未加行，則性德緣了即吞沒于正因佛性中而不顯，因此，同名為正因。正因者相應「如來藏我」而客觀地形式地說的佛性也。故亦曰「法佛性」。就此法佛之正因佛性，則佛性即為「中道第一義空」。此比以「如來藏我」說佛性為進一步，但仍是說的正因佛性也。惟比較具體而已。

(2)經卷第二十七、〈師子吼菩薩品第十一之一〉有云：

師子吼菩薩摩訶薩白佛言：世尊！云何為佛性？以何義故，名為佛性？十住菩薩住何等法不了了見？佛住何等法而了了見？……

師子吼者名決定說。一切眾生悉有佛性。如來常住，無有變易。……

善男子！汝問云何為佛性者，諦聽諦聽，吾當為汝分別解說。善男子！佛性者名第一義空，第一義空名為智慧。所言空者，不見空與不空。智者見空及與不空，常與無常，苦之與樂，我與無我。空者一切生死，不空者謂大涅槃。乃至無我者即是生死，我者謂大涅槃。見一切空，不見不空，不名中道。乃至見一切無我，不見我者，不名中道。中道者名為佛性。以是義故，佛性常恒，無有變易。無明覆故，令諸眾生不能得見。聲聞緣覺見一切空，不見不空，乃至見一切無我，不見于我。以

是義故，不得第一義空。不得中道者凡有三種。一者定樂行，二者定苦行，三者苦樂行。定樂行者，所謂菩薩摩訶薩憐愍一切眾生故，雖復處在阿鼻地獄，如三禪樂。定苦行者，謂諸凡夫。苦樂行者，謂聲聞緣覺。聲聞緣覺行於苦樂，作中道想。以是義故，雖有佛性，而不能見。如汝所問，以何義故名佛性者，善男子，佛性者即是一切諸佛阿耨多羅三藐三菩提中道種子。

復次，善男子！道有三種，謂下上中。下者，梵天無常，謬見是常。上者，生死無常，謬見是常；三寶是常，橫計無常。何故名上？能得最上阿耨多羅三藐三菩提故。中者，名第一義空：無常見無常，常見於常。第一義空不名為下。何以故？一切凡夫所不得故。不名為上。何以故？即是上故。諸佛菩薩所修之道不上不下。以是義故，名為中道。

案：此段文是經言佛性之主文。曇無讖以及河西道朗以「中道真如」為佛性體，即本此。經言「中道第一義空」為佛性。改「第一義空」為真如，則泛。蓋經言「中道第一義空」即指不空而常樂我淨之大涅槃而言，不是泛講的真如也。大涅槃當然是空，寂滅故空。此第一義空由行中道而得。行中道者，常樂我淨，故是第一義空。但此空却是空而不空，「見空及與不空」，兩面皆見到，不偏于一面，故為行中道。「無常見無常，常見於常」，兩者皆如實見，無橫計，無顛倒，故為行中道。此尚是分別地說，分成兩行，由不偏于任一行（任一面）而言中道。「空者一切生死，不空者謂大涅槃，乃至無我者即是生死，我者謂

大涅槃。見一切空，不見不空，不見一切無我不見我者，不名中道」。此亦是分別地說，分成兩行兩面。兩面皆見，名為中道。「見一切空，不見不空」，固不得名為中道。反過來，只見不空，亦不得名為中道。此種說法是經文之質樸。然則眞正中道者亦實可由分別說進而為相即地說，由如此說而得見也。相即地說者即由生死法之無常、苦、空、無我，而如實地見，不加任何執著，而即于此見不空而常樂我淨之大涅槃之無常、苦、空、無我及與我，方是真正地行中道，真正的智慧，此即是第一義空，亦即是佛性。是以「中道第一義空」者，即是依相即地說的中道所見之真空也。而真空即是妙有。故此第一義空即是勝義空，言其非偏空，非只是生死法之無自性空而已也。若只是無自性空之偏空，那只是一面說，方便說，小乘亦見之，故只見到無常、苦、空、無我一面。今言大涅槃，三德秘密藏，則必須即于生死法之無常苦空無我而直下轉為不空之常樂我淨，見無常及與常，見苦及與樂，見無我及與我，見空及與不空，此即是第一義空。是以「中道第一義空」者，方是真正地見空及與不空，見無常及與常，見苦及與樂，見無我及與我，見空及與不空。如此相即地見空及與不空，抽象地單在一邊而自行其為常樂我淨之大涅槃也。因此，大涅槃之所以為大，所以為不空而常樂我淨，正因其即于生死法之無常、苦、空、無我，不加任何執著，而即轉為其自身之不空而常樂我淨。如此，則不得名為大涅槃。大涅槃並不是捨棄生死法之無常、苦、空、無我，而如實地見，不加任何執著，正是住著于涅槃而為小涅槃。

此佛之體段義的佛性轉為因地佛已了了見，則于生死法之無常苦空無我而直下轉為不空之常樂我淨，則佛性即是佛之體段。如從此佛果說佛性，則佛性即為佛果。如將此佛之體段義的佛性轉為因地，對象生而言，即為眾生之理性正因佛性。因果有隱顯，而內容的意義則不二。

由如此之正因佛性，我們可以預見中道第一義空下的「不空如來藏」，預見「所有佛性一切佛法常無變易」（經卷三十六、迦葉品第十二之四，見下第五節），預見「無量無作恒

沙佛法佛性」（天臺宗智者語），不必逮至佛果而後知也。此即爲圓見、圓聞、圓信。此是把般若經之「不壞假名而說諸法實相」，維摩詰經之「除病不除法」，收于涅槃法身上說。此亦即法華經之「是法住法位，世間相常住」之境也，故亦與法華同爲醍醐味也。

經言「中道第一義空」，雖質樸地以見兩面不偏一面爲中道，然此種分成兩面之說法實義函兩面之相即地說。經言：「所言空者，不見空與不空。智者見空及與不空，常與無常，苦之與樂，我與無我。」此中「所言空者，不見空與不空」一語須當有一明確之解釋，不可孤立地望文生義，馳騁遐想。如是，初看，「所言空者」之空好像是繼承上文「第一義空名爲智慧」之第一義空而解釋之。但這樣一來，便與下文「智者見空及與不空」則以般若遣執說之。如是，「所言空者」之空即是第一義空，而「不見空與不空」則細一看時，便知「所言空者」之空不是承上文指「第一義空」而解釋之。因此，當再仔與「不空」相對的「空」而解釋之。下文言「空者一切生死，不空者謂大涅槃」，顯然是啓下，提出空與不空分別解釋，空是與不空相反的偏面空。在同一段文字裡，前後「空」字不應有異指。因此，「所言空者」之空亦應是與不空相對反的偏面空。「所言空者，不見空與不空」，語意當該是這樣的，即：平常所說的空乃是「不見空與不空」之兩面但只見到空一面之偏面的空。下文言「不見空與不空」便不是智者。如此，則上下文意便無刺謬。「不見空與不空」是貶斥語，不是勝妙語。吾初亦如此看，後覺其不話頭，便以般若之遣執蕩相說之，以爲此語即表示中道第一義空。

然。偶閱及吉藏大乘玄論，彼正好亦是以此語爲勝妙語，即表示中道者。彼云：

第四章 大涅槃經之佛性義

「善男子！佛性者名第一義空，第一義空名為智慧。」斯則一往第一義空以為佛性，又言「第一義空名為智慧」。豈不異由來義耶？今只說境為智，說智為境。（案此言涅槃經以中道第一義空為佛性，又說第一義空為智慧，此與以前抒義不同。我今只以境智不二示之。）復云：「所言智者，不見智與不智。」「如是二見不名中道，無常無斷乃名中道。」（案經此文見下錄）。此豈非以中道為佛性耶？是以除不空，則離常邊；又除于空，即離斷邊。不見智與不智，義亦如是。故以今明：第一義空名為佛性；不見空與不空，不見智與不智，無常無斷，名為中道。（大乘玄論卷三論佛性義尋經門）

案：此解于義理自通，但與經文語意不合。他把「所言空者，不見空與不空」說成遣執蕩相之勝妙語，以為此語本身即表示「遠離二邊」之中道。但經說此語卻是貶斥語，表示這種「不見空與不空」，但只見空一面，為愚者，不是智者。他又依據境智不二而例言「不見智與不智」，與經雙見為中道，不是以「不見」為中道。牽合為一律。「無常無斷」自表中道。但「不見空與不空」後文「無常無斷乃名中道」，率合為一說。「境智不二」，自亦可進一步說卻是意在貶斥，不在示中道。「無常無斷」，依據經文之原意，「不見智與不智」以為中道。但這些都是推稱之言，不是以「不見智與不智」為中道智慧」，是以雙見空與不空為中道，以見中道為智慧

201

慧。因此，以「不見空與不空」為遣執蕩相之中道空，若將此語單提孤視，這自可成立，但不合經文原意。

吾人順通經文須先知經言空是與不空相對的偏空；只見偏空為不智，雙見空與不空始為智者。此雖說的甚為質樸，但其實意却不是只分別地見了兩面便算中道第一義，便算真知了「所有佛性一切佛法常無變易」，必須進而為相即地說，即，即于生死法之無常、苦、空、無我，而如實知，如實見，不加任何橫計與執著，這便直下轉為不空而常樂我淨之涅槃法身。由此中道得第一義空，遣執蕩相地，即，遮詮地，再將那中道第一義空之不二，說不見空與不空，不見智與不智，遣執蕩相地，即，遮詮地，再將那中道第一義空之真實意義予一雙忘之表示，這都是可許的。但不能直以此義解釋經文「所言空者不見空與不空」之語。

以中道第一義空為佛性既是就涅槃法身說，則是以佛果為佛性。此佛性是佛之體段義。就衆生說，衆生亦可具此佛之體段。但雖具而未顯，則即將佛果轉為因地而曰佛性，此即「正因佛性」一詞之所以立。從因地說正因佛性，是就衆生說也。既從因地而說正因佛性，故可云：「佛性者即是一切諸佛阿耨多羅三藐三菩提中道種子」。一切諸佛亦是由本具此佛之體段而始可獲得「無上正等正覺」。但如此言正因佛性還是客觀地說的法佛性之佛性。若問如何可能把這本具之「中道種子」顯發出來而得「無上正等正覺」，則須就着客觀說的正因佛性而內在地凸現出緣了二佛性，此即是主觀說的覺佛性。此下即比以「中道第一義空」為佛性為更具體也。此下即逐步從緣了二佛性作具體的展示。

(3) 經同卷同品續上錄經文又云：

復次,善男子!生死本際凡有二種,一者無明,二者有愛。是二中間,則有生老病死之苦,是名中道。如是中道能破生死,故名為中。以是義故,中道之法名為佛性。是故佛性常樂我淨。以諸眾生不能見故,無常無樂無我無淨。佛性實非無常無樂無我無淨。

復次,善男子!眾生起見凡有二種,一者常見,二者斷見。如是二見,不名中道。無常無斷乃名中道。無常無斷即是觀照十二因緣智。如是觀智是名佛性。二乘之人雖觀因緣,猶亦不得名為佛性。佛性雖常,以諸眾生無明覆故,不能得見。又未能渡十二因緣河,猶如兔馬。何以故?不見佛性故。善男子!是觀十二因緣智慧即是阿耨多羅三藐三菩提種子。以是義故,十二因緣名為佛性。善男子!譬如胡瓜名為熱病。何以故?能為熱病作因緣故。十二因緣亦復如是。

善男子!佛性者有因,有因因,有果,有果果。有因者,即十二因緣。因因者,即是智慧。有果者,即是阿耨多羅三藐三菩提。果果者即是無上大般涅槃。善男子!譬如無明為因,諸行為果,行因識果。以是義故,彼無明體亦因亦因,識亦果亦因。以是義故,十二因緣不生不滅,不常不斷,非一非二,不來不去,非因非果。

善男子!是因非果,如佛性。是果非因,如大涅槃。是因是果,如十二因緣所生之法。非因非果,名為佛性。非因非果故,常恆不變。以是義故,我經中說十二因緣其義甚深,無知無見,不可思維,乃是諸佛菩薩境界,非諸聲聞緣覺所及。以何義故,甚深甚深?眾生業行不常不斷,而得果報。雖念念滅,而無所失。雖無作

者,而有作業。雖無受者,而有果報。受者雖滅,果不敗亡。無有慮知,和合而有。一切眾生雖與十二因緣共行,而不見知。不見知故,不見其始終。十住菩薩唯見其終,不見其始。諸佛世尊見始見終,是故了了,得見佛性。善男子!諸佛世尊見於十二因緣,是故輪轉。以是義故,不見知故,不見其始終。善男子!如蠶作繭,自生自死。一切眾生亦復如是。不見佛性故,自造結業。流轉生死,猶如拍毬。善男子!是故我于經中說:若有人見十二緣者,即是見法。見法者即是見佛。佛者即是佛性。何以故?一切諸佛以此為性。

善男子!觀十二緣智凡有四種:一者下,二者中,三者上,四者上上。下智觀者,不見佛性。以不見故,得聲聞道。中智觀者,不見佛性。以不見故,得緣覺道。上智觀者,見不了了。不了了故,住十住地。上上智者見了了故,得阿耨多羅三藐三菩提道。以是義故,十二因緣名為佛性。佛性者即第一義空。第一義空名為中道。中道者即名為佛。佛者名為涅槃。

案:上錄經文從十二因緣說佛性。十二因緣自身不是佛性。由十二因緣起觀智,徹底穿透十二因緣,所謂見之了了,見始見終,見其「不生不滅,不常不斷,非一非二(異),不來不去,非因非果」,而無一毫執着,則見佛性,亦即證得佛性。所見而得之佛性即是中道第一義空,即是佛。故「佛者即是佛性」。「以此為性」即以此為佛之本性,佛之體段也。故「若有人見十二緣者即是見法,見法者即是見佛,佛者即是佛性」即以此為涅槃法身,即是佛。故所見得之佛性即是法佛性也。正面實說的佛性仍是中道第一義空,

第四章 大涅槃經之佛性義

而從十二因緣說起，乃是指點地說，非正面分解地說。意即十二因緣本身並非佛性，由之而見中道第一義空始是正面實說的佛性。故說「十二因緣名為佛性」，猶如「胡瓜名為熱病，何以故，能為熱病作因緣故」。胡瓜本身實非熱病也。

佛性義之獨立一說也。若章疏家見之而列為獨立一說，則是執文摘句之過也。

此由十二因緣指點地說的佛性，其實處仍歸于中道第一義空，故于佛性得由「因，因因，果，果果」關聯着以明之。如從十二因緣說起，此十二因緣即是因。由此起觀智，此觀智之智慧即是「因因」，言因上之因，了因也。此言以此智慧為因可得菩提果也。是故果即是無上正等正覺，而大涅槃則是果上之果（果果）也。

至于所見而得之佛性本身亦可說「是因果」，亦可說「是果非因」，亦可說「非因非果」。「是因非果」者佛果之佛性在衆生即轉為因地之佛性，潛具而未顯也。〈經卷第二十八師子吼品第十一之二〉云：「是因非果名為佛性，非因生故。是因非果，非沙門果。以了因故」。此言佛性所以是因而非果者，因為它是最後的因，而不復由因而生故，它不是緣起的因果法。「非果」者，此據性德緣了因佛性，即此正因亦具了因也。然自其能顯而為果言，「非果」者，此據性德緣了皆名因。故經即以「了因」說之。而智者于〈觀音玄義〉卷上謂：『「是因非果」者，象生潛具而未顯也。故其為因，直接的意思當該是正因。然則其直接的意思當該是整一的正因佛性與了因佛性。故「了因」說當該復進而抉發其緣因佛性，即主觀地說的覺佛性，在衆生未顯，即名為因。至于再追問其所以能顯之因，始說性德緣了以為因，此即主觀說的覺佛性也。

「是果非因，如大涅槃」，此即佛果涅槃法身也。〈經卷第二十八獅子吼品第十一之二

· 205 ·

云：「善男子！是果非因，謂大涅槃。何故名果？是上果故，沙門果故，婆羅門果故，斷生死故，破煩惱故，是故名果。……善男子！涅槃無因，而體是果。何以故？無生滅故，無所作故，非有為故，是無為故，常不變故，無處所故，無始終故，無有因故，故稱涅槃」。榮者言因，般涅言無，無有因故，故稱涅槃」。涅槃非生滅法，非所作法，非有為法。雖無因，而其自體却是果，因由緣了而顯也。故無緣起之生因，非「非因」之諦解。智者大師解云：『「是果非因」名佛性者，此據修德緣了皆滿現，了轉名般若，緣轉名解脫，亦名菩提果，亦名大涅槃果果，皆稱為果也』。此據修德上的緣因了因皆滿現而說為果也。「是果非因名佛性」，此是智者引申語，經文只說「是果非因，如大涅槃」。然此引申亦無過，蓋經本即就涅槃法身說佛性也。涅槃法身只是果位，非因位，故「是果非因，如大涅槃」。就象生言，即轉為因地而說佛性，是因非果。

「非因非果，名為佛性，非因果故，常恒不變」。此即說其非生滅法也。此所不可以之以說佛性的因果是生滅有為法中之因果也。故既不可以因說，亦不可以果說。

九，〈獅子吼品第十一之三〉云：「善男子！是生死法悉有因果。有因果故，不得名之為涅槃。涅槃之體無因果故」。又云：「善男子！我所宣說涅槃因者，所謂佛性。佛性之性不生涅槃。是故我言涅槃無因」。能破煩惱，故名大果。不從道生，故名無果。是故涅槃無因無果」。但亦可說我言涅槃無因，是由緣了而顯也。故「涅槃因者所謂佛性」，此佛性客觀地說是正因佛性，主觀地說是緣因佛性與了因佛性。此佛性顯而為果，非緣起有為法所生之果

也。真正能顯正因而為果者是緣了二因,簡單言之,是了因,而了因則是破煩惱顯發正因而為果,亦非生因之生果也。智者大師解云:『法身滿足即是非因非果正因滿,故云隱名如來藏』,顯名法身。雖非是因,而名為正因。雖非是果,而名為法身。大經云:「非因非果名為佛性」者,即是此正因佛性也。』意言此正因佛性非因非果也。「雖非是因,而名為正因。雖非是果,而名為法身。」蓋經本就涅槃法身說佛性也。至于所以非因非果,則如經說。

(4)〈經卷第二十七,〈獅子吼菩薩品第十一之一〉又云:

善男子!畢竟有二種。一者莊嚴畢竟,二者究竟畢竟。莊嚴畢竟者,六波羅蜜。究竟畢竟者,一切眾生所得一乘。一乘者名為佛性。以是義故,我說一切眾生悉有佛性。一切眾生悉有一乘。以無明覆故,不能得見。……

復次,善男子!佛性者即首楞嚴三昧,性如醍醐,即是一切諸佛之母。以首楞嚴三昧力故,而令諸佛常樂我淨。一切眾生悉有首楞嚴三昧。以不修行,故不得見。是故不能得成阿耨多羅三藐三菩提。……善男子!一切眾生具足三定。謂上中下。上者謂佛性也。以是故言一切眾生悉有佛性。中者,一切眾生具足初禪。有因緣時,則能修集。若無因緣,則不能修。……以是故言一切眾生悉有佛性。下定者,十大地中心數定也。以是故言一切眾生悉具下定。一切眾生悉具中定。煩惱覆故,不能得見。十住菩薩雖見一乘,不知如來是常住法。以是故言:十地菩薩雖見佛性,而不明了。善男子!首楞嚴者名一切事畢竟。嚴者名堅。一切畢竟而得堅

固，名首棱嚴。以是故言首棱嚴定名爲佛性。

案：此以一乘爲佛之性，即佛果之體段。一乘即佛乘。一乘究竟，非二非三。又以首棱嚴定爲佛性，亦佛之體段義。智者大師即由此而言緣因佛性，謂解脫也。「一切衆生悉具下定」，即一切衆生具足初禪。「中定者一切衆生具足初禪」。上定即佛性。以此爲緣，所謂行行助道，漸漸而得初禪，乃至二禪、三禪、四禪，最終得首棱嚴定，即是緣因佛性滿，轉名解脫。〈經只言正因、緣因，或正因、了因，或生因、了因。如此分別說而明確之者是智者大師之所說。〉其意實只以了因爲緣因，未分別說緣因爲解脫，了因爲般若。

〈經同卷又言〉：

善男子！佛性者，所謂十力，四無所畏，大悲三念處。一切衆生悉有三種。破煩惱故，然後得見。一闡提等破一闡提，然後能得十力，四無所畏，大悲三念處。以是義故，我常宣說一切衆生悉有佛性。

……

一切覺者名爲佛性。十住菩薩不得名爲一切覺故，是故雖見〔佛性〕而不明了。

案：此以十力，四無所畏，大悲三念處。（「大悲三念處」，處亦曰住，此言佛之大悲攝化衆生，常住于三種之念。第一念住：衆生信佛，佛亦不生喜心，常安住于正念正智。第二念住：衆生不信佛，佛亦不生憂念住：衆生

208

惱，常安住于正念正智。第三念住：同時一類信，一類不信，佛知之，亦不生歡喜與憂慼，常安住于正念正智。此與「性念處，共念處，緣念處之三種念處不同。）佛果不空，有無量功德，無量性能，故可以如此等為佛性也。眾生亦具而未顯，即為因地之佛性，即一切眾生是一潛在的佛也。

經卷第三十二，獅子吼品第十一之六，總列舉云：

善男子！如來常住，則名為我。如來法身，無邊無碍，不生不滅，得八自在畢竟第一義空，故名佛性。

（八自在見卷第二十三），是名為我。眾生真實無如是我及以我所。但以必定當得阿耨多羅三藐三菩提。以諸眾生必當得故，是故說言一切眾生悉有佛性。

善男子！大慈大悲名為佛性。何以故？大慈大悲常隨菩薩，如影隨形。一切眾生必定當得大慈大悲，是故說言一切眾生悉有佛性。大慈大悲者名為佛性，佛性者名為如來。

大喜大捨名為佛性。何以故？菩薩摩訶薩若不能捨二十五有，則不能得阿耨多羅三藐三菩提。以諸眾生必當得故，是故說言一切眾生悉有佛性。大喜大捨者即是佛性。佛性者即是如來。

佛性者名大信心。何以故？以信心故，菩薩摩訶薩則能具足檀波羅蜜，乃至般若波羅蜜。一切眾生必定當得大信心故，是故說言一切眾生悉有佛性。大信心者即是佛性，佛性者即是如來。

佛性者名一子地。（經卷十六梵行品第八之三：「菩薩修慈悲喜已，得住極愛

佛性者名第四力。（知眾生上下根智力曰第四力）。何以故？以第四力因緣故，菩薩則能教化眾生。一切眾生必定當得第四力故，是故說言一切眾生悉有佛性。

第四力者即是佛性，佛性者即是如來。

佛性者名十二因緣。何以故？以因緣故，如來常住。十二因緣即是佛性，佛性即是如來。一切眾生定有如是十二因緣，是故說言一切眾生悉有佛性。

十二因緣故，是故說言一切眾生悉有佛性。佛性者即是如來。

四無礙因緣故，說字義無礙。字義無礙故，能化眾生。

四無礙者即是佛性，佛性者即是如來。

以修如是頂三昧故，則能總攝一切佛法。是故說言頂三昧者名為佛性。

十住菩薩修是三昧，未得具足，雖見佛性，而不明了。

佛性者名首楞嚴，佛性者即是如來。

故，是故說言一切眾生悉有佛性。

六又云：「菩薩修慈悲喜得一子地。……修捨心時，則得住于空平等地。」（經卷十

一子之地。……菩薩住是地中視諸眾生同于一子，見修善者，生大歡喜，是故此地名曰極愛。」）何以故？以一子地因緣故，菩薩則于一切眾生得平等心。一切眾生必定當得一子地故，是故說言一切眾生悉有佛性，佛性者即是如來。

善男子！如上所說種種諸法，一切眾生定當得故，是故說言一切眾生悉有佛性。

案：大慈大悲，大喜大捨，大信心，一子地，第四力，十二因緣（此是指點地說），四

無碍智，頂三昧，再加上十力，四無所畏，大悲三念處，一切覺，凡此等等為佛性，皆是佛之性能，就緣了滿而說也。此一說之佛性即是佛之性，佛之體段，即是「我」為佛性，或「中道第一義空」為佛性。種種說實只是一說也。此一說之佛性即是佛之性，佛之體段，故「佛性者即是如來」，「見佛性者即見佛」。就眾生言，則轉為因地之佛性，即正因佛性也。此是客觀地說。若再就其所以能顯之因說，則就中再分析出緣因佛性與了因佛性，此是主觀地說的覺佛性。

5.對此整一佛性，前說是因非果，是果非因，非因非果。今再總起來廣說云：

佛性者，亦色非色，非色非非色。亦相非相，非相非非相。亦一非一，非一非非一。非常非斷，非常非非常非非斷。亦因亦果，非因非果。亦義非義，非義非非義。亦字非字，非字非字。亦我非我，非我非非我。亦苦非苦非樂，非苦非非樂）。亦空非空，非空非非空。

云何為色？金剛身故。云何非色？十八不共非色法故。云何非色非非色？色無定相故。

云何為相？三十二相故。云何非相？一切眾生相不現故。云何非相非非相？相非相不決定故。

云何為一？一切眾生悉一乘故。云何非一？說三乘故。云何非一非非一？無數法故。

云何非常？從緣見故。云何非斷？離斷見故。云何非非常非非斷？無終始故。

云何為有？一切眾生悉皆有故。云何為無？從善方便而得見故。云何非有非無？虛空性故。

云何名盡？得首楞嚴三昧故。云何非盡？以其常故。云何非盡非非盡？一切盡相斷故。

云何為因？以了因故。云何為果？果決定故。云何非因非果？以其常故。

云何名義？悉能攝取義無礙故。云何非義？不可說故。云何非義非非義？畢竟空故。

云何為字？有名稱故。云何非字？名無名故。云何非字非非字？斷一切字故。

云何非我？未能具得八自在故，〔八自在見卷二十三〕。云何非我非非我？斷一切受故。〔案當如此解：云何為我？以真我故。云何非我？不作不受故。〕

云何非苦亦樂？諸受緣起故。云何非苦非樂？斷一切受故。〔案當如此解：云何非苦非非苦？〕

云何亦苦亦樂？諸受緣起故。云何非苦非樂？斷一切受故。

云何為樂？以大樂故。（大樂見卷二十三）。云何非樂？無樂相故。云何非樂非非樂？不思議故。〕

云何非空？第一義空故。云何非空非非空？能為善法作種子故。〔案此末一答神不切。當如此云：真空妙有故。〕

善男子！若有人能思維解了《大涅槃經》如是之義，當知是人則見佛性。佛性者不可思議，乃是諸佛如來境界，非諸聲聞緣覺所知。

善男子！佛性者非陰界入，非本無今有，非已有還無。從善因緣，眾生得見。

· 212 ·

譬如黑鐵，入火則赤，出冷還黑。而是黑色非內非外，因緣故有。佛性亦爾，一切眾生煩惱火滅，則得聞見。善男子！如種滅已，芽則還生，而是芽性非內非外。乃至華果亦復如是，從緣故有。善男子！是大涅槃微妙經典成就具足無量功德。佛性亦爾，悉是無量無邊功德之所成就。

〔經卷第二十七〕。

案：佛性既不可思議，則自任一面或任一義說佛性，皆如盲人摸象，「不說象體，亦非不說。若是眾相悉非象者，離是之外更無別象」。（經卷第三十二）。經以此喻喻彼就六法說佛性者，亦各得一體，不得其全。因此，「佛性非即六法，非離六法」。經卷第三十二、〈獅子吼品〉第十一之六云：

是諸眾生聞佛說已，或自任一面或作是言：色是佛性。何以故？是色雖滅，次第相續，是故獲得無上如來三十二相。如來色者，常不斷故，是故說色名為佛性。

或有說言：受是佛性。何以故？受因緣故，獲得如來真實之樂。如來受者，謂畢竟受，第一義受。眾生受性雖復無常，然其次第相續不斷，是故獲得如來常受⋯⋯以是故說受為佛性。

又有說言：想是佛性。何以故？想因緣故，獲得如來真實之想。如來想者，名無想想。無想想者，想是佛性。非眾生想，非男女想，亦非色受想行識想，非想斷想。眾生之

想雖復無常，以想次第相續不斷，故得如來常恒之想。……以是故說想為佛性。又有說言行為佛性。何以故？行因壽命故，獲得如來住壽命。壽命雖復無常，而壽次第相續不斷，故得如來真實常壽。……以是故說行為佛性。眾生識因緣故，獲得如來平等之心。眾生意識雖復無常，而識次第相續不斷，故得如來真實常心。……以是故說意識為佛性。又有說言離陰有我，我是佛性。何以故？我因緣故，獲得如是我相雖復無常，而如來我真實是常。善男子！如陰入界雖復無常，而名是常。眾生佛性亦復如是。

善男子！如彼盲人各各說象，雖不得實，非不說象。說佛性者亦復如是，非即六法，不離六法。

善男子！是故我說眾生佛性非色，不離色，乃至非我，不離我。

案：非色者非生滅色，不離色者佛性之色乃常色也。非我者非五陰和合假我，不離我者佛性之我乃真實常我也。受想行識亦復如是。「佛性是無量無邊功德之所成就」，是常樂我淨之涅槃法身。中道第一義我為佛性，但就此法身說佛性，而不能直就生滅法的色受想行識我六法說佛性。是故《經》卷第三十二於說第一義空，慈悲喜捨等等為佛性，如前所舉，乃至慈悲喜捨等為佛性，大信心，一子地，第四力，四無礙智，頂三昧，乃至《經》卷第二十七說十力，四無所畏，大悲三念處，一切覺，為佛性後，即說：

214

善男子！我若說色是佛性者，眾生聞已，則生邪倒。以邪倒故，命終則生阿鼻地獄。如來說法為斷地獄，是故不說色是佛性。乃至說識亦復如是。

是即不以五陰說佛性也。甚至亦不能以五陰和合假我說佛性。是即不以六法說佛性也。

而「不離六法」者，須知佛性之六法乃常樂我淨之六法，非生滅法苦空無我之六法也，是即已非通常所說之六法矣。是故經就六法說佛性，不即六法，不離六法，乃指點地說，或抉擇地說，非正說也。說十二因緣即佛性亦復如是。〈經卷第三十四迦葉菩薩品第十二之二說「眾生者即是佛性」，亦復如此。〉經云：

善男子！我于此〈經〉說言佛性具有六事：一常，二實，三真，四善，五淨，六不可見。

善男子！我諸弟子聞是說已，不解我意，唱言佛說眾生佛性離眾生有！

善男子！我又說言眾生佛性猶如虛空。虛空者非過去，非未來，非現在，非內非外，非是色聲香味觸攝。佛性亦爾。我諸弟子聞是說已，不解我意，唱言佛說眾生佛性離眾生有！

善男子！我又復說言眾生佛性猶如貧女宅中寶藏，力士額上金剛寶珠，轉輪聖王甘露之泉。我諸弟子聞是說已，不解我意，唱言佛說眾生佛性離眾生有！

善男子！我又復說犯四重禁，一闡提人，謗方等經，作五逆罪，皆有佛性。我諸弟子聞是說已，不解我意，唱言佛說眾生佛性離眾生有！

是眾生都無善法，佛性是善。我諸弟子聞是說已，不解我意，唱言佛說眾生佛性離眾生有！

善男子我又復說眾生者即是佛性。何以故？若離眾生，不得阿耨多羅三藐三菩提。是故我與波斯匿王說于象喻。如盲說象，雖不得象，然不離象。眾生說色，乃至說識，是佛性者，亦復如是。雖非佛性，非不佛性。……善男子！我諸弟子聞是說已，不解我意，作種種說。

案：章疏家列種種說，實皆不解佛意也。是故「眾生者即是佛性」，十二因緣是佛性，六法是佛性，皆是相遮相顯，指點地，曲折地說，其中有抉擇。至若正說，則只「中道第一義空」一義耳。故正因佛性是實說也。此正因佛性非因非果。雖非是因，而說為因，雖非是果，而說為法身。緣了二因者就正因而分析出也。就法身而言，雖非是因，而說為正說真我可，說十力，四無所畏可，一切覺，慈悲喜捨，大信心，一子地，四無礙智，皆可，皆是實說也。涅槃經言佛性猶是分解地說。涅槃經尚未取此方式。即使說「生死即涅槃，煩惱即菩提」，而說佛性，六法是佛性，則是詭譎地圓頓說。涅槃經只「扶律談常」耳。然其分解實說的「中道第一義空」實已函著可被吸入于「性具系統」中，故天台宗判之為與法華同為第五時說，並同為醍醐味也。

〈經卷第二、壽命品第一之二〉……

第二節　涅槃經之「三德秘密藏」

我今當令一切眾生及以我子四部之眾悉皆安住秘密藏中，我亦復當安住是中，入于涅槃。

何等名為秘密之藏？猶如∴字，三點若竝，則不成伊，縱亦不成。如摩醯首羅面上三目，乃得成伊。三點若別，亦不得成。我亦如是。解脫之法亦非涅槃。如來之身亦非涅槃，摩訶般若亦非涅槃。三法各異，亦非涅槃。我今安住如是三法，為眾生故，名入涅槃，如世伊字。

案：秘密藏即大涅槃，由三法構成。三法者解脫、法身、與般若是也。此三法橫亦不可，縱亦不可，非縱非橫，乃成圓伊。圓伊者即秘密藏，即無窮之深奧，不可思議。此大涅槃三法俱備，乃眞常不空之涅槃也。此大涅槃亦可曰涅槃法身。顯名法身，隱名如來藏。顯名法身是佛果。隱名如來藏是佛性。三因佛性即相應解脫、法身、般若三法而立也。

此涅槃法身有四德，曰常。曰樂。「我者即是佛義，常者是法身義，樂者是涅槃義，淨者是法義」。「世間亦有常樂我淨，出世間亦有常樂我淨。世間法者有字無義。出世間者有字有義。何以故？世間之法有四顛倒，故不知義。所以者何？有想顛倒，心倒見倒。以三倒故，世間之人樂中見苦，常見無常，我見無我，淨見不淨，是名顛倒。以顛倒故，世間知字而不知義。何等為義？無我者名為生死，我者名為如來。無常者聲聞緣覺，常者如來法身。不淨者即有為法，淨者諸佛菩薩所有正法。是名不顛倒。以不倒故，知字知義。若欲遠離四顛倒者，應知如是常樂我淨」。（同上卷、品）。

具有四德之涅槃法身雖名曰「秘密藏」，而其實無所謂「藏」，因佛所親證，全部朗現故。

經卷第五、如來性品第四之二：

爾時迦葉菩薩白佛言：世尊！如佛所說諸佛世尊有秘密藏，是義不然。何以故？諸佛世尊，唯有密語，無有密藏。譬如幻主，機關木人，人雖覩見屈申俯仰，莫知其內而使之然。佛法不爾，咸令眾生悉得知見，云何當言諸佛世尊有秘密藏？佛讚迦葉，善哉善哉！善男子！如汝所言，如來實無秘密之藏。何以故？如秋滿月，處空顯露，清淨無翳，人皆覩見。如來之言亦復如是。開發顯露，清淨無翳。愚人不解，謂之秘藏。智者了達，則不名藏。

案：此言藏是隱藏義。其實藏亦有藏庫義。「如來藏」之藏亦復如是。又云：

復次，善男子！譬如夏月，興大雲雷，降注大雨，令諸農夫下種之者多獲果實，不下種者無所剋獲。無所獲者非龍王咎。而此龍王亦無所藏。我今如來亦復如是。降大法雨大涅槃經。若諸眾生種善子者，得慧芽果。無善子者，則無所獲。無所獲者非如來咎。然佛如來實無所藏。

此亦如孔子所說「吾無隱乎爾」。「愚人不解，謂之秘藏。智者了達，則不名藏」。無隱無曲，坦然明白。然而亦是無窮深奧，不可思議，惟證相應。證無證相，只是如如朗現。因此，此涅槃法身常住不變。常者真常也，非假常。（如康德常體範疇所定之常即是假常）。

住者不住之住,住無住相。此涅槃法身不只是消極地滅盡煩惱,這一滅盡,便一無所有,而且即由滅盡煩惱,正面顯一光明常在。而且所謂佛入涅槃,實則亦無所謂入不入。入不入只是其示現。為眾生故,示現入;為眾生故,亦示現不入。示現入者寂滅無相,只是實相。(此依般若經說)。實相一相,所謂無相。而此經則說「無二之性即是實性」(此見卷八〈如來性品第四之五〉)。示現不入者則種種化身,種種神通,而其自性法身則總是恒常如如也。

以上常住與示現兩義,〈經卷第四、如來性品第四之一言之如下:

佛告迦葉:若有善男子善女人作如是言:如來無常。云何當知是無常也?如佛所言:滅諸煩惱,名為涅槃。猶如火滅,悉無所有。滅諸煩惱亦復如是,故名涅槃,云何如來為常住法不變易耶?如佛言曰:離諸有者乃名涅槃。涅槃亦爾。是涅槃中無有諸有,云何如來為常住法不變易也?如衣壞盡,不名為物。涅槃亦爾,滅諸煩惱,不名為物,云何如來為常住法不變易耶?如佛言曰:離欲寂滅,名曰涅槃。如人斬首,則無有首。離欲寂滅亦復如是,空無所有,故名涅槃,云何如來為常住法不變易也?如佛言曰:

譬如熱鐵,椎打星流,散已尋滅,莫知所在。得正解脫,亦復如是。已度婬欲,諸有淤泥,得無動處,不知所至。

云何如來為常住法不變易耶?迦葉!若有人作如是難者,名為邪難。

迦葉！汝亦不應作是憶想，謂如來性是滅盡也。
迦葉！滅煩惱者，不名為物。何以故？永畢竟故，是故名常。是句寂靜，為無有上；滅盡諸相，無有遺餘。是句鮮白，常住無退，是故涅槃名曰常住。如來亦爾，常住無變。言「星流」者，謂煩惱也。「散已尋滅，莫知所在」者，謂諸如來煩惱滅已，不在五趣，是故如來是常住法，無有變易。

復次，迦葉！諸佛所師，所謂法也。是故如來恭敬供養。以法常故，諸佛亦常。

〔案此言「法常」亦如法華經言「世間相常住」，天台宗所謂「法門不改」也。〕

迦葉菩薩復白佛言：若煩惱火滅，如來亦滅。滅煩惱亦復如是，滅無所至。又如彼鐵，熱與赤色，滅已無有。如來亦爾，滅已無常。滅煩惱火，便入涅槃。當知如來即是無常。善男子！所言鐵者，名諸凡夫。凡夫之人雖滅煩惱，滅已復生，故名無常。如來不爾，滅已不生，是故名常。

迦葉復言：如鐵赤色，滅已，還置火中，赤色復生。如來若爾，應還生結。若結還生，即是無常。

佛言：迦葉！汝今不應作如是言：如來無常。何以故？如來是常。善男子！如彼然木，滅已有灰，滅煩惱已，便有涅槃。壞衣、斬首、破瓶等喻，亦復如是。迦葉！如鐵冷已，可使還熱。如來不爾，斷煩惱已，畢竟清涼。煩惱熾火更不復生。迦葉！當知無量眾生猶如彼鐵。我

迦葉復言：善哉善哉！我今諦知如來所說諸佛是常。

案：以上所言如來法身是常，不是滅煩惱已，便一無所有，故是無常，亦不是滅已復生，故名無常。若滅已無有，便是斷滅，此非所謂涅槃寂靜。若滅已復生，此是凡夫，不是諸佛法身。如來法身由滅煩惱正顯清涼，常樂我淨，而煩惱熾火亦更不復生。以是之故，法身常住。此是尅就法身自體而說涅槃寂靜，常樂我淨。下言諸佛出入涅槃，此是示現，不因示現而為無常。

佛言：迦葉！譬如聖王素在後宮，亦不得言聖王命終。善男子！如來亦爾。或時遊觀，在于後園。王雖不在諸采女中，亦不應言「如來久度煩惱諸結大海」！善男子！是大涅槃能建大義，以是因緣，當知如來未度煩惱諸結大海，何緣復共耶輸陀羅生羅㬋羅？汝等今當至心諦聽，廣為人說，莫生驚異。

迦葉復問：如佛言曰：我已久度煩惱大海。若佛已度煩惱海者，何緣復共耶輸陀羅生羅㬋羅？以是因緣，當知如來未度煩惱大海。

佛告迦葉：汝不應言「如來久度煩惱諸結大海」！善男子！是大涅槃能建大義，入于涅槃安樂之處，遊諸覺華，歡娛受樂。雖不現于閻浮提界，入涅槃中，不名無常。如來出于無量煩惱，亦不得言聖王命終。

以無漏智慧熾火燒彼眾生諸煩惱結。

若有菩薩摩訶薩住大涅槃，須彌山王如是高廣，悉能令入芥子中，其諸眾生依須彌者，亦無迫迮，無往來想，如本不異。唯應度者，見是菩薩以須彌山內芥子

221

善男子！復有菩薩摩訶薩住大涅槃，能以三千大千世界置菩薩檜，其中眾生亦無迫迮及往來想，如本不異。唯應度者，見是菩薩以此三千大千世界置菩薩檜，復還安止本所住處。

善男子！復有菩薩摩訶薩住大涅槃，能以三千大千世界內一毛孔，乃至本處亦復如是。

善男子！復有菩薩摩訶薩住大涅槃，斷取十方三千大千諸佛世界，置于針鋒，如貫棗葉，擲置他方異佛世界，其中所有一切眾生，不覺往返，為在何處。唯應度者，乃能見之，乃至本處亦復如是。

善男子！復有菩薩摩訶薩住大涅槃，斷取十方三千大千諸佛世界，置于右掌，如陶家輪，擲置他方微塵世界，無一眾生，有往來想。唯應度者，乃見之耳。乃至本處亦復如是。

善男子！復有菩薩摩訶薩住大涅槃，斷取一切十方無量諸佛世界，悉內己身，其中眾生悉無迫迮，亦無往返，及住處想。唯應度者，乃能見之。乃至本處亦復如是。

善男子！復有菩薩摩訶薩住大涅槃，以十方世界內一塵中，其中眾生亦無迫迮往返之想。唯應度者，乃能見之。乃至本處亦復如是。

善男子！是菩薩摩訶薩住大涅槃，則能示現種種無量神通變化，是故名曰大般涅槃。是菩薩摩訶薩所可示現如是無量神通變化，一切眾生無能測量，汝今云何能知

第四章 大涅槃經之佛性義

如來習返愛欲,生羅睺羅?

善男子!我已久住是大涅槃,種種示現,神通變化。于此三千大千世界,百億日月,百億閻浮提,種種示現,如首楞嚴經中廣說。我于三千大千世界,或閻浮提,示現涅槃,亦不畢竟取于涅槃;或閻浮提,示入母胎,令其父母生我子想,而我此身畢竟不從愛欲和合而得生也。我已從無量劫來離于愛欲。我今此身即是法身。隨順世間示現入胎。……【此下言種種示現。】……

善男子!我雖在此閻浮提中數數示現入于涅槃,然我實不畢竟涅槃。而諸眾生皆謂如來真實滅盡,而如來性實不永滅。是故當知是常住法,不變易法。善男子!大涅槃者即是諸佛如來法界。

〔此下又言種種示現,與維摩結經所言無異。〕

案:此言「數數示現入于涅槃,然我實不畢竟涅槃」。法華經如來壽量品亦宣說此義。其文如下:

如是,我成佛已來,甚大久遠,壽命無量,阿僧祇劫,常住不變。諸善男子!我本行菩薩道所成壽命,今猶未盡,復倍上數,然今非實滅度,而便唱言當取滅度,如來以是方便教化眾生。所以者何?若見如來久住于世,薄德之人不種善根,貧窮下賤,貪着五欲,入于憶想妄見網中,便起憍恣,懷厭怠,不能生難遭之想,恭敬之心。是故如來以方便說:比丘當知,諸佛出世,難可值

遇。所以者何？諸薄德人，過無量百千萬億劫，或有見佛，或不見者，以此事故，我作是言：諸比丘！如來難可得見！斯眾生等聞如是語，必當生於難遭之想，心懷戀慕，渴仰于佛，便種善根。是故如來雖不實滅，而言滅度。

案：此言示現之故。示現入滅是方便也。故繼之作偈云：

自我得佛來，所經諸劫數、無量百千萬、億載阿僧祇。常說法教化、無數億眾生，令入于佛道。爾來無量劫，為度眾生故，方便現涅槃，而實不滅度，常住此。說法。

故如來法身「是常住法，不變易法。大涅槃者即是諸佛如來法界」。此言法界即是般若解脫法身圓伊之秘密藏，即是佛法身法界。以此法身非孤懸的法身，乃具有恒沙佛法的法身，即包含有無量無漏功德的圓滿法身，故言「如來法界」也。此如來法界圓滿窮盡，不可思議，即是佛身也。為眾生故，種種示現。以示現故，于法身外，復說報身、化身。實則三身一身，即是圓伊法界常住。種種示現是機感眾生所見之相，亦是佛應感所現之相。佛自身無相，而機感眾生見有相。在佛，相相皆如，即是無相之相，差而無差，無差而差。故圓具一切，圓泯一切，而一切皆如如常住。「是法住法位，世間相常住」。「須彌山王如是高廣，悉能令入葶蓙子橬」，其中眾生亦無迫迮，亦無往返之想，如本不異」。此即華嚴宗所說法界緣起以十方世界內一塵中，其中眾生亦無迫迮，無往來想，如本不異」。此即華嚴宗所說法界緣起圓融自在，一即一切，一切即一，一攝一切，一切攝一，而亦無所謂即不即，攝不攝，入不

第四章 大涅槃經之佛性義

入，此皆方便說耳。實則只是圓融自在，如如常住。故法華涅槃是佛五時末後所說，皆圓滿真常教也。（華嚴是第一時說。五時判教見後天台章。）如來涅槃法身既是圓滿真常，則此涅槃之體「本自有之，非適今也」。經卷第二十一、光明遍照高貴德王菩薩品第十之一有云：

爾時，光明遍照高貴德王菩薩摩訶薩白佛言：世尊！如佛所說，大涅槃者不可得聞。云何復言常樂我淨而可得聞？何以故，世尊，斷煩惱者名得涅槃，若未斷者，名為不得？以是義故，涅槃之性本無今有。若世間法本無今有，則名無常。譬如瓶等，本無今有，已有還無，故名無常。涅槃亦爾，云何說言常樂我淨？

復次，世尊！凡因莊嚴而得成者，悉名無常。涅槃若爾，應是無常。何等因緣？所謂三十七品，六波羅蜜，四無量心，觀于骨相，阿那波那（安那般那簡稱安般，即數息觀），六念處（念佛、法、僧、戒、施、天，為六念處，通大小乘）破析六大（地水火風空識為六大），如是等法，皆是成就涅槃因緣，故名無常。

復次，世尊！有名無常，若涅槃是有，亦應無常。如佛昔于阿含中說：聲聞緣覺，諸佛世尊，皆有涅槃。以是義故，名為無常。

復次，世尊！可見之法名為無常。如佛先說見涅槃者，則得斷除一切煩惱。若使涅槃是有者，故名為常。若使涅槃是平等法，于諸眾生等無障礙者，則不名常。

何故眾生有得不得？涅槃若爾于諸眾生不平等者，則不名常。

世尊！譬如百人共有一怨，若害此怨，則多人受樂。若使涅槃是平等法，一人

得時，應多人得，一人亦結，應多人亦斷。若不如是，云何名常？譬如有人恭敬供養尊重讚歎國王王子，則得利養，是不名常。涅槃亦爾，不名爲常。何以故？如佛昔於阿含經中告阿難言：若有人能恭敬涅槃，則得斷結，受無量樂。以是義故，不名爲常。

世尊！若涅槃中有常樂我淨名者，不名爲常。如其無者，云何可說？

爾時，世尊告光明遍照高貴德王菩薩摩訶薩言：有佛無佛，性相常住。以諸衆生煩惱覆故，不見涅槃，便謂爲無。菩薩摩訶薩以戒定慧勤修其心，斷煩惱已，便得見之。當知涅槃是常住法，非本無今有，是故爲常。

善男子！如暗室中井，種種七寶，人亦知有，暗故不見。有智之人善知方便，然大明燈，持往照了，悉得見之。是人于此終不生念：水及七寶本無今有。涅槃亦爾，本自有之，非適今也。大智如來，以善方便，然智慧燈，令諸菩薩得見涅槃常樂我淨。是故智者於此涅槃，不應說言：本無今有。

善男子！汝言因莊嚴故，得成涅槃，應無常者，是亦不然。何以故？善男子！涅槃之體非生非出，非作業生，非是有漏有爲之法，非聞非見，非長非短，非圓非方，非別異相，亦非同相，非往非還，非去來今，非一非多，非長非短，非圓非方，非尖非斜，非有相，非無相，非名非色，非因非果，非我我所。以是義故，涅槃是常，恒不變易。是以無量阿僧祇劫修集善法以自莊嚴，然後得見。善男子！譬如地下有八味水，一切衆生而不能得，有智之人施功穿掘，則便得之。涅槃亦爾。譬

如盲人，不見日月，良醫療之，則便得見，而是日月非是本無今有。涅槃亦爾，先自有之，非適今也。善男子！如人有罪，繫之囹圄，久乃得出，還家得見父母兄弟妻子眷屬。涅槃亦爾。

　善男子！汝言因緣故，涅槃之法應無常者，是亦不然。因有五種。何等為五？一者生因，二者和合因，三者住因，四者增長因，五者遠因。善男子！云何生因？生因者，即是業煩惱等，及外諸草木子，是名生因。云何和合因？如善與善心和合，不善與不善心和合，無記與無記心和合，是名和合因。云何住因？如下有柱，屋則不墮。山河樹木，因大地故，而得住立。內有四大，無量煩惱眾生得住，是名住因。云何增長因？因緣衣服飲食等故，令眾生增長，火所不燒，鳥所不食，則得增長。如諸沙門婆羅門等，依因和上、善知識等，而得增長。是名增長因。云何遠因？譬如因咒，鬼不能害，毒不能中；依如明色等為識遠因。如善與善心王，無有盜賊；如芽依因地水火風等，如水、鑽、人，為酥遠因。父母精血為眾生遠因。如時節等悉名遠因。善男子！涅槃之體非是五因所成，云何當言是無常耶？

　復次，善男子！復有二因，一者作因，二者了因。如陶師輪繩，是名作因。如燈燭等，照暗中物，是名了因。善男子！大涅槃者不從作因而有，唯從了因。了因者所謂三十七助道法，六波羅蜜，是名了因。

案：涅槃之體非本無今有，本自有之，非適今也。涅槃之體非因非果，非作法，非有為

第三節　涅槃經之「空不空」與「不空空」

般若經「不壞假名而說諸法實相」，維摩詰經「除病不除法」，此皆就般若妙用說也。法華經「是法住法位，世間相常住」，此是就一乘圓教說也。「未來世諸佛，雖說百千億，無數諸法門，其實為一乘」。勝鬘夫人經說空如來藏，不空如來藏，起信論據之亦如此說。此是真常心系就如來藏自性清淨心說不空，然涅槃經卻並無一如來藏之緣起論，它只說涅槃法身常樂我淨，佛性常不空亦就如來秘密藏說。涅槃經說真常不空亦就如來秘密藏說。但它並未說如來藏之緣起，它亦未把如來藏繫住諸法之存在。但它可說法身遍攝一切法。法身遍一切處，此亦含有一個存有論，即就恒沙佛法佛性，如來佛法身法界，而維繫住諸法之存在。法身遍一切處，遍一切法。「佛性常故，非內非外」。（詳論見下第五節）。但佛性之常，此非一光禿禿的抽象的佛性之常，而是具有一切法的佛性之常，而一切法亦常。故云：「如來已得阿耨多羅三藐三菩提，所有佛性一切法常

法，非因緣生法，乃屬于「不生不生」者。（同卷言「不生生，不生不生，生生」。「云何不生生？安住世諦初出胎時，是名不生。云何生不生？世諦死時，是名生不生。云何不斷故，一切有漏念念生故。是名生生。云何生生？生生不斷故，一切有漏念念生故。是名生生。云何不生不生？是大涅槃無有生相。何以故？生生不生。云何不生生？此與言佛性同也。蓋涅槃之體即佛性也。佛果轉為眾生因地，則曰佛性。由了因而顯發之，雖即眾生亦可成佛。煩惱覆故，隱而不顯，則曰如來藏。如前所述。

無變易。以是義故，無有三世，猶如虛空。」（經卷三十六迦葉菩薩品第十二之四）。「佛性一切佛法常無變易」，在果在因，俱是如此。此亦荆溪十不二門中所說「三千在理同名無明，三千果成咸稱常樂」之義。智者大師即依據此義而言「如來藏恒沙佛佛法性」。「恒沙佛法佛性」即佛性而具有恒河沙數的佛法，亦即無量數的佛法亦可轉名「無量四諦」。但若只說無量四諦，尚不能表示「所有佛性一切佛法常無變易」之義。必須由無量進而說「無作」。恒沙佛法皆是本具如此，欲極成「所有佛性一切佛法常無變易」，必須由無量進而說「無作」。是以凡說如來藏緣起者皆別教也。

依「所有佛性一切佛法常無變易」而言，必須以「性具」說涅槃經之「不空」，是謂性德三千。然則「性起」說之。

依天臺五時判教，法華與涅槃俱屬第五時末後說，俱屬醍醐味，然而涅槃却為「捃拾敎」。捃拾者，重新拾取藏通別方便敎（權敎）點示三乘人，令俱知「常」，期其會歸于一圓實敎也。與法華比，有純雜之異。法華純，而涅槃雜。雜者兼帶有權敎之謂也。然其兼帶乃為扶一圓實，故亦稱為「扶律談常敎」。相應此圓常而言，必須以性具說之。（性具與性起是天臺宗與華嚴宗之主要區別，詳見後起信論與華嚴宗章及天臺部。）

涅槃經卷五，如來性品第四之二，以解脫說涅槃，即如來。首先，有云：

種種說說解脫即涅槃，「夫涅槃者名為解脫」。此下即以

迦葉復言：所言解脫爲是色耶？爲非色乎？

佛言：善男子！或有是色，或非是色。善男子！是故解脫亦色非色。言非色者，即是聲聞緣覺解脫。言是色者，即是諸佛如來解脫。善男子！是故解脫亦色非色。如來爲諸聲聞弟子說爲非色。

世尊！聲聞緣覺若非色者，云何得住？

善男子！如非想非非想天亦色非色，我亦說爲非色。若人難言：非想非非想天若非色者，云何得住，去來進止？如是之義，非諸聲聞緣覺所知。解脫亦爾，亦色非色，說爲非色，亦想非想，說爲非想。如是之義，諸佛境界，非諸聲聞緣覺所知。

案：小乘解脫涅槃是「非色」的，因灰身滅智故。諸佛如來解脫涅槃是有色的。此所有之色不是無常色，乃是常色，妙色。此如佛性不即六法不離六法中說。「是故解脫亦色非色」。但對小乘則言非色。小乘只知無常、苦、空、無我，不知解脫中常樂我淨，故對之只說非色，此非中道解脫。「亦色非色」是中道解脫，此非聲聞緣覺所知。說「非色」是權說（方便說），而小乘認爲是實說。實說者「亦色非色」。小乘所不能知者實只此「亦色非色」之解脫耳。「非色」者滅無常色也。「亦色」者獲得常色也。

經同卷下文對解脫有種種說法。此種種說中，有云：

又解脫者名斷一切有爲之法，出生一切無漏善法。斷塞諸道，所謂若我無我，非我非無我。唯斷取著，不斷我見，我見者名爲佛性。佛性者即真解脫。真解脫者

即是如來。

案：此言「唯斷取著，不斷我見。」，此亦如維摩詰經言「除病不除法」。平常言「我見」是劣義，即是「取著」。此涅槃真我唯由真解脫而顯，無一毫執著，故此「我見」是不取不著之我見，此亦如法華經「開佛之知見」。平常言「知見」亦是取著的知見，偏滯的知見，而「開佛之知見」則是真知見，是正見勝見也。不是說一有見便是壞的。此「不斷我見」亦復如是，不是讓人有取著之我見，所謂我痴我慢中之我見也。

繼之又有云：

又解脫者名不空空。空空者名無所有。無所有者即是外道尼犍子等所計解脫，而是尼犍實無解脫。故名空空。真解脫者則不如是，故不空空。不空空者即真解脫，真解脫者即是如來。

又解脫者名空不空。如水酒酪酥蜜瓶等，雖無水酒酪酥蜜時，猶故得名為水瓶等，而是瓶等不可說空及以不空。若言空者，則不得有色香味觸。若言不空，而復無有水酒等實。解脫亦爾，不可說色及以非色，不可說空及以不空。若言空者，則不得有常樂我淨。若言不空，誰受是常樂我淨者？以是義故，不可說空及以不空。空者謂無二十五有及諸煩惱，一切苦，一切相，一切有為行，如瓶無酪，則名為空。不空者謂真實善色常樂我淨，不動不變，猶如彼瓶色香味觸，故名不空。是故解脫喻如彼瓶。彼瓶遇緣，則有破壞。解脫不爾，不可破壞。不可破壞即真解脫。

真解脫者即是如來。

案：此兩段言不空空，空不空，為真解脫。「不空空」者猶言「不空之空」或「不空而空」也。「空不空」者猶言「空而不空」也。但不可定說空及以不空。定說空與定說不空俱非。十八空中之「空空」是空那空之執念）。空而空是「無所有」，是頑空，是斷滅空，此是外道尼犍子所計解脫，此不是真解脫，蓋「實無解脫」也。同理，定說不空，則煩惱不滅，不名涅槃。是故空而不空，不空而空，方是實說。實說者是真解脫，真涅槃。寂滅無相，而具備一切無漏功德相，而相相皆如。此即空不空如來藏也。

是故《經》卷第三十八，憍陳如品第十三之一云：

爾時世尊告憍陳如：色是無常，因滅是色，獲得解脫常住之色。受想行識亦復如是。憍陳如！色是苦，因滅是色，獲得解脫安樂之色。受想行識亦復如是。憍陳如！色即是空，因滅空色，獲得解脫非空之色。受想行識亦復如是。憍陳如！色是無我，因滅是色，獲得解脫真我之色。受想行識亦復如是。憍陳如！色是不淨，因滅是色，獲得解脫清淨之色。受想行識亦復如是。憍陳如！色是生老病死之相，因滅是色，獲得解脫非生老病死相之色。受想行識亦復如是。

案：此與言佛性不即六法不離六法同。佛亦具五陰（五蘊）。惟此五陰是常樂我淨之五

陰，非生死五陰也。如此言不空（空而不空）是就如來藏說，即「所有佛性一切佛法常無變易」也。此須以性具說之，不可以性起說之。性起是分解地說，尚非圓具地說，故屬別教，只知無量四諦，未進至無作四諦。天臺宗立性具系統即為相應真正圓教而立也。關于此種判教將于後天臺部詳之。

第四節　涅槃經之定與不定原則：一切眾生皆可成佛

此涅槃之體人人可得，即一闡提亦可獲得，此是執著。不執有自體，則無定相。此不定原則用于一切現實緣起法。由觀不定而證得者則亦有定，此即常樂我淨大涅槃也。此有定相是客觀地說。若主觀地執有大涅槃，則成識念，亦復不定，此所以十八空中有「空空」也。依不定原則，一切皆可轉化。依有定原則，轉化而證果也。此定與不定，《經卷第二十二，光明遍照高貴德王菩薩品第十之二有如下之詳說：

善男子！一切聲聞緣覺經中，曾不聞佛有常樂我淨，不畢竟滅，三寶佛性無差別相。是名不聞。

爾時，光明遍照高貴德王菩薩摩訶薩白佛言：世尊！若犯重禁，謗方等經，作五逆罪，及一闡提，悉有佛性。今于此經而得聞之。

若犯四重罪，謗方等經，作五逆罪，一闡提等，有佛性者，是等云何復墮地獄？世尊！若使是等有佛性者，云

爾時，世尊告光明遍照高貴德王菩薩摩訶薩言：善哉善哉！善男子！……汝已……久已通達諸佛如來所有甚深秘密之藏，已聞過去無量無邊恒河沙等諸佛世尊如是甚深微密之義。我都不見一切世間若人若天，沙門、婆羅門，若魔若梵，有能諮問如來是義。今當誠心諦聽諦聽，吾當為汝分別演說。善男子！一闡提者亦不決定。若決定者，是一闡提終不能得阿耨多羅三藐三菩提。以不決定，是故能得。

如汝所言：佛性不斷，云何一闡提斷善根者，善男子！善根有二種：一者內，二者外。佛性非內非外，以是義故，佛性不斷。復有二種：一者有漏，二者無漏。佛性非有漏，非無漏，是故不斷。復有二種：一者常，二者無常。佛性非常非無

何復言無常樂我淨？世尊！若斷善根名一闡提者，斷善根時，所有佛性云何不斷？佛性若斷，云何復言常樂我淨？如其不斷，何故名為一闡提耶？世尊！犯四重禁，名為不定。謗方等經，作五逆罪，及一闡提，悉名不定。如是等輩若決定者，云何得成阿耨多羅三藐三菩提？得須陀洹，乃至不是須陀洹，至辟支佛，是決定者，亦不應成阿耨多羅三藐三菩提。諸佛如來亦應如是。不決定故，當知無有常樂我淨。云何說言一闡提等當得涅槃？

善男子！涅槃之性則為不定。若佛不定，涅槃體性亦復不定。至一切法亦復不定。如是不定，諸佛如來亦復不定。若一闡提除一闡提，則成佛道。須陀洹乃至辟支佛亦不決定。諸佛如來若決定者，云何得成阿耨多羅三藐三菩提？得須陀洹，乃至辟支佛，亦名不定。如是等輩若決定者，云何不入涅槃。若

常,是故不斷。若是斷者,則應還得。若不還得,則名不斷。若斷已,得名一闡提。犯四重者亦是不定。若決定者,犯四重禁終不能得阿耨多羅三藐三菩提。謗正法人終不能得阿耨多羅三藐三菩提。謗方等經亦復不定。若決定者,謗正法人終不能得阿耨多羅三藐三菩提。作五逆罪亦復不定。若決定者,五逆之人終不能得阿耨多羅三藐三菩提。色與色相,二俱不定。香味觸相,生相,至無明相,陰入界相,二十五有相,四生乃至一切諸法,皆亦不定。

善男子!譬如幻師,在大眾中,化作四兵車步象馬,作諸瓔珞嚴身之具,城邑聚落,山林樹木,泉池河井。而彼眾中有諸小兒無有智慧,覩見之時,悉以為實。其中智人知其虛誑,以幻力故,惑人眼目。善男子!一切凡夫,乃至聲聞辟支佛等,于一切法見有定相,亦復如是。諸佛菩薩于一切法不見定相。

善男子!譬如小兒,于盛夏月,見熱時炎,謂之為水。有智之人解無定相。但是虛炎誑人眼目,非實是水。一切凡夫,聲聞緣覺,見一切法亦復如是。諸佛菩薩于一切法不見定相。

善男子!譬如山澗,因聲有響。小兒聞之,謂是實聲。有智之人解無定相。有聲相誑于耳識。

善男子!一切凡夫,聲聞緣覺,于一切法亦復如是,見有定相。諸菩薩等解了諸法悉無定相,見無常相,空寂等相,無生滅相。以是義故,菩薩摩訶薩見一切法是無常相。

善男子!亦有定相。云何為定?常樂我淨。在何處耶?所謂涅槃。

善男子!須陀洹果亦復不定。不決定故,經八萬劫,得阿耨多羅三藐三菩提心。斯陀含果亦復不定。不決定故,經六萬劫,得阿耨多羅三藐三菩提心。阿耶含果亦復不定。不決定故,經四萬劫得阿耨多羅三藐三菩提心。阿羅漢果亦復不定。不決定故,經二萬劫,得阿耨多羅三藐三菩提心。辟支佛道亦復不定。不決定故,得阿耨多羅三藐三菩提心。

善男子!如來今于拘尸那城,娑羅雙樹間,示現倚臥獅子之床,欲入涅槃……一切所有聲聞弟子咸言如來入于涅槃。當知如來亦不畢定入于涅槃。何以故?如來常住,不變易故。以是義故,如來涅槃亦復不定。

是故如來非天非非天,非人非非人,非鬼非非鬼,非地獄畜生餓鬼,非非地獄畜生餓鬼,非眾生非非眾生,非法非非法,非色非非色,非長非非長,非短非非短,非相非非相,非有漏非無漏,非有為非無為,非心非非心,非定非非定,非說非非說,非如來非不如來。以是義故,非名非非名,非幻非非幻,如來不定。

[下逐一分別解說,略。]

經卷第二十三,光明遍照高貴德王菩薩品第十之三,綜結云:

善男子!以是因緣,諸佛如來無有定相。

善男子!是故犯四重禁,謗方等經,及一闡提,悉皆不定。

爾時，光明遍照高貴德王菩薩摩訶薩言：如是如是，誠如聖教，一切諸法皆悉不定。以不定故，當知如來亦不畢竟入于涅槃。

但〈經卷第二十四同品第十之四〉復云：

爾時，光明遍照高貴德王菩薩摩訶薩言：若佛所說，不作定相，是義不然。何以故？如來先說，若人聞是《大涅槃經》一句一字，必定得成阿耨多羅三藐三菩提。如來于今云何復言無定無果？聞惡聲故，則生惡心。生惡心故，則至三途。若至三途，則非諸佛世尊之相，是魔王相，生死之相，遠涅槃相。

爾時，如來讚言善哉善哉！善男子！能作是問！若使諸佛說諸音聲，有定果相者，則非諸佛世尊之相。……善男子！夫涅槃者實非聲果。若使涅槃是聲果者，當知涅槃凡所演說一切諸法無有定相。因無常故，果亦無常。若使涅槃從因生者，一切諸法無有定相。因無常故，果亦無常。善男子！夫涅槃者不從因生，體非是果，是故為常，亦可言果。云何為果？以是義故，涅槃之體無果無果。而是涅槃不從因生，體非是果，是故為定。無生老壞，是故為定。

善男子！譬如世間從因生法，有因則有果，無因則無果。因無常故，果亦無常。以是義故，一切諸法無有定相。因亦作果，果亦作因。以是義故，一切諸佛所有涅槃常樂我淨，捨除本心，必定得故，是故為定。

一闡提等，犯四重禁，誹謗方等，作五逆罪，

此下，卷第二十七即為獅子吼菩薩品。「獅子吼者名決定說。一切眾生悉有佛性。如來常住，無有變易。」佛性義如前述。

茲對于所說「不定」略作語意疏釋。此可分三類言之。

(一)「一切諸法無有定相。」

(二)「一闡提者，犯重禁者，謗方等者，作五逆罪者，乃至從須陀洹起，直至菩薩，皆亦不定。

(三)「如來亦復不定」。

關於第一類，「一切諸法無有定相」，此是從緣起法之存有上說。依緣起性空，「諸菩薩等解了諸法悉無定相，見無常相，空寂等相，無生滅相。」「色與色相二俱不定。香味觸相，生相，至無明相，陰入界相，二十五有相，四生，乃至一切諸法，皆亦不定。」此與《中論》說「八不」同也。須知生滅常斷一異來去之成為定相皆由於概念之執定。蓋形式概念所成之形式的無性，實皆非定相也。此等既非定相，則色與色相等悉皆不定。若衡之以緣起相既是執定，則在此形式的定相下之諸個體物以及其諸特性之定相亦是執定。無實是無自體，皆幻化無實也。無實是無自體，皆幻化無實也。

關于第二類，則是有情眾生之在人品升進上之無定相。一闡提亦非定性一闡提。每一有情眾生皆有其無限定的可能發展，而最高的可能是得無上正等正覺（成佛），即從現實上種種有限存在之形態可轉化為一具有無限性之存在，此則為決定者。就各種有限存在形態之不定

· 238 ·

言，此恰似法國存在主義者沙特所說之「人無定義」，人之是什麼但視其自己之決定與創造。如果人可依一預定之理型而被界定，則正好成一定性衆生。依西方基督教傳統以及人類學的觀點，無限歸無限，有限歸有限，則人便成定性有限，如是，成佛乃不可能，佛只是一理想的基型而永不能達到者。但大涅槃經之「不定」原則否決此種思想。

關于第三類，「如來亦復不定」是就「如來亦不畢定入于涅槃」而言。「如來常住，不變易故」，此是決定的。其入或不入于涅槃乃是其方便示現，此則不定。方便示現是因緣法，而涅槃法身非因緣法。依因待緣修行是因緣法，所謂如夢勤加，然而修行所證顯之涅槃法身寂滅境界則非因緣法。是故如來常樂我淨，涅槃法身亦常樂我淨，此則是決定的。人雖有限而可無限，此亦是決定的。此不背于中論之破斥自性執佛（定性佛）與此所言之「佛性」義不同故也。又，從如來可隨順人間過現實生活以及可有種種方便示現而言，則如來可有許多相，而無一相是決定的，因此有諸如：非人非非人，非天非非天，等等。總之，依不定原則去執，此是實相般若之精神；依決定原則說常，說成佛之可能，此是「如來藏恆沙佛法佛性」義之所開。佛性義非自性執之佛。破自性執何得于言佛性耶？蓋「恒沙佛法佛性」不過是具備着恒沙佛法的三因佛性：中道第一義空（正因佛性）是具備着恒沙佛法而爲空，故爲中道空（眞空妙有之中道空，以中論無恒沙佛法而爲空，故爲中論所說之中道空，不同於中論所說之中道空）；般若智德（了因佛性）是具備着恒沙佛法而爲智德（圓智）；解脫斷德（緣因佛性）是具備着恒沙佛法而爲斷德（「不斷斷」之圓斷）。恒沙佛法，不管是現實上的三千世間法種種相，抑或是如來所示現的三千世間法種種相，皆是無自性無定相的緣起假名法；而中道空之寂滅相不是一個緣起法，圓智之智德不是一個緣起法，圓斷之斷

· 239 ·

德不是一個緣起法——此三者不過是即于恒沙佛法而證實相無相（此即是寂滅相），而無執無著（此即是圓智），而清淨無惱（即此是圓斷解脫），故連帶著恒沙佛法一起皆為寂滅無相，此即是法身之遍滿常，連帶著恒沙佛法一起皆為圓智圓斷，此即是般若與解脫之遍滿常。你說有依因待緣之修行始可證實相，始可顯圓智，而顯圓斷，此固不錯。但依修行而證而顯，此修行之行是緣起法，而所證顯之實相、圓智、圓斷上，而說此實相、圓智、圓斷亦是緣起中之生滅果，這兩種因果是不同層次又是不同基型的。吾人不能顢頇渾淪而泛言之以果果（皆是一種境界），而不是緣起中之生滅果。實相、圓智、圓斷之為證顯果與緣起法中之生滅果不同。吾人不能把修行之緣起透射到實相、圓智、圓斷，而說此實相、圓智、圓斷亦是緣起中的一個生滅果。實相、圓智、圓斷雖為緣起幻有，而終局言之，亦是常，此即「是法住法位，世間相常住。」故既不背于實相般若，而又比顯之果不是緣起中一個生滅法，故說為「常」。實相常，圓智常，圓斷亦常，此是所證顯之果。既即于恒沙佛法而為實相、圓智、圓斷，而常無「常」相。此即為「涅槃法身常住，無有變易」，亦曰三德祕密藏。既即于恒沙佛法而為實相、圓智、圓斷，而法不出如，以如為相，以如為位，故恒沙佛法雖為緣起幻有，而終局言之，亦是常，直證無生即是常，此即「是法住法位，世間相常住。」故既不背于實相般若，而又比般若學進一步。關鍵即在「恒沙佛法佛性」一觀念。

第五節　三因佛性之遍局問題

三因佛性本是一整一佛性，析而為三。緣因佛性指斷德而言，了因佛性指智德而言。緣了既單提，則正因佛性即是「中道第一義空」。三因佛性與「三德祕密藏」之三德相應。緣

240

因斷德與解脫相應，了因智德與般若相應，正因中道空與法身相應。顯名法身，隱名如來藏。是則正因佛性即「如來藏我」。但一說「如來藏我」，即已隱含緣了于其中為三，自有偏重說耳。法身有無量德，惟是一「中道空」（此與中論空假中之中道不同）。是以當相應法身而說正因佛性時，雖已隱含緣了于其中，然為顯正因故，且獨顯客觀意義的中道空。緣了二佛性是主觀意義的佛性，此則暫隱而不說。正因佛性之佛是「法佛」，緣了二佛性之佛是「覺佛」。就「法佛」而言，則正因佛性可以遍及一切，不但有情有之，無情者，如草木瓦石，亦有之。此顯正因佛性之絕對普遍性。然此絕對普遍性實依「法身無外」而立。法身不但有無量德，而且亦不能有外。在此無外上，法身可以攝及草木瓦石，而草木瓦石亦不能外乎「中道空」也。然而亦並不表示草木瓦石能自顯其正因佛性而為法身。是以吾之法身可以攝及草木瓦石，而使之一起在「中道空」中呈現，然畢竟彼之自身不能自顯正因佛性而為法身。是以說「無情有性」，這個「有」字畢竟不同于「有情有性」之有。其有者是因吾之法身之遍攝而在「中道空」中呈現之謂也。此是消極地帶起之有，不是積極地自證之有。後來知禮言「究竟蛣蜣」，「蛣蜣究竟」，以「六即」判蛣蜣，亦是此義。縱然在法身呈現時，洒然頓亡一切分別，可無物我之分，我之佛性即是彼之佛性，我之法身即是彼之法身，然而畢竟亦可以不分而分。

草木瓦石所以不能自顯正因其不能自顯緣了而具斷德與智德。在此，儘管「中道空」可以遍及于彼，而謂其消極地有正因佛性，然而緣了二佛性仍不能遍及于彼，此即緣了二佛性之局限性。縱然這是一時之權說，及至頓教實說，吾之智德斷德亦是遍及無外，因而緣了二佛性亦可以攝及草木瓦石，草木瓦石亦一起

241

在此智德斷德中呈現，而為般若相與解脫相，然而不分。吾人仍不能謂草木瓦石能自具。有緣了二佛性，且能自顯其緣了二佛性而為般若與解脫。是則光只是三因體遍，並不能積極地建立「無情有三因佛性」也。「無情有性」，此中之「有」是在吾之三因佛性之遍攝中而為消極地帶起之有，而非積極地自證之有。此不但于緣了二佛性是如此，即於正因佛性亦如此也。此本是圓教之所函。于圓教說「無情有性」，乃至說「蛣蜣究竟」，其實義不過如此。即荊溪知禮亦不能說「決不如此」。不過他們偏重「分而不分」，（在圓實雙忘中不分）遂說「無情有性」，無情即是佛，蛣蜣亦即是佛。然而此「分而不分」亦實函着「不分而分」，「無情之有佛性與即是佛」畢竟與「有情之有佛性與即是佛」不同也。此亦如莊子之言逍遙無待，在至人之逍遙無待之功化中，大鵬尺鷃乃至萬物一起皆登逍遙之域，此是分而不分也。然而不分而分，大鵬尺鷃之逍遙畢竟與至人之逍遙不同，乃由至人之功化所帶起，至於人之渾忘中而為逍遙也。是故在聖人之境界中，一切是分而不分；而在客觀存有上，則又是不分而分也。此亦如智者四念處云：「如如之境即如如之智，智即是境。說智及智處，皆名為般若。亦例云：說處及處智，皆名為所諦。是非境之境而言為境，非智之智而言為智。」此是在寂照雙忘中分而不分也。是故在不分而分中，無情，蛣蜣，大鵬，尺鷃，只可說是「物自身」之身分，而不可說是「自由」。「物自身」雖不礙及自由，然而畢竟不即是自由。說它們是自由，有性，即是佛，乃是在聖人渾忘中帶起地說，非是在其存有中自證地說。荊溪無此簡別，遂致令人「惑耳驚心」。明乎此，則以下之經文可解。

經卷三十三迦葉菩薩品第十二之一：

第四章 大涅槃經之佛性義

佛性者猶如虛空，非過去，非未來，非現在。……善男子！眾生佛性雖現在無，不可言無。如虛空性，雖無現在，不得言無。如虛空性，是故我于此經中說：眾生佛性非內非外，猶如虛空非內非外。如其虛空有內外者，虛空不名為一為常，亦不得言一切處有。虛空雖復非內非外，而諸眾生悉皆有之。眾生佛性亦復如是。

荊溪金剛錍即依據此文立「眾生正因體遍」。虛空非內非外，遍一切處，喻佛性亦然。

荊溪云：「故知經文不許唯內專外，故云非內外等，及云如空。」既云「眾生佛性，豈非理性正因？」如虛空之非內外遍一切處之佛性即「理性正因佛性」也。「理性」者性地理上有之而未修顯之之謂也，亦函指謂正因佛性是客觀意義的法佛之性。

荊溪繼謂：

次迦葉問：「云何名為猶如虛空？」佛乃以果地無碍而答迦葉。迦葉乃以權「智斷果」，果上緣了悉皆是有，難佛空喻法喻不齊。故迦葉云：「如來、佛性、涅槃、是有，虛空應當亦是有耶？」不二？由佛果答，

所謂「次迦葉問」之「次」乃在經卷三十六迦葉菩薩品第十二之四，中隔兩卷不相干。在此卷三十六中有云：

• 243 •

迦葉菩薩言：世尊！如佛所說眾生佛性猶如虛空，云何名為如虛空耶？

善男子！虛空之性非過去，非未來，非現在。佛性亦爾。善男子！虛空非過去。何以故？無現在故。法若現在，可說過去。以無現在，故無過去。亦無未來。何以故？無現在過去故。若有現在過去，則有未來。以無過去現在故，則無未來。以是義故，虛空之性非三世攝。

善男子！以虛空無故，無有三世。不以有故，無三世也。如虛空華，非是有故，無有三世。虛空亦爾，非是有故，無有三世。

善男子！無物者即是虛空，佛性亦爾。

善男子！虛空無故，非三世攝。佛性常故，非三世攝。

善男子！如來已得阿耨多羅三藐三菩提，所有佛性一切佛法常無變易。以是義故，無有三世，猶如虛空。

善男子！虛空無故，非內非外。佛性常故，非內非外。故說佛性猶如虛空。

善男子！如世間中無罣礙處，名為虛空。如來得阿耨多羅三藐三菩提已，于一切佛法無有罣礙，故言佛性猶如虛空。以是因緣，我說佛性猶如虛空。

案此最後一段即荊溪所謂「佛乃以果地無礙而答迦葉」。佛得無上正等正覺即是佛果。正因佛性因果不二，故果處無礙，佛得果已，「于一切佛法無有罣礙，故言佛性猶如虛空。」可是既由佛果無礙作答，于佛果上，不但正因佛性，猶如虛空，因地亦應無礙，猶如虛空。

顯，緣了亦顯。正因顯為法身，緣因顯為解脫，了因顯為般若。般若是智德，智德之果是如來。解脫是斷德，斷德之果是涅槃。如來、涅槃、法身（佛性）此三者悉皆是有，但虛空却是無（「虛空無故，非三世攝」，「不以有故，無三世也。」）。因此，迦葉菩薩白佛言：

　　世尊！如來、佛性、涅槃、非三世攝，而名為有，虛空亦非三世所攝，何故不得名為有耶？（同上）。

荊溪以為此是迦葉「以權智斷果，果上緣了悉皆是有，難佛空喻法喻不齊」。「權智斷果」意即權說或權教的智果（如來）與斷果（涅槃）。「空喻法喻不齊」，本以虛空喻正因佛性，但虛空是無，而佛性之法却是有，故空喻法喻不齊也。

關此疑難，佛答云：

　　善男子！為非涅槃，名為涅槃。為非如來，名為如來。為非佛性，名為佛性。云何名為非涅槃耶？所謂一切煩惱有為之法。為破如是有為煩惱，是名涅槃。非如來者，謂一闡提至辟支佛。為破如是一闡提等至辟支佛，是名如來。非佛性者，所謂一切牆壁瓦石無情之物。離如是等無情之物，是名佛性。善男子！一切世間無「非虛空」對于虛空。（同上）。

據此答語，涅槃、如來、佛性之名乃由對治而顯。荊溪《金剛錍》引此文而解云：

今問：若瓦石永非，二乘、煩惱、亦永非耶？故知經文寄方便教，說三對治；暫說三有，以斥三非。故此文後便即結云：「一切世間無非虛空對于虛空」。佛意以瓦石等三以為所對，故云「對于虛空」。是則一切無「非如來」等三。

據荊溪此意，涅槃、如來、佛性，既由對治而名，便是「暫說三有，以斥三非」。三非：有為煩惱之為「非如來」，牆壁瓦石之為「非佛性」，此三非並非「永非」。是則牆壁瓦石無情之物之為「非佛性」並非「永佛性」：權教說非（無），圓教說是（有）。此即佛性有進退也。非涅槃之煩惱亦永非涅槃耶？三乘究竟，若瓦石永非佛性，則非如來之二乘亦永非如來耶？是故亦無永非如來之二乘，亦無永非涅槃之煩惱，亦無永非佛性之瓦石。是則便無「非如來」，「非涅槃」，「非佛性」，以為所對。如是，則如來涅槃便成絕待無限體，一切無非如來，一切無不涅槃。佛性亦然，一切無非佛性，佛性自亦遍及無情。此義由經文「一切世間無非虛空對于虛空」而顯，故得以虛空非內非外，遍一切處，喻正因佛性遍一切物也。因此，虛空雖無（「無物者即是虛空」），亦得作喻。凡喻不必全相似，只取某一義作喻解耳。

唯經文「無非虛空對于虛空」是否表示最後無「非如來」，「非佛性」，「非涅槃」，以為所對，這還是問題。順問答語勢看，亦可是這樣：有「非如來」對于如來，故如來雖「非

三世攝，而名爲有」，然而世間却無「非虛空」以對虛空，故虛空雖「亦非三世攝」，而却「不得名爲有」。雖一有一無，仍可取彼無者以爲喻。語勢雖是如此，「非如來」對如來，爲方便說，仍可成立。

又，「無非虛空、對于虛空」，似不甚合邏輯。「無物者即是虛空」。然則一切物之集合所成之「字」豈非即是「非虛空」？吾不甚能明佛說此語之意指究如何。可能只取此義，即：虛空本身既根本是無，則亦無所謂「非虛空」以與之對。然此無對義究不甚能明確地被建立。迦葉復順此語進而問曰：

世尊！世間亦無「非四大」對，而猶得名四大是有，虛空無對，何故不得名之爲有？（經卷三十六）。

無「非四大」對於四大，此亦不甚能成立。依邏輯二分而言，我們可說虛空即是「非四大」。然虛空既根本是無，則以虛空爲「非四大」等於以無爲「非四大」，而此即等於無「非四大」。大概佛之說無「非虛空」，迦葉之說無「非四大」，不是嚴格遵守邏輯二分而言。四大無「非四大」以與之爲對，而四大仍得名有。然則虛空無「非虛空」以與之爲對，「何故不得名之爲有」？荊溪解云：「迦葉意以空無對，故有之大也。」說虛空是無，非有，固可，說其是有，亦未嘗不可。惟此有不同於「四大」之爲有，蓋是意象中之有耳，非是一積極之存在。意象中之有實是非有，故佛仍可說虛空是無：「虛空無故，非三世攝，佛性常故，非三世攝。」

此種有與非有，有對無對，不關緊要。但須有一交待，省得糾纏。茲仍順經文之宗趣而言。迦葉既意在「以空無對，故有之大」，佛即「捨喻從法，廣明涅槃不同虛空」(荊溪語)。因此，佛答云：

善男子！若言涅槃非三世攝，虛空亦爾者，是義不然。何以故？涅槃是有，可見可證，是色足迹，章句是有；是相是緣，是歸依處，寂靜光明，安隱彼岸。涅槃是有，可得名非三世攝。虛空之性無如是法，是故名無。若有離于如是等法，更有法者，應三世攝。虛空若同是有法者，不得非是三世所攝。(經卷三十六)。

此是言涅槃與虛空不同。「涅槃是有，可見可證」，且有種種清淨無漏功德法。「虛空之性無如是法，是故名無」。既無如是法，其本身亦是非有，即是無。「虛空若同是有法者，不得非是三世所攝。」于涅槃有種種清淨無漏功德法中，有所謂「是色足迹，章句是有」兩句。卷三十四有云：「夫涅槃者即是章句，即是足迹，是畢竟處，是無所畏，是大師，即是大果，是大忍，無礙三昧，是甘露味，即是難見，目連！我諸弟子聞是說已，不解我意，唱言如來說無涅槃者，墮于地獄？善男子！我諸弟子聞是說已，不解我意，唱言如來說有涅槃。」此中「章句、足迹」，即是此處「是色足迹，章句是有」兩句之所本。「我諸弟子不解我意，唱言如來說有涅槃。」據此段文，說「涅槃是有」，亦是方便說。故云：「若說定有，即是執着。涅槃是非有非無之有。但亦總是有，縱使依迦葉，虛空亦可說有（「以空無對，故有之大」），但亦與涅

・第四章 大涅槃經之佛性義・

槃之為有不同。雖有如是之不同,仍可以虛空喻佛性。是故荊溪云:

若涅槃不同,餘二(如來佛性二)亦異。故知經以正因結難,一切世間何所不攝?豈隔煩惱及二乘乎?虛空之言何所不該?安棄牆壁瓦石等耶?(金剛錍)。

案若涅槃與虛空不同,則如來與佛性二者亦與虛空不同。涅槃是斷果,如來是智果。佛性是就正因佛性而言:顯為法身,隱名如來藏。無論在隱在顯,亦應是有,且亦應有種種清淨無漏功德法,是故亦應與虛空不同。雖與虛空不同,仍可以虛空喻正因佛性。說正因佛性,即已隱含涅槃與如來。「故知經以正因結難(以正因佛性如虛空結束迦葉「云何名為如虛空」之疑難),一切世間何所不攝?豈隔煩惱及二乘乎?(分別言之,佛性中所隱含之涅槃不隔煩惱,以故無「非涅槃」;佛性中所隱含之如來不隔二乘,以故無「非如來」。)虛空之言何所不該?安棄牆壁瓦石等耶?」(若直接以虛空所喻之佛性而言則佛性取「法佛」義,暫置涅槃斷果及如來智果于不論。如是,「虛空之言何所不該?安棄牆壁瓦石等耶?」是即佛性不隔無情,以故云「無情有性」也。「非佛性者,所謂一切牆壁瓦石無情之物」,此乃是對治權說,非圓教實說。不得以此便謂涅槃經否認「無情有性」。「無情有性」自為《涅槃經》之所函蘊。惟須知此就法佛義之正因佛性而言也。

荊溪繼上復云:

佛後復云:「空與涅槃雖俱非世攝,涅槃如來有證有見,虛空常故,是故不然。」(案此是意引略引,當依上錄經文對正)。豈非正與緣了不同?(金剛錍)。

上錄經文明涅槃與虛空不同。「涅槃是有，可見可證。……虛空之性無如是法，是故名無。」而荊溪則云：「涅槃是有，可見可證，是故不然」。依經文，當改為「虛空無故，是故不然。」依荊溪意，「涅槃是有，可見可證」，虛空無故，不可見不可證，這即表示正因與緣了二因不同。涅槃是斷果，緣因佛性滿；如來是智果，了因佛性滿。故由此經文亦足明正因佛性與緣了二因佛性不同。以虛空喻正因佛性之遍及牆壁瓦石。故由此經文亦足明正因佛性與緣了二因佛性不同。以虛空喻正因佛性，則正因佛性遍，而緣了二佛性則局。但此局亦只是暫時說。佛既以虛空喻正因佛性，則對于虛空必須善會，不可落于邪計。經直接上文明涅槃與虛空不同，復進而列舉十種邪計虛空，以遮其非：

善男子！如世人說：虛空名為無色，無對，不可覩見。若無色，無對，不可見者，即心數法。虛空若同心數法者，不得不是三世所攝。若三世攝，即是四陰。是故離四陰已，無有虛空。

復次，善男子！諸外道言：夫虛空者，即是光明。若是光明，即是色法。虛空若爾是色法者，即是無常。是無常故，三世所攝。云何外道說非三世？若三世攝，則非虛空。亦可說言虛空是常。

善男子！復有人言：虛空者即是住處。若有住處，即是色法，而一切處皆是無常，三世所攝。若說處者，知無虛空。

復有說言：虛空者即是次第。若是次第，即是數法。若是可數，即三世攝。若三世攝，云何言常？

善男子！若復說言：夫虛空者不離三法：一者空，二者實，三者空實。若言空是，當知虛空是無常法。何以故？實處無故。若言實是，當知虛空亦是無常。何以故？空處無故。若空實是，當知虛空亦是無常。何以故？二處無故。是故虛空名之為無。

善男子！如說虛空是可作法，如說去樹去舍，而作虛空。平作虛空，覆于虛空，上于虛空。畫虛空色，如大海水。是故虛空是可作法。一切作法皆是無常，猶如瓦瓶。虛空若爾，應是無常。

善男子！世間人說一切法中無罣礙處名虛空者，是無礙處于一切法為具足有，為分有耶？若具足有，當知餘處則無虛空。若分有者，則是彼此可數之法。若是可數，當知無常。

善男子！若有人說虛空無礙，與有並合。又復說言虛空在物，如器中果。（荊溪引述，則為「如器中空」）。二俱不然。何以故？若言並合，則有三種。一異業共合，如飛鳥集樹；二共業合，如兩羊相觸；三已合共合，如二雙指合在一處。若言異業共合，一是物業，二虛空業。若空業合物，空則無常。若物業合空，物則不常。如其不二，是亦無常。若言虛空是常，其性不動，與動物合者，是義不然。何以故？虛空若常，物亦應常。物若無常，空亦無常。若言虛空亦常無常，無有是處。若共業合，是義不然。何以故？虛空名遍，若與業合，業亦應遍。若言已合共合，是義不然。何以故？先無有合，後方合故。先無後有，是無常法。是

義不然。何以故？先無有合，後方合故。先無後有，是無常法。是
如二雙指合，是義不然。

251

故不得說言虛空已合共合。如世間法，先無後有，是物無常。虛空若爾，亦應無常。若言虛空在物，如器中果（空），是義不然。何以故？如是虛空，先無器時，在何處住？若有住處，虛空則多。如其多者，云何言常言一言遍？若使虛空離「空」（似當作物）有住，有物亦應離虛空住。是故當知無有虛空。

善男子！若有說言：指住之處名為虛空，當知虛空是無常法。何以故？指有四方。若有四方，當知虛空亦有四方。一切常法都無方所。以有方故，虛空無常。若是無常，不離五陰。要離五陰，是無所有。

善男子！有法若從因緣住者，當知是法名為無常。善男子！譬如一切眾生樹木因地而住。地無常故，因地之物次第無常。善男子！如地因水，水無常故，地亦無常。如水因風，風無常故，水亦無常。風依虛空，空無常故，風亦無常。若無常者，云何說言虛空是常，遍一切處？

虛空無故，非是過去未來現在。亦如兔角是無物故，非是過去未來現在。是故我說：佛性常故，非三世攝；虛空無故，非三世攝。（經卷三十六）。

案：以上錄文，前九段是十種邪計（第八段兩種邪計合破），末後兩段是綜結。邪計虛空非佛性喻。正解虛空是無，非內非外，非三世攝，遍一切處。荊溪引述，簡略難看，故將原文全錄于此。當然所說十種邪計容有可爭辯處，因語意有模稜故。此儘須詳細分析。但這裏無須作此工作。亦有難解處，如第四段說虛空是次第，即甚難解。荊溪引述，十種邪計俱

· 252 ·

以「世言身內」說之，經文無此語，不知其何所據。凡此皆可置之，只須知佛以其所正解之虛空喻正因佛性遍一切處即可。是故荊溪于引述上錄經文後即進而論曰：

世人何以棄佛正教，朋于邪空？云何乃以智斷果上緣了佛性以難正因？如來是智果，涅槃是斷果。故智斷果上有緣了性。所以迦葉難云：「如來、佛性、涅槃是有。」世人多引涅槃為難（此句中之涅槃是涅槃經），故廣引之，以杜餘論。子應不見涅槃之文，空效世人瓦石之妨。緣了難正，殊不相應。此即子不知佛性之進否也。（金剛錍）。

案：就正因佛性言，佛性遍及無情，此是佛性之進。就智斷果上緣了二佛性言，佛性惟限覺佛，不但無情無，眾生亦無，此是佛性之退。又云：

況復以空譬正，緣了猶局。如迦葉所引三皆有者，此乃涅槃帶權門說。故佛順迦葉，三皆是有。若頓教實說，本有三種，三理元遍；達性成修，修三亦遍。欲赴末代以順迦葉，眾生本有正性，且云正遍猶如虛空。欲示覆實，豈非迦葉知機設疑，故迺權緣了？此子不知教之權實。（同上）。

案：「緣了猶局」是權，頓教實說，性三遍，修三亦遍。

客曰：何故權教不說緣了二因過耶？

余曰：眾生無始計我我所。從「所計」示，未應說過。涅槃經中帶權說實，故得以空譬正，未譬緣了。若教一向權，三因俱局。如別初心聞正亦局。藏性理性一切皆然。所以博地聞無情無。依迷示迷，云「能造」是（言能造者是佛性，即有佛性）。附權立性，云「所造」非（言所造者非佛性，即無佛性）。

又復一代已多顯面。如華嚴中依正不二、普賢普眼三無差別，大集菩薩明無通，淨名不思議毛孔含納，思益（思益梵天所問經）網明無非法界（網明菩薩明無出法界）般若諸法混同無二，法華木末實相皆如。涅槃唯防像末謬執（像法末期之謬執），分正緣了別指方隅。若執實迷權，尚失于實。執權迷實，則權實俱迷。驗子尚昧小乘由心，故暗大教心外無境。

客曰：涅槃豈唯兼帶說耶？

余曰：約部通云，一切兼帶。部中品內，或實或權。如申迦葉難，別為末代一機而已，則權實並明。他皆準此。若一向實，如三點、二鳥、三慈、十德等。若一向權，如恒河中七種眾生。如云「色常」，「色」言豈不收于一切依正？何故制空令局限耶？此世人不知教之權實，如二乘人處處聞大，聞開權已，方云口生化生有分。正？何故制空令局限耶？此豈非子不知父姓耶？從法化生，得佛法分。」故（法華經譬喻品：「今日乃知真是佛子，從佛口生，涅槃經中猶恐未來一分有情不信己身有如來性，及謂闡提未來永斷，示令知有，以不斷。豈部內諸文全無頓耶？（同上）

案：依天台判教，涅槃經屬「捃拾教」。捃、俱運切，撫也。捃撫、拾取也。言重拾藏通別三教令歸圓實教也。故部內四教並說，實即設三種權扶一圓實也。方等經中亦四教並說，然彈偏折小，嘆大褒圓，大與小，圓與偏，仍隔而不通也。故方等經為第三時說，屬生酥味，而涅槃經則與法華同為第五時說，屬醍醐味。(第一時說華嚴，屬乳味；第二時說般若，屬熟酥味。) 諦觀天台四教儀云：「說大涅槃者有二義：一、為未熟者，更說四教，具談佛性，令具真常，入大涅槃，故名捃拾教。二、為末代鈍根于佛法中起斷滅見，夭傷慧命，亡失法身，設三種權，扶一圓實，故名扶律談常教。」又云：「問：此經具四教，與前方等部具說四教，為同為異？答：名同義異。方等中四，圓則初後俱知常，別則初不知後方知，藏通則初後俱不知。涅槃中四，圓則初後俱知常，別則初後俱知。」故涅槃經中教有權實，佛性有進退，荊溪所說不誤也。能知此義，則「無情有性」不為誇奢，三因體遍亦然也。故荊溪云：

故涅槃中佛性之言不唯一種。如迦葉品下文云：「言佛性者，所謂十力、無畏、不共、大悲、三念、三十二相、八十種好。」子何不引此文，令一切眾生亦無，何獨瓦石？若云此是果德，眾生有此果性者，果性身土何不露于瓦石等耶？又，若許因有果性者，世何但云果地法身性耶？若言但有果地法身性者，何故經云十方諸佛同一法身、力、無畏等，使一塵一心無非三身三德之性種耶？若言但有果地法身性者，何故經云十力無畏乃至相好(經卷三十五、迦葉品第十二之三)：「或有佛性、一闡提有，善根人無；或有佛性、善根人有，一闡提無；

或有佛性、二人俱有；或有佛性、二人俱無。」此為四句辨性。」子云眾生有性，為何眾生？有何等性？瓦石為復無四句耶？又，第六、第九、及三十二，皆以雜血五味用對凡夫、三乘、及佛，何故佛性在人差降不同？（如經卷三十五，〈迦葉品〉第十二之三：「是故我於經中先說眾生佛性如雜血乳。血者即是無明行等一切煩惱，乳者即是善五陰也。是故我說從諸煩惱及善五陰得阿耨多羅三藐三菩提。如眾生身，皆從精血而得成就，佛性亦爾。須陀洹人，斯陀含人，斷少煩惱，佛性如乳。阿那含人，佛性如酪。阿羅漢人，猶如生酥。從辟支佛至十住菩薩，猶如熟酥。如來佛性猶如醍醐」。荊溪引經文據南本，故卷品不同。吾茲依北本錄。）又，二十七云：「若修八正，即見佛性。」婆沙、俱舍，悉有八正，乃至諸經咸有道品。為修何八正？見何佛性？故子不知佛性進否。

（同上，案此段文在上錄客曰余日問答之前。）

總而言之，涅槃經言佛性有種種說，俱見前第一節。概括之，不過三因佛性。就「以空譬正」而言，正因佛性是「法佛」之佛性，性德緣了，同名正因。此則遍及無情，不隔纖塵。若特顯緣了，則是覺佛之佛性。故地十力無畏乃至相好，俱是佛性。惟從此言，始有權說之局限。及至圓頓實說，亦與「差降不同」，始有「四句辨性」。亦惟自此而言，始有「正因同其遍」也。惟此種遍不過是正因顯為法身，法身身土遍攝瓦石而為身土。解脫與般若亦遍攝瓦石而為解脫與般若。這仍不能表示牆壁瓦石能自顯其正因佛性而為法身，能自呈現于佛之身土中；緣了顯為解脫與般若，使瓦石一起皆呈現于佛之解脫與般若中。

顯其緣了而為解脫與般若。是故牆壁瓦石之有佛性是在聖人境界中之帶起的有，是聖人三德之霑溉，而不是積極地自證之有，即不是客觀存有上其自身能自證地有之。此如本節初文所說。明乎此，則說其有可，說其無亦可。普通說「一華一法界，一葉一如來」，亦當如此了解。荊溪說其有是自聖人境界中一體而化（所謂分而不分）而言也。若了其分際，佛性有進否，則亦平常，不而分，彼亦不能言其有也。故凡惑耳驚心之言，非常可怪之論，若自客觀存有上，不足驚怪。惟吾今日所說之分際，荊溪知禮皆未言及。只說敎有權實，佛性有進否，尚不足以愜人之心也。

荊溪金剛錍于上錄涅槃經文之疏釋後，即進而依據天台宗性具圓敎之綱格盛言三因體遍：「示有，是示種性；示遍，是示體遍；示具，是示體德。」此將于天台宗部第一分第三章第七節言之，此不述及。

・257・

佛性與般若

第二部 前後期唯識學以及起信論與華嚴宗

第一章 地論與地論師

第一章 地論與地論師

既有「恒沙佛法佛性」一觀念，故須對于修行中一切流轉還滅之法有一根源的說明，而此種說明是開始于唯識學。但中國之吸收唯識是開始于地論師。地論師者，講世親早年作品十地經論之法師也。但此書並不是正式講唯識學者。唯識思想是講此書者帶進來的，因此，遂有地論與地論師之出。但此書並不是正式講唯識學者。唯識思想是講此書者帶進來的，因此，遂有地論與地論師之不同，而地論師中亦有不同之見解。十地經論乃天親菩薩造，後魏北印度三藏菩提流支等譯。「等」者除菩提流支外，尚有中天竺勒那摩提，以及傳譯沙門北天竺伏陀扇多參與其事。

此論只是解釋華嚴經之十地品，並未正面分析八識。論文中只有時提及心意識及阿黎耶識，但並未詳細分疏。如卷第一：

〈經曰：復次，善男子！汝當辯說此諸法門差別，方便法故，承諸佛神力如來智明加故，自善根清淨故，法界淨故，饒益眾生界故，法身智身故，正受一切佛位故，得一切世間最高大身故，過一切世間道故，出世間法道清

· 261 ·

〈論〉曰:

淨故,此十句中,得一切智人智滿足故。「諸法門」者,謂十地法。「差別」者,隨所得法義憶持不忘說故。「辯才」者,種種名相故。此法善巧成,是故名「方便」。依根本辯才有二種辯才:一者他力辯才,二者自力辯才。他力辯才者,承佛神力故。云何「承佛神力」?如來智力不闇加故。如經「承諸佛神力如來智明加故」。自力辯才者,有四種:一者,有作善法淨辯才,如經「自善根清淨故」。二者,無作法淨辯才,如經「法界淨故」。三者,身淨辯才,如經「饒益眾生界故」。四者,身淨中化眾生淨辯才,如經「饒益眾生界故」。
顯三種盡。一者,菩薩盡者,法身離心、意、識,唯智依止。二者,聲聞辟支佛不同盡;三者,佛盡者,入一切智,智滿足故。如經「得一切智人、智滿足故」。
二種利益者,現報利益,受佛位故。如經「正受一切佛位故」。後報利益,摩醯首羅智處生故,度五道,復混槃道淨故,如經「過一切世間道故,出世間法道清淨故」。佛盡者,入一切智,智滿足故。如經「得一切智人,智滿足故」。

案此中只于言「菩薩盡」處,提及心意識:「法身離心、意、識,唯智依止」。
又卷第二:
自力辯才校量轉勝上上故。

〈經偈〉：定滅佛所行，言說不能及。地行亦如是，難說復難聞。離念及心道，智起佛境界。非陰界入說，心意所不及。如空中鳥跡，難說復難聞。十地義如是，不可得說聞。我但說一分：慈悲及願力，漸次，非心境、智滿如淨心。〔案此第四偈依下世親解標點。〕

〈論解此四偈中之首偈云：

此偈云何？彼智已顯方便壞涅槃，復示性淨涅槃。偈言「定滅」故。定者成同相涅槃，自性寂滅故。滅者，成不同相方便壞涅槃，示現智緣滅故。此智是誰證？偈言「佛所行」故。誰說誰聽？無說無聽。偈言「言說不能及」故。「言說」者，以音言導（「以」、一作「口」），言求解故。彼智既如是，地行復何相？偈言「地行亦如是，難說復難聞」。示現以「地」者境界，觀行者智眷屬。智眷屬者，謂同行。同行者謂檀等諸波羅蜜。

解第二偈云：

此偈示現思慧及報生識智，是則可說。此智非彼境界，以不同故。佛境界」故。如「陰界入」可說，此智不爾，離文字故，是故不可說。偈言「智起」故。非耳識所知，非意識思量，是故不可聞。偈言「心意所不

263

及」故。「智」者是地。「智起」者,以何觀、以何同行、能起此智?云何可證,而不可聞?今復以喻證成此義。偈言云云(即第三偈。易曉,解略)。

解第四偈云:

前言「十地義如是,不可得說聞」。今言「我但說一分」。此言有何義?是地所攝有二種:一因分,二果分。說者謂解釋。「一分」者,因分于果分爲一分,故言「我但說一分」。此說大有三種:一、因成就大;二、因漸成就大;三、教說修成就大。何者因成就大?偈言「慈悲及願力」故。慈者,同與喜樂因果故。悲者同拔憂苦因果故。願者發心期大菩提故。此慈悲願長夜熏修,不同二乘故。何者因漸成就大?偈言「漸次」故。漸者,說聞思慧等次第,乃至能生出世間智因故。何者教說修成就大?偈言「非心境」故。「非心境」者,此句示現聞思慧等心境界處唯是智因,能生出世間智。「如淨心」者,如出世間清淨心能滿彼地智故。偈言「智滿如淨心」故。「滿足修」者,而此不能滿彼出世間智地。偈言「出世間智因」故。偈言「非心境」者,此句示現聞思慧等心境界處唯是智因,能生出世間智。

案此論解經偈「智起佛境界,……心意所不及」,並提出「出世間清淨心」以滿足之。此清淨心非心意識也,非陰界入心也,非「念」、亦非「心道」,「離念及心道」故。

第三卷

〈經〉曰:諸佛子,彼菩薩作是念:諸佛正法如是甚深,如是寂靜,如是寂滅,如是空,如是無相,如是無願,如是無染,如是無量,如是上,此諸佛法如是難得。

〈論〉曰:諸佛正法如是甚深者有九種:一、寂靜甚深,二、寂滅甚深,三、空甚深,四、無相甚深,五、無願甚深,六、無染甚深,七、無量甚深,八、上甚深,九、難得甚深。「寂靜」者,離妄計實有故,妄計正取故,解脫門觀故。何者三障?一分別,二相,三取。「寂滅」者,法義定故。「空」、「無相」、「無願」者,三障對治,離雜染法觀故。「無染」者,依自利利他增上智觀故。「上」者,不可算數、不可思量、生善根觀故。「難得」者,三阿僧祇劫證智觀故。

〈經〉曰:云何具足諸苦?

〈論〉曰:「而諸凡夫心墮邪見」者,為無明痴闇蔽其意識,常立憍慢幢;墮在念欲渴愛網中;隨順諂曲林;常懷嫉妒,而作後身生處因緣,多集貪欲瞋痴,起諸業行;嫌恨猛風吹罪心火,常令熾燃,有所作業皆與顛倒相應;隨順欲漏、有漏、無明漏,相續起心意識種子。「而諸凡夫心墮邪見」者,邪見有九種:一者,蔽意邪見,如經「為無

〈經〉曰：

明痴闇蔽其意識」故。二者，憍慢邪見，如〈經〉「常立憍慢幢」故。三者，愛念邪見，如〈經〉「墮在念欲渴愛網中」故。四者，諂曲心邪見，如〈經〉「隨順諂曲林」故。五者，嫉妒行邪見，如〈經〉「常懷嫉妒而作後身生處因緣」故。六者，集業邪見，如〈經〉「有所作業皆與顛倒相應」故。七者，吹心熾燃邪見，如〈經〉「嫌恨猛風吹罪心火常令熾燃」故。八者，憍慢邪見，愛念邪見，此三邪見依法義妄計如是次第。諂曲心邪見，嫉妒行邪見，此二邪見于追求時心行過故。嫉者，于身起邪行故。妒者，于資財等，是故二邪見生之處墮卑賤中，形貌鄙陋，資生不足故。第六集業邪見，受諸受時，憎愛彼二顛倒境界故。九者，心意識種子邪。第七吹心熾燃邪見，于怨恨時，互相追念，欲起報惡業故。第八起業邪見，于作善業時，迷相加害故。第九心意識種子邪見，于作善業時，所有布施、持戒、修行、善根等業皆是有漏故。

于三界地，復有芽生，所謂名色共生、不離。此名色增長已成六入聚。成六入已，內外相對生觸。觸因緣故生受。深樂受故，生渴愛。渴愛增長故生取。取增長故復起後有。有因緣故，有生老〔病〕死憂悲苦惱。如是眾生長生苦聚，是中皆空，離我我所，無知無覺，如草木石壁，又亦如響。然諸眾生不知不覺，而受苦惱。

論曰：是中因緣有三種：一、自相，從「復有芽生」，乃至于「有」。二、同相，謂「生老病死」等過。三、顛倒相，「離我我所」等。自相者有三種：一者報相，名色共阿黎耶識生。如經「于三界地，復有芽生，所謂名色共生」故。「名色共彼生」者，名色共生故。二者，彼因相，是名色不離彼，依彼共生故。如經「不離」故。三者，彼果次第相，從六入乃至于有。如經「此名色增長已成六入聚，成六入已，內外相對生觸，觸因緣故生受，深樂受故生渴愛，渴愛增長故生取，取增長故復起後有，有因緣故有生老死憂悲苦惱，如是眾生生長苦聚」故。彼無知無覺，示非眾生數動不動事。如經「無知無覺」者，自體無我故。是中「離我我所」，此二示現「空」。如經「如草木石壁，又亦如響」故。因緣相似相類法故。云何于彼二顛倒？如經「然諸眾生不知不覺而受苦惱」故。

案此論解經從邪見起到名色以下之緣起。九種邪見中實只解說無明緣行，行緣識。「相續起心意識種子」即識一支也。「于三界地復有芽生，所謂名色共生不離」。世親解此「名色共生」為「名色共彼生」。「彼」者指阿黎耶識說。名色共阿黎耶識不離，依彼阿黎耶識而生，以此定為自相中之因相。「名色共彼阿黎耶識而生」其自身為報相也。

解「邪見」提到阿黎耶識。

解「名色共生」提到阿黎耶識。但于此二者皆未詳細分疏。本論中無有明文，此依共許，或可成立。但阿說者謂前五識為識，第六識為意，第七識為心，

黎耶識究如何說，則生歧見。本論無有明說，不同之解釋乃依論外之思想而說，所謂地論師分相州南道北道即于此而分也。南道慧光計阿黎耶識爲眞，北道道寵計阿黎耶識爲妄。說者謂〈地論〉明阿黎耶識爲眞如法性，爲自性淸淨心。若如此，則南道慧光似較合〈地論〉本義。但實則〈論〉中亦無顯明的表示。

〈卷第八論第六現前地中有……

〈經〉曰：是菩薩住此菩薩現前地中，得信空三昧，性空三昧，第一義空三昧，第一空三昧，大空三昧，合空三昧，起空三昧，如實不分別空三昧，不捨空三昧，得離不離空三昧。是菩薩得如是等十空三昧門上首，百千萬無相三昧門現在前，如是十無願三昧門上首，百千萬無願三昧門現在前。

〈論〉曰：此空三昧有四種差別：一觀，二不放逸，三得增上，四因事。除第四三昧（卽第一空三昧），有五三昧，是名爲觀：一、觀衆生無我，如經「得信空三昧」故；二、觀法無我，如經「第一義空三昧」故；三、取彼空觀，如經「性空三昧」故；四、依彼阿黎耶識觀，如經「大空三昧」故；五、觀轉識，如經「合空三昧」故。不放逸者，修行無厭足故，如經「起空三昧」故。得增上者，善修行故，修行增上功德，如經「如實不分別空三昧」故，敎化衆生因事，如經「不捨空三昧得增上功德，如經」

因事者，餘三種三昧，智障淨因

案此論中以第五「大空三昧」為「依彼阿黎耶識觀」。此語不能表示阿黎耶識為真淨。不知世親此時心中如何想阿黎耶識。依攝論，除賴耶外，其餘諸識統名轉識。轉是轉現義，諸識都由本識轉現而起，故曰「轉識」。如「心意識」中，心為第八識，意為第七識，意為第六識，識為前五識，此皆可曰轉識。則此轉識不得為真淨也。何故「依彼阿黎耶識觀」解「大空三昧」，阿黎耶識即必為真淨始足使「空三昧」為「大」乎？

卷第八論現前地中又有一段（此在上引經文前）云：

〈經〉曰：是菩薩如是十種逆順觀因緣集法，所謂因緣分次第故，一心所攝故，自業成故，不相捨離故，三道不斷故（案〈經〉前文曾有云：「是中無明愛取三分不斷是煩惱道，行有二分不斷是業道，餘因緣分不斷是苦道。先際後際相續不斷故，是三道不斷，如是三道離我我所，但有生滅故，猶如束竹」。天台言三道本此。），觀先後際故，三苦集故，因緣生滅縛故，隨順有盡觀故。

〈論〉曰：復有二種異觀：一、大悲隨順觀；二、一切相智分別觀。大悲隨順觀者有四種：一、愚癡顛倒；二、餘處求解脫；三、異道求解脫；四、求異

解脫。云何愚痴顛倒？隨所著處愚痴及顛倒此事觀故。以著我故，一切處受生，遠離我故，則無有生。云何愚痴？無明闇故。如經「是菩薩觀世間生滅已，作是念：世間所有受身生處差別，皆以貪著我故。若離著我，則無世間生處故」。(此經語見本卷前文)。愚痴所盲，貪著于我，如是顛倒及有相支中疑惑顛倒。如經「菩薩復作是念：此諸凡夫愚痴所盲，貪著于我，無智聞障，常求有無。」如是等故。(此經語緊接上經語)。

云何餘處求解脫？
是凡夫如是愚痴顛倒，常應于阿黎耶識及阿陀那識中求解脫。乃于餘處我我所中求解脫，此對治。如經「是菩薩作是念：三界虛妄，但是一心作」，乃至「老壞名死」故。(此經語見本卷前文)。(餘略)。

案于此「餘處求解脫」中，說「常應于阿黎耶識及阿陀那識中求解脫」，此可對治愚痴顛倒。阿陀那識，依《解深密經》，顯非清淨心。阿黎耶識，在此論文之語脈中亦不能表示是真淨。

又卷第十論第八不動地中有：

經曰：入一切法本來無生，無成，無相，無出，不失，無盡，不行，非有有

性，初中後際平等，真如無分別，入一切智智。是菩薩遠離一切心意識憶想分別，無所貪者，如虛空平等，入一切法如虛空性，是名得無生法忍。

論曰：復次，彼忍于四種無生中應知。四種無生者，一、事無生；二、自性無生；三、數差別無生；四、作業差別無生。

是中事無生者，實有七種事。一、淨分法中本有實，此對治。如經「入一切法本來無生」故。二、新新生實，此對治。如經「無相」故。三者相實，此對治。如經「無相」故。四、後際實，此對治。如經「無出」故。五、先際實，染分中煩惱障故，此對治。如經「不失」故。六、盡實諸眾生，此對治。如經「無盡」故。七、雜染實淨分中，此對治。如經「不行」故。

自性無性者，是法無我，彼法無我，自體無性故。（案當作「非有自性」）。彼觀事故，是此忍不得言無所有觀，法無我無二相故。

數差別無生者，于三時中染淨法不增減故。如經「初中後平等」故。

作業差別無生者，于真如中淨無分別佛智故。如經「真如無分別入一切智智」故。

如是無生法忍觀示現。

次示現遠離報分別境界想，攝受分別性想故。如經「是菩薩遠離一切

心意識憶想分別」故。想者遠離障法想,非無治法想,彼治想。於下地中有三種勝事:一、無功用自然行,如〈經〉「無所貪著」故。二、遍一切法相,如〈經〉「如虛空平等」故。三、入真如不動,自然行故。如〈經〉「入一切法如虛空性,是名得無生法忍」故。

如是八地「得淨忍」分已說,次說「得勝行」分。

案 「是菩薩遠離一切心意識憶想分別」。阿黎耶識是否在此心意識內?如在,不得謂為真淨。如不在,則為真淨。

〈經〉曰:又,佛子!如是成就法忍,菩薩即時得是第八菩薩不動地,得為深行菩薩,難可得知,無能分別,離一切相,離一切想、一切貪著,無量無邊,一切聲聞辟支佛所不能壞,寂靜一切寂靜而現在前。佛子!譬如比丘得具足神通心得自在,次第入滅盡定,一切動心憶想分別,皆悉盡滅。佛子!菩薩亦如是。住是第八菩薩不動地,即離一切有功用行,及諸憶念,得無功用法,離心口意,「務」住報行成(〈論〉「務」作「復」)。佛子!譬如有人夢中見身墮在大河,是人爾時發大勇猛,施大方便,出此河。發勇猛時,忽然便寤,寤已即離一切勇猛方便憶事。佛子!菩薩亦如是。從初已來見諸眾生墮四大河,發大精進力,廣修行道,至不動地,即離一切想有功用行。是菩薩一切不行二心,諸所憶想不復現

〈論〉曰：

是中得勝行者，得深行故。深行有七種：

一、難入深，如〈經〉「又，佛子！如是成就法忍，菩薩即時得是第八菩薩前。佛子！譬如生在梵天，欲界煩惱一切不行。如是佛子，菩薩住此菩薩不動地，一切心意識等不行，一切佛心、菩提心、菩薩心、涅槃心不行，何況當行世間心？

二、同行深，諸淨地菩薩同故，如〈經〉「無能分別」故。

三、境界深，能取可取（「可」當為「所」）不現前故，如〈經〉「離一切相，離一切想，離一切貪著」故。「護」一切障想故，言「離一切貪著」。（「護」字不明）。

四、修行深，自利利他行故，如〈經〉「無量無邊」故。

五、不退深，如〈經〉「一切聲聞辟支佛所不能壞」故。

六、離障深，如〈經〉「寂靜」故。

七、對治現前深，如〈經〉「一切寂靜而現在前」故。真如一切寂靜故。

「滅盡定」喻者，示彼行寂滅故。如〈經〉「佛子！譬如比丘」，乃至「離身口意，務住報行成」故。

「一切動心憶想分別皆悉盡滅」者，無彼依止故。（「依止」一作「依心」）。

「即離一切有功用行」者，過「功用行地」故。

「得無功用法」者，得彼對治法故，以得無功用法自然行故。

「住報行成」，示現得「有功用行相違法」故。「復住報行成」者，(案「復」經作「務」，不知孰是)，善住阿黎耶識真如法中故。

「復住報行成」如法中故。(下略)。

案此文中「阿黎耶識真如法」連說，好像阿黎耶識即真如法，唯此一處似示阿黎耶為真淨。因為既「離身口意」，「一切心意識等不行」，及諸憶念，得無功用法」。此「無功用法」即「自然行」。此「自然行」與「有功用行」相違法」。即是一種「報」。「心意識不行」之自然結果為「報」。世親解釋此「報」有「有功用行相違法」即是「善住阿黎耶識真如法中故」。可見超過「功用行地」所住之「阿黎耶識真如法」不是因為「善住阿黎耶識真如法中故」。否則焉能說無功用自然行？若據此文，則說慧光系（南道派）近地論本義，似能不是真淨。若以此處為準，則凡前引論解中凡提及阿黎耶識者皆應視作真淨。但前引卷第八論亦不錯。解「餘處求解脫」云：『是凡夫如是思痴顛倒，常應於阿黎耶識及阿陀那識中求解脫，乃於餘處我我所中求解脫」。此對治。如經「是菩薩作是念：三界虛妄，但是一心作」，乃至「老壞名死」故。據此文，則以阿黎耶識為真淨。于阿黎耶識中求解脫，引經「三界虛妄」乃至「老壞名死」，此明示與于十二緣中求解脫無以異。然則阿黎耶識不必為真淨。又與阿陀那識為真淨連稱，阿陀那識亦真淨乎？以阿黎耶識為真淨不合通常之習慣。如世親作此地論時，其老兄無著之「攝大乘論」已成，則不應不知。而攝論中之阿黎耶識並非真淨。解深密經中之阿陀那識亦非真淨。世親亦

不應不知。〈地論〉為世親之早期作品。其後來之作品皆不以阿黎耶識為真淨。然則㈠〈地論〉為不成熟之作；㈡對于阿黎耶識無明確之解釋；㈢南道派似乎有近〈地論〉本義處，然亦無必然；㈣以阿黎耶識為真淨不合一般之習慣。〈地論〉師于此分兩派，顯因〈地論〉本身對于阿黎耶識無明確表示故。如意義顯明，何至有菩提流支與勒那摩提之異解？這些梵僧號稱三藏，難道連原文尚不通曉乎？

又卷十一〈論〉第九善慧地：

〈經〉曰：是菩薩如實知眾生諸心種種相：心雜相，心輕轉生不生相，心無形相，心無邊一切處眾多相，心清淨相，心染不染相，心縛解相，心幻起相，心隨道生相，乃至無量百千種心差別相，皆如實知。

〈論〉曰：是中心行稠林差別者，心種種別相，心種種差別異故，如〈經〉「是菩薩如實知眾生心種。種相」故。彼心種種差別相有八種：

㈠差別相，心意識六種差別故，如〈經〉「心雜相」故。〔案「心意識六種差別」此語中之「心」，就經文語勢說，當該是直承「眾生心種相」之「心」而說。蓋「心意識」之「心」亦是總說之心，與此處〈經〉說「眾生心」之「心」同也。總說的作為第七識的心(眾生心)自其分化而為意與前五識而言則有六種差別。如連帶其自身而言，則有七種差別。「心雜相」即眾生心之雜多相，〈論〉即以第六意識與前五識之六種差別解〈經〉文之「雜相」。又〈經〉說「眾生諸心種種相」，「諸」字無多大意義，故〈論〉即自一心說也。〕

• 275 •

㈠行相,住異生滅行故,如經「心輕轉生不生相」故。

㈡第一義相,觀彼心,離心,心身不可得故,如經「心無邊一切處衆多相」故。

㈢自性相,順行無量境界取故,如經「心無形相」故。(案此即眞如心,心眞如也。)

㈣自相,順行無量境界取故,如經「心無邊一切處衆多相」故。

㈤自性不染相,如經「心清淨相」故。(案此即自性清淨心。衆生心自其第一義不可得,而非心行故,即此清淨相。)

㈥同煩惱不同煩惱相,如經「心染不染相」故。(案此即勝鬘經不染而染。)

㈦同使不同使相,諸菩薩以願力生,餘衆生自業力故生,如經「心縛解相」故。(案此即在纒出纒)

㈧因相,順行無量境界取故,如經「心幻起相」故,「乃至無量百千種心差別相皆如實知」故,以「心隨道生」故,生染示現。(案第六第七指上文第六句第七句言,故云「此二句」云云,非指第六識第七識言也。下又云「第八」可證。又案心之因相即隨染淨緣起染淨法,亦即賢首所說之「隨緣不變,不變隨緣。」)

第六、第七「心染不染」故,「心縛解」故,此二句煩惱染示現。第八句「心隨道生」故,生染示現。

案此第八種「因相」中提到「自性清淨心」。此「自性清淨心」能說是阿黎耶識乎?心

• 276 •

之「因相」者即以心為因而生起一切差別之謂，故即以經「心幻起相，心隨道生相」明之。此「心之幻起相」，在菩薩是以願力生，在其他眾生則是以其各自之業力而生之「無量百千種種心差別相」，第九地菩薩「皆如實知」。其所以能「如實知」，于此所生起之「清淨心故」。菩薩自性清淨心朗現，故能「如實知」心之種種差別相也。在此地論中，亦無明文表示阿黎耶識即此「自性清淨心」。

此處言「自性清淨心」只就菩薩之「如實知」言。但如果一切眾生皆有此「自性清淨心」，則此「自性清淨心」亦可為流轉還滅之因，（心染不染相，心縛解相），此即成起信論之系統，攝論師眞諦亦向此趣，地論師之北道道寵，繼承菩提流支者，亦持此義。此俱不以阿黎耶識為眞淨也。是故南道慧光，繼承勒那摩提者，恐是一時不成熟之見。如世親撰此地論時，有慧光所說之像，則亦是一時不成熟之見，且根本不言如來藏自性清淨。其佛性論亦言如來藏，但偏於理言，不偏于心言。故玄奘承之而成為後期之唯識學，所謂正宗之唯識，與地論師之道寵系（北道派），攝論師之眞諦，及起信論，（此綜而為一，可曰早期唯識學），皆異也。

又，此言心之因相是就心一般地說，不定指「自性清淨心」言。其為因而生起一切法，在菩薩以願力生，是自性清淨心。故此處說「心行稠林差別」（即心無量百千差別，如稠林然，叢叢雜雜，無量無邊）是就心一般現象學地說之。如果預設一切眾生皆有自性清淨心，眾生在迷，雖以業力生，而業力亦必憑依自性清淨心而生，則即成起信論之說法，由自性清淨心轉陷而為阿黎耶。此即後來華嚴宗「性起」說之所本。地論師、攝論師、起信論，皆「性起」之說也。奘傳唯識乃「阿賴耶緣起」，非

「性起」也。而天台宗則言「性具」。如是，乃成「性起」與「性具」之爭，圓不圓亦由此判。依天台宗，性具爲圓教，性起乃別教也。

經曰：是菩薩如實知諸使深共生心共生相，心相應不相離相，遠入相，無始來不恐怖相，一切禪定解脫三昧三摩跋提神通正修相違相，堅繫縛三界繫相，無始來心相續集相，開諸入門集相，得對治實相，地入隨順相，隨順相，不異聖道滅動相，略說乃至如實知八萬四千種種使差別相。

論曰：是中「使」者，隨逐縛義故。

此使行綢林差別者，何處隨逐，以何隨逐，此事差別示現。

何處隨逐者，報非報心，故。

隨逐者，隨逐縛義故，心不離現事故。

欲、色、無色、上中下差別，如經「是菩薩如實知諸使深共生心共生相」故。

隨順乃至有頂，如經「心相應不相離相」故。

無邊世界，唯智怖畏，如怨賊未曾有聞思修智，是故不滅，如經「無始來不恐怖相」故。

世間禪定等不能滅心隨順行，如經「一切禪定解脫三昧三摩跋提神通正修相違相」故。

以何隨逐者，有六種隨逐。六種隨逐者，六句說：

(一)者，「有不斷」隨逐，以「有不斷」相，似使作縛故。如經「堅繫縛

(二)遠時隨逐故,如經「無始來心相續集相」故。
(三)一身隨逐故,眼等諸入門六種生集識同生隨逐故,及阿黎耶熏故隨逐,如經「開諸入門集相」故。
(四)不實隨逐故,對治實義故,如經「得對治實相」故。
(五)微細隨逐,于九地中六入處煩惱身隨逐故,如經「地入隨順不隨順相」故。
(六)離苦隨逐,出世間行,餘行不能離故,如經「不異聖道滅動相」故,「略說乃至如實知八萬四千種使差別相」故。

案此言「使行稠林差別」。使者「隨逐縛義」。在「以何隨逐」中,世親分別六種隨逐。六種隨逐中第三種隨逐是就經文「開諸入門集相隨逐」。此可曰「諸入門集相隨逐」。此中世親言及「阿黎耶識熏故隨逐」。「阿黎耶識熏」,一般地說,是阿黎耶識受熏。因阿黎耶識受熏,故有隨逐。有隨逐即有縛。迫不由己,如使作縛。使者支使,促使,迫使,此皆是縛義,與解脫相反。「阿黎耶識熏故隨逐」,亦曰「一身隨逐」,此可簡稱曰「六入生集識同生隨逐」。有六入出現(生),即有依此六入同生之集識出現。同生之集識出現,生即十二支中之生支。然後有「眼等諸入門六種生集識同生隨逐」。此「一入出現(生)」或「諸入生集識同生隨逐」,實皆由「阿黎耶識熏故隨逐」,不但此第三種也。其實六種隨逐皆有「阿黎耶識熏故隨逐」。

如果阿黎耶識為真淨，則阿黎耶識是自性清淨心。依起信論，自性清淨心即眞如心，心眞如。在經之眞如心，心眞如，不但受熏，亦能熏。但依世親晚年之思想，只阿黎耶識受熏持種，不言自性清淨心，而眞如只是理，眞如與淨心或淨識或智心並不同一，故不能言眞如心，心眞如，而眞如理既不能熏，亦不受熏，故內學院依奘傳之唯識學即批評起信論之「眞如熏習」為不通。但如阿黎耶識爲眞淨，則起信論之思想爲對。問題是在世親寫此地論時，究是否視此阿黎耶識爲眞淨。如是眞淨，則受熏亦能熏。如不是眞淨，則只受熏，而不能熏，此即同于其後來之所想。

然則當時地論師分為南北道兩派，實由地論本身不明確故也。依地論外之思想而分派，則北道派較合一般之想法。如南道派亦有據，則其根據或在此地論本身有視阿黎耶識為眞淨之傾向。然此亦無明據。如地論本身眞有此意，則是世親早期不成熟之作。故地論思想之成熟歸宿當向北道走，此則近于攝論師。是故法華玄義釋籖云：「加復攝大乘興，亦計黎耶以助北道。」北道之地論師，以及攝論師，其最後成熟之歸宿當爲起信論。故起信論標爲馬鳴造，眞諦譯，實即眞諦之所作也。亦有謂爲梁陳間地論師所作者，此地論師以吾觀之，既標爲眞諦譯，則當是攝論師與北道地論師合作而成者，標眞諦者，以眞諦爲梵僧也。說譯而不說造者，造歸馬鳴以增信也。

故地論中明言「自性清淨心」故。南北道之爭只在是否阿黎耶識爲眞淨，不在有無清淨心也。若如此，就地論爲其早期不成熟之作。其晚年成熟之思想乃正是奘傳之唯識。然此不成熟之思想，及其發展成熟引發而爲另一系統，如起信論之所表現者，反高于唯識，

第一章 地論與地論師

其晚年成熟之思想,而在印度經論中亦有據也。此所以華嚴宗視起信論為高于唯識宗,而判之為終教也。(天台智者大師未判及起信論,彼亦很少提及起信論,蓋因當時起信論尚未流行故也。彼只將地論師所傳者一律判為別教,而未能區別真妄心兩系統之不同,此因真諦傳攝論即渾淪不分也。但彼又言地論師主「真如依持」,攝論師主「黎耶依持」。其實攝論與攝論師不同。攝論本身是「黎耶依持」,而攝論師真諦却是主「真如依持」者。以有兩依持故,彼似亦見及真心妄心兩系統之不同。惟不甚能正視之耳。

「發頭據阿黎耶出一切法」為「界外一途法門」,非通方法門。但亦同樣視之為別教。今依華嚴宗所據而言之始教與終教,將天台宗所說之別教,就真心與妄心兩系統而分之,分之為始教與終別教。起信論即終別教,亦屬「真如依持」也。真如依持與黎耶依持不是各據一邊的對等者,乃是有高下者。凡此,將于下各章中詳明之。)

佛性與般若

第二部 前後期唯識學以及起信論與華嚴宗

第二章 攝論與攝論師

第一節 「界」字之異解
第二節 出世清淨法之所依止以及其所因而生
第三節 本性住種與世親的佛性論中之理性佛性
附錄一：究竟一乘實性論
附錄二：大乘法界無差別論

第二章 攝論與攝論師

地論師而後，復有眞諦三藏譯釋攝大乘論，此稱爲攝論師，或攝論宗。攝論是攝大乘論之簡稱。此論有兩釋，一是世親釋，一是無性釋。論與世親之釋各有三譯。論之三譯如下：

(一)後魏佛陀扇多譯。
(二)眞諦譯。
(三)玄奘譯。

釋之三譯如下：

(一)眞諦譯。
(二)隋笈多（達摩笈多）譯。
(三)玄奘譯。

無性釋則只有玄奘譯。

眞諦雖弘揚攝大乘論，然其翻譯不必忠實，多有增益。其所增益者即是參雜之以另一套

思想。後來玄奘重譯，力復原來之舊，此則一般稱爲唯識宗，亦曰新法相宗，吾人則名之曰後期唯識學，亦即近時所稱爲虛妄唯識或正宗唯識宗者，吾人則連其前時之地論師統名之曰前期唯識學。此前後期唯識學之差異，主要言之，大體是在前期唯識學是向眞心走，所謂眞心系，後期唯識學則決定是妄心系，此亦是無著世親造論所表現的系統的唯識學之舊義也。本章先明攝論師與攝論之距離。至于眞諦之譯釋，在當時稱爲攝論宗者。

第一節 「界」字之異解

攝論開首引阿毘達磨大乘經兩偈及解深密經一偈。

(一)佛陀扇多譯云：

……是中初說智依勝妙勝語。如來經中說，謂阿黎耶識說。以阿黎耶識語故，作阿黎耶識語說。如來于大乘阿毘曇經偈中說：

還彼經所說：

無始已來性　一切法所依
有彼諸道差　及令得涅槃

(二)眞諦譯云：

……此初說應知依止立名阿黎耶識。世尊于何處說此識及說此識名阿黎耶？如佛世尊阿毘達磨略本偈中說：

此界無始時　一切法依止
若有諸道有　及有得涅槃

依止勝相中衆名品第一：

一切諸法家　彼識一切種
故說爲家識　聰明者乘此

此是經證。然復彼何故名阿黎耶識？有生法者依彼，一切諸染法作果。於彼，彼亦依諸識作因故，說爲阿黎耶識。或復衆生依彼爲我故，名阿黎耶識。彼亦名阿陀那識。此中有何證？如相續解脫經（解深密經）中說：

阿陀那識最微深　喻如水波于諸子
我不爲凡言說此　莫執取之以爲我

《阿毗達摩》中復說偈云：

諸法依藏住　一切種子識
故名阿黎耶　我為勝人說

此阿含兩偈證識體及名。云何佛說此識名阿黎耶？一切有生不淨品法，于中隱藏為果故，此識于諸法中隱藏為因故，復次，諸眾生藏此識中由取我相故，名阿黎耶識。阿含云，如《解節經》（《解深密經》）所說偈：

執持識甚細　法種子恒流
于凡我不說　彼物執為我

云何此識或說為阿陀那識？能執持一切有色諸根，一切受生取依止故。

(三) 玄奘譯：

所知依分第二：

此中最初且說「所知依」即阿賴耶識。世尊何處說阿賴耶識，名阿賴耶識？謂薄伽梵于《阿毗達摩大乘經》伽他中說：

無始時來界　一切法等依

即于此中复说颂曰：

由摄藏诸法　一切种子识
故名阿赖耶　胜者我开示

如是且引阿笈摩证。复何缘故，此识说名阿赖耶识？一切有生杂染品法于此摄藏为果性故，又即此识于彼摄藏为因性故，是故说名阿赖耶识。或诸有情摄藏此识为自我故，是故说名阿赖耶识。

复次，此识亦名阿陀那识。此中阿笈摩者，如《解深密经》说：

阿陀那识甚深细　一切种子如瀑流
我于凡愚不开演　恐彼分别执为我

何缘此识亦复说名阿陀那识？执受一切有色根故，一切自体取所依故。所以者何？有色诸根，由此执受，无有失坏，尽寿随转。又于相续正结生时，取彼生故，执受自体。是故此识亦复说名阿陀那识。此亦名心。如世尊说心意识三。

觀此三譯,當以玄奘譯較爲順適嚴正。這且不管。但無論誰譯,原論實是以阿賴耶爲所依止,又以此阿賴耶識同於解深密經之阿陀那識。故於所引阿毘達摩大乘經偈中「無始時來界」一語中之「界」字即以阿賴耶或阿陀那當之。而於解釋云何名阿賴耶識時,則說「一切有生雜染品法於此攝藏爲果性故」;於解釋云何此識亦復說名阿陀那識時,則說「執受一切有色根故,又即此識於彼攝藏爲因性故。」又依阿毘達摩大乘經偈及解深密經偈,此識又俱名種子識。是則阿賴耶或阿陀那根本是生死流轉之因,雖於餘處一般說爲無覆無記,然其體性本是染汙。又此識亦名心。論引「世尊說心意識三」。如果阿賴耶可名曰心,心者集聚義,此心亦非清淨心。如果「心意識三」中,心是阿賴耶,則意當該是末那,識則是意識與前五識,如是,則爲七識,而阿黎耶則爲真如法性,爲自性清淨心。此是地論師之解釋,而世親之十地經論雖爲其早年作品,似亦不至以阿黎耶爲自性清淨心也。此見上章。是則就攝論而言,阿賴耶爲執持識,爲種子識,爲生死因,本甚明顯。

但經偈說「無始時來界,一切法等依,由此有諸趣,及涅槃證得。」如果阿賴耶是染汙識,則似乎只能說「由此有諸趣」,而不能說「由此有涅槃證得」,則「由此有涅槃證得」與「由此有諸趣」,此中兩「有」字是直接地順承而有,順承識體之本迷,故有生死流轉一切雜染品法也。然而後句之「有」字則不是直接地順承而有。吾人不能說由阿賴耶緣起可以直接地順承地緣起「證得涅槃」中一切無漏功德法。經偈原意不得而知。如果以無著之攝論以及世親之唯識三十頌爲

· 290 ·

本，依阿賴耶緣起而仍可以說「由此有涅槃證得」，則此語中之「有」字必須另解。此有字是間接地曲折而有也。其爲間接或曲折之方式依唯識系統中之如何「轉識成智」而定。此如說由「聞熏習」而可轉識成智。此即示「涅槃證得」之正面直接根據乃在「聞熏習」，而不在阿賴耶識。依此，我們不能直接而順承地說「由阿賴耶識而有涅槃證得」。但「聞熏習」亦是熏習阿賴耶識中的無漏種子。是則吾人仍可說以阿賴耶識爲中心（或焦點），環繞此中心，始可說「涅槃證得」也。此即吾所說的間接而曲折之方式。此大體是正宗唯識宗意解「由阿賴耶識而有涅槃證得」之方式（如果他們意識到此問題而欲說明之時）。

但人們亦可不以此方式解「由阿賴耶識而有涅槃證得」一語。他們可視「由阿賴耶識而有涅槃證得」與「由阿賴耶而有諸趣」兩語中之「有」字爲同一意義，因此，可以同一方式解之。此即示「諸趣」底直接而順承的根據固是阿賴耶，而「涅槃證得」底直接而順承的根據亦在阿賴耶。此即是眞諦之思路。

眞諦順攝論固須以阿賴耶充當「無始時來界」語中之「界」字，但他對于阿賴耶却有不同的解釋。他視阿賴耶不但爲「流轉」之因，且亦爲「還滅」之因。他說阿賴耶是「以解爲性」（此即所謂「解性賴耶」）。如是，則不是以迷染爲性。其迷染而爲「流轉」，只是其在纒而不覺。但其本身却是清淨的，有覺解性的。是則其爲「流轉」之因只是流轉雜染法之憑依因，而不是其生因。其爲「還滅」之因倒是無漏清淨法之直接的生因。此則便成另一系統。此則當然不合攝論之原義。如此講攝論，當然有許多刺謬處。

眞諦譯世親之釋「界」字偈如下：

此界無始時　一切法依止
若有諸道有　及有得涅槃

釋曰：今欲引阿含證 阿黎耶識體及名。阿含謂大乘阿毗達磨。此中佛世尊說偈。此即此阿黎耶識界以解為性。此界有五義：

一、體類義。一切眾生不出此體類。由此體類，眾生不異。
二、因義。一切聖人法四念處等緣此界生故。
三、生義。一切聖人所得法身，由信樂此界法門故，得成就。
四、真實義。在世間不破，出世間亦不盡。
五、藏義。若應此法自性善故，成內若外。此法雖復相應，則成穀（殼）故。

約此界，佛世尊說：「比丘！眾生初際不可了達。無明為蓋，貪愛所縛。或流或捉，有時泥黎耶（地獄），有時畜生，有時鬼道，有時阿修羅道，有時人道，有時天道。比丘！汝等如此長時受苦，增益貪愛，恒受血滴。」由此證故，知「無始時」。如經言：「世尊！此識界是依是持是處，恒相應及不相離不捨智無為恒伽沙等數諸佛功德。世尊！非相應、相離、捨智有為諸法是依是持是處。」故言「一切法依止」。如經言：「世尊！若如來藏有，由不了故，可言生死是有。」故言「若有諸道有。」如經言：「世尊！若如來藏非有，于

· 292 ·

此譯文，前半部釋界字之五義及引經證悉為真諦所增加。「復次」以下，則與笈多及玄奘所譯相平行。彼釋「界」字之五義全就「如來藏自性清淨心」說阿黎耶識，故視阿黎耶識「以解為性」。此全從正面覺解性體（自性清淨）說阿黎耶，此與攝論及世親之唯識論說「賴耶唯妄」者異也。其所引經證大體俱是勝鬘夫人經語。而勝鬘經却正是以「如來藏自性清淨心」為依止，並非以阿賴耶識為依止者。經云：「世尊！生死者依如來藏。以如來藏故，說本際不可知。世尊！有如來藏，故說生死。是名善說。……世尊！世間言說故，有死有生。死者諸根壞，生者新諸根起。」【案此即真諦說「界」字之真實義之所本。】是故如來藏有死有生。如來藏離有為法相。如來藏常住不變。世尊！不離不斷不脫不異不思議佛法。世尊！斷脫異外有為法依持建立者是如來藏。世尊！若無如來藏者，不得厭苦樂求涅槃。」真諦所引是此經文之節略，可以現有勝鬘夫人經對校。（語句疏解可

苦無厭惡，于涅槃無欲樂願。」故言「及有得涅槃」。
復次，「此界無始時」者即是顯因。若不立因，可言有始。「一切法依止」者，由此識為一切法因故，說「一切法依止」。「若有諸道有及有得涅槃」者，此一切法依止，若有是道，則有果報；亦由有此果報，眾生受生，易可令解邪正兩說分別有異，後復能得上品正行，應得勝得，由煩惱依止故，生極重煩惱及常起煩惱。是果報等四種差別名依止勝能。翻此四種，名依止下劣。生死中不但道等非有，涅槃義亦非有。【案兩「非」字當刪。與下笈多及玄奘譯文比觀可知。】何以故？若有煩惱，則有解脫。

參看印順《勝鬘夫人經講記》)。但問題是在《阿毘達磨大乘經》偈說「界」字是否即是《勝鬘經》之如來藏呢?無著造論依經偈,真諦釋「界」字亦引經證。但所依之經不同。《阿毘達磨大乘經》却是以阿賴耶識說界字,而造論者且視阿賴耶識為迷染,並非「以解為性」也。是故對于同一阿賴耶識有兩種解釋,遂成兩個系統。真諦譯世親釋,于前半加釋外,復以「復次」粘合世親釋原文,不知此是另一系統(阿賴耶緣起),與如來藏系統不同也。

隋笈多譯世親釋文如下:

界體無始時　諸法共依止
由此有諸趣　及涅槃勝得

釋曰:世尊于阿毘達磨阿含中說阿黎耶識名阿黎耶識者即是此論初所說阿毘達磨修多羅。此中「界」者是因義。「諸法共依止」者,由是因故,一切法共同依止,謂依止此以為因體。有此一切法依止故,諸趣果報由此得生;于無量生中有力,于善說惡說法中能解其義;若復越次得于勝得;又為煩惱依止體,由此得有極重煩惱及牢固煩惱。此等四種果報中,勝者身有堪能。應知「一切」者,于生死中隨何趣,非唯諸趣,亦有涅槃勝得。以有煩惱,即有涅槃故。此阿含顯應知依止是阿黎耶識。

此與真諦所譯「復次」以下文相平行。玄奘譯此釋文則如下:

無始時來界　　一切法等依
由此有諸趣　　及涅槃證得

釋曰：此中能證阿賴耶識，其體定是阿賴耶識。阿笈摩者謂薄伽梵，即初所說阿毘達磨大乘經中說如是頌。由此是因故，一切法等所依止。因體即是所依止義。「由此有」者，由一切法等所依有。「諸趣」者謂金鑛等說「界」名故。由此是因故，一切法等所依止。因體即是所依止義。「由此有」者，由一切法等所依有。「諸趣」者謂異熟果。由此果故，或是頑愚瘖瘂種類；或有勢力能了善說惡說法義；或能證得上勝證得；又為煩惱所依止性，由此故有猛利煩惱，長時煩惱。如是四種異熟差別所依止故，無有堪能。應知翻此，名有堪能。非唯諸趣由此而有，亦由此故，證得涅槃。要由有雜染，方得涅槃故。

此亦與真諦所譯「復次」以下文相平行。此當是世親釋之原文。據此釋文，世親只舉「四種異熟差別」（四種果報）依止於阿賴耶識，而此「四種異熟差別」皆雜染法也。但既是「一切等依」，則此「一切」中亦應賅括清淨法（涅槃證得）。世親釋此却只說「要由有雜染，方得涅槃故」。此即示阿賴耶識只間接而曲折地為「涅槃證得」之所依也。清淨法之依止于阿賴耶與雜染法之依止于阿賴耶其方式不同。此亦顯示阿賴耶識本是迷染為性（無覆無記式的迷染），並非「以解為性」。若如真諦之加釋，以「如來藏自性清淨心」視阿賴耶，則「一切法等依」當有不同之說法，此如起信論之所說。真諦將如來藏系統與阿賴耶系統粘合為一，非是。〔上列對于世親釋文之三譯文，除四種果報及說明「由此有涅槃證得」

· 295 ·

之故，意義總明外，中有一句意義不明，譯文亦違異。此如玄奘所譯「如是四種異熟差別所依止故，無有堪能。應知翻此，名有堪能。」眞諦譯則爲：「是果報等四種差別名依止勝能。」而笈多譯則爲：「此等四種果報中，勝者身有下劣。」三譯相違，而語意皆不明。可見譯事之難。豈梵文原文眞如此隱晦乎？此待解文者之判定。」

第二節　出世清淨種之所依止以及其所因而生

〈攝論〉既以迷染的阿賴耶爲「無始時來」的界，復進而詳細說明一切染淨法皆共依于此界——阿賴耶。〈論〉（以玄奘譯爲準）云：

如是已安立阿賴耶識異門及相。復云何知如是異門及如是相決定唯在阿賴耶識，非于轉識？由若遠離如是安立阿賴耶識，雜染清淨皆不得成，謂煩惱雜染、若業雜染、若生雜染，皆不成故，世間清淨、出世清淨，亦不成故。

此下廣釋雜染法之依止于阿賴耶識，此即「由此有諸趣」一偈語之所示。惟雜染法依止于阿賴耶，反過來，阿賴耶亦因生諸雜染法。此即示「由此有諸趣」語中之「有」其「有諸趣」是直提而順承屯有之也。「世間清淨」雖是清淨，猶是有爲清淨，依有漏道而引生。嚴格言之，此亦是雜染品類，其依止于阿賴耶而爲阿賴耶所引生亦是直接而順承地也。但是「出

世清淨」則有不同。出世清淨是無為無漏的清淨。依攝論，它是由正聞熏習而來的。正聞熏習所熏成之淨心種子雖亦依持於阿賴耶識中，然而此出世淨心却不由以迷染的阿賴耶識為因種而引生。此即示阿賴耶識為流轉因，並非為還滅因；亦示諸法之因種而引生。它另有一超越根據。

「依」並不同于作為因性的「界」，而言「由此有諸趣」之有與「由此有涅槃證得」之有之不同。前有是直接而順承地有，即以阿賴耶識為生因；後有是間接而曲折地有，即不以阿賴耶識為生因。然若無阿賴耶識，則正聞熏習所熏成之淨心種子亦無寄存處，即無攝持處。此即攝論所謂若遠離阿賴耶識，出世清淨亦不得成。所謂間接而曲折地「由此有涅槃證得」者，因證得涅槃之淨心種子亦攝持於阿賴耶識，而引生此淨心種子之直接根據却不在阿賴耶識。〈依攝論〉出世淨心是「從最清淨法界等流正聞熏習種子所生」。此語待解。試看〈攝論〉關此之說明：

云何〔若遠離如是安立阿賴耶識〕，出世清淨不成？謂世尊說，依他言音及內各別如理作意，由此為因，正見得生。此他言音，為熏耳識？為熏意識？為兩俱熏？若於彼法如理思惟，爾時耳識且不得起，意識亦為種種散亂餘識所間。若與如理作意相應生時，此聞所熏意識與彼熏習久已過去，定無有體，云何復為種子能生後時如理作意相應之心？又此如理作意相應之心，彼正見相應是出世心，曾未有時俱生俱滅，是故此心非彼所熏，為彼種子不應道理。是故出世清淨，若離一切種子異熟果識，亦不得成。

此中聞熏習攝受彼種子不相應故。

案：此段文先說明出世清淨若離阿賴耶識亦不得成。其所以不得成之故是說：若沒有阿賴耶識（一切種子異熟果識），則無有能攝持出世清淨種子不令喪失者。出世清淨（正見）是由聽他言音（聖教）的正聞（聞慧）與「如理作意」的正思惟為因而得生。這似乎是離阿賴耶識而得成。然則所謂離阿賴耶識亦不得成是說沒有能持其種子不令喪失而完成之者。這個成是持種之成。而其種子之熏成却另有來源，此即正聞熏習。正聞與如理作意的正思惟也是一種活動，故有其影響力，此即所謂熏。不只一聞一思就可完成「證得涅槃」的出世清淨，必須數數聞與數數思，此即成功所謂「數習」。但是數習而熏，熏什麼呢？我們的生命有兩面，啓自聖教的正聞與正思以至正見，這是光明面。但亦有陰闇的無明面。數習是展開我們的光明面；但同時它亦有一種影響力來熏那陰闇面而對治之。這陰闇面，徹底窮源說之，就是無始無明，在唯識宗即以阿賴耶識當之。然則正聞正思習，就是熏阿賴耶識也。數數習而數數熏，就有一種力量足以引起或促成後來的習與熏，擴大光明面，減小陰闇面。這種力量對後來的習與熏言就名曰種子——潛力。然則這潛力寄存於何處呢？依唯識宗，即寄存於阿賴耶識處。徹底窮源的阿賴耶識能攝受而任持之不令喪失。如是，這潛力即可以為後來的正聞熏習所熏而恢復其影響力而促成後來的正聞正思之擴大，這便使「積學」之積為可能。此即「出世清淨離阿賴耶識亦不得成」之意。蓋成者為的是成「積」也，持種而使「積」為可能也。若是習種無存，則正聞正思瞬起瞬滅，慣習不成也。

無著辯論說：假使沒有阿賴耶識，則正聞正思熏習，熏什麼呢？它熏耳識，還是熏意識，還是兩者俱熏？若說熏耳識，則當我們由正聞而如理作意以思時，「耳識且不得起」，

何所熏呢？若說熏意識，則意識時起時滅，並非常住，它常為「種種散亂」的餘五識所間隔，焉能常存而被熏？熏耳識熏意識既不可能，則兩者俱熏亦不可能。當我們的意識活動可為此正聞所熏（所影響）時，縱復有與此如理作意的正聞所熏的正思惟相應的意識，雖是與正思惟相應，却仍然是世間心。是故此與正思惟相應的意識（出世間心）亦不能常住持種（攝持正聞熏習底影響力）以為後起之種子。其所以不能為出世間心之種子，是因為它是有漏世間心，而又時起時滅，不能常住，因此，它亦不能被出世心所熏而攝持其種，轉而為彼出世心之因種。若說它攝受彼出世心之所熏，反而為其因種。然則能攝受正聞正思熏習所成的出世清淨正見之種子而被熏因而復轉而為後來的出世清淨之擴大之因種者是誰呢？這除阿賴耶外，沒有別的。只阿賴耶識能攝持一切種子不令喪失。設有正聞正思，則亦攝持這出世清淨心之種子。既持種常存，則可被出世心所熏，而其所攝持之出世淨之種子，即因被熏而起現實之作用，轉而復為出世淨心之擴大之因種。如此熏習既久，則出世清淨可累積

我們的意識活動可為此正聞（所影響）。但當繼正聞而起的「如理作意」的正聞起時，彼正聞熏習以及其所熏的意識，這兩者從未「俱生俱滅」。「久已過去，定無有體。」既已謝滅無體，「云何復為種子能生後時（與）如理作意相應的意識生起，而此時與「正見」相應的意識却是出世間心。而那與「正見」相應的意識（世間心）非彼與「正見」相應的意識（世間心）之所熏。它既不被出世間心所熏，它即不能轉而為此出世間心之種子。此即示：與正思惟相應的意識（世間心）生起之因種（攝持正聞正思底影響力）以為後起的與如理作意的正思惟相應的意識不可能常住持種（攝持正聞熏習底影響力）以為後起的與如理作意的正思惟相應的意識生起之因種。又，進一步，此與如理作意的正思惟相應的意識，雖是與正思惟相應，却仍然是世間心。

・299・

而成，而終至于大解脫。有持種者始可積。意識不能擔負此責也。故出世清淨離阿賴耶識亦不得成。〔原文最後一句「此中聞熏習攝受彼種子不相應故」，不是「聞熏習攝受彼種子不相應」，乃是與正思惟相應的有漏意識（世間心）說，但是隔的太遠，難看出。「此中」之「此」指上文的與正思惟相應的有漏意識（世間心）。而「此中」下接之以「聞熏習」，而以「聞熏習」為主詞，亦略辭耳。世親釋此句云：『「此中聞熏習攝受彼種子不相應故」者，謂在世間意識之中故。言「此中聞熏習」者，依他言音正聞熏習。「攝受彼種子」者，在意識中攝受出世清淨種子。』此即以「聞熏習」指表世間有漏意識也。印順攝大乘論講記云：『（出世清淨離阿賴耶亦不成。）不成的主要理由，是「此」世間的有漏意見「聞熏習」，沒有適合「攝受（持）彼」出世清淨正見「種子」的條件「中」。』（頁一三七）。「聞熏習」前加「對于」二字，語意亦晦。且原文無此可加「對于」二字的迹象。故印順此語亦不甚清。〕

以上說明出世清淨亦須依阿賴耶而得成。攝論繼上錄文進而復云：

　　復次，云何一切種子異熟果識為雜染因，復為出世能對治彼淨心種子？又出世心昔未曾習，故彼熏習決定應無。既無熏生，從何種生？是故應答：從最清淨法界等流正聞熏習種子所生。

這是說阿賴耶識（一切種子異熟果識）既為雜染法之因，如何又能為「出世而能對治彼雜染

法」的淨心之種子？阿賴耶識中本無淨心種子，它既本無淨心種子，它自不能受熏而爲出世淨法之因，也就是說它沒有受熏的淨心種子被熏起而爲出世淨心之因種。何以故？因爲衆生從無始以來盡在迷中，從未習過出世淨心。既未習過，自然不能習成出世淨心之種子寄存于阿賴耶識中而被熏。然則出世淨心「從何種生」？答曰：「從正聞熏習種子所生」。正聞熏習依何而定？答曰：依聖教而定。聽聞聖教謂之正聞。數數聽聞聖教，即曰正聞熏習。有正聞熏習，即可成種而寄存于阿賴耶識中。成種寄存，再經受熏，即爲出世淨心之因種。

再問：聖教何以是正？這不是只訴諸權威而已。聖教之所以爲正乃是因爲它是「從最清淨法界如如相應地流出的文字般若」。故聖教是諸佛世尊親證「最清淨法界」即名之曰正聞。正聞熏習所熏習成的種子就是出世淨心之種子。是故總答曰：出世淨心是從最清淨法界如如相應地流出的聖教之正聞熏習所熏成的正聞種子而生。

正聞熏習熏成種後，此種即要寄存于阿賴耶識中而爲阿賴耶識所攝持。種子是潛力。故一說種子，即與現行相對。一有種子攝持于阿賴耶中，則即可受熏而起現行。故正聞熏習所成之種子通過後來的數數聽聞之熏習去熏它後，它便即引發現行的出世淨心之因種。種愈積愈有力，現行亦因而愈容易愈擴大愈清淨，而終至于大解脫。總說是熏阿賴耶識，對應現行而具體地說是熏其所持之種。熏任何一個種即等于熏阿賴耶識。如果所熏的是正聞熏習所成之種，則熏阿賴耶識是對治；如果所熏的是雜染法之種子，則熏阿賴耶

識是助染，即愈助成其迷染。依前者使「轉識成智」為可能，依後者則說明何以有生死流轉。但依《攝論》，正聞熏習所成之種子是新生後起的，不是阿賴耶中無始已來本有的，因為聽聞他言音，雖是正聞，亦是經驗的故。因此，就「涅槃證得」而言，這必是漸教。此問題下面再論。現在且說正聞熏習所成之種子既是出世淨心之種子，如何能寄于阿賴耶識中而為其所攝持？又如何能是那阿賴耶識底對治者之種子？

關此，《攝論》繼上錄文復進而論曰：

此正聞熏習為是阿賴耶識自性？為非阿賴耶識自性？若是阿賴耶識自性，云何是彼對治種子？若非阿賴耶識自性，此聞熏習種子所依云何可見？乃至證得諸佛菩提，此聞熏習隨在一種所依處，寄在異熟識中，與彼和合俱轉，猶如水乳；然非阿賴耶識，是彼對治種子性故。

這辯論是說：這正聞熏習所熏成的種子是與阿賴耶識為同一自性呢？還是與阿賴耶識為不同一自性呢？若說它的自性就是阿賴耶識的自性，那它就是迷染的。它既是迷染的，它當然只是助染者之種子，而不是對治者之種子。若說它的自性不就是阿賴耶識底自性，則如何能見出它依止于阿賴耶，以阿賴耶為「所依」？這個兩難是容易解除的。正聞熏習既是出世淨心之種子，它既不是妄染，它又如何能存于妄染者中呢？依《攝論》，這是可以的。須知一言種子，就是一種潛力。它的自性之作用是待熏而起現的。若無熏力以熏

302

之，它只是在睡眠狀態中。阿賴耶識以迷染為性，它只任運攝持此種，雖不能促醒之，然亦不能改變其自性。這種「攝持依存」底關係好像水與乳底關係，既不排拒，亦不變性。當水乳和合為一時，兩者分不開，水就是乳，乳就是水。然經過提煉後，仍可分得開，水仍是水，乳仍是乳。這譬喻可明淨心種子與阿賴耶識底混融為一。當兩者混融為一時，迷識只是任持此種，而此種子亦只是在睡眠狀態中，故兩者相處不覺突兀。這不是臭味相投，只是種子底圭角不顯。因不顯故，故令人看起來好像識就是種，種就是識。即依此一相，吾人說，淨種底依存于阿賴耶。但阿賴耶既只是任持，而不能改變其自性，故經過修行工夫後，淨種底自性起作用。此時遂顯出賴耶仍是賴耶，淨種仍是淨種，其性仍不同。這樣，淨種雖性不同，故又能反而對治阿賴耶，而仍可依存於阿賴耶，故仍可為對治阿賴耶的淨法之種子。是則便無兩難之可言。

（並不即與阿賴耶為同性）

正聞熏習所成之淨種實是依存于阿賴耶。從六道衆生起，「乃至證得諸佛菩提」止，隨他是那一種衆生，在其「所依」（即阿賴耶識或異熟識）轉現之處，此正聞熏習所成之淨種即寄存于該「所依」中，而與該「所依」「和合俱轉」，然它的自性却「非阿賴耶識」，即自性與彼不同，因為它是那阿賴耶識能對治者之「種子性」故。就是說，它的自性是淨法底種子之性，而不是阿賴耶底迷染性。

它的自性既是淨法之種子性，經過熏起而成為淨法（現行的出世淨心），它即能對治那阿賴耶。這種對治是依數數正聞熏習而成的由淺至深由低至高的正聞熏習底連續增長擴大之方式而對治之，也就是說，依漸修之方式而對治之。是以《攝論》關此即繼上錄文復云：

• 303 •

這就是說，依數數（多分）的正聞修作與正思惟修作，得以形成由淺至深由低至高的下中上三品級的聞熏習。句中「得相應故」的相應，就是說聞熏習之所以可分爲下中上三品乃是因爲「多分修作」即可如此分，「相應」即是應合或適合那三品級之分之事而足以形成之。

《攝論》繼此復云：

又此正聞熏習種子下中上品，應知亦是法身種子，與阿賴耶識相違，非阿賴耶識所攝；是出世間最清淨法界等流性故，雖是世間，而是出世心種子性。又，出世心雖未生時，已能對治諸煩惱纏，已能對治諸險惡趣，已作一切所有惡業朽壞對治，又能隨順逢事一切諸佛菩薩。雖是世間，應知初修業菩薩所得亦法身攝。聲聞獨覺所得，唯解脫身攝。

案：此正聞熏習所熏成之種子，既是出世淨心之種子，應知亦卽是法身之種子。蓋出世淨心所攝」，乃是「法身」所攝（就菩薩言），或「解脫身」所攝（就小乘言），此又言「非阿賴耶識所攝」，此似是矛盾。其實不然。蓋「攝」字鬆緊虛實有別耳，又其所意謂者不同耳。就「一切法等依」言，淨心種子亦寄存于阿賴耶識而爲阿賴耶識所攝持或攝受，此攝字爲緊爲實，重在「持」字。但就

自性言，則淨心種子之自性不與阿賴耶識為同類，即非其流類，故亦非其所攝，此「攝」字是類屬義，當該說為攝屬，重在「屬」字。此則為鬆為虛。

又前言出世淨心「從最清淨法界等流正聞熏習種子所生」，此中之「等流」，一般皆說為是指聖教經教而言，即聖教經教是「最清淨法界」之等流。正聞即是聞此作為最清淨法界之等流的聖教或經教。但此處又說「此正聞熏習種子是出世間最清淨法界等流性故，雖是世間，而是出世心種子性。」此中之「等流性」又是指「正聞熏習種子」而言。是則不但經教聖教是「最清淨法界」之等流，即「正聞熏習種子」亦是「最清淨法界」之等流，蓋它既亦是法身之種子，與法身為同一流類，為法身所攝屬，則說它是最清淨法界等流，亦未始不可。「等流」者平等相似之流類也。但不如說聖教是相應最清淨「最清淨法界之等流」那樣顯明。在該處，吾人解說聖教為最清淨法界之等流是說聖教以「相應如」來規定。此亦為名詞，就說聖教是最清淨法界之「等流」。平等相似之流類以「相應如」來規定。此亦恰如易傳說「易與天地準，故能彌綸天地之道」，又說「與天地相似故不違」。聖人如如相應地證即如如相應地說。但聽聞者其始主觀地說不必能相應如如地聽。正聞熏習種子既為法身所攝屬，亦可終於是相應如如地聽。有如如地說即有如如地聽。故正聞熏習種子亦可是最清淨法界之等流也。因「是出世間最清淨法界等流性故」所以「雖是世間（聞熏習雖正亦仍是世間心），而是出世心種子性。」故能對治阿賴耶識。

〈攝論〉繼上復云：

又此熏習非阿賴耶識，是法身解脫身攝。如如熏習，下中上品次第漸增，

• 305 •

正聞熏習種子既與法身爲同一流類，爲法身所攝屬，則此種子雖亦依存于阿賴耶識而爲阿賴耶識所攝持，但現在是把它提出來就其被攝屬于法身而爲能對治者之種子說，故此段文說阿賴耶識（異熟果識）及其中「一切種子」完全是就雜染品類說。

吾人如聖教所說而如如地聽聞熏習，則下中上三品即「次第漸增」地「次第漸減」。到最後即轉「一切法等一切雜染種子亦如彼「次第漸增」而「如是如是」地「次第漸減」，而異熟果識及其中依」所依的以迷染爲性的「界」而爲清淨的法身，即本以阿賴耶識爲「所依」者，現在改轉而以「法身」爲其所依。既一切雜染法底種子之所依（迷染識）被改轉已，則此時的名爲異熟果識（迷染識之果相）及具有一切雜染種子（迷染識之因相）的阿賴耶識性即成爲無雜染種子而被轉變，即一切雜染種子永斷。

一切雜染種子永斷，則「非阿賴耶識性」的一切清淨種子便增長。前言迷染的阿賴耶識之持種作用與出世淨種之關係「猶如水乳」，雖交融爲一，而又可以分離。故《攝論》最後又解釋此喻云：

復次，云何猶如水乳，非阿賴耶識與阿賴耶識同處俱轉，而阿賴耶識一切種盡，非阿賴耶識一切種增？譬如于水，鵝所飲乳。又如世間得離欲時，非等引地熏習漸減，其等引地熏習漸增，而得轉依。

這是說「非阿賴耶識性」的聞熏淨種「與阿賴耶識同處俱轉」，猶如水乳，如何又能阿賴耶識中一切雜染種子斷盡，而非阿賴耶識性的一切淨種增長呢？既是「同處俱轉」，爲什麼不共存亡呢？攝論解釋說：譬如於水，鵝所飲的只是乳，而不是水，乳飲完了，水仍存在。這個解釋也許不甚妥貼。因爲正當飲的時候，鵝飲乳亦飲水。水乳雖和合爲一，終可分離。只說經過化煉後，乳被提煉出，而水仍分別存在，這就行了。攝論又舉修禪定者從「非等引地」轉至「等引地」爲例以明之。「非等引地」指欲界說。「等引地」指色無色界說。平等所引的「定心」叫「等引地」。當行者修初禪得離欲界時，則「非等引地」的欲界熏習即逐漸減少，而上二界「等引地」的熏習便逐漸增多，因此增減而得轉依，即得轉離欲界依而進至色無色界依。這種禪定的工夫還是世間的。世間工夫如此，捨染種之所依（阿賴耶識）而轉得淨種之所依（法身）亦復如此。

此段文，眞諦譯如下：

其譯世親釋文如下：

若本識與非本識共起共滅，猶如水乳和合，云何本識滅，非本識不滅？譬如於水，鵝所飲乳。猶如世間離欲時，不靜地熏習減，靜地熏習增。世間轉依義得成，出世轉依亦爾。

釋曰：前引世間所了事爲譬，（指水乳言），後引世間智人所了事爲譬

307

案此中有「聖人依者，聞熏習與解性和合」之語。但玄奘所譯者則無此語。玄奘所譯如下：

（指離欲界進至上二界言）。如世間離欲人，于本識中，不靜地煩惱及業種子滅，靜地功德善根熏習圓滿，轉下界依，成上界依。出世轉依亦爾。由本識功能漸減，聞熏習等次第漸增，捨凡夫依，作聖人依。聖人依者，聞熏習與解性和合。以此爲依，一切聖道皆依此生。

釋曰：非阿賴耶識與阿賴耶識雖同處俱轉，而阿賴耶識盡，非阿賴耶識在。還卽以前水乳和合，鵝所飲時，乳盡水在，譬喻顯示。又如世間得離欲時，于一阿賴耶識中，非等引地煩惱熏習漸減，其等引地善法熏習漸增，而得轉依。此中轉依，當知亦爾。

不但玄奘所譯世親釋文無「聞熏習與解性和合」之語，卽隋笈多譯亦無此語。此語當是眞諦之所加。《攝論》本身亦無此義。依《攝論》，只說捨染種所依之阿賴耶識而轉得淨種所依之法身。淨種是出世淨心之種子，亦是法身之種子，爲法身所攝屬，與法身爲同一流類，是故當轉依時，它卽依法身，不復再依異熟果識爲同一流類（非阿賴耶識性）。異熟果識，眞諦名曰「凡夫依」。法身，眞諦名曰「聖人依」。此無關緊要。蓋眞諦本是把作爲「無始時來界」的阿賴耶熏習與解性和合」，此一增益之意解所關甚大。但說「聖人依者，聞熏習視爲「以解爲性」的，他是以《勝鬘夫人經》的「如來藏自性清淨心」說此「界」。此與《攝論》

不合。這無形中把攝論系統改轉爲起信論系統。阿賴耶「以解爲性」，這個「解性」是它的「超越的性」。當它在纏時，它是迷染的。這迷染性不是它的超越的自性（暫寄的後天性）。故當通過正聞熏習而得轉依時，它恢復了它的超越的自性（解性）。當其在纏時，吾人就其迷染之客性（不染而染）而名之曰阿賴耶。當其出纏時，吾人就其超越的自性而名之曰「如來藏自性清淨心」，此時它只是一「解性」呈現，它就是法身——聖人依。故眞諦說：「聖人依者，聞熏習與解性和合」。此一解說完全與攝論本義不合。它可能是推進了一步，比攝論爲高，但却非攝論之原義。

印順于講「此聞熏習爲是阿賴耶識自性爲非阿賴耶識自性」一段處有附論云：

聞熏習不是賴耶，却與它和合，這頗不易于理解，也是學者諍論的所在。妄心派以妄識爲中心的，這又以妄識的細心賴耶爲主體。賴耶與妄染的種子無異無雜（也有不一）。而淸淨種子却寄于其中，不就是賴耶，也不離賴耶，說它是非一非一義。眞心派是以淸淨的心性（如來藏）爲中心。它與淸淨的稱性功德（淨種）無異無雜（也有不一義），而說一切虛妄熏習不離于如來藏藏識，然也並非卽是眞心，結果又是個非一非異。

眞心派說虛妄熏習是客，眞常的如來藏藏識是主體。妄心派說正聞熏習是客，虛妄的異熟藏識才是主體。

我們可以看出眞妄兩派所說的事實是一樣的，不過各依其一據點說明罷

案此段話表明兩派的差異甚為扼要而明白。典型的真心派是大乘起信論，此將於下第五章述之。攝論及後來玄奘所傳的世親護法之成唯識論皆是典型的妄心派。真諦本人的思想是嚮往真心派的。他雖講攝論，因而在當時遂被稱曰攝論師，然而他卻是以真心派的如來藏自性清淨心主體解攝論的阿賴耶主體的。這是兩派的混擾，對攝論而言為攪亂。不知他何故如此。是故意如此呢？還是不知兩派之差異呢？抑還是照顧到真常經而欲彌縫攝論而使之更為圓滿呢？這且不必去追究。無論如何，他之解釋攝論（譯世親釋而增釋又不加表明）不合攝論原義乃是事實。

真心派之真心「不染而染」（勝鬘經語）及依真起妄，見下起信論章。妄心派以妄心為主體，有漏法的產生固容易說明，即淨種寄於賴耶中，如攝論之所說，亦無困難，而從虛妄轉清淨之轉依，若安于漸教，這轉依本身亦無什麼困難。困難是在：這樣下去，究竟是否能得最後的轉依，轉依是否有必然性？轉依是否不終于是一偶然而並無必然？這些問題都集中在淨種（亦曰無漏種）之新熏一問題上。

二——一四三

了。以妄心為主體的，有漏法的產生很容易說明，而清淨寄于其中，從虛妄而轉成清淨（轉依），就比較困難了。以真心為主體的，無漏法的生起很容易明白，而雜染覆淨而不染，及依真起妄，又似乎困難了些。（攝大乘論講記頁一四二——一四三）

第三節 本性住種與世親的佛性論中之理性佛性

淨種只是經過新熏而有,並非本有,這是攝論的主張。依此主張,轉依終于是一無限歷程而永不能達,亦無必然,即成佛是一無限歷程而永不能達,亦只是偶然,而並無必然,亦無眾生皆可成佛之必然。何以故?因並無成佛之超越的根據故。這是一個純理論的問題(教義問題)。唯識宗內部似乎已意識到這個問題,故有關于新熏與本有的討論。關此,吾引印順的話以明之。他于上節所錄攝論最後一段文(解釋「猶如水乳」者)處有附論云:

無漏最初的一念從何而生,這在薩婆多的三世實有思想中,是不成問題的。清淨無漏法本來早存在,不過假藉現在的有漏加行善把它引生起來就是。所以他們最初一念的無漏沒有同類因,因為從不曾有過無漏,但有俱有、相應因等,所以還是從因緣生。在否認本來實有而主張現在有的,這最初一念無漏心產生的因緣確乎很成問題。小乘學者有幾個不同的解說:㈠經部本計。他說聖道無漏種子現在就存在的,不過有為無漏法還沒有生。他從薩婆多出來,却主張現在有。他的「聖道現在」不過把有部的本來有拉到現在而已。化地末計也有這個意見。㈡經部譬喻師。他不承認凡夫現有無漏為性的無漏種。無漏法的產生是由有漏法轉成的,也可以叫做無漏種。㈢大眾與分別說者主張心性本

· 311 ·

淨就是無漏的根據。

綜上小乘諸說，一說有本有無漏因；二說有漏將來可以轉成無漏；三說有漏無漏間有一共通的心性。

唯識家主張唯有現在，不承認本來實有，它怎樣解答這問題呢？在瑜伽本地分、莊嚴論等，主張有本有的無漏種子，叫做本性住種。這是採取經部本計與化地末計的，也就是有部本來法的現在化。本論的見解，本有無漏不能成立。本論的定義：「內種必由熏習而有」。沒有熏習是不成種子的。無漏種是什麼時候熏成的呢？論主不贊同本性住種的主張，所以採取了經部的思想，另關路徑，建立聞熏習的「新熏」說。但這思想是否圓滿呢？種子從熏習而有，熏習的定義是「俱生俱滅，帶彼能生因性」。有漏世間心熏成的聞熏習能否成為出世清淨心因呢？本論的見解，是可能的。但自有人覺得有待補充。那末，除採用經部的新熏說以外，只有兩條路可走：

(一) 在新熏（生）以上，加上本地分的本有種，像護法成唯識論所說。他的解說是：因本有種的深隱，攝論所以不說；其實，這聞熏習只是引生無漏心的增上緣，親生的因緣還是本有無種。他雖然很巧妙地會通了，但與本論「內種必由熏習而有」的定義是否吻合呢？

(二) 在新熏種以外，承認有本有種，但不同于瑜伽、莊嚴的有為無漏本性住種，而是諸法法性本具的一切無為功德（接近心性本淨說）。世親的佛性論說二種佛性。在行性佛性外，還有理性佛性。這本有的佛性是一切眾生所共有的

· 312 ·

如來藏性，沒有離纏的有情雖不能顯現，但是本來具足的。實際上，本地分的無始傳來的六處殊勝的本性住種和世親說的理性佛性，蘊界處中的勝相——如來藏，原是一個。只要把瑜伽的六處殊勝與〈楞伽〉、〈密嚴〉、〈無上依〉、〈最勝天王般若〉等的如來藏（界）比較一看，就可知道。不讀大乘經的唯識學者，理性佛性上再加瑜伽的本性住性、習所成性，眞是頭上安頭。但承認這個思想，就得承認唯是一乘，不能說有究竟三乘。這麼一來，又與瑜伽不合了。

案印順關于此第二條路說的有相刺謬處。首先說此第二條路在新熏以外亦「承認有本有種，但（此本有）不同于瑜伽、莊嚴的有爲無漏本性住種，而是諸法法性本具的一切無爲功德」。下接着即言世親的佛性論中之「理性佛性」是則此「諸法法性本具的一切無爲功德」之本有即是指此「理性佛性」而言，此與瑜伽本地分所言的「本性住種」不同。但是下文又說「實際上」此兩者「原是一個」。（印順或可說「實際上原是一個」，而名稱不同。若如此，則不能獨自成一條路，實即第一條路。）既原是一個，則于「理性佛性」上再加瑜伽的「本性住」自是「頭上安頭」。既已肯定說這是頭上安頭，可是又說若「承認（理性佛性）這個思想，就得承認唯是一乘，不能說有究竟三乘。這麼一來，又與瑜伽不合了。」既說本性住種與理性佛性原是一個，則承認理性佛性，就得承認唯是一乘，承認本性住種，也得承認唯是一乘，何以又與瑜伽不合？要不，就是瑜伽本身自相衝突。既言本性住種同于理性佛性（函着唯是一乘），又言三乘究竟，這是自相矛盾。要不，則本性住種與理性佛性不能「原是一個」，而于理性佛性上再加本性住種不能算是「頭上安頭」。

原則上，以迷染的阿賴耶識爲主體而視正聞重習爲客的唯識系統不能承認有本有種。攝論原是自身一致的。世親的唯識三十頌還是繼承其老兄的規模而前進，趨于更整齊更嚴密，基本上不能有違。及至根據世親的唯識三十頌而成的成唯識論（玄奘雜糅諸家說而成，折中于護法），也還是這個阿賴耶緣起。護法加上本有種，這種增加是隨意的，並非在攝論規範以外另有原則而來的必然性。「因本有種的深隱，所以攝論不說」。這不成理由，攝論亦並非如此。依攝論，原則上就不能說，並非因其深隱而不說。只是因護法遭遇到這個問題，而欲加強轉染爲淨底可能之根據，始隨便加上一個本有種。而此無漏種之本有，說是「法爾本有」。「法爾」者，無始來自然而有也。這個法爾本有的無漏種之本有並非是超越的。這個本有與「超越的眞心」之爲本有不同。而若套在「種子——熏習——現行」這個鍊鎖內，這個本有在時間中爲描述的先而已。「先」者先于父母的遺傳，祖先的遺傳，或甚至種族的遺傳而已。這還是在時間中爲描述的先而已。如此說「本有」，此其所以爲隨意的。說到家，仍是在經驗的（後天的）熏習中，不過難指其開始而已。所以最後終于是新熏，蓋亦有故。否則以無著之老練豈不知瑜伽本地分有「本性住種」耶？而何況其寫大乘莊嚴經論亦順彌勒原偈而言性種與習種？但到其自造攝論，則斷然只言新熏，蓋亦洞徹到「本性住種」之終于不能停住其本有，故不言也。

言「法爾本有」底論典根據是瑜伽師地論本地分（此論是有宗之大論，亦如大智度論爲空宗之大論）。茲查瑜伽師地論卷第三十五本地分，菩薩地第十五，種姓品第一有云：

云何種姓？謂略有二種。一、本性住種姓。二、習所成種姓。本性住種姓

而大乘莊嚴經論（無著造，唐波羅頗蜜多羅譯，全名波羅頗迦羅蜜多羅）種性品第四亦云：

偈曰：性種及習種，所依及能依。應知有非有，功德度義故。

釋曰：菩薩種性有四種自性。一、性種自性。二、習種自性。三、所依自性。四、能依自性。

此中所謂「性種及習種」即瑜伽本地分之「本性住種姓」與「習所成種姓」，而「性種」者菩薩法爾所得無始世傳來本有之種子。本有如此之種子，儻若其本性如此，故曰「性種」。此性種當然是意指「無漏種」而言，但卻是「有為無漏」。吾不以為此有為無漏本有之性種可與世親佛性論中「理性佛性」為同一。「理性佛性」至少須是「無為無漏」，當然由造作熏習而成，雖然不知其始于何時。由于不知其始于何時，遂說是「法爾本有」（法爾所得），故此「本有」是隨便說的。此只是把無漏種拉長至久遠已前而已。又此性種由菩薩無始世熏陶培養而來，見。六處即「蘊處界」（五蘊六處十八界）之處。六處皆殊勝，此由無始世熏陶培養而來，故有此清淨之勝根。此若依宋儒詞語說之，此仍是屬于氣性或才性的，是形而下的，仍非形

• 315 •

而上的,故屬「有為」。「法爾本有」者只就現在世而言,所謂生而如此也。此種先天是生物學的先天,非超越義的先天。就其「從無始世傳來」而言,仍屬于熏習造作有為範圍內也。是故無著雖于大乘莊嚴經論言「性種」,而到作攝大乘論,作系統的陳述時,遂唯言熏習,不言本有也。蓋此種有為無漏之法爾本有不能有若何本質上不同之新決定也。至若世親佛性論中之「理性佛性」既與「性種」不同,則于「理性佛性上再加瑜伽的本性住性習所成性」,不能算是「頭上安頭」。吾人試看世親佛性論如何講佛性。

世親〈佛性論〉（真諦譯）卷第二顯體分第三、三因品第一有云：

復次,佛性體有三種。……

三種者,所謂三因,三種佛性。

三因者,一應得因,二加行因,三圓滿因。

應得因者,二空所顯真如。由此空故,應得菩提心及加行等,乃至道後法身,故稱「應得」。〔案「應得因」者所應得者之因也。此因是就我法二空所顯真如理而言,就此因性而言佛性體也。〕

加行因者,謂菩提心。由此心故,能得三十七品、十地十波羅蜜助道之法,乃至道後法身,是名加行因。〔案此以菩提心為「加行」之因,而言佛性體也。〕

圓滿因者,即是加行。由加行故,得因圓滿及果圓滿。因圓滿者,謂福慧行。果圓滿者,謂智斷恩德。〔案此以加行為圓滿之因。由此因性而言佛性體

。由加行而得「因圓滿」。因圓滿謂福慧行，即福行與慧行，或曰福德莊嚴。慧行亦曰智行，或曰智德莊嚴。果圓滿者謂智斷恩德。智德由慧行而滿，斷德由福行而滿。恩德即是三寶。由福慧行而至智德滿斷德滿，自然有三寶恩德利物也。」

此三因，前一則以無爲如理爲體，後二則以有爲願行爲體。〔案前一當即是「理性佛性」，此略相當于大涅槃經之正因佛性，所謂中道第一義空。後二當即是「行性佛性」。此略相當于大涅槃經之緣了二佛性。加行因佛性略相當于了因佛性，圓滿因佛性略相當于緣因佛性。〕

三種佛性者，應得因中具有三性。一、住自性。二、引出性。三、至得性。記曰：住自性者，謂道前凡夫位。引出性者，從發心以上，窮有學聖位。至得者者，無學聖位。〔案此就應得因佛性而言三種佛性也。佛性之「住自性」者眞如空理之在其自己而未顯者，故曰此是修道以前之凡夫位。佛性之「引出性」者即眞如空理之佛性通過有學加行而顯出者。十地中六地以前爲有學聖位。故「引出性」斷至「有學聖位」而止。七地以上爲無學聖位。故「引出性」是就「無學聖位」而言。佛性之「至得性」者眞如空理之佛性之自然地滿現也。〕

由此可見，依世親，理性佛性是就眞如空理（應得因佛性）之佛性之三種性由顯與未顯而示者而言。世親明言應得因佛性「以無爲如

理為體」,則瑜伽本地分之「有為無漏本性住種」不得與此「理性佛性」為同一甚顯。又,不但「本性住種」不與理性佛性為同一,且即此理性佛性亦不能與「如來藏自性清淨心」為同一。印順以「諸法法性本具的一切無為功德(接近心性本淨說)」來意指世親的理性佛性,據上世親文,未見其是。世親說理性佛性只是「我法二空所顯真如,以無為如理為體」,並非即是真如,心真如,是以亦不能說其「本具一切無為功德」。印順括號中加注云「接近心性本淨說」,以「接近」說之,未敢說是「即是」。實則亦並不「接近」也。世親明言「加行因」佛性與「圓滿因」佛性「以有為願行為體」,此「行性佛性」尚無「無為功德」,能說「應得因」佛性(真如空理)本具「一切無為功德」乎?。「無為」只指「如理」而言。「如理」自是無為的。一說功德,皆屬加行因與圓滿因。但不能說這是真如空理所本具。因為世果圓滿而成法身,則法身上的一切功德當然是無為親的「理性佛性」並不是「如來藏自性清淨心」也。心可說具有無量無漏功德,但「如理」不能說說具有功德。以在世親,心與如理(智與如)為二故。此義更可由五法(一相,二名,三分別思維,四聖智,五如如)之攝屬三性(遍計執性,依他起性,圓成實性)而明之。

佛性論顯體分第三、三性品第二有云:

　　問曰:于五法中,幾法攝第一性(遍計執性)?

　　答曰:五法並不可攝。何以故?為無體故。〔案此言遍計執虛妄無體,故不由五法來攝屬。但辯中邊頌則說「名、遍計所執」。此示遍計所執攝在「名」中,或「名」一法攝在遍計所執中。〕

問曰：第二性（依他起性）幾法能攝？

答曰：有四法攝。〔案此言有相、名、分別思維、聖智，這四法來攝之。〈辯中邊頌〉說「相、分別，依他」。此示「相」及「分別」二法攝之亦可。反過來說此二法攝依他亦可。世親說四法攝之亦可。〕

問曰：第三性（圓成實性）幾法能攝？

答曰：唯「如如」一法能攝。〔案此言只「如如」一法能攝圓成實性，圓成實性只屬如理也。但〈辯中邊頌〉則說「眞如及正智，圓成實所攝」。〈楞伽經〉偈亦說「正智、眞如，是圓成實。」此點關係重大。〕

問曰：若依他性爲「聖智」所攝者，云何說依他性緣分別性得成？

答曰：依他有二種。一染濁依他，二清淨依他。染濁依他緣分別性得成，清淨依他緣如如得成故。

案此最後一問答即簡別四法之攝屬依他起性。就清淨依他而言，聖智即可攝屬之，但不可說如如亦攝屬之。聖智屬心，如如屬理故。屬理之如如只可攝屬圓成實性，此亦示圓成實性（眞諦譯爲眞實性）只是眞如空理，並非智心也。故可言有無爲功德。聖智不攝圓成實一法攝之，故于眞如空理不可言無爲功德。「清淨依他緣如如得成」，此只示以「如如」理境爲所緣而得成就清淨依他。既成就已，便說其屬「聖智」，不屬「如如」。按理，「聖智」攝之，「如如」亦可攝之。（此在眞心派自可如此說）。但在世親嚴格分析之頭腦，則不如此說。「如如」只是清淨依他所緣之境，但並不能反

過來說「如如」攝屬清淨依他,然而却可說聖智攝屬之。何以故?于聖智可言起,而于眞如空理(圓成實性)並不可言起也。此即示妄心派言賴耶緣起,轉識成智後,成為清淨依他,而總不可言「眞如緣起」也。此即智如之嚴格分別,爲二而不能一也。

夫世親既如此言「以無為如理爲體」的理性佛性,則唯識學者于理性佛性上再加本性住種,不算「頭上安頭」。而彼輩即言有本性住種,亦不能使其成為一乘究竟。其言法爾本有種,這是始終一致的。其言法爾本有種,這並不能決定什麼也。(即于其本質並不能產生什麼決定性的影響。)

依以上的疏解,不但本性住種與世親的理性佛性不同(並非「原是一個」),即世親的理性佛性亦並非如來藏自性清淨心。他的《佛性論》雖亦依傍《勝鬘經》而言如來藏,然却不是眞心派。以下試疏解此義。

〈佛性論顯體分第三、如來藏品第三〉:

復次,如來藏義有三種應知。何者為三?一所攝藏。二隱覆藏。三能攝藏。

一、所攝名藏者,佛說約「住自性」如如,一切眾生是如來藏。言「如」者有二義:一如如智,二如如境。並不倒故,名如如。〔案此言「如」,約從「自性」來,來至「至得」,是名如如。〕〔案此言「來」者,約從「自性」來,來至「至得」,是名如如。〕〔案此言作為「應得因」的眞如空理佛性之「住自性性」,即「住自性」性的如如,通

過其「引出性」，來至其「至得性」，這就名曰「如來」。這裡須注意真如空理自身並不起現功德法，乃是行者依此空理而加行始有功德法。「來」是這樣地來，不是如理自身能活動地來也。」

故如來性雖因名「應得」，果名「至得」，其體不二，但由清濁有異。在因時，為違二空，而為煩惱所雜，故名染濁。雖未即顯，必當可現，故名「應得」。若至果時，與二空合，無復惑累，煩惱不染，說名為清果已顯現，故名「至得」。譬如水性，體非清濁，但由穢不穢故，有清濁名。若泥滓濁亂，故不澄清。雖不澄清，而水清性不失。若方便澄淳，即得清淨。故知淨不淨名，由有穢無穢故得，非關水性自有淨穢。應得、至得，二種佛性亦復如是。同一真如，無有異體。但違空理，故起惑著。煩惱染亂，故名為濁。若不違二空，與如一相，則不起無明，所以假號為清。

所言「藏」者一切眾生悉在如來智內，故名為藏。以如智稱如如境故，一切眾生決無有出如如境者，並為如來之所攝持，故名所藏眾生為如來藏。言「如」者，有二義。一者「如」不顛倒義，由妄想故，名為顛倒。不妄想故，名之為「如」。二者現常住義。此如性從「住自性性」來至「至得」，如體不變異，故是「常」義。如來性隱隱覆，為煩惱隱覆，眾生不見，故名為藏。〔案此言常住不變只分解地就如理而言。空如之理自不會變異。但此決非《大涅槃經》之言佛性常樂我淨，法身恒常不變。〕

三、能攝爲藏者，謂果地一切過恒沙數功德，住如來「應得性」時，攝之已盡故。若至果時，方言「得」性者，此性便是無常。何以故？非始得故。故知本有，是故言常。〔案此就住「應得性」時即攝盡果地一切功德而言常，即就功德之本有（本具）而言常。常是指那「應得性」說。「應得性」即眞如空理之佛性在其「住自性性」時即已蘊函着其所應得之一切功德法。若此「應得性」之「得」性至果時方可說，則此「得」性便是現在始有，而非本有原無有，現在始有，則此「應得性」之「得」性便是始生之無常法，而非本有之常。不過這個常與那說如理本身之常並不相同。說如理本身之常是就其本身之自性而實說，而說如理之「應得性」之常則是關聯著非如理自身所生起之功德法而却爲其所函蘊（所攝持，憑依地所攝持，非生起地所攝持）而虛說此應得性之「得」性之常。即，依此眞如空理，應得一切功德法，乃是憑依之，吾人可得有菩提心以及加行等乃至道後法身，這樣地說其應得性。這樣的「應得性」不是就其自身能生起功德法而說其應得性，乃是憑依之，吾人可得有菩提心以及加行等乃至道後法身，這樣地說其應得性。這樣的「應得性」因其本具一切功德法而說其是常。這只是把果地所得者倒轉過來從因地說。吾人現實上所已得到者本是吾人憑依如理所已得者可能得到者。因此，說此「得」性只能從現實上所已得到者本是吾人憑依如理所已得者可能得到者。因此，說此「得」性只能從現實上所已得說，而此現實上所已得者不是憑依如理所本可能得者，則此得性便是始有，不是本有，因此，是無常，不是常。這如理的「得」性及其是常皆是虛籠着說的。這既不是說如理本身常住不變，亦不是說本具的功德法常住不變，如〈法華〉之說「世間相常」者然。關于此等處須確

322

據以上世親所說如來藏三義以及吾人對于其詞語之確認，則知其所說之如來藏全不是如來藏自性清淨心。在他的分析中，不見有心字。他是依他所說的三因佛性底能所關聯來分析如來藏。「以無爲如理爲體」的應得因佛性與圓滿因佛性所謂「理性佛性」是所，「所」者依「是所顯者」之義來規定。而「以有爲願行爲體」的加行因佛性所謂「行性佛性」則是能，能者以「能顯那眞如空理」來規定。這一種能所關係即以「應得因」佛性之三種性，即住自性性，引出性，與至得性，之關聯來明之亦得。假定「行性佛性」方面總略言之，簡單地略說爲智，則此種能所關係即是智與如底關係，而智與如是二，有差別：聖智只攝屬清淨依他，不攝屬圓成實。這一種分析的解釋是把如來藏分析撐架成一種對列之局，以此對列之局所成的整體關係來規定如來藏。此中實是以「應得因」爲主，即是以「所」爲主。至于「能」方面，則仍是以阿賴耶爲中心，依轉識成智那一套說。故此佛性論亦言遍計執，依他起，圓成實，這三性與五法之攝屬關係。（凡瑜伽系之論典皆處處言三性，如大乘莊嚴經論，辯中邊論，皆然。）是故知此佛性論之言如來藏乃是適應阿賴耶主體之唯識系統者，是妄心派之如來藏，並非是眞心派之「如來藏自性清淨心」。這恰如朱子把孟子之「本心即性」分析爲心性情三分，因此而成爲橫列系統。儒家之朱子蓋與佛家之世親爲同一心態也。

世親雖亦依勝鬘經之五藏而言佛性之「自體相」，但勝鬘經五藏中之「自性清淨藏」是就「如來藏自性清淨心」言，而世親却只能言「如來藏自性清淨理」。

佛性論辯相分第四、自體相品第一：

復次，佛性一切種相有十義應知。言十相者，一自體相，二因相，三果相，四事能相，五總攝相，六分別相，七階位相，八遍滿相，九無變異相，十無差別相。

一、自體相者，有二種：一者別相，二者通相。別相有三種。何者為三？

一者如意功德性，二者無異性，三者潤滑性。所言如意功德相者，謂如來藏有五種。何等為五？

一、如來藏，「自性」是其藏義。一切諸法不出如來自性。無我為相故，故說一切諸法為「如來藏」。

二者正法藏，「因」是其藏義。以一切聖人四念處等正法皆取此性作境，未生得生，已生得滿，是故說名為「正法藏」。

三者法身藏，「至得」是其藏義。此一切聖人信樂正性，信樂願聞。由此信樂心故，令諸聖人得于四德及過恒沙數等一切如來功德，故說此性為「法身藏」。

四者出世藏，「真實」是其藏義。世有三失。一者對治可滅盡故，名為世。此法則無對治，故名出世。二、不靜住故名為世，由虛妄心果報念念滅不住故。此法不爾，故名出世。三、由有倒見故，心在世間，別恒倒見。如人在三界，心中決不得見苦法忍等。以其虛妄故名為世。此法能出世間，故名真

實為「出世藏」。

五者自性清淨藏，以秘密是其藏義。若一切法隨順此性，則名為內。是正非邪，則為清淨。若諸法違逆此理，則名為外。是邪非正，名為染濁。故言自性清淨藏。

故勝鬘經言：「世尊！佛性者是如來藏，是正法藏，是法身藏，是出世藏，是自性清淨藏。」由說此五藏義故，如意功德而得顯現。

此下繼言「無異性」與「潤滑性」二別相。至于通相，則是「自性清淨相」（並非自性清淨心）。合此通別四相名為佛性之「自體相」。（其他九相各成一品，直貫至卷三卷四盡。不錄。）可是此有五藏義之自體相，皆是就「以無為如理為體」的「應得因」佛性而言。是故雖依勝鬘經說五藏，而所說的卻是指「如來藏自性清淨心」而言。真心派並非不言如理，但如理與真心為一，故成以「如來藏自性清淨心」為主體之另一系統。

世親如此言如來藏並非是錯，乃是因適應賴耶緣起而始如此言。如此言之，即成另一系統下之如來藏。若取分解之路，言如來藏要當以勝鬘經之「如來藏自性清淨心」為準。起信論即相應此「自性清淨心」而建立者。真諦亦向此路而趣。惟其以此解攝論則不諦。近時南京支那內學院歐陽竟無門下因宗奘傳之唯識，呂秋逸又力言楞伽經之「如來藏藏識」為「如來藏名藏識」，阿賴耶藏識即如來藏，一識兩名，非有兩層。此則又將如來藏拖降于阿賴耶識矣。此要非講如來藏之正宗。楞伽經亦未必是此意。楞伽經言「如來藏藏識為

善不善因」,並未詳細分疏。然即就此語而言,「如來藏藏識」亦未必即是阿賴耶。蓋阿賴耶只是不善因,並非是善因。(善因起于正聞熏習,而正聞熏習是客)。然則把「如來藏藏識」解爲生滅與不生滅和合之阿賴耶,如起信論之所說,豈定不通?而何況楞伽經亦言「如來藏藏識本性清淨」?縱使楞伽經詞語其義是呂秋逸之所解,而勝鬘經與起信論又何獨是邪說?只是兩個系統而已。而若就分解之路說,依理真心派實高于妄心派也。而無論真心派或妄心派,依天臺宗之判教,皆屬別教,理未至圓。

〈法華玄義卷第五下于三法妙中言別教三法云:

明別教三法者,以緣修觀照爲乘體,諸行是資成。慧能破惑顯理,理不能破惑。以此二法爲緣修智慧。此慧,則能破惑。故用智爲乘體。理若破惑,智行根本種子皆在黎耶識中。熏習地二地,乃至十地智慧。故大經云:「無爲無漏名菩薩僧。」即是一切衆生悉具理性,何故不破?若得此意一往乃同于三軌,而前後未融。何者?九識是道後真如,與真如相應。得者一切行願熏習無分別境,契無分別智,成真實性。是則理乘本有,隨,得,今有。道後真如方能化物。此豈非縱義?若三乘悉爲黎耶所攝,又是橫義,又濫冥初生覺。既縱既橫,與真伊相乖。

然攝大乘明三種乘:理乘,隨乘,得乘。以此智慧運通十地,故爲乘莊嚴。真如慧隨順于境。〔攝論不言。見下章。〕真如無事。【案眞諦言九識,攝論不言。見下章。〕真如無事。

元夫如來初出，便欲說實。為不堪者，先以無常遣倒，次用歷別起心，然後方明常樂我淨。以不可得空洗蕩封著，習應一切法空，是名與般若相應。龍樹作論，申佛此意。此空豈不空于無明？無明若空，種子安在？淨諸法已，點空說法，結四句相。〔案即結成「諸法不自生，亦不自他生，不共不無因，是故知無生」之四句。〕此語虛玄，亦無住著。如病除已，封此乃可進食，食亦消化。那得發頭據阿黎耶出一切法？本之見慢全自未降，封此新文若長冰添水。〔案荊溪《釋籤》解云：「故惑猶存，新惑更重。」〕故知彼論非逗末代重著眾生，乃是界外一途法門耳。

一途，何得界內博地執諍？」又云：「從故知去判屬界外，仍非界外通方法門，故云一途。」案界外即三界外。藏通二教屬界內有量四諦，不管是藏教之生滅四諦，抑或是通教之無生四諦，以未進至「如來藏恒沙佛法佛性」故。〈攝論〉可以進至如來藏恒沙佛法佛性，然如世親所講之如來藏恒沙佛法佛性，乃適應賴耶緣起者。故雖進至如來藏恒沙佛法佛性，可至無量四諦，然亦不是界外之「一途法門」，未是「界外通方法門」。若言「界外通方法門」，就分解之路言，當該是真心派。〕

又阿黎耶若具一切法者，那得不具道後真如？若言具者，那言真如非第八識？恐此猶是方便，從如來藏中開出耳。

若執方便，巨妨真實。若是實者，執之又成語見。多含兒蘇，恐將夭命。

若能善解破立之意，於諸經論淨無滯著也。

327

案如智者所言，攝論以及世親之唯識論，以阿賴耶為主體，而正聞熏習是客者，「乃是界外一途法門」，「恐此猶是方便，從如來藏中開出耳。」若就分解之路，言「如來藏自性清淨心」之眞心派亦是「從如來藏中開出」之一途法門，「雖高于妄心派，亦可說是分解中之『通方便法門』，然猶是方便，故仍屬別敎，非圓實敎。蓋『偏指清淨眞如』而唯眞心，『緣理斷九』故也。」（此將于後天臺部詳論）。天臺宗說別敎主要是就眞心派說。妄心派雖亦判屬別敎，然只是界外別敎一途法門，也可以說是始終兩途人為大乘終敎。若就此始終一途法門，說妄心派是別敎之旁枝。華嚴宗說其是大乘始敎，而起信論妄心派之所以為別敎之旁枝，以「無始時來界」之界若視為阿賴耶（以迷染為性），則不能為清淨法之因故。是故智者難之云：「阿黎耶若具一切法者，那得不具清淨法？」此言「眞如」乃指眞如心，心眞如而言，非如妄心派所言者，只是空如之理，那言眞如非第八？眞諦說阿賴耶「以解為性」這便具道後眞如（無為無漏功德法，因是自性清淨心故）。故眞心派可說是別敎，然而可說是「界外通方法門」。妄心派之阿賴耶實不具道後眞如（眞常心之在經，須對于生滅雜染法與「涅槃證識亦不能說是眞如心。故于此系統說「一切法等依」此界，即有解性的阿賴耶，亦即是心之無漏功德法）而第八識亦即是眞如心，即有解性的阿賴耶，亦即眞常心之在經，須對于生滅雜染法與「涅槃證得」中之無漏清淨法之依此界之「依」字作不同方式的解說。此如前第一節所述。

又，若眞心派把如來藏定為「從如來藏中開出」之一途法門（眞心派把如來藏定為「如來藏自性清淨心」），妄心派把如來藏定為「如來藏自性清淨理」），此皆是由分解之路而成者，則天臺宗說如來藏便不是依分解之路說，而是依圓敎方式說。此將于天臺部詳論。

而上錄智者文中「淨諸法已」,點空說法,結四句相」,「如病除已,乃可進食,食亦消化」,諸語可作啟示也。蓋凡「一途法門」俱有病。病者偏滯之義。若知是方便權說,則不妨眞實。眞實者圓實說也。

第二章 附錄

究竟一乘寶性論 後魏勒那摩提譯

此論不知何人所造。有云世親，有云堅慧。世親既作佛性論，當不至再有此論。此論全依勝鬘經「如來藏自性清淨心」義而發揮，思路不與佛性論同，故非世親作。世親佛性論亦依勝鬘經說，但與此實性論不同。如是世親作，是自相矛盾耶？抑是不滿其一而有所改作耶？（不管不滿的是那一論）。此恐不然。故當屬另一人作。說為堅慧，亦或然也。若依「大乘法界無差別論」之為堅慧造，則此亦當為彼造。蓋思路同也，對于如來藏之意指同也。

此論甚單純，無許多義理曲折。只肯認一因位如來藏自性清淨心為煩惱所纏及出纏後之無量功德而已。

說到為煩惱所纏，以九種譬喻說明：一、華、佛譬喻。二、蜂、蜜譬喻。三、糩（皮殼）、實譬喻。四、糞、金譬喻。五、地、寶譬喻。六、果、芽譬喻。七、衣、像譬喻。八、女、王譬喻。九、模、像譬喻。

唯于為何義說佛性之問答同于佛性論緣起分之所說。如：

〈為何義說品〉第七：

問曰：餘修多羅中皆說一切空，此中何故說有真如佛性？偈言：

處處經中說　內外一切空
有為法如雲　及如夢幻等
此中何故說　一切諸眾生
皆有真如性　而不說空寂

答曰：偈言：

以有怯弱心　輕慢諸眾生
執著虛妄法　謗真如實性
計身有神我　為令如是等
遠離五種過　故說有佛性

此或抄自佛性論也。
〈無量煩惱所纏品〉第六：亦是共許義。
經中偈言：

無始世來性　作諸法依止
依性有諸道　及證涅槃果

此偈明何義？「無始世來性」者，如經說言，諸佛如來依如來藏說諸眾生無始，本際不可得知故。所言「性」者，如聖者勝鬘經言：世尊！如來說如來藏者，是法界藏，出世間法身藏，出世間上上藏，自性清淨法身藏，自性清淨如來藏故。「作諸法依止」者，如聖者勝鬘經言：「世尊！是故如來藏是依，是持，是住持，是建立。世尊！不離不離智，不斷，不脫，不異、無為不思議佛法。世尊！亦有斷、脫、異、外、離、離智有為法，亦依亦持亦住持亦建立依如來藏故。」「依性有諸道」者，如聖者勝鬘經言：「世尊！生死者依如來藏。世尊！有如來藏故，說生死。是名善說故」。「及證涅槃果」者，如聖者勝鬘經言：世尊！依如來藏故證涅槃。世尊！若無如來藏者，不得厭苦，樂求涅槃。不欲涅槃，不願涅槃故」。

此以「性」字譯阿毗達磨大乘經偈中之「界」字，並以勝鬘經之如來藏為此性，此性即佛性。佛性論未引此經偈，而攝論引之，世親釋之為阿賴耶，而堅慧却釋之為如來藏。

又，此論中偈言：

不空如來藏　謂無上佛法

不相捨離相　不增減一法
如來無為身　自性本來淨
客塵虛妄染　本來自性空

此偈明何義？「不減一法」者，不減煩惱。「不增一法」者，真如性中不增一法。以不捨離清淨體故，偈言「不相捨離相，不增減一法」故。是故聖者勝鬘經言：「世尊！有二種如來藏空智。世尊！空如來藏，若離若脫若異一切煩惱藏。世尊！不空如來藏，過于恒沙不離不脫不異不思議佛法故」。

此引勝鬘經言空不空如來藏。世親佛性論卷第四亦有偈說此空不空義，如：

　　無一法可損　無一法可增
　　應見實如實　見實得解脫
　　由客塵故空　與法界相離
　　無上法不空　與法界相隨

此偈與實性論中者似略同。而以「與法界相離相隨」說空不空，便又不同。世親之意解不必同于勝鬘經。此偈未說是經偈。如是論主之偈，則不知誰參考誰而有所改正。

此兩論有許多彷彿相似處，一、俱引勝鬘經而意解不同，二、「為何義說佛性」之答

同,三、空不空偈貌同。因有此三點,故或以為此寶性論亦世親作也。然此寶性論與其唯識三十頌相差甚遠,而佛性論却相近,或至少可以通貫,故不視之為彼所作。非然者,則世親之思想必多矛盾,或有前後之轉變。視為堅慧作,與「法界無差別論」一律,可與世親分開。

第二章 附錄二

大乘法界無差別論
堅慧造、唐提雲般若等譯。

稽首菩提心，能為勝方便。
得離生、老、死、病、苦依、過失。

菩提心略說有十二種，是此論體。諸聰慧者應如次知：所謂果故，因故，自性故，異名故，無差別故，分住故（住當作位），無染故，常恒故，相應故，不作義利故，作義利故，一性故。此中最初顯示菩提心果，令見勝利。次即說彼所起之因，然後安立此出生相，及顯異名，而無差別，于一切位無有染著，常與淨法而共相應，不淨位中無諸功用，于清淨位能作利益，一性涅槃應知。
如是十二種義，今此論中次第開闡。

〔一、菩提心果〕

何者名為菩提心果？

謂最寂靜涅槃界。此唯諸佛所證,非餘能得。所以者何?唯佛如來能永滅一切微細煩惱熱故。于中無「生」,永不復生意生諸蘊故。無「老」,此功德增上殊勝,圓滿究竟,無衰變故。無「死」,永捨離不思議變易死故。無「病」,一切煩惱所知障病及與習氣皆永斷故。無「苦依」,無始時來無明住地所有習氣皆永除故。無「過失」,一切身語意誤犯不行故。此則由菩提心爲最上方便不退失因,一切功德至于究竟而得彼果。彼果者,即涅槃界。何者爲涅槃界?謂諸佛所有轉依相不思議法身。以菩提心是不思議果因,如白月初分,故今頂禮。

復次,頌曰:

能益世善法、　聖法、及諸佛。
所依實處如,(1)　如地、海、種子。

注(1):「如」一作「因」。另譯本,七字偈,則無此字。

復次,菩提心如地,一切世間善苗生長所依故。如海,一切聖法珍寶積聚處所故。如種子,一切佛樹出生相續之因故。

如是,已說菩提心果。

〔二、因〕

云何此因?頌曰:

信爲其種子，般若爲其母，

三昧爲胎藏，大悲乳養人。

復次，云何此因積集？應知如轉輪王子，其中于法深信爲菩提心種子；智慧通達爲其母；三昧爲胎藏，由定樂住，一切善法得安立故；大悲爲乳母，以哀愍衆生，于生死中無有厭倦，一切種智得圓滿故。

〔三、自性〕

云何自性？頌曰：

自性無染著，如火、寶、空、水。

白法所成就，猶如大山王。

復次，應知此菩提心因積集已，有二種相：謂離染清淨相，白法所成相。「離染清淨相」者，謂即此心自性不染，又出客塵煩惱障得清淨。譬如火、摩尼寶、虛空、水等，爲灰、垢、雲、土所覆翳時，雖其自性無所染著，然由遠離灰等故，令火等得清淨。如是一切衆生自性無差別心，雖貪等煩惱所不能染，然由遠離貪等故，其心得清淨。「白法所成相」者，謂如是自性清淨心爲一切白法所依，即以一切白淨法而成其性。如說須彌山，衆寶所依，即以衆

寶而合成故。

〔四、異名〕

云何異名？頌曰：

至于成佛位，不名菩提心。
名為阿羅訶，淨我樂常度。
此心性明潔，與法界同體。
如來依此心，說不思議法。

復次，此菩提心永離一切客塵過惡，不離一切功德成就，得四種最上波羅蜜，名如來法身。如說：「世尊！如來法身即是常波羅蜜，樂波羅蜜，我波羅蜜，淨波羅蜜。如來法身即是客塵煩惱所染自性清淨心差別名字」。又如說：「舍利弗！此清淨法性即是法界。我依此自性清淨心說不思議法」。

〔五、無差別〕

云何無差別？頌曰：

復次，此菩提心在于一切衆生身中，有十種無差別相。所謂「無作」，以無爲故。「無初」，以無起故。「無盡」，以無滅故。「無染着」，以自性清淨故。「性空智所知」，以一切法無我，一味相故。「無形相」，以無諸根故。「聖所行」，以是佛大聖境界故。「一切法所依」，以染濁諸法所依止故。「非常」，以是離染，非常法性故。「非斷」，以是清淨，斷法性故。

復次，此菩提心在于一切衆生身中，本無差別相。無作無初盡，亦無有染濁。法空智所知，無相聖所行。一切法依止，斷常皆悉離。

〔六、分位〕

云何分位？頌曰：

不淨衆生界，染中淨菩薩。
最極清淨者，是說爲如來。

復次，此菩提心無差別相故，不淨位中名衆生界。于染淨位名爲菩薩。最清淨位說名如

來。如說：「舍利弗！即此法身為本際無邊煩惱藏所纏，從無始來生死趣中生滅流轉，說名眾生界。復次，舍利弗！即此法身厭離生死漂流之苦，捨于一切諸欲境界，于十波羅蜜及八萬四千法門中，為求菩提而修諸行，說名菩薩。復次，舍利弗！即此法身解脫一切煩惱藏，遠離一切苦，永除一切煩惱隨煩惱垢，清淨、極清淨，最極清淨，住于法性，至一切眾生所觀察地，盡一切所知之地，昇無二丈夫處，得無障礙無所著一切法自在力，說名如來應正等覺。是故舍利弗！眾生界不異法身，法身不異眾生界。眾生界即是法身，法身即是眾生界。此但名異，非義有別。」

〔七、無染〕

云何無染？頌曰：

譬如明淨日，為雲之所翳。
煩惱雲若除，法身日明顯。

此復云何？于不淨位中，現有無量諸煩惱，而不為染。譬如日輪為雲所覆，而性常清淨。此心亦爾。彼雜煩惱但為客故。

〔八、常恒〕

云何常恒？頌曰：

譬如劫盡火，不能燒虛空。
如是老病死，不能燒法界。
如一切世間，依虛空起盡。
諸根亦如是，依無爲生滅。

復次，云何于此現有生老死，而言是常？譬如虛空，雖劫災火起，不能爲害。法界亦爾。是故經言：「世尊！生死者但隨俗說有。世尊！死者諸根隱沒，生者諸根新起。非如來藏有生老死，若沒若起。世尊！如來藏過有爲相。寂靜常住，不變不斷故。」

〔九、相應〕

云何相應？頌曰：

如光明熱色，與燈無異相。

復次，云何未成正覺，而言於此，佛法相應？佛法身有功德法。譬如燈有光、明、熱、色等與燈無有異相。諸佛法于法身亦如是。如說：「舍利弗！諸佛法身有功德法。譬如燈有光、明、熱、色，不離不脫。摩尼寶珠光色形狀亦復如是。」復次，如說：「舍利弗！如來所說諸佛法身智功德法不離不脫智者，所謂過恒河沙如來法也。」復次，如說：「有二種如來藏空智。何等為二？所謂空如來藏，所謂過恒河沙不思議佛法不離不脫智。」

如是諸佛法，于法性亦然。
煩惱性相離，空彼客煩惱。
淨法常相應，不空無垢法。

〔十、不作義利〕

云何不作義利？頌曰：

煩惱藏纏覆，不能益衆生。
如蓮華未開，如金在糞中。
亦如月盛滿，阿修羅所蝕。

（釋文略，易解故。又「義利」當作「益利」。）

〔十一、作義利〕

（頌釋俱略）。

〔十二、一性〕

云何一性？頌曰：

此即是法身，亦即是如來。
如是亦即是，聖諦第一義。
涅槃不異佛，猶如冷即水。
功德不相離，故無異涅槃。

若如來法身異涅槃者，經中不應作如是說。如彼頌曰：

眾生界清淨，應知即法身。
法身即涅槃，涅槃即如來。

復次，如有經言：「世尊！即此阿耨多羅三藐三菩提名涅槃界，即此涅槃界名如來法身。世尊！無異如來，無異法身，言如來者即法身也。」

復次應知此亦不異苦滅諦。是故經言：「非以苦壞名苦滅諦。言苦滅者，以從本已來無作無起，無生無滅，無盡離盡，常恆不變，自性清淨，遠離一切煩惱藏，具足過恆河沙不離不脫智不思議佛法，是故說名如來法身。世尊！即此如來法身，未離煩惱藏，說名如來藏。世尊！如來藏者是如來空智。世尊！一切聲聞獨覺本所不見，本所不證，唯佛世尊永壞一切煩惱藏，具修一切苦滅道之所證得。」是故當知，佛與涅槃無有差別。譬如冷觸不異于水。

復次應知唯有一乘道。若不爾者，異此，應有餘涅槃故。同一法界，豈有下劣涅槃，勝妙涅槃耶？亦不可言：由下中上勝劣諸因而得一果。以現見因差別，果亦差別故。是故經言：「世尊！實無勝劣差別法證得涅槃。世尊！平等諸法證于涅槃。世尊！平等智、平等解脫，平等解脫見，證得涅槃。是故世尊！涅槃界者名為一味。所謂平等味解脫味也。」

案：以上「大乘法界無差別論」竟。所引諸經文皆勝鬘經。凡言如來藏者皆當以勝鬘經為準。

又案：世親佛性論不甚相應也。

此論末後有注語云：

此論丹藏與國、宋二藏不同。此則丹本。有五字四句二十四頌。間挾七言一偈（案「不作義利」處有此七言偈）。離為十二段，段段各釋。吾祖賢首疏所釋

第二章 附錄二

者，此本也。按彼〈國〉、〈宋〉兩本，有七字四句二十偈，一舉並出，後方次第釋之。其初偈曰：「法界不生亦不滅，無老病死無蘊過。由彼發勝菩提心，是故我今稽首禮」者是也。今按〈開元錄〉及〈賢首疏〉，並以此論爲單譯。而〈國〉、〈宋〉兩本與此〈丹〉本，文雖有異，義則無殊。必是〈開元〉之後，後代重譯也。但未詳何代何人之譯。此須待勘。二藏（案即〈國〉、〈宋〉二藏）直以爲提雲般若譯者錯耳。

據此，則〈國〉、〈宋〉二本不知何人譯。「文雖有異，義則無殊」。不另錄。此所錄者是〈丹〉本，〈賢首疏〉亦是此本。此則爲提雲般若譯也。

佛性與般若

第二部 前後期唯識學以及起信論與華嚴宗

第三章 真諦言阿摩羅識

第一節 真諦之譯「決定藏論」
第二節 真諦所譯之「轉識論」
第三節 真諦所譯之「三無性論」
第四節 真諦之「十八空論」

第三章 真諦言阿摩羅識

真諦順攝論之以阿賴耶識為「界」而以如來藏自性清淨心說之，如是，遂說阿賴耶「以解為性」。此自不合攝論原義。于他處，凡到言「轉依」時，真諦則把此「轉依」拆為滅阿賴耶識證阿摩羅識，如是遂轉八識為九識。此于翻譯上亦是一種增益的譯解。于攝論，此種增益的譯解則見之于其譯世親之釋文。此兩種增益表面詞語雖不同，然可合流。此示真諦思路之一貫而始終與以阿賴耶為中心者有不同也。茲先從其譯決定藏論說起。

第一節 真諦之譯「決定藏論」

真諦譯決定藏論卷上心地品第一之一有云：

　　一切行種煩惱攝者，聚在阿羅耶識中。得真如境智，增上行故，修習行故，斷阿羅耶識，即轉凡夫性，捨凡夫法，阿羅耶識滅。此識滅故，一切煩惱

滅。

阿羅耶識對治故，證阿摩羅識。

阿羅耶識是無常，是有漏法；阿摩羅識是常，是無漏法。得真如境道故，證阿摩羅識。

阿羅耶識為粗惡苦果之所追逐，阿摩羅識無有一切粗惡苦果。

阿羅耶識而是一切煩惱根本，不為聖道而作根本。阿摩羅識作聖道依因。阿摩羅識亦復不為煩惱根本，但為聖道得作根本。

阿羅耶識于善無記不得自在。阿摩羅識滅時有異相貌。謂來世煩惱不善因滅，以因滅故，則于來世五盛陰苦不復得生；現在世中一切煩惱惡因滅故，則此身壽命便得自在。捨離一切粗惡果報，得阿摩羅識之因緣故，此身自在，即便如化。壽命因緣能滅于身，亦能斷命，盡滅無餘，一切諸受皆得清淨。乃至如經廣說。一切煩惱相故，入通達分故，修善思維故，證阿摩羅識故，知阿羅耶識與煩惱俱滅。

案決定藏論共三卷，即瑜伽師地論攝決擇分之別名。心地品者即「五識身相應地意地」之別名。攝決擇分順本地分中十七地一一予以決擇，題名曰「心地品」。而「攝決擇」則譯為「決定藏」。「決擇」者決定簡擇之謂，「藏」者攝聚而為一庫也。真諦所譯者只「五識身相應地與意地」之決擇，新予以分解考查之意。「攝」字為動詞，真諦則轉為名詞「藏」字。真諦皆進譯之以阿摩羅識。「轉依」者，玄奘譯為「轉依」，

上錄譯文，玄奘譯為「轉依」者，真諦皆進譯之以阿摩羅識。「轉依」是虛述語，即**轉**

「一切法等依」之阿賴耶識也。嚴格言之,當該是轉一切法之種子(不管是染種或淨種)之所依止者——阿賴耶識。阿摩羅識是實體字,把那虛述語直實之以轉滅阿賴耶識而證阿摩羅識。好像如此坐實無大關係,其實影響甚大。

試看玄奘之譯文:

復次,修觀行者,以阿賴耶識是一切戲論所攝諸行「界」故,略彼諸行於阿賴耶識中總為一團一積一聚。為一聚已,由緣真如境智、修習多修習故,而得轉依。轉依無間,當言已斷一切雜染。當知轉依,由相違故,能永對治阿賴耶識。

又,阿賴耶識恒為一切粗重所隨,轉依究竟遠離一切所有粗重。

又,阿賴耶識是煩惱因,聖道不轉因。轉依是煩惱不轉因,聖道轉因。〔案此語是指此轉依,吾人可建立地說聖道法之轉現之「建立因」,此是虛說的邏輯關係。至于聖道法之生因即其實的因果關係,則是由于正聞熏習種子而生。正聞熏習成種子後,憑依阿賴耶識但是煩惱法底生因,此種子雖已依存于阿賴耶識中,但阿賴耶識以迷染為性,故阿賴耶識但是煩惱法底生因,不是聖道法底生因。真諦既譯轉依為阿摩羅識,復亦順原文之簡別而譯

又,阿賴耶識是無常,有取受性。轉依是常,無取受性。緣真如境聖道,方能轉依故。

〔案此「轉」字是轉現義。〕

「轉依」言:轉依但是聖道法轉現之「建立因」,並非其「生因」。

為「阿摩羅識作聖道依因,不作生因」,這便有問題。」

又,阿賴耶識令于善淨無記法中不得自在,轉依令于一切善淨無記法中得大自在。

又,阿賴耶識斷滅相者,謂由此識正斷滅故,捨二種取,其身雖住,猶如變化。所以者何?當來後有苦因斷故,于現法中一切煩惱因永斷故,便捨當來後有之取;于現法一切雜染所依之取。一切粗重永遠離故,唯有命緣暫時得住。由有此故,契經中言:爾時但受「身邊際受」,「命邊際受」。廣說乃至即于現法一切所受究竟命盡。如是建立雜染根本故,趣入通達修習作意故,建立轉依故,當知建立阿賴耶識雜染還滅相。

〔瑜伽師地論攝決擇分,「五識身相應地意地」之一〕

讀者可將此譯文與真諦譯文對看。當然玄奘譯文其語法較為清晰而嚴整。此段譯文,如依真諦譯,問題只在:既譯「轉依」為阿摩羅識,則于阿摩羅識如何又能說其只「作聖道依因」,不作生因」?真諦言阿摩羅識大體雖由還滅工夫所證顯者而言,然若此第九識即「是自性清淨心,但為客塵所汙,故名不淨」(見下十八空論),則它不但是聖道之依因(建立因或憑依因),而且亦即是其生因,一如虛妄阿賴耶不但是一切雜染法之所依,而且亦即是其因種。蓋既是自性清淨心,此工夫只是助緣。塵染一去,其自身即是聖道之直接生因。而且即此去客塵之工夫,雖有賴于外緣之引起,而其本質雖為客塵所染,亦自有一種能生聖道之力量。通過工夫而去客塵,此工夫只是助緣。塵染一

的內因還是在此「自性清淨心」本身。若內部全無一種發自真常心之推動力,則全靠外力必是扶得東來西又倒,終不得大覺。既是真心派,不得復言此真心只「作聖道依因,不作生因」。攝決擇分明是真心派。既是真心派,以阿賴耶識為主體,以正聞熏習為外來之客位之故。攝大乘論及成唯識論皆是此規模。玄奘譯為「轉依」,就此而言「但是聖道之建立因性」,應知如此簡別,乃是因為以阿賴耶識為主體,不得復言此真心只「作聖道依因,不作生因」。攝大乘論及成唯識論皆是此規模。

這乃是以妄心派為背景的。在妄心派,正聞熏習所類屬之聖道之「生因」。聖道從正聞「最清淨法界之等流」而生,依世親之佛性論,即是從「依我法二空之真如空理而起加行」而生,此虛述語之「轉依」自不是正聞熏習所類屬之聖道之「生因」。聖道從正聞「最清淨法界之等流(聖教)」而生,依世親之佛性論,即是從「依我法二空之真如空理而起加行」而生,(見上章),而此真如空理之自身並不生。故聖道亦不是由真如空理而生起。此亦可說真如空理但是聖道之憑依因或建立因。真如空理既是自性清淨心,正聞熏習既是客,從「最清淨法界之等流」而生,則心與理一,智與如一。真如空理既與真心為一,而又從主名之曰心(真實心)、真如心、心真如、心眞如,它就是真如心,它就是真如,真常心,非但「憑依因」而已也。(若「轉依」在妄心派背景下只作聖道之建立因(憑依因),非生因,則轉依中之聖道是否能成為無為無漏道亦成問題。)

又轉依是轉阿賴耶識而為法身依。「轉依」這個虛述語可只作聖道之建立因(憑依因),然其所轉到之「法身」却是實體字。依攝論,正聞熏習種子,熏成後,雖亦依存于阿賴耶識中,然其本性却是法身(或解脫身)所攝屬,亦是法身之種子。所以到轉依後,由它所生的一切清淨法亦當攝屬于法身而且依止于法身。此實體字之法身能不能作為聖道法之生因?按理說,當該能。但在妄心系統中,這是不好說的。因為法身是所證顯而修至者,它是一個複

合詞，它有眞如理以支持之，却並無眞如心以支持之。眞如理是本來如此，可說本有。但在妄心系統中，却並無本有之眞如心。因此，依眞如空理而加行以至于證得法身，這開始由正聞熏習而來之加行以及數數加行中之一切清淨法不能說是由所證得之法身而生起，以法身爲其生因，因爲這樣便成循環論證。而且在加行中法身並未出現，何由得爲加行中清淨法之生因？由法身而至報身化身，這是佛法身底如如作用（亦說受用），當然可說這些作用以法身爲生因。但在行者，由正聞熏習而加行這一套却不能說是以法身爲生因。在此，似亦只可說佛法身是其憑依因，而非其生因。此亦如憑依眞如空理而應得加行，但眞如空理並不生起加行。又在妄心系統中，眞如空理可說本有，但法身並不能說是本有。所以宗奘傳唯識者堅主「自性寂」，並不主「自性覺」。法身旣證顯後，當然恒常不變。但「常」有是本有者，有不是本有者。普通說者常謂如非本有，而是始有，則成無常。其實這不必然。此中有詞語之歧義。衆生可不本有此法身，然不碍法身自身是常，而始有，而不碍法身自身是常，而不碍亦主衆生非本有。非本有者正因本無身自身因此而爲無常。故唯識宗可主法身是常，而不碍亦主衆生非本有。非本有者正因本無眞如心（眞常心，自性覺）也。故不能說法身爲聖道之生因。此雖不圓滿，然並非不可說。唯如此說，應有一定之後果。

若依眞諦，此法身即是如來藏自性清淨心。在經名如來藏，出經名法身。它旣是自性淨心，它自本具無量無漏功德，因而亦自能爲功德法之生因。通過加行工夫，只把它連同其本具之功德法顯現出來而已。此亦可說即工夫即本體。而同時即此加行亦以此自性清淨心之解性（亦就是本覺性）爲內在的主要動力，並非完全自聞熏習決定或引起也。此亦可說即本

. 354 .

體即工夫。如此，則法身不但是常，而且亦是本有，它自可為一切聖道之生因。是以真諦譯世親之釋攝論云：「由本識功能漸減，聞熏習等次第漸增，捨凡夫依，作聖人依。聖人依者，聞熏習與解性和合。以此為依，一切聖道皆依此生。」（見上章第二節）。「凡夫依」者，即阿賴耶。「聖人依」者即是法身。「聞熏習與解性和合」即與「自性清淨心——出纏之賴耶覺性」和合，和合而顯法身，而同時亦即本體便是工夫。故云「以此為依，一切聖道皆依此生」。聞熏習與之和合即融聞熏習於解性，即工夫便是本體，而此解性即是法身。故云「以此為依，一切聖道皆依此生」，如何不為聖道之生因？真諦譯瑜伽系之論典，而又依真心派之思路，益之以真心系之義理，故顯出剌謬也。

第二節　真諦所譯之「轉識論」

真諦譯轉識論云：

識轉有二種。一轉為眾生，二轉為法。一切所緣不出此二。此二實無，但是識轉作二相貌也。〔案「轉」者轉現義。〕次明能緣有三種。一果報識，即是阿梨耶識。二執識，即阿陀那識。三塵識，即是六識。〔案此言阿陀那識相當于第七末那識。但在攝論則是阿賴耶之異名。〕

果報識者，為煩惱業所引故，名果報；亦名本識，一切有為法種子所依

· 355 ·

問：此識何相何境？

答：相及境不可分別，一體無異。

問：若爾，云何知有？

答：由事故，知有此識。此識能生一切煩惱業果報事。譬如無明，當起此無明，相境可分別不？若可分別，非謂無明。若不可分別，則應非有。而是有無，亦由有欲瞋等事，知有無明。本識亦爾，相境無差別。但由事故，知其有也。就此識中，具有八種異，謂依止處等，具如九識義品說。

止；亦名宅識，一切種子之所棲處；亦名藏識，一切種子隱伏之處。

案此所謂九識義品即決定藏論之心地品，亦即瑜伽師地論攝決擇分之「五識身相應地及意地」。

圓測解深密經疏卷三有云：「真諦三藏依決定藏立九識義，如《九識品說》。」此九識品即現存決定藏論之心地品。因言阿摩羅識而為九識也。

又賴耶識「相境無差別」，此識之執受為「相」，所執受之種子為「境」。尅就其本身之冥運而言，實無此分別。它是執受與種子混融為一的，並未顯明地分化而為見分之執受識與相分之種子，即，其見分冥運而未突出，其相分亦冥存而未突出，此所以彼亦名為「無覆無記」也。此「相境無差別」義近攝論，如是，則為一種七現。但至世親之唯識論，則言八識現行，重在分別說的見分相分之差別。此見下章。

轉識論于言本識後，復分別言其餘七識，如是，作綜結云：

如是七識于阿梨耶識中盡相應起，如衆影像俱現鏡中，亦如衆浪同集一水。

問：此意識于何處不起？〔案此關于第六識之問答。〕

答：離無相定及無想天，熟眠，不夢，醉悶，絕心暫死，離此六處，餘處恒有。

如此識轉不離兩義。一能分別，二所分別。所分別既無，能分別亦無。無境可取，識不得生。以是義故，唯識義得成。何者？立「唯識義」意本爲遣境遣心。今境界既無，唯識又泯，即是說唯識義成也。此即淨品，煩惱及境界並皆無故。又說，唯識義得成者，謂是一切法種子識如此如此造作廻轉，或于自于他互相隨逐，起種種分別及所分別，由此義故，離識之外，諸事不成。此即不淨品，但遣前境，未無識故。

案「如此識轉」以下，「識轉」即七識「于阿梨耶識中盡相應起」，在能熏受熏底關係中相應起現。此中言「唯識義」分別兩類。一是就淨品而言唯識。淨品者，「遣境遣心」「境界既無，唯識又泯」。由境識俱泯立唯識義成，所立所成者唯一阿摩羅識也。另一是就不淨品而言唯識。不淨品者，遣境不遣心，因爲所言唯識本爲「境不離識唯識所變」故。此所唯之識即雜染之八識也。

問：遣境存識，乃可稱唯識義。既境識俱遣，何識可成？

答：立唯識，乃一往遣境留心。卒終為論，遣境為欲空心，是其正意。此境識俱泯即是實性。實性即是阿摩羅識。亦可卒終為論，是阿摩羅識也。

案初言唯識只為明境無獨立實在性，只是識之變現，即只由執識之取著性而似現。「一往」者順一義一直說下去尚未轉頭也。文章並未完，故是半途之意。既知境只是執識之似現，則似現之境固無，即執識亦轉也。執識既轉，則只剩一淨識，即阿摩羅識，此是「卒終為論」之「唯識義」成也。唯八執識是無常，是有漏，而阿摩羅識是常，是無漏，則前者是經驗的，後者是超越的，兩者異質而異層。既異質而異層，則名後者曰阿摩羅識不若名之曰「真常心」或「自性清淨心」。蓋「識」字依字訓雖為了別義，但若套在唯識系統中，或套在十二緣生中，則不是中性的，而本是以執染為性的。如是，則于「境識俱泯」時而復名之曰「識」，則有矛盾之嫌，又有混淆之嫌。故言阿摩羅識不如言「自性清淨心」也。言阿摩羅識，立九識義，是到《起信論》之過渡，一時之方便之言。

......

若人修道，智慧未住此唯識義者，二執隨眠所生眾惑不得離滅，根本不滅故。由此義故，立一乘，皆令學菩薩道。若謂但唯有識現前起此執者，若未離

此執，不得入唯一阿摩羅識中。〔案不得入唯一阿摩羅識中〕是時行者名入唯識。何以顯現，〔案境識二者俱不顯現，即境識俱泯義，〕是時行者名入唯識。何以故？由修觀熟，亂執盡，〔案「亂執」當爲「亂識」〕，是名無所得，非心非境。是智名出世無分別智，即是境智無差別，名如如智；亦名轉依，捨生死依，但依如理故，粗重及二執俱盡故。粗重即分別性，執即依他性，二種俱盡。是名無流界，是名不可思惟，是名眞實善，是名常住果，是名出世樂，是名解脫身，于三身中即法身。

案此唯一阿摩羅識是「境智無差別」，「非心非境」，（無所得）亦可曰「非智非境」。「非智」者無智相。智而無智相，始可曰眞智，此名「如如智」。境而無境相，始可曰實性境，此名「如如境」。「無差別」者，非境之境即是智，非智之智即是境，混而爲一，只是一眞常心朗現也。此心無心相，故名眞心，心眞如，此即是眞實性亦名法身。從唯亂識起，到唯眞心止，空如之理始終從主體說也。此與妄心派之境智分能所而作差別說者異矣。要者是在妄心派以阿賴耶爲主，而以正聞熏習所成之出世淨心之仰企中，亦在其所緣中，因此，正聞熏習爲客，而未能以眞心爲提綱，融眞如理於眞心中，而此存有論之完成是在唯眞心之縱貫系統下始完成，雖不往即函一佛家式的實踐的存有論。而此存有論之縱貫系統也。流轉還滅兩來統。心理爲一的眞如有內熏力，能生無漏功德法，所謂「性起」，即是縱貫系是終極的圓實的完成。（依天台判敎，此是別敎。至天台部詳明。）心理爲一即是縱貫系統。（在生死

流轉方面只是緣起)。此與妄心派言真如理不生起,既不能熏,亦不受熏,賢首所謂「凝然真如」者,異矣。真諦是向此而趣,但又依附瑜伽系論典而寄意,故處處雖顯特色,亦顯刺謬也。此前期唯識學,真諦所傳者,當然使無著世親之唯識學面目不清,故有玄奘之發憤西遊也。

〔此轉識論見于大藏經第六一冊。題下注曰「從無相論出」,陳代真諦譯。無相論不知何人所作。〕

第三節　真諦所譯之「三無性論」

真諦譯「三無性論」(亦出無相論)如下:

論曰:立空品中,人空已成,未立法空。為顯法空故,說諸法無自性品。

釋曰:前說空品,後說無性品,欲何所為?

答曰:前說空品為顯人空,但除煩惱障,是別道故。後說無性品為顯法空,通除一切智障及煩惱障,是通道故。……為顯斯論。此即第一,明用分也。

論曰:外問于何法中立此無性?應先安立此法。若能如是,則無相理有所相應,實虛兩境即便可見。

答曰:一切諸法不出三性,一分別性,二依他性,三真實性。分別性者,

謂名言所顯諸法自性，即亂識分。依他性者，謂依因依緣顯法自性，即似塵識分。依他性者，謂依因內根，緣內塵起故。〔案「內塵」一作「外塵」。〕真實性者，謂法如如。法者即是分別依他兩性；如如者即是兩性無所有。分別性以無體相故，無所有。依他性以無生故，無所有。此二無所有，皆無變異，故言如如，故呼此如如為真實性。此即第二、相應分，即是立名。

次約此三性說三無性。由三無性，應知是一「無性」理。約分別〔性〕者，由相無性，說名無性。何以故？如所顯現，是相實無。是故分別性以無相為性。約依他性者，由生無性，說名無性。何以故？此生由緣力成，不由自成。緣力即是分別性。分別性體既無，以無緣力故，生不得立，是故依他性以無生為性。約真實性者，由真實無性，故說無性。何以故？此理是真實故，一切諸法由此理故，同一無性，是故真實性以無性為性。

釋曰：「約真實性，由真實無性故說無性」者，此真實性更無別法，還即前兩性之無是真實性，真實是無相無生〔案此末語中之「真實」是副詞。〕一切有為法不出此分別依他兩性。此二性既真實無相無生〔案此語中之「真實」亦是副詞〕，由此理故，一切諸法同一「無性」。此一「無性」真實是無，真實是有。真實無此分別依他二有故，真實有此分別依他二無故，不可說是有，亦不可說是無。如兔角，即是非有性，非無有，故名「無性」性。亦以「無性」為性，不可說有，如五塵；不可說無，如兔角。即是非安立諦。若「真實」亦是副詞〕，名「無性」性，即是安立諦，體實是無，安立為有故。真實性即是安立世諦，體實是無，安立為有故。真實性即是安是三性並是安立，前兩性是安立世諦，

361

立真諦。對遣二有,安立二無,名為真諦。還尋此性離有離無,故非安立。三無性皆非安立也。此即第三、相分、明三種體相也。

論曰:此三種性如是無性,已說其相。今須說成立道理。何以故?此性非五藏所攝故。五藏者,一相,二名,三分別,四如如,五無分別智。【案此「五藏」亦曰「五法」。】一、相者,謂諸法品類為名句味所依止。名者,即是諸法品類中名句味也。分別者,謂三界心及心法。如如者,謂法空所顯聖智境界。無分別智者,由此智故,一切聖人能通達如如。此五法中,前三是世諦,後二是真如。一切諸法不出此五。若分別性體是有法,則應為此五攝。以不攝故,故知體無也。

案三性三無性是唯識學之通義,亦是諸行無常諸法無我凡緣生者之通義,大體亦無異解。即龍樹《中論》「因緣所生法,我說即是空,亦為是假名,亦是中道義」之說法亦與此三性三無性說不相違。各種說法皆是「緣生無性」(緣起性空)一語之分析的抽繹。此是佛家之通義。龍樹學與唯識學之不同不在此分也。

「分別性」,玄奘譯為「遍計所執性」(亦簡稱遍計執)。「真實性」,玄奘譯為「圓成實性」。「依他起性」則無異譯。

又,上錄文中,「若是三性並是安立,前兩性是安立世諦,體實是無,安立為有故。」分別性與依他性此兩者既是安立,而五法中前三(相、名、與分別)亦是世諦,則何故分別性「非五藏(五法)所攝」?它不是「如如」與「無分別智」所攝,但它應當是「相、

名、與分別」此三者所攝。何以故？俱是世諦故。世親佛性論說到五法與三性之攝屬關係，亦說遍計執性不爲五法所攝，依他起性中有清淨依他故。至于圓成實性則只爲「如如」一法所攝。（見上章第三節）。分別性所以不爲五法所攝，既是世諦，故亦應當爲「相、名、與分別」。但「體實是無，安立爲有故」，亦得說是世諦，因「無體」故爲世諦；就其被安立爲世諦而言，則亦當說其爲前三法所攝。否則分別性不應當說爲世諦。既說爲世諦，而又說其非五法所攝，似乎有點矛盾。

歷來說眞俗二諦者是就依他起說俗諦，就空如無性（眞實性或圓成實性）說眞諦，但並不就遍計執說俗諦。遍計執是虛妄（體實是無），根本不是諦。故泯遍計執，不泯依他起。依他起雖是「生無性」（以無生爲性），然體是有（此體是事體之體），與遍計執性之所執根本不同也。故就依他起泯遍計執即見圓成實。但就上錄眞諦譯文而觀，則分別與依他俱可安立爲世諦。蓋因依他起就是染濁依他，其中就有分別性。依他與分別糾結在一起而不可分。雖于義有別，而同一事體故，故可俱安立爲世諦也。此義自今日觀之，當有可取處。依康德，是遍計執性之所執。但此種種相却是科學知識所以可能之基本形式條件。因此，吾人當稍正視此遍計執，而予以積極之價值。體雖是無，爲科學知識故，安立其爲有。此種種相，依唯識學之三性觀之，當該卽謂爲虛妄，此不甚能盡遍計執之全義也。至于依他起，則兩頭通。如以繩爲依他起，見蛇則喩遍計執，是則遍計執純爲虛妄，此不甚能盡遍計執之全義也。在阿賴耶識系統中，它根本就是執之依他而起。若不計執，則頓見如幻如化，此卽是空如無性之幻化依他，亦卽無生依

· 363 ·

他。此種依他即是無著世親所稱之清淨依他，可承認其為幻有，而不可泯滅也。計執之依他，壞不在依他，而在計執。因計執故，而成為有自性之依他，有生可言之依他，此則非是。但若于依他而不加以計執而使之成定相，有定性，則亦根本不能有科學知識。古人講唯識重在除煩惱，得解脫，不重在成科學知識也。故不依遍計執說俗諦。而若只于依他起即說俗諦，則亦可俗即是真，故古人於此喜歡趕快地說真俗不二。其于此說俗諦者，亦只示于如幻如化的依他起中，吾人可過現實生活，此亦是俗諦之一義。但科學知識亦是世俗之諦（真理）。欲成此諦，則必須正視遍計執之積極意義。吾人不但于幻化依他中過幻化的現實生活，而且亦當在計執中過獲得科學知識的現實生活。此自不是究極，然此方便之權亦當有也。

上錄眞諦譯文，于依他起，無清淨依他義。試看以下之說明：

……

論曰：……若略說分別，不出三種：一分別依止，二分別體，三分別境界。若說分別體，謂三界心及心法。依止與境界更無別體，以似塵義類為依止，以似塵義類之名為境界耳。〔案此文前廣明分別性品類差別，次辨相惑、粗重惑。若分別性起，能為二惑繫縛衆生。一者相惑，二者粗重惑。相惑即分別性；粗重惑即依他性。此二惑所以得立者，于依他性中執為分別性，故得立。

釋曰：呼分別性為相惑者，相謂相貌，說相貌為惑，能為惑緣，故說為

惑。但依他性是正惑。而說輕重者，分別性但是惑緣說惑，故說為輕。依他性正是惑體，故說粗重。由相惑故，能障無分別智，不合無分別境，分別相貌故。由粗重惑，正感後生，得諸苦等。兩必相由而有，故言二惑繫縛眾生也。

論曰：若人不得、不見此二性，從此二惑即得解脫。言不得者，謂不得分別性。此性永無有體，故無所得。言不見者，謂不見依他起性。依他性雖有體，以心不緣相故，此性亦不有，故云不見。此〔二〕性所以不得不見，由二種道。一見道，二除道。由見道故，分別〔性〕即無，故言不得。由除道故，依他性即滅，故言不見。

釋曰：昔由未見理故，起邪分別。非有謂有，呼曰邪見。由此邪見，能障治道。今既見理，即達昔所見非有，故云「分別性即無」。由此正道能除昔邪見，故云「依他性即滅」。昔分別依他更無兩體，今見除二道亦一而無兩也。

案此即明分別性與依他性「相由而有」，互為因果。故由此迷執的依他起即必然有分別性隨之而來。有分別性隨之而來的依他起，此所謂交引曰下。分別性以執「相」為性。所執之「相」永無有體，無相性即解深密經所謂「相無自性性」。不知此無而迷執相之為有，即曰「相惑」，故以相惑說分別性。依他起性以執有「生」義為性。而此生義實不可得，故于依他起性言無性即以無生為其「無」性，言以「無生」性之「無」為其性也。無生性即解深密經所謂「生無自性性」。不

案此即明進一步的依他起，此所謂「亂識」。故由此迷執的依他起即必然有分別性隨之而來。而有進一步的依他起，分別性言無性即以無相為其「無」性，言以「無相」性之「無」為其性也。依他起性以執有「生」義為性。

知生之無自性而迷執實有生義可解,即曰「粗重惑」,故以粗重惑說依他起性。迷執的依他起性是「惑體」,故曰「粗重」。有迷執的依他起,即有各法底相貌顯現。緣此相貌而再起虛妄分別,此即分別性之相惑。緣「相」起惑,故于分別性之相惑說「輕」。實則此兩者「相由而有」,「更無兩體」,只是一迷執為體也。不過就執相執生而說為兩性耳。

此下又說依他性云:

……

論曰:此性(依他性)體相云何?
答曰:惟是相類及粗重惑類。
問曰:此類云何說為依他也?
答曰:互為因緣,共ाय成故。所以然者,由緣相故,粗重得成,由緣粗重、相類得成故,說此兩類名依他性。何以故?無異體故。並名依他性,約義終不同也。

問曰:若爾,云何此性由無生性者,由他力故生,名無生性。
答曰:所以得名無生性者,由他力故生。他既無體,自無能生。以無因無體,是故無生。

〔案「因」無自性,「體」不可得,是故無生。無生者,生無自性,不可解也。而生相宛然,故如幻化。此幻化之生非由因生,非無因生,故不可解。當下體其無自性,即是「無生忍」,此曰「體法空」,非「析法空」也。〕

問曰：此性云何？不知為有為無耶？

答曰：此性如所分別，不如是有，故不可言有。不如是無，故非無。若解意者，不一向是無，亦不可說無。不一向無，故非無。若解意者，不一向是無，亦不可說有，亦可說無。亦可說非有非無。皆不相違。

問曰：此言有者，為是物有？為假名有？

答曰：具有兩義，故可說有。不如是有，名假名有。非一向無，故名物有，謂有物也。

問曰：既說為有，為是俗有？為是真有？

答曰：皆是俗有。何以故？非無分別境界故。

案此言不管是物有，或是假名有，皆是俗有。此言俗諦有亦包括分別性在內。蓋因依他性與分別性一體無異故。只「緣起性空」一語，含有迷執的依他性與相惑的分別性。若不迷執，則即除分別性（遍計執性）而恢復緣起底實相。〈中論〉：「因緣所生法，我說即是空，亦為是假名，亦是中道義」，便是實相的緣起。此中即函著不迷執。故〈中論〉開首即說「八不」。八不的緣起即是實相的緣起。但有能如是觀緣起，亦有不能如是觀。眾生在迷，即不能作如是觀。此與〈中論〉觀法無二性與相惑的分別性，因而復開出三性，三無性。就眾生在迷，復開出迷執的依他性，是故遣遍計執，見「生無自性性」的實相緣起，即三無性言，亦知相無自性性，此與〈中論〉觀法無二致也。除小乘之析法空，不能作實相的緣起觀外，大乘各宗皆能知之。是故〈中論〉所說觀法乃

共法也，各宗之異不在此也。

此下由真諦而言真實性。

真諦者謂七種如如：一生，二相，三識，四依止，五邪行，六清淨，七正行。

一、生如如者，謂有爲法無前無後。有爲法者但兩性攝，謂分別、依他。此法無前無後，凡有三種：㈠約二性辨無前後。若說依他在前，無有分別性依他不成。若說分別性在前，無有依他性，分別性不有。二俱無故，即是如如也。㈡無有前後，以相生故。分別性既無，依他性不有。是故二性遞互相須，約因果辨無前後。若因定在前，更無所因，依他性既無，依他不有。若果定在前，既無有因，則不成果。若無因緣，自然有果，果則無因則無量。是故因果無定在前後，轉轉相望，望前則爲果，望後則爲因，故生死無初。㈢約生滅辨無如是因果，體即分別依他。分別既無，依他不有，即是如也。若生在前滅在後，有二過失。一則未有老死，已便得生。二則未捨此生，便得彼生。若爾，又有兩失。一者生則無用：此既已生，何用彼生？未捨報故。二者復生，轉轉而討，豈得有窮也？若爾，則應是常。二者若有多生，是多衆生。若爾，則因果無有相發生義。又若恒生，則無涅槃也。若滅在前生在後者，既未有生，滅何所滅？又

應先涅槃,後受生死,先有滅故,是則解脫已,還受繫縛。是故生滅無有前後,亦不離分別依他,故曰如如也。〔案此言「故曰如如」是省文,詳言之,當與㈠㈡兩辨同。生滅無有前後,亦不離分別與依他。分別既無,依他不有,是即無生無滅,故曰無生無滅。〕

二、相如如者,謂人法二空。此二空相所以名如如,有三義。㈠離戲論。戲論者,謂執眞與俗或一或異等四謗通稱戲論。若執眞與俗定一,則不勞修道並皆解脫。悉見眞故,皆是聖人。又若眞俗定是一,則眞不能遣俗。俗惑不除,無解脫義。但唯凡夫,無有聖人也。若執眞定異俗,則依俗不能遣俗,眞即不可會,無方便故。是故二空離此戲論,故名如如。㈡是無分別智境界。此智無顚倒,無有俗諦堪爲境者。是故此智所會即是如如。若違此性,則成生死。此性爲一切法眞性,故名如如。是故二空名相如如。非言相空,乃以相之空這種空爲相也。〔案此言這並非說執相是空名「相如如」。此「相如如」即是說以人法二我相之空這種空爲相,即就這種空相實相自身說如如也。〕

三、識如如者,謂一切諸行但唯是識。此識二義故,稱如如。㈠離戲論,㈡無變異。攝無倒者,謂十二入等一切諸法但唯是識故。一切諸法皆唯識攝。此義決定,故稱攝無倒。無倒故如如。無倒如如未是故。〔案事實上只唯一亂識,即如此事實而說,即爲無倒。故于此說無相如如也。〕

369

如,即為「無倒如如」,尚不是「無相如如」也。)無變異者,明此亂識即是分別依他似塵識所顯。由分別性永無故,依他性亦不有,即是阿摩羅識。唯有此識獨無變異,故稱如如。前稱如如,但遣十二入。今大乘義破諸入並皆是無,唯是亂識所作故。十二入則為顛倒,唯一亂識則非顛倒。故稱如如。此識體猶變異。次以分別依他遣此亂識,唯阿摩羅識是無顛倒,是無變異,是真如如也。次以分別依他此識說。先以唯一亂識遣于外境。次阿摩羅識遣于亂識故,究竟唯一淨識也。

〔此下「依止如如」說苦諦,「邪行如如」說集諦,「清淨如如」說滅諦,「正行如如」說道諦,略。〕

案此七如如即是真實性。就中「識如如」分兩層說。「攝無倒」是唯亂識義成,「無變異」是唯阿摩羅識義成。于前者說如如,方是「無倒如如」,尚不是「無相如如」。于後者說如如,方是「無相如如」,是「真如如」。「亂識」(亂者盲目義非混亂義)即是轉染識為淨識。依無著世親的唯識論,只言八識,轉染成淨後,也是淨八識,並不以淨識——阿摩羅識為第九識。其實只是一清淨心(境智無差別)之流行,並非孤懸也。順染八識而在名言層次上說為第九識,而在轉依以證得之後,則只是一淨心之流行,一「無分別智」之淨心亦並非剩下一孤高的淨識。言九識者好像是在八識以上復推高了一層。這是因為把八識視為迷執的一味,轉依後,似只行,一「境智無差別」之流行,不再與前所說之八識列層次也。「無分別智」之

便無耳目鼻舌身意之作用，那當該只是「無分別智」之所運耳。是故「此二無所有」一語，嚴格言之，並不是分別性與依他性皆無所有，皆被泯遣。此兩者當分別看。分別性無體，一往當泯遣。依他性有體，泯者只泯其執，而泯其執即是泯分別性。泯分別性却並非泯依他起。泯了分別性之執的依他起即是清淨依他起。此在中論即是實相的緣起，而起而無起；在唯識學即是清淨依他。清淨依他亦是無生無起的依他起。此在真諦，即名之曰「真如如」境（泯遣亂識後的真實境）。境者不只是抽象的空如之理這個空性，而是在即于無生實相的緣起中的如境——阿摩羅識。因為清淨依他是無生無起的（言之無用）。這個整一的具體的如境，真諦即名之曰境智無差別，而依他之境，亦是如如。進一步，只是一淨識，故言境智無差別。如是後者，尚有差別也。真諦譯文中對此「依他」無簡別，一往視為迷執的染依他，又不見有清淨依他之語。

此義見于〈三無性論〉卷下言分別性與依他性各有五事。

論曰：……分別性具五事用者，㈠能生依他性，㈡于依他性中能立名言，㈢能起人法兩執，㈣能成立二執粗重，㈤能作入真實性依止事。

釋曰：初即能生義體。次能生義上名言。第三即能生起人法二相。第四能生煩惱。第五即能解脫。前三明能作起惑得解方便。第四正明起惑。第五明得

解。有此次第者，必有體故，立名言。由人法兩執故，增長起諸煩惱。前唯起人法兩執，此則輕微。由此後，起無量惑。由此以後，久久輪轉，方能依止此分別依他得入眞實性，故得解脫也。

論曰：依他性五事者，㈠生成煩惱體，㈡能爲分別、眞實、兩性依止，㈢能起人法兩執名言依止，㈣能爲人法兩執粗重依止，㈤能爲眞實性依止。

釋曰：㈠「生成煩惱體」者，謂依他性有體，異于分別性無體，故能爲煩惱體也。㈡「能爲分別、眞實、二性依止」者，若知依他性由分別起，分別旣無性相，故依他性不生。不生故，即爲眞實性依止也。㈢「能起人法兩執名言依止」也。㈣「能爲入眞實性依止」者，謂依他性執爲人法我者即爲分別性起，故言「能起人法兩執名言依止」也。㈣「能爲入眞實性依止」者，謂人法兩執必有所依。依他性即能生上心粗重人法兩執也。㈤「能爲入眞實性依止」者，謂依他性執爲人法我者，即達依他無生，爲入眞實性方便也。亦得言前解分別性無相，即達依他無生，依他性無生，然後見眞實性。夫入眞實性者，初在聞思慧中，必須具解分別性無相、依他性無生，然後見眞實性。

案「分別性無相」，知「無相」而不執即泯分別性。但「依他性無生」，知無生而不執，卻不即泯無生無起而幻化的緣起，實相如相的緣起。故了達「生無自性性」即成「淸淨依他」也。而「淸淨依他」即是眞實性，即是阿摩羅識之境智無差別。是故于分別性與依他性說「泯」當有不同的意義，此則可順通而明者。故前言「識如如」處「由

分別性永無故,依他性亦不有,此二無所有,即是阿摩羅識」,以及言「生如如」處亦屢言「分別既無,依他不有」,「此二無所有」一語嫌儱侗。須知分別性之「無所有」與依他性之「無所有」不同也。讀者須達意,不可生誤解。若不知依他性之「無所有」是順「無生」而言,而無生是無「生之自性」,而把「緣起」義一起無掉,一如泯分別性,則眞實性眞成頑空矣。

第四節　眞諦之「十八空論」

大藏經第六十二冊,載有十八空論一卷,注明龍樹菩薩造,陳天竺三藏眞諦譯。案此論非龍樹造,乃是眞諦詳釋世親之辨中邊論中之主要部分。辨中邊論中之頌語(偈語)是彌勒菩薩說。只頌無釋。玄奘將此頌語全部譯成一卷,題曰辨中邊論頌,附載于世親之辨中邊論三卷之下。辨中邊論是頌語之解釋,嚴格言之,當該是辨中邊頌論。此論亦是釋論也,如大智度論釋般若經之被名曰釋論。世親之論釋簡略,故眞諦復就辨相品第一中之釋十八空及辨眞實品第三中之釋十種眞實而詳論之。所謂詳論亦只詳論十八空,至于十種眞實,則只論及其中「差別眞實」(眞諦譯曰「分破眞實」)及「善巧眞實」(眞諦譯曰「勝智眞實」),而于此後者亦只是略論不全。題名曰「十八空論」者,蓋偏重言耳。即此偏重亦不恰當。因不恰當而又誤注曰龍樹造,此乃誤會中之誤會。

彌勒造頌原以頌語隱括十六空義。此當是參考大般若經中所列之十八空而隱括于辨中邊頌之系統中,故世親之論釋即以十八空中之十六空釋頌語。眞諦詳釋復開爲十八空。十八空

373

•佛性與般若•

名大體同于《般若經》而不盡同。茲比列于下：

《般若經》之十八空	《辨中邊論》依玄奘譯之十六空	《十八空論》之十八空
1. 內空	1. 內空	1. 內空
2. 外空	2. 外空	2. 外空
3. 內外空	3. 內外空	3. 內外空
4. 空空	4. 大空	4. 大空
5. 大空	5. 空空	5. 空空
6. 第一義空	6. 勝義空	6. 真實空（第一義空）
7. 有為空	7. 有為空	7. 有為空
8. 無為空	8. 無為空	8. 無為空
9. 畢竟空	9. 畢竟空	9. 畢竟空
10. 無始空	10. 無際空	10. 無前後空
11. 散空 *	11. 無散空 *	11. 不捨離空（不散空）*
12. 性空	12. 本性空	12. 性空（佛性空）
13. 自相空	13. 相空	13. 相空（自相空）
14. 諸法空	14. 一切法空	14. 一切法空
15. 不可得空	15. 無性空	15. 有法空（非有空）

374

△ 16. 無法空
△ 17. 有法空
△ 18. 無法有法空

△ 16. 無性自性空

△ 16. 無法空（非有性空）
△ 17. 有法無法空
△ 18. 不可得空

據上表，只有十一有＊號者名義皆異，至于有△號者，名同而義解不同。其餘名義同者，而行文與龍樹之大智度論亦不同。如此，此十八空論注曰龍樹造者實隨便妄注也。此實真諦造釋以詳釋世親之辦中邊論中之主要部分也。而此詳釋亦非依序逐一詳釋，故多有跨節。若不與世親論釋比看，則覺極突兀無頭緒。世親論釋，玄奘譯，真諦亦譯。彼之詳釋是以其譯文為底據也。

茲先依玄奘譯文明頌語所隱括之十六空。

辯中邊頌及論于辯相品第一中，首先由虛妄分別中之能取所取（能執所執）二者都無自性，由其無自性，即見唯有空性。空性不離此二取而見。「虛妄分別中有空性，空性中有虛妄分別」，是則妙契中道。虛妄分別由亂識起現。由此成立唯識變似，乃至唯識三性：遍計所執性，依他起性，圓成實性。于此唯識變似中，第八識在辯中邊頌中名曰「緣識」，蓋為其餘諸識之生緣故。是故世親即以藏識即阿賴耶識釋之。此是彌勒菩薩首立唯識學之規模。由唯識變似而知空性。此所知之空性有種種名：真如，實際，無相，勝義性，法界，等。此種種名即是空性之異名（「異相」）。〈論曰〉：「由無變義，說為真如，真性常如，無變異故。由無倒

義，說為實際，非諸顛倒依緣事故。由相滅義，說為無相，此中永絕一切相故。由聖智境義，說為勝義性，是最勝智所行義故。由聖法因義，說為法界，以一切聖法緣此生故。此中界者即是因義。無我等義如理應知。」此中所謂「法界」為諸聖法之因，嚴格言之，此因是憑依因，非生因，言緣此真如空性而可以生起諸聖法也。

說空性異名已，即進而說「空性差別」，即于空性可分別地說之。首先可分別地說之為雜染與清淨。在「有垢位，說為雜染，出離垢時，說為清淨。」雜染空性即未對治客塵前之空性。清淨空性即已對治客塵而解脫後之空性。嚴格言之，空性只是空如理，其本身無所謂清淨不清淨，或其本身只是純如，而此純如為分析語。然說清淨為清淨，或染不染，則是綜和語，即關聯着心性說的空性。故後文頌云：「非染非不染，非淨非不淨。心性本淨故，由客塵所染。」此一頌非常重要，它是系統分歧的關鍵所在。如果「心性本淨」就是「自性清淨心」，而為「客塵所染」。（真諦譯則為「心本清淨故，煩惱客塵故」。語意同。）但是彌勒之頌與世親之論還仍是以阿賴耶為中心的唯識學。如果扣緊妄心系統，而「真心為主虛妄是客」之真心派。「心性本淨」亦可解為心之空如性本淨，而心並非本淨。「非染非不染，非淨非不淨」又原是指空性說，則「心本清淨」。是則「心性本淨」，同於「心本清淨」。真諦譯文逕直地即是「心本清淨」。真諦意識到此中的分歧，故總想向真心派走。彌勒雖說此頌，但此解恐非頌語之語意。無著世親繼之前進，亦始終未把此頌凸出，使之成為一領導原則，而成為真心派。至無著世親顯明地成為妄心派時，此頌便成為無關緊要的了。

繼上「空性差別」之分為雜染與清淨兩面，進而復言十六空的「空性差別」，即從十六

方面而言空性也。十六空者「謂內空，外空，內外空，大空，空空，勝義空，有為空，無為空，畢竟空，無際空，無散空，本性空，相空，一切法空，無性空，無性自性空。」此十六空中前十四空，以下列頌語隱括之：

能食及所食，　此依身所住。
能見此如理，　所求二淨空。
為不捨生死，　故觀此為空。
為善無窮盡，　故觀此為空。
為種性清淨，　為得諸相好，
為淨諸佛法，　故菩薩觀空。

世親解此頌云：

論曰：

「能食」空者，依內處說，即是「內空」。此名曰「能食」。此能食法空即是「外空」。〔案外處即是外六處即六塵。「內處」即內六根。此能食法空即是「內空」。〕

「所食」空者，依外處說，即是「外空」。此名曰「所食」。此所食法空即是「外空」。

「此依身」者，謂能所食所依止身。此身空故，名「內外空」。「所住」空故，名為「大

空」。〔案此就空間說。「空間」法空名曰「大空」。言寬廣如空間這個屬于「不相應行法」，以今語言之，屬于「形式的有」的法，亦空也。〕

「能見此」者，謂智能見內處等空。空智空故，說名「空空」。

「空智」亦空名曰「空空」。此與大智度論解「空空」稍異。智論是就「空破一切法已，空亦應捨」說「空空」。其餘諸空是就法說，「空空」是就「空」說。是則不限定于就「空智」說「空空」也。〕

「如理」者，謂勝義，即如實行所觀眞理，此即空故，名「勝義空」。菩薩修行爲得「二淨」，即諸有爲無爲善法。此二空故，名「有爲空」及「無爲空」。

爲于有情常作饒益而觀空故，名「畢竟空」。〔案此于「畢竟」義未能說明。智論十八空論詳釋云：「畢竟空，爲恒利益他，菩薩修空。畢竟恒欲利至衆生盡誓恒敎化，此心有著。今此觀心，此心定令捨畢竟之心，方是眞實智，名畢竟空也。若作畢竟心能爲利益，不作不益，不復自然恒利益，不空此畢竟之心。」是則爲于有情能自然地常作利益之故，必須空却作意的畢竟之心。有意地想恒常利益衆生，便不能恒常利益衆生。此解與智論所解亦異。〕

「畢竟空。」是則「畢竟」者究極徹底之謂，以有爲空無爲空到底，一空空破諸法，令無有遺餘，是名畢竟空。〔案此「畢竟空」者究極徹底故，名「無際空」。不觀爲空，更無遺餘也。〕

生死長遠無初後際，觀此空故，不厭捨此生死長遠無際生死故而觀此無際生死爲空。〔案此言爲不厭捨生死故而觀此無際生

・378・

第三章 真諦言阿摩羅識

死為空。究竟是「無際的生死」為空呢？抑還是「無際」本身為空呢？依智論，眾生無始，此「無始法」亦空。「無始空」是破「無始見」，亦不墮「有始見」。此則為美。〕

〔案依真諦十八空論之詳釋，此名不捨離（無散）。「一切諸佛于無餘涅槃中亦不捨功德善根門」，為所修善，至無餘依般涅槃位，亦無散捨，故名不捨空。」智論名曰「散空」，而此名曰「無散空」，正好相反。而義解亦不同。智論說散空是說諸法因因緣和合而有，因因緣離散而無。是則因離散而空也。〕

「諸聖種姓自體本有，非習所成，說名本性。菩薩為此速得清淨，而觀空故，名「本性空」。〔案此一則承認有本性住種，一則是為此「本性住期速得清淨故，而觀空，名曰「本性空」。玄奘此譯文與真諦所譯不同。真諦把玄奘所譯之頌語「為種性清淨」譯為「為清淨界性」；譯世親論語則為：「性義者種類義，自然得故，故立名性。」而于十八空論中詳釋云：「問：空何所為？答：為清淨佛性即是諸法自性。何以故？自然有故。如是，是則那「清淨界性」即是佛性，佛性者即是諸法自性。問：何故名性空？答：清淨故而觀空故名曰本性空」。此其一。又，此「清淨佛性即空故名性空」，不是「諸法自性」，而此佛性就是那作為「本性住種」。此其二。究竟誰對呢？則很難說。但不管是真諦

譯，抑或是玄奘譯，此言性空是就佛性或諸聖種姓說。而智論則是就「諸法性常空」名曰「性空」，不限于佛性也。〕

菩薩為得大士相好，而觀空故，名為「相空」。〔案「性空」既限于佛性或諸聖種性，故「相空」亦限于就佛之「相好」而說。此亦與智論所解異。智論是就一切法之總相別相而說「相空」。〕

菩薩為令力無畏等一切佛法皆得清淨，而觀此空故，名「一切法空」。〔案此「一切法空」亦限于佛十力四無所畏等一切佛法而說，智論無此限。〕此則隱括于下列之頌語：

　　補特伽羅法，　實性俱非有。
　　此無性有性。　故別立二空。

論曰：補特伽羅（人）及法實性俱非有故，名「無性空」。此「無性空」空以無法為自性故，名「無性自性空」。于前所說能食空等，為顯非無自性。空以無法為自性，別立二空。此為遮止補特伽羅、法、增益執，空損減執，如其次第，立後二空。

以上為十四空。後二空是無性空，無性自性空〔真諦譯為非有空，非有性空。于十八空論詳釋時，則名為有法空，無法空。〕

案此「無性空」（非有空）是說人法二者俱無實性（「人及法二者之實性俱非有故，名無性空」）。此就無「實性」而說的空却「非無自性」，蓋此空即「以無性為自性故」。就其「以無性為自性」而言，則又進而名之曰「無性自性」。意即「以無性為自性」的空，此非言無性的自性亦空也。是故遮者「無性空」是遮，遮其「實性」。不知人法無實性而執其有實性，此為「增益執」。是故遮者即遮此「增益執」也。此「無性自性」是表，表此實性「以無性為其自性」也。若不知實有此無性之體，則便是于此空起「損減執」。故表者即遮此「損減執」也。此種為遮增益執與損減執而說的二種空就是為顯空之體相（于前所說之能食空等十四空這種空之體相）而立二種空。眞諦于十八空論中詳釋此二空云：「第十五有法空（非有性空），第十六無法空（非有性空），此二空通出前十四空體。言有法空者，謂人法二無所有，為除增益謗。言無法空者，謂眞實有此無人無法之道理，除衆生妄執，謂無此道理，故名無法空，為除損減謗。離增離減，則非有無，故名為空體也。故此兩空還屬前十四空所攝也。」

案此兩空之義解甚清晰，但立名，無論是玄奘譯名，或眞諦譯名，皆別扭了解之。此為比附般若經之有法空與無法空而就另一義以立名。「有法空」與「無法空」即不如此釋也。智論釋云：「無法空者，有人言：無法名法已滅，是滅無故，名無法空。」又云：「有法空者，諸法因緣和合生故有法，有法無故，名有法空。」此義顯豁。蓋亦符合般若之精神而言也。

彌勒之頌與世親之論只言十六空。眞諦于十八空論中復就上兩空（十五十六）而言第十

381

七「有法無法空」，此只是前兩空之總言。真諦釋云：

第十七有法無法空。此一空出諸空相。所言「有法無法空」者，明此空體相決定無法，即名決定無；有此無人法之道理故，名決定有。此無此有是空體相。體、明理無增減：相，明其體決定。決定是無，即是真實無，真實有；真實無人無法，真實有此道理。

彼復比附般若經而再立「不可得空」：

第十八出空果。所言「不可得空」者，明此果難得。何以故？如此空理，非斷非常，而即是大常。常義既不可得，故斷義亦不可得。無有定相可得，故名難得。何以故？此之空理非苦非樂，而是大樂：非我無我，而是大我；非不淨，而是大淨。

此亦與智論之釋「不可得空」異也。智論以「諸法實無故，不可得，非智力少也。」此釋正與真諦相反。真諦是就此空理難得而說不可得，空理深奧玄秘而難得，正顯出衆生之「智力少」也。此自亦成立。智論是就諸法實無自性，無所有，故不可得。既無所有，還得什麼呢？「不可得」者因其無有自性，如幻如化，實無所有，故不可得。大抵辯中邊論所解之十六空以及真諦所再增加之二空合為十八空，名雖同于般若經，而

・382・

義解多半以上皆不同也。此如上列表中△號之所示。〖智論釋十八空是就般若蕩執而說，辯中邊頌及論是依唯識學之規模而說。〗進而即綜結之以此空性一方須說雜染，一方須說清淨。何以故？頌說「空性差別」已，云：

　　此若無雜染　　一切應自脫
　　此若無清淨　　功用應無果

此則易解。從雜染方面說，則「非染」；從清淨方面說，則「非不染」；從雜染方面說，則「非淨」。而清淨則是其本性，雜染則由于客塵故。是故頌云：

　　非染非不染　　非淨非不淨
　　心性本淨故　　由客塵所染

真諦譯此頌則為

　　不染非不染　　非淨非不淨
　　心本清淨故　　煩惱客塵故

此頌顯然由勝鬘經之「不染而染」而來。吾人可視此兩譯為同一意指，無語意之分歧。此即示無論「心性本淨」或「心本清淨」皆同於「如來藏自性清淨心」也。此亦示彌勒尚有「自性清淨心」義，然未能決定表現出辯中邊頌之唯識學規模究是阿賴耶中心（如來藏自性清淨心）中心。此由於開端而然也。至後來無著世親自己造論則顯然明確地成為以阿賴耶為中心——妄心是主，正聞熏習是客，而不復言「如來藏自性清淨心」矣。然而真諦譯文與玄奘譯無大差異（不如玄奘譯文之清晰嚴整）卻總是向以「如來藏自性清淨心」為中心一路走。雖其譯世親之辯中邊論（中邊分別論），然于其十八空論之詳釋則明顯地言「阿摩羅識是自性清淨心」，又以此說空性之「非染非不染，非淨非不淨」。此即加重彌勒之頌語，而至少世親之論雖不能反對自性清淨心，但彼卻並無阿摩羅識自性清淨心之思想，彼後來亦未凸出此「自性清淨心」以為一領導原則也。真諦詳釋「非淨非不淨」云：

若言空定是不淨，則一切眾生不得解脫。何以故？以定不淨不可令淨故也。若言定是淨，則修道無用。何以故？未得解脫無漏道時，空體本已自然清淨故，則無煩惱為能障，智慧又能除，不依功力，一切眾生自得解脫。現見離功力，則無煩惱為能障，眾生不得解脫。復由功用而得解脫，故知此空非定不淨。是名「淨不淨」、「不淨淨」道理也。……

問：若爾，既無「自性不淨」，亦應無有「自性淨」。云何分判法界非淨非不淨？

答：阿摩羅識是自性清淨心。但爲客塵所汙，故名不淨。客塵盡故，立爲淨。

案此言空性即是阿摩羅識自性清淨心，即是眞實，即是法界。此是空性眞心融而爲一。空性非但指緣起無性之「空如之理」，故是定淨。而「非淨非不淨」則是綜和語，是關聯着客塵煩惱說，故非定淨，亦非定不淨。非定淨者，不染而染故。非定不淨者，以可由功力而恢復其本淨故。雖其本身之淨是分析的淨，而不妨其在纏而不朗現，因有此分析的本淨，故衆生雖在迷，而終可覺醒而恢復其本淨。若此空性只是空性，而不是自性清淨心，則工夫是清淨心自己，故終成漸敎。若是自性清淨心，則工夫之本質的動力是清淨心走，故雖漸而不妨頓，以有頓現底可能之根據故。眞諦總向自性清淨心走，理應有此歸結也。

《辯中邊頌》辯《眞實》品第三說十種眞實：

　　眞實唯有十、　謂根本、與相、
　　無顚倒、因果、　及粗細眞實、
　　極成、淨所行、　攝受、並差別、
　　十善巧眞實、　皆爲除我見。

論曰：應知眞實唯有十種：㈠根本眞實，㈡相眞實，㈢無顚倒眞實，㈣因

此中所謂「根本眞實」即三自性：遍計執，依他起，圓成實。其餘九種眞實皆依此：「根本眞實」而得建立。

「相眞實」者，謂「于根本眞實相中無顛倒故，名相眞實」。即，于遍計執中知「相無自性性」，不以無爲有，是即依他起性之眞實相；于圓成實中知「勝義無自性性」，知眞實無生無相，眞實是無，而又知眞實有此無生無相之道理，眞實是有，不以有爲無，不以無爲有，是即圓成實性之眞實相。

「無顛倒眞實」者，謂依三性無「無常、苦、空、無我」之四倒故。

「因果眞實」者，謂四聖諦。

「粗細眞實」者，謂世俗諦與勝義諦。

「極成眞實」者，謂「世間極成眞實」與「道理極成眞實」。「世間極成眞實」依遍計所執而立。如約定俗成，世間同執此事，如地非火，色非聲等，是名「世間極成眞實」，此依根本三眞實立。「道理極成眞實」，依止三量（現量比量證量）證成道理，施設建立，是名「道理極成眞實」，此依根本眞實立。

「淨所行眞實」者，謂「煩惱障淨智所行眞實」與「所知障淨智所行眞實」，此依圓成實立。

「攝受真實」者，謂三性攝五法。五法中之「名」及「相」為遍計所執所攝；「真如」與「正智」則為圓成實所攝。辯中邊頌云：「名、遍計所執。相、分別、依他。真如及正智，圓成實所攝。」但世親佛性論卻說：于遍計所執，五法並不可攝；前四法攝依他起；唯如如一法能攝圓成實。正智（亦曰聖智）既攝清淨依他，為何不攝圓成實性，只「如如」一法攝圓成實耶？此緣世親為嚴格的分解頭腦，取智如差別論，圓成實既是無為境（所），故只為「如如」一法攝。實則正智既攝清淨依他，而卻不攝圓成實是說不通的。彼以為清淨依他，雖是清淨，而仍是依他，清淨依他，既清淨矣，雖依他而即無相，是即圓成實相。故正智攝清淨依他而不攝圓成實是說不通的。楞伽經頌亦說：「名、相、分別、正智、真如、是圓成實。」此與辯中邊頌同也。頌是說三性攝五法，世親佛性論則是反過來說五法攝三性，此無關緊要。如以五法為總，則說五法攝三性。如以三性為根本，則說三性攝五法。前二性攝屬之參差亦無關緊要，不必執諍。惟圓成實性與「正智及真如」之攝屬關係不可有差。雖只言攝屬，然正智可攝圓成實，或正智為圓成實所攝，則可進而言智如不二，境智無差別。若如世親佛性論所說，只如如一法攝圓成實，則智如斷不能為一矣。

「差別真實」（真諦譯為「分破真實」）署有七種：㈠流轉真實，㈡實相真實，㈢唯識真實，㈣安立真實，㈤邪行真實，㈥清淨真實，㈦正行真實。案此即三無性論中之七種真如，已見前節。此中第三「唯識真實」，真諦于十八空論中詳釋云：「第三明唯識真實，辨一切諸法唯有淨識，無餘境界，現得境識兩空，除妄識已盡，名為方便唯識也。二明正觀唯識，遣蕩生死虛識，無有能疑。廣釋如唯識論。但唯識有兩。一者方便，謂先觀唯有阿黎耶

妄識心及以境界一皆淨盡,唯有阿摩羅識清淨心也。」此與三無性論中所說「識如如」同也。方便唯識是唯識（唯阿黎耶識），而正觀唯識則是唯阿摩羅識，實即唯眞常心也。「善巧眞實」（眞諦譯爲「勝智眞實」）有十種,爲欲除遣十我見故。此不詳錄,可參看原論。

以上十種眞實,于「攝受眞實」及「唯識眞實」特加注意,蓋在明眞諦傳唯識學之趣向也。彌勒有「自性清淨心」義,眞諦即依之而向眞心走,是即示彌勒學亦可建立爲眞心系統也。但其繼承者無著世親却自建立爲妄心系統。

彌勒除作辯中邊頌,又造大乘莊嚴經頌,而無著則作大乘莊嚴經（頌）論以釋之,一如世親之造辯中邊（頌）論以釋辯中邊頌。大乘莊嚴經頌內容規模自主要綱領言之,同于辯中邊頌。如大乘莊嚴經論（無著造,唐天竺三藏波羅頗迦羅蜜多羅譯）眞實品第七：

　　釋曰：已說隨順修行,現說第一義相。偈曰：

　　　　非有亦非無　　非一亦非異
　　　　非生亦非滅　　非增亦非減
　　　　非淨非不淨　　此五無二相
　　　　是名第一義　　行者應當知

　　釋曰：無二義是第一義,五種示現。「非有」者,分別依他二相無故。

「非無」者，真實相有故。「非異」者，彼二種如無異體故。「非生非滅」者，無為故。「非增非減」者，淨染二分起時滅時法界正如是住故。「非淨」者，自性無染，不須淨故。「非不淨」者，客塵去故。如是五種無二相是第一義相應知。

案此同于〈辯中邊頌〉之「非淨非不淨」，而且關聯着三性說非有非無，非一非異，非生非滅，非淨非不淨。第一義相即是真實相（圓成實相）。如果〈辯中邊頌〉之「非淨非不淨」是說的「自性清淨心」，則此處亦然。而且此自性清淨心即是如來藏第一我（大我），說為真實法界法身亦可。如〈菩提品〉第十云：

偈曰：

如前後亦爾　及離一切障
非淨非不淨　佛說名為如

釋曰：此偈顯示法界清淨相。「如前後亦爾」者，所謂非淨，由自性不染故。「及離一切障」者，所謂「非不淨」，由後時客塵離故。「非淨非不淨佛說名為如」者，是故佛說是如非淨非不淨，是名法界清淨相。

偈曰：

同品又有偈云：

清淨空無我　佛說第一我
諸佛我淨故　故佛名大我

同品又有偈云：

如空遍一切　佛亦一切遍
虛空遍諸色　諸佛遍眾生

釋曰：此偈顯示佛體一切遍，與虛空相似。……譬如虛空遍一切色聚，佛體亦爾，遍一切眾生聚。若以眾生現非佛故，言佛體不遍者，是義不然，未成就故。

非體非非體　如是說佛體
是故作是論　定是無記法

釋曰：此偈顯示法界無記相。「非體」者，人法二相不可說故。「非非體」者，如相實有故。「如是說佛體」者，由此因緣故說佛體「非體非非體」。「是故作是論定是無記法」者，「無記」謂死後有如來，死後無如來，死後亦

案此言「無記」是不可說義，不可思議義，非中性義。同品又有偈云：

> 一切無別故　得如清淨故
> 故說諸眾生　名為如來藏

釋曰：此偈顯示法界是如來藏。「一切無別故」者，一切眾生、一切諸佛，等無差別，故名為如。「得清淨故」者，得清淨如以為自性，故名如來。以是義故，可說一切眾生名為如來藏。

案此亦如華嚴經所說「心佛與眾生是三無差別」。但此一籠統地說的如來藏我，清淨法界，在無著心目中不必能凸出以「如來藏自性清淨心」為中心的真心系統，故到其自造攝論仍明確地歸于妄心系統。即彌勒本人說此等偈亦不必能自覺地成一真心系統。但此規模若以「如來藏自性清淨心」為主綱，依真諦之思路去理解，則便成真心系統。阿黎耶自界以及三性之唯識學之規模，二之一及二仍是說阿黎耶自界以及三性之唯識學之規模，為主綱，依真諦之思路去理解，則便成真心系統。但依無著之思路去理解，則成妄心系統。在此系統中，「真心為主虛妄是客」之系統去說。但却套于如來藏我，清淨法界亦非不可講，但在彌勒

· 391 ·

頌中明說「自性清淨心」，明說「一切無別故（眾生諸佛等無差別），得如清淨如以為自性」，故說諸眾生名為如來藏。既如此，而「自性清淨心」却不得成為主體，豈得為的當乎？豈是此「清淨如」只是一理佛性，而不是一覺佛性乎？豈是自性清淨心而不可說「本覺」義乎？若無本覺義，說諸眾生同一「佛體」，是自性清淨故寂靜，有何義用乎？是故依此等名言，向真心系統走，乃名正言順者。說「自性清淨故寂靜，客塵煩惱故不寂靜」，有何意義乎？是故依此等名言，彼等作論釋彌勒頌，乃只是順語作解，無著世親歸于妄心系統不得不謂之為歧出。實則如來藏自性清淨心不染而染，清淨法界，乃本于勝鬘經，本有其明確的規模（空如來藏不空如來藏，既為生死依，復為涅槃依），焉可作左右講？又焉可作簡擇，偏取某一義，如世親佛性論之所說？

是則彌勒開端，無著世親不得謂之為善紹（至少亦不是唯一的紹述），真諦之紹述亦不得謂其為無根也。

· 392 ·

佛性與般若

第二部 前後期唯識學以及起信論與華嚴宗

第四章 攝論與成唯識論

第一節 攝論之「義識」與其所似現的「相識」與「見識」之關係⋯⋯一種七現

第二節 辯中邊頌之本識之變現似塵、根、我、了⋯⋯一種七現

第三節 解深密經之一「本現」與六「轉現」以及世親唯識三十頌之「八識現行」

第四節 賴耶體中的種子與識之不一不異

第五節 簡濫與抉擇

第四章 攝論與成唯識論

吾人既已由眞諦所傳的唯識學見到可開出眞心爲主與妄心爲主的兩系。彌勒的辯中邊頌及大乘莊嚴經頌雖都有「自性清淨心」義，然未能自覺地明確地建立以「如來藏自性清淨心」爲主的眞心系統。無著世親繼之而前進，卻自覺地明確地建立成以阿賴耶爲主的妄心系統。眞諦是向眞心系統走，其以眞心系統解辯中邊頌及論尙可相應，但以之解攝論則不相應。此皆如前所說。此旣釐清，現在再進而略論妄心派的「賴耶緣起」之大體規模。

第一節 攝論之「義識」與其所似現的「相識」與「見識」之關係：一種七現

攝論在「所知相」中就本識因果成立唯識義時，有如下之語句：

若處安立「阿賴耶識」識爲「義識」，應知此中餘一切識是其「相識」，

· 395 ·

若「意識」識及所依止是其「見識」。由彼相識是此見識生緣相故，似義現時，能作見識生依止事。如是名為安立諸識，成唯識性。

案阿賴耶識這個識是本識，是一切雜染法之所本故；一切雜染法緣此而生故，在此亦曰「義識」，一切雜染境相由此而起現故，言其非實境也，故亦曰「似義」，言似之而非也，即幻現而貌似境也。塵與義俱是「境」底意思。「義識」即以本識為能顯現「相識」及「見識」這能現之「塵識」（魏譯作塵識），為似塵似義。以本識為「義識」，皆偏就種子識而立名。故本識為義識即示本識不只是一現行之覺了活動也。它是識，它亦「變似義」，「變似義、有情、我、及了」。（辯中邊頌語）。

（同上）義、有情、我、及了，此四者既皆可曰「義」，則「義」義可知。（此藉辯中邊頌語以明。彌勒頌是四者分別言，各有特指，「義」即指色等諸境而言，此是「義」境之當身義。攝論言「義識」是取總持義，即本識所似現者皆「義」也。此即不但指色等諸境言。）四境是存在法。是則本識不只是一現行之覺了活動（識相），而且同時亦即是一切雜染存在法（一切義境）之根源。側重此義而言，故名本識曰「義識」，亦可曰「塵識」。「境識」；亦可曰「種子識」，種子者存在法之種子也。它變似存在法是由其所持之種而變似也。

依以上錄文，《攝論》是主張第六意識（意識識）及其所依止的染汙意（即末那）是本識所變似的「見識」，而其餘的一切識（即前五識等）則是本識所變似的「相識」。見識與相識

・396・

直接地說是縱列的，間接地說亦有相對為橫義。與第七皆主觀的主體性也。它所變似的「相識」（前五識等）是吾人所對的客體性——客觀的色聲臭味觸等存在法，而此等存在法是繫屬於耳目鼻舌身而言，故由五官而起現的覺識（了別），即曰「相識」，以取境相為主也。當然第六第七亦有其境相。第六意識底境相是「法」（概念），第七末那底境相是「我」。第六識本身是見識，但其所執為「法」，對於此法之了別亦屬相識。第七末那是見識，其所執之「我」亦是主體，主體意味重，故只好單屬「見識」。見識與相識相對而言是橫義。見識中的第七固是執我，但通過第六之執法，依康德，亦與相識之客觀存在法相關聯。（即不說依康德，說依「比量」亦可。）見識相識相對為橫，這是本識之所變似（似現），亦可以說是它的分化。若以阿賴耶識為冥初的主體，則此主體即是客觀的迷染主體。

見識與相識亦可以說都是本識所似現而為分化的相。見識是它所似現而分化出的主觀相，相識是它所似現而分化出的客觀相。此兩相既皆是「義」，則本識之被名曰「義識」似亦可被名曰「相識」，即一切所似現之主客觀之相皆由之而似現也。在此，「相」取義狹，義或塵取義廣。此種廣狹並無定準，方便說耳。如此，吾人可再詳細規定「義識」之意如下：能變似一切各別的若主（見識）若客（相識）之虛幻義相（觀念性而無實性的境相）者即名曰「義識」，即「本識」。是則本識即名曰「法相識」亦無不可。見識相識皆幻義也，亦即皆虛幻法相也。

攝論言十一識，再把這十一識綜為相見二識。十一識者，身識，身者識，受者識，彼所受識，彼能受識，世識，數識，處識，言說識，自他差別識，善趣惡趣生死識。此中「身者

識」是染汙末那。「受者識」是無間滅意,是六識生起所依的無間滅「意根」。「身者」與「受者」就是攝論所說的二種意(意識識及所依止),此二種意為見識。其餘一切識則為「相識」。皆由本識轉現而成。相識不只前五識,即意識所執取之法(概念),對於此等之了別亦曰「相識」。

本識叫義識,塵識,或種子識。其餘七識,攝論名之曰「轉識」。「轉」者「轉現」義,就是現起或生起底意思,言由本識而轉現起也。此等轉識又名「能受用者」。攝論于論「所知依」中有云:

復次,其餘「轉識」普于一切自體諸趣,應知說名「能受用者」。如中邊分別論中說伽陀曰:『一則名「緣識」,第二名「受者」。此中能受用、分別、推、心法。』如是二識更互為緣。如阿毘達磨大乘經中說伽陀曰:「諸法于識藏,識于法亦爾,更互為果性,亦常為因性。」

本識與餘轉識底關係是互為因果的。就轉識之現起以本識為因種而言,本識是因,轉識是果,就本識受熏始能現起而言,則轉識是因,本識是果。受熏者受諸轉識底種種動作來熏染也,熏染本識中的潛伏種子而使之凸出以生起現行法也。所以它是因亦是果;。這種互為因果的關係,縱貫地言之,名曰「一種七現」,即一本識為種,七轉識為現行也。無著說此義並引辯中邊頌以明之。

辯中邊頌是把本識名為「緣識」,即阿賴耶識,言以之為緣而足以生起諸餘識也。此諸

餘識則被名曰「受者」（能受用者）。印順以為此「受者」識可分別地依其主要的特性而分為三類：一曰「能受用」，二曰「分別」，三曰「推」。此三類統名曰「心法」，即諸轉識（受者識）之異名。「能受用」可指前五識言。前五識依五根受用五塵，感受底意味特別強。「分別」指第六識言。第六意識以分別計度為特性。「推」指第七識言。第七末那恒審思量，推執第八以為自我。（攝大乘論講記頁一〇九）但世親辯中邊論解釋此頌却不是如此，他是把「心法」解為「心所法」，即「能受用」、「分別」、與「推」此三「心法」是諸轉識底「心所」（幫助心者）。彼云：

「緣識」者，謂藏識，是餘識生緣故。藏識為緣，所生轉識，受用主故，名為「受者」。此諸識中，受能受用；想能分別；思，作意等諸相應行能推。玄奘于頌語中之「心法」即譯為「心所」（眞諦譯為「心法」），但攝論亦是他譯的，于此攝論中他又譯為「心法」。是則此「心法」在其心目中即是其所譯之辯中邊頌及論中之「心所」也。普通說「心、心所法」即心法與心所法，此兩者固有別。但在此說「心法」者即「心所有法」也，故此「心法」、「分別」、「與推」此三者又以「受想行」三蘊說之，而受想行固是「心所」也，故此「心法」即「心所法」。此三心所法既為諸識所有，則不能分別地以「能受

案這是以「受、想、行」三蘊來說「能受用、分別、與推」三者。此三者為心所有能幫助心而助成之，故名「心所」。這「心所」是說諸識的，故云：「諸識此三助心，故名心所」，意即諸識有此三者以助心，故此三者名為「心所」。

399

用」指前五識,以「分別」指意識,以「推」指末那。此三心所法中之「能受用」(受蘊)與代表諸轉識的「受者」識(「能受用者」識)不同。諸轉識之所以得名曰「受者」,因為它們是「受用故」。「受用者」是就諸轉識而總言之。三心所中之「能受用」是就此「受用主」而言其「能受用」性(受蘊),不專指末那而言也;其中之「分別」是就此「受用主」而言其分別性(妄想,想蘊),不專指意識而言也;其中之「推」是就此「受用主」之「思作意等諸相應行」(不相應行在外)而言其推度造作性(行蘊即思蘊),不專指末那而言也。當然若分別說諸識之心所,則可各有其偏勝,或多或少,或相出入。但若籠綜說諸識有此三心,亦無不可。(依成唯識論,此三心所屬遍行類。而且心所甚多,共有五十一心所。配屬起來,不但諸識有心所,即第八識亦有心所。辯中邊頌及論未言至此。攝論亦未言至此。)

依世親的論釋,此三心所屬諸轉識;依印順的解釋,此三心所是分別地指前五識及第六第七識說,而亦俱說為「心所法」者是說五識及六、七識是本識底心王所生起者,此恐不是說心所法之通義。但印順如此解釋亦有依據。他是根據大乘莊嚴經論而如此說的。〈大乘莊嚴經論卷第五述求品第十二之二〉

偈曰:　所取及能取　二相各三光
　　　　不真分別故　是說依他相

釋曰:此偈顯示依他相。此相中自有「所取相」及「能取相」。所取相有三光,謂句光,義光,身光。能取相有三光,謂意光,受光,分別光。「意」

・400・

謂一切時染汙識，「受」謂五識身，「分別」謂意識。彼所取相三光及能取相三光，如此諸光，皆是不真、分別故，是依他相。

此釋明說「意」是指染汙識，即第七末那說，「受」是指前五識說。「意光」就是辯中邊頌中的「推」，「受光」就是其中的「能受用」，「分別光」就是其中的「分別」。能取相三光既分別地指三類識而言，則辯中邊頌中的「能受用、分別、與推」亦當指三類識而說。

此解固通，世親論釋亦通。印順解是就總說的「受者」識而分別地指目之，惟于此亦說轉識（受者識）而再具體地進之以三類心所法（受、想、行三蘊）。

第二節 辯中邊頌之本識之變現似塵、根、我、了…一種七現

本識與諸轉識（能受用者）底互為因果之關係，若縱貫言之，是一種七現。〈辯中邊頌辯相品〉第一有頌云：

識生變似義　有情我及了。
此境實非有　境無故識無。

• 401 •

論曰：「變似義」者，謂似色等諸境性現。「變似有情」者，謂似自他身五根性現。「變似我」者，謂染末那與我癡等恒相應故。「變似了」者，謂餘六識了相粗故。「此境實非有」者，謂似義似根無行相故，似我似了非真現故，皆非實有。「境無故識無」者，謂所取「義」等四境無故，能取諸識亦非實有。

案頌首句之「識」就是本識，真諦即譯作「本識」。本識生起時，就變現「似義、似有情、似我，及似了」四境。「變」是動詞；「似」是狀詞，直貫四境。所變現的「似義」是指「色等諸境」而言，即以作為五識底對象的色聲香味觸諸境為本識所變現的「似義」（似塵）。所變現的「似有情」是指「自他身五根」而言，即以此五根為本識所變現的「似我」是指「染末那」而言，（所以名之曰「我」者，是因染末那恒與我癡我見我愛我慢等恒相應故）, 即以此染末那為本識所變現的「似了」。所變現的「似了」是指其餘六識為本識所變現的四種境相（攝論所謂「相識」及「見識」，既知境是「義等四境」，是本識所變現的，此四境既非實有，故云「境無故識無」。但世親的論釋于此卻說「所取義等四境中之「境」自是指四境而言，「識」自是指本識而言，此語中之「境」自是指四境而言，此四境無故，能取諸識亦非實有。所變現的四種境相，既變現，似之而非，即非實有。似我，似了」則「能取」即是本識，云何說「能取諸識」，又加一「諸」字？這是無形中又把語意滑轉了，把四境又轉成「諸識」底境了。這也許是玄奘譯時的誤解。

真諦譯文可無此滑轉，如下：

偈曰：塵、根、我、及識，本識生似彼。
但識有，無彼。彼無故識無。

「似塵」者，謂本識顯現相似色等。「似根」者，謂識似五根于自他相續中顯現（謂本識變現似五根于自他相續中顯現）。「似我」者，謂意識與我見無明等相應故。（案此語中之「意識」即染汙意即第七末那）。「似識」者，謂六種識。「本識」者謂阿黎耶識。「生似彼」者，謂識似塵等四物。「但識有」者，謂但有亂識。「無彼」者，謂無四物。（案既無四物，則「識有」之識自是「本識」。「亂識」亦指此「本識」言，本性迷染散亂故。）何以故？似塵似根非如實形「識」故。（案「識」字衍。玄奘譯為「無行相故」。）似我似識顯現不如境故。（案當為塵等四既無，本識亦無。）「彼無故識無」者，謂塵既是無，識亦是無。（案當為塵等四既無，本識亦無。）是識所取四種境界，謂塵、根、我、及識所攝，實無體相。所取既無，能取亂識亦復是無。

據此譯文，真諦明標本識（阿黎耶識）變現四物，亂識亦指本識說。此則並未滑轉爲「諸識」也。四物是本識之所取（非「諸識」之所取），則「能取」者即是本識（亂識）。此當是彌勒頌之本義。

此種能取所取底關係即是一種七現。這是縱貫地說。當然所取者一旦變現出來，則似我似了諸見識方面亦有其所了之境，即有能所關係，但此是橫列地說，是低一層者。焉可由縱滑轉爲橫？玄奘譯文有此滑轉，可能是以「八識現行各有所取」之橫列關係爲背景。此固是世親唯識論之所重。但是他釋辯中邊頌可能不以此爲背景。若眞以此爲背景，則此滑轉由世親負責，玄奘譯不誤，眞諦譯是依義改正。若世親釋原不如此，則此滑轉由玄奘負責。無論如何，此一滑轉顯出「一種七現」與「八識現行」間的差別。

大乘莊嚴經論由阿黎耶識自界起能取所取二光，亦是「一種七現」。此論卷第五〈述求品〉第十二之二有：

偈曰：自界及二光　癡共諸惑起。
　　　如是諸分別　二實應遠離。

釋曰：「自界及二光，癡共諸惑起」者，「自界」謂自阿黎耶識種子。「二光」謂能取光所取光。此等分別，由共無明及諸餘惑，故得生起。「如是諸分別，二實應遠離」者，「二實」謂所取實及能取實，如是「二實」染汙，應求遠離。

能取所取底分別是因着與無明及諸餘惑共而由阿黎耶識種子生起，此是「一種七現」的縱貫關係。所生起的「二光」，即能取與所取底關係則是橫列關係。同品又有偈說明此「二光」如下：

偈曰：所取及能取　二相各三光
　　　　不真、分別故　是說依他相。

釋曰：……所取相有三光，謂句光，義光，身光。能取相有三光，謂意光，受光，分別光。意謂一切時染汙識，受謂五識身，分別謂意識。……

此釋全文已見前。「所取相」中之三光，「句光」指「器世間」說，「義光」指塵說，「身光」指根說。于似塵似根以外，加一「器世間」。「能取相」中之三光，「意光」指染汙末那說，「受光」指五識身說，「分別光」指意識說，即諸轉識也。此思路同于辯中邊頌，惟縱橫並言而已。縱貫之「一種七現」是綱，橫列中諸轉識之能取所取是緯。我們也可以說「能取光」是本識所變現之「似了」與「似」，「所取光」是本識所變現之「似塵、似根、及似器世間」。辯中邊頌只就縱貫關係說能取所取。茲可表列如下：

辯中邊頌

本識（能變現）→ 能取 → 似了（似我） 所變現
　　　　　　　　　 似根
　　　　　　　　　 似塵

大乘莊嚴經論

本識
　能取相　　　所取相
　　句光（器世間）
　　義光（塵）
　　身光（根）
　分別光（意識）
　受光（五識身）
　　　　（染末那）

・405・

第三節　解深密經之一「本現」與六「轉現」以及世親唯識三十頌之「八識現行」

世親唯識論重在八識現行之橫列關係者乃本諸解深密經。解深密經于〈心意識相品〉第三中說「一切種子心識」這個本識雖然也是種與識不一不異，混融爲一，然却能顯示出這個本識之識的見性——主體性，即現行性，不純然從其爲種子以變現根、塵、我、了說，如辯中邊頌、大乘莊嚴經論，以及攝論之所說。不過它是一「本現」六「轉現」的七識說。這不關緊要。要者是在本識亦現行，這就是偏重在「識」義，而辯中邊頌等則偏重在「種子」義，七與八無關也。解深密經說心、意、與識這三法（一般經敎皆說心意識三，攝論亦引世尊說心意識三，不過展開解釋有不同），是以「一切種子心識」說心，而此「心」亦名阿賴耶，亦名阿陀那，三名同說一本識。「意」由本識之阿陀那義開出，還是指的這本識。依止于這阿陀那，遂有六轉識起現。「意」即指五識身與第六意識這六轉識而言也。這個「意」是很微細的，與第六識。心、意、阿賴耶、阿陀耶，這四名同指一本識而言。「意識」實當名曰「自覺識」，或「分別識」。「意識」不同。爲免重複起見，

解深密經心意識相品第三有云：

廣慧！當知：于六趣生死，彼彼有情墮彼彼有情衆中，或在卵生，或在胎生，或在濕生，或在化生，身分生起。于中最初一切種子心識成熟，展轉和

案此是說于一切有情衆生身中,「一切種子心識」即已成熟,並且依着二種「執受」而得以「展轉和合」(與名色和合),「增長廣大」(完成生命體底六根)。這恰是無明緣行,行緣識(一切種子心識成熟),識緣名色(依二執受與名色展轉和合),名色緣六入(六根完具的增長廣大)。這增長廣大當然還可以包括其他,不過這須在出生後有六轉識時始可說。總之,不管由結胎到出生,或出生後的一切現實活動,皆是由「一切種子心識」在作主。此心識底二種執受,一是「有色諸根及所依」執受,即攝持諸根及其所依之塵(色聲香味觸)執受即「攝持」義,或「取」義,執持而取受之不令失壞。根塵成已,即執受根塵。根塵未成,即攝持之根塵種子即成爲現行之根塵,此是縱的關係。但本識執受根塵,則特顯本識熏,其所攝持之根塵種子即成爲根塵之根塵種子。此種執受是橫的關係。根塵成已,即執受根塵,顯本識之主體性。但通過受熏之現行性(主體性,見性)。另一種執受是「相、名、分別、言說、戲論習氣」不令散失,通過受熏後,可更增長「相、名、分別、言說、戲論」等虛妄表現。它執受此類習氣,更顯其現行性(主體性,見性)。辯中邊頌及大乘莊嚴經頌是沒有這一類似現的。它們只說本識變現根、塵、我、了(莊嚴經頌加上「器世間」)。這是偏重本識之「種子」義而說的。我們只由本識之二種「執受」顯本識之「識」義(主體性,見性,現行性)。「識」者了別義。一切種子心識(本識)亦有其任運的執受攝取之了別。

合,增長廣大,依二執受:一者「有色諸根及所依」執受,二者「相、名、分別、言說、戲論習氣」執受。有色界中具二執受,無色界中不具二種。

同品繼上錄文又說：

> 廣慧！此識亦名阿陀那識。何以故？由此識于身隨逐執持故。亦名阿賴耶識。何以故？由此識于身攝受，藏隱，同安危義故。亦名為心。何以故？由此識依色聲香味觸等，積集滋長故。

案此是說同一本識而有三名。以其「于身隨逐執持故」，名之曰阿陀那。它隨逐于身而執持之，即是本識之阿陀那義。是則阿陀那以「執身為我」為其特殊的作用。故阿陀那即是「染汙意」，亦即末那也。經文未明說「意」，故解者即以本識之阿陀那義當之。又，以其攝受根身而又隱藏（或依住）于根身，而又與根身同其安危，依此三義，名本識曰阿賴耶。又，所以名之曰「心」者，是因為此本識是由色、聲、香、味、觸、法等所熏習，因而得以「積集滋長」的緣故。「積集滋長」是謂述本識的，不是謂述色聲香味的。（經文譯語，語意模稜。依一般解者，作如此解。若如此解，「色聲香味觸等」一語當補「依」字。）「心」者集聚總持義。其所集聚而總持之的是因著熏習底積集滋長而亦「積集滋長」。

同品繼上錄文又說：

> 廣慧！阿陀那識為依止為建立故，六識身轉，謂眼識、耳、鼻、舌、身、意識。

依「一切種子心識」之阿陀那義即可建立（起現）六轉識。此中並無末那（染汙意）一轉識，故只有六轉識，並無七轉識。蓋因解深密經說「一切種子心識」偏重在其「識」義之主體性，見性，亦即現行性，而此即于其阿陀那義見，而它本身即是阿陀那，故除本識以外，不應再別立「末那」一轉識。此即所謂一「本現」六「轉現」也。故成七識論。

辯中邊頌，大乘莊嚴經頌，以及攝論，則重在本識之「種子」義，故縱貫地變現根塵我了。此中之「我」即染汙末那，與我癡我見我慢我愛四惑相應。依解深密經說，它本是本識底現行性（取性現行）。但因于本識偏重其種子義，故將此現行性分離出來，建立爲末那，說它是本識之變現，故亦成爲一轉識。再加上其餘六轉識（所變現的「了」），故成七轉識。此即是「一種七現」的八識論。

至世親的唯識三十頌，則依據解深密經之偏重本識之現行性（識義），並根據其先行者彌勒無著之由本識變現末那，遂成爲「八識現行」之差別論，而特彰八識現行之橫列關係，即各有其相分與見分。就阿賴耶識言，識本身是見分，種子是其相分。對此相分詳細言之，即是根身，種子，以及器世間（亦名曰處）。它能了亦即執受根身、種子、以及器世間。就末那識言，它能了賴耶，即執賴耶爲我。就六識言，此六識能了六塵。此便是八識現行（三能變）底橫列關係，與「一種七現」者異也。

但是這種差異並非本質的，亦非不相容。只因偏重點不同，故有「一種七現」與「八識現行」間的差異。橫列關係並不排拒縱貫關係。本識雖有其現行性，有其自身之能所，其持種受熏而有異熟果而言，則亦是縱貫關係。縱橫兼備，這可說更完整，更整齊。八識雖各有其能所，然有現行性的賴耶變現爲末那，亦並非不可。解深密經不開末那可，開之亦未

當不可。所以「一種七現」與「八識現行」不是本質的差異。這只是賴耶緣起系統內部的小差異。

不過世親頭腦明晰,喜分析,而乏理想主義之情調(到攝論時已經如此),大體喜作能所之分別,爲對列順取之形態,與儒家朱子相似。故彼之思想成爲平列的八識現行之差別論。重八識現行,即是將八識之「能」義凸出。「能」義凸出,「所」義亦凸出。染識中能所差別,淨識中亦能所差別。故眞如只成「凝然眞如」,爲如如智之境,而不允「境智無差別」,而如來藏亦只成爲理性佛性,實亦只是一「凝然眞如」。依此,其爲漸敎,三乘究竟,乃是必然的。這是由攝論所定的規範而來的必然結果。(彌勒可兩面通。眞諦引之向眞心走也。)

攝論于「所知依」中釋「心意識三」句中之「心」字時說:

　　心體第三,若離阿賴耶識,無別可得。是故成就阿賴耶識以爲心體。由此爲種子,意及識轉。何因緣故亦說名心?由種種法熏習種子所積集故。

案前文先已說明了意與識,最後說「心」字,故列爲第三。阿賴耶識亦名爲「心」者,是因爲它是種種法所熏習成的種子之所積集處故;即使不說「所積集處」,而直說爲「所積集心體」亦無不可。對諸轉識而言,全部阿賴耶識(心體)自身旣是所熏成的種子之所積集處(依止處),同時亦就是一大堆種子之所積集成。它是可以「積集滋長」的(解深密經語);它隨種子之累積集合而亦滋長壯大(膨

脹）。離却種子底積集便無阿賴耶識，亦無心體。這是對于阿賴耶識心體所作的描述的說法。若分解地言之，種是種，識是識，種集存于識，識攝持乎種，也可以說離種有識。若是離種有識，便是八識現行。若是離種無識，便是一種七現。

印順于其《攝大乘論講記》中釋此文後加一「附論」云：

心是一切種子心識。從種子現起的是染末那與六識。心、意、識的分解中是這樣。「所知相」中的八識，是一種七現。這不但在這心、意、識的分解中是這樣。「所知相」中說阿賴耶識為種子，生起「身者」（染意）及「能受」（意）的七識；安立「義識」段，說阿賴耶是「義識」（因），「所依意」（染意）及「意識」是「見識」；十種分別中的「顯識分別」也是「所依意」與六識：總之，從種生起的現識（轉識），轉即是現起）只有七種。本識是七識的種子，是七識波浪內在的統一。它與轉識有着不同。這不同像整個的海水與起滅的波浪，却不可對立地平談八識現行。《攝論》、《莊嚴》與《成唯識論》的基本不同就在這裡。

真諦說：染末那就是阿陀那。這是非常正確的。末那是意，意是六識的所依。「阿陀那識為依止爲建立故，六識身轉」。（案此是解深密經語）。這不是六識的所依嗎？本論說阿陀那是賴耶的異名。它執持色根，執取一期生命的自體。攝取自體，世親說就是攝取一期的自體熏習。我們應該注意，染末那也是緣本識種相而取為自我的。事實上，六識以外，只有一「細識」。這「細

印順如此說固不錯。但據我上面的疏釋，一種七現與八識現行的不同，不是賴耶緣起中本質的差異，差異到成兩個系統，乃是同一系統的兩面觀。于縱貫的一種七現以外，再說說橫列的八識現行亦未嘗不可。㈠說染末那就是阿陀那固不錯，但把賴耶的阿陀那義及自體熏習以為自我的取性，主體性，現行性）開出來以為末那亦未嘗不可。㈡開出末那以後，亦名為心的賴耶，自其持種而言，若分解地橫列觀之，說它亦是「現行」亦未嘗不可。不過它的現行是任運而冥運的，是無覆無記的；而末那的現行是有覆染汙的，與我癡我見我慢我愛四惑相應的，特顯迷執性與貪着性。只因有此不同，所以才可把阿陀那義特為開出而立末那。若完全不准開為末那，末那就是阿陀那，阿陀那就是阿賴耶，則成一「本現」，六

識」攝持一切種子，叫它為心；它攝取種子為自我，為六識的所依，就叫它為意。可以說：意是本識的現行。要談心、意、識，必然是一種七現（除〈抉擇分〉及〈顯揚論〉）。從種現的分別上說，阿陀那（取）就是染末那。細心本是一味而不可分析的：種子是識（分別為性）的，識是種子的。在這「種識渾然」的見地，那執持根身攝取自體的作用也可建立為本識的作用，就是賴耶異名的阿陀那。這執持根身的作用，據密嚴經說，是染末那兩種功能的一種。細心是一味的。種子是識的，識是種子的。分出「攝取自體攝取根身為自我」的一分我執，讓它與「種子心」對立起來，建立心意的不同。不應把染意與賴耶看為同樣的「現識」。假定純從能分別的識性上說，那末，末那就是阿陀那。

（攝大乘論講記頁六十一—六十二）

「轉現」，而不是「一種七現」。既准開出末那，則賴耶只成種子義，因此，遂有縱貫的「一種七現」。就其種子義言，它固是種子，但須知它亦是「識」。凡識俱有現行性。就其對七轉識而言，它是種子。就其自身之無覆無記地任運持種而言，分解地觀之，它亦是無覆無記地任運現行。此無覆無記地任運現行不妨礙其為受熏的種子，但同時亦不妨礙其橫列的持種之現行義。賴耶豈如亞里士多德所言之純質料之為純潛能耶？它能持種，是橫列的能所之能。它受熏而能似現根塵我了，是縱貫的能所之能。從縱貫的能言，它是種子。從橫列的能言，它是現行。一往以橫列的態度看八識，賴耶是任運的現行，末那是執我的現行，意識是分別計度的現行，前五識是取五塵的現行。此之謂八識現行。此亦不妨礙言一種七現也。如果《解深密經》的一本現六轉現（七現行）成立，則八識現行亦可成立。你可說這似乎有點重複。其實亦不必定是重複。因為阿賴耶與阿陀那雖一物兩名，然亦是就其不同的義而立此兩名，甚至再加上心以立三名。既有不同的義，則亦可說賴耶的現行性與末那的現行性有不同。非必一言現行即為重複。是以一種七現，或一本現六轉現，或八識現行，俱可說。這只是同一系統中的內部差異。這差異只由於對本識底種義與識義而起的偏重觀而然。而本識原有此兩義。而此兩義之成以及對此兩義之畸輕畸重，則源于此本識本身既是識，又有其所持之種子，而其識義與其所持之種子又是不一不異而混融為一的。以下試解此義。

第四節　賴耶體中的種子與識之不一不異

《攝論》於講本識與種子之同異時有云：

復次，阿賴耶識中諸雜染品法種子為別異住？為無別異？非彼種子有別實物于此中住，亦非不異。然阿賴耶識如是而生，有能生彼功能差別，名一切種子識。

印順《講記》解此文云：

因轉識的熏習，「阿賴耶識中」具有能生彼「諸雜染品法」的功能性，就是「種子」。本識與種子還是「別異住」，還是「無別異」？說明白點，就是一體呢？別體呢？這就太難說了！本識與種子各別呢？本識是一味的，那種子應該是各各差別；但在沒有生果以前，不能分別種子間的差別。本識是無記性的，那種子應該是善惡了；但種子是無記性的。假使說沒有差別。種子要在熏習後才有，不熏習就沒有，但不能說本識是如此的。又，本識中所有某一種能生性的種子，因為感果的功能完畢，或受了強有力的對治的關係，它的功能消失了，但不能說本識也跟它消失。這樣，非「非一非異」不可。種子是以識為體性的，並非有一種子攢進賴耶去。在種子潛在與本識混然一味的階段（自相），根本不能宣說它的差別。不過從剎那剎那生滅中，一一功能的生起，消失，及其因果不同的作用上，推論建立種子的差別性而已。〔《講記》八十二頁〕

印順于此段解文後加一「附論」云：

世親釋論曾這樣說：「若有異者，……阿賴耶識刹那滅義亦不應成。」這是很可留意的。為什麼本識與種子差別，本識就不成其為刹那滅呢？有漏習氣是刹那，楞伽曾明白說過。本識離却雜染種子，就轉依為法身，是眞實常住，也是本論與莊嚴論說過的。賴耶，在本論中，雖都在與染種融合上講，是刹那生滅；但它的眞相就是離染種而顯現其本來清淨的眞心。眞諦稱之為不生滅的解性梨耶，並非刹那生滅。本論在建立雜染因果時，是避免涉及本識常住的，但與「成唯識論連轉依的本識還是有為生滅」不同。〔講記八十三頁〕

案這段「附論」有問題。第一，攝論的阿賴耶識是否就是「其實本來清淨的眞心」，即「自性清淨心」？眞諦稱之為不生滅的「解性賴耶」，這是眞諦的增益解釋，非攝論的本義，不可取以為證。攝論的阿賴耶識是以迷染為性，不是以解為性。它不是「本來清淨的眞心」也是本論與莊嚴論說過的。眞諦以「如來藏自性清淨心」說之，故說它「以解為性」。這個「解性」就是它的超越的自性，亦即指示它的「眞常心」性。眞常心無所謂生滅。但阿賴耶縱使到轉依離染種時也不必就是眞常心。因為攝論不承認有本有無漏種。凡無漏種都是後天新熏成的。這什麼時候能使阿賴耶全成為無漏種呢？此其一。第二，世親說若阿賴耶識與種子有異，則其生滅義亦不應成。這是可以說的。不但與染種有異時如此，即使全成為無漏種（無漏淨種）有異時亦如此。不但在逐步新熏成的無漏種之起現為無漏法時是生滅的依他，如若以種現關係說之，還是生滅有為，這是遠達不到的，只可視為一理想永遠向之而趨）

就清淨依他可分析而得的。世親就是這樣分析的頭腦。所以他只能承認如理會為「無為」，無生滅。依他（縱使是清淨）而不生滅，這是自相矛盾的。（就依他而說生滅與龍樹就緣起性空而說「不生不滅」不同，不可混。）你可以說這只是世親依他分析的頭腦體會的不善巧，只作一條鞭的分析說；清淨心（淨八識）還是不生不滅的。曰不然。根本是在無漏種為新熏而又以種現關係說。是故淨識不是真常心；真常心隨緣不變，不變隨緣，亦不是種現的關係，因真常心非熏成的無漏種故。依攝論，無漏種雖亦寄存于阿賴耶識中，但它與阿賴耶識不同其性。住」。這話亦有歧義。印順說「本識離却雜染種子，就轉依為法身，是真實常它是最清淨法界之等流而可與最清淨法界為同性，到轉依時，它是攝屬于最清淨法界的；亦是法身之種子，故到轉依時亦依止而攝屬于法身。但它本身並不就是法身。佛法身常住不變，而淨識之種現關係仍可是依他起，這自然不是究竟了義，但攝論的規模就是如此，不可多有增益。

以上是順印順的「附論」作一簡別。茲再進而論本識與種子之不一不異。

種子與本識（識心）渾然為一，當然不是「別異住」，識與種非異體。無量種子亦非各別地散列于本識中。種子在本識中只是渾然潛伏而不顯異相的潛伏功能（勢用）。因為「識」是心能。諸法熏習，法是各別的。但到熏成種子而持于識時，則轉化而為心能，成為心能。在熏習諸法時，法是各別的。但到熏成種子而寄存于本識中時，也就與識之心能渾融為一而亦為心能。並不是那些各別的法跑進識中而為照樣各別的種子。譬如一人專門學着罵人，說罵人的話。學，說久了，就成為一種習慣力潛伏于心中。到後來一遇機緣，他就以各種人的姿態出現。當其罵這罵那，今天罵，明天罵時，這些罵的行動是各別的。但却並不是這

· 416 ·

些各別的駡的行動跑進心中而為照樣各別的種子，只是形成一種習慣力混融于心而成為有顏色的心能。這種心能到後來一週機緣時，也可以順着以往的習慣，以前怎樣駡，現在照樣駡出來，一一對應，但也可以創造新的駡語，以各種新的駡人姿態出現，不必機械地死對應。這就是心能底習慣力之觸類旁通。心能有此習慣力就是有顏色的心能。故「一切種子心識」就是有種種顏色的心能，雖然這些顏色（習慣力）在本識中只是潛伏而不顯。這是熏習的基本義，其實也只是常識。然則

(1) 種識間的「不一」究如何說？
(2) 種子的差別性與多數性究如何說？
(3) 種識的「不異」究如何說？
(4) 種子與種子間在本識中的「無異」究如何說？

首先，種識的「不一」是分解地言之，因為當我們說阿賴耶識時，就說它持種，即就此「持種」二字即可分解地說它們不一。種子是一種習慣力。當諸法熏習熏成一種習慣力融化于心識而為心識底一種心能，或使心識成為一種有顏色的心能（雖然在心識中顏色不顯），這只是說種子（習慣力）並非如各別的法那樣而亦各別地照樣寄存于心中。這層意思並不表示種子與識完全同一而不可分解地說示之。心識是總持地說的一種心能，種子是它受熏後所容受的與它融化而為一的一些內容（潛伏不顯顏色的一些習慣力）。心識是一個整全，而種子是其中的一個潛伏的特殊的決定。心識是不知其起于何時的亘古常存，雖亦可說它剎那生滅

如瀑流（這個刹那生滅的瀑流實亦是就其本身底不停止的活動性而由種子底不斷的生起與消失而印上去的），但却是總持整全的瀑流。此一整全的心識之有，無論在染在淨，它總是亙古常存的。因此，就說它是一個總持整全的常體亦無不可。此常當然不是死常，定常，或「形式的有」之常，因此，你說它不常不斷亦可；它當然亦不是「常樂我淨」的那個眞常。

其次，種子積集于本識，雖然與本識融和而爲一，成爲本識底一種不顯顏色的習慣力，然旣云「積集」（這是外延或廣度的詞語，習慣力是內容或強度的詞語），當然有「多」義與「差別」義。不過在本識中只是潛伏的多與差別，而實未凸顯出「多」相與「差別」相，只是渾然而無異地潛伏着。及至受熏感而各引自果時，則「多」相與「差別」相即被顯出，因而每一種子即彰顯地成爲心識底一特殊顏色，一特殊習慣。因此，種子底「多」相與差別相也是因着種子之生起與消失以及其因果對應關係而被顯出。

其次，種識間的「不異」，這是對于阿賴耶識的描述的說法，也就是具體的說法。種子與本識融化而爲一，成爲本識底一種不顯顏色的習慣力，吾人此時不知何者爲識，何者爲

種子在熏習後才有，不熏習就沒有，因此，它不是亙古就有的。種子是由其生起消失以及其因果對應（「決定」與「引自果」）上而被見出，因此，亦見其與心識不一。因此，種識之異（不一）是由種子之生起消失與因果對應關係而倒映進來的。當種子未顯爲因果對應關係而潛伏于心識中時，它是與心識渾然爲一而不呈現此異相的。但此渾然之一不是純一，而是潛伏地有顏色的一。因此，此渾然爲一之一自然就是潛伏的異與渾然的一並不衝突。

• 418 •

種。種子不是「有別實物」于識中住。識之為見分不顯，種子之為相分亦不顯，此即種識之渾然為一。但此一既不是純一，只是描述地說的渾一，不是分解地抽象地說識自身之純一性，則此種識底不異而為渾然的一只是一個積集體之潛伏的未分化，而畢竟還有潛伏的積集義，潛伏不顯的各別顏色義，以及潛伏不顯的見分相分義。即依此故，遂說種識渾一而不顯能所異相。及至受熏，種子凸出而各有其因果對應關係，則種識之異顯矣。種識之渾一而不顯，則識為能種為所之分別亦顯。是則渾然的一與潛伏的異亦不衝突。

最後，種子間的無異而不顯多相只是隨著渾然之一而來。在與本識渾融為一時，不但種識之異不顯，即種子與種子間之異亦不顯。它們的不一，也是由其各有因果對應關係而倒映進來的。在其潛伏於本識中時，則是渾然而不顯此異相的。但是既云積集，則渾然為一之「無異」就是潛伏的不一之異。因此，種子之渾一相與眾多差別相亦不衝突。

因此，我們綜結說：種識不一不異；種子非一非多，亦非差別非無差別。但此並不表示它們神秘不可說，只表示有這許多不同方面的意思而已。

又，總起來須知，此所云「種子」非元素義，非單位義，非原子義，乃是「功能」義，「力用」義。說到「功能」，更易見其與本識混融不可分。識之自體就是虛妄分別（根本分別）的功能，這是總功能。其中「功能差別」是種子與現行底因果對應上的一些小支流。對應某一果法限定地說，是此功能或彼功能之所生，此即是種子義，亦即是「功能差別」。然總起來，却都是阿賴耶識之所生現。此所以說：種識雖非一非異，「然阿賴耶識如是而生，有能生彼（諸雜染法）功能差別，名一切種子識。」「如是而生」者，即阿賴耶識如是這般（即如受熏而起的種現關係那樣）而生起諸雜染法。即就其「如是而生」，而見其有能生彼

諸雜染法之功能差別，即見其「有能生彼之因性」（此亦攝論講熏習中語），是故名阿賴耶識為「一切種子識」，亦可名之為「一切功能差別識」。總起來說，它是識。從感果上散開說，它便是那些「功能差別」的全體，也就是「一切種子」。潛伏地從其自身說，它是種識混一；彰顯地散開說，某一功能可以隨時消失，亦可以隨時生起，但大海水則常體不移，此是「不一」。但小波浪也就是大海水全體顯現。大海水舉體盡成為小波浪，非離水體別有一小波浪之自體，此是「不異」。小波浪由於風吹而起，否則就與大海水融一而無「異」相。這恰如「功能差別」是因着識體受熏而在因果對應上顯現。若潛伏地自識體本身說，則只是一總功能，「功能差別」之異即不呈現。

〔印順在上錄解攝論文中也知：「在種子潛在與本識渾然一味的階段（自相），一一功能的生起消失及其因果不同的作用上，推論建立種子的差別性而已。」這話自是明白。此中「差別性」自是用來說「種子」的（順通的語句順通攝論原文「然阿賴耶識如是而生，有能生彼功能差別，名一切種子識」時（印順的語句也不錯），却加簡別：是說能生彼法的功能性有特勝的作用。」（講記頁八十三）。把「差別」解為「特勝」，這一簡別乃成錯誤的多餘。前解文明說「推論建立種子的差別性」，今却又說這「功能差別不是說種子與種子……間的不同。」這明是自相矛盾。據我看，這正是說「種子與種子間的不同」，此不同就是「功能差別」。原文只說「功能差別」，並未說「功能殊

勝」，顯然也不是說「阿賴耶識如是而生，有能生彼（諸雜染法）的殊勝功能（即其能生彼法的功能性有特勝的作用）」。「殊勝」用在此是失旨的。

這一總功能而有能生彼諸雜染法的「功能差別」，所以即名之曰「一切種子識」，此即所謂「一種」；而其餘諸識（見識與相識）則由此「種」起現，即曰「七現」。此即所謂「一種七現」之因果流轉。至世親之唯識三十頌及玄奘宗護法所糅成之成唯識論，則成爲平談八識現行。賴耶雖亦持種受熏，然亦是現行，是則即在賴耶亦有能所差別。「二種七現」爲一能變，「八識現行」爲三能變。自此而言，此雖是重大的轉變，然亦未嘗不可說。此只是賴耶緣起中內部的差異。亦不甚重大。重大而有本質的差別者乃在「賴耶中心」與「如來藏自性清淨心中心」之不同。眞諦如就彌勒的辯中邊頌及大乘莊嚴經頌向以「如來藏自性清淨心」爲主體的眞心系統走，這是有可向此走的契機的。但如就攝論而向此引，則是誤引。印順的攝大乘論講記亦有此誤引的傾向。此則簡別不諦之故。

第五節　簡濫與抉擇

攝論開頭以十處顯大乘經教殊勝。此十處的第一處就是「阿賴耶識說名所知依」。印順講記解此語云：

一切所應知法的依處就是阿賴耶識，一切都依此而成立。世親說「所知」是統指雜染清淨的一切法，就是三性。無性說「所知」但指一切雜染的有爲

法。(玄奘傳護法的思想，近于無性。眞諦傳的思想近于世親。)本論對于三性有兩種的見解：一、遍計執與依他起是雜染，圓成實是清淨。二、遍計執是雜染，圓成實是清淨，依他起則通于雜染清淨二分。賴耶在三性的樞紐依他起中佔着極重要的地位。因為一切依他起法皆以賴耶為攝藏處。所以根據「所知依即阿賴耶識」的道理來觀察上面的兩種見解，照第一義說，賴耶唯是虛妄不實，雜染不淨的。照第二義說，賴耶不但是虛妄，也是眞實的，不但是雜染，而且也是清淨的，不顯與不顯轉與不轉的不同罷了。無性偏取第一種見解，而世親卻同時也談到第二種見解。無著的思想確乎重在第一種，因他在說明賴耶緣起時，是側重雜染因果這一方面的。但講到轉依與從染還淨，却又取第二見解了。眞諦法師的思想特別的發揮第二見解，所以說賴耶本身有雜染的取性與清淨的解性。賴耶通二性的思想不但用于還淨方面，而且還運用于安立生死雜染邊，與起信的眞妄和合說合流。玄奘門下的唯識學者大多只就雜染一方面談。我們從另外的兩部論──佛性論，一乘究竟實性論（西藏說是世親造的）去研究，覺得他與眞諦的思想有很多的共同點。

〔攝大乘論講記頁二十一〕

案此解語疏濶，頗有問題。首先，阿賴耶識為一切法之所依止，「由此有諸趣，及涅槃證得」。世親說「一切法」是統指雜染清淨的一切法而言，而雜染清淨的一切法又可概括之以三性，那就是說，統三性皆依止于阿賴耶。這只是順偈語而如此說，而其解說清淨法亦依止

于阿賴耶者又只是「要由有雜染，方得涅槃」。這一解說不能決定什麼，即不能由此便說「眞諦傳的思想近于世親」，或轉過來，說世親近于眞諦所傳的思想。因爲眞諦以「如來藏自性淸淨心」說「界」，又粘附着攝論說阿賴耶「以解爲性」，但世親並不如此說。焉能因其籠統的解說，便說眞諦和他相近？攝論說無漏種雖亦依止于阿賴耶，但其生因却另有來源。世親能違反此解說乎？阿賴耶是一切雜染法之生因，非淸淨法之生因，豈不同于此乎？是以關于「一切法等依」，世親與無性表面的差異不能有本質的不同。關此，詳見前第二章第一節。

其次，關于依他起之雜染性與通二分性，這並不能說是二種見解。順阿賴耶識說下來，它就是雜染的；轉識成智後，它就是淸淨的。因此，通二分以及承認轉依後的淸淨依他並不表示阿賴耶是自性淸淨心，以解爲性？通二分以及承認轉依後的淸淨依他豈便同于眞諦所傳的「賴耶本身有雜染的取性與淸淨的解性」？眞諦的思想可能是兩種見解。無性玄奘等豈不承認有淸淨依他乎？無性、玄奘、世親、護法、玄奘、甚至無性，却並不與起信論「與起信論的眞妄和合說合流」，但無著，世親，護法，玄奘，甚至無性，却並不與起信論合流。因此，轉依另一來源而轉之。故須依另一來源而轉之。耶識本性並不淸淨。故須依另一來源而轉之。轉之後成爲淨八識，這並不是眞心系統也。阿賴耶識本性並不淸淨。故須依另一來源而轉之。轉之後成爲淨八識，這並不是眞心系統也。阿賴耶識本性並不淸淨。故須依另一來源而轉之。世親依通二分而說淸淨依他，仍得因着依他起之通二分便想到這是眞諦之「解性賴耶」耶？世親依通二分而說淸淨依他，仍是徹底的妄心派。故其佛性論雖亦依勝鬘經說如來藏是「自性淸淨藏」，但却只說「如來藏自性淸淨理」，並不說「如來藏自性淸淨心」？是故不能依其佛性論性自體相中的「通相」。那得一見「自性淸淨」，便說「他與眞諦的思想有很多的共同點」（這雖是一個鬆泛籠統的說法，但其比對的語脈來

• 423 •

歷不對）。關此詳見前第二章第三節。

至于「一乘究竟寶性論」，那完全是如來藏自性清淨心之思想，與「大乘法界無差別論」同。此後者為堅慧所造，且有賢首疏，則前者亦當為堅慧造，至少非世親造。西藏傳說不必有據。至少寶性論與佛性論思路不同。若衡之以世親一貫之思路，不能說此書為其所造。關此詳見前第二章附錄。

《攝論》講到「果斷」時有云…

> 如是已說增上慧殊勝，彼果斷殊勝云何可見？斷謂菩薩無住涅槃，以「捨雜染，不捨生死，二所依止轉依」為相。此中「生死」謂依他起性雜染分。「涅槃」謂依他起性清淨分。「二所依止」謂通二分依他起性。「轉依」謂即依他起性對治起時，轉捨雜染分，轉得清淨分。

印順《講記》于解此文後有「附論」云…

....

> 識的對方是義。義相顯現的時候，就不知它是識。所以修唯識觀到義相不現的境地，就是識的真相現前。吾人心上的似義相，平時不知道是識，認為是實有的。一經觀慧的觀照，知道義相不是實有，只是識所現起的假相。雖說沒有義，還有似唯識相在，這仍然是義相。所以進一步的印定這識也不可得，就

真正的達到無義的境地。最初，一層進一層的觀察，到證悟時一切義相不顯現，通達了唯識的寂滅相。

根本智偏于證真，觀無義而不能了達任有識。從此所起的後得智觀唯識相現，即不能通達無義，它所見的義相還是顯現，不過能知道是識。根本智通達義相皆無，却不見唯識，後得智知非實有，義相仍然存在。所以根本後得二智不能並觀。若因止觀的聞熏力，將賴耶中的雜染分漸去，義相也就漸捨漸微。這樣，五地以上，唯識無義，無義唯識，二智才有並觀的可能。不過只在觀中，一出觀，義相又現（但能知它無實），那又不行了。八地菩薩，無分別智任運現前；直到成佛，才能圓見唯識無義，無義唯識。唯識無義的眞相徹底開顯，這就是圓證無住涅槃。

根本智通達法性，後得智觀察法相，二智差別，性相也就不一。但唯識無義本是一體的兩面，二智是一體義別，性相也融然一味，這名為最清淨法界。初地的清淨法界其實只見到法界的無義邊。不應偏執這無義邊的法界，唱導佛智生滅的差別論。

攝論莊嚴論的思想，在安立雜染緣起分的流轉門，「依他」用染種所生義，「性相」用差別義，同平常所說一樣。在安立轉染還淨的還滅門，「依他」用「通二分」義，「性相」用圓融義，與眞心論大致吻合。染淨都在依他起上說，染淨諸法也都以依他中心的賴耶本識為中心。在雜染，是唯識；在清淨，那一切法唯識，也就是唯智。通二分的依他中心，向下看，叫它是識，向

・425・

上看，就叫它是法性（初地顯現），是真性法界智（佛地圓滿）。在「染淨性不成」上說，吾人的本識隨染如彼，隨淨如彼，它是依他無固定性的。但從另一方面說，却不這樣。雖隨染分，清淨的圓成實性不變。否則，圓成就成為無常了。這樣，這通二性的依他起，就等于取性與解性和合的賴耶了。這染識中心光明性的全體開顯，從它的寂滅離戲論邊，稱之為無住涅槃。

〔講記頁四七四——四七六〕

案印順這個「附論」和他講攝論開頭「阿賴耶識說名所知依」一語時的話完全相同。他是以真諦所傳的「取性與解性和合的賴耶」看攝論的賴耶，這樣，阿賴耶成了自性清淨心不染而染了，攝論等于〈起信論〉了！「取性與解性和合的賴耶」等于真常心之在纏。以這樣的賴耶看攝論中的賴耶緣起中之依他起之通二分，攝論可至「性相融然一味」，「與真心論大致吻合」。但是攝論的阿賴耶如此之通二分義，我說即是空，亦為是假名，只要不笨至析法空，大體都可說，這已成了共義了。〈中論〉的「因緣所生法，我說即是空，亦為是假名，亦是中道義」普遍地成立以後，其依他通二分亦不是一心開二門之真心系統。性相圓融，自「緣起性空」一義普遍地成立以後，就依他起遣除遍計執而見圓成實，這也是性相圓融。就遍計執說依他（染依他），則性相固有別，但此中之相無體，根本是無，（此所以泯遍計執，不泯依他起）人們不于此說性相圓融或不圓融也。而一說依他起，便知生無自性無相，既知生無自性無相，便不計執而已成為淨依他，在此性相乃無別。此中之相是無自性的依他之相而無相，而相相宛然也，此方是性相圓融。豈有性相差別義與圓

融義之兩說耶？如此說性相圓融，是妄心系統下的性相圓融——性是空如理，相是依他起之無相之相，相相宛然。此猶近于中論，不過套于唯識上說而已。至于眞心系統下的性相圓融，性是眞常心（眞如心心眞如，心理爲一之性），相是不空如來藏，此是積極的性相圓融。豈是一說性相圓融便是眞心論耶？

性相圓融，人皆可說。但是智如不二，所謂境智無差別，則卻稍有不同。只要你所說的如境與如智（無分別智）不是就眞常心說，則無眞正的「智如不二」之可言。眞常心系統，主要地言之，是一個縱貫的豎立系統；而攝論與成唯識論，主要地言之，則是一個橫列對立的系統。

在妄心系統下的「性相圓融」這個最清淨法界中，佛智固可如法性如理那樣，同爲無爲，無生滅。但這只是描畫佛智如此說。而攝論以及成唯識論之理論不必能極成此事實。空如理是無爲，這是決定的。但佛智亦可說無爲，亦可說有爲，亦可說不生滅，亦可說是生滅。這不只初地菩薩「只見到法界的無義邊」，是如此，即在佛地亦同樣是如此。只要你沒有超越的眞常心，你不能有眞正的無爲無生滅智，這層意思是決定于無眞常心者必爲漸教。即使肯定一眞常心，而眞常心只是隨緣不變，不變隨緣，不能即具十法界，則亦不能有眞正而圓滿的無爲無生滅智。此即是說，設不能至無量無作四諦，到需要時，須依神通作意起現，則佛智便是有爲有生滅。這層意思決定于教義之圓不圓。世親玄奘等唱導佛智生滅有爲與法界無義邊的法性如理之無爲不生滅，這種差別論，雖其于佛智面體會的不很善巧，然順妄心系統之理論規模，如此說亦大體不差。試以轉識成智後的四智明之。阿賴耶識本是攝持一切種子以及似現七轉識（見識）

攝論于最後「果智」章亦講四智。

• 427 •

及根塵器界（相識）。到通過正聞熏習而起轉識依時，轉識依而為智依，而成為大圓鏡智，也同樣攝持一切無漏淨種以及似現無漏五根，清淨佛土（相）及其餘三智（見）。這是由後天的正聞熏習而逐步轉成的。這究竟是否能有最後的轉到（因為它不是由超越的真常心之朗現而成，而是由聞熏習逐步轉成），這且不論。可是只要一說持種，而且有種現的因果關係，則憑此淨種以及淨種現的因果關係（淨依他）而起的智便是有生滅有為的。淨種底現行有生滅，淨種底現行有生滅，所以此中的智，雖是無執，也不能不有生滅。或者可這樣說：淨種有生滅，而智之自性無生滅，它只隨淨識之生滅而為起伏隱顯。可是這樣說亦不見得好。因為這是預設一智體之自性。智實不是一個自體而有其自性。它是個虛意字之空性之為虛意字（或亦說為抒意字）；它只是淨識之智底生滅。淨識底生滅就是智底生滅。淨識是個底子，非實物，實物有生滅，虛意無生滅。答：這自是可說的。但既即是淨識之虛意，則亦隨淨識之生滅而為有無：淨識起，有此虛意之智；淨識滅，無此虛意之智。虛意不可以生滅論，因無物故，以有無論，如影隨形故。影隨形之生滅而為有無。吾人即以此「隨有無」而定智之生滅義。虛影之智本身無為無生滅，但隨淨識之生滅而為有無為了。這雖是「生滅有為」之提升一層說，意義亦隨之而不同。只要它隨生滅有為而為有無，它即不是定常實法之無為無生滅，因為實處在淨識故。此與由真常心說智者不同。真常心就是智，兩者是一，皆是實法，故皆是無為無生滅也。其隱顯亦不是種子與現行底因果關係。只因攝論是以妄心為準，轉為淨識亦持種，始不能使智真成為無為無生滅。在阿賴耶識，種識不一不異；在大

・428・

圓鏡智，也是淨種與淨識不一不異，只此便使大圓鏡智亦為生滅有為。此世親之所以說本識與種子「若有異者，阿賴耶識刹那滅義亦不應成」。世親、護法、玄奘等說佛智亦生滅有為，正是其本身系統一貫之論，而華嚴宗之賢首據此斥其員如為「凝然真如」，「只以業相為諸法生起之本」，「縱轉成四智，亦唯是有為，不得即理」，彼等亦無辭以對也。難道《攝論》能拒此斥責乎？「性相圓融有何益哉？焉能因此而說「與真心論大致吻合」？

大圓鏡智既如此，其餘三智——平等性智，妙觀察智，成所作智，亦如此。從根本智，後得智，無分別智，這三智說亦如此。而智如分能所，則是妄心為主的唯識學之通義。此不可隨便加顏色也。

以上是隨順印順的解語而加以簡別。以下再作一總決擇。

《攝論》的一種七現與《成唯識論》的八識現行所成的這一「妄心為主正聞熏習是客」的賴耶緣起系統，從其以妄心（虛妄的異熟識）為主這一方面說，它消極地說明了「涅槃還滅」這一面之經驗的可能。從其以正聞熏習為客這一方面說，它積極地展示了「生死流轉」這一面；從其展示「生死流轉」一面說，我們處于今日可依康德的對于知性所作的超越的分解來補充之，或積極完成之。此一存有論，它可含有一現象界的存有論，即執的存有論。所謂補充之，是說原有的賴耶緣起是不向這方面用心的，雖然它可以引至這方面的因素，如「計執」這一普遍的底子以及「不相應行法」這一些獨特的概念便是。所謂積極完成之，是說只有依着康德的思路，我們始可把這「執的存有論」充分地作出來。假定賴耶緣起是一深度心理的分析，我們可在此深度心理分析的底據上凸出康德式的「知性之超越的分解」，以此來完成執的存有論，即對于經驗現象底存在性作一認識論的先驗決定。

可是在「涅槃還滅」方面，因為這一系統主張正聞熏習是客，即，是經驗的，這便使「涅槃還滅」無必然可能底超越根據。成佛底可能是靠着正聞熏習所熏得的種性（或種姓）；而得什麼種姓，這是全無定準的，即使可得一成佛的種姓，亦是偶然的，不能保其必然，亦不能保一切衆生皆可得，因此，此一系統必主「三乘究竟」。這還是就經驗地可向「還滅」這一方向走而籠統地概略地如此說。若「還滅」只依靠于經驗的熏習，則是否能終于走向「還滅」一路亦成問題。因為正聞熏習是靠「聞他言音」而成，而聞到聞不到，這是全無定準的。就此而言，連三乘究竟亦不可得而必。

在涅槃還滅中可有清淨依他底呈現，此即函有一「無執的存有論」。但因為成佛無必然可能底超越根據，故此無執的存有論亦不能積極地被建立。因為此無執的存有論是靠一無限心之呈現才是可能的。而此一系統，因為「正聞熏習是客」故，正不能有眞常的無限心之呈現，因此，無執的存有論不能徹底地被完成，亦不能超越地被證成。

無限心，就佛家說，就是如來藏自性清淨心──眞常心。此一概念是就「如來藏恒沙佛法佛性」而說的。依天台宗，達到「如來藏恒沙佛法佛性」，即無量法門也。而無量法門是靠無限心來提挈來保證的。如無無限心，便不能積極地肯定無量法門。既是「恒沙佛法佛性」，則佛性必具有無量法門，而同時亦保證了「無執的存有論」之可能。有了作為佛性的無限心，成佛始有必然的根據，不但是無滅諦，不但是無滅諦，而且苦集諦亦是無量苦，無量集。以阿賴耶識為中心，執持「正聞熏習是客」者，不但不能證成無量數的苦集滅道而成佛。以阿賴耶識為中心，執持「正聞熏習是客」者，不但不能證成無量苦、集、滅、道，且亦不能證成無量苦、集。因為于阿賴耶識，我們只能說其無始以來就有，而不

能積極地肯定它究是無限，抑是有限。我們不想肯定它有限，（因為佛不能有限故），但是却想肯定它無限。只有「如來藏恒沙佛法佛性」始能保住它的無限。如來藏自性清淨心，無論在迷在悟，俱有無量法門。而無量法門，無論在染與無執，俱是「恒沙佛法佛性」之所具。在染，成立執的存有論，現象界的存有論；在淨，成立無執的存有論，本體界（智思界）的存有論。執的存有論所涉及的現象界究是有限抑是無限，阿賴耶識自身不能決定，因此，執的存有論自身亦不能決定。這是靠恒沙佛法佛性才能決定的。

賴耶緣起系統不能真至無量四諦，雖向此趨而不能至。因此，此一系統只可算是大乘始教。若依天台判教說，它當屬于始別教。天台宗智者大師說它是「界外一途法門」。「恐此猶是方便，從如來藏中開出耳。」（見法華玄義卷第五下，論別教三法處。）說它是「界外」，故列之于別教，實則是向界外無量四諦趨，而未能至，故只好視之為始別教。說它是「界外一途法門」，即示「非界外通方法門」（荊溪釋籤語）。「界外通方法門」才算真正地達至無量四諦而始可說爲眞正的別教。此可曰終別教。此將在天台部詳論。

說賴耶緣起系統是從「如來藏中開出」之一途方便法門，可見其不是「如來藏恒沙佛法佛性」之正義（通方義）。它當然有價值，它是學佛者所必須經過者，但不能說它已至究竟。因此，吾人須進而看如來藏系統——「眞心爲主虛妄熏習是客」之系統。吾人必須把「正聞熏習是客」倒過來始能眞正達至無量四諦而說終別教。

佛性與般若

第二部 前後期唯識學以及起信論與華嚴宗

第五章 楞伽經與起信論

第一節 楞伽經「如來藏藏識」一詞之意義

第二節 起信論之「一心開二門」

第五章 楞伽經與起信論

第一節 楞伽經「如來藏藏識」一詞之意義

近時歐陽竟無先生于《楞伽疏決序論》中有云：

「佛以性空、實際、涅槃、不生，是等句義說如來藏」。是為淨八識。

勝鬘夫人經首言空如來藏，不空如來藏。「空如來藏，若離若脫若異一切煩惱藏。不空如來藏，過于恒沙不離不脫不異不思議佛法。」又言如來藏既為生死依，又為不思議佛法之所依。又言「自性清淨如來藏」，又言「自性清淨心」，此兩者為同一事。繼勝鬘經後，楞伽經亦言如來藏，亦合言「如來藏藏識」。《勝鬘經》無此合言。此一合言之名引起爭論。說者謂起信論誤解了此合言之名。因此，本章首言楞伽經言如來藏之意義，次言起信論之一心開二門。

•般若與佛性•

(卷二)。〔案「淨八識」當該是「淨第八識」。〕

「染第八識」。「無始僞習所熏,名爲藏識」。(卷二)。是爲染八識。〔案此亦當爲

「八識謂:如來藏名藏識,意及意識,並五識身。」(卷五)。是爲染淨一處。〔案此言「八識」是說八種識。「是爲染淨一處」是指「如來藏名藏識」言。〕

攝論無漏寄賴耶中,據是聖言。〔案「據是聖言」即據「如來藏名藏識」染淨一處之聖言也。但《楞伽經》之如來藏之淨是否可說爲「無漏種」?「攝論無漏寄賴耶中」是否同于「如來藏名藏識」之染淨一處?〕

稽考《楞伽》,凡稱如來藏必曰「如來藏名藏識」。文不一見,略舉六條:

一、「而未捨如來藏藏識之名」。
二、「應淨如來藏藏識之名」。
三、「若無如來藏名藏識者,則無生滅」。
四、「如來藏藏識本性清淨」。
五、「如來藏藏識與七識俱起」。
六、「如來藏名藏識與意等習氣俱」。

因是而談,則凡言如來藏者,非獨特說「無我如來藏」也,亦連類說同居阿賴

436

耶識識藏也。故曰：「如來藏是善不善因，能遍與造一切趣生。」是以賴耶為不善因也。若非賴耶，無漏如何能為不善因耶？故曰：「甚深如來藏，而與七識俱。」八以七為俱有依也。「客塵」、七識也。「為客塵所染」，八七俱有依，相依也。「現識以不思議熏變熏變為因。」賴耶為無明熏變也。七八異體，而能熏變，故稱不思議熏也。

慧日容光，纖毫難混。楞伽不明，相似敎興。無明能熏眞如？如何眞如受無明熏？如何心性本淨，客塵所染，心性非識，如何是眞如？如何不生不滅與生滅和合，是楞伽之稱述，勝鬘中無此語。〔案此四問即駁斥起信論，問語亦有驚嘆意。〕

楞伽：外道有實性相，名不生滅。〔卷二〕。內法但以凡夫虛妄，起生滅見，不如法性，而言諸法離于生滅〔卷五〕。遮義則是，表義則非。有塵有根有識，稱三和合。有不生不滅，有生滅，稱不生不滅與生滅和合，是豈合勝鬘「如來藏藏識與七識俱起」耶？〔案此語是楞伽之稱述，勝鬘中無此語。〕

案據歐陽先生意，楞伽中「佛以性空、實際、涅槃、不生，是等句義說如來藏」，亦即「本性清淨」的如來藏。此籠統說的「本性清淨的如來藏」豈即是攝論之持種之清淨的第八識耶？豈定不可以「自性清淨心」——眞常心」說之耶？是豈合楞伽聖言耶？〔涅槃經說「常樂我淨」豈虛妄耶？「無我如來藏」之「無我」豈定是「無我」而不准說「我」耶？「無我如來性

空、實際、涅槃、不生、無相、無願,是等句義所說的「如來藏」豈定是如中觀家以及虛妄唯識家所說之之不生不滅不常不斷的緣起性空之「空如之理」耶?此等句義豈定不可就真常心而言之耶?

又,「無始僞習所熏,名爲藏識」,是承「如來之藏是善不善因,能遍與造一切趣生」云而來。然則豈不可視首言之如來藏「爲無始虛僞惡習所熏」,遂得轉名爲藏識耶?豈是空頭言藏識爲無始虛僞惡習所熏耶?(歐陽竟無與呂秋逸俱是這樣空頭看藏識,不准言如來藏爲無始虛僞惡習所熏,此豈定是楞伽義耶?)如果是如來藏爲無始虛僞惡習所熏,而如來藏又不只是緣起性空之空如之理,則如何不可說「心性本淨,客塵所染,心性非識,唯是真如」?辯中邊頌及大乘莊嚴經頌俱有此義,豈皆誤耶?如果如來藏爲無始虛僞惡習所熏,如來藏爲善不善因耶?如果如來藏只是空如之理,不受熏,焉能爲善不善因耶?此正是賢首所謂「凝然真如」也。

又,「八識謂:如來藏名藏識,意及意識,並五識身」。此中之「如來藏名藏識」是「染淨一處」,此亦不錯。但此「染淨一處」之「如來藏名藏識」豈即是《攝論之無漏種寄於賴耶中耶?豈即是以阿賴耶識爲如來藏耶?如果如來藏爲無始虛僞惡習所熏,遂得轉名爲藏識,則此藏識正是本性清淨之如來藏之不染而染。若然,則此藏識正是「不生不滅與生滅和合」。「不生不滅」是就本性清淨之如來藏之無我之我,真常之常,而說。「生滅」是就其不染而染而在識念中說。它爲無始虛僞惡習所熏,不染而染,因此,遂轉爲藏識。此藏識就其本身而言,就是識念,就是生滅。而不生不滅則是其超越的本性,此即真諦所說之「解

性」。因此,「如來藏名藏識」這個「染淨一處」正示藏識為如來藏之不染而染,這其中有一曲折跌宕,不是空頭言藏識受熏,即此名為如來藏也;亦示藏識為一輻湊點,有其超越的「解性」,亦有其現實的「取性」,這就是不生不滅與生滅之和合。「和合」一詞雖不甚善巧,說的呆板一點,然其實義卻正表示藏識為一輻湊點,表示如來藏之不染而染這一曲折與跌宕。「不生不滅」豈只准如中觀家所說之「緣起性空」之緣起法不生不滅乃至不常不斷耶?豈不可用來說涅槃法身之常樂我淨耶?涅槃法身豈只是緣起性空之空如之理耶?「遮義」固是,「表義」豈定非耶?若如所言,則只有龍樹之中論為是,其餘皆非矣。然而于佛教之教義,其問題之發展固應不止于中論也。虛妄唯識是進一層,真常唯心又是進一層。豈可一概論耶?就楞伽經而言,歐陽竟無與呂秋逸以妄心系統之賴耶緣起視經中所說之「無我如來藏」,以及「如來藏名藏識」,未見其是,至少不能決定彼等之解釋比起信論為更順為更佳。

如楞伽眞只是賴耶中心,則只講一「賴耶藏識」即可,何須又提出「如來藏」,「藏識」,「如來藏名藏識」,這一些嚕嘛,以增加糾纏?如果只有一孤立的楞伽經,亦或者其可。但楞伽以外,有勝鬘經,有涅槃經,會通觀之,則言「如來藏」者比只言「阿賴耶藏識」者為更多一點,或更進一步,必矣。焉能只以賴耶緣起範域之耶?

至于呂秋逸(呂澂)則更沾滯。他有「起信與禪——對于大乘起信論來歷的探討」一文,中有云:

起信理論的重心可說是放在「如來藏緣起」上面的。而首先要解決的即是

如來藏和藏識的同異問題，這些原來也是《楞伽》的主題。（據西藏佛教史家所傳，現存《楞伽》即屬大本中「如來藏品」一品。見王沂曉譯多羅那陀的印度佛教史第二十章，刊本第四十五頁。）

但原本《楞伽》（這據梵本和宋譯共同之處而言，以下並同），是將如來藏和藏識兩者看成一個實體。它之所以作這樣看法，有其歷史根源。因為在各種大乘經典裡，都要求說明他們所主張眾生皆可成佛的根據何在而作出種種唯心的解析。最初般若經泛泛地說為自性清淨心，涅槃經說為佛性；比較晚出的勝鬘經更切實說為如來藏；阿毘達磨經又說為藏識：最後楞伽將這些統一起來，特別指出如來藏和藏識不過名目之異，其實則二而一者也。〔案如呂氏所解，《楞伽》不是把這些統一起來，乃只是把如來藏確定為藏識。「將如來藏和藏識兩者看成一個實體」，此語有歧義。把如來藏只確定為藏識，這是「一個實體」；把兩者統一起來，不過有解性與取性之兩面，分解地說之，解性是如來藏，取性是藏識。呂氏當然取前一義。但能確定《楞伽》必如此嗎？〕

因此，在經文裡常常說「名為如來藏的藏識」，有時又說「名為藏識的如來藏」，以見其意。《楞伽》確定了這一基本觀念，還有一段文章說明染淨緣起之義，歸結于眾生之有生死（流轉）、解脫（還滅），都以如來藏（藏識）為其根本。（這一段見于宋譯楞伽卷四，藏要本第五六－五七頁。楞伽用八識說來解析人的意識，而以其基層部分為第八識。這就一部分含藏着能生其餘七種識

等一切染法的習氣而言，即稱為藏識；又就其能含藏淨法的習氣發起修行以孕育如來而言，也稱為如來藏。名稱雖有不同，其實都說的是基層的意識。〕

〔案這注語只是以攝論的思想說楞伽。〕

即歐陽先生以攝論的思想說這「染淨一處」，這三義。歐陽先生還有「無我如來藏」，染賴耶（藏識），「如來藏名藏識」（染淨一處）之本義，即使可以這樣解釋，亦未必是最佳最順之解釋。呂秋逸把「染淨一處」只確定為藏識，因此遂說「眾生之有生死（流轉）、解脫（還滅），都以如來藏（藏識）為其根本」。以如來藏為根本等于以藏識為根本。然而楞伽說染淨緣起那段文劈頭說「如來藏為善不善因」，豈即是此義耶？

魏譯楞伽也很重視這段文章，特別開為一品，題名為佛性品，以引起讀者的注意。但在文內卻充滿着異解，甚至是誤解，而構成另外一種的說法。如原本楞伽說：「名叫如來藏的藏識如沒有轉變（舍染取淨），則依它而起的七種轉識也不會息滅。」（宋譯：「不離不轉名如來藏藏識，七識流轉不滅。」）這是用如來藏和藏識名異實同的基本觀點來解析八識的關係的。但魏譯成為「如來藏不在阿黎耶識（即藏識）中，是故七種識有生有滅，而如來藏不生不滅。」這樣將如來藏和藏識分成兩事，說如來藏不生不滅，這完全將楞伽的基本觀點取消了。〔案此在譯文上可能不忠實，但如來藏與藏識亦實可分別看。因「無我如來藏」本性清淨，實可說不生不滅，而藏

441

其次，原本說：「為無始虛偽之所熏習，名為識藏（藏識），生無明住地，與七識俱，如海浪身，常生不斷。」（用宋譯經文，下同。）這是說明流轉方面的緣起的。而魏譯成為：「大慧，阿黎耶識者名如來藏，而與七識共俱，如大海波，常不斷絕。」它將「虛偽所熏」一語改屬上文，挿入「大慧」、「如來藏」兩詞，便像是如來藏與七識俱起，乃成為藏識，而海波譬喻也變了如來藏的翻起藏識波瀾，都和原本異樣了。魏譯也是「阿黎耶識者名如來藏」。藏識既可名如來藏，則此名如來藏的藏識便得有什麼「異樣」。

以阿黎耶識（藏識）為如來藏。這也是「與七識共俱，如大海波，常不斷絕」。這與宋譯有什麼不同？只是缺少了「生無明住地」一語。而呂氏却看成「像似如來藏與七識俱起，乃成為藏識」的還是誤解了魏譯。

「如來藏與七識共俱，……翻起藏識的波瀾。」若如此，成何義理？呂氏所以有此誤看，恐是由於他把「名如來藏而與七識共俱」作一句讀。我的讀法是「阿黎耶識者名如來藏，而與七識共俱。」這樣，便不至有呂氏那樣不通的誤解。「名」一字貫全句，以此全句來形容阿黎耶。但我不如此讀。

又須注意者，宋譯「為無始虛偽之所熏習，名為識藏」，「所熏習」的是誰呢？依語脈看，這不會是「名為識藏」的藏識，乃是此段文首出之作為「善不善因」的如來藏。呂氏空頭言藏識，只成此

藏識「爲無始虛僞之所熏習」了。這不合原文語勢。
還有，原本說：「其餘諸識有生有滅，……不覺苦樂，不至解脫。」這是
說明還滅方面的緣起的。而魏譯成爲：「餘七識者，心、意、意識等，念念不
住，是生滅法，……能得苦樂故，能離解脫因故。」它將原來說「七識不能感
苦樂，故不起解脫要求」的，變爲能得苦樂，能離解脫的。〔案魏譯也不是
說七識「能感而不求」。它是說七識「是生滅法」。何以故？「能得苦樂故，
能離解脫因故。」此中所說的苦樂是生滅的苦樂。這也許與原文所說的「不覺
苦樂」意思不同。但義理自通。〕

以上都是魏譯楞伽改變原本的地方，自然會含有誤解在內。
再看起信關于如來藏的理論，如將如來藏和藏識看成兩事，如說如來藏之
起波瀾，如說七識〔因眞如熏習〕能厭生死，樂求涅槃等，（案〔因眞如熏
習〕是代爲補入，呂氏原無），莫不根據魏譯楞伽的異說，並還加以推闡。所
以說：

又說：

依如來藏故有生滅心，所謂不生不滅與生滅和合，非一非異，名爲阿
黎耶識。〔案楞伽原有如來藏與藏識的分別說。起信此文就是把「如來藏
藏識」之染淨一處作眞心系統的解釋。〕

• 443 •

如是眾生自性清淨心（即如來藏），因無明風動，心與無明俱無形相，不相舍離，而心非動相。……若無明滅，相續則滅，智性不壞故。

由此推演，還說此淨心即是真心，本來智慧光明，所謂本覺，所有修為亦不待外求，只須息滅無明，智性自現。這樣構成返本還源的主張。〔案此即真心派之主張。「返本還源」是真常經共有之義，不是起信論的新發明。能說楞伽一定不如此嗎？即使楞伽不如此，能說其他皆不如此嗎？而如此者能說為非佛法乎？能說起信論這些主張皆「根據魏譯楞伽的異說」而成的嗎？〕又說：

以〔真如〕熏習因緣故，即令妄心（即七識）厭生死苦，樂求涅槃。〔案此是真心派承認真如（即真常心）有內熏力，故令七識如此。不是七識本身自如此，此義不是根據魏譯楞伽而來。魏譯楞伽只說「七識是生滅法，……能得苦樂故，能離解脫因故。」並無如起信論此文之所說。〕

起信之重蹈魏譯楞伽誤解而自成其說，還不止于中心的理論。其餘重要論點亦很多這樣的情形。試舉數例：

有如論文一開始泛說一心二門，提出了如來藏。依照元曉的舊解，這是脫

胎于魏譯楞伽第一品末「寂滅者名爲一心，一心者名爲如來藏」兩句。但用原本來對照，這兩句實在說的是三昧境界，「一心」是「一緣」（即心專一境）之誤，而「起信」却跟着它錯解了。〈案起信論言一心二門，此「一心」即眞常心，爲「大總相一法界法門體」。此一思想之蘊釀成熟豈完全脫胎于魏譯楞伽此二句之誤譯耶？即使如原本義，彼亦仍可言此眞常之「一心」也。元曉舊解亦呆滯，此不過經生家之尋章摘句而已。〉

又如論二門中的生滅門，貫串着覺和不覺兩義。覺的體相，用鏡像來做譬喻，說有如實空鏡，遠離一切心境界相，無法可現；又有因熏習鏡，一切世間境界悉于中現。這些說法又顯然脫胎于魏譯楞伽經佛性品末結頌所說：「甚深如來藏，與七識俱生。取二法則生，如實知不生。如鏡像現心，無始習所熏。如實觀察者，諸境悉空無。」二頌。但對勘原本，頌文之意實係說的不盡。「如實知」是別有智者之知，並非如來藏的本身，而魏譯錯解了，起信即照它說得那樣若隱若現。〈案魏譯「如實知不生」等于第二頌中「如實觀察者，諸境悉空無」，亦「並非如來藏的本身」，焉能據此說起信脫胎于魏譯？〉呂氏成見誤解，還說人家誤譯。試看宋譯，則知魏譯此二頌與宋譯無異。何得把「如實知」看成是如來藏的本身？魏譯無表示此意之痕跡，亦無人能如此看。起信之言空與不空與此無關。汝何不說它是根據勝鬘經之空如來藏而言耶？空如來藏與不

以上廣引呂氏文,並加案語以示其所說未見其諦,《楞伽》亦未必是如此。兹案《楞伽》編輯「雜亂」、「雜廁無紀」(歐陽竟無語)。故歐陽先生作《楞伽疏決》予以重編。彼于序論中又說「文字不便難」云:

名相代有不同,與慣見異,則易生誤,難一。句法顛倒,虛字全無,文既改觀,義無從得,難二。句義略極,文少義多,隱晦澀艱,思索不得,難三。凡此三難,目不數行,況能終卷?今欲疏而通之,有明員珂《楞伽會譯》在。宋、魏、唐三,融取即明,缺一仍昧。宋譯文晦,其義不彰。唐善中文,魏時出義,借唐解文,以魏補義,罄無不宜。然今則逕取唐文,折衷宋、魏,而三難渙矣。

據此,則魏譯不如呂氏所說之劣也。如其所指摘者,大半係呂氏本人之誤解。即使文句組織上有與宋譯(原本)不同者,而語意無違。即使時有「出義」者,而所出之義不必與《楞伽》合。因《楞伽》言「如來藏」,言「藏識」,並不必即是唯阿賴耶識也。如劉宋求那跋陀羅譯《楞伽經》卷四論如來藏一段文(即呂氏所謂「說明染淨緣起」者)如下:

佛告大慧,如來之藏是善不善因,能遍興造一切趣生。譬如伎兒,變現諸趣,離我我所。不覺彼故,三緣和合,方便而生。外道不覺,計著「作者」。為無始虛偽惡習所熏,名為藏識。生無明住地,與七識俱。如海浪身,常

· 446 ·

生不斷。離無常過，離于我論；自性無垢，畢竟清淨。[案這是承上文「如來藏是善不善因」而來。如來藏「為無始虛偽惡習所熏，名為識藏（即藏識）。轉成藏識，則「如海浪身，常生不斷」。然其「自性畢竟清淨，離無常過，離于我論。」此即是「無我如來藏」。豈即是與藏識為同一耶？此言藏識豈是空頭言耶？]

其餘諸識有生有滅。意、意識等，念念有七。因不實妄想，取諸境界，種種形處；計著名相，不覺自心所現色相，不覺苦樂，不至解脫。名相諸纏，貪生生貪。若因、若攀緣，彼諸受根滅，次第不生餘自心妄想，不知苦樂，入滅受想正受，第四禪，善真諦解脫，修行者作解脫想。不離不轉名如來藏藏識，七識流轉不滅。所以者何？彼因攀緣，諸識生故。非聲聞緣覺修行境界。不覺無我，自共相攝受，生陰界入。見如來藏、五法、自性（即三性），人法無我，則滅。地次第相續轉進，餘外道見，不能傾動。是名住菩薩不動地。得十三昧道門樂；三昧覺所持，觀察不思議佛法、自願；不受三昧門樂及實際，向自覺聖趣；不共一切聲聞緣覺及諸外道所修行道，得十賢聖種性道及身智意生（即智意生身），離三昧行。是故大慧！菩薩摩訶薩欲求勝進者，當淨如來藏及識藏名。

大慧！若無識藏名如來藏者，則無生滅。大慧！然諸凡聖悉有生滅。修行者自覺聖趣，現法樂住，不捨方便。大慧！此如來藏識藏，一切聲聞緣覺心想所見，雖自性清淨，客塵所覆故，猶見不淨，非諸如來。大慧！如來者，現前

境界,猶如掌中視阿摩勒果。

大慧!我于此義,以神力建立,令勝鬘夫人及利智滿足諸菩薩等,宣揚演說如來藏及識藏名,七識俱生,聲聞計著見人法無我(索意即令計著的聲聞見人法無我)。故勝鬘夫人承佛威神,說如來境界,非聲聞緣覺及外道境界。如來藏識藏,唯佛及餘利智依義菩薩智慧境界。是故汝及餘菩薩摩訶薩,於如來藏識藏,當勤修學,莫但聞覺作知足想。

爾時世尊欲重宣此義,而說偈言:

甚深如來藏,而與七識俱。二種攝受生,智者則遠離。
如鏡像現心,無始習所熏。如實觀察者,諸事悉無事。
如愚見指月,觀指不觀月。計著名字者,不見我真實。
心為工伎兒,意如和伎者。五識為伴侶,妄想觀伎眾。

試看此段宋譯文是否有必然可作如呂氏之所解者,此譯語意隱晦。試再看唐實义難陀譯(依歐陽漸楞伽疏決重整文):

大慧!如來藏是善不善因,能遍興造一切趣生。譬如伎兒,變現諸趣,離我我所。以不覺故,三緣和合,而有果生。外道不知,執為作者。

• 448 •

無始虛偽惡習所熏，名爲藏識。生于七識，無明住地。譬如大海而有波浪，其體相續，恒注不斷。本性清淨，離無常過，離于我論。其餘七識，意，意識等，念念生滅。妄想爲因，境相爲緣，和合而生。不了色等自心所現。「計著名相，起苦樂受」。（案此句與宋譯意異，與魏譯意同。）名相纏縛，旣從貪生，復生于貪。若因，及所緣，諸取根滅，不相續生。自慧分別、苦樂受者，或得滅定，或得四禪，或復善入諸諦解脫，便妄生于得解脫想，而實未捨未轉如來藏中藏識之名。若無藏識，七識則滅。何以故？因彼及所緣而得生故。然非一切外道二乘諸修行者所知境界。以彼唯了人無我性，于蘊界處取于自相及共相故。若見如來藏、五法、自性、諸法無我，隨地次第而漸轉滅，不爲外道惡見所動，住不動地；得于十種三昧樂門；爲三昧力諸佛所持，觀察不思議佛法及本願力，不住實際及三昧樂，獲自證智；不與二乘諸外道共，得十聖種性道及意生智身，離于諸行。是故大慧！菩薩摩訶薩欲得勝法，應淨如來藏藏識之名。

大慧！若無如來藏名藏識者，則無生滅。然諸凡夫及以聖人悉有生滅。是故一切諸修行者，雖見內境，住現法樂，而不捨于勇猛精進。

大慧！此如來藏藏識本性清淨，客塵所染而爲不淨。一切二乘及諸外道臆度起見，不能現證。如來于此，分明現見，如觀掌中庵摩勒果。

大慧！我爲勝鬘夫人及餘深妙淨智菩薩，說如來藏名藏識，與七識俱起，令諸聲聞見法無我。大慧！爲勝鬘夫人說佛境界，非是外道二乘境界。大慧！

此如來藏識是佛境界；與汝等比，淨智菩薩、隨順義者、所行之處，非是一切執著文字，外道、二乘之所行處。是故汝及諸菩薩摩訶薩于如來藏藏識當勤觀察，莫但聞已便生足想。

爾時世尊重說頌言：

甚深如來藏，而與七識俱。
執著二種生，了知則遠離。
無始習所熏，如像現于心。
若能如實觀，境相悉無有。
如愚見指月，觀指不觀月。
計著文字者，不見我眞實。
心如工伎兒，意如和伎者。
五識爲伴侶，妄想觀伎衆。

案此唐譯文除說「其餘七識……計著名相，起苦樂受」與宋譯相違反外，其餘大體皆相符順。㈠同肯定「如來藏是善不善因」。此同于《勝鬘經》言如來藏爲生死依亦爲清淨無漏功德依。經文簡略，未詳細解釋如何爲生死依，如何爲清淨無漏功德依。如果如來藏同于阿賴耶藏識，則其爲兩者之所依，就生死言，是生因，就清淨無漏功德言，不是生因，此如《起信論》之所說。如果不同于阿賴耶藏識，則又是另一種說法，此如《攝論》之所說。㈡同肯定藏識能說「以解爲性」不算錯。賴耶本性是虛妄迷染，無覆無記，是妄心派所共認的。如是，焉能說如來藏同于藏識，兩者爲一事之異名？㈢同肯定「如來藏本性清淨」乎？如可如此說，則眞諦說賴耶「性性清淨」，離無常過，離于我論」。如是，遂有「如來藏爲無始虛僞惡習之所熏」而轉名，如是，識是由「如來藏爲無始虛僞惡習之所熏」一複合名。然

· 450 ·

則焉能說此一複合名表示兩者為同一事？如非同一事，則此複合名當如何解？此除依勝鬘經之「不染而染」作解，如起信論之所說，無其他解釋。取性（迷染性）是它的內指的本性，解性是它的超越的本性。就取性而言，它是雜染生死法之所依，亦是其生因。就解性而言，它是清淨功德法之所依，亦是其生因。如是，如來藏必是自性清淨，而不只是自性清淨理（空如之理），如世親佛性論之所解者。（四同提到勝鬘經之說「如來藏名藏識」（唐譯）或「如來藏及識藏名」（宋譯）。（唐譯是「佛為勝鬘夫人說如來藏名藏識」云云，宋譯則是「佛以神力令勝鬘夫人宣揚演說如來藏及識藏名」云云。宋譯為諦當。）但勝鬘經中無藏識名，亦無「如來藏名藏識」一複合名。這不要緊，加上亦可，因為俱是佛說或佛意故。若彼經加上「如來藏藏識」不但不必如呂氏之所解，而如來藏本性清淨亦必是「如來藏自性清淨之廣言「如來藏藏識」亦不表示兩者是一事，而且是以「如來藏自性清淨心」為中心，則此經心」。然則楞伽不必如呂氏之所解，而故意忽視「本性清淨」一語而不合。呂氏之所解不過是以無著世親之賴耶緣起看楞伽耳。

提，此尤不可也。

宋譯楞伽卷第二有云：

爾時大慧菩薩摩訶薩白佛言：世尊！世尊修多羅說如來藏自性清淨，轉三十二相入于一切眾生身中，如大價寶，垢衣所纏。如來之藏常住不變，亦復如是，而陰界入垢衣所纏，貪欲恚痴不實妄想塵勞所汙，一切諸佛之所演說。云何世尊同外道說我，言有如來藏耶？世尊！外道亦說有常作者，離于求那，周

• 451 •

遍不滅。世尊！彼說有我。

佛告大慧：我說如來藏，不同外道所說之我。大慧！有時說空，無相，無願，如，實際，法性，法身，涅槃，離自性，不生不滅，本來寂靜，自性涅槃。如是等句，說如來藏已。如來、應供、正覺爲斷愚夫畏無我句，故說離妄想無所有境界如來藏門。大慧！未來現在菩薩摩訶薩不應作我見計著。譬如陶家，于一泥聚，以人工水木輪繩方便，作種種器。如來亦復如是，于法無我，離一切妄想相，以種種智慧善巧方便，或說如來藏，或說無我。以是因緣故，說如來藏，不同外道所說之我。是名說如來藏。開引計我諸外道故，說如來藏，令離不實我見妄想，入三解脫門境界，希望疾得阿耨多羅三藐三菩提。是故應供、等正覺作如是說如來之藏。若不如是，則同外道。故大慧！爲離外道見故，當依無我如來之藏。

唐譯與此相符。歐陽先生楞伽疏決將此段文列于卷六，與上錄「如來藏是善不善因」一段啣接，而宋譯本却在不同之卷次。讀者試看此段言「無我如來藏」者，能將楞伽之如來藏視同阿賴耶藏識耶？佛說如來藏貌似梵我，而實不同。然而涅槃經亦直說「如來藏即是我義」。此無我之我即是「中道第一義空」。此不過將一切法統于眞常心，就其空如無相而一起寂滅之，法寂故心寂而亦無相也。此即是空如來藏。法不寂而有相，則心即轉爲識心。然而心性本淨。本淨之心不染而染，即有生死。復其本淨，即有涅槃。此是「以眞心爲主虛妄熏習爲客」之說法也，與阿

賴耶中心者異矣。

是故只有兩系統：賴耶與如來藏系統。如果如來藏不能即同于阿賴耶藏識，則「返本還源」不為誤矣。蓋「修多羅中說如來藏自性清淨，轉三十二相入于一切眾生身中，如大價寶，垢衣所纏」。既「入于一切眾生身中」，即為一切眾生所本有；既為「垢衣所纏」，則不碍其本來清淨。如何不可說「反本還源」耶？何便即是「相似教」耶？歐陽、呂氏弘揚無著世親之學可矣，何必排拒其他，而又扭曲楞伽以從攝論？楞伽之糾纏既經解除，即可進而言起信論之「一心開二門」矣。

第二節 起信論之「一心開二門」

1. 起信論是典型的「真心為主虛妄熏習是客」的系統。順阿賴耶系統中無漏種底問題（正聞熏習是客），我們似乎必須要通過一超越的分解而肯定一超越的真心，而此真心不可以種子論。由此真心為唯一的根源，在實踐中說明一切流轉法與還滅法之可能，即是說，一切法皆以此真心為依止；同時，並說明成佛底真實可能之超越根據，以及頓悟底超越根據。此一系統既是一系統，當然須通過一分解來展示；但此分解却是一超越的分解，而不是如以阿賴耶為中心者之只為經驗的分解或心理學的分解。此一通過一超越的分解而成的系統，通常名之曰「如來藏緣起」。超越的真心即「如來藏自性清淨心」也。然則如何由此真心說明一切法耶？論云：

摩訶衍者，總說有二種。云何為二？一者法，二者義。

所言法者，謂眾生心。是心則攝一切世間法出世間法。依于此心顯示摩訶衍義。何以故？是心真如相即示摩訶衍體故；是心生滅因緣相能示摩訶衍自體相用故。

所言義者，則有三種。云何為三？一者體大，謂一切法真如平等不增減故；二者相大，謂如來藏具足無量性功德故；三者用大，能生一切世間出世間善因果故，一切諸佛本所乘故，一切菩薩皆乘此法到如來地故。

案：此是總標大乘之所以為大乘的法與義。摩訶衍意即大乘。大乘起信論主要地即在說明大乘之所以為大乘。大乘所以為大乘，從法體方面說，即是「眾生心」。此心，依起信論的超越分解，即是一切眾生所本有之真常心，即荊溪所謂「唯真心」也。此唯一真心即是大乘所以為大乘之法體。此一真心法「攝一切世間法出世間法」。至于大乘所以為大乘之「義」即是此真心法在體相用三方面的意義：體大、相大、用大。真心體遍，故真如性遍，此真如性平等不二、不增不減，此真心法「能生一切世間出世間善因果」說，又指其有車乘之用說：一切諸佛皆本乘此真心法而為佛故，一切菩薩皆可乘此真心法而至如來地故。此真心法是成佛之內在根據，諸佛本已如此，諸菩薩亦將如此，一切眾生皆可成佛亦須如此。如此所成之大乘法義即是「一乘究竟」之佛乘之法義。習為主因也。不是外在地以正聞熏

由此進而再詳細解釋此大乘法義便是一心開二門。一心是法，二門便是其義也。〈論云：

顯示正義者，依一心法有二種門。云何為二？一者心真如門，二者心生滅門。是二種門皆各總攝一切法。此義云何？以是二門不相離故。

案：

1. 一心雖開二門，然任一門皆可「各總攝一切法」。真如門是還滅地總攝一切法。生滅門是流轉地總攝一切法。但「還滅」是就生滅門所流轉地起現的一切法而還滅之，因而總攝之，並不是有另一套法為其所總攝。「心真如」是就「心生滅」而如之，因而成為心真如。心真如即是心生滅法底實相，並不是離開生滅法底空如性而別有一心真如也。分別說，有二門。就二門不相離而說其各總攝一切法，則是圓融地說。

2. 此下分別解說二門，先說心真如門。〈論云：

心真如者，即是一法界大總相、法門體，所謂心性不生不滅。一切諸法唯依妄念而有差別。若離心念，則無一切境界之相。是故一切法從本已來，離言說相，離名字相，離心緣相，畢竟平等，無有變異，不可破壞，唯是一心，故名真如。

以一切言說假名無實，但隨妄念，不可得故。言真如者，亦無有相。謂言說之極，因言遣言，此真如體無有可遣，以一切法悉皆真故。亦無可立，以一切法皆同如故。當知一切法不可說不可念故，名為真如。

案：當初般若經「不壞假名而說諸法實相」。空、如、法性、實際、實相，皆就法說，不立唯心。龍樹中論總之以「緣起性空」，法就是緣起法，法空就是緣起法之無自性，以空爲性。就「緣起性空」而說諸法不生不滅，不常不斷，不一不異，不來不去，此即是其實相一相所謂無相，亦不立唯心。但通過唯識，進而說唯心——唯一眞心，亦無不可。但須知「心眞如」之眞心亦是就心生滅法之空如無性，假名無實，而說。去除心生滅中之妄念而如之，即是眞如。心生滅，心生滅法統屬于心，眞如亦統屬于心。生滅法之空如無性即是心眞如之眞心，亦即是化妄念之執著（因執著而有差別）而爲無執無差之眞心。心之以生滅法之空如無性而爲眞，心之常亦以生滅法之空如無性之實相平等無二，無有變異，而爲常。此眞常心亦即是一種般若智心也。實相般若即是心眞如也。實相與唯心並非不相函。從般若經之實相般若，依遣執蕩相之妙用作用地言般若，進而言心眞如，使作用的般若成爲實體性的般若，亦並非不可。此蓋由般若經只言般若作用地具足一切法，而對于一切法却並無一根源的說明，只有作用的具足，而無存有論的具足，由此進一步的說明所必至者。依心眞如門，一心開二門，二門各總攝一切法即是存有論的具足心生滅門，此乃由問題之轉進所必至者。惟須知此眞常心仍是就諸法之空如無性而說者。是則由實相般若進而言心眞如之眞常心，因而言眞常心或眞如心，此眞即法眞，故法之實相般若亦繫屬于眞如也。只因生滅法繫屬于生滅心，故法之實相亦繫屬于眞如也。只因即法眞，心眞即法眞，法眞即心眞。心眞法眞，心如即法如，法如即心如。心法不二（所謂色心不二），尚不只是作用的實相般若足一切法尙不是眞正的圓教，此待後天臺部詳簡之。此種分解地說的唯眞心之存有論地具

心真如之真心既是就諸生滅法之空如無性，假名無實，而說，故依智如不二，色心不二，此真心就是「一法界大總相法門體」。「一法界」者，統一諸法而為一整一法界，就此整一法類而言「一整一法界」也。「界」底直接意思就是類義。如眼界，色界，十八界，乃至天臺宗所說的十法界（六道眾生加聲聞緣覺菩薩佛），就是類義，此是各別地說的法類。統一切法類而為一完整的總法類，此總法類就是一完整的總法界。但任一法類，當可以說一類一界時，就含有所以成類成界的原則，此原則就是類底因性，類底性，故「界」亦有因義，性義，如「無始時來界，一切法等依」，一切法依此因性，便成一完整的法界。各別的法類如此，總法類亦如此。總法類，總法界（一整一法界），其因性就是心真如之真心，此就是其「大總相」。「大總相」亦就是平等性，總法界，總法類（絕對的普遍性）。「大」者相應總法界之總（整一）而言也。是故「心真如者即是一法門之大總相而且同時亦即是一切法門之體也。」每一法是一個門，故云「法門」。心真如是一法界底大總相而且同時亦即是一切法門之總相，所謂無相，故就如性、真性、實相，而說「體」。此體字是虛意的體，非有一實物曰體也。故文云：「言真如者，亦無有相，……亦無可立……。」此作為「一法界」底「大總相」而且作為一切「法門」之「體」的「心真如」。「心性」者，即心之體（亦說「心真如相」）之性也。心真如性者，即是不起念而直證「諸法無差別」的「心性」。「心真如」就是「不生不滅」的「心性」。心真如性，即是不起念而直證「諸法無差別」故。心之真如性即是法之真如性即是心之真如性，以一切法統于心故。心之真如性常淨心也。法之真如性即是心之真如性，以此真心為諸法門之體，為一法界之大總相故。此是存有論的智如不二，色心不二也。心生滅門中，生滅心起現一切法，而且念念執著，故有差別相，境界相，心緣相，儼

・般若與性佛・

若一切法有自性者，此是「妄念」（亦曰「心念」）之計執。假若化念還心，捨染著為眞淨，則心眞如即法眞，心如即法如，反之亦然，故心眞如即是一法界之大總相而且爲諸法門之體，心眞如性不生不滅實即原本通過實相般若所見之緣生法不生不滅（無生法忍，體法空），以一切法繫屬于心故，故將不生不滅移于心上說，而說爲不生不滅，亦即心之眞如性（空淨心，眞如心）也。空淨心，以爲法門之體故，故爲（虛意的）實體性的心，而同時實亦即是作用的無心之心也。

般若經只言空、如、法性、實際、實相、法位，不言法界，蓋無對于一切法作根源的說明之故。攝論依據阿毘達磨大乘經之經偈以阿賴耶爲一切法之所依止，始有「最清淨法界」之說，此是賴耶系統中之法界。起信論將一切法統于如來藏自性清淨心，而有「一法界」之說，此是如來藏系統中之法界。本此系統盛談法界圓融而至其極者，則爲華嚴宗。但只盛談法界本身之圓融並不眞是圓教。如此圓融之法界是性起乎？抑性具乎？若如此考慮始決定是否爲圓教。此則將在天臺部中詳簡之。

3. 心眞如之眞心既是「一法界大總相法門體」，故此眞心即有空不空之兩義。論云：

復次，此眞如者，依言說分別，有二種義。云何爲二？一者如實空，以能究竟顯實故；二者如實不空，以有自體具足無漏性功德故。

所言空者，從本已來，一切染法不相應故。謂離一切法差別之相，以無虛妄心念故。當知眞如自性非有相，非無相，非非有相，非非無相，非一相，非異相，非非一相，非非異相，非一異俱相。乃至總說，依一切

458

眾生，以有妄心，念念分別，皆不相應，故說為空。若離妄心，實無可空故。所言不空者，已顯法體空無妄故，即是真心常恒不變，淨法滿足，則名不空；亦無有相可取，以離念境界，唯證相應故。

案：此言空不空是依《勝鬘經》空如來藏與不空如來藏而說。空是遠離妄念所起的一切計執——差別相。不空是真心這個法體恒常不變，而且具足無漏性功德。緣起法無自性。但一切無自性的緣起法皆統屬于一真心，此真心即是有自體有自性的——此真心本身就是性就是體，因而這就是它的自性，它雖然可以是作用的無心之心，亦無有相，亦無可立，然而它畢竟是一個實體性的心。只有這樣的心始可說「有自體」。緣生無性，以空為性。但我們不能說有實體性的空，此所以又說「空空」，以空為抒義字，非實體字故。

此真心一方既是空，一方又是不空，空與不空融而為一，此即是中道。此中道是就空不空的真心說。天臺宗有所謂「但中」與「不但中」之說，「但中」即指此「空而又不空」的真心說。「但中」者，意即只是分解地說的真心這個中理（一切眾生皆本有這個真心理），但此真心中理卻並不性具一切法，乃只隨緣而起現一切法，因此，這個真心中理其本身便成寡頭的「但中」之理，尚不是「圓中」也。圓中即「不但中」。但無論「但中」或「不但中」，此中之「中」皆非龍樹《中論》「空假中」之中。此須通過「如來藏恒沙佛法佛性」一觀念始能說。實相般若固不能至此，即阿賴耶緣起亦不能至此。《起信論》開始至乎此，但又只是「但中」。此亦須在天台部中詳論。

• 459 •

4. 以上說心真如門。以下再說心生滅門。〈論云：

心生滅者，依如來藏，故有生滅心，所謂不生不滅與生滅和合，非一非異，名為阿黎耶識。

案：「心真如」是分解地預定一超越的真心以為「一法界大總相法門體」。「心生滅」是憑依此真心忽然不覺而起念，念即是生滅心。此生滅心即叫做阿賴耶識。但如此說的阿賴耶識不是空頭的阿賴耶識。它是憑依真心而起，亦就是「不生不滅與生滅和合」。「不生不滅」是指真如之真心說，這是它的超越的真性；「生滅」是指其本身之為念（心念妄念）說，這是它的內在的現實性（雜染性或虛妄性）。依它的超越的真性，說它的覺性（本覺）；依它的內在的現實性（不覺性），說它的不覺性。因為它有此雙重性，所以此生滅門是要說明流轉與還滅之可能的。這不是空頭的阿賴耶，所以也不是如智者所斥「那得發頭據阿黎耶出一切法」？

從它的內在的現實性(不覺性)方面說，它是生死流轉之因(生因)，這叫做阿賴耶緣起。但它既不是空頭的，它是憑依如來藏真心而起現，所以阿賴耶必須統屬于如來藏，直接緣起的是阿賴耶。說如來藏緣起是間接地說，這其間是經過一曲折一跌宕的。這一曲折即是「無明」之挿入。只因阿賴耶統屬于如來藏，所以才間接地說為如來藏緣起。這恰如「吹皺一池春水」，水本是平靜無皺紋無波浪的。波浪底生因是風吹；但波浪畢竟是水波，不是麥浪，故波浪亦必憑依水體而起阿賴耶，而如來藏則是其憑依因。生死流轉底直接生因是

現。此即吾所謂憑依因之意。亦如奴僕憑藉主人的勢力作惡事，惡事底直接生因是奴僕，但賬却記在主人身上。

因無明之挿入，間接地說如來藏緣起，這叫做「不染而染」。同一眞心，只因吾人的生命有感性，所以一念昏沈，無明風動，便不染而染，陷於生死流轉。但眞心本性並不因此而改變，所以雖染而爲念，而其自性本淨，這又叫做「染而不染」。不染而染有生死，染而不染有還滅。故如來藏既爲生死因，又爲涅槃依。其爲生死依是間接地爲生死之憑依因，其爲涅槃依是直接地爲無漏功德之生因。這才是「無始時來界，一切法等依，由此有諸趣，及涅槃證得」一偈之完整的解釋。當眞諦說「阿賴耶以解爲性（爲超越的眞性）」時，其心目中的阿賴耶即是起信論出自中國，但又不知何人所造，蓋因眞諦本即是此思路故。）如若以空頭的阿賴耶爲中心者，則吾人亦不得言「以解爲性」也。「解」就是起信論所說的「覺」。

起信論說明阿賴耶和合識覺與不覺之雙重性如下：

此識有二種義，能攝一切法，生一切法。云何爲二？一者覺義，二者不覺義。

所言覺者，謂心體離念。離念相者，等虛空界，無所不遍，法界一相，即是如來平等法身。依此法身，說名「本覺」。何以故？本覺義者，對「始覺」義說。以始覺者卽同本覺。始覺義者，依本覺故而有不覺，依不覺故說有始覺。又以覺心源故，名「究竟覺」；不覺心源故，非究竟覺。此義云何？如凡

夫人覺知前念起惡故，能止後念令其不起。雖復名覺，即是不覺故。如二乘觀智，初發意菩薩等，覺於念異，念無異相。以捨麤分別執著相故，名「相似覺」。如法身菩薩等，覺於念住，念無住相。以離分別麤念相故，名「隨分覺」。如菩薩地盡，滿足方便，一念相應，覺心初起，心無初相。以遠離微細念故，得見心性，心即常住，名「究竟覺」。是故修多羅說：若有眾生能觀無念者，為向佛智故。又心起者，無有初相可知，而言知初相者，即謂無念。是故一切眾生不名為覺。以從本來，念念相續，未曾離念，故說無始無明。若得無念者，則知心相生住異滅。以無念等故（平等一味），而實無有始覺之異（始覺中之漸次差異）。以四相俱時而有，皆無自立，本來平等，同一覺故。

所言不覺義者。謂不如實知真如法一故，不覺心起而有其念。念無自相，不離本覺。猶如迷人，依方故迷。若離于方，則無有迷。眾生亦爾，依覺故迷。若離覺性，則無不覺。以有不覺妄想心故，能知名義，為說真覺。若離不覺之心，則無真覺自相可說。

案：所言覺或本覺是相應心真如之真心法體亦即阿賴耶之超越解性而說。所言不覺是相應阿賴耶和合識之現實迷染性而說。離念即是覺，在念即是不覺。覺而名之曰「本覺」者，以真心法體本來有故，本來明故；又對「始覺」故而言本覺。「始覺」又對「不覺」而說。眾生現

• 462 •

實上念念相續，本是不覺。通過修行，而有「始覺」。始覺有漸次。覺至心源，名究竟覺。始覺而至究竟覺，即同本覺。從覺方面說，有無量無漏稱性功德。從不覺方面說，阿賴耶與七識俱，而有生死流轉，有種種境界相，執著相，心緣相。凡此，〈論〉中皆有廣說。

5. 如何能由不覺而至始覺？此在佛家名曰「熏習」。但覺底熏習成，依〈起信論〉，不只是由于外緣，亦由于內力。如《攝論》只說正聞熏習為出世淨法底生因，這便只是由于外緣，熏成全是後天的，經驗的，亦是偶然的。但依〈起信論〉，外緣固是重要，但無論如何重要，只是助緣，而不是主因。主因要在內力。此即所謂「眞如熏習」。〈起信論〉所謂「眞如」即心眞如之眞心，不只是觀緣起無性這無性之空如之理，如中觀家及唯識家之所說。如眞如只是空如之理，則它自然既不被熏，亦非能熏。但在此，眞如是眞心。心始有活動力，故它亦自有一種能熏力。它既可以為無明所熏，不染而染，亦可以染而不染，能熏無明。

「眞如熏習」為不通，此由于不知雙方所說眞如意義不同故也。眞如心有內熏力（內在的影響力），是即無異于承認成佛有一先天的超越根據，成佛有必然性。此即從無漏種問題，轉進至「超越的根據」之問題，而作為成佛之超越根據的眞如心不可以新熏種子說，亦不可以「法爾本有種」或「本性住種」說。蓋種子必對現行而言。不但不可以是一潛能，必待受熏而起現行，然而眞心却自有一種自己湧現之能力。又，種子是散列的個個差別的，各有其特殊的因果對應，然而眞心却是遍、常、一，是無為法，不是有為法。由此二義，可知眞心不可以種子說。（此如良知不可以種子說）。

〈論云：

論又云：

云何熏習起淨法不斷？所謂以有真如法故，能熏習無明；以熏習因緣力故，則令妄心厭生死苦，樂求涅槃。以此妄心有厭求因緣故，即熏習真如，自信己性，知心妄動，無前境界，修遠離法。以如實知無前境界故，種種方便，起隨順行，不取不念，乃至久遠熏習力故，無明則滅。以無明滅故，心無有起；以無起故，境界隨滅。以因緣俱滅故，心相皆盡，名得涅槃，成自然業。

真如熏習有二種。云何為二？一者自體相熏習，二者用熏習。

自體相熏習者，從無始世來，具無漏法，備有不思議業作境界之性。依此二義，恒常熏習。以有力故，能令眾生厭生死苦，樂求涅槃，自信己身有真如法，發心修行。

……

又諸佛法有因有緣，因緣具足，乃得成辦。如木中火性是火正因。若無人知，不假方便，能自燒木，無有是處。眾生亦爾。雖有正因熏習之力，若不遇諸佛菩薩善知識等以之為緣，能自斷煩惱入涅槃者，則無是處。若雖有外緣之力，而內淨法未有熏習力者，亦不能究竟厭生死苦，樂求涅槃。若因緣具足者，所謂自有熏習之力，又為諸佛菩薩等慈悲願護故，能起厭苦之心，信有涅槃，修習善根。以修善根成熟故，則值諸佛菩薩示教利喜，乃能進趣，向涅槃道。

案：此所說的已甚分明。成佛底可能要由於有內因與外緣。內因即是「真如自體相熏習」。「起淨法不斷」的那種熏習亦是真如自體相熏習。至于外緣則是「真如用熏習」，諸佛菩薩等底化身所現的種種差別，為眾生所念所見，于眾生為外緣，令其增長善根；或諸佛菩薩等大悲願力同體智力能平等地為眾生之所見。依前者，說真如用中之「差別緣」；依後者，說真如用中之「平等緣」。差別緣是對未得無生法忍的菩薩，未入無餘涅槃的二乘，以及一切凡夫，而說。平等緣是對已得無生法忍的菩薩說。到平等緣的「真如用熏習」同時即已復還歸於「真如自體相熏習」。〈論云：

用熏習者，即是眾生外緣之力。如是外緣有無量義，略說二種。云何為二？一者差別緣，二者平等緣。

差別緣者，此人依于諸佛菩薩等，從初發意始求道時，乃至得佛，于中若見若念，或為眷屬父母諸親，或為給使，或為知友，或為怨家，或起四攝（布施，愛語，利行，同事，為佛菩薩的四種攝生方便，故曰四攝），乃至一切所作無量行緣，以起大悲熏習之力，能令眾生增長善根，若見若聞得利益故。

平等緣者，一切諸佛菩薩皆願度脫一切眾生，自然熏習，恒常不捨。以同體智力故，隨應見聞而現作業，所謂眾生依于三昧，乃得平等見諸佛故。

……

由于真如之自體相熏習與真如用熏習，「體相熏習」不甚能恰切「內因」之義。如云「以有真如法故，能熏習無明」，又云：「此真如自

・若般與性佛・

法，「從無始世來，具無漏法，備有不思議業作境界之性」，這種說法，易于轉成外緣的「用熏習」，體熏習之「內因」性不甚能持得住。說實了，體熏習本就是一切眾生雖在重迷中，本有其要求解脫之願力與觀法空之智力隨時在躍動。即此願與智之躍動力即足以隨時熏動無明而趨向于明。蓋一切眾生本有如來藏自性清淨心（心眞如之眞心）願與智即是眞心之所發。此種「眞如自體相」隨時在躍動，不能說它沒有一種內在的影響力。眾生雖在重迷中，它亦默默地起作用，故一遇外緣，便一觸即發。此亦如孟子所說「舜在深山之中，與木石居，與鹿豕遊，其所以異于深山之野人者幾希！及其聞一善言，見一善行，若決江河，沛然莫之能禦」。聞善言，見善行，是外緣，「沛然莫之能禦」是內因。必有一種內在的動力潛伏着，默默任運地熏習着，始能一觸即發，沛然莫之能禦也。若依此方式說「眞如自體相熏習」，方切合促成始覺之「內因」義。若只說眞如法「備有不思議業作境界之性」，則又轉成外緣義之「眞如用熏習」矣。當然，依如來藏自性清淨心而說自發的願與智以成「始覺」得解脫，這種向上超拔不甚是自明的，亦不見得有必然性，是故在佛家，說來說去，總重視外緣始能引導眾生向那特殊方向走。是則不如儒家之由道德意識入有自明性與必然性。不過這是教之入路底問題。在佛教方面中，依起信論，說「眞如自體相熏習」，則必須切合「內因」義而如吾所說者說之也。

6.始覺可能，則相似覺，隨分覺，究竟覺，逐步呈現，而成佛亦可能。始覺以成佛，則

復次，染法從無始已來熏習不斷，乃至得佛後則有斷。淨法熏習則無有染法斷，淨法不斷。〈論云：

・466・

斷，盡于未來。此義云何？以真如法常熏習故，妄心則滅，法身顯現，起「用熏習」，故無有斷。

是即所謂「還滅」。還滅者即就生滅門中染執之法，蕩執遣相，真心朗現，而歸于一相無相也。此即所謂「如來法身」。生滅門中是流轉地總攝一切法，真如門中則是還滅地總攝一切法。還滅地總攝一切法，則一切染執有相法皆轉成一相無相之無漏功德法。法只是這一套法，所爭只在執與不執而已。並非有另一套法為真如門所攝也。是故論云：

復次，真如自體相者，一切凡夫、聲聞、緣覺、菩薩、諸佛，無有增減，非前際生，非後際滅，畢竟常恆，從本已來，性自滿足一切功德。所謂自體有大智慧光明義故，遍照法界義故，真實識知義故，自性清淨心義故，常樂我淨義故，清涼不變自在義故，具足如是過于恆沙不離不斷不異不思議佛法；乃至滿足無有所少義故，名為如來藏，亦名為法身。

問曰：上說真如，其體平等，離一切相，云何復說體有如是種種功德？

答曰：雖實有此諸功德義，而無差別之相，等同一味，唯一真如。此義云何？以無分別，離分別相，是故無二。復以何義得說差別？以依業識生滅相示。此云何示？以一切法本來唯心，實無于念，而有妄心，不覺起念，見諸境界，故說無明。心性不起，即是大智慧光明義故。若心起見，則有不見之相；心性離見即是遍照法界義故。若心有動，非真識知，無有自性，非常非樂非我非淨，熱惱衰變，則不自在，乃至具有過恆沙等妄染之義。對此義故，心性無

動,則有過恒沙等淨功德相義示現。若心有起,更見前法可念者,則有所少。如是淨法無量功德,卽是一心,更無所念,是故滿足,名爲法身如來之藏。

案：具有無量無漏稱性功德的眞如自體相隱名如來藏,顯名法身。玆就「顯名法身」而說,此法身之所以具有這些稱性功德,乃是因爲就染執方面的無量妄染而對翻故。對翻妄染而寂滅之,便成無漏功德。是則功德者卽是如來法身之豐富的意義。雖說無量,而實「無差別之相」,等同一味,唯一眞如。無量之「諸」是對應妄染而顯示出的。在妄染方面,有「差別相」,故可實言「諸」字。今旣寂滅之而一相無相,則自無差別相,故「諸」字是對應妄染有相而虛言也。雖一相無相,而又可說是無量無漏的豐富功德,豐富意義。此卽「如來法身」之實義。

若就「隱名如來藏」而說,則此潛具的諸功德卽是「過于恒沙不離不斷不異不思議佛法」,故此如來藏卽是「因地」意義的「佛性」,此亦名曰「如來藏恒沙佛法佛性」。不過就佛性或法身之當體自己說,是以當說「佛性」或「法身」時,卽已總攝一切法門在內矣。功德雖恒沙佛法只是功德;事象意義卽緣起意義的法是因着寂滅之而爲功德而被帶進來的。功德雖亦可說爲「法」,但此「法」字是第二序上的,亦如「眞如心」之爲法,此不是緣起的事法,而是作爲功德的「意義法」。但意義法不離事法。就事法可說「法界」,故眞如心是「一法界大總相法門體」。當整一法界從體而一相無相時,則全部法門卽是法身之全部功德,此亦可名曰「最清淨法界」。「清淨」者去染執而一相無相也。「最清淨法界」,說法界可,說功德聚亦可。如果要說此功德意義的清淨法界是眞如心之所起現（例如說眞如心爲無漏功

468

德因),則亦是起而無起,此方便名曰「性起」,而不可說「緣起」。而「性起」是起而無起,故全部清淨法界實只是真如心這個性體之實德。說緣起者是就所寂滅之而為功德這所寂滅者說,亦即就功德所由之而對翻的那事法底據說。是以嚴格言之。生滅門之流轉法可以說緣起,而真如門之功德法則不可說緣起,只好方便說為「性起」。先記住這些基本觀念,方可進而了解華嚴宗。

7.以上是就「真如自體相」說「法身」,說「如來藏恒沙佛法佛性」。以下再就「真如用」說「應身」與「報身」。

〔論云:

復次,真如用者,所謂諸佛如來本在因地發大慈悲,修諸波羅蜜,攝化眾生;立大誓願,盡欲度脫等眾生界,亦不限劫數,盡于未來。以取一切眾生如己身故,而亦不取眾生相。此以何義?謂如實知一切眾生及與己身真如平等,無別異故。以有如是大方便智,除滅無明,見本法身,自然而有不思議業種種之用,即與真如等,遍一切處。又亦無有用相可得。何以故?謂諸佛如來唯是法身智身之身。第一義諦無有世俗境界,離于施作,但隨眾生見聞得益,故說為用。

此用有二種。云何為二?一者,依分別事識,凡夫二乘所見者名為應身。以不知轉識現故,見從外來,取色分齊,不能盡知故。〔案分別事識即第六意識,轉識即第七識末那。〕

二者，依于業識〔案即轉識〕，謂諸菩薩從初發意，乃至菩薩究竟地，心所見者，名爲報身。身有無量相，相有無量好；所住依果亦有無量種莊嚴，隨所示現即無有邊，不可窮盡，離分齊相；隨其所應，常能住持，不毀不失。如是功德皆因諸波羅蜜等無漏行熏及不思議熏之所成就，具足無量樂相，故說爲報身。

案：據此所論，凡夫與二乘所見的佛之相好（正報）與國土（依報）實只是佛之應化身。凡夫二乘這樣見是依其「分別事識」而見。故其所見的相好與國土以爲是外來的，是外在地如此的，不知是其轉識或業識之所現。因爲凡夫二乘不能徹了一切唯識所現故，故只停于「分別事識」之境界。因依分別事識而見，又以爲是外在的，故于所見的相好與國土執取其色的分齊相，即限定相，不能窮盡地知其無量無邊。實則這不是佛之眞正的正報與依報，而只是其應化身之示現。此即天台宗所謂「恩不及物，智不窮源，功齊界內」，只爲有量生滅四諦也。即在通教菩薩，雖復兼濟，而仍是「智不窮源，功齊界內」，不過是有量的無生四諦而已。

到了十地菩薩，其所見的相好與國土是依業識而見，此則方可名爲佛之報身。報有依正報。依報是淨土，正報是無量的相好（不只是三十二相，八十種好）。十地菩薩已能窮一切法之源，故已至無量四諦。因此，其所見的色相有無量相，相有無量好，而所見的依（淨土）亦有「無量莊嚴，無有邊際，不可窮盡，離分齊相」。但所謂窮源，若只窮至阿賴耶識，則亦不能知如此所見的相好與淨土「常能住持，不毀不失。」必待窮至唯一眞心，知其

• 470 •

是「真如用」，然後方能至此。此即天台宗所謂別教。雖已至無量四諦，故非圓教。此則待天台章詳論之。

又，此十地菩薩雖已見無量相好及國土之無量莊嚴，然既有相好莊嚴可見，便是有相可見，故仍是依于業識，始如此。若離業識，則無相可見，報身只是隨菩薩之業識而現為如此這般。若業識滅盡，則無相可見，唯是法身。是故〈論〉云：

復次，初發意菩薩等所見者，以深信真如法故，少分而見，知彼色相莊嚴等事無來無去，離于分齊，唯依心現，不離真如。然此菩薩猶自分別，以未入法身位故。若得淨心，所見微妙，其用轉勝；乃至菩薩地盡，見之究竟。若離業識，則無見相。以諸佛法身無有彼此色相迭相見故。

在十地之過程中，菩薩亦有見與不見的差別；即使至第十法雲地，見之究竟，也是最微妙最清淨的相好莊嚴。這還是未斷盡無明業識者之所見的。若至金剛後心，斷無明盡，離妄染業識，成無上正等正覺，則無有色相可見，因已進入法身故。菩薩已進入法身，則原初所見之佛如何如實亦只是一法身，一相無相而即歸于無相可見也。「以諸佛法身無有彼此色相迭相見故」。案依天台圓教，此仍是別教的說法。

問曰：若諸佛法身離于色相者，云何能現色相？

答曰：即此法身是色體故，能現于色。所謂從本已來，色心不二⋯⋯以色性

即智故,無體無形,說名智身;以智性即色故,說名法身遍一切處。所現之色無有分齊,隨心能示十方世界無量菩薩,無量報身,無量莊嚴,各各差別,皆無分齊,而不相妨。此非心識分別能知,以真如自在用義故。

案:說至此「色心不二」,「真如自在用」,這好像已甚圓滿了。然依天台,這仍只是別教底圓滿,尚非真是圓教。分解的說法取徑紆迴,紆迴至此已算達到極致。既是「從本已來色心不二」,何以「法身」又無色相?「色性即智,無體無形,說名智身;智性即色,說名法身遍一切處」。這個「即」字「即」到什麼程度?是何形態的「即」?平看,這個「即」是存有論的自即,分析的即。如是,則不應說「法身離于色相」。涅槃經說如來法身捨無常色,獲得常色。則法身必然有色,只爭在執相與否而已。然依起信論無量色相皆是菩薩業識所見。若離業識,則無相可見。如是,則見有色相,全是無明之功。必斷無明,法身乃顯。如是,則法身不即色相,色相不即法身,推之,這九界全在迷中(真如在迷能生九界)。六道眾生,聲聞、緣覺、菩薩,這九界全在迷中,無明亦不能即于法身。必斷此九界,始能見法身、成法身也。然則「色性即智,智性即色」,實未真成爲「即」也。此「即」字豈只是離于色相之法身能現于色相,能現後之「即」耶?若如此,則「法身是色體」亦不能究極完成。到需要時,隨析語,「智性即色」亦不是分析語。如是,則「色心不二」亦不是存有論地分析地必然的,只是隨感而應而已。有是自然地應現,有是神通作意地應現。此即示真如用不是存有論地分析地必然的,只是隨感而應而已。凡以上所說皆是天台宗所注意者。故起信論之超越的分解雖高于以阿賴耶爲中心者,然仍是別

題。

教，非圓教也。此將于天台章中詳簡。

以上是起信論底義理規模。華嚴宗即本此規模而言「別教一乘圓教」。此是下章之論

茲須作一總檢查。自起信論依華嚴、密嚴、楞伽、勝鬘、涅槃等言如來藏之真常經而提練出一個真心後，佛教的發展至一新階段。此一新階段似是一特別的動相。它對內對外俱有特別的意義與作用。就佛教內部言，它實比印度原有的空有兩宗爲進一步。唯識宗的有宗已比中觀論的般若學爲進一步，以中觀論無對于一切法（即流轉還滅）作根源的說明故。起信論又比唯識宗爲進一步，以唯識宗以阿賴耶識爲中心，以正聞熏習爲客，成佛底根據不足夠故；起信論提出真心，成佛始有一超越的根據。

此真心之成立可從兩面說。一、從現實的機緣說；二、從義理說。

從現實的機緣說，意即現實上已有佛。真心是佛斷盡無明「呈現如如智證如如境」之如如智。如現實是最清淨法界，如如智亦當是最清淨而無執著的心。攝大乘論說「無分別智」（如如智）「非心而是心」。「非心」意即非通常的生滅心，思量心。然而它畢竟亦可以說「是心」。它既是無分別的智心，亦就是真常心。這是佛通過長刼的修行所呈現的。現實上已有佛，又既肯定一切衆生皆可成佛，必亦肯定其皆有佛性。是則衆生必亦有其與佛相同之無分別的智心即真常心，惟在迷中不顯而已。雖不顯而未始不有也。因此，就可

成佛言，必肯定其有一真心以為成佛所以可能之超越的根據；就流轉還滅言，亦必同時即肯定此真心為一切法之所依止。眾生固在迷，但其所以生死流轉法亦必不離此真心，即為此真心之隨迷染緣所起現，以一切唯心造故。是故一切生死流轉法亦必依止于此在經之真心。此真心同時即是還滅所以可能之根據，故還滅中一切清淨法亦必依止于此真心。此真心既是成佛所以可能之根據，亦是一切染淨法之所依止。此種肯定是就現實上已有佛，先對可成佛而未成佛的眾生，作如此之肯定。此尚是外部地說。

進一步，再從內在的義理說。從內在的義理說者，如如智（無分別智）本是佛所呈現，但它總是清淨心。清淨之所以為清淨乃是因相應如如境而不起分別，故亦為如如智。空有兩宗本只如此說。

般若經「菩薩應無所住而生其心」，即是不住著于色聲香味觸法上而生其心，此即是作為空慧的般若清淨心。但通過「如來藏恒沙佛法佛性」一觀念，須對一切法有一根源的說明。在此問題上，此般若清淨心，無分別智心，須作一切法之所依止。在此一轉之機上，原初如如智與如如境是平說的，遂轉為豎說，以如如智心為主綱，將諸法之如如境為一總相，並且是一切法門之體。真心即真如心，如此，此智心遂成為一豎立的真心而為一法界之大總相，吸收于此如如智心上而與此智心為一，如此，此智心遂成為諸法之體（大總相）即是空如為諸法之體。原來，空如，空如是不能為體的。緣起性空，依他無性，此無自性之空性是抒義字（抒緣起無性之義），並非實體字。但到「真心」成立，空如為體，實即真心為體。因空如理被吞沒于真心而從心故。此成為一條鞭地唯真心的。今轉為豎說，故性從心，而成為真心，遂得成為一法界之大總相，而且是諸法之體。此條鞭地唯真心的。原初，原是心從空如性的，清淨心只是佛所浮現，故心與性原是鬆散地平說的。

則真心便有實體性的意味。真心是一切法之所依止。在此，亦得說：若見真心，即見諸法之空如無相。然此真心本身却是一個實體性的實有，此即所謂不空如來藏也。

般若清淨心原是因照見如境而清淨。此是鬆散的真心。現在說竪立的真心，那是如境反射進來而內處于般若清淨心，遂將此般若清淨心映現而為一竪立的真心。此是將佛之鬆散的如智與如境之平平境界凸起而為一緊張的狀態，因對眾生而說其成佛可能並對一切法作一根源的說明這兩問題而凸現為一緊張的狀態。因此緊張的狀態，般若清淨心遂轉為竪立的真心，成為一有實體性意味的實有。但既是一緊張的狀態，則亦可說是一種權現。既是權現，即可打散。因佛總須平平也。在此緊張狀態中的佛（即唯竪立的真心系統中之佛）亦是權佛。

竪立的真心既有實體性的實有之意味，則真心即性，此性，以今語言之，便可有實體性的本體之嫌，以古語言之，便可有外道梵我之嫌。但嫌疑畢竟是嫌疑，而不是真實。故須詳為抉擇。就外道梵我而言，《楞伽經》已有抉擇如下：

爾時，大慧菩薩摩訶薩白佛言：世尊！世尊修多羅說如來藏自性清淨，轉三十二相入于一切眾生心中，如大價寶垢衣所纏。如來之藏常住不變，亦復如是，而陰界入垢衣所纏，貪欲恚癡不實妄想塵勞所汙，一切諸佛之所演說。云何世尊同外道說我，言有如來藏耶？世尊！外道亦說有常作者，離于求那，周遍不滅。世尊！彼說有我。

佛告大慧，我說如來藏不同外道所說之我。大慧！有時說空，無相，無

願,如,實際,法性,法身,涅槃,離自性,不生不滅,本來寂靜,自性涅槃。如是等句說如來藏已,如來、應供、等正覺為斷愚夫畏無我句,故說離妄想無所有境界如來藏門。大慧!未來現在菩薩摩訶薩不應作我見計著。譬如陶家,於一泥聚,以人工水木輪繩方便,作種種器。如來亦復如是,于法無我離一切妄想相,以種種智慧善巧方便,或說如來藏,或說無我。以是因緣故,說如來藏不同外道所說之我,是名說如來藏。開引計我諸外道故,說如來藏,令離不實我見妄想,入三解脫門境界,希望疾得阿耨多羅三藐三菩提。是故如來、應供、等正覺作如是說如來之藏。若不如是,則同外道。是故大慧!為離外道見故,當依無我如來之藏。爾時世尊欲重宣此義而說偈言:

人相續陰,緣與微塵。勝自在作,心量妄想。

(宋譯卷二。唐譯文較暢順。歐陽漸楞伽疏決依唐譯重整,將此段文與宋譯卷四言如來藏者相連屬,皆重編于卷六。)

據此段文,佛親自抉擇簡別,知雖言如來藏,而是無我如來藏,不同外道所說梵我。人只是相續五陰,衆緣以及微塵。至于那「勝自在作者」只是心之計量妄想。佛以「空、無相、無願,如、實際,法性,法身,涅槃,離自性,不生不滅,本來寂靜,自性涅槃」等句說如來藏。此只是一「離妄想無所有境界」。以此境界為「如來藏門」乃為「斷愚夫畏無我句」

故，為「開引計我諸外道故」。此「離妄想無所有境界」，「無我如來藏」，乃是佛所親證至之「如如智與如如境」之境界，不是一個客觀肯定的實體性的無限實有，作為「勝自在作者」，「常作者」，「離于求那，周遍不滅」的梵我。但為「愚夫畏無我」故，權說如來藏以引之，令歸依佛法；又為「開引計我諸外道故」，權說一「無我如來藏」（離妄想無所有境界）以引之，令捨其由「計量妄想」而得的實體性的梵我（勝自在作者）而歸于佛法的「如來藏門」。

此「無我如來藏」，《大涅槃經》就涅槃法身亦說為「常樂我淨」。此中之「我」亦不是實體性的梵我之常，乃是就涅槃法身中道第一義空說的。此中之「常」亦不是實體性的實有。這實體性的實有只是一個虛樣子。它本身染而不染，故又能就「離妄想無所有境界」之涅槃法身而方便形容之。空如來藏就是「離妄想無所有」。不空如來藏就是無量無漏功德聚，而聚亦無聚相，功德亦無功德相，只是一最清淨而有豐富意義的「如如智與如如境」之境界。

如來藏「真心即性」之有「實體性的實有」之意味只因在對眾生而說其成佛可能之根據並對一切法作一根源的說明這兩個問題上始顯出這一姿態，即是說，只在這兩問題所示現的架勢上始顯出這一姿態。如來藏真心「隨緣不變不變隨緣」之緣起並不是實體性的實有之本體論的生起。它是通過無明妄念（阿賴耶識），始隨染緣起生死流轉之雜染法，它本身染而不染，故又能就這一切雜染法而起還滅之功行，因而得有清淨法，此即所謂隨淨緣起淨法（內外真如熏習即是淨緣）。至還滅功成，無明斷盡，仍是無我如來藏，離妄想無所有境界。此時，那個有實體性的實有之虛樣子的真心即被打散，而仍歸于最清淨而有豐富意義的涅槃法身，即「如如智性的實有之虛樣子的真心即被打散，而仍歸于最清淨而有豐富意義的涅槃法身，即「如如智

其實體性的實有之虛樣子之打散可分兩步說。一是就此眞心即性之別教當身說，二是就「與如如境」之境界。

圓教說。就此別教當身說，如適所說，歸于無我如來藏時，只打散眞心之本體論的生起之架勢，但尚未打散那無我如來藏（離妄想無所有境界）之孤懸性，此即示此眞心系統之緊張性仍未完全鬆散，故爲權佛也。何以故？以眞心不即妄歸眞，乃離妄歸眞故。此即天台宗所謂「緣理斷九」，屬「斷斷」也。因此，涅槃法身本無任何色相。若離此等識，色相只是其應化上之示現，或菩薩依業識之所見，或凡夫二乘分別事識之所見。無所見，自亦無所謂示現。因此，「無色相而能現色相」，便不是分析地必然的，以所謂「從本已來色心不二」。此「不二」非分析的「不二」故。因此，在法身上，本只是一個「智身」，嚴格講，只能說「如如智」而並無「如如境」之可言。以如如境必即緣起事而爲如如境，而此時，却並無緣起事故。即華嚴宗就法身所展示的法界緣起亦是因地久遠修行中之事之倒映于法身，因此，亦即是佛法身之映現或示現，隨衆生之所樂見而示現，而其自身却無此等事，既無此等事，自亦無所謂法界緣起也。此見下章可明。華嚴宗之所以如此，以其義理支持點本在〈起信論〉故，唯眞心故，此所以同爲別教也。以爲別教，則佛法身之孤懸性所顯的緊張相即仍未打散。

若想將此孤懸性之緊張相打散，則必須進至于圓教：由「不即」而進至于「即」，由「斷斷」而進至于「不斷斷」。此即是天台宗之所說。此必須看下部方能徹底明白。〈起信論〉在「對治邪執」中提出五種邪執，表示是對于如來藏眞心之誤解。其中說第四邪執云：

四者，聞修多羅說：「一切世間生死染法皆依如來藏而有，一切諸法不離真如」，以不解故，謂如來藏自體具有一切世間生死等法。云何對治？以如來藏從本已來，唯有過恒沙等諸淨功德不離不斷，不異真如義故；以過恒沙等煩惱染法唯是妄有，性自本無，從無始世來未曾與如來藏相應故；若如來藏體有妄法，而使證會永息妄者，則無是處故。

案若唯真心，則自不能說「如來藏自體具一切世間生死等法」。如此說之，即成邪執。但是去此邪執，亦正顯起信論之唯真心是「不即」，是「斷斷」。若自「即」與「不斷斷」之圓教立場觀之，則不必唯真心；而如來藏是就迷就事而論，說其體具一切生死等法亦是可能的；說「如來藏體有妄法」，而至「證會」時「永息妄者」亦是可能既不唯真心，故亦非邪執。在此，主觀的迷悟染淨與客觀的淨善穢惡法門有異，即兩者可以岔開說。而在起信論，則兩者是同一化，故必「緣理斷九」，為「斷斷」而「不即」也。「斷斷」非必是錯，但非圓教。焉能一聞「如來藏自體具世間生死等法」，便謂是邪執耶？

依以上所說，唯真心最有實體性的實有之意味，亦最有本體論的生起之架勢，然尚且可以打散，不同外道。至于天台圓教之「性具」系統中之法性更不可以實體性的實有之本體論言。此見下部詳解可明。即禪宗六祖惠能所說「何期自性能生萬法」（能含萬法），亦不可以實體性的實有之本體論的生起言。此不可從表面的辭語望文生義。此見下部第二分第一章。惟神會和尚言「靈知真性」，此則同于「唯真心」。惠能不如此也。

唯真心雖有實體性的實有之意味，本體論的生起之架勢，然此一系統在佛教的發展中實是一特別的動相。它對內對外俱有特殊的意義與作用。對內而言，它比理想主義之哲學相就此點而詳言之，即，因這一實體性的實有之教義（如儒家道家乃至耶教）乃至一切佛法之福，佛法可以與其他外道以及其他講本體實有之教義（如儒家道家乃至耶教）乃至一切理想主義之哲學相出入，相接引，相觀摩。若與旁人不能相出入，相通氣，完全隔絕，則亦非佛法之福，判教可，相非則不可。

就佛教自身言，這一特別的動相未至圓極，因緊張相未全散故。何以要全散始歸圓極？因佛教畢竟是以「緣起性空」為通義，故不願亦不能使「性空」之性落于實體性的實有之境也。是故唯真心之實體性的實有之意味，本體論的生起之架勢，必須打散，觀真心之由何而立（從何處來）再回歸其原處。而此系統中佛法身之孤懸相亦即緊張相亦必須打散，始能歸于圓實佛，即平平佛。天台圓教即能至此完全鬆散之境，而不失原初之佛法義也。（歸之「實相」即是歸于原初之佛法義。至「實相」始能至一體平鋪，全體平平。蓋無孤懸弔起之實相也。）

佛性與般若

第二部 前後期唯識學以及起信論與華嚴宗

第六章 起信論與華嚴宗

第一節 華嚴經之大旨
第二節 真如心之「不變隨緣隨緣不變」
第三節 還滅後海印三昧中之「法界緣起」
　I 緣起因門六義
　II 即、入、攝,以及一中多、多中一,一即多、多即一
　III 十玄緣起無碍法
　IV 六相圓融義
　V 杜順之法界觀
第四節 「別教一乘圓教」與「同教一乘圓教」

第六章 起信論與華嚴宗

華嚴宗是以華嚴經為標的、以起信論為義理支持點、而開成者。由「對於一切法須作一根源的解釋」這一問題起，經過前後期唯識學底發展，發展至此乃是一最後的形態。阿賴耶緣起是經驗的分解或心理學意義的分解，如來藏緣起是超越的分解。順分解之路前進，至華嚴宗而極，無可再進者。由如來藏緣起悟入佛法身，就此法身而言法界緣起，所謂「大緣起陀羅尼法」者，便是華嚴宗。

第一節 華嚴經之大旨

所謂以華嚴經為標的者，即是以此經所說之毘盧遮那佛（非釋迦老比丘相）在海印三昧中證此法身，即如所如、說此法身。故此經所說為「稱法本教」，非「逐機末教」。「海印三昧」是佛說華嚴所依之定。海者取廣大義，又取海水清淨無象不現義。此三昧定能印證無量無邊之法界，喻如大海無象不現，故曰海印三

483

昧。《華嚴經賢首品第十二之一偈言：

菩薩勤修大悲行　願度一切無不果。
見聞聽受若供養　靡不皆令獲安樂。
彼諸大士威神力　法眼常全無缺減。
十善妙行等諸道　無上勝寶皆令現。
譬如大海金剛聚　以彼威力生眾寶。
菩薩功德聚亦然　無減無增亦無盡。
或有刹土無有佛　于彼示現成正覺。
或有國土不知法　於彼為說妙法藏。
無有分別無功用　于一念頃遍十方。
如月光影靡不周　無量方便化群生。
於彼十方世界中　念念示現成佛道。
轉正法輪入寂滅　乃至舍利廣分布。
或現聲聞獨覺道　或現成佛普莊嚴。
如是開闡三乘教　廣度眾生無量劫。
或現童男童女形　天龍及以阿修羅。
乃至摩睺羅伽等　隨其所樂悉令見。
眾生形相各不同　行業音聲亦無量。

如是一切皆能現 海印三昧威神力。

海印三昧出此。又〈如來出現品第三十七之三〉云：

佛子！諸菩薩摩訶薩應云何知如來、應、正等覺、成正覺？佛子！菩薩摩訶薩應知如來成正覺，于一切義無所觀察；于法平等，無所疑惑；無二無相，無行無止，無量無際，遠離二邊，住于中道，出過一切文字言說；知一切眾生心念所行、根性欲樂、煩惱染習，擧要言之，于一念中悉知三世一切諸法。佛子！譬如大海普能印現四天下中一切眾生色身形像，是故共說以爲大海。諸佛菩提亦復如是，普現一切眾生心念、根性欲樂、而無所現，是故說名諸佛菩提。……爾時，普賢菩薩摩訶薩欲重明此義而說頌言：

正覺了知一切法　無二離二悉平等。
自性清淨如虛空　我與非我不分別。
如海印現眾生身　以此說其爲大海。
菩提普印諸心行　是故說名爲正覺。

此言如來成正覺能普印普現一切眾生心念，一如大海之印現眾生身像。即依此正覺說海印三昧也。此三昧亦名「毘盧遮那如來藏身三昧」。〈普賢三昧品第三〉云：

爾時普賢菩薩摩訶薩于如來前坐蓮華藏師子之座，承佛神力，入于三昧。此三昧名一切諸佛毘盧遮那如來藏身：普入一切佛平等性，能于法界示現影像，廣大無礙，同于虛空，法界海漩靡不隨入，出生一切諸三昧法，普能包納十方法界；三世諸佛智光明海皆從此生，十方所有諸安立海悉能示現，含藏一切佛力解脫，諸菩薩智，能令一切國土微塵普能容受無邊法界，成就一切佛功德海，顯示如來諸大願海，一切諸佛所有海輪，流通護持，使無斷絕。如此世界中，普賢菩薩于世尊前入此三昧，如是盡法界、虛空界，十方三世、微細無碍，廣大光明。佛眼所見，佛力能到，佛身所現一切國土，及此國土所有微塵，一一塵中有世界海，一一世界海中有世界海微塵數諸佛，一一佛前有世界海，微塵數普賢菩薩，皆亦入此一切諸佛毘盧遮那如來藏身三昧。

一普賢菩薩承佛神力入于諸佛毘盧遮那如來藏身三昧，微塵數普賢菩薩皆亦入于此三昧。佛果親證不可說，故假借普賢菩薩以說之（此經主要是借普賢口以說）。普賢者德周法界曰普，至順調善曰賢，即解普行約因趣果也。普賢亦須入此海印三昧始能證現果海之廣大。有因果可辨，故可說。故海印三昧中一切皆可以海說：世界海，諸佛海，法界海，眾生業海，眾生根欲海，三世海，一切如來願力海，一切如來神變海。(世界成就品第四)。即就世界海而言，「應知世界海有種種差別形相，……有種種莊嚴，……有世界海微塵數清淨方便海，……有世界海微塵數佛出現差別，……有世界海微塵數劫住，……有世界海微塵數劫轉變差別，……有世界海微塵

微塵數無差別，……。」（同上）。「爾時普賢菩薩欲重宣其義，承佛威力，觀察十方，而說頌言：

一微塵中多剎海　處所各別悉嚴淨。
如是無量入一中　一一區分無雜越。
一一塵內難思佛　隨眾生心普現前。
一切剎海靡不周　如是方便無差別。
一一塵中諸樹王　種種莊嚴悉垂布。
十方國土皆同現　如是一切無差別。
一一塵內微塵眾　悉共圍繞人中王。
出過一切遍世間　亦不迫隘相雜亂。
……

爾時普賢菩薩復告大眾言：諸佛子！此華藏莊嚴世界海是毘盧遮那如來往昔于世界海微塵數劫修菩薩行時，一一劫中親近世界海微塵數佛，一一佛所淨修世界海微塵數大願之所嚴淨。

此無量妙莊嚴世界海亦曰「華藏莊嚴世界海」。〈華藏世界品第五之一〉云：

同品第五之三頌云：

華藏世界海　法界等無別。
莊嚴極清淨　安住于虛空。
此世界海中　剎種難思議。
一一皆自在　各各無雜亂。

此華藏世界海乃至種種其他海可說等同于一全法界，此法界乃極高極圓者。此是海印三昧之所證現。如前所言，海印三昧即是毘盧遮那如來藏身三昧。如來藏身即如來藏法身也。惟此法身不同于方便教中所說三身中之法身，乃是圓滿教中之法身。華嚴宗以十身佛說之。十身佛者，成正覺佛，願佛，業報佛，住持佛，涅槃佛，法界佛，心佛，三昧佛，本性佛，隨樂佛。（見經離世間品第三十八之一）。此十佛當然是隨意的列舉，並無必然。你可以說有無量身。然華嚴宗所以特重視此十者，因即以方便說的十以顯佛身無盡主伴具足故也。此一圓滿無盡之佛身亦可總言之曰毘盧遮那如來藏法身，當然亦即等非只限于有定之十也。以數而言，至十方圓滿。故自身而言，此十表示圓滿無盡義。故此十佛于全法界也。一說佛性，即是具有恒沙佛法之佛性，此即名曰法身，自法言曰法界。故自身而言，此具有恒沙而然。一說佛性當顯時即名曰法身，自法言曰如來藏。故自身而言，此具有恒沙佛法之佛性，即名曰最高最圓之最清淨法界。此圓滿法身法界即是一大海也。此是總持言之。若曲示其相，即是普入，普即，普攝，

一微塵中含無量，無量入于一塵中，總而言之，是圓滿無盡，圓融無礙。此類字眼，經中到處俱是，不可卒舉。此是華嚴經之特色。茲引若干經文及偈言以示一般。

〈普賢行品〉第三十六云：

佛子！菩薩摩訶薩住此十智已，則得入十種普入。何等為十？所謂一切世界入一毛道，一毛道入一切世界。一切眾生身入一身，一身入一切眾生身。不可說劫入一念，一念入不可說劫。一切佛法入一法，一法入一切佛法。不可說處入一處，一處入不可說處。不可說根入一根，一根入不可說根。一切根入非根，非根入一切根。一切想入一想，一想入一切想。一切言音入一言音，一言音入一切言音。一切三世入一世，一世入一切三世。是為十。

此十種普入是就世界，眾生，劫，佛法，處，根，非根，想，言音，三世，十項而說。普入即函普即普攝也。

又〈賢首品〉第十二之二偈云：

一切方中普現身　或現入定或從出
或于東方入正定　而于西方從定出
或于西方入正定　而于東方從定出
如是入餘方入正定　而于餘方從定出
如是入出遍十方　是名菩薩三昧力

・佛性與般若・

或現三昧寂不動　或現恭敬供養佛。
于眼根中入正定　于色塵中從定出。
示現色性不思議　一切天人莫能知。
于色塵中入正定　于眼起定心不亂。
說眼無生無有起　性空寂滅無所作。
（于耳于舌于身于意例然，不重複引）。

……
鬼神身中入正定　　金剛地中從定出。
一毛孔中入正定　　一毛孔中從定出。
一切毛孔入正定　　一切毛孔從定出。
一毛端頭入正定　　一毛端頭從定出。
一微塵中入正定　　一微塵中從定出。
一切塵中入正定　　一切塵中從定出。

從這裡入定，從那裡出定，這種出入皆圓通無礙，而亦無所謂出入也。此亦函隱顯俱成義。經中只是這樣的到處泛述。至華嚴宗，則就經中此類泛述，依「緣起性空」一總原則，作成詳細的有條貫的展示，如法藏賢首華嚴一乘教義分齊章義理分齊第十中三性同異，緣起

・490・

因門六義，十玄緣起無碍，六相圓融，四門之所說。此種詳細的有條貫的展示即成功華嚴宗所謂「法界緣起」，此與阿賴耶緣起，如來藏緣起，層次不同，而意義與作用亦皆不同。此蓋只是就毘盧遮那佛法身法界中之法以緣起觀點觀之而說為法界緣起，因而即如此亦只是緣起性空一義之展轉引申，引申之以表示佛法身之無邊無盡圓融無碍也，此與阿賴耶緣起以及如來藏緣起之說明一切法之來源者不同也。此種法界緣起之詳細展示見下。今只就華嚴經海印三昧之旨趣而總說。如此總說之佛法身法界之無碍無盡即是華嚴宗所謂「稱法本教」，亦曰「別教一乘圓教」。此言「別教」與天臺宗所言之別教不同，蓋專就毘盧遮那佛法身而說也。「別」亦專就義，唯所專就者乃毘盧遮那佛，非菩薩也，所謂「唯談我佛」也。「一乘」者佛乘也。「圓教」者毘盧遮那佛法身法界圓滿無盡、圓融無碍之謂也。佛法身當然是圓，此圓只是分析的。

賢首華嚴一乘教義分齊章教起前後第六中言此「稱法本教」云：

〔稱法本教〕者，謂別教一乘。即佛初成道第二七日，在菩提樹下，猶如日出，先照高山，于海印定中，同時演說十十法門，主伴具足，圓通自在，該于九世十世，盡因陀羅微細境界。即于此時，一切因果理事等，一切前後法門，乃至末代流通舍利見聞等事，並同時顯現。何以故？卷舒自在故。舒則該于九世，卷則在于一時。此卷即舒，舒又即卷。何以故？同一緣起故，無二相故。經本云：于一塵中，建立三世一切佛事等，又云：于一念中即八相成道，乃至涅槃，流通舍利等。廣如經說。是故依此普法，一切佛法並于第二七日一

此即總述華嚴經之旨趣也。天臺宗與華嚴宗俱主五時判教，俱謂華嚴經是五時中之第一時說。第一時者，即佛成道後，第二個七日也。初之七日則自受法樂。于第二七日則開始說華嚴。（此當然不必是歷史事實。五時判教是就教義系統之展示說。）在開始說華嚴時，「猶如日出，先照高山」。經如來出現品第三十七之一云：

復次，佛子！譬如日出，於閻浮提，先照一切須彌山等諸大山王，次照黑山，次照高原，然後普照一切大地。日不作念：我先照此，後照于彼。但以山地有高下故，照有先後。如來應正等覺亦復如是。成就無邊法界智輪，常放無礙智慧光明，先照菩薩摩訶薩等諸大山王，次照緣覺，次照聲聞，次照決定善根眾生，隨其心器，示廣大智，然後普照一切眾生，乃至邪定亦皆及，為作未來利益因緣，令成熟故。而彼如來大智日光不作是念：我當先照菩薩大行，乃至後照邪定眾生。但放光明，平等普照，無礙無障，無所分別。佛子！譬如日月，隨時出現，大山幽谷，普照一切，無有分別。隨諸眾生根欲不同，智慧光明種種有異。

此即「先照高山」一喻之所出。先照高山即喻先照菩薩也。華嚴會上只有大菩薩眾，無有聲

聞緣覺。佛智雖不作是念：我先照此，然後照彼，然而稱性極談，如所如說，彼根器差者，自不能入，故小乘如聾如啞也。此非佛智隔眾生，乃眾生自隔也。此亦如孟子所說「中道而立，能者從之。」雖是佛智「但放光明，平等普照，無礙無障，無所分別」，然而畢竟亦未俯就羣機而普照之也。「平等普照」是就佛智自身說，此與俯就普照不同也。故華嚴宗之「別敎一乘圓敎」亦不同于天臺宗之「同敎一乘圓敎」。此將于下文第三節中詳說之。

佛于說華嚴經時，一方如先照高山，一方亦是在海印定中「同時演說十十法門」。所謂「十十法門」者，不是十個十，乃是十而又十，種種十之意。華嚴經之特色，就法而言，是無礙無盡。但表示此無礙無盡之方式，則于說法時必以十十出之。全經除講十梵行，十住，十行，十迴向，十地，為普通之定數位次義外，餘于表達法義時每皆以十十出之，此雖似是隨意之方便，並無必然，然即以此方便之十十表示主伴具足，無礙無盡，此則有義理之必然。茲查離世間品第三十八之一列舉有二百問語，每一問語皆以十法門答之，是則共有二百種十。離世間品共有七卷，即說此二百種十也。且不止此。十定品第二十七共四卷說十定（十三昧）。十通品第二十八說十通，十忍品第二十九說十忍。佛不思議法品第三十三共二卷說十法，十念，十不失時，十智，十普入，十難信受廣大法，十大功德離過清淨，十究竟清淨，十念，十種佛事，十種常法，十種演說無量諸佛法門，十種為眾生作佛事，十種最勝法，十種無盡智海法，十種自在法，十種無二行自在法，十種無量不思議圓滿佛法，十種無障礙住，十種最勝無上莊嚴，十種住住一切法，十種決定法，十種速疾法，十種知一切法盡無有餘，十種善巧方便，十種廣大佛事，十種大那羅延幢勇健法，十種應常憶念清淨法，十種一切智住，十種無礙解脫，十種無量不可思議佛三昧，普賢行品第三十六說應勤修

十種法,具足十種清淨,具足十種廣大智,得入十種普入,住十種勝妙心,得十種佛法善巧智。如來出現品第三十七共三卷,說如來出現十相,如來身十相,如來音聲十相,如來音聲有十種無量,如來心十相,乃至其他如來事。至于離世間品之二百種十,則難一一列舉,一查便知。此種十十之鋪排是華嚴經之特色。華嚴一乘教義分齊章施設異相第八中以十門說華嚴經稱法本教之異相(特異處)。其中第九是「法門異」:

九者法門異。謂略舉十重以明之。㈠彼有三佛,此有十佛。㈡彼有六通,此有十通。㈢彼有三明,此有十明。㈣彼有八解脫,此有十解脫。㈤彼有四無畏,此有十無畏。㈥彼有五眼,此有十眼。㈦彼說三世,此說十世。㈧彼有四諦,此有十諦。㈨彼有四辯,此有十辯。㈩彼有十八不共法,此有十不共法。餘門無量,廣如經說。

案此只列舉十種以明彼此之差別。「彼」指三乘教說,「此」指華嚴一乘教說。經中有百千種十,廣之可說無量種十。惟賢首所略舉之十中第八中之「十諦」則在經中未見。十十法門表主伴具足,圓滿無盡。而此佛法身法界之法,實是因中歷別緣修所修者倒映于佛法身,並非外此自有一套無盡之法也。亦可以說因中無量四諦轉為果地即是佛法身無盡之法。因中普解普行久遠所修者于海印定中一時頓現即成為佛法身上之大緣起陀羅尼,亦即佛法身上之法界緣起。故上引賢首文云:「即于此時,一切因果理事等,一切前後法門,乃至末代流通舍利見聞等事,並同時顯現。」其顯現也,非如因

• 494 •

修中之歷別次第現,乃是一時頓現,而且是于一塵一毛孔中圓融無礙地現,帝網重重地現。正因如此顯現,始可以說法界緣起。此緣起非同因地中「隨緣不變不變隨緣」之生滅緣起也。此亦可說是起而無起,緣而非緣,乃只是「炳然齊頭同時顯現」。說其爲緣起乃只是因地中之緣起相之倒映于佛法身,而實則是佛法身之實德而非緣起也。佛身「卷舒自在」,焉可說緣起?卷則退藏于密,寂然無相。舒則彌綸六合,相相宛然。「如來藏恒沙佛法佛性」而然。故成佛身後,得曰佛法界。正因法界故,在毘盧遮那佛法身上,則無當初之緣起相,只是于海印定中炳然頓現耳。說緣起者只是因中緣起相之倒映進來而方便說耳,假說之以展示佛法身法界之無盡與無礙以示「別教一乘圓教」也。若不假說緣起,則是「性海果分,是不可說義。何以故?不與教相應故,則十佛自境界也。」(一乘教義分齊章建立一乘第一)。將果分展示爲法界緣起(約因中緣起倒映于果上而說)過。此一久遠修行是藉善財童子來表示。

經中入法界品第三十九共二十一卷即展示因中「學菩薩行修菩薩道」而入佛法界之經過。經卷七十八〈入法界品第三十九之十九〉云:

爾時彌勒菩薩摩訶薩觀察一切道場眾會,指示善財而作是言:諸仁者,汝等見此長者子今于我所問菩薩行諸功德不?諸仁者,此長者子勇猛精進,志願無雜;深心堅固,恒不退轉;具勝希望,如救頭然,無有厭足,樂善知識,親近供養,處處尋求,承事請法。諸仁者,此長者子曩于福城受文殊教,展轉南

即示教相也。

· 495 ·

行，求善知識。經由一百一十善知識已，然後而來至于我所，未曾暫起一念疲懈。

經入法界品第三十九之三（前之一之二兩卷是此會之緣起）開始提出善財童子。善財童子于福城處會見文殊師利童子。文殊童子告以到某處某人請問「菩薩云何學菩薩行，修菩薩道」；善財如所指示，遂展轉南行，求善知識。如此一一請問，一直經過一百一十善知識，最後乃至彌勒菩薩處請問。于所經過之一百一十善知識，每一善知識皆有其獨特之造詣，境界，與解脫法門，然皆未能知廣大深奧之菩薩行。最後，至彌勒菩薩處。彌勒住處名曰「毘盧遮那莊嚴藏大樓閣」。彌勒告善財言：「善男子！如汝所問：菩薩云何學菩薩行，修菩薩道，善男子，汝可入此毘盧遮那莊嚴藏大樓閣中周遍觀察，則能了知學菩薩行。學已，成就無量功德。」（經卷第七十八）。此即示見毘盧遮那如來藏身，即可知菩薩云何學菩薩行，修菩薩道，而得入法界。善財如所指示，即進大樓閣中，見此樓閣「廣博無量，同于虛空」；「廣博嚴麗，皆同虛空，不相障礙，亦無雜亂。善財童子于一處中見一切處。一切諸處悉如是見。」（經卷第七十九）。「爾時，彌勒菩薩摩訶薩即攝神力，入樓閣中，彈指作聲，告善財言：善男子起！法性如是。此是菩薩知諸法智、因緣聚集、所現之相。爾時善財聞彈指聲，從三昧起。彌勒告言：善男子！汝住菩薩不可思議自在解脫，悉不成就，如影如像，如夢，受諸菩薩三昧喜樂，能見菩薩神力所持，助道所流，願智所現種種上妙莊嚴宮殿，見菩薩行，聞菩薩法，知菩薩德，了如來願。善財白言：唯然，聖者！是善知識加被憶念威神之力。聖者！此解脫門，其名何等？彌勒告言：善男子！此解脫門中，有不可說不可說解脫門，一生菩薩之所能得。境界不忘念智莊嚴藏。善男子！此解脫門名入三世一切

善財問言：此莊嚴事何處去耶？彌勒答言：于來處去。曰：從何處來？曰：從菩薩智慧神力中來，依菩薩智慧神力而住。無有去處，亦無住處。非集非常，遠離一切。善男子！如龍王降雨，不從身出，不從心出，無有積集，而非不見。但以龍王心念力故，霈然洪注，周遍天下。如是境界不可思議。善男子！彼莊嚴事亦復如是，不住于內，亦不住外，而非不見。但由菩薩威神之力，汝善根力見如是事。……」（同上）。

善財童子于大樓閣中所見之莊嚴藏是「菩薩知諸法智因緣聚集所現之相」，「從菩薩智慧神力中來，依菩薩智慧神力而住，無有去處，亦無住處，非集非常，遠離一切。」此即示此莊嚴藏是菩薩于因地中普賢行久遠修行至成佛時所現之相。它從菩薩智慧神力而來，依菩薩智慧神力而住，這是從修因得果之修行而言。若自其本身而言，則亦無來處，無去處，無住處，非集非常（亦非不常），遠離一切。何以故？法性如是故。此莊嚴藏安住于虛空（此即示無住處），爲菩薩智慧神力所持，如雲持雨。其本身無因緣相，無生起相。因緣生起皆是因地中事。然依菩薩智慧神力，而善財童子亦可仗菩薩神力，依自己之善根力，得見此莊嚴事。就頓現、得見，假說爲法界緣起相之倒映。

善財經彌勒指示，已進此莊嚴藏大樓閣矣，然而尚未真切地見到普賢境界。是故彌勒更囑其往文殊師利處請問：「菩薩云何學菩薩行，云何而入普賢行門，云何成就，云何廣大，云何隨順，云何圓滿。」（經卷第七十九末）。文殊智慧最高，故最後問。及至文殊處，得見「普賢菩薩如是自在神通境界，身心遍喜，踴躍無量。重觀普賢一一身分，一一毛孔，悉有三千大千世界。風輪水輪，地輪火輪，大海江河，及諸寶山，須彌鐵圍，村營城邑，宮殿

園苑，一切地獄餓鬼畜生，閻羅王界，天龍八部，人與非人，欲界色界無色界處，日月星宿，風雲雷電，晝夜月時及以年劫，諸佛出世，菩薩衆會，道場莊嚴，如是等事，悉皆明見。如見此世界，十方所有一切世界悉如是見。如見現在十方世界，前際後際一切世界亦如是見。……」（經卷第八十）。善財如是見已，普賢菩薩告善財言：「善男子！我于過去不可說不可說佛刹微塵數劫，行菩薩行，求一切智。……我以如是助道法力，諸善根力，大志樂力，修功德力，如實思維一切法力，智慧眼力，佛威神力，大慈悲力，淨神通力，善知識力，得此究竟三世平等清淨法身，復得清淨無上色身，超諸世間，隨諸衆生心之所樂而為現形。入一切刹，遍一切處，于諸世界廣現神通，令其見者靡不欣樂。」（同上）。善財必得見到普賢平等法身，無上色身，自在神通境界，始可說是真正入法界矣，與海印三昧相應。

經于入法界品中只是這樣鋪排描畫地表示久遠之修行，重重複複，一直鋪排了十九卷（前兩卷不計）。至于理論展示之入路則應求之于起信論。華嚴宗即依起信論之一心開二門而展示別教一乘圓教之因果法也。

第二節　真如心之「不變隨緣隨緣不變」

彌勒菩薩以「毘盧遮那莊嚴藏大樓閣」指示給善財童子，此莊嚴藏即如來藏也。如果隱名如來藏，顯名法身，則此莊嚴藏即法身藏，法界藏，亦即如來藏之出纏也。又海印三昧，經亦以「毘盧遮那如來藏身三昧」說之，則此如來藏身即法身也，亦即出纏之如來藏也。是故以「如來藏自性清淨心」之具無量無漏功德說此莊嚴藏大樓閣乃甚為切合者。

「如來藏自性清淨心」，勝鬘經說之，起信論依之說為真如心，或心真如。此清淨心，勝鬘經說為「不染而染，染而不染」。賢首云：「不染而染者，明隨緣時不失自性。由初義故，俗諦得成。由後義故，真諦復立。如是真俗但有二義，而無二體，相融無碍，離諸情執。」（一乘教義分齊章諸教所詮差別第九）。起信論將此「不染而染」說為「不生不滅與生滅和合，非一非異，名為阿黎耶識」，即「隨緣作諸法也」。而同時亦正因「染而不染」，始可還滅而歸于「心真如」也。是故起信論即根據勝鬘經所說「依如來藏有生死，依如來藏有涅槃」，而說一切法皆依于如來藏，此即所謂如來藏緣起（隨緣作諸法）也。此是「真心為主虛妄熏習是客」之系統。而華嚴宗之法藏賢首即就此真心而說兩義：一是不變義，二是隨緣義。而復以此真心相當于唯識宗之圓成實性，故此真心亦名真實性，亦名真如理。然此「真如理」是「真如心、心真如、心與如理合一」之詞，非如唯識宗所言之圓成實性之只是空如理也。（圓成實性雖不離去執之依他起，然其本身並不隨緣造諸法，即並不起諸法，故圓成實性只是空如理也。）又，此真如理雖是心與如理合一，然猶是天臺宗所說之「但中」之理，而非「不但中」也，以真心故，阿賴耶緣起屬始教，起信論是終教，起信論與華嚴宗之就真如心而言真實性真如理也。依唯識宗，依他起是就阿賴耶識之種子與現行之因果關係說。而起信論與華嚴宗則是就真性隨緣不染而染說。）又，此真如理雖是心與如理合一，然其本身並不隨緣造諸法，即並不起諸法，故圓成實性只是空如理也。是則起信論與華嚴宗之就真如心而言真實性真如理也。依唯識宗，依他起是就阿賴耶識之自判，阿賴耶緣起造諸法為性起非性具故，起信論與華嚴宗之所說者，是則起信論與華嚴宗其地位很殊特。依華嚴宗之自判，阿賴耶緣起屬始教，起信論是終教，依起信論而悟入法界緣起之莊嚴藏則是「別教一乘圓教」，華嚴宗之所主者，此即是華嚴經之所說，華嚴宗雖後起，自名曰「別教一乘圓教」，然依智者後之天臺宗師如荆溪起信論是終別教。

與知禮觀之，仍只是別教。唯依法華經而說，華嚴宗所名之曰「同教一乘圓教」者，方是真圓教。是則徒法界緣起之圓滿無礙並不足決定教之為圓也。此則待後詳論。吾隨文歷述歷點亦足以示之。

法藏賢首既以真心為真實性，相當於唯識宗之圓成實性（此是玄奘譯名，真諦只譯為真實性），則由以真心之「不變隨緣隨緣不變」為中心，即可吸收唯識宗之三性。此種吸收，可名曰三性之升位，即由阿賴耶識處說者升位而自真心隨緣處說也。蓋由真心不染而染，隨緣作諸法，即依他起也。于依他起法而生執着便是遍計執。蓋此三性本是觀因緣生法上的事，可到處應用者。只是隨問題之升轉而升轉耳。如龍樹《中論》當初只說「緣起性空」一義。緣起即依他起。性空實相即圓成。不知性空，不如實觀，即已函去遍計執，故有性空唯名之實相觀也。唯未提出而特言之耳。龍樹只這樣觀緣起法，卻並未對緣起法作一根源的說明。至唯識宗始有此問題，故將一切法統攝於阿賴耶，正式立三性，此是三性之只就緣起性空說者提升而自阿賴耶識處說也。阿賴耶緣起並不圓滿，故提升而為如來藏緣起，因而三性亦提升矣。決定各宗之差異者不在三性，而在是否對一切法有一根源之是否圓滿，即圓滿矣，更可進而核定其是否為圓教（圓滿是通常語，圓教有殊義，非一說法藏賢首就如來藏真心之「隨緣不變不變隨緣」說三性同異云：

三性各有二義。真中二義者，一不變義，二隨緣義。依他二義者，一似有

案：「不壞末而常本」即《般若經》「不壞假名而說諸法實相」義之移于真常心系統中之三性上說。真實性中之「不變」是指其「自性清淨」說，即此清淨之自性不因其隨染淨緣而有改變也。即由此故，雖隨緣而可歸于真實。依他起性中之「無性」即「性空」也。遍計所執性中之「理無」即執相無體也。知無體而不執，則亦當體歸于真實也。是故從三性之各前一義說，則「三性一際，同無異也，此則不壞末而常本也。」「不壞末」，依他似有可不壞，而依傳統說法，遍計情有卻必須壞。但依賢首之說法，「情有」是俗情上有，此正是俗諦也。否則俗諦不成。（依中觀論，緣起幻有即是俗，幻有只要知其是「理無」，則亦不須壞也。如時空之所表象，範疇之所決定者是。而性空即是真，不于計執上說俗諦。唯識宗亦只說于依他起上去掉遍計執便見圓成實，此對

〔華嚴一乘教義分齊章義理分齊第十、三性同異義〕

義，二無性義。所執中二義者，一情有義，二理無義。〔案「真中二義」，真實性中之「不變」，即真如心、心真如、真心與如理合一之真實性。〕由中不變，依他無性，所執理無，由此三義，故三性一際，同無異也。此則不壞末而常本也。經云：「衆生即涅槃，不復更滅」也。又約真如隨緣，依他似有，所執情有，由此三義，亦無異也。此即不動本而常末也。經云：「法身流轉五道，名曰衆生」也。即由此三義與前三義，是不一門也。是故真該妄末，妄徹真源，性相通融，無障無碍。

• 501 •

于遍計執似亦偏重在去掉。「去掉」即須壞。賢首說不壞，則易于于遍計執說俗諦。或似有情有合起來爲俗諦亦可。似有情有，順其有而浮現出來，即是俗。知其爲似有情有而不執之以爲實，即是眞，亦不須壞也。眞俗二諦本有升轉，如智者大師說七二諦是也。是故自今日觀之，爲成知識故，于遍計執有說俗諦亦無不可。此即對于遍計執較予以正面的價值，予以積極的正視。但這却不是說增加人的迷執，乃正在點醒其迷執也。）

「不壞末而常本」，即三性之同歸于眞實也。此是套在眞常心之系統上說，與般若經之只在實相般若上說者異矣。何以故。以彼無對于一切法作根源的說明故。

「不動本而常末」，則是無差而差也。此由三性之各後一義而說。真實性中之隨染淨緣起現一切染淨法也；而所起現之一切法亦即是緣生無性，故即是「依他似有」也。似有即幻有，假有，非眞實有自性之有也。故緣起性空而似有而本即是實相無相也。遍計所執性中之「情有」，故凡定相如生滅常斷一異來去乃至時相空相以及因相果相等皆是所執之定相也，離開似有，並無別體。此等既是執相，故是「情有」，而理上實無也。若離計執，便是如似有之實相而無相」，此即是無生法忍也。雖緣生而實無生，雖緣起而實無起也。故由隨緣不去」，此即「不動本而常末也」。「不動本而常末」意有，情有這三義說，亦即是「不生亦不滅，不常亦不斷，不一亦不異，不來亦不去」，雖緣生而實無生，雖緣起而實無起也。故由隨緣與依他似有，即不影響眞實性之本絲毫未有變動，而却常有隨緣，似有，情有這些末事也。惟這方面的「三性一際同無異也」可有兩解：㈠就法理拆開來看，俱是「緣起性空」之一義，因此說這兩者一際無異，這是分析的語句，但這兩者與「所執情

有〕亦是同無異也，則是綜和的，因須加「執」字故。㈡不就法理拆開來看，則「不染而染」來看，如是，則隨緣、似有、情有三者之同皆是分析的。因既是不染而染，則「真如隨緣」即是迷執；「依他似有」亦是迷執，既皆是迷執，則情有亦是分析地必然的。〔案在唯識宗，依他起與遍計執本互為因果，可分別看，亦可合一看，故又有清淨依他與染汙依他之分。緣起性空是清淨依他，故計執即在內。又，不染而染，則有真如隨緣。此隨緣中，隨淨緣起淨法，此淨法亦是有漏善，故真如（真常心）在迷，能生九界（六道眾生加聲聞緣覺菩薩為九界）。其生九界全無明功。故自行化他俱須斷九，始達佛界。真如隨緣即真常心之即於無明，此亦是真常心之無住性（不守其自性清淨而陷溺即是隨緣以俱赴）。雖無住而即是，即是隨緣以俱赴）。雖無住而即於無明，然其本性本自清淨，此即其不變義。此即示真心與無明究屬異體義，故有所覆與能覆。無明為能覆，真心為所覆。故必須破無明，真心始顯。破無明即破九界也。此即天臺家如荊溪所說之異體即也。此為別教，非圓教義。圓教之無住則為同體無住：法性即無明，無明即法性，法性與無明為同體而無住。異體無住是分解地說者，故為別教。同體無住是詭譎地說者，故為圓教。是則華嚴宗終為別教也。別教于異體無住，雖亦說「即」，未得「即」義。故異體而不真「即」，即別教也。是故「即」，即別教也。是故「別教一乘圓教」也。吾人于此詞當該諦認。」

以上由三性之各前一義以及其各後一義而說三性之同。但亦正因三性各有不同之兩義，故順異體之路前進故。不得因其言法界緣起之圓滿無盡圓融無礙即謂其為真圓教也。此只是以順異體之路前進故。

故此即示三性之異也。

依此同異，賢首作綜結云：「是故真該妄末，妄徹真源，性相通融，無障無礙。」

「真該妄末」者，真常心之本源，因通過其「隨緣」義故，賅盡似有情有幻妄之末而無餘也。「妄徹真源」者，幻妄之末，因通過「無性」與「理無」故，而直通至真性之源也。從本說性，從末說相。不動本而常末，不壞末而常本，故「性相通融，無障無碍」也。必須通過還滅工夫，本覺朗現，隨緣還歸不變，似有當體無生，情有寂歸無相，然後始有海印三昧中法界之圓融無碍與圓滿無盡也。賢首于此不甚能點明，然實義自如此，勿為其于三性處所說之圓美辭語所迷因而顢頇而混漫也。

賢首復進而說明三性各有二義，此二義並不相違。

問：如何三性各有二義不相違耶？
答：以此二義無異性故。何者無異？且如圓成，雖復隨緣成于染淨，而恒不失自性清淨；祇由不失自性清淨，故能隨緣成染淨也。猶如明鏡現于染淨，雖現染淨，而恒不失鏡之明淨；祇由不失鏡明淨故，方能現染淨法。以現鏡淨，知鏡明淨，以鏡明淨，知現染淨。是故二義唯是一性。雖現淨法，不增鏡明；雖現染法，不汙鏡淨。非直不汙，亦乃由此，反顯鏡之明淨。當知真如道理亦爾，非直不動性淨成于染淨，非直不壞染淨明于性淨，亦乃由性淨故，方成染淨；亦乃由成染淨，方顯性淨，是故二義全體相收，一性無二，豈相違耶？依他中雖復因緣似有顯現，然此似有必無自性。以諸緣生皆無自性故。若非無性，即不藉緣。不藉緣故，故非似有。似有若成，必從眾緣。從眾緣故，

案：以上所說，于依他起性之「似有、無性」二義，無問題。蓋就「依他起性」而言，「似有」即函「無性」，是一義，亦可以說兩義只是「緣起性空」一義之分析地引申。就「遍計所執性」而言，「情有」即函「理無」，此兩義亦只是一義，亦可以說兩義只是「緣起性空」一義之展轉引申。「情有、理無」一義，就「情有」而言，是迷執，是增益，是不如「緣起性空」之實（不增不減）而說。「情有、理無」，就「理無」而言，則是既知其為迷執，為增益，為不如「緣起性空」之實，故理上斷其無有，而仍歸于「緣起

必無自性。是故由無自性，得成似有，是故無性。故智論云：「觀一切法從因緣生，即無自性。無自性故，即畢竟空。畢竟空者是名般若波羅蜜。」此則由緣生故，即顯無性也。中論云「以有空義故，一切法得成」者，此則由無性故，即明緣生也。涅槃經云：「因緣故有，無性故空。」此則無性即因緣，因緣即無性，是不二法門故也。非直二義性不相違，亦乃全體相收，畢竟無二也。

所執性中，雖復當情，稱執現有，然于道理畢竟是無。以于無處，橫計有故。如于木杌橫計有鬼，然鬼于木畢竟是無。如于其木不無者，即不得名橫計有鬼。以于木有，非由計故。今既橫計，明知「理無」。由理無故，得成橫計，成橫計故，方知理無。是故無二，惟一性也。

（同上）

性空」之實也。緣起性空一義直接地函着依他起之似有無性，間接地函着遍計執之情有理無，故此兩性只是分析的，其各有之兩義，亦是分析的。

但眞常心之眞實性方面則不如此之簡單。眞常心之「不變」義是分析的，蓋就其自性淸淨而說。但其「隨緣」義却是綜和的。蓋此隨緣是由「不染而染」而來。眞常心並不直接地分析地函着隨緣，而乃是通過無明迷染而始隨緣，這其中有一曲折，有一跌宕。故起信論必主不生不滅與生滅和合始有生滅門也。因此，眞常心之隨緣不變，不變隨緣，是就生滅門說的，是眞常心之現實面：「隨緣」義是其經驗的現實性（現實的染汙性），「不變」義是其超越的理想性（超越的眞性）。因此，賢首說：「雖復隨緣成于染淨，而恒不失自性淸淨」，這是可以說的。但「祇由不失自性淸淨，故能隨緣成染淨也」，此語看來好似明白，實則不甚明白。就生滅門說，不能「祇由不失自性淸淨，故能隨緣成染淨也」，而乃是由不失而失，不染而染，始隨緣成染淨也。其以明鏡現染淨相爲例，尤其顯然。但用之于生滅門則不可。蓋生滅門中有迷，頓現萬象，則可。其用之于海印三昧中之法界緣起，是故「雖復隨緣成于染淨，則無迷也。然原初就眞常心立「隨緣」義，只爲的說明生死流轉。是故「雖復隨緣成于染淨，而恒不失自性淸淨」，由此只能說：「祇因不失自性淸淨，故能隨緣成染淨也」，而不能說：「祇由不失自性淸淨，故能隨緣成染淨也」。若用之于海印三昧中之法界緣起，則說：「猶如明鏡現于染淨，雖現染淨，而恒不失鏡明淨故，方能現染淨之相」，此是貼合而顯明的。在此，說「雖復隨緣成于染淨，祇由不失自性淸淨，故能隨緣成染淨」，而恒不失自性淸淨，祇由不失自性淸淨，故能隨緣成染淨也」，此中之「隨緣」不是原初生滅門中說生死流轉之隨緣，而是海印三昧中隨衆生根欲所樂見而圓頓無碍地示現種種染淨。

• 506 •

又，即此隨緣雖是經驗的，綜和的，亦只眞實性指眞常心而言始可。若在空宗與唯識宗，便不可言。蓋空宗只言實相般若照見諸法實相，實相一相，所謂無相，即是如相。此作爲諸法實相之空如之理即眞如理只由緣起無性而見。此空如理並不起現一切法，而空宗亦無對一切法作一根源的說明之工作，因彼無此問題故。〈中論亦有「以有空義故，一切法得成」之語，但此語不是對一切法作一根源的說明中語，乃是因爲有空義故始得成就一切法爲緣生法也：由緣生故無性（空），由無性（空）故緣生，而緣生正是一切法之所在也。此只是「緣起性空」一義之展轉說明，非是對一切法作一根源的說明也。是故空如理亦無所謂隨緣不隨緣。假定以隨緣否問之，則空宗可答曰：此空如理並不隨染淨緣起現染淨法也。以空如理只是一抒義字，非實體字故，尤其非眞常心義故。故于眞心始可言隨緣起現，變造諸法。只是爲抒義字之空如理根本無活動義，亦無心義，焉能隨緣起現變造諸法耶？

唯識宗有一「對于一切法作根源的說明」之工作，但却是以阿賴耶識爲依止，並非以眞常心爲依止。阿賴耶識之種現關係自是因緣生滅的，因而亦是依他起之似有無性的。于一切法無性不加執著而見圓成實（眞實性、眞如理，此亦即是實相），這所見之圓成實性却並不隨緣起現一切法。隨緣起現者乃是阿賴耶識。阿賴耶識是生滅法，有爲法，而圓成實性却是

不生不滅之無爲法。何以故？以圓成實即眞如理故，非眞常心故，因而其自身亦是抒義字，非實體字故，此亦與空宗所解者同也。是故唯識宗說眞如理既非能熏，亦不被熏，故無內在之力用。不被熏，故亦無種子現行之生滅流轉。既非能熏，亦不被熏，焉能隨緣起現一切法耶？此不得因眞如理是識之性，而謂此眞如理亦隨緣也。說眞如理是識之性亦等於說緣生無性以空爲性耳。一切法統於阿賴耶識，此識起現，而眞如性並不起現也。故在唯識宗，眞如理只有不變義，無隨緣義，隨緣者是阿賴耶識，而此阿賴耶識亦無不變義。以是之故，賢首說唯識宗之眞如爲「凝然眞如」，其不變之常爲「凝然常」，性相未能融通也。是故爲大乘始敎，非終敎也。（空宗爲空始敎，唯識宗爲有始敎。）

然若知空有兩宗所言之眞如其意旨不同于賢首所言者，則亦無所謂凝然不凝然，以彼兩宗所言之眞如根本無所謂隨緣不隨緣故。若可以接受隨緣、不隨緣之衡量，則可以說其凝然或非凝然。今既不接受隨緣或不隨緣之衡量，故亦不能謂之以凝然或不凝然。如彼眞如理亦是指眞常心而言，則如于此眞常心理會其不變義，而不知或忽視其隨緣起現義，則可以說你那個作爲眞如理的眞心只是凝然的、頑騃的。今彼兩宗之眞如理並非謂眞常心，亦根本不可以心言，則「凝然」之譏便用不上。至于性相之融不融，此亦是有分際者。例如就空宗言，「不壞假名而說諸法實相」，于依他起上不加計執便見圓成實與融通的、「體法空」也。是則焉能說其性相一定不融通？惟須知此種融通只是觀法上的，尚不是存有論的；空宗根本無存有論的問題，唯識宗有之而不能徹底，故于性相即是融通的，唯識宗亦不違「體法空」也。是則焉能說其性相一定不融通？惟須知此種融通只是觀法上的，尚不是存有論的；空宗根本無存有論的問題，唯識宗有之而不能徹底，故于性相只有觀法上的融通，而賢首所謂性相融通則是存有論的。至于觀法上的融通則不是問題也。

是故說唯識宗之真如為凝然真如，性相未能融通者，是根本說其無真常心系統中之存有論的性相融通也。

是則說唯識宗為大乘始教只可就其存有論問題（對一切法作根源的說明之問題）之不徹而說，不必就其所言之真如不隨緣而說也，而且似亦不能謂述之以隨緣或不隨緣，凝然或不凝然。至于空宗之為大乘始教，則是因其般若學只說一觀法上之「體法空」，而未能至「如來藏恆沙佛法佛性」上空不空之「真空妙有」也。依天台宗，「空不空」是別教法，依華嚴宗，是終教法。是故「真空妙有」一語只能就如來藏恆沙佛法佛性之「空不空」而言，不能就「體法空」而言，義各有當，辭不虛設，雖說俱是方便，亦不可濫也。

唯識宗之真如理本不可以隨緣不隨緣說之，因而亦無所謂凝然不凝然。賢首以不隨緣而凝然說之，本不甚諦。但若自系統外而如此譏議之以示其所說之真如為始教之真如，則亦未始不可。但既如此議之，便不應再為之曲解。而賢首復進而為之解，似以為只是同一真如，唯識宗只就「不變」一義，而說為凝然耳。是則本可隨緣，只唯識宗不說此義耳。是以唯識宗說真如為「凝然常」者，只是表示「真如隨緣作諸法時不失自體」，非謂其「不作諸法，如情之所謂凝然也」。本以其不隨緣而為凝然，今復又說其隨緣而對于「凝然」復作別解（「隨緣作諸法不失自體」）。此則成大混亂。既隨緣，便不可說凝然。那得以凝然說之，而又為之作別解耶？

華嚴一乘教義分齊章義理分齊第十于直明三性同異後，復進而作抉擇云：

問：諸聖教中並說真如為凝然常。既不隨緣，豈是過耶？

答：聖教說真如為凝然者，此是隨緣成染淨時，恒作染成淨而不失自體，是即不異無常之常，名不思議常。非謂不作諸法而凝然者，是情所計故，即失真常。以彼真常不異無常之常出于情外，故名真常。是故經云「不染而染」者，明常作無常也；「染而不染」者，明作無常時不失常也。

案：此文先提出「聖教說真如為凝然常」。此「聖教」即唯識宗之經論。夫唯識宗之經論說「真如為凝然常」豈如賢首之所解耶？彼引「不染而染，染而不染」作證，此經語是勝鬘經之語。而勝鬘經是如來藏自性清淨心系統，非阿賴耶系統。唯識宗之系統豈依勝鬘經而成耶？賢首如此混漫，實不可解！豈因「聖教」故，而故意為之曲解耶？賢首以為若不如此，便成「如情所謂之凝然」。夫空有兩宗之真如皆不隨緣作諸法，且甚至亦不可以隨緣不隨緣說，豈皆是情執之凝然常耶？焉得以真常心之「隨緣不變不變隨緣」來籠統之而復為之作解耶？

彼云：

賢首此種混漫復見于華嚴一乘教義分齊章「諸教所詮差別」第九中明「心識差別」處。

心識差別者，如小乘但有六識，義分心意識，如小乘論說。（案小乘論即毘曇、俱舍等論）。于阿賴耶識，但得其名，如增一經說。

若依始教，于阿賴耶識但得一分生滅之意，以于真理未能融通，但說凝然

不作諸法。故就緣起生滅事中建立賴耶。從業等種辦體，而生異熟報識，爲諸法依。（從業種惑種識種此等種子作體而生起異熟報識以爲諸法所依。）

若依終敎，于此賴耶識，得理事融通二分義。（案此言不只阿賴耶生滅一分之義。）故論但云：「不生不滅與生滅和合，非一非異，名阿黎耶識。」以許眞如隨熏和合，成此本識，不同前敎業等種生。故楞伽云：「如來藏爲無始惡習所熏，名爲藏識。」又云：「如來藏受苦樂，與七識俱生若滅。」（案如來藏隨染緣，在六道中受苦樂果。與七識俱名「與因俱」。）又起信云：「如來藏名阿賴耶識，而與無明七識俱。」又云：「自性清淨心因無明風動」，成染心等。如是非一。

問：眞如既言常法，云何得說隨熏起滅？既許起滅，如何復說凝然常？

答：既言眞如常，故非如言所謂常也。（非如世間計執之言所謂之凝然也。）何者？聖說眞如爲凝者，此是隨緣作諸法時，不失自體，故說爲常。是即無常之常，名不思議常，非謂不作諸法，如情所謂之凝然也。故勝鬘中云「不染而染」者，明隨緣作諸法也；「染而不染」者，明隨緣時不失自性。由初義故，俗諦得成，眞諦復立。如是眞俗，但有二義，而無二體。相融無碍，離諸情執。是故論云：「智障極盲闇，謂眞俗別執。」

此眞如二義內，前始敎中約法相差別門，故但說一分凝然義也。此終敎

中，約體相鎔融門，故說二分不二之義。此義廣如起信義記中說。

案：此明示始教與終教所言之真如為同一意旨，只是始教「約法相差別門」，故只就阿賴耶識說生滅，而于真如則只就其「不變」義而說為「凝然」。而此「凝然」既是聖說，故非「情所謂之凝然」，而實是「隨緣作諸法時不失自體」之凝然。此示始教亦意許真如有隨緣義，只是不說耳。說之而得性相融通，為終教；不說，則為始教。此明是以真常心之真如籠統唯識宗之真如，故有此曲為之解也。始教中之阿賴耶不同于終教中之阿賴耶。前者是無覆無記，只是迷染為性，故以「不生不滅與生滅和合」定之，此只是如來藏自性清淨心之不染而染，後者是以解為性，非阿賴耶系統也。系統既異，故真如之意指亦異，焉得以同一意指視之耶？阿賴耶系統中之真如只是觀法上之空如理，而不是存有論地能隨緣作諸法之真如也。彼不可以隨緣說，亦不是情執之凝然，亦得曰「性相融通」，惟彼只是觀法上之性相融通（體法空）而不是存有論地隨緣作諸法之性相融通也。故真如之隨緣不是因其所言之真如本有隨緣義，而只是就真常心言，故根本不能有如賢首所說之「不變隨緣」之二義。始教之所以終于為始教，此不能極成始教終教之異。若有而不說，則只是不慎，或忘掉，或故意隱之，此只因其真如理不是就真常心而說也。故根本不能有如賢首所說之「不變隨緣」之二義，亦根本不能有隨緣義也。為得以真常心之真如來混漫，而復曲解其「凝然」為「隨緣作諸法時不失自體」融通」。賢首本應就真如是否為心理合一抑或只是理而判始終二教，不知何故只以真常心之真如耶？

來混漫之。豈因「聖說」而然耶？如因「聖說」而然，則何須判教？（「凝然」本是賢首所加之謙辭，並非相宗自有如此之辭。既加之，而又爲之曲解，不知何所取義？不知既隨緣，便不能說凝然──說凝然，乃是自相矛盾者。爲得有所謂情執之凝然與眞常之凝然！）

以上明賢首就眞實性而言「不變隨緣隨緣不變」之義之殊特性。此一殊特性即示此兩語是別教法，而不可以之來籠統唯識宗之眞如（因唯識宗對一切法有一根源的說明，故所籠統恒沙佛法佛性）一觀念成立後，此乃其必然。賢首分解地以「不變隨緣隨緣不變」之兩語說眞實性，此乃恰合「眞常心」者。此亦顯示別教（終教）之有進于空有兩宗之本有。自「如來藏者，以空宗對一切法無根源之說明故，進于有宗者，以有宗雖有之而不徹底故。是故惟此眞實性有殊特性。至于依他起性與遍計執性，則不能有異也。

賢首于眞實性之「不變」與「隨緣」兩義，如就「不變」之常而言，則說「不異無常之常」，何以故？以「隨緣」故。如就「隨緣」之無常而言，則說「不異常之無常」，何以故？以「不變」故。

于依他起性之「似有」與「無性」兩義，如就「似有」之有而言，則說「不異空之有」，何以故？以「無性」故。如就「無性」之空而言，則說「不異有之空」，何以故？以「似有」故。就眞實性而言，則「不變隨緣隨緣不變」有異于空有兩宗，此其所以爲殊特而得獨標爲別教故。但依他起上之似有無性，則不能有異于空有兩宗，亦不能由此而標爲別教。空宗之是「不異有之空」，有宗之有是「不異空之有」，是則兩宗未嘗相違，而兩宗之判亦不能由此而判。賢首說「不異有之空」，「不異空之有」，這樣的圓融亦不能有進于空有兩宗

者,亦不能說這是融攝了空有兩宗。因為那種圓融,空有兩宗本自有之。這只是觀法上的圓融,亦只是「緣起性空」一義之展轉引申,故此圓融乃只是分析的,不能視為對於空有兩宗之消融也。而空有兩宗之判,亦不能由於似有無性上之或重空或重有而判也。其分判唯在對一切法是否有一根源的說明。空宗無此問題,它只是般若學之實相觀。有宗有此問題而不能徹,它是以阿賴耶為中心者。是則空宗有宗之名本已不恰矣。空宗之空是「不異有之空」,豈不說有之耶?有宗之有是「不異空之有」,豈不解空耶?而別教(終教)之所以有進于空有兩宗而不同于空有兩宗者,唯在「不變隨緣恒沙佛法佛性」一觀念耳。于此而言「真空妙有」(空不空如來藏),于此而言「如來藏恆沙佛法佛性」,其「有」不同于始教有宗之有無實義。只是阿賴耶緣起耳。于此而言「不變隨緣緣不變」。而阿賴耶緣起是對一切法作根源的說明之問題,即非「似有無性」上之空有問題。「真空妙有」之有有實義,一對灰斷佛而言故,二對一切法作根源的說明,此後者乃不成問題者。)這些分際若已明白,則不能就賢首所說「不異有之空」與「不異空之有」而謂其有進于空有兩宗並已消融了空有兩宗,甚顯。

賢首華嚴一乘教義分齊章「義理分齊」第十于抉擇三性中抉擇依他起云:

依他起中〔一〕若執有者,亦有二失:一常過,謂已有體,不藉緣故,即是常也。〔二斷過,謂〕又由執有,不藉緣故,不得有法,即是斷也。

問:若說依他性是有義便有失者,何故攝論等說依他性以為有耶?

答:聖說依他以為有者,此即「不異空之有」。何以故?以從眾緣,無體

性故：一一緣中無作者故。由緣無作，方得緣起，是則聖者不動真際建立諸法。〔案「如言有者」意即如世俗之言之情謂之有〕。緣若有性，即不相藉。不相藉故，即壞依他。是故汝意恐墮空故，勵力立有，不惟不達緣所起法無自性故，〔抑且〕即壞緣起，便墮空無，斷依他故也。

二、若執無者，亦有二失。若謂依他是無法者，即緣無所起。無所起故，不得有法，即是斷也。

問：若說緣生為空無故即墮斷者，何故中論等內，廣說緣生為畢竟空耶？

答：聖說緣生以為空者，此即「不異有之空」也。何以故？以法從緣生，方說無性。是故緣生有者，方得為空。若不爾者，無緣生故，以何所以而得言空？（案「因」字承上句似當為「有」）。是故不異有之空名緣生空。此即聖者不動緣生說實相法也。若謂緣生如言空者，即無緣生。無緣生故，即無空理。無空理者，良由執空。是故汝意恐墮有見，猛勵立空，不惟不達無無性緣生故，〔抑且〕即失性空。失性空故，還墮情中惡取空也。

問：若由依他有二義故，是故前代諸論師各述一義融攝依他不相違者，何故後代論師如清辨等各執一義互相破耶？

答：此乃相成，非相破也。何者？為末代有情，根機漸鈍，聞說依他是其有義，不達彼是不異空之有，故即執以為如謂之有，則成情有矣。是故清辨等

（青目、清辨、智光等）破依他有，令至于無，至畢竟無，方乃得彼依他之有。若不至此徹底性空，即不得成依他之有。是故爲成有故，破于有也。又彼有情聞說依他畢竟性空，不達彼是不異有之空，故即執以爲如謂之空。是故護法等（護法、難陀、戒賢等）破彼謂空，以存幻有。幻有立故，方乃得彼不異有之空。以若有滅，非眞空故。是故爲成空故，破于空也。以色即是空，清辨義立。空即是色，護法義存。二義鎔融，舉體全攝。若無後代論師以二理交徹全體相奪，無由得顯甚深緣起依他性法。是故相破反相成也。

是故如情執無，即是斷過。

又若說無法爲依他者，無法非緣。非緣之法即墮常也。

案：此種疏通甚善。此不過只是「緣起性空」一義之展轉引申。然不得謂此是融通空有兩宗，好像是賢首之大發明。此只示其于「緣起性空」能如實了解而已。「依他似有無性」即是「緣起性空」之轉語。即清辨護法等亦不至低劣到爲情執之空與情執之有也。是故賢首謂其相破反相成也。言空爲「不異有之空」，言有爲「不異空之有」，此既不能算是消融了兩宗之對立，而于依他起之似有無性上言空有，亦不能由此判兩宗之異；而華嚴宗之「別教一乘圓教」亦不能由依他起之似有無性上之空有無碍而決定也。何以故？此蓋是共契故。

第三節　還滅後海印三昧中之「法界緣起」

上節就現實面由眞如心之「隨緣不變不變隨緣」立一切法，一切法者，生死流轉法也。今再就理想面言還滅。「隨緣」者，由於眞心之「不染而染」，遂隨染緣，起現染淨法也。隨染緣起染法，隨淨緣起淨法。雖起淨法，亦是有漏淨，未是出世絕對清淨也。是故無論染淨皆在迷中。還滅者，由于眞心之「染而不染」，隨緣起修，由始覺而還歸眞心之本覺也，此即是般若智德滿與解脫斷德滿而證顯法身也。此法身即空不空之如來藏身。空者空却一切煩惱，一切迷染，離一切相，唯是一眞心之如──「如」即是眞心之實相，實相一相，所謂無相，即是如相。不空者，即此離一切相同時即具有無量無邊之如。此「空不空」即是眞空妙有也。妙有之清淨功德而言無量無邊者，以此如來藏自性清淨心原初即意許爲「如來藏恆沙佛法佛性」也。此具有恆沙佛法之佛性即如來藏性證顯後即曰法身。故恆沙佛法在法身上即是無量無漏功德。此無量無漏功德是由隨緣起現之一切法通過還滅後而轉成者。當初隨緣起現之一切法不得直名曰佛法。只當通過還滅後轉成隨緣起現與隨緣還滅說，此一切法若以四諦說之，便是天台宗所謂無量四諦。但以隨緣起現與還滅故，此無量四諦猶是有作無量四諦。滅諦之滅至佛而後滿。道諦之道至佛而全成爲功德。有無量苦集即有無量道滅。是故不但六道衆生全在迷中，即聲聞緣覺亦根本未接觸到無始無明。菩薩雖接觸及之，然只能分斷，而不能全斷。以此故，有六道衆生界法，有

聲聞緣覺界法，有菩薩界法，有佛界法。此十界的法即成為十法類，名曰十法界。前九法界皆不能脫離無明。成佛始脫盡。故九法界中的法猶是無明中的法也。「斷」者能成佛界。此即天台宗所謂「緣理斷九」也。「緣理」者緣空不空如來藏但中之理也。「斷九」者，以此但中之理本不具九法界，故成佛亦須斷九界而始顯佛界也。真如心全顯成佛，則九界自絕。此意是說九界差別完全是隨緣起現與隨緣修行過程上的事。修行滿而成佛，則過程自捨，而九界法是由真心隨緣起現的。故荊溪云「真如在迷，能生九界」。真如心全顯成佛，則九界自絕。此意是說九界差別亦絕。順分解之路而說固自如此也。

成佛得法身，此法身就華嚴經言，即是毘盧遮那佛法身。此法身若以法界言之，則曰佛法界，此乃于因地普解普行久遠修行所證顯者。佛法身曰功德聚，則佛法界亦可曰無量無邊的功德界。自功德而言，則亦可說無一法可言，只是一豐富之意義，無量無邊之實德。功德者由解行之功所成之德也。在因地時隨緣起現，隨緣修行，有法可言。修行滿而成佛法身，此功行便顯為法身之實德。

則行中之法隨著修功全轉為佛法身之豐富意義或實德而無法相可言。此時只是解脫之清淨，無邊之智慧、性德，與性能。此性德之神力之所示現，隨眾生根欲之所樂見而自然地示現，依本所經過之修行法身言，此以于因地修行時之法之透映過來；而自然地得名曰「法界緣起」，則日佛之神力之所示現，隨眾生根欲之所樂見而自然地重新示現。若不示現，則寂然無相，無法可言。是以就佛法身而言「法界」，自然地無礙地重新示現。若不示現，則寂然無相，無法可言。是以就佛法身而言「法界」，的功德而言。功德者由解行之功所成之德也。在因地久遠已來修行六度乃至十度便是功，由德而非法。功德者由解行之功所成之德也。

此功行便顯為法身之實德。在因地時隨緣起現，隨緣修行，有法可言。修行滿而成佛法身，則行中之法隨著修功全轉為佛法身之豐富意義或實德而無法相可言。此時若以法言之，那只是因地修行時之法之透映過來；而自然地得名曰「法界緣起」，此乃于因地普解普行久遠修行所證顯者。

因此它自然是圓融無礙，圓滿無盡。此一法界，就佛之緣起示現言，亦可曰「性起」，即佛之圓明性能性德之所起現，此是直接地起現，而不是「不染而染」通過識念而起現。但若就著「隨眾

生根欲之所樂見而起現」而言，則亦可曰「緣起」，即隨眾生機感之緣而起現，此亦可曰隨客觀的染淨緣而起現染淨法，但却不是眞心在迷而起現，故在此，起現即示現。只在此始可有賢首之所說：「猶如明鏡，現于染淨，雖現染淨，而恒不失鏡之明淨，故，方能現染淨。蓋此時染淨是就客觀的眾生之機感以及佛之所示現者而言，簡單言之，是就客觀之法而言，不是就佛之主觀的心而言也。佛心是絕對的圓明清淨，無染淨相也。此與眞心在迷時之「不變隨緣隨緣不變」不同也。

「法界緣起」既是佛之示現，（依華嚴經說，即是佛于海印三昧中之所示現，如前第一節所述）又既是佛之示現，則自然是圓融無碍，圓滿無盡。如是，則賢首之由㈠因門六義，㈡十玄緣起無碍，㈢六相圓融，乃至四傳說爲杜順所說之華嚴法界觀（眞空絕相觀，理事無碍觀，周遍含容觀之三觀）皆無非是對于此佛所示現之法界緣起而展示其相，而此種展示皆是分析的，即對于佛法身法界而爲分析的展示；而既曰法界緣起，則就緣起而言，亦可曰此種展示是「緣起性空」一語之展轉引申，故就此佛法身法界而言圓教，所謂「別教一乘圓教」，此圓教義亦是分析的。以下試就四門引文獻以明之。

I　緣起因門六義

緣起法中，就因門說有六義。此六義出于攝論，即「刹那滅，俱有，待眾緣，決定，引自果，恒隨轉」之六義也。攝論說六義是就種子識說，即就阿賴耶緣起說。阿賴耶種子識因受熏而起現行，此種子與現行之關係亦是依他起。凡依他起法皆似有無性，故就之可引出空有二義，又就之而引出有力無力二義，又就之而引出待緣不待緣二義。此三對配合起來有六

可能,即以此六可能釋種子識之六義:

㈠空、有力、不待緣。『此是「刹那滅」義。何以故?由刹那滅故,即顯無自性是「空」也。由此謝滅非由緣力,故云「不待緣」也。』(賢首一乘教義章「義理分齊」第十中釋「緣起因門六義」文,下引文同此。)

㈡空、有力、待緣。『此是「俱有」義。何以故?由俱有故方有,即顯是不有,是「空」義也。(此言種子與果俱有,即顯種子不獨自而有,此即是其空義也。)俱故能成有,是「有力」也。(此言種子與果俱故始能成其爲有,雖無自性空而有力也。)俱故非孤,是「待緣」也。(此言種子與果俱時而有,是待果爲緣也。此遮因果異時。)

㈢空、無力、待緣。『此是「待衆緣」義。何以故?由無自性故是「空」也。因不生緣生故,是「無力」也。即由此義故,是「待緣」也。』

㈣有、有力、不待緣。『此是「決定」義。何以故?由自類不改故,是「有」義。能自不改而生果故,是「有力」義。然此不改非由緣力故,是「不待緣」也。』(案此「決定」義是等流因生等流果。)

㈤有、有力、待緣。『此是「引自果」義。何以故?由引現自果,是「有」義。(此言由引生現行的自家之果,如色種生色法,不生心法,顯示因是有也。)雖待緣方生,然不生緣家之果,是「有力」義。(此言色種生色法,雖待他緣而生,然不生緣家之果,心法種子亦然,此即示自家種「有力」義也。)即由此故,是「待緣」義也。(此言雖不生緣家之果,而却待緣而生自家之果,此即是其「待緣」義也。)

㈥有、無力、待緣。『此是「恒隨轉」義。何以故?由隨他故,不可無。不能違緣,故

無力用。即由此故,是待緣也。』案此言種子念念相續,隨他運轉,故曰「恒隨轉」。即由此「恒隨轉」亦可分析出種子之似有、無力、而待緣也。

以上空有兩面皆無「無力、不待緣」一可能,因「無力而又不待緣」非「因」義,故不論也。

此六義實只是「緣起性空」一義之展轉引申。賢首于此約教辨云:

若小乘中法執因相,于此六義,名義俱無。(案此言小乘雖斷我執,而法執未亡。執諸法為實有體性,不達唯識真理,全無因種六義名義。)

若三乘賴耶識,如來藏法無我因中,有六義名義,而主伴未具。(案「三乘賴耶識」是始教。「如來藏法無我因」是終教。此兩教中皆有六義名義,而主伴未具,未達圓滿無盡之境。)

若一乘普賢圓因中具足主伴,無盡緣起,〔此〕方究竟也。

始教是就阿賴耶識緣起說因種六義。雖就依他起之似有無性即緣起性空之法理上說可圓融無碍,然未至由普賢圓因而成毘盧遮那佛法身,始至圓融無碍而同時亦主伴具足圓滿無盡也。是則無碍無盡之法界緣起唯自佛法身而言也。以六義而展示其相,此六義者既非識中之六義,亦非真心在迷之「隨緣不變不變隨緣」中之六義,而是毘盧遮那佛法身在海印定中所示現之法界緣起中之六義也。此是圓六義,即「別教一乘圓教」中之六義也。

不變」之緣起說因種六義。雖就依他起之似有無性即緣起性空之法理上說可圓融無碍,然未至由普賢圓因而成毘盧遮那佛法身,始至圓融無碍而同時亦主伴具足圓滿無盡也。

普賢圓因是相應圓果而說。佛果自身不可說。約因地之普解普行及佛之示現始有可說也。有可說即爲教，故此爲「別教一乘圓教」也。其實因地之普解普行若以義理展示之，即是終教。唯在終教，尚不是佛法身之圓。圓教唯就佛法身而說也。對應此佛法身而說普賢圓因耳。

賢首于此六義又云：

又，由空有義故，有「相即」門也。由有力無力義故，有「相入」門也。由待緣不待緣義故，有同體異體門也。由有此等義故，得毛孔容刹海事也。思之可解。

案空有是約法體說，由此說「相即」。有力無力是約力用說，由此說「相入」。待緣不待緣是約資助說，由此說同體異體。相即相入，一中多，多中一，然後再說十玄緣起無礙門。人即依此次序先說同體異體，相即相入，一中多，多中一。此須詳細展示。吾

II. 即、入、攝，以及一中多、多中一，一即多、多即一。

緣起法就資助說有待緣不待緣二義。待緣亦曰「相由」，是即異體也。不待緣亦曰「不相由」，是即同體也。不相由者，謂同一法體自具衆德故，是即同體中之一中多、多中一，一即多、多即一也。此乃就同一因事體而收斂地說耳。于同一因事中即見無盡，不待異門相形對也。何以故？此時異門如虛空故；又因自因全有力不藉餘緣助成故；又因自因具足一切，一即多，多即一也。

更無可攝故。

相由者，異體相形對而言也此中就法體說，有空有二義；就力用說，有有力無力二義。

就空有義說「相即」；就力無力義說「相入」。賢首解「相即」云：

由「自若有時，他必無故」，故他即自。何以故？由「他」無性，以「自」作故。由「自若空時，他必是有」，故自即他。何以故？由「自」無性，用「他」作故。以二有二空各不俱故，無彼不相即。有無、無有、無二故，是故常相即。若不爾者，緣起不成，有自性等過，思之可見。

案此即異門相由中就法體之空有義說「相即」也。一切法皆緣成。故若自法為緣而為有（而存在）時，則他法必因無性而空即無有。此「即是」之「即」是緣成的「即」也。因他無性，全由自而作故，故他即是自。反之，若自法因空無性而為無時，則他必為緣而為有。以二有二空不俱故，無彼不相即。此「自即他」亦是緣成地即他也。因自無性，全由他作故，故自即他也。自有他無（空），自無（空）他有，自他不同時俱有，亦不同時俱無。二有二空（自他有為二有，自空他空為二空），既自他各不俱有，自法空有，他亦空，自法有，他亦有，即是自他俱空，自他俱有。如是，則自他俱有矣。今「自若有時、他必無有」，「自若空時他必有」，此即「二有二空各不俱」也。自有他無（有無），自無他有（無有），此二無二致故。既各不俱，是故「無彼不相即」也。自有他無

故常相即」。此即由異體中自他之空有而諸法皆相即而無不相即也。可是若知緣起性空義，一切法無不是空者，則自有亦是緣成的有，雖有而無自性，則雖有而非有。如是他雖由自而緣成，因而他即自，而亦可他無自可即也。是即他空自亦空，他何所即耶？自空他有亦然。他有既亦是緣成的有，亦是雖有而非有。如是，自雖由他而緣成，因而自即他，而亦可自無他可即也。是即自空他亦空，自何所即耶？如是，則總歸成「無不是空者」。此即是泯絕無寄地說諸法實相也。實相一相，所謂無相，即是如相。此時亦無「即」相可言。此即是《般若經》之精神。而賢首于此則是寄空有方便說「相即」以示法界緣起之無礙耳。不可因其說「常相即而無不即」，便把此「即」字定死也。

賢首復就力用說「相入」云：

自有全力故，所以能攝他。他有力，自無力，反上可知。不據自體，故非相即。力用交徹，故成相入。又由二有力、二無力，各不俱故，無彼不相入。有力無力，無力有力，無二故，是故常相入。

案此約力用說「相入」相。由自有力而攝他，他即無力而入自。此即一攝一切，一切入一也。自有力，他必無力；他有力，自必無力。此即「二有力無力自他各不俱」。若自有力，他亦有力，自亦有力，則即不能相攝相入。自無力，他亦無力，則即不能相攝相入。有力無力，無力有力，則一緣成、攝、入，亦是方便假說，皆非物理的實體字。一切事皆緣成。由一緣即攝全緣。是則一緣成，即全緣成。一成一切成。此即一攝一切、一切入一也。但此「攝」並非表示真有一

種物理力量能攝他而令其入于自，好像磁石之吸鐵然。蓋此一緣亦是緣成的一緣，其自性空，故亦無有自性力也。「力」亦是一描述的虛說詞語。是則總歸于一相無相即是如相，而亦無所謂力、攝、入也。此只假說力用以明相入無礙耳。不可因「常相入而無不相入」，便把這攝與入定死也。蓋一成一切成，這「成」字亦是虛說也。此由下說成壞可知。即此相即相入之分亦是方便權說。是故賢首云：

又以用攝體，更無別體故，唯是相入。以體攝用，無別用故，唯是相即。

案此即是說法體只是用，除力用外，更無別體。力用只是法體，除法體外，更無力用。是則只是一相即，亦可說只是一相入。而相即相入亦總歸于即而無即，入而無入也。是則同體異體皆可說一中多多中一，一即多多即一：重重無盡，說此者乃為方便示法界緣起之無礙相與無盡相故。就無盡說圓融（主伴具足），就無礙說圓融。圓融者只是緣起性空（似有無性）一義之展轉引申耳。此是般若之融通。圓滿者則是就毘盧遮那佛法身法界說，此須「如來藏恒沙佛法佛性」（即如來藏莊嚴大樓閣）一觀念之加入，非只般若所能盡也。圓融與圓滿合一方是「別敎一乘圓敎」中之法界緣起（大緣起陀羅尼法）。

Ⅲ、十玄緣起無碍法

既云法界緣起，必有緣起之法。法者因地中隨緣起現隨緣修行以至成佛，這一長串過程

中所顯之種種差別事也。這所經過之種種差別事，到成佛後，皆倒映而重現于海印三昧中，因此便成爲佛法身之法界緣起而重重無盡圓融自在也。這所經過之差別事，賢首列爲十門：

(一)教義，即攝三乘一乘乃至五乘等一切教義。（案教爲能詮，義爲所詮。小始終頓圓五教所詮義理差別皆是義也。）

(二)理事，即攝一切理事。（案如生空所顯是小乘教理。二空所顯是始教理。眞如不變隨緣是終教理。泯絕無寄是頓教理。總融諸法無有障礙是圓教理。理者就眞如空性而言也，隨教不同而有差別。事者謂色心等事。六道四聖皆事門中攝。）

(三)解行，即攝一切解行。（案五教各有解行，而有徹不徹，有普不普，有圓不圓。解與行間亦有即與不即。）

(四)因果，即攝一切因果。（案解行不同，因果亦異。）

(五)人法，即攝一切人法。（案隨教不同，各有人法，如聲聞、緣覺、菩薩、佛等。覺者爲人，菩提爲法。又如文殊當妙慧，普賢當周遍，此明人稱即法稱。分而言之，文殊、普賢是人，無量妙慧，周遍妙行是法。）

(六)分齊境位，即攝一切分齊境位。（案境是指境智而言，位是指行位而言。境智者即五教所觀之境與能觀之智。總收不出二諦二智，五教不同。如小乘四諦涅槃爲境，無漏淨慧爲智。始教亦通四諦二諦等爲境，加行、根本、後得等爲智。終教是無量四諦爲境，本覺、始覺、究竟覺爲智。頓教則無境爲境，絕智爲智。圓教則無盡四諦爲境，無盡之智，爲智。行位者即修行之位次。五教修行不同，得位差別。境智行位各有分齊，故曰分齊境位。一說分齊

境位即攝五教中一切分齊境位也。）

㈦師弟法智，即攝一切師弟法智。（案開發爲師，相承爲弟子。法是所開，智爲能開，立教傳法各有其師弟法智。）

㈧主伴依正，即攝一切主伴依正。（案舉一爲主，餘即爲伴。主以爲正，伴即是依。此通言也。特指言之，依即國土，正即佛身。）

㈨隨其根欲示現，即攝一切隨其根欲示現。（案隨衆生機感爲緣而應現也。應即赴感，此指佛及菩薩等言。感即來感，此指衆生而言。此種隨衆生根欲而示現，五教俱有，而差別不同。）

㈩逆順體用自在等，即攝一切逆順體用自在等。（案應化有逆有順。對逆行之人施以逆化，對順行之人施以順化。婆須、無厭等爲逆行，文殊、普賢等爲順行。法報爲體，應化爲用。此逆順體用自在等，五教亦各有差別。）

以上十種法義即爲十玄緣起所依之事。此等事在隨緣起修之過程中各有差別，因而各有停住，不免滯礙。但在佛海印三昧中顯現時，則無礙無盡，此即成佛法身之法界緣起。佛法身本是寂然無相，此即所謂「卷」，卷則退藏于密。但「從本已來色心不二」，是故在海印三昧中隨機感應現時，或普眼所觀時，則那些專即透映過來而爲無礙無盡地顯現，此即所謂「舒」，舒則充周法界。卷舒自在即是佛之實德。就舒而言，即是法界緣起。此卽實德緣起。故法界緣起亦曰實德緣起。此緣起中的種種形相乃是佛之示現或觀現之形相。如示現爲童男童女或天龍阿修羅，這並非童男之童男，阿修羅之阿修羅，乃是佛眼無礙無盡之阿修羅。阿修羅之阿修羅則只是一阿修羅，不能無礙無盡也。一形相如此，一切

其他形相皆然。故云一微塵中現無量世界也。此是佛海印定中映現之微塵或佛普眼所觀之微塵，非微塵之微塵也。一切法界緣起皆如此。然此卻並非說佛即九法界而為佛，如天臺宗之所說，此乃只是說佛心之映現。這些事當初只是隨緣起現，故隨緣還滅成佛後，復透映過來而于佛海印定中映現而為法界緣起也。依上Ⅱ所說之即、入、攝，而說此法界緣起，即成十玄緣起。

賢首于〈一乘教義章〉「義理分齊」第十中說此十玄云：

一者，同時具足相應門。此上十義同時相應，成一緣起，無有前後始終差別，具足一切自在逆順，參而不雜，成緣起際。此依海印三昧，炳然同時顯現成矣。

二者，一多相容不同門。此上諸義，隨一門中，即具攝前因果理事一切法門。……然此一中雖具有多，仍一非即是其多耳。多中一等準上思之。餘一一門中，皆悉如是，重重無盡故。故此經偈云：「以一佛土滿十方，十方入一亦無餘。世界本相亦不壞，無比功德故能爾。」然此一多雖復互相含受，自在無碍，仍體不同也。……此有體同體異，準上思之可解。

三者，諸法相即自在門。此上諸義，一即一切，一切即一，圓融自在，無碍成耳。若約同體中，即自具足攝一切法也。故此經云：「初發心菩薩，一念之功德，深廣無邊際。然此無盡皆悉在初門中也。何況于無邊、無數無量劫，具足修諸

度、諸地功德行?」……

四者,因陀羅網境界門。此但從喻異前耳。此上諸義體相自在,隱顯互現,重重無盡。故此經云:「于一微塵中,各示那由他、無數億諸佛,于中而說法。于一微塵中,現無量佛國。須彌金剛圍,世間不迫窄。于一微塵中,現有三惡道,天人阿修羅,各各受果報。」此三偈即三世間也。又云:「一切佛刹微塵等,爾所佛坐一毛孔。皆有無量菩薩衆,各爲具說普賢行。無量刹海處一毛,悉坐菩提蓮華座。遍滿一切諸法界,一切毛孔自在現。」又云:「如一微塵所示現,一切微塵亦如是。」此是「如理智」中「如量境」也。其餘變化等者不入此例。何以故?變化成。此並是法性家實德,法爾如是,非謂分別情識境界。此可去情思之。……

五者,微細相容安立門。此上諸義于一念中具足始終、同時、別時、前後、逆順等;一切法門于一念中炳然同時齊頭顯現,無不明了,猶如束箭,齊頭顯耳。故此經云:「菩薩于一念中,從兜率天降神母胎,乃至流通舍利法住久近,及所被益諸衆生等,于一念中皆悉顯現。」廣如經文。又云:「一毛孔中無量佛刹,莊嚴清淨,曠然安住。」又云:「于一塵內,微細國土,一切塵等,悉于中住。」宜可如理思之。問:此義與上因陀羅云何別耶?答:重重隱映互現,因陀羅攝。齊頭炳然顯著,微細攝。此等諸義並別不同,宜細思之。

六者,秘密隱顯俱成門。此上諸義隱覆顯了俱時成就也。故此經云:「于

此方入正受，他方三昧起。眼根入正定，色塵三昧起。又云：「男子身中入正受，女子身中三昧起」等云云。「于一微塵入正受，一切微塵三昧起」等云云。又云：「一毛端頭三昧起。」如是自在，此隱彼顯，正受及起定同時秘密成矣。又此經云：「十方世界有緣故，往返出入度眾生。或見菩薩入正受，或見菩薩從定起。」又云：「于彼十方世界中，念念示現成正覺。轉正法輪入涅槃，現分舍利度眾生。」如是無量，餘如經辨。又如：「佛為諸菩薩授記之時，或現前授記，或不現前秘密授記」等。（案此中云「正受」即「正定」，皆「三昧」義。能觀之心領所緣法，專注一境，不令動亂，昏掉並離，止觀等持，能所相應，定境現前，證見境界，有所領受，雖有領受，而無往來之相：是名「正受」。）

七者，諸藏純雜具德門。此上諸義或純或雜。如前「人法」等，若以「人」門取者，即一切皆「人」，故名為「純」。又即此「人」門具含「理事」等一切差別法，故名為「雜」。又如菩薩入一三昧，唯行布施，無量無邊，更無餘行，故名「純」。又入一三昧，即施戒度生等無量無邊諸餘雜行俱時成就也。如是繁與法界，純雜自在，無不具足者矣。（案此門、賢首于華嚴探玄記中復改名為「廣狹自在無礙門」。）宜準思之。

八者，十世隔法異成門。此上諸義遍十世中，同時別異具足顯現。以時與法不相離故。言十世者，過去未來現在三世各有過去未來及現在，即為九世也。然此九世迭相即入，故成一總句，總別合成十世也。此十世具足別異，同時顯

現，成緣起故，得即入也。故此經云：「或以長劫入短劫，短劫入長劫。或百千大劫爲一念，一念即百千大劫。或過去劫入未來劫，未來劫入過去劫。」又此經云：「于一微塵中普現三世一切眾生」。又云：「于一微塵中普現三世一切佛事。」又云：「于一微塵中建立三世一切佛轉法輪。」如是三世區分名爲「隔法」，而具足相在，同時顯現，名爲「異成」。此普攝上諸義門悉于十世中自在現耳。宜可思之。（案云云無量，廣如經文。）

九者，唯心廻轉善成門。此上諸義唯是一如來藏自性清淨心轉也。但性起具德，故異三乘耳。然一心亦具足十種德，如性起品中說十心義等者，即其事也。所以說十者，欲顯無盡故。如是，具足十種德耳。此上諸義門悉是此心自在作用，更無餘物，故名「唯心轉」等。宜思擇之。（案此門，澄觀華嚴經疏鈔卷五于此十玄門文分爲二，一先正辨十玄，二明其所以。此「唯心廻轉」義是「明所以」中文也。又案性起品是經之晉譯。唐譯八十華嚴爲如來出現品。十心義即如來心十相，見卷五十一如來出現品第三十七之二。）賢首所引經文大體據晉譯。）

十者，託事顯法生解門。此上諸義，隨託之事以顯別法，謂諸「理事」等一切法門。如此經中說十種「寶王雲」等事相者，此即諸法門也。顯上諸義可貴，故立「寶」以表之。顯上諸義自在，故標「王」以表之。顯上諸義潤益

故，資澤故，斷轇故，以「雲」標之矣。如是等事，云云無量，如經思之。

問：三乘中亦有此義，與此何別？答：三乘託異事相表顯異理。今此一乘所託之事相即是彼所顯之道理，更無異也。具足一切理事、教義、及上諸法門，無不攝盡者也。宜可如理思之。

此上十門等解釋，及上本文十義等，皆悉同時融會，成一法界緣起具德門普眼境界。諦觀察餘時（華嚴時以外之餘時所說三乘教義等），但在大解大行大見聞心中（即在普賢解行見聞心中）。然此十門，隨一門中攝餘門無不皆盡。應以六相方便而會通之，可準。（案六相者即總別同異成壞也。見下。）

案：此十玄門名義，據澄觀華嚴經疏鈔卷五所說，是賢首承自于至相寺智儼（雲華尊者）者。後作華嚴探玄記，則有兩點修改：(一)「諸藏純雜具德門」改爲「廣狹自在無碍門」；(二)「唯心廻轉善成門」改爲「主伴圓明具德門」。前者意義相同，只是改換詞語；後者是另立一義以代「唯心廻轉」。探玄記十門次序如下：

(一) 同時具足相應門。
(二) 廣狹自在無碍門。
(三) 一多相容不同門。
(四) 諸法相即自在門。
(五) 秘密隱顯俱成門。
(六) 微細相容安立門。

(七)因陀羅網境界門。
(八)託事顯法生解門。
(九)十世隔法異成門。
(十)主伴圓明具德門。

澄觀華嚴疏鈔卷五於此十門中說廣狹自在門云：「此門賢首新立，以替至相十玄諸藏純雜具德門。意云：一行為純，萬行為雜等，即事事無礙義。若一理為純，萬行為雜，即事理無礙。恐濫事理無礙，所以改之。」十玄緣起皆是說事事無礙者。至相智儼說純雜即是就事事無礙說，故一行為純，萬行為雜，並不說一理為純萬事為雜也。通其意指，純雜亦可為「廣狹」亦不見得更為明顯。「事如理遍故廣，不壞事相故狹。」說布施，則天下皆布施，只此一布施，更無餘行，此即布施一事之「廣」，亦即「純」也。雖是一布施，而其他萬行事相不壞，而布施本相亦不壞，此即是狹（各有其自相）亦即雜也。澄觀疏鈔卷五正解「廣狹」。廣狹自在無障無礙。十定品云：「有一蓮華盡十方際」，而不壞本位。以分即無分，無分即分。廣狹自在無障無礙。十定品云：「有一蓮華盡十方際」，而不妨外有可見。」（案此是略引義引）。

其說主伴圓明具德門云：「主伴一門，至相所無，而有唯心迴轉善成門。今為玄門所以，故不立之。」意謂「唯心迴轉」是玄門之所以，故不立之，而改為主伴一門也。此改則佳。其正解此門云：「此圓教法理無孤起，必攝眷屬隨生。下云此華即有十世界微塵數華以為眷屬。（經十地受位處文）。又如一方為主，十方為伴。餘方亦爾。是故主主伴伴各不相見，主伴伴主圓明具德。」

• 533 •

十玄緣起是說事事無礙。其所依據之義理根據（原則）是攝、即、入。但此言十玄又進而明其所以（或所因、所由）。如澄觀疏鈔卷五明「德用所因」云：「問：有何因緣令此諸法得有如是混融無礙？答：因廣難陳，略提十類：一唯心所現故，二法無定性故，三緣起相由故，四法性融通故，五如幻夢故，六如影像故，七因無限故，八佛證窮故，九深定用故，十神通解脫故。」就攝、即、入、說原則，只內在于緣起而說之，此可謂爲「內處原則」。但此十所因，則是就全如來藏系統而說的原則，此可謂爲「籠罩或綜涵原則」。如「唯心所現」是就如來藏自性清淨心說，此是提綱。「法無定性」與「緣起相由」同于內處原則。「法性融通」則是就理事無礙說。「因無限，佛證窮」，則是就修行因果說。「深定用」是就海印三昧說。「神通解脫」是就十通、十解脫說。

澄觀疏鈔卷五解十所因云：

初、唯心所現者，一切諸法眞心所現，如大海水舉體成波。以一切法無非一心故。大小等相隨心廻轉，即入無礙。

二、法無定性者，旣唯心現，從緣而生，無有定性，性相俱離。小非小，故能容太虛而有餘，以同大之微塵，含如塵之廣刹，欲知至大有小相，菩薩以是初發心。」「金剛圍山數無量，悉能安置一毛端。」一非定一，故能是一切。多非定多，故能是一。邊非定邊，故能即中。同小之無內故。是則等太虛之微塵，含如塵之廣刹，有何難哉？舊經十住品云：「金剛圍山數無量，悉能安置一毛端。」一非定一，故能是一切。多非定多，故能是一。邊非定邊，故能即中。

中非定中,故能即邊。延促靜亂等,一一皆然。(案攝、即、入,乃至總別同異成壞,皆非決定概念也。)

三、緣起相由者,在此澄觀以十門釋之,略。)

四、法性融通門者,謂若唯約事,則唯以及Ⅱ攝即入等義,謂大法界中緣起法海義門無量。(案不出前Ⅰ因門六義一味,無可即入。今則理事融通,具斯無碍。謂不異理之一事具攝理性時,令彼不異理之多事隨所依理皆于一中現。若一中攝理盡,則「事在理外」失。今既一事之中全攝理盡,多事豈不一中現?華藏品云:「華藏世界所有塵,一一塵中見法界。」法界即事法界矣。斯即總意,別亦具十玄門。(案由理事融通、故別而言之,有十玄門也。別言略。)

五、如幻夢者,猶如幻師,能幻一物以為種種。經云:「或現須臾作百年」等。一切諸法業幻所作,故一異無碍。言如夢者,如夢中所見廣大,未離枕上。歷時久遠,未經斯須。故論云:「處夢謂經年,覺乃須臾頃。」(無性攝論釋引)

六、如影像者,一切萬法略有二義:一皆如明鏡含明了性,一心所成故;二分別所現,如影像故。由初義故,為能現。由後義故,為所現。故一切法互為鏡像,如鏡互照而不壞本相。

七、因無限者,謂諸佛菩薩昔在因中,常修緣起無性等觀,大願廻向等稱

法界修，及餘無量殊勝因故，今如所起果具斯無碍。

八、佛證窮者，由冥眞性，得如性用故。

九、深定用者，謂海印定等諸三昧力故。〈賢首品〉云：「無比功德故能爾」。

十、神通解脫者，謂由十通及不思議等解脫故。〈不思議法品〉十種解脫中已云「應以六相而會通之」。兹再進而言「六相」。

一一出生塵等定，而彼微塵亦不增」等。

云：「于一塵中建立三世一切佛法」等。

據此，則知此十所因乃十玄之籠罩性或綜涵性的原則也。十玄緣起無碍乃是就事事無碍說。而理事無碍只是緣起性空一義之展轉引申。十玄緣起，〈賢首品〉云：「入微塵數諸三昧，一一出生塵等定，而彼微塵亦不增」等。經云：「無比功德故能爾」。

事事無碍必以理事無碍爲根據。

IV 六相圓融義

六相者，總別、同異、成壞也。《華嚴一乘教義分齊章》「義理分齊」第十言六相云：

總相者，一含多德故。別相者，多德非一故；別依止總，滿彼總故。同相者，多義不相違故，同成一總故。異相者，多義相望，各各異故。成相者，由此諸義，緣起成故。壞相者，諸義各住自法，不移動故。

例如金獅子章云:「獅子是總相。五根差別為別相。共一緣起是同相。眼耳各不相知是異相。諸緣共會是成相。諸緣各住自法是壞相。」但須知此六相皆由緣起說,故無一是決定概念(定相)也。「總」是由緣成而方便說總,故緣成之一緣即是總,此即「總而非總成其總」。

故此總非作為決定概念之「綜體」也。「別」是由緣成而回頭方便說別,故緣成之總即是別,此即「別而非別成其別」。

「別而非別」。次復望於總而為別,此即「別而非別」。緣成的總先虛其總而歸于別,此即「總而非總」。次復歸于別而為總,此即「成其別」。「總」亦復如此。

緣成的總先虛其總而歸于別,此即「總而非總」。次復歸于別而為總,此即「總而非總」。此即來回相遮來回相即以成總別也。故總別非決定概念,由之以說十玄緣起之相亦非定相也。

同異亦然。此同是合同義,齊力義。諸緣合同齊力成一緣起,是即同相。此同非自同、同一之同,故亦非決定概念也。合同之同亦是虛就各緣之異而不相違而方便說。故先虛其同而歸于異之同,故緣成實相是「不一不異」,而此同異亦是方便假說耳。「同」是緣成的同,故緣起實相是「不一不異」,而此同異亦是方便假說耳。「同」是緣成的同,故緣起實相是「不一不異」,而此同異亦是方便假說耳。

異亦非定異,是緣成的異。其不相違以歸于順即之同,此即「異而非異」。「異」者諸緣隨自形類相望而由異之不相違以言同,此即「同而非同成其同」也。

次復歸于異而為同,此即「同而非同成其同」。「異」者諸緣隨自形類相望而不相違也。次復歸于同而為異(以形類相望各差別故),此即「成其異」。「同」是緣成的同由合同而歸于異,故亦虛其同而為異(若定異有自性則不能非異),故又虛其同而為異,此即「異而非異成其異」。先虛其異,而由異之不相違以言同,此即「同而非同成其同」也。

次復歸于異而為同,此即「成其同」。此亦是「同而非同成其同」也。次復歸于同而為異(以形類相望各差別故),此即「成其異」。

此即來回相遮來回相即以成同異而不違緣起實相也。

成壞亦復如此。諸緣共會成一緣起,此即是成相。「成」只是由諸緣共會而虛說。諸緣

各住自法,並未捨己去作成某某事,故得有「成」。若捨己去作,即失本緣法。失本緣法即緣不成緣。緣不成緣即不得有緣起事也。故「成」即「成而非成」。次復由各住自法,不失本緣法,而亦正因此故,說壞相。「壞」者「各住自法不失本緣法」,此即「成其壞」。壞亦非有自性之定壞。先由「各住自法不去作」而歸于壞,此即「成其壞」。成即無壞,而即由無壞說壞。壞即無成,而即由無成說成。是則說成說壞同時即歸于無成無壞而為緣起之實相如相也。

是故賢首于「一乘教義章」「義理分齊」第一中就一舍而以問答釋六相云:

〔初、總相者〕
問:何者是總相?
答:舍是。
問:此但椽等諸緣,何者是舍耶?
答:椽即是舍。何以故?為椽全自獨能作舍故。若離于椽,舍即不成。若得椽時,即得舍矣。
問:若椽全自獨作舍者,未有瓦等時,亦應作舍。
答:未有瓦等時,不是椽,故不作。非謂是椽而不能作舍。今言能作者,但論椽能作,不說非椽作。何以故?椽是因緣,由未成舍時無因緣故,非是椽

故。若是椽者，其畢全成。若不全成，不名為椽。

問：若椽等諸緣，各出少力共作，不全作力者，有何過失？

答：有斷常過。若不全成，但少力作者，諸緣各少力，此但多個少力，不成一全舍，故是斷也。諸緣並少力，皆無全成，執有舍者，無因有故，是其常也。若不全成者，諸緣並少力。舍應猶在。舍既全成，故知非少力並作也。

問：無一椽時，豈非舍耶？

答：但是破舍，無好舍也。故知好舍全屬一椽。既屬一椽，故知椽即是舍也。

問：舍既是椽者，餘板瓦等應即是椽耶？

答：總並是舍。何以故？去却椽即無舍故。所以然者，若無椽，即舍壞，舍壞故，不名板瓦等。是故板瓦等即是椽也。若不即椽者，舍即不成。是故一切緣起法不成則已，成則相即鎔融，無礙自在，圓極難思，出過情量。法性緣起通一切處，準知。

第二別相者，椽等諸緣別于總故。若不別者，總義不成。由無別時，即無總故。此義云何？本以別成總，由無別故，總不成也。是故別者即以總成別也。

問：若總即別者，應不成總耶？

答：由總即別故，是故得成總。如椽即是舍，故名總相。舍即是椽，故名

別相。
問：若相即者，云何說別？
答：祇由相即，是故成別。若不相即者，總在別外，故非總也。別在總外，故非別也。思之可解。
問：若不即者，有何過耶？
答：有斷常過。若無別者，即無別橡瓦。無別橡瓦故，即不成總舍，故是斷也。若無別橡瓦等而有總舍者，無因有舍，是常過也。

第三同相者，橡等諸緣和同作舍，不相違故。皆名舍緣，非作餘物，故名同相也。
問：此與總相何別耶？
答：總相唯望一舍說。今此同相，約橡等諸緣雖體各別，成力義齊，故名同相也。
問：若不同者，有何過耶？
答：若不同者，橡等諸緣互相違背，不同作舍，舍不得有，故是斷也。若相違，不作舍，而執有舍者，無因有舍，故是常也。

第四異相者，橡等諸緣隨自形類，相望差別故。
問：若異者，應不同耶？
答：祇由異故，所以同耳。若不異者，橡既丈二，瓦亦應爾。壞本緣法

故,失前齊同成舍也。今既成舍,同名緣者,當知異也。

問:此與別相有何異耶?

答:前別相者,但椽等諸緣別于一舍,故說別相。今異相者,椽等諸緣迭互相望,各各異相也。

問:若不異者,有何過失耶?

答:有斷常過。何者?若不異者,瓦即同椽丈二,壞本緣法,不共成舍,故是斷。若壞緣不成舍,而執有舍者,無因有舍,故是常也。

第五成相者,由此諸緣,舍義成故。由成舍故,椽等名緣。若不爾者,二俱不成。今現得成,故知成相互成之耳。

問:現見椽等諸緣各住自法,本不作舍。

答:祇由椽等諸緣不作,故舍義得成。所以然者,若椽作舍去,即失本緣法,故舍義不成。今由不作故,椽等諸緣現前故,由此現前故,舍義得成矣。又若不作舍不得成者,椽等不名緣,今既得緣名,明知定作舍。

問:若不成者,有何過失耶?

答:有斷常過。何者?舍本依椽等諸緣成,今既不作舍,故即無椽,亦是斷。若不成者,舍無因有,故是常也。又椽不作舍,得緣名者,亦是常也。

第六壞相者,椽等諸緣各住自法,本不作故。

問:現見椽等諸緣作舍成就,何故乃說本不作耶?

答：祇由不作，故舍法得成。若作舍去，不住自法者，舍義即不成。何以故？作去，失本法，舍不成故。今既舍成，明知不作也。

問：作去有何失？

答：有斷常二失。若言樣作舍去，即失樣法。失樣法故，舍即無緣，不得有故，是斷也。若失樣法而有舍者，無緣有舍，是常也。

又總即一舍，別即諸緣。同即互不相違，異即諸緣各別。成即諸緣辦果，壞即各住自法。

案此六相文，吾曾于「智的直覺與中國哲學」以及「現象與物自身」兩書中錄之，隨文詳釋。今不重複，只作總釋如前。原文錄于此，讀者依吾總釋，可玩索得之，知非如通常所謂決定概念也。決定概念是情執，成俗諦，此如康德之所說。今言六相「出過情量」，一在示緣起實相，二在示法界緣起圓融無碍，此乃「如理智中如量境」也。（實相般若是如理智。事相宛然是如量境。）

V 杜順之法界觀

以上 I II III IV 俱屬賢首華嚴一乘教義分齊章「義理分齊」第十中文。然綜此四門所表示之法界緣起又不出杜順之法界觀。

杜順法名法順，順其俗姓名曰杜順，他是華嚴宗之初祖，又號帝心尊者。（至相寺智儼云

華尊者為第二祖，法藏賢首為第三祖，清涼澄觀為第四祖，圭峯宗密為第五祖）。他的法界觀具云當該是「修大方廣佛華嚴法界觀門」。據澄觀意，此書是杜順和尚所說。但大藏經中於杜順作品只列「華嚴五教止觀」一書，不列此書。是則杜順本人是否真有此作品亦不無問題。（即華嚴五教止觀一書亦未見得眞是杜順作品。蓋此書是順小始終圓五教說五種止觀法門。杜順是否有此整齊的五教判教很成問題。）然此法界觀門文字十分精練，澄觀作華嚴法界玄鏡以釋之。其中之「觀曰」云云即是觀文，為杜順說，「釋曰」云云則是澄觀之解釋。圭峯宗密復有「注華嚴法界觀門」，亦是順承澄觀意，對于杜順觀文逐句作注。吾人似不能說杜順一無所有。但亦不能說杜順即已有此文字。澄觀華嚴法界觀門署有三重，終南山釋法順俗姓杜氏。」圭峯宗密注華嚴法界觀門，注書名後，復注「京終南山釋杜順集」（加一「集」字）云：

作者云：「觀曰：修大方廣佛華嚴法界觀門畧有三重，終南山釋杜順集」。

姓杜，名法順。唐初時行化，神異極多，傳中有證。驗知是文殊菩薩應現身也。是華嚴新舊二疏初之祖師。儼尊者為二祖。康藏國師為三祖。此是創製，理應云作。今云「集」者，以祖師約自智，見華嚴中一切諸佛，一切象生，若身心，若國土，一一是此法界體用。如是義境無量無邊，遂于此無量境界，集其義類，束為三重，直書于紙，生人觀智。不同製述文字，故但云「集」。此則集義，非集文也。

據此，則知杜順此書很可能是澄觀根據其前三代祖師之傳授，以及智儼與賢首所闡發之華嚴

義境而總持地「束爲三重」，託名于初祖杜順耳。圭峯「集義，非義」者類集華嚴之義境也。「非集文」者，「不同製述文字」，即非製文也。可見就文字而言，很可能是澄觀所作。集華嚴義境亦即集各祖師所闡發之華嚴義境也。「義」非澄觀所自創，乃三代祖師之傳授，如此類集，託名杜順，亦無不可。

澄觀華嚴法界玄鏡有觀有釋，疏是正文，鈔是詳注，皆自作也。

玄鏡中之釋文多煩瑣，下所錄者爲觀之正文。觀之正文「略有三重」。澄觀釋曰：「法界之相要唯有三。然總具四種。一事法界，二理法界，三理事無礙法界，四事事無礙法界。其事法界歷別難陳，一一事相皆可成觀，故略不明。總爲三觀所依體。」其事略有十對：一敎義，二理事，三境智，四行位，五因果，六依正，七體用，八人法，九逆順，十感應。隨一一事皆爲三觀所依之正體。不在正面解釋此十義，只託之以爲三觀所依之十義也。此應理法界而有「眞空觀第一」。相應理事無礙法界而有「理事無礙觀第二」。相應事事無礙法界而有「周遍含容觀第三」。此第三觀雖就事事說，然必預設前二觀而可能。故吾人可說此三觀所觀之法界緣起之十玄相皆相即、入、攝，以及十玄緣起與六相圓融二義而可能。雖亦就緣起事說，然必預設前所說之十玄緣起之三觀相以及賢首分齊章ⅠⅡⅢⅣ所觀之法界緣起之十玄相皆相即、入、攝，以及十玄緣起與六相圓融一通義套于毘盧遮那佛法身法界之展轉引申，此種引申皆是分析的（不是形式邏輯之分析的，而是緣起性空一義套于法身法界上之強度地詭譎地分析的）。于此說圓敎，此圓敎之爲圓亦只是分析的，即由佛法身法界抽引出而爲分析的：

佛法身法界當然是圓滿無盡圓融無礙——圓滿無盡由主伴具足十十無盡明，圓融無礙由緣起性空一義之展轉引申明。此即所謂「別教一乘圓教」也。

〈玄鏡〉中載杜順說「真空觀第一」云：

第一真空觀法。于中略作四句十門。

一、會色歸空觀。
二、明空即色觀。
三、空色無礙觀。
四、泯絕無寄觀。

就初門中為四：

(一)色不即空，以即空故。何以故？以色不即斷空故，不是空也。以色舉體是真空也，故云「以即空故」不是空也。

(二)色不即空，以即空故。何以故？以青黃之相非是真空之理，故云「不即空」。然青黃無體，莫不皆空，故云「即空」。良以青黃無體之空非即青黃，故云「不即空」也。良由即是真空故非斷空也。是故言「由是空故不是空也」。

(三)色不即空，以即空故。何以故？以空中無色，故「不即空」。會色無體，故是「即空」。良由會色歸空，空中必無有色，是故由色空故，色非空

上三句以法揀情訖。

(四)色即是空。何以故？凡是色法必不異真空。以諸色法必無性故，是故「色即是空」。如色空既爾，一切法亦然。思之。

第二明空即色觀。於中亦作四門。

(一)空不即色，以空即色故。何以故？斷空不即是色，故云「非色」。真空必不異色，故云「即色」。要由真空即色故，斷空不即色也。

(二)空不即色，以空即色故。何以故？以空理非青黃故，云「空不即色」。要由不異青黃故，是故言「空即色」。是故言空即色不即色也。

(三)空不即色，以空即色故。何以故？空是所依非能依故，不即是色也。必與能依作所依故，即是色也。良由是所依，故不即色；是所依，故即是色。是故言由不即色故即是色也。

上三句亦以法揀情訖。

(四)空即是色。何以故？凡是真空必不異色。以是法無我理非斷滅故，是故「空即是色」。如空色既爾，一切法皆然。思之。

第三色空無礙觀者，謂色舉體不異空，全是盡色之空，故即色不盡而空現。空舉體不異色，全是盡空之色，故即空即色而空不隱也。是故菩薩觀色無不見空，觀空莫非見色。無障無礙，為一味法。思之可見。

第四泯絕無寄觀者，謂此所觀真空不可言即色不即空。一切法皆不可，不可亦不可，此語亦不受。迥絕無寄，非言所及，非解所到，是謂行境。何以故？以生心動念即乖法體，失正念故。

又前四句中，初二句八門揀情顯解，第三句一門解終趣行，此第四句一門正成行體。若不洞明前解，無以躡成此行。若不解此行法絕于前解，無以成其正解。若守解不捨，無以入茲正行。是故行由解成，行起解絕也。

理事無礙觀第二。

但理事鎔融，存亡逆順，通有十門。

(一)理遍于事門。謂能遍之理性無分限，所遍之事分位差別，一一事中理皆全遍，非是分遍。何以故？以彼真理不可分故，是故一一纖塵皆攝無邊真理，無不圓足。

(二)事遍于理門。謂能遍之事是有分限，所遍之理要無分限。此有分限之事于無分限之理全同非分同。何以故？以事無體，還如理故，是故一塵不壞而遍法界也。如一塵，一切法亦然。思之。

此全遍門超情難見，非世喻能況。如全大海在一波中而海非小，如一小波匝于大海而波非大。同時全遍于諸波而海非異，俱時各匝于大海而波非一。又大海全遍一波時，不妨舉體全遍于諸波。一波全匝大海時，諸波亦各全匝大海全遍而波非大。同時全遍于諸波，互不相礙。思之。

問：理既全體遍一塵，何故非小？既不同塵而小，何得說為全體遍于一

塵？又一塵全匝于理性，何故非大？若不同理而廣大，何得全遍于理性？既成矛盾，義極相違。

答：理事相望各非一，故得全收而不壞本位。先理望事有其四句。㈠眞理與事非一故，理性恆無邊際。㈡以眞理與事非異故，無邊理性全在一事中。㈢以非一即是非異故，無邊理性無有分限。次以事望理亦有四句者，㈠事法與理非異故，一塵全匝于理性。㈡事法與理非一故，不壞于一塵。㈢以非一即非異故，一小塵匝無邊眞理。㈣以非異即非一故，匝無邊理而塵不大。思之。

問：無邊理性全遍一塵時，外諸事處爲有理性，爲無理性？若塵外有理，則非全體遍于一塵。若塵外無理，外諸事處爲有理性，義甚相違。

答：以一理性融故，多事無礙故，得全在內而全在外，無障無礙。義甚相違。若塵外有理，則非全體遍于一塵。若塵外無理，則非全體遍于一塵。外諸事處爲有理性，義甚相違。以一理性全體在一塵處。是故事法各有四句。先就理四句者，㈠全體在一塵中時，不礙全體在餘事處，是故在內即在外。㈡全體在餘事中時，不礙全體在一塵處，是故在外即在內。㈢以無二之性各全在內外故，是故亦在內亦在外。㈣以無二之性非一切故，是故非內非外。前三句明與一切法非異，此之一句明與一切法非一。良爲非一非異故，內外無礙。次就事四句者，㈠一事全匝于理時，不礙一切事法亦全匝于理性；不礙一塵亦全匝，是故在內即在外。㈡一切事法各匝于理時，不礙一塵亦全匝，是故在外即在內。㈢以諸事法同時各匝故，是故全在內亦全在外，無有障礙。㈣以諸事法各不壞故，彼此相望，非內亦非外。思之。

㈠〔案以上為理事相遍對,就理事鎔融說也。〕

㈢依理成事門。謂事無別體,要因真理而得成立。以諸緣起皆無自性故,由無性理事方成故。如攬水以成動,水望于波能成立故。依如來藏得有諸法,當知亦爾。思之。

㈣事能顯理門。謂由事攬理故,則事虛而理實。以事虛故,全事中之理挺然露現。如由波相虛,令水體露現。當知此中道理亦爾。思之。

〔案以上為理事相成對,就理事相順說也。〕

㈤以理奪事門。謂事既攬理成,遂令事相皆盡。唯一真理平等顯現。以離真理外,無片事可得故。如水奪波,波無不盡,此則水存已,壞波令盡。

㈥事能隱理門。謂真理隨緣成諸事法,然此事法既違于理,遂令事顯,理不顯也。如水成波,動顯靜隱。經云:「法身流轉五道名曰眾生。」故眾生現時,法身不現也。

〔案以上為理事相害對,就理事相逆說也。以是法無我故,事必依理。理虛無體故,是故此理舉體皆事方為真理。如水即波,無動而非濕故,即水是波。思之。〕

㈦真理即事門。謂凡是真理必非事外。以是法無我故,事必依理。理虛無體故,是故此理舉體皆事方為真理。如水即波,無動而非濕故,即水是波。

㈧事法即理門。謂緣起事法必無自性,無自性故,舉體即真。故說「眾生即如,不待滅也。」如波動相舉體即水,故無異相也。

〔案以上為理事相即對,就「亡」說也。廢已同他,各自泯故。〕

(九)真理非事門。謂即事之理而非是事，以真妄異故，實非虛故，所依非能依故。如即波之水非波，動濕異故。

(十)事法非理門。謂全理之事，事恒非理，性相異故，能依非所依故。是故學體全理，而事相宛然。如全水之波，波恒非水，以動義非濕故。

【案以上為相非對，就「存」而說也。】

此上十義同一緣起。約理望事，則有成有壞。事望于理，有顯有隱，有一有異。逆順自在，無障無礙。同時頓起，深思令觀明現。是謂理事圓融無礙觀。【案一三五七九為理望于事。二四六八十為事望于理。理望于事：有成者，第三依理成事門，有壞者，第五真理奪事門。有即者，第四事能顯理門；有離者，第九真理非事門。事望于理：有顯者，第八事法即理門，有隱者，第六事能隱理門；有一者，第七真理即事門；有異者，第十事法非理門。「相遍對」無會說者，以相遍是總相，通餘門故，無別異相故，同于即攝故。】

周遍含容觀第三。

事如理融，遍攝無礙，交參自在，略辯十門。

(一)理如事門。謂事法既虛，相無不盡；理性真實，體無不現。是則事無別事，即全理為事。是故菩薩雖復看事，即是觀理。然說此事為不即理。

(二)事如理門。謂諸事法與理非異故，事隨理而圓遍，遂令一塵普遍法界。如一微塵，一切事法亦法界全體遍諸法時，此一微塵亦如理性全在一切法中。

(三)事含理事無礙門。謂諸事法與理非一故,存本一事而能廣容。如一微塵,其相不大,而能容攝無邊法界。由剎等諸法既不離法界,是故俱在一塵中現。如一塵,一切法亦爾。此事理融通非一非異故,總有四句:一、一中一;二、一切中一;三、一中一切;四、一切中一切。各有所由,思之。

(四)通局無礙門。謂諸事法與理非一即非異故,令此事法不離一處即全遍十方一切塵內。由非異即非一故,全遍十方而不動一位,即遠即近,即遍即住,無障無礙。

(五)廣狹無礙門。謂諸事法與理非一即非異故,不壞一塵而能廣容十方剎海。由非異即非一故,廣容十方法界而微塵不大。是則一塵之事即廣即狹。

(六)遍容無礙門。謂此一塵望于一切,由普遍即是廣容故,遍在一切中時,即復還攝彼一切法全住自一中。又由廣容即是普遍故,令此一塵還即遍在自內一切差別法中。是故此一塵自遍他時,即他遍自。能容能入,同時遍攝無礙。思之。

(七)攝入無礙門。謂彼一切望于一法,以入他即是攝他故,一切全入一中之時,即令彼一還復在自一之內,同時無礙。又由攝他即是入他故,一法在一切中時,還令一切恒在一內,同時無礙。思之。

(八)交涉無礙門。謂一法望一切,有攝有入,通有四句。謂一攝一切,一入

一切;一切攝一,一切入一;一切攝一一切。同時交參無礙。

(9)相在無礙門。謂一切望一亦有入有攝,亦有四句。謂攝一入一切,攝一入一,攝一切入一切,攝一切入一。同時交參,無障無礙。

(十)普融無礙門。謂一切及一普皆同時更互相望,一一具前兩重四句,普融無礙,準前思之。

案:此上十門周遍含容觀乃相應「事事無礙法界」而言。十玄門亦自此出。故澄觀釋云:「第十門即同時具足相應門。九即因陀羅網境界門。由第八交涉互為能所,有隱顯門。其第七門相即相入門。五即廣狹門。四不離一處即遍有相即門。三事含理事故,有微細門。六具相即、廣狹、二門。前三總成諸門事理相如,故有純雜門。隨十為首,有主伴門。顯于時中,有十世門。故初心究竟,攝多劫于剎那;信滿道圓,一念該于佛地。以諸法皆爾故,故十玄亦自此出。」亦可說此是十玄之隱括。然不及十玄之整齊。故澄觀華嚴經疏鈔卷五言義理分齊時,從杜順三觀說起,于此周遍含容觀,即直代之以智儼與賢首所說之十玄門,以示事事無礙也。

又此事事無礙雖就事言,然必預設理事無礙而後可能。是故澄觀云:「若唯約事,則互相碍,不可即入。若唯約理,則唯一味,無可即入」。(華嚴疏鈔卷第五言十玄之十所因中第四法性融通門文)。「若唯約事,則互相碍,不可即入」,此「事」是情執之事也。今言事事無礙雖唯約事而言,然已是不執之事,故必預設理事無礙法性融通而後可能也。是故此

· 552 ·

真空觀、理事無礙觀,含容周遍觀(事事無礙觀)之三觀實只是「緣起性空」一通義之展轉引申。真空觀四句十門只是發揮「色即是空空即是色」之實義。理事無礙觀之鎔融、存亡、逆順亦只是緣起性空之無礙觀。事事無礙觀必預設前兩觀而後可能,則亦是「緣起性空」之充分發揮。(法藏賢首十二門論宗致記就緣起性空而言其開合、一異、有無,亦是緣起性空之展轉引申。)

杜順三觀如此,則前ⅠⅡⅢⅣ,華嚴一乘教義分齊章中所推演者,亦是緣起性空之展轉引申。由之以示「法界緣起」,則是「緣起性空」一通義之套于毘盧遮那佛法身上說。這一展轉引申一方面表示華嚴宗師對于「緣起性空」之實相般若學確有了解(消極地說,若對此尚不徹,則根本不配談佛法);另一方面表示此一通義套于佛法身上說便成如來藏系統唯一眞心廻轉之法界緣起,此則與空有兩宗不同,而成爲「眞心即性」之性宗。從「眞心即性」之展轉引申說,則那些妙談都是分析的。從套于佛法身上而說法界緣起而成爲圓滿無盡圓融無礙之圓教,此圓教亦是分析的。從緣起性空一義,無論如何開合,如何引申,如何妙談,尚不是「眞心即性」之性宗之存有論的圓(別教一乘圓教之圓),在這裡說多說少不能決定什麼,在這裡分辨同異,說某言及,某未言及,因此,說某異于某或勝于某,這並無多大意趣,因爲這裡不是問題之所在。要從實相般若之作用的圓進至「眞心即性」之性宗之圓,這必須要進至如來藏系統之法界緣起而後可。這裡才是決定是否爲圓教以及爲如何樣的圓教諸問題之所在。

如吾所說,從佛法身之法界緣起說圓教,這圓教之圓只是分析的,此是「別教一乘圓教」,亦即「眞心即性」之性宗之存有論的圓教。華嚴宗師于此圓教特別感興趣,因着緣起

性空之無碍與海印三昧之印現而特別感興趣,感興趣于此法界緣起之種種奇詭的、圓融無碍的玄談。吾鈔這一玄談的系統儼若鈔一套套邏輯的推演系統。因此,這一圓教系統之基本前題可如下列:

(1) 緣起性空。
(2) 毘盧遮那佛法身。
(3) 海印三昧。

由此三前題,可以奇詭地引申出種種玄談,如十玄緣起之所示。華嚴宗師于此玄談之思理十分感興趣,又十分精緻,此其所以吸引人處。但既只是分析的,便不是問題之所在。吾不謂此種精緻的展轉引申無價值,但只有主觀的,印持上的價值,無決定問題之客觀的,批判的價值。此如羅素之真值函蘊系統,其套套邏輯的推演十分精緻而準確。然其基本觀念最重要者只有二,一曰否定,二曰析取。其基本定義最重要者為「函蘊」。再加上五個基本觀念與基本命題(原則)。如是,便可推演成一套套邏輯的推演系統。此一系統之特性決定于基本觀念與基本定義,此後只是套套邏輯地分析的。此種套套邏輯之推演並非無價值,因為它能展示一個系統給你看。雖說此一系統已含在那基本定義中,然光只看那基本定義,你究不能知其所函者究竟是些什麼事。作出來,你便可對此系統有一主觀的,印持上的了知,眞正知其為如此這般之系統。可是如只就此推演系統而讚嘆其如何精確,如何圓滿,那是無意義的,因為既是套套邏輯的推演,那當然精確而無疵病,圓滿而無滲漏。這裡不是問題之所在。如有問

· 554 ·

題,那問題只在「函蘊」之定義處。因此,路易士要想建立「嚴格函蘊系統」,與羅素起爭辯,那必在函蘊之定義處着眼。此即是批判的考察。在這裡討論問題才有「決定系統之特性乃至其圓滿不圓滿」之客觀的,批判的價值。華嚴圓教亦復如此。就佛法身之法界緣起而言圓教,只是分析的,此無問題。當然你把緣起性空之無碍展轉引申出來,把法界緣起之圓滿無盡圓融無碍充分展示出來,自有很大的價值,其思理之精緻亦甚值得讚嘆,因為它能使人確實了解所謂無碍無盡者乃實是如此這般之無碍無盡,不是籠統的一句話也。此即所謂在主觀印持上有很大的價值。但就此而言圓教既只是分析的,則客觀地言,這便不是問題之所在,因為這裡根本無問題故。而華嚴宗却正于此無問題處建立其「別教一乘圓教」。吾人如考察此一圓教系統之特性以及其是否可真為圓教,不當就這展轉引申之分析處說,乃當就這一圓教系統之所因處說。此圓教系統之所因如下:

(1) 唯一真心廻轉(空不空但中之理)。
(2) 隨緣起現,隨緣還滅。

就此處着眼討論才是問題之所在,此即是批判的考察。此種考察決定其是否真為圓教,並決定真正圓教如何建立。此即示不能于佛法身作分析的引申而說圓教也。于此處說圓教,只要一承認「如來藏恒沙佛法佛性」,這便都是無問題的。(小乘不及此,故不計。)可是對于「如來藏恒沙佛法佛性」却有不同的解釋,因此,這才是問題之所在。決定圓不圓須在這裡決定,不在對于佛法身作分析的引申處決定也。如是,吾人須進而討論「別教一乘圓教」與「同教一乘圓教」之同異。

第四節 「別教一乘圓教」與「同教一乘圓教」

如上節所說,依華嚴經之旨趣,就佛法身而說的法界緣起之圓教系統,其基本前題有三:

(1)緣起性空。
(2)毘盧遮那佛法身。
(3)海印三昧。

此是系統內的展示前題─展示法界緣起之相而為一圓滿無盡圓融無礙的系統之前題。就此展示成的系統之「所因」說,則有二基本觀念:

(1)唯一真心廻轉(空不空但中之理)。
(2)隨緣起現,隨緣還滅。

此是系統外的「所因」前題(所因之以為前題者)。由此所因前題始有那展示前題以成那法界緣起之圓教系統。

由此所因前題與展示前題所成的圓教系統,賢首名曰「別教一乘圓教」。別教者專就佛法身而言之教義也。此亦曰「稱法本教,非逐機末教」。此不同于天台宗所說之「別教」之

556

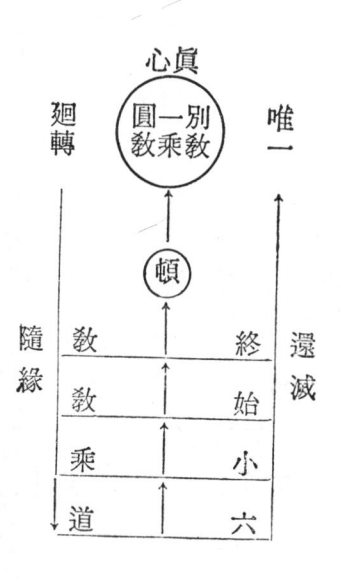

「既不同于前之藏通二教亦不同于後之圓教」之唯就不共小乘之菩薩道而說者也。（但天台宗仍得就「別教一乘圓教」之所因處而說其仍是天台宗所說之「別教」，而非真圓教，因為天台宗並不就佛法身之圓滿無盡圓融無礙說圓教也。因為就此說圓教，這只是分析的，這不是圓不圓問題之所在，因為這裡無問題故。）「一乘」者即佛乘也。無二無三，最終只是一本佛。一切衆生皆可乘此佛乘而達至本佛。「圓教」者，圓滿無盡圓融無礙之謂也。圓融以主伴具足十十無盡明之。圓融以緣起性空之展轉引申所成之理事無礙事事無礙明之。

依華嚴宗之判教，則佛所說之一切教義可判為五教：小始終頓圓。「小」者即小乘教，聲聞緣覺是。「始」者大乘始教，空有兩宗是。「終」者大乘終教，起信論以及凡言「如來藏自性清淨心」者是。「頓」者頓教，如絕相離言之禪宗是。「圓」者即華嚴經之「別教一乘圓教」是。此五教圖示如下：

```
            真心
   迴     ┌─────┐
   轉    │別教一乘│   唯
         │ 圓教  │   一
          └──↑──┘
            ┌─┐
            │頓│
            └─┘
             ↑
   隨    ┌────┐ 終   還
   緣    │ 教 │     滅
         ├────┤ 始
         │ 教 │
         ├────┤ 小
         │ 乘 │
         ├────┤ 六
         │ 道 │
         └────┘
```

就圓教言，此乃是寶塔型的圓教。但依天台圓教而言，則當如下圖：

```
          實
      ┌─────────┐
      │ 別 教   │
   圓  │ ↑通 教 │ 教
      │  藏 教 │
      │ ↑六 道 │
      └─────────┘
          教
```

天台圓教，賢首名之曰「同教一乘圓教」。「同」者同于權教乃至六道眾生，即權以顯圓實，即九法界而成佛也。與此相比對，則知「別教一乘圓教」之「別」不但不共六道眾生，即一切逐機末教（權教）亦皆不共也，此即唯是一高塔頂之佛界也。如是，則上兩圖可總套于一起：

據此圖，則同教圓實教是把那高塔頂上的佛法身之圓亦使之即于權而爲佛，此方是真圓實教。佛法身自身固是圓，但若只是高塔頂上之佛界，不即于九法界而爲佛，則此懸隔亦是權，即本末不融亦是權。權即不實。故必須對此權融化了，方是真圓實。

圓教

同教

一乘：別教一乘圓教、真心、迴轉、唯一、隨緣、還滅、頓、終教、始教、小乘、六道

據此點，吾人不得以佛法身上之法界緣起無不具足，海印定中之頓現萬象無所隔閡，來辯說，

以為這已圓滿無盡，圓融無碍了，何有餘權復須再來融化？蓋此種圓滿無盡圓融無碍只是佛法身的事，其頓現萬象（現童男童女乃至阿修羅等）只是「海印三昧威神力」隨眾生所樂見而映現，是本其因地久遠修行所經歷之事到還滅後重新映現出來，或一起倒映進來而成為佛法身之無量功德、無量豐富的意義，寄法顯示，因而便成為法界緣起之圓滿無盡圓融無碍。這並不是說佛是即于六道眾生乃至聲聞緣覺菩薩這九法界不隔而為圓實佛。因為那是塔頂上的佛法身自身之圓滿與圓融，並不預于各該界之權境之權境而為佛身根本無此等權事，以稱法本教，不逐機故，因此，這正是隔絕了九法界之權而為圓實境。是故復須融化此一權隔方真為圓實佛。然「別教一乘圓教」正要顯此隔以示其高，以示其為「稱法本教，非逐機末教」。是故諦觀天台四教儀云：「如華嚴時，一權一實（圓實別權），各不相即，大不納小故。所以者何？初頓部有一粗（別教）一妙法門雖廣大圓滿，攝機不盡，不暢如來出世本懷。」因為有一權一實，一粗一妙，故猶有一隔之權也。若是一妙則與法華無二無別。此若就外延之相（如圓滿圓融等）說，固是「無二無別」，而法華之妙與圓說。諦觀說「妙則與法華無二無別」，則亦不能說無二無別也。蓋華嚴之妙與圓是有「隔權」之妙與圓，無隔權者為「同教一乘無那「隔權」之妙與圓，焉得無別？有隔權者為「別教一乘圓教」。此後者方是真圓實教。前者亦正是智者大師所評之別教為「曲徑紆廻，所因處拙」圓教」。因為有隔而為佛，即是「所因處拙」也。此是鑒定圓不圓之本質的關鍵。此種鑒定是就「所因」處而為批判的鑒定。從就佛法身而為分析的鋪陳，以此為圓教，無助于真圓否之

• 560 •

決定也。此亦示天台宗並不以佛果之圓爲圓敎也。要在看其所因處耳。

此種隔不隔是兩圓敎之主要的分水嶺。如果圓敎只有一，無二無三（既圓矣，不能有二），則依天台判敎，「別敎一乘圓敎」仍是別敎，非眞圓實敎。蓋既有隔，則其爲圓之「所因」處只是起信論之義理系統。依華嚴判敎，起信論爲終敎，非眞圓實敎。中間經過一頓敎，而至法界緣起之圓敎。頓敎者，「一切法唯一眞心，差別相盡，離言絕慮，不可說也。」（一乘敎義章所詮差別第九心識差別處言頓敎文）。可說之法盡在圓敎中。而圓敎中之法亦就普賢因門說，不就佛果分說，因爲果分唯在佛親證，不可說不可說也。而普賢因門可說藉以展示法界緣起之圓。說之義理根據唯在起信論。是則起信論其自身雖爲終敎，而依天台，仍只是別敎，故依天台，即在「所因處拙」；而那佛法身之圓實無獨立的意義，盡吞沒于終敎（依天台爲別敎），其上還有一圓，別敎之圓也。依起信論而爲圓，所以仍是別敎，故眞圓敎只有一，無二無三也。此則須待化掉者。化掉後，方是眞圓敎，故必然有那「別敎一乘圓敎」中之「一隔之權」處之所以爲拙因起信論是走分解的路（如來藏緣起是超越的分解），所謂「曲徑紆廻」也。

華嚴判敎其最後一敎既只是就華嚴而說的「圓敎」，而同時又別認天台圓敎而不能化，因此，復叉自名爲「別敎一乘圓敎」，而名天台圓敎爲「同敎一乘圓敎」。對于此「同敎一乘圓敎」既不能化，而並列並存，成爲圓敎中之兩態，是則五敎之判（只就華嚴說圓）盡而未盡也；而「同敎一乘圓敎」只有依天台判敎立一眞圓實敎成立之標準，以決定眞圓實敎只有一，無二無三，而此只有一之眞圓實敎必不能再走分解的路也。正因此故，吾人今日須有一重新之鑒定，以消化此帶累。華嚴判敎既不能化，則只有依天台判敎立一眞圓實敎成立之標準，以決定眞圓實敎只有一，無二無三，而此只有一之眞圓實敎必不能再走分解的路也。因爲凡走分

解的路皆必「曲徑紆廻所因處拙」故也。

賢首于《一乘教義分齊章》「所詮差別」第九中說五教所依心識差別云：

心識差別者，如小乘但有六識，義分心意識，如小乘論說。于阿賴耶識但得其名，如《增一經》說。

若依始教，于阿賴耶識但得一分生滅之義，以于真理未能融通，但說凝然，不作諸法。故就緣起生滅事中，建立賴耶。從業等種辦體而生異熟報識為諸法依。……

若依終教，于此賴耶識得理事融通二分義，故《論》但云：「不生不滅與生滅和合，非一非異，名為阿黎耶識。」以許真如隨熏和合，成此本識，不同前教業等種生。故《楞伽》云：「如來藏為無始惡習所熏，名為藏識。」又云：「如來藏受苦樂與因俱，若生若滅。」又云：「如來藏名阿賴耶識，而與無明七識俱。」又《起信》云：「自性清淨心因無明風動」成染心等。如是非一。……

若依頓教，即一切法唯一真心，差別相盡，離言絕慮，不可說也。如《維摩經》中三十二菩薩所說不二法門者，即是前終教中染淨鎔融無二之義；《淨名》所顯離言不二，是此門也。以其一切染淨相盡，無有二法可以融會，故「不可說」為不二也。

若依圓教，即約性海圓明，法界緣起無碍自在，一即一切，一切即一，主

案：此段文依五教言所依心識差別。小乘只言六識（第六意識依三世有三名，謂未來名心，過去名意，現在名識。）大乘始教言阿賴耶識。終教則言如來藏自性清淨心。頓教則泯絕無寄，唯一真心呈現。至于說到圓教，則有別教一乘圓教與同教一乘圓教兩類。別教圓教所依

伴圓融，故說十心以顯無盡。如離世間品及第九地說。又唯一法界性起心亦具十德，如性起品說。此等據別教言。〔案華嚴經卷第五十六離世間品第三十八之四言「菩薩摩訶薩有十種心。何等為十？所謂如大地心，能持能長一切眾生諸善根故；如大海心，一切諸佛無量無邊大智法水悉流入故；如須彌山王心，置一切眾生于出世間最上善根處故；如摩尼寶王心，諸魔外道不能動故；如金剛圍山心，決定深入一切法故；如優曇鉢華心，一切劫中難值遇故；如淨日心，破闇障故；如虛空心，不可量故。是為十。若諸菩薩安住其中，則得如來無上大清淨心。」又案經卷第三十八、十地品第二十六之五言第九地菩薩「如實知眾生心種種相，所謂雜起相，速轉相，壞不壞相，無形質相，無邊際相，清淨相，垢無垢相，縛不縛相，幻所作相，隨諸趣生相，如是百千萬億乃至無量，皆如實知。」又案性起品是晉譯名，唐譯則為如來出現品，見經卷第五十一。此品中言如來心有十相，文甚長，不錄。此十相亦無專名標指也。〕

若約同教，即攝前諸教所說心識。何以故？是此方便故，從此而流故。餘可準知。

心識實當說爲「唯一眞心廻轉善成」。若如賢首所舉離世間品之十心,性起品之如來心十相,及第九地菩薩之知衆生心種種相,則不類也。至於說到同教圓教,則說「即攝前諸教所說心識,從此而流故。」此既籠統,又不知此「攝前諸教」是攝前四,抑攝前五。何以故?是此方便故,從此而流故。

如攝前四,只攝小、始、終、頓四教,不攝及別教圓教,則是攝前得名圓。如攝前五,則能說別教圓教是此同教圓教之「方便」乎?能說其從此同教圓教而流出乎?賢首于此顯模稜矣。有謂:「同教一乘者,要一乘三乘和會不異。若唯三乘,名三乘教。若唯一乘,即別教。今章第五圓教中,先釋別教,後釋同教中云「攝前諸教」,故知通攝第五圓教也。」(見近僧靄亭華嚴一乘教義分齊章集解關此之注語)。

若如此,則別教一乘圓教亦是「方便」,方便即權;亦是從此同教圓教而流出。但此恐非華嚴宗師所樂欲。蓋旣如此,則華嚴宗之判教必有不盡,未能得一終極之會判,以能攝能流之同教圓教從其五教中只就華嚴說的圓教中溢出故,而且彼對于其別教圓教之權相(方便相)亦未曾有說明故。是即模稜而含混也,其判敎欲盡而未盡也。(既攝前五,則亦攝頓,可是若說頓教亦是方便,亦有問題。賢首立頓教,據澄觀說,大體是相應禪宗而說,至少亦可如此應用。若說禪宗亦是方便,成問題。賢首弟子慧苑即不以其立頓教爲然。是故賢首五教之判實有不妥不盡處也。天台五時八教之判實較爲順適。在此,禪宗當另有安排。對于華嚴圓教亦能吸攝。是即較能終極而盡也。)

五、(別教圓教),以第五別教圓教旣是圓教,即是能攝故。所謂「是此方便,從此而流」,攝及別教圓教,既非華嚴宗師所樂欲,故又有解「攝前諸教」之語爲只攝前四,不攝第

• 564 •

即謂前四是此同教圓教之方便,從此同教圓教而流出。若如此,則兩圓並存,而其關係不明。同教圓教不攝別教圓教,則攝法不盡,圓即非圓。別教圓教不攝同教圓教,而令其溢出並存,則五教之判不盡,而別教圓教之圓亦不圓矣。若謂賢首立圓教,本是兩圓並存,依華嚴說別教圓教,依法華說同教圓教。未曾單指華嚴為圓也。若如此,則兩圓非一,而其關係又不明,即無終極的圓,如是,則兩圓皆復圓而不圓矣。

有謂「攝四者,依分相門說,顯別教一乘之最高。攝五者,依攝門說,顯同教一乘之最普。合此二義為一圓教。」(此是靄亭之注語)。如是,則高者不普,普者不高,皆非真圓也。此種說法只是表面漂亮之話頭,未得實義。吾意,以攝前五為是。高者未必高,別教圓教即但高而不普也。普者固亦未必高,但同教圓教却已高寓于普矣。在此,普即高,高即普,高之「但高」之權隔相泯矣,故為終極的真圓實教也。

又既言心識差別,而于此同教圓教却只籠統地說「即攝前諸教所說心識」,却未具體地指明此同教圓教所依之心識究是何種心識,如何能攝前諸教所說心識。此即示于天台圓教未能明徹也。

以上就賢首所說「心識差別」文指出此中之問題。以下再就圭峯宗密文以明之。

圭峯宗密禪源諸詮集都序以三宗說禪宗,一息妄修心宗,二泯絕無寄宗,三直顯心性宗。于教方面,亦以三教說之,一密意依性說相教,二密意破相顯性教,三顯示真心即性教。以此三教配彼三宗,達成禪教合一之說。

于直顯心性宗,圭峯說云:

直顯心性宗者，說一切諸法若有若空皆唯眞性。眞性無相無爲，體非一切，謂非凡非聖，非因非果，非善非惡等。然即體之用而能造作種種，謂能凡能聖，現色現相等。（案「即體之用」似當改爲「即用之體」。）于中指示心性，復有二類：

一云：即今能語言動作，貪嗔慈忍，造善惡，受苦樂等，即此汝佛性，即此本來是佛，除此無別佛也。了此天眞自然，故不可起心修道。道即是心，不可將心還修于心。惡亦是心，不可將心還斷于心。不斷不修，任運自在，方名解脫。性如虛空，不增不減，何假添補？但隨時隨處息業養神，聖胎增長，顯發自然神妙，此即是爲眞悟眞修眞證也。

二云：諸法如夢，諸聖同說。故妄念本寂，塵境本空。空寂之心靈知不昧。即此空寂之知是汝眞性。任迷任悟，心本自知。不藉緣生，不因境起。知之一字衆妙之門。由無始迷之故，妄執身心爲我，起貪嗔等念。若得善友開示，頓悟空寂之知，知且無念無形，誰爲我相人相？覺諸相空，心自無念。念起即覺，覺之即無。修行妙門，唯在此也。故雖備修萬行，唯以無念爲宗。但得無念知見，則愛惡自然淡泊，悲智自然增明，罪業自然斷除，功行自然增進。既了諸相非相，自然無修之修（一作「修而無修」）。煩惱盡時，生死即絕。生滅滅已，寂照現前，應用無窮，名之爲佛。

然此兩家皆會相歸性，故同一宗。

案此第二類即荷澤神會之說也。「神會和尚破清淨禪，立如來禪；立知見，立言說為戒定慧，不破言說。」（〈歷代法寶記〉）。于無住心之空寂之體上立「昭昭靈靈自知自見，即此空寂之知是汝真性。」「知之一字眾妙之門」。此明示神會和尚有一超越的分解以顯無住心空寂之體上的本智之用。故圭峯宗密此處述其意云：「空寂之心靈知不昧」，「空寂之知是汝真性」。「直顯心性」者即顯此「心性」也。頓悟者亦頓悟此「心性」。圭峯宗密所以特喜此類者，以彼本是華嚴宗徒也。

「立知見」為「知解宗師」，譏「知之一字眾妙之門」為眾禍之門。此非言此分解地說的「靈知之心──真常心」為非是，但只言此非宗風之所描寫，則大體是指惠能後之正宗禪宗而說。至于直顯心性宗之第一類，如圭峯宗密之所描寫，此大體是把表現般若精神之「泯絕無寄」義會通于佛性（心性）上說，而佛性不必是唯真心（靈知不昧之真心）也。「道即是心，不可將心還修于心。惡亦是心，不可將心還斷于心。」「此則更為圓實。以無或已化掉超越的分解故也。」此則更為解脫。」此則更為圓實。以無或已化掉超越的分解故也。故馬祖門下譏神會不斷不修，任運自在，方名解脫。」此則更為圓實。以無或已化掉超越的分解故也。但圭峯宗密于教方面之「顯示真心即性教」于禪方面是如此，則教方面亦必有相應者。彼云：

三、顯示真心即性教。此教說一切眾生皆有空寂真心，無始本來性自清淨，明明不昧，了了常知，盡未來際，常住不滅，名為佛性，亦名如來藏，亦名心地。從無始際，妄想翳之，不自證得，耽著生死。大覺愍之，出現于世，

為說生死等法一切皆空,開示此心全同諸佛。……如是開示靈知之心即是眞性,與佛無異,故顯示眞心即性敎也。

如此所說之「顯示眞心即性敎」只可與「直顯心性宗」之第二類相應。圭峯宗密于敎方面並未列有一類以與之相應。然則敎方面有與彼第一類之「直顯心性宗」相應者否?曰有,即「同敎一乘圓敎」是也。只圭峯宗密未注意及之耳。當然你可說禪方面之兩類只以此「顯示眞心即性敎」概括之亦無不可。然若能深入一步看,知禪方面第一類之「直顯心性宗」其精神若眞有不同于第二類者,則敎方面亦必有另一類性宗圓敎以應之。而若華嚴宗師不能以別敎圓敎吸攝同敎圓敎而必兩存之,則同敎圓敎必有其獨特處。如是,則以同敎圓敎相應第一類之「直顯心性宗」乃極爲順適而必然者,而不能以此「顯示眞心即性敎」(別敎圓敎)之一敎該括禪方面「直顯心性宗」之兩類也。圭峯宗密于此同敎圓敎隱而不提,即示其于此未有以善處也,同于賢首雖兩存之,而終模稜耳。抑不但模稜而已也,且亦有誤解。圭峯以十異辨空宗(密意破相顯性敎)與性宗(顯示眞心即性敎)之不同。其中第八異是二諦三諦之異。圭峯說此異云:

八、二諦三諦異者,空宗所說世間出世間一切諸法不出二諦,學者皆知,不必引釋。性宗則攝一切性相及自體總爲三諦;以緣起色等諸法爲俗諦,緣無自性,諸法即空,爲眞諦。(原注云:此與空宗相宗二諦,義無別也。)一眞心體非空非色,能空能色,爲中道第一義諦。其猶明鏡,亦具三義。鏡中影像不

得呼青爲黃，妍媸各別，如俗諦；影無自性，一一全空，如眞諦；其體常明，非空非青黃，能空能青黃，如第一義諦。……故天台宗依此三諦，修三止觀，成就三德也。

案：天台宗所說三諦三觀不如此講，焉得謂「天台宗依此三諦修三止觀」耶？天台宗所說三諦仍是就「緣生無性」之空假中而說。此雖與〈中論偈語〉（「因緣所生法，我說即是空，亦爲是假名，亦是中道義」）語勢相違，亦與彼旨在說二諦表面相違，而于義無違，說二諦，說三諦，皆無不可也。此已見第一部〈中論觀法章〉。是故天台宗並不以「一眞心體非空非色能空能色爲中道第一義諦」也。圭峯所說之「眞心體」即靈知之眞心也，亦即「眞心即性」之性體也。此「眞心即性」之性體（眞心體），它不是空，亦不是色。不是空者即具無漏功德之不空如來藏也。不是色者，即不變之自性清淨也。它復能空能色。「能空」者，自性清淨，能空却一切煩惱一切差別相也。「能色」者，隨緣起現也。此自是眞常心宗之說法。但天台宗並不「唯眞心」，亦不于此眞心上說中道。因爲它不是此眞心「不變隨緣隨緣不變」之性能系統。依天台宗觀之，此種「非空非色能空能色」之靈知眞心之爲中道只是「但中」之理。因爲它並不性具一切諸法（能色），它能色而有諸法是由于隨緣起現故。此靈知之心但中之理由于隨緣而有諸法，因此遂說一切法趣此但中之理，而非其所說之圓教，而非其所說之圓教。因此，「一切法趣」表示「不但中」。但此表示「不但中」之趣有是性具的趣，有是性起的趣。前者是別教，後者是圓教。性具的趣之「不但中」不是就那由于隨緣起現的趣，而是並那但中之理而亦是隨緣起現的趣，有是性具的趣。因此，「一切法趣」表示「不但中」。但此表示「不但中」之趣有是性具的趣，有是性起的趣。前者是別教，後者是圓教。性具的趣之「不但中」不是就那由于超越分解而顯的靈知之心但中之理套上一些法而爲「不但中」，而是並那

化之，而另起爐竈，即根本不就此靈知之心但中之理說「不但中」也。是故說中道第一義諦（中諦）亦不就此而說。天台說中諦仍是就「緣生無性」之緣生法之「即空即假即中」之中而說。說三諦，即是這空假中之三諦。將一切「緣生無性」之法套於性具系統上而說三諦以及其中之中諦亦仍如此。性具之性亦不是「真心即性」之性，「一念無明法性心」之性，而乃是「無明即法性，法性即無明」之性。此非「唯真心」系統，而乃是唯「妄心」系統（此是別教說）。此「一念無明法性心」（此是圓說）即具三千世間法，唯「煩惱心，刹那心」之系統（但卻不是阿賴耶系統，此須注意）。此「一念無明法性心」即具三千世間法，亦即圓實諦；若急辭言之，則三千世間法起現一切法（此是別教說）。就此空有不二而言是中諦，就其為幻有而言是假同時即空即假即中也。此具三諦性的法，若套于性具系統上，而以二諦說之，便是：「幻有，幻有即空」。此「真」即中諦，或圓實中諦，蓋必中故。此即天台所謂圓教二諦。「幻有」與「幻有即空」所以皆名為俗者，以是分名為俗；一切法趣有，趣空，趣不有不空，為真。」此「真」即中諦，或圓實中諦，蓋必中始可真實為真也。「一切法趣有（說幻有統統是幻有），趣空（說空統統是空），趣不有不空（說不有不空統統是不有不空），這既不只是就一緣生法之空假不二為中道，復亦不是就靈知之心但中之理上一切法為「不但中」，而是就那任一緣生法之「即空即假即中」而「一切法趣此即是空」之不但中（圓中）也。圓中即圓空，即圓假。故「一切法趣有，趣此即是空」，「一切法趣空，趣此即是有」，「一切法趣不有不空，趣不有不空」，這一完整的圓空圓假圓中，或一整一的圓實，為真也。如說色，即「一切法趣色，是趣不過。」如就此色法而說空假中（有、空、不有不空）

即「一切法趣有、趣空、趣不有不空，是趣不過。」此是天台所說之圓中（不但中）。「不但中」者，不只是一法之中道，而是一切法趣色法之中道（中道色），不是一切法隨緣起現地趣那靈知之心但中之理也。這是一切法趣色法之中道（中道色），不是一切法隨緣起現地趣那靈知之心但中之理也。夫圓二諦中之真諦以及觀法上空假中三諦中之中諦既如此，則圭峯謂天台宗依彼真常心系統中之三諦「修三止觀，成就三德」，豈不謬哉？

圭峯既謬于前，而後來天台宗衰微時，修天台教者亦多不能了解自家祖師所立之教義，因此，遂有山外一派之歧出。而山外之歧出正同于圭峯之誤解，故山外諸家亦喜以圭峯義說天台。知禮嚴加駁斥，斥其為「隆陷本宗」，豈無故哉？是以知禮中與天台，號為正宗，非徒為爭門戶也。亦將決定究何者為真圓教耳。

以上所說端在明賢首與圭峯對於「同教一乘圓教」未能明其實義，故亦未能有一妥善之安排，或只旁存之而模稜不決，或誤解之而吸于真常心之系統。此即示華嚴判教有不盡也。夫判教開宗必能概括佛所說之一切教義而義理系統又足以極成之，始能算數。今賢首既開宗矣，其判教自是想至概括之盡，然而其宗旨既定在華嚴，而其義理系統之支持點又只是起信論，則是未能極成其所欲至之概括之盡，是則欲盡而未盡也。蓋宗旨既定在華嚴，而其義理系統之支持點又只是起信論而說圓（此只是分析的）；而義理系統之支持點又只是起信論，則必以真心之「不變隨緣隨緣不變」說明一切法（所因處拙），是則圓而又未圓也。正因此故，其判教遂顯出盡而未盡相。因有同教一乘圓教溢出故也。此即示真圓實教之經典宗旨不能定在華嚴，而必別有說法始可。實教之義理的支持點亦不能在起信論（此只足以說明華嚴經），而必別有說法始可。

本節只消極地言天台圓教（同教一乘圓教）之獨特精神，藉之顯「別教一乘圓教」之性

• 571 •

格與限制。于此後者作積極的展示，于前者則只消極地說。正說天台見下部。

佛性與般若

牟宗三 著

下冊

臺灣學生書局印行

佛性與般若

第三部 天臺宗之性具圓教

第一分 圓教義理之系統的陳述

第一章 天臺宗之判教

第一節 法華經之性格
第二節 原初之洞見
第三節 五時八教
第四節 七種二諦之差異以及其層層升進

第一分 圓教義理之系統的陳述

第一章 天臺宗之判教

前已說華嚴宗，今應說天臺宗。依時間次序，天臺宗在前，華嚴宗在後，何以先說華嚴，後說天臺？蓋有二故。一因繫屬故，先說為便。華嚴宗之義理支持點在起信論，而起信論則是順前後期唯識學而發展至者。由阿賴耶緣起而至如來藏緣起，由如來藏緣起而至華嚴，這是一系之發展——發展至華嚴而極，無可再進者。雖有真心妄心之別，然皆屬這超越分解的一路——阿賴耶緣起是經驗的分解，如來藏緣起是超越的分解。華嚴圓教是基於這超越分解而立者。因此繫屬故，順說為便，故華嚴宗雖在時間上後于天臺，而亦先述之于前也。二因判教不盡故，先說為便。華嚴宗雖後起，然其性格已定於分解之路，故雖在後而亦在前。智者時已有就華嚴經而立法界宗，視華嚴為加勝于法華者，而智者斥之，明華嚴經仍帶有權教未融，此即吾因而謂猶有一隔之權者。前之法界宗未能外於天臺之鑒定，後起之華嚴宗性格未變，自亦不能外於天臺之鑒定。故天臺判教乃係最後者，若其入路仍為分變，故雖在後而亦在前。即因此故，先列在前。故我們對於圓教之鑒別及對於圓教義理系統之瞭解的，則亦仍未越過華嚴宗之範圍。然則圓教之所以為圓教必有其獨特之問題以及其抒義之

獨特的模式。天臺宗定圓教之標準在法華,不在華嚴,必有故也。此非淺嘗者所能知。華嚴經早有晉譯(佛陀跋陀羅＝覺賢譯六十華嚴),賢首引經文亦多依晉譯。(唐實叉難陀譯八十華嚴,雖完備,而經旨不變)。智者豈無知于華嚴耶?豈不能欣賞華嚴之圓滿無盡與圓融無碍耶?蓋已知徒從佛法身法界展轉引申而爲分析的圓不能決定圓之所以爲圓也。如是,吾人急須決定法華經之性格。

第一節　法華經之性格

法華經是空無第一序之內容的,它無特殊的教義與法數。般若經教吾人以實相般若;涅槃經教吾人以法身常住,無有變易;解深密經教吾人以阿賴耶系統,楞伽、密嚴、等經教吾人以如來藏系統;維摩詰經教吾人以不二法門;華嚴經教吾人以法界圓融。凡此等經皆有鮮明之內容而足以吸引人。法華經教吾人以什麼呢?若與上列諸經對比,你馬上可以覺到它實在貧乏得很!天臺宗法華,豈不怪哉?但是它豈眞無所說乎?它有所說。它所說的不是第一序上的問題,乃是第二序上的問題。它處理此問題的方式是開權顯實,開迹顯本。它只在此成立圓實教,以明佛之本懷。這顯然是第二序上的問題,高一層的問題,也可以說是虛層的問題,因此,它沒有特殊的法數,教義,與系統,因而它亦無鋪排。(華嚴宗的「別教一乘圓教」是第一序上的)。

1.此經七卷共二十八品。依智者法華文句中的科判,分全經爲迹本二門。從序品第一至

本迹二門各立序分，正說分，流通分，三分。

迹門三分如下：

(一) 序品第一為發起端由。

(二) 從方便品第二訖授學無學人記品第九為迹門正說。此正說中更開為兩重：一、從方便品開始至「無上兩足尊，願說第一法」全偈止，為略說開三顯一。二、從此品「爾時世尊告舍利弗汝已殷勤三請」起直至授學無學人記品第九。廣說凡七品半。此中有法說，譬說，因緣說，三種。(甲) 法說。從方便品「爾時世尊告舍利弗汝已殷勤三請」起至譬喻品第三「盡廻向佛道」偈語止，為法說。(乙) 譬說。從譬喻品「爾時舍利弗白佛言」起，更作三車一車說，依譬喻而說也。至譬喻品第六，為譬說。譬說者，佛為上根人作三乘一乘說，開三乘之權，顯一乘之實，依法而說也。(丙) 因緣說。化城喻品第七下共三品為因緣說。因緣說者，佛為中根人于上法說譬說中不能了悟，遂說宿世曾于大通智勝佛時同下一乘之種，令其得悟，依宿世因緣而說也。

(三) 法師品第十下共五品為迹門之流通分。

本門開權顯實三分如下：

(一) 涌出品第十五從頭起至「彌勒已問是事，佛今答之，汝等自當因是得聞」止這半品為本門中之序分。

(二) 壽量品第十六為正說「開近迹顯遠本」。分別功德品第十七，于中佛說長行為總授法

身記,〈彌勒說偈為總申領解。正說至此竟。

(三)從〈分別功德品〉彌勒說偈後以及此下三品為本門流通分之勸持流通,從〈神力品〉第廿一直至經末為付囑流通。

據此科段,則知只有正說分才是《法華經》的正式內容,而此內容不過是說三乘為方便(權),一乘為真實(實);若只說一乘,則不能接眾機,是以方便亦必要,既說方便已便不能死在方便下,執方便為真實,故又須開方便顯真實(開權顯實)。這一點內容佔分量並不多,只是一個權實問題以及如何處理此權實問題之問題。如何處理之問題即是「開權顯實」也。開者不是施設義,乃是順所已施設者不讓我們定死在這所已施設者之下而開發之,暢通之,決了之之謂。是故〈法師品〉第十說偈云:「若聞是深經,決了聲聞法,是諸經之王,聞已諦思維,當知此人等,近于佛智慧。」此中「決了聲聞法」之「決了」即是智者說「開」字之所本。

何以說全經之前十四品為迹門?「迹」者,佛成道後四十餘年間說法教化眾生之行迹也。在此有生之年所說之諸教有權有實,此即是迹門之權實。「迹」亦曰「近迹」,即佛于有生之年所現而為吾人眼前所見之迹,此亦如孟子所謂「有聞而知者,有見而知者」之見知。但佛之近迹只是其永恒生命之一階段的示現。(分段身)亦只是其永恒生命之一期生命(分段身)的示現。佛之八相成道而現為八十餘歲之一期生命亦只是其永恒生命之一階段的示現,其成道並不自今日分段身「始成」也。其降生,住母胎,處王宮等等只是示現耳。是以「近迹」是對「遠本」而言。「遠本」者,其宿世久遠已來即已成佛說法矣,即此名為「遠本」。全經後十四品名為本門之開權顯實,其宿世久遠已來即已成佛說法矣,故本門之本即此「遠本」也。

故本門之正說分是就〈壽量品〉第十六而言。自法身而言,佛之壽量

• 578 •

是無限。此壽量是無時間限制的壽量,即是永恆的智慧生命。然而落于現實上,此無限生命能現爲有長有短之生命,此即是有限之壽量。是故壽量品云:「善男子!若有衆生來自我所,我以佛眼觀其信等諸根利鈍,隨所應度,處處自說名字不同,年紀大小。」此「名字不同,年紀大小」即佛于現實應化中之示現也。佛之永恆生命,若自時間拉長來說,便是「甚大久遠,壽命無量,阿僧祇劫常住不滅。」(壽量品)。自其能長能短而言,便是其應化之示現。即依此故,說名「遠本」。由遠本故,則八十年間之行迹即是示現之「近迹」。近迹門中諸方便說固須開通決了,即此「近迹」自身亦須開通決了以顯「遠本」。顯遠本者,一示「近迹」本由「遠本」而垂成;一示近迹中之諸方便教本非定說,不可執實,其中諸聲聞、諸菩薩,乃至微塵數衆生,俱已在遠本中總授記,皆可成佛。只因在近迹中不知是佛之方便權說,認爲是定說實說,是定性聲聞,定性菩薩,此即囿於權而權亦死,忘其可通于佛,權本非死權,是活權也(既爲權,自必是活權)。是則顯「遠本」者,無異于喚醒也。將「近迹」中衆生之忘記從「遠本」中喚醒之,使其豁然醒悟也。此即「本」門中通過「開近迹顯遠本」以開權顯實也。

2.〈法華經〉綱格之大體規模自如此,此並非天臺宗師之穿鑿,乃經之大體規模自如此。應此規模,就原有之詞語,正式說爲開權顯實,發迹顯本,以彰著之,使人有如實之印持而已。智者不過相應此規模,就原有之詞語,正式說爲開權顯實,發迹顯本,以彰著之,使人有如實之印持而已。

〈法華玄義〉卷第七上說本門十妙中,先約六義說六重本迹。上說〈法華經〉之本迹,名爲「約今已論本迹」。智者說云:

六、約今已論本迹者，前來諸教（法華前四時所說之諸教）已說事理乃至權實者，皆是迹也。今經所說久遠事理乃至權實之本，無以垂于已說之迹。非已說之迹，豈顯今本？本迹雖殊，不思議一也。文云：「諸佛法久後，要當說真實。」

「今經所說久遠事理乃至權實者皆是迹也」，即「近迹」也。「約今已論本迹」仍可步步還原，而至前五重本迹，最基本者為「約理事明本迹」，其次為「約理教明本迹」，其次為「約教行明本迹」，再其次為「約體用明本迹」，最後為「約實權明本迹」。此為前五重本迹。第六「約今已」說者乃只就《法華經》而言耳。此一點是《法華經》之特性。智者說前五重本迹云：

一、約理事明本迹者，「從無住本立一切法」。無住之理卽是本時實相真諦也。一切法卽是本時森羅俗諦也。由實相真本垂于俗迹，尋于俗迹卽顯真本。本迹雖殊，不思議一也。故文云：「觀一切法空，如、實相，但以因緣有，從顛倒生」云云。〈荊溪釋籤〉解云：「『初理事中云「從無住本立一切法」者，無明爲一切法作本。無明卽法性，無明復以法性爲本，當知諸法亦以法性爲本。法性卽無明，法性復以無明爲本。法性卽無明，法性無住處，無明卽法性，無明無住處。無明法性雖皆無住，而與一切諸法爲本，故云「從無住本立一切法」。無住之本旣通，是故眞諦指理也；一切諸法事也，卽指三千爲

其森羅。言從本垂迹者，此理性之本迹。由此，方有外用本迹。是故始從「理事」，終乎「已今」。』案「從無住本立一切法」，語出維摩詰經，詳論見下章。法性無住，無明無住，此「無住之理本」即是「本時實相眞諦」，實相眞諦即本。「本時」語中之「本」即是「本時實相眞諦」也，即是「本時森羅俗諦」，俗諦即「迹」。此「迹」亦是「本時」之迹，「一切法即是本時森羅俗諦」，本明照法本，故荊溪亦以「理性之本迹」說之——本迹合說，則爲「理性之本迹」。「理性」者客觀本自義，原則義，或法理義，乃對「外用本迹」而言。下理敎、敎行、體用、實權、已今，皆外用也。由此「理性本迹」方有「外用本迹」。

二、理敎明本迹者，即是本時所照二諦俱不可說，故皆名本也。昔佛方便說之，即是二諦之敎，敎名爲迹。若無二諦之本，則無二種之敎。若無敎迹，豈顯諦本？本迹雖殊，不思議一。文云：「是法不可示，言辭相寂滅。以方便力故，爲五比丘說。」

三、約敎行爲本迹者，最初稟昔佛之敎以爲本，則有修因致果之行。由敎詮理而得起行，由行會敎而得顯理。本迹雖殊，不思議一。文云：「諸法從本來，常自寂滅相。佛子行道已，來世得作佛」云云。

四、約體用明本迹者，由昔最初修行契理，證于法身爲本。初得法身本故，即體起應身之用。由于應身，得顯法身。本迹雖殊，不思議一。文云：「吾從成佛已來，甚大久遠若斯。但以方便敎化衆生，作如此說。」

五、約實權明本迹者，實者、最初久遠實得法應二身皆名為本，中間數數唱生唱滅、種種權施法應二身，皆名為迹。非初得法應之本，則無中間法應之迹。由迹顯本。本迹雖殊，不思議一也。文云：「是我方便，諸佛亦然。」

下即接第六「約今已論本迹」，見上錄。前五重本迹是通說，唯「約今已論本迹」則獨顯法華經之綱格，而前五重本迹亦皆于此「今已本迹」中顯也。迹門開權顯實，故法華玄義釋名中解經題之「妙」字有迹門十妙（境妙、智妙、行妙、位妙、三法妙、感應妙、神通妙、說法妙、眷屬妙、功德利益妙、為迹門十妙）。本門開權顯實，故于迹門十妙外，復有本門十妙（本因妙、本果妙、本國土妙、本感應妙、本神通妙、本說法妙、本眷屬妙、本涅槃妙、本壽命妙、本利益妙、為本門十妙）。權即粗，實即妙，此為判粗妙、本、迹門之圓實妙；就迹門之十妙。迹者近迹也。開權顯實，開粗成妙，則一是皆妙。此既是近迹，則久遠已來即是遠本，此即為開近迹顯遠本。是故「照迹中一期之教說皆近迹也。此為法華之圓實說，即迹門之十妙。四十餘年中之權教令成實妙，則遠本中之一切久已實妙，不待言矣，故有本門十妙也。既開近迹顯遠本。乃至中間三世所照十粗之境節節權實，十妙之境為權，餘經尚無中間一番之權實，悉皆是迹，迹故稱權。如是中間無量無量不可說節節權實，況一番之實？尚無中間一番之權名為權。本初照十粗十妙，皆名權實。」（法華玄義卷第七下本門十妙中「明權實」文）「本初照十粗十妙皆名為實」者，佛自照自證之法理本如此也，佛心通達本無執也，中間權實皆名為權，迹中之權粗不待開決而自開矣。中間三世節節權實乃至近迹中之權實，其惡際即是實際，是則權迹之粗不待開決而自開矣。中間三世節節權實乃至近迹中之權實，其

所以「悉皆是迹，迹故稱權」者，乃因其是相應本地權實而起現之化迹也。既是化迹，則在此化迹中者若不知是佛之方便化迹，而執實執定，則成死權。死權故待開決以成實妙而復其本初也。餘經無此近迹遠本之說，故亦未曾開權顯實，發迹顯本，故亦總無法華之圓實教本初也。

3.是故了此近迹遠本之說（約今已明本迹），則可了〈法華經〉之教相。〈法華玄義〉卷第十上「釋教相」中初出「大意」云：

大意者，佛于無名相中假名相說。說餘經典，各赴緣取益。至如〈華嚴〉，初逗圓別之機，高山先照。直明次第不次第修行住上地上之功德，不辨如來說頓之意。〈華嚴經〉為佛迹門五時說法初時之頓說，只逗圓別菩薩之機，不錄小乘，故如日初出，先照高山。是即不開權顯實也。頓說圓滿修多羅，而「不明如來說頓之意」，是即不開迹顯本，佛之本懷（佛意）不暢也。其為圓教只是迹門中之權故，因尚有一隔之權故。是即雖圓滿而復顯一權相。小乘之權固須待開，即此權相亦須待開也。開決小乘，則此權相即泯矣。」

若說四阿含，增一明人天因果，中明真寂深義，雜明初禪定，長破外道，而通說無常，知苦斷集，證滅修道，不明如來曲巧施小之意。〈索此即明四阿含經灼然說小而已，不明說小之意。此只是小乘教，未就佛意明其為方便權說，開權以顯實也。〉

若諸方等，折小褒圓，歎大彈偏，慈悲行願，事理殊絕，不明並對訶讚之意。〔索諸方等大乘經為佛迹門五時說法中第三時之所說。此等經大小並說對揚，但亦未就佛意開權顯實。對於偏小只是彈折，對於圓大只是褒讚，而大小偏圓不融。何以故？以對于偏小不開決故。以不開決，故佛意仍不暢也。是即「不明并、對、訶、讚之意」。〕

若般若，論通則三人同入，論別則菩薩獨進。廣歷陰入，盡淨虛融，亦不明共別之意。共般若即是通教，不共般若（別論之般若）則是別教圓教。有共不共、而不共之意，即不明「設教所以」。此亦未開權顯實，佛意仍不明也。即，只有此共不共之事而已。〕

若涅槃在後，略斥三修，粗點五味，亦不委說如來置教原始結要之終。〔索涅槃經為佛迹門五時說法中第四時之所說，與法華為同時。涅槃經為捃拾教，四教俱說，追說追泯，令皆知常，歸于圓實。但亦未就佛意委細詳明開權顯實以通佛意，故只以「法身常住」為論題也。是則雖與法華同時，而亦不同于法華。〕

凡此諸經皆是逗會他意，令他得益，不談佛意意趣何之。今經不爾。往是如來布教之元始，中間取與、漸頓適時，大事因緣、究竟終訖——說教之網格，大化之筌蹄。

其宿殖深厚者，初即頓與直明菩薩位行功德，言不涉小。文云：「始見我身，聞我所說，即皆信受，入如來慧。」〔荊溪釋籤解云：「『從「其宿殖」去，正出今經敘于一代用教意，述前文云：始從華嚴，至般若來，皆不說于設教之意。故從此下，騰今經意，故一代教用與之由。「言不涉小」，則三意未周。一不攝小機，二不開權，三不發迹。』〕

其不堪者，隱其無量神德，以貧所樂法，方便附近，語令勤作。文云：「我若讚佛乘，眾生沒在苦。」如此之人應以此法漸入佛慧。〔荊溪釋籤解云：「『從「其不堪者」——不堪信受初時顯說之華嚴教者——說阿含教意在于小。亦有三意未周。一不涉大機，二不開權，三不發迹。』〕

既得道已，宜須彈斥，即如方等。文云：「苦切責之已，示所繫珠。」〔索此明佛于第三時說方等教之意。荊溪釋籤解云：「『從「既得道已」去，說方等教具明大小，總有二意：一逗大斥小。亦有三意未周。一者不明逗緣彈斥之意，餘二同前。』〕

若宜兼通，半滿淘汰，如大品遣蕩相著，會其宗途。文云：「將導眾人欲過嶮道。」〔索此明佛于第四時說般若教之意。荊溪釋籤解云：「『從「若宜兼通」去，說般若教亦有二意：一通被大小，二淘汰付財。亦三意未周。一者無通被、淘汰之意，餘二同前。』「通被大小」即有共般若與不共般若。「淘汰」

案:法華「唯論如來設教之大綱」,此大綱是第二序上的,唯論權實問題(即開權顯實,開迹顯本)。「不委微細網目」,意即它不詳說那些「微細網目」即第一序上的那些特殊教義。故此大綱不是如普通所謂之大綱,乃是批判的。如就般若學而論般若學之大綱,就如來藏系統而論真常心學之大綱,就涅槃學而論涅槃學之大綱,就小乘教而論小乘學之大綱,就阿賴耶系統而論唯識學之大綱,或就藏通別圓四教而總論四教之大綱,凡此大綱皆是第一序上的分解鋪陳之大綱,故皆有特殊之內容與法數。獨《法華經》則無第一序上的特殊內容,教義,與法數。它只是開權顯實,開迹顯本,「不

過此難已,定之以子父,付之以家業,拂之以權迹,顯之以實本。【案此明佛于第五時說《法華》之意。故云「過此以後,定之以父子」,委權實法也。此約迹門開權顯實也。此即《法華》之大綱,今家之撮要,不過數行而已。收一代教法,出《法華》文心,辨諸教所以。請有眼者,委悉尋之,勿云《法華》漸圓不及《華嚴》,即遣蕩相著,「付財」即佛以般若空慧付須菩提,令其轉教。「半滿淘汰」者,小乘為「半」字教,大乘為「滿」字教,依半滿教義淘汰其相著,融而通之,皆會歸于實相也。」

當知此經唯論如來設教大綱,不委微細網目。

教意,顯今教意。《荊溪釋籤》解云:『從過此難已去,唯至《法華》說前此本門開迹顯本也。次「拂之以權迹,顯之以實本」,頓極。』」

過數行而已」。以此觀之，它豈非空洞貧乏得很？然它本是批判疏導之大綱，本無特定之材質內容；特定之材質內容皆在他經。故若不精熟他經，不能了解法華。精熟他經是學力工夫，了解法華是智慧識見。故法華玄義「收一代教法，出法華文心」，鋪陳得那麼多，此見智者之學力，而「法華文心」寧有多哉？此「文心」，以及了解此文心之智慧與識見，乃是經過與他經一一比決而呈現出者。若浮泛觀之，或以「與他經爲同層面」之態度視之，焉能知之？又焉能呈現出此智慧與識見？即以此故，乃覺智者爲不可及也。彼乃眞正弘揚佛法佛敎而實得佛意者。殊不知西土大士並未說至此程度也。又謂「自天臺、賢首宗出，故謂其所見自不及西土大士。而歐陽竟無先生却因其只居五品，未入賢聖位，佛法之光愈晦」，此眞顛倒之見也。

4.開權顯實，開迹顯本，是法華之綱骨。以此比決，華嚴三意未周，一不攝小機，二不開。三不發迹。不能謂爲眞圓敎明矣。法華玄義卷第九下「明宗」章，明法華「以本中師弟因果爲經妙宗」，蓋「此之因果」爲「衆經所無」故。此亦顯法華之性格。玄義明宗如下：

正明宗者，此經始從序品，訖安樂行品，破廢方便，開顯眞實佛之知見，亦明弟子實因實果，亦明師門權因權果。文義雖廣，撮其樞要，爲成弟子實因，因正果傍，故于前段（全經之前半段）明迹因果也。從〈涌出品〉訖〈勸發品〉，發迹顯本，廢方便之近壽，明長遠之實果，亦明弟子實因實果，亦明師門權因權果，而顯師之實果，果正因傍，故于後段明本因本果。合前因果共爲經宗，意在于此。

但迹門因果與衆經有同有異，而本門因果則永異諸經。

本門因果永異諸經者，若三藏菩薩始行實因果，無權因果，乃至明佛道樹始成，非久遠本迹。通教菩薩亦始行因，神通變化而論本迹，非久遠本迹也。大品說菩薩有本迹，二乘則無；說佛始得生法二身本迹，不說久遠。淨名不說聲聞有本迹，但明菩薩住不思議之本迹；說佛有淨土，螺髻所見，亦非久遠。華嚴說舍那釋迦爲本迹，菩薩亦有本迹；聲聞尚不聞不解，云何自有本迹？

〔索此明諸經只約迹門論「體用本迹」，皆無「今已本迹」。〕

今經發聲聞有本，本有因果示爲二乘迹中因果；發佛之迹，王宮生身生，道樹法身生，乃至中間生法二身，悉皆是迹，但取最初先得真應名之爲本。故師弟本因果與餘經永異。

今經迹中師弟因果與衆經有同有異，本中師弟因果衆經所無，正以此之因果爲經妙宗也。

先以迹門因果與本門因果共爲經宗。再經檢查，迹門因果與餘經有同有異，蓋籠統地說，餘經皆有因果，此是同也；不開權顯實明因果，而此異總結在本門因果中，故本門因果永異衆經，即已概括迹門因果之異而捨其同矣。此下判粗妙云：

粗妙者，若半字之因，道樹偏果，此宗則粗。（索此指小乘經之宗說。）

大品所明三乘共因果亦如是。（案此指通教經之宗說）。不共之因，雖云菩薩一日行般若，如日照閻，發心卽遊戲神通，而猶帶粗因，雖說法身無來無去，猶帶粗果，圓果不得獨顯，故名爲粗。（案此就不共般若說。）方等中雖彈偏得因果，〔然〕高原陸地不生蓮華，不辨偏得入圓，圓不彰顯，是亦爲粗。（案此就方等經說。）華嚴前照高山，說一圓因，究竟後身，說一圓果。又帶別因果，所帶處粗。

今經聲聞受記，菩薩疑除，同開佛知見，俱入一圓因；發迹顯本，同悟實果：因圓果實，不帶方便，永異餘經，故稱爲妙也。

開粗者，昔緣根鈍，未堪聞讚佛乘因果，用方便因果引接近情，五味調熟，心漸通泰，決了粗因同成妙因，決諸粗果同成妙果。故低頭舉手，著法之衆，皆成佛道，更無非佛道因。佛道旣成，那得猶有非佛之果？散善微因，今皆開決，悉是圓因。何況二乘行？何況菩薩行？無不皆是妙因果也。

總案以上就法華經之科段明法華經之性格爲開權顯實，發迹顯本；並進而就法華玄義中之「釋教相」明法華經爲反省的，第二序上的，卽批判的大綱之學，此大綱仍是開權顯實，發迹顯本；並就其中之「明宗」明法華以本門因果爲妙宗，此仍是開權顯實，發迹顯本也。

「開」者就方便教原始要終而總言之之詞。就方便教之始出而言，「開」謂開出或開設

589

或設立;,就其要終而言,「開」謂開發(對閉塞而封于權者而言),暢通(對拘囿于權而不通者而言),或決了(對執權為實而不了者言)。就〈華嚴〉之不攝小機而言其「不開權」,開字取開出義,「不開權」者即不開出權教也。既不開出,則亦無所謂進而開發暢通而決了之。就小乘經、通教經、及諸方等經之已有權教者而言其不「開權顯實」,則雖言大言圓,其大與圓亦有權隔之相,此種權相亦須開發暢通而決了之。大抵一說開權顯實,開字便偏重在開發暢通或決了義。正由于此種開義,始能就權而顯實也。而開出之開則已不言而喻矣。在此,說開權顯實,其意不是說開出權來以顯實,而是說就已開出者進而決了之以顯實也。若只是開出而不決了,則不必能顯實也。

「發」字同于「開」字,但却是就迹本而言,故言「發迹顯本」。而發迹顯本亦正是開權顯實也。發字亦有發出義,此同于開出,亦有開發暢通或決了義。對〈華嚴〉之不攝小機而言「不發迹」,發字取發出義。既不發出近迹,自亦無所謂進而顯久之本。即事實上已有小乘矣,而小乘在〈華嚴〉會上如聾如啞,則亦不能開發暢通而決了之。」,就不開發暢通而決了之,此發字即取開發暢通或決了義。故不但于〈華嚴〉說其不開權不發迹。

權對實言,迹對本言。權者暫時義,方便義,曲巧對機義,非究竟義,不了達義,粗不妙義。實者圓義,迹對本言,妙義,無那權中諸義。本者遠本義,指久遠之本而言,即佛成道成佛不自有生之年始,有生之年之「始成」只是其永恒生命所示現之近迹;他久遠已來早已成佛,此即示法身常住,此即是遠本也。此遠本在其示現為

有生之年之近迹以前,即已有種種示現以及權實,此是久遠以來之「遠迹」。此遠本遠迹對近迹而言,皆為遠迹。(餘經小乘無久遠本迹,未受記成佛故,亦無體用本迹,無權用故;菩薩只有體用本迹,無久遠本迹。)故發迹顯本即決發聲聞菩薩佛之近迹而顯其久遠之本迹也。發佛之近迹迹而顯其久遠,即顯圓實佛法身常住,而且顯其自始以來即不離迹,佛身即是迹,非只神通變化是迹。今經自道佛身是迹,其餘變化寧得非迹?是故發迹顯本即是開權顯實所變化是迹,不道佛自是迹,即顯其久遠已來即已被授法身記而可作佛矣。發聲聞菩薩之近迹而顯其遠本,今皆開決,悉是圓因。何況二乘行?何況菩薩行?無不皆是妙因果也。」

5.迹門開權顯實,本門發迹顯本,在此種開顯作用上顯出佛權實二智之大用。此大用復有種種方式的作用可說。就迹門說,有十種;就本門說,亦有十種。此見于《法華玄義》卷第九下「明用」章。迹門十用如下:

(一)破三顯一。正破三情,而顯一智。何者?昔「若初讚佛乘,眾生沒在苦。」既不堪聞大,「尋念過去佛,所行方便力,亦應說三乘。」說三乘已,齊教封三乘,「不更願好者。」今破三執,顯于佛智。故言「諸佛法久後要當

說真實。」

㈡廢三顯一者，此正廢教。雖破其情，若不廢教，執教生惑，是故廢教。「十方佛土中，唯有一乘法，無二亦無三。」

㈢開三顯一者，正就于理，傍得約教。約教者，昔教明三人入真，今教明三人得佛也。正約理者，只是二乘真空自有實相。昔方便不深，不能妙見，今開此空即是實相。故言「決了聲聞法，是諸經之王」。開方便門，示真實相。大經云：「爲諸聲聞開發慧眼。」

㈣會三顯一者，正就于行。《大品會宗》云：「四念處四禪等，皆是摩訶衍。」但會其法，未會其人。此經人、法、行、俱會。故云：「汝等所行是菩薩道。」漸漸修學，悉當成佛。

㈤住一顯一者，此就佛本意。本以實智化物。「佛平等說，如一味雨。」「佛自住大乘，如其所得法，定慧力莊嚴，以此度眾生。若以小乘化，我則墮慳貪，是事爲不可。」故知從得道夜，常說中道，常說大乘。而眾生罪故，使如來以毒塗乳，著弊垢衣，方便婆和，引令向大。故言「雖說種種道，其實爲一乘」。云云。

㈥住三顯一者，此就佛權智方便化物。「尋念過去佛所行方便力，我今亦如是。即趣波羅奈，以方便力故，爲五比丘說。」過去諸佛亦住三乘而顯一乘。今佛亦爾，故言「更以異方便助顯第一義」。……

第一章 天臺宗之判教

(七)住非三非一顯一者,或約理,或約事。約理者,「是法住法位,世間相常住。是法不可示。知法常無性,佛種從緣起。」卽是人天乘。此乘非三,亦復非一。常以此乘引入于大。低頭舉手皆成佛道。「若我遇眾生,盡教以佛道。」

案:以上為迹門十種權實大用。本門亦有十種力用,此就近迹遠本而言。文如下:

(一)破迹顯本,亦就破情。《序品》、《方便》、《寶塔》三文已動執生疑。如文殊答彌勒云:昔八王子師事妙光。妙光先居補處,而王子成佛,號曰然燈。弟子今又成佛,號曰釋迦。妙光翻為弟子,字曰文殊。(案以上故事見《序品》)。動迹執生,此疑何由可決?今言非是補處淹緩,亦非弟子超越。良由釋迦成道已

(八)覆三顯一者,此就權巧多端。前權前度,但除其病,不除其法,擬化後緣。若破此法,後何所用?機息則覆,機與則用。何但佛爾?入實菩薩亦然。「若有不信此法,於餘深法中示教利喜。」云云。

(九)住三用一者,此就法身妙應眷屬。前住三顯一是師門,今住三用一是弟子門。如富樓那等實是法身,現作聲聞,饒益同梵行者。住一用三者,此就本誓。如華光作佛,示住于三而常顯一,願說三乘,而非惡世。今佛亦于實藏佛所,願于惡世說此三乘。云云。

• 593 •

㈠廢迹顯本者，亦就說法。昔為五濁障重，不得遠說本地，但是迹中近成。今障除機動，須廢道樹王城迹中之說，皆是方便。執近之心既斷，封近之教亦息。文云：「自從是來，我常在此娑婆世界說法教化，亦于餘處百千萬億那由他阿僧祇國導利眾生。」即是廢一期之迹教，顯久遠之本說也。

㈡開迹顯本者，此亦就理。只文殊所述然燈佛及久遠來讚示涅槃道及分身諸佛，如是迹說，以是顯本之意，惑者未悟玄旨。今若顯本，亦不廻就餘途，還開近迹示其本要耳。就理者，但深觀方便，本理即顯。文云：「我實成佛已來，久遠若斯。但以方便教化眾生，令入佛道。」若入佛道，即于迹得本也。

㈣會迹顯本者，此則就行。尋迹中諸行，或從此佛行行得記，或從彼佛行

久，昔示弟子，今示作師耳。拂此迹疑，顯千本智，故言破迹顯本也。〈方便品〉云：「我從久遠劫來，讚示涅槃道，生死苦永盡。我常如是說。」當知生死久已永盡，非是中間始入涅槃。寶塔涌現，證示滅不滅，即說而常。分身皆集，八方不可稱數。分身既多，當知成佛久矣。如荷積滿池之喻，即是破迹之漸。所以下方涌出，非寂滅道場受化，亦非他方分身所受化。推三品文，已是彌勒皆識，而今不識，所以驚異。破此近情，顯本長遠。故文云：「一切世間皆謂我釋迦牟尼出釋氏宮，去伽耶城不遠，得三菩提。然我實成佛來無量百千萬億那由他劫。」直舉世界問彌勒，彌勒不知其數。何況世界中應而當可數？此是破近執謂，生其遠智也。

• 594 •

第一章 天臺宗之判教

(五)住本顯本者,此就佛本意也。如此皆是方便分別。文云:「諸善男子!于是中間,我說然燈佛等,又復言其入于涅槃。本迹雖殊,不思議一。」即會迹顯本意也。

法身修道,純說一乘。文云:「娑婆世界純以黃金爲地,人天充滿。」又云:「人眾見燒盡,我淨土不毀。能如是深觀,是爲深信解相。」常住此本,豈非住本顯本耶?

(六)住迹顯本者,此就迹意。即是釋迦住生身而顯一。由顯一故,古佛塔涌。塔涌分身故,召請分身。分身集故,動執遣疑。是爲住迹顯本也。慕見弘經,下方出現,彌勒疑問。問故,說壽長遠,乃至「種種方便說微妙法,能令眾生發歡喜心」也。

(七)住迹非本而顯本者,既約絕言冥會。即是非本非迹,而能本迹。文云:「我以佛眼觀其信等諸根」現,須用迹。故有師子奮迅之力。作佛事未曾暫廢。」

(八)覆迹顯本者,亦約機應多端。若執迹障本,故覆令不執,更對後機,還須用迹。故有師子奮迅之力。作佛事未曾暫廢。」

(九)住迹用本者,上來「住迹顯本」者直是迹中隨機方便,顯本地理;今言

· 595 ·

案:迹門十用通迹門十妙（十妙文繁不錄），本門十用通本門十妙（亦不錄）。此迹十用本十用總不外是佛之權實二智。佛以權實二智為妙能。「只二智能斷疑生信，生信斷疑由於二智。約人約法左右互論耳。」「諸經不純明佛智慧，不發佛自應迹，不正破廢二乘果。約其遠信，起其遠信；不顯本地增法身菩薩本念佛之道，損界外之生。如此力用，眾經所無，今經具之。所以命章不論二乘菩薩等智，純顯佛之微妙智慧；不開眾生九法界知見。餘經但論佛所變化是迹，不道佛身自是迹。今經自道佛身是迹，其餘變化寧得非迹？今經正破廢化城二乘之果，況其因耶？又稟方便教菩薩執迹為極。今皆發廢，悉稱是權迹。及中間諸疑悉斷，起於深遠不思議信。又顯本地真實功德，令法身菩薩得大利益，始自初阿，終鄰後荼。抹十方那由他土為塵數增道損生，全非七地所論。」

● 佛性與般若 ●

住迹用本者，即是中間迹至道樹，數數生滅，他身他事者，皆用本地實因實果，種種本法，為諸眾生而作佛事，故言住迹用本。若約弟子者，即是本時妙應眷屬，住于權迹、垂形九道，而用本法利益眾生。文云：「然我今非實滅度，而便唱言當取滅度。如來以是方便教化眾生。」此是住迹而用本時滅度而示滅度也。

（十）住本用迹者，即是本地不動而迹周法界。非生現生，非滅現滅。常用此迹利潤眾生。此義據師。若據弟子者，即是法身菩薩以不住法，住于本地，無謀之權迹用無盡。文云：「又善男子！諸佛如來法皆如是。為度眾生，皆實不虛。」

・596・

菩薩，不能令盡。蓋由如來雨權實二智一味之雨，普等四方俱下者，一切諸四門俱破也。充足求于具足道者，斷其深疑，起其大信，令入一圓因，控摩訶衍車遊于四方，直至道場。大用大力，妙能妙益，猶自未盡。復次，此力能破二乘之果，生安隱想，生已度想，墮三無為坑，若死若死等苦，已如敗種，更不還生：智醫拱手，方藥無用。至如涅槃能治闡提，闡提心智不滅。夫有心者皆當作佛。焦芽敗種復在高原陸地。既難。二乘灰身滅智。灰身，則色非常住；滅智，則心慮已盡。非定死人，治則不且啞。諸教主所棄，諸經方藥不行。今則本佛智大，妙法藥良。色身不灰，如淨琉璃，內外色像悉于中現。令心智不滅，開示悟入佛之知見。令客作賤人，付菩提家業。高原陸地授佛蓮華。其耳一時聽十法界聲，其舌隨一切類演佛音聲，令一切聞。能以一根遍為衆用。即是今經之力用也。」（法華玄義卷第九下「明用」章文）

權實二智斷疑生信，餘經亦非全無。然「名雖通用，力大差別」。藏通以二智斷四住之疑，生偏真之信。淨名雖彈斥二乘及偏行菩薩，亦是界內斷疑生信，不能令小乘及方便菩薩斷大疑，生大信。大品通意亦是界內疑斷信生；別意雖在界外，亦未斷近疑，生遠信。〈華嚴〉正意斷界外疑，生于圓信，亦未斷近生遠。故權實二名雖復通用，而力大異。今經用佛菩提二智斷七種方便最大無明，同入圓因，破執近迹之情，生本地深信，乃至等覺亦令斷疑生信。如是勝用豈同衆經耶？」（同上）。

當知《法華》開權顯實，發迹顯本，故能見「佛權實二智斷疑生信」之大用。界內界外疑一齊俱斷。界內謂三界內，界外謂三界外。界內疑為小疑，斷小疑生小信。界外疑為大疑，斷大疑生大信。（界內界外詳見後第四章智者大師之「位居五品」）。迹門為近迹。斷近迹中之

疑,則生遠信。未斷近迹中之疑,則不能生遠信。今經斷大疑生大信,斷近疑生遠信,則一切俱通,故極圓也。一切俱通,則無不是妙因妙果。方便品偈云:「或有人禮拜,或復但合掌,乃至舉一手,或復小低頭,以此供養像,漸見無量佛,自成無上道,廣度無量衆。」「低頭舉手皆成佛道」一語即出自此偈語。

6.「低頭舉手皆佛道」,此中即含有一「最元初最根源之洞見」,此洞見乃決定圓教之所以為圓教者。吾人只從文句之科段即可勾畫出開權顯實發迹顯本以爲設教之大綱,出一圓教之規模。但此圓教之規模猶只是外部地說者。若眞想內在地即義理地極成此圓教,即如圓教之實而不走作而極成之,則必有一義理之實(不是分解的曲說的義理)而後可。此義理之實須靠一「元初的洞見」。此原初的洞見是天臺智者大師的智慧識見,乃是智者大師之所抒發。當然是由那圓教規模而啓發出者。此洞見中之義理之實不見于法華經,尤其是維摩詰經,已有此理境,而且盛談此理境;但將此理境收于法華開權顯實之大綱,相應法華圓實教而言之,以極成此圓實教之所以爲圓實教者,則是智者之創闢,亦是天臺圓教獨特性格之所在,亦是決定圓實教之爲圓實教者,即,是決定圓教之所以爲圓教之標準。此則下節論之。

第二節 原初之洞見

1. 此洞見爲何?曰:即「低頭舉手皆成佛道」中所隱含之「即」字是也。誰即誰?權教本只是佛對衆生根器不齊所施之方便說或差別說。假定當初與佛結緣而爲佛之眷屬,被預記

為皆得成佛，則今日雖處凡夫之境或小機之境，佛就之而方便施教，遂成為迹門之權教，可是若知是權教，而不滯于權，執權以為實，則一經開決，凡在此權教指導下之凡夫之行或小機之行皆是權教，佛因即圓因或妙因，此即所謂開權以顯實，權即是實。既開權以顯實已，則雖凡夫或小機亦可成佛，今生不成，來生成，或經阿僧祇劫而成，畢竟總可成佛。要者是在成佛必須不離此凡夫之任一行或小機之任一行。「低頭舉手，著法之眾，皆成佛道，更無非佛道因。佛道既成，那得猶有非佛之果？散善微因，今皆開決，悉是圓因。何況二乘行？何況菩薩行？無不皆是妙因果也。」此即是圓佛之圓因圓果。若必隔斷了此凡夫或小機之任一行，以為成佛必別是一套作法，則佛終不得成，即有所成，亦不是圓佛，蓋其因不圓，故果亦不圓也。是則成佛必即于凡夫、二乘、菩薩之任一行而成佛，擴大之，必即于九法界之任何一法而成佛，此即所謂九法界（六道眾生加聲聞緣覺與菩薩）之任一法而成佛。誰即誰？首先便是成佛必即于九法界眾生固有散善，亦有散惡。眾生世間本即是穢惡之汙泥。但成佛不是高蹈事，必即于汙泥而成佛。「譬如高原陸地不生蓮華，卑濕汙泥乃生此華。如是，見無為法入正位者，終不復能生于佛法。煩惱泥中乃有眾生起佛法耳。又如殖種于空，終不得生。糞壤之地，乃能滋茂。如是，入無為正位者，不生佛法。起于我見如須彌山，猶能發于阿耨多羅三藐三菩提心，生佛法矣。是故當知一切煩惱為如來種。譬如不下巨海，不能得無價寶珠。如是，不入煩惱大海，則不能得一切智寶。」（維摩詰經佛道品第八）。此即「煩惱即菩提」，菩提必即于煩惱而生；「生死即涅槃」，涅槃必即于生死而成。推之，〈維摩詰經佛道品〉又說：「若菩薩行于非道，是為通達佛道。」是即佛道即于非道而見。〈觀眾生品第七〉又說：「言說文字

皆解脫相。……無離文字說解脫也。」又說：「佛爲增上慢人說離淫怒癡爲解脫耳。若無增上慢者，佛說淫怒癡性即是解脫。」是圓實說。「離淫怒癡爲解脫」是方便權說。「淫怒癡性即是解脫」是圓實說。〈弟子品第三〉又云：「不斷淫怒癡，亦不與俱。不壞于身，而隨一相。不滅癡愛，起于明脫。以五逆相而得解脫，亦不解不縛」。是即解脫乃即於淫怒癡，即于身，即于癡愛，即于五逆相，而爲解脫，不是隔離或斷除此種種而爲解脫。

2. 即于淫怒癡而得解脫，此名曰「不斷斷」，亦曰「不思議斷」，或「圓斷」。「不斷斷」者，不客觀地斷除或隔離淫怒癡等非道之惡事而主觀地即得「解惑無染」也。不即于淫怒癡等而得解脫，則曰「斷斷」，亦曰「思議斷」，此非圓斷。

在「不斷斷」中，首先顯出主觀的解心無染與客觀的存在之法兩不相礙而並存，此即《維摩詰經》所謂「但除其病而不除法」〈文殊問疾品第五〉。本來客觀地就法理說，「一切衆生皆如也，一切法亦如也，衆聖賢亦如也，至于彌勒亦如也。」「一切衆生畢竟寂滅，即涅槃相，不復更滅。」〈菩薩品第四〉。就此而言，則亦無所謂斷不斷。但相應此法理而解心無染，而是即于一切法之法理之如而當體即如其如而如之，此即是「不斷斷」。亦曰「解惑不二」。淫怒癡等即是惑事，只有「不斷斷」才是圓佛之斷。

生死、煩惱、淫怒癡等，有是凡夫的，有是聲聞的，有是菩薩的（菩薩只斷分段身，不斷變易身，至等覺位尚有一生待斷，唯佛究竟斷，即徹底的圓滿的解心無染。）是則下自凡

• 600 •

夫（六道衆生亦在內），上至菩薩，每一法界之差別法，差別相，其成爲差別，是由於無明。此中客觀地說固有法，而主觀地說亦皆有無明。凡夫的生命全在無明中，因此，其法界之法亦全在染著中。小乘斷見思惑，而不能斷塵沙惑，至如根本惑（無始無明）則只伏不斷，正因此故，成其爲小乘法界。菩薩斷及無明，而不能斷盡，亦正因此而成菩薩界。至佛究竟斷（不斷斷，徹底而圓滿的解心無染），則其法界之法全在清淨中。他雖有凡夫法，而他畢竟不是凡夫，而只是佛。他雖有聲聞法，而他畢竟不是阿羅漢，而只是佛。他既具有九法界法（連其自身即爲十界互融而爲菩薩界），則在其「不斷斷」中的凡夫法即與凡夫之無明脫節，病除而法存，因此，即成爲佛法。他即于聲聞緣覺與菩薩而爲「不斷斷」，亦復如此。是故法華玄義卷第九上于「辨體」中第四入實相門中最後一段開粗門顯妙門云：

若法華後教不俟更開。法華前教，或門、理，雖妙，而人未妙，門理妙者亦不須開。若門若理若人未妙者，今當開。謂開一切生死即是涅槃，故云「世間相常住。」開一切凡人卽是妙人，故云：「觀一切法空如實相。」開一切愛見言教卽是佛法，故云：「若說俗間經書，治生產業，皆與實相不相違背。」開一切衆生卽是妙理，故云：「爲令衆生開佛知見」，示悟入等亦復如是。〔案以上就凡夫開。〕

・般若與性佛・

案：開凡夫，則雖凡夫法而與佛法融。開小乘，開菩薩，亦復如是。此一開決即顯示「不斷斷」之洞見顯然是由《法華》之開權顯實發迹顯本以及《維摩詰經》中不斷淫怒痴等而得解脫之理境而啟發出。

3. 由此原初之洞見即可進而相應《法華》之開權顯實而立一義理之圓教。此一圓教是對一切法亦有一根源的說明即存有論的圓教而說。不只是《維摩詰經》中所說菩薩解脫所應走之途徑，亦不只是般若妙用中不捨不著之實相般若之妙用（不壞假名而說諸法實相）。當然，實相義是被保存下來的。故《法華玄義》明經體即是以「一實相印」為《法華經》之「體」也。但此「實相印」是就《法華經》之開權顯實而立之存有論的圓教中之實相，亦不只是般若之作地圓具一切法這圓具的實相。那不斷斷之洞見啟發出一存有論的實相，同時亦即收入於此存有論的圓教中而被表現。因此，此一存有論的圓教即在「不斷斷」之實踐中而呈現。

開一切小乘法即是妙法，故云：「決了聲聞法，是諸經之王。」開一切聲聞教，故云：「佛昔於菩薩前毀訾聲聞，然佛實以大乘而見教化。」開一切聲聞行即是妙行，故云：「汝等所行是菩薩道。」開一切聲聞理即是妙理，故云：「開方便門，示真實相。」〔案以上就聲聞開。〕

開諸菩薩未被妙者今皆得圓，故云：「菩薩聞是法，疑網悉已除。」別教有一種菩薩，三藏亦有一種菩薩，通教一種菩薩，未決了者，今皆開顯。若開若理無不入妙，是名開權顯實，決粗令妙也。

・602・

此一「不斷斷」之實踐中的存有論之圓教,因為由於一義理之實而成立,故它亦為一系統。此一圓教系統之義理既不同于阿賴耶妄心系統,亦不同于如來藏眞心系統。它全無現成的論藏可據。它是天臺智者大師之所獨發。

然則此一圓教系統所依以成的義理之實是什麼呢?曰:即「一念心」是。此「一念心」亦曰「一念無明法性心」,亦曰「無住本」,亦曰「如來藏理」(六即中「理即」的如來藏,不是經過觀行後的如來藏)。此是相應那原初的洞見(不斷斷中的「即」)而來的存有論的圓具(圓具一切法之圓具)之「一念心」。它不是通過經驗的分解(心理學的分解)而建立的圓具的持種的阿賴耶識,雖然它與阿賴耶識同是無明妄心;它亦不是分解地說的八識中的第六意識,雖然統此八識皆可名曰一念,亦可說開決了此八識而成為一念心。分為八識是阿賴耶系統,此是別教說(此當說為始別教,見下節。依華嚴宗,此為大乘始教。)而此「一念心」則是圓教說,故它既不可以被視為第八識,亦不可以被視為第六識,相應圓教融而為一說的。(圓教是就次第而不次第;開權顯實,非四味外別有醍醐,三乘外別有一乘。)復次,它亦不是通過超越的分解而來的眞常心。眞常心之隨緣不變不變隨緣是如來藏眞心系統,此亦是別教,而非圓教。它是消化了這眞心之「但中」,就「不斷斷」之實踐中的存有論的圓具而說的煩惱心,故不偏指清淨眞如理心以爲「一念心」也,「不斷斷」之實踐中的存有論的圓具而說的煩惱心,故不偏指清淨眞如理心以為「一念心」,此不是一念靈知。「知之一字眾妙之門」,這靈知心也。是故若就此「一念心」而言如來藏,這如來藏即是無明陰妄心,是就迷就事而論,此即是「理即」之如來藏。「理即」者,意謂此「一念無明法性心」,就法理說,它原則上即是佛也。法理之理即空如實相之中道理而且是圓具的「不但中」之中道理。法理如此,即是理佛。就眾生言,即是一理佛,即潛存的佛

也。眾生在迷，有理無事，故只能就之而說「理即」，至多再進而說「名字即佛」，但總不能說「觀行即佛」，因根本無觀行故。至於「觀行即」後之其他「即」更不必說了。但「觀行即」以及此後「相似、分眞、究竟即」亦不過就是此「一念心即如來藏理」在「不斷」中之明徹無染地逐步朗現。

如此，這一圓教系統之義理之實藉以成其爲圓教者根本無現成之論藏可據，是故不可以阿賴耶系統或如來藏眞心系統來混視，此是對於「一念心」之初步的規定。分解說的眞心視。

4.再進而說此「一念心」不但只是一念心，而且是即具一切法的一念心，是趣不過。（此是將般若經上說）。此亦即是「一念三千」也。若只是分解說的識心，則不能說一念心即具三千。若只是分解說的眞心，則亦不能說此一念眞心即是三千世間法。但此一念心，相應開權顯實之圓教，在「不斷斷」中，它必須存有論地圓具一切法——三千世間法。此須引文明之。〈摩訶止觀第七章正修止觀中說「觀不可思議境」云：

夫一心具十法界，一法界又具十法界，百法界。一界具三十種世間，百法界即具三千種世間。此三千在一念心。若無心而已，介爾有心，即具三千。亦不言一心在前，一切法在後，亦不言一切法在前，一心在後。例如八相遷物，物在相前，物不被遷；相在物前，亦不被遷。前亦不可，後亦不可。祇物論相遷，祇相遷論物。今心亦如是。若從一心生一切法者，此則是縱。若心一時含

一切法法者,此即是橫。縱亦不可,橫亦不可。祇心是一切法,一切法是心故。非縱非橫,非一非異,玄妙深絕,非識所識,非言所言,所以稱為不可思議境,意在于此,云云。

案:此是言「一念心即具三千」之典型文字。此境是不可思議之境。有此不思議境,故有「不斷斷」之「不思議斷」。因此,三千世間法皆成佛法。就十法界言,十界互融如水,非情執十界局限如冰。此顯是開權顯實,決粗令妙,不斷斷中之「一念三千」也。情執十界局限如冰,是粗。十界互融如水,是妙。成佛必即九界而成佛也。故九界與第十佛界互融如水,皆成佛法,此是「不斷斷」也。在「一念三千」中,有十法界法。每一法界又各具十法界,是則成百法界。此是重疊言之耳。十法界中,除佛界外,有其他九界。就此其他九界而言,皆有無明在內。就開權顯實皆成妙法(佛法)而言,則曰「斷」(解脫),此斷是「不斷斷」(不離不除)‧亦曰「不思議斷」,即圓斷也。圓斷後而成佛,佛界既與其他九界互融,即在于九界而成佛,則雖佛界亦有其他九界之煩惱相、惡業相、與苦道相,不過內心無「無明染執」而已。吾人必須在「不斷斷」之層次上了解那一念三千之不思議境。

5.《法華玄義》卷第五下論三法妙中開粗顯妙後,進而明始終云:

五、明始終者,不取五品教乘為始,乃取凡地一念之心具十法界十種相性為三法之始。

•佛性與般若•

何者？十種相性只是三軌。「如是體」，即真性軌。「如是性」，性以據內，即是觀照軌。「如是相」者，相以據外，是資成軌。「力」者是了因，是觀照。「作」者是萬行精勤，即是資成。「因」者是習因，屬觀照。「緣」者是報因，屬資成。「果」者是習果，屬觀照。「報」者是習報，屬資成。「本末等」者，空即觀照，假即資成，中等即真性。直就一界十如論于三軌。〔索真性軌、觀照軌、資成軌，為三軌。由真性軌言法身，由觀照軌言般若，由資成軌言解脫。故三法首先可指法身、般若、解脫而言，由三軌而套出者。但三法有各種三法，如三道、三識、三佛性、三般若、三菩提、三大乘、三身、三涅槃、三寶、三德。〕此將在下章中由涉及而詳展之。又十法界，每一界皆具十如，故有十種十如也。由此每一界之十如即可說三軌。凡地一念三千即為三軌之始。一一界悉有煩惱性相，惡業性相，苦道性相。〔索煩惱、惡業、苦道，此名惑業苦三道。〕
今但明凡心一念，即皆具十法界。何者？以迷明故起無明。若解無明，即是智慧觀照性相。何者？即是智慧觀照性相。《大經》云：「無明轉，即變為明。」《淨名》云：「無明即是明。」當知不離無明而有于明。如冰是水，如水是冰。
又凡夫心一念即具十界，悉有惡業性相。由惡有善，翻于諸惡，即善資成。如竹中有火性，未即是火事，故有而不燒。離惡無善，

• 606 •

第一章 天臺宗之判教

凡夫一念皆有十界識名色等苦道性相。此是迷法身為苦道。不離苦道別有法身。如迷南為北，無別南也。若悟生死，即是法身。故云苦道性相即是法身性相也。〔案此由十二因緣明惑業苦三道，而三道即是三德也。此是不斷中的三道，即詭譎言之的三德也。〕

夫有心者皆有三道性相，即是三軌性相。故淨名云：「煩惱之儔為如來種」，此之謂也。〔案此是性德三軌。〕

若言「如是力、如是作」者，菩提心發也，即是真性萌動。「如是因」者，即是觀照萌動。「如是緣」者，即是資成萌動。〔案此是修德三軌。〕

「如是果」者，由觀照萌動成習因，感得解脫報果滿也。「如是報」者，由資成萌動為緣因，感得般若習果滿故，果報滿。法身亦滿。是為三德究竟滿，名秘密藏。〔案此是究竟三軌。〕

「本末等」者，性德三軌冥伏不縱不橫，修德三軌彰顯不縱不橫。冥伏，如等、數等、妙等，彰顯，如等、數等、妙等。故言等也。亦是空等、假等，云云。〔如是本末究竟等〕一如移于性德三軌、修德三軌、究竟三軌，這三種三軌上而言其「等」。「等」者皆是不縱不橫，皆是十如也（如等數等），皆是妙也（妙等），皆是空也（空等），皆是中也（中等），皆是假也（假等）。

「性德三軌冥伏不縱不橫，修德三軌彰顯不縱

不橫」。彰顯而至其極即為究竟三軌，亦不縱不橫也。」

案：此一整段由凡夫一念心起至究竟三軌止，明三法之始終。此中「凡夫一念心即具十法界」即一念三千也。「一念心即三道性相」，而三道即三德，此即「不斷斷」也。「十法界中一一法界悉有三道性相」，是則雖成佛而亦有三道性相也，因本即九界而成佛，自身即是迹，永不離化迹故，不過「解心無染」而已。此之謂「不斷淫怒痴，亦不與俱；不壞于身，而隨一相（一相無相即實相）；不滅痴愛，起于明脫，以五逆相而得解脫，亦不解不縛。」

6.《摩訶止觀》中言「六即」之「理即」云：

理即者，一念心即如來藏理。如故即空，藏故即假，理故即中。三者一心中具，不可思議，如上說。三諦一諦，非三非一。一色一香，一切法，一切心，亦復如是。是名理即是菩提心，亦是理即止觀。即寂名止，即照名觀。

案：此由「一念心」說如來藏。因說「理即佛」，故它即是一如來藏。藏有二義，一潛藏義，二藏庫義。隱名如來藏，顯名法身。隱者未通過觀行之「不斷斷」而在迷故，故為迷染三千也。顯者通過觀行之「不斷斷」而為法身，故為覺了三千也。隱顯是關聯着眾生與佛而言。就此義而言如來藏，若隨文解釋，吾人亦可說：如故即空，藏故即假，由如而來非如非來即中。此具有三諦境之「一念心即如來藏」之自身言，則藏取藏庫義，因本即具十法界故。就此義而言如來藏之「一念心即如來藏」，

是故客觀地自法理而言之，它就是「理即佛」也。「理即佛」者，只就客觀的法理而言是佛，未主觀覺悟地真是佛也，此即是「理即佛」也。此客觀的法理既即是佛，則此所謂「理」即就中諦而言也，蓋因空假皆為方便說，中才是實說故。中即是「即空即假即中」之「中」也。故就法佛非覺佛言，此一念心即是「即空即假即中」，此「理故即中」之理即前言之「由如而來非如非來（藏函蘊于來中）」之中道理也。即就「一念心」之此理而言，名曰「理即佛」。在此「理即佛」上，說三諦三智皆是客觀地就法理而言也，故云「是名理即是菩提心」，亦是理即止觀。」

如此說的如來藏是實相觀下的如來藏，非唯識系統中「如來藏」之單就自性清淨理即空如理而言，如世親佛性論之所說，亦非真常心系統中「如來藏」之只就自性清淨心而言，如起信論與華嚴宗之所說。此後兩者皆是權教中的如來藏，皆是分解地說者，亦皆是即「思議斷」中的如來藏。而此「一念心即如來藏」，若就理即佛而言，則進而說「一念心即如來藏理」，却是相應開權顯實在「不斷斷」中之如來藏。故此如來藏是就迷就事而論也。「就迷」者，以有無明故，始有十法界之差別相。「就事」者，以一念心即是十法界故。（十法界詳展之，即三千世間，謂一一法界皆具十法界，百法界之每一界皆有十種眾生世間，十種五陰世間，十種國土世間，共有三十種世間。每一界皆如此，則百法界即成三千世間矣。）

7. 此一念心即如來藏理，故此中有法性，亦有無明。法性就空如說，無明就十法界之差別說。佛是即于九法界在「不斷斷」中成。是故此「一念心即如來藏理」亦名「一念無明

•若般與性佛•

法性心」。此一整詞不見于摩訶止觀,但有此義。前言一念三千不縱不橫爲不可思議境,即不可說也。但若得意,亦可隨便宜說。故摩訶止觀于「觀不可思議境」中,復進而說:

若得此意,俱不可說,俱可說。若隨便宜者,應言「無明法性」生一切法,如眠法法心(眠這個法來法化此心),則有一切夢事。心與緣合,則三種世間三千性相皆從心起。一性雖少而不無,無明雖多而不有。何者?指一爲多,多非多。指多爲一,一非少。故名此心爲不思議境也。

此作爲不思議境之心即「一念無明法性心」也。法性是一,故云「一性雖少而不無」,蓋法性必即于三千法而爲一性也。無明差別是多,故云「無明雖多而不有」,蓋無明差別法當體即空,一法不可得也。此「一念無明法性心」之整詞見于智者四念處卷第四說「圓教四念處」處。如云:

若約識爲唯識論者,破外向內。今觀明白十法界皆是一識。識空,十法界空;識假,十法界假;識中,十法界亦中。專以內心破一切法。若外觀十法界,即見內心。當知若色若識,皆是唯識;若色若識,皆是色。今雖說色心兩名,其實只「一念無明法性」十法界,即是不可思議一心具一切「因緣所生法」。一句,名爲「一念無明法性心」;若廣說四句,成一偈,即因緣所生心,即空、即假、即中。

• 610 •

案：此「約識爲唯識論」是決了唯識宗而成的圓教說的唯識。故「若色若識皆是唯識，若色若識皆是唯色。」一切法趣識，一切法趣色。亦可說皆是唯聲唯香唯味唯觸。「若圓說者，亦得唯色、唯聲、唯香、唯味、唯觸、唯識。」（亦四念處卷第四說「圓教四念處」文）。此顯然不是唯識宗的唯識。故總爲一句，亦得名曰「一念無明法性陰識心」也。此是開權顯實，決了唯識宗後，所成的在「不斷斷」中的「一念無明法性心」，故是圓說也。

8. 此「一念無明法性心」亦曰「無住本」。前節言本迹中，約理事明本迹，《法華玄義》卷第七下已言及「從無住本立一切法」。彼處重在約理事明本迹，故于「無住本」未詳釋。而荊溪《釋籤》則解之云：

「從無住本立一切法」者，無明爲一切法作本。無明即法性，無明復以法性爲本，當知諸法亦以法性爲本，法性無住處。法性即無明，法性復以無明爲本。法性即無明，法性無住處。無明即法性，無明無住處。無明法性雖皆無住，而與一切諸法爲本，故云「從無住本立一切法」。

案：此文前節已引及，玆再重引。「無住本」是指「法性無住」與「無明無住」兩面而言。法性無住處，法性即無明。無明無住處，無明即法性。此種來回地「相即」明法性與無明非異體，乃即在「不斷斷」中而爲同體之不思議境也。此即是「一念無明法性心」（無住心）〔無住本〕從無明處一骨碌即是法性，從法性處一骨碌即是無明：未動法性而言無明，未動無明而言法性。法性與無明在「不斷斷」中相即爲一，即成「一念無明法性心」矣。

此「一念無明法性心」即具十法界,此是就一念心而籠綜地言之,是「心具」。若分拆而從主從勝言之,則是「性具」。性者法性也。理者中道實相理也。蓋法性無住,法性即無明,此即是心也。「心如工畫師,造種種五陰。一切世間中,無法而不造。」是故凡說法(緣起生滅法)皆就心而說也。以心始有生滅故,一說心,就是法。心是緣起造作或變現地具一切法。若圓說,一念心就是一切法。有心有法即有「法性」。法性即無明,就是心,就是一切法,故此一念心乃剎那心、煩惱心也。法之性即是空如。法不出如,以如為性(亦言以如為相),然法性亦不失。故「一念心即具十法界」就等于說「法性即具十法界」或「中道實相理即具十法界」。然心有生起,而性不生起,理不生起。是以即而具,非生起地具。是故此法仍是抒義字,非實體字,不失緣起性空義也。故只說「性具」,不說「性起」。「性具」,即是「圓具」,此即所謂「圓談性具」也。此「中道實相」、「圓中」者,法性是即于一切法而且具備一切法之謂也。故心具,從勝從主說,即是「性具」。是如性之「性具」即是「圓具」,即是「圓中」。「即空即假即中」之中,因為此後者可只是一觀法之通式,尚不只是「即空即假即中」之中而復具備着十法界以為中也。反過來,若以十法界一切法皆趣空趣假趣非空非假之中也。「一切法趣中,是趣不過」,即是圓中。故「中道實相理」是即

於而且具備著十法界而爲實相理，因此，遂名曰「理具」，非謂此實相理是一實體性的本體或實有能生起萬法也。中道實相理是就圓教下的法理而抒其義，故如此云。圓教下的法理即是「即空即假即中而且具一切法趣中」。把這個理抒發地抒發出來就名曰「中道實相理」。此亦如「圓談法性」中之法性之不可視爲實體性的本體也。是故天臺教雖是圓教，而仍歸於實相學，不失般若與中論之規範也。圓教之所以爲圓教是相應《法華》開權顯實發迹顯本而立。關鍵即在「一念無明法性心」即具十法界。從勝從主而說，則曰性具或理具。「一念心即具十法界」不是大混亂、大渾沌，而是開權顯實，相應圓教，在「不斷斷」中，所成立的圓說。只有這樣圓說的一念心（函著性具理具）始能顯出開粗令妙，在「不斷斷」中，「低頭擧手皆成佛道」。

9. 若問一念心既是無明法性陰識心，爲所觀之不思議境，則「眞心」在那裡？如何得見？曰：即在「不斷斷」中見。此是在「緣理斷九」之解脫中依詭譎方式見，不是依分解方式先肯認一眞常心以爲一切法之源，然後在「緣理斷九」之還滅中再恢復之，如起信論與華嚴宗之所說。此後者之方式是別敎，不是圓敎。圓敎之圓實地見眞心亦即是詭譎方式見亦即呈現。若再問：吾人如何能如此見？則答曰：一念心具十法界即有三道性相，而明示三因佛性即在此「三道即三德」中見。三道即三德，「性德」者法性之德也。作爲法性之德的「性德三軌」中見。「三道即三德」仍是「不斷斷」之詭譎方式下的語句，此即是開權顯實後，相應圓敎而說的「性德三軌」。「性德」者法性之德也。一念心既即是十法界，則此十界法皆是法性之德之十法界法，即三道流轉法。而三道即三德，則性德三軌便是迷中之三軌。三軌中之眞性軌

是即十法界法而為真性。資成與觀照亦復如此。由三軌而言三德：法身、解脫、般若，亦是迷中之三德。由三德而言三因佛性亦是迷中之三因佛性。正因佛性（中道第一義空）是即十法界法而為第一義空。緣了二佛性亦然。故前引《法華玄義》中論三法云：「性德三軌」只是客觀地不橫」。「冥伏」者合而不開，隱而不顯，闇而不彰之謂也。是則「性德三軌冥伏不縱依法理而言之的三德。然既是依法理而言之的三軌，則就三因佛性言，其中緣了二佛性即萌動而發為止觀。「止」即了因佛性顯，「觀」即了因佛性顯，緣了顯，則正因佛性顯。緣因滿為解脫，了因滿為般若，正因滿為法身。此是由修德三軌而至究竟三軌也。性德三軌中即含有修德之可能。此可能之關鍵即在緣了二佛性也。緣了二佛性是性亦是修，是所亦是能，故與正因佛性不縱不橫而為三軌秘密藏也。分解地先預設一真常心以使定慧（即緣了二佛性）為可能，那是方便之權說。今既開權顯實，則此真心定慧緣了二佛性即詭譎地收入于「一念心即如來藏理」中而為不縱不橫圓說之二佛性，而其自身即能萌動而為「能」也。其自身既即能萌動而為「能」，則它們即能依詭譎之方式而為「不斷斷」之解脫，因而解心無染之佛心（即真心）得全現——三德滿即真心全現。真心即中論所說之寂滅相，由圓解脫與圓實相般若處而見者，是一個境界，不是一個法，尤其不是一個實體性的法。無明即法性，無一相可得，而亦三千宛然即空假中也。

10. 依以上展轉引申之縷述，則知智者所說之「一念心」，雖是陰識心、煩惱心、剎那心，却是一念心即具十法界而為不可思議境之一念心，故必曰「一念無明法性心」。它雖是無明識心，却即是法性，它雖是煩惱，却即是菩提，它雖是剎那，却即是常住（不是心理學的時間中之一心態）。此其所以為不思議境也。它是決了

第一章 天臺宗之判教

唯識宗權說的八識,相應法華圓教,在「不斷斷」中,依詭譎的方式,而圓說的一念心,作為「無住本」的一念心,亦即可以視作一「存有論的圓具」之一念心。若依迹門權教之分解的方式視之則悖。蓋若如此,則必視之為大混亂。是以圓說不能與權說為同一層次也。同理,此「一念心」亦不能視之為超越分解下所預設之真心。此亦是決了此分解方式下所呈現,而在詭譎的方式下,在即于煩惱中,在不斷斷中,令其在「一念心即具十法界」中呈現,因此之故,不先預設真心,而只說「一念無明法性心」,此純是圓說下的一念心也。

11圓教不與任何權教為同一層次,而表達方式亦不同。但圓教必預設權教,即,必即于權教而顯。蓋法華圓教為末後說,由開權顯實而成故。

依此,吾人根據那原初的洞見而說「一念心即具十法界」之義理,以及此義理中種種詭譎語,凡此皆不可視作權教中分解方式下的陳述語。㈠原初的洞見:不斷斷;㈡一念心即具十法界;㈢三道即三德:凡此皆是詭譎語。此與由「緣起性空」之展轉引申而言佛法身法界之圓滿無盡與圓融無碍,如華嚴宗之所鋪陳者,亦不同。蓋此後者純為分析的,是三德滿後之圓滿無盡與圓融無碍,如華嚴宗之所鋪陳者,亦不同。蓋此非問題之所在故。問題單在此圓佛自然如此,此可不言而喻,故天臺宗不于此着力也。

如何可能?欲想解答此問題,依天臺宗觀之,必相應法華之開權顯實,發迹顯本,由一最原初之洞見,立出「一念心即具十法界」之義理,而後可。此完全是相應法華之大綱(無第一序上分解說的網目)而為批判的解答。由此批判的解答,始開出那詭譎方式下的圓教。

依此,吾人可說華嚴宗的別教一乘圓教是分析的圓教,其前題如下:

 Ⅰ 緣起性空;
 Ⅱ 毘盧遮那佛法身。

· 615 ·

其所因之前題如下：

I 空不空但中之理（靈知真心）；

II 隨緣起現。

吾人就此所因處作一批判的考察，說其「曲徑紆廻，所因處拙」。（智者已說「所因」，而後來華嚴宗之澄觀即就十玄而言十玄之「所因」。此「所因」智者早已說其是「拙」矣，澄觀仍如此說「所因」而對于拙無答辯。）是故但為別教，非圓實教。那就佛法身法界而說的分析的圓教不能決定什麼也。

天臺宗的法華圓教，吾人可名之曰詭譎的圓實教，其前題如下：

I 原初的洞見——不斷斷。

II 一念無明法性心——無住本。

III 一切法趣空、趣色、趣非空非色。

不就佛法身作分析的鋪陳以為圓教，因為此是不言而喻的（當然分析地言之亦有價值），但就所因處開權顯實以為圓教，故此圓教為真圓實教也。

12. 依此真圓實教之義理之實，吾人可依賢首所說諸教所依心識差別而確定地正說此圓實教所依之心識即如上所了解之「一念無明法性心」也。諸教全列如下：

㈠ 小乘但有六識。

㈡ 始教依阿賴耶。

• 第一章 天臺宗之教判 •

(三)終教依如來藏自性清淨心。
(四)華嚴圓教則依「唯一真心廻轉」。
(五)法華圓教則依「一念無明法性心」。

賢首于此法華圓教說為同教一乘圓教。于此同教所依心識,則說「若約同教,即攝前諸教所說心識」。此說儱侗,不著邊際。「攝前諸教所說心識」,如何攝耶?若如今解,即依「一念無明法性心」而攝前諸教所說之心識也。而且既如此,則攝前諸教,此諸教之「諸」定攝及華嚴圓教,而無可諍議。(覆看前華嚴宗章第四節)。此中不說頓教,以頓教地位不穩定故。

若依天臺判教說此所依心識差別,則只說藏通別圓四教。此可以智者語明之。《四教義卷第十二約觀心明四教》云:

第一、約觀心明三藏教相者,即是觀一念因緣所生之心生滅相,析假入空,約此觀門,起一切三藏教也。……

二、約觀心明通教者,觀心因緣所生一切法,心空則一切空,一切通教所明行位因果皆從此起。

三、約觀心明別教者,觀心因緣所生即假名,具足一切恒沙佛法,依無明阿黎耶識,分別無量四諦,一切別教所明行位因果皆從此起。

四、約觀心明圓教者,觀心因緣所生具足一切十法界,無所積聚,不縱不

• 617 •

横,不思議中道二諦之理,一切圓教所明行位因果皆從此起,如輪王頂上明珠。是則四教皆從「一念無明心」起,即是破微塵出三千大千世界經卷之義也。

案:「四教皆從一念無明心起」,此是泛說四教所依心識之通相。分別說中各有特殊之規定,而簡別不盡。嚴格言之,藏教「一念無明心」但限于六識,即,只限于界內,未達界外(智不窮源),故為有量四諦;而且又有「生滅相」,故為生滅四諦;而且又是析假入空(析法空),故為拙度。總此三者,其「一念無明心」非不思議境。此是迹門第一序上分解說的小乘教權教也。

通教一念無明心亦限六識,亦屬有量四諦;但因是「體假入空」(體法空、巧度),故為無生四諦。此一念無明心亦非不思議境。此是迹門第一序上分解說的通教權教也。

于別教「一念無明心」,只說「依無明阿黎耶識分別無量四諦」,此則有不盡。別教當該分別教之始與別教之終兩類。始別教「一念無明心」是阿賴耶識,窮法之源而未至其極。終別教則依如來藏自性清淨心,當然亦須無明妄心和合始能隨緣起現一切法,故雖可至無量四諦,而不圓足。故于此只說「依無明阿黎耶識分別無量四諦」,即為不盡不諦也。又,雖至無量四諦,而「曲徑紆廻,所因處拙」,即非無作無量四諦也。故真心「隨緣不變不變隨緣」亦非不思議境(此中所函的華嚴圓教依唯一真心廻轉,亦仍是別教,不必論。)始別教之阿賴耶緣起尤非不思議境,故亦為迹門第一序上分解說的

圓教「一念無明法性心」是開權顯實後在「不斷斷」中圓說的「一念無明心」，與前諸教所依心識不同層次，此可曰第二序上的「一念無明心」（相應法華之大綱而爲第二序）。此一念無明心「具足一切十法界，無所積聚，不縱不橫，不思議中道二諦之理，」即是不思議境，亦是無作無量四諦。此是迹門法華開權顯實第二序上詭譎說的圓實教也。

經此簡別，則可確定地正說此圓實教之「一念無明法性心」即攝前諸教所說心識。藏通二教之六識經開決後，即攝入于此「一念無明法性心」中而爲不思議之妙境。始別教之阿賴耶經開決後，亦攝入于此「一念無明法性心」中而亦爲不思議之妙境。終別教之真常心經開決後，亦攝入于此「一念無明法性心」中而爲不思議之妙境。反過來，則說藏通二教之六識是由此圓說的「一念無明法性心」所開出的對機之限定說。始別教之阿賴耶以及終別教之真常心亦然。此種開出如破微塵出三千大千世界之經卷。開出後，再開發、暢通、而決了之，則復歸于圓實。

本節所說是天臺圓教之綜綱。以後所說皆由此爲中心而推演出，或皆是此綜綱之注語。即後來荊溪之精簡圓別、辨華嚴，以及知禮之破山外，亦皆由此綜綱而演出。其所說實皆爲智者所已說者之所函。

第三節　五時八教

1. 前已屢提及藏通別圓四教，今正說之。智者將佛有生之年教化之近迹分爲五時八教。

五時者將佛成道後說法之經過分為五階段：㈠華嚴時，說華嚴經；㈡鹿苑時，說四阿含；㈢方等時，說諸方等大乘經，如維摩、思益、楞伽、密嚴、三昧、金光明、勝鬘夫人等經；㈣般若時，說諸般若經；㈤法華涅槃時，說法華經與涅槃經。

八教者，藏、通、別、圓，為化法四教。「化儀」者說法教化眾生所說之法之內容也，如辨藥方。藏、通、別、圓，為化法四教。「化法」者說法教化眾生所說之方式不外藏、通、別、圓，辨其說之方式不外頓、漸、秘密、不定。上列五時所說之經，辨其內容，不外藏、通、別、圓，辨其說之方式不外頓、漸、秘密、不定。詳列如下：

第一時：佛于成道後，第二七日，在寂滅道場，現毘盧遮那法身，四十一位法身大士及宿世根熟之天、龍、八部，一時圍繞，如雲籠月，在海印定中，以頓之方式說圓滿修多羅即華嚴經是。約機約教，未免兼權。何者？一、只攝大機，不攝小機，猶有一隔之權；二、不開權；三、不發迹。此三意未周，故為別教，非真圓教。約味而言，如從牛出乳，為乳味。此如日出先照高山，未照及平地幽谷。約味，則為從乳出酪。

第二時：以小乘在第一時如聾如啞，故離莊嚴道場，遊鹿苑，脫毘盧遮那佛法身，現老比丘相，成劣應身（即釋迦生身）在菩提樹下以草為座，俯就小乘根性，依漸之方式為說四阿含教。此純為小乘教。亦三意未周，一不攝大機，二不開權，三不發迹。此約一日，如日照幽谷。約味，則為從乳出酪。

第三時：第二時說小乘教已，不能令其滯于小乘，乃依漸之方式說諸方等經。在此等經中，彈偏折小，歎大褒圓，四教俱說。藏教（小乘教）為半字教，通、別、圓為滿字教。對半說滿，故言對教。此對大乘根性而說。中言小乘，但予彈斥，大小不

• 620 •

融。故亦三意未周：一不明逗緣彈斥之意，二不開權，三不發迹。雖四教俱說，猶是權說也。于中雖有圓融之圓，然只是隔離之圓。客觀地自法理而言之，而不問其所以，或說之之方式，則自可同于圓教，然若一問及其所以，則自具體而真實的內容意義而言之，則可知其並非真實圓教。此約一日，則為食時。約味，則為從酪出生酥。

第四時：說方等經後，復依漸之方式說般若以融通之。〈般若部中不說藏教，只帶通別二正說圓教，實只是依共般若與不共般若說圓教也。共般若為通教，通者大乘而共小乘者也。不共般若為別圓教，別圓者專限于大乘而不共小乘者也。無論共不共，般若實只是共法。融通者，統會歸于別圓之異不能只以般若定。此意見下詳論。般若之精神為融通與淘汰。此中之圓教實只是般若之作用的大乘而融化于實相一相所謂無相也。淘汰者，遣蕩相著也。是故般若仍三意之圓，尚非開權顯實發迹顯本之真實的圓，即一念三千之存有論的圓。是故般若仍三意未周：一不明通被大小與融通淘汰之意（佛之本懷），二不開權，三不發迹。此約一日，為「禺中」時（日在巳時為禺中）。約味，則為從生酥出熟酥。

以上二、三、四、三時所說之經皆為漸說，總名為化儀之「漸教」。〈華嚴為頓說，則為化儀之「頓教」。化儀之「祕密教」者，如前四時中，如來三輪不思議故，或為此人頓說，或為彼人漸說，彼此互不相知，均令得益，故言「祕密教」。化儀之「不定教」者，亦由前四時中，「佛以一音演說法，衆生隨類各得解。」此則如來不思議力能令衆生于漸說中得頓益，于頓說中得漸益。如是得益不定，故言「不定教」。然無論祕密或不定，其義理內容只是藏、通、別、圓。

第五時：經般若融通淘汰後，諸根成熟，如是應說法華，開權顯實，發迹顯本，開前頓

漸,會入非頓非漸。此示法華非第一序上之頓漸,亦非第一序上之藏通別圓,乃是開決後第二序上非頓非漸之圓實教也。此圓實教,若依不斷斷,低頭舉手皆是佛道,圓因圓果,以及「一念心即具三千,非縱非橫,玄妙深絕,非識所識,非言所言,所以稱為不可思議境」,諸義而言,亦可說是頓說,非一非異,在此,圓即頓,頓即圓,圓頓是一也。可是若依開權顯實,發迹顯本,以顯示出此圓實境而言,則此圓實教亦可說是漸說,故法華亦曰「漸圓」,因不似華嚴之不開權,不發迹,因根本無權故,根本無迹故,只直就佛之自證以頓說「稱法本教」也。法華之此種漸義是說其圓實教之來歷——批判的來歷,此亦是第二序上之漸義。開決後,圓實既顯,則此漸義即泯,而歸于頓示。頓示已,則只是一體平鋪,法法皆實,咸稱常樂,令成一味,亦更無頓義可言,此即所謂非頓非漸,末後教也。

諦觀《天臺四教儀》云:

初頓部有一粗(別教)一妙(圓教)。一妙則與《法華》無二無別。若是一粗,須待《法華》開會廢了,方始稱妙。

次鹿苑,但粗無妙。

次方等,三粗一妙。

次般若,二粗一妙。

來至《法華》會上,總開會廢前四味粗,令成一乘妙。諸味圓教更不須開,獨得妙名,良有以也。但是部內兼、但、對、待,故不及《法華》純一無雜。自圓融,不待開也。

第一章 天臺宗之判教

案：此中「諸味圓教更不須開」一語恐有問題。此不是諦觀之獨見，蓋智者即已如此說。實則此亦是姑與為論。徹底嚴格言之，諸味之圓亦須開決。不但其中之妙須開決，其中之圓亦須開決。蓋其中之妙並非真妙，其中之圓亦非真圓。例如華嚴之圓本是隔圓，即此一隔亦須待開，不但是開決其中別教之粗也。隔圓，則雖圓亦粗。是則其為妙是權妙，焉得說「與《法華》無二無別」？其圓滿無盡圓融無礙，若從圓教法理言之，自是一樣。但若從圓教法理言之，則因為它是隔圓，便不能與《法華》之圓同。圓既不同，妙自有別。方等經中之圓亦是如此。但凡有隔對不融，便是粗圓權妙。至於般若中之圓則稍特別，無二無三也。般若本身之圓只是實相般若，它只是如此，並無交替可言。但此亦並非智者相應《法華》而說的圓教，因為它無一切法之根源的解釋故。它可能涉及某種大乘粗圓權妙之教理以表現其實相般若之作用，但其所涉及者非其自身所能決定。即《法華》之真圓實妙亦非般若自身所能決定。是則般若自身圓教中方能成為實般若。依此義而言，只是「作用的圓」猶屬偏面也。正因其為偏面，智者容與為論，一例視之，于法疏矣。是則《法華》前諸味，不但其粗者須待開決，即其妙者亦須開決。

如是，《法華》之開權顯實，約一日而言，如日輪當午，罄無側影。約味而言，則為醍醐。故《大涅槃經》與《法華》必如此，始能顯出《法華》之「純一無雜，獨得妙名。」

開權顯實已，歸于法法皆常，咸稱常樂。而此義則正式說之于《涅槃經》。故《大涅槃經》與《法

623

華爲同時，俱屬末後敎也。諦觀天台四敎儀云：

說大涅槃者有二義。一、爲未熟者更說四敎，具談佛性，令具真常，入大涅槃，故名捃拾敎。（捃、具運切。捃拾、拾取也。）二、爲末代鈍根于佛法中起斷滅見，亡失法身，設三種權扶一圓實，故名扶律談常敎。然若論時，味，與法華同。論其部内，純雜小異。……

問：此經具說四敎與前方等部具說四敎爲同爲異？

答：名同義異。方等中四，圓則初後俱知常；別則初不知，後方知；藏通則初後俱不知。涅槃中四，初後俱知。

案：涅槃經中四敎，無論那一敎，于初時，于終了，皆俱知真常，以涅槃經是法華開決後而說者故。故涅槃經之具說四敎就前三敎言，是捃撫而拾取之，追說追泯，「設三種權扶一圓實」。涅槃中雖只談「法身常住，無有變易」，然一說「常」，必函「圓」義，故曰「圓常」。蓋佛性必是具有恒沙佛法之佛性也。佛性顯爲法身，故法身之常必是圓常，既非數學之常，亦非上帝之常。而此圓常之圓必依法華去了解方是眞圓實妙。

2.以上略說五時八敎已。此下再進而對於藏通別圓各作一原則性的規定。

I、對于藏敎之規定。

智者名小乘敎曰藏敎。藏者三藏之簡稱。三藏者，一曰經藏，如四阿含經；二曰論藏，如俱舍、婆沙等論；三曰律藏，如五部律。此即近人所謂原始佛敎。對後來出現之大乘而

第一章 天臺宗之判教

言,名之曰小乘。小乘而曰三藏教者,順歷史首先出現之結集方便言之耳,非不知大乘亦有三藏也。此在印度亦有此習慣。如大智度論云:「迦旃延子自以聰明利根,於婆沙中明三藏義,不讀衍經(大乘經),非大菩薩。」又法華云:「貪著小乘三藏學者」。依此等文故,智者名小乘為三藏教。

小乘之精神主要如下:

(一)從觀法方面說,為析色入空,此名曰「析法空」。大體是就因緣和合而成的法,若分析而拆散之,便見其空。此種解空的辦法當然是不徹底的。此亦函著因緣敗為空。因見一切法有生有滅,生滅無常,因其敗壞而歸於滅無,名之曰空。「析法空」與「色敗空」都是不徹底的,非絕對的,乃只是方便權說:此顯然表示話並未說完,只姑如此曲示而已。而此種曲示亦是笨拙的曲示,故亦曰「拙度」。但此拙度,若為佛所說,則亦是對鈍根人而現此拙度相。蓋因「空」義並非易解故。汝鈍而我之曲示亦拙,暫時順此拙度,亦可慢慢悟入。至于小乘學者,所謂部派佛教中,那些歧論與執著,如執著有極微等,那是論師事,與佛無關。例如論師說此和合拆散,便無所謂桌子。此只是一時話未說完之引示,此並不函說有極微之實說,雖有巧拙,不能有錯故。至于小乘學者,所謂部派佛教中,那些歧論與執著,如執著有極微等,那是論師事,與佛無關。例如論師說此和合拆散,便無所謂桌子。此只是一時話未說完之引示,此並不函說有極微之實成,如將此和合拆散,便無所謂桌子。此只是一時話未說完之引示,此並不函說有極微之實在。如若論師們順因素和合之因素而執有極微,那是論師之迷執,此不是佛緣生說之所函。但人們常不能空靈地依原則而思考,常不自覺地在半途中有許多迷執或情執。如能順緣生一原則而思考下去,便自知不能有極微之肯定。又如普通所謂小乘只見我空(人空),不見法空,此亦不是小乘行者一時想不到或未暇理會及,此不是原則性的話。如若真原則地不能見法空,則亦不能真見人空。如若真能原則地見人空,自

· 625 ·

亦能原則地見法空。又如就「色敗空」而言,由色之生滅無常敗壞而說空,此亦是佛之初步引示。蓋「諸行無常」總是佛所說故。「無常」底直接意思即是由存在到不存在就是敗壞。故如此描述地說空,亦不能算錯。但若執佛所說的空就是這敗壞義的空,空就表示一無所有,那亦只是論師的迷執,非佛由緣生無常說空之實義。是故色敗空為空,那只是話未說完之初步描述的引示,非原則性之話也。如發迹顯本,則鹿苑之小乘敎必只是佛就鈍機而施的方便曲示,就析法空言,是所權施的拙度。而佛之拙度與小乘論師之迷執或謬執有所不同,而佛不能有錯有迷故。

(二)從解脫方面說,三藏敎中雖有聲聞、緣覺、菩薩之異,然同斷見思,同證偏眞,同行三百由旬只入化城。「同斷見思」者,同斷見惑思惑。見惑障理,亦曰障智之惑。思惑障事,障解脫之事曰思惑,亦曰修惑。見思惑亦曰枝末惑。未斷及塵沙惑,以未行大乘菩薩道,無道種智故。更未斷及根本惑(無始無明),以未知如來藏恒沙佛法佛性故。「同出三界」者,同出離欲界、色界、無色界,此是三界內之工夫,未能進至于界外,以但依于六識,未知有第七第八等故。是則界內為有限範圍,界外為無限範圍。小乘功齊界內,只入化城,未能至于如來藏恒沙佛法佛性而證「空而不空」之中道第一義空也。「同證偏眞」者,同證偏眞智不窮源,故其所言之四諦為有量四諦,而且亦是生滅四諦,未能至無量四諦。「由旬」驛站義,「化城」見法華經化城喻品,是中途幻現之地,令行者暫作休息,非最後實所。如此實所,行五百白由旬始達,則小乘只行三百由旬耳。其所至者只是一化城,非實目的地也。(修行位次,斷惑次第,詳見後位居五品章。)

(三)從佛果方面說,為灰斷佛,即灰身滅智,只留舍利為人天福田。藏敎之聲聞乘其極果

為阿羅漢，緣覺乘極果為辟支佛，菩薩乘極果為佛，而此佛亦仍是灰斷佛也。何以故？以未見至如來藏恒沙佛法佛性故，只有修得無常佛性，是故化緣一盡，即灰身入滅，故為灰斷佛也。此若自四諦言之，亦不是生滅四諦。斷苦集，有道滅。道諦者略則戒定慧，詳則三十七道品（四念處、四正勤、四如意足、五根、五力、七覺支、八正道，共為三十七道品）。修道諦，滅前苦集，顯偏空真理，因滅以會真，而滅自身非真，只見于空，不見真常不空。是故約四諦言，亦是生滅四諦。

總上三端，藏教之所以為小乘，(一)約觀法言，為析法空之拙度；(二)約行行言，為獨善取滅，恩不及物，功齊界內，智不窮源，(三)約佛果言，為有量生滅四諦。前(一)為觀法問題，此只能決定其為拙，尚不能決定其為小。小之所以為小乃由(二)(三)決定，此是佛性問題。故佛性之進退，智之窮源不窮源，乃決定大小之關鍵。即佛性已進而至于如來藏恒沙佛法佛性矣，智已窮源矣，而窮一切法之源亦有不同之解釋，因而對于如來藏恒沙佛法佛性亦有不同之解釋，此則決定大乘宗派之差異。(四)為總言。四諦之有量無量決定于佛性之進退。佛性進而又能窮法之源則為無量四諦，退而不能窮則為有量四諦。藏教之有量四諦且亦為生滅四諦，生滅義通觀法與佛性之兩面，即進至無量四諦，亦有有作無作之異，此則決定圓不圓者。

3.茲再進而言通教。

Ⅱ、對于通教之規定。

通教者,通前藏教,通後別圓,故名通教。此只是字面的解釋,尚不能令人明其所以。通教頗不易規定。一因通教並無特定之部帙,乃只就方等部及般若部中但是三乘共行者,即判屬通教。但又特別指般若部中「共般若」而言通教。蓋因方等部彈偏斥小,嘆大褒圓,共義稍疏故。是故智者多以共般若之經及空宗之論為通教也。二因通教雖共大小乘,却亦是大乘,此大乘義亦頗難規定。究其大之所以為大依何而定?若就佛果而言,通教之佛亦是灰斷佛,亦是功齊界內,智不窮源。如是,焉得為大?豈只因般若經為大乘,龍樹空宗為大乘,故說其為大耶?若落實言之,其大之為大,豈只因般若之觀法而為大耶?以此二故,通教之特色頗不易規定,蓋亦只因兼濟不捨,悲願大,故為大而已。茲就諦觀天台四教儀言通教文而分疏之,看如何。彼文云:

通教者,通前藏教,通後別圓,故名通教。又從當教得名,謂三人(聲聞、緣覺、菩薩)同以無言說道,體色入空,故名通教。

案此所謂「從當教得名」,即從菩薩與聲聞緣覺之共通處得名為通教,此即通教當身之正義,自義,故云「當教」。是故以般若經中之乾慧等十地為通教修行之位次,此十地位即三乘之所共也。(詳見後第四章「智者大師之位居五品」,此處不暇詳及。)此下,諦觀復繼

• 628 •

第一章 天臺宗之判教

此教三乘因同果異。證果雖異，同斷見思，同出分段，同證偏真。然于菩薩中有二種，謂利鈍。鈍則但見偏空，不見不空，止成當教果頭佛，行因雖殊，果與藏教齊。若利根菩薩，非但見空，兼見不空。不空即中道，分二種，謂但不但。若見「但中」，別教來接。若見「不但中」，圓教來接。故言通後。

……

問：此藏通二教，同是三乘，同斷四住，止出三界，同行三百由旬，同入化城，何故分二？

答：誠如所問。然同而不同。所證雖同，大小巧拙永異。此之二教是界內教。藏是界內小、拙。不通于大，故小；析色入空，故拙。通教則界內大、巧，謂大乘初門故；巧，謂體色入空故。雖當教中三人上中下異，若望藏教，則一概爲利。

問：教旣大乘，何故有二乘之人？

答：朱雀門中，何妨庶民出入？故人雖有小，教定是大。大乘兼小，漸引入實，豈不巧哉？般若、方等部內，共般若等，即此教也。之云：

案：據此所述，則知通教通前藏教是積極的，此即通教之當教義。當教者通教當身而有其特定內容之謂也。茲順此當教義看通教之特定內容：

(一)從觀法方面說，爲體色入空，此名曰「體法空」。此比藏教之「析法空」、「色敗空」爲進一步，而且一進即進至徹底之境。此是由緣起性空而言空，以諸緣生法無自性而當體即空，非必經由分析拆散而至于空，或由色敗而至于空。能由無自性而見當體即空，即是證「無生法忍」，亦是「不壞假名而說諸法實相。」實相一相，所謂無相。此是「體法空」之實義。若就四諦而言之，即是「無生四諦」也。通教引小入大。依天台宗傳統之說法，此「體法空」而進至「體法空」，故云「三人同以無言說道體色入空。」通教之爲大乘亦由此定，即普通所謂大乘之中道觀法也。由龍樹發之，然此點實有問題。何以故？由下列二點故。

(二)從解脫方面說，此通教中聲聞、緣覺、菩薩三人「證果雖異，同斷見思，同出分段，同證偏眞。」此中「同斷見思」，同于前藏教，然通教菩薩以及被引之聲聞緣覺之可轉爲此通教之菩薩，以行大乘菩薩道故，在體法空之精神下，亦可具道種智而斷塵沙惑，雖只是界內之塵沙惑。當然不能斷及根本惑。因「同出三界內分段身」，不能出界外之「變易身」（變易生死）。何以故？以未至「如來藏恒沙佛法佛性」故，故只證得偏空之眞，不能證至「空而不空」之中道第一義空也。此「中道第一義空」與「體法空」觀法上之「中道空」不同，不可混視。前藏教「同證偏眞」亦復如此。因「同證偏眞」完全是就佛性說，限于界內，故就四諦而言，雖因「體法空」而爲無生四諦，然仍是有量無生四諦也。然則通

教之為大乘者，只因其在「體法空」之觀法下行菩薩道而不捨眾生也，非如小乘之恩不及物，只獨善而不兼濟也。然此不捨眾生亦非只由體法空之觀法所能推出。須加上「悲願」一觀念。可是如不能見不空之真常，便不能充分證成此限於界內之菩薩道之「不捨」，而悲願之大亦虛浮無實力，只是偶然朦朧之大而已。然則通教之大乘地位亦仍不穩定也。

(三)從佛果方面說，仍是灰斷佛。何以故？以未進至如來藏恆沙佛法佛性故。此與藏教同。既同，何以又有分別而為二教？曰其分別只在大小巧拙之不同。巧拙是觀法底問題，大小是兼濟與不兼濟底問題。

吾人試檢查此種觀法底巧拙是否足以決定此「大」義；又，此種通教以般若部內之共般若以及龍樹之空宗實之是否恰當。

當然佛當機說法亦很可能說此「既是體法空，又是灰斷佛，復是功齊界內」的通教式的大乘，而為一暫時之權說。但吾人試檢查上列三問題，覺得只觀法之巧拙實不足以決定教之為大或為小。而由析法空實亦可直接熟練至體法空。假定析法空只是話未說完的一時方便說，又假定亦是佛說，則吾人依諸行無常諸法無我之緣生觀，而不須其他觀念之幫助，可以直接發展至體法空之巧度。小乘之為小不因其析法空之拙度，乃是因其「恩不及物，智不窮源」而為小也。恩之及物不及物是悲心問題，智之窮源不窮源是佛性進退問題。而此兩問題實是一問題。若真有大悲心願，必知成佛以一切眾生得度為條件；而此一觀念必直接引至如來藏恆沙佛法佛性，因而必滲透至界外而至無量四諦。此是決定乘之所以為大者，而非是巧度所能決定之。因此，若只有體法空之巧度，亦不必能決

定教乘之為大也。儘有觀法甚巧，而若不與發悲心，不窮法之源，亦仍是小乘也，因為由觀法之巧拙不能直接引生出大悲心與如來藏恒沙佛法佛性故。

復次，此種通教以般若部內之共般若以及龍樹中論之般若學，其精神只在融通與淘汰，不在立出有特定內容之教義，因此，它是「無諍法」。它只順已有之教義而淘汰其執相，而以實相般若融通之，融通之而為一實相，如順已說之華嚴教，小乘教，方等教，而融通淘汰之，融通淘汰之，而其自身並無特立之教義。擴大此精神，可擴至順一切法而融通淘汰之。凡有法教處，它即跟上去而融通淘汰之。一切大小乘皆不能違背之的共法。它可順小乘而融通淘汰之，亦可順大乘而融通淘汰之。而其自身不負大之為大之責任，亦不負小之為小之責任，那就是說，它自身亦非大亦非小。順大乘而表現其融通淘汰之精神，它即為大乘中之般若。乘有大小，而般若無大小。因此，亦無所謂共般若，與不共般若。「共般若」只是順小乘而表現的般若，「不共般若」只是順大乘而表現的般若。若說共，統是共也，即所謂共法之共。無所謂不共，因它必順諸教義而融通淘汰之故。融通淘汰已，一切皆歸于寂然無相。此即「般若非般若，是之謂般若。」若以此共法義之共說通，亦可說般若「前通藏教，後通別圓。」但此「通」非是一有特定內容之通教（即當通教本身之通教）。此當是般若為通教（共法義的通教）之原初而恰當的意義。智者于此似未能諦認。因此，他遂就般若融通淘汰之精神，閃爍模稜地將其滑轉而為共般若與不共般若，就共般若而說成一有特定內容之通教。此是將那本是順小乘而表現般若融通淘汰之精神者滑轉而為共般若，將般若

• 632 •

縛著于小乘，因此，遂成一有特定內容之通教。龍樹空宗之般若學亦不能有如此之限定。以「體法空」說通教，而通教之爲大乘又成無根者。此限定是論師之迷執。然而般若本不能有如此之限定。因爲此中有許多扭曲，故有如許之不順。

智者說《般若部》中有通別圓三教，通教既爲共般若，則別圓二教即爲不共般若——不共于小乘之般若。其實般若只是一般若，並無不共于小乘專限于大乘別圓二教之般若。不共般若原只是般若之融通淘汰之妙用之在別教中行與在圓教中行（般若之融通淘汰只是融通而歸于實相一相所謂無相，並非各教特定內容之教義上的綜和統一，此須注意），而它本身却並不能決定別教之爲別教圓教之爲圓教；今却滑轉而爲專屬之教，好像般若自身即能決定別教之爲別教圓教之爲圓教者。其實般若部中重複複只表示「不壞假名而說諸法實相」式的圓教如天台宗所展示者，亦並無一法華式的圓教如天台宗所展示者，亦並無一法華式的圓教。它原則如上當然可提到這類的別教與圓教，（此不是誤解空宗如衿持空宗者之所說），但其本宗之言一心三觀即是般若之在圓教中行，此後來之華嚴宗之就緣起性空一義之展轉引申而言法界緣起即是般若之在別教中行，亦是不能落實之語也。般若自身旣非別教，亦非圓教，說般若中有通別圓三教（二粗一妙），那只是就之而表現其融通淘汰之精神，一如其提到小乘是就小乘之執而融通淘汰之。焉得有所謂共般若爲通教與不共般若爲別圓教之說耶？

· 633 ·

視龍樹之般若學（空宗）為通敎亦不公允。龍樹論中所提到之法數固大體都屬于小乘者（般若經亦然），然此只表示就小乘之法數而融通淘汰之，並不表示中觀之精神只限于小乘，尤不表示它成為一有特定內容之通敎。但此限定是乾慧等十地之限定，非般若融通淘汰精神之限定，亦即是通敎，此是有限定的。故視龍樹論為通敎亦不諦當。勿以其就藏敎法數表現中觀之精神即返而將此精神滯限于藏敎，因而視之為一有限定之通敎也。

依以上之分疏，吾人顯出般若與中觀俱是共法，乃任何敎乘所不能違背者。然就龍樹學而言，龍樹學只是共法乎？在此，般若經與龍樹學似乎有一點距離。般若經可只是共法，而龍樹學可不只是一共法。若就其體法空之中道觀而言，它是共法。但在其表現此體法空之中道觀中，它似亦顯出一特殊之敎相，即，它只限于界內分段身，未能進至第七第八識；它對一切法無根源之說明，未能進至如來藏恒沙佛法佛性；它所說的佛性是自性執的佛性，根本不同于「涅槃經」所說的如來藏恒沙佛法佛性，它說佛只遮自性定性佛，未能進至如來藏恒沙佛法佛性；所以它的體法空之中空之「中」只是形式的可能，而落于現實上只是三乘究竟；它未衆生始可依因待緣而成佛，此種「可」只是遮自性定性佛而說進至如來藏恒沙佛法佛性（如來藏恒沙佛法佛性）；由遮自性定性佛而說一限定的意義，因此，成為一有限定的特殊敎相。凡此敎相俱顯義的通義，不是共法。若只就體法空之蕩相遣執而言，它與般若同，俱是共法。這一模型可以到處適用。用于小乘，則成為小乘。用于別敎，則成為空不空（眞空妙有）「但中」之理。用于圓敎，則融其拙度，故與般若，俱是共法。就般若經之乾慧等十地而說一有限定意義的通敎，其為限定亦由上〈中〉論中所表現的那些特殊敎相而成。然而般若本身說一有限定意義的通敎，其為限定亦由上〈中〉論中所表現的那些特殊敎相而成。然而般若本身

則無限定也。

依是,〈般若〉與〈中論〉俱有兩義,一是共法,一是限定相。「般若與中論俱有共法義」是其爲共法義;然而般若之作用的圓具非存有論的圓具(不具備一切法之根源的說明),此是其限定,正因此故,它只是共法。就〈中論〉言,它的體法空非究竟了義,因此,它是一有限定意義的通教。就般若經言,它的「不壞假名而說諸法實相」是其爲共法義;然而般若之作用的圓具非存有論的圓具(不具備一切法之根源的說明),此是其限定相,正因此故,它只是共法。就〈中論〉言,它的體法空之中道觀是其爲共法義;它的特殊教相是其限定相。吾如此講,其餘種種說皆是不公平的。

般若宗尊般若宗龍樹者之以〈般若〉與〈空〉爲究竟了義,一方亦可以滿足華嚴宗之視空爲始教。如果只就其爲共法義而說它們已經是究竟了的,這是不公平的,其餘種種說皆是不公平的。如果只就其限定相而說〈中論〉是通教或始教,于般若則立共般若與不共般若之分(天台宗),或一併視之爲始教(華嚴宗),而不知其亦有共法義,這也是不公平的。

就有限定的教相與體法空通共于小乘而爲通教言,我有時亦想把阿賴耶系統亦列入這種通教中。阿賴耶系統之爲通教是以其有限定的教相與體法空通共于小乘而爲通教;阿賴耶系統之爲通教是以其八識系統可通引小乘而爲通教。如是,則與華嚴宗之視它們俱爲始教(一是空始教,一是有始教)可相當。但仔細一想,這不是妥當的。因爲唯識宗已進至如來藏分解爲理佛性與事理不融),然而這只是它的不圓熟,其爲別教還是無疑的。因此,天台宗仍視之爲別教,只不過是「界外一途法門,非通方法門,恐猶是方便,從如來藏中開出耳。」若依天台宗此種判法,則于別教當該分爲始別教與終別教(始終二字是借自華嚴)。天台于此籠統不分,此蓋

由于智者前攝論師所傳之唯識學對于阿賴耶系統與如來眞心系統攪混不清故也。若以唯識宗爲始別敎，則華嚴宗所說之始敎與天台宗所說之通敎不相當。通敎只限于《中論》耳。一以其敎相之限定相與體法空通共小乘而爲通敎，此爲有限定意義的通敎之當身；一以其爲共法而爲通敎，此是無限定的通敎。（天台無此後一義，只說其可以通後圓，通敎菩薩中之利根者可進至別圓，見但中者別敎來接，見不但中者，圓敎來接，此非就共法義而說其通後別圓，論有此兩義，故單以之爲通敎較爲允妥。此是單就其本身之共法義而說其通後別圓。（當然亦通前藏敎），不是在其本身以外加上見「但中」或見「不但中」以著別圓。

若就此共法義而想，因爲它雖是一共法，其自身不能決定一大小乘之敎義，它本身非是一系統，而只是一融通淘汰之精神，或只是提供一體法空中道觀之模型，（此與法華之開權顯實又不同，須注意），然而因爲它亦敎導吾人如何去融通淘汰或如何去作體法空之中道觀，則它又可是一敎，即般若無諍敎或觀法無諍敎。依此而言，則判敎當爲藏、通、別、圓、共之五敎，而非只四敎。如是，吾人有觀法之敎，亦有系統之敎。藏通別圓皆系統也。觀法之圓不足以盡圓敎之實。徒觀法之圓不足以盡圓敎之實。觀法是虛，系統是實。系統而至圓敎，虛實皆無諍。

4. 茲再進而言別敎。

III、對于別敎之規定。

別敎者，旣不同于前之藏通二敎，亦不同于後之圓敎，獨明界外菩薩位，故名別敎。

第一章 天臺宗之判教

諦觀天台四教儀云：

> 此教明界外獨菩薩位。教理智斷、行位因果，別前二教，別後圓教，故名別也。涅槃云：「四諦因緣有無量相，非聲聞緣覺所知。」諸大乘經廣明菩薩歷劫修行，行位次第互不相攝，此並別教之相也。

諦觀于此文下即就行位次第而列舉其法數，如十信、十住、十行、十迴向、十地、等覺、妙覺，共五十二位，以明別教。明別教之所以為別教者，現在只就別教之主要性格而言，至于此等法數則見後位居五品章明別教有經有論。經則諸大乘經是也。論則如瑜伽系之論以及大乘起信論等皆是也。就經教之「教理智斷、行位因果」而詳細展示之，則曰論。吾人必須知別教經論之所以特別多即因其對于一切法有一根源的說明故也。般若經與龍樹之中觀論實非一系統，亦非是一宗派，因為它們是共法故，般若部無此問題，故嚴格言之，正因對于一切法作根源的說明故，始系統多端，故為諸宗分立。小乘但依六識，是無諍法故，亦並非無說明；但因「智不窮源」，只限于界內有量四諦。通教如以乾慧等十地定之，雖可至無生四諦。能窮法之源，故可至無量四諦，而必曰「如來藏恆沙佛法佛性」也。此一觀念是別獨大乘別教能窮法之源，故可至無量無邊，是則不只限于三界內之有限有量境。以此故，佛性亦升進，而必曰「如來藏恆沙佛法佛性」也。此一觀念是別教之頭腦，主要的標識。而所依之問題則是「窮法之源」之問題。

在窮法之源之問題上，原則地說，雖可說系統多端，然而落實言之，第一序上亦不過兩系統，即阿賴耶系統與如來藏系統，如前部所述，此即是別教，而第二序上則只有一系統，此即法華之開權顯實發迹顯本，因而成為天台圓教者。是以系統多端只能在第一序上說，因是分解說故，又是可諍法故（凡分解地說者皆可諍議）；而第二序上則只有一而無二，因是非分解地說故，由詭譎的「即」而示故。故此第二序上的一虛一實，虛為般若，實為法華，皆是無諍法，因皆是由詭譎的「即」而示故。

今言別教之主要性格只就阿賴耶系統與如來藏系統而說。但若如此，則別教必須分為始別教與終別教兩種。智者當時無此分別。蓋真諦傳攝論即攬合不清故。順攝論本身而言，本自是阿賴耶系統，即智者所謂「黎耶依持」。但順真諦之增益解釋，如解性賴耶，如如來藏自性清淨心，如第九菴摩羅識，則又當是如來藏系統（真心系統），即智者所謂「真如依持」。智者將真諦之增益解釋與攝論自身義混合而為一，故一方稱攝論為「黎耶依持」，「發頭據阿黎耶出一切法」，斥之為「界外一途法門」，（法華玄義卷第五下論「三法妙」中論別教三法處）；一方又常依真諦之增益解看攝論，以真諦所傳者為別教，是即無異於以後起之起信論為別教。（智者除于童蒙止觀中偶引及起信論，餘作皆未提及起信論。）今將別教分為兩態，視彼為「界外一途法門」者為始別教，視如來藏系統為終別教。後來知禮與山外爭論別理隨緣不隨緣，即由于山外不知有此分別故也。山外說別理不隨緣，隨緣者為圓教，此則只知始別教為別教也。知禮說別理隨緣，即使隨緣者為圓教，自非。但若知別教有兩態，則說別教真如理隨緣與不隨緣俱可。隨緣之真如理即真常心，心與空如理為一者也；不隨緣之真

· 638 ·

如理即賢首所謂「凝然真如」，空如理與心不合一者也。

始別教之性格如下：

(一)約觀法言，依唯識說三性，亦是體法空，依此而言無生四諦。此即般若精神之在始別教中行。

(二)約解脫言，由正聞熏習而至出世清淨，依此說漸教，而且成佛有種性。雖可通至界外，斷及無明，然既是漸教，則究竟斷無必然的保證。既可通至界外，自可開為無量四諦。然就染妄面說，通過熏習，種子始可成為現行，而種子亦由後天展轉熏習而成，是則無量純是經驗地說，是不定者，只是敞開一無限制之門而已；就清淨面說，正聞熏習是經驗的(後天的)，則無量亦是不定者，亦只是敞開一無限制之門而已。只可說是由如來藏開出之「界外一途法門」，未是通此即示窮法之源，雖窮而未至其極也。故謂之為「始別教」。

(三)約佛果言，凝然真如只是空如理，是無為法，一切憑依之而起的加行皆是有為，即佛智亦是生滅有為，屬清淨依他攝，是則真常即不能達到，「如來藏恒沙佛法佛性」一觀念即不能充分證成，而空不空如來藏亦不能充分證成。但「空不空」是別教之基本義，故智者說別教總是以「空不空」說也。此即示阿賴耶緣起未能成為別教之典型，故只視之為「界外一途法門」也。

終別教之性格如下：：

(一)約觀法言，亦是體法空，故亦是無生四諦。此是般若精神之在「終別教」中行。

(二)約解脫言，由始覺而究竟覺，還歸于本覺，斷及無明而至究竟斷有必然之保證。由一

• 佛性與般若 •

真心開二門，流轉與還滅俱函無量法，故至無量四諦是決定的，不只敞開一無限制之門而已也。此即示窮法之源而已窮至其極矣。

(三)約佛果言，通過還滅後，真常心之全部朗現即是佛。「如來藏恒沙佛法佛性」一觀念至此始充分證成，而法身常住亦充分證成，「空不空」亦充分證成。故當說如來藏自性清淨心空而不空時，此「空而不空」之中道只是由隨緣中緣修還滅而充實。「不變隨緣隨緣不變」而展示，空不空是由隨緣中緣修還滅而充實。故當說如來藏自性清淨心空而不空時，此「空而不空」之中道，須緣修以實之。在此緣修方便上說一切法趣不空。故此仍爲權說之別教，非圓教也。即進而依此別教而言法界緣起，如華嚴宗之所示，那也只是分析的圓教，不開權，不發迹，仍只是別教而已。說至「空不空」但中之理，此乃成別教之核心觀念。智者判別圓大抵是環繞此核心而言。〈法華玄義〉卷第九上言及圓門入實觀（此屬「辯體」中文），此中以十義判別圓，如下：

(一)明融不融者，別教四門，所據決定妙有善色，不關于空；據畢竟空，不關于有。乃至非空非有門亦如是。四門歷別，當分各通。不得意者，作定相取……圓門虛融微妙，不可定執。說有不隔無，約有而論無，說無不隔有，約無而論有。有無不二，無決定相。假寄于有以爲言端。而此有門亦即三門。一門無量門，無量門一門。非一非四，四一十四，此即圓門相也。

復次，更約破會明融不融相。若破外道邪見，不破二乘邪曲，亦不破大乘方便。又會凡夫反復，聲聞無也；會塵勞之儔爲如來種，無爲入正位不能反復；生死惡人、煩惱惡法、而皆被會，二乘善法、四果聖

• 640 •

人、而不被會。又般若中,明二乘所行念處道品皆摩訶衍,貪欲無明見愛等皆摩訶衍,善惡之法悉皆被會,亦不會惡人及二乘人等,不辨其作佛。此即別門攝也。

若圓破者,從別教已去皆是方便。故迦葉自破云:「自此之前,我等皆名邪見人也。」既言邪見之人,即無圓正道法。別教人法尚爾,何況草菴人法?二乘尚爾,何況凡夫人法?是則圓破,無所固留。

圓會者,會諸凡夫著法之眾,汝等皆當作佛,我不敢輕于汝等。五逆調達亦與受記,龍畜等亦與受記,況二乘菩薩等?世間治生產業皆與實相不相違背,即會一切惡法也。汝等所行是菩薩道。析法二乘尚被會,況通況別?汝是我子,我則是父,無有人法而不被會,俱皆融妙,此即圓門攝也。

……

(二)即法不即法者,若說「有」為門,此有非生死有,出生死外別論真善妙有。空門者,出二乘真外別論畢竟空。乃至非有非無門亦如是。是為別四門相。若「有」為門,即生死之有是實相之有,一切法趣有,有即法界;出法界外,更無法可論。生死即涅槃,涅槃即生死,無二無別,舉「有」為門端耳。此即生死之法是圓四門相實具一切法,圓通無礙,是名有門。三門亦如是。

(三)約佛智非佛智者,若「有」為門,分別一切智了達空法,分別道種智照

・641・

恒沙佛法，差別不同者是菩薩智，即別四門相也。若「有」為門，分別一切種智，五眼具足，圓照法界，正遍知者，即諸佛之智，是圓四門相也。

……

(四)約次第不次第者，若以「有」為門，依門修行，漸次階差，從微至著，不能一行中即無量行，乃至非空非有門亦如是，是別四門相。若以「有」為門，一切法趣有門，依門修行，亦一切行趣有行，一行無量行，名為遍行，乃至非空非有門，亦如是，是圓四門相。

……

(五)約斷不斷斷者，夫至理虛無，無明體性本自不有，何須智慧？解惑既無，安用圓別？《涅槃》云：「誰有智慧？誰有煩惱？」淨名曰：「婬怒癡性即是解脫」，又「不斷癡愛，起于明脫。」此則不論斷不斷，明時無闇；有智慧時，則無煩惱。」此用智慧斷煩惱也。《大經》云：「闇時無明，明時無闇」，多就定分割截，漸次斷除五住，即是思議智斷也。乃至三門亦如是。是為別四門相。

若圓有門，解惑不二，多明「不斷斷」；五住皆不思議，即是不思議斷。乃至三門亦如是。是為圓四門相。

……

(六)約實位非實位者，若有門明斷界內見思，判三十心位；斷界外見思無明，判十地位；等覺後心斷無明盡；妙覺常樂，累外無事：此乃他家之因將為

• 642 •

己家之果，皆方便，非實位也。後三門大同小異，皆是別四門相。

若有門從初發意，三觀一心斷界內惑，圓伏界外無明，判十信位；進發真智，圓斷界外見思無明，判四十心位；等覺後心無明永盡，妙覺累外，此是究竟真實之位。乃至三門亦如是。是名圓四門相。

……

(七)約果縱果不縱者，若「有」為門，從門證果，三德具足，不縱不橫，亦因如是一法門具足一切法門，通至佛地。華嚴云：「從初一地具足諸地功德。」大品云：「初阿字具足四十一字功德。」三門亦如是。是為圓四門相。

若「有」為門，從門證果，三門亦如是。是為別四門相。

般若修成，解脫始滿，不但果德縱成，因亦局限。如地人云：「初地具足檀波羅蜜，於餘非為不修，隨力隨分。」檀滿初地，不通上地。餘法分有而不具足者，是義有餘。

……

(八)約圓詮不圓詮者，若「有」為門，門不圓融，或融一，或融二。門前章，偏弄引；門中章，詮述不融、不即、菩薩智，乃至偏譬喻等；門後還結不融、不即、等。三門亦如是。是為別四門相。

若「有」為門，一門即三門；門前圓弄引，門中講述融、即、佛智，乃至圓譬喻等，門後結成融即等，三門亦如是。是為圓四門相。

643

(九)約問答者,若有門明義未辨圓別,須尋問答數徵,自見圓別旨趣。三門亦如是云云。

(十)約譬喻者,諸門前後或舉金銀寶物為譬,或舉如意、日月為譬,或用別合,或用圓合,圓別之相自顯云云。

今以十意玄覽眾經,圓別兩門朗然明矣。

今經十義者,觀一切法空如實相,決了聲聞法,是諸經之王,開方便門,此是「融凡、小、大之人法」也。

一切世間治生產業皆與實相不相違背,即客作者是長者子,此是「即法」之義也。

開示悟入佛之知見,今所應作唯佛智慧,即「佛慧」也。

著如來衣、座、室等,即「不次第行」也。

不斷五欲而淨諸根,又過五百由旬,即「不斷斷」義也。

五品六根淨,乘寶乘遊四方,即「實位」也。

佛自大乘,定慧力莊嚴,以此度眾生,即「果不縱」也。

合掌以敬心,欲開具足道,即今佛文前「圓詮」也。諸法實相義,已為汝等說,即古佛文後「圓詮」也。

智積、龍女,「問答」顯圓也。

• 第一章 天臺宗之判教 •

輪王頂珠，其車高廣，皆「圓喻」也。

案：以上十義判圓別，實則只是前八義，而前八義中又以㈠融不融，㈡即不即，㈣次第不次第，㈤斷斷不斷斷，㈦果縱果不縱，五義為最基本。即此五義中復以㈠即不即，㈤斷斷不斷斷，二義為最基本，吾已提出論之于前第二節，名之曰原初的洞見。別教是分解地說。凡分解地說者皆不融，不即，有次第，斷斷，有縱橫，非圓詮。圓教是詭譎地說。凡詭譎地說者皆融，皆即，皆不次第，皆不斷斷，皆不縱不橫，故皆為圓詮。後來荊溪，知禮判別圓，精簡圓義，皆以此五義為綱領，亦即不出此十義之範圍，無有進于智者而不同于智者，所謂嚴守家法，無敢踰越或歧出而背離者。

5. 最後可簡單地言圓教。

別圓既判，則圓教義已顯矣。

Ⅳ、對于圓教之規定

圓教者，圓妙、圓滿、圓足、圓頓、圓實之謂也，所謂圓伏、圓信、圓斷、圓行、圓位，圓自在莊嚴，圓建立衆生。然此是相應法華開權顯實發迹顯本而成之圓教。凡圓教，籠統言之，自就佛說。然佛有三藏佛，通教佛，別教佛，不必是圓實佛。惟相應法華圓實佛而說者方為真圓實教，此以上列法華圓十義定之也。今規定其性格如下：

㈠約觀法言，為一心三觀，由此開出三眼、三智、三諦。三觀者，觀空、觀假、觀中

也。觀空為慧眼，觀假為法眼，道種智；觀中為佛眼，一切種智。而所觀之空假中，即三諦也。即三而一，即一而三，是故「即空即假即中」。分拆言之，說空假為方便，說中為圓實。而中不離空假以為中，故以急辭連三即而說為「即空即假即中」也。復次，若說空，則無假中而不空，一切法趣空，是趣不過，此為總空觀；若說假，則無空中而不假，一切法趣假，是趣不過，此為總假觀；若說中，則無空假而不中，一切法趣中，是趣不過，此為總中觀。此是龍樹中觀之吸納于圓教中說，不背緣起性空之基本義，亦是般若融通淘汰之精神之在圓教中行，故由體法空而當體即是無生四諦，即是無量四諦，亦即是無作四諦。此是般若之作用的圓當下套于一存有論的圓。

㈡約解脫說，為圓伏、圓信、圓斷、圓行、圓位、圓自在莊嚴、圓建立眾生。此中即是一「不斷斷」。而此「不斷斷」即預設「從無住本立一切法」，即「一念無明法性心即具三千世間法」，此是存有論的圓。性德三軌不縱不橫，修德三軌亦不縱不橫。性修不二，皆具三千，故為無作無量四諦。此是性具系統，非「隨緣不變不變隨緣」之性起系統也。性起系統只是無量，而非無作，是斷斷，而非不斷斷。「斷斷」有能覆與所覆，故必斷除能覆之無明，始顯所覆之真心；必斷除九界之差別，始顯佛界之法身。此即荊溪所謂「緣理斷九」也。不斷斷者，法身必十界互融而為法身，般若解脫亦然。此即三千世間法皆是本具，皆是性德。無明須斷，此即所謂「解心無染」；而無明中之差別法則不斷，此即所謂「除病不除法」，即「不斷斷」也。低頭舉手皆成佛道，通達惡際即是實際，何況二乘行？何況菩薩行？依此而言「性德惡」。「性德惡」者即性德三千中

除佛界外餘九界中一切本具之穢惡法也。此明是在「不斷淫怒癡」下之詞語，無足驚怪也。此與儒家言性善性惡者異矣。「性德惡」有時亦言「性惡」，此略詞也。惡是形容法性，非形容性者。「性德惡」即是一念無明法性心所本具之不可改變之穢惡法。無明無住，無明即法性，如是則法性心即本具有這些穢惡法而一不可改。法性無住，故佛界亦有惑業苦三道法。無明心亦本具有這些穢惡法而一不可改。通達惡際即是實際也。是故眾生皆在惑業苦三道中，法性即無明，如是，則無明心亦本即三德，解心無染也。是故衆生皆在惑業苦之三道，佛之解脫是在「不斷斷」中，三道即三德下，解心無染也，而三千法仍自若也。是故荊溪云：「三千在理，同名無明。三千果成，咸稱常樂。」(十不二門因果不二門語)。此即「圓斷」，亦曰「不思議斷」。故「性德惡」是性具系統無作四諦之重要標識，實只是「不斷斷」之變換語耳。

(三)約佛果言，即為法身常住，無有變易，「如來藏恒沙佛法佛性」之圓滿的體現。如來藏即「一念無明法性心」也，不指眞心而言。圓滿體現者必即三千法而體現之也，因恒沙佛法佛性本具此三千法也。數言三千，實即無作法無量法也。「三千果成，咸稱常樂。」三千在理即是性具三千即是「本具三千即是」圓滿體現即是「三千果成，咸稱常樂。」三千在理即是性德，而性德是在修德中顯，故雖修而又是性。不縱不橫。不縱者，法身、般若、解脫皆本具故，雖不縱而亦不橫。不橫者，般若與解脫雖修德亦性德故，雖修而又是性。故雖修德而又是性。修德又是在「不斷斷」下成故，故有縱然。此為圓伊，亦曰三德秘密藏。而別教三德，因為是性起系統，又是「斷斷」，故有縱橫，不為圓伊。

復次，總上三點言之，此圓教之特色又在「一切法趣某，是趣不過」之一語，此即「不

但中」,故曰圓中。此語本是般若經中表示「般若之作用的圓」之語。今將表示「般若之作用的圓」之「一切法趣」套于「存有論的圓」中說。一念三千不只是散列的三千,而且是一切法趣空,趣假,趣中之三千。又不止此,而且是一切法趣色、趣聲、趣香、趣味、趣觸,固不只趣一念也。是故得言唯色、唯聲、唯香、唯味、唯觸、唯識、唯智。若在識中,是識色不二。在智中,是智色不二。依一切都是迷執。若在智中,一切都是常樂。此即是圓教下的兩層存有論,而在一念三千前者說執的存有論。依後者,說無執的存有論。極者徹底透出兩與不斷斷中完成之。別教不能至此也。故佛教必發展至法華圓教始至其極層存有論之謂也。至此,始極成無諍——般若之無諍與法華之無諍合而為一。

第四節　七種二諦之差異以及其層層升進

1. 上定四教訖,今再就七種二諦以明四教之縱貫關係。縱貫者接引貫通之謂也。相接引而趣于一實,則就二諦而言,四正二諦外,居間復有過渡之三種二諦以明相接引,故總有七種二諦也。敎分爲四,是就經教而判成。今言七種二諦亦是就經教之內容歸約而成,固無一經有此現成之七種二諦也。

法華玄義卷第二下論「境妙」中說到二諦境時,列有七種二諦如下:

㈠實有爲俗,實有滅爲眞。(藏二諦)。

㈡幻有爲俗,即幻有空爲眞。(通二諦)。

㈢幻有爲俗(單俗),即幻有空不空共(複眞即單中)爲眞。(別接通二諦)。

(四)幻有爲俗(單俗);,一切法趣空不空(複中),爲眞。(圓接通二諦)。

(五)幻有,幻有即空,皆名爲俗(複俗);不有不空(單中即但中)爲眞。(別二諦)。

(六)幻有,幻有即空,皆名爲俗(複俗);不有不空,一切法趣不有不空(複中),爲眞。(圓接別二諦)。

(七)幻有,幻有即空,皆爲俗、趣空、趣不有不空,爲眞。(圓二諦)。

括弧中單複之語須加解釋。前言無一經有此現成之七種二諦,乃智者就經敎內容相應四敎以及其間之搜引而約成者。此須明確了解四敎之性格而且須就四敎而了解之。但《大涅槃經》卷十三《聖行品》第七之三(南本整治後之分品稍細,與北本不同),佛爲迦葉菩薩廣明四聖諦已,復爲文殊菩薩以八番文字說二諦,即世諦與第一義諦。章安疏即以智者七種二諦說此八番文字。其中即用到單複二字,但有時不甚諦當。今先藉《涅槃經》經文(兹依北本錄,章安疏依南本,文字稍有不同)云…

善男子!有善方便,隨順衆生,說有二諦。善男子!若隨言說,則有二種。一者世法,二者出世法。善男子!如出世人之所知者名第一義諦,世人知者名爲世諦。

章安疏云…

初、約世出世兩人判二諦者,通冠下七,一一二諦各有此意。世情多想,束爲

〈經〉

案：此是綜綱，綜說二諦，不在七種二諦之內。下七番分別說七種二諦。

〈疏〉

善男子！五陰和合，稱言某甲。凡夫眾生隨其所稱，是名世諦。解陰無有某甲名字，離陰亦無某甲名字，出世之人如其性相而能知之，名第一義諦。

案：章安名此曰「名無名」二諦。此二諦約「有作四諦」而立。有作四諦亦曰生滅四諦說二諦，此即藏教二諦，析法入空也。

〈經〉

復次，善男子！或復有法有名有實，或復有法有名無實。善男子！有名無實者，即是世諦。有名有實者，是第一義諦。

〈疏〉

二、五陰和合者，約名無名判。攬陰名生，即世諦。即陰離陰，如性知之，性即真諦。此約有作四諦立之。

三、或復有法有名無實者，他曰：世諦有名，名名于體，物應于名，真諦

• 若般與性佛 •

（大涅槃經疏卷第十五，下同。）

650

・第一章　天臺宗之判教・

〈經〉：

但有名無實。今文反此。世但虛名而無真實，不生不滅，與法相稱，即是真諦。不能即色是空，故有名無實。能即色是空，故有實有名。此約無生四諦立之。

案：章安名此曰「實不實」二諦，即通教二諦，體法入空也。故約無生四諦立。生滅、無生，皆是有量四諦。

〈經〉：

善男子！如我眾生，壽命知見，養育丈夫，作者受者，熱時之燄，乾闥婆城，龜毛兔角，旋火之輪，諸陰界入，是名世諦。苦集滅道名第一義諦。

〈疏〉：

四、眾生壽命如旋火輪。此單俗複真以論二諦。假名幻化，熱燄火輪，但有其名，而無其實。稱世流布，即是世諦。真與中合，共為真諦。若單以真為第一義者，不得言「苦集滅道是第一義」。具指四諦，即真中合。此明無量四諦中若真若中同為第一義諦。前文曰「第一義無量無邊，不可稱說。」

案：章安名此曰「定不定」二諦。單俗複真，俗是不定，中道是定。「單俗」者，即只就假名一層說俗諦也。「複真」者，就真與中之雙重說真諦（第一義諦）也。下文智者正解七二

諦中之第三種二諦亦以「複眞」說眞諦，章安本智者而言也。「眞」是空義，「中」是空而不空義。此不空之中非如龍樹中論所說之中道，蓋彼之中道仍只是體法空之中道空。此不空之中當就空如來藏與不空如來藏說。空如來藏只知體法空爲眞諦，尚不知不空如來藏提攝于「如來藏恒沙佛法佛性」上而說之，亦示通教只知體法空之空眞爲第一義諦也。此是將通教之空眞提攝于「如來藏恒沙佛法佛性」上而說之，亦示通教只知體法空之空眞爲第一義諦也。此是將通教之空眞提中爲眞諦也。就如來藏言，空如來藏是中，不空如來藏是眞，不空如來藏是中，故「眞與中合，共爲眞諦」。故經以苦集滅道爲第一義諦（眞諦），不只是實相般若體法空之空眞諦也。此是約無量四諦說二諦。知無量四諦者是別教。蓋如來藏自性清淨心統攝一切法也。故此「單俗複眞」之二諦可視爲「別接通」二諦。

但別教說無量四諦只是眞心隨緣起現之無量，此是性起系統之無量，尚不是性具系統之無量。故此不空之中只是不空但中之理，即如來藏自性清淨心不有不無但中之理，而無量者乃是此但中之理之隨緣起現，或藉緣修之方便令一切法趣此不空之理以實之，而非即是性具，故只說無量四諦，不說無作四諦也。說無量四諦是別教，說無作四諦是圓教。若此第四番二諦文眞是「別接通」二諦，則所謂「單俗複眞」只是單中單中也。單中對下第七番中之「複中」而言。此即性具系統中之無作無量也。是則此處所謂「非單指理，即事而理，法界圓備名爲複中」。此第四番文字既就無作四諦中之「眞與中合」（但中）說眞諦，故知此「單俗複眞（單中）」不可稱說。「前文」者，經于八番二諦文前有此乃「單中」也。而「單中」即「但中」。「複中」者，依章安之規定，「非單指理，即事而理，法界圓備名爲複中」。此即性具系統中之無作無量也。是則此處所謂「非單指理，即事而理，法界圓備名爲複中」。此第四番文字既就無作四諦中之「眞與中合」（但中）說眞諦，故知此「單俗複眞（單中）」不可稱說。「前文」者，經于八番二諦文前有此語也。

章安云：「前文曰第一義無量無邊，不可稱說。」「前文」者，經于八番二諦文前有此語也。經前文以中智與上智分別聲聞緣覺與諸佛菩薩之不同。中智只能分別地知陰界入相以

· 652 ·

第一章 天台宗之判教

經：

及五陰相,而不能知其有無相;只知四諦,而不能知世諦無量無邊,只知諸行無常、諸法無我、涅槃寂滅是第一義,而不能知「第一義無量無邊」,不可稱計」。依天臺判教,只說無量四諦者為別教,進說無作四諦者為圓教。經說無量無邊無此分別。但此第四番二諦文既說「苦集滅道名第一義諦」,不是以空真為第一義諦,故章安依據經文無量四諦而以別教之複真(單中)說第一義諦也。

疏：

善男子!世法有五種。一者名世,二者句世,三者縛世,四者法世,五者執著世。善男子!云何名世?男女瓶衣、車乘屋舍,如是等物,是為名世。云何句世?四句一偈,如是等偈,名為句世。云何縛世?捲合繫結,束縛合掌,是名縛世。云何法世?如鳴椎集僧,嚴鼓誡兵,吹貝知時,是名法世。云何執著世?如望遠人有染衣者,生想執著,言是沙門;非婆羅門;見有結繩橫佩身上,便生念言是婆羅門,非沙門也。是名為五種世法。善男子!若有眾生於如是等五種世法,心無顛倒,如實而知,是名第一義諦。

五、世法五種去,此約「單俗單中」以明二諦。上以熱燄火輪五譬以譬人

653

我而為世諦,今以五法而為世諦。五法如燄輪,燄輪譬法。法譬互舉,同是「單俗」。心無顛倒,如實知之,即單指中道以為如實。此明有作無生等苦集為俗,指下一實諦為真。

案:章安名此曰「法不法」二諦。法謂實相,不法為俗。于世無倒,謂見實相。俗只是五種世法,幻化假名,故為「單俗」。真則單指中道實相以為真(第一義諦),故為「單中」。但此「單中」恐有問題,易生誤會。如果此第五番二諦文是「圓接通」二諦,則不能是「單中」。如果此實相之中同于《中論所說》,則只是即色是空,此亦是即事而理,但却只是通教,即,只是觀法上之體法空。如果此實相之中繫于般若,般若亦圓具一切,但般若之圓具一切只是般若智之作用地成就一切法,故其為圓只是作用的圓,不是存有論的圓。因此,這尚不能真成為「圓接通」二諦,蓋只是通教二諦也。如果此實相之中是就「如來藏恒沙佛法佛性」說,而又為「但中」之理,則只成「別接通」,而非「圓接通」。「單指中道以為如實」,故為「單中」有時同于「但中」,有時亦不必同于「但中」,而是「別接通」。此則同于第四番而為重複。如果此處之「單指中道以為如實」只是說單直指中道以為如實,則所指之中道不必是「但中」之理,亦可是「即事而理」,即是「複中」,依章安下第七番之疏文,法界圓備」之「圓中」。而如此之「圓中」,是則方可成就「圓接通」二諦。如是,此處之「單俗單中」實即是「單俗複中(圓中)」,(智者下文正解七二諦中之第四種二諦不說真為「單中」,而說為「不思議真」。「不思議

真」即圓中或複中也。）但章安之說「單中」，是則不能成就「圓接通」義。為明確起見，此「單俗單中」當改為「單俗複中」，而上第四番文之「單俗複眞」實即是「單俗單中（但中）」。如是，則單複義可一致，而單俗單中（圓接通），與下六七兩番「複俗單中（圓接別）」（別二諦），亦相對稱也。如果此處說為「單中」，則與下第六番「別二諦」中之「單中」又何別乎？

又，章安云：「此明有作無生等苦集為俗（單俗），指下一實諦為眞。」「指下一實諦」者，經于此八番二諦文後，復為文殊說「一實諦」。佛言：實諦者名曰眞法，實諦者無有虛妄，實諦者名曰大乘，實諦者一道清淨，無有二也。進而復言：「有苦有諦有實，有集有諦有實，有滅有諦有實，有道有諦有實，虛空非苦非諦是實，佛性非苦非諦是實。」此一實諦之實是單中（但中），抑是圓中，經文未有規定。就此第五番文而言，章安是把它限定為「單中」。但如果「單中」視為圓中（複中），則不能成就「圓接通」。為成就「圓接通」，須把經下文之「一實諦」而有單中複中之別？章安于此五及下六七兩番，俱云「指下一實諦為眞」。何以「一實諦」不加簡別，徒增混亂。

〈經〉：

復次，善男子！若燒若割，若死若壞，是名世諦。無燒無割，無死無壞，是名第一義諦。

六、若燒若割去，此約「複俗單中」以明二諦。若燒若死，此明體法始終。若割若壞，此明析法始終。即以兩始為有，兩終為無。此之有無，合之為俗，即是「複俗」。單指中道非有非無，故無燒割，即第一義。此明上有作無生之真俗同名為俗，指下一實諦而以為真。

案：章安名此曰「燒不燒」二諦。此複俗單中即是別教二諦。「複俗」者，藏通二教中之空真（析法空與體法空）與俗有（實有與幻有）俱名為俗，此即雙重之俗，故為「複俗」。「單中」者，解說的空真與俗有即是權說，亦即是可思議的空真與俗有，因而皆可名為俗。不性具一切法者，以為第一義諦即以如來藏自性清淨心空而不空，不有不無之理，很難看出是限于就別教之但中之理說。話雖是這樣說，但經文之「無燒無割，無死無壞」，彷彿可以引至此，而辭不備。又若此「單中」是就別教之真說，則上第五番「圓接通」之真何以亦說為「單中」耶？故知彼處說單中，其不安甚明。又，「指下一實諦而以為真」，經下之一實諦，如吾上第五番中所引述，亦不必是別教但中之理。只當吾人視此第六番文為「複俗單中」之「別二諦」時，始須把那一實諦限為但中之理。

〈經〉：

疏：

　七、八苦有無去，此約「複俗複中」以明二諦。「複俗」如向言。「複中」者，非單指理，卽事而理，法界圓備，名爲複中。此合上來有作無生無之與俗皆名爲俗，指下一實不可思議而爲眞諦。文雖不顯，義推自成。然此一番猶是「複俗複中」二諦。

案：章安名此曰「苦不苦」二諦，卽是「圓接別」二諦。「複俗」者，非單指但中之理（眞如心空不空）以爲眞，而乃是「卽事而理，法界圓備」以爲眞。「空不空」是別敎理，空不空而又一切法趣空不空是圓敎理。此卽「一念無明法性心」卽具三千世間一切法也，非偏指眞心隨緣起現而又「緣理斷九」之謂也。分解地說，但以此「複中」之圓義接引別敎空（卽事而理法界圓備）合而爲中，故爲複中，卽以此「複中」之圓義接引別敎「複中」尙是順別敎之空不空（指眞心而言）而方便地以此複中之圓義接引別敎令其向圓敎轉進也。此尙不是眞正圓敎本身之說法。就圓敎本身而言眞諦，那偏指眞心而言的空不空亦當化掉，那卽是性具系統下無作四諦之圓中（不思議中）也。此「圓接別」中之中旣是「複中」（順別敎空不空說，雖有圓意，尙不眞是圓中，不思議中，若直就圓敎性具

〈經〉：

復次，善男子！譬如一人多有所能。若其走時，則名走者；或收刈時，復名刈者；或作飲食，名作食者；若治材木，則名工匠；鍛金銀時，言金銀師。法亦如是，其實是一，而有多名。依因父母和合生者，名為世諦。十二因緣和合生者，名第一義諦。

〈疏〉：

八、復次下，先譬次合，明圓二諦。真俗相卽，皆不可思議。譬如父母和合生子，一人多能，以譬圓俗。十二因緣和合，三道卽是三德，卽第一義以顯圓真。是名不可思議二諦。一切二諦悉入此中。方便隨順，說諸二諦，無量無邊。止論七種，何足驚怪？能如是知，名慧聖行。古來皆迷此二諦文。今用天臺大師七種二諦義來釋八番，義則相應，真順聖慧。

說，則複中卽圓中），則前第五番文中「圓接通」中之「中」不得爲「單中」明矣。又，「指下一實不可思議爲眞諦」，經下文一實諦旣是「一道淸淨，無有二也」（見前第五番中引述），卽是不可思議之一實諦，卽圓實諦。《涅槃經》爲揀拾敎，四敎俱說。就前三敎言，追說追泯，意歸于圓。故一實卽圓實。但于五、六、七番中章安俱說「指下一實爲眞」，然而却有單中複中之別。章安不加限制，則令人疑惑也。

案：章安名此曰「和合」二諦，又名「不可思議」二諦，「真俗相即，皆不可思議」，即約性具無作而說的「圓二諦」也。此既不是阿賴耶妄心系統，亦不是如來藏真心系統，而乃是將那樣的妄心與真心予以決了後，在「不斷斷」下，「三道即三德」下，而說的一念心即具十法界中之「圓二諦」也。故俗為圓俗，真為圓真，真即俗：「真俗相即，皆不可思議」也。

以上章安以七種二諦解《涅槃經》八番二諦文，當然不免牽合。徒看經文，很難看出有如智者所說之七二諦之義。但我們現在可不管此點。我們必須知七二諦解是嚴格地相應四教以及其間之升轉而說者。如是，不是以經文建立七二諦，乃是以七二諦解經文也。經文雖疏，而四教則明確也。以下試看智者正解七二諦。

2.《法華玄義》卷第二下釋此七二諦云：

一、實有為俗，實有滅為真。（藏二諦）。

實有二諦者，陰入界等皆是實法，實法所成森羅萬品，故名為俗；滅此俗已，乃得會真。《大品》（般若經）云：「空色、色空」。以滅俗故，謂為「空色」。不滅色故，謂為「色空」。病中無藥，文字中無菩提，皆是此意。是為實有二諦相也。

案：《荊溪釋籤》解云：「俗只是色，析滅色故，名為空色。謂色實有，名為不滅。雖不可滅，以無常故，名為色空。」即此生滅四諦，析法入空之藏教二諦也。「病中無藥」者，病為所

治,隱指俗言;藥爲能治,隱指眞言。所治之病既是實有,則病只是病,而不能當體即空以自治其病,是故「病中無藥」。能治之藥(眞)既是實有(偏空),則藥只是藥,不能即于病俗而爲藥,是故亦得言「藥中無病」。是故釋籤解云:「以能治所治俱實有故,是故互無」以「互無」故,只能是生滅四諦,析法入空也。此其所以爲拙。

二、幻有爲俗,即幻有空爲眞。(通二諦)。

幻有空二諦者,斥前意也。何者?實有時無眞,滅有時無俗,二諦義不成。若明幻有者,幻有是俗,幻有不可得,即俗而眞。《大品》云:「即色是空,即空是色。」空色相即,二諦義成。是名幻有空二諦也。

案:此即無生四諦,體法入空之通敎二諦也。病中有藥,能自治其病,非實有,乃幻有,故「即俗而眞」也。藥中有病,空非偏空,故即眞而俗也。空俗皆假名,中觀義成。《中論》若就其觀法言,雖不即是通敎(以爲共法故),然就其特殊敎相而言,則亦是通敎,而此通敎即以中觀爲其特色,蓋唯此爲不同于藏敎故,餘與藏敎俱無異故。

三、幻有爲俗(單俗),即幻有空不空共(複眞即單中)爲眞。(別接通)。

四、幻有爲俗(單俗);幻有即空不空,一切法趣空不空(複中),爲眞。(圓接通)。

• 660 •

次人聞「非漏非無漏」，謂非二邊，別顯中理，中理為真。又是一番二諦。〔案此即此四、「圓接通」二諦，亦即「別接通」二諦也。此即通教中之利利人。〕

又人聞「非有漏非無漏」，即知雙非正顯中道。中道法界力用廣大，與虛空等，一切法趣「非有漏非無漏」。又是一番二諦也。〔案此即此三、「幻有為俗，即幻有空不空共為真」之二諦，亦即「別接通」二諦。此即通教中之利根人。〕

幻有空不空二諦者，俗不異前，真則三種不同。一俗隨三真，即成三種二諦。其相云何？如《大品》明「非漏非無漏」。初人謂「非漏」是非俗，「非無漏」是遣著。何者？行人緣無漏生著，如緣滅生使，破其著心，還入無漏。漏無漏本是通教法。為成接義，故立此是一番二諦也。〔案此即上二通教二諦。為成接義，故只是上二「幻有空」二諦也。初人聞此雙非，還入無漏，故只是上二「幻有空」二諦也。初人聞此雙非之鈍根人。〕

大經云：「聲聞之人但見于空，不見不空。智者見空及與不空。」即是此意。二乘謂著此空，破著空故，故言不空。空著若破，謂是如來藏，一切法趣如來藏。還約不空即有三種二諦也。〔案此就空不空說三種二諦。二乘為著空者，破著空「為不空」，不見不空。此即「通二諦」。利人謂不空著而言不空，只是通教之體法空。故如此之不空即為「通二諦」。利人謂不

空是妙有，此就別教之無量四諦說，故此即「別接通」二諦。「空不空」本是別教法。利利人謂「不空是如來藏，一切法趣如來藏」，此就「一念無明法性心即具十法界」之無作四諦說。如來藏是就事就迷而說，「一念心即如來藏理」之如來藏，非偏指真心而言之如來藏。此即「圓接通」二諦。「一切法趣」本是圓法。〕

復次，約一切法趣「非漏非無漏」，顯三種異者，初人聞一切法趣非漏非無漏者，謂諸法不離空，周行十方界，還是辨處如。〔案此即通一切法趣二諦，亦般若經中言一切法趣之本義，般若之作用的圓也。〕又人聞趣，知此中理須一切行來趣發之。〔案此即「別接通」二諦，亦以真心隨緣說一切法趣之系統。〕又人聞一切趣，即「非漏非無漏」具一切也。此「一切法趣某某」之趣不只是般若之作用的圓義，且亦是法華之存有論的圓。〔案此即「圓接通」二諦。〕此是故說此一俗，隨三真轉。或對單真，或對複真（空不空共之真為複真即單中）即成單真，即成通二諦。對複真（空不空真單中即但中），即成「別入通」二諦。智證偏真，俗隨智轉。智證一切法趣不空真（複中），即成「圓入通」二諦。智證不空真（單中即但中），即成「別入通」二諦。對不思議真（即複中），即成「別接通」二諦。智證不思議真，即成「圓接通」二諦。

案：以上智者以「非漏非無漏」，空不空，一切法趣「非漏非無漏」，三例來說明一俗隨三真

轉，成三種二諦：一、通二諦，二、別接通（或別入通）二諦，三、圓接通（或圓入通）二諦。在此例明中，我們必須知在「別接通」中，說及不空（妙有）是就如來藏自性清淨心說，即所謂但中之理，決不是只就「緣起性空」一義所說之中道空（體法空）；在「圓接通」中，說及「不空是如來藏」，是就「一念心即十法界」說，既不是只就「緣起性空」一義所說之中道空，以及般若經之只就真心隨緣之趣不空，亦不是只就「緣起性空」一義之展轉引升進中。是故看到空不空，後後者是從前前者而來，以為只是那析法空與體法空範圍內之只就緣生法說，那種種空不空只是「體法空」一義之展轉引申而已。如吉藏之說四重二諦間之升進。如吉藏之說四重二諦：一、有為世諦，無為真諦；二、有無為世諦，非有非無不二為真諦；三、有無二，非有非無不二，為世諦，非二非不二為真諦；四、前三重皆為俗，言忘慮絕為真諦：此只是緣起性空一義之展轉引申，就分別說、圓融說、圓融之不同層次說，以及說與不說，而為展轉引申，結果只是一通二諦之善解。若以智者之七二諦來比配此四重二諦，以為某某同於某某或相當于某某，那自是失旨，未能把握七二諦之關節，亦未能相應四教而了解七二諦，而四教不是只就緣起性空一義之展轉引申而成。焉能相比配而謂某某相當于某某耶？吉藏之展轉引申顯然亦無四教義也。

五、幻有，幻有卽空，皆名為俗（複俗）；不有不空（單中）為真。（別二諦）。

案：此即別教二諦，就無量四諦顯如來藏清淨心不有不無但中之理也。此「不有不無」雖承前「幻有、幻有即空」而來，然決不只是體法空中之「不有不無」也。隨教之昇進，而其意指亦不同矣。若不明別教之性格，焉能解此？此不是「體法空」之展轉引申也。

六、幻有，幻有即空，皆名為俗（複俗）；不有不空，一切法趣不有不空（複中），為真。（圓接別）。

圓入別二諦者，俗與別同，真諦則異。別人謂不空，但理而已。欲顯此理，須緣修方便，故言一切法趣不空。圓人聞不空理，即知其一切佛法，無有缺減，故言一切法趣不空也。

案：一切法趣不空有兩形態。一是真心隨緣起現地趣不空，此猶是別教也。另一則是一念無明法性心即具十法界，故言一切法趣不空。此方是圓教。圓接別者即以此圓教義之趣（複中）來援引別教之趣使之悟入圓教也。

七、幻有，幻有即空，皆為俗；一切法趣有、趣空、趣不有不空，為真。（圓二諦）。

圓教二諦者，直說不思議二諦也。真即是俗，俗即是真。如如意珠，珠以譬真，用以譬俗。即珠是用，即用是珠。不二而二，分真俗耳。

案：此是在「不斷斷」中，在「三道即三德」下，就一念三千（無作四諦），說圓二諦也。不是真心爲眞，隨緣起現爲俗。乃是說眞，統統是眞，說俗統統是俗。「一切法趣有、趣空、趣不有不空，爲眞」，故得言一切法唯色、唯聲、唯香、唯味、唯觸。若唯識（一念無明心），則一切皆俗。若唯智（一念法性心），則一切皆眞。三道即三德，故眞俗相即，皆不思議也。「不二而二，分眞俗耳。」三道即俗，三德即眞也。分別說，「幻有，幻有即空，皆爲俗。」而此俗中之「幻有」實一切法趣有之「幻有」，此俗中之「幻有即空」實一切法皆趣之「幻有即空」，故云「不思議二諦」也。此是《法華》「開權顯實，發迹顯本」下般若之作用的圓與一念三千之存有論的圓合一中之圓二諦也。

3.若對此七種二諦境明智，則有七種權實二智，如下：

一、析法權實二智。（藏二智）。
二、體法權實二智。（通二智）。
三、體法含中二智。（通含別二智）。

• 般若與佛性 •

四、體法顯中二智。（通含圓二智）。
五、別二智。
六、別含圓二智。
七、圓二智。

上七番〔二諦〕各開隨情，隨情智、隨智，合二十一種二諦。今七番二智亦各開三種，謂化他權實，自行化他權實，自行權實，合二十一權實也。

(一) 若析法權實二智者，照森羅分別為權智，盡森羅分別為實智。隨種種欲，種種宜，種種治，種種悟，說此二智，逗種種緣，作種種說。隨種種緣，雖復種種，悉為析法權實所攝，故有化他二智。化他二智，隨緣分別，皆束為權智。若內自證得，俱是實證，束為實智。就自證權實，唯獨明了，餘人不見，更判權實，故有自二智也。

今更約三藏重分別之。此佛化二乘人，多用化他實智。二乘稟此化他之實，修成自行之實，故佛印迦葉云：「我之與汝俱坐解脫床」，即此義也。若化菩薩，多用化他權智。其稟化他之權，修學得成自行之權，佛亦印言：「我亦如汝」。云云。

此三種二智，若望體法二智，悉皆是權。故龍樹破云：「豈有不淨心中修菩提道？猶如毒器，不任貯食，食則殺人。」此正破析法意也。

(二) 體法權實二智者，體森羅之色即是于空，「即色」是權智，「即空」是

實智。

大品云：「即色是空，非色滅空。」正是此義。爲緣說二。緣別不同，說亦種種。雖復異說，悉爲化他權實所攝，故名爲權。內證權實既是自證，悉名爲實。以自之實對他之權，化他二智既是隨情，皆束爲權。內證權實既是自證，故有化他二智也。就自證得，又分權實。故有自行二智也。

此三二智望含中二智，復皆名權。何者？無中道故。云云。〔案此所無之「中道」自非《中論》之「中道」。否則體法二智中本已有體法空之中道，何得言「無中道」？〕

(三)體法含中權實二智者，體色即空，照色是權，空不空是實智。〔案此「體法含中二智」即「通含別」或「別接通」二智。「含中」者，于體色中見真空妙有但中之理。此是將「體色即空」移于如來藏自性清淨心上說，而空而不空之中道則是不空如來藏但中之理也，固非《中論》之中道也。〕

說此二智，赴無量緣，隨情異說。雖復無量，悉是合中二智所攝，故有化他二智。化他二智本是逗機，皆名爲權。自證二智皆名爲實。于自證二智更分權實，故有自行化他二智。〔自行化他共，故有自行化他二智。〕（此句是補，原缺。）

此三二智望顯中二智，悉皆是權。何者？帶于空真及教道方便故。〔案「帶于空真」者，謂兼帶偏空之真也。帶「教道方便」者，謂帶有教道方面歷別緣修以顯空不空但中之理也。凡分別說皆教道，凡教道皆方便。〕

・佛性與般若・

(四)又體法顯中權實二智者，體色即空不空，一切法趣空不空。了色是權智，空不空，一切法趣空不空，是實智。〔案此「體法顯中」即是「通合圓」或「圓接通」〕。「體法顯中」者，謂于體法中正顯「即空不空、一切法趣空不空」圓中之理也。此是將空不空移于「一念心即十法界」上說，可知體法空是共法，是一觀法之模型，體法合中，體法顯中，此三者俱以體法說，決不是只就體法空上加上空不空，乃至然曰體法而至體法合中乃至體法顯中，這種泛為增加或泛為展轉引申，一切法趣空所能決定者，必有新觀念之加入，因而有但中圓中之別。體法空所能決定者，必有新觀念之加入，因而有但中圓中之別。故知合中顯中之「中」決非為緣說二。緣既無量，說亦無量。無量之說悉為顯中二智所攝，故有化他二智。化他二智既是隨緣，悉名為權。自證二智既是證得，悉名為實。以自行望他，故有自行化他二智。〔故有自行二智。〕

此三二智望別權實二智者，悉皆是權。何者？帶即空及教道方便故。〔案「顯中」雖是通合圓，然尚帶有「即空」之分別說，此亦即是教道之方便。引之說亦是教道之方便也。〕

(五)別權實二智者，體色即空不空。色、空，俱是權智，不空是實智。以此二智隨百千緣，種種分別。分別雖多，悉為次第二智所攝，悉名為權。自證二智既是證得，悉名為實。以自對他，故有化他二智。自分二智，故有自行二智。

此三二智望「別合圓」，悉皆是權。何者？以次第故，帶教道故。〔案

「次第」者,「色、空俱是權智,不空是實智」,權實次第說故。「帶教道」者,謂歷別緣修以顯不空但中之理,未能直下知「一切法趣不空」也。

(六)別含圓權實二智者,色空不空,一切法趣不空。色空名權智,一切法趣不空為實智。

以此二智,隨百千緣,種種分別。分別雖多,悉為「別合圓」二智所攝,故有化他二智。化他二智既是為緣,悉皆是權。自證得,更分權實,故有自行二實。自他相望,共為二智。

此三二智望圓二智,悉皆是權。何者?帶次第及教道故。〔案「別合圓」雖以「一切法趣不空」為實智,然權實二智分別說,此即是「帶次第」,同時亦即帶「教道之方便」。只以「一切法趣不空」之圓義來接引也。蓋別教中本亦有「隨緣起現地趣不空但中之理」之義也。以此圓趣接其次第趣不空,是權實。一切法趣色、趣空、趣不空。

(七)圓權實二智者,即色是空是實智。一切法趣色,趣空,趣不空。如此實智即是權智,權智即是實智,無二無別。為化眾生,種種隨緣、隨欲、隨宜、隨治、隨悟。雖種種說,悉為圓二智所攝,故有化他二智。化他二智既是隨情,悉復是權。自證二智悉名為實。就自證中更分二智,自他相望,故有自行化他二智。〔故有自行二智。〕

此之二智不帶析法等十八種二智方便,唯有三種不同也,名佛權實。

案：以上七種二諦，七種權實二智，層層上融，直融至圓實而後止。是則圓實以前皆是過渡之方便。此中層層上融本有可融之機。就觀智說，藏教析法之拙與粗本不是必然者，只是對鈍根之一時不徹底的方便曲示。若真秉承緣生無常之教，則「拙之與粗」之不能自足而須上通于「巧之與妙」乃理之必然者。只是從主觀之情方面說，人乃常滯而不能通。然若觀熟生巧，則自能順理之必然而通至于巧。是以若客觀地言之，則自析法通于體法乃是可直接地通至之者。析法相狀只是表說不盡耳。若藏教亦是佛說必應如此。否則佛說有錯。佛不能一時說盡，又常是對機而說，故不盡可。錯則不可。佛說藏教與藏教論師不同。論師可有錯，而佛說不能有錯。是以析法入空乃一時不徹底之權說耳。

由通教而上融至別教，則不能只由觀智說。若只由通教之體法入空，不必然能引至別教之不空。蓋此不空是就「如來藏恆沙佛法佛性」而說，此非只是般若觀智所能直接通至之者。般若之「不壞假名而說諸法實相」並非此不空義。是以由通教而上融至別教之不空須就「佛性」一觀念說。藏通二教之佛之體法乃是灰身滅智，是則不能見佛性之常。又只功齊界內，不能通至無量四諦。然若喚醒「慈悲」一觀念，則成佛必須以一切眾生得度為條件，是即必即九法界而成佛。如是，則佛性不能封于界內，必通至無限而後可。既通至無限，則佛性必常住不變，不能以生滅論。是則灰斷之佛乃是一時之權說或示現。是以由佛性一觀念，稍加反省，即可直接通至「如來藏恆沙佛法佛性」之佛性，此乃是理之必然。故藏通之有限是一時之權說。若不知是權說而封于此限，則是主觀之情執，非實理之必然。

由別教之不空上融至圓教之一切法趣不空，則須知別教是分解的展示，故一方有次第，一方佛性之理又為但中。真空妙有之佛性理為惑所覆，藉緣修方便，破惑而後顯，此即「緣

理斷九」，故佛性理爲「但中」也。此亦是權說，既知是權說，故捨分解的展示而爲詭譎的展示，則即歸于「性具」之圓教。此圓教亦不能由通教之體法入空可直接通至者，光只一心三觀並不能決定圓教之所以爲圓教。此必須經過「如來藏恆沙佛法佛性但中之理」之開決，始可通至此圓教。由別教融至圓教，不須另有客觀之觀念，只須在法華之「開權顯實發迹顯本」下，另換一表達方式即可，即在「不斷斷」下，在「三道即三德」下，由分解的展示轉爲詭譎的展示，另一表達方式即可。此詭譎的展示不只是般若智之無執無著，乃是般若智之作用的圓與不但中佛性理之存有論之圓之合一，因此，而成爲性具系統也。此必須由圓之所以爲圓雖有種種說，最後總歸于表達方式之殊特而來。是以圓之表達方式之殊特來了解，非是由另一新概念而撐起也。詞語詞意之不同皆由性具而來。是故凡分解說者皆權說也。開權即顯實矣。故圓實教爲第二序者。不離前三而有圓，不離四味（乳、酪、生酥、熟酥）而有醍醐，故圓實教爲第二序者，是天臺學之綜述。凡天臺之精義皆概括于此。後來荊溪知禮之種種引申辯說皆不能外此。欲了解天臺學之梗概，本可止于此已足夠。然爲熟練故（亦是自悟悟他之熟練），猶有餘章也。

本章凡四節，是天臺學之綜述。凡天臺之精義皆概括于此。

又有不能已于言者，即何以必須有判教？一爲釐清種種教說之分際故，二爲徹底明了最後宗趣（佛）爲如何故？若順分解說的第一序之任一教義追逐下去，窮刼不能盡，任何一點皆可使人成一專家。爲防迷失故，須隨時點醒。判教之功即在點醒學者，不令迷失也。判教是消化之事。隨時學習，隨時消化，相互爲用也。

佛性與般若

第三部 天臺宗之性具圓教

第一分 圓教義理之系統的陳述

第二章 從無住本立一切法

第一節 維摩經玄義玄疏論「無住本」
第二節 金光明經玄義論「無住本」
第三節 法華經文句論「無住本」
第四節 摩訶止觀論「一念三千」

第二章 從無住本立一切法

第一節 維摩經玄義、玄疏論「無住本」

1. 維摩詰經觀眾生品第七：

〔文殊師利〕又問：善不善孰爲本？
答曰：身爲本。
又問：身孰爲本？
答曰：欲貪爲本。
又問：欲貪孰爲本？
答曰：虛妄分別爲本。
又問：虛妄分別孰爲本？
答曰：顛倒想爲本。
又問：顛倒想孰爲本？
答曰：無住爲本。

又問：無住孰爲本？

答曰：無住則無本。文殊師利！從無住本立一切法。

案：「無住本」一詞出此。鳩摩羅什解曰：

> 法無自性，緣感而起。當其未起，莫知所寄。莫知所寄，故無所住。無所住故，則非有無。非有無而爲有無之本。「無住」，則窮其根源更無所出，故曰「無本」。無本而爲物之本，故言「立一切法」也。（李翊灼校輯：維摩詰經集註。）

經文從「善不善」起向後追溯，至「無住爲本」止，共五步。「善不善」以身爲本，即依住于身。進而身依住于「欲貪」，欲貪依住于「虛妄分別」，虛妄分別依住于「顚倒想依住于「無住」。此五步各有所依住，名曰五住，即所謂「五住煩惱」也。「住」者依住義，或依止義。有住即函有所依住處。而最後一步「顚倒想」所依住的却是「無住」。「無住」爲顚倒想之本，而「無住」本身則無本。然則前五步之有本實皆是相對地暫時地說者，非究竟說者，實皆是以「無住」爲本，皆是無本。然則此無本的「無住」意指什麼說呢？無本無住即無物，其本身不能有所指。如是還而就暫時有本有住的五住煩惱說。這究竟無本無住的五住煩惱其意義是什麼呢？這不能是別的，只不過是「緣起性空」而已。一切法無自性，即是無

住。故鳩摩羅什云「法無自性，緣感而起」云云。一切法究竟說無所住，無所不本，即是空無自性也。空無自性而諸法宛然，此即「從無住本立一切法」矣。亦如〈中論〉所云「以有空義故，一切法得成」也。此是此語之形式的解釋，即剋就緣起性空而為通義的解釋。是故僧叡云：

　　無住即實相異名，實相即性空異名。故從無住有一切法。(同上)。

而道生亦云：

　　所謂顛倒，正反實也，為不實矣。苟以不實為體，是自無住也。既不自住，豈他住哉？若有所住，不得為顛倒。無住即是無本之理也。一切諸法莫不皆然。但為理現于顛倒，故就顛倒取之為所明矣。以此為觀，復得有煩惱乎？(同上)。

此中「無本之理」即空如實相之理。顛倒反實即不實。以顛倒概括一切煩惱法，則一切法皆空無自性，既不自住，亦不他住，此即無所住，反而即以無所住立一切法矣。此無所住即表示一切法無本，無本即空也。以一切法無住無本所表示的空如之理為實，此非如通常肯認一最後的實有之體，此實有之體既是最後的，故不能再有所本，因此，此實有之體即是自住自本。「無住」是遮詮字。所遮詮而顯示的即是一切法之無自性，此即是無本矣。故無本等同

無住,亦遮詮字。此並非以「無住」為表詮字,再問其有本無本也。文殊師利問「無住孰為本」,此只是順名言問下去,並無實義,故維摩詰答之以「無住則無本」,實則無住即是無本。無住不是一實體字,乃是遮狀字,其主詞是諸法。不但「無住則無本」,即是本,故曰「無住本」。「從無住本立一切法」,此與普通從實有之體立一切法(例如從仁體、道體立一切法)不同。諸法無住無本,是空。若從仁體起用,則一切法正是有住有本。是故「從空立一切法」與「從無住本立一切法」正是兩絕異之系統。不特此也。從佛教內部說,「從無住本立一切法」亦與從阿賴耶立一切法,如來藏真心立一切法,不同。不特此也,就天台宗之吸納「無住本」而言,「從無住本立一切法」亦與從實有之體立一切法(從空立一切法)不同。順鳩摩羅什、僧叡、道生之解語而說,可有中論之義,但這只是字面解釋所謂形式的解釋之通義。順天台宗而說「從無住本立一切法」,則不只此義,當然亦不背此義。維摩詰經說此語亦只是如此點示而已。

再看僧肇之解語:

心猶水也。靜則有照,動則無鑑。痴愛所濁,邪風所扇,涌溢波蕩,未始暫住。以此觀法,何住不倒?譬如面臨涌泉而責以本狀者,未之有也。倒想之與本乎「不住」,義存于此乎?一切法從眾緣會而成。體緣未會,則法無寄。無會則無法。以無法為本,故能立一切法也。(索此與道家不同,須注意。)若以心動為本,則因有有相生,無住故想倒,想倒故分別,分別為本,則有因無生,無不因無,故更無本也。

僧肇此解乃申衍鳩摩羅什之解,亦與僧叡道生之解無以異。此四人解語大體是早期空宗之通義,即對就「緣起性空」而說,故是形式的解釋。但到智者,則將「無住本」一詞分從兩面說,即法性與無明。「無住」即是空義。「無明住地」。「無住本」即是無始無明更無別惑爲所依住。而無住即法性,此即是空義。早期四家解語,大抵說此義。但天台宗則不止於此。更進而說法性無住即無明。是故從無明立一切法,亦可從法性立一切法,總說則爲「從一念無明法性心立一切法」,將「無住本」具體地解爲「一念無明法性心」,此則更實際而周至,故由此展開天台宗之圓教,不只是緣起性空之籠統說也。此是將「無住本」吸納于法華開權顯實發迹顯本後之「不斷斷」中,在三道即三德下,而說之,故不只是無始無明更無別惑爲所依實相般若之作用地圓具一切法外,復含有一對于一切法有一根源的解釋之存有論地圓具一切有空義故,一切法得成」之義也。如此說之「無住本」以及「從無住本立一切法」,便于法。以下試由智者、荆溪、以及知禮等之文獻詳爲展示之。

2.智者《維摩經玄義》(義字大藏經爲疏,今改)卷第二云:

三、明中道第一義觀者,即爲三意,一明所觀境,二明修觀心,三明證成。

一明所觀境者,前二觀(案即空假二觀)是方便,雖有照二諦之智,未破

故貪欲,貪欲故有身。既有身也,則善惡並陳。善惡既陳,則萬法斯起。自玆以往,言數不能盡也。若善得其本,則衆末可除矣。(同上)。

• 679 •

無明，不見中道。(案此「中道」不是中論之中道。)真俗別照，即是智障。故攝大乘論云：「智障甚盲闇，謂真俗分別。」智障者，依阿黎耶識。識卽是無明住地。無明住地卽是生死根本。故此經云：「從無住本立一切法」。無住本者，即是無始無明更無別惑〔爲〕所依住也。

案：此「中道第一義觀」中之中道不是中論體法空之中道，蓋此須待破無明而後見。而此破無明是圓教之破無明。不破及無明，「真俗別照，即是智障」。智者雖引攝大乘論語以明智障，然攝大乘論是別教（其實只是始教）。故其破智障見中道，尙非是圓教之破無明見中道。今原則地言之，圓教破無明見中道是在一念心即十法界之存有論的圓具下，在「不斷斷」中，破無明見一切法趣有趣空趣不空之中道也。此在「不斷斷」中所破之無明即是無始無明，故此處所言之「無住本」以及「從無住本立一切法」必須嚴格地相應圓教而言之。「一切法趣不空」之中道亦如此。如見其引及攝論，便籠統無簡別地視中道，則非是。如以爲即是攝論之破智障見中道，何故下文又斥攝論師耶？

二、明修觀心者，若修此觀，還用前二觀雙忘雙照之方便也。雙忘方便者，初觀知俗非俗，即是俗空，次觀知真非真，卽是真空。忘俗非俗，忘真非真。非真非俗卽是中道。因是二空，觀入中道第一義諦。雖觀中道而不見者，皆是無明之所障也。當觀實相，修三三昧。大智度論云：「聲聞經中說三三

昧,緣四諦十六行。摩訶衍明三三昧,但緣諸法實相。」

今初,修空三昧,觀此無明不自生,不從法性生生也;不他生,非離法性外別有依他之無明生;不共生,亦非法性共無明生,非無因緣生,非離法性離無明而有生也。若四句檢,無明本自不生。生源不可得,即是無始空,是名空三昧,空「無住之本一切法」也。若爾,豈全同地論師計真如法性生一切法?豈全同攝大乘師稟天親、乘論師俱計黎耶識生一切法,何得諍同水火?

次觀無相三昧,即觀無生實相非有相,非無相,非如乳內無酪性也;非亦有亦無相,不如闇室瓶盆之有相也;非非有非非無相,取著即是愚癡論。若不取四邊之定相,即是無相三昧也。若爾,豈全同地論師計本有佛性如闇室瓶盆?亦不全同三論師破乳中酪性畢竟盡淨無所有性也。問曰:各計何失?答曰:理無二。是二大乘論師何得諍同水火耶?

次明修無作三昧者,觀真如實相,亦不見緣修作佛,亦不見真緣二修合故作佛,亦不離真緣二修而作佛也。四句明修,即是四種作義,緣修作佛?若無作,即無四依,是無作三昧也。若爾,豈同相州北道明義,用真修作佛。問曰:亦不同州南道明義,(南土大小乘師亦多用緣修作佛也。)偏用何過?答曰:正道無諍,何得諍同水火?

今明用三三昧修一實諦,開無明,顯法性;忘真緣,離諍論;言語法滅,無量罪除,清淨心一。水若澄清,佛性寶珠自然現也。見佛性故,即得住大涅

槃。……

三明證成者，若觀無明因緣，入不二法門，住不思議解脫也。故此經明入不二法門，即是中道雙照二諦，自然流入薩婆若海。此是觀因緣即一實諦，「不生不生」證無作四實諦，亦名一切種智，亦名佛眼，即是入初地、見佛性、住大涅槃也。

案：以上以三意明中道第一義觀。于「一明所觀境」中，吾已明此所謂「中道」是圓教中之中道，既非中論體法空之中道，亦非別教「但中」之中道。于「二明修觀心」中，智者以修三種三昧明修中道觀之心。三種三昧者，一空三昧，二無相三昧，三無作三昧。于修「空三昧」中，觀無明心不自生，不他生，不自他共生，亦不無因生，即以《中論》四句明無明空。無明空不可得，即無明無住，無明即法性。此即空無住本以及其所生之一切法也。「從無住本立一切法」，而以空三昧空之，即以般若之精神融通淘汰之。乃即是圓教「一念無明法性心即具三千世間法」之立一切法也，亦不同于攝論師之黎耶依持，亦不同于地論師之真如依持。此即示此「從無住本立一切法」乃是開決了此等別教之權說後而在「不斷斷」中說者。如是，則空三昧即是圓教中道觀下之空三昧。

于修「無相三昧」中，則明無住本及一切法之「無生」實相，實相一相，所謂無相，即無有任何定相也。既非有相，亦非無相，亦非「亦有亦無相」，亦非「非有非無相」。故既非如地論師「用本有佛性如闇室瓶盆」之定有相，亦非如三論師之「破乳中酪性畢竟盡淨無

所有性」之定無相。地論師言佛性之定有相，是別教義。三論師之畢竟空是般若之爲共法，如限於有特定內容之通教，則亦是通教義。而此無相三昧則是圓教中道觀下之無相三昧。無相即實相，實相義仍保留，而却是圓教之實相義。

于修「無作三昧」中，無作三昧即是相應無作四諦而說者。在「不斷斷」中，觀無住本及一切法之眞如實相，「不見緣修作佛，不見眞修作佛，亦不見眞緣二修合故作佛，亦不離眞緣二修而作佛也。」若四句明修，則任一句之修皆有造作，即非「無作三昧」也。無作三昧在性具系統下始得極成。故是圓教中道觀下之無作三昧也。緣修眞修皆別教義也。「緣修」從後天入手，猶若「即工夫便是本體」。「眞修」從先天入手，猶若「即本體便是工夫」。此皆是分解地說示，故皆爲別教義。而在「不斷斷」中，不見有緣修眞修之別，故是圓修。

智者于此三三昧中皆簡及地論師與攝論師，此明示此處言無住本立一切法，皆與別教爲不同層次。此乃是法華開權顯實後，自第二序上而說者。如視「從無住本立一切法」與「阿黎耶依持」爲同層次上之另一可能，則是可諍法，非圓教也。是故「從無住本立一切法」乃詭譎語，非分解語。即以是故，得爲無諍之圓實敎也。

以上藉維摩經玄義明中道第一義觀以明「無住本」之實義。「無住本」本就五住煩惱而言，故本即是無始無明。「無始無明本自不生，生源不可得，即是無始空」，此即是法性。故無明與法性可由「無住本」一詞分析而得。維摩經玄義卷第四論本迹處有云：

明不思議本迹義者，略爲五意。一約理事明本迹，二約理敎明本迹，三約

理行明本迹，四約體用明本迹，五約權實明本迹。

一、約理事明本迹者，此經云：「從無住本立一切法」。今明不思議理事為本迹者，理即不思議真諦之理，事即不思議俗諦之事迹。由不思議真諦之理為本迹之理本，故有不思議俗諦之事迹。尋不思議俗諦之事迹，得不思議真諦之理本。是則本迹雖殊，不思議一也。

（下略）。

案：此五重本迹義同于法華玄義之所說，不過此處皆以「不思議」冠之，蓋維摩經以不思議不二法門為主題也。此「不思議理事為本迹」，「不思議真諦理即不思議俗諦事」，不思議真諦中之俗諦事，不思議俗諦事亦圓二諦中之俗諦事。真諦理與俗諦事皆由「從無住本立一切法」明之。不思議真諦理為本，即無明即法性，以法性為本立一切法也。此法性不只是「體法空」中之空如法性，即「不但中」之中道法性也。因此，得名曰不思議真諦理。不思議俗諦事為迹，即法性無住，法性即無明，以無明為本立一切法也。此無明不是「斷斷」中之無明，而是「不斷斷」中之無明。故綜為圓二諦也。

法華玄義中言本迹，除前五重外，尚有第六重「約今已論本迹」，此爲法華經之獨特性格，蓋法華開權顯實發迹顯本爲其他諸經所無故也。維摩經亦無此第六重之本迹義，故只有五重而以不思議冠之。圓理無殊于法華，然有開權不開權發迹不發迹之異，故維摩經只具備一不思議之圓理也。

《法華玄義》卷第七上亦以「從無住本立一切法」明理事本迹。此在前章第一節已錄之，今再錄于下：

一、約理事明本迹者，「從無住本立一切法」。無住之理即是本時實相真諦也。一切法即是本時森羅俗諦也。由實相真本垂于俗迹，尋于俗迹即顯真本。本迹雖殊，不思議一也。故文云：「觀一切法空如實相，但以因緣有，從顛倒生。」

案：真俗本迹既皆不思議，故亦是圓二諦也。而荊溪《釋籤》解之云：

初理事中云：「從無住本立一切法」者，無明為一切法作本。無明復以法性為本，當知諸法亦以法性為本。法性無住處，無明即法性。法性無住處，無明即法性。無明無住處，法性即無明。無明即法性，法性復以無明為本。法性即無明，而與一切諸法為本，故云「從無住本立一切法」。無住之本既通，是故真諦指理也，一切諸法事也，即指三千為其森羅。言從本垂迹者，即指三千為其森羅。言從本垂迹者，此理性之本迹。由此方有外用本迹。是故始從「理事」，終乎「已今」。

荊溪把「無住本」正式解為「法性即無明，法性無住處；無明即法性，無明無住處。」無明法性兩無住處實為「無住本」一詞之所函，此可分析而得者。智者此處雖未明言，然他處

・佛性與般若・

（如《金光明經玄義》）已明言之，見下節，非荊溪杜撰也。此蓋為維摩經言「無住本」之理之必然者。

3. 荊溪《維摩經略疏》卷第八釋〈觀眾生品〉，詳解「五住」以及「無住本」一段經文云：

「又問」下，六番問答，一一正窮眾生源，即成上觀眾生入空至中道之源。眾生有此不生之惡，不滅之善，為四正勤之所遮持者，以何為本？即是窮研五住之本。煩惱雖多，不出五住。五住之惑，無明為本。推求窮數，不見初惑所依之處，達其本源故。

初，文殊問：「善不善孰為本」？次，淨名答以「身為本」者，身即身見，具起六十二見等煩惱，起諸善惡。善惡即生六道。三界皆附我見。是以三界眾生皆為我故，起善惡行，乃至三乘初心亦皆為我修道。當知身見之我為一切本，即是「見一處住地」。雖善惡無量，計我是一，故云「一處」。

「又問」至「為本」，第二問答。初文殊問：身見為善不善本者，身見復以何為本？若身見無本而有，善惡亦應無本而有。故知欲貪為身作本。故《大經》云：「煩惱與身，前後不可。雖然，要因煩惱，方乃有身。」是故欲貪即是身見住地」。

「又問」至「為本」，第三問答。初，文殊問：若為欲貪為身本故，斷身見已，猶有欲在者，欲貪以誰為本？次，淨名答：「虛妄分別為本」。所以然

者，虛妄之心種種推盡，或言離心出色，或言離色出心。實無色心，但以虛妄，謂色異心，故起欲貪。斷欲貪盡，猶有色心。虛妄分別即是「色愛住地」。

「又問」至「為本」第四問答。初，文殊問：虛妄分別以「顛倒想有愛」為本，復誰為顛倒想有愛？次，淨名答：「虛妄分別色愛」在者，斷「顛倒想有愛無色界惑」盡，猶有「顛倒有愛無色界」之本。以無住為本。無住即是無始「顛倒有愛無色界」。無住即是無始無明。為「顛倒有愛無色界」之本。若斷「顛倒有愛無色界」盡，猶有「無明住地」，二乘，教道菩薩，所不能斷。攝大乘說：阿黎耶識是一切世間生死之本。故彼論云：是識無始時來界，一切法等依」之偈語。「界」者，因也。（案此即「無始時來界，一切之所依。」此無明更無所依，故言「無住無本」，即是無始無明指阿黎耶識說。）

大，佛菩提智之所能斷。

「又問」至「立一切法」，第六問答。初，文殊問：若顛倒想以無住為本者，斷「顛倒想有愛無色界惑」盡，餘有無始無明在，此無始無明復以何為本？次，淨名答：「無住則無本」者，正言無明依法性，法性即無明，豈無本而有？次，當知無明為本，故十住（十住位的菩薩）見無明，豈得性還依性？當觀眾生入空至「無住本」，此則徹底窮終，不見其始，無二無別，諸佛如來見終見始。

・若般與性佛・

源，至中道理。旣言無住無本，卽是眾生虛空佛性。上來三諦皆空，又云「從無住本立一切法」，卽是世間出世間，有爲無爲、一切諸法皆從無住本立。何者？若迷「無住」，則三界六道紛然而有，則立世間一切諸法。若解「無住」卽是無始無明，反本還源，發眞成聖，故有四種出世聖法。故因「無住」立一切法。

今用此六番問答窮覈本源，徹至無住，成上觀眾生三諦。何者？初問答明善不善，卽是觀世諦，眾生如幻，皆從身見而生，未見眞也。次三番問答斷三界眾生生死，卽是觀眾生見眞，「如第五大」等。（案〈維摩經觀眾生品第七〉云：「如智者見水中月，如鏡中見其面相，如熱時燄，如呼聲響，如空中雲，如水聚沫，如水上泡，如芭蕉堅，如電久住，如第五大，如第六陰，如第七情，如十三入，如十九界。菩薩觀眾生爲若此。」凡此所列舉皆空無所有。）次兩番問答觀眾生無明覆于中道，名無住本。若見中道，卽「如無色界色」等也。（案〈維摩詰經〉同品又云：「如無色界色，如焦穀芽，如須陀洹身見，如阿那含入胎，如阿羅漢三毒，如得忍菩薩貪恚毀禁，如佛煩惱習，如盲者見色，如入滅盡定〔而〕出入息，如空中鳥迹，如化人煩惱，如夢所見已寤，如滅度者受身，如無烟之火。菩薩觀眾生爲若此。」案無明覆中道。若破無明，卽見中道，則一切法趣色、趣空、趣非色非空。而〈維摩詰經〉此處則重在說無所有，不可得，故言「如無色界色」等等也。荊溪于此說中道，以對破無明

・688・

第二章 從無住本立一切法

而言故。經所列舉不甚能表示此中道義。）中道無明是眾生源，解惑之本，故言「從無住本立一切法」。

問：無住即是無明者，何故名「無住」？

答：身見等惑皆有所依而起，起則有始。此無所依，起亦無始，故言無始，即是「無住」。此有二解：亦言無住，亦言有住，亦言有本。何故爾？若檢五住之中，前身見等皆約煩惱為本。無本故無始無住，故言「無住」。

問：無明依法性，即是法性為始，何得言「無始」？

答：若無明依法性是有始者，法性非煩惱，不可指法性為煩惱本，故言「無住則無本」。若依法性立一切法者，無明不出法性，法性非煩惱，法性即為無明之本，此則以法性為本。今經檢覈煩惱之外無復煩惱為無明本，故言無始無住，故有始有住。今無明之外無復煩惱為無明本，故言無始無住。說無有本，不得自住，依他而住。若說自住，望法性為他，亦得說是依他住也。既無自住，是別教意；依他住即圓教意。（案此兩語甚重要，詳解見下。）

問：「別接通」明五住義，云何？

答：若言四住是界內見思，無明得是界外，由界外流入界內。今反出，先斷身見，次除欲貪等，後斷無明，歸無住為本。此是「別接通」意。（案五住煩惱，前四住是三界內者，第五住無明無住是三界外者。藏通二教只斷界內見思惑，不及界外無明。此界內界外之分甚重要，詳見下位居五品章。）

問：別意云何？

689

答：別教意者，界內見思不名「見一處」。何以故？此之四住非根本惑，如枝葉依樹，而不依地。故界內身見有種種不同，不名住地。斷枝葉盡，計有涅槃，此是迷法身而起。若見真諦涅槃是一法，名「見一處」。此見因無明起，故名「住地」，亦名「身見」，此從法身而起見也。若于變易依正五塵生于欲貪，即「欲愛住地」。（案「變易」即變易身，非分段身。「依正」依為依報，即國土，正為正報，即報身。變易色心是虛妄分別，即「欲愛住地」，即別教菩薩之「欲愛住地」。下做心。）變易色心起欲貪即名界外猶有變易身。于變易身之依報正報以及色聲香呼觸之五塵生起欲貪即名界外「欲愛住地」，即別教菩薩之「欲愛住地」。亡色觀心，猶見有心，即是「無住」。無明之外更無可依，故言「無住無本」。

問：無住有住開合不？

答：若合無明，祇是法性。法性無住，無明無住，故言「無住」。「有住」者，住法性。住法性，非煩惱，即是「無住」。而約無明、明修無量四聖諦、論斷伏者，此是別教就界外明五住義也。

問：圓教云何分別五住？

答：圓五住者，祇界內身見等四住有為緣集是迷「無住」而起。斷見、入涅槃，所生四住亦迷無住，起無為緣集。今圓觀界內外四住皆至無住之本，故窮三諦眾生之源，成上觀眾生如幻化，第五大，無色界色，皆不可得，入三諦，重也。（案入圓三諦，即皆不思議之三諦）。如烟塵雲霧，起雖重輕，不離虛空。重

第二章 從無住本立一切法

如界內,輕如界外,譬依法性有界內外世間諸法。如火星月日光照,除雲霧,暗滅,虛空像現,譬依法性有界內外出世間諸法。故言「從無住本立一切法」。

問:此虛空譬豈有但空、不可得空之別?

答:空尚不一,何得有二?若約緣盡相顯(相謂實相),非不有殊。如大乘經論有破虛空之義,即可以譬「但空」,顯「不可得空」。(案此「但空」是就別教「但中」說,「不可得空」是就「圓中」說。空自身自無一無二。然就教路而言,則有「但中」空與「不但中」空(圓空、不思議空)之別。不特此也。且有析法空與體法空之別。)

案:以上是荊溪維摩經略疏文,全錄而隨文注釋之,以助讀者之切解。于中兼及四教尤為重要。智者原有維摩經玄疏,共二十八卷(一云合玄義六卷共三十四卷)。後人患其文廣,故荊溪略為十卷,此即曰略疏。智者原疏,則稱曰廣疏。自此以後,略疏盛行,廣疏罕傳。北宋初年,其本尚存,但不入大藏。今大藏經亦無此廣疏。蓋該書開首即標經,題曰維摩經玄疏。上引維摩經玄義,今大藏經題為維摩經玄義,非也。廣疏今存于續藏釋名、出體、明宗、辨利用、判教相,五重玄義,共六卷,正是玄義文。單有一,皆不得曰玄疏。此玄義共六卷,云何猶題名曰玄疏?玄疏者蓋玄義與疏合而言之之謂也。或只有玄義而無疏也。(北宋遵式列目題為五卷),而疏文則二十八卷,當時即不入大藏,蓋為荊溪略疏所代替。(參看遵式天竺別集卷上天台教隨函目錄。影印續藏經第一〇一冊。)荊溪之略也,「言繁則剪,帶義則存」(遵式語)。是則雖略,恐大體亦智者廣疏原文也。

荊溪除略疏十卷外，猶有維摩經玄疏記六卷，此在北宋時亦曰廣疏記，此亦是簡釋智者玄疏原文者。恐先有略疏，後有此記。略疏行而記亦廢。今只存上中下三卷，收于續藏經。遵式略疏是略智者原文，而記依荊溪作記之體例是注釋智者原文。故內容亦有不同也。

云：「疏記六卷猶對廣疏。未暇治定，然師云亡。」然師即荊溪湛然也。是則玄疏記乃未完之作品。

4. 上言無住有「自住」與「依他住」之別。此須詳釋。四明尊者知禮十不二門指要鈔解「因果不二門」中有云：

問：淨名疏釋無明無住云：「說自住是別教意，依他住是圓教意。」且隨緣義，真妄和合方造諸法，正是依他，那判屬別？

答：疏中語簡意高，須憑記釋，方彰的旨。故釋「自住」，法性煩惱更互相望，俱立自住。結云：「二自他並非圓義。以其惑性定能為障，破障方乃定能顯理。」釋依他云：「更互相依，更互相即。以體同故，依而復即。」結云：「故別圓教俱云自他。由體同異，名同體依，此依方即。若不爾者，非今依義。故妙樂云：『別教無性德九，故自他俱斷九。』」（案此語見法華文句記卷第一下。稱妙樂者，荊溪住常州妙樂寺，講智者法華玄義及法華文句，人稱妙樂大師。法華文句記亦可能在此時作，故後來知禮等即以妙樂稱此記。）是知「但理」隨緣作九，全無明功。既非無作，定能為障。故破此

九，方能顯理。若全性起修，乃事卽理。豈定爲障，而定可破？若執「但理隨緣作九」爲圓義者，何故妙樂中「真如在迷能生九界」判爲別耶？（案此亦法華文句記卷第一下之語）。故真安合，「卽」義未成，猶名「自住」。彼疏次文料簡開合，別教亦云「依法性住」。（見上錄荊溪略疏文說別教處。）故須究理，不可迷名。此宗若非荊溪精簡，圓義永沈也。

案：知禮此釋，足見無明無住，法性無住，此一觀念之重要。「說自住是別教意，依他住是圓教意」。此固「語簡意高」。但所引記釋，亦是略引。此所謂記即荊溪維摩經玄疏記。記不載大藏經，今只殘存三卷，收于續藏經中。查該記云：

是煩惱與法性體別，則是煩惱法性自住，俱名爲自。亦可云：離煩惱外，別有法性，亦可。法性爲自，離法性外，別有煩惱，爲他。故二自他並非圓義。以其惑性定能爲障，破障方乃定能顯理。依他卽圓者，更互相依，以體同故，依而復卽。故別教俱云自他，由體同異，而判二教。今從各說，別自圓他。

案：此記文即上知禮所略引者。（此記文亦存于孤山智圓維摩經略疏垂裕記卷第九，此書載大藏經。）依此記釋，則無明無住，法性無住，以及「說自住是別教意，依他住是圓教意」，意義可較清楚。

身見，欲貪，虛妄分別，顛倒想，此四住最後實皆依一「無始無明」，即「根本惑」。「無始」即無根無本之意。無根無本即無住處。「無始無明」它不能自己停下而自住，即自持其自己；它亦不能有所依止，依他而住，即依他而成其自己。此即表示它無自己，它根本是一種無體的迷惑。若一旦清醒，轉迷成悟，則它當體即空、如、無性。空、如、無性，即是法性。法性者，諸法無性，以空如爲性。從無始無明（無性）立一切法，一切法當體即空，無始無明亦當體即空。當體即空，即所謂「不出法性」，言不能離乎空性也。故無始無明，無始無住無本，即函「法性」觀念之出現。故鳩摩羅什、僧肇等俱以性空、實相，說「無住本」也。

但「不出法性」，由此似乎亦可以說「無明依法性」，如是，則言無明有住有本。但此「依」字實是虛說，是不能着實的。若法性只是空如之理，則說「無明不出法性」可，說「以法性爲本」，「以法性爲本」，似乎不可。縱說之，亦無實義。此猶如「以有空義故，一切法得成」，依空說緣起，依緣起說空，此只是詮表上的「依」。「空」爲抒意字，故曰「空義」，非實體字，並非有一物曰空，可爲緣起之所依也。無明依法性，法復如此，並非有一實體物曰法性可爲無明之所依也。

法性義既如此，如何能進而說無明法性兩皆無住呢？又如何能于此兩皆無住而分判別教與圓教呢？法性與無明兩者俱可說自說他。就其自己說爲自，就其相對而言，互以對方爲他：無明以法性爲他，法性以無明爲他。旣皆有自他，進而亦可有「自住」與「依他住」之別。這個分別是依于「體同」與「體異」之分別。如果「無明（煩惱）與法性體別」，則自他是體別的自他。「體別」者，即兩者是一獨立體，各有獨立的意義。體別的自他，雖亦可

說各有「依他住」義，但實皆是自住，自住而有獨立的意義者亦可有依待關係也。此如華嚴宗之眞如心「不變隨緣隨緣不變」，不變是眞心之「自住」，隨緣是其「依他住」。其隨緣是因有無明阿賴耶識而隨緣。隨緣者是不守其清淨自性而滾下去也。無明識覆之，令不彰顯，是無明能覆眞如心理，無明有獨立的意義，是無明之自住。但無明識之生滅起現以成爲「眞如心」之隨緣者，亦須憑依「眞如心」而起現，故成爲眞如心之隨緣。是即無明識之妄合。兩者合，不能算是「即」。此是依而不即的依他住。此種體別的依而不即的依他住是分解地說者。如此說者，天台宗即判之爲別教。「故二自他並非圓意。以其惑性定能爲障，破障方乃定能顯理。」「顯理」者，顯眞如心但中之理也。荊溪于法華文句記卷第一下，解別教觀無生智中，亦云：

又云：

> 眞如在迷，能生九界。即指果佛爲佛法界。是故別人覆理無明爲九界因，故下文自行化他皆須斷九。九盡方名緣了具足，足故正因方乃究顯。

> 但理爲九界覆，而爲所依。法界祇是法性，復是迷悟所依。于中亦應云：從無住本立一切法。無明覆理，能覆所覆俱名無住。但即不即異，而分教殊。今背迷成悟，專緣理性，而破九界。

因為無明與法性體別?法性在別教即成「但理」。「但理」者,意即但只理自己。此但理即真如心不空但中之理也。即以此理為法性。此法性即以「真如心、心真如」來界定,蓋諸法以此為體,故曰法性,即起信論所謂「一法界大總相法門體」也。故荊溪此處亦云「法界祇是法性,復是迷悟所依。」此作為法性的「但理」為九界所覆(真如在迷),亦為九界之所依(能生九界),故破除九界,始能顯出真心法性理而成果佛;而此時之理即不是「但理」,乃是有佛法界之功德事以充實之者,因而成為現實的不空中道理,非只當初只為但中之理之不空也。「背迷成悟,專緣理性,而破九界」體別而依他。此依他是真妄合,而不是「即」。以為「緣理斷九」,即在真妄(法性無明)體別而依他。此即所謂「緣理斷九」也。別教之所以欲顯真,必須破妄。故依他有「即」的依他。「即」是別教。故依他的依他是有「自住」的依他。有「即」是即」的依他是無「自住」的依他。

然則何謂「體同」?荊溪云:「依他即圓者,更互相依,以體同故,依而復即。」此所謂「體同」意即無明與法性同一事體也,只是一個當體,並不是分別的兩個當體。無明無住,無明當體即是法性,即依法性,此即是「即」地依法性住,以法性為本,言無明無性,以空為性的依他。此示無明雖無住,而却是無明。無明當體即是法性,即依法性,此即是「即」地依法性住,以法性為本,言無明無性,以空為性也。法性無住,法性當體即是無明,即依無明,此亦是「即」地依無明而住,以無明為據(不好說「以無明為本」),即示法性雖無住之無住而見也。是故無明即法性,法性即無明,此兩

者不是分解地有自住地拉開說,乃是緊扣在一起而詭譎地圓融地說的「體同」即是圓教之所以為圓教處。此一表達模式乃為天台宗所把握,依此而有種種「不二」之妙談。

在體同上,法性當然亦可說「自」,但此「自」不是體別的自,因而其為自當體即是無明,此即自而非自,自即是他,並不是離開無明別有一個抽象的但中之理的法性,亦不是離開法性別有一個抽象的孤調的無明。反之,無明亦當然可以說自,但此自亦不是體別的自,因而其為自當體即是法性,此亦自而非自,自即是他,並不是離開法性別有一個有自體而不空的無明,亦不是離開空無自體的無明別求一個有自體的法性。自即是他,此即表示兩自俱依他住,而皆無自住,此是體同的依他住。故荊溪云:「故別圓教俱云自他,分開來說,由體同異而判二教。今從各說,別自圓他。」「別自圓他」者,把別圓教所俱云的自他,此即表示兩自俱說「自」,故云「別自」。圓教說「他」,因體別的自故,故雖亦依他住,故說「自住是別教意」。圓教說「他」,因體同而無自,自即他故,自即他故;因體同的無自他故,而只是依他住,故云:「依他住是圓教意」。

圓教的法性與無明既是體同的「依而復即」,然則無明終不可破乎?曰:當然可破。否則為能成佛?曰:如何破?曰:三道即三德,在「不斷斷」中破。一念無明法性心即具十法界(三千世間)。若佛果為佛法界,則其餘九法界亦是一念無明法性心所本具,不是真如心但中之理隨緣作九,因此,正不須斷九而成佛,乃即于本具之九法界在「不斷斷」中而成佛。低頭舉手皆是佛道,何況二乘行?何況菩薩行?六道眾生、聲聞、緣覺、以及菩薩,此九界雖皆有無明在,因無明而有此九界之差別,然亦正不須斷除此

九界始顯佛界。「不滅痴怒，起于明脫。以五逆相而得解脫，亦不解不縛。」此即「不斷斷」也。「不滅痴怒」是「不斷」，「起于明脫」是「斷」。此即所謂「不斷斷」。即于九法界而成佛，「即九」是不斷；解心無染，明脫而成佛，則是斷。此即是「不斷斷」。法性即無明，何須斷除無明法始顯法性耶？此言無明是具體地就無明法而言無明，不是抽象地說一個無明體。在「不斷斷中」，對于無明似有一岔開說，即，「不斷斷」即是不斷「無明法」。此即是「除病不除法」。染著是病，淫怒痴是法。「不滅淫怒痴」是不除法，「亦不與俱」是除病。九法界之差別是法，滯于九法界之差別是病。即于九法界而無染著，通過開權顯實發迹顯本而決了之而不停滯，則是除病不除法。九法界之法一一法界皆悉實，皆即是佛法界之法，此即于九界而成佛也。九界之眾生皆如此成佛，此即在「不斷斷」中成佛。就十法界言，一一法界皆具十法界：若迷，則雖佛法界亦迷，迷而為眾生；若悟，則雖地獄亦悟，悟而為佛。如是，則十法界皆為必然的存在。若但理隨緣作九，斷九顯理始為佛，不是情執十界，隔斷九界而為佛。如是，則餘九界之存在無必然性。若想使十法界皆為必然的存在皆為必然的存在，則必須一念心即具十法界，在不斷斷中，十界互融而為佛。此即「無明即法性」是必然的，而「法性即無明」不是必然的。蓋因斷無明後，法性無「無明」可即是「斷斷」則「無明即法性」可即故也。別教是必然的命題。若是「斷斷」，法性與無明體別，依而不即，而法性亦指真常心說。如是，則該兩語即不能說，不但不是必然的。吾人不能說識念心即真常心，雖憑依真心而起，亦不能說真常心即識念心，雖「不染而染」而有識念心。是以若法性只是法性（法之空如性、法之實相），則依實相般若

之精神，必是「不斷斷」。只有在「不斷斷」下，那兩語才是必然的。而「不斷斷」又必須依「一念心即具十法界」這一存有論的圓具始可能。

一念心即具十法界，意即十法界皆是本具之性德，此曰「性德十」。就不斷九而言，則曰「性德九」。荊溪云：「別教無性德九，故自他（自行化他）俱須斷九。」「性德」即法性所本具之德，德是指十界法所本具而不可改，故曰性之德。「一念無明法性心」本即具不可改之十法界。法不出如，從主從勝說，即曰「性具」。性具之以為德，即曰「性德」。「性具」之具是以即而具。法性是即于十法界而且具備着十法界而為法性；反過來，亦即「一切法趣法性，是趣不過」之意。一念心即具十法界，此具是緣起造作地具。故就心而說法。若圓說，一念心就是一切法。法之性是即于心之一切而為性。故一念心之即具十法界實皆為法性所即而具。而法性就是法之性指法說，不是如平常之指本質或屬性而說。法性本就是空如性，「德」是以本有不改而定，不是一實體性的性體。

依是，上錄知禮語：「性體具九，起修九用」，語中之「性體」很可令人向實體字想，其實不是。知禮如此說，亦只是為辭語對稱故。性之為體是就性德說。法性本即具十法界以為其德，故即以此性德以為體。此體字是底據義，對下句修德上的「用」而言。就「性德九」說，有性德上的九法界之用。轉語即為「性體具九，起修九用」。「修德九用」不是修德上之九法界之用。是故體用不二，修性不二，乃是起現修德上的九界以為用。有本具之九界性德法體以為體，故有修德上之九法界用，此是知禮把荊溪就無明與法性而說的同體依本，名同體依，此依方即。（上錄知禮語）。此是知禮把荊溪就無明與法性而說的同體依移于性德九與修德九上說，如此說之以明不斷九，此本是另一論點（即體用不二性修不二

• 699 •

義見下章),與荊溪之就法性與無明言即不即(體同體別)不同。但性德九與修德九之「依而復即」亦是「同體依」,藉此以明「別敎無性德九,(只是但理隨緣作九),故自他俱須斷九」,因而亦非同體依,故如此移說亦無過,蓋亦只是「法性無明同體異體」一原則之引申表示耳。

5.以上由「從無住本立一切法」分析出「無明即法性,法性即無明」,以及荊溪之以體同體異判別圓,棄及知禮之解語,以爲凡此必須經由法華之開權顯實發迹顯本,在「不斷斷」中了解之,方能極成而爲必然,而此等復亦返而證成法華之開權顯實發迹顯本之所以爲圓實而純一無雜也。如是,則此一連串之辭語固皆是必然的,非只一時穎悟之玄妙語也。茲再以智者語結束本節。

《摩訶止觀》第七章「觀心是不可思議境」中有云:

若隨便宜者,應言無明法法性生一切法。如眠法法心,則有一切夢事。心與緣合,則三種世間,三千性相,皆從心起。一性雖少而不無,無明雖多而不有。何者,指一爲多,多非多。指多爲一,一非少。故名此心爲不思議境也。

荊溪《止觀輔行傳弘決》(亦簡稱《輔行記》)解「無明法法性」句云:

無明是闇法,來法于法性。如丹是藥法,來法于銅等,因緣和合,有成金用。是則無明爲緣,法性爲因,明暗和合,能生諸法。

第二章 從無住本立一切法

此是順迷而說也。迷時，無明作主，「來法于法性」，遂成一切染法。此是從無明無住本立一切法也。

智者摩訶止觀又云：

> 無明法法性，一心一切心，如彼昏眠。達無明即法性，一切心一心，如彼醒悟。（同上）。

前聯是迷中三千，心是迷心，或無明心。後聯是悟中三千，心是智心，或法性心。迷悟有殊，而三千不改。

智者摩訶止觀第二章釋名中有云：

> 無明即法性，法性即無明。無明亦非止非不止，而喚無明為不止。法性亦非止非不止，而喚法性為止。此待無明之不止，喚法性為止。如經：法性非生非滅，而言法性寂滅。法性非垢非淨，而言法性清淨。是為對不止而明止也。
>
> ……
>
> 無明即法性，法性即無明。無明非觀非不觀，而喚無明為不觀。法性非明非闇，而喚法性為明。如經云：法性非明非闇，而喚第一義空為觀。第一義空非智非愚，而喚第一義空為智。是為對不觀而明觀也。

無明不止,即是「法性即無明」,「無明法性」。不觀亦然。法性為觀亦然。法性為止,即是「無明即法性」,法性性無明(類比「法法性」而說,智者無此語)。法性為觀亦然。同體而無住的法性與無明其「依而復即」的抑揚升沉既如此,則由此基本義即可再展開以明「從無住本立一切法」。此則見之于《金光明經玄義》。

第二節 金光明經玄義論「無住本」

1. 智者《金光明經玄義》卷上以譬喻釋「金光明」之名中有云：

經言「法性無量甚深」,理無不統。文稱經王,何所不攝?豈止于三三九法耶？(案不止于三身、三德、三位,這三種三法,如真諦之所說。)當知三字(案指「金光明」三字)遍譬一切橫法門,乃稱「法性甚深」之旨：方合經王一切遍收,若長若廣,敎無不統。此義淵博,不可以言想。且寄十種三法以為初門。復有三意：一標十數,二釋十相,三簡十法。

言標十數者,謂三德、三寶、三涅槃、三身、三大乘、三菩提、三般若、三佛性、三識、三道也。諸三法無量,止取此十法,其意云何？此之十法概括始終。今作逆順兩番生起。

初，「從無住本立一切法」。夫三德者名祕密藏。祕密藏顯，由于三寶。三寶由三涅槃。三涅槃由三身。三身由三大乘。三大乘由三菩提。三菩提由三般若。三般若由三佛性。三佛性由三識。三識由三道。此從法性立一切法也。若從無明為本立一切法者，一切眾生無不具于十二因緣。二因緣分說苦道、業道、煩惱道，名為三道）；翻惑生解，即成三識。（由十承真諦所傳唯識學，以菴摩羅識、阿陀耶識、阿黎耶識，名為三識。）從識立因，即成三佛性（正因、了因、緣因，為三佛性）。從因起智，即成三般若（實相、觀照、方便，為三般若）。從智起行，即成三菩提（真性菩提、實智菩提、方便菩提，為三菩提）。從行進趣，即成三大乘（理乘、隨乘、得乘為三大乘）。乘辦智德，即成三身（法身、報身、化身）。身辦斷德，即成三涅槃（性淨涅槃、圓淨涅槃、方便淨涅槃）。涅槃辦恩德利物，即成三寶。竟寂滅，入于三德，即成祕密藏也（法身、般若、解脫為三德，三德不縱不橫為祕密藏）。

案：此十種三法，原文「釋十相」中有詳釋，今略。法華玄義卷第五下釋「三法妙」中，更有詳釋，且更有系統，讀之可知天臺宗所立之名相。上錄文表示十種三法有「逆順兩番生起」。「從法性立一切法」是逆推，「從無明為本立一切法」是順推。前者由三德說起，後者由三道說起，是從正面說，故曰「從法性立一切法」。然法性無住，法性即無明，故雖從三德說起，而逆推至三識，三道，即屬無明。後者由三道說起，是從反面說，故曰「從無明為本立一切法」。

然無明無住,無明即法性,故雖從三道說起,而順推至三識以上直至三德,皆屬法性。此兩番生起皆示「法性即無明,無明即法性」之同體依即義,故亦是在「三道即三德」下,在「不斷斷」「中成就也。主要關鍵是在三識與三道。此須引原文之釋明之。

2.智者在「釋十相」中釋三識云:

云何三識?識名爲覺了,是智慧之異名爾。菴摩羅識是第九不動識,若分別之,即是佛識。阿黎耶識即是第八無沒識,猶有隨眠煩惱與無明合;,別而分之,即是菩薩識。大論云:「在菩薩,心名爲般若」,即其義也。阿陀那識是第七分別識,訶惡生死,欣羨涅槃,別而分之,是二乘識,于佛,即是方便智。波浪是凡夫第六識,無俟復言。當知三識一一皆常樂我淨,與三德無二無別。旣以金光明譬三德,還以金光明譬三識也。

案:若依分解的說法,這當然不行。人可斥爲此是一種攪亂,喪失原義。宗玄奘所傳之唯識者,欲復印度佛學之舊,故斥中國佛學如天臺此類說法爲迷失佛法。殊不知天臺大師之所以如此說,乃是依判教底立場,順「無明即法性」之同體依即,在「三道即三德」下,在「不斷斷」中而說圓教。故云:「當知三識一一皆常樂我淨,與三德無二無別。」又云:「三識是智慧之異名」。若分解地言之,自可如別教之所說。但若依「一念無明法性心即具十法界」而說圓教,則如此詭譎地說之,不爲迷失佛法。此是開決阿賴耶系統與如來藏系統後而說者。若以同層次的分解表象之態度視之,則決不能得意,而且必以爲大悖。

知禮金光明經玄義拾遺記卷第二解釋智者此段文云：

九、三識，二……

初、約圓釋義：

釋通名云：識是覺了，智慧異名。

問：三識之名在本有位，又阿梨耶體是無明，阿陀那性是染惑，何得云識是智異名？

答：大聖悉檀示諸眾生，顯理名教，或存或廢，義有多途。如《大經》令「依智不依識」，及諸教中勸修觀智，斷諸煩惱，此以廢惡之名，詮斷煩惱，而成理觀也。若《楞伽經》殺無明父，害貪愛母，此以惡逆之名，詮斷煩惱，而彰理觀也。若《無行經》：「貪欲即是道，恚癡亦復然，如是三法中，具一切佛法」，今家釋云：是大貪大嗔大癡三毒法門即與三觀無二無別，此以惡毒之名，詮不斷惑，而明理觀也。今以三識及下三道為金光明所喻法者，同《無行經》，用于惡名，詮不斷惑，而顯妙理。良由圓教指惡當體即是法界，諸法趣惡。十二因緣非由造作，即是佛性。故陀那惑性，賴耶無明，相相圓融，與秘密藏無二無別。是故得云識是覺了，智慧異名。然若不以「不斷煩惱」即惑成智，消此文者，圓意永沈。〔索此解可謂透關之極。〕了此，可無惑于三識即智。此明依「不斷斷」而言。〔知禮得意，無背于智者。〕

• 第二章 從無住本立一切法 •

705

• 若般與性佛 •

釋別名中，存三梵語。逐一釋義，即是翻名。言「第九」等者，出梁攝論，真諦所譯。故輔行云：『真諦云：「阿陀那七識，此云執我識。此即惑性，體是緣因。阿賴耶八識，此名藏識，以能盛持智種不失，體是無沒無明。菴摩羅九識，名清淨識，即是正因。」唐三藏不許此識，云第九乃是第八異名。故新譯攝論，不存第九。地論文中亦無第九，但以第八對于正因，第七對于了因，第六對于緣因。今真諦仍合六七為緣因，以第六中有事善惡，亦是惑性。』

「若分別」者，為易解故，以一念中所具之法，教道權說，分對諸位，且立遠近。以第九識無染不動，故當于佛。第八屬菩薩者，以十地位，六七二識已轉成智，正以賴耶三分為境。雖是境界，而即用此便為觀智。如初心人，亦用現前第六王數而為境觀。故引大論「在菩薩，心名為般若」也。第七名阿陀那者，據真諦譯。若新經論，皆以第七名為末那。等者，以二乘人，人執既忘，見思所熏第六事識轉成無漏；既塵沙未破，著敝垢衣，執住第七法執之中，却復用之而為權智。故有「訶惡」。言「訶惡生死」，不了涅槃法空，故有「欣羨」。此識若干果佛位中，不了生死法空，故知諸識破後，自在用為機載用也。「波浪」等者，第六識也。楞嚴云：「陀那微細識，習氣成瀑流。」而為波浪，乃當凡夫心數法也。此約四人，各對一識。若就漸斷，分別四相，粗必含細。凡夫具四。二乘具三，已破第六糞器。菩薩具二，六七已轉故。唯佛有一，第八至果已轉故也。然其第六是意家故。

之識,乃阿陀那之枝末。若說第七,自己收之,故今不論。

上明三識分三位者,乃屬教道。若稱實論,此三種識即是三德。何人不具?何物暫虧?若識若色,唯是一識。若識若色,唯是一色。豈可有無增減而說?且約有情,一念心具一切染淨。佛究竟具,寧容獨一?若不然者,豈爲三字所譬之法?[案分三識,並以識配屬佛、菩薩、二乘之三位,統屬別教之教道權說,非圓教之稱實而說。若圓實說,則「三識即三德,何人不具?何物暫虧?」云云。故知智者說三識是智之異名,又說「當知三識一一皆常樂我淨與三德無二無別」,是就無住本立一切法,在「三道即三德」下,在「不斷斷」中說圓教也。此非攪混,亦非顢頇,乃是決了阿賴耶系統與真常心後之圓說。是故「從無住本立一切法」不可視爲與阿賴耶系統以及如來藏系統爲同一層次之另一交替之可能者。吾人必須時時以此超曠之提綱謹記于心,對于天臺之圓教以及其諸辭語方可有相應之諦解。]

二、例餘對喻:

例三德者。

問::三德與三識無二無別者,三德修性有離有合,今明三識有離有合耶?

答::有。

又問::〈不二門〉云:「順修對性,有離有合。」三識之中,七八二識迷九而起,是逆修義,豈得對性辨乎離合?

答::離此逆修立順修者,則有惑可破,有智能觀。能所既存,此修名逆,

何順之有？若即七八今順修者，既無所破，亦無能觀，惑智既忘，修性亦泯。而其三識一異同時，無逆順中強名為順，是故得云：識是覺了，智慧異名。今文三識明此順修，此修對性辨離合者，九具八七名為性三，八具七九、及七具八九、名為修三。各三之義是為離也。今合性三，但明第九；八具七九、各合修三，但明第七八；是為合也。離合既爾，故與三德及諸三法無二無別，乃以三字喻今三識。

案：以上知禮解文可謂得意。說識是智慧異名之故云：「良由圓教指惡當體即是法界，諸法趣惡。」此乃「不斷煩惱，即惑成智」。是故得云「識是覺了，智慧異名」。此是釋通名（通名為識）中之要義，極為精采。由此可見智者說此語不是分解地說，乃是詭譎地說。識是了別義，此是語文上字訓的說法。佛家大小乘說識皆有執著染汙性，此是就衆生通常所表現的了別識，望高一層的「智」，而作心理學的分解，兼亦作認識論的分解，分解其種種功能，種種形態，如心意識是，故其所說者皆為分解的指謂語。惟獨智者則不如此說識，當然亦不是反對這些分解的指謂語而另提出一些分解的指謂語。他不在此層次上作修改補充的工作。他對于那些分解的陳述勿寧都是承認的，惟就佛教的標的而言，他以為那些都是教道權說，不是圓實說。他是從圓教的立場把那些分解的陳述作一開決融化而作一詭譎的表象。因為圓教之所以為圓教不在增加或另換一套分解的陳述，依智者，這是永遠不能圓的，而單在另換一表象模式，此即詭譎的模式。同體即、不斷斷，三道即三德，從無住本立一切法，一念心即具十法界，乃至「識是覺了智慧異名」，以及荊溪之種種不二（見下章）。凡此等等皆是詭譎模式下的詭譎語，非分解的指謂語。吾人若不知此義，自覺或不自覺地陷于分解層面而以

• 708 •

·第二章 從無住本立一切法·

另一套分解辭語視之，則永不能知天臺圓教之所以立。

釋別名中，三識分別解說，三識分屬三人，即是教道權說的分解陳述，此則承已有的分解工作而重述之，或對或不對，皆無關也，因本非無諍法故。天臺宗的工作是在判教，不在對于已有的分解教說有所增益或減損。因此，其精采是在開出圓教之所以爲圓教。圓教理境，經論中雖已有之，然而超曠融鑄，系統地凸出之，義理地明確之，則是智者之創闢，未可輕忽也。

「例餘對喻」中言及順修逆修。「例餘」者，例通三德及其他一切三法也。「對喻」者，合「金光明」三字之喻也。「順修」者，順法性而修也。「逆修」者迷法性而行也。然順修有是分解的權說，有是圓說。權說順修非眞順也。非眞順故亦爲迷逆。逆修有衆生冥行之迷逆，有敎道權說之迷逆。例如就三識，若取分解的說法，以第九淨識爲標準，破七八方顯，此正是逆修義，亦同「緣理斷九」，何順之有？若順圓敎稱實而論，則三識只是一識；七八迷九而起，是逆修義（即衆生不覺之冥行），離開此逆修而別立順修，「則有惑可破，既無所破，亦無能有智能觀，能所旣存，此修名逆，何順之有？」此則正是分解說的權順修，逆七八之流而上，何順之有？此蓋未眞透徹乎法性，雖順第九爲標準，然仍是逆而迷也。而上，即日逆。離乎七八，逆之而上，即曰逆。離而逆即不透徹乎法性之性，乃順離法之性，不順乎法之性，故曰迷。若卽七八而爲順，是卽「不斷斷」，「無逆順中強名爲順」。「不斷」，則七八之迷逆不必離也；

· 709 ·

・若般與性佛・

不斷而斷,則七八雖迷逆而當體即智,當體即法性,此即是順也。

3. 智者于「簡十法」中,對此三識復作料簡云:

料簡三識:若分別說者,則屬三人(佛、菩薩、二乘)。此乃別教意,非今所用。若依《攝論》「如土染金」之文,即是圓意。土即阿陀那,染即阿梨耶,金即菴摩羅,此即圓說。

問:如經云:「依智不依識」,既云三識,此那可依?

答:經言「不依識」者,是生死識。今則不爾。今言依識者,是智之異名,名清淨識。又,道前通名為識,道後轉依即是智慧,未詳。

知禮《金光明經玄義拾遺記》卷第三解此料簡文云:

九、簡三識。若分三識,陀那屬聲聞,梨耶屬菩薩,菴摩屬佛,此乃教道分張,次第斷相。若菴摩是本性,無明迷故,生業轉現,名阿梨耶,此乃三識次第起相,皆是教道,復執見分起我見、我愛、我慢、我痴,名阿陀那,此乃三識次第起相,皆是教道,非今所譬。若欲圓論,須依《攝論》「金土及染」三不相離,則于聲聞、菩薩、及佛,三人心中皆具三識。

大師猶恐尋此喻者,作真妄二法相合而解,謂除土存金,至佛唯有菴摩羅識,故據大經「依智不依識」而為問端。為欲答出三識乃是智之異名,則土喻

陀那,是方便般若,染喻梨耶,是觀照般若,金喻菴摩,是實相般若。至佛究竟三種淨識,豈但一耶?然若不知性具染惡,安令七八——土之與染,至果不滅?識。佛果為「道前」等者,地前名「道前」,皆依煩惱及以生死,故八識轉名四智。轉第七識為平等性智,轉第六識為妙觀察智,轉前五識為成所作智,轉第八識為大圓鏡智,轉依四智菩提種子,是故八心王通名為故云「轉依即是智慧」。注「未詳」者,潛斥之意耳。以彼所明道後轉依,熏成種子,轉成智慧,不言八識性是妙智,斯是唯識一途教道,非今所譬。然是菩薩所造之論,不欲顯言,故但注「未詳」。如諸文中破古,多云「此語難解」。故知「未詳」不異「難解」。

案:「料簡」、料者量也,簡者簡別。料簡者衡量簡別即抉擇之謂。于正釋後,略作簡別。此中,吾人須知言七、八、九三識是眞諦所傳之唯識,即當時所謂攝論宗或攝論師。然而無著攝大乘論本身卻並無第九識。眞諦言第九菴摩羅識為淨識,亦名無垢識,亦名自性清淨心彼順攝論言及阿賴耶,亦說「解性賴耶」——阿賴耶「以解為性」,此亦與攝論不同。是故眞諦之思想近乎起信論,智者說三識是據眞諦所傳說。「三識分屬三人是別教意」,此別教當該是起信論式之別教,即吾所謂「終別教」。此亦只是取喻意,而所喻不同。彼言「若依攝論如土染金之文,即是圓意」。智者依圓教之層次,不取此「別教意」之分屬。《攝論》「金土藏」之喻是喻三性之關係,非喻三識不相離也。

又,智者說別教不甚能分別眞諦學與無著世親學之不同,統名曰別教,此蓋因眞諦傳時

• 711 •

即攪混也。實則眞諦學是「終別教」，無著世親學是「始別教」。此吾前已論及（覆看前章第三節）。智者雖不甚能分別眞諦所傳與攝論本身之不同，然總亦知攝論是以阿賴耶識為中心說明一切法，所謂「賴耶依持」。彼視此說為「界外一途法門」，非是通方法門。「恐此猶是方便，從如來藏中開出耳。」彼於法華玄義卷第五下論「三法妙」中，論及「歷四教各論三法」。此中說別教三法云：

明別教三法者，以緣修觀照為乘體，諸行是資成，以此二法為緣修智慧。慧能破惑顯理，理不能破惑。理若破惑，一切眾生悉具理性，何故不破？若得此慧，則能破惑。故用智為乘體。故大經云：「無為無漏名菩薩僧」，即是明三種乘：理乘、隨乘、得乘。理者，即道前眞如。隨者，即是觀眞如慧。然攝大乘一地二地乃至十地智慧名智慧莊嚴。以此智慧運通十地，故為乘體。此三意一子皆在黎耶識中。熏習成就，得無分別智，成眞實性。是則理乘本有，隨得今有。道後眞如方能化物。此豈非縱義？九識是道後眞如，與眞如相應。智行根本種往乃同于三軌，而前後未融。何者？一切行願重薰薰習無分別智，契無分別眞如，真如無事，智行根本種子皆在黎耶識中。熏習成就，得無分別智，成眞實性。是則理乘本有，隨得今有。道後眞如方能化物。此豈非縱義？又是橫義，又濫冥初生覺。（濫于外道數論由冥初生覺識，「冥初」即數論之冥諦，亦曰自性。）旣縱旣橫，與眞伊相乖。

原夫如來初出便欲說實，為不堪者，先以無常遣倒，次用空淨蕩著，次用歷別起心，然後方明常樂我淨。龍樹作論申佛此意。以不可得空洗蕩封著，習

應一切法空,是名與般若相應。此空豈不空于無明?無明若空,種子安在?淨諸法已,點空說法,結四句相。(案卽《中論》不自生、不他生、不共生、無因生之四句)。此語虛玄,亦無住著。如病除已,乃可進食,食亦消化。那得發頭據阿黎耶出一切法?本之見慢全未降,封此新文若長冰添水。故彼論非逗末代重著眾生,從如來藏中開出一途法門耳。

又阿黎耶若具一切法者,那得不具道後真如?若言具者,那言真如非第八識?恐此猶是方便,從如來藏中開出耳。

案:此中言及九識,非《攝論》所有。若九識只解爲轉八識後所成之淨識,則仍是「賴耶依持」。若解爲如來藏自性清淨心,則屬「眞如依持」之眞心系統。智者未能嚴格分別,只混而視之,一方說其三軌「發頭據阿黎耶出一切法」,是「界外一途法門」。若就「眞如依持」言,則是終別教。三軌(眞性軌、觀照軌、資成軌)雖仍未融,然却不是「發頭據阿黎耶出一切法」,乃是據如來藏自性清淨心出一切法。「據阿黎耶出一切法」乃是始別教,其三軌亦當不同于終別教。

智者對于「賴耶中心」特別不喜,既斥之爲「濫冥初生覺」(此斥稍重,可有此濫相,而實不同于數論之冥諦),又斥之爲「界外一途法門」,又斥之爲攝法不盡(阿黎耶不具道後眞如,眞如非第八識)。如上文簡三識中,又以「未詳」、「未詳」、「難解」示之,而知禮則說「未詳」是「潛斥之意耳」。實則只是「始別教」耳,亦不必以「未詳」、「難解」潛斥之也。藏教猶無「未詳、難解」處,何獨于此示「潛斥」

• 713 •

意耶?此亦只是分解表象之「一途」耳。智者此種抑揚可令人誤會天臺宗特別與唯識不能相容。實則既開權顯實,此亦只是權教之一途,何獨不在開決之內耶?藏通別(終別始別)俱是權教,何獨對此「始別教」顯異色耶?

智者上錄文「淨諸法已」,點空說法,結四句相」一段即示:欲想說明一切法之根源只有「從無住本立一切法」始是圓實地「出一切法」。至于阿賴耶系統與如來藏系統之徹底者而言,只是攝法不盡而已(不但非圓,而且攝法不盡)。是則此種分解猶未徹底也。

「不得據阿黎耶出一切法」亦可。是則「從無住本立一切法」與彼分解地說者為不同層次,則說為有「特與唯識不相容」之說耶?依是,亦可知天臺圓教既非唯識,亦非唯心,乃是實相學之究極耳。因為只有詭譎模式下之圓教方能充實相學之極,傳統的說法亦是以「唯心」與「實相」來分判:實相者為正宗(山家),唯心者為山外。此不誤也。唯傳統說法簡略,不甚能究盡其源委耳。關此,只在此處先作點示,下第四節中詳之。

4.以上釋三識兼及簡三識,以示圓教之殊特。圓教之精神必在「三道即三德」下始能徹底透出。故須進而看智者釋「三道」。金光明經玄義卷上釋三道云:

云何三道?過去無明,現在愛、取,三支是煩惱。過去行,現在有,二支是業道。現在識、名色、六入、觸、受、未來生、老死,七支是苦道。此三更互相通,從煩惱通業,從業通苦,從苦復通煩惱,故名三道。苦道者,謂識、

知禮拾遺記卷第二解釋此段文云：

名色、六入、觸、受。大經云：「無明與愛，是二中間名為佛性。」「中間」即是苦道。「名為佛性」者，名生死身爲法身，如指冰爲水爾。煩惱道者，謂無明、愛、取。名此爲般若者，如指薪爲火爾。業道者，謂行、有，乃至五無間。皆解脫相者，如指縛爲脫爾。當知三道，體之即眞，常樂我淨，與三德無二無別。旣以金光明譬三德三道，還以金光明譬三道也。

十、三道，三：

初、束十二支爲三道，二：（初）、正束。此十二支敎門不定。有通三世，有通二世，有在一世，有唯一念。時雖延促，皆論十二。今就三世束爲三道，敎門多故，其相顯故。（二）、釋名。上束十二是釋「三」名，今明「道」義是釋「通」名。通名「道」者，謂業、惑、苦互相通故，故今世世相續無窮。然今文意，卽以事通，彰理不壅。

二、約圓釋，卽事而理。蓋于報法易顯正因，故以此五果雖有觸受，未生愛取，就此色心顯正因體，易成妙觀。如摩訶止觀初觀陰境，其意亦然。凡明觀法，初多就易。易處觀成，無難不曉。大師得意，故例感、業，皆是佛性也。舉三喻者，世間物象比于妙理，皆是分譬。須將法定，方顯偏圓。如《如來藏經》九喻，《止觀》喻別，餘文喻

圓。今冰水等亦兼圓別。何者？若謂結佛界水為九界冰，融九界冰歸佛界水，此猶屬別。若知十界互具如水，情執十界局限如冰，融情執冰，成互具水，斯為圓理。薪火，縛脫，其例可知。故知十二緣輪迴之法，謂實，則三障確爾。即惑業苦一一通徹法界邊底，是名三道。欲顯此三圓融義故，名從勝立，故法身、般若、解脫。但轉其名，不改法體。其實祇是當體通徹耳。

三、約體達，例德對喻。

問：前明三識，第九一性對八七二修，以明離合，故類三德。今明道，三俱逆修，如何說于修二性一？此義不成，則與諸三有二有別，豈是三字所譬之法？

答：即事而理，事理無差。且如事中惑起于業，業感于苦，苦還起惑。此三修惡即是性惡，乃名性三；亦即因法，轉名果法，轉名三身、三涅槃，亦即果用，轉名三識、三佛性、三般若、三菩提，三大寶；亦即秘藏，轉名三德。故知節節但轉其名，不改其法。故不二門云：「性指三障，是故具三。修從性成，成三法爾。」其義既爾，安云三道不具離合？以金光明譬

于三道，其意略爾。

案：以上智者原文與知禮解文明「三道即三德」甚為顯豁而透闢，此是明圓教之典型文字。就苦道言，識、名色、六入、觸、受，生死身即法身，「如指冰為水爾」。就煩惱道言，無明、愛、取即般若，「如指薪為火爾」。就業道言，行、有，乃至五無間即解脫，「如指縛

為脫爾」。凡此皆詭辭也,非分解的陳述語,亦明「不斷斷」爾,是故三道即三德也。知禮解文「約圓釋,即事而理」中語尤精闢,不背智者意,只使之更顯豁而詳盡耳。「若謂佛界水為九界冰,融九界冰歸佛界水,此猶屬別」,此即佛界水隨染淨緣結成九界冰(隨緣作九),破九界冰顯佛界水(緣理斷九),故只為別教也。「若知十界互具如水,情執十界局限如冰,融情執冰,成互具水,斯為圓理。」此即一念即具十法界,一一界又互具十法界,互具融通為佛界水,即佛界亦冰也,佛而非佛矣。由三道說至十界者,三道由十二因緣束成,一一界皆有三道性相也。即佛界亦有三道性相,惟解心無染,只有惑業苦之相,而無惑業苦之實。何者?自行化他俱在「不斷斷」中行,除病不除法,入地獄化衆生,焉得不現惑業苦相?而一念心即具十法界,一一界又互具十法界,是則三道皆本具,非神通作意起現,此即所謂無作四諦之「性德惡」也。

「例德對喩」中說及性修,此性修義詳見下章。

5.以上由三識三道之圓釋明十種三法皆是在「法性無住,法性即無明;無明無住,無明即法性」之同體依即下完成。然智者於此十種三法既有逆順兩番生起,故由三德逆推至三道,亦可說為「從法性無住本立一切法」,知禮解為「立一切教法」也。從三道至三德,亦可說為「從無明無住本立一切法」,知禮解為「立一切行法」也。前者以「法性即無明」為綱領,後者以「無明即法性」為綱領。「法性即無明」,則由無明順修,亦不待斷九界冰始歸佛顯,此即知禮所謂「理顯由事」。「無明即法性」,則由無明順修,亦不待斷九界冰始歸佛界水,此即知禮所謂「即妄歸眞」。故知禮拾遺記卷第二解此逆順兩番生起云:

初、約施教逆推，理顯由事。二、約立行順修，即妄歸真。此二生起，

初、從法性無住本立一切教法，依何文說？

答：此文當體章（案即智者原文「當體得名」章，此是對于金光明作當體釋非譬喻釋）明諸聖人依真立名，乃引淨名「從無住本立一切法」。既引此證依真立名，豈非法性無住本立一切教耶？然若具論，「從無住本立一切法」不出四重。如妙樂云：「理則性德緣了，事則修德三因，迷則三道流轉，悟則果中勝用。如是四重並由迷中實相而立。」（法華文句記卷第七下）。今之初番是彼第四「果中勝用」，今之後番是彼第二「修德三因」。

問：初番生起，始從秘藏，終至三道，合當「迷故三道流轉」，何以却對「果中勝用」立教法耶？

答：今云秘密藏顯由三寶等，豈可迷理而由三寶及諸三法等耶？故知須作依理起教釋之方允。況今逆順二種生起與法華文句釋開示悟入，約位、智、門、觀、四義生起，逆順相同。故彼文句云：「見理由位，位立由智，智發由門，門通由觀。觀故則門通，門通故智成，智成故位立，位立故見理。」今文初番豈非「所由于能」，「此逆順所由于能，次明能顯于所。」得此意已，方可消文。

初文者，三德之理是佛極證，絕乎名相，曰秘密藏。此藏得顯，功由覺智，與不覺理合，是故如來示現三寶。而其三寶立由斷德，故說三涅槃。涅槃得成

· 718 ·

第二章 從無住本立一切初法

案：初番生起是「約施教逆推，理顯由事」。「由事」者，由三識三道之事也。三識三道以上俱是正面分析地直線推演地屬理，而三識即三道，三道即三德，是詭譎地屬理。故理顯由事，即事而顯，必逆推至三識三道始見；而法性無住，法性即無明，由此立一切教法，亦必逆推至三識三道始顯。「立一切教法」者，約法性無住，客觀地立一切教義法門也。自此而言，從三德起，至三道止，皆客觀的教法也。故云「約法性無住，客觀地立一切教法。」「即妄」者，即三識三道之妄也。即此妄而當次番生起是「約立行順修，即妄歸眞。」

復由智德，故說三身，身由乘至，故說三大乘。乘由行通，故說三菩提。菩提由智照，故說三般若。般若由性發，故說三佛性。性種元由了名義，故說三識。識解本由三障即理，故說三道。都由三德秘密法性無堅住性，是故大聖以此法性無住爲本，立九名相及一切教法。此番生起爲後解釋十法（十種三法）立也。

釋次文者，上辨大覺證三德藏，以無住故，立諸教法，極趣三道。今辨衆生處于三道，由無住故，成諸行法，極趣三德。三道復以無明爲始，無明明故，業苦皆轉。轉迷成解，了別聖言，故成三識。解爲乘種，即名佛因，故成三佛性。種熏本覺，故發智慧，名三般若。智能導行，行大直道，成三菩提。智行契性，無不運荷，成三大身。乘辨報智，上冥下應，即成三身。身永離惑，不生不滅，名三涅槃。斷德自在，施恩利物，故現三寶。利物功成，自他休息，同歸三德。此番生起爲後十重觀心立也。

體歸真,是詭譎地歸真。三識以上皆是分析地直線推演地歸真,所即之妄仍是三道三識也。即三道三識之妄而歸真即順修也。故無明無住,無明即法性,由此立一切行法,即順修之行也。「立一切行法」者,約無明無住,主觀地立一切修行法門也。自此而言,從三道起,至三德止,皆主觀的行法也。故云「約立行順修,即妄歸真。」

此兩番生起不出荊溪法華文句記卷第七下所說之四重:「理則性德緣了,事則修德三因,迷則三道流轉,悟則果中勝用。」從法體上說,一念心即具十法界,一一法界皆有三道性相,而三道即三德,此即本具之三德,亦曰性德三德。由性德三德說三因佛性,即是性德三因。「理則性德緣了」,說緣了二因性是德德即函性德正因也。「理」者,法體之理如此,尚未修顯之謂也。「事則修德三因」,即從順修之事說,則是修德上之三因。是即「迷則三道流轉」也。「性德三因」修顯而為「修德三因」也。由修德三因,一切衆生皆有之,但未修顯,故只有其理。「悟則果中勝用」,是其事。是即「迷則三道流轉」也。性德三因,一切衆生皆有之,但未修顯,故只有其理。「悟則果中勝用」,是其事。故荊溪金剛錍云:「衆生但理,諸佛得事。衆生唯有迷中之事理,諸佛具有悟中之事理。」而知禮上解文則說初番生起合當「悟則果中勝用」,蓋由佛之悟,故得由法性無住立一切教法也。次番生起合當「事則修德三因」,蓋由順修之事,故得從無明無住立一切行法也。

以上依金光明經玄義及知禮拾遺記明「從無住本立一切法」。此下再看法華經文句言「無住本」。

第三節　法華經文句論「無住本」

1. 法華經藥草喻品第五：

其所說法皆悉到于一切智地。如來觀知一切諸法之所歸趣，亦知一切眾生深心所行，通達無碍；又于諸法究盡明了，示諸眾生一切智慧。

智者法華經文句卷第七上解此文云：

從「其所說法」下，約教述其顯實也。「地」者實相也。究竟非二，故名「一」；其性廣博，故名為「切」；寂而常照，故名為「智」；無住之本立一切法，故名為「地」。此圓教實說也。凡有所說，皆令眾生到此「智地」。顯實之文灼然如日，如何闇寢作餘解耶？例大品廣歷諸法皆摩訶衍。衍即大乘。乘即實相也。上文云：「唯此一事實」，指此「地」也。「餘二則非真」，指七方便也。（案人、天、二乘、三教菩薩，七種權說為七方便。此依藥草喻品三草二木而立，非小乘之七賢位，亦非大經之七眾渡河。）此約漸頓二教述其開權顯實也。

荊溪法華文句記卷第七下釋智者此文云：

「究竟」等者，此明諸權皆歸實相。是故三教，教、智未會，不名為「一」；又非明示此法從于「無住本」立，故不得云「究竟不二」。今言「不二」者，始終一也。

「其性」等者，廣博之一，故名為「切」。切字並通訓「眾」也。共顯不二，是「一」家之切，名「一切」。

「寂而常照」者，智所依地能生諸智，故名「智地」。此從境說。若智即地，能所不二，故智亦得名「無住本」，是故亦得名智為地。正顯能立，立亦生也。故此「智地」能生諸法，故雙名智地為生也。

……

實相是體，智即是用。若智家之地即指實相，一切皆大。由智顯地，由乘至極。亦是從始至終，依地至極。

案：「一切智地」，依經文，即一切智所行之地，所照之處，地即處也。言如來所說之法皆歸趣于此「處」也。此地此處即是實相。實相一相，所謂無相，即是如相。然就圓教說，此所謂空、如、不只是空、如，乃是一切法趣空如之空如。亦一切法趣假即趣色聲香味觸之空如，此即是「從無住本立一切法」之實相地也。實相即地。地既如此，則一切智即一切種智，非只觀空之「一切智」也。此乃觀「圓中」（不但中、不思議中）之「一切種智」也。

分別說，地為實相，智為般若，一為所，一為能。然圓智圓即是智地，地即是智。照而常寂，智入于實，是故地即是智。寂而常照，智入于智，是故智即是地。寂而常照乃是智自身之圓融地說。但此處說通就智本身說寂照，此只是智自身之分析地說，即寂即照，則是就智地不二而為圓實地說。）故雙名「智地」為無住本，由之立一切法，則是說法華經所說之「三教（藏、通、別）菩薩教智未會，不名為一，又非無住立一切法。法性即智地不二之法性也。此是法性寂而常照名止，寂然名觀。」又釋名章「對無明不止而謂法性為止，對無明不觀而謂法性為觀。」凡此皆就實相般若名智地不二（智如不二）為法性也。

此法性無住立一切法是開權顯實後，在「三道即三德」下，在「不斷斷」中，立一切法也。故法性無住，必函法性即無明而立一切法也。雖是從智從實相說法性，卻是即于無明而說智說實相並由之說法性也。此即是法華經所說之「一切智地」也。「餘二則非真」，則是說「三教（藏、通、別）菩薩教智未會，不名為一，又非明示此法從于無住本立，故不得云究竟不二」（荊溪記語）。此即示其皆未能至此「一切智地」也。顯然，此「一切智地」是開權顯實後的「一切智地」。此不只是般若經實相般若之作用地圓具一切法之「從無本立一切法」之存有論地圓具一切法之「一切智地」。若只是前者，則宗般若即可，何須宗法華？

2.〈藥草喻品〉又云：

如來說法，一相一味，所謂解脫相，離相，滅相，究竟至于一切種智。其有眾生聞如來法，若持讀誦，如說修行，所得功德不自覺知。所以者何？唯有

如來知此眾生種、相、體、性、念何事、思何事、修何事；以何法思，以何法修，以何法得何法：眾生住于種種之地，云何念，云何思，云何修；以何法思，以何法修，以何法得何法。如實見之，明了無礙。如彼卉木叢林諸藥草等，而不自知上中下性，唯有如來知是已，觀眾生心欲而將護之，是故不即為說一切種智。佛知是已，所謂解脫相，離相，滅相，究竟涅槃常寂滅相，終歸于空。如來知

法華文句卷第七上解云：

「如來說法一相」下，第二合無差別譬。

「一相一味」下，雙合「一地一雨」。（案經文前言「一地所生，一雨所潤。」上開三，今合亦三，但不次第。

「所謂」下，雙釋一地一雨。

「其有眾生」下，合上「而諸草木各有差別」。（案此前經文）。

「所以者何」下，釋于差別，如來能知差別無差別相。

「一相」者，眾生之心同一真如相，是「一地」也。「一味」者，一乘之法同詮之理，是「一雨」也。昔于一實相方便開為七相，于一乘法分別說有七教。佛知究竟終歸一相一味也。

「所謂」下，雙釋一相一味。眾生心性即是性德解脫、遠離、寂滅三種之相。如來一音說此三法，即是三昧。此三相則以為境界，緣生中道之行，終則

得爲一切智果。故言「究竟至于一切種智」也。

合草木差別譬，如前解，不重記。有時作三意合。一、無差別意，合上「一地一雨」。二、差別意，合上「草木差別」。三、如來能知，釋成兩意。無差別者，謂一相一味。「一相」合上「一地」也。「解脫相」者，無生死相。「離相」者，無涅槃。「滅相」者，無相亦無相，故有差別。一相即無住本立一切法。「一相」即無差別也。立一切法。「一相」即無差別如卉木。無差別如一地。地雖無差別，而能生桃李卉木差別等異。桃李卉木堅相，而同是一堅相。若知地具桃李，解識實中有權，解無差別即是差別。若知桃李卉木，無差別即無差別。以是義故，以「一相」合上「一地」譬也。「一味」即是實敎，純一無雜。句句例作差無別義，準「一相」可解。

「解脫」者，無分段、變易二邊業縛，故名「離相」。「滅相」者，二邊因滅，得中道智慧，此慧能遠離二邊，無所著故，名「離相」。「解脫相」者，得有餘涅槃，二邊果滅，得無餘涅槃，故名「滅相」。例「一相」「一地」可解。

「究竟至于一切種智」者，若得二邊滅相，即是通別二惑盡，入佛知見。此即佛之智慧，初發、竟畢二不別，故言「究竟」。此即佛之智慧，以一切種智心中行般若，初發、竟畢二不別，故言「一切種智」也。

從「其有衆生聞如來法……不自覺知」者，即是明差別意。從此下明差別者，衆生是山川假實之差別，亦是種子之差別。如來即是雲，聞法即是雨，讀

誦修行即是潤，功德即增長。如此等差別皆不能知也。就文為五：一、眾生不知。二、如來能知。三、舉譬帖合眾生不知。四、牒前結釋如來能知。五、釋疑。

「其有眾生」者，舉不知之人。「法」謂聞一音之法。持、說者，是正明不知。持、說不同，修行各異。人天作戒善之解，三乘作諦、緣、度解。解既不同，即是差別。「所得功德不自覺知」者，明五人雖各稟教，不知佛是一味無差別教，亦不知七種方便。各各作解，而各執己解為實。此則不知于權，亦不識實，即是差別不自覺知也。

第二，如來能知。略減數，舉十境合為四意：㈠約四法知，㈡約三法知，㈢約二法知，㈣約一法知。

約四法者，謂「種、相、體、性」。種者，三道是三德種。「一切煩惱之傳為如來種」。此明由煩惱道即有般若也。又云：「五無間皆生解脫」。此即生死為法身也。此就相對論種。若就類論種，「一切眾生即涅槃相，不可復滅」。此即生死為法身也。「夫有心者皆當作佛」，即法身種。種種差別，一切世間低頭舉手悉是解脫種；一切煩惱之傳為如來種。一切種只是一種，即般若種。此由不善即有善法解脫也。「所得功德不自覺知」者，明五人雖各稟教，不知佛是一味無差別教，亦不知七種方便。

相、體、性，約十法界十如中釋。若論差別，如來亦能知。差別即無差別，如來能知。無差別即差別，如來能知。若論無差別，如來亦能知。體、性例然，可解。

從「念何事」下,約三法明如來能知。三法者即是三慧(案聞思修爲三慧),仍有三種:一、三慧境,二、三慧體,三、三慧因緣。「念何事」是明三慧用。念取于所念之事,即是三慧境。從「云何念」者,念是記錄所聞之法,正是念慧之體也。從「以何法念」下,即是三慧取境,聞法是其因緣。又三慧境,境智因緣和故,得有三慧法,復名因緣也。如是三乘三慧,昔謂境、體、因緣有異,即是差別。若入圓妙三慧,即無差別。此有差別無差別,如來能知。又差即無差,無差即差,如來亦能知。

從「以何法」下,約二法明如來能知。「眾生如,佛如,一如無二如」,唯是一因一果,即無差別,如是能知。差別無差,無差即差,如來亦能知。五乘之因各得其果,即是差別。「眾生如」即是因,「得何法」即是果。五乘之因各得其果,即是差別。「眾生如」即是因,「得何法」即是果。

從「眾生住于種種之地」,是約一法明如來能知。如來用如實佛眼見之,如眾流入海,失于本味,則無差別。隨他意語,以智方便而演說之,則如來能知差別。「其所說法皆悉到于一切智地」,則如來能知無差別。云云。

從「如彼卉木」下,第三,舉譬帖合眾生不知也。

從「如來知是」下,第四,牒前總結能知也。何者?一相,一味。「究竟涅槃,終歸于空」,即是無量中一。此牒前總釋無差別也。今作大乘,「究竟涅槃,終歸于空」,相、一味、解脫、離、滅等,爲緣分別,即是一中無量。何者?一相、一味、解脫、離、滅,若是二乘法體,猶是差別言宣。

即通無差別。「究竟涅槃」結前諸句非二乘有餘無餘,乃是究竟涅槃也。「常寂滅相」者,結諸句非是小乘寂滅,乃是常住寂滅。上文云:「諸法從本來,常自寂滅相」,即此義也。「終歸于空」者,非是灰斷之空,乃是中道第一義空。鄭重抵掌,簡實異權。(下斥舊師解,略。)

「佛知是已,觀衆生」下,第五,斷物疑。佛昔皆知始末皆一,何不鹿苑即為說實?釋云:「觀衆生心欲而將護之」,恐其誹謗,故不即說也。

案:以上解文就經文一字一句皆予科判詳釋,當然不免煩瑣。經文本自明白。支解太甚,離人心思。然若如此經歷一番,則可令人有眞切周到之了解,亦非無好處。此則在人能堪忍耳。今當總通其意如下。

法華經開權顯實,會三歸一,此于方便品及譬喩品中已屢言之。如「諸佛如來言無虛妄,無有餘乘,唯一佛乘。」「諸佛以方便力,于一佛乘,分別說三。」「如來但以一佛乘故,為衆生說法,無有餘乘,若二若三。」「十方佛土中,唯有一乘法,無二亦無三。除佛方便說,但以假名字,引導于衆生。說佛智慧故,諸佛出于世。唯此一事實,餘二則非眞。」「今我喜無畏,于諸菩薩中,正直捨方便,但說無上道。」「世尊法久後,要當說眞實。告諸聲聞衆,及求緣覺乘,我令脫苦海。逮得涅槃者,佛以方便力,示以三乘敎。」「佛所成就第一希有難解之法,唯佛與佛乃能究盡諸法實相,所謂諸法如是相,如是性,如是體,如是力,如是作,如是因,如是緣,如是果,如是報,如是本末究竟等。」以上皆見方便品。凡此皆是法華經的名句。實相就是眞實,就是諸法之

這樣的相、性、體、力、作、因、緣、果、報，這樣的從本至末畢竟平等。「等」即無差別之實相。從教方面說，說此實相者，謂之一乘。從智方面說，了此實相者是佛智，實智。從行方面說，達至實相者是「無上道」。並非實智，亦非實相。「決了聲聞法，是諸經之王」。此即所謂「開權顯實，會三歸一」。反之，亦可說由一垂三，由實施權。一實是本，三權是迹。此「本」不是華嚴會上，譬如日出，先照高山，以毘盧遮那佛法身在海印定中說佛自證，這種隔絕的本，乃是經過了幽谷平地，如日輪當午，罄無側影，無幽不照，即迹即本，即本即迹，不捨二二，一一皆實的本，此是圓滿，具體、而真實的本。這個本，從教方面說既是如此，則從智方面說，亦是圓滿、具體、而真實的圓教——這也是「稱法本教」。前方便〈品〉但不是華嚴經的稱法本教，因此後者乃是別教的一乘圓教，別教的「稱法本教」已表示此意，今藥草喻品所說「一相一味」亦是鄭重宣說此義。一相即實相，一味即一乘。而「智者解此，節節皆云五乘七善」以簡權實，「句句皆例作差無差別義」以明佛智之法」。此「無住本」即法性無住，亦即一乘七善以為本也。即一二法皆實相也。實相一相，即是「從無住本立一切知，而「差即無差，無差即差」，法性即一切法。法性即無明，法性即無住，法不住法，法界是無差別，佛界是無差別，無差即差，廣之，九界是差。方便是差別。三乘是方便，五乘七善亦是方便，所謂七方便；而「唯一佛乘」，則是實教。無差。無差即差。法性無差別，而法性無住，則差而無差，無差即差。別，佛界不是隔斷九界以為佛界，則佛乘不隔，則差即無差，無差即差，是則法法皆實，法法不斷，一體平鋪，但去病不去法也。故一相一味必須在「三道即三德」下，在「不

•佛性與般若•

斷斷」中了解也。

3. 方便品偈云:「是法住法位,世間相常住。」「常住」者不斷之謂。諸法即空即假即中,假名法不斷也。既即空假中,則諸法不出「如」,以如為位,是謂「住法位」。此仍是《中論》緣起性空之本色。智者《法華文句》卷第四下釋此兩偈語云:

「是法住法位」一行頌理一也。眾生,正覺,一如無二,悉不出如,皆如法為位也。「世間相常住」者,出世正覺以如為位,亦以如為相,位相常住。世間眾生亦以如為位,亦以如為相,豈不常住?世間相既常住,豈非理一?

而荊溪《文句記》卷第五中解智者此文云:

「眾生」下,釋「住法位」。眾生,正覺,重出「是法」。法不出如,皆如為位。眾生理是,佛已證是,故名為「住」。如位一故,故名為「位」。染淨之法皆名「是法」。染謂眾生,淨即正覺。眾生,正覺是能住法,染淨一如是所住位。位無二稱,同立一如。不出真如,故唯局此。此局即通,分局定限,過一切故。……「世間相常住」者,此局之極也。位即人,相可表幟,位可久居。佛已契常,相位無二。顯迷即理,理即常住。佛依世間修成極理,驗知世間本有斯理,故云「常住」。故正覺、眾生,相位常住。染淨相位既同一如,是故相位其理須等。

• 730 •

第二章 從無住本立一切法

問：位可一如，相云何等？

答：位據理性。相約隨緣。緣雖染淨，同名緣起。如清濁波，濕性不異。同以濕性為波，故皆以如為位。所以相與常住，其名雖同，染淨既分，如位須辨。同以波為濕性，故皆以淨因果故也。今且從悟顯迷，以淨顯染，則淨悟得于常事，迷染但名常理。況世間之稱亦通染淨因果故也。

案：智者謂「是法住法位，世間相常住」，于道場知已，導師方便說」，這一行偈語是頌「理一」。諸佛于道場證知此如理後，即為眾生方便說之。無量數諸佛「出現于世間，安隱眾生故，亦說如是法」，即亦說「是法住法位，世間相常住」之法也。「是法」即指上行偈語「諸佛兩足尊，知法常無性，佛種從緣起，是故說一乘」中「無性」之法而言。「知法常無性」，即「諸法寂滅相，不可以言宣，以方便力故，為五比丘說。」（亦方便品偈語）。法雖無性，然「佛種從緣起，以方便力故，說一乘法，令生起佛種，證知此無性之法，而得成佛。故諸佛「知第一寂滅，以方便力故，雖示種種道，其實為佛乘。」法常無性、法寂滅相，即「第一寂滅」。無性、寂滅相，第一寂滅之法即「住法位」。「住法位」者即是住「如」位。法不出如，以如為位。故云「是法住法位，世間相常住」。以住如位，故「世間相（諸法）亦常住如是。佛于道場證知此理，乃為眾生方便說之。故此一行偈語是頌「理一」。「亦以如為相」，即實相也。「理一」即「住如位具如相而常住」之理一也。「如」無住，如即是法，是一，是遍，是無為，不變易故。以「如」常故，故世間相（諸法）亦常住如是，不可更變，即「亦以如為相」，不可更是頌「理一」也。

• 731 •

如即于法而見。法無住，法即是如，法即于如而爲法。是故諸法「以如爲位，亦以如爲相」也。

以上是就第一層緣生法說「住法位」。現在復可就第二層眾生與正覺說「住法位」。故荊溪說此爲「重出是法」，即就眾生與正覺（佛）重新說此「住法位」之法也。「眾生正覺一如」，故正覺之法是淨法，眾生之法是染法。「眾生正覺一如無二，悉不出是能住法，染淨一如是所住位。」眾生在迷，故眾生之法是染法。「染淨之法皆名是法」，即眾生此「住法位」之法也。「眾生正覺一如無二」，即如，皆如法爲位也。」但眾生之住如位只是從法理上說是如此，故荊溪云「眾生理是」，即而且事上亦實證地是如此，故佛已證此理，故佛之「住如位」不但是理上是如此，亦須辨別也。是即荊溪解語最後所說「今且從悟顯迷，以淨顯染，則淨悟得于常事，迷染但名常理」。「住如位具如相爲常」，故「但名常理」。

凡位皆有「分局定位」之意。但以如爲位，「此局即通，遍一切故，局之極也，通之盛也。」以如理爲位是無局限之位，非如以情事爲位者之有定限也。以如爲位，全法界即如，是即差而無差。以緣法爲相，全如即法界，是即無差而差。不但位常，相亦常也。但在眾生，或在正覺，皆是常住。「相位無二」故論在眾生，或在正覺，皆是常住。「相位無二」，「得于常事」，常只是理上之常。而在正覺，則「得于常事」，常是實證地實際之常。然相位常住之理則一也。是故荊溪云：「染淨相位既同一如，是故相位其理須等。」「相位無二」故之理則一也。既言同以如爲位，何以又言同以如爲相？以如爲相即諸法之實相也。全如即法界，則法

· 732 ·

界法之實相即如相也。「同以濕性為波，故皆以如為相。」（波喻染淨法，濕性喻如也。）以如為相，則波之相雖相而無相，全波相泯于濕性。「同以波為濕性，故皆以如為位。」以如為位，則濕之性無相而相（濕不離波而為濕），全濕性盡在于波相。是故相位無二，同是一如，其常住理自亦等同也。等同之理名為「理一」，此乃「是法住法位，世間相常住」兩偈語之所示也。

此相位常住之「理一」直接函着天台宗所謂「性惡」。性惡者，一切穢惡淨善法門皆不可改，一起皆本有之謂。本有不改名為性德。穢惡之法亦是性之德而為本有。本有于何處？曰：「一念無明法性心」是。然則性德如何解說？曰：以性具而為性之德。性者法性也。

「法性無住，法性即無明」，從勝從主說是「性具」，就是一念心具；法性即無明，則是一念心，心就是一切法。「法性即無明」就是心。直接地說是一念心具，此即「一切法趣法性，是趣不過」之義。「具」字以「即」字來規定。具備着一切法，此即「一切法趣某某」即表示「圓具」義。性具之具是圓具，亦是即具，不必俟其隨緣造作出來始言具。而性具則只是即具，以性不會造作故。法性具即一切法意即即于一切法而透顯出來。一念心即具一切法，一起皆本有不改，即是法性具所即具而本有一切法一起皆本有不改。一切法為法性所即具即成為法性之德。德者得也。為法性所即具而本有之即為德。此德是就法而言。（當然吾人亦可于義說法，此與平常就一主體之本質或屬性而說德不同。就本質或屬性說德，此德不是法，而是義。）一切法皆是法性之德也。此德是就法而言，但此法字是第二序上的展轉借用。）就性具而言性德，則一切淨善穢惡法皆是性所即具而本有不改之

德。例如六道眾生中，人、天、阿修羅是三善途，地獄、餓鬼、畜生是三惡途。不但三善途之法不出如，不可改，不可毀，為法性所即具，即三惡途之法亦不出如，不可改，不可毀。六道通名為穢惡，二乘、菩薩、佛四聖界之法通名為淨善。不但淨善者不出如，為法性所即具，即穢惡者亦不出如，為法性所即具。六道之穢，三乘之淨，對佛界言，又悉皆是穢，唯佛界是淨。而那九界穢惡法既皆不出如，為法性所即具，故亦不可斷，不可毀。佛果亦不斷九。何以故？開權顯實，法性即為佛故。此九界而為佛也。依上節所說三識是智之異名，即〈摩訶止觀〉消化後所說之「一念三千」。此並非分解地肯認一實體性的真心即性以為理法界一切法（無明為本立一切法），亦稱剎那心，或煩惱心。可是無明無住，識當體即是智，當體即是法性。若就識說，識其十識心，亦稱剎那心，或煩惱心。可是無明無住，識當體即是智，當體即是法性。若就識說，識其十法界一切法，乃是開決詭譎說的識心，此並非說佛之正覺實智本身是惡心。此一念心即是三千，此即是識具。此不是性具或理具也。

此一念心即是三千，此即是識具。此不是性具或理具也。

如是，則說性具或理具，乃至性德具，性德惡。此即所謂「不斷斷」，而「三道即三德」。去病不去法也。因而必體而說性具或理具也。如若那樣肯認，則是性起系統，而非性具系統。必須性具始可說「不斷斷」。若是性起，則終必歸於「斷」。而「三道即三德」亦不能說矣。故必須在「三道即三德」下，在「不斷斷」中，了解此性具乃至性德善與性德惡，以及性德三因等。所具法門有善有惡，而解心無染則非惡。此即所謂「不斷斷」「三道即三德」，因而亦是「是法住法位，世間相常住」也。

通常易走分解的思路，故難于了解天台宗所謂性具，性惡。知禮時山外諸家之所以為山外正因其經夾華嚴宗之思路，而于性具性惡之說把握不住故也。實則如上所說，性具性惡並無難解處，亦無不順處。此正是圓教之所以為圓教，不可忽也。此蓋為三道即三德，不斷

4. 荊溪法華文句記卷第七下解智者釋「一相一味」文云：

「一相」即無住本立一切法。理則性德緣了，事則修德三因，迷則三道流轉，悟則果中勝用。如是四重並由迷中實相而立。此無住本具如釋籤第七已釋。故無明、實相俱名無住。今以無相對于差別，專指實相名無住本。無住即本，名無住本。隨緣不變，理在于斯。

案：智者前說實相只從正面直說。若關聯着理事、迷悟、性修、因果而說，則有如荊溪所說之四重。既有四重，則實相須是「迷中實相」。故云：「如是四重並由迷中實相而立」。「理則性德緣了」意即：從理上說，實相無住就是性德的緣因了（智德）俱是性德之本具。緣了二因可從正面與反面說，而且帶着一切法說，故一切法皆可作緣了，即是性德本具。「理」者只是理上如此。故只是理上如此，而無實事。荊溪金剛錍云：「眾生但理，諸佛得事。」「理則性德緣了」，即「眾生但理」一語也。

「事則修德三因」意即：從事上說，實相無住就是修德上的三因佛性了因、緣因也。此相應于「諸佛得事」之一語。實則修德三因，性德亦三因。修德是證顯性德是本有。本有故說理，證顯故說事。

「迷則三道流轉」意即：從迷上說，實相無住就是惑業苦三道流轉，此即眾生在迷也。金剛錍云：「眾生唯有迷中之事理」。三因本有不顯，即是迷中之理。三道流轉即是迷中之事。

「悟則果中勝用」意即：從悟上說，實相無住即是佛果中之勝用。金剛錍云：「諸佛具有悟中之事理」。性德三因已顯，即是悟中之理。因有證顯故，即是悟中之事。

一切法不出此四重，皆由「迷中實相」而立，亦即從實相無住本立一切法。

「隨緣不變，理在于斯」。此說「隨緣不變」與華嚴宗所說者不同。華嚴宗說「隨緣不變，不變隨緣」是偏指清淨真心而說，是性起系統，而荊溪說此語，則是性具系統。「理具事造」。理具即不變，事造即隨緣。不但是法性實相不變，即三千世間皆不變也（相位常住）。當體即是，即是不變。當體即諸法，即是隨緣。真如是萬法，由隨緣故。不變是性，即無明無住，無明即法性也。「法住法位，世間相常」也。此是實心），即法性無住，法性即無明也。「隨緣不變」即是「法住法位，世間相常」也。此是實相之性具系統，非唯真心之性起系統。而真心實智則是在「不斷斷」中詭譎地呈現也。

荊溪承上解「一相」，復解「一味」云：

「一味」下，約教釋者，上「相」（意即智者原上文釋「解脫相」）但云「無生死」耳，約教乃云「無二死」者，教在分別故也（分別為分段生死及變易生死）。前相（意即智者原前文論「離相」），但云「離相者無涅槃相」，此

教（意即今約教說），乃云「得中道智慧」，乃至「離于二邊著」也。前相（意即智者原前文論滅相），但云「無相亦無相」，今教中云「二邊因果滅」者，應云「通別二惑、內外二死」滅也。（通別二惑者，中道從理，中道對通教惑與別教惑也。內外二死者界內分段身死，界外變易身死也。）今對中道，故此因果名「離二邊」（二邊指分段變易二死說。智者原文以「無分段變易二死業縛」為解脫相，又以「離二邊」為滅相。此「二邊」為離相，以「二邊因果滅，得有餘涅槃，二邊果滅，得無餘涅槃」為滅相。此比前釋者為進一步復約教分別也，故荊溪如此云。）此二涅槃（二邊因果滅所得之有餘無餘涅槃）永殊小典。小典二滅必不同時，此中二滅更無前後。

「句句例作差無差」者，既句句約教，教亦須顯「差無差」等。故應具如前「一相」中，「即無住本」至「即是無差別」之文是也。故今對教明差無差。若不爾者，徒開浪會，虛說漫行，空列一乘之名，終無一乘之旨。（案此潛斥華嚴宗）。稟權教者，尚須識權，對此終窮，安得昧實？忽都未聞「性惡」之名，安能信有性德之行？（案此亦潛斥華嚴宗之別教一乘。此二語為知禮所常引，故吾上文先對性惡略作總釋。否則讀者見此二語必感無端而來。）

案：約理（或約法）釋「一相」，一相即實相；約教釋「一味」，一味即一乘。開權顯實，會三歸一，差即無差，無差即差。是故實相無住，不離諸法；實教無隔，不斷九界。此必然含有「性惡」之義。既穢惡法門亦是性之德，如是，則一切淨穢善惡皆是性德之本具。既是

・若般與性佛・

性德本具，則「全性起修」即是「性德之行」。「性德之行」，只是本有者之任運而現，只爭染著不染著耳。非彼「緣理斷九」者，真心本不具九界，而欲行權化，又須神通作意而示現九界。若隨緣起現，或作意示現，則與真心是兩截，可有可無，不是必然的，以不本具故，無性德九故。此是別教，非圓教意。若「全性起修，全修在性」（知禮解〈十不二門〉修性不二門語，見下章。）則一切修行只是通過止觀，在「不斷斷」中，轉迷成悟，轉染爲淨（此語與唯識宗說法不同）。迷悟同體，依而復即。染淨、識智，亦復如此。迷悟繫于染淨，不繫于善惡淨穢法門。是以迷執之染情可轉可斷，而善惡淨穢法門則常住不斷。即依斯義而說「性惡」。性德所具法門有善有惡，有淨有穢，是以「性惡」是偏稱之言，非全稱之言。知禮〈十不二門指要鈔〉釋序文「一念」處有云：

約「即」論斷，故無可滅；約「即」論悟，故無可翻。煩惱生死乃九界法。既十界互具方名圓，佛豈壞九轉九耶？如是方名達于非道，魔界即佛。故圓家斷、證、迷、悟，但約染淨論之，不約善惡淨穢說也。諸宗既不明性具十界，則無圓斷圓悟之義。故但得「即」名，而無「即」義也。此乃一家教觀大途。能知此已，或取或捨，自在用之。

案：此言甚善。「斷、證、迷、悟，但約染淨論之」，此染淨是主觀工夫上的事。染即染著，由染著故迷；淨即「解心無染」，無染即悟。「不約善惡淨穢說」，善惡淨穢法門是客

觀存有上的事,此即「除病不除法」,「除無明有差別」,(而若加以如為相,則差而無差,無差即差。)由此而極成「不斷斷」。若約善惡淨穢說斷證迷悟,則必是「斷斷」。既除病亦除法矣,除無明便不能有差別。故欲了解此「不斷斷」,必須了解「從無住本立一切法」這一詭譎式的存有論,詭譎模式下一切法之根源的解釋。

以上由維摩詰經玄義,金光明經玄義,法華經文句,詳明「從無住本立一切法」,迤邐說來,函蘊天台教義之全部。以下再由摩訶止觀之消化而言「一念三千」即由「從無住本立一切法」而來也。若不知此義理背景,則法性無明之同體依即便透不出,而由「一念三千」說「性具」,性具不得確解,「一念」亦不得確解,人可望文生義而誤解也。故以上費如許篇幅,廣引智者與荆溪之文,詳為展示。以上明,則以下引文皆順通易明,即不煩詳解矣。

第四節 摩訶止觀論「一念三千」

智者摩訶止觀(即大止觀亦曰圓頓止觀)第七章論正修止觀。于中以十法門觀心:一、觀不可思議境。二、起慈悲心。三、巧安止觀。四、破法遍。五、識通塞。六、修道品。七、對治助開。八、知次位。九、能安忍。十、無法愛。此即所謂「十法成乘」,由五品弟子觀行位起,歷十信、十住、十行、十廻向、十地、等覺,直至妙覺,皆乘此十法以達之。詳見後第四章。「十法成乘」。「觀不可思議境」中,以一念心法為所觀境。「心佛與眾生,是三無差別。」觀心、觀

・佛性與般若・

佛、觀眾生,皆可通一切,何獨單以心為所觀境耶?然就實際作工夫言,佛法太高,眾生法太廣,難以着手,唯觀心則易。何以故?心是惑本故也。煩惱心遍,是故生死色遍。故「去丈就尺,去尺就寸,置色等四陰,但觀識陰。識陰者,心是也。」(摩訶止觀卷第五,以下所引同。)

1. 先明思議境以顯不可思議境。

此一念識心如何是不可思議?

觀心是不可思議境者,此境難說。先明思議境,令不思議境易顯。思議法者,小乘亦說心生一切法,謂六道因果,三界輪環。若觀心是有,有善有惡。惡則三途因果也。善則三品,修羅、人、天因果。觀此六品無常生滅,能觀之心亦念念不住;又能觀所觀悉是緣生,緣生即空。並是二乘因果法也。若觀此空出,灰身滅智,乃是有作四諦,蓋思議法也。(案亦是有量四諦。心生一切法只限于界內也。)

大乘亦明心生一切法,謂十法界也。若觀心是有,有善有惡。惡則三品,三途因果也。善則三品,修羅、人、天因果也。觀此法能度所度皆是中道實相,實無有,墮落二邊,沈空滯有,而起大慈悲,入假化物,實無身,假作身,實無空,假說空,而化導之,即菩薩因果法也。畢竟清淨,誰善誰惡,誰有誰無,誰度誰不度,一切法悉如是,是佛因果法也。此之十法(十法界之十種因果法)迤邐淺深,皆從心出。雖是大乘無量四諦所攝,猶是思議之境,非今止觀所觀也。(案此是籠統地說大乘教所觀之

第二章 從無住本立一切法

可依前第一章所陳簡之,此不及詳,故略說也。)

不可思議境者:

如華嚴云:「心如工畫師,造種種五陰。一切世間中,莫不從心造。」種種五陰者,如前十法界五陰也。……

十法界通稱陰、界、入,其實不同。三途是有漏惡陰界入,三善是有漏善陰界入,二乘是無漏陰界入,菩薩是亦有漏亦無漏陰界入,佛是非有漏非無漏陰界入。釋論(大智度論)云:「法無上者涅槃是」,即非有漏非無漏法也。無量義經云:「佛無諸大陰界入」也。

大經(大涅槃經)云:「因滅無常色,獲得常色。受想行識亦復住陰界入也。」常樂重沓,即積聚義。慈悲覆蓋即陰義。以十種陰界入不同故,故名五陰世間也。攬五陰通稱眾生,眾生不同。攬三途陰,罪苦眾生。攬人天陰,受樂眾生。攬無漏陰,真聖眾生。攬慈悲陰,大士眾生。攬常住陰,尊極眾生。大論(大智度論)云:「眾生無上者佛是」。豈與凡下同?《大經》云:「歌羅邏時名字異,乃至老死名字異;芽時名字異,乃至果時名字亦異。」直約一期,十時差別。況十界眾生寧得不異?故名眾生世間也。

十種所居通稱國土世間者,地獄依赤鐵住。畜生依地水空住。修羅依海畔海底住。人依地住。天依宮殿住。六度菩薩同人依地住。通教菩薩惑未盡者同

人天依住,斷惑未盡者依方便土住。別圓菩薩惑未盡者,同人、天、方便等住,斷惑盡者,依實報土住。如來依常寂光土住。「仁王經云:『三賢十聖住果報,唯佛一人居淨土。』土土不同,故名國土世間也。(案此中漏掉餓鬼住處。)

此三十種世間悉從心造。

又十種五陰,一一各具十法,謂如是相、性、體、力、作、因、緣、果、報、本末究竟等。(下依十法界分類釋十如,略。法華文句亦有詳釋,可參考。又十種五陰,十種眾生,十種國土,各有其十如。十界三十種世間乘十如,即三百如。若十界一一界各具十界,即百界。百界乘十如,即爲千如。是即所謂「百界千如」。)

夫一心具十法界,一法界又具十法界,百法界。一界具三十種世間,百法界即具三千種世間。此三千在一念心。若無心而已,介爾有心,即具三千。亦不言一心在前,一切法在後。亦不言一切法在前,一心在後。例如八相遷物,物在相前,物不被遷;相在物前,亦不被遷。前亦不可,後亦不可。祇物論相遷,祇相遷論物。今心亦如是。若從一心生一切法者,此則是縱。若心一時含一切法者,此即是橫。縱亦不可,橫亦不可。祇心是一切法,一切法是心故。非縱非橫,非一非異,玄妙深絕,非識所識,非言所言,所以稱爲不可思議境,意在于此。云云。

案:此是正說一念三千爲不可思議境。即此正說亦是隨便宜,方便說。若以中論四句衡之,

· 742 ·

「當知四句求心不可得，求三千法亦不可得，相中假名相說」。是即「以不可得空洗蕩封著，習應一切法空，是名與般若相應」。「淨諸法已，點空說法，結四句相。」「如病除已，乃可進食，食亦消化。」（法華玄義卷第五下論別教三法中語，前第二節3中已錄。）如是，此一念三千之不思議境既非阿賴耶系統，亦非如來藏心系統，乃是開權顯實後，開決了八識以及如來藏真心，相應法華圓教而說者，亦是「淨諸法已，點空說法，結四句相」，相應般若之精神而說者。故此「一念三千」之一念心既非八識之任一識，亦非如來藏自性清淨心之真心，乃是在般若之精神下與法華圓教下，依詭譎之方式所說之一念心。此是「如病除已，乃可進食」者。智者下文即解說此意。

2.「淨諸法已，點空說法，結四句相。」

問：心起必託緣，為心具三千法？為緣具？為共具？為離具？若心具者，心起不用緣。若緣具者，緣具不關心。若共具者，未共各無，共時安有？若離具者，既離心離緣，那忽心具？四句尚不可得，云何具三千法耶？

答：地人云：一切解惑真妄依持法性，法性持真妄，真妄依法性也。攝大乘云：法性不為惑所染，不為真所淨，故法性非依持，言依持者，阿黎耶是也。無沒無明盛持一切種子。若從地師，則心具一切法。若從攝師，則緣具一切法。此兩師各據一邊。若法性生一切法者，法性非心非緣，非緣故亦應緣生一切法，何得獨言法性是真妄依持耶？若言法性非依

• 743 •

案：此即法華玄義卷第五下言別教三法時，斥別教云：「那得發頭據阿黎耶出一切法」？亦例云：「法性依持」。此言眞如或法性即指眞心而言也。此則最後總歸于起信論之眞常心。智者言「法性非心非緣」，此是嚴格地就般若經與中論所說之一切法空而言「法性」，與眞心系統所說之法性——眞實性，而與自性清淨心合一說者，故亦是權敎。開權顯實後，依「淨諸法已，點空說法」，可斥其「那得發頭據如來藏心出一切法」，是「終別敎」。又攝論與攝論師（眞諦）不同。攝論是「黎耶依持」，則如此出一切法亦未始不可。可者方便可耳。依「淨諸法已，點空說法」，可斥其「那得發頭據阿黎耶出一切法」。然若知其是別教」。依「淨諸法已，點空說法」，可斥其「那得發頭據阿黎耶出一切法」。然若知其是

持，黎耶是依持，離法性外，別有黎耶依持，則不關法性。若法性不離黎耶，黎耶依持即是法性依持，何得獨言黎耶是依持？又違經（大涅槃經）言：「非內非外，亦非中間，亦不常自有。」又違龍樹。龍樹云：「諸法不自生，亦不從他生，不共不無因。」更就譬檢，為當依心故有夢？離心離眠故有夢？若依心故有夢者，不眠應有夢。若離心離眠故有夢者，死人如眠應有夢。離心離眠合不應有。若眠心兩合而有夢者，眠人那有不夢時？又眠心各有夢，合可有夢。各既無夢，合不應有。云何于眠夢見一切事？心喻法性，夢喻黎耶。云何偏據法性黎耶生一切法？

第二章 從無住本立一切法

權教，只是「界外一途法門」，則彼如此出一切法亦未始不可。可者亦方便可耳。攝論師眞諦之思想是想向眞心系統走，與地論師相州北道派道寵系相近。蓋言眞心者亦須有待於阿黎耶妄心也。南道派所待之妄心乃在第七識。北道派把妄心定在阿黎耶，上下推移耳。故南道北道無以異，最後歸結于起信論。只其所待之妄心（待此始有生死流轉）上下推移耳。故南道北道無以異，最後歸結於起信論，只其所待之妄心（待此始有生死流轉）亦須有待於阿黎耶也。只無著世親之唯識學始是典型之眞心系統，然說生滅門，不上立一眞心。智者於此分疏不足，故顯籠統顢頇耳。然而依持之分總可成立，一屬始別教，一屬終別教，皆權教也。故智者得以四句破之。

當知四句求心不可得，求三千法亦不可得。既橫縱四句求心生三千法不可得者，應從一念心滅生三千法耶？心滅尚不能生一法，云何能生三千法耶？若從心亦滅亦不滅生三千法耶？亦滅亦不滅其性相違，猶如水火，二俱不立，云何能生三千法耶？若謂心非滅非不滅生三千法耶？非滅非不滅非能非所，云何所生三千法耶？亦縱亦橫求三千法不可得，非縱非橫求三千法亦不可得。言語道斷，心行處滅，故名不可思議境。大經云：「生生不可說，生不生不可說，不生生不可說，不生不生不可說。」即此義也。當知第一義中，一法不可得，況三千法？世諦中一心尚具無量法，況三千法耶？如佛告德女：無明內有不？不也。外有不？不也。內外有不？不也。非內非外有不？不也。佛言：如是有。大經云：「生生不可說，乃至不

龍樹云：「不自，不他，不共，不無因生。」

案：此即「淨諸法已」，復隨便宜，「點空說法」。如此點空說法，遂言一念心即具十法界三千世間。此一念三千即「從無住本立一切法」也。無明無住，法性無住，無明即法性，法性即無明」，而言也。亦例云「法性性無明」，此依「法性無住，法性即無明」而言也。是故一念心為不思議境，此心既非八識系統之識，亦非真心系統之心，乃根本是開決了妄識與真心，在「不斷斷」中，相應法華圓教而說的不思議之煩惱心。此若隨便宜詳細展之，說為「從無住本立一切法」，則此一系統與彼分解說的「黎耶依持」與「真心依持」皆為不同層序也。

生不生不可說。」有因緣故，亦可得說，謂四句冥寂，慈悲憐憫，于無名相中假名相說。（下引經文明四悉檀，略。）

當知終日說，終日不說；終日雙遮，終日雙照；各權所據，即破即立，經論皆爾。天親龍樹內鑒冷然，外適時宜，各權所據，而人師偏解，學者苟執，遂興矢石，各保一邊，大乖聖道也。（縱若如此，則「發頭據阿黎耶出一切法」亦無過，其據此亦是權其所據也。）

若得此意，俱不可說，俱可說。若隨便宜者，應言「無明法法性」生一切法，如眠法法心，則有一切夢事。心與緣合，則三種世間三千性相皆從心起。何者？指一為多，多非多。指多為一，一性雖少而不無，無明雖多而不有。「指多為一一非少」，「指一為多多非多」，「即立」也。「即破」也。法性無住，法性即無明，此是「一性雖少而不無」，無明無住，無明即法性，此亦是權其所據也。）非少。故名此心為不思議境也。

3. 由此進而言不思議三諦，不思議三觀，不思議三智。

若解一心一切心，一非一切；
一陰一切陰，一入一切入，一界一切界，非一非一切；
一眾生一切眾生，一國土一切國土，非一非一切；
一相一切相，非一非一切；
乃至一究竟一切究竟，一切究竟一究竟，非一非一切，

〔則〕遍歷一切，皆是不可思議境。

若法性無明合，有一切法，陰界入等，即是俗諦；一切界入是一法界，即是真諦；非一非一切，即是中第一義諦。如是遍歷一切法，無非不思議三諦云云。

若一法一切法，即是「因緣所生法」，是為假名，假觀也。若一切法即一法，「我說即是空」，空觀也。若非一非一切者，即是中道觀。一空一切空，無假中而不空，總空觀也。一假一切假，無空中而不假，總假觀也。一中一切中，無空假而不中，總中觀也。即《中論》所說不可思議一心三觀。歷一切法亦如是。

若因緣所生一切法者，即方便隨情道種權智。若一切法一法，「我說即是

空」，即隨智一切智。若非一非一切，「亦名中道義」者，即非權非實一切種智。例上，一權一切權，一實一切實。遍歷一切，是不思議三智也。

若隨情，即隨他意語。若隨智，即隨自意語。遍歷一切法，無非漸、頓、不定、不思議教門。

若解頓，即解心。心尚不可得，云何當有趣非趣？若解漸，即解一切法趣他，呼為三語（隨自意語、隨他意語、隨非自非他意趣假趣中）。得斯意，類一切，皆成法門。種種味，勿嫌煩。云云。

若解不定，即解「是趣不過」。此等名異義同。所照為三諦。所發為三觀。觀成為三智。教性軌、觀照軌、資成軌為三法（真性軌、觀照軌、資成軌為三法）。軌則行人，呼為三趣（趣空趣假趣中）。歸宗呼為三語（真性軌、觀照軌、資成軌為三法）。

案：此文是由不思議境說不思議三諦，不思議三觀，不思議三智。且就不思議三諦說，此即圓三諦。三諦亦可說為二諦，如七種二諦中有三諦者皆可以二諦說之。〈中論〉「因緣所生法我說即是空」一偈本是二諦，亦可說為三諦。〈中論〉空假中三諦可以兩態度視之。一、視為共法，即言三諦之通式，是為中觀觀法上之三諦，此中之中諦無特殊之規定，只是不偏假、空假相即之中道而已；至于特殊之規定則視教而定，如中之中諦只限於界內體法空無生四諦中之中諦，觀法不能負此責。二、視為有特殊限定之通教之三諦，智者謂其「但異空而已，中無功用，不能進至于就「如來藏恒沙佛法佛性」之無量四諦而言中諦。此種中諦，此雖與通式中之中諦相似，然在此，其所以不備諸法。」（〈法華玄義〉卷第二下論三諦處）

• 748 •

如此，則是因限于界內而定，此即有一特殊之意義，與通式中無特殊意義者不同。此有特殊限定之通教中之三諦亦可只是二諦。「中無功用，不備諸法」，即不能算是眞常中道。因此，《法華玄義》卷第二下明三諦云：

〔明三諦者〕，却前兩種二諦（即去却藏二諦與通二諦），以不明中道故就五種二諦，得論中道，即有五種三諦。

約「別入通」，點非有漏非無漏，即有漏是俗，無漏是眞，非有漏非無漏是中。當教（即通教自身）論中，三諦義成。有漏是俗，無漏是眞，非有漏非無漏是中。〔案「非有漏非無漏是中」，此中若有功用，但異空而已。中無功用，不備諸法。〕〔案「別入通」故，故其備諸法之功用只是性起地備，非性具地備。是則此中亦只是「但中」之理而已。〕

「圓入通」三諦者，三諦不異前。點非漏非無漏具一切法，與前中異也。〔案此中卽性具地備諸法之中。〕

「別三諦」者，開彼俗為兩諦，對眞為中，中理而已。云云。〔案依二諦言，別二諦是：「幻有，幻有卽空，皆名為俗；不有不空為眞。」將此中之俗諦再開為空假二諦，卽是「開彼俗為兩諦」。「幻有」是假（俗），「幻有卽空」是空（眞）。「不有不空為眞」，卽是對二諦中「不有不空為眞」之眞說「不有不空為眞」，卽是所謂「但中」之理也。〕又「非漏非無漏」，通、別、圓三教皆可說此語，此卽《中論》觀法上之三諦之為共法

• 749 •

義。然雖皆可說，而在通教則「中無功用，不備諸法」；在別教，雖有功用，而是性起地備諸法；在圓教，中是不但中，圓中、不思議中，故是性具地備諸法。此種對于「中」之特殊規定是依教而定。

「圓入別」三諦者，二諦不異前，點真中道具足佛法也。〔案依二諦說，「圓入別」二諦是：「幻有，幻有即空，皆名為俗；不有不空，一切法趣不有不空」為真。此中之俗諦開為空假二諦，真諦則為中諦，此即成三諦。此中之中諦即是性具地備諸法之中也。〕

「圓三諦」者，非但中道具足佛法，真俗亦然。三諦圓融，一三三一，如《止觀》中說。云云。

案：此即就別入通二諦，圓入通二諦，別二諦，圓二諦，五種二諦說五種三諦也。藏通二種二諦除外。其實通教二諦可說三諦，不過其中之中諦不備諸法而已。若定除外，則不得就中論偈空假中說三諦也。

圓三諦即是不思議三諦。此須尅就「一念心即具十法界」之不思議境來了解。說三諦可，說二諦亦可，甚至說一實諦亦可，乃至無諦可說亦可。《法華玄義》卷第二下明一諦云：

明一諦者，《大經》云：「所言二諦，其實是一，方便說二。如醉未吐，見日月轉，謂有轉日及不轉日。醒人但見不轉，不見于轉。」轉二為粗，妙。三藏全是轉二，同彼醉人。諸大乘經帶轉二說不轉一。今經「正直捨方

案：此即最後終歸于一實諦也。又說「無諦」云：

> 諸諦不可說者，「諸法從本來，常自寂滅相」，那得諸諦紛紜相碍？一諦尚無，諸諦安有？一一皆不可說。可說為粗，不可說為妙。「不可說」亦不可說，是妙。是妙亦妙，言語道斷故。若通作不可說者，「生生不可說，乃至不生不可說」。前不可說為粗，「不生不生不可說」為妙。若粗異妙，相待不融。粗妙不二，即絕待妙也。云云。

案：此即最後總歸于無諦可說也。圓實諦，「實得者有，戲論者無。」「執中生惑，故須無諦。」

> 以上就「不思議三諦」說，既是如此，就不思議三觀，不思議三智，說，亦是如此。
>
> 4.〈摩訶止觀共十章〉：一大意，二釋名，三體相，四攝法，五偏圓，六方便，七正觀，八果報，九起教，十旨歸。此中第七章正觀，即正修止觀，是全書之主文，佔分量亦最多。在正修止觀中，以十境為所觀：一陰界入，二煩惱，三病患，四業相，五魔事，六禪定，七諸見，八增上慢，九二乘，十菩薩。一一境皆以十法門成觀觀之。十法門者，一觀不可思議境，二起慈悲心，三巧安止觀，四破法遍，五識通塞，六修道品，七對治助開，八知次位，九能安忍，十無法愛。此即所謂「十法成乘」。

于十境中，觀陰界入境，「去丈就尺，去尺就寸，置色等四陰，但觀心也。但觀心具十法門，首爲「觀不思議境」，是則此所觀之心即觀心也。此如前文所述。「十法成乘」中，第四「破法遍」又是十法成觀觀心之正文主文，極爲精彩，般若之精神全寄于此。

破法遍大分爲三：㈠無生門從始至終，盡其源底，豎破法遍。此中復含三：一從假入空破法遍，二從空入假破法遍，三兩觀爲方便，得入中道第一義諦破法遍。此門又最繁富。㈡歷諸法門，當門從始至終，盡其源底，橫破法遍。㈢橫豎不二，從始至終，盡其源底，非橫非豎破法遍。「豎則論高，橫則論廣。豎來入橫，橫來入豎，無豎而不高，無橫而不廣。」就其科判觀之，雖重疊繁富，然大體精神只是一心三觀也。「法性清淨，不合不散。破顚倒令不顚倒，故言破法遍耳。」是則就「一念心即具十法界」以圓頓止觀通達之，除病不除法，即爲破法遍。

以十法成觀觀陰入境旣如此，餘一一境亦皆如此。但智者只說至「諸見」境此，餘增上慢、二乘、菩薩三境未說。故第七章後，餘果報、起敎、旨歸三章亦未說。是卽《摩訶止觀》開頭緣起中章安灌頂記云：「雖樂說不窮，纔至見境，法輪停轉，後分弗宣。」然則《摩訶止觀》乃智者未完之書，然大意已盡。

緣起中說圓頓止觀云：

圓頓者，初緣實相，造境卽中，無不眞實。繫緣法界，一念法界。一色一

香無非中道。己界及佛界眾生界亦然。陰入皆如，無苦可捨。無明塵勞即是菩提，無集可斷。邊邪皆中正，無道可修。生死即涅槃，無滅可證。無苦無集，故無世間。無道無滅，故無出世間。純一實相，實相外更無別法。法性寂然名止，寂而常照名觀。雖言初後，無二無別。是名圓頓止觀。

止觀是行者主觀修行之工夫，實相是止觀工夫所證顯之境，而實相是就「一念無明法性心」即具十法界」而證顯者。無苦可捨，無集可斷，無道可修，無滅可證，即是在「三道即三德」下，在「不斷斷」中證顯實相也。「一色一香無非中道」中道即實相。「法性寂然名止」，心即于如，因「寂而常照」而為定也。「寂而常照名觀」，如即于心，因「法性寂然」說起，則自始即是色心不二，智如不二。分解說之，止觀是能止能觀之心，中道實相是止所止顯、觀所觀顯之境。圓即說之，則是色心不二，智如不二。分別說之，智只是智，本非如境；然不二說之，因智融于如，則雖主觀而亦客觀，智非智而乃為境，是即非智之智而言為境也。同理，分別說之，如只是如境，本非是智；然不二說之，因如融于智，則雖客觀而亦主觀，如境非如境而乃為智，是則非境之境而言為智也。因在圓頓止觀中，如境非客觀而乃為主觀，如境非如境而乃為智」，是則是在止觀中呈現之如境，故智即是「非境之境而言為境」也。而能觀之智亦非眾生在迷中之只為理境之如境，而乃是在止觀中朗現之觀智，故境即是「非智之智而言為智」也。理上潛伏之觀智，只是有此智之觀念，智只停于其自身而為一隱智；理上潛伏之

753

如境亦只是有此如境之觀念，如境只停于其自身而爲一隱境：皆未能實際地融即于他而爲具體而眞實的觀智與如境也。但通過止觀而在朗現中，則觀智與如境皆實際地融即于他而爲具體而眞實的觀智與如境，故于觀智得言「非智之境而言爲智」，于如境亦得言「非境之境而言爲境，」境即是智也。境即是智，則失其對象義，因如境（中道實相）本不可以對象視也。說對象（說所）只有名言的意義，無眞實對象義，只方便說耳。智即是境，智亦失其主體義，因圓頓觀智本非認知心也。說其爲主體（爲能）亦只有名言的意義，無眞實意義，只方便說耳。色心不二，智如不二，能所不二，此即示色、如、所爲存有論的色，而、心、智、能亦爲存有論的心、智、能。凡此皆不可以認識論的對偶二之觀點視之也。存有論的色（非色之色）、如（非如之如）、所（非所之所）是由「一念心即具十法界」之存有論的圓具而來。存有論的心、智、能（非心之心、非智之智、非能之能）是由圓頓止觀而來。說心、智、能，統統是心，智，能；說色、如、所，統統是色，如、所。故得言一切唯色、唯聲、唯香、唯味、唯觸，乃至唯識、唯智、唯心、唯如也。此即是一切法趣色、趣空、趣非色非空也。

是故「無明即法性，法性即無明。無明非止非不止，而喚無明爲不止。此待無明之不止，而喚法性爲止。」「無明即法性，法性亦非止非不止，而喚法性非不止。是爲對不觀而明觀。」無明非觀非不觀，而喚無明爲不觀。法性亦非觀非不觀，而喚法性非不觀。」雖相待明止觀，亦足明非境之境而言爲境，非智之智而言爲智也。

第二章釋名中復言「絕待明止觀」云：

（第二章釋名中相待明止觀）

今言絕待止觀者，絕橫豎諸待，絕諸思議，絕諸業，諸果，絕諸教、觀、證等，悉皆不生，故名為止，止亦不可得。觀冥如境，境既寂滅清淨，尚無清淨，何得有觀？止觀尚無，何得待不止觀說于止觀說不止觀，待止不止說非止非不止？故知止不止皆不可得，對待既絕，即非有為。不可以四句思，非心識境，非止非不止亦不可得。惑不生，則無生死，則不可破壞。滅絕，絕滅，故名絕待止。顛倒想斷，故名絕待觀。亦是「絕有為」止觀，乃至「絕生死」止觀。

此圓頓絕待大止觀即法性即無明，無明即法性，三道即三德，不斷斷中「法性寂然名止，寂而常照名觀」，淵渟自在之大止觀也。

〈摩訶止觀〉是從止觀工夫說中道實相境，是攝「一念心即具十法界」之存有論的圓具于圓頓止觀中，以止觀為主也。實則止觀不過是一心三觀（函三諦三智），而一心三觀初只是觀法之通式。其本身不能決定什麼。「中」是「無功用不備諸法」之中乎？抑是性起地備諸法之「但中」乎？抑是性具地備諸法之「圓中」乎？此不能由空假中一心三觀本身來決定。此須由教來決定。故圓頓止觀中之中道觀是性具地備諸法之「圓中」中之中道觀，故雖以主觀為主，攝存有論的圓具于圓中觀中，然實是以「存有論的圓具」為綱，以「圓中觀」為緯也。若不知此綱，而只從一心三觀說，則此三觀雖至重要，一方就其中之「中」言，亦可上下移動，久而至于模糊也。是故一心三觀為觀法之通式，一方為觀法之通式，然天台圓教之特色以及圓頓止觀之所以為圓頓，則不能只由一心三觀來決定。世之言天台者，每只以「一心三觀」說

之，好像此是一特點。實則此不但是簡單，抑且是模糊也。若就觀法通式言，此何能是特色？而圓頓之所以爲圓頓若非此觀法通式所能明，則只言一心三觀豈非使此圓頓止觀爲模糊乎？故若欲定住圓頓止觀之實義，必須以存有論的圓具爲綱，以此止觀爲緯。通式三觀中之中觀，其各種殊特義隨敎而定，若爲圓中，則隨法華圓敎而定。天台宗宗法華，非宗般若也（不管般若如何重要）。故本書開頭從般若學起，即明般若圓具一切法是作用的圓具，而非存有論的圓具。以此爲眉目，諸宗性格歷然可判也。今論天台圓敎，亦必先明「從無住本立一切法」之存有論的圓具，然後始可語于圓頓止觀。以此爲眉目，則天台圓敎之性格亦朗然在目前矣。然無住本之思想歷貫天台章疏而爲綱柱，奈何只觸及表面不深入而抉發之耶？是故言者每浮泛而不切，支解而零碎，恍忽搖蕩，不成條貫也。（人或以爲「從無住本立一切法」只是維摩詰經中之一語，又見「無住」乃佛家所雅言，如無住涅槃是。若以之說明一切法，乃是一句空話，這能表示什麼呢？固不若言八識者以及言如來藏心者之眞具一系統而足令人注意也。因此，遂輕忽之，不予理會。殊不知天台圓敎之說此語乃相應法華開權顯實，開決了一切分解的權敎系統後而凸顯的另一層次上之分解式的系統，此固不能再分解地把它展成一第一序上之分解式的系統，是另一層次另一模式的存有論系統。因此，它不是一句空話，它是以一切權敎爲內容。如此，便不能說它不表示什麼。又如煩惱即菩提，生死即涅槃，亦是佛家大乘各宗派所雅言，人所常習聞者。然若只單看此兩語，則它們只表示一相即不離之理境。天台宗多說此類話，這又有什麼
醒醐。醒醐只是醒醐，好像很單純，然却有豐富精熟之內容。
不離四味而爲醒醐。

第二章 從無住本立一切法

特別處呢？它們的特別處必須套于那個另一層次另一模式的存有論系統，在「三道即三德」下，在「不斷斷」中看出。若單看它們本身，不能決定什麼也。一心三觀亦復如此。故必須彰顯「從無住本立一切法」即一念三千之存有論的圓具始能定住這些話頭之實義。）

荊溪止觀義例「第五心境釋疑例」中設二十問，其十九問云：

有人問云：此土真詮，稟承有緒。雖教科開廣，而本味仍存。尋求宗源，自可會本。何須復立一心三觀，四運推檢，撓我清流？答：濬流本清，撓之未濁。真源體淨，混也詎妨？設使印度一聖來儀（指達摩言），未若兜率二生垂降（指下句東陽大士即傅大士言）。故東陽大士位居等覺（案此神話耳），以三觀四運而為心要。故獨自詩云：「獨自精，其實離聲名。三觀一心融萬品，荊棘叢林何處生？獨自作，問我心中何所著？推檢四運並無生，千端萬累何能縛？」況復三觀本宗瓔珞，補處大士金口親承。故知一家教門遠稟佛經，復與大士（東陽大士）宛如符契。況所用義旨，以法華為宗骨，以智論為指南，以大經為扶疏，以大品為觀法，引諸經以增信，引諸論以助成，經，諸法為緯，識成部帙，不與他同。

案：此中關于傅大士者且置之。三觀之名出自瓔珞經。有兩種瓔珞經：一、菩薩瓔珞經，十四卷，姚秦沙門竺佛念譯；二、菩薩瓔珞本業經，上下二卷，亦竺佛念譯。三觀名出自後者，前者無此名。菩薩瓔珞本業經卷上賢聖學觀品第三、就十廻向言「十觀心所觀法」中，

最後一觀云：

佛子！十、以自在慧化一切眾生，所謂中道第一義諦。般若中道而觀達一切法而無二。其觀慧轉轉入聖地，故名相似第一義諦觀，而非真中道第一義諦觀。其正觀者，初地以上有三觀心入一切地。三觀者，從假名入空，二諦觀；從空入假名，平等觀；是二觀方便道，因是二空觀，得入中道第一義諦觀：雙照二諦，心心寂滅，進入初地法流水中，名摩訶薩聖種性，無相法中行于中道而無二故。

三觀名出此。其義旨實亦本于般若經之三智（一切智、道種智、一切種智），以及中論「空假中」之一偈。若只就此瓔珞本業經之三觀而言，亦不能決定此三觀究是何層次之三觀，此三觀中之中道究是何種意義之中道。若就十地菩薩言，當然是別教者，但却不能必其是圓教。因此，此亦與大乘觀法之通式無以異。又案此經卷上集眾品第一，首言「爾時大會菩薩盡一生補處」。賢聖名字品第二云：「爾時釋迦牟尼佛以金剛口告敬首菩薩言」云云，此下所說皆告敬首菩薩也。荊溪言「況復三觀本宗瓔珞」，此所謂「補處大士」直接地是敬首菩薩，同時亦即是大會上一切「一生補處」之菩薩也。這些「補處大士」親承佛以金剛口說此三觀，是則三觀本由佛親傳下來。然此亦只是普通大乘之共法，不必能表示天台圓教之圓頓止觀。是則圓頓止觀之所以為圓頓必須以一念三千（從無住本立一切法）之存有論的圓具為綱柱（為宗骨）始能定得住。光說三觀出自瓔珞，是佛金口所說，此

· 758 ·

並不能決定什麼。至于說「復與（東陽）大士宛如符契」，這更無甚作用，因傳大士之爲人本甚無謂也。（見傳燈錄卷二十七）。三觀自有所本，並非憑空杜撰。何須借重傳大士？荊溪于言三觀教門「遠稟佛經」外，復進而言「況所用義旨」云云，即示天台圓教言圓頓止觀不只是一觀法通式之三觀也。「以法華爲宗骨」，此語最好，足示天台之特色。此即示須以開權顯實後存有論的圓具爲綱柱也。「以智論爲指南」，言一般義理大抵依大智度論說也，此語便含混。「以大經爲扶疏」，言大涅槃經扶律談常，同醒醐味，足扶疏充實法華之宗骨也。「以大品爲觀法」，言以大般若經之「不壞假名而說諸法實相」爲觀法也。此當是觀法通式之恰當義，然圓頓止觀之所以爲圓頓則不定于此。「引諸經以增信，引諸論以助成」，則無所謂。因此，「觀心爲經，諸法爲緯」，此兩語便有可商量處。「觀心」即十法成乘中首須「觀心是不思議境」之觀心。此兩語，若就摩訶止觀說，亦可是如此．蓋摩訶止觀是以主觀修行的圓頓止觀爲主來攝存有論的圓具（性具）爲經，觀一大品」（中兩語可不管）而言之，則實當相應法華之宗骨言「以性具（存有論的圓具）爲經」，相應大品之觀法言「以圓頓止觀爲緯」。經者，縱線定常不移之謂。緯者，橫線重重密織之謂。就定常不移之經線連續不斷地密織之以緯線，乃成布四。動作運用全在緯線。故以圓頓止觀觀心之觀法爲緯，而以所觀之一念心即具十法界之存有論的圓具（性具）爲經，則恰當也。當然若以主觀實踐爲主，則說「觀心爲經」亦可。「觀心爲經」者，觀一念心不思議境爲經，「總在一念」也。「諸法爲緯」，蓋一念心即具十法界，「別分色心」也。（「總在一念，別分色心」，是荊溪十不二門色心不二門中語。見下章。）是則「諸法爲緯」只不過散說而已，散說諸法織之于「一念心」以爲緯也。此種經緯無多大實

義。故改之如上。

依此,吾人可說:天台圓教是「以性具為經,以止觀為緯,織成部帙,不與他同。」此則較簡化而明確。以性具為經是客觀性,以止觀為緯是主觀性。納性具于止觀,雖客觀而亦主觀,無孤立之存有論,即是實踐之存有論。融止觀于性具,雖主觀而亦客觀,非只觀法通式之三觀,乃與性具為一之圓頓大止觀也。以是實踐之存有論,故智即是境,境即是智(性具來融于止觀),則是與性具為一之圓頓大止觀,故智即是境,是非智之境而言為境。以智為準,境即是智(性具來融于止觀),則處及處智皆名為所諦。說智及智處皆名為般若,以境為準,智即是境(止觀往融于性具),則處及處智皆名為所諦。說智及智處皆名為般若,則般若為一念三千之般若。說處及處智皆名為所諦,則所諦為般若化了的一念三千。兩聯合之,即實相般若。故天台圓教是相應法華開權顯實,開決了唯識與唯心後在三道即三德下,在不斷斷中,所顯之一體平鋪之實相學。實能證顯此一體平鋪之實相,即如如地圓明通透地將一切法如其為實相而平鋪之,亦即是其「一切法趣法身是趣不過」之大法身之淵渟自在而亦無所謂鋪不鋪者,即為妙覺圓佛。顯然此非任何權教所能達到,故須宗法華以達之,而由「以性具為經,以止觀為緯」以實之。本章至此止。下章述荊溪之十不二門以及知禮之指要鈔,不過是本章以及前章所述之天台學綱脈之展轉引申,以示天台宗前後相繼,其後昆無背于其前修也。

• 760 •

佛性與般若

第三部 天臺宗之性具圓教

第一分 圓教義理之系統的陳述

第三章 「十不二門指要鈔」之精簡

第一節 知禮之精簡「一念」
第二節 色心不二門
第三節 修性不二門
第四節 因果不二門
第五節 染淨不二門
第六節 智者觀音玄義之言「性德善」與「性德惡」
第七節 附論荊溪金剛錍「無情有性」義

第三章 「十不二門指要鈔」之精簡

第一節 知禮之精簡「一念」

十不二門乃荊溪法華玄義釋籤中之釋籤文。荊溪原文言簡意賅，十分精練，雖大體皆不出智者原有之義，然讀解為難，亦須疏釋。唯知禮之科判亦太煩瑣耳。此方式不適於今日，亦不須如此之煩瑣。

智者法華玄義釋名中以五門釋「妙」字：一列名，二生起，三引證，四廣釋，五結成權實。妙有十妙：境妙，智妙，行妙，位妙，三法妙，感應妙，神通妙，說法妙，眷屬妙，利益妙。廣釋十妙後，結之以權實。此「十不二門」即結成權實中之釋籤文，乃以「一念三千」綜括十妙者。又應知此所釋之十妙乃迹門十妙。玄義下文復有本門十妙。（迹本義見首章）。故荊溪釋籤云：

云：「本迹雖殊，不思議一。」……

若解迹雖妙，本妙非遙。應知但是離合異耳。因果義一，自他何殊？故下文

• 763 •

・般若與性佛・

若曉斯旨，則教有歸。一期縱橫，不出一念。三千世間即空假中。理境（境妙）乃至利益咸爾。則止觀（案即摩訶止觀）十乘（案即摩訶止觀第九章為起教）成今化他能乘妙觀）成今自行因果，法華行成，起教一章（案即摩訶止觀）所，則彼此昭著，使功不唐捐，所詮可識。故更以十門收攝十妙。

此下即列十不二門：色心不二，內外不二，修性不二，因果不二，染淨不二，依正不二，自他不二，三業不二，權實不二，受潤不二。一一不二予以精練簡潔之說明。說明既簡，讀者難了，故知禮特錄出之，復逐句科判解之，名曰「十不二門指要鈔」。其中多所詳說而示精簡者大體對山外諸家之混于華嚴宗而發，而最令致混者尤在「一念」之一語。故知禮即于荊溪「一期縱橫不出一念」之語先作簡別。

1. 知禮解「一期縱橫不出一念」云：

三千妙體為教所歸。故一期之內，五味傳傳相生，故縱。四教各各趣理，故橫。而所詮法雖有顯覆，準今經意，未嘗暫離三千妙法。又，雖諸法皆具三千，今為易成妙解妙行故，的指「一念」，即三法妙中特取心法也。（案此「三法妙」即心法、佛法、眾生法之三法。十妙中三法妙是指三軌言，此中含三德、三寶、三涅槃、三身、三大乘、三菩提、三般若、三佛性、三識、三道，十種三法。）應知心法就迷就事而辨。故釋籤云：「眾生法一往通因果，二往唯局因。佛法定在果。心法定在因。」（法華

玄義釋籤卷第二下」。若約迷悟分之，佛唯屬悟，二皆在迷。復就迷中，眾生屬他；通一切故，心法屬己，別指自心故。四念處（智者《四念處》四卷）云「觀一念無明心」。止觀初觀陰入心，〔餘〕九境亦約事中明心，故云煩惱心、病心，乃至禪、見心等，及隨自意中四運心等。豈非就迷就事辨所觀心？

案：摩訶止觀第七章正修止觀，分所觀境為十：一陰界入，二煩惱，三病患，四業相，五魔事，六禪定，七諸見，八增上慢，九二乘，十菩薩。初觀陰界入境，去丈就尺，去尺就寸，只觀識陰，即陰入心也。餘九境亦皆就迷就事論心。雖復二乘與菩薩亦有病也。于此正觀章初說十境次第處。參看摩訶止觀卷第五上于此正觀章初說十境次第處：「此十種境，始自凡夫正報，終至聖人方便，陰入一境常自現前，若發若不發，恆得為觀；餘九境，發，可為觀，不發，何所觀？又〔前〕八境去正道遠，深加防護，得歸正轍。〔後〕二境去正道近，至此位時，不慮無觀，薄修即正。」可見此十境皆就迷就事說心也。又摩訶止觀第一章大意論「隨自意」處以四運明心之生滅，故四運心即剎那生滅心。四運者，心念生起之四相，即未念、欲念、念、念已四相也。廣之，一切法未生、欲生、生、生已，節節皆云「觀一念無明心」，此本是智者言「無住本」之通義，節節皆云「觀一念無明心」，亦是四運相也。故四運心亦是就事而論。此亦就迷就事論心也。

2. 然知禮時，有山外諸家因不熟于天台教義，時混之以華嚴宗之觀點，故遂生異解。

知禮承上錄文進而斥他師之異解為違教云：

• 765 •

有人解今「一念」云是真性，恐未稱文旨。何者？若論真性，諸法皆是，何獨一念？又，諸文多云：「觀于己心」，豈可真理有于己他？

更有人全不許立陰界入等爲所觀境，唯云「不思議境」。

此之二師灼然違教。且摩訶止觀先于六章廣示妙解，豈不論諸法本眞，皆不思議？然于立行造修，須揀入理之門，起觀之處。故于三科揀去界入，復于五陰又除前四，的取識陰。輔行又揀「能招報心」及以「發得」，屬于下境（索屬下煩惱境，見輔行卷第五之二）。此是去丈就尺，去尺就寸，如炙得穴也。乃依此心觀不思議，顯三千法；乃至貪瞋等心及諸根塵，皆云觀陰入界及下九境。文中揀判，毫末不差。豈是直云「眞性」及「不思議」？

案：知禮所斥之二師即指山外諸家而言，如慶昭、智圓之類。天台宗山家山外之爭見後故事部。智者處處說一念無明法性心即具十法界，此即一念三千爲不思議境。「不思議」者，「非縱非橫，非一非異，玄妙深絕，非識所識，非言所言」之謂也；又對思議境而言不思議也，藏教之生滅四諦，通教之無生四諦，以及別教之無量四諦，皆思議境也。依圓教之一念三千爲不思議境。此一念心即陰識心，就修觀言，觀心爲切，因一切法趣色，趣空，一切法趣心，趣不可思議境，貪瞋等心及諸根塵皆然。依圓理言之，不但一念心即具十法界爲不思議心與于五陰中說識陰爲識心不同，亦與唯識中分說八識之識不同。蓋彼等俱是可思議的。此「一念心」乃是開決了那些分別權說，在「三道即三德」下，在「不斷斷」中而說者，故是圓說。又，此「一念心」既是圓說的陰識心，當然不有不空故也。唯須知說此一念心即陰識心及諸根塵，貪瞋等心及諸根塵皆然。

第三章 「十不二門指要鈔」之精簡

是如來藏自性清淨心之真常心；其即具十法界亦不是真心隨染淨緣起染淨法之性起地備十法界。故此「一念心」亦是開決了那真心系統，在「三道即三德」下，在「不斷斷」中，而說者，故是圓說，非別教之分解的權說。山外諸師指「一念心」為真性，此所云「真性」即真常心也；而所云「不思議境」，「既不許立陰界入等為所觀境」，則此「不思議境」非指「一念三千為不思議」說，乃指那真常心（真性）為不思議境也。此明是以華嚴宗之思路解天台，尤其以圭峯宗密之言「一念靈知為眾生真性」之思路解天台，故知禮斥之為「違教」。

3. 知禮繼上叉有問答云：

問：常坐中（案常坐當為四弘。止觀首章約四弘顯發菩提心處）云：「以法界對法界，起法界」。（案原文為「佛法界、對法界、起法界」。「以」字誤。）安心中（止觀第七章十法觀心第三「善巧安心」）云：「但信法性，不信其諸」。及節節云：「不思議境」。今何不許？

答：此等諸文皆是能觀觀法，復是所顯法門。豈不讀輔行中分科之文？先重明境，即去尺就寸文也。次明修觀，即「觀不思議境」等十乘文也。（案十法觀心，十乘即十法，每一法門是一乘，乘者車也。乘此十法門車至大涅槃，故云十乘。案依維摩經玄義只云「十法成乘」。以別相三智三觀開三乘，十法成三乘。以一心三智三觀開一佛乘，十法成一佛乘。並無十乘之云。摩訶止觀

・般若與佛性・

亦無十乘之可分明。荆溪知禮皆云十乘，即指十法說也。）況輔行委示二境之相，非不分明。豈得直以「一念」名「眞理」及「不思議」耶？應知不思議境之與觀智皆對觀智邊，不分而分，名所觀境。故止觀云：「對所破陰等諸境故，不思議境之與觀智皆名能觀。故止觀云：『譬如賊有三重。一人器械鈍，身力羸，智謀少，先破二重，更整人物，方破第三，所以遲迴日月。有人身壯，兵利，權多，一日之中即破三重。』」輔行釋云：「約用兵以譬能所。械等並依身力故也。」豈非諦、觀俱爲能觀耶？今更自立一權多譬圓三觀。雙明兩重能所。如器諸淳樸，豈但用槌而無砧耶？故知槌砧自分能所。若望淳樸，皆屬能也。智者以喻得解，幸可詳之。皆爲不辨兩重所觀，故迷斯旨。

案：雖可如此分疏，而實亦不須如此分疏。一念三千即不思議境，妙境，寧有淳樸之陰界入以爲此不思議諦境與觀智之所破耶？陰界入一境，「始自凡夫正報，終至聖人方便，常自現前，若發不發，恒得爲觀。」此是一般言之的陰界入境。就藏通別三教言之，是思議境，在圓教中，陰界入境即不思議境。知禮似是視一般言之的陰界入爲所破之淳樸的陰界入，而以圓教不思議的陰界入（諦境與觀智合一）爲能觀，故言雙重能所。實則不須如此言。一般言之的陰界入境只表示無論何教何位皆須立陰界入境爲所觀境，此陰界入境即不思議之妙境。何以故？以由一念三千說之故。是則只有一重能所（觀智與所觀之不思議境），並無雙重能所。說雙重者徒增糾

・768・

繹，亦不顯圓教就陰界入說不思議境之勝義。故不須如此分疏，只如下文所說便可。

又，若不立陰等為境，妙觀就何處用？妙境于何處顯？故知若離三道，即無三德。如煩惱即菩提，生死即涅槃。〈玄文〉(法華玄義文)略列十乘，皆約此立。又，〈止觀大意〉(荊溪著，一卷)以此二句為發心立行之體格。豈有圓頓更過于此？若如二師所立，合云菩提即菩提，涅槃即涅槃也。

案：如此說便甚好。依三道即三德，煩惱即菩提，生死即涅槃，則知山外諸師以「一念」為真性，是偏指真常心而言也，非〈摩訶止觀節節所云〉之「不思議境」「不許立陰界入等為所觀境，唯云不思議境」，此所云「不思議境」非〈摩訶止觀節節所云〉之「不思議境」，而是以一念真性(靈知真性)為不思議境，此是剝奪了陰界入而顯的寡頭的「但中」之理境也。故知一念真性(靈知真性)為不思議境即菩提，涅槃即涅槃」，而不是「煩惱即菩提，生死即涅槃。」是故一念三千之不思議境本是在「三道即三德」下，在「不斷斷」中，就陰界入所圓說之妙境。境既妙，如其妙而觀之，便成妙觀。不是觀達淳樸之陰界入以成妙觀顯妙境也。故雙重能所雖可說，然不是〈摩訶止觀節節說不思議境〉之文意。「一念三千」之妙境不是只就淳樸的陰界入以施以妙觀所能顯也。若明其來歷，只合說它是由相應法華開權顯實，開決了八識以及真心，在「三道即三德」下，在「不斷斷」中，而始可能者。妙觀妙境不離陰界入，因一念三千即妙境也，觀此不思議妙境即妙觀也。然這却並非妙觀于淳樸的陰界入令成妙境也。故雙重能所之說不必立。

4.知禮繼上總答釋復進而就問中引語作別答云：

又引「常坐」中起對俱法界者，今問：法界因何有起對耶？須知約根塵識故，方云起對法界。故義例（荊溪止觀義例卷上）釋此文云：「體達（原注：修觀），若起若對（原注：陰入）不出法界（原注：成不思議）。」彼有約理、約觀、約果三義。此文正約觀行辨也。

案：摩訶止觀卷第二上論「常坐三昧」處無「對法界起法界」之語，此語乃見于卷第一下「約弘誓顯發菩提心」處。知禮記錯耳。案摩訶止觀第一章大意中言發大心，修大行，感大果，裂大網，歸大處。「常坐三昧」是「修大行」中之首行。約弘誓發心是「發大心」中文。此弘誓發心中首明通教無生弘誓，次明別教無量弘誓，終明圓教無作弘誓中有「佛法界，對法界，起法界，無非佛法」之語。此全段文如下：

次、根塵相對，一念心起即空即假即中者，若根若塵並是法界，並是畢竟空，並是如來藏，並是中道。云何即空？並從緣生，緣生即無主，無主即空。云何即假？無主而生即是假。云何即中？不出法性，並皆即中。當知一念即空即假即中，並實相；非三而三，三而不三；非合非散，而合而散，非非合非非散；不可一異而一異。譬如明鏡，明喻即空，像喻即假，鏡喻即中。不合不散，合散宛然。不一二三，二三何妨？此一念心不縱不橫

第三章 十不二門指要鈔之精簡

，不可思議。非但己爾，佛及眾生亦復如是。華嚴云：「心佛及眾生，是三無差別」。當知己心具一切佛法矣。思益云：「愚于陰界入，而欲求菩提。陰界入即是，離是無菩提。眾生即菩提，不可復得。眾生即涅槃，不可復滅。」一心既然，諸心亦爾，一切法亦爾。普賢觀云：「毘盧遮那遍一切處」。即其義也。當知一切法即佛法，如來法界故。

若爾，云何復言「遊心法界如虛空」，又言「無明明者即畢竟空」？此舉空為言端，空即不空，亦即非空非不空。又言「一微塵中有大千經卷，心中具一切佛法，如地種，如香丸」者，此舉有為言端，有即不有，亦即非有非不有。又言「一色一香無非中道」，此舉中道為言端，即中而邊，即非邊非不邊，具足無減，勿守語害圓，詎罔聖意！

若得此解，根、塵、一念心起，根即八萬四千法藏，塵亦爾，一念心起亦八萬四千法藏。佛法界，對法界，起法界，無非佛法。生死即涅槃，是名苦諦。一塵有三塵，一心有三心。一一塵有八萬四千塵勞門，一一心亦如是。貪瞋痴亦是菩提，煩惱亦即是菩提。翻一一塵勞門，即是八萬四千諸三昧門，亦是八萬四千諸陀羅尼門，亦成八萬四千諸波羅蜜。無明轉，即變為明。如融冰成水，更非遠物，不餘處來。但一念心普皆具足。如如意珠，非有實，非無實。若謂無者，即妄語。若謂有者，即邪見。不可以心知，不可以言辯。眾生于此不思議不縛法中，而思想作縛，于無

脫法中而求于脫，是故起大慈悲，與四弘誓，拔兩苦，與兩樂，故名非縛非脫發眞正菩提心。

案：《摩訶止觀》此全段文是就圓教無作四諦而說四弘誓。「無作四諦」者，一念心即具十法界之謂也。此中有苦、集，有滅、道，皆是性具本有，非造作成。何以故？以三道即三德，不斷斷故。就此無作四諦而言「一念心起即空假中，若根若塵並是法界，並是畢竟空，並是如來藏（就迷就事而言之如來藏），並是中道（實相）。」「此一念心不縱不橫，不可思議。」此即觀一念心無作四諦爲不思議境也。眾生迷執，不解此不縛無脫之法，故起慈悲，與弘誓，拔其縛脫之兩苦，而與非縛非脫之兩樂，此即名曰「圓教非縛非脫發眞正菩提心」。

若知根、塵、一念心起，並是法界（即具十法界之法界），並是「即空即假即中」之不思議境，則換一個說法，亦可說「根即八萬四千法藏，塵亦爾。合而言之，一念心起亦八萬四千法藏。」（八萬四千、有大小乘各種說，參看輔行卷第一之五、釋）。不出四諦。于中不但法藏即苦，塵勞即集，對治即道，波羅蜜即滅。根、塵、一念心，皆即具十法界。于中不但佛法界是佛法，餘九法界亦無不是佛法。故十法界一一法界皆有惑業苦三道性相，亦十界互融而爲佛法。「佛法界」之佛法是即九法界而爲佛法，亦即三道即三德，是爲性德三軌也。「佛法界」即賅括餘九法界。「對法界」者，于中復言「佛法界，起法界，無非佛法」。「起法界」即「根塵相對，若根若塵並是法界」云云之法界也。「佛法界」即「一念心即具十法界」之法界，亦即「一念心起處說法界」之法「界」。「對法界」者，即「根塵相對，若根若塵並是法界」，亦即「一念心起即空即假即中」之法界，就一念心起即具十法界

界也。「一念心起」是總說，根塵相對是分說。一切法趣根趣塵，乃至趣空界假趣中，趣苦、集、滅、道也。故一切法皆是佛法，此即不思議之法也。此從未離根、塵、一念心而言。焉得將「一念」只限于靈知眞性，以之爲不思議耶？但亦不必如知禮所說，立兩重能所也。就根、塵、一念皆具十法界而言不思議境即妙境也，如其爲妙境而於修觀中觀達之，即妙觀也。荊溪輔行卷第一之五云：「佛法界等者，佛法界根也，對法界塵也，起法界識也。仍本迷說，故曰根塵同名法界，更無差別。故知八萬無非生死，咸即涅槃，集道亦然，故皆法界。」此中以根、塵、識三者比配佛法界、對法界、起法界，無甚意義。當如吾上釋了解。」此語太簡，亦當如吾上釋來了解，並當就智者原整全文了解之。知禮又引及荊溪止觀義例之釋語，亦太簡。案止觀義例卷上「第五心境釋疑例」中設爲二十問，其第一問即釋此「起對法界」語，如下：

一問：第一卷「弘誓」中云：「對法界，起法界」。如何法界有起有對？

答：如前分別，其義已顯。若欲更論，各有所以。一者，約理，心佛無殊。雖對雖起，奚嘗非理？二者，夫念起依理體達，不出法界。三者，稱理。理既法界，起對稱理，無非法界。今此文中，義通三種，意在前二。故云起對，復云法界。此三卽「六卽」意也。初是理卽，次是名字、觀行、相似、三卽，復云法界，究竟、二卽。

案：「佛法界，對法界，起法界」既是約根、塵、念說，即約「根塵相對」說「對法界」，約「一念心起」說「起法界」，而起法界具十法界，即含「佛法界」（不必說「佛法界根也」），則無論佛法界，或起、對法界，皆是圓說的迷中的佛法。迷中的佛法即是約理而說的佛法，名曰性德佛法。眾生在迷，不覺故也。然圓理自如此不因覺不覺而有殊也。圓理自如此，故云不思議之妙境。若依理如此，而體達之，則無論起法界或對法界皆是觀行中之法界，亦即修德中之法界，此即是妙觀。妙觀觀不思議之妙境，尚未能斷無明，故屬名字、觀行、相似之三即也。修德之極即是果佛，此即通過「分眞即」而至「究竟即」也。相應圓理斷無明而證顯之，則無論起法界對法界皆有之性德法界去無明迷執之病耳（修至「稱理」而「無非法界」，此亦只是就本有之性德法界去無明迷執之病耳），故逐說及「佛法界，對法界，起法界，無非佛法」。此「無明轉即變爲明」故也。知禮文中所云「彼有約觀、約果三義，」即指荊溪此三義說也。《摩訶止觀》原文因爲是只就圓教無作四諦說四弘誓，其說圓教無作四諦，只是就一念心即具十法界之不思議境說，故云「義通三種，意在前二」，然其實只「意在前一」，即只「約理」說也。知禮引荊溪《輔行》止觀義例文「義通三種」，此則有偏差。荊溪雖說此文亦是明其只「約理」說，故云「仍本迷說」。此中並未說及觀行文，說智者原文「正約觀行辨」，亦不必設兩重能所。知禮對此「佛法界，對法界，起法界」之語，未能了解行，故于設問中，既錯記出處，又誤寫爲「以法界對法界，起法界」之語，而解語簡略，不恰當，又立爲兩重能所之說，皆遠于智者原文之文旨也。實則智者原文此語，只是隨「根甚中肯，

• 774 •

塵一念心起」，隨文而說至此，此並非一特殊之論點，亦非一特殊之概念。「起、對」亦無特殊之意義。讀者不詳看原文，遂對此「起、對」二字起退想。因荊溪對此特設一問，故知荊溪猶大體不離，而于〈止觀〉義例中特設一問以釋心境之疑，亦已鑿矣。

其實此與山外之誤解「一念」不相干也。何須就此而辯「一念」解為「靈知眞性」乎？或許當時山外諸師根本未懂其祖師所說之法界，無非佛法」一語，便可將「一念」解為「靈知眞性」乎？或許當時山外諸師根本未懂其祖師所說之法界，故知禮特就此特設為問端以闢之。若如此，則山外諸師所悟中之法界，既非〈攝論〉所說之「最清淨法界」，亦非華嚴宗所說之「法界緣起」之法界，縱使就悟中之法界說，亦是十界互融之法界，非單指佛界說也。故不能因此一語便可將「一念」解為眞性。否則法界、法性、天台文獻中處處皆是，何獨單舉此以作據乎？

5. 知禮繼上解「對法界、起法界」後，又解「但信法性，不信其諸」云：

又，「安心」文云：「唯信法性」者，未審信何法為法性耶？而不知此文正是于陰修乎止觀！故〈起信論〉云：「一切眾生從本已來未曾離念」。又下文云：「濁成本有」（下染淨不二門語）。若不觀三道即妙，便同偏觀清淨眞如，荊溪還許不？故〈輔行〉解「安住世諦」云：「以止觀安故，世諦方成不思議。」又云：「安即觀也」。故談圓妙，不違現文，方為正說。

案：〈摩訶止觀〉卷第五上論正修止觀章（即第七章），以十法成乘觀心，十法門中第三法門即

是「善巧安心」。智者言此「善巧安心」云：

三、善巧安心者，善以止觀安于法性也。上深達不思議境淵奧微密（案即第一觀心是不思議境），博運慈悲亘蓋若此（案即第二發真正菩提心）。須行填願，行即止觀也。（案此即此第三以止觀安心）。

無明痴惑本是法性。以痴迷故，法性變作無明，起諸顛倒，善不善等。如寒來結水，變作堅冰；又如眠來變心，有種種夢。今當體諸顛倒即是法性，不一不異。雖顛倒起滅，如旋火輪，不信顛倒起滅，唯信此心但是法性。起是法性起，滅是法性滅。體其實不起滅，妄謂起滅。祇指妄想悉是法性。以法性繫法性，以法性念法性。常是法性，無不法性時。體達既成，不得妄想，亦不得法性。還源反本，法界俱寂，是名為止。如此止時，上來一切流轉皆止。

觀者，觀察無明之心上等于法性，本來皆空，下等一切妄想善惡皆如虛空，無二無別。譬如劫盡，從地上至初禪，炎炎無非是火；又如虛空藏菩薩所現之相一切皆空，如海慧初來所現一切皆水。介爾念起，所念者無不即空，空亦不可得。如前火木能使薪燃，亦復自燃。法界洞朗，咸皆大明，名之為觀。

止祇是智，智祇是止。不動止祇是不動智。不動于法性，即是觀智得安，亦是止安。不動智祇是不動止，不動于法性相應，即是止安，亦是觀安，無二無別。

案：《摩訶止觀》此段文即是正說「善巧安心」也。安心者以止觀安于法性也。法性者即無明之法性也，故云：「以癡迷故，法性變作無明，起諸顛倒善不善等」。但為安心故，亦須知「無明即法性」，故云「無明癡惑本是法性」。依此故云：「不信顛倒起滅，唯信此心但是法性。」此即知禮設問中「但信法性，不信其諸」一語之所本也。知禮問云：「唯信法性者，未審信何法為法性耶？」今代答曰：信顛倒起滅善不善等諸法即是法性也。說「此文正是於陰修乎止觀」亦不錯，蓋以止觀安心即是修止觀行也。但須知「於陰修乎止觀」之「陰」即「一念無明法性心即具十法界」之陰也，亦「從無住本立一切法」之陰也，此即是妙境。何以故？以不思議故，以圓說故。說之陰，此即是妙境。何以故？以不思議故，以圓說故。「即是「心不思議境」，總之，即是「心不思議境」之陰也。「根、塵、一念心起」，皆即四萬八千法藏」，即指此境說。「佛法界，對法界，起法界，無非佛法」，亦指此境說。十法成乘，首觀「心是不思議境」，即如此妙境理而起妙觀也。次發菩提心，即以慈悲起弘誓發真正菩提心之法門成此妙觀之修也。次「善巧安心」，即「善以止觀安于法性」之安心法門成此妙觀之修也。下破法遍，識通塞，修道品，對治助開，知次位，能安忍，無法愛，七門皆約理圓說之妙境即成為悟中之妙境（一念三千）則始終不變也。故一念三千不思議境，無論在迷（眾生但理）在悟（諸佛得事），俱是在「三道即三德」下，「不斷斷」中而說者。三道即三德，不斷斷，唯信此心但是法性」，即可將「一念」解為三千妙境始終不變，焉得因「不信顛倒起滅，唯信此心但是法性」，不立陰界入三千妙境，唯以此真性為不思議境耶？若如此，即成「偏觀清淨靈知真性」，

· 777 ·

真如」，焉得為妙？（不圓即不妙）。是故不得因摩訶止觀「節節云不思議境」，安心中言「但信法性，不信其諸」，弘誓中言「佛法界，對法界，起法界，無非佛法」，便可以此等為據將「一念」解爲「靈知真性」。蓋如此作解只是華嚴宗之思路，尤其是圭峯宗密之思路。故知禮斥之是也。

6. 知禮繼上駁斥，進而作正解云：

今釋「一念」乃是趣舉根塵和合一刹那心。若陰若惑，若善若惡，皆具三千，皆即三諦，乃十妙之大體，故云「咸爾」（從境妙到利益妙咸爾）。斯之「一念」，爲成觀故，今文專約明乎不二。不可不曉，故茲委辨。

問：相傳云：達摩門下，三人得法，而有淺深。尼總持云：「斷煩惱，證菩提」。師云：「得吾皮」。道育云：「迷即煩惱，悟即菩提。」師云：「得吾肉」。慧可云：「本無煩惱，元是菩提」。師云：「得吾髓」。今「煩惱即菩提」等，稍同皮肉之見，那云圓頓無過？（案此承知禮上文總答釋中「豈有圓頓更過于此」一語而問。）

答：當宗學者，因此語故，迷名失旨，用彼格此，陷墜本宗。良由不窮「即」字之義故也。應知今家明「即」，永異諸師。以非二物相合，及非背面翻轉，直須當體全是，方名爲即。何者？煩惱生死既是修惡，全體即是性惡法門，故不須斷除及翻轉也。諸家不明性惡（不明性德上本有的惡法門），遂須

云：「忽都未聞性惡之名，安能信有性德之行？」
（全修惡即性惡），故皆「即」義不成。故第七記（法華文句記卷第七下）
翻惡為善，斷惡證善。故極頓者，仍云「本無惡，元是善」。既不能全惡是惡

答：實非別指。只由性惡，融通寂滅，自受菩提涅槃之名，蓋從勝立也。
若爾，何不云煩惱即煩惱等，而云菩提涅槃耶？
所引達摩印于可師「本無煩惱，元是菩提」等，斯乃圭峯異說，豈可一向云「本無」耶？然汝
此則豈同皮肉之見乎？又，既煩惱等全是性惡，致令後人以此
為極，便棄三道，唯觀真心。若據祖堂自云：「二祖禮三拜，依位立」，豈言
煩惱菩提一無一有耶？故不可以圭峯異說，而格今家妙談爾。〔原注『元本
云：「此乃又超「得髓」之說。」〕可師之見，意縱階此，語且未圓。問：今明圓
教，豈不論斷惑證理及翻迷就悟耶？若論者，何異持、育之解？答：只如可師，
豈不斷惑翻迷？豈亦同前二耶？故知凡分漸頓，蓋論能斷能翻之所以爾。」案
元本是知禮指要鈔元本。元本原有此段文，今刪之。「此乃又超得髓之說」
語中之「此」是指「今家妙談」說。〕

今既約「即」論斷，故無可滅；約「即」論悟，故無可翻。煩惱生死乃九
界法。既十界互具方名圓，佛豈壞九轉九耶？如是方名達于非道，魔界即佛。
故圓家斷、證、迷、悟，但約染淨論之，不約善惡淨穢說也。諸宗既不明性具
十界，則無圓斷圓悟之義。故但得「即」名，而無「即」義也。此乃一家教
觀大途。能知此已，或取或捨，自在用之。故止觀亦云：「唯信法性，不信其

諸」。語似棄妄觀眞（原注：「豈異可師之說」？）， 而義例判云：「破昔計故，約對治說。」故知的示圓觀，須指三道卽是三德，故于陰等觀不思議也。若不精簡，何稱圓修？此義難得的當，至因果不二門，更爲甄之。

案：以上五段文皆極精當，末段尤精當。煩惱卽菩提，生死卽涅槃，是依「三道卽三德」與「不斷斷」而說，而此後者又依「從無住本立一切法」而說，而此後者復又依法華開權顯實，開決了八識及眞心後而說者。由這一整系列方能成「圓卽」。是故「卽」字「非二物相合，亦非背面翻轉，直須當體全是，方名爲卽。」是智者與荆溪原有之義。山外諸家大體是未能把握這一整系列，故多取華嚴宗之思路，尤其是圭峯宗密之思路，以彼等作分解說易解故。故于「一念」解爲「靈知眞性」也。禪宗二祖慧可「本無煩惱，元是菩提」之說，大體亦非「圓卽」義。縱使此語是圭峯異說，非慧可原有，然禪宗六祖惠能以前楞伽傳心，三道卽三德，不斷斷，是走唯悟眞心之路，蓋亦未能至乎「圓卽」義也。焉得以「得髓」爲極談？三道卽三德，不斷斷，「此乃又超得髓之說也」，故爲圓極。「約卽論斷，故無可減，約卽論悟，故無可翻。」此卽「不斷斷」也。「圓家斷、證、迷、悟，但約染淨論之，不約善惡淨穢說也。」此簡別語尤爲精當。染淨是主觀工夫上的事，染卽迷執，淨卽「解心無染」。迷執之染則無斷證。「解心無染」則爲「不斷斷」，是客觀的法門說，是客觀存在的事耶？」「不斷」者卽指九界法說也。斷者解心無染之謂也。此仍是「除病不除法」。性具十界卽迷執，魔界卽佛」。「善惡淨穢」則是指「煩惱生死乃九界法」。既十界互具方名圓，佛豈壞九轉九

• 佛性與般若 •

780

第三章 「十不二門指要鈔」之精簡

界，佛亦有惑業苦三道性相。地獄化物，即九法界而為佛，豈無三道性相？然只有性相，而無其實。只有性相者，法始終不變也。而無其實者，解心無染也。佛畢竟是佛，非實六道眾生也，亦非實二乘實菩薩也。此種圓佛亦大類孔子之自謂「天之戮民」（莊子大宗師篇）。「故知的示圓觀，須指三道即是三德，故于陰等觀不思議也。」陰等皆即具八萬四千法藏，即是不思議。故觀為妙觀，境為妙境也。至于止觀善巧安心中所云「不信顛倒起滅，唯信此心但是法性」，表面觀之，「似是棄妄觀真」，仍是「即妄觀真」也。此只是一時之抑揚，豈是安心故，偏就「無明即法性」說，非割戮「法性即無明」也。（與慧可所說無大異）然此只為安心故，故並未「棄妄觀真」，故觀未「棄妄觀真」，荊溪止觀義例判云：「破昔計故，約對治說。」此是略引，意不顯豁。止觀義例卷上「第五心境釋疑例」中第九問云：

九、問：安心初云：「但信法性，不信其諸」。為唯法性，無復其諸？若都無者，現見諸法。復云：法性具一切法。

答：以眾生久劫但著諸法，不信法性。破昔計故，約對治說，令于諸法純見法性。若見法性，即見諸法。是諸法性本無名字。約破立說，名名法。

案：據此答文，則知「但信法性，不信其諸」（此是將智者原語作一轉換表示）不是棄妄觀真（唯有法性，無復其諸），乃是為破眾生久劫以來但著諸法，不信法性，遂說此語，以便使其就諸法純見法性。「若見法性，即見法性純是諸法」。此語即示「法性無

住，法性即無明」也。此仍歸于「三道即三德」與「不斷斷」。為說善巧安心，故就「無住，無明即法性」，而說「但信法性，不信其諸」。然此即已函着「法性無住，法性即無明」。若真是棄妄觀真，則不得云「善巧安心」。故于此語不得作偏滯解。先了「一家教觀大途」，然後「或取或捨，自在用之」。此亦是「自在用之」也。「一家教觀大途」即是「三道即三德」與「不斷斷」之「即」義。知禮已說「此義難得的當」，故吾節節以相應法華開權顯實，開決了八識與真心，來提撕讀者，令的解此義。

以上是知禮指要鈔就十不二門序文「一期縱橫不出一念」語，對于「一念」作精簡。此下即正解十不二門，首解色心不二門。

第二節　色心不二門

荊溪十不二門首說色心不二門云：

一、色心不二門者，且十如境，乃至無諦，一一皆可（一作「有」）總別二意。總在一念，別分色心。何者？初十如中，相唯在色，性唯在心；體、力、作、緣，義兼色心；因、果唯心，報唯約色。十二因緣，苦、業兩兼，惑唯在心。四諦，則三兼色心，滅唯在心。二諦、三諦，皆俗具色心，真、中唯心。一實及無，準此可見。既知別已，攝別入總。一切諸法無非心性。一性無性，三千宛然。

第三章 十不二門指要鈔精簡

當知心之色心,變名為變,造謂體用。是則非色非心,而色而心,唯色唯心,良由于此。故知但識一念,遍見己他生佛。他生他佛尚與心同,況己心生佛寧乖一念?故彼彼境法差差而無差。

案:此是色心不二門之全文。前半段就《法華玄義》境妙中所論之十如境、十二因緣境、四諦境、二諦境、三諦境、一實諦境、無諦境,而說其皆可以總別兩意概括之。「總在一念,別分色心。」此諸境,總說不出一念;若分別說,不外色心。是則「一念無明法性心」說,而此一念心非「靈知真性」說。「總」是指「一念無明法性心」散開說。雖散開而分別為色為心,然一念心既是煩惱心,亦就是生死色心,色是心的色。一念心,心即色心;一念色,色即心色。故唯心亦可唯色,亦可唯聲,惟香、惟味、惟觸。是故總在一念,亦可總在色、聲、香、味、觸等,亦然。故由此進而言「非色非心,而色而心,唯色唯心」,以明色心不二也。此即後半段之所說。

1. 知禮《指要鈔》先略解「總在一念,別分色心」云:

雙標「總在一念,別分色心」者,若論諸法互攝,隨舉一法,皆得為總。然此總別不可分對理事。(不可以理為總,以事為別)。應知理其三千,事用三千,各有總別。此即「三無差別」也。今為易成觀故,故指一念心法為總。兩相即,方稱妙境。

• 若般與性佛 •

又就「既知別已，攝別入總」，而詳簡「一念」云：

前約諸法不失自體為別，今明諸法同趣剎那為總。終日不失，終日同趣，以理為總。又復應知，若事若理，皆以事中「一念」為總。以眾生在事，未悟理故，以依陰心顯妙理故。

問：他云：「一念即一性也。一念靈知，性體常寂。」又云：「性即一念，謂心性靈寂。性即法身，靈即般若，寂即解脫。」又云：「一念真知妙體」。又云：「並我一念清淨靈知」。據此等文，乃直指文中「一念」名清淨靈知，是約理解。與他所指，賒切如何？

答：此師祇因將此「一念」約理釋之，致與一家文，義相違。且違文者：

一、違玄文（法華玄義文）。他執心法是真性，故乃自立云：「心非因果」。又判「心法定在因，佛法定在果，眾生法一往通因果，二往局在因」。他執心法是真性，故判為因。佛定在果者，乃由緣了「定在因」句，復自立云：「約能造諸法，故判為因。佛定在果者，乃由緣修覺了，究盡為果。」今問：既將因果分判法相，何得因果卻不相對。果若從覺，因須指迷。何得自立理能造事而為因耶？既不相對，何名為判？

案：此處所謂他亦指山外諸師說。他執「一念」為真性，即真常心，或真知妙體，或清淨靈知，其本身非因果，而隨染淨緣起染淨法，所謂「不變隨緣」，則又是因。此自是華嚴宗之

思路。若加上「靈知」,則是來自圭峯宗密者;而圭峯之說「靈知真性」則又是承自神會。知禮說此是將「一念約理釋之」。此所謂「理」即真常心,靈知性,此是將真如理與真常心合一說者。此「理心」非因非果。但若如此,則礙「定在因」句。故又自立云「約能造諸法,故判為因」。故彼等「以理為總,約事論別」。此顯非智者及荆溪說「一念心即具十法界」之思路。

天台家說「一念心即具十法界」,一念心既是陰識心,煩惱心,剎那心,則由此語說「性具」或「理具」,好像性字理字無着,蓋一念心並非是性或理也。此明是心具,而非性具或理具。若只如此,則說性具,性字只是虛說,是副詞義,即原則上,本質上或法理上之義。說理具,理字亦然。但心不離性。天台家說「一念心」,一方是圓一念,因此故不同於唯識宗之言八識;一方又是從「法性無住,法性即無明」而來,因此,故又云「一念無明法性心」(此一整詞見智者《四念處》,見下。)表面上是一念心,而底子却是「法性無住,法性即無明。」「從無住本立一切法」等于說由「法性即無明」而成為「一念無明法性心」,以此為本而立一切法也。蓋法性即無明,即無明心當體即是空如之法性也。從「無明」可以說一切法;從「法性心」則示具一切法之無明心當體即是那個法性也。此並非說法性即是心,心即是法,因而為真常心為靈知真性。心自身仍是那個無明心,陰識心,剎那心,煩惱心。從無明心說一切法,此是心具,因心始有緣起故,有造作故;若圓說,則只心即一切法,非縱非橫,故為不思議境。法性不能緣起也,亦無造作。法性無住,法性即無明,只一切法即心,始有一切法。若以此「即無明」之法性為主而言性具或理具,則法性之具一切法本只是法性之即于一切法而為法性。「即于一切法」即是不離

一切法。即由此「即而不離」而說性具。此法性是就圓一念而見，故此法性亦即是中道實相理，因此而曰「理具」。此理之具一切法亦是由「即而不離」而說具。真正具體地緣起造作地具是在心處（圓說，心就是一切法，亦無所謂具或起）。而心是無明法性心，故「法性無住，法性即無明」即是心也。故此心不能理解爲眞常心或靈知眞性。而此中之法性亦必是迷中之法性，以無住而即無明故，中道實相理亦然。故凡天台家說性具或理具皆是就迷中法性或實相理而爲一念無明法性心而說，因此而有「六即」中之「理即」。「理即」者，即無明之法性（法性實相）而爲一念無明法性心而說。但這個佛只是客觀地從迷中之理，迷中之實相理，帶着三千法即空即假即中，此即是佛也。無論念具事具或性具理具或理具，此是以即而具。從心說具是緣起造作地具，是事具，念具。從性或理說具或理具，實並未通過觀行而證顯也。理即佛是依據性具或理具而說，性具或理具而說；而性具或理具是就一念無明法性心而說。無明之法性心而說，實並未通過觀行而證顯也。理即佛是依據性具或理具而說，是事具，念具。從性或理說具或理具，由迷中之實相理而說理具，皆是圓具。故凡天台家就性具而說性德，如說性德三因，性德三軌，性德惡，性德善等等，亦皆是迷中之理或因地之理，是則凡說理字皆示迷中之理或因地而說。同時，「理即佛」之理即，「理則性德緣了」（荊溪語，見下）等等，皆是迷中之理也（諸佛證理是悟顯了這個理）。理通凡聖，迷悟有異，而迷悟是事也。理具是對後來之果地而言，因地是對後來之修德而言，性德是對後來之悟淨而言。「理具三千，事用三千，各有總別。」總別是就三千法說，而（亦荊溪語，見下）。理具之理既是迷中之法性理或中道實相理，故必即三千法而爲理，此是圓說的理，所謂圓談法性。

三千法起于一念，故一念爲總，三千色心爲別。至若法性或實相則無所謂總不總也。是故天台既非唯妄識（八識之妄識），亦非唯眞心，而是開決了妄識與眞心，就法性心而說迷中的法性具或中道實相理具之實相學也。唯妄識並非不對，唯眞心亦非不對，不過不是圓教，乃只是權說之始終與終期教耳。此則須待開決。就一念無明法性心而說的性具或理具乃是開決別教法性起後的圓教語。故一念性具與眞心性起，不只是一起一具之相對，乃根本是層次不同，而心與性亦俱隨之而不同也。

1.1 山外諸師對一念解爲靈知眞性，此乃是將圓教降爲別教，此自非天台宗義，故知禮斥之爲違文違義，且隳陷本宗也。上說其違法華玄義文，知禮復進而說其違華嚴「心造」之義，如下：

又違華嚴心造之義。彼經 如來林菩薩說偈云：「心如工畫師，造種種五陰。一切世間中，無法而不造。如心，佛亦爾；如佛，衆生然。心佛及衆生，是三無差別。」輔行（卷第五之三）釋云：「心造有二種。一者約理，造即具。二者約事，即三世變造等」。心法既有二造，經以心例于佛，復以佛例于生（衆生），故云：「如心，佛亦爾；如佛，衆生然。」是則三法各具二方無差別。故荊溪云：「不解今文，如何銷偈心造一切，三無差別？」（輔行卷第五之三）何忽獨云：「心造諸法得名因」耶？據他所解，心法是理，唯論能具能造。生佛是事，唯有所具所造。則「心造」之義尚虧，「無差」之文永失矣。又，若約「能造」釋因，則三法皆定在因，以皆有二造故。此文應今

案：知禮引輔行文簡略，其全文如下：

言心造者，不出二意：一者約理，造即是具，二者約事，又三。一者，過造于現，過現造當。如無始來，及以現在，乃至造于盡未來際。一切諸業不出十界，百界千如，三千世間。二者，現造于現，即是現在同業所感，逐境心變，名之爲造。以心有故，一切皆有。以心空故，一切皆空。如世一官，所見不同，是畏是愛，是親是寬。三者，聖人變化所造，亦令衆生變心所見。並由理具，方有事用。今欲修觀，但觀理具。俱破俱立，俱是法界。任運攝得權實所現。如向引經，雖復種種，不出十界三世間等。

荊溪此文是釋摩訶止觀明不思議境中所引華嚴經偈。依荊溪，「心造」有二意。約理說，「造即是具」，此即一念心即具十法界，名曰「理具」。理是迷中法性理或中道實相理，如上解。就圓說的一念無明法性心這個迷中的法性心心法即具十法界，而心由法性無住而來，因此即名曰「理具」或「性具」。因天台說一念心是不思議境，亦非分解說的真心，乃是開決了八識，亦非分解說理而轉成，故表面是心具事具（一念心即是事）而底子實即是性具理具。而一念心是由即無明之法性或迷中之中道實相理而立。「心造」若約事說，即是過去現在未來三世的心

從「無明法法性」而說，事從迷中實相而立。

變造。不管是眾生的迷執造業，抑或是聖人的變現，皆屬于事，亦皆是「並由理具，方有事用。」此即知禮上文所說的理具三千與事用三千。理具三千，一切凡聖皆同也。而事用三千則有迷悟之異。就心法說，有理具，有事造。就佛說亦然，就眾生說亦然。故「心佛與眾生，是三無差別」。皆有二造（理具之造與事用之造）故也。故不能以「一念」爲靈知眞性，其本身非因非果，但約其隨緣能造諸法，故說爲因，單以此靈知眞性之理爲能具造，而以生佛爲事，唯是所具所造。但依天台，不是以心法爲靈知眞性之理，亦不是就此理心能造諸法說其爲因。若約「能造」義說因，則心法、佛法、眾生法之「三法皆定在因，以皆有二造故也。」但法華玄義判「心法定在因，佛法、眾生法定在果，眾生法一往通因果，二往則局因。」是則天台宗師並不以理具事造之二造，心佛與眾生所皆具者，說「因」也。說「心法定在因」此「因」義很不同。他們說「理具」是就「理具」說「因」，而理具三千之一念心既非靈知眞性之理心，故是迷中之煩惱心，陰識心，刹那心，因而三千亦是迷中之三千。彼等即以此迷中之「一念三千」爲底據，通過修顯後爲佛果，不是就其能造事用而說也。「心法定在因」，即心法決定只在理地，迷地，因在迷之謂也。即說定在因地也。此，即荊溪所謂「悟則果中勝因」也。「佛法定在果」，即理具三千通過修顯而爲佛果，此是說衆生故（「衆生無步看，通因通果」）；但進一步終局地看，則衆生只是迷，故唯局限于因地也。此即荊溪所謂「迷則三道流轉」，即衆生也。衆生法是理具事造（「衆生唯有迷中之事理」），佛法亦是理具事造（「諸佛具有悟中之事理」）

• 789 •

心法亦是理具事造（亦是迷中之事理）。故「三無差別」，「並由理具，方有事用。」理具三千為因，事用三千為果。無論在因在果，在果或苦或樂，而三千皆不改也。眾生事用是苦果，佛事用是樂果。若如山外諸師所解，則「一家教旨皆翻倒矣。」法華玄義以因果分判心佛與眾生之三法是否必如「一家立義綱格」，不可以華嚴宗之思路去理解也。至于華嚴經偈所解「三無差別」義，自能證成「三無差別」義，則無問題。蓋該偈語不必有「理具」義也。但如荊溪所解，其為違文違義（只說違玄義文即可，不必說其定違華嚴經偈），亦無問題。

1.2 以上是說違法華玄義，此下再說其違荊溪之止觀大意及金剛錍

二、違大意及金剛錍。他自引【大意】云：「隨緣不變名性，不變隨緣名心」。引畢乃云：「今言心即真如不變性也」。今恐他不許荊溪立義，句不順，似當為「今恐他立義，荊溪不許」。何者？既云「不變隨緣名心」，顯是即理之事，那得直作理釋？若云雖隨緣邊屬事，性者，佛法、生法豈不即理耶？若皆即理，何獨指心名不變？何獨指心是理耶？若云不變故，由隨緣故。萬法是真如，非指事即理。故知若約萬法即理，則生、佛、依、正俱理，皆不變故。生佛二事會歸心故，方云即理。心法非因果。」驗他直指心法名理，非當處即具三千。是知他師雖引「唯色」之言，亦祇曲成唯真心爾！

案：荊溪言「隨緣不變名性，不變隨緣名心」，此中「隨緣不變」，意不與華嚴宗同。此兩語本賢首所說，「隨緣」與「不變」兩義俱指眞常心說。眞常心雖隨染淨緣起染淨法，而其自性不變；雖不變而亦隨緣起一切法。故此兩義俱指眞常心說，無所謂「隨緣不變名性，不變隨緣名心」之分別地有所指。荊溪如此說，是性具（理具）系統下的說法。「隨緣不變名性」即〈金剛錍〉「萬法是眞如，由不變故」，其意是無明無住，隨緣而起之萬法當體即是法性（眞如）即〈金剛錍〉「萬法是眞如，由不變故」，此亦同於「法不出如，以如爲位，以如爲相。」「不變隨緣名心」即是眞如是萬法，由隨緣故」，此亦正由此隨緣故，故眞如是萬法，當體即是萬法，而萬法趣心故，此亦同於「無明法法性，生一切法」也。凡天台家言心皆就陰入境說心。是則一說心，籠統言之，明是指差別事而言，非眞常心也。山外諸師依華嚴宗之思路，視此「不變隨緣名心」之心爲「眞如不變性」（眞常心），顯然非是。故知禮駁之曰：「旣云不變隨緣名心，顯是卽理之事，那得直作理釋？」「卽理之事」，若順天台宗之立場說，卽是「卽于法性實理之無明事」，理指法性說。「那得直作理釋」，此中理字，但却是指眞常心（靈知眞性之理）說，因此語是駁斥故。故荊溪說此兩語顯理之無明事」名心，則心顯爲煩惱心，亦卽「卽于無明事（顚倒起滅）之法性實是法性無住，則性卽是空如實相也。「不變隨緣名性」即法性無住，法性卽無明。「隨緣不變名性」即無明無住，無明卽法性。兩者同體，依而復卽，故是圓敎。而賢首的說法，隨緣不變名

俱指眞常心說，而隨緣是眞妄和合，既非同體，又是自住，故屬別教。

荊溪止觀大意講「觀不思議境」處有云：

境爲所觀，觀爲能觀。所觀者何？謂陰界入，不出色心，色從心造，全體是心。故經云：「三界無別法，唯是一心作。」此之能造具足諸法，若漏無漏，非漏非無漏等，若因若果，非因非果等。故經云：「心佛及眾生，是三無差別。」眾生理具，諸佛已成，成之與理莫不性等。謂一一心中一切心，一一塵中一切塵，一一心中一切塵，一一塵中一切心；一一塵中一切刹，一一刹塵亦復然。諸法諸塵諸刹身，其體宛然無自性。無性本來隨物變，所以相入事恒分。故我身心刹塵遍，諸佛眾生亦復然。一一身土體恒同，何妨心佛眾生異？異故分于染淨緣，緣體本空空不空。三諦三觀三非三，三一一三無所寄。諦觀名別體復同，是故能所二非二。如是觀時，名觀心性。隨緣不變故爲性，不變隨緣故爲心。故涅槃經云：「能觀心性，名爲上定。上定者名第一義，第一義者名爲佛性。」此遮那性具三佛性。遮那遍故，三佛亦遍。故知三佛唯一刹那。三佛遍故，刹那則遍。如是觀者，名觀煩惱，名觀法身。此觀法身是觀三身，是觀刹那，是觀海藏，是觀眞如，是觀實相，是觀眾生，是觀己身，是觀虛空，是觀中道。故此妙境爲諸法本，故此妙觀是諸行源。如是方離偏小邪外，所以居在十法之首。上根一觀，橫豎該攝，便識無相，眾相宛然；卽破無明，登于初住，若內外凡。故喻云：其事高廣，乃至道

場。中根未曉，更修下法。（即更修以下「起慈悲心」以及「善巧安心」等等法門。）

案：此段文可說是摩訶止觀「觀不思議境」之撮要簡述，而亦發揮盡致。不思議境是就「陰界入不出色心」而言，而「色從心造，全體是心」亦即就一念剎那心而言。一念三千即空假中，即不思議妙境。不是離開一念陰識心而以眞常心爲不思議境也。「如是觀時，名觀心性」。「觀心性」者觀剎那心法之性也。心是識心，性是法性（空如之理性），兩者雖是同體依即，然却是兩個名詞。故「不變隨緣故爲心，隨緣不變故爲性」。心即一念三千之萬法，性即無差不變之眞如。心與性既只由「不變隨緣，隨緣不變」兩語中任一語之一轉而說，故兩者同體依即，因而得于萬法言即空即假即中也。此仍不失中論「緣起性空」之本色，所不同于中論而得名爲圓教者只在「一念心即具十法界」之一語。相應此不思議妙境而修觀，則曰妙觀。觀之與境不分而分，分而不分，則「能所爲二二非二」。蓋「法性非止非不止，而喚爲止；法性非觀非不觀，而喚爲觀。」（摩訶止觀釋名章）。因是，諦境與觀智「名別體復同」也。

如是觀心性名爲上定，而上定名第一義，即毘盧遮那佛性。如此佛性具三佛性（正因緣因了因）。而三佛性「唯一剎那」。「三佛遍故，剎那則遍」。剎那遍者，心遍色遍也。故「剎那心遍即生死色遍」（金剛錍語）。是知三佛性不離剎那色心而言（三道即三德，不斷）。故下繼之復云：「如是觀者，名觀煩惱，煩惱即心，法身即性。」煩惱即心，此同于「煩惱即菩提，生死即涅槃」。而「此觀法身是觀三身」，不是單觀一隔

・若般與性佛・

離之法身。而觀三身即是「觀刹那」。刹那是心，是煩惱，而三身則是性，是常樂我淨。法身、海藏、眞如、實相、虛空、中道，是正面說。煩惱、刹那、衆生、己身，是負面說，俱屬法性。觀不思議境，如是兩面兼搭，這不是混亂法相，而是表示圓頓止觀的獨特模式，即詭譎的模式：三道即三德，不斷斷。故「一念心即具十法界」是開權顯實後圓教語也。觀法承〈中論〉，而宗骨在法華。宗骨者圓教之所以爲圓教，圓頓止觀之所以爲圓頓止觀也。故〈中論〉，觀法爲緯。宗骨爲經是存有論的圓具，觀法爲緯是般若智之妙用。「織成部帙，不與他同」，蓋有以也。

荊溪上文從「一一心中一切法」到「是故能所二非二」，一連串的七字句，其中有許多分際，許多名相，而廻互兼搭，不是攪混，乃是「不斷斷」的理具融圓。「理具」，則不同于華嚴宗之「性起」。圓融，則華嚴宗之法界緣起十玄門盡收于此，而却不是在「惟一眞心廻轉」之性起系統下說，而是在「一念心即具十法界」之性具系統下說。(天臺宗對于圓滿無盡圓融無碍只幾句話就夠了。當然華嚴宗之詳爲展示亦有價值，但此種詳展並不能決定什麼，因爲那只是分析的。圓教之決定不在此詳展本身，而在其「所因」處。參看華嚴宗章末節。)

天臺圓教就「一念心即具十法界」而說其圓滿無盡圓融無碍(互融互具)，如荊溪「一心中一切心，一一塵中一切塵」數語所示，是依〈般若經〉「一切法趣某某，是趣不過」之方式說，此則更爲靈活而警策；而華嚴宗之分析地詳展法界緣起，是依緣起性空一總原則，通過空有，有力無力，待緣不待緣，三對之配合，由此六義而說一攝一切，一切攝一，一入一切，一切入一，即依此「攝、入」之方式而詳展法界緣起爲十玄門。當然此

・794・

種種差別無所謂，又進一步，華嚴宗詳展自有價值，而天臺宗不許展自亦無虧損，此亦不關緊要。要者是在華嚴宗之法界緣起之「所因」處是「唯一真心廻轉」，而其成此法界緣起所依之十義，如教義、理事、解行、因果、人法、等等，原是由真心之不變隨緣而起現，通過緣修還滅後，倒映于佛法身上，故得在海印三昧中映現而爲法界緣起。（詳見華嚴宗章，當重看。）此則根本是性起系統，故專就佛法身法界而展示的法界緣起說圓教，雖依華嚴宗所說的別教（前別于藏通，後別于圓）仍非圓教。蓋那個分析地展示的法界緣起之圓並不能決定什麼，把這個圓加在別教上，並不能就使別教成爲圓教。因爲「華嚴不開權，不發迹，猶有一隔之權故。而天臺圓教就「一念無明法性心即具十法界」，依「一切法趣某某，是趣不過」之方式，在「不斷斷」中說互融互具，其相貌可與華嚴宗之法界緣起無二無別，然而所教，縱使再予以詳展，如華嚴宗之所爲者，則根本是性具系統下，開權發迹後，通過還滅（斷斷）因處既不同，故其圓實義亦不同也，即，至少不是那真心隨緣起現者，純一無雜之圓實後，倒映于佛法身，因而遂在海印三昧中映現而爲法界緣起，而是在性具系統下，不斷斷中之本來如此，並無那些紆曲廻環也。因此，十法界一體平鋪，三道即三德；平看一切，一一皆具十法界，三千性相，不但一切法趣一念心，低頭擧手無非佛道；不如此之平實，只能說一切趣色，唯聲、唯香、唯味、唯觸。若依「惟一真心廻轉」而說，亦可趣色、聲、香、味、觸，而得唯色、唯聲、唯香、唯味、唯觸，而唯色也。故知禮斥山外諸師「雖引唯色之言，亦祇曲成唯真心爾。」「唯真心」並非是錯，則無如此之平實，只能說一切法趣真心（性起地趣非性具地趣）而唯色也。若自居爲華嚴宗，則亦只是弘揚此權教只是權教而已。若知其是權，則只待開，而無須斥。

義而已，此亦待開，而無須斥，因為亦為佛所說故。然而若自居為天臺，而却以真心系統說之，則是錯誤（墮陷本宗之錯誤），此則須駁斥。勿謂知禮之爭辯無謂也，亦勿謂天臺圓教亦可向山外發展也。

1.3 知禮繼上進而復云：

況復觀心自具二種，卽唯識觀，及實相觀。雖觀理具，非清淨理，乃卽事之理也，以依陰等顯故。

問：若爾，二觀皆依事，如何分耶？

答：實相觀者，卽于識心體其本寂，三千宛然卽空假中。因何纔見言心，便云是理？又于起心變造十界，卽空假中。故義例（荊溪止觀義例）云：「夫觀心法有理有事。從理，則唯達法性，更無餘途。從事，則專照起心，四性叵得，觀于外境，二觀亦然。此皆相映，事理不二。」又應知觀于內心，二觀旣爾，觀于外境，二觀亦然。此止觀及輔行文意，非從臆說。他云真心具三千法，乃指真如名不思議境，非指陰入也。金錍云：「旁遮偏指清淨真如。」第一記（法華文句記卷第一下）云：「專緣理性，而破九界，是別教義。」那得句句唯于真心？又，此標「一念」，乃作一性真如釋之，後文多就刹那明具三千，亦作真如釋耶？

問：永嘉集旣用今家觀法，彼奢摩他云：「一念卽靈知自性」。他立正合于彼（言以上所斥之他師——山外師所解正合于彼永嘉集所說），何謂不然？

第三章 十不二門指要鈔之精簡

（案 唐 玄覺初習天臺，後至曹溪參六祖惠能。玄覺亦名真覺，諡號無相大師，著有永嘉集及證道歌。）

答：彼文先于根塵體其空寂。作功不已，「知」滅「對」遣，靈知一念方得現前。故知彼之一念全由妙止所顯。不爾，何故五念息已？祇如五念何由得息？那得將彼相應一念類今剎那念耶？況奢摩他別用妙觀安心，毘鉢舍那別用妙觀安心，優畢又方總用止觀。故出觀體中一念正是今之陰識一念也。何者？彼文序中先會定慧，同宗法爾中乃云：「故卽心為道，可謂尋流得源矣。」故出觀體云：「祇知一念，卽空不空，非空非不空。」言「祇知」者，乃卽體（原注：止也）了（原注：觀也）理。今剎那是三諦理，不須專亡根境顯其靈知，亦不須深推緣生求其空寂，故云「祇知」。此乃「卽心為道」也。若奢摩他觀成，顯出自性一念，何用更修三觀？

問：彼云：「若于相應一念起五陰者，仍以二空破之。那云不更修觀？

答：于真知起陰，以觀破之。不起陰者，何用觀之？彼二空觀乃是觀陰，非觀真知。故知解一千從，迷一萬惑。若欲廣引教文，驗其相違，不可令盡，書倦且止。

案：以上是說他師之解違文。此下復進而說其違義。

2. 知禮說山外諸師總違十不二門及摩訶止觀圓教義理云：

• 797 •

違義者：

問：據上所引諸教，雖見相違，且如立此十門（十不二門），欲通妙理，亡于名相。若「一念」屬事，豈但通事？將不違作者意乎？

答：立門近要，則妙理可通。若夏指真如，初心如何造趣？今立根塵一刹那心本具三千，即空假中。稱此觀之，即能成就十種妙法（境妙，智妙，乃至利益妙之十妙），豈但解知而已？如此方稱作者之意。若也偏指清淨真如，偏唯真心，則杜初心入路，但滋名相之境。故第一記（法華文句記卷第一中）云：「本雖久遠，圓頓雖實，第一義理，望觀屬事。」他謂圓談法性便是觀心（觀真心），為害非少。今問：一念真知為已顯悟？為現在迷？若已顯悟，不須修觀。十乘觀法將何用耶？若現在迷，何名真淨？然誰不知全體是陰？其奈云：「諸佛悟理，眾生在事。」既其在事，大似澄水。若水已清，何須更澄？若水未清，須澄濁水。故輔行釋「以識心為妙境」云：「以止觀安故，世諦方成之，令成妙境，境方稱理。」又解「安于世諦」云：「今文妙觀觀不思議境。」故知心雖本妙，觀未成時，且名陰入。為成妙故，用觀體之，令顯真性，正當「偏指清淨真如」之責，復招「緣理斷九」之譏，撥棄陰心，自觀真性耶？為今刹那便具三千？若即刹那，且如今欲觀心，為今刹那便具三千，而須立真心耶？又大師親令觀于陰等諸境，及觀一念無明之心，何違教耶？應是宗師立名詮法未的，故自別立耶？何不便名陰心為妙境于妙境，

• 798 •

又，若謂此中（意謂此十不二門中）「一念」不同止觀所觀陰等諸心者，此之十門（十不二門）因何重述？「觀法大體」，「觀行可識」，斯言謾設耶？

又，中諦一實別判屬心，與總真心如何揀耶？心性二字不異而異。旣言「不變隨緣名心」，卽理之事也。「隨緣不變名性」，卽事之理也。今欲于事顯理，故雙舉之。例此合云：不變隨緣名佛，隨緣不變名性。生，性亦然。（意謂亦合云：不變隨緣名衆生，隨緣不變名性）。應知三法（心佛衆生）俱事俱理，不同他解。心則約理爲通，生佛約事爲別，此乃他家解「心佛衆生」之義。不深本敎，濫用他宗，妨害旣多，旨趣安在？

案：此總述山外諸師違義，意旨俱已見前述其違文。末段「中諦一實別判屬心，與總真心如何揀耶」之問，依荊溪，眞、中、一實及無唯屬心，「總眞心」自不同。以眞心爲總，則生佛屬事爲別。此乃別敎眞心系統之說法。若依天臺圓敎，則「總在一念，別分色心」。于心，于佛，于衆生，皆然。就法說是心，就人說是佛與衆生。此皆屬「不變隨緣」邊事，亦卽「無明法法性」或「法性無住法性卽無明」事，亦卽「眞心但中之理」與「法性無住法性卽無明」事，亦卽「眞心但中之理待性起地隨緣起現一切法而知禮所謂「卽理之事也」。此中並無「眞心但中之理」或「法性無住法性卽無明」事，亦卽「眞心但中」不是那個分解說的眞心但中之理待性起地隨緣起現一切法而中或「不但中」。此「不但中」乃是就一念無明法性心卽具十法界，三千宛然，卽空假中，而且是一切法趣有趣空趣不有不空，而爲不但中卽圓中。此圓中是屬于「隨緣不變」者，亦卽法性性

· 799 ·

無明，或「無明無住、無明即法性」者，亦即知禮所謂「即事之理也」。「隨緣不變名性」，則性即是「即事之理」。「性」即是法性。法性即是法之性，法以空、如為性。分解地說，法性初只是空如之理。此不異于《中論》之所說。但此空如之理不是偏理（偏空），乃是即事之理。偏取是順分解說而來的滯執。徒說「即事之理」亦不異于通教體法空之所說。體法空亦是中道。但此中道只是異于空「不備諸法，中無功用」。備諸法，一切法性具地趣此「即事之理」之中道方為圓中，此則「中有功用」。所謂「有功用」者即是性具地備諸法之謂也。此則不同于通教，進而為圓教矣。是故圓教的圓中唯在就一念心即具十法界這一存有論的圓具而見。就此存有論的圓具而以此圓具豎立之，故中亦提升而為圓中矣。此是將《中論》空假中之通式織之于存有論的圓具下圓說的法性，此則總名曰「中道實相」。

此中道實相理（法性理）客觀地就心法說就是法之性；主觀地就佛說，就是在「三道即三德」下，在「不斷斷」中所證顯之理，主觀地就眾生說，就只是一個潛伏的理，因而亦是未證顯者：眾生只有迷執之心法，而法之性卻是未透顯者。雖未透顯，卻不可說他無「一念心即具十法界」這一圓具之理（當圓觀眾生時），因為「並由理具，方有事用」故；亦不可說他的一念心所即具的十法界在法性理上不是三千宛然，即空假中，此即是說，客觀地圓說地法理自如此，他的一念心即具十法界，其法理亦如此也，只不過他未證顯之而已。是故荊溪云：「眾生但理，諸佛得事。眾生但事，諸佛證理。是則眾生唯有迷中之事理，諸佛具有悟中之事理。」（《金剛錍》）。

依圓教，真心即在「諸佛得事，諸佛證理」處作詭譎地呈現，即在「不斷斷」中呈現，是故三道即三德也。在此，說心，就是真常心；說智，就是一切種智（妙覺智、圓覺智）；說理，就是中道實相理（法性理之具體而圓實地呈現）；說法，就是佛法（如來藏恒沙佛法佛性之全體朗現，亦是「是法住法位，世間相常住」之法）；說位，就是佛位（妙覺位，如來藏恒沙佛法佛性之全體朗現）。而復心、智、理、法皆一也。亦可以說：全部是心，而心無心，心全部是智，而智而無智，智全部是法，而法而無法，法全部是心、智、理也。此即為圓佛境。此是由一念心即具十法界，在「不斷斷」中而呈現者，在「斷斷」中而呈現者，如華嚴宗之所說。此並非先分解地肯認一真心，由其隨緣起現一切法，如華嚴宗之所說。此後者是別教，非圓教。

3. 此下再看知禮解「一性無性，三千宛然」。

以上所說是順知禮之精簡暫作一總釋，使讀者可隨時有一眉目。

「一性」等者，性雖是一，而無定一之性，故使三千色心相相宛爾。此則「從無住本立一切法」。應知若理若事皆有此義。故第七記（法華文句記卷第七下）釋此文云：「理則性德緣了，事則修德三因，迷則三道流轉，悟則果中勝用。如此四重並由迷中實相而立。」今釋曰：「迷中實相」即無住本，乃今文「一性無性」也。上之四重即「立一切法」，乃今文「三千宛然」也。第一重旣以「性德緣了」為一切法，須以正因為無住本。餘之三重旣將逆順二修為

一切法，必以性德三因爲無住本。此即理事兩重總別也。

案：荊溪原文云：「一切諸法無非心性。一性無性，三千宛然。」心、性如前解：不變隨緣名心，隨緣不變名性。「一性無性」，此句說的是「一性無住」即是無住。「一性無住」即法性無住也。由法性無住故，故「三千宛然」也。此即「不變隨緣名心」也，心賅一切法故。一切法，說三千世間可，說「三千色心」亦可。心是無明心，煩惱心，故心之「三千色心」當體即是法性，此即無明無住，無明即法性，亦即「隨緣不變名性」也。此「一性」即是中道實相，亦曰「一相」。故「從無住本立一切法」亦得曰「從迷中實相立一切法」。以是「迷中實相」，故有《法華文句記》卷第七下所說之「四重」也。第一重「理則性德緣了」，理即「中道實相」，「性德緣了」說緣因了因即函着正因，蓋豈只緣了是性德，正因獨非性德乎？是故嚴格說，當該是性德三因，而性德三因即是性德三軌。正因佛性是中道第一義空，即眞性軌；緣因佛性是解脫斷德，了因佛性是般若智德，即觀照軌。此之三軌皆是迷中中道實相法性理所固具本有之德也。（只說了者蓋般行文之便耳。）但此「德」不只是一個空性、斷性、智性，而是在「不斷斷」中即一切法而爲中道第一義空（法身德），緣因佛性般若智德是即一切法而爲智德，了因佛性解脫斷德是即一切法而爲斷德，此即由迷中中道實相法性理這個無住本立一切法也。既立一切法，故于此亦說一念爲總，色心爲別。蓋迷中中道實相法性理或性德三千，理或性即由一念三千即空假中而見也。由此法性理無住立一切法而說理具三千或性德三千，

是迷中之理或性,亦即是「即無明」之理或性也。此即是就迷中實相而言「理則性德緣了」也。此是對下三句之事而說也。對彼之爲事而言此爲理,以只是法性理如此也;對彼之爲修德而言此爲性德,因法性理無住而本具如此之德也,即本具如此之即一切法而爲三因佛性之性德三因也。

第二重「事則修德三因」,此是就迷中實相而言順修之事也。順修之事證顯那迷中之性德三因,故性德三因即轉爲修德三因,即三因佛性成爲順修上之德也。順修上之德無異于迷中之性德,蓋即一切法而爲性德三因,亦即一切法而爲修德三因,三千色心不變也。以「由理具,方有事用」故。此即函「性修不二」,見下節。

第三重「迷則三道流轉」,此是就迷中實相而言逆修之事也。逆修者逆乎順修而不覺悟,專爲迷執之行事之謂也。逆修即是其迷行。此本無「修」義,故修即是逆行。此指衆生而言也。故荆溪云「衆生但事,諸佛證理」,又云「衆生但理,諸佛得事」也。「但理」者,但有逆行之事,而無「證」也。「但事」者,只有迷中之性德三因(理具之三因),而未得證顯之事也。故「衆生唯有迷中之事理」。「證理」者,已能證顯那迷中之性德三因而爲悟中之修德三因也。故「諸佛具有悟中之事理」。無論迷悟,三千色心仍不變也。以「由理具方有事用」故。迷則爲染,悟則爲淨。此亦函「染淨不二」,見下節。

第四重「悟則果中勝用」,此是就迷中之事用而言也。此是修德滿,性德三因究竟滿現也。三因究竟滿現即爲三德秘密藏,此即是佛果也。佛果由悟而得。佛果亦是即一切法而爲佛果。悟則三千色心皆是果中勝用也。以「由理具方有事用」

故。此函「因果不二」，見下節。

「如此四重並由迷中實相而立」，此即示依迷中中道實相法性理無住，故有此四重之表說也。第一重屬理，于此重言總別，亦是一念爲總，三千色心爲別。故知禮云：「此即理事兩重總別也。」（理一重，事三重，說四重總別亦未嘗不可。）第一重總別亦爲理，以事爲別，如山外諸師之所想也。但知禮云：「第一重既以性德緣了爲一切法，須以正因爲總，必以性德三因爲無住本。」此則說的不甚諦。實則同是以「迷中實相，一性無性」爲無住本也。焉能于第一重將三因拆開以正因爲無住本，以緣了爲一切法？性德三因即是理重上之一切法：一念爲總，三千爲別，三千惑業苦三道性相即性德三因也，三道即三德也。此並由一念無明法性心即具十法界而說。故仍是以「迷中實相」爲無住本，故得立一切法，此等于一念無明法性心即具十法界也。（一性無性即是「法性無住，法性即無明」，故三重事用中之三千或爲迷執之三千，乃是性德三因中之三千，或爲修德滿大覺果用之三千，亦並由「迷中實相，一性無性」爲無住本而立也。不可于性德三因之或迷或顯而說「性德三因爲無住本」也。是故知禮此語乃未經愼審之辭。

問：既以「迷中實相」爲一性，對三千爲別，正當以理爲總，何苦破他？

答：以三千法同一性故，隨緣爲萬法時，趣擧一法總攝一切也。眾生無始全體在迷。若唯論真性爲總，何能事事具攝諸法？而專擧「一念」者，別從近

案：此答解亦迂曲。以「迷中實相，一性無性」為無住本立四重中一切法，並非即以「實相」或「一性」為總也。中道實相法性理由「一念三千即空假中」（此是圓一念法性理）通過妙觀而顯，而總別是就一念三千之法說，非就法性理與法事相對而說也。「一性無性」為總，前後文以「一念」為總，蓋理事相顯也。此之二句（「一性無性，三千宛然」二句）正出攝別入總之所以也。由「一性無性」立理事三千故，故兩重三千同居「一念」也。豈同他釋直以「一念」名真性耶？

要立觀慧之境也。若示「一念」總攝諸法，則顯法同一真性。故釋鐵云：「俗即百界千如，真則同居一念。」須知同一性故，方能同居「一念」，故以同居一念，用顯同一真性。非謂便將「一念」名為真諦。豈同居一塵非真諦耶？今文以「一性」為總，蓋理事相顯也。豈同他釋直以「一念」名真性耶？

即圓一念說，即不思議之妙境說，不是分解地以法性理為總，以事為別。知此，則知禮之答解為迂曲而不穩定矣。焉可說「今文以一性為總」耶？又，「由一性無性立理事三千」，由此語亦可知三重事中之三千非「以性德三因諸師之所以以理為總，以事為別，起系統，乃別教，非圓教也。

4. 以上是解荊溪原文之前半段。此下解後半段，正明「色心不二」。知禮解「當知心之色心，即心名變，變名為造，造謂體用」四句之首句云：

為無住本」矣。

「心之色心」者，即事明「理具」也。初言「心」者，趣舉剎那也。「之」者語助也。「色心」者性德三千也。此性圓融遍入，同居剎那心中。圓家明性，既非「但理」，乃具三千之性也。此性圓融遍入，同居剎那心中。此「心之色心」乃祇心是三千色心，如物之八相更無前後，即同止觀「心具」之義，亦向「心、性」之義。三千色心一不可改，故名爲性。此一句約理明總別。本具三千爲別，剎那一念爲總。以三千同一性故，故總在一念也。

案：此「心之色心」一句是「約理明總別」，即上文第一重「理則性德緣了」也。「心之色心乃祇心是三千色心」，心是一念剎那心，故爲「總」，色心即三千色心，故爲「別」。「祇物論相遷，祇相遷論物」，已見於摩訶止觀論不思議境處。故云「即同止觀心具之義」，一念心即具三千，非縱非橫，故爲不思議境也。「亦向心、性之義」者即原文上半段「一切諸法無非心、性」之心、性。「不變隨緣」者即禮所謂「即事明理具也」。此即「知禮所謂「即事明理具也」而說。此即「法性無住，法性即無明」，此即是「不變隨緣」即「法性無住，法性即無明」而爲「一念無明法性心」並即具十法界也。一念心是事，三千色心亦是事。「不變隨緣名心」，心與色心皆由心。由此明「理具」，即即此事心明「迷中實相，一性無性，一性即無明而爲一念心即具十法界」，三千宛然，即空假中也。凡言理皆指「迷中中道實相，一性無性，法性即無明」之實相理。故字面是一念心具，而實即是迷中之理或性具也。若不知天臺家說一念心之來歷，而只就一念心說理具或性具之義，則理字性字必落空，而成爲虛說的理字或性字，或只成爲副詞者。由許多籠統辭語觀之，彷彿有此一相，而實不如此也。

806

不變隨緣既名心，則隨緣不變即是性，此即是無明即法性也。故由隨緣事心之三千之不變而名性也。三千色心以如為相，以如為位，以如為性，以如為性，並皆不變也。此語之恰當意義即「隨緣不變名性」也。其不可改者，正因其以如為相，以如為位，故名為性也。故云：「三千色心一不可改，故名為性」。此語之恰當意義即「不可改」處可直名為性也。「是法住法位，世間相常住」。三千色心以如為相，以如為位，以如為性，並皆不變也。

而「一性無性，三千宛然」，則又回來而為一念心矣。故一念三千即是「心、性」之義。心而性，則無明無住，此顯「一念心」義，亦顯「性」義。故一念三千即由此「不變」，則法性無住，法性即無明，此顯「一念心」義，亦顯「性具」義。故凡言性具或理具皆就「迷中實相，一性無性」而言也。此即由無住本立一切法也。「圓家明性，既非但理，乃具三千之性也。」既非「但理」，故亦就圓一念在「不斷斷」中顯。故一方「即事明理具」，此為理一重就「圓一念」而說，則圓家所說之中道實相法性理即非別教之真常心，乃就「圓一念」而說也。之總別，一方亦即專顯實相，迷實相，此為事三重之總別。（知禮云：「以三千同一性故，故總在一念」。此語不甚有意義。）

「即心名變」等者，即上具三千之心，隨染淨緣，不變而變，非造而造，故成修中三千事相。變雖兼別，造雖通四（通藏通別圓四教），今即具心名變，此變名造，則唯屬圓，不通三教。此二句（「即心名變，變名為造」二句）則事中總別。亦以三千同一性故，故咸趣一念也。

「造謂體用」者，指上變造即全體起用。故因前心具色心，隨緣變造，修

· 807 ·

・佛性與般若・

中色心乃以性中三千爲體，修起三千爲用，則全理體起于事用，方是圓教隨緣之義。故輔行（卷第五之三）云：「心造有二種。一者約理，造卽是具。二者約事，乃明三世凡聖變造。」卽結云：「皆由理具，方有事用。」（索此段文詳見前1.1引）。此文還合彼不？（索意謂此處「造謂體用」之文還合彼輔行文義否？自然是合。所以有此問者，以有舊本爲「造謂體同」。「同」字誤，下文有辯。）

變名本出楞伽。彼云：「不思議熏，不思議變故」。造名本出華嚴。彼云：「造種種五陰。」故華嚴唯有二教，楞伽合具四教。何故金錍云：「變義唯二，造通于四？」

答：部中具教多少雖爾，今約字義，通局不同。何者？大凡云變，多約當體改轉得名，故變名則局。若論造者，乃有轉變之造，亦有構集之造，但明業則通。別圓皆有中實之性，是故二教指變爲造。藏通旣無中實之體，故造名惑構造諸法，不云變也。大乘唯心，小乘由心。故云：「變則唯二，造則通四。」

（此下問答辯舊本「造謂體同」之非，略。）

問：他云：「之猶往也。卽全真心往趣色心，則全理作事。」此義如何？

答：非唯銷文不婉，抑亦立理全乖。何者？心不往時，遂不具色心耶？又與心變義同（與真心隨緣變現之義同），正招「從心生法」之過（「從心生法」意卽從真心隨緣生法）。況直云心是真理者，朗乖金錍釋心。旣云「不變

・808・

「隨緣名心」（此止觀大意中語，見上。金錍則說：「夫唯心之言，豈唯真心？」），何得直云真理？又，「造謂體用」，方順文勢。如何以「同」釋造？〔案：舊本為「造謂體同」，同字自誤。山外諸師既以真常心釋心（「心之色心」之「心」，即一念），又訓「之」為往，又從舊本之「體同」，皆非是。彼等于天臺文獻自不如知禮之精熟。〕

問：若真心往作色心，有「從心生法」之過者，文云：「即心名變」，亦有此過耶？

答：不明剎那具德，唯執真心變作，灼然須招斯過。今先明心具色心，方論隨緣變造，乃是全性起修，作而無作，何過之有？

問：「即心名變」，此心為理（耶）？事耶？（案原脫一「耶」字）。若理者，上約隨緣名心。若事者，此心為理千事，乃成事作千事，那言全理起事？

答：止觀指陰入心能造一切，而云全理成事者，蓋由此心本具三千，方能變造，乃是約具名變。既非「但理」變造，自異別教也。

案：此最後一問答即示「止觀指陰入心能造一切」，此「陰入心」即一念「無明法性心」，必須通過「迷中實相，一性無性」而了解之，了解之為理具或性具，始可言「全理成事」。「全理成事」者，全理具成事用也，非全真常心之理（靈知真性之理）隨緣起現一切以成事用也。此後者是性起，全理具成事用，而性字意義亦不同。「從心生法」是指別教性起說。「心之色心」說。別教自身非過，只是權教，非圓實教耳。其

般若與性佛

5. 知禮繼上復進而解「是則非色非心，而色而心，唯色唯心，良由於此」等句云…

「是則」下，結成三諦者，上之事理三千皆以剎那心法為總。（依知禮之科判，上四句明理事，今只直引解文。）心空，故理事諸法皆空，即「非色非心」也。心假，故理事諸法皆假，即「而色而心」也。心中，故理事諸法皆中，即「唯色唯心」也。故輔行（卷第五之三）云：「並由理具，方有事用。今欲修觀，但觀理具。俱破俱立，俱是法界，任運攝得權實所現。」故（原注：理也）「即心名變」故（原注：事也），「全體起用」故（原注：理事合也），方能一空一切空，一假一切假，一中一切中也。他解此文，分擘對當，大義全失。仍不許對三諦，而云「此中未論修觀故」。設未修觀，立諦何妨？況此色心本是諦境。更有人互對三諦，云得圓意，蓋不足言也。

餘順文易解。

案：知禮此解，以「非色非心，而色而心，唯色唯心」三句對空假中三諦。此自可說，然于分際不甚切當。蓋此文本屬「色心不二門」。上半段只言總別：一念為總，色心為別。光說總別，尚不能充分表示出「色心不二」之義。今言「心之色心」，乃至色心之變造，以及因此而言「非色非心，而色而心，唯色唯心」，方能充分表示出「色心不二」之義。先明乎此，則三諦境雖亦可說，然分際不可漫。否則「色心不二」無

810

著處。空假中到處可說也。

「心之色心」，「之」字為語助詞，不誤。此言一念無明法性心，煩惱心，就是色心：色的心，心的色。煩惱心遍即是生死色遍。此是「理具」上之色心不二。此色心之變造（即心名變，變名為造），以及就此變造說體用（造謂體用），便是「事造」上之三千，亦仍是色心不二。「心之色心」等而然，然亦必須通過相遮相表迴環終窮以明之。心之色心，色心不二固由「心之色心」等而然，然亦必須通過相遮相表迴環終窮言色心不二。所以如此言者，色心不二它不是心而是色，此就是心之色心，說它是色，此就是「而色」。故「非色非心」，說它是心，此就是「而心」；說它是心而是色，是趣不過，一切法趣聲香味觸而唯聲唯香唯味唯是色，是趣亦不過也。（是趣不過是終窮義）。是故得云「唯色唯心」。此是客觀地就法理言之也。固是唯是心，是趣不過；亦可一切法趣色而唯過是終窮義）。是故得云「唯色唯心」。理具事造，以實相觀與唯識觀觀之，俱是即空即假中。此中雖不必論修觀，然理具事造之三諦理亦自如此。此「非色非心」句不必即是空義，雖亦可通過「而色而心」而說空。「而色而心」句不必即是假義，雖亦可通過「而色而心」而說假。「唯色唯心」不必即是中義，雖亦可通過一切法趣有趣空趣不有不空為中，光是「唯色唯心」尚不足。故以此句對中尚不甚恰。）是故此三句只是相遮相表迴環終窮以明色心不二。「唯色唯心」是終窮說。以之說中諦，不顯亦不切。此義見之于四念處。

智者《四念處》卷第四說「圓教四念處」處有云：

○佛性與般若○

所言「四」者,不可思議數。一即無量,無量即一。一一皆是法界,三諦具足,攝一切法。出法界外,更無有法界。無法界具足法界,雖無法,具足諸法。是不可思議數也。

「念」者觀慧也。……

「處」者,境也,從初不離薩婆若(一切智)。能觀之智照而常寂,名之為念。所觀之境寂而常照,名之為處。境寂,智亦寂。智照,境亦照。一相無相,無相一相,即是實相。實相即一實諦,亦名虛空佛性,亦名大般涅槃。如是境智無二無異。如如之境即如如之智,智即是境。說及智處,皆名為般若。亦例云:是非境之境而言境,非智之智而言為智。亦名心寂三昧,亦名色寂三昧。請觀音云:「身出大智光,如燒紫金山。」金光明云:「不可思議智照。」《大經》云:「光明者即是智慧」。此諸經皆明念只是處,處只是色心不二,不二而二。為化眾生,假名說二耳。

此之觀慧只觀眾生一念無明心。此心即是法性,為因緣所生,即空即假即中:一心三心,三心一心。此觀亦名一切種智。此境亦名一圓諦。一諦三諦,三諦一諦。……雖言三智,其實一心。為向人說,令易解故,而說為三。

若教道為言,所斷煩惱,如翻大地,河海俱覆,似崩大樹,根枝悉倒。用此智斷惑,亦復如是。通別塵沙無明(通教別教的塵沙惑與無明惑)一時清

• 812 •

淨；無量功德，諸波羅蜜，萬行法門，具足無減，佛法秘藏悉現在前。大品云：「諸法雖空，一心具萬行。」故名妙覺平等道。大經云：「發心、畢竟二不別。」法華云：「本末究竟等。」故名妙覺平等道。當知此慧即法界心靈之源，三世諸佛無上法母。以法常故，諸佛亦常。樂、我、淨等亦復如是。亦名實所，亦名秘藏，佛及一切之所同歸。前三藏臨路，不得並行。通教共稟，共行，共入，入不能深。別教紆廻，歷別遙遠，即不能達。今此念處，曠若虛空，際于無際。猶如直繩，直入四海。故名圓教四念處也。（下贊嘆圓念處之高廣，略）

欲重說此義，更引天親唯識論。唯是一識，復有分別識，無分別識。分別識者，是識識。無分別者，似塵識。

摩訶衍即四念處。三無性名非安立諦，如彼具說。龍樹云：「四念處即摩訶衍，一切法趣身念處。」一切法界所有瓶衣車乘等，皆是無分別色。分別色，如言光明，即是智慧也。無分別色，即是法界，四大所成皆是無分別色。彼旣得作兩識之名，此亦作兩色之名。若色心相對，離色無心，離心無色。若不得作此分別色，無分別色，云何得作分別識，無分別識耶？若圓說者，亦得唯色，唯聲，唯香，唯味，唯觸，唯識。若合論，一一法皆具足法界。諸法等，故般若等。內照旣爾，外化亦等。即是四隨逐物，情有難易。（四隨者，隨樂欲，隨機宜，隨對治，隨第一義。）

大論曰：「一切法併空，何須更用十喻？答：空有二種，一難解空，二易解空。十喻是易解空。今以易解空喻難解空。」唯識意亦如是。但約唯識，具

佛性與般若

一切法門。而眾生有兩種：一、多著外色，少著內識；二、多著內識，少著外色。如上界多著內識，下二界著外色多，內識少，如學問人多向外解，為唯識論者，識中，破外向內。今觀明白十法界皆是一識。若外觀十法界空，識假，十法界假，識中，十法界亦中。專以內心破一切法。當知若色若識皆是唯識，若色若識皆是唯心。今雖說色、心兩名，其實只一念無明法性十法界，即具一切因緣所生法。一句，名為「一念無明法性心」；若廣說四句，成一偈，即因緣所生心即空即假即中。

華嚴云：「心如工畫師，造種種五陰。一切世間中，無不由心造。」諸陰只心作耳。觀無明心畢竟無所有，而能出十界諸陰，此即不思議。如法華云：「一念夢行因得果」。在一念眠中，無明心與法性合，起無量煩惱。尋此煩惱，即得法性。

問：別圓俱作此譬，云何異？

答：別則隔歷，圓則一念具。如芥子含須彌山，故名不思議。華嚴性起品云：「一微塵中有大千經卷。智人開塵出經。」是一念無明心有煩惱法，有智慧法。「一念煩惱是惡塵、善塵、無記塵，開出法身、般若、解脫。」法華云：「如是一界十界，百千法界，究竟平等。今觀此無明心從何而生？為從性？為從相？為從等」。性為有為無？為從法性？為共為離？若常若斷，四倒不可得，名無相解脫門。只此心性為性為無明？為有為無？為從法性？為共為離？若自若他，四皆叵得，名空解脫門。只此心性

· 814 ·

第三章 十不二門指要鈔之精簡

真為緣？為共為離？非四句所作，名無作解脫門。無生而說生，生十法界相性也。無明性即是實性，亦言無明即是明，明亦不可得，是為入不二法門。但眾生迷倒，不見心之無心，明成無明。云云。

案：此全文其抒義與思路全同于《摩訶止觀》之言不思議境。自「欲重說此義」下四段文即荊溪「色心不二門」之所本，亦可說「色心不二門」是此四段文之簡括敘述。知禮何不依此四段文作解耶？中間以天親唯識來表示分別識與無分別識，分別色與無分別色，乃至圓說之「唯色、唯聲、唯香、唯味、唯觸、唯識」，以及合論之「一一法皆具足法界」，顯是表示「色心不二」之義，並不是以「唯色唯心」對中諦也。「當知若色若識皆是唯識，若色若識皆是唯色。」此明是一切法趣識，是趣不過；一切法趣色，是趣不過，只是一香；趣味，只是一味，趣聲趣觸，只是一色。是即金剛錍所謂「煩惱心遍」，「生死色遍」。色遍，只是一色。此正是圓說終窮之「色心不二」。是故智者云：「今雖說色心兩名，其實只一念無明法性十法界，即是不可思議一心具一切因緣所生法。」此與荊溪所說「心之色心，即心名變，變名為造，造謂體用」同也。上錄四念處文是從分別識與無分別識，乃至唯色唯識，說至色心不二，不可思議一心具一切因緣所生法，而荊溪則由「當知心之色心，即心名變」云云，說至「非色非心，而色而心，唯色唯心」。其抒義與思路豈非全同？知禮何不依此作解？而云「結成三諦」，以「非色非心」等三句對三諦，此既嫌著，又于解「心色不二門」不切當也。

金剛錍云：「以由煩惱心性體遍，云佛性遍。故知不識佛性遍者，良由不知煩惱性遍

· 815 ·

故。唯心之言，豈唯眞心？子尚不知煩惱心遍，安能了知生死色遍？色何以遍？色即心故。」此是金剛錍有名的句子。金剛錍說此數語旨在明佛性遍一切處，無情亦有佛性故。」「無情有性」是另一問題，見下第七節。今看此數語是重在明「煩惱心遍」，「生死色遍」，雖非「唯眞心」，但此「一念無明心有煩惱法，有智慧法。」「在一念眠中，無明心與法性合，起無量煩惱。尋此煩惱，即得法性。」「無明心與法性合」即所謂「一念無明法性心」。此後一詞語最好。摩訶止觀說不思議境尚無如此之完整語。「應言無明法法性，生一切法，如眠法法性，則有一切夢事。」此則同於「一念無明法性，而底子則是「法性無住，法性即無明」，由此立一切法也。迷中之法性是一念心具，而成為「一念無明法性心」也。蓋由「法性無住，法性即無明」而成為「一念無明法性心」。表面是一念心具，而底子則是「法性無住，法性即無明」，由此立一切法也。故云性具或理具。性者，即無明之法性也。理者，迷中之實相理也。

此「一念無明法性心」是色心不二之心，同時亦是「色心不二門」繼「唯色唯心？」，即說：「故知但識一念，有煩惱法，有智慧法」者，故此心同，況已心生佛寧乖一念？」其他之衆生與佛以及己心之衆生與佛盡在此心」中。心佛衆生，三無差別。心具一切(三千世間)，佛具一切，衆生亦具一切，衆生一往通因果，二往唯局因。」因此，「衆生但理，諸佛得事。衆生但事，諸佛證理。是則衆生唯有迷中之事理。」(金剛錍)。而法華文句記卷第七下亦云：「理則性德緣了，事則修德三因，迷則三道流轉，悟則果中勝用。如是四重並由迷中實相而立。」亦可以說並由「一念無明法性心」別：「心定在因，佛定在果，衆生一往通因果，二往唯局因。」

而立。如是，方有理事，性修，迷悟，因果，乃至體用，染淨等之可言，不是毫無界脈也。惟此等界脈乃是在「三道即三德」下，在「不斷斷」中顯，故說之爲難耳。

第三節 修性不二門

色心不二門下，只提出修性不二，因果不二，染淨不二，三門言之。以基本觀念皆在此故。餘內外、依正、自他、三業、權實、受潤、六不二門，則從略。修性、因果、染淨三不二門之意旨實已含于前色心不二門中。兹特爲提出以明確之，使讀者對于此等基本概念有恰當之了解。

荆溪明修性不二門云：

三、修性不二門者，性德只是界如一念，此內界如三法具足。性雖本爾，藉智起修。由修照性，由性發修。存性，則全修成性。起修，則全性成修。性無所移，修常宛爾。

修又二種，順修逆修。順謂了性爲行，逆謂背性成迷。迷了二心，心雖不二，逆順二性，性事恆殊。可由事不移心，則令迷修成了？故須一期迷了，照性成修。見性修心，二心俱泯。

又了順修對性，有離有合。離謂修性各三，合謂修二性一。修二各三，共發性三。是則修雖具九，九只是三。爲對性明修，故合修爲二。二與一性，如

・佛性與般若・

水為波。二亦無二，亦如波水。應知性指三障，是故具三。修從性成，成三法爾。達無修性，唯一妙乘。無所分別，法界洞朗。

案：
1. 知禮指要鈔先解「修性不二門」標題云：

此為修性不二門之全文。此種四字句大類謎語，如不加疏釋，何由得解？

修謂修治造作，卽變造三千。性謂本有不改，卽理具三千。是則修外無性，性外無修。今示全性起修，則諸行無作。全修在性，則一念圓成。是則修外無性，性外無修。故稱不二，而就心法妙為門。互泯互融，故稱不二，而就心法妙為門。

案：此是就標題作總解也。何以言修性不二？「修」是指變造三千說，「性」是指理具三千說。如前引法華文句記卷第七下所云「事則修德三因，迷則三道流轉，悟則果中勝用」三重皆屬修事也；所云「理則性德緣了」一重，則屬性也。三法即三軌也。總說為三軌，散說有各種三法。如前第二章所引金光明經玄義中之十種三法便是。從具三千說性德三軌，從變造三千說修德三軌，無論在修在性，皆是同一三千，同一三軌，故修性不二也。此之謂性德三千，修德三千，性德三千，不但是空如法性理「性」是總就性具（理具）也而言，不只是空如法性理「性謂本有不改」，即所即具之三千世間法亦同樣「本有不改」。以性德三千故，故「全性起修，諸行無作」。修德上之三千即本有三千之隨或迷或悟任

運而現也，非另有增益也。既非另有增益，故「全修在性」，一念圓成。「全修在性」者，即全部之修行只在存乎性德之本有通過修行顯而完成之也。是故「修外無性，性外無修，互泯互融，故稱不二」也。此是籠統地先講修性不二之義。至于何以能「全性起修」，則以下逐步明之。

2. 知禮進而解「性德只是界如一念，此內界如三法具足」兩句云：

言「德」者，即本具三千皆常樂我淨故心也。（當前內陰識境具德剎那心）。界如（百界千如）既即空假中，任運成于三德三軌等。即空是般若，清淨義故；即假是解脫，自在義故；即中是法身，究竟義故。諸三例之。……

案：知禮解「性德」是就「本具三千皆常樂我淨」說，此是推進一步說「德」，不免有跨越之嫌。實則此德字不必這樣偏指常樂我淨說。故荊溪只云「性德只是界如一念」。「性德」者，一念百界千如（界如一念）或三千世間皆是性德。德者得也。得而本具即為德，故曰「性德」。「此內界如三法具足」，意言此內陰識境的一念百界千如，不偏指常樂我淨說，百界千如即具十種三法。此即金光明經玄義所說之「從法性無住本立一切教法」也。（參看前第二章第二節）。百界千如，十種三法，皆是性德。既皆是性德，則乃是「三千在理，同名無明；三千

果成，咸稱常樂。」（下因果不二門語）。此是說「三千在理同名無明」之性德，非是說「三千果成咸稱常樂」之果德也。故知禮以「本具三千皆常樂我淨」說「性德」，有跨越之嫌，為不諦也。

3. 知禮進而解「性雖本爾，藉智起修，由修照性，由性發修」四句云：

性雖具足，全體在迷。必藉妙智解了，發起圓修。故云：「性雖本爾，藉智起修。」由此智行方能照徹性德，而此智行復由性德全體而發。若非性發，不能照性。若非徹照，性無由顯。故云：「由修照性，由性發修。」此二句正辨相成之相。

案：此解諦當，無問題。然吾人必須知「藉智起修」，所藉之「妙智解了」根本是源于了因佛性，非是藉一無根而外來之智也。此即示象生心中本有解脫種與般若種，亦即緣了二種因性。此是分解地說者。依大涅槃經，三因佛性俱是分解地說者。正因佛性是中道第一義空，此是客觀地說的法佛性。緣了二佛性，以緣因從了因，此可總名曰主觀性之種，亦可曰主觀地說的主體性。正由主觀的主體性始可證顯那客觀的佛性。凡此俱是分解地展示成佛所以可能之超越的根據。此為所已知的預設者。今圓說「藉智起修」，則是偏重在界如一念之理具三千，渾融于理具三千中而明之。蓋正因佛性將那已知的三因佛性，尤其緣了二佛性之主體之能，中道第一義空是就三千法而為中道空理也。緣因佛性解脫斷德

820

是就三千法而為斷德,不只是說一個只為主體之能之斷德也。了因佛性般若智德是就三千法而為智德,不只是說一個只為主體之能之智德也。就三千法而為三因佛性,此即所謂性德三因。此「性德」是籠綜地就界如一念,一念三千,而說,亦可以說是偏重在法上說,不是分解地就主體之能而說。那主體之能就渾融在這三千法上。那分解地說者是所已知者,今不須再說了。若一往順這分解地說的主體之能而言其「不變隨緣,隨緣不變」,那是別教說,非圓教說。

性德三因既是就界如一念,一念三千,而說,則渾融于其中的主體之能(緣了二因性)即在「不斷斷」中躍動呈現。此中就了因佛性說,此即是「藉智起修」中所藉之智,藉之以使「起修」為可能者。藉智起修同時亦函藉斷起修。蓋藉智起修不只是妙智解了之觀智,亦要在此觀智中逐步斷見思惑,塵沙惑,以及根本惑(無明惑),而徹底內心清淨,外法明透,總之,是「解心無染」也。但須知此智德斷德是就界如一念,一念三千,而為智德斷德。界如一念既是由「法性無住,法性即無明」而成,則一念三千即全體在迷。三道即三德,不斷斷,即就此在迷之三千法而說。「不斷」者,不斷此在迷之三千法,惑業苦之三道即法也。「斷」者,智德斷德之主體之能即于迷中之三千法躍動呈現而解心無染也,通達惡際即是實際也。既是解心無染,即是轉迷成悟,而十界互融之三千法則無一可斷可改也。此不可斷不可改之三千法(除病不除法),若就理具三千說,即說為性德三因,亦名性德三軌。當說此性德三因或性德三軌時,不只是就那主體之能(客觀的主體與主觀的主體)說也。故「性」雖本爾,藉智起修,「性」是指性德三千(界如一念)說,不是偏指那分解說的法性;而

• 821 •

「修」是由性德三千而起修德三千，不是單由那分解說的法性起修行而單顯那法性也。同樣，「由修照性，由性發修」，亦不是由修單照顯那法性理，單由那法性理以發修，而乃是由修德之無染著智照以悟顯那性德上迷染之三千以去其迷染而使之轉為修德上之三千也，亦是正由性德之三千始能于「不斷斷」中發起修德之三千，蓋「並由理具，方有事用」也。此即為三千不改，修性不二。凡此，皆不是「偏指清淨真如（靈知真性）」說也。而「藉智起修」，所藉之主體之能亦混融於「界如一念」中而於「不斷斷」中顯，而層次分際不可亂也。若因界如一念既全體在迷，則此中並無智德可言，因此，遂疑「藉智起修」為無根，或不然，遂將性德或一念直解為靈知真性，偏指真心以說智，由此而言修性，此種疑問與轉解皆非是，即非圓教說，乃退而為別教說。別教說只是分解地顯一靈知真性以為性，此乃言起修，此乃是將智德之主體之能混融於界如一念中，由此言起修，此為一層；而「性德」是就無明法性心說，由此「圓一念」面說修性，此又為另一層。此兩層混融而為一，故為圓說；而亦顯得難把握，好像是泥裏鰍，無眉目，無分際，一團糊塗；而其實眉目朗然，分際不亂也。故為詳說，以助理解。

4.知禮解「存性，則全修成性」至「修常宛爾」四句云：

相成之義雖顯，恐謂修從顯發方有，性德稍異修成，故今全指修成本來已具。如《止觀廣辨》三千之相，雖是逆順二修，全為顯於性具，則「全修成性」也。

又，一一行業，因果自他，雖假修成，全是性德三千顯現，故云：「全性成修」。

案:「存性,則全修成性」,意即:若自存諸性者而言之,則全部修德三千,非於修德外別有性德也。此如全波為水,亦即知禮解此門標題中所謂「修外無性」,雖「全修成性」,而未始暫闕修德,以常變造故,故云「修常宛爾」。然若知修性各論三千,則諸義皆顯。故荊溪(法華文句記卷第七下釋「一相一味」處)云:「諸家不明修性」,蓋不如此明也。

也。又,雖「全性起修」,而未嘗少虧性德,以常不改故,故云「性無所移」。

「全修成性」,則「一念圓成」也。「起修,則全性成修」,意即:「若自起乎修行而言之,則全部性德三千即成修德三千,非於性德外另有造作也。此如全水為波,亦即知禮解題中所謂「性外無修」。「全性起修」。修德三千即存性德已有之三千,性德三千即起而為修德之三千,故雖「全性起修」,而「性無所移」。無作而作,故雖「全修成性」,而「修常宛爾」。三千不改,故修性不二。凡欲了天台家所言之修性者,皆當如此了解,不可以別教之方式了解之。故知禮最後引荊溪語「諸家不明修性」,並云:「其所以不明者,蓋不如此明也。」

茲查智者法華文句卷第七上釋法華經藥草喻品「如來說法一相一味,所謂解脫相,離相,滅相,究竟至於一切種智」云:「所謂下,雙釋一相一味。象生心性即是性德解脫,遠離、寂滅三種之相。如來一音說此三法,即是三味。此三相則以為境界,緣生中道之行,終則得為一切智果,故言究竟至於一切種智也。」荊溪文句記卷第七下釋此文云:「此性三德(性德解脫、遠離、寂滅三種之相)雖有三相,祇是一相。……由佛說故,此性可修。性本

無名,具足諸名。故無說而說,說即成教(一味教)。依教修習,方名修三。比讀此教者不知修性,如何消釋此中疏文?敬請讀者行者思之照之。」知禮引為「諸家不明修性」,蓋「比讀此教者不知修性」一語之變換說耳。若「不知修性」,如何消釋此中疏文」,意言如何消釋智者大師此文句文也。智者云:「眾生心性即是性德解脫,遠離、寂滅三種之相」,此是依法華經「解脫相、離相、滅相」說。「解脫相者即於業道是解脫德,離相者即於煩惱是般若德,滅相者即於苦道是法身德。」(荊溪此處下文解語)三相實即一相,一相無相,即是實相。實相一相約理說,一味約教說。眾生心性即是性德三相。此三相即是性德三因,性德三軌之另一種說法。此教即「一味」教。「依教修習,方名修三」,即修德中之三相也。通過修習,方「究竟至於一切種智」。以性德三相為境,緣修中道之行,是名修德。故智者即已以「全性起修,全修成性」之修性不二釋經文矣。若不如此明修性,如何能了解故智者之疏文?又如何能了解荊溪所說之「修性不二」?智者、荊溪、知禮,一脈相承,無二致也。

5. 知禮進而解順修逆修一段云:

上之全性起修,一往且論順修。修名既通,有順有逆。今欲雙忘,先須對辨。「了性為行」者,即「藉智起修」也。「背性成迷」者,始從無間(五無

間罪業），至別教道，皆背性故。逆稱修者，即修惡之類也。「心雖不二」等者，隨緣迷了之處，心性不變，故云「不二」。逆順二性是全體隨緣故，卽理之事常分，故曰「事殊」。是則以前稱圓理修，對今背性，故成二也。

〔可由事不移心，則令迷修成了？〕「可」，不可也。「由」，因也。不可因逆順二事同一心性，便令迷逆之事作了順也。此乃責其不分迷悟也。故立正理云：「故須一期迷了，照性成修」。言「一期」者，即與「一往」之語同類，乃非終畢之義也。蓋言雖據寂理，二修終泯，且須一期改迷爲了。了心若發，必「照性成修」。若見性修心，自然「二心俱泯」，如指諸掌。人何惑焉？豈非逆修如病，順修如藥？雖知藥病終須兩忘，一往且須服藥治病。藥力若效，其身必康。身若安康，藥病俱泯。法喻如此，智者思之。

案：以上言「由修照性，由性發修」，「修」一往是順修。但「修名既通，有順有逆。」順修者，藉中道圓智以起圓修，照了圓性以成圓行也。此言順修，皆就圓教言。逆修者，「背性成迷」，「始從無間，至於別教道，皆背性故。」從無間罪，乃至一般說的六道衆生，背性而迷，即爲「逆」。故知此逆修所含甚廣也。無間罪全是罪行，固是迷逆之極。一般說的六道衆生雖亦有世間善，然對佛法而言，皆就圓教言。逆修者，「背性成迷」，即聲聞緣覺，直至別教道，亦皆是背性故。一般言之，此正是順修，何得曰逆？此而亦曰逆者，正對圓教而言別教道，已與於佛法矣，仍是在迷逆之中。故知凡非稱圓教而修者，此在天台，亦名曰逆。不聞圓理，背圓性故。背即是迷，即是

逆而稱修者，無間罪及一般眾生根本無修，何得曰修？此而曰修，須有一轉折，即「浪子回頭金不換」之意。此在天台，名曰「修惡」。「修惡」之語很籠統含混。其意當然不是教人修持惡事，亦不是於修行中帶有惡（修中之惡），而乃是順逆惡之事亦得成修也。故逆而曰修，須一轉折。修惡改為惡修，也許聽起來，順適一點。惡修即逆修。順修是正面順圓聞圓信圓理圓性而修。逆修則是負面完全背此圓聞圓信圓理圓性而冥行，即於此冥行亦可成修也。蓋三道即三德，無明即法性，一旦醒悟，通達惡際即是實際，此即是逆修惡修也。但必須有一轉折始可。並非惡行本身是修也。

藏、通、別三教，一般說當然是順修。但既不聞圓理，而背圓性，雖順焉逆，雖善亦惡，此是推高一層說。「逆修」是「修惡之類」。須知此逆修、修惡之詞並不很容易了解。知禮只簡單地說「逆修為惡」，一經開決，亦可成圓修，故此亦貶括在逆修惡修中。詞止觀第一章講「隨自意三昧」處對此有詳細之說明，茲錄之於下，以助了解：

以隨自意歷諸惡事者，夫善惡無定，如諸敝為惡，事度為善；人天報盡，還墮三塗，已復是惡。何以故？敝、度俱非動出，體皆是惡。二乘出苦，名之為善。二乘雖善，但能自度，非善人相。大論云：「寧起惡癩野干心，不生聲聞辟支佛意。」（案野干、狐類）。當知生死涅槃俱復是惡。六度菩薩慈悲兼濟，此乃稱好，而不見別理，還屬二邊，無明未吐，已復是惡。別教為善，雖見別

理，猶帶方便，不能稱理。大經云：「自此之前，我等皆名邪見人也。」邪豈非惡？唯圓法名爲善。（案此即知禮所謂「始從無間，至別敎道，皆背性故」，故皆爲「背性成迷」。）

善順實相，名爲道。背實相，名非道。若達諸惡非惡，皆是實相，即「行於非道，通達佛道。」若於佛道生著，不消甘露，道成非道。如此論善惡，其義則通。今就別明善惡，事度是善，諸蔽爲惡。善法用觀已如上說。就惡明觀今當說。

前雖觀善，其蔽不息。煩惱浩然，無時不起。若觀於他，惡亦無量。故修一切世間不可樂想時，則不見人，無好國土，純諸蔽惡而自纏裹。縱不全有蔽，而偏起不善。或多慳貪，或多瞋恚，多嗜酒味。根性易奪，必有過患，其誰無失？出家離世，行猶不備。白衣受欲，非行道人，惡是其分。羅漢殘習，何況凡夫？凡夫若縱惡蔽，摧折俯墜，永無出期。當於惡中而修觀慧。如佛世時，在家之人帶妻挾子，提婆達多邪見即正。若諸惡中一一祇陀末利唯酒唯戒，和須密多淫而梵行。以惡中有道故，雖行衆蔽，而得成聖。故知惡不妨道。又道不妨惡，須陀洹人淫欲轉盛，畢陵尚慢，身子生瞋，央掘摩羅彌殺彌慈，不得修道者，如此諸人永作凡夫。「譬如虛空中，明暗不相除，顯出佛菩提。」即此意也。

若人性多貪欲，穢濁熾盛，雖對治折伏，彌更增劇。但恣趣向。何以故？隨其蔽若不起，不得修觀。譬如綸釣，魚強繩弱，不可爭牽。但令鈎餌入口，隨其

遠近，任縱浮沈，不久收穫。于蔽修觀，亦復如是。蔽即為魚，觀即鉤餌。若無魚者，鉤餌無用。但使有魚，多大唯佳。皆以鉤餌隨之不捨，此蔽不久堪任乘御。

（此下即言以四運觀貪欲，四句叵得，貪欲畢竟空寂。略。）

幻化與空，及以法性，不相妨碍。所以者何？若蔽碍法性，法性應破壞。若法性碍蔽，蔽應不得起。當知蔽即法性起，蔽息即法性息。無行經云：「貪欲即是道，恚癡亦如是。如是三法中，具一切佛法。若人離貪欲，而更求菩提，譬如天與地。貪欲即菩提。」淨名云：「行於非道，通達佛道。」「一切眾生即菩提相。不可復得；即涅槃相，不可復滅。」「為增上慢者，說離淫怒癡名為解脫。無增上慢者，說淫怒癡性即是解脫。」「一切塵勞是如來種」。山海色味無二無別。即觀諸惡不可思議理也。

案：智者此文既精采，又警策。最後智者又表示常坐、常行、半坐半行三種三昧行法，（此當屬於順修者），「勸策事難，宜須勸修。隨自意和光入惡，一往則易，宜須誠忌。」故無勸修。可見隨自意三昧中之修惡（惡修、逆修）乃大權法，不可輕易言之。然此中確有絕大之智慧，亦見人生為一絕大之悲劇。「蔽若不起，不得修觀。」「但使有魚，多大唯佳。」浪子回頭金不換。是則蔽惡愈多愈好，愈只要以觀餌隨之，（觀如鉤餌），不久堪任乘御。此豈非絕大之悲劇？故維摩詰經多鄭重宣說大愈好。不墮落至極者亦不至大懺悔大徹悟也。天台宗性惡、修惡之義即本此而立。總之，是「以惡毒之名詮不斷此義，亦是絕大之智慧。

惑而明理觀」（（知禮金光明經玄義拾遺記語，見前第二章第二節），亦即「指冰爲水，指薪爲火，指縛爲脫爾」（智者金光明經玄義釋三道中語，亦見前第二章第二節），此總名曰「不斷斷」。蓋諸惡非「一向是惡」（「惡中有道，故雖行衆蔽，而得成聖」。何以故？客觀地言之，諸惡如幻化，無卽法性，「譬如虛空中，明暗不相除，顯出佛菩提」，是卽惡法中有菩提道也。主觀地言之，以觀餌隨之，諸惡不久堪任乘御，此卽諸惡非一向是惡，諸惡卽是道也。此仍是法性無住，法性卽無明，故法性不碍蔽（「若法性碍蔽，蔽應不得起」）；而無明無住，無明卽法性，故諸蔽不碍法性（「若蔽碍法性，法性應破壞」）。此互不相碍，卽是「惡不妨道」，「道不妨惡」。以兩不相碍，不相除故，故得卽惡而爲道，因此卽成爲不斷斷。「是法住法位」，「世間相常住」。「除病不除法」，三道卽三德。是則生死卽涅槃，不復更滅，煩惱卽菩提，不復更得。此卽爲「不斷斷」。不斷者，不斷無明中之生死法、煩惱法也。斷者斷無明之迷執也。夫人間豈不欲無貪恚痴之事乎？然而有人間，卽有生死；有惑業苦。若無生死，無惑業苦，焉得有人間？無人間，焉得有佛？故佛必卽九界而爲佛，不斷九界而爲佛，其極必爲不斷斷。是故十界互融如水，情執十界不通如冰。是故雖卽佛是佛，亦有惑業苦性相，不過只有其相，而無其實而已。佛是衆生，然畢竟佛是佛，而不是實衆生。卽象生而爲佛，故只具衆生相，而無衆生實。此卽解心無染，通達惡際卽是實際，故爲不斷斷也。依此而言除病不除法，除無明有差別。此是佛家依修圓觀而言也。若在儒家，則不如此說。然結果亦相同。王弼言「聖人有情」，胡五峯言「天理人欲同體而異用，同行而異情」。此是依道德的性理而言也。聖人遊方之內，不廢禮，不廢學，不廢人間道，故必然受諔詭幻怪之名累，受此天

• 829 •

刑而不辭，而自謂是天之戮民。聖人甚至亦不廢殺，然聖人無殺心。聖人不廢情欲，然聖人樂而不淫，哀而不傷，怒而不怨，好惡得其正，有情而不溺于情，有欲而不淫于欲，故亦無貪心，無恚心，無癡心。（佛家是把貪與欲或淫與欲同一化，恚與怒同一化，癡與愛同一化。）故程明道云：「天地之常以其心普萬物而無心，聖人之常以其情應萬事而無情。」吾人只可說佛家繞一大圈子發展至最高峯而至天台圓教，結果仍歸於儒聖天之戮民也。寧有高蹈而不即九界之佛乎？圓佛亦天之戮民也。即圓實佛亦只由修圓觀而達之，其教路亦不同於儒聖，非圓實佛也。此在讀者詳審而簡別之，自可見出有偏圓與正圓之不同。吾在此，不便多言，以本書只在述佛教故。

6.以上言逆順二修。以下再言「順修對性有離有合」。離合者，性德三法與修德三法間之離合也，非言修與性之離合也。知禮解此段文云：

復置逆修，但論順修法相離合。蓋此修性，在諸經論不易條流。若得此意，則不迷修性多少。如金光明玄義十種三法，乃是採取經論修性法相，具離合兩說。如三德，三寶，雖是修德之極，義必該性。三身，三智，文雖約悟，理必通迷。三識，三道，旣指事卽理，必全性起修。此六豈非「修性各三」？三因旣以一性對智行二修（以一正因佛性，正因屬性，緣了卽智行二因則屬修），三菩提，三大乘，三涅槃，並以一性對證理起用二修。此四豈非「修二性一」。

若「各三」者(「離謂修性各三」),唯屬於圓,以各相主對,全性起修故。「修二性一」(「合謂二性一」),則兼於一性,直以修二顯於一性,則教道所詮(教道權說)。若知合九為三(修上之二各有三法,加上性三,共九法),復是圓義。此文多用各三。如云:「性指三障,是故具三。修從性成,成三法爾。」又云:「一念心因既具三軌,此因成果,名三涅槃。」(此見下因果不二門)。若後結文「三法相符」(此是十不二門最後結文中之語),乃合九為三也。

「修二各三」等者,就合各開。「九只是三」者,如三般若等,是了因之三。如三菩提等,是緣因之三。共發三道等,正因之三。既發性三,俱云「修九」者,雖兼性三,咸為所發,故皆屬修。(案此解「修二各三,共發性三,是則修雖具九,只是三。)

又,凡論修者必須兼性。「九只是三」等者,如三道等只是正因。(案此即「合九為三」)。

「為對」(「為對性明修故,合修為二」)。性既唯立正因,為對性以成三,故修但緣了也。諸合三義,例皆如是。

問:十種三法俱通修性,各可對三德三因,何故三般若等唯對了因,三菩提等獨對緣因?

答:如此對之,方為圓說。單云了因不少,以具三故。了三自具三因三德

等，故緣正亦然。應知一德不少，三九不多。至於不可說法門，豈逾於一耶？約喻明修性體同者，(案上文是約法明離合相異)，雖明修性及智行等別，皆不二而二，故約波水橫豎喻之，仍約合中三法而說。開章不然？初明修二如波，性一如水。二而不二，波水可知。修性既然，修中二法亦不二，同乎波水。(修中緣二法亦二而不二也。解脫斷德不離正因而爲斷德，般若智德亦不離正因而爲智德，是故斷與智皆融于性，是故立性爲三。(三障謂報障，煩惱障，業障)。性既非三立三，修從性成，亦非三立三。豈唯各定無三，抑亦修性體即。如是了達，即不動而運，游於四方，直至道場，名「一妙乘」也。

「性指三障」等者，既全理成事，乃即障名性，故二而不二也。)

「二與一性」下 (「二與一性，如水爲波。二亦無二，亦如波水」)。

案：以上言修性離合實即性德三因與修德三因之離合。「離謂修性各三」，即性德三因與修德三因也。「合謂修二性一」，即緣了二因性有雙重性格，一是能顯，就此而言，是性德，與正因佛性混融爲一，同是迷中本有之性德也，此即客觀說的以正因爲主緣而言，是性德。「合謂修二性一」，即緣了二因性爲修德，正因一因性爲性德。是則緣了二因性有雙重性格，一是能顯，就此而言，是修德，即吾所謂主觀的主體性也；二亦是所顯，就此而言，是性德。與正因佛性混融爲一，同是迷中本有之性德也，此即客觀說的以正因爲主緣而言，是性德。而正因佛性唯是所顯：在性是待顯，在修是已顯了爲副，混融不分，而爲一整一佛性也。而正因佛性唯是所顯：在性是待顯，在修是已顯，是故三因，離之，可說性德三因，亦可說修德三因；合之，則說「修二性一」。因此離合，三因究竟滿現，即爲三德⋯正因滿現爲法身德，緣因滿現爲解脫德，了因在佛果是究竟顯。

• 832 •

滿現爲般若德。三道即三德，此三德無論在性在修，本是不縱不橫，如伊字三點，如摩醯首羅面上三目，此爲不可思議三德秘密藏。伊字三點如⋯，不如中文三點水「氵」之縱，亦不如烈火（烈字四點爲火）四點之橫。法華玄義說「三法妙」處最後悉檀料簡中有云：「備說三德爲大涅槃。雖三點上下而無縱，一不相混，三不相離，即世界悉檀。」荊溪釋籤解云：「上下是縱義。雖一點在上，不同點水之縱。三德亦爾，雖法身本有，不同教爲惑所覆。表裏是橫義。雖二點在下，不同烈火之橫。三德亦爾，雖二德修成，不同別人理體具足，而不相收。」（法華玄義卷第五下，釋籤卷第六下）。三德如此，三因亦然。不縱不橫以明別圓之不同，此則可使吾人徹底了解天台所謂修性之義。關此，知禮於妙宗鈔中盛發之。

就修性進而言三法離合，玆再智者有佛說觀無量壽佛經疏，此簡稱觀經疏。知禮有「觀經疏」妙宗鈔，此則簡稱曰妙宗鈔。妙宗鈔釋「六即」中，就初發心住說「分證即」（亦曰「分眞即」）中有云：

位名發心，發本覺心也。常寂常照，寂照雙融，是本圓覺。卽一而三，不發而發，故成三發。（智者觀經疏就初發心住言「分證即」。知禮鈔卽釋此疏文。）皆言「一切」者，法界無外，攝法不遺，諸佛、眾生、色心、依正，同一覺體。（同一中道實相理體）。全體爲緣，全體爲了，全體爲正。緣因發故，了亦發。了因發故，緣、正亦發。正因發故，緣、了亦發。蓋三法圓

融,發則俱發。緣發名功德,能資成故。了發名智慧,能觀照故。正發名境界,是真性故,是所顯故。

問:三德既是一本覺性,由證顯發,今云一是所顯「境界」,二名能顯「功德、智慧」,若是能顯,二則是修,何得名證本覺三德?〔索就圓教發心住言,當云發證悟中道實相理之心,而此實相理是在一念無明法性心中具,當云「發本覺心」。言「本覺性」,「同一覺體」,此可令人想到「靈知真性」,亦不甚妥。

若就天台圓教言,此發菩提心(圓覺心)當對就一念三千發證悟中道實相理之心。如此,便貼切,不至生誤解。若直就「本覺性」(覺體)說三德,則有唯真心之嫌,亦違離天台說性乃至性德之義。此是知禮之疏忽。〕

答:其理如是,方不思議。所以者何?三雖性具,二雖是修,緣了是修。故釋鐵明三點不縱不橫云:「雖一點在上,不同點水之縱。二若非性,三法則橫。二若非修,三法則縱。三德亦爾,雖法身本有,不同別人理體具足而不相收。」(見上引)。輒出其意。三德亦爾,雖二德修成,不同別人理體具所覆。雖二點在下,不同烈火之橫。三德亦爾,雖二德修成,不同別人理體具所覆。良由不知本覺之性具染惡德,是故染惡非二德也。故別惑通惑,業識事識,煩惱結業,三乘六道,變易分段,此等一切迷中之法,以是名曰成定有能覆之惑,是故但中佛性之理,如淳善人,「為惑所覆」。應知覆義不同泥土覆彼頑石。既覆但中佛性迷中之法,作上一切迷中之法,乃非緣了二佛性。既非佛性,

· 834 ·

一切惡事非本所能，為惡人逼，令作眾惡，故說善人為惡所覆。應須還用隨緣覺性，別緣真諦及以俗中邊緣二因，或初緣次了，或初了次緣，次第翻破一切惡法，顯於法身本覺之性。是故覆理成於縱義。圓人不爾。以知本覺具染惡性（具染惡性德之法，義同於「本覺之性具染惡德」。即如此，順「本覺」說，亦不甚合。別教如此說，圓教不如此說。不以本覺真性為首出也。）雖說「性具」，亦可生疑。）體染惡修，即二佛性。故通別惑、事業識等，一切迷法，當處即是緣了佛性。豈有佛性更覆佛性？如君子不器，善惡俱能。緣了二德體迷而得，而彰己能，元是修德，復當能二迷以為緣了，顯發於正。否則，義不成縱。（案三因佛性雖分修性，皆為本具故，義不成縱。或同惡人作諸惡事，為一念無明法性心所本具，在三道即三德下，在不斷不顯，非為「本覺性」所本具也。「本覺」是別教中語。）

言「別人理體具足而不相收」者，亦為不知本覺之性具染惡德（順本覺言，本覺之性不能具染惡德，非不知也。故若順本覺言，縱使知之，亦不見佳。故別圓之分不在於同一覺體知具不知具也。），不能全性起染惡修，乃成理體橫具三法。（案全性起染惡修是起即染惡法之修，修德三軌當然亦是即於無明法性心所即具之性德三軌中之染惡法而成。不是全本覺之性具染惡德而起即染惡法之修也。）

・佛性與般若・

言「不相收」者，以其三法定俱在性，皆是所發，猶如三人各稱帝王，何能相攝？是故不知性中三法二是修者，二乃成橫。圓人不然。元知本覺具染惡性（具染惡性德之法），故使迷中一切染惡當處卽是緣了佛性。以此二修顯於一「性」（此性當該是正因佛性，不是本覺性之性），如一主二臣，主攝於臣，臣歸於主。三德相收亦復如是。

今初住位所發三法皆性具故，發則俱發，故云「不前不後」。以此三法，二為能顯，一是所顯，修性宛爾，故云「亦不一時」。（案此解智者觀經疏文）。不前後，故非縱。不一時，故非橫。不縱不橫，不思議發，是故名為「初發心住」。

案：此文從三德是否縱橫方面分別別圓，除不妥者已隨文指示外，餘甚為透闢。依別教，如來藏恒沙佛法佛性，所謂但中本覺之理，亦可說為般若、解脫、法身，此即理體具足三德，然別教是依分解之路展示，乃屬唯真心者。法身（正因佛性）固是所顯，即般若之智德（了因佛性）與解脫之斷德（緣因佛性）亦是所顯。是則三者雖是理體，俱是所顯境也。或者而言，說此三者為性德。性德並列，俱為所顯，故成橫義。是則三者在性地為橫也。就理體本有在眾生，俱為無明染惑所覆，通過斷惑之修行始能顯現，因此，俱是所顯之作用，豈全被顯耶？此自可說，如起信論所言之「不同泥土覆彼頑石」，緣斷了智既屬本覺真心之德，彼自有能顯之說，緣了二佛性之被覆「凝然真如」，恰如泥土覆彼頑石。）然依別教，緣了之自為能顯只是其能熏被熏，此即成「凝然真如」，如起信論所言之「真如熏習」即屬此義。（唯識宗不許真如

・836・

本身之清淨性與無執性之時常透露，時常起作用，而其本身總亦爲染惑所覆，能覆被覆爲異體自住。就此被覆而言，其本身本不具染惡德，即本不具迷執事，以及諸穢惡法門，是則欲顯現其本身，不能只就其自身之自爲能顯而說，亦必須就破此染惡德、迷執事、與穢惡法門，而說。如何能破此等穢惡法門？此則必須憑其自身之能力（其自身非頑石，非凝然眞如），復藉緣修而破，此即自身修緣，緣了全成次第修成，不能即於穢惡而爲緣了，是即不圓而爲別敎也。若就修顯而言，則次第別修緣了以顯也，三者皆是所顯，又成縱義。此所謂「性橫修縱」也。關鍵唯在不知「性惡」，故須「緣理斷九」以顯也。

緣眞諦及以俗中（俗諦中諦），次第別修空假緣了，或中邊緣了（空假爲邊），種種二因緣一切迷法，顯於法身本覺之性，是故緣理成於縱義」，即被覆之正因佛性與緣了二佛性三者並列。何以故？以皆被覆而爲所顯故。先次第修顯了，然後復以此修顯那正因三者成爲法身。三者次第而顯，故成縱也。

三者既在性爲橫，在修爲縱，故互不相收也。爲橫而不相收者，如三人並王，互不攝屬。爲縱而不相收者，正因是性，緣了是修，性修別異而不相即也。（正因是但中之理。緣了由破穢惡而顯，非即於本具之穢惡而爲緣了，故緣了之修與正因之性爲二。已顯之緣了恢復其理體本具之地位，亦可與正因不縱不橫，非一非異。然分別說之，仍是橫列。有能覆所覆，又由緣理斷九而顯，遂將三德撐開而爲縱橫之理，而不知性具。）關鍵唯在理體是但中

圓教亦是理具足三德，惟此理體非真心但中之理，而乃是一念無明法性心，迷中法性理或中道實相理，在三道即三德下，具足三德，故此三德自始即為即三千而為三德，此即所謂性德三軌。天台家凡言性德皆是就迷中三千法而說，性德三軌亦是就迷中三千法即三道流轉而為三軌。故三德皆屬本有，非適今也，非分解說的就真心但中之理而說也。故三德本有是就著本具的三千法門而說，本不斷惡德。

何以說是性亦是修？緣了二德本由不斷穢惡，「體迷而得」，緣了是性亦是修，是修亦是性，性亦是修，故與正因佛性在性德方面不成橫。是修亦是性，故在修德方面與正因佛性不成縱。

何以說是修亦是性？「義當能顯」是修德。「能顯」者，能顯正因佛性也。然此修德本不由破惡而顯，乃由體惡而得，故復由修而縮歸於性。緣了之為性既非寡頭之性，亦非但中之為性（不性具一切法門為但中），乃圓具一切淨穢法門而為性。如是，緣了二佛性與正因佛性三者同體而皆圓具，是故其修德之身分與正因佛性不成縱義。

不縱不橫，不可思議，故為秘密藏。此種不縱不橫與分解地單想那但中之理具足三德不縱不橫非一非異不同也。此後者由隨緣修顯，而且由「斷斷」而顯，因此，那但中之理本身之三德之不縱不橫正被撐開而為縱為橫，是則不思議者正成可思議也。而前者則由詭譎而展示，故員如其不縱不橫而為不思議，可思議也。

復次，在別教，本只是「性橫修縱」一語。然因表達分際不同，詞語意義不同，故又可

• 838 •

由此一語開爲以下數語。

如就「修縱」之修顯因果而言,則修行爲因,所顯爲果。依此而言「因縱果橫」。「因縱」者,修因有次第也。「果橫」者,緣了正因俱爲所顯,三果橫列也。

如復可就性德說因,則因有二義,一上說之修因,二即此性因。依此二因義,則曰因具縱橫兩義:修因爲縱,性因爲橫。

對修因性因而言,則果亦有縱橫兩義。對修因而言,則果縱。果縱者,般若由修成而顯(別修了因),解脫由滿斷而顯(別修緣因)。對性因而言,則果橫。果橫者,因地具足之橫果至此齊頭並顯也,即次修顯之縱果總歸於齊頭並列,由性橫之三因而顯也。由此,亦可引申而言「修縱修橫」。「修縱」者,修顯之果橫也。此與「因縱果橫」爲同義。「修橫」者,修顯之果橫也。「修縱」者,修因有次第也。「修橫」者,是則「性橫修縱」一語足以盡之。引申而爲

因縱果橫:修因爲縱,修顯之果爲橫。
因縱果橫:修因爲縱,性因爲橫。
果縱果橫:修因之果爲縱,性因之果爲橫。
修縱修橫:修因次第爲縱,修顯之果爲橫。
性性有橫。

既有縱橫可言,不成圓伊,故爲別敎。實則其不成圓伊,只因別敎中理爲眞心但中之理也,

第四節　因果不二門

荊溪明「因果不二門」云：

四、因果不二門者，眾生心因既具三軌，此因成果，名三涅槃。因果無殊，始終理一。若爾，因德已具，何不住因？但由迷因，各自謂實。若了迷性，實唯住因。故久研此因，因顯名果。祇緣因果理一，用此一理為因。理顯無復果名，豈可仍存因號？因果既泯，理性自亡。

祇由亡智親疏，致使迷成厚薄。迷厚薄故，強分三惑。義開六即，名智淺深。故如夢勤加，空名惑絕。幻因既滿，鏡像果圓。空像雖即義同，而空虛像實。像實，故迷轉成性。是則不二而二，立因果殊。二而不二，始終體一。若謂因果，因亦非因。曉果從因，因方克果。所以三千在理，同名無明。三千果成，咸稱常樂。三千無改，無明即明。三千並常，俱體俱用。

1. 知禮解標題云：

因果名通。今就開顯，唯約圓論。因從博地至等覺還，果唯妙覺。隱顯雖殊，始終常即，故名立，約極義強。三千實相，未顯名因，顯則名果。

案：此言因果之名處處通用，今就開權顯實說因果，故因果唯約圓教而論，此即圓因圓果也。就修行次而言，始從博地凡夫，至等覺以下，皆名為因。果之名雖可通傳而立，步步修行，通傳前進，皆有其果，然唯至妙覺，故成極果，故果約此極義說也。就法理而言，「三千實相，未顯名因，顯則名果。」三千實相，不唯博地凡夫處在迷未顯，即至等覺位亦未盡顯也。唯至妙覺始盡顯。未顯之實相（迷中實相）對已顯之實相名因，而已顯之實相名果。「隱顯雖殊，始終常即，故名不二。」此言隱顯雖殊，而三千實相常相即也。在因為始，在果為終。因中之實相即果中之實相，三千不改，故名不二。

2.首段「衆生心因既具三軌」至「始終理一」等句，知禮解云：

「衆生心因既具三軌」下明始終理一。衆生一往通於因果，佛名無上衆生故；二往則局因，對佛立生故。生雖在因，復通一切，唯取「心因」是今觀體。體是三軌，是果之性，故名為因。此性若顯，名三涅槃。三法體常，始終理一。

案：1既言此中因果唯約圓教論圓因圓果，則「圓因」者即衆生之「心」也。此心即一念無明法性心即具十法界，故為圓因。佛法太高，而且唯在果位；衆生法太廣，而且通因果；是故唯取心法以為觀體。「觀體」者，修觀所憑藉之底據也，即「因」義。此「因體」既具十法界，即具三軌（真性軌、資成軌、觀照軌），即性德三軌，蓋三道即三德故也。此三軌

「是果之性，故名為因。」「性」對修而言，「因」對果而言。「三軌是果之性」者，是修果所顯之迷中之性也。此性在迷中是性德三軌，修顯後，即由修德三軌轉而為究竟三軌。此究竟三軌亦名三涅槃（性淨涅槃，圓淨涅槃，方便淨涅槃）。因為圓因，果為圓果。無論在因在果，或在性在修，三法體常，始終不改，故曰「理一」。「理一」者，三軌所示之中道實相理或法性理在因在果皆同一不變也。

「若爾，因德已具，何不住因？」知禮解此問答云：

「若爾」下，問意者，求證果位，為成功德。因德既具，何須求果？

「但由」下，答意者，因德雖具，但為在迷。諸法本融，執之為實。此念若盡，始無間，終至金剛，皆有此念。若不謂實，鐵床非苦，變易非遷。此念若盡，即名妙覺。故云：「各自謂實」。若了所迷之性，有何佛果別生？還證因德，故云「住因」。而因德顯處自受果名。故約迷悟而分事殊。

案：此言雖然「理一」，而迷悟事殊。因德雖具，但却是迷中之性德三軌。三軌既在迷中，故本融之諸法亦皆在迷執中而不融。始從無間，固是全迷，即至等覺金剛位，亦有此念。何以故？以雖斷無明，而未斷盡故。故云：「但由迷因，各自謂實」。執念若盡，即名妙覺。故「若了迷性，實唯住因。」意即「若了所迷之性，有何佛果別生？還證因德，故云住因。」然而迷悟之事有異矣。以前屬迷，此即是悟。悟中之究竟三軌不異本有之性德三軌，「祇緣因果理一，用此一理為因」等句，知禮解云：

「祇緣」下，明事極理亡。「理顯」等者，對隱名因，稱顯為果。顯已、無對，果名豈存？果能稱實，名尚不存，因既屬權，故宜雙廢。又對因果事，立理融之。所對既泯，能融自亡。

案：「因果理一」，無論在因在果，「中道實相理」則一也。「祇緣因果理一」，用此一理為因。「一理為因」，即迷中實相也。既是迷中實相，故因中之事（一念三千）皆是迷事。客觀地自法理而言之，一念三千皆是即空即假即中。然而眾生在迷，一念心因亦在迷，故主觀地言之，一念三千皆在迷執中，而不能如實地即空即假即中。經過修顯後，實相理顯，三千亦淨。理隱名因，理（迷中實相）為因，亦即迷中三千為因也。因果名號既泯，「果能稱實，名尚不存」。此即實相理顯名果。「顯已、無對，果名豈存？」此即「豈可仍存因號？」因果名號既泯，理隱名因既屬權，故宜雙廢。」此即「理顯無復果名」。「果能稱實，名尚不存，因既屬權，故宜雙廢」。此即實相一相，所謂無相，即是如相。理顯事淨，只是一如。因果名號既泯，理名亦亡。此即「第一義中，一法不可得，況三千法？世諦中一心尚具無量法，況三千耶？」(摩訶止觀言不思議境中語)。

以上荊溪原文首段分三小段明事極理亡。第一小段明事極理顯。「事極」者，修顯之事極也，即「眾生但理，諸佛得事」之事也。「理亡」者，事極理顯，無復果名，「因果既泯，理性自亡」也。因果泯，理性亡，一法不可得，此皆智德之妙用也。亦即絕待止觀之所顯也。此智德名曰「亡智」，即亡泯一切，遍破一切之智也。雖然，遍破即遍立，不廢假名而說諸法實相，不破破也。

3. 第二段，荊溪即由此「亡智」說起，以明修顯之經過。知禮科判之曰「依圓解明修證無得」。惟知禮解此第二段文不甚嚴整，又多辯駁異解異文，致多支離。今直就原文順通如下：

修顯過程只在顯亡智以顯理。但在過程中所顯之亡智，其功力有微有著。因有微有著故，故有親疏：著則親，微則疏。因亡智有親疏，故迷有厚薄，智疏者迷厚。迷有厚薄，故強分三惑：見思惑、塵沙惑、無明惑。驗智之淺深，極深者為究竟即，故以六即（理即、名字即、觀行即、相似即、分員即、究竟即。迷厚薄故，強分三惑。義開六即，名智淺深。）

「祇由亡智親疏，致使迷成厚薄。迷厚薄故，強分三惑。義開六即，名智淺深。」

轉迷成智這一長串的勤策工夫亦只是一夢而已。《法華》云：「一念夢行因得果」。谿然而悟，覺其只是一夢耳，然勤加不已，即空名無實之惑亦當體可絕。故云：「如夢勤加，空名惑絕。」如夢的工夫勤加不已，即「行因」為幻也。「空名的惑既絕，則得果圓，而果圓如「鏡像」。故云：「幻因既滿，鏡像果圓。」「空名惑」與「鏡像果」相對為文。「絕」與「圓」皆自動詞。「夢」形容工夫，「空名」形容惑，「幻」形容「行因」（勤加之工夫即空名即是行因），「鏡像」形容果。「空名惑絕」，即是「鏡像果圓」。

無實之惑如空名，知其如空名而當體即絕，則當體即是法性。果圓如鏡像，則三千不虧，法性顯即三千淨，法性非「但理」。故云：「空、像雖即義同，而空虛像實，像實，故稱有本。」「稱理本有」，即相應理具三千而為果上之事造三千也（即悟中之三千）。空虛，故迷轉成性。」「迷轉成性，即惑即（即悟中之三千）。故果圓雖如鏡像，而因為是悟中之事，故亦是實也。

絕而為法性也。故惑雖如空名,而當體即絕,即以惑空而顯出法性,故形容惑的空名之虛(因形容惑而為虛)即示「迷轉而成性」也。無明無住,無明即法性故也。故形容惑的「空」與形容果的「像」(淨三千),雖即義同,然而空指惑而言,為迷為障,迷障是妄,故可空而絕;而像指悟中之事(淨三千)而言,為悟為德,雖亦如幻化,而法不可廢。是即「空虛像實」,「德障體異」(知禮解語)也。「體」事體也。

「是則不二而二,立因果殊。二而不二,始終體一」。因有行因與理因。上文「幻因」是就「如夢勤加」之行因說。行因顯理因,理因顯為果。因為有迷,故須加行以悟。有迷有悟,故有因果之殊,是則「不二而二」也。雖不二而二,而始終體一,只是同一實相,故「二而不二」也。

4. 第三段「所以三千在理,同名無明,三千果成,咸稱常樂」等句,知禮解之大體甚諦,茲錄之如下:

大乘因果皆是實相。三千皆實,相相宛然。實相在理為染作因,縱具佛法,以未顯故,「同名無明」。三千離障,八倒不生,一一法門皆成四德,故「咸稱常樂」。三千實相,皆不變性,迷悟理一。如演若多,失頭得頭,頭未

因果不二,不但是同一實相,而且是同一三千。蓋實相是即三千而為實相。故因地中之實相與三千與果地中之實相與三千與果地中之實相與三千為同一不二也,只迷悟有殊耳。「若謂因異果,因亦非因。曉果從因,因方克果。」「並由理具,方有事用」也。是即為圓因圓果,因果不二也。

非如別教所言真心為因,隨緣起現為果也。

嘗異。故云「無明即明」。三千世間，一一常住。理具三千，俱名爲體。變造三千，俱名爲用。故云「俱體俱用」。

案：因果不二即函體用不二。此體用義亦極殊特。「體」不是以真心隨緣起現爲用，乃是變造三千爲用，故云「俱體」。三千在理爲體，三千在事爲用。三千在性爲體，三千在修爲用。性修、因果、體用，其義一也。又，「三千在理同名無明」，意即在「法性無住法性即無明」之理具中之三千同名爲無明也，以皆在迷中故。凡言「在理」，皆是意謂客觀地就法理說是如此。但法理如此，如說實相，亦是客觀地就法理說是「即空即假即中」之實相。理既在迷，故「就法理說是如此」之三千亦在迷，同名無明也。以未顯故，爲染作因，縱具佛法，以未顯故，同名無明。」是則「同名無明」指「實相」說也。然而荆溪却是說「三千在理同名無明」，却並非說「實相在理同名無明」。又加上「爲染作因」，更是迂曲而模稜。故此解語並不甚諦。

知禮進而綜論此四句云：

此四句中，初，二，明因果各具三千。三，明因果三千祇一三千，以無改故。四，明因果三千之體俱能起用，則因中三千起於染用，果上三千起於淨用。

案：「三千並常，俱體俱用」，此第四句須依荊溪法華文句記卷第七下釋一相一味處所說「理則性德緣了，事則修德三因，迷則三道流轉，悟則果中勝用」四重去了解。只是一「一念無明法性心之三千」，亦即是三千在因地俱爲體也。

明」，亦即是三千在因地俱爲體也：「事則修德三因」，此即是「俱體俱用」。「迷則三道流轉」，此是衆生在迷，只有迷染之三千，亦依其理具三千爲事用也，此即是「衆生但理，諸佛得事，衆生但事，諸佛證理」：此亦是「並由理具，方有事用也」：此亦是「俱體俱用」。「悟則果中勝用」，此是佛果中之三千也，亦依其理具三千爲體，通過悟後，而爲佛果中之勝用三千也：此亦是「並由理具，方有事用」，此亦是「俱體俱用」。是則只「理則性德緣了」一重爲體，餘三重皆爲果用或事用：「迷則爲苦果染用」，悟則爲佛果勝用，修則爲過渡之果用，其極即爲佛果之勝用。以此衡之，則禮所謂第四句，「明因果三千之體俱能起用，果上三千起於淨用」，爲不妥矣。蓋如此解，則是因中三千分體用，果上三千亦分體用。然依荊溪，只是一因三千爲體，迷則爲染用（即三道流轉），悟則爲淨用（即佛果勝用），並非是「因中三千〔之體〕起于染用」，「果上三千〔之體〕起于淨用」。「因中三千之體起于染用」，此句固可說，但却是順理具而在迷也。須知果上三千即是淨用（勝用），其體即是因中之理具三千，並非又另有果上三千之體，此是機械地措爲對稱之辭。故知禮于因分體用，因中之體（只是這一個體）不只起染用，迷則起染用，體用重沓，此是機械地措爲對稱之辭，並非是「因中三千〔之體〕起于染用」，此句固可說，但却是順理具而在迷也。須知果上三千即是淨用（勝用），其體即是因中之理具三千，並非又另有果上三千之體，爲不安矣。因中之體（只是這一個體）不只起染用，迷則起染用，

悟則起淨用，而此淨用即佛果三千也。于佛果當然可以言因果體用，但其因中理具之因，其體即此理具三千為體之體也。並非是因中三千之體只起染用，果上又另有一三千之體起淨用也。若說同一三千之體在眾生起染用，在佛果起淨用，則只是同一三千也。同一三千，改，無明即明。三千並常，俱體俱用。」因中三千在理為體，即是無明；而無明無住，無明即法性，悟則即是明。而無論明或無明，三千乃同一不改，即只是同一三千也。同一三千，即是「三千並常」：在理俱體，俱是迷染也；在事俱體，則有迷有悟有染有淨也。知禮之解小疵病時有之，然大端不誤。

知禮進而復就此「俱體俱用」句而論圓教云：

此第四句明圓最顯。何者？夫體用之名本「相即」之義故。凡言諸法「即理」，全用即體，方可言「即」。《輔行》云：「即者，《廣雅》云：合也。若依此釋，仍似二物相合，其理猶疏。今以義求，體不二故，故名為即。」今謂全體之用方名不二。

他宗明一理隨緣作差別法。差別是無明之相，淳一是真如之相。隨緣時，則有差別。不隨緣時，無差別故。以除無明，有差別故。驗他宗明「即」，「即」義不成。以彼佛果唯一真如，須破九界差別，歸佛界一性故。

今家明三千之體隨緣起三千之用；不隨緣時，三千宛爾。故差別法與體不二。以除無明，非體不二。以義故，方有差別。正是「合」

今家以卽離分別於圓別,不易研詳。應知不談理具,單說真如隨緣,仍是離義。故第一記(法華文句記卷第一下)云:「以別教中無性德九故,自他俱斷九也。」若三千世間是性德者,九界無所破,卽佛法故,「卽」義方成,圓理始顯。故金錍云:「變義唯二(別圓二教),卽具唯圓。」故知具變雙明,方名「卽是」。若隨闕一,皆非圓極。荊溪云:「他家不明修性」(法華文句記卷第七下)。若以真如一理名性,隨緣差別爲修,則荊溪出時,甚有人說也。故知他宗極圓,祇云「性起」,不云「性具」,深可思量。

又,不談性具百界,但論變造諸法,何名無作耶?世人見予立別教與終別「隨緣」義,惑耳驚心,蓋由不能深究荊溪之意也。(索別教有始別教與終別教。始別教,真如不隨緣,如唯識宗是也。終別教,真如隨緣,如起信論及華嚴宗是也。此則賢首已分判清楚。知禮說別理隨緣,指終別教而言也。此亦不是知禮新發見,乃賢首所早已說者。)世人聞此,「惑耳驚心」者,指山外諸家而言也。關此,詳見後故事部。

且如記文(法華文句記卷第一下)釋阿若(法華序品阿若憍陳如)文中云:「別教亦得云從無住本立一切法。無明覆理,能覆所覆俱名無住。但是卽不卽異,而分教殊。」旣許所覆無住,眞如安不隨緣?隨緣仍未「卽」者,爲非理具隨緣故也。又云:「眞如在迷,能生九界。」(同上)。若不隨緣,何能生九?自是也。

又,輔行釋別教根塵一念爲迷解本,引楞伽云:「如來爲善不善因。」釋云:「卽理性如來也。」楞伽此句乃他宗隨緣之所據也。輔行爲釋此義,引大

・般若與佛性・

論云：「如大池水，象入則濁，珠入則清。當知水為清濁本，珠象為清濁之緣。」據此諸文，別理豈不隨緣耶？故知若不談體具者，隨緣與不隨緣皆屬別教。何者？如云梨耶生一切法，或云法性生一切法。豈非別教有二義耶？

問：淨名疏（荊溪維摩經略疏）釋無明無住云：「說自住是別教意，依他住是圓教意。」

答：疏中語簡意高，須憑記釋，方彰的旨。（案記是荊溪維摩經玄疏記）。且隨緣義，真妄和合方造諸法，正是依他。法性煩惱更互相望，俱立自他（自住他住）。結云：「更互相依，更互相即。以其惑性定能為障，破障方乃定顯理。」釋依他云：「故二自他並非圓義。故破此九，方能顯理。以體同故，依而復即。」結云：「故別圓教俱云自他，由體同異，而判二教。」（荊溪疏文記文俱見前第二章第一節，當覆看。）

今釋曰：性體具九，起修九用，用還依體，名同體依。此依方即。若不爾者，非今依義。故妙樂云：「別教無性德九，故自他（自行化他）俱須斷九」(法華文句記卷第一下)。是知別但理隨緣作九，全無明功。豈定為障，既非無作，定能為障。故破此九，方能顯理。若全性起修，乃事即理。「但理隨緣作九」為圓義耶？彼疏（荊溪維摩經略疏）中「真如在迷能生九界」判為別耶？故「即」義未成，猶名自住。此宗若非荊溪精簡，圓義永沈也。別教亦云「依法性住」。（詳見前第二章第一節）次文料簡開合，不可迷名。此真妄合，

・850・

第三章 「十不二門指要鈔」之精簡

案：此末後問答曾錄於前第二章第一節。今連帶仍全錄之，以見荊溪與知禮之精簡。蓋如此，方足以見天台宗與華嚴宗之不同以及山外諸家之非。上錄知禮之文及前色心不二門中精簡「一念」之文，皆是指要鈔中之重要文字，故全錄之，不嫌其煩。指要鈔作成於北宋真宗景德元年，三年即撰十義書以綜駁慶昭。但十義書以前已有「往復各五，綿歷七年」（十義書序語）之論辯。十義書乃是「攢結前後十番之文」而成。故雖稍後於指要鈔，但指要鈔亦是辯論後成熟之作。十義書是針鋒相對辯駁之文，故對方文字不存，故讀解為難。主要觀念俱在指要鈔。鈔中之「他」隱指山外諸家如慶昭，智圓等而言。山外諸家之所以乖錯即在其以華嚴宗之思路，尤其是圭峯宗密之思路，解天台圓教，故知禮據荊溪之精簡而力斥之。

上錄知禮全文主要是在由「三千並常，俱體俱用」句明圓教。圓教之所以為圓教只在理具（性具）。以理具故，「即」義方成。首先法性無住，法性即無明；無明即法性；無明與法性同體依即，非二物相合也。由此而言一念無明法性心即具十法界，此即是理具或性具。凡言理具，中道實相理必在迷中，因而三千亦在迷中。由此而有性修不二，因果不二，（函體用不二）乃至染淨不二，蓋「並由理具，方有事用」，同一三千故也。由此而言「除無明有差別」，此是「除病不除法」之轉換語，蓋三道即三德，「不斷斷」故也。由此而言「不斷九」，「十界互具如水，融情執十界局限（不通）如冰，融情執冰歸佛界水，此猶屬別」是知「不談理具，單說真如隨緣，仍是離義」。以「一性與無明合方有差別，正是合義，非體不二，以除無明，無差別故。」是故不得因言「隨緣不變，不變隨緣」，即謂為圓教也。「隨緣仍未即者，為非理具隨緣故也。」故別圓之差只在別教無隨緣義，終別教有隨緣義。

・851・

一為「性起」,一為「性具」。凡此諸義,以上由第一章起,迤邐說來,實皆已明。綜述于此,以作結要。上錄知禮之文亦賅括此諸義也。

第五節 染淨不二門

荊溪明「染淨不二門」云:

五、染淨不二門者,若識無始即法性為無明,故可了今即無明為法性。法性之與無明,遍造諸法,名之為染。無明之與法性,遍應眾緣,號之為淨。濁雖本有,而濁成本有。清濁雖即由緣,而全體是清。以二波理通,舉體是用。故三千因果俱名緣起,迷悟緣起不離剎那。剎那性常,緣起理一。一理之內而分淨穢。別則六穢四淨,通則十通淨穢。故知剎那染體悉淨。三千未顯,驗體仍迷。故相似位成,六根遍照。乃至果成,十界還照。豈六根淨人謂十定十?分真垂迹,十界亦然。故須初心而遮而照。故照,三千恒具;遮故,法爾空中。終日雙亡,終日雙照。不動此念,遍應萬方。隨感而施,淨穢斯泯。亡淨穢故,以空以中。由空中轉染為淨。由了染淨,空中自亡。

1.「染淨不二」者,是說染事三千與淨事三千為同一三千,故不二也。染淨是就心之執着與否而說。染者染着,是陰識心(迷分染淨,並非染淨不分為不二也。

心，對於三千法「念念住着，一多相礙。」(知禮解語，見下引)。心染，則三千世間法一起俱染，雖二乘、菩薩、佛、四聖法門亦染。淨者清淨，一多自在，名為淨。心淨，則三千世間法一起俱淨，雖地獄、餓鬼、畜生法門亦淨。此即「別則六穢四淨，通則十通淨穢」：分別言之，六道衆生是穢，四聖是淨；通而言之，六道四聖十法界俱可爲淨，俱可爲穢。故染淨是一層，淨穢（善惡聖凡）法門是一層。法門不改，而染淨有分。不改故不二，有分故有修。故「世間相常住」。有修，故可轉染爲淨。是故知禮解此標題云：

二，方兼於感。

以在纏心變造諸法，一多相礙，念念住着，名之爲染。以離障心應赴衆緣，一多自在，念念捨離，名之爲淨。今開在纏一念染心本具三千，俱體俱用，與淨不殊，故名不二。

有人云：染卽是感，淨卽是應。不解文旨，但對而已。須知此門果後淨用，凡夫染心已具，乃令觀此染心，顯于淨用。並後依正，俱在能應。自他不二，方兼於感。

案：三千法不在前、不在後，祇一念心是。此一念心卽一念無明法性心。表面看，是一念心具，向裡進一步看，是一念無明法性心具。順此性具而不自覺地滾下去，卽是「以在纏心變造諸法」，造者迷造也，卽所謂「迷則三道流轉」也。若一起皆染，此之謂「理具事造」，造者迷造也。此亦是「理具事造」，在纏之法性心卽轉爲離障之法性心，卽所謂「悟則果中勝用」也。而智之造卽是任運而現，造而無作，遍應衆緣。迷造

即念造。念造智現，迷悟有殊，而性具或理具則一也，只在經出經之異耳。在念造中為在經，在智現中為出經。而三千不變，所謂「俱體俱用」，而實相理或法性理亦不變也。在智現三千中，一切皆實相，由此而言智即是境。說及智處皆名為般若，亦例云：說處及處智皆名為所諦。如如之境即如如之智，智即是境。非智之智而言為境，亦名心寂三昧，亦名色寂三昧。」（智者四念處）。在念造三千中，客觀的法理亦是如此，不過主觀地未證顯而已，是故實相在迷，三千法亦在迷，而心只是無明識心也，不是「心寂三昧」之智心。智識雖有殊，而三千不改，俱體俱用，則一也。是故染淨不二。

2.「若識無始即法性為無明，法性無住，法性即無明」等於「法性法性」。「法性即無明」不是說沒有法性，只是無明作主，法性隱伏潛隨，並不消失，甚至亦無所謂消失不消失。因此，法性當體即是無明，此如闔眼即無明，一惺悟，無明當體即是法性，此如開眼即是明，一惺惺就是明。此即「無明無注，無明即法性」，而此等於「即無明為法性」，亦等於「法性性無明」。

「有人云」以下，蓋亦斥山外也。此不足辯。

「若識無始即法性為無明，故可了今即無明為法性。」此兩語意思是說：如果知道眾生無始以來昏昧不覺，即明了現在即這無明就是法性，則可明了「無明法法性」。「法性即無明」。「即法性為無明」，「無明與法性同體，只有昏沉與惺惺這一浮一沉之差：浮則為法性，沉則為無明。此之謂同體依，依而復即。「無始即法性為無明」，即是染也。「了今即無明為法性」，即是淨也。前句是理具，後句是修顯，以及「事則修德三因」，「悟則果中

「理則性德緣了」，「迷則三道流轉」。

勝用。」

是故知禮解此兩句云：

三千寂體即寂而照，既無能照，亦無所照，名為法性。以本愚故，妄謂自他，三千靜明全體暗動，即翻作無明。本來不覺，故名無始。若識此者，即照無明體本明靜，即翻為法性。

知禮判此兩句為明染淨體，是也。「三千寂體即寂而照，……名為法性」，即照如不二也。「以本愚故」云云，即三千寂體在迷也。「三千在理，同名無明」，即客觀地說法理如此。「若識此者，即照無明體本明靜，即翻為法性」，此亦是客觀地言法理也，同於起句。故此即是淨體。全體暗動，即是染體。淨體是法理，染體是在迷。在迷，實相在迷，三千亦在迷也。由此言理具。此即下兩句之所示。

3.「法性之與無明，遍造諸法，名之為染。無明之與法性，遍應眾緣，號之為淨。」此兩語即明染淨用也。順在迷之染體，昏昧不覺而滾下去，即起染用，是名念造，即「迷則三道流轉」也。順本靜之法理（淨體）而悟顯，則起淨用，是名智現，即「悟則果中勝用」也。「遍應眾緣」即是果中勝用。

知禮解此兩句云：

「法性」下，明染淨用者，體既全轉，用亦敵翻。法性既作無明，全起無

明之用。用既縛着，名之爲染。無明若爲法性，全起法性之用。用既自在，名之爲淨。

但這尚不是扣緊語句講。進一步，知禮復作句解云：

〔法性之與無明〕，夫與者借與賜與也。法性無明既互翻轉，成於兩用，互有借力助成之義，而劣者借力助於強者。若法性內熏無力，無明染用強者，則法性與無明力，造諸染法。若無明執情無力，法性內熏有力，明與法性應，起諸淨應。以由無明雖有成事之用，以體空故，自不能變造，須假法性借力助之，方成染法。法性雖具三千淨用，顯發由修，真修縱不藉無明，緣修寧無欣厭？故下文（自他不二門）云：「必藉緣了爲利他功。」無明與力，助於法性，方成淨用。荆溪既許隨緣之義，必許法性無明互爲因緣。但約體具明隨緣，自異權敎。

案：此解嫌着，於義理似不能無問題。「法性無明既互爲因緣」，此語究可說否？首先，若如知禮所解，「與」字爲「借力助成」之義，則法性與無明似有異體之嫌，此與「同體依，依而復即」之義相違。蓋說得太着，兩者似成異體。在「法性之與無明，遍造諸法，法不離法性（不出於如）」，名之爲染」，這方面，尙可不顯。因爲「無明法法性」，遍造諸法，名之爲染」，若無法性，焉得有法？如是，雖是無明作主，而法性隨與俱赴，亦隱然虛與助成之。這樣，方

便說為「借力助成」，似無不助之助，不借之借，「力」字亦是方便虛說，只是「法不出如」，「如」成其為如此這般無自性之法，以備說當體即如，當體即明耳。助成之「成」，用今語言之，似亦只是形式地成，「形式地」是虛說的「形式地」，袛就如性而說。此亦與〈中論〉所說「以有空義故，一切法得成」之成相同。在「法性之與無明……」方面，似只能如此，尚可不顯「異體」之病。因為「法性無住，法性即無明」即是心也，而心即是一切法，一切生滅緣起法也。

但在「無明之與法性，遍應眾緣，號之為淨」，這方面，法性為主，無明又「借力助成」之，說得如此著實，則異體之病甚顯，而且又有佛猶有無明之病。知禮以「緣修」表示「緣修寧無欣厭」？然此只因緣修不究竟，不能斷盡無明，故不能無無明：從「理即」到「分真即」中之等覺位皆不能無無明，此亦可轉語說「九界差別全無明功」，但此亦與「假無明借力助成」之語意不同。至於緣修而至究竟，無明斷盡，緣修即真修，縱不離緣修，亦時時緣修，時時即真修，一體而化，亦何有待於無明？若真有待於無明，則佛未斷盡無明也。是以佛之「遍應眾緣，號之為淨」，不能有待於無明，圓佛是「不斷斷」，但在不斷斷中，即有無明與差別法之岔開說。不斷者是差別法也。佛以差別法（三千法門）應眾緣，不有待於無明應眾緣也。低頭舉手皆成佛道，何況二乘行？何況菩薩行？然佛應眾緣中之低頭舉手非眾生之低頭舉手，其用二乘法乃至菩薩法亦非二乘行中之二乘法，菩薩行中之菩薩法。眾生、二乘、甚至菩薩，皆有迷；迷故，眾生用眾生、二乘、菩薩法，而佛非實眾生，非實二乘，非實菩薩。何以故？佛無迷故。故佛只用差別法，不假無明相助成也。以此之

故，三千法皆是淨法，即「三千果成，咸稱常樂」也，亦是「悟則果中勝用」也。此之謂不斷斷。

何謂緣修？即藉緣而修，有待於他。有待於他，即有所偏倚，即不能絕待自足，稱體而化，自不免有無明在內。縱使緣真如而叶於理，亦是有修有作之修。凡見思惑、塵沙惑、無明惑，三惑未斷盡者，皆可說是有修有作之緣修。然則「真修」者，證真如，冥實相，稱體而起行也。緣修有欣厭，真修不藉緣。若圓說者，則如智者維摩經玄義卷第二「明修無作三昧」處云：

觀真如實相，不見緣修作佛，亦不見真修作佛，亦不見真緣二修合故作佛，亦不離真緣二修而作佛也。四句明修，即是四種作義。若無四修，即無四依，是無作三昧也。若爾，豈同相州北道明義，緣修作佛？南土大小乘論師亦多用緣修作佛也。亦不同相州南道明義，用真修作佛。（案：相州南道地論師主法性依持，故主真修作佛。北道近攝論師，主黎耶依持，故主緣修作佛。）真修作佛猶如即本體便是工夫。作佛猶如即工夫便是本體。

問曰：偏用何過？

答曰：正道無諍，何得諍同水火？今明三三昧（空三昧，無相三昧，及此無作三昧），修一實諦，開無明，顯法性，忘真緣，離諍論，言語法滅，無量罪除，清淨心一。水若澄清，佛性寶珠自然現也。見佛性故，即得住大涅槃。

據此，則無作三昧方是圓教之眞修，絕待之眞修。如此，還須假無明否？此自不須。知禮已有作之眞修緣修說也。然則說無明假力助於法性，始能「遍應衆緣，號之爲淨」，如此說淨用，自不妥當。「法性無住」，此語本身即不妥當，亦只方便假說耳。須知「法性無住，法性即無明」；無明無住，無明即法性」，此並不與「法性無明互爲因緣」爲同義語也。「法性無住，法性即無明」，由此而言無明可斷，而三千法不斷；「三千在理同名無住，無明即法性」，由此而言法性不斷：三千皆實相，無一法可得（但信法性，不信其諸），亦可說三千宛爾（不廢假名而說諸法實相）：此亦是「三千果成，咸稱常樂」也。然而「法性無明互爲因緣」，有待於無明，始能「遍應衆緣，號之爲淨」，則成異體，而佛猶有無明未斷盡之嫌。須知緣修有欣厭，佛之「遍應衆緣」無欣厭也。焉可以緣修說之？

知禮謂緣修有欣厭，以此明假無明借力於法性以成佛之遍應衆緣，此已不諦，彼又以荊溪自他不二門中「必藉緣了爲利他功」之語爲證，此復又是混「緣修」與「緣了」而爲一。緣是緣因佛性，了是了因佛性。此二因性體現出來即名曰解脫與般若。解脫是斷德，般若是智德。（正因佛性現日法身德）。智德斷德之現固有須於緣修，而在緣修過程中固亦因有欣厭而不能無無明，雖即至等覺位，亦猶如此，即因此故，不得名曰一切種智，然若緣修至極而至圓證眞修，斷盡無明，證成佛果時，則緣了二德滿現（圓現），便無無明。無無明，而三千宛然，即空假中，此是悟中之實相，悟中之淨三千。如以此緣了利他，如何復猶借力於無明？又如何能以此緣了利他來證緣修之有待於無明？

荊溪「自他不二門」中云：

自他不二門者，隨機利他，事乃憑本。本謂一性，具足自他。方至果位，自即益他。如理性三德、三諦、三千，自行唯在空中，利他三千赴物。物機無量，不出三千。能應雖多，不出十界。界界轉現，不出一念。土土互生，不出寂光。眾生由理具三千，故能感；諸佛由三千理滿，故能應。應遍機遍，欣赴不差。不然，豈能如鏡現像？鏡有現像之理（因理具三千故也），形有生像之性（三千法體即形，事造即形生像）。若一形對而不像者，不能生像，形事不通。若與鏡隔，則容有是理。無有形對而不像者。以喻觀法，大旨可知。應知理雖自他具足，必藉緣了為利他功。復由緣了與性一合（此性之一即「本謂一性」之性），方能稱性施設萬端。現像非關磨者。去塵由人磨（塵喻無明），塵了鏡明，名為「自行」。由性發修，在「一念」中。名為「自行唯在空中」。

案：此自他不二門一般地是根據理具事造而說，恰當言之，是根據「理則性德緣了，悟則果中勝用」而說。「隨機利他」即是「遍應眾緣」，亦即是「果中勝用」。此勝用事如鏡之現像任運而現。施設萬端，化無方所。稱性施設，即是諸化無方作者，並由理具故也。「不起自性，化無方所」，即是理具事造，理事不二。首所說「不動本而常末，不壞末而常本」然却不是真心隨緣起現地不動不壞，是性具地不動不壞，此不壞方是真不壞。依天臺，是性具地不動不壞，此不壞方是真不壞。）故此「化無方所」之事（勝時正須壞。（此亦可如賢

用事）必須「憑本」。「本謂一性，自他具足」，此「一性」即「理具」之迷中實相一理，「性具」之迷中法性一性。此「一性」非偏指隨緣之眞心或不隨緣之眞如理，乃是自他具足，性具三千之「一性」，即「理則性德緣了」也。以有此理體三千作本，方有「悟則果中勝用」，故云：「方至果位，自即益他。」「自」即佛自己之「三千理滿」，「他」即眾生之「理具三千」。故云：「眾生由理具三千，故能感；諸佛由三千理滿，故能應。」「能應」即「益他」也。佛之能應，如鏡現像，故有鏡像之喻。「鏡有現像之理」，喻佛之「三千理滿」而能應亦本其「理具三千」也。「形有生像之性」，喻眾生之能感而生像而爲鏡所現亦本其理具三千也。「並由理具，方有事用。」「諸佛具有悟中之事理」，故能應；「眾生唯有迷中之事理」，故能感。眾生感佛，佛應化之，即是利他化物也。此利他化物所以能施設萬端，諸化無作，正以「稱性」（不起自性）故也。「稱性」者，相應性德三千，全性起修，修性不二，故稱性施設，諸化無作也。眾生理具三千便是「無有形對而不像者」，以佛與眾生同一三千故也。此即所謂「自他不二」。眾生理具三千所現，「一一相應，絲毫不差。」「若一形對，不能生像，則鏡理有虧，不通者，形與生像現像之事不通也。」「無有形對而不像者」，則鏡理無虧，因佛鏡亦理具三千故也。故自他不二，「應遍機遍，欣赴不差。」「機遍」是眾生理具三千，應遍是諸佛三千理滿。「三千在理，同名無明」。諸佛三千理滿，是「三千果成，咸稱常樂。」故機遍是無明，應遍不能有待於無明。「欣赴不差」，即是「利他，三千赴物」。此「三千赴物」之利他，不得因「欣赴不差」而想到有欣厭之緣修。有欣厭，不能無無明，不能有借於無明之助力。

而「欣赴不差」無無明也。欣赴即應赴,只是任運而現,化無方所,諸化無作,亦無所謂欣不欣,焉得有借於無明?

荊溪云:若鏡未現像,由塵所遮。去塵由人磨,現像非關磨者,「現像非關磨」,即是三千赴物無關於無明也。磨去塵埃,即是緣修。緣修至極,緣了滿現,在不斷斷中,方能三千赴物,遍應衆緣(「方至果位,自即益他」)。故云:「應知理雖自他具足,必藉緣了為利他功。」「藉緣了」即藉果位之緣了滿現,自即益他,故有利他之功也。此藉緣了,非緣修也。縱雖成佛,亦不離緣修,然亦是修而無修,與有欣厭之緣修(未至究竟之緣修)亦不同也。「必藉緣了為利他功」,此句是呼應開頭「如理性三德、三諦、三千,性德三千,自行唯在空中,利他三千赴物」句。「理性三德、三諦、三千」即性德三軌,性德三諦,性德三千,自行唯在空中而言。「自行唯在空中」,此就修而言也。「然空不離假而為空,假不離空而為中」。「利他三千赴物」,此就究竟果位而言,亦非無假也,此則重「假」,然亦不離空中。若無空中,則假為死假,既非死假,即無塵沙惑,故能「三千赴物」。「化無方所」?解脫(緣因滿)不離三千而為解脫,般若(了因滿)不離三千而為空,故言此而言緣了(必藉緣了為利他功)者,解脫(緣因滿),此則所以重假。此則果位究竟三軌方能利他化物,而與理具之性德三軌雖藉而不二也。故云:「復由緣了與性德三軌相呼應而不二,究竟三軌與性德三軌相呼應(相合),方能稱性施設萬端,方能稱性施設,則不起自性,化無方所。」此即修性不二也。「一性」與「性」此結句是呼應開頭「隨機利他,事乃憑本,本謂一性,具足自他」諸句也。

一）皆指「性具」之性而言。

以上逐句詳解「自他不二門」，可知緣了利他無待於無明，亦可知緣了利他與緣修不同。知禮將緣修與緣了利他混而為一，又以此緣修有待於無明來解「無明之與法性，遍應眾緣，號之為淨」，未為明審。緣了利他，三千赴物，自是淨用。然此無關於無明。然則「無明之與法性，遍應眾緣，號之為淨」，須另作解矣。

4.也許荊溪此句，因行文對稱故，本易生誤解。然若通其意，則不應以辭害意。知禮作指要鈔時，有舊本無「與」字。句為「法性之無明，遍造諸法，名之為染。無明之法性，遍應眾緣，號之為淨。」這樣，又有人言「之」字為往。知禮以為即使無「與」字，亦不必訓「之」為往。「之」字仍是語助。復以為有「與」，俱有其義。若依無「與」作解，「但云：即法性之無明，其用則染；即無明之法性，其文既宛，其義稍明。」依此解，「法性之無明」前加「即」字。如是，「即法性之無明」意言本即是無明的那個法性，它一旦朗現，「無始即法性為無明」而來。同樣，「即無明之法性」意言本即是無明的那個無明，它一旦作主，它即「遍造諸法」此承上聯「了今即無明為法性」而來。此承上聯「了今即無明為法性」而來。或「無始即法性為無明」，總是依「法性無住，法性即無明」這一總原則而來。如是，則「法性之在無明」，即「無法法性」也。同時，「無明之法性」，或「了今即無明為法性」意即「法性而無明」，總是依「無明無住，無明即法性」這一總原則而來。如是，則「無明之融於法性」，此亦可說「無明而法性」，即「法性性無明」也。句法無論如何變換，義理總是如此，此則確定而不可移

者。

如是，則有「與」字亦無妨，但不能如知禮之着實。「與」字不是「借與」、「賜與」，乃是「吾與點也」之「與」，「吾非斯人之徒與而誰與」之「與」。此與上聯「法性之與無明」等於法性之與於或偏於無明，即向無明方面轉，是則向法性而無明矣。此與上聯「無始即法性爲無明」句意同，亦是「法性無住，法性即無明」也，亦是「無明法法性」也，故「遍造諸法，名之爲染。」亦是「一念無明法性心其具十法界，三千在理同名無明」，由此理具，故有衆生之迷染也，故爲染用。同時，「無明之與法性」等於無明之與於或偏於法性，即向法性方面轉，是則即無明而法性矣。此與上聯「了今即無明爲法性」句意同，亦是「無明無住，無明即法性」也，故「遍應衆緣，號之爲淨。」亦是「法性性無明」也，故爲「淨用」。如是，便無「淨用」有待於無明之說，而「法性與無明互爲因緣」不但不可用於此「淨用」，而且亦根本不可說矣。

原夫知禮之所以有此着實之解，因而成爲誤解，或亦由於只見「不斷」，而忘「不斷斷」之故乎？不斷淫怒痴，是不斷淫怒痴之法，而佛無淫怒痴之實，是即「不斷斷」矣。如是，方能極成「除無明有差別」。若在淨方，而亦須借力於無明，則無明終不可斷，此與「不斷斷」相違。在此情形下，若佛實斷無明，則斷無明應無淨用，而「除無明有差別」亦不可言矣。故知禮之解顯非明審。此種義理甚爲微細，若義理分際不精熟，或擰左，皆可迷失。無人敢言皆瑩徹，或時時瑩徹。然順綱脈而思，則相對瑩徹，期於寡過，總可達到。至若違離矩矱，則是根本差謬，此則可得而

· 864 ·

糾正，以期於宗旨決定也。知禮不違天臺矩矱，而時有疵病。至若山外，則失綱脈也。

5. 以上 3、4 解染淨用。以糾正知禮之誤故，故多有解說。以下須略解「濁水清水，波濕無殊」等句，此則較簡單。濁水清水即喻上之染用淨用也。波喻三千，濕喻「如」性。染淨二用雖有清濁之異，而「波濕無殊」。「波」之無殊喻染淨同一三千，「濕」之無殊喻染淨二用中那同一之三千皆以如為性也。法不出如。諸法以如為位，亦以如為相，故位相常住。荊溪云：「如清濁波，濕性不異。同以濕性為波，故皆以如為相。同以波為濕性，故皆以如為位。」位據理性，而「同以波為濕性，故皆以如為相。」性之隨緣展布為相，非性之攝屬為位。「波喻三千，波固無殊。而濕性亦無殊也。故云『波濕無殊』。如知禮之解，「波喻三千俱用，濕喻三千俱體」，在清在濁，俱以全濕為波明波濕無殊也。「清濁雖即由緣，而濁成本有。」前句就迷悟而言也，後句就理具而言也。「三千在理同名無明」，故「濁成本有」也。

「濁雖本有，而全體是清」，此就法理而言也。雖「三千在理同名無明」，而「即空即假即中」之法理固自若，唯未顯耳。依此而言理即佛。

「以二波理通，舉體是用」。此言清濁二波濕性無殊（理通），正以此故，故皆「舉體是用」也，即，「並由理具，方有事用。」在迷，盡體之全部全是染用，在悟，盡體之全部全是淨用。此所謂「體」不單指濕性（如性）而言，乃就理具或性具之全而言。理具三千，三千俱在體也，即染淨體之體。由染淨體，方有染淨用。染體是「三千在理同名無明」也。

淨體是在理之三千就其法理本淨而言也。順「同名無明」而迷下去，即是染用。順法理本淨而悟，即是淨用。故「並由理具，方有事用。」濕喻如性，非以濕「喻三千俱體」也。知如此說，不諦。「以二波理通，舉體是用。」理通即如性無殊也。但此如性（濕性）是套於性具而言者，非套於性具而言。以套於性具而言此無殊之濕性（如性），即所謂「理通」，故有在理之三千之體隨迷悟之殊起三千之染淨用也。知禮之解少此曲折，故引生枝蔓，而糾纏不清。彼解文不錄。

「故三千因果俱名緣起。迷悟緣起不離剎那。剎那性常，緣起理一。」「剎那性常」，一念無明法性心雖即具三千世間法，而其如性則常住不變也。「緣起理一」，不離剎那理具之迷悟緣起雖有染淨之殊，而其中道實相理則一也。在迷染，只是法理；在悟淨，則已證顯。

「一理之內而分淨穢。別則六穢四淨，通則十通淨穢。」迷悟緣起雖同一中道實相理，然在此一理之內，彼緣起法隨迷悟差別而有穢淨差別。分別言之，六道眾生是穢惡法，二乘、菩薩、佛，此四聖是淨善法。通而言之，此十法界通可曰淨，通可曰穢。迷則雖佛法界亦是穢，悟則雖六道眾生法亦是淨。開權顯實，十界互具，皆是佛法，故皆是淨。情執不通，雖即佛界亦是穢惡。

「故知剎那染體悉淨。三千未顯，驗體仍迷。」前句就法理而言。後句就「三千在理同名無明」而言。

「故相似位成，六根遍照，照分十界，各俱灼然。」案十信位為相似位，即六根清淨位。此位未斷無明，故中道實相理亦未能顯。然因六根清淨故，故亦可相似於佛，此曰「相似即佛」。在「相似即」界亦然。乃至果成，等彼百界。」豈六根淨人謂十定十？分真垂迹，十

· 866 ·

中，五眼（肉眼、天眼、慧眼、法眼、佛眼）、五耳，乃至五意，這六根皆能遍照。「照分十界，各俱灼然。豈六根淨人謂十定十，以驗他身亦然。故相似位人比知百界同在一心。」此即六根淨人非是「證知，故只「比知」非爲證知，故云「相似」。「若至分眞，普現色身，能現十界；一一復起十界三業，故云亦然。」(知禮解語)。此言「分眞即」也。在此位中，雖斷及無明，而未斷盡，故曰「分眞」。亦曰「分眞垂迹」。「亦然」者亦是十界互具爲百界也。「果地究盡諸法實相，等彼性中所具百界。」(知禮解語) 此言「究竟即」也。在此位中，無明斷盡，中道實相理全顯，性具百界（三千世間）全成爲果中勝用，故云：「乃至果成，等彼百界。」「等彼百界」者，亦等同於那性德百界也。故自「理即」起，至「究竟即」止，皆是「並由理具，方有事用」，同一三千（百界）在貫穿也。但因迷悟，故主觀地說有染淨之異，客觀地說有淨穢之別。

6.「故須初心而遮而照。照故，三千恒具。遮故，法爾空中。終日雙亡，終日雙照。不動此念，遍應萬方。隨感而施，淨穢斯泯。亡淨穢故，以空以中。由了染淨，空中自亡。」此染淨不二門最後一段也。知禮謂此是「顯妙觀」。彼解云：

然今十門皆爲觀心而設。故色心門攝別入總，專立識心爲所觀故。內外門正示觀法，雖泛論二境，正在內心。第三門全性起修，辨觀令妙。第四門卽因成果，顯證非新。故此二門皆論一念。已上四門攝自行法門同在剎那而爲觀

體。從此門去,純談化他。(「此門」即此染淨不二門也)。而化他法門雖即無量,豈出三千?亦攝歸剎那同為觀體。此當其首,故廣示觀門。(言此染淨不二門當以下言化他之首,故於此先「廣示觀門」。)後既倣此,但略點示。理具情迷,顯發不得此意,徒釋十門,空談一念。故今文先明淨用同在染心。假觀名照,三千宛然。復令三觀俱亡,由觀。遮照者,空中名遮,一相不立。假觀名照,三千宛然。復令三觀俱亡,三諦齊照,乃亡前遮照,照前遮照,故各名雙。亡照同時,故云「終日」。此則同前卽空假中,無空假中也。

……

「不動此念」者,明觀成、相不移,卽今剎那之念而能盡未來際作三千化事。此之剎那卽法界故,有何窮盡?第五記云:「剎那剎那皆盡過未,施設三千皆妙假力。」「亡淨穢」相,須藉空中,故云:「以空以中」。染中淨穢更顯明者,復是空中之力,故云「轉染為淨」。染淨各具三千,空中了之。三千既亡,空中亦泯,方名「染淨不二」。此則同前因果既泯,理性自亡。

案:此解文無問題。最後「三千既亡,空中亦泯,方名染淨不二」,此是「染淨不二」之究極狀態,非是「染淨不二」之初義。「色心不二」非以無色無心,色心雙亡為不二也。「因果不二」之初義也。「色心不二」非以無色無心,色心雙亡為不二也。「因果不二」亦如「因果既泯,理性自亡」,非「因果不二」之初義,亦是「染淨不二」之推進一步說,亦非以修性雙亡,染淨雙亡,為不二也。其餘內外、自他,諸不二門皆然。修性、因果、染淨,三不二門,亦非以修性雙亡,

以上釋「染淨不二門」竟。餘門從略。

第六節　智者觀音玄義之言「性德善」與「性德惡」

1. 以上自第一章起，迤邐說來，「性德惡」一觀念屢屢提到，其意已明，亦甚簡單。智者於法華玄義已言性德三軌（眞性軌、資成軌、觀照軌），屢言三道即三德。是則法身、般若、解脫三德本即惑業苦三道而爲三德。惑業苦即是「迷則三道流轉」之性德惡也。即此而言三德即名曰性德三軌。性德者，「法性無住，法性即無明」（轉語爲一念無明法性心）所本具之一切法也。一切法爲法性無住所本具，即名曰「性德」，法性之德也。德者得也。具足本有之謂德。既言性具百界（三千世間）則自可言性德惡與性德善。如六穢四淨，六穢即性德惡也，四淨即性德善也。穢惡淨善本指十界法說（十界互具爲百界，某本身無所謂善惡，只是絕對清淨）。不指法性或中道實相理說。法性一性，實相理一理，一念世間中，莫不從法）。本是「心具」，何言「性具」？蓋心本是五陰中之一陰，即陰識心。心造」。本是「心具」，亦與其他陰同，本性空寂，亦無梵我之嫌（不濫於數論師之冥諦——冥初生覺），亦無唯如來藏心（眞心）它既只是一陰識心，四句求心不可得，故捨心具，而言性具或理具，從勝說也。此示既非唯阿賴耶識（妄心）（吠檀多之大梵），亦非唯如來藏心（眞心），而唯是佛法家風，專歸於法性空寂或中道實相之如相。但性不空言，必即一切法而爲性；如不空言，亦必即一切法而爲如。即一切法而爲性，故爲圓談法性。即一切法而爲如，故言中道實相。客觀從勝

而言之，即曰性具或理具。法性無所謂起滅，實相亦無所謂起滅，只是一切法趣法性，一切法趣實相，（亦函趣法性之任一法亦趣任一其他法，如一切法趣色是，趣實相亦然），即因此趣而言性具或理具。性或理具只是如此地具足一切法，其本身並無起滅。起滅者心也，心造之諸法也。即心而言性或理，故一念心具即性具或理具。心具，即是一切法，不縱不橫，之諸法也。即心而言性或理，故一念心具即性具或理具。心具，即是一切法，不縱不橫，如八相遷物，祇相遷論物，祇物論相遷，客觀從勝而言之，即是性具或理具一切法也。即心，法而言法性與實相，則「隨緣不變名性，不變具，則只是一切法趣法性趣實相。法性即緣生而見，而法性非緣生；實相即緣生而見，而實相非緣生。即心、法而言法性與實相，則「隨緣不變名性，不變隨緣名心」。故心是一切法，客觀從勝而言之，即是性具或理具一切法也。因佛法目標唯在究諸法實相，證法身，得大涅槃（大解脫）也。（摩訶止觀言「蔽起即法性起，蔽息即法性息」，嚴格言之，法性無所謂起息，只是蔽起法性隨之而帶在蔽中，故法性隱，開清淨法界，眾生無始在迷，故法性顯。）既是性具百界，則理應有性德惡。故自修行而言之，原初只是性德惡，故亦重在性德惡也。故荊溪云：「忽都未聞性惡之名，安能信有性德之行？」「性惡」者，圓具下之語也。圓具三千，則三千即是性德。全性起修，全修在性，修性不二，故有性德之行，而諸行無作也。此是開權顯實，發迹顯本，三道即三德，低頭舉手無非佛道，在不斷斷中所說之圓具圓行也。圓具是存有論的性具或理具，圓行是圓頓止觀之妙用。圓具爲經，圓行爲緯，織成部帙，不與他同，故爲圓教也。「性惡」本甚簡單，亦易明白。難處是在圓具，此必須通曉天臺判教之理論而後明。判教明、圓教明，則性惡不言而喻。性惡本是性德惡，性德惡本是性具百界本具有穢惡法門，

• 870 •

第三章 十不二門指要鈔之精簡

此何難明?然人不究其來歷,一見「性惡」,便望文生義,以為善惡是形容「性」者,這樣,便成難曉,或不然,則想入非非,以為是不經之妙論。託名慧思所作之大乘止觀法門即此類也。實則該書既非天臺性具之義,亦非華嚴眞心「隨緣不變不變隨緣」之性起之義,乃兩不着邊,而攪混疑似,此望文生義誤之也。然則「性惡」亦不幸之詞也。

2. 性德惡既簡單易明如上,本不須多說。然正式明言此義之文獻乃是智者之觀音玄義,此亦不可不知。

觀音玄義卷上於釋名章中,以十義通釋「觀世音」名。十義者,一人法、二慈悲、三福慧、四眞應、五藥珠、六冥顯、七權實、八本迹、九緣了、十智斷。於「緣了」一義中,正式言性德善與性德惡。茲錄此文於下:

九、釋了因緣因者,了是顯發,緣是資助,資助於了,顯發法身。了者即是般若觀智,亦名慧行正道,智慧莊嚴。緣者即是解脫,行行助道,福德莊嚴。大論云:「一人能耘,一人能種。」種喻於緣,耘喻於了。通論,教教皆具緣了義。今正明圓教二種莊嚴之因,佛具二種莊嚴之果。原此因果根本即是性德緣了也。此之性德本自有之,非適今也。大經云:「一切諸法本性自空,亦因菩薩修習空故,見諸法空。」此即緣因種子本自有之。又云:「一切衆生皆有初地味禪。」此即了因種子本自有之。以此二種,方便修習,漸漸增長,起於毫末,得成修德合抱大樹——摩訶般若,

首楞嚴定。此一科不論六即,但就根本性德義爾。(案前八義皆涉及六即,此第九義不論六即。)前問答,從了種受名。後問答,從緣種受名。(案前後問答指經文說)。故知了因緣因故,名觀世音普門也。

案:般若觀智為了因佛性,解脫為緣因佛性。般若名智德,解脫名斷德。德者功德,故智德斷德是從般若與解脫之修顯而至圓滿之境說,即摩訶般若與首楞嚴定。緣因了因是從其能顯發法身說。緣了二佛性即吾所謂主觀的覺佛性(以定從慧,總名曰覺),即,主觀的主體性。正因佛性(中道第一義空)是客觀的法佛性,即客觀的主體性。其所以能顯者以有緣了二佛性故也。一切眾生皆有般若智之智性(即覺性),亦皆有解脫之定性。智性即了因佛性之種子,定性即緣因佛性之種子。此兩種種子本自有之,名曰性德種,以皆依於諸法之空寂性而起故也。本著智性(了因種子)修行而顯為觀智,則曰「慧行」;由「行行」,亦曰「福德」。以本智性而來的「行行」為名曰「斷德」,由「行行」滿,則有福德莊嚴。本著定性(緣因種子)修行而顯為解脫緣因,即能顯發正因佛性而為法身,得大涅槃。此法身,有「慧行」與「行行」顯發之,同時即莊嚴之。有兩種莊嚴以莊嚴之,則法身即不是寡頭之但理,故當言佛性時,即是如來藏恒沙佛法佛性。如此之佛性顯而為法身,亦即是恒沙佛法之法身,即普周法界之法身也。

不但法身不是寡頭之但理,般若與解脫,亦不是空頭之智與空頭之定,乃是即三千法而為般若,即三千法而為解脫。智性與定性這兩種性德種是本有,而三千法亦

是性具而為本有，是則般若與解脫自始即不離三千法而一起皆為性德也。惟須知智性定性之為性德是就法性化了的心而說，即智心與定心之德，以法性非實體字故。此心即所謂清淨心或眞常心。但在天臺圓教，並不分解地先預定一眞常心以為一切法之源。它是以「一念無明法性心」為首出。智心定心（清淨眞心）即在此一念陰識心、刹那心、煩惱心處而為詭譎地呈現。就說智性，識是智之異名，如指薪為火爾。就煩惱罪業說定性，煩惱心縛為脫爾。此是詭譎地說。智即於識而為智，故當藉煩惱心詭譎地法性化時（悟時即法性化），即智德顯而為定心；定即於煩惱罪業而為定，故當藉煩惱罪業詭譎地法性化時，即斷德顯而為定。故智心定心亦可說即是「無明無住，無明即法性」所呈現之清淨眞心而照見法性者。然則此清淨眞心究竟是心不是心？是法不是法？它既名曰清淨眞心，它當然是心。但它不是一念心即一切法，所以亦可說它不是心。因而亦不是一個法。智與定實本身不是孤懸凸起而為一個心、一個法。圓教既不預定一眞心，故眞心只在詭譎地就三千法而浮現。其所即而無染着藉以顯其自己為智為定，故智定本身不是法，而只是一無執無染之境界。故性德緣了亦必就三千法才是法。故性德緣了亦就三千法說。法從性，故「法性無住，法性即無明」是心，有心便有法。法從性，故三千法客觀地從勝說之是性所具，即「法性即無明」之性具中之性德。此是詭譎地說。性德三千與性德緣了乃至與性德二因種子（智性即智心與定性即定心），其義一也。如此言性德，皆從法說也。「不變隨緣名心，隨緣不變名性」。「隨緣名心」是法，而一切法皆從不變之法性，故曰性德：三千是性德，智斷是性德，智斷之種子（智性定性）亦是性德。三千攝屬

於智斷，智斷攝屬於二因種，故一念無明法性心；在悟即是般若與解脫（智德與斷德）。般若與解脫滿，顯發正因佛性而至其極。在迷在悟，三軌皆性德也。惟一般相對地言之，說性德三軌大抵皆就迷中而言，以客觀的法理本自如此也。

「並由理具，方有事用」，故先就迷言性德三軌。迷中既是性德，悟中之為性德自不待言。豈因悟顯便變為非性德乎？

如此言性德，既不可以真常心之「不變隨緣隨緣不變」之性起系統去想，亦不可依儒家言性德之思路去想。因為在性起系統中，是以真常心為主，而性起之性亦是指這真常心而言。此德是屬性義，並不是法也（「隨緣名心」之法）。因此，說此真心不有不無為中理，即是「但中」；上亦與法身並列俱為所顯，而且其自身亦為不即具諸法，而為寡頭者。此是依超越分解之路說，故為權教（別教）。性具圓教是以法性為主，心就是法，而心亦非真心，故當說心就是法時，乃是三千法，而當說性德三軌時，乃是詭譎地指冰為水，指縛為脫，指薪為火，三道即三德，即三千法而為三軌法皆是法性之德：於正因佛性說法身，即是法性之身，法性之身亦可說法性之德，因佛性本為恒沙佛法佛性故，於了因佛性說般若，般若亦是法性之德，以本即三千法而為般若故。既皆是法性之德，故說性具。一念無明法性心即是三千世間法，此三千法既皆是法性之德，故亦是性具之德。故性具是「一切法趣法性，是趣不過」之「具」，故為圓具，或圓談法性。法性並不起。只可於心說隨緣起現，不可於法性說隨緣起現。法性即是法

底性，法變而性不變。故荊溪云：「不變隨緣名心，隨緣不變名性。」（此與賢首所說者不同，注意）。故只說性具，不說性起；而只說性起，不談性具者，亦只是別教，非圓教。說性具爲實相學，說性起爲唯心學。兩「性」字亦不同也。此種圓談法性當然是開決了眞心與妄識後而成者。「決了聲聞法，是諸經之王。」不但決了聲聞法，一切權教皆決了也。決了後，始有此圓談法性之性具。（此種性具中之性德，其不可依儒家言性德之思路去想，自甚顯然。關此，本書不論。）

3. 性具、性德，其義旣明，則作爲緣因了因之解脫與般若不離三千法而爲解脫與般若亦甚明，而般若與解脫旣有性德之淨善之法，亦自可有性德之穢惡之法，即淨善之法足以顯發法身而莊嚴之，故皆可爲緣因了因也。若無觀智與解脫，則穢惡之法固是迷染，即淨善之法亦是迷染也。此所以「三千在理同名無明」也。是故智者對此性德緣了作料簡云：

問：緣了旣有性德善，亦有性德惡否？
答：具。
問：闡提與佛斷何等善惡？
答：闡提斷修善盡，但性善在。佛斷修惡盡，但性惡在。
問：性德善惡何不可斷？

・若般與性佛・

答：性之善惡但是善惡之法門。性不可改，歷三世無誰能毀。復不斷壞，譬如魔雖燒經，何能令性善法門盡？如秦焚典坑儒，豈能令善惡斷盡耶？（案此云善惡是就法門說。「性之善惡」是略辭，意即性德上之善惡法門一不可改……不可毀，不可斷壞。）是性德上之善惡法門，善惡是形容法，非形容法性者。

問：闡提不斷性善，還能令修善起，佛不斷性惡，還令修惡起耶？

答：闡提既不達性善，以不達故，還為善所染，修善得起，廣治諸惡。

（案此答似不善順適，見下。）佛雖不斷性惡，而能達於惡，以達惡故，故不為惡所染，修惡不得起。以自在故，廣用諸惡法門化度眾生。終日用之，終日不染。不染故不起。若依他人明闡提斷善盡，為阿黎耶識所熏，達此善惡，則不復名為一闡提也。若闡提能更能起善。黎耶即是無記無明，善惡依持，為一切種子。故還生善。佛斷無記無明，無所可熏，故惡不復還生。闡提不斷無記無明，故還起善。如明鏡不動，色像自形，可是不可思議理能應惡，作意者，非是任運。問：若佛地斷不斷性德之善，遇緣善發。佛亦不斷，如人畫諸色像，與外道何異？今明闡提不斷性德之善，遇緣善發，佛亦不斷性惡，佛亦不斷。無機緣所激，慈力所熏，入阿鼻，同一切惡事化眾生。以有性惡故，名不斷。無復修惡，名不常。若修性俱盡，則是斷，不得為不斷不常。闡提亦爾，性善不斷。如來性惡不斷，還能起惡。雖起於惡，而是解心無染；通達惡斷，還生善根。

・876・

際即是實際,能以五逆相而得解脫,亦不縛不脫;行於非道,通達佛道。闡提染而不達,與此為異也。

案:此料簡文分四重問答。第一重問答表示「一闡提斷修善盡,但性善在;佛斷修惡盡,但性惡在。」第三重問答表示性德善惡法門不可改、不可斷壞。第一重與第三重無問題,須說明者是第二重與第四重,却不令修惡起。

關於第二重,「斷修善盡」與「斷修惡盡」之意義。關此,吾人須知一闡提是迷逆之極,佛是淨順之極。迷逆者,不向佛、不起信,全迷逆乎法性理或中道實相理也。迷逆故染。淨順者,全清淨而順契乎法性理或中道實相理也。淨順故悟。「悟則果中勝用」,「迷則三道流轉」也。「斷修善盡」,一闡提斷修行上的善而至於盡也,全是迷染而無悟淨也。「修行上的善」是指清淨無執染說。「斷修惡盡」者,佛斷修行上的惡而至於盡也,全是悟淨而無染也。「修行上的惡」是指執染而不清淨說。知禮云:「圓家論斷、證、迷、悟,但約染淨論之,不約善惡淨穢說也。」(見本章第一節引)。此處所謂「修善修惡」即約染淨論也。染為迷,淨為悟。染為修惡,淨為修善。「不約善惡淨穢說」,此「善惡淨穢」是指性德善惡法門說,善惡即淨穢。「修善修惡」就染淨說,是主觀的事。性德善惡淨穢是客觀法門的事。迷則善惡淨穢法門俱染,悟則善惡淨穢法門俱淨。故「一闡提斷修善盡,但性善在」,即主觀地雖無悟淨,而客觀的性德善法門仍在也。「佛斷修惡盡,但性惡在」,即主觀地雖無迷染,而客觀的性德惡法門仍在也。

關於第四重問答，吾人須說明「一闡提不斷性善，還能令修善起」之意義，以及「佛不斷性惡，却不令修惡起」之意義。

關於「一闡提不斷性善，還能令修善起」，吾人須知此有兩層意義：一就闡提之為闡提說，二就闡提之可成佛說。在此兩層上，俱可說「不斷性善，令修善起。」但意義却不同。就闡提之為闡提說，其「不斷性善，還令修善起」之意義是智者以下之答語，即：

闡提既不達性善，以不達故，還為善所染，修善得起，廣治諸惡。

案此答語不甚順適，意不顯豁，至少「廣治諸惡」一語有問題。吾人必須知這是就闡提之為闡提說。他既是闡提，他雖有性德善，但他却不能了達性善。「以不了達故，還為善所染。」「為善所染」意即迷執性德善。性德善雖為淨善法門，但在其不達之迷執下，雖善亦染。他在此「為善所染」，雖善亦染，之迷執下，得令修善起。一闡提因有類乎性德善之善行。但此善行在他身上却只是迷執之染，即迷染的善行，實際上就是染惡，而並非善行。是以雖屢起修善，終是染惡。但智者却說「修善得起，廣治諸惡」，此兩語很令人糊塗。既是「為善所染」而起修善，如何能「廣治諸惡」？此如膠手捉物，到處是膠，如何能不膠着而治於膠？抑或是以染善治惡乎？此或有之。蓋一闡提不必純是惡人也。字本義只是以貪欲為鵠的，引申而為斷向佛之善根與信根，故為不起信者。他亦可以本其性德善而起迷染之修善以治其所認為惡者。但雖可

• 878 •

如此說，智者那兩語終嫌說得太着實，易令人迷惑。就闡提之可成佛說，則其「不斷性善，還令修善起」之意義便是智者所說「今明闡提不斷性德之善，遇緣善發。……闡提亦爾，性善不斷，還生善根」，即是亦可至斷修惡盡而成佛也，亦即是不迷染之修善也。其實只這一層答意，蓋就實闡提說。故云：「若闡提能達此善惡，則不復名爲一闡提也。」智者所以有前一層之答意，蓋就實闡提之修善也。前一層似乎是多餘的。

闡提不斷性善，還令修善起，然則「佛不斷性惡，還令修惡起耶？」此問是機械地類比，不達實意。佛不斷性惡，却並不令修惡起。注意「修惡」二字。然所以有此疑者，亦非無故。蓋一方不斷性惡，却不令修惡起，一方却又不斷性惡，還能起惡。「還能起惡」若將此「還能起惡」混同「修惡」，便可令人生疑。故智者之答即在簡別此兩者之不同也。因此兩者不同，故闡提不斷性善，還能修善起，而佛不斷性惡，却不起修惡。此即迷染可斷，不起修惡，却可起現穢惡法門以化衆生。斷與不斷兩面綜和起來，即曰「不斷斷」。故智者答「佛不斷性惡，還令修惡起耶」之問云：「如來性惡不斷，雖不起修惡，而法門不斷也。

佛雖不斷性惡，而能達於惡。以達惡故，於惡自在，故不爲惡所染，故佛永無復惡。以自在故，廣用諸惡法門化度衆生。終日用之，終日不染。不染故不起（不起修惡），那得以闡提爲例耶？

一闡提不斷性善，以不達故，爲善所染，故起迷染之修善（終還是染惡）。但佛不斷性惡，

以達惡故，不為惡所染，故不起修德之迷染。雖不起修德之迷染，却可起現性德本具之穢惡法門以化眾生，即不起修惡，全是悟淨。故又云：「佛亦不斷性惡，機緣所激，慈力所熏，入阿鼻，同一切惡事化眾生。……如來性惡不斷，還能起惡。」此「起惡」是起現穢惡門法化眾生，非起現「修惡」也。故最後云：「雖起於惡，而是解心無染；通達惡際即是實際，能以五逆相而得解脫，亦不縛不脫，行於非道，通達佛道。」此即是「不斷斷」。在不斷斷中講性德緣了，故緣了乃即一切性德善惡法門而為緣了也。迷則為「三千在理，同名無明」，悟則為「三千果成，咸稱常樂」，即是究竟三軌。雖講緣了，正因佛性亦在內也。（三軌中之真性軌，即指正因佛性說。性德資成軌即是迷中之實相。即生死身苦道為法身，如指冰為水爾。資成軌指緣因佛性說。性德觀照軌即是迷中之了因佛性，性德之解脫。即業道為解脫，如指縛為脫爾。觀照軌指了因佛性說。性德緣了即是迷中之了因佛性，性德之般若。即煩惱道──惑道為般若，如指薪為火爾。）此種性德軌了不同別教。別教無性德三軌，悟則為「三千果成，咸稱常樂」，即是究竟三軌。智者答語中雖指阿黎耶系統說，即在「性起」之真心系統亦然。此則如文已明，不俟多說。

4.本節正義已竟。然由性德緣了說性德惡即反示圓具義，性德惡非是一各別之主張也。茲錄法華玄義論「三法妙」中之文以結束此從首章起迤邐說來的圓教義理之系統的陳述。法華玄義卷第五下言「三法妙」云：

三法妙者，斯乃妙位所住之法也。言三法者，即三軌也。軌名軌範，還是

第三章 十不二門指要鈔之精簡

三法可軌範耳。此即七意：一總明三軌，二歷別明三軌，三判粗妙，四開粗顯妙，五明始終，六類三法，七悉檀料簡。

于此七意，只錄第一第二兩意。

一、總明三軌者，一真性軌，二觀照軌，三資成軌。名雖有三，亦名大乘法也。經曰：「十方諦求，更無餘乘，唯一佛乘。」一佛乘即具三法，亦名第一義諦，亦名第一義空，亦名如來藏。此三不定三，三論論一；一不定一，一而論三；不可思議，伊字天目。故「一非一」。「一切眾生悉一乘故」。此語第一義諦。非一非一者，如是數法故。此語如來藏。（案大經云：「云何非一？說三乘故。」智者改說為「如是數法故」。其意是有如是這般之數法故，故非一。此數法三乘由如來藏開出，故此「如是」是說如來藏。如是，第一義諦，即非數法。）非一非一，數非數法不決定故。此語第一義空。而皆稱「亦」者，鄭重也。只是一法，亦名三耳。故「亦一」之一乘，即偏指真性軌；說如來藏，即偏指資成軌；說第一義空，即偏指觀照軌。）

前明諸諦，若開若合，若粗若妙等，已是真性軌相也。前明諸智，若開若合，若粗若妙，已是觀照軌相也。前明諸行，若開若合，若粗若妙，已是資成軌

・若般與性佛・

相也。前明諸位，祇是修此三法所證之果耳。

若然，今明乘是大乘已至道場，證果所住之三軌，今作法名合說。(二)者，前直爾散說，不論本末。今遠論其本，即是性德三軌，亦名如來之藏，極論其末，即是修德三軌，亦名秘密藏。（案修德三軌即函究竟三軌）。本末含藏一切諸法。

從性德之三法（理即之三法）起名字之三法，因名字之三法修觀行之三法，因觀行之三法發相似之三法，乃至分證之三法，究竟之三法，自成三法化他三法。為是義故，宜應重說也。

【私謂一句即三句，三句即一句，名圓佛乘。（案此「私謂」即章安筆錄時所自加之註語也。）記中既從如來藏一句出諸方便，此乃別判。例應通開。

（案「記中」云云即下文歷別明三軌，智者說，章安所記者也。）

者，數法故。指此一句為如來藏，開出三藏中三乘事相方便。指此一句為第一義空，開出通教三人，即事而真。指此一句為第一義諦，開出別教獨菩薩乘。此諸方便悉從圓決定故。指此一句為如來藏，開出三藏中三乘事相方便。「非一非非一」不「非一」者，一切眾生悉一乘故。故經言「于一佛乘，分別說三。」即此義也。】

案：此為總明三軌。以下歷別明三軌，即教教皆有三軌，歷歷分別以明之也。此中即指出由三軌以明四教之不同。由此亦可看出圓教是由藏通別三方便教之開決而後成。圓教成後，就

・882・

三軌言，其形態大類通教，故圓教仍歸于實相學，此所以重般若，尊龍樹，而為圓教，然則其不同何在？圓教之圓與般若之圓其不同又何在？又，圓教是經過別教之開決而後成，別教已高于通教，圓教固更高于通教，而且不但高于別教而不同于別教，此不同又何在？凡此，本已明于首章。今再由三軌以明之，以與首章相呼應。

二、歷別明三法者，先須識如來開合方便，然後乃解總攬三法為一大乘也。

佛從何法開諸權乘？如《大經》明佛性非一，如是數法說三乘故。當知諸乘數法為如來藏所攝。佛于此藏，開出聲聞、緣覺、及諸菩薩通別等乘。乘既是方便，如來藏又是事（天臺說如來藏是就事而論，既非真心，亦非只真如理），從事出方便，故言諸權為如來藏攝耳。

又依經故。《大經》云：「聲聞僧者，名有為僧。」又云：「六波羅蜜福德莊嚴。」又云：「聲聞之人定力多故，不見佛性。」當知定力即是福德，福德只是有為，《勝鬘》稱為有漏。取理不當，故名有漏。非智慧法，故名福德。非中道智，故名福德。今以下望上，亦應如是。以是故知方便諸乘悉為資成所攝，皆從大乘一句偏出，非究竟法。故云：「于一佛乘，分別說三。」即此意也。亦是于一佛乘，分別說五，亦是分別說七，亦是分別說九。若依此釋如來藏句，開出種種方便諸權乘法也。（案三乘

再加人天，為五乘。五乘中，小乘分為聲聞緣覺，故為七乘；又菩薩乘分為藏通別三菩薩，故為九乘。）

次歷四教各論三法者：

三藏中以無為智慧名觀照軌，正為乘體。助道成乘具名資成軌，斷惑入真，真是真性軌。教來詮此，故以教為乘也。緣覺亦爾。菩薩以無常觀為觀照，功德肥為資成，坐道場斷結見真為真性。此教詮真，乘是教乘，從三界中出，到薩婆若中住。言教已盡，故無教乘。真不能運，乘是教乘，故有索車之意云云。（案藏教有教乘，無證乘。以教引證，教盡即廢。「真不能運」者，是所詮故。藏教證偏真理，當教理極，故不名乘。）

觀照軌為乘體，不以真性軌為乘體也。蓋以觀照軌為乘體，其所證之果是方便，非實果。此如法華經譬喻品長者先以羊車鹿車牛車許其諸子，誘之使出，諸子出已，不見有此羊鹿牛車，乃向長者索之，而長者但給以非其所望之大白牛車。此喻三車為方便，即示三車只是方便引誘，大白牛車方是實果。而藏教以此為極，故為權教也。經中諸「索車之意」者，言證非乘，不能運羊車當聲聞，鹿車當緣覺，牛車當菩薩。「索車之語」即示藏教為方便教也。）

二、通教以真性軌為乘體。以即空慧為觀照，眾行為資成。此教詮真，乘是教乘，從三界出，到子出火宅已，故「真不能運，故證非乘。」不見有所許之羊鹿牛車而索之之語即示藏教為方便教也。）

二、通教以真性軌為乘體。以即空慧為觀照，眾行為資成。此教詮真，乘是教乘，從三界出，到

薩婆若中住。菩薩出三界已,用行為乘,淨佛國土,教化眾生,乃至道場,乃可名住。亦是有教無人,無誰住者。亦是教謝證寂,無復運義。亦有索車之意云云。(案通教菩薩雖以真性軌為乘體,而此教乘所詮之真亦不能運,故亦為方便教,以同為灰斷佛故。教謝證寂,灰斷佛故,無誰住者,故「有教無人」。)

三、明別教三法者,以緣修觀照為乘體,諸行是資成。以此二法為緣修智慧。慧能破惑顯理,理不能破惑。理若破惑,一切眾生悉具理性,何故不破?若得此慧,則能破惑。故用智為乘體。故大經云:「無為無漏名菩薩僧」,即是一地二地乃至十地智慧,名智慧乘莊嚴。以此智慧運通十地,故為乘體。

然攝大乘明三種乘:理乘、隨乘、得乘。理者即是道前真如。隨者即是觀真如慧隨順于境。得者一切行願熏習熏無分別智,契無分別境,與真如相應。此三意一往乃同于三軌,而前後未融。何者?九識是道後真如。真如無事。智行根本種子皆在黎耶識中。熏習成就,得無分別智光,成真實性。是則理乘本有,得今có。道後真如方能化物。此豈非縱義?若三乘悉為黎耶所攝,又是橫義,又濫冥初生覺。既縱既橫,與真伊相乖。

元夫如來初出,便欲說實。為不堪者,先以無常遣倒,次用空淨蕩著,次用歷別起心,然後方明常樂我淨。龍樹作論申佛此意。以不可得空洗蕩封著習應一切法空,是名與般若相應。此空豈不空于無明?無明若空,種子安在?淨諸法已,點空說法,結四句相。此語虛玄,亦無住著。如病除已,乃可進

食，食亦消化。那得發頭據阿黎耶出一切法？本之見慢全自未降，封此新文，若長冰添水。故知彼論非逗末代重著眾生，乃是界外一途法門耳。又阿黎耶若具一切法者，那得不具道後真如？若言具者，那言真如非第八識？恐此猶是方便，從如來藏中開出耳。若執方便，巨妨真實。若是實者，執之又成語見。多含兒蘇，恐將天命。若能善解破立之意，於諸經論淨無滯著也。(案此明別教三法文，前第二章中已錄過，當覆看。今正就三法論別教。實則其所說者亦以觀照軌為乘體。智者所說是就攝大乘論說，此當屬始別教。終別教亦是三法未融，既縱既橫，與真伊相乖。此兩系統曲折甚多，當覆看第一章。然俱非圓教，則自無疑。荊溪釋籤云：「別教中不云索者，據後證道，仍是實乘，故不須索。若據教道，通皆須索。」實則教以導證，教為權教，證亦屬權。凡非圓證皆偏證也。)

四、明圓教三法者，以真性軌為乘體。諸佛所師謂此法也。一切眾生亦悉一乘。不偶名真，不改名性，即正因常住。諸佛所師謂此法也。一切眾生即涅槃相，不可復滅。涅槃即生死，無滅不生。故大品云：「是乘不動不出」，即此乘也。觀照者，只點真性寂而常照，便是觀照，即是第一義空。資成者，只點真性法界含藏諸行無量眾具，即如來藏。(荊溪釋籤云：「言圓乘體者，皆須從初因以至果。因果所取名為乘體。前之二教雖即同有真性、觀照，能照所照但依權理。別教教道又以地前緣修方便而為乘體。故前三教所明乘體皆不至極。未極息教，是故圓教乘體從始至終，而非始終。是故達到，乘義猶在。故以真性始終不
索車。圓教乘體從始至終，而非始

動而為車體。故此車體非運而運。」）

三法不一不異。如點如意珠中論光論寶，光寶不與珠異，不縱不橫。三法亦如是，亦一亦非一，不可思議之三法也。若迷此三法，即成三障。一者界內界外塵沙障如來藏。二者通別見思障第一義空。三者根本無明障第一義理。

若即塵沙障達無量法門者，即資成軌得顯。若即見思障達第一義諦者，真性軌得顯。若即無明障達第一義諦者，觀照軌得顯。真性軌得顯名為法身。觀照軌得顯名為般若。資成軌得顯名為解脫。此兩即是定慧莊嚴。法身是乘體，定慧是乘具。下文云：「其車高廣，眾寶莊校。」（「下文」指法華經經文說。以此玄義在前，故以經為下文。）是名圓教行人所乘之車。薩婆若，過茶無字可說。無字可說，亦應無乘可運。若自行運畢，乘義則休。以此度眾生」，即其義也。譬如御者，運車達到，猶名為車。果乘亦爾，猶名為運。

復次，何必一向以運義釋乘？

若取真性不動不出，則非運非不運。若取觀照資成能動能取，即名為運。祇動出即不動出，即不動出是動出。體用不二而二耳。即用而論體，動出是不動出。即體而論用，即不動出即動出。例如轉不轉皆阿鞞跋致（不退轉），動不動皆是毗尼（戒）。以是義故，發趣不發趣皆名為乘也。

・若般與性佛・

案：荊溪《釋籤》解此最後一句云：

言「轉不轉皆跋致」者，《大論》七十七發趣品云：「轉二乘心入菩薩位。第一義中一相尚無，故無所轉，無菩薩位。」此約三乘理性不當轉與不轉。今亦約理而為體用。理體無退，故皆跋致。（跋致是阿鞞跋致之省稱）。「動不動皆毘尼」者，人天毘尼名為不動，無漏毘尼名之為動。雖世出世，皆名毘尼。故圓教若約理論，無動不動。故約理性，無非毘尼，皆具足有一心十戒故也。「動不動皆名為乘。無發不發，皆名為乘。」

荊溪繼之又綜論四教三軌云：

然此四教各具三軌。非但深淺不同，亦乃乘體誠異，以諸乘體不同故也。所以藏別兩教咸以智慧為體，通圓兩教咸以真性為體者，良以體為所乘，未可暫廢。以藏別真性，果滿方成，倘指體在當，以何為運？若用觀照，則從始至終。故通圓居因，即事論性。即事之性果位乃窮。是故兩教真與為乘體。故苦破之，又令兩教，通雖稍優，並不知常，置而不說。別雖同證，教道全權。故苦破之，令同證道。圓雖理極，尚有始終。恐世濫行，故須委辨。是故廣以因果、自他、類例等，釋乘義不息，方名實乘。若得此意，別顯一科義猶指掌。如迷此者，自行何依？秖乘雖闊莊校，車體猶存。忽昧斯旨，乘何而去？能乘、所至，一

・888・

切都廢。是則以火宅爲寶渚，必爲所燒。指煩惑爲能乘，義須傾覆。

案：以上爲「歷別明三法」文。先總明開合，諸權乘悉從如來藏中開出。次約教別明，四教乘體有異。藏教以觀照軌爲乘體，眞不能運，以灰斷佛故也。通教即事而理，以眞性軌爲乘體，雖無生四諦與生滅四諦有異，體法空與析法空有異，然以灰斷佛故，並不知常，故亦眞不能運。通教之中道但異于空，中無功用，不備諸法。蓋以未見如來藏恒沙佛法佛性故，故既不知常，而中道之眞亦不能運。然則通教與圓教俱以眞性軌爲乘體，而畢竟一爲通教，一爲圓教者，其關鍵即在有無存有論的圓具（性具）也。智者說通教是就共般若言，此是有限定的通教。若視般若爲觀法之通式，無任何限定，其自身亦不能決定什麼，則亦不函有存有論的圓具義。智者說不共般若含有通別圓三教，實則即使是不共般若，共般若只是般若之應用于通別圓，而其自身並不能決定其自己以及何者爲通，爲別，爲圓。是故有限定意義的通教，亦以眞性軌爲乘。般若之作用的圓具與性具之存有論的圓具不同也。共般若只是般若之用于小乘，而終于是「眞不能運」者，關鍵唯在不能知如來藏恒沙佛法佛性，故無存有論的圓具也。

不能知如來藏恒沙佛法佛性（佛性常住），固無存有論的圓具，但即使已知之矣，亦不必就能有存有論的圓具，此即別教是。但別教有二形態，既不能熏，亦不被熏，故只以觀照軌爲是以阿賴耶識爲中心，眞性只是眞如理，純爲所顯，乘體，三法未融自甚顯。攝論之理乘，隨乘，得乘，亦如世親佛性論之論三因佛性，佛性即是理佛性（理乘），以無爲如理爲體，即是「二空所顯眞如，由此空故，應得菩提心

及加行等,乃至道後法身,故稱應得。」「應得」者,依此空如理,應可得此等等也。此空如理本身並不是此等等,亦不具不起現此等等,故賢首斥之為凝然真如也。「加行因佛性者,謂菩提心。由此心故,能得三十七品,十地十波羅蜜助道之法,乃至道後法身,是名加行因。」此即是隨乘。「圓滿因佛性者,即是加行。由加行故,得因圓滿,得因圓滿及果圓滿。因圓滿者,謂福慧行。果圓滿者,謂智、斷、恩德。」此即是得乘。加行因與圓滿因,此二者以有為願行為體,此即是事佛性。今有者以有為願行為體,一有為,一無為,有為無為絕異;又既縱既橫,顯非真性伊。世親佛性論是相應阿賴耶系統而說也。故雖知如來藏恆沙佛法佛性,佛性常住,而如來藏只是自性清淨理(無為如理),而恒沙佛法又純屬後起,故教道全權,只是界外一途法門。教道既權,證道雖實,亦非圓實,故亦須有索車之意也。

終別教員如隨緣不變,不變隨緣,非凝然真如,此如來藏真心系統也。惟一真心具足三法,此為不有不無之中道。但此中道仍為「但中」,以本不具十法界故,只由不染而染,隨緣起現,隨緣還滅,始有十法界差別故。是則「但中」之不空是性起的不空,非性具的不空。(始別教連性起亦不可說,只是由後天熏習之有為願行所謂緣修方便以充實那無為如理之但中——應得因佛性,充實之,始成為道後法身。)在性起系統中,真性不只是凝然的空如理,而且是真常心,此似乎不純是以觀照軌為道乘體。始覺固待緣,但真如熏習,亦有內力。始覺即是本覺力之透現,則真性軌之為乘體仍非始終為運也。

由此,亦可說以真性軌為乘體。但此真性軌又必須由斷九而顯,顯後化物又是神通變射,是以觀照軌為乘體。始覺為乘體仍為以真性軌為乘體。觀照、真性俱為乘體,而不圓也。三法亦縱亦橫,

• 890 •

• 第三章 「十不二門指要鈔」之精簡 •

故不圓也。此如前第三節6中所說。修性不圓,故三法不圓,以為性起,非性具故也。故仍屬權教。教道既權,證道雖實,亦非圓實,故亦須有索車之意。(智者說別教無始終之分。亦由于真諦傳唯識學本亦兩系統混合也。)後來荊溪知禮說別教大抵指終別教說。智者之判雖不甚周匝,亦適宜于終別教也。

圓教以真性軌為乘體,然而既不同于通教,亦不同于終別教。其特點唯在存有論的圓具。開權顯實,發迹顯本,在三道即三德下,在「不斷斷」中,總攬三法為一佛乘也。即此佛乘是第一義諦。就此說正因佛性,即真性軌也。不偽名真,不改名性。如此真性亦名中道實相理。祇點真性寂而常照,便是觀照軌,即了因佛性也。祇點真性法界含藏諸行無量眾具,便是資成軌,即緣因佛性也,亦名如來藏。同一佛乘即具三法。真性是客觀地言之之詞,故曰第一義諦,一從「行行」,故曰第一義空,一從「慧行」,故曰如來藏。觀照資成是主觀地言之之詞,一從「慧行」,一為行行,一為慧行。然則就佛乘法理分析地言,雖是一整一法佛性,亦即是客觀中的主觀也。故今祇點真性為觀照,為資成,雖是一整一法佛性。緣了之正因佛性中而為一整一法佛性時,其覺義亦不顯,故為客觀地就法佛性而說的覺佛性也。簡單言之,亦就是客觀中的主觀,為資成,方是主觀中的主觀。然則就佛乘法理分析地言三軌(「祇點」云云即示是分析的),並皆是性德三軌,亦即迷中之三軌也。

此就佛乘法理分析地言的三軌不一不異,不縱不橫,即一而三,即三而一,故為不可思

• 891 •

•般若與佛性•

議之三法也。迷此即為三障：塵沙惑障如來藏，見思惑障第一義空，根本無明障第一義理。「若即塵沙障達無量法門者，即資成軌得顯；若即見思障達第一義空者，觀照軌得顯；若即無明障達第一義諦者，真性軌得顯。」此是分別地對應三障而言三德，並即三障而達三德，若籠綜言之，即是「迷則三道流轉，悟則果中勝用」也。三道即三德，悟是即三道而悟也。

智者法華玄義卷第五下言「三法妙」中第三「明粗妙」，在此明粗妙中對此圓教三法不縱不橫更有美妙之說明：

圓教點實相為第一義空，名之為橫。如來藏即實相。實相不縱，此空豈縱？點實相為如來藏，名之為橫。如來藏即實相。實相不橫，此藏豈橫？點如來藏為空藏。空藏既不縱，空那得縱？點實相為空藏。實藏亦非縱非橫，空藏亦非縱非橫。祇點空、藏為實相。空縱藏橫，實相不縱橫？祇點實相為如來藏。藏既不縱，藏那得橫？點如來藏為空。空既不縱，空那得縱？點實相為空藏。實相非縱非橫，空藏亦非縱非橫。宛轉相即，不可思議，故名為妙。不可以縱思，不可以橫思，故名不可思議法，即是妙也。

……

如是敎乘不縱不橫。五品所乘，到于似解，如是行乘不縱不橫，似解所乘，到于十住，如是證乘，不縱不橫。十住所乘，到于妙覺薩婆若中住，故名妙乘。

• 892 •

案：此末段即以「六即」表此教乘始終之運，亦是「非運而運」。就佛乘法理說的三法即是「理即佛」。聞此名字，即曰「名字即佛」。由觀行而至相似，即曰「觀行即佛」。通過五品第子位（此見下章）而至觀行，即曰「觀行即」與「相似即」。（「五品所乘到于似解」，即指此「觀行即」與「相似即」而言。「如是行乘不縱不橫」，以觀行與相似兩位爲行乘也，以未破無明，未至證乘故。凡此皆見下章。）「似解所乘到于十住位，名曰「分證即佛」。以至十住位始破無明，故曰「證乘」。從十住經十行、十廻向、十地，到等覺位，皆曰「分證即佛」，以雖破無明，未破盡故。「十住所乘到于妙覺薩婆若中住」，即從十住位起，經十行、十廻向、十地、等覺，而至妙覺位，即佛果位，此曰「究竟即佛」。婆婆若者即一切種智也。從「理即」起，到「究竟即」止，皆乘體在運也。乘體，綱領地言之，即是眞性軌；分析地言之，以只點眞性爲觀照資成故。總而言之，即曰佛乘，以總攬三法爲一佛乘故。「是名圓教行人所乘之乘。到娑婆若，過茶無字可說，亦應無乘可運。若自行運畢，乘義則休。」若權化未畢，則運他不休。」然圓教，自行與化他永不離也，本即九界、十界互融，而爲佛故。是故非運而運，運義永在也。「過茶無字可說」，亦可說「教謝證寂」。然法身常住，教時時謝，證時時寂，時時證；而乘體之運亦時時休，時時運也。是故云：「若取眞性不動，則非運非不運。若取觀照資成能動能出，則名爲運。祇動出即不動出，即不動出是動出。即用而論體，即體而論用，即不動出是動出，體用不二而二耳。」

如此教乘，若就三道即三德，不斷斷，而言，則展示其義理根據即是一念無明法性心即具十法界之存有論的圓具（性具）這一系統。此由開權顯實，發迹顯本，決了聲聞法及通別

敎菩薩法，低頭舉手無非佛道，何況聲聞行，何況菩薩行，而成者。決了此諸權乘，令知是權而不滯于權。若不滯于權，則雖權而亦實，皆佛法也。展示之以「一念無明法性心」，決了生滅四諦，無生四諦，有作無量四諦，而皆歸于無作無量四諦也。決了別敎言，決了生滅四諦、無生四諦者，令其進至如來藏恒沙佛法佛性也。決了別敎言，決了阿賴耶識而非妄心（妄心是主，正聞熏習是客）也，故言性具或理具，就終別敎言，決了如來藏心而非眞心（隨緣不變隨緣）也，故言一念無明法性心即具十法界。此種語句是決了別敎法後，就圓佛之不斷斷而說也，乃是就圓佛之不斷斷而詭譎地說敎法而非唯眞心，就圓佛之不斷斷而說也，亦非八識之任一識，或中道實相理。若如此，則安可通？是故一念心既非眞心，亦非八識之任一識，乃是就圓佛之不斷斷而詭譎地說的不思議境也。性具或理具亦然。「即無明」之法性即眞性，第一義諦，此種語句是決了別敎通敎之觀法上的中道空（中但異于偏空，無功用，不備諸法）以充實而莊嚴之，使之備諸（理性佛性）雖備諸法矣，然却是只待緣修之加行（正聞熏習）以充實而莊嚴之，使之備諸法而爲法身，而非性起地備諸法，亦非終別敎之隨緣眞如（眞心隨緣不變不變隨緣）而乃是總攬已是性起地備諸法矣，而却非性具地備諸法，（此兩別敎皆可說爲但中之理）而乃是總攬三法爲一佛乘，就圓佛之不斷斷而詭譎地說的「一切法趣色趣空趣非色非空」之圓中（不但中），故曰性具或理具，亦曰三道即三德也。

言至此，吾人經過一長串之展轉引申而復歸于首章之所說。吾觀此一系統，從首章起，到本章本節止，其中之一切辭語可說都是分析的，套套邏輯地必然的。然却是在批判的考察下，在不斷斷之性具系統中而爲詭譎方式下之分析的，套套邏輯地必然的。此與華嚴宗之就毘盧遮那佛法身法界展示爲法界緣起，就此法界緣起而說三觀十玄，緣起六相，以明一切相

・894・

即相入,圓滿無盡,圓融無礙,而為圓教者,完全不同。蓋此後者之為圓教純是就法界緣起之緣起義而為展轉引申,亦可以說只是緣起性空一義之套于佛法身上之分析的展示。此種圓教只是分析的圓教,所因處拙,並非就所因處拙通過批判的考察而立圓教。此種圓教是不能決定什麼事的。而天臺圓教却正是就彼別教一乘圓教之所因處拙而批判地詭譎地建立圓教,故為真圓教也。若只就佛法身而為分析的展示以明圓,此則乃不言而喻,所謂不成問題者,故于此說圓教,這圓教乃不能決定什麼者。吾于此兩圓教,皆詳為展示。讀者一經比觀,便可知其不同;而究如何為圓教亦可不辯而明矣。

第七節 附論荊溪金剛錍「無情有性」義

荊溪無別新意,亦無不同于智者。其主要工作唯在疏通智者之三大部。輔行是釋摩訶止觀者,釋籤是釋法華玄義者,文句記是釋法華文句者。其釋此三大部是逐句逐段科判地釋之,或只疏通其次第,說明典故之出處,或點示而補充其義理,詳瞻精審,出入通透,而從無溢出或違離智者之規範,此見其學力之深與家法之嚴;然而亦特為煩瑣,讀者不耐。吾愧亦未能全讀,或亦不須全讀。然若能耐心讀之,則必增加義理之浸潤與印持。蓋吾人常是浮皮恍惚,並不易至彼等之程度也。

荊溪之主要工作雖只疏通智者之作,然彼復有自作之金剛錍,正式聲言「無情有性」,此似為智者所未言。然衡其所言之「無情有性」之實義,則知仍未越出智者之規範,只是「性具」之轉語耳。不值如何誇大也。

· 895 ·

據傳,此一問題乃隱對賢首而發。文云:

於是野客恭退,吳跪而詰曰:波水之譬,其理實然。僕曾聞人引大智度論云:真如在無情中但名法性,在有情內方名佛性。仁何故立佛性之名?

余曰:親曾委讀,細檢論文,都無此說。或恐謬引章疏之言,世共傳之,汎爲通之。此乃迷名而不知義。

金剛錍是借問答抒義。野客所聞之人引大智度論云,此人即隱指賢首而言。而荊溪則云:「親曾委讀,細檢論文,都無此說。」大智度論中亦可能「都無此義」,而此義亦並非定是錯。蓋一般人所說佛性是指實踐地能成爲佛之根據而言,而此根據即是緣了二因性。能實踐地表現緣了二因性以至佛果,方可名曰有佛性。如是,則一切眾生(有情)皆有佛性,皆可成佛,是則其可。若說牆壁瓦石無情之物亦能實踐地表現緣了二因性也。然則說無情有性無性皆可也。以下試就金剛錍明「無情有性」之實意。

金剛錍言「無情有性」是就大涅槃經之佛性義而引申出。大涅槃經有「非佛性者,謂牆壁瓦礫」之語(見卷三十六迦葉品第十二之四)。然則若不通貫觀之,只依此語,則亦可說大涅槃經亦主無情無性。但涅槃經是捃拾教,帶權說實。教部有權實,佛性有進退。正因佛性,豈是一往說「無情無性」耶?涅槃經先以虛空譬正因佛性,非內非外,遍一切處。正因佛性,依

涅槃經，即是中道第一義空，是客觀地說的法佛性，此既非內非外，遍一切處，自亦遍及無情之物。但為對治、帶權門說，則「緣了猶局」。局則不及于無情之物，則是「權緣了」也。「若頓教實說，本有三種，三理元遍，達性成修，修三亦遍。」是則不但正因遍一切處，即緣了亦遍也。然則荊溪說「無情有性」，其實意從可知矣。關于涅槃經之教部權實，佛性進否，以及荊溪之抉擇經文，吾已詳言之于涅槃經章第五節，讀者當覆看，茲不重複。今順此權實義，看荊溪之意。

客曰：何故權教不說緣了二因遍耶？

余曰：眾生無始計我我所，從「所計」示，未應說遍。涅槃經中帶權說實，故得以空譬正。未譬緣了。若教一向權，則三因俱局。如別初心，聞正亦局。藏性理性一切皆然。所以博地聞無情無。依迷示迷，云「能造」是。附權立性，云「所造」非。又復一代已多顯頓。如華嚴中，依正不二，普賢普眼三無差別。大集：染淨一切融通。淨名：不思議毛孔合納。思益（思益梵天所問經）：本末實相皆如。般若：諸法混同無二。法華，別指方隅。若執實迷權，尚失于實。執權迷實，則權實俱迷。驗子尚昧小乘由心，故暗大教心外無境。

……

今搜求現未，建立圓融。不弊性無，但因理壅。故于性中點示體遍，傍遮

• 897 •

偏指清淨真如。尚失小真，佛性安在？他不見，空論無情性之有無，不曉一家立言大旨。故達唯心了體具足，焉有異同？若不立唯心，一切大教全為無用。若不許心具（一念心具），圓頓之理乃成徒施。信唯心具，復疑有無，則疑己心之有無也。故知一塵一心即一切生佛之心性，何獨自心之有無耶？以共造故，以共變故，同化境故，同化事故。故世不知教之權實，以子不思佛性之名從何教立，無情之稱局在何文。已如前述。

故子應知萬法是真如，由不變故；真如是萬法，由隨緣故。子信無情無佛性者，豈非萬法無真如耶？故萬法之稱寧隔于纖塵？真如之體何專于彼我？是則無有波之水，未有不濕之波。在濕，詎間于清濁？為波，自分于清濁。雖有清有濁，而一性無殊。縱造正造依，依理終無異轍。若許隨緣無變，復云無情有無，豈非自語相違耶？故知果地依正融通，並依眾生理本故也。此乃事理相對以說。若唯從理，必不得云波中無水。如迷東為西，只可云東處無西，終不得云西處無東。若唯從迷說，則波無水名，西失東稱。情性合譬，思之可知。無情有無，例之可見。

⋯⋯

案：此種三因體遍，只依「心外無境」而說。而心者煩惱心也。故云：「故于性中點示體遍，傍遮偏指清淨真如。」即「傍遮偏指清淨真如心」也。此為知禮所常引之句。是故言三因體遍正由一念心具即性具而言。未曾越出智者原有之義理。一念三千，故心是萬法；而法不

出如，故性即是真如。此非以真常心為性也。是故「萬法是真如，由不變故」，即萬法以如為相，以如為位，故位相常住也。「真如是萬法，由隨緣故」，即法性即無明，以即無明故，故即是心也。一說心，即是萬法，故凡說心或萬法即緣起法也，故必隨緣。此非言真心不染而染而隨緣也。故荊溪此語亦與賢首所說「不變隨緣，隨緣不變」不同。在賢首，不變、隨緣、俱指真心說，而在荊溪，則不變指性，隨緣指心也。故荊溪止觀大意亦云：「隨緣不變故為性，不變隨緣故為心。」凡此已于本章第一節中引過，並常隨文解說，不煩重述。

故真如隨緣即佛性隨緣。佛之一字即法佛也。故法佛與真如體一名異。故佛性論第一云：「佛性者，即人法二空所顯真如。」當知真如即佛性異名。華嚴又云：「眾生非眾生，二俱無真實。如是諸法性，實義俱非有。」言「眾生非眾生」，豈非情與無情二俱隨緣，並皆不變，故「俱非有」？所以法界、實際，一切皆然。故知法性之名不專無情中之真也。以由世人共迷法相名異體一故也。

然雖體同，不無小別。凡有「性」名者，多在凡在理，如云佛性，理性，真性，藏性，實性等。無「性」名者，多通凡聖、因果、事理，如云法界及實相等。如三昧，陀羅尼，波羅蜜等，則唯在于果。所以「因」名佛性等者，眾生實未成佛得理，證真開藏。以煩惱生死是佛等性，示令修習名佛等性。而諸教之中諸名互立。涅槃經中多云佛性者，佛是果人。言一切眾生皆有果人之性，故偏言之。世人迷故，而不從果。云眾生有，故失體遍。

又云遍者，以由煩惱心性體遍，云佛性遍。故知不識佛性遍者，良由不知煩惱性遍故。唯心之言豈唯真心？安能了知生死色遍？色何以遍？色即心故。依報共造，正報別造。豈信共遍，不信別遍耶？能造所造既是唯心，心體不可局方所故，所以十方佛土皆有眾生理性心種。

案：此以真如為佛性，故佛性是法佛性也。于中引及世親佛性論。天臺宗言真如，法性，實相等，詞意無殊于空有兩宗（唯實相字偏屬空宗般若學，唯識中罕見，非不可言）。唯依圓教，圓談法性，故不同于彼。圓法性者，一念心具性具是也。故心是無明法性心，即陰識心，煩惱心，此則同于唯識宗之識心，然却不是唯識宗之分解地說的八識系統之識，而是將分解說的八識，在三道即三德下，緊吸于一念而為不思議境的識——煩惱心。此心是萬法，法不出如，即是性具萬法，亦曰理具萬法。性具或理具者，即一切法趣色（趣心）趣空趣非色非空，是趣不過之謂也。故就性言，為圓談法性；就理言，為中道實性理。性或理仍為抒義字，非實體字。此仍不失佛法家風。故心為煩惱心，非性、理、中之詞義，亦非真心。故云：「唯心之言豈唯真心？」其不同于唯識與中觀者，唯在圓性圓理圓中，不具備一存有論的圓具。（因具而圓，不圓則決定于是否性具有別也。而圓不圓具，名曰佛家式的存有論。中論只是觀法之通式，不具備一存有論的圓具。萬法之有，世間相常，此即為佛家式的存有論，因具而有也。法不出如，亦可三千宛然即空假中，此即為佛家式的存有論，非言法有自性，亦非分解地立一超越體也。此不得有誤解。唯識宗之中道法性由緣修（正聞熏習）始備諸法，非性具也，故為始別教。而一念圓具而保住萬法，名曰佛家式的存有論。法不出如，亦可一相不立，亦可三千宛然即空假中，而常也。法有自性，亦非分解地立一超越體也。此不得有誤解。）般若之作用的圓尚非此性具之存有論的圓。唯識宗之中道法性由緣修（正聞熏習）始備諸法，非性具也，故為始別教。而一念

心即具十法界之一念心是開決了八識而成者。故雖同為妄心,而非阿賴耶系統也。心義不變,而教法全異也。不得因教法異,而謂心與性之詞意亦異也。〈華嚴宗之中道法性指真心言,此則稍不同。真性即真心,變為實體字,自此始。(圭峯宗密言靈知真性即此真常心)。由此而言不染而染,隨緣起現,故曰「性起」。性起亦非性具,故為終別教,非圓教。「一念心即具十法界」亦是開決了此真心而成者,故非性起地唯真心,而唯就性具論實相,圓談法性。真心即在三德處呈現;而三道即三德,故在圓頓止觀處呈現也。此只是一寂照境,而非一實體字。〈起信論與華嚴宗將此佛境倒轉為因地,名之曰如來藏自性清淨心,預設之以為底據,由其不染而染,以性起地明諸法,此雖亦可說,然亦是權說,故終為終別教也。既是權說,故須開決。

開決了阿賴耶妄識與如來藏真心而成為一念無明法性心,故煩惱心遍,即生死色遍。心遍色遍,即法性遍,法不出如故。法性遍,故佛性遍。佛性者法佛之性也。不惟正因佛性(中道第一義空)遍,即緣了二佛性亦遍也。然此兩遍恐有不同。正因佛性遍是法理遍,此無問題。然緣了二佛性遍,則只是即三千法而為緣了,故緣了遍一切處,祇點真性法界含藏諸行無量眾之物亦能實踐地表現緣了也。祇點真性寂而常照,即為觀照;祇點真性法界含藏諸行無量眾具,即如來藏,便是資成。真性遍,則觀照資成亦遍。然却並不因此即謂牆壁瓦石能實踐地表現觀照與資成(般若與解脫)也。是故:

客曰:仁所立義,灼然異僕于昔所聞。僕初聞之,乃謂一草一木,一礫一塵,各一佛性,各一因果,具足緣了。若其然者,僕實不忍。何者?草木有生

佛性與般若

有滅,塵礫隨劫有無。豈唯不能修因得果,亦乃佛性有滅有生。世皆謂此以為無情,故曰無情不應有性。僕乃誤以世所傳習難仁至理,失之甚矣,過莫大矣。

余曰:子何因猶存無情之名?

客曰:乃僕重述初迷之見。今亦粗知仁所立理,只是一一有情心遍性遍。心具性具,猶如虛空。彼彼無碍,彼彼各遍。身土因果無所增減。故法華云:「世間相常住」。「世間」之言,凡聖、因果、依正攝盡。

⋯⋯

余曰:大略雖爾,未曉子情。

客曰:仁所立義關諸大教,冀垂聽覽。僕略論之,問「三無差別」,即知我心,彼彼眾生、一一刹那無不與彼遮那果德、身心依正,自他互融,互入齊等?(索此文前曾列有四十六問,最後一問即為心佛眾生三無差別。)我及眾生皆有此性,故名佛性。其性遍造、遍變、遍攝。世人不了眞敎之體,唯云無情,不云有性。是故須云:無情有性。了性遍已,則識佛果具自他之因性,我心具諸佛之果德。果上以佛眼佛智觀之,則唯佛無生。眾生以我執取因中若實慧實眼冥符,亦全生是佛,無別果佛。故生外無佛。之,即無佛唯生。初心能信敎仰理,亦無生唯佛。亡之,則無生無佛。照之,則因果昭然。應知眾生但理,諸佛得事;眾生但事,諸佛證理。是則眾生唯有迷中之事理,諸佛具有悟中之事理。迷悟雖殊,事理體一。故一佛成道,法界

無非此佛之依正。一佛既爾,諸佛咸然。衆生自于佛依正中,而生殊見,苦樂昇沉,一一皆計爲己身土,淨穢宛然,成壞斯在。仁所問意,豈不略爾?

案:此借客口說正意也。客初以爲「無情有性」是指「一草一木,一礫一塵,各一佛性,各一因果,具足緣了」而言。及聞論主解說,乃知不然。此是「誤以世所傳習難仁至理」。然則荊溪所謂「無情有性」並非如「世所傳習」者以爲草木瓦石亦「具足緣了」也。既不如此,則說無情無性亦未始不可。蓋世所傳習,普通所謂有佛性者,即有其成佛之根據也,而此正指緣了二因性而言,則與無情無性亦無二致,即並非矛盾地相遮也。今既言無情有性,即吾所謂主觀的主體性也。荊溪所謂「無情有性」,佛既是指「法佛」而言,則佛性即是法佛也。此與普通所說「一華一法界,一葉一如來」相同。「一葉一如來」即是佛也。而此法佛性是由三因體遍而說。不惟正因佛性遍一切處,即其所謂「遍」者是何意義?曰:緣因佛性既指解脫斷德而言,則解脫是即三千法而爲解脫,故了因佛性既指般若智德而言,則般若是即三千法而爲般若,因此,般若解脫不隔于纖塵,故云緣了遍一切處也。是故性德三因遍一切處,修德三因,究竟三因亦遍一切處。草木瓦石即在此三因佛性之「遍一切處」處而一起登法界,即一起爲佛──爲法佛也,因此而得曰亦有佛性也。正因滿,爲法身。法身遍三千法而爲法身,則法身遍一切處,即草木瓦石亦皆在此法身中也。一空淨一切空淨(中道第一義空之空),故草木瓦石亦有正因佛性也。霑溉于此佛格,是在正因佛性之滿現中而亦霑溉于此佛格也。嚴格言之,是在正因佛性之滿現中而亦霑溉于此佛格也。霑溉于此佛格,故亦得有此佛格矣。佛性

者即佛格也。在因地,是根據義。在果地,是佛格義。但草木瓦石之有佛格是霑溉地有,非謂其本身能實踐地表現爲法身也。雖在佛法身中,佛無「情無」之分,然不分而分,佛與草木瓦石畢竟有異。緣因滿爲解脫,了因滿爲般若,即三千法而爲解脫與般若,則草木瓦石亦盡在般若與解脫中而得云有此緣了二佛性地有,非謂其本身能實踐地表現緣了而具足緣了也。此有亦是霑溉地有,亦可說是存有論地有,非實踐地有,非積極地自證之有。後來知禮言蛣蜣竟究,究竟蛣蜣,亦如此也。非謂蛣蜣能自證悟而可以「六即」判其證悟之經過也。其可以六即判者,亦是霑溉地判:吾在理即中,乃至吾在究竟即中,蛣蜣亦在究竟即中。一清明一切清明,一昏闇一切昏闇,不足驚怪。

是故「云遍者,以由煩惱心性體遍,云佛性遍。故知不識佛性遍者,良由不知煩惱心性體遍故。唯心之言豈唯眞心?子尙不知煩惱心遍,安能了知生死色遍?色何以遍?色即心故。能造所造既是唯心,心體不可局方所故,所以十方佛土皆有衆生理性心種。」此是天臺家言佛性遍之綱格也。從「煩惱心性體遍」說起,即是性德三因遍一切處。依報(國土)正報(報身)皆是心造。三因佛性含具三身。依報遍,正報亦遍。三因佛性豈不遍耶?是故...

言心造心變咸出大宗。小宗有言,而無其理。然諸乘中,其名雖同,義亦少別。有共造依報,各造正報;有共造正報,各造依報。衆生迷故,或謂自然、梵天等造。造已,或謂情與無情。故造名猶通,應云心變。心變復通,應

遍。）

云「體具」。以無始來，心體本遍。故佛體遍，由生性遍，故即無明之法性亦遍。即無明之法性即是眾生之性。眾生之性遍，故佛體亦遍。（煩惱心體本遍，阿賴耶妄識也。）

遍有二種：一寬廣遍，二即狹遍。所以造通于四（言「心造」通于四教），變義唯二（言「心變」唯別圓二教）。即具唯圓及別後位（言「即具」則唯限于圓教及別教後位）。故藏通造六，別圓造十。（此言藏通二教只言心造六法界，以只言六識，不及第七第八故，亦以不知如來藏恒沙佛法佛性故。別圓二教則言心造十法界。）此六及十括大小乘教法罄盡。由觀解異，故十與六各分二別。（十法界中分別圓兩種差別，六法界中分藏通兩種差別，故云「各分二別」。）藏見六實，通見無生。（此言就六法界而言，藏教是實有二諦，通教是幻有空二諦，亦是體法析法空，亦是無生四諦，故云「藏見六實」。）別見前後生滅，圓見事理一念具足。（此言別教于十法界見到道前九法界生道後九法界滅而成佛界。此義通于始終兩別教。圓教于十法界則言一念具十界互融互具，佛即九界而為佛故。藏通于六法界之異，蓋十界互融互具，別圓于十法界之異，此四教之異由於觀解之異而異教則言心造十法界。）此六及十括大小乘教法罄盡。

論生，兩教似等，明具，別教不詮。（此言若論心法緣生，別圓兩教似同，然而若說「即具」，則別教只言性起或熏起，不言性具。言性起者是始別教，不唯如來藏真心，一唯阿賴耶安識也。）言性起者是終別教。一種具等義，非此可述。（此言圓教言性具或理具非彼種識攝

案：以如此之三德體遍言佛性遍，根本未超出性具圓教也。此段文是《金剛錍》總述「性具」之義。心造心變，具不具，皆見于此。此文前又依四教判「佛性無情有無」云：

自《法華》前，藏通三乘俱未稟性，二乘悍教，菩薩不行。別人初心，教權理實。以教權故，所稟未周。故此七人可云無情，不云有性。草木與地四微何殊？舉足，二。心外無境，誰情無情？《法華》會中，一切不隔。無乖先志。豈至今日，修途，皆趣實渚。彈指，合掌，咸成佛因。與一許三，云無情無？

據此，則知「無情有性」是依《法華》開權顯實，發迹顯本，一切不隔，因而立性具圓教，心遍色遍性遍，故三德遍，而說無情之物亦霑漑地具有佛格也。本非說草木瓦石亦能實踐地表現緣了。此旨在明圓教，不在爭講無情之物是否能自覺地成佛也。

《金剛錍》大義已具于上。本節當與首部《涅槃經》佛性義章第五節合看。

具種子之義也。故不可以彼種具等義說此性具或理具也。故別佛性，滅九方見。（此即「緣理斷九」也。此通兩別教。）（圓人言佛界既是即九界而為佛，故即達九界三道而不隔。蓋三道即三德，故三德圓伊亦隨煩惱心遍，生死色遍，惑業苦之三道遍一切處，而亦體遍一切處也。）

天臺圓教義理大略已盡于上述之三章，而以荊溪「無情有性」終者，示並非新意，亦未超出智者之規範也。

所以有判教而以圓教為終極者，蓋以圓教不明，則佛之究竟義不明故也。所以有取于天臺圓教者，蓋以為必如天臺依法華之一切不隔所說之圓教始能至十法界一體平鋪也。其他權教皆未能至此。凡權說皆不免有曉敬。惟圓教始至一切皆實，故如日當午，罄無側影也。此自是理想的佛。然依法華，現實的釋迦本是近迹，故亦是權佛也。如是，即世間而出世間，則出世即不出世。即世間而論世間，則世間即非世間。亦可說根本無世可出，一相不立。亦可說根本無出世可至，三千宛然即空假中。一切大教皆須至此一體平鋪之境，不獨佛教為然。

此下論圓行圓位，乃就智者大師之「位居五品」而論，以明斷無明之不易。

佛性與般若

第三部 天臺宗之性具圓教

第一分 圓教義理之系統的陳述

第四章 智者大師之「位居五品」

第一節 「安禪而化，位居五品」
第二節 法華玄義正解「圓教五品位」
第三節 法華玄義正解「圓教十信位」
第四節 法華玄義正解「圓教十住位」
第五節 法華玄義正解「圓教十行、十廻向、十地、等覺、妙覺、諸位」
第六節 法華玄義明諸圓位之伏斷
第七節 法華玄義明諸圓位之功用以及通諸教言粗妙
第八節 智者「位居五品兼通六根清淨位」之的義與實義

第四章 智者大師之「位居五品」

第一節 「安禪而化，位居五品」

《摩訶止觀》卷第一上，章安灌頂述緣起中有云：

此之止觀，天台智者說己心中所行法門。智者生光滿室，目現重瞳。行法華經懺，發陀羅尼，代受法師講金字般若。陳隋二國宗為帝師。安禪而化，位居五品。故經云：「施四百萬億那由他國人，一一皆與七寶，又化令得六通，不如初隨喜人百千萬倍」。況五品耶？文云：「即如來使，如來所使，行如來事。」《大經》云：「是初依菩薩」。

案：《摩訶止觀》，智者說，章安灌頂筆錄。筆錄時首述緣起。緣起中首述智者個人之故事。此述簡略。《荊溪止觀輔行傳弘決》卷第一之一隨文疏解云：

初序智者中，先明德業。初生之時，室內洞明，棟宇煥然，兼輝鄰室。凡

· 911 ·

・般若與佛性・

諸俗慶，並火滅湯冷，為事不成。目有重瞳。父母藏撅，不欲人知，而人自知。玉篇云：「瞳者目珠子也」。即黑睛中小珠子也。

「行法華懺，發陀羅尼」者，習律藏已，詣大賢山持法華經。聞光州大蘇山慧思禪師，遙餐風德，如飢渴矣。其地既是陳齊邊境，兵刃所衝，重法輕生，涉險而去。思初見，笑曰：「昔共靈山聽法華經，宿緣所追，今復來矣。」即示普賢道場，行法華三昧。經二七日行道，誦經，至藥王品諸佛同讚藥王菩薩言：「是真精進，真法供養」，豁然入定，照了法華。將證白師，師曰：「非爾弗證，非我不識。所發定者，法華三昧前方便也。所旋持者，初旋陀羅尼。縱令文字法師千羣萬衆，尋汝之辯，不能窮矣。于說法人中最為第一。」[案法華經卷七普賢菩薩勸發品云：「爾時受持讀誦法華經者，得見我身，甚大歡喜，轉復精進。以見我故，即得三昧及陀羅尼——名為旋陀羅尼，百千萬億旋陀羅尼，法音方便陀羅尼。」旋者轉也。智者以三諦配此三陀羅尼。初、旋陀羅尼是旋假入空，轉一切法皆悉入空。二、百千萬億旋陀羅尼是旋空入俗。三、法音方便陀羅尼，此是中道。見法華玄義卷第五上，單行本頁一一二五——一一二八。〕

「代受法師」等者，卽指南岳為「受法師」。南岳造金字大品經竟，自開玄義，命令代講。于是智方日月，辯類懸河，卷舒稱會，有理存焉。唯三三昧，三觀智，用以諮審，餘並自裁。思曰：「可謂法付法臣，法王無事者也。」時慧曠律師亦在會坐。思曰：「律師嘗聽賢子講耶？」曠曰：「禪師所

・912・

第四章 智者大師之「位居五品」

生，非曠子也。」思曰：「思亦無功，法華力耳。」

「安禪而化」至「五品」等者，此出臨終行位也。不出禪定，端坐取滅，故云「安禪而化」。開皇十五年，自荊下鄴。至十六年，重入天台。至十七年，晉王敦請，出至石城。謂徒眾曰：「大王欲使吾來，吾不負言而來。吾知命在此，故不前進。」于石像前，口授遺書云：「蓮華香爐，犀節如意，留別大王。願芳香不窮，常保如意。」索三衣，命掃洒，令唱法華，觀無量壽二部經題，兼讚嘆竟。說十如，四不生，十法界，四教，三觀，四悉，四諦，六度，十二緣，一一法門攝一切法。時吳州侍官等二十五人見石像倍大，光明滿山。又索香湯漱口竟，說十如，四不生，十法界，四教，三觀，四悉，四諦，六度，十二緣，一一法門攝一切法。吾今最後策觀譚玄，最後善寂，吾今當入。時智朗請云：「伏願慈悲，賜釋餘疑。不審何位？沒此何生？誰可宗仰？」報曰：「汝懶種善根，問他功德。如盲問乳，蹶者訪路，告實無益！雖然，吾當為汝破除疑惑。吾不領眾，必淨六根。以損己益他，但位居五品。生何處者，吾諸師友並從觀音，皆來迎我。問誰可宗仰者，汝不聞耶？波羅提木叉（別解脫亦翻為處處解脫或隨順解脫）是汝大師，四種三昧是汝明導。敎汝捨重擔，敎汝降三毒，敎汝治四大，敎汝解業縛，敎汝破魔軍，敎汝調禪味，敎汝遠邪濟，敎汝折慢（慢）幢，敎汝出無為坑，敎汝離大悲難。唯此大師可作依止。」從捨擔下，即是十境。故知若不示人境觀，不任依止。聞鐘磬聲，增其正念。唯長唯久，氣盡為期。云何身冷方復響磬？哭泣著服，皆不應為。」言已跏趺，唱三寶名，而入三昧。即其年十一月廿四日未時，端

・913・

坐入滅。滅後祥瑞等具如別傳。卽是住觀行位,首楞嚴定,而入滅也。五品之言彌可信也。然大師生存,常願生兜率。臨終乃云觀音來迎。當知軌物隨機,順緣設化,不可一準。

「故經云」去,引證大師五品功多。

〔法華經〕隨喜品云:「施四百萬億阿僧祇世界六趣四生衆生,一一皆與七寶,見其衰老,見其將死,化令得果,起六神通,不如初隨喜人百千萬倍。」(案此是略引)。彼第六經初(案卽法華經卷六隨喜功德品開始)舉第五經末(卽經卷五分別功德品末)中,初述小乘居他之福,比于初品,具如經文。初品最少,其功尚多,故云「況五品耶」?此證大師五品功多,其德深也。舉小乘之極多,況大乘之極少。

次引法師品者,為世所依,頒傳佛旨,故名為使。

〔案法華經法師品云:「若是善男子善女人,我滅度後,能竊為一人說法華經,乃至一句,當知是人則如來所遣,行如來事。」〕

次引大經(大涅槃經),亦證大師位也。

〔案大涅槃經卷六如來性品經云:「若復有人具煩惱性,未斷無明,能知如來秘密之藏,是名初依。」若準圓位,五品、六根,並名初依。具煩惱性,相似、知秘密藏,亦得名為觀行。須陀洹人,斯陀含人,為第二依。阿那含人為第三依。阿羅漢人為第四依。四依義通圓別。約圓

・第四章 智者大師之「位居五品」・

教說，五品位及六根清淨位為初依。十住為二依。十行及十迴向為三依。十地及等覺為四依。參看法華玄義卷第五上，單行本頁一一四五——一一四六。〕

案：以上為荊溪疏解「安禪而化，位居五品」。然仍略而不詳。蓋只由法華經舉出「五品」一詞耳。吾人只知初是隨喜品，至于二、三、四、五品尚不知也。摩訶止觀第七章正修止觀，第六，觀禪定境中，于因緣發時，以十法門觀之。十法門中言及第八「識次位」云：

識次位者，三惡輕重，皆由無明、惡行，不善愛、取，所致也。三善高卑，亦由無明、善行，不動行、愛、取、有，所致也。

若翻無明，愛、取，起生滅智者，即三藏中「慧解脫」賢聖位。

若只修「性念處」，不得「滅盡定」之阿羅漢名「慧解脫」。此就藏教慧解脫賢聖位之高下而言識次位。〕

若轉行，有、起觀、練、熏、修，行行功德，即是三藏「俱解脫」賢聖位高下也。小大迦羅，類此可知。〔索得滅盡定之阿羅漢曰「俱解脫」。因中修「性念處」及「共念處」，證果時，三明八解一時俱得，故名「俱解脫」。慧解脫及俱解脫是就藏教聲聞乘而言。小大迦羅則是指辟支佛乘，即緣覺乘，而言。「迦羅」即是「辟支迦羅」之省稱。辟支迦羅與大辟支迦羅之分。宿世偏修性念處者為小，兼修共念處者為大。有小辟支迦羅與大辟支迦羅之分義。又修福種相好，現神通，說法者為大，否則為小。詳見法華玄義卷第四

・915・

下論「位妙」中二乘位及四教義二乘位對「智行」而言，智行是慧，行行是定。

翻五度，成于行、有；般若翻無明，愛、取，調伏諸根，即有三僧祇位也。〔索此就三藏菩薩位之三阿僧祇位次位。從初釋迦至剧那尸棄佛時，名第一阿僧祇劫。從剧那尸棄佛至燃燈佛時，名第二阿僧祇劫。從燃燈佛至毗婆尸佛時，名第三阿僧祇劫。〕

若翻無明、愛、取，體達即真，翻行、有，修六度，如空種樹，四忍者，下忍、中忍、上忍、世第一忍（佛）也。但若就「體達即真」說，此亦可是通教之三乘共位。如是，則四忍當為伏忍、信忍、柔順忍、無生忍。〕

翻無明、愛、取，生道種智；翻行、有，成歷劫修行，諸度神通淨佛國土，成就眾生，即有六輪位行高下。〔索此當就別教菩薩位說。〕

位行高下也。

若翻無明、愛、取，體達即真，翻行、有，修六度，如空種樹，諸度神通淨佛國土，成就眾生，即有六輪位行高下。〔索此就三藏菩薩位之百劫位及佛果位而說。〕

十二因緣，一人一念悉皆具足。空則是大乘。癡如虛空，十二門論云：「空名大乘。」普賢、文殊、大人所乘，故名大乘。」大品云：「是乘不動不出，若人欲使法性、實際、出者，是乘亦不動不出。」大經云：「一切眾生即是一乘。」如此等，名「理即是」。

由「理即是」，得有「名字即是」。從初發心，聞說大乘，知眾生即是

• 若般與性佛 •

• 916 •

第四章 智者大師之「位居五品」

佛。心謬取著，故不能觀行。如蟲食木，偶得成字。

由「名字」故，得有「觀行」。如前所說七番觀法，通達無碍，即是行處。〔案「如前所說七番觀法」者，即此第八「識次位」前觀不思議境、起慈悲心、巧安止觀、破法遍、識通塞、修道品、對治助開之七番也。後兩番為能安忍，無法愛。共為十番，即摩訶止觀之十法成乘也。〕

由「觀行」故，得有「相似」。發得初品，止是圓信。二品誦讀，扶助信心。三品說法，亦助信心。此三皆乘急戒緩。四品少戒急。五品事理俱急，進發諸三昧、陀羅尼，得六根清淨，入鐵輪位也。〔案此列舉五品位名。由第五品位進入六根清淨位，即「相似即」位，亦即鐵輪位。五品與六根清淨連說，觀行與相似連說。說「位居五品」者，據低說耳。實則不如此之限定也。〕

由「相似」故，得有「分證」。三道即三德，豁然開悟，見三佛性，住三涅槃，入秘密藏，清淨妙法身，湛然應一切，乃至等覺，悉是「分證即」。轉無明，生智慧明，如初日月，乃至十四日月。所有識名色法身，漸漸顯現，猶如月體。

由「分證」故，得有「究竟」。三德圓滿：究竟般若，妙極法身，自在解脫。過荼無字可說也。〔案「荼」字亦寫作「荏」字，音譯不同耳。若寂滅真如，有何次位？初地即二地。地從「如」生，「如」滅，「如」無有生；或從「如」無有滅。一切眾生

· 917 ·

即大涅槃,不可復滅。有何次位高下大小耶?不生不生不可說。有因緣故,亦可得說。十二因緣法爲「生」作因。如畫虛空,方便種樹,說一切位耳。若人不知上諸次位,謬生取著,成增上慢,卽菩薩梅陀羅。〔案梅陀羅,此云嚴幟,謂以嚴飾自幟。印度俗,操屠戶賤業者,特有標幟,名梅陀羅。此借用耳。取義爲「殺者」,殺菩薩慧命也。〕

據此文,則智者之「位居五品」,乃「六即」中之「觀行、相似即」位(不只觀行即位),亦即六輪位中之鐵輪位也。五品位者,依法華經,初品隨喜,發圓信。二品誦讀。三品說法。此三皆乘急戒緩。四品少戒急(戒屬事,乘屬理),進發諸三昧,陀羅尼,得六根清淨,入鐵輪位。依此,是第五品位就智者稍爲申展言之,有以下之特點,即,

(一)六根清淨。〔智者自云:「吾不領衆,必淨六根。」〕(二)事理俱急。(三)損己益他,說法第一。(四)未斷無明,具煩惱性知秘密藏。依此四點,故得名爲「觀行、相似即」位,不只「觀行即」位。(亦言「分證即」(亦言「分眞即」)者,非慧解不及,乃因「損己益他」。「行行」不至此位。只是伏道位。未得斷道位。

又摩訶止觀第七章正修止觀,第一觀陰界入境中,以十法門觀心,十法門中之第四法門即「破法遍」。于此破法遍中,明中道止觀破法遍時,言及修中觀位,有云:

今明圓教。五品之初只是凡地,卽能圓觀三諦,修于中空,坐如來座;修寂滅忍,著如來衣,修佛定慧,以如來莊嚴而自莊嚴,修無緣慈,入如來室。

第四章 智者大師之「位居五品」

始從初品，進入第五，相似法起。見鵲知池，望烟驗火，即是相似位人，入六根清淨也。例如外道，不修念處，永無煖分。二觀亦爾，似解不發。今五品修中，能生似解。轉入初住，即破無明。故華嚴解初住云：「無染如虛空。清淨妙法身，湛然應一切。正使及習一時俱盡，無有遺餘。初發過乎尼。」此之謂也。始自初品，終至初住，一生可修，一生可證。不待位登七地，爾乃修習。

案：進入第五品，即能生「似解」，即是相似位人，故智者之位居五品，此五品位必連六根清淨而說，即「相似位」也。此在圓教，屬十信位。未至「分眞即」者，以至初住始破無明。引華嚴解初住，亦是以初住概括言之，明初發心住爲一重要之關鍵。實則住有十住，此後復有十行，十廻向，十地，等覺，諸位。最後是妙覺位，此即是佛果位。從初住至等覺皆是分破無明，即皆屬「分眞即」。惟妙覺位才是「究竟即」。

復次，「六輪位」者，《菩薩瓔珞本業經》（後簡稱《瓔珞》者即指此經而言）〈賢聖學觀品第三〉以六寶譬六性以表十住、十行、十廻向、十地、等覺、妙覺、四十二位。一、銅寶瓔珞示十住菩薩，習種性。二、銀寶瓔珞示十行菩薩，性種性。三、金寶瓔珞示十廻向菩薩，道種性。四、琉璃寶瓔珞示十地菩薩，聖種性。（前三種性爲賢位）。五、摩尼寶瓔珞示金剛慧幢菩薩，等覺性。六、水精寶瓔珞示佛果，妙覺性。由此六寶，可轉名六性爲六輪王，如由銅寶瓔珞說銅輪王，由銀寶瓔珞說銀輪王，由金寶瓔珞說金輪王，但于十地聖種性，則未就琉璃寶瓔珞總說爲琉璃輪王，乃分別說爲四天王，忉利天王，焰摩天王，兜率天王，化樂天

• 919 •

王，他化天王，梵天王，光音天王，淨居天王。于等覺性，則說爲「千萬天色寶光瓔珞，覺德寶光相輪，三界王，一切菩薩爲眷屬」，未說爲摩尼輪王。于妙覺性，則說爲「無量功德藏寶光瓔珞，千福相輪，法界王，一生補處菩薩爲眷屬」，未說爲水精寶輪王。吾人可簡略之，以六寶說六輪，此六寶六輪並無鐵輪王。但《釋義品》第四則以十住前十信位爲鐵輪王，而十信位爲凡位也。

荊溪止觀輔行傳弘決卷第一之五釋「六即」處有云：

「『入銅輪』者，《本業瓔珞經》上卷經意以六因位而譬六輪，乃至六性、六堅、六忍、六定、六觀等。皆作瓔珞名者，以其此位莊嚴法身。言六輪者，謂鐵輪十信，銅輪十住，銀輪十行，金輪十向，琉璃輪十地，摩尼輪等覺。輪是碾惑摧伏等義。【案此以六輪說因位，故列及鐵輪十信。經以六輪譬六性，鐵輪十信不在內，而妙覺性在內。】

案：若加鐵輪，則共爲七輪。前六輪譬十信、十住、十行、十廻向、十地、等覺，五十一位，爲因位，後一輪即水精輪則譬妙覺佛果位，共爲五十二位。十住、十行、十廻向，爲三賢位，十地爲十聖位。等覺破最後一分無明，再無所破。故仁王般若云：「三賢十聖住果報，唯佛一人居淨土。」佛是聖果，前五十一位爲聖因。天台圓敎于五十一位前，再列五品弟子位，亦屬聖因。五品弟子位以前便是芸芸覺衆生，唯具佛性者，以及唯解佛性之名者，此兩者名曰「外凡」。五品弟子位與十信位則

• 920 •

曰「內凡」。十信位未破無明，猶屬凡夫。然而卻是「內凡」。「內凡」者已納入佛之軌轍中之凡夫，即已入流之謂也。「外凡」則是門欄外之凡夫。雖在門欄外，不可謂其不具佛性。如是，從此「外凡」起，至彼佛果止，這一長串的修行行位，天台宗以「六即位」綜攝之，如下：

1 理　即：唯具佛性者。………………………………………外凡

2 名字即：唯解佛性之名者。

3 觀行即：五品弟子位：外品。………………………………┐
4 相似即：十信位（六根清淨位）：內品。…………………┤內凡

5 分證即：十住位。…………………………………………┐
　　　　　十行位。　　　　　　　　　　　　　　　　　├三賢位　聖因
　　　　　十迴向位。………………………………………┘
　　　　　十地位。　　　　　　　　　　　　　　　　　┐
　　　　　等覺位。　　　　　　　　　　　　　　　　　├有上士　聖果

6 究竟即：妙覺位。…………………………………………無上士

此中「分證即」亦曰「分眞即」者，「分證」是從證者之主觀的能證方面說，以其證爲部分的證，非全盡的證，故曰「分證」；「分眞」是從客觀的所證方面說，以所證之眞爲部分的眞，非全盡的眞，故曰「分眞」。眞者佛性也。同一佛性開爲三因佛性：一曰正因佛性，二

曰緣因佛性,三曰了因佛性。三因佛性滿,即爲三德,即法身、般若、解脫是。三德所示皆眞實也。

以下詳展各圓位。

第二節　法華玄義正解「圓教五品位」

案《法華經》卷五〈分別功德品〉：

阿逸多！若善男子善女人聞我說壽命長遠,深心信解,則爲見佛常在者闍崛山,共大菩薩諸聲聞衆,圍繞說法。又見此娑婆世界其地琉璃,坦然平正。……若有能如是觀者,當知是爲深信解相。何況讀誦受持之者？斯人則爲頂戴如來。阿逸多！是善男子善女人不須爲我復起塔寺,及作僧坊,以四事供養衆僧。所以者何？是善男子善女人受持讀誦是經典者,爲已起塔,造立僧坊,供養衆僧。……是故我說如來滅後,若有受持讀誦,爲他人說,若自書,若教人書,供養經卷,不須復起塔寺,及造僧坊,供養衆僧。況復有人能持是經,兼行布施、持戒、忍辱、精進、一心、智慧？其德最勝,無量無邊！譬如虛空,東西南北四維上下,無量無邊。是人功德亦復如是無量無邊,疾至一切種智。若人讀誦受持是經,爲他人說,若自書,若教人書,復能起塔,及造僧

案：此經文由「聞是經而不毀訾，起隨喜心」開始，藉「何況」、「況復」等連繫字，層層轉進，由隨喜進至誦讀受持，並爲他人解說，復進至同時兼行六度，復進至同時能正行六度。此中即含有五步驟。智者即由此五步驟開爲五品位。初、隨喜品位，此示深心信解。二、誦讀受持爲第二品位。三、爲他人說，爲第三品位。四、兼行六度，爲第四品位。五、正行或具行六度，爲第五品位。因依法華經而說，故爲圓敎五品位也。

智者法華玄義卷第五上，解此五品位云：

若人宿殖深厚，或值善知識，或從經卷，圓聞妙理，謂一法一切法，一切法一法，非一非一切，不可思議，如前所說；起圓信解，信一心中具十法界，如一微塵有大千經卷。欲開此心，而修圓行。圓行者，一行一切行。略言爲十，謂識一念平等具足，不可思議（觀不思議境）；傷己昏沈，慈及一切（起慈悲心）；又知此心常寂常照，用寂照心破一切法，即空即假即中（破法遍）；又識一心諸心，若通若塞（識通塞），能于此心具足道品，向

• 923 •

舉要言之，其心念念悉與諸波羅蜜相應，是名圓教初隨喜品位。

行者圓信始生，善須將養。若涉事紛動，令道芽破敗。唯得內修理觀，外則受持讀誦大乘經典。聞有助觀之力。內外籍，圓信轉明，十心堅固。……聞有巨益，意在于此。是名第二品位。

行者內觀轉強，外資又著，圓解在懷，弘誓熏動。更加說法，如實演布。……說法開導是前人得道全因緣。化功歸己，十心則三倍轉明。是名第三品位。

上來前熟觀稍熟，未遑涉事。今正觀稍明，即傍兼利物。能以少施與虛空法界等，使一切法趣檀，檀為法界。……餘五亦如是。事相雖少，運懷甚大。此則理觀為正，事行為傍。故言「兼行布施」。事福資理，則十心彌盛。是名第四品位。

行人圓觀稍熟，事理欲融。涉事不妨理，在理不隔事。故其行六度。若布施時，無二邊取著；十法界依正，一捨一切捨；財、身、及命，無畏、等施。（財施、身施、命施、法施、無畏施，皆平等而施）。若持戒時，性重譏嫌等無差別，五部重輕無所觸犯。若行忍時，生法寂滅，負荷安耐。若行精進，身

菩提路（修道品），又解此心正助之法（對治助開）；又識己心及凡聖心（知次位）；又安心不動不墮（能安忍），不退不散（無法愛）；雖識一心無量功德，不生染著（無法愛）；十心成就。（索此即摩訶止觀中以十法門觀心，亦曰十法成乘。）

• 924 •

第四章 智者大師之「五居位品」

心俱靜，無間無退。若行禪時，遊入諸禪，靜散無妨。若修慧時，權實二智究了通達，乃至世智，治生產業，皆與實相不相違背，具足解釋佛之知見，而于正觀如火益薪。此是第五品位。

如此五品圓信功德，東西八方不可為喻。雖是初心，而勝聲聞無學功德。具如經說。（索經者《法華經》也）。

若欲比決取解，類如三藏家別總四念處位。義推亦得是別教十信位。忍位。

私謂（章安自謂）五品位是圓家方便。初欲令易解，準小望大，如三藏之五停心。

初品圓信法界，上信諸佛，下信眾生，皆起隨喜，是圓家慈停心，偏對治法界上嫉妬。

第二品讀誦大乘文字。文字是法身氣命。讀誦明利，是圓家數息停心，偏治法界上覺觀。

說法品能自淨心，亦淨他心，是圓家因緣停心，偏治法界上自他痴。

兼行六度品是圓家不淨停心。若捨貪欲，欲因欲果皆捨去，故諸行去，乃至老死去。六蔽初名貪欲。捨故，無復報身，非淨非不淨也。

正行六度品是圓家念佛停心。正行六度時，即事而理。理不妨道，事妙于道。即事而理，無障可論。大意如此，云云。

案：圓教五品位雖是初階，若論功德，亦勝過聲聞無學功德。以圓為準，初階亦提升也。因此，此初階可類比三藏教之五停心。五停心者，一、修數息觀，數息停心，對治初禪中有覺有觀，攀緣不住。二、修不淨觀，不淨停心，對治貪欲。三、修慈心觀，慈心停心，對治瞋恚。四、修因緣觀，因緣停心，對治愚痴。五、修界方便觀（亦曰修念佛觀）（念佛停心），對治著我，破境界逼迫障（實破界類狹窄障，破我見也。）五停心同，套于圓教說與套于藏教說，其意旨不同。

圓教五品位又可類比藏教之別相四念處位，總相四念處位。別相四念處者，一、觀身不淨（色蘊），二、觀受是苦（受蘊），三、觀心無常（識蘊），四、觀法無我（想行蘊）總相四念處者，一、觀身不淨，受、心、法，皆不淨；乃至四、觀法無我，身、受、心、皆無我。中間二、觀受是苦，三、觀心無常，可例知。

五停心位，別相四念處位，總相四念處位，此三者，在藏教名曰「外凡」，是藏教之「外凡」，非圓教中所謂「外凡」也。圓教中之「外凡」是「理即」與「名字即」。而五品位當身乃屬「觀行即」，乃是內凡之外品。故圓教中內凡之外品即可類比藏教之所謂「外凡」。

圓教五品位又可以義推，如通教之乾慧地，亦得如別教之十信位。

通教菩薩十地（三乘共行之十地）如下：

一、乾慧地：「三乘之初同名乾慧」，即是體法五停心，總相、別相四念處觀。事相不異三藏。此三階法門體陰、入、界，如幻如化；總破見愛八倒，別相、名身念處。受、心、法〔念處〕亦如是。住是觀中，修正勤、如意、根、力、覺、道。雖未得煖法相似理水，而總相智

慧深利,故稱乾慧位也。」(法華玄義卷第四下)。案此乾慧地即外凡位,與藏教五停心,別,總四念處,三位齊。然因是就通教說,故此三位上冠以「體法」二字,因通教是「體法入空」也。若在藏教,則是「析法入空」。是以雖是乾慧,與彼三位齊,然因體法析法之異,故有巧拙不同。此乾慧地雖是三乘共行,然聲聞緣覺既套入通教,則亦捨其在藏教而歸于「體法」也。又,同是外凡,而在通教其意旨亦不同於其在藏教也。

二、性地:「得過乾慧,得煖已,能增進初中後心,入頂法,乃至世第一法,皆名性地。性地中,無生方便解慧善巧,轉勝於前,得相似無漏性水,故言性地也。」(同上)。

案:此性地是內凡位,與藏教煖、頂、忍、世第一、四善根位齊。前五停心位,別相四念處位,總相四念處位,此三位加上此四善根位,在藏教名曰七賢位。賢者鄰於聖而非聖也。通教觀無生四諦,體法入空,故前地以四善根位以「無生方便」說通教菩薩之解慧善巧也。其善巧「轉勝於前」,言從初乾慧地得此無生方便,因此能得於藏教,今仍持續增進,在四善根位中習此無生方便,故其解慧善巧更轉勝於前,因此能得「相似無漏性水」,而得名曰「性地」。所謂無生方便解慧善巧者,乘之人同聞無生四諦,信解分明,故得然也。信無生苦諦者,信五陰、十二入、十八界,苦雖無苦,若不知無苦,則為苦所苦,名曰愚夫。若知無苦,此則無苦而有真諦。信無生集諦者,了一切煩惱業行,皆如夢幻響化,水月鏡像,畢竟空無所有,無和合相。若不知無集,則有結業流轉。知無所有,是則解集無集,是故無集而有真諦。信無生滅諦者,知一切生滅之法皆不可得。設使有法過于涅槃,亦如夢幻響化,水月鏡像,本自不生,今亦無滅。若不知不生不滅,則生滅終

不自滅。若知不生不滅，則生滅自然而滅。是則有滅而有真諦也。信無生道諦者，信一切至涅槃道皆如夢幻響化，水月鏡像，無有二相。是則不見通與不通。若見有二相，有通不通，則無明壅塞。若知不二之相，不見通與不通，則任運虛通，入第一義。是則知道有道而有真諦也。」此種「無生方便解慧」非藏教之觀生滅四諦，析法入空，所能有。然此性地既是通教三乘共行之地，則聲聞緣覺亦捨其藏教之身分而轉入通教之身分，即轉藏教之拙度而爲通教之巧度也。

三、八人地：「八人地位者，即是三乘信行法行二人體見假以發真斷惑，在無間三昧中八忍具足，智少一分，故名八人位也。」（同上）案：八人即八忍。八忍即於欲界四諦忍可印證而成之四種法忍：苦法忍、集法忍、滅法忍、道法忍，以及于色無色界四諦忍可印證而成之四種類忍：苦類忍、集類忍、滅類忍、道類忍，合爲八忍。八忍中即含有八智者，苦法智、集法智、滅法智、道法智、苦類智、集類智、滅類智、道類智。類者比也。言色無色界之四諦亦類比欲界之苦集滅道法忍法智而爲同一流類也。故類忍、類智、智者即無漏觀慧。在無間道中，觀慧證理，名智，乃即定之慧。此忍昧斷惑（斷見惑），名忍，乃即慧之定。在解脫道中之八忍八智爲十六心。八忍八智具足，即少一「道比智」，只成七智，故云「智少一分」也。以至八忍八智具足，十六心滿，即入「見道」，名「見地」也。八忍具足，即斷見惑，此爲「見道」中之八忍八智。但在此八人地，八忍具足，八智却不具足，即少一「道」中之八忍八智具足者爲名，故云「八人地」也。

四、見地：「見地位者，即是三乘同見第一義無生四諦之理，同斷見惑八十八使盡也。」

（同上）。案：八忍八智十六心滿爲「見道」。見道者，「三乘同見第一義無生四諦之理」，亦云「發眞無漏，見眞諦理」（諦觀天台四敎儀）。「發眞無漏」，發證眞之無漏心也。因屬見道，故此地名曰「見地」。此地與藏敎初果（須陀洹果）齊。依藏敎，初果屬見道；斯陀含，阿那含，二、三、兩果屬修道；阿羅漢第四果屬無學道。「斷見惑八十八使盡」者，見惑有八十八使。身見，邊見，戒取，邪見，此五者爲利使。貪，瞋，痴，慢，疑，此五者爲鈍使。此十使歷三界四諦增減不同，成八十八使。謂在欲界苦諦，貪，瞋，痴，慢，疑，十使具足。集諦滅諦各七使，除身見、邊見、戒取。道諦八使，除身見、邊見。如是，歷欲界四諦，共爲三十二使。歷色界、無色界四諦，每諦下再除瞋使，餘皆如欲界。此五十六使加欲界三十二使，共爲八十八使。又，八人地與見地，見理破惑故名見地。障智之惑曰見惑，見地爲斷見之初，見地爲斷見之終。無間精進，不出入觀而斷見也。是故三昧中斷見也。八人地合爲一起說，蓋以同入無間三昧同斷見惑故也。亦因此故，八人地中說諦觀四敎儀于此二地合爲一說，至見地始忍智俱足，十六心滿也。「八忍具足，智少一分」（同上）。

五、薄地：「薄地位者，體愛假即眞，發六品無礙，斷欲界六品，證第六解脫，欲界煩惱薄也。」（同上）。案：上三、四、兩地斷見惑，自此第五地起，斷思惑。思惑即煩惱，此亦曰修惑，修道方面之惑也。故此地與藏敎二果齊，屬「修道」也。思惑障解脫曰思惑，整欲界爲九地，色界四禪爲四地，無色界四定（空處，識處，無所有處，非想非非想處）爲四地，共爲九地。此三界九地，欲界一地就貪瞋痴慢四者說，有八十一品。謂三界分爲九地。九品者，上、中、下又各有上中下也。餘二界八地就貪痴慢三者說，有九品貪瞋痴慢。

亦各有九品貪痴慢。是則三界九地，每地九品，九九八十一品思惑。「發六品無礙，斷欲界六品」，即斷欲界九品中之前六品貪瞋痴慢也。每斷一品，必有無間道與解脫道之兩面。正斷惑之時，即爲無間道。斷已而得解脫，則謂爲解脫道。每一地有九無間與九解脫。無間智者說爲「無礙」，從舊譯也。「發六品無礙」即發六品無間道也。「斷欲界六品，證第六解脫」，尚有三品未斷也。然而欲界煩惱已微薄矣。

六、離欲地：「離欲地位者，即是三乘之人體愛假即眞，斷欲界五下分結盡，離欲界煩惱也。」（同上）。案：此地與藏教三果齊，亦屬修道。「欲界五下分結」者，身見、戒取、疑使、貪使、瞋使也。此欲界五下分結盡，即函欲界九品思惑斷盡也。故云離欲地。

七、已辦地：「已辦地位者，即是三乘之人體色無色愛即眞，斷五上分結七十二品盡也。斷三界事惑究竟，故言已辦地。」（同上）。案：此地與藏教四果齊，聲聞齊此，屬無學道。「五上分結」者，掉擧、慢、無明、色染、無色染也。此地斷此上二界五上分結七十二品盡。至此地，三界八十一品思惑俱已斷盡，故至此地，三界事惑俱已斷竟，故云「已辦」。思惑曰事惑，障事之惑也。見惑是枝末惑。聲聞小乘只限三界內，未透至界外，故只能斷三界見思枝惑盡，不能斷至界外根本惑也。即使斷三界見思枝惑盡，亦只是斷正使，不能侵習氣。此如燒木成炭。

八、辟支佛地：「辟支佛地位者，緣覺菩薩發眞無漏，功德力大，故能侵除習氣也。」（同上）。案：侵除習氣，如燒炭成灰，猶有灰在，侵而未能使之盡也。

九、菩薩地：「菩薩地位者，從空入假，道觀雙流，深觀二諦，進斷習氣，色心無知，

得法眼道種智,遊戲神通,淨佛國土,成就衆生。學佛十力、四無所畏,斷習氣將盡也。齊此名小樹位也。」(同上)。案:小樹位即通教菩薩位。小樹之喻出法華經三草二木。三草,小草指人天乘,中草指聲聞、緣覺,上草指三藏菩薩位。二木,小樹木指通教,大樹木指別教。三草二木皆一地所生,一雨所潤。一地一雨喻圓教。此菩薩地是通教菩薩地,正使斷盡,與二乘同。通教菩薩兼濟利物,故為大乘初門。因此之故,能「從空入假,道觀雙流。」道者化道,觀謂空觀。帶空出假,故曰「雙流」。因道觀雙流故,故能進斷「色心無知。」「色心無知」即塵沙無知惑。蓋通教亦只觀「從空入假」,道種智。但此法眼道種智亦只限于界内,故其斷塵沙惑亦只限于界内。故能斷塵沙無知惑,得法眼道種智,不能及于無量四諦,緣覺侵習,此菩薩地則能斷習。斷習將盡而未盡。究竟盡者在佛地。

十、佛地:「佛地者,大功德力資智慧,一念相應慧觀真諦究竟,習亦究竟,如劫火燒木,無復炭灰,如象渡河,到于邊底。雖菩薩佛名異二乘,通俱觀無生體法,同是無學,得二涅槃(有餘無餘二涅槃),共歸灰斷,證果處一,故稱為通也。」(同上)。案:通教雖是大乘,然功齊界内,不能進至如來藏恒沙佛法佛性,只能善巧知無常,不能知常,故其佛果亦只是灰身滅智,只留舍利為人天福田也。

以上為通教十地。圓教五品位以義推,可如通教十地之乾慧地。又可以義推,如通教菩薩之「伏忍位」。

就三乘共行說,為十地。特就菩薩說,又可就此十地立三忍名,此即智者所說「別為菩薩立三忍名」也。乾慧地為伏忍。性地為柔順忍,三地至十地皆菩薩位,為無生忍。

法華玄義卷第四下解三忍云：

乾慧地三人同伏見惑，而菩薩更加伏忍之名者，菩薩信因緣即空，而于無生四諦降伏其心，起四弘誓願。雖知眾生如虛空，而發心度一切眾生。欲度眾生，如欲度虛空。故金剛般若云：「菩薩如是降伏其心，所謂滅度無量眾生，實無眾生得滅度者。」次三誓願降伏其心，亦如是。是為菩薩在乾慧地修停心、別相、總相念處觀時，異于二乘，故別稱「伏忍」。

復次，三乘人同發善有漏五陰，生相似解，皆伏見惑，順第一義，而菩薩獨受「柔順忍」名者，菩薩非但伏結，順理，又能為一切眾生伏心，遍行六度，一切事中福慧皆令究竟。如三藏菩薩于中忍中，三僧祇行六度，不惜身命。今菩薩亦如是，以空無相願，調伏諸根，為眾生故，滿足六度，故名順忍也。〔索：此就性地說。〕

復次，三乘人同發真無漏，若智若斷，同名無生，而菩薩獨受「無生法忍」名著，以其見諦理，斷結使，不生取證之心，故別受「無生法忍」之名。何者？若生取證之心，即墮二乘地，不得入菩薩第九地也。〔索此就八人地與見地而言。〕

復次，三乘同得神通，而二乘不能用，成就眾生，淨佛國土，故別受遊戲神通名也。〔索此就薄地說。〕

菩薩能爾，故別受遊戲神通之名。阿那含雖斷五下分結，而不能捨深禪定，來生欲界，和光利物，不同其

第四章 智者大師之「五位居品」

塵。菩薩能如此，故別受離欲清淨之名。〔案此就離欲地說。〕所以三乘之人同觀二諦，用與不同。若二乘雖觀二諦，一向從體假入空，用真斷結，至無學果。菩薩亦觀二諦，始從乾慧，終至見地，多用從假入空，得一切智、慧眼，多用真也。從薄地學遊戲神通，多修從空入假觀，得道種智，法眼，多用俗也。從辟支佛地學二觀雙照，入菩薩地，自然流入薩婆若海。是則無功用心修種智（一切種智）、佛眼，佛地圓明，成一切種智，佛眼同照二諦究竟也。故《大論》（卷第七十五）云：「聲聞法中名乾慧地，於菩薩即是伏忍。聲聞法名性地，於菩薩法中名柔順忍。聲聞法名八人地，於菩薩法名無生忍。聲聞法名見地，於菩薩法是無生法忍果。聲聞法名薄地，於菩薩法名為遊戲道。聲聞法名離欲地，於菩薩法名為離欲清淨。」〔案此是意引。以上五神通。聲聞法名已辦地，於菩薩法作綜結。〕

「所以」下，就離欲地作綜結。

阿羅漢地於聲聞法即是佛地。何者？三藏佛三十四心發真，斷三界結盡，與羅漢齊，故名佛地。于菩薩法中，猶名無生忍。故《大品》云：「阿羅漢若智若斷，是菩薩無生法忍。」〔案此就已辦地說。八忍八智十六心，九無間九解脫十八心，合為三十四心。〕

辟支佛地亦如是。

九地過辟支佛，入菩薩位。菩薩位者九地，十地。是則十地菩薩當知為如佛。齊此，習氣未盡。

過菩薩地，則入佛地。用誓扶餘習，生閻浮提，八相成道。五相與三藏不

殊。惟六、成道，樹下一念相應慧，與無生四諦理相應，斷一切煩惱習盡，具足大慈大悲、十力、四無畏、十八不共法、一切功德，名之為佛。七、轉法輪：權智開三藏生滅四諦法輪，實智說摩訶衍無生四諦法輪，通教三乘人也。（共通地教導三乘之人）。八、入涅槃相者，雙樹入無餘涅槃，薪盡火滅，留舍利為一切天人福田也。

是為通教共位，別為菩薩立此名位也。

以上為法華玄義文，說明為菩薩立忍名。四教義文同此。圓教五品位以義推即如此處所說之通教菩薩之伏忍位也。言圓教五品位在圓教之地位一如伏忍位之在通教菩薩位也。並非說此兩者之內容與意指完全相同也。蓋一屬圓教，一屬通教，起腳落腳皆不同，如何能等視耶？

最後，圓教五品位以義推，亦得如別教之十信位。十信者，信心，念心，精進心、慧心，定心，不退心，廻向心，護法心，戒心，願心。此十通名信心者，信以順從為義。若聞說別教因緣假名，無量四諦，佛性之理，常住三寶，心順不疑，名信心也。圓教五品位以義推如十信位之在別教也。但圓教五品位以上還有十信位。是則圓教之十信高于別教之十信也。

第三節　法華玄義正解「圓教十信位」

圓教五品位「義推亦得是別教十信位」。十信名出瓔珞，亦義出華嚴經。「華嚴經法慧菩薩答正念天子，明菩薩觀十種梵行空，學十種智、力，入初住。十種梵行空即一實諦，亦無作之滅諦；學十種智、力，即觀無作之道諦：即十信也。」（法華玄義卷第五上、頁一〇九一）。荊溪釋籤云：「華嚴法慧等者，彼經不列十信之名，唯於住前觀十梵行，自古講者判為十信，故今引之以為信位。」別教列此十信位（瓔珞列名無釋），圓教亦可引之以明圓信位。但在圓教，此十信位即六根清淨位。五品位之第五品即入此位。此是內凡之內品。五品當身，所謂五品弟子位，是內凡之外品。外品之極入內品，是六根清淨位（出法華經法師功德品），即六即中之「相似即」位。智者即居此位也。

法華玄義卷第五上，說圓教十信位云：

一、明十信位者，初以圓聞能起圓信，修於圓行。善巧增益，令此圓行五倍深明。（五品由初至五，故云「五倍深明」）。因此圓行，得入圓位。（荊溪釋籤解云：「聞圓起信，能習十法，成於圓行，入隨喜品。品品漸進，入十信位，名為圓位。」）

以善修平等法界，即入「信心」。（案即十法中之「起慈悲心」）。善修慈愍，即入「念心」（此即十法中之「觀不思議境」）。

・佛性與般若・

善修寂照，即入「進心」（此即十法中之「巧安止觀」）。
善修破法，即入「慧心」（此即十法中之「破法遍」）。
善修通塞，即入「定心」（此即十法中之「識通塞」）。
善修道品，即入「不退心」（此即十法中之「修道品」）。
善修正助，即入「廻向心」（此即十法中之「對治助開」）。
善修凡聖位，即入「護法心」（此即十法中之「知次位」）。
善修不動，即入「戒心」（此即十法中之「能安忍」）。
善修無著，即入「願心」（此即十法中之「無法愛」）。

是名入十信位。瓔珞云：「一信有十，十信有百。百法為一切法之根本也。」是名圓教鐵輪十信位。即是六根清淨，圓教似解，煖、頂、忍、世第一法。（頁一〇八八）。

荊溪釋籤解云：

一一信中言善修者，由緣實相，行於五悔，策勤精進，至第五品，得入十信，名為善修。（五悔者一懺悔，二勸請，三隨喜，四廻向，五發願。下去諸位，直至等覺，總用五悔。更不再出，例此可知。）由善修故，相似解起。是故十法，在相似位，轉名信心；乃至願心，亦復如是。何者？不思議境以信為本。慈悲弘誓，藉念力持。心安止觀，功由精進。破於三惑，妙慧方遍。於通

・936・

第四章 智者大師之「位居五品」

無塞，由決定力。元修道品，為求不退。正助無闕，廻因向果。不濫次位，方能護法。內外不動，由善防非。於法無愛，由大願力。故得至此名為信心，乃至願心。十法既許初心具修，當知信信皆具十法，是則十信有百明矣。

是則十信心者，即信心，念心，精進心，慧心，定心，不退心，廻向心，護法心，戒心，願心是也。十法成乘，此十法在相似位中即轉名十信心。此是智者以摩訶止觀中十法成乘之十法（亦曰十心）配此十信也。瓔珞經言「一信有十，十信有百」，其直接意思是每一信心即具十信，十十乘疊，即為百，則為百法觀心之十法說也。唯十法轉名十信，方可乘疊。此只示十信心相出入，相滲透，非鼇然隔絕也。如瓔珞經佛母品第五有云：「佛子！法門者，所謂十信心是一切行本。是故十信心中，一信心有十品信心，為百法明門。復從是百法明心中，一心有百心故，為千法明門。百萬阿僧祇功德，一切行，盡入此明門。」此即是十信重重乘疊也。如是增進，至無量明。轉轉勝進，上上法故，為明千法明心中，一心有千心，為萬法明門。

此十信位亦即六根清淨位。法華經法師功德品云：

若善男子善女人受持是法華經，若讀若誦，若解說，若書寫，是人當得八百眼功德，千二百耳功德，八百鼻功德，千二百舌功德，八百身功德，千二百意功德。以是功德莊嚴六根，皆令清淨。是善男子善女人，父母所生清淨肉眼，見於三千大千世界內外所有山林河海，下至阿鼻地獄，上至有頂，亦見其

937

中一切眾生，及業因緣果報生處悉見悉知。……復次，……以是清淨耳聞三千大千世界，下至阿鼻地獄，上至有頂，其中內外種種語言音聲。……以要言之，三千大千世界中一切內外所有諸聲，雖未得天耳，以父母所生清淨耳，皆悉聞知。如是分別種種音聲而不壞耳根，聞於三千大千世界，上下內外，種種諸香。……復次，……以是清淨鼻根，聞於三千大千世界，上下內外，種種諸香。……又聞諸天身香。……又復別知眾生之香。……亦聞天上諸天之香。……並聞諸天所燒香，及聲聞香，辟支佛香，菩薩香，諸佛身香，亦皆遙聞，知其所在。雖聞此香，然於鼻根，不壞不錯。……復次，……得千二百舌功德。若好若醜，若美不美，若以舌根於大眾中，有所演說，出深妙聲，能入其心，皆令歡喜快樂。……是人所在方面，諸佛皆向其處說法，悉能受持一切佛法，又能出於深妙法音。……復次，……得千二百意功德。以是清淨意根，聞一偈一句，通達無量無邊之義。解是義已，能演說一句一偈，至於一月四月，乃至一歲。諸所說法，隨其義趣，皆與實相不相違背。若說俗間經書，治世語言，資生業等，皆順正法。三大千大世界六趣眾生，心之所行，心所動作，心所戲論，皆悉知之。雖未得無漏智慧，而其意根清淨如此。是人有所思惟、籌量、言說，皆是佛法，無不真實，亦是先佛經中所說。……

此即法華經所說之六根清淨。此清淨之六根各有其深妙之功德。就前五根言，雖是父母所生之肉眼、肉耳、肉鼻、肉舌、肉身，然亦能發出相似於天眼、慧眼、法眼、佛眼之作用，以及相似於天耳、慧法佛耳，乃至相似於天身、慧法佛身之作用。就意根言，雖未得無漏智慧，然即此人身之意根亦能發相似於天意、慧意、法意、佛意之智慧。是則六根每一根皆有五相。如眼根，有肉眼、天眼、慧眼、法眼、佛眼之五相，耳鼻舌身乃至意根亦如此之五相。此六根之五相即可與佛相好身（正報身）相似相應。慧相之六根覺諸法空，即與佛法門身（化身）相似相應。佛相之六根覺諸法假，即與佛相好身（正報身）相似相應。慧相之六根覺諸法中，即與佛實相身（法身）相似相應。何以故？以此位具煩惱性，未斷於佛三身之功德相，故此六根清淨位亦得曰「相似即」位。仁王般若云：「十善菩薩發大心，長別三界苦輪海，亦此位也。」（法華玄義卷第五上，頁一〇九〇）。智者云：「入此信心，能破界內見思盡，又破界外塵沙無知，能伏無明住地之惑，故只是相似，故只是相似即佛也。亦可曰具斷德，未具斷德，故亦曰「伏忍位」。「破界外塵沙無知」即破三界外之塵沙惑。「破界內見思惑盡」即破三界內見思惑盡。亦曰無始無明，或同體無明，則只是伏而未能破，此即所謂具煩惱性知秘密藏也。惑有三種。一、見思惑：見惑障理，思惑障事。二、塵沙惑：障無量法門道種智，於塵沙假法無知。三、根本惑即同體無明：此則深根潛隱之無始無明與法界同體，障圓實中道。此根本惑，自十住位初住起，以及以後諸位，分分斷，唯佛究竟斷。是則前二惑猶屬表面粗重之惑，故亦曰枝惑與客惑。是故圓教十信位已能破界內見思惑盡，又破界外塵沙無知（此亦只是破及而未能破盡）。惟於根本惑，則只伏未破。

此圓教十信位相當於別教之十住位，故諦觀四教儀說此圓教十信云：「初信斷見惑，顯真理，與藏教初果，通教八人地見地、別教初住，齊，證位不退也。次從二信至七信，斷思惑盡，與藏通二佛、別教七住，齊。……次從八信至十信，斷界內外塵沙惑盡，假觀現前，見俗諦理，開法眼，成道種智，行四百由旬，與別教八、九、十信及行向位齊，行不退也。」是則此圓十信位不但齊於別教之十住，且亦齊及別教之十行與十廻向。別教十住只「行三百由旬」，而此圓十信則已行至四百由旬。故其幅度甚寬廣也。又諦觀云：「從八信至十信斷界內外塵沙惑盡」，此語恐有問題，說斷界內塵沙惑盡，可。說斷界外塵沙惑盡，則恐不可。智者只說「又能破界外塵沙無知」，無「盡」字。此將在後文第八節詳論。

此圓十信位大體相當於別教之十住。別教十住名出瓔珞，如下：

一、發心住。《瓔珞經釋義品》第四釋此發心住云：「佛子！發心住者，是上進分善根人（此承住前十信位人而言），若一劫二劫，一恒二恒三恒佛所，行十信心，信三寶常住；八萬四千般若波羅蜜，一切行、一切法門，皆習受行；常起信心，不作邪見，十重、五逆、八倒；不生難處，常值佛法，廣多慧聞，多求方便，始入空界，住空性位，故名爲住。空理智心習古佛法，一切功德不自造，不名爲地，但得名住。」智者《四教義》云：「此十通名住者，會理之心名之爲住」。此即體假入空觀成，發真無漏，見「通教」真諦之理，斷界內見思惑九十八使，故名發心住也。此有二義。一、發真解，住偏真法性之理。二、生中道似解，是初得別教善有漏五陰，入

別教內凡性地,柔順忍之位也。』

案智者此處說「見通教眞諦之理」,此語中「通教」二字似有問題。《四教儀註彙補輔弘記》引智者此段文,此語中即無「通教」二字。既就別教明十住,自不能於此發心住言「見通教眞諦之理」。別教眞諦理須就如來藏恒沙佛法佛性說,亦即須就無量四諦說。發心住「發眞無漏」,見諦理,是見這樣的眞諦之理。而通教諦理却只是無生四諦(體法入空)。發心住菩薩見是這樣地見了,但就現實的修行過程言,此發心住菩薩或只是「住偏眞法性之理」,或只是「生中道似解」。其智斷可與通教八人地見地齊,而其見諦理却必須不同於通教說。不論「偏眞」,或「中道似解」,皆是就如來藏恒沙佛法佛性說,故當以無此「通教」二字,則想是因限於「智斷」而言也。但若如此,則發心住之提綱性不顯,故當以無此二字者爲是。

又,「斷界內見思惑九十八使」,此語中所謂「斷」,是以伏從斷。其實只斷見惑八十八使,伏思惑十使。是故諦觀四教儀於此發心住下,加小註云:「斷三界見惑盡,與藏教初果、通教八人地見地、齊。」

二、治地住。瓔珞經釋義品釋云:「佛子!治地住者,常隨空心,淨八萬四千法門,清淨白故,名治地住。」地者心地也。以空心淨諸法門,練治心地。治地亦作「持地」。「持」字不如「治」字。釋義品釋云:「佛子!長養一切行故,名修行住。」

三、修行住。釋義品釋云:「佛子!生在佛家,種性清淨故,名生貴住。」

四、生貴住。釋義品釋云:「佛子!多習無量善根故,名方便具足住。」

五、方便具足住。

六、正心住。〈釋義品〉釋云：「佛子！成就第六般若故，名正心住。」六度前五度是行，第六度般若是慧行，成就般若方名眞正慧心。

七、不退住。〈釋義品〉釋云：『佛子！入無生畢竟空界，心心常行「空無相願」故，名不退住。』

諦觀四教儀於此不退住處加註云：「以六住斷三界思惑盡，得位不退，與藏通二佛齊。」應云與藏通聲聞緣覺二乘齊。今言「與藏通二佛齊」者，當知藏通果佛位勝二乘，若論斷惑，則無異也。

八、童眞住。〈釋義品〉釋云：「佛子！從發心住，不生倒，不起邪魔破菩提心故，名童眞住。」

九、法王子住。〈釋義品〉釋云：「佛子！從佛王教中生解，當紹佛位故，名法王子住。」

十、灌頂住。〈釋義品〉釋云：「佛子！從上九觀空，得無生心最上故，名灌頂住。」意言觀空無相，得無生忍，諸佛法水灌其心頂，故名灌頂住。

諦觀四教儀於以上三住加小註云：「以上三住斷界內塵沙，伏界外塵沙。前二不知名目。」言前藏通二教於此三住境之名目也。蓋七住即與藏通二佛齊也。

諦觀於此十住綜結云：此十住「亦名習種性。蓋習種性」者，研習空觀也。用從假入空觀，見眞諦理，開慧眼，成一切智，行三百由旬。」「習種性」者，研習空觀也。名出《瓔珞經》，見前第一節。此十住位大體精神是在從假入空，見眞諦理，開慧眼，成一切智。此順別教理習空觀也。與藏敎之就生滅四諦析法入空，通敎之就無生四諦體法入空，而皆限於有量四諦者，不同。蓋別敎之眞諦理是如來藏恒沙佛法佛性之理，故能開無量四諦。從假入空者，是就此無量四諦體假入空也。

「入空」者,入空如來藏也。不只通教義。若依起信論,即是以慧眼見「一法界大總相法門體」也。於此修空觀,乃至後來修假觀,中觀,皆與通教之就無生四諦修三觀,如龍樹《中論》之所表現者,不同也。然而其為三觀仍自若也。

又,「行三百由旬」者,「由旬」即驛站義,行三百由旬,至於化城,暫作休息也。「化城」出《法華經》〈化城喻品〉。此言佛道既遠且難。譬如須經五百由旬始能達到。然為安慰行者,勿令恐怖,故於中途三百由旬處,幻現一城市,令行者暫作休息。此是「化城」,並非目的地。若以此化城為真,則墮二乘見地矣。此「行三百由旬」,至於化城,喻別教於此十住位從假入空,破界內見思惑盡,居「凡聖同居土」,只是途程中之過渡階段也。

圓教十信既大體相當於別教之十住。前七信相當於前七住。然而八九十信相當於八九十住,大體是以從假入空為主,只於八、九十,且亦齊及別教之十行十廻向。別教十住為習種性,假觀現前,且齊及別教之十行十廻向,故行三百由旬,而圓十信之八九十信則已從空入假,已行至四百由旬矣。是則齊而不齊,猶有過之也。至若就圓教說與就別教說,其意指理境皆不同,自不待言。

圓教十信既大體相當於別教十住,而不限於十住,且復齊及別教之十行與十廻向,則別教十行十廻向亦須展示於此。

別教十行名出瓔珞如下:

一、歡喜行。《瓔珞經釋義品》釋云:「佛子!從灌頂心進入五陰法性空位,亦行八萬四千般若波羅蜜,故名十行。佛子!就中始入法空,不為外道邪論所動,入正位故,名歡喜行。」

四教儀註彙補輔弘記（此下簡稱輔弘記）云：「此正釋別教菩薩十種行門之妙義，依稀儼似十波羅蜜。」故輔弘記進而以十波羅蜜（十度）釋此十行，以施度行釋此初歡喜行云：

「一、施行。謂邪附法興。若修檀時，未達法空，即爲邪動。今初行菩薩從空入假，始證假有之法本空。雖入俗利生，以布施行攝諸衆生，捨身命財，無畏法施（無畏施、施人以無畏，令人安然無畏，猶云免於恐懼之自由。法施、施人以法樂。）恣意行檀，不爲無常苦等諸邪所動，其心歡喜，故以施而釋歡喜也。」

二、饒益行。釋義品釋云：「佛子！得常化一切衆生，皆法利衆生故，名饒益行。」〈輔弘記云〉：「二、戒行。謂以戒法利人，常時化令得益，故云饒益行。」

三、無瞋恨行。釋義品釋云：「佛子！於法實得法忍，心無我無我所故，名大地，任衆生之所履，唯自謙卑，恭上敬下，違來依納，逆來順受，外受捶打辱事，乃至身爲大地，任衆生之所履，唯自謙卑，恭上敬下，違來依納，逆來順受，外受捶打辱事，乃至身爲大地，任衆生之所履，唯自謙卑，恭上敬下。」輔弘記云：「三、忍行，謂內修忍行，外受捶打辱事，乃至身爲大地，任衆生之所履，唯自謙卑，恭上敬下，違來依納，逆來順受，故名無違逆行。」此無瞋恨行亦名無違逆行。

四、無盡行。釋義品釋云：「佛子！常住功德，現化衆生故，名無盡行。」輔弘記云：「四、進行。謂發大勇猛，行大精進，俱令衆生得二涅槃，當以如來滅度而滅度之，不令有人獨得滅度，其精進修行若斯，故名無屈撓行。」此以精進無屈撓名無屈撓行。

五、離癡亂行。輔弘記云：「五、禪行。謂修定持心，無明伏而不動，則不昏不亂，故名離癡亂行。」

六、善現行。釋義品釋云：「佛子！生生常在佛國中生故，名善現行。」輔弘記云：

「六、慧行。謂心心慧照，念念覺生，常不離佛，無時不現，故云善現行。」

「七、無著行。釋義品釋云：「佛子！於我無我，乃至一切法空故，名無著行。」

「八、尊重行。釋義品釋云：「佛子！三世佛法中常敬順故，我及我所二俱無有，故云無著行。」此尊重行亦名難得行。輔弘記云：「八、願行。謂依四弘誓，運大慈悲，與樂拔苦，所願如心，成就一切難得善根，故名難得行。」

「九、善法行。釋義品釋云：「佛子，說法授人，動成物則故，名善法行。」輔弘記云：成軌則，故名善法行。」

「十、眞實行。釋義品釋云：「佛子，二諦非如。非相非非相故，名眞實行。」輔弘記云：『十、智行。謂若身若口若意，三業如智慧行，所言如所行，言行相符，無有虛誑，故名眞實行。言「二諦非如、非非相」者（四教儀註言「二諦非如非非相」，缺「非相」二字），須知「如」是眞諦，「非如」是俗諦。今十行滿足，但中近顯，故雙非空有，則彰一中眞實耳。』

案瓔珞經因果品第六以施、戒、忍、精進、禪定、慧、願、方便、通力（報通、修定通、變化通）、無垢慧（無相智、一切種智、變化智）為十度。上引輔弘記所列，第九名員實行，第十智行。言「二諦非如」者（四教儀註言「二諦非如非非相」），無「非相」二字，稍有出入。

智者四教義云：「此十通名行者，行以進趣為義。前既發眞悟理，從此加行，從空入假，觀無量四諦。」

諦觀四教儀云：此十行「亦云性種性。用從空入假觀，見俗諦，開法眼，成道種智」。

「性種性」者，假觀分別十界種種性，種種欲，悉能分別不謬，故名「性種性」。因修假觀，開法眼，成道種智，故亦能破界外塵沙惑。

圓教十信亦齊及別教十迴向。十迴向名出瓔珞經，如下：

一、救護眾生離眾生相迴向。瓔珞經釋義品釋云：「是故佛子！從真實心，入眾生空，無我空，二空平等無別，一觀相，一合相，學習百萬億般若波羅蜜空觀故，迴易前後心心，觀唯明明寂滅，長養上地明觀法故，復以無量心不捨不受心，十向法如是。佛子！常以無相心中常行六道而入果報，不受而受諸受，迴易轉化故，名救護一切眾生離眾生相迴向。」

二、不壞迴向。「佛子！觀一切法但有受，但有用，但有名，念念不住故，名不壞迴向。」（同上）。不住著於受，即為不壞。不壞者不壞假名法也。

三、等一切諸佛迴向。「佛子！三世諸佛法，一切時行故，名等一切佛迴向。」

四、至一切處迴向。「佛子！以大願力入一切佛國中，供養一切佛故，名至一切處迴向。」

五、無盡功德藏迴向。「佛子！以常住三寶授與前人故，名無盡功德藏迴向。」「授與前人」者，授與前未聞常住法者。

六、「隨順」亦言「入一切」。

七、隨順等觀一切眾生迴向。「佛子！以觀善惡父母無二二相，一合相故，名隨順等觀一切眾生迴向。」

八、如相廻向。「佛子！常照有無二諦，一切法一合相故，名如相廻向。」

九、無縛解脫廻向。「佛子！以諸法無二，般若無生，二諦平等，過去一合相，現在一合相，未來一合相故，名無縛解脫廻向。」「一合相」即是「一法界大總相法門體」，亦即眞常心說。若依如來藏恆沙佛法佛性說，則「一合相」即「一法界大總相法門體」，亦即眞常心之不變隨緣，隨緣不變也。此瓔珞經釋義是就般若說。般若是能照之智，三世諸法是所照之境。境智不忘爲無縛無著。境智一如名爲無縛無著。

十、法界無量廻向。「佛子！覺一切法第一義諦中道無相，一切法皆一照相故，名法界無量廻向。」「一合相」以理爲總。今云「一切法中道無相」，以事爲總。十向菩薩修中觀，圓融之理相似而顯，故覺一切法皆中道無相法界，是故名曰「法界無量廻向」也。

諦觀天臺四教儀於此別教十廻向作綜述云：「伏無明，習中觀，亦名道種性。行四百由旬，居方便有餘土。」「伏無明」者，別教至十地始斷無明。「道種性」者，始正修中觀，即以中觀爲道也，言此十廻向位即是以中觀道爲其種性者也。「行四百由旬」者，繼前十住之習種性，破見思，居「凡聖同居土」，行三百由旬也。以及此十廻向之伏無明，習中觀，居「方便有餘土」，經此前進至四百由旬也。智者觀經疏云：「修方便道，斷四住惑，故曰方便。無明未盡，故曰有餘。」實則「無明」不但「未盡」，實根本只伏不斷耳。知禮妙宗鈔卷三疏釋此方便有餘土云：「九種行人合生彼土。藏二（藏敎聲聞緣覺二種行人），通三（通敎聲聞、緣覺、菩薩、三種行人），別住行二（別敎十住與十行二種行人），既修空假，皆方便道。別

向、圓信（別教十廻向行人與圓教十信行人），所修雖實，猶居似道，判屬方便。」是則此九種行人皆居「方便有餘土」也。

諦觀於此十廻向最後加小註云：「以上三十位（十住、十行、十廻向）為三賢，亦名內凡（別教內凡）。從八住至此，為行不退位。」

智者《四教義》云：「此十通名廻向者，廻事向理，廻因向果，廻己功德普施衆生，事理和融，順入法界，故名廻向。正修中道第一義諦觀，從無量四諦學無作四諦。約實說四實不作四故，名無作。觀四得實。因名無量，得果名無作。證果斷苦、集，有道、滅，非圓教之無作四。……若菩薩學無量無作四諦觀，觀知如來藏無量無生死種子，恆沙佛法，斷恒沙下品煩惱，伏無明別惑，相似中道之解更轉增明，法界願行事理和融，成別教一切智，得六根清淨，即是別教忍法，世第一法位也。」

別教十住習空觀，行三百由旬。十行習假觀，是過渡。十廻向習中觀，相似中道之解更轉增明，行四百由旬，亦是止於化城，暫作休息，並未至於實所也。在此十廻向位得六根清淨，故知此別教十廻向位只相當於圓教十信也。又，此十廻向位總名曰「別向圓修」。向圓教修者，「從無量四諦學無作四諦也。」但此「學無作四諦」之無作只是從得果處說。證果時，斷苦諦集諦，而有滅諦道諦，故其為無作只是「但中」之無作，非圓無作也。但中無作者，如苦不能惱，集不能染，不能即苦集而為圓中也。別教論中一往如此。雖苦不能惱，集不能染，然也須由斷苦集而為圓中也。別教論中一往如此。雖苦不能惱，集不能染，出空有二邊之外，天然之理不假造作，以未破無明故。故總別教十住十行十廻向三十位不過只是圓教十信位——六根清淨位——相似即位也。縱位相當，而圓十信中所見之圓亦非別教所修向之圓

· 948 ·

也。所謂「別向圓修」，若自別敎當敎而言，亦只是依附圓敎而爲圓相，非眞圓敎之圓相也。

第四節　法華玄義正解「圓敎十住位」

法華玄義卷第五上、解「圓敎十住位」云：

二、明十住位者，以從相似十信能入十住眞中智也。

初「發心住」發時，三種心發。一、緣因善心發；二、了因慧心發；三、正因理心發。即是前境、智、行妙三種開發也。住者住三德涅槃也。緣因心發，即是住不可思議解脫，首楞嚴定。慧心發，即是住摩訶般若畢竟之空。正因心發，即是住實相法身，中道第一義。擧要言之，即是住三德一切佛法也。

（此是十法成乘中之「觀不思議境」，即以觀不思議境爲此發心住之初德。）

又住清淨圓滿菩提心，無緣慈悲，無作誓願，普覆法界。（此以十法成乘中之「起慈悲心」爲此初住之二德。）

又住一念中成就一切萬行諸波羅蜜。（此以十法成乘中之「巧安止觀」爲此初住之三德。）

又住一切種智，圓斷法界見、思、無明。（此以十法成乘中之「破法遍」爲此初住之四德。）

・般若與佛性・

又住得佛眼圓見十法界三諦之法。(此以十法成乘中之「識通塞」為此初住之五德。)

又住圓入一切法門，所謂二十五三昧(破二十五有之二十五三昧)，冥益眾生。(此以十法成乘中之「修道品」為此初住之六德。)

又成就菩薩圓滿業，能顯一切神通，謂三輪不思議化，彌滿法界，顯益眾生。(此以十法成乘中之「對治助開」為此初住之七德。)

又能成就開權顯實，入一乘道。(此以十法成乘中之「知次位」為此初住之八德。)

又能嚴淨一切佛土，能起三業，供養一切十方佛，得圓滿陀羅尼，受持一切佛法，如雲持雨。(此以十法成乘中之「能安忍」為初住之九德。)

又住能從一地具足一切諸地功德，心心寂滅，自然流入薩婆若海。(此以十法成乘之中「無法愛」為初住之十德。)

案：前從十法轉名十信，每信具十，今明十住，每住亦具十法。故荊溪說初發心住即具十法。其釋籤解上文云：

云：「舉要言之」去十文，即是初住十法。從證受名，故名為住。「入理般若名為住」。住於三德一切佛法，乃至能生後諸位。後去諸位用此初住十法為因。皆具十法故也。故今十法從住為名。故仁王云：「入理般若名為住」。住於三德一切佛法，乃至能生後後諸位。位位無不皆具十法故也。故今十法從住為名。後去諸位用此初住十法為因。

・950・

第四章 智者大師之「五住位品」

如此,則所謂「叉住」、「叉住」者,即是初住中之十法。是故,《釋籤》解上住三德一切佛法及九叉住云:

證不思議,名住一切佛法。
證三種菩提(實相菩提、實智菩提、方便菩提),名住慈悲普覆。
證寂照止觀,名住成就萬行。
證破三惑遍,名住一心三智。
證於通無塞,名住佛眼圓見。
證無作道滅,名住法身冥益。
證助道萬行,名住神通顯益。
證圓門實位,名住開顯一乘。
證安忍內外,名住嚴淨佛土。
證無諸法愛,名住諸地功德。

此初住證轉似為真故也。(轉十信位之「相似即」為「分真即」)。

自十住以後至等覺位皆「分真即」。

此是就初發心住解十法也。智者正文叉云:

《華嚴》云:「初住菩薩所有功德,三世諸佛歎不能盡。」若具足說,凡人

· 951 ·

聞，迷亂，心發狂。故〈仁王〉云：「入理般若名為住」，即是十番進發無漏，同見中道佛性第一義理。以不住法，從淺至深，住佛三德及一切佛法，故名十住位。」

此即示沿用別教十住名，每住皆具十法，從淺至深，為「十番進發」也。

章安筆錄時，於此亦表示己見云：

私謂初住成就十德，應是十信中十法。轉似為真，一住具十。細意尋之，對當相應。何者？十信百法為一切法本，豈不得作此釋耶？初住既爾，三觀現前，無功用心斷法界無量品無明，不可稱計。一往大分，略為十品智斷，即是十住。

此亦是聚智者九「又住」文收於初發心住，連初住三德一切佛法，成為十法，即成初住之十德。每住皆具十德，十番前進，即是十住。名雖仍舊，亦不必作字面解釋矣。

諦觀〈天臺四教儀〉說此圓教十住云：

次入初住，斷一品無明，證一分三德，謂解脫、般若、法身。此之三德，不縱不橫，如世伊三點，若天主三目。現身百界，八相成道，廣濟羣生。〈華嚴〉經云：「初發心時，便成正覺。所有慧身，不由他悟。清淨妙法身，湛然應一

・952・

第四章 智者大師之「位居五品」

證果。」解曰:「初發心」者,初住名也。「便成正覺」者,成八相佛也。是分證果即此教真因。謂成妙覺,謬其甚矣!若如是者,二住已去,諸位徒施。若言重說者,佛有煩重之咎。雖有位位各攝諸位之旨,龍女便成正覺,諸聲聞人受當來成佛記別」,須知攝之所由,細識不二之旨。龍女便成正覺,諸聲聞人受當來成佛記別」,皆是此位成佛之相。「慧身」即般若德,了因性開發。「妙法身」即法身德,正因性開發。「應一切」即解脫德,即緣因性開發。如此三身,發得本有,故言「不由他悟」。中觀現前,開佛眼,成一切種智。行五百由旬,到寶所,初居實報無障閡土。念不退位。[索「行五百由旬」者,約生死處,於同居土及方便有餘土外,加實報無障礙土,約煩惱,於見思惑及塵沙無知惑外,加無明;約觀智,於空假二觀外,加中觀,故行五百由旬也。「到寶所」者,實所喻常寂光土,佛所居也。圓教初住即分真即。初到寶所即是初分證寂光淨土也。凡分真即實居「實報無障礙土」,三賢十聖住果報,唯佛一人居淨土也。實報者,行真實法,感得勝妙果報,故曰實報。無障碍者,色心不相妨,故言無障礙。又位不退,行不退,念不退,位不退指般若說,般若是位,離二死故。行不退指解脫說,解脫是行,諸行具故。念不退指法身念,法身名念,證實境故。]

次從二住至十住,各斷一品無明,增一分中道,與別教十地齊。

據此,則圓教十住位即相當於別教之十地位。然圓教十住仍在賢位,而別教十地却已至聖位

・953・

矣。是則別教十地雖高其位，而內容却貧乏。若圓教由十住再至十地，則其十地較別教十地爲豐富多矣。

別教十地乃普通所周知者，茲仍依瓔珞經列於下：

一、歡喜地。瓔珞經釋義品釋云：「佛子！地名持，持一切百萬阿僧祇功德。亦名生，成一切因果故名地。佛子！捨凡夫行，生在佛家，紹菩薩位，入聖衆中，四魔不到，有無二邊平等雙照，大信始滿，習學無生中道第一義諦觀，上至二地、三地、乃至十一地、明觀法門，心心寂滅法流水中，一相無相，二身無方，通同佛土故，名歡喜地。」

諦觀天臺四教儀云：「從此用中道觀，破一分無明，顯一分三德，乃至等覺，俱名聖種性。」又正說此歡喜地云：「此是見道位，又無功用位。百界作佛，八相成道，利益衆生。行五百由旬，初入實報無障碍土，初入寶所。」此與說圓初住者同也。「無功用」者，謂在此見道位中，以無功用心（不加作意功力）發中道第一義諦觀，雙照二諦，心心寂滅，自然流入薩婆若海也。此初地爲見道位。二地至六地爲修道位。七地已上爲無學道位。見道者，發證員之中道觀，見佛性理，破界外無明見惑也。「無功用」是只就此證員中道觀之自然表現而言。修道者，此就解脫之斷德而言，破界外無明思惑也。無學道者，此類比藏教阿羅漢果屬無學道而言，蓋諸事已辦，不須再有進學也。故此七地亦曰別教阿羅漢果說無學，此是恰當的，因爲聲聞果至此而極故。在通教，「已辦地」已非至極。故於此說無學只是類比方便說耳。但看「學」字如何界定耳。又，見道位中之「無功用」與此「無學」意義不同，須注意。但亦是相對說耳，亦看功用與無功用如何界定耳。不可定執。以上諦觀語俱本智者而來。

智者四教義總說此別教十地云：「從此見佛性，發中道第一義諦觀，雙照二諦，心心寂滅，自然流入薩婆若海，證無作四諦，一實平等，法界圓融，皆斷無明。但以約位，分為三道。初地名見諦道。二地至六地名為修道。從七地已去名無學道。」說初歡喜地……「初、歡喜地見道者，初發眞中道，見佛性理，斷無明惑，顯眞應二身，緣感即應，百佛世界現十法界身，入三世佛智地，能自利利他，眞實大慶，故名歡喜地。」

案瓔珞經大抵只就般若雙照二諦（有無二邊平等雙照）說「無生中道」，而為顯別教，則須點出如來藏恆沙佛法佛性之理。雖別教說「發眞中道，見佛性理」。就此而言，是無量四諦。「無生中道」亦復如此。般若妙用，自通教而後，是共法。不能只就之巧度，體法入空也。故許多辭語俱本瓔珞，而無生四諦者則只是般若之理也。瓔珞經釋義品釋云：「佛子！以正無相善入衆生空，現萬佛世界，六通變化，空同無爲故，名離垢地。」「正無相」者，即於諸相而說無相，無相乃正。若除諸相而言無相，則無相爲邪。

二、離垢地。瓔珞經釋義品釋云：「佛子！光慧信忍，修習古佛道，所謂十二部經，……以此法度衆生，光光變通，故名明地。」「信忍」者，〈仁王般若經〉有五忍：伏忍，信忍，柔順忍，無生忍，寂滅忍。十住、十行、十廻向，三賢位爲伏忍。十地爲聖位。初地至三地對無漏信忍下中上三品。今三地是上品信忍，故云「光慧信忍」。

三、明地（發光地）。釋義品釋云：「佛子！光慧信忍，修習古佛道，所謂十二部經，……以此法度衆生，光光變通，故名明地。」

四、焰地（焰慧地）。釋義品釋云：「佛子！大順無生起忍，觀一切法二諦相，上觀佛

功德，下觀六道衆生，大慈觀，說法授樂，大悲觀，救三苦衆生，大喜觀，喜前人受樂，大捨觀，一切衆生皆入平等。入七觀法，故名焰地。以順無生，故名曰順。蓋約教道，七地方對無生忍。

五、難勝地。《釋義品》釋云：「佛子！順忍修道，三界無明疑見，一切無不皆空。八辯功德入五明論，所謂四辯（法辯、義辯、辭辯、樂說辯）、因、果、鬼師，無不通達⋯故名難勝地。」

六、現前地。《釋義品》釋云：「佛子！上順諸法，觀過去一切法一合相，未來一切法一合相，法界因緣寂滅無二，故名現前地。」六地是上品柔順忍，現在一切法一合相，於此上品順忍中之諸法，觀其過去現在未來皆是一合相，即起滅無二，當下寂滅。寂滅無相，即是一相。寂滅境相常時現前，故曰現前地。

智者《四教義》說以上五地云：「從二地至六地名修道，斷別惑三界愛。如《智度論》明迦葉聞甄加羅琴聲，不能自安，云三界五欲，我已斷竟，此是菩薩淨妙功德所生五欲，故於是事不能安忍。例色無色愛亦復如是。……故從二地至六地，通名修道，斷此別惑也。（別教界外三界思惑曰別惑）今以義推，二離垢地即侵斷別教欲愛，名斯陀含果。三明地即是別教斯陀含果。四焰地即是別教阿那含向。五難勝地即是別教阿那含果。六現前地即是別教阿羅漢向，斷別色愛也。七遠行地即是別教阿羅漢果，斷別無色愛盡，故從此名無學道也。」

七、遠行地。《釋義品》釋云：「佛子！無生忍諸法，觀非有煩惱，非無煩惱。一生一滅一果。三界最後一身一入一出。集無量功德，常向上地念寂滅，故名遠行地。」此七地是下

品無生忍位，別敎阿羅漢果也。從此地已去名無學道。

八、不動地。《釋義品》釋云：「佛子！是故菩薩無生觀，捨三界報，變易果。用入中忍無相慧，出有入無，化現無常，自見己身當果，諸佛摩頂說法，身心別行，不可思議，故名不動地。」此八地是中品無生忍位，別敎辟支佛地也。「三界」亦是界外三界。「捨三界報變易果」者，即是斷別敎界外三界思惑盡，並能進侵習氣也。

九、妙慧地。《釋義品》釋云：「佛子！復入上觀，光光佛化、無生忍道，現一切佛身，故名妙慧地。」「妙慧」亦稱「善慧」。此九地是上品無生忍，故曰「入上觀」。無明將盡，智慧轉增，故名曰「光」。「光光」猶念念也。念念學佛，化度衆生，故曰「光光佛化」。

十、法雲地。《釋義品》釋云：「佛子！菩薩爾時入中道第一義諦。大寂忍下品中行。行佛行處，坐千寶相蓮華。受佛記位，學佛化功。二習伏斷，大信成就。同眞際，等法界。一相。具足一切功德入衆生根。無量瓔珞功德一時等現一切形相。故名法雲地。」此第十地名爲大寂忍。此云「大寂忍下品」，則此後覺地生身苦果之餘殘習以及煩惱之餘殘習爲大寂忍上品。又「二習伏斷」之二習即爲大寂忍中品，妙覺地（佛地）則故《釋義品》復進而釋無垢地云：「佛子！菩薩爾時住大寂門中品忍行。功行滿足，登大山臺。入百千三昧，集佛儀用。唯有累果，無爲，行過十地。解與佛同，坐佛坐處。其智見二常無常一切法境。（二習即一期常住之假常與法身常住之眞常，二無常即刹那無常與一期無常）。於此菩薩不能別知。初生、得道、薩，於下菩薩名佛。所以者何？是菩薩以大變力，住壽百劫萬劫，現作佛化。轉法輪，入無餘滅度，說八法輪。似佛非佛。一切佛等故，威儀進止，一切法同，住是百千

三昧中。如是佛行故，入金剛三昧。一相無相，寂滅無為。故名無垢地。」

又進釋妙覺地云：「佛子！妙觀上忍，大寂無相。唯以一切眾生緣生善法，亦自持一切功德，故名佛藏，而寂照一切法。」

又瓔珞經賢聖學觀品第三說等覺地心所行法云：「佛子！第四十一地心者（四十一地即繼十住、十行、十廻向、十地，而為第四十一，即等覺地或無垢地），名入法界心。復次，心所行法者，所謂勇伏定（金剛定）入法光三昧。入此定中，修行十法。一、學佛不思議變通。二、集菩薩眷屬。三、重修先所行法門。四、順（巡）一切佛國，問訊一切佛。五、與無明父母別。六、入重玄門。七、現同如佛，現一切形相。八、二種法身具足。九、無有二習。十、登中道第一義諦山頂。」

又說妙覺地云：「佛子！第四十二地名寂滅心妙覺地。常住一相。第一無極，湛若虛空。一切種智照達無生有諦始終。唯佛窮盡眾生根本，有始有終。佛亦照盡一切煩惱乃至一切象生果報。佛一念心稱量盡源。一切佛國，一切因果，一切佛菩薩神變，亦一念一時知。住不可思議二諦之外，獨在無二。」

以上別教十地既同於圓教十住，則十地以後之別教等覺位與妙覺位即只相當於圓教十行之初行與二行。「從三行已去，別教之人尚不知名字，云何伏斷？以別教但破十二品無明故。」（諦觀四教儀說圓十行文）。別教自十地初地起始破無明，破至妙覺位止，故只破十二品無明。圓教從初住起即破無明，經十住、十行、十廻向、十地、等覺、妙覺，故破四十二品無明也。

諦觀天台四教儀繼上別教十地，進說別教等覺妙覺兩位云：「更斷一品無明，入等覺位，

• 若般與性佛 •

• 958 •

亦名金剛心，亦名一生補處（猶有一品無明，故有一生），亦名有上士。更破一品無明，入妙覺位，坐蓮華藏世界、七寶菩提樹下、大寶華王座，現滿報身，為鈍根菩薩衆（對圓名鈍）轉無量四諦法輪，即此佛也。」案等覺妙覺位皆有所破，此說有問題，下第五節論之。

別教斷十二品無明，至成佛轉無量四諦法輪，即就如來藏恒沙佛法說無量四諦，但總仍是別教，以未至「無作四諦」故。所以未至無作四諦，以不言「性具」，隨緣起現故。故同言中道，而別教是「但中」，即荊溪所謂偏指清淨眞如心也。而智者亦說「從無量四諦學無作四諦，……因名無量，得果名無作，證果斷苦集，有道滅，非圓教之無作也。」（見上節十廻向處）。此是基本綱領。餘俱見前第一章。

第五節　法華玄義正解「圓教十行、十廻向、十地、等覺、妙覺、諸位」

法華玄義卷第五上解圓教十行位云：

三、明十行位者，即是從十住後，實相眞明不可思議，更十番智斷，破十品無明；一行一切行，念念進趣，流入平等法界海；諸波羅蜜任運生長；自行化他，功德與虛空等，故名十行位也。

案：圓教十信位即已齊及別教十住、十行、十廻向。別教十行名已見前三節。此言圓教十行

即不須再列別教十行名，只由十法成乘，層層深入可也。既圓十信已齊及別教十住、十行、十迴向，而圓十住已與別教十地齊，則此圓十行即已超過別教十地位矣。故諦觀天台四教儀言圓十行云：

次入初行，斷一品無明，與別教等覺齊。次入二行，與別教妙覺齊。從三行已去，別教之人尚不知名字，云何伏斷？以別教但破十二品無明故。故以我家之真因為汝家之極果。只緣教彌權，位彌高。教彌實，位彌下。譬如邊方未靜，借職則高。定爵論勳，其位實下。故權教雖稱妙覺，但是實教中第二行也。

如是，則從三行以去，純屬圓教位次，別教即無分矣。故此後即不必推比取決矣。

《法華玄義》卷第五上又解圓教十迴向位云：

十迴向位者，即是十行之後，無功用道，不可思議真明念念開發，一切法界願、行、事、理，自然和融，迴入平等法界海，更證十番智斷，破十品無明，故名迴向也。

案：此圓教十迴向仍是十法成乘之十法更十番前進。雖沿用別教十迴向名，亦不須再作字面解釋矣。

• 第四章　智者大師之「位居五品」•

《法華玄義》卷第五上又解圓教十地位云：

十地位者，即是無漏真明入無功用道，猶如大地能生一切佛法，負荷法界眾生，普入三世佛地；又證十番智斷，破十品無明⋯故名十地位也。

此亦仍沿用別教十地名。然此只是十法成乘之再深一層。

《法華玄義》卷第五上又解圓教等覺、妙覺位云：

等覺地者，觀達無始無明源底，邊際智滿，畢竟清淨，斷最後窮源微細無明，登中道山頂，與無明父母別。是名有所斷者，名有上士也。

七、明妙覺地者，究竟解脫，無上佛智，故言無所斷者名無上士。此即三德不縱不橫，究竟後心大涅槃也。一切大⋯理大，誓願大，莊嚴大，智斷大，遍知大，道大，用大，權實大，利益大，無住大，即是前十觀成乘，圓極竟在於佛，過茶無字可說。故盧舍那佛名為淨滿，一切皆滿也。

荊溪《釋籤》解此十大云：

妙覺位中名大涅槃。十法至此，俱名為大。⋯⋯⋯⋯自爾已前，雖具諸法，未究竟顯，不名為大。（案此就「觀不思議境」

雖有慈悲,為無明隔,故不名大。(案此就「起慈悲心」說)。雖常寂照,所嚴未窮,能嚴非大。(案此就「巧安止觀」說)。雖破三惑,智未周窮,故智非大。(案此就「破法遍」說)。雖知通塞,塞仍未盡,故知非大。(案此就「識通塞」說)。雖修道品,道未至極,故道非大。(案此就「修道品」說)。雖用正助,正行未滿,故用非大。(案此就「對治助開」說)。雖復開權,理未窮終,故開非大。(案此就「知次位」說)。雖忍二邊,猶有餘惑,故忍非大。(案此就「能安忍」說)。雖不著位,位未至極,故位非大。(案此就「無法愛」說)。是故妙覺,十皆名大,名究竟乘。十法成乘,對大車喻。〔御車達到,猶名為車。〕(案此兩句原在「自爾」句前。今移此為順。)

據此,則知從十信起,至此妙覺佛位止,皆是十法成乘之十法,從淺至深,層層轉進也。十信、十住、十行、十廻向、十地,任一十位中之每一位又可各具十法,此時十法即轉成每位之十德。至等覺位與妙覺位,則只是十法成乘之究極完成。上引文中,智者說「十觀成乘」,荊溪說「十法成乘」,其義一也。「十法」者,即「觀不思議境」等十法門也。由此十法門作觀法,故亦曰十觀。此具如摩訶止觀中詳說。「十法成乘」成圓實佛乘也。佛乘者對法華經之大車喻。乘此十法達至佛乘,故云:「御車達到,猶名為車」也。前所經歷之五十一位皆

• 962 •

第四章 智者大師之「位居五品」

是十法成乘之過渡。成至十信、十住等，亦可曰十法成十信、十住等，此成非究竟成，亦如行三百由旬，至於化城，暫作止息。此種由十法成乘，層層轉進，說此五十二位，實比較收歛而嚴整。須知別教中那些專名實多重複，隨便安立，並無確定不可移處。如某名標某位，豈不可通於他耶？或者說，從勝言耳。然而勝者豈獨有之勝耶？是故凡此諸名皆大略言耳，不可定執。然天台仍沿用此等專名而言五十二位者，乃即教之次第而言圓教之次第，故沿用之也。雖沿用之，而意旨不同，故須別釋。是故由十法成乘，從淺至深，層層轉進，而釋之也。須知圓教從五品位開始，直至妙覺，即圓聞、圓信、圓解、圓觀、圓伏、圓行、圓證、圓斷，所謂「教圓、理圓、智圓、斷圓、行圓、位圓、因圓、果圓」者是也。自始即有一完整之洞見，不似別教之零散，故可由十法成乘收歛而嚴整，成為一有機之發展也。

關於等覺與妙覺，據智者文，等覺位即「斷最後窮源微細無明，登中道山頂，與無明父母別」。此名有所斷，故名有上士。至妙覺位，則無所斷，故名無上士。是則等覺位有所斷，斷已即進入妙覺位。如是，則由十住位至此妙覺位，雖有四十二位，卻是斷四十一品無明。妙覺位實並無所斷也。但諦觀《四教儀》則云：「更破一品無明，入等覺位，此是一生補處。進破一品微細無明，入妙覺位，永別無明父母，究竟登涅槃山頂。」此說與智者所說相違。蓋因見四十二位。故機械地著實云斷四十二品無明，因此，佛位亦有所斷。但佛是無上士，究竟解脫，不能再有所斷。如果仍有所斷，則無上士又被推上去矣。是故當以智者所說為準。雖有四十二位，實斷四十一品無明也。據此，則別教自十地位至妙覺位，雖有十二位，亦當只斷十一品無明。理當滅一也。

智者四教義引經證圓教位中，有云：

大涅槃經明月愛三昧。從初一日至十五日，光明漸漸增長。又從十六日至三十日，光明漸漸滅盡。月光漸漸增長，譬智德十五摩訶般若。光明漸漸滅盡，譬十五斷德，無累解脫，無明漸漸滅盡也。十五種智斷者，三十心為三智斷，十地為十智斷，等覺為一智斷，妙覺為一智斷，合為十五智斷。……

問曰：若約佛性中道為無明所覆，何得定有四十二品？

答曰：此義前已略明。無明雖無所有，不有而有，不無淺深階品。一往大分為四十二品。然論品數，實自無量無邊，不可說示。故〈智論〉云：無明品類其數甚多，是故處處說破無明三昧。又云：法愛難盡，處處重說般若也。

據此文，則「妙覺為一智斷」，似亦可有所斷。又言「一往大分為四十二品」，是則諦觀所說亦不為無據。然此云「妙覺為一智斷」，亦只配合十五智斷之數耳。從初一至十五日，譬智德增長，增至十五日而滿。光明滿，即無明滅，亦示十五日而斷盡也。（原文無明滅盡移至下半月，此無所謂。）此是籠綜言之。若云配位實斷，則從十住、十行、十廻向、三十心，經十地，至等覺，為妙覺位斷盡，實綜以前之實有所斷而言，斷已，始謂為斷盡所斷。所謂「斷盡」者，虛言耳。非言其本身尚有一品微細無明待斷，常失實意。此言四十二品，亦隨四十二位滑口說也。佛教經生家喜歡比配法數，習而不察，過耳。妙覺之智斷是表示智德滿、斷德滿，不表示其本身尚有所斷也。此妙覺位是佛果位

因位有所斷，果位不可言有所斷也。此義復見之於智者言別教等覺與妙覺處。

智者四教義言別教等覺與妙覺位云：

等覺地者，即是邊際智滿，入重玄門。重玄門，倒修凡夫事。重玄者，重修所歷之玄妙法門也。佛。望妙覺，名金剛心菩薩，亦名無垢地菩薩。斷無明，習也。〔案煩惱魔，陰魔，天魔，死魔。三魔已盡，餘有一品死魔在，處。一生者尚有一品無明，習，待斷。斷此最後一品無明以及殘習者即此位之金剛心也。〕三魔早已斷盡，不是說餘有一品未斷，待下位斷也。所謂「餘」者對前即「無明習」也。有此無明及習，即有一生死，故曰「一生補處」也。斷已，即是佛。待斷而正斷之時，只是補處地位也。

妙覺地者，金剛後心，朗然大覺；妙智窮源，無明習盡，名真解脫；蕭然無累，寂而常照。常住佛果具足一切佛法，名菩提果。四德涅槃名為果果（菩提果上之果）。

問曰：為定用金剛智斷無明，為用妙覺智斷無明耶？〔案此問語中之「無明」即指最後一品微細無明說。〕

答曰：涅槃經云：「有所斷者名有上士，無所斷者名無上士。」

勝鬘經云：「無明住地其力最大，佛菩提智之所能斷。」

答曰：若用別教，通十地、等覺，即是佛菩提智。所以者何？涅槃經云：「九住菩薩名為聞見。十住菩薩名為眼見。雖見佛性而不了了。以無礙道與惑共住，故不了了。諸佛如來了了見者，即真解脫。蕭然累外，故了了也。」若別教明義，從初歡喜地，即用佛菩提智，斷初品無明，乃至等覺後心方能斷盡。若圓教明義，即是初發心住得用佛菩提智，斷初品無明，乃至等覺後心方斷盡也。

據此文，則斷最後微細無明，所謂無明習，仍定在等覺位之金剛智。（上引文初問語中之無明即指微細無明，而言），至於《勝鬘經》所謂「無明住地其力甚大，佛菩提智之所能斷」，此就「無明住地」（無始無明、同體無明）之整個言，非指「斷至微細無明」之微細無明言。故此中所謂「佛菩提智」，智者以為是通稱。在別教，從初歡喜地至等覺後心，俱用佛菩提智斷無明。在圓教，從初發心住直至等覺後心，亦俱用佛菩提智斷無明。是則此云「佛菩提智之所能斷」不表示妙覺位之妙覺智尚有所斷也。智者此解即在答覆問者之問，認為斷最後微細無明，所謂習，仍在金剛智，不在妙覺智。所謂「等覺後心」即等覺位最後一心也。此即金剛心。（等覺位名曰金剛心菩薩。）否則不得名曰金剛。此金剛心後即是妙覺佛果位，故云：「妙覺地者，金剛後心朗然大覺，妙智窮源，無明習盡，名真解脫。」不是此金剛心有初中後之「後」也。蓋若如此，則妙覺地亦是金剛心，此則與等覺重複。故此「金剛後心」即金剛心以後之佛心也。在此金剛後心」即是金剛心，此則與等覺重複。故此「金剛後心」即金剛心以後之佛心也。

966

第四章 智者大師之「位居五品」

剛後心,「妙智窮源,無明習盡」。「習盡」者,金剛心已斷盡也。故此「習盡」是描述語,非有所斷之動作語,即非謂此妙覺有所斷而習盡也。

智者大體是扣緊涅槃經「有所斷者名有上士,無所斷者名無上士」之語作解。「有所斷」是說有斷惑之動作,不是說尚有未斷盡者留給下位來斷。但諦觀之說却是依別教斷十二品無明,圓教斷四十二品無明,意在說等覺位雖亦斷無明,習,却不能斷盡,尚有一品無明以及殘習留給妙覺位來斷。故云:「進破一品微細無明,入妙覺位,永別無明父母,究竟登涅槃山頂。」但智者却是以此類語說等覺位。依諦觀之說,妙覺位亦有所斷之動作。斷已,再無可斷,故此位亦日無上士。依智者,是無所斷而爲無上士。依諦觀,妙覺位有所斷而無可再斷者名爲無上士。此自是一解,但恐與涅槃語不合,亦與「等覺位爲金剛心菩薩」之語不合,亦與智者說「斷四十二品無明」,故諦觀欲坐實之。父母,登中道山頂」之語不合。四教儀註註釋「更破一品無明入等覺位」語云:

諦觀之說似亦有文證。

等覺者,妙玄五(六)云:「觀達無始無明源底,邊際智滿,畢竟清淨,斷最後窮源微細無明,登中道山頂,與無明父母別,是名有所斷者名有上士。」等覺位中,正習俱斷。如今文「更破一品無明」,圓教始從初住,終至法雲,圓斷諸也。淨名疏二(四)云:「無復餘習者,見,猶有習在。等覺入重玄門,千萬億劫重修凡夫事,見理分明,習氣微薄,

• 967 •

事等微烟。」此斷習也。又，淨名疏五（三五）云：「住等覺地，餘有一品及習氣在。」

據此註文，蒙潤是把法華玄義說等覺位「斷最後窮源微細無明」視爲斷無明正使，與諦觀「更破一品無明」語同。「正」者即指一品無明本身而言。若如此，則等覺位只「更破一品」，並未窮源，尚有一品待下位破也。是則並未斷至「最後窮源微細無明」。此則與法華玄義文相衝突。又引淨名疏文表示等覺位雖亦斷及習氣，但只能斷使之「微薄，事同微烟」，並不能斷盡，故猶有殘習留給下妙覺位斷。但此與智者說「等覺位是金剛心菩薩」之語相衝突。蓋既是金剛心斷正與習，則不能猶有餘正及餘殘習不斷。若猶有未斷盡者，則金剛心又成爲非金剛心矣。所引淨名疏文，不知是智者之玄疏，抑是荊溪之略疏，皆有互相衝突處。如若依諦觀所說，則與智者之正解爲準。若如何，天台家關此似有兩說，會而通之，當以智者正解相衝突。若依智者之正解，則又與破四十二品之說相衝突。蓋四十二位或十二位，最後一位是佛果則不能說斷四十二品之說相衝突。於別教，亦不能說斷十二品。圓成位，故不能再有所斷也。

第六節　法華玄義明諸圓位之伏斷

以上分別詳言十信，十住，十行，十廻向，十地，等覺，妙覺，共五十二位。名數整足雖依瓔珞，然智者說此五十二位是依圓教標準而說，故皆爲圓位。此與別教說者不同。如後

第四章 智者大師之「五品位」

來華嚴宗亦言五十二位,然仍屬別教一乘圓教,非真圓教也。

五十二位前,先之以五品弟子位。五品弟子位是圓教之初步。從五品位到十信位,十信位是一重要之關鍵。五品位當身是內凡之外品。然五品中之第五品具行六度,即入十信位,六根清淨,相似佛發。五品位到十信位,即入此十信位,即名為「入圓位」。所謂「位居五品」。故智者亦被說為居「圓品位」。此圓品位即圓第五品兼十信圓位也。(見前第三節圓十信位)。分別言之,第五品位為內凡,十信圓位則是內凡兼之內品。仍謂為「內凡」者,以具煩惱性知秘密藏,未斷無明故也。至住起開始斷無明,始入賢聖位。此又是一重要之關鍵。十住十行十廻向(為三賢),十地(為十聖),等覺,四十一位為聖因,皆曰「分真即」,各斷一品無明也。至妙覺為聖果(佛果),無所斷也。此曰「究竟即」。

《法華玄義》卷第五上有云:

> 三、明圓位斷伏者,五品已圓解一實四諦,其心念念與法界諸波羅蜜相應,遍體無邪、曲、偏等倒,圓伏枝、客、根本惑,故名伏忍。諸教初心,無此氣氛。《大經》(《大涅槃經》)云:「學大乘者,雖有肉眼,名為佛眼。」穀中鳴,勝諸鳥。例如小乘伏煖,佛法則有,外道則無。今此伏忍,圓教則有,三教則無。
>
> 十信之位伏道轉強,發得似解,破界內見思,界內界外無知塵沙。如經(《法華經》)文云「得三陀羅尼」,但名似道,未是真道。「旋陀羅尼」是旋假

入真,「百千旋陀羅尼」是旋真入俗,「法音方便」正是伏道,未得入中。如瓔珞「從假入空觀」,雖斷見思,但離虛妄名為解脫,其實未得一切解脫。當知六根雖淨,圓教煖、頂、〔忍、世第一〕四善根,柔順忍、伏道位耳。

案：以上說圓位斷伏乃指從十信位到妙覺位諸圓位而說。十信位即六根清淨位,連前五品位,通曰伏忍位,亦通曰內凡位。五品位為內凡之外品,十信位當身雖為內凡之外品,然已圓解圓伏,故亦名伏忍位。此是伏忍之初階,義推如通教十地之乾慧地,別教之十信位,然而意境亦不同。五品位之第五品入十信（圓信位）,為內凡之內品,「伏道轉強」。此雖仍是伏忍位,却相當於藏教之聲聞,通教十地之薄地、離欲地、已辦地,並相當於別教之十住、十行、十迴向。可見此一圓位並不簡單。歐陽竟無云：「自天台、賢首等宗興盛而後,佛法之光愈晦。諸創教者本未入聖位,如智者即自謂係圓品位,所見自有不及西土大士之處。」（唯識抉擇談）。此所謂「係圓品位」,即係圓第五品兼十信圓位也。所謂「未入聖位」,自圓教而言,自未入聖位。若依通教而言,則已入聖位矣。若依別教而言,雖未入聖位,已入三賢聖位。蓋別圓教俱說十住、十行、十迴向、十地為十聖位。但圓教之十信既相當於別教之十住、十行、十迴向,這三十位是為三賢位,則依別教而言,自已進入三賢聖位。唯依圓教而言,未進入賢聖位。依圓教而言,西土大士真能進入聖位甚至賢聖位乎？如無著、世親、龍樹等真能入聖位乎？後人尊之為菩薩耳。然則智者自謙居圓第五品位兼十信

第四章 智者大師之「位居五品」

位,乃如實說,不得輕視之也。而且佛法之光晦不晦亦不盡係於進入聖位否。若就所見而言,唯識宗之所見不必高於天台。其就八識而為煩瑣之心理分析,不必真能善弘佛法之光也。

《法華玄義》卷第五上,繼上文又云:

若入初住,得真法音陀羅尼,正破無明,始名斷道。見佛性常住第一義理,名圓敎無生忍。十行、十迴向、十地、等覺,皆破無明,同是無生忍位。妙覺斷道已周,究竟成就,名為寂滅忍。

若約位別判,伏順二忍但伏不斷,例如解脫道。(此是佛果位)無生一忍,斷而不伏,例如無礙道。(此是圓信位)妙覺寂滅忍,亦伏亦斷,亦無礙亦解脫。

若論通義,妙覺寂滅忍,亦名不生不滅名大涅槃」。亦名伏忍。仁王云:「從初發心,至金剛頂,皆名伏忍。」伏是賢義。(荊溪釋籤解云:「言普賢居眾伏之頂者,讓佛為聖,賢是伏。伏中之極,極在此位,名眾伏頂。」)故等覺名賢,普賢菩薩居眾伏之頂。(此是十住、十行、十迴向、十地、等覺四十一圓位)。順忍之名從下通上,直至於佛。佛為伏忍旣通,順忍可解。(順忍即柔順忍,伏、順、旣其通上,寂滅、無生、亦應通下。思益云:「一切眾生皆如也」。如即無生忍。柔順之極。)

淨名云:「一切眾生即滅盡定。」伏、順、旣其通上,寂滅、無生、亦應通下。又就事為無生,就理為寂滅。又分證為寂滅,讓果為無生。(荊溪釋籤解

云：『「又就事爲無生」等者，惑是事法，故約惑滅，此惑若滅，必證實理，名爲寂滅。故約所證，名爲就事。無非惑滅證理。乃至五品亦可得名觀行事理，六根〔清淨〕名爲相似事理。乃至亦可云理性、名字事理等也。』

約分別義者，伏順二忍未是真因。無生一忍，未是真果。從十住去名真因，妙覺名眞果。

云何伏順非眞因？例如小乘方便之位不名修道。見諦已去，約眞修道。此義可知。今順忍中，斷除見思，如水上油，虛妄易吹。無明是同體之惑，如水內乳。唯登住已去，菩薩鵝王，能嗽無明乳，清法性水。從此已去，乃判眞因。（案「無明是同體之惑」，所謂「同體」即無明與法性體同：無明即法性，法性即無明，非異體相對相翻也。說異體爲別教，說同體爲圓教。）

案此言圓位伏斷之大關節。綜五品位當身已圓伏枝惑（枝末見思惑），客惑（無知塵沙惑），根本惑（同體無明，無明見思）。此爲伏忍位之初階。至十信位，六根清淨，發相似解，破界內見思界外無知塵沙，此自十住以後至等覺始分分惑），何以仍說伏忍？蓋斷者是指斷同體無明說，此既破界內見思，又破界內界外無知塵沙（塵沙斷，皆斷此同體無明（根本惑）也。斷者斷此，故不斷者如五品位與十信位，即曰伏。伏者根本惑（同體無明，無明見思）。此爲伏忍位之極。既破界內見思，又破界內界外無知塵沙，此自十住以後至等覺始分分終極只伏此根本惑耳。根本惑不可抽象地空說，故具體說之，即是無明見思，即從同體無明

第四章 智者大師之「五位居品」

而發之見惑思惑也。是則十信位所破之三界內見思乃只是枝末粗重之見惑思惑。圓教自十住起即分分破「無明見思」，破至等覺位而盡。等覺位有所破，此破已，即妙覺位，此位無所破，故曰無上士，此即是圓佛。以上是圓位伏斷之大關節。

別教自十地起始破無明見思。即使如此，而說者亦常不如理。故智者承上引文復作料簡云：

復次，別教判三地或四地斷見盡，六地或七地斷思盡。此不應爾。何者？華嚴明阿僧祇香雲華雲，不可思議，充塞法界者，此是菩薩勝妙果報所感五塵。薩皆入出無量百千三昧禪定心塵之法，呼此爲色無色界思也。所以如此立者，爲說明界外同體見思故。無量禪定心塵之法是界外之色塵，即無數香雲華雲等，是界外之欲界思惑。無量禪定心塵之法是界外之色塵，即無數香雲華雲等，是界外之欲界思惑。無量禪定心塵之法是界外之色塵，即無數香雲華雲等，是界外之欲色界思惑。

若思前盡，後地應無果報，及諸禪定。何者？〔案此是類比三界復立界外三界也。所以如此立者，爲說明界外同體見思故。勝妙果報所感五塵，即是界外之欲界思惑。無量禪定心塵之法是界外之色無色塵。〕地持云：第九離一切見無明見思、同體之惑，何得前後斷耶？當是別教附傍小乘，方便說耳。

若見先盡，則實理無復有障，云何十地見不了了？若見先斷，等覺復何所離？第九是等覺地。入離見禪，乃成大菩提果。

清淨淨禪。

荊溪釋籤云：「此中爲消界外同體見思，故須於界外更立三界。既分內外，見思名同。是故須立思分三界（案意即思方面的三界）。從五塵爲名，故例如欲界。從定地爲名，故例如色無色

界。故知違理由見，感報由思。」十地菩薩旣有果報，故必有思惑不能斷盡。是故有如下文之駁斥。〕

若七地思盡，上地應絕六塵。何故復言「三賢十聖住果報」？若住果報，思不前盡。

今明如此見思（案即此無明見思）通至上地，至佛方盡。故云：「唯佛一人居淨土」，「唯佛一人能盡源」。是故伏斷如前分別。（案即如前文所說之圓位伏斷）。

案：此即料簡別教中附傍小乘之說法為不諦也。又料簡界外見、思、塵沙三惑斷之先後云：

問：界內必先斷見，次思，後無知，界外何意不爾？

答：界內為三途苦重，先斷見，次思，後及無知。界外苦輕，故先枝後本。〔荊溪釋籤解云：「言界外苦輕，故先枝後本者，凡障理惑、名之為本，界外無明為本，塵沙為枝。是故界內，次第修人先斷於本，次斷為枝。故以界外苦輕，次第先斷枝惑，次斷根本。是故界外旣其苦輕，借使流轉，不退歸下。為助化道，故先斷塵沙。後為顯真，方斷無明。」〕

又思、無知、不障偏真。為見真理，故先除見。界外塵沙是體上惑，遠能障理。先却遠障，次除近障。

• 974 •

案：借使一般言之，界內先斷見惑，次斷思惑，後及無知（塵沙惑），界外先斷無知，次斷無明見思，此亦是一途之見，並非到處皆然。超果二乘，見思同斷，有時亦先後斷。通教菩薩亦然。別教則前後斷。「圓教同斷」者，十信「破界內見思及界內外無知塵沙」即同時破，無先後可言。十住以後分分破無明，即分分同時破界外無明見思及塵沙。惟關聯着十信，就塵沙惑方面說有先後耳。如在十信，亦破界外塵沙，但於界外無明見思則十信只伏不破，是即有先後也。十住以後始無明見思與塵沙無知同時破耳。破亦是分破，非全破。至等覺始全破。故自十住直至等覺皆「分證即」（就能證面言），亦曰「分真即」（就所證顯者言）。唯妙覺是「究竟即」。此就次第修人言。若頓修者，則無次位，一時全破。

第七節　法華玄義明諸圓位之功用以及通諸教言粗妙

以上言圓位之伏斷。再進而言功用。仍以五品位與十信位為重要關節。

法華玄義卷第五上，承上文言伏斷，復依次論功用云：

四、明功用者，若分字解義，功論自進，用論益物。合字解者，正語化

五品之位，理雖未顯，觀慧已圓。具煩惱性能知如來秘密之藏，堪為世間作初依止。依止此人猶如如來。當知不久詣於道樹，近三菩提。一切世間皆應向禮。一切賢聖皆樂見。

若六根似解，圓觀轉明，長別苦海，能以一妙音遍滿三千界。隨意之所至，一切天龍皆向其處聽法。其人有所說法，能令大眾歡喜。猶是第一依止。

案四依出涅槃經卷六。如云：「善男子，是大涅槃微妙經中，有四種人能護正法，建立正法，憶念正法，能多利益，憐愍世間，為世間依，安樂人天。何等為四？有人出世，具煩惱性，是名第一。須陀洹人，斯陀含人，是名第二。阿那含人是名第三。阿羅漢人是名第四。是四種人出現於世，能多利益，憐愍世間，為世間依，安樂人天。」智者從圓位說此四依，五品位與六根清淨位是初依。十住為二依。十行、十迴向，為三依。十地、等覺，為四依。等覺即函蓋妙覺。是則佛為第四依之究竟依。此四依是約人說。五品弟子以及六根清淨了義，依義不依語，依智不依識，依法不依人」，此四依是約法說。一般說的「依了義不依不了義，依義不依語，依智不依識，依法不依人」，此四依是約法說。五品弟子以及六根清淨者已可為世間作依止，則其化他功用亦不小矣。從此進入十住、十行、十迴向、十地，直至等覺、妙覺。故智者云：「豎功若深，橫用必廣」。「論其滿足，唯佛與佛乃能究盡無明之源。故經云：如佛心中無無明。唯佛法王住究竟王三昧。毘盧遮那法身橫周法界，豎極菩提，大功圓滿，勝用具足。」明功用已，即進而通諸教言粗妙。

第四章 智者大師之「位居五品」

法華玄義卷第五上，繼上文言功用，復云：

五、通諸位論粗妙者，小草（人天乘）止免四趣，不動不出。中草（二乘）雖復動出，智不窮源，恩不及物。上草（三藏菩薩位）雖能兼濟，滅色為拙。小樹（通教）雖巧，功齊界內。故其位皆粗。大樹（別教）實事，同緣中道，所因處皆破無明，俱有界外功用，故此位為妙。而別教從方便門，曲迴紆廻，所因處拙，其位亦粗。圓教直門，是故為妙。

又三藏菩薩全不斷惑。望圓教五品，有齊有劣。同不斷惑，是故言齊。五品圓解常住，彼全不聞常住，是故為劣。〔案此以圓教五品位相當於三藏菩薩位，而有齊有劣。〕

若三藏佛位，斷見思盡。望六根清淨位，有齊有劣。同除四住，此處為齊。若伏無明，三藏則劣。佛尚為劣，二乘可知。當知三草蒙籠，生用淺短，故其位皆粗。〔案此以六根清淨位相當於三藏佛位，而有齊有劣。同除四住〕者，除四住煩惱也。善不善依住於身見，身見依住於欲貪，欲貪依住於虛妄分別，虛妄分別依住於顛倒想，顛倒想依住於「無住」。無住即是無始無明。此共為五住煩惱。三藏佛位與圓教六根清淨位同除四住煩惱，此則其同處。然對於第五住之無住即無始無明，三藏佛之伏無明不圓，故劣也。劣即粗。六根清淨位為圓伏無明，圓伏即妙。

此四句，在五代及北宋初年，為天台教中興之機緣。蓋因吳越忠懿王錢俶嗣王

• 977 •

・若般與性佛・

位後，閱讀永嘉集，見有此四句，不明，乃問於天台山德韶國師。韶國師是禪宗法眼宗門下的禪師，恐亦不解天台教義，乃介其問於天台國清寺習天台者義寂法師。寂法師曰：「此天台智者大師妙玄中文。今惟海東高麗闡教方盛，全書在彼。」王聞之，慨然即為遣國書賫幣，使高麗，求取一家章疏。天台教部，因此，得由高麗復還，亦因而得有知禮之中興。故此四句實為一重要機緣也。」

若乾慧地，性地，望五品位，有齊劣粗妙可言。

教之乾慧地，性地，而有齊劣粗妙可見。〔案此以五品位當通

若八人六地（從第三八人地、第四見地、至第五薄地，第六離欲地）見思盡，七地修方便，至佛斷習盡，望圓教似解（六根清淨位），有齊有劣。例前云云。〔案此以六根清淨位當通教之三、四、五、六、七地以及斷習之佛，而有齊劣粗妙可言。齊者，同斷見思惑盡。劣者通教不及界外，所謂「功齊界內」。而圓信位則已分破界外塵沙，並圓伏界外無明。故即使通教之佛亦粗也。〕

當知小樹之位未有千雲婆娑之能，是故皆粗。

若別教十信望五品位，同未斷惑，是故為齊。十信歷別，五品圓解，此則為優。〔案別教十信相當於圓教五品位。然有優劣粗妙可言〕

別教十住斷通見思，十行破塵沙，十廻向伏無明，祇與圓家十信位齊。〔案圓家十信相當於別教之十住，十行，十廻向。然有優劣粗妙可優劣云云。

978

第四章 智者大師之「位居五品」

若登地破無明，祇與圓家初住齊。何者？若十地十品破無明，圓家十住亦開十品，合取三十品（十住、十行、十廻向，為三十心）為三十品，與別家十地三十品等者，則十地與圓家十廻向齊。若奪而為論，別佛地與圓家初行齊。與而為論，則十地與圓家初地齊。

故知別教權說，判佛則高。望實為言，其佛猶下。譬如邊方未靜，授官則高。定爵論勳，置官則下。別教權說，雖高而粗。圓教實說，雖低而妙。此譬可解。以我之因，為汝之果，別位則粗。當知大樹雖巨圍，要因於地，方漸生長。

是知圓位，從初至後，皆是實說。實伏實斷，俱皆稱妙。《大論》云：「譬如有樹，名曰好堅。在地百歲，一出即長百丈。」蓋眾樹之頂。此譬圓位也。

〔案好堅樹之譬見《大智度論》卷十。大論是以好堅樹為眾樹之頂，樹中之最高者，它只蔭庇其他，而其他無有能蔭之者。此譬佛為無上士，無過佛者。智者云：「此譬喻圓位為最高最圓最實者，其他諸教所說之位無有能過之者，故云：『此譬圓位也』。此圓位賅括「從初至後」而言，非但指佛位而言也。」若如此解，則智者取此譬只喻「初住八相作佛」。荊溪釋〈籤〉解此譬云：「論譬極果。今取「一日超百丈邊」，以譬初住八相作佛」。作佛義同，故得借用。」此恐非是。蓋智者此最後文是總結圓位皆實，何但只譬初住耶？〕

案此「通諸位論粗妙」實是通諸教之諸位而論其粗妙。粗妙之判定以圓教爲標準。圓教從五品位起至妙覺位止,皆圓位也。以此圓教之圓位分別地對當藏通別三教之各位,則三教之粗與圓教之妙即可顯出。如智者原文所述已甚分明,不煩再釋。在此對當中,就圓教圓位說,以圓教實說故,諸圓位皆提升,雖至低者,以實說故,其氣分亦甚高,即相應實說之妙覺位而氣分亦高也。就藏通別三教說,故其各位皆分別地對當於圓位而遞降,此方面既遞降,則圓教圓位,因對當故,即遞升。此種升降所依據的原則,智者以授官與置官之不同作譬解。「邊方未靜,授官則高。定爵論勳,置官則下。」是多難之秋,處變之時。爲便於處事,故「授官則高」。高者大其職權以便於事也。此本是處變之方便,故其職權是暫時之方便,方便即權說之權說。既是權說,故其中之高位實皆是權高,非實高故。非實高故,故當對於圓教圓位時,其權高之高即被拆穿而降低矣。此所謂「定爵論勳,置官則下」也。此種升降所至之果乃至極果皆非眞位方面即升高。故云「以我之因爲汝之果」。此即示汝次第修行所至之果乃至極果之爲高實非眞果,而實我圓教中因位之事也。汝所至之果乃至極果之爲高實非眞高,只權高也。只因未曾覺識,故假以爲高。是故在汝視之爲高者,在我則視之爲低。汝若不知此中權實之分,而自以爲高,以未至爲至,且視我爲低,不及汝高,如曰我已至佛,汝尚在十住,以我圓教之低位視同汝權教中之低位,則謬之甚矣。

此種權實之標準,其最後根據,端在圓之所以爲圓,與權之所以爲權。茲可就別圓而論。別教雖已高矣,然而仍未至於眞圓。即就華嚴宗而論,雖爲別教一乘圓教,然而仍未至於眞圓。何者?以屬性起系統,非性具系統故也。是故圓之所以爲圓唯在「性具」。以此爲

第四章 智者大師之「位居五品」

最高之標準，故有智者「通諸位論粗妙」之所說。

以上所錄智者原文皆是法華玄義中釋位妙之文（總有十妙，如境妙、智妙、行妙、位妙、三法妙、感應妙、神通妙、說法妙、眷屬妙、功德利益妙）。智者本以十義明圓位。十義者，一、簡名義，二、明位數，三、明圓位斷伏，四、明功用，五、通諸位論粗妙，六、明位興，七、明位廢，八、開粗位顯妙位，九、引涅槃五譬成四教位，十、明妙位始終。以上所錄，從五品位起到妙覺位止是「明位數」中之文。明圓位斷伏，明功用，通諸位論粗妙，三義皆照錄。此四義是主文，餘六義則略而不錄。明此四義，則圓位正義亦可明矣。

吾人欲想明白智者之「位居五品」之的義與實義必須通圓教圓位之全部系統而明之。以下試以今語說明智者位居五品兼六根清淨位之的義與實義，並明由此進至圓位極果中之真實問題。

第八節　智者「位居五品兼通六根清淨位」之的義與實義

依智者所說之圓實敎，成佛必即九法界而成佛，即是說，在「一念三千」中成佛。凡隔絕，片面，或紆廻，皆非圓佛。此亦如儒者說聖人必以天地萬物為一體始可為眞聖。「大而化之之謂聖，聖而不可知之謂神」。大者絕對義，圓滿義。化者無間隔，無障礙。孟子說不能「上下與天地同流」，皆不能說「大而化」。佛家之佛果亦如是。佛果，彼亦曰聖果。凡蓋從十信位起至等覺位為聖因，則妙覺位之佛果即是聖果。荊溪止觀輔行傳弘決卷第一之五

・981・

釋「六即」處有云：

> 聖者，風俗通云：「聖者聲也。以其聞聲知情，通天地，暢萬物故也。」
> 易曰：「聖人者與天地合德，與日月合明，與四時合序，與鬼神合其吉凶。」
> 今出世聖不聞其聲知九界情，通諦理，暢眾機，與法界合德，與三智合明，與四機合節，與眾聖合其冥顯。

此中所謂「出世聖」即佛也。「知九界情」即知六道眾生及聲聞、緣覺、菩薩，這九法界之情實也。不但知之，而且直下即之而成佛也。此即聞聲知情，或不聞聲知情，通九法界為一體而為佛。「通諦理」者通三諦之理也。「暢眾機」者，眾生根機不一，皆能暢達之也。「與法界合德」者即合其清淨寂滅之德也。「與三智合明」者，四隨利物，節序不亂也。「與眾聖合其冥顯」者，四機合節，合般若三相（一切智、道種智、一切種智）之明也。「與四機合節」者，與三世諸佛合其或隱或顯盡方便之極也。此種圓實佛與儒家之聖為同一型態，儘管其教義之內容有不同。

既必即九法界而成佛，則「是法住法位，世間相常住」，法門不改，即無一法之可廢。「一念無明法性心」即具三千世間法。無明即法性，即是覺，即是佛，即具淨三千而為佛。法性即無明，即是迷，即是眾生，即具染三千而為眾生。分別言之，法性空寂，圓具一切法，而一是皆空寂無相，是即實相。無明與法性同體，是即與法性同極。法性圓具一切法，而無明，因與之為同體同極故，亦可染著一切法，而一是皆成執相，亦即皆成煩惱。法性極

從五品位之隨喜品位起,即須圓聞圓信這「法性圓具一切法」之不思議境。此即起腳即大即圓即實,未曾有一毫之偏曲說,或方便遷就說。經過二品誦讀,三品說法,則由圓聞圓信而至圓解,是即加強其初聞與圓信。再經過四品位之兼行六度,與五品位之正行六度,則不但其圓信圓解倍倍轉明,而且亦能圓伏枝、客、根本惑。圓伏者相應其圓信圓解而伏忍之,而未能至於斷或破。圓伏雖伏亦大。無圓信圓解者,雖伏亦小,或甚至根本未能伏也。曲伏或偏伏或分伏,此即雖云伏而實未伏也。

同一無始無明,而自其具體表現,則有枝末、無知,與根本之分。根本惑,自其與法性同體同極而言。其具體表現而為枝末與無知亦有粗重與微細之分。粗重與微細是依界內與界外而定。界內者為粗重,界外者為微細。界內是欲界、色界、無色界這三界,此是基層之三界。界外是基層三界所透映的高一層的三界,此曰界外三界,亦可曰境界三界,或無限境中之三界。

三界內之枝末惑亦曰見、思惑。分別言之,障智之惑曰見惑,能障智明,不見諦理。見惑有八十八使。八十八使者,先說十使: 身見、邊見、見取、戒取、邪見,此五者為利使; 貪、瞋、痴、慢、疑,此五者為鈍使。(使者役使迫促義,使你不由自主,心不清明,障正見,故曰見惑。)此十使,歷三界四諦,增減不同,成八十八使。意謂在欲界苦諦方面,十使具足; 集諦滅諦方面各七使,除身見、邊見,戒取三者; 道諦方面八使,除身見、邊見二者。如

至何處,無明亦隨之。法性達至何處,無明亦隨之。是則無明與法性同其廣大。法性圓具一切,無明亦遍滿一切。此即謂無始無明。假定法性透顯始為佛,則亦必從根上根絕無始無明,法性始透顯。然此談何容易!

是，歷欲界四諦，共為三十二使。在色界、無色界四諦方面，每諦下除瞋使，餘皆如欲界，故一界各有二十八使，二界合為五十六使。此兩界之五十六使加欲界三十二使，共為八十八使。就此我見方面亦可說六十二見。六十二見者，歷五陰各有四句我見，如「我在色中，色在我中，離色是我，即色是我。」受想行識亦復如是。每一陰有四句我見，五陰合共二十見。五陰，就過去、現在、未來，三世說，則成六十見。再加上斷常二見，故為六十二見。

六十二見，八十八使，皆見惑也。

思惑者，思是造作義。五蘊中之行蘊即思蘊。思蘊中之「心所」甚多，共有五十一心所。今就思惑言，最基本者就是貪瞋痴慢。思惑障解脫、障斷德，亦曰障福德，障「行行」（屬於實踐方面的修行），總之即是煩惱。因此，思惑亦曰修惑。思惑有八十一品。此如何計算？謂三界分為九地。整欲界為一地，色界四禪為四地，無色界四定（亦曰四無色定：空處、識處、無所有處、非想非非想處）為四地，共為九地。此三界九地，欲界一地就貪痴慢三者說，上中下亦各有上中下也。餘二界八地就貪痴慢四者（除瞋使），亦各有九品貪瞋痴慢。是則三界九地，九九八十一品思惑也。

上見惑中亦說貪瞋痴慢。是則此四者既通見惑，亦通思惑。其本義為思惑，然而亦障「慧行」，故亦為見惑也。

此見惑思惑，因屬界內，故云枝末惑，對無始無明之根本惑而言也。此亦可曰根本惑之具體地表現於三界之內者。

由此見思惑亦可引出塵沙無知惑。塵沙無知者如恒河沙無數的無知之謂也。此無知即

第四章 智者大師之「五品居位」

惑，故亦曰無知惑，亦曰塵沙惑。其確指即是於各種假名法之性、相、體、力、業、因、緣、果、報等無所知也。此障道種智，不能觀假也。假法無數，故曰塵沙無知惑。此屬菩薩道所破者。小乘可以斷見思惑，以其具一切智可以證空，而不能破空入假也。但是此無知亦有界內界外之別。界內無知，其無知粗而淺。界外無知則更深而微細也。

例如智者云：「小樹（通教）雖巧，功齊界內」（見上節引），縱使破無知惑，亦是界內，而非界外者。圓教十信位「破界內見思，界內界外無知塵沙」。此雖破及於界外無知惑，亦只是分破耳。

以是故，三界內之見思，思惑，無知惑，當較易破。界外之見思亦曰「無明見思」，此是無始無明之具體地表現於界外之三界者。界外者則不易破。界外之無明見思，即有界外之無明無知。依此而言，見、思、無知當是層層升進者。大分之，為界內界外之無明無知。依此而言，見、思、無知，見思為本，故無知惑亦曰「客惑」。「客惑」者，外在地於客觀方面之假名法無所知也。

圓教五品位即「圓伏枝、客、根本惑」。此即示於界內界外之見、思、無知，及根本惑，皆只伏而不能破。六根清淨位（十信位）「破界內見思，界內界外無知塵沙」。此即示於界內見、思、無知，盡破；於界外無知少分破；於界外無明見思則只伏不破。進破界外無明見思與無知，則自十住位始。

然則

1. 依何標準而言界內三界界外三界？
2. 界內之見、思、無知如何規定？

3. 界外之見、思、無知如何規定？
4. 界內外之無知，所無之知是何種意義之知？破後所有之知是何種意義之知？
5. 界外之見、思、無知如何能盡破而至於佛？

此五問題必須有一清楚之表象與解答，然後智者之「位居五品兼六根清淨」之的義與實義始可得而明。

八之一、依何標準而言界內三界界外三界？

關於此第一問題，吾人如此說：

若從現實存在方面說，我們只有五陰（五蘊）：色、受、想、行、識。就此五陰，再分析之，便有六根，六塵，六識之十八界。以此十八界為基層，就六根之前五根而言，便有五欲：目欲好色，耳欲妙聲，鼻欲芬香，舌欲美味，身欲柔軟細滑。依此五欲，說為「欲界」。此是由生理的感受而直接引生出者。是故孟子云：「口之於味也，目之於色也，耳之於聲也，鼻之於臭也，四肢之於安佚也，性也，有命焉，君子不謂性也。」所謂「性也」，此性是生理感受之感受性，亦可以說是動物性之性，亦可以說是自然生命之性。故佛家修禪定，必先離此五欲。

實踐所以可能之性，自不以此五欲為性。故佛家修禪定，必先離此五欲。

在修禪定中，離此欲界（貪欲，瞋恚，睡眠，掉悔，疑，為五蓋），有覺有觀，入大喜初禪。滅覺觀，攝心深入內清淨，得微妙喜，入第二禪。以深喜散「定」故，離一切喜，得遍滿樂，入第三禪。在此第二、三禪中，離欲界，而色法尚存

在，故尚處「色界」中。內心方面之喜樂自然不能免：第二禪有微妙深喜，第三禪有遍滿樂。色界存在，心識界自不必說。離一切苦樂，除一切憂喜及出入息，以清淨微妙捨而自莊嚴，入第四禪。在此第四禪中，內心方面離一切苦樂，除一切憂喜及出入息，然而色法仍在，故仍處色界，繼此前進，呵色滅色，緣空得定，不復見色，心得脫色，如鳥出籠，是名「空處」定。此定謝已，緣識生定，呵色滅色，緣空得定，名爲「識處」定。此定謝已，緣「無所有」，入無所有法相應，名「不用處」定（無所有處定），故「非想」；不緣「不用處」，故「非非想」。此定過已，忽發「非想非非想」。此定不緣「識處」，非所有處定，名爲「非非想非非想處」定。既是無色定，即是已離「色界」而進入「無色界」。此爲無色界四定。從初禪起，至滅受想定，名爲九次第定。次第而起，不令異念得入，故名次第。

是則三界者，欲界依生理的感受而定，初禪得離。色界者，離欲存色。初、二、三、四禪皆在色界中。無色界者，四無色定也。此三界是依禪定中欲、色，以及受想行識，這三者之存在與不存在，而得名。此種存在與不存在（有與無）完全是依禪定中主觀的心理狀態而被決定，而此心理狀態是片面的，相對的，暫時的，非究竟灑然之客觀的，絕對的大定也。

「滅受想」定。受想滅，而行識仍不滅。只有四陰（受想行識），而無色陰故也。再進，即爲故其所決定之欲、色、無色，這三界之存在與不存在，亦是片面的，相對的，暫時的。其已離五欲者，眞能離乎？片面地強制而已矣。眞離者爲何如離？眞離者，爲不捨不著之離。其已離色界者，眞能離乎？恐亦是片面地無視而已。眞離色「聖人有情」，已啟此消息矣。眞離色者爲何如離？眞離色者爲何如離？眞離色者非呵色滅色，乃不捨不著之離。空亦非呵色滅色爲空，乃是色之性

空，當體即空而假名不壞也。滅受想定，固只滅受想，而未滅行識，縱使受想行識一齊俱滅，豈眞能滅乎？恐亦只是片面地強制而已。眞離無色界者爲何如離？眞離無色界者亦如眞離色界，乃不捨不著之離，非強制不起之離也。

是則三界者，若自存在言之，欲界即生理感受之欲望領域，色界即物質領域，無色界即心識領域。若依禪定工夫言之，四禪皆屬色界，已離欲界。未出色籠，故仍存有色界。至滅受想定以後，若再進而滅行與識，則離無色界。如是，則出離三界。

然則何以又有界內界外之分？只是一「三界」，何以又有界內三界界外三界？此蓋仍依修行工夫之境界而言也。三界，若自層進觀之，本依禪定而得名。然而四禪只是初級之工夫。工夫無有窮已，則三界之名亦可層層升進。例如涅槃經言：「色是無常，因滅是色，獲得解脫常住之色。受想行識亦是無常，五陰可以層層升進，因滅是識，獲得解脫常住之識。」是則涅槃法身亦有解脫常住之色、受、想、行、識。（三千世間即有五陰世間）依五陰說三界，則三界亦可層層升進也。在此層層升進中，始有界內界外之可言。大分之，人天乘之三界是界內之三界。此示尚有可升進之境界。界外三界者，依基層三界，通過無止的禪定工夫，層層升進，聲聞緣覺二乘實不能有昇華之三界，然其所面對之三界實仍是基層三界也。如智者云：「小草（人天）止免四趣（地獄、餓鬼、畜生、阿修羅），不動不出。中草（二乘）雖復動出，智不窮

源，恩不及物。上草（三藏菩薩位）雖能兼濟，滅色為拙。小樹（通教菩薩）雖巧，功齊界內。故其位皆粗。」（見前論粗妙中引）。是故聲聞緣覺及藏通二教之菩薩其所面對之三界猶仍屬界內三界也。其出離三界而得解脫，出離雖有巧拙不同，復有獨善兼濟之異，然皆仍是「功齊界內」也。是則界外者，唯自別教始。故智者繼上復云：「大樹（別教）實事，同緣中道，皆破無明，俱有界外功用。故此位為妙。」（依法華經，同只限於六識，而不能進至第七第八識，只有分段身（分段生死）之解脫，而無變易身（變易生死）之解脫，佛為灰斷佛，而不能見及如來藏恆沙佛法佛性之常住佛者，即為界內，反是則為界外。

然則究竟依何標準而如此分？曰：最後標準唯在圓教。圓之所以為圓，一在一念三千，一在不捨不著，不壞假名而說諸法實相，法門不改，世間相常，通達惡際即是實際，此是般若智之作用的圓具而說界外三界，就般若智之作用的圓具而說出離界外三界。此是最後的標準。「二乘雖復動出，智不窮源，恩不及物」，即無作用的圓具也。「三藏菩薩雖能兼濟，滅色為拙」，即無作用的圓具也。「通教雖巧，功齊界內」，作用的圓具是緯。無綱，雖有緯，亦不得有界外之三界。是故雖有「界外功用」，而「曲逕紆迴，所因處拙」。故其位既粗，則界外三界亦未至其極也。

存有論的圓具是綱，然只言性具，不言性具，此即仍無存有論的圓具也。別教雖言如來藏緣起，然只性起，不言性具，此即仍無存有論的圓具也。故其位既粗，則界外三界亦未至其極也。

是則界內三界者，既無存有論的圓具，亦無與之相應的作用的圓具的那方便教（權教）中

之有限相對的三界也。界外三界者，既有存有論的圓具，又有與之相應的作用的圓具之圓實教中無限而絕對至極之三界也。此唯就圓教說。別教雖有界外三界，然其無限絕對非相應圓教直說，乃從方便門曲徑紆迴說。是則其界外三界之昇華仍在過渡中，非至極圓實之界外三界也。茲舉例明之。如一人只就個人自己之欲界，色界，無色界，而得解脫，智者所謂「智不窮源，恩不及物」，則其三界便是界內三界。此種界內三界可名曰主觀的界內三界。聲聞緣覺之三界即是此種三界，亦只有分段身而無變易身之三界。

如果他不只就個人自己之三界而得解脫，而且能彙濟及物，如易傳所謂「吉凶與民同患」，或如孟子所謂「與民偕樂」，則其三界已由個人的，而進至共同的，其解脫是就共同的三界而得解脫。是則其心量已甚廣大，故其三界亦隨之而廣大。然而如果此共同的三界只限於人類，尚不能就「三千世間而為共同，或依儒者詞語說之，尚不能就「與天地萬物為一體」而為共同，則其三界仍是有限有對，尚未達至無限絕對之境。是則此共同的三界仍是界內三界。此可說為客觀的界內三界。在此客觀的界內三界中，其得解脫或「滅色為拙」，或不滅色（即色）為巧，拙者為三藏菩薩，巧者為通教菩薩。然無論巧拙，皆是「功齊界內」，不過是客觀的界內而已，亦只限于分段身而無變易身。

如果他的解脫不只就人類的共同三界而得解脫，而且能達至就三千世間的無限絕對的三界而得解脫，則其三界便是界外三界。但如果他說三千世間是依「真如隨緣」而說，或依「真如不隨緣」（阿賴耶系統）而說，尚不是就「一念即具」而說，即依「性具」而說，則其界外三界仍是方便權說的界外三界，尚不是圓實的起」而說，尚不是依「性起」（性具）而說。此種方便權說的界外三界可曰「真如隨緣」的界外三界或「真如不隨緣」的界外三界。

第四章 智者大師之「五居位品」

三界。此即別教菩薩之界外三界，智者所謂「曲徑紆迴，所因處拙」也。是故唯就「一念即具」而說的三千世間而得解脫，其界外三界方是圓實至極的界外三界。此即既有存有論的圓具，又有與之相應的作用的圓具下的界外三界也。是故三界之分為界內界外唯依是否達至無限絕對而分。達至無限絕對者為界外三界，止於有限有對者為界內三界。

以上是關於界內界外之分。

八之二、界內之見、思、無知如何規定？

關於第二問題「界內之見、思、無知如何規定」，吾人則如下說。

有三界即有隨三界而來之惑。以上第一問題之解答是對於界內界外作形式的區分。講到三惑便是接觸到其內容。我們通過此內容，更能了解那形式的區分之實義。

界內三惑者，有限有對的主客觀三界中所附隨的見惑，思惑，及塵沙無知惑也。此三惑既在有限有對的三界內起現，故曰「界內惑」。既是界內惑，自不能窮其源。必尚有無盡無明的見、思、無知惑潛伏於界外，而為修行者有限之心量所隔絕，而不能滲透進來。是則界內三惑者只是那窮源究極的界外三惑部分地因而亦是粗重地透進於有限有對的三界內而為吾人有限之心量所意識及者。其所意識不及者甚多甚多，有限心量限之故也。如前文所說的見惑八十八使，思惑八十一品，皆是界內惑。《維摩經》所說的四住煩惱（善不善依住於身見，身見依住於貪欲，貪欲依住於虛妄分別，虛妄分別依住於顛倒想）亦是界內惑。至於第

· 991 ·

五住,顛倒想依住於無住本,而無住本即是無始無明,此則其根甚深,即是界外惑也。界內之四住煩惱(見思惑),聲聞緣覺可盡斷之,其所斷者淺也,其意識之所及者也。然而為其有限心量所限,其意識所不及者甚深甚多,此即成界外惑矣。有界內之見思惑,即有隨此見思惑而來之無知惑。三藏菩薩及通教菩薩,因其修菩薩道故,可以破此無知惑(隨乘濟及物而破),即可以破空入假,具道種智,然而其所破之無知惑猶屬界內,其所破者有限而淺,因此,其所具之道種智亦有限而淺也。其所不及而破者甚深甚多,此即成界外無知惑矣。

例如吾人生活,在一定範圍內,或平靜之時,心境恬淡,不欣趣五欲,亦無貪鄙之欲,如好名好利,貪權貪色,皆可免除,又無種種顛倒妄想,種種煩惱可以不起,亦可無種種我見,邊見,以及意必固我之私;又博聞廣學,多識草木鳥獸之名,多知各種殊相之事。然而如果超出某一定範圍,則不必能知。不平靜之時,亦不必能同樣恬淡。即使平靜時,無欲,無煩惱,無我見,然而根潛伏,亦不必真能斷絕。又若一人終生無欲,無煩惱,無我見,則人亦可說此乃平庸愚魯之人,根本無與於聞道之分。是則生命強者欲望強,煩惱深,而我見更深。而欲望強,煩惱深,我見深者,其聞道亦常隨之而深。然而一般人之生命強度常是有限的。有限之強度亦有等級。是故吾人所謂無欲,無煩惱,無我見,乃常是在無限的生命強度中無,不是在某級的有限生命強度中無。如此,可以解界內之見惑,思惑之四住煩惱即是界內惑也。所謂斷者亦是在某級有限生命強度中無知惑矣。某級有限生命強度中無,尚不是徹底窮源之斷。二乘之斷,三藏菩薩之斷,以及通教菩薩之斷皆是此種斷。基督教講罪惡,吾人意識所及者,吾人之理性能克服之。然吾人意識所不及者,吾人意識所及者甚為有限。其意識所

不及者多矣。故人總有不能克服之罪惡。故最後總須訴諸上帝之降恩。佛教固不如此說，然如此說，亦可使吾人知界內惑與界外惑之眞實意義。

八之三、界外之見、思、無知如何規定？

然則第三問題「界外之見、思惑、無知惑如何規定」亦可得而明矣。界外之見、思、無知者，無限生命強度中之三惑也。斷者徹底窮源地在無限生命中斷也。斷此，謂之斷界外惑。此界外惑，唯佛究竟斷，圓實斷。是則佛者即是一無限生命，無限理性，無限智慧也。

然則此界外惑究如何可以具體地說明之？

首先，吾可藉王弼所說之「聖人有情」以明之。王弼云：「聖人茂於人者神明也。同於人者五情也。神明茂，故能體沖和以通無。五情同，故不能無哀樂以應物。然則聖人之情應物而無累於物者也。今以其無累，便謂不復應物，失之多矣。」聖人之「神明茂」是即五情而茂。此是作用地圓具一切也。程明道亦云：「天地之常以其心普萬物而無心。聖人之常以其情應萬事而無情」。此示聖人的神明是無限生命強度中的神明。在此無限生命強度中的「作用地圓具一切」的「作用地圓具一切」（神明茂，以其情應萬事而無情）即含有一與此相應的「存有論地圓具一切」（隨儒釋道三教之不同而有不同的說法）。然因爲是聖人，故能「應物而無累於物」，「以其情應萬事而無情」。「無累」即無見思惑，亦無無知惑。然自聖人以下，未達至聖人之境者，雖圓聞圓具，圓信圓具，圓見圓具，

・993・

其生命強度已跨越有限有對之範圍而向無限無對之境邁進，然在實際的修行過程或進程中，其無限生命強度之即於物而應於物，便不能無陰影附隨於其中。有陰影附隨未能至全幅朗現之境。完全「無累」，完全「以其情應萬事而無情」。是即示其神明之茂未能至全幅朗現之境。此中即有一微細無明如同鬼魅一樣，形影不離地附隨於其無限神明之即物應物中。此即所謂「同體無明」也。同體者同於無限神明、無限理性、無限智慧，而相即不離也。無限神明、無限理性，無限智慧，既窮源究極理上存有論地圓具一切，復應在體現上作用地圓具一切，而同時即有一無始無明與無限神明等同其無限，雲翳洪濛地，如影子似地，附隨於無限神明之即物應物，而沾滿一切。情之喜，即於此喜中若稍有偏滯，便有一陰影之累以隨之，豈真能「無累」乎？怒哀樂中亦復如此。自非聖人，有誰真能究竟斷此無窮數的陰影之累以圓頓地朗現其無限神明之茂？此種無窮數的陰影之累即是所謂「界外三惑」，有無窮數的見思與無知之陰影附隨於其中。就無限神明之即物應物而具體地散列地言之，便曰見惑，思惑，無累以隨之，豈真能「無累」乎？怒哀樂中亦復如此。情之喜，即於此喜中若稍有偏滯，便有一陰影之知惑。見惑自障理而言，故亦曰「修惑」。稍有一毫意必固我之意味，見惑即隨之，而圓理即被障。思惑即煩惱，自障解脫而言。無知惑自障（恒河沙數之無窮法門）不能如實知，此即障道種智。斷德即被障。無知惑自障「假觀」之法眼或道種智而言。稍有一毫貪瞋癡慢之意，思惑即隨之，而清淨解脫之之無窮數的散殊之事（恒河沙數之無窮法門）不能如實知，此即障道種智。障道種智，同時即障一切種智。兩智皆被障，則雖有「一切智」之觀空，亦是偏空而不實。實則只是一陰影之累也。再總持言之，即三智皆被障也。而同時三惑亦相函蘊，方便說為三耳。此同體無明散為三惑，即曰界外三惑。此界外三惑，類比有限有對之，只是一同體無明也。

994

範圍內之三界（界內三界），亦可說爲欲界，色界，無色界，界外三界之三惑。本只是一「三界」，只因對有限有對者而言，遂謂界外三界矣。若就無限神明之無限地即物應物之本身而言，則只是一無限境中之三界。此則不復再有外矣。是則就圓實敎而言，亦只此一限境中之三界，並以爲出離此界內三界便是界外。人不自覺，遂謂界內三界爲唯一三界矣。並以爲出離此界內三界，而解脫便是界外。人不自覺，遂謂界內三界爲唯一三界原則上，當然界外便是無所有。即就無限境中之三界乃方便說耳。可是只因人們原初所說之三界只是有限有對之三界，而此步在三界之外，便不復再有三界矣。而出離三界即是在三界之外，是故復說界外無限無對之三界。

界外三界，欲界者，聖人亦有耳目鼻舌身之五欲，亦有喜怒哀樂等之七情，就此說爲界外欲界。有此界外欲界，在未眞至聖人之境，便有此界外欲界之三惑。出離此欲界者，即於欲而不累於欲。聖人不能木然無感，亦不能故意以美爲醜。故有情而不累於情之謂也。即於情而不累於情之謂也。聖人不能木然無感，亦不能故意以美爲醜。故有情有欲也。即其情，即其欲，而不捨不離，不毀不壞，復亦不累不蔽，不執不著，斯之謂出離。此即應物而不累於物。

界外色界者，聖人亦有色身，唯轉無常色，獲得常住解脫之色耳。就此色身而說色界。在未轉得常住解脫之色前，有色界即有此色界之三惑。出離色界者，即於色界而不著之謂也。聖人以天地萬物爲一體，故其色身所顯之色界亦無限量。在未至聖人之境，色界三惑亦不能免。唯聖人究竟斷。斷已，即成常住解脫之色，即全體通明而無一毫陰影之累之色。

界外無色界者，聖人亦有常住解脫之受想行識，就此而說無色界。在未轉得常住解脫之受想行識以前，有此無色界，即有此無色界之三惑。聖人究竟斷，謂之出離無色界。出離者

亦是即而不著之謂也。斷已，即成常住解脫之無色界。此即全體是智慧，而無一毫陰影之累之受想行識也。

聖人既究竟斷，則凡未至聖人境者，皆不免三惑之累。就佛家言，自十住位起，經十行，十廻向，十地，以至等覺位，雖皆分分斷，然皆有所斷。惟至妙覺位成佛，才無此三惑之累，再無所斷，是即所謂究竟斷也。就佛而言，斷者是根本無此三惑之累，就此名斷，非有所斷之斷也。此即所謂「三賢十聖住果報，唯佛一人居淨土」。三賢即十住，十行，十廻向位。十聖即十地位。此十聖之聖與上所謂聖人不同。上之所謂聖人等同於妙覺之佛，乃眨括儒釋道三教極果之通稱也。

智者云：「華嚴明阿僧祇香雲華雲，充塞法界者，此是菩薩勝妙果報所感五塵，呼此爲欲界思惑。」（法華玄義卷第五上，見前明伏斷中引）。此所謂「欲界思惑」「色無色界思惑」，即是界外三界之思惑也。即菩薩相應圓教，在無限生命強度中，分斷三惑中之界外三界思惑也。無數香雲華雲充塞法界，此是菩薩勝妙果報所感得之五塵。有此五塵，即表示其尙有生死流轉（變易生死）。勝妙果報所感得之五塵，香雲華雲，仍是一些虛熱鬧。佛居淨土，不在果報中，則其無限生命只是如如平實，無此諸般虛熱鬧也。

界中之思惑也。有樂欲即有煩惱。有樂欲，有煩惱，即有果報。果報雖勝妙，還是果報。有果報即有生死欲。雖有欲而無欲執，只是一如，故無虛報之虛像也。此之謂究竟斷。

此根本是禪定中之虛熱鬧，同理，無數三昧禪定中心塵之法，亦如界內色界四禪、界內無色界四定中，心塵之法，此根本是禪定中之虛熱鬧，故說爲色無色界之思惑。

第四章 智者大師之「位居五品」

有界外三界之思惑，即有界外三界之見惑。稍一偏滯，即成見惑。見惑障理，思惑感報。「三賢十聖住果報」，故知其必有思惑也。有見思惑，即有無知惑。唯佛始能全破無知惑而具一切種智耳。此界外三界之三惑只是一「同體無明」之具體地散說耳。此義更可由莊子所說之「天刑」以及所說孔子自稱曰「天之戮民」而明之。

莊子德充符篇云：

> 魯有兀者叔山无趾，踵見仲尼。仲尼曰：子不謹，前既犯患若是矣。雖今來，何及矣？无趾曰：吾唯不知務，而輕用吾身，吾是以亡足。今吾來也，猶有尊足者在。夫天無不覆，地無不載。吾以夫子為天地，安知夫子之猶若是也？孔子曰：丘則陋矣。夫子胡不入乎？請講以所聞。无趾出。孔子曰：弟子勉之。夫无趾兀者也，猶務學，以復補前行之惡，而況全德之人乎？无趾語老聃曰：孔丘之於至人，其未耶？彼何賓賓以學子為？彼且蘄以諔詭幻怪之名聞！不知至人之以是為己桎梏耶？

此中孔子所說的學是廣義的大覺之學。說无趾「猶務學」，是學覺以務全其尊於足者。有學即有「諔詭幻怪之名」，卻是「桎梏」——「至人以是為己之桎梏」。此示无趾猶處「偏空」之境，未至於圓實之境也。是故郭象注云：

想保全此尊於足者，此保全即函着一種學。然而无趾卻輕視此種學。有學即有「諔詭幻怪之名」，而「諔詭幻怪之名」卻是「桎梏」——「至人以是為己之桎梏」。此示无趾猶處「偏

• 997 •

夫無心者，人學亦學。然古之學者爲己，今之學者爲人。其弊也，遂至乎爲人之所爲矣。夫師人以自得者，率其常然也。舍己效人，而逐物於外者，求乎非常之名者也。夫非常之名乃常之所生。故學者非爲幻怪也，而幻怪之生必由於學。禮者非爲華藻也，而華藻之興必由於禮。斯必然之理，至人之所無奈何，故以爲己之桎梏也。

案：郭象此注比兀者無趾之原意進一步。無趾是絕學去桎梏，而郭象注則是不廢學而甘受由學所生之桎梏。故曰「學者非爲幻怪也，而幻怪之生必由於學。禮者非爲華藻也，而華藻之興必由於禮。斯必然之理，至人之所無奈何，故以爲己之桎梏也。」此是圓意。而兀者却是想有奈何，以去此桎梏。郭象之圓解恰合孔子之襟懷也。

德充符繼上無趾語老聃之語又云：

老聃曰：胡不直使彼以生死爲一條，以可不可爲一貫者，解其桎梏，其可乎？

無趾曰：天刑之，安可解？

無趾說天刑不可解，其意是說孔子自己要如此，故天定地他要受此刑罰，焉可解除？這是在孔子的立場上的必然。若眞想解此桎梏，則必須是我們的立場，即：絕學無憂。但此並非圓意。而郭象則却是就圓意說天刑。故云：

第四章 智者大師之「位居五品」

今仲尼非不冥也。顧自然之理,行則影從,言則響隨。夫順物者非為名也。非為名,則至矣,而終不免乎名,則孰能解之哉?故名者影響也。影響者形聲之桎梏也。明斯理也,則名跡可遺。名跡可遺,則尚彼可絕。尚彼可絕,則性命可全矣。

此是以「圓聖」視孔子也。仲尼之冥並非隔絕的冥。隔絕的冥非玄冥,乃偏冥也。偏冥即非冥。仲尼不廢學,不廢禮,不廢行,亦不廢言。然有學即有幻怪,有禮即有華藻之興,有行即有影,有言即有響,所必然帶來的桎梏。明此必然之理,不捨不著,即是桎梏之解除。不著者,無心於學禮言行而不執也。說是桎梏,說是天刑,乃是不達者自外觀之而已。若自聖人自己主觀地言之,則亦無所謂桎梏,無所謂天刑。通達了,則桎梏非桎梏,天刑非天刑。此雖是幽默,亦只是實德業耳。依此而言,一切聖人皆是天之戮民。佛即九界而為佛,亦是絕大的嚴肅悲情。既是「遊方之內」,故甘受此種桎梏,而認為是天所刑戮之民。此亦是孔子自己之幽默。〈大宗師〉篇孔子自居「遊方之內」,自稱曰「天之戮民」,此是外觀之詞。自聖人本身言,並不如此。故郭象注遊方之外,遊方之內,云:

夫理有至極,外內相冥。未有極遊外之致,而不冥於內者也。未有能冥於內,而不遊於外者也。故聖人常遊外以弘內,無心以順有。故雖終日揮形,而

· 999 ·

神氣無變;俯仰萬機,而淡然自若。夫見形而不及神者,天下之常累也。是故觀其與羣物並行,則莫能謂之遺物而離人矣。(「遺物離人」不善巧,當改為「無物而超俗」。)觀其體化而應務,則莫能謂之坐忘而自得矣。豈直謂聖人不然哉?乃必謂至理之無此!

此示聖人遊外弘內,內外相冥,既不偏於外,亦不滯於內,故是圓實境也。(遊外,是「超越」底意義,弘內,是「內在」底意義。)一般人見形而不及神,見其「與羣物並行」,而不知其同時亦能「無物而超俗」。見其「體化而應務」,而不知其同時即是「坐忘而自得」。因此,遂有「天刑」之譏,並有「天之戮民」之自嘲。而郭象之注語則是由「天刑」「戮民」,說圓實境也。此合孔子之身分。

然吾人亦可由此「天刑」、「戮民」之義,說界外之三惑。凡未至聖人之境而向聖人邁進者,其在無限心量中,即,向無限圓實境趣之生命強度中,所有的學、禮、言、行,皆不免有幻怪、華藻、影、響之桎梏之累。學禮言行必然地帶着幻怪華藻以及影響。稍有不化,即成患累。幻怪,華藻,以及影,響,隨之。禮中,行中,言中,亦復如是。無限心量中的學禮言行通達,即有學中之蔽(無明)隨之,即有禮中之蔽即是「同體無明」之具體的表現。儒家說:聖人以天地萬物為一體。道家說:「天地與我並生,萬物與我為一」。佛家說:佛即九法界而成佛。就此無限圓實境而說的「同體無明」──界外三惑,究竟有誰真能徹底窮源地從根上予以化除?化除之,即是聖

人，真人，佛。故唯聖人，真人，佛，始究竟斷。

以上明界外之三惑。

八之四、界內外之無知所無之知是何種意義之知？破後所有之知是何種意義之知？

關於第四問題：界內外之無知所無之知是何種意義之知？破後所有之知是何種意義之知？關此，吾人作如下之思考：

無知惑自障道種智而言。菩薩大其心兼濟利物，必須分別地知各種法門。即，不只總持地知一切法是空如無性這平等性，而且須破空入假分別地知一切法之差別相。例如法華經說：「唯佛與佛乃能究盡諸法實相，所謂諸法如是相，如是性，如是體，如是力，如是作，如是因，如是緣，如是果，如是報，如是本末究竟等。」此十如是中，前九是知諸法之差別相，後一是知諸法從本至末之究竟平等性（以今語言之，即普遍性）。知平等性是一切智（慧眼），知差別相是道種智（法眼）。「唯佛與佛乃能究盡諸法實相」，是以佛眼觀中道，在一切種智中，知諸法之實相。在未成佛以前，皆未能如是知。分別言之，聲聞緣覺獨善其身，不能兼濟，是即只具一切智，不具道種智，當然更說不到一切種智。菩薩心大，能涉及差別，能破無知惑，然所具者亦是略具，不具道種智即不能破無知惑。菩薩心大，能涉及差別，是則已具道種智，所謂具者亦是略具，未至究竟之境。此是大分言之。若再細分，藏教菩薩雖復兼濟，滅色爲拙。滅色是隔破，未能即色而通其差別，是即無道種智，仍在無知惑中。通教菩薩雖能即色而巧，然「功絕，未能即色而通其差別，是即無道種智，仍在無知惑中。通教菩薩雖能即色而巧，然「功

· 1001 ·

齊界內」，則其道種智只在有限有對之範圍內，未能達於界外。別圓菩薩達於界外，能在無限無對之範圍內破無知惑，具道種智，然亦只是分破分具。唯佛始能全破，始能全具。（前第三節言圓教十信位，諦觀謂八信至十信即能斷界內外塵沙惑盡，此語爲不諦。）

然則無知惑中所無之知是何種意義之知？欲答此問，必須先明道種智之知差別是如何地知之。其知差別當不是以感觸直覺知之。如以感觸直覺知，則此知是如何地知之。其知差別乃實是以概念去籠綜地知之，是即在經驗界內界外皆然。又，如果以感觸直覺知，則在時空之限制中，永不能達至盡知之境，無論界內界外皆然。又，如果以感觸直覺知，則其知差別乃實是以概念去籠綜地知之，是即在經驗的種類概念下知差別，而不是真能具體地如其爲差別而直覺地知之。是則所謂以感觸直覺知者，等於說以感觸直覺而以經驗的種類概念去知，是則仍是種類下的差別，非真個體的差別也。蓋感觸直覺本身只能觸及一差別法，而實不能知其差別相（如相、性、體、力、作、因、緣、果、報，等差別相）。如是，如果以感觸直覺爲支點而去知諸法之差別相，則無論感觸直覺本身，或「以種類概念去知」這知之活動本身，皆是屬於識知，非智知。識知根本是在無知惑中，根本不能有所謂道種智。然則道種智是智知。而智知之知必不是感觸的直覺，必須是智的直覺，而智的直覺之知是不使用概念的，亦不需要於概念。是則唯智的直覺始能如諸法之獨個的差別而差別地知之，並能如其體的差別相而如如地知之。

例如大智度論卷第十一，釋經：「舍利弗白佛言：世尊！菩薩摩訶薩云何欲以一切種智知一切法當習行般若波羅蜜？」有以下之故事：

復次，舍利弗非一切智，於智慧中譬如小兒。如說阿婆檀那經中：「佛在祇

第四章 智者大師之「位居五品」

桓住,晡時經行,舍利弗從佛經行。是時有鷹逐鴿,鴿飛來佛邊住。佛經行過之,影覆鴿上,鴿身安隱,怖畏即除,不復作聲。後舍利弗影到,鴿便作聲,顫怖如初。舍利弗白佛言:佛及我身俱無三毒,以何因緣,佛影覆鴿,鴿便無聲,不復恐怖,我影覆上,鴿便作聲,顫慄如初?佛言:汝三毒習氣未盡,以是故,汝影覆時,恐怖不除。汝觀此鴿宿世因緣,幾世作鴿?舍利弗即時入宿命智三昧,觀見此鴿從鴿中來,如是一二三世,乃至八萬大劫中常作鴿身。過是已往,不能復知。從三昧起,白佛言:我見此鴿從一世二世,乃至八萬大劫,常作鴿身。過是已前,不能復知。佛言:汝若不能盡知過去世,試觀未來世,此鴿何時得脫?舍利弗即入願智三昧,觀見此鴿一二三世,乃至八萬大劫中常作鴿身。過是已往,亦不能知。從三昧起,白佛言:我不知過去未來齊限,不審此鴿何時當脫。

佛告舍利弗:此鴿除諸聲聞辟支佛所知齊限,復於恆河沙大劫中,常作鴿身,罪訖得出。輪轉五道中,後得為人。經五百世中,乃得利根。是時有佛度無量阿僧祇眾生,然後入無餘涅槃,遺法在世。是人作五戒優婆塞,從比丘聞讚佛功德,於是初發心願欲作佛,然後於三阿僧祇劫行六波羅蜜,十地具足得作佛,度無量眾生已,而入涅槃。

是時舍利弗向佛懺悔,白佛言:我於一鳥,尚不能知其本末,何況諸法?我若知佛智慧如是者,為佛智慧故,寧入阿鼻地獄,受無量劫苦,不以為

· 佛性與般若 ·

難。」

案：佛是一切智人，舍利弗未達此境，非一切智人。他只有宿命通（宿命智），而無宿命明。他於此鴿，於過去只能知其於八萬大劫常作鴿身，於未來亦只能知其於八萬大劫未脫鴿身。過此已往，不復能知。宿命通與宿命明有何差別？「答曰：直知過去宿命事，是名通；知過去因緣行業，是名明。直知死此生彼，是名通；知行因緣，際會不失，是名明。直結使，不知更生不生，是名通；若知漏盡，更不復生，是名明。」（大論卷第二）。此答語包括三種通、明。明之別是就宿命說。次就天眼說。再次是漏盡說。大論卷第二十四論「宿命智力」處，有云：「宿命有三種，有通，有明，有力。凡夫人但知宿命所經，不知業因緣相續，以是故，凡夫人但有通，無有明。聲聞人知集諦故，了知業因緣相續，以是故，聲聞人亦通亦明，佛亦通亦明亦力。所以者何？凡夫人但知宿命所經，不知業因緣相續，以是故，凡夫人但有通，無有明。聲聞人知集諦故，入見諦道中，知集因緣，第八無漏心得斷見故，故通變為明。所以者何？明名見根本。（明是見之根本。）此見是「見地」之見，「見諦道」之見，非「見惑」之見。參看前第二節明八人地、見地處。）若佛弟子先得聖道，後宿命智生，亦知集因緣力，故通變為明。問曰：若佛本為菩薩時，先得宿命智，諸菩薩離無所有處煩惱後入聖道故，云何佛通變為明？答曰：是時非明。若佛在衆中說我彼時得是明，示衆人言是明初夜得。譬如國王未作王時生子，後作王時，人問：王子何時生？答言：王子某時生。是生時，未作王。以今是王故，以彼為王子，言王子彼時生。佛亦如是。宿命智生，爾時未是明，但

· 1004 ·

名通。後夜時，知集因緣故，通變爲明。後在衆中說言我初夜得是明。問曰：通、明義如是，云何爲力？答曰：佛用是明，知己身及衆生，無量無邊世中，宿命因緣所更種種，悉遍知，是爲力，無能壞，無能勝。」據此，則知宿命通（宿命智）猶只是籠統地知一點過去事，尙不能更具體地知宿命業因緣相續，是故不能說爲「宿命明」。大阿羅漢，大辟支佛，可以有此明，但不能滿足。惟佛於三明悉滿足。是故佛又名「明行足」。佛是一切智人，又是明行足。此種智，此種明，悉可說是「智的直覺」，是故能具體地盡知過去宿命業因緣相續，例如鴿，能知其何時得鴿身，何時脫鴿身，又何時能得利根，何時發願作佛，何時十地具足，得作佛，凡此，皆能了悉知。此非「智的直覺」而何？此種知決非經驗地知，亦非以感觸直覺爲支點而以概念去籠綜地知。此後兩者既不能說通，更不能說明，乃悉是識知，非智知。

又，《大論卷第二十四釋「佛十力」云：

是處不是處，如實知，一力也。（此名曰「是處不是處智力」）。

知衆生過去未來現在諸業諸受，知造業處，知因緣，知果報，二力也。（此名曰「業報智力」）。

知諸禪、解脫、三昧、定、垢淨、分別相，如實知，三力也（此名曰「禪定、解脫、三昧、淨垢、分別智力」）。

知他衆生諸根上下相，如實知，四力也。（此名曰「知衆生上下根智力」）。

知他衆生種種欲，五力也。（此名曰「知衆生種種欲智力」）。

知世間種種無數性，六力也。

知一切道至處道相，共因緣，一世二世，乃至百千世劫；初劫盡，我在彼眾生中，如是姓名、飲食、苦樂、壽命長短，彼中死，是間生，還生是間；此間死，名姓、飲食、苦樂、壽命長短，亦如是，八力也。（此名曰「宿命智力」）

佛天眼淨，過諸天人眼，見眾生死時生時，端正醜陋，若大若小，若墮惡道，若墮善道，如是業因緣受報，是諸眾生惡身業成就，惡口業成就，惡意業成就，謗毀聖人，邪見，邪見業成就，是因緣故，身壞死時，入惡道，生地獄中；是諸眾生善身業成就，善口業成就，善意業成就，不謗聖人，正見，正見業成就，是因緣故，身壞死時，入善道，生天上，九力也。（此名曰「生死智力」）

佛諸漏盡故，無漏心解脫，無漏智慧解脫，現在法中自識知我生已盡，持戒已立，不作後有，盡如實知，十力也。（此名曰「漏盡智力」）

案：此十種智力悉是「智的直覺」力。此雖就通教佛說，亦無礙。《大論》詳說「性智力」云：

性智力者，佛知世間種種別異性。性名積習，相從性生。欲隨性作行。或時從欲為性，習欲成性。性名染心為事。欲名隨緣起。是為欲性分別。世間種種別異者，各各性，多性，無量不可數，是名世間別異。世間有二種：世界世

• 1006 •

第四章 智者大師之「位居五品」

間，眾生世間。此中但說眾生世間。佛知眾生如是性，如是欲，從是處來，成就善根不善根，可度不可度，定不定，行何行，生何處，在何地。復次，佛知是眾生種種性相，所謂隨所趣向，如是偏多，如是貴，如是染心事，如是欲，如是業，如是行，如是禮法，如是定，如是威儀，如是知，如是見，如是憶想分別，如是煩惱，爾所結使生欲，隨所著生欲，隨染心，隨染心趣向，隨貴重常覺觀，隨覺觀為戲論，隨戲論常念，隨念發行，隨發行作業，隨作業果報。復次，佛用是種種性智力，知是眾生可度，是不可度，是今世可度，是後世可度，是異時可度，是即時可度，是現前可度，是眼不見可度，是眼見可度，是人佛能度，是人聲聞能度，是人共可度，是人必可度，是人必不可度，是人略說可度，是人廣說可度，是人略廣說可度，是人讚歎可度，時人折服可度，是人將迎可度，是人棄捨可度，是人細法可度，是人粗法可度，是人苦切可度，是人軟語可度，是人邪見，是正見；是著過去，是著未來；是著斷滅，是著有見，是著無見，是正因緣，是厭生，是求富貴樂，是著厚邪見，是說邪因緣，是說正因緣；是說無作業，是說正作業，是說不求，是說邪求，是說正求；是貴我，是貴五欲；是貴飲食，是貴說戲樂事；是樂眾憒閙，是樂遠離；是多行見，是多行愛，是貴得利，是貴智慧，是應守護，是應捨；是貴持戒，是貴禪定，是好信，是好慧，是講說乃悟，是可引導，是句解；是利根，是鈍根，是中根，是易出易拔，是難出難拔，是畏罪，是重

罪,是畏生死,是不畏生死;,是多欲,是多瞋,是多痴,是多欲瞋,是多欲痴,是多瞋痴;,是多欲瞋痴;,是薄煩惱,是厚煩惱,是少垢,是多垢,是覆慧,是略慧,是廣慧:是人善知五陰相,十二入,十八界,十二因緣,是處,苦集滅道,善知入定,出定,住定。復次,佛知是欲界眾生,是色界是無色界眾生;是地獄、畜生、餓鬼、人、天;是卵生,胎生,濕生,化生;是有色,是無色;是有想,是無想,是短命,是長命;是但凡夫人未離欲,是凡夫人離下地欲,未離禪欲;如是,乃至非有想非無想;是得果,是辟支佛,是諸佛。如是等種種分別五道、四生、三聚假名,障眾入界,善根不善根,諸結使地業果,是可度是不可度,滅智分別。以如是等分別,知世間種種別異性,得無礙解脫。如是等種種別異,佛悉遍知,無能壞,無能勝,是名第六力。

案:此種知種種欲之「欲智力」以及知種種性之「性智力」,連前「宿命明」之知過去業因緣相續,都是智的直覺之知,即如其差別而具體地知之之智知,決非識知。識知之特點,一是感性的,一是概念的。而此種「欲智力、性智力、宿命明」之知卻決不是感性的,亦不是使用概念的,故決是智的直覺之知。康德實踐理性批判「純粹實踐理性底分析之批判的考察」章中有一段話可概括以上所說之「宿命明」與「性智力」而顯出智的直覺之特性,即顯出其於道德宗教甚至究極哲學上之甚深函義。今錄於此以使問題集中。

因此，如果有一如此深奧之洞見，洞見到一個人的心靈品性，如為內部的以及外部的行動所展示者，有此洞見，以便去知道這些內外部行動底一切動力，甚至是最微小的動力，並且同樣亦能去知道那些影響這內外部行動的一切外在的機緣，〔如有如此深奧之洞見〕，這真是可能的，則我們必能以最大的確定性，就像月蝕或日蝕那樣的確定性，來估計一個人的未來行為，而縱然可以如此估計，我們仍可肯斷說這個人是自由的。這層意思自是可允許的。事實上，如果我們對於這同一主體真能有一進一步的瞥見，真能有一智的直覺，〔此種直覺，實在說來，並不能給與於我們，而我們所能有的只是這合理的概念〕，則我們一定可以覺察到：在涉及那一切有關於道德法則者中，這現象底全部鍊鎖是依靠於當作一物自身看的主體之自發性上的，而關於此作為物自身的主體之決定是沒有物理的解明可被給與的。可是正因為缺之這種直覺，所以道德法則保證我們以下之區別，即：我們的當作現象看的行動對於我們的感性的本性（感性的存有）之關係，以及這感性的本性（感性的存有）對於超感性的基體之關係，這兩種關係間的區別。

案：康德是不承認我們人類可有這種「智的直覺」的。因此，以最大的確定性具體地而且直覺地去知道我們的行動之一切過去的宿緣及其未來的起現之何所是，就像佛家所說的「宿命明」與「性智力」之所知的那樣，這也是事實上所不能有的。我們不能有如此深奧之洞見，雖然理性上並非不可能。因此，康德說這只是一個「合理的概念」，即理性上的一個概念。

如果我們真有這樣一種深奧的洞見（智的直覺），我們不但能直覺地確定地知我們的行動之過去與未來，而且進一步亦知這一整串的鍊鎖是依靠於一個當作物自身看的主體（例如眾生或佛所說的那個鴿子）之自發性上的。因為智的直覺是可以把握到物自身看的主體（物之在其自己）的。這當作物自身看的主體，就是鴿子言，就是我們人類底超感性的基體。這超感性的基體就是這鴿子或我們人類或任何一眾生或任何法之本來面目（實相）。如果我們真能有一智的直覺以洞見到這超感性的基體，我們便可說這主體（鴿子）是自由的。這不是說物自身與自由是同義語，這只是說若把握到物自身，我們便可說自由而無妨碍，因為如果只是現象底機械連繫，便不可能說自由。有了物自身底概念，自由便可無碍地被建立。但是，如果真要呈現自由，則必須在物自身之背景下，深入到這眾生之最內部的內蘊，即它能自覺地並自己決定地去作道德實踐，或如佛所說的那個鴿子，自得人身，得利根後，它能發心願作佛。這樣，它便可具體地實現了它的自由，它的本來面目。因此，依物自身說本來面目，這尚是外延地說。依自由來說，才眞是內容地說。但是，這自由，依康德，亦仍然只是一個設定。如果它要成爲直覺地確定的，即，成爲一呈現的，它亦必須靠我們對之有一智的直覺。康德既不承認我們可有智的直覺，所以自由亦只是一設定。依儒釋道，我們人類是可有這種智的直覺的。就這自由說智的直覺不只是一認知的機能，只照察緣起法，而且其本身就具有存有論的創造性。因此，我們的行動之過去未來這一大串的連繫不只是依靠於當作物自身看的主體之自發性，而且實依靠於這具有智的直覺之創造性的主體之自發性的──主體之自發性就是它的智的直覺

智的直覺不只是一認知的機能，只照察緣起法，而且其本身就具有存有論的創造性。因此，我們的行動之過去未來這一大串的連繫不只是依靠於當作物自身看的主體之自發性，而且實依靠於這具有智的直覺之創造性的主體之自發性的──主體之自發性就是它的智的直覺

之創造性。因此，說現象底全部鍊鎖依靠於這自發性，這只是把行動當作「現象」看的說法。實則，若眞依靠於這當作智的直覺之創造性看的自發性，則此時之行動既在智的直覺之照攝同時亦即創生中，則這一大串行動即不復是現象，而乃一起同是物自身。此點，康德未有意識到。現象是識知底對象，它們自亦須間接地依於那超感性的基體，但卻不是直接地。因爲他不承認那超感性的基體（當作物自身看的主體）可有智的直覺，因此，他只把行動看成是現象，落于感性界，不復知行動亦可有物自身底意義。因此，他只能以道德法則來保證我們有兩種關係底區別即足夠，即「當作現象看的行動對於我們的感性的本性（感性的存有）之關係，以及這感性的本性（感性的存有）對於超感性的基體之關係，這兩種關係間的區別」。前一種關係是康德所積極展示的，無問題。後一種關係，康德的處理只是消極的，即，他只分開兩界而已。這兩界間自有一種關係，但只籠統地思之而已。其關係不能具體地朗現也，因爲他不承認吾人可有智的直覺（或宿命明）故。

在佛家，由宿命明以及十種智力所表現的智的直覺不容易顯出其創造性。但在圓教下，念具一切，智具一切，都可說爲是一種存有論的圓具。此是佛家式的存有論，當然不如依道德心說者之爲積極而顯豁。但會而通之，義不相背。在智具一切下，一切緣起法皆是實相，皆是物自身之緣起法──「即空即假即中」即是它的實相，如相，本來面目。一切衆生底一切行業不只是其在識念中的身分（依康德即是現象），而且是物自身的身分，智如中的身分──通之，即現其自由，轉出其智的直覺（宿命明）不但是佛智通之，而且每一衆生皆可發菩提心，以起現這些「即空即假即中」的行業而不捨不離，亦不執不著。宿命明去病不去法，同時它

亦圓具而起現這些法。眾生在迷執中，所以全體是識念，全體是病，全體是三惑瀰漫。但既一切眾生皆具有佛性，即皆有其覺醒之可能，甚至那個鴿子亦有發願作佛之期。覺醒智顯，則漸恢復其本來面目，漸呈現其自由，呈現其智的直覺。前述那一長串的工夫歷程，從五品位一直到妙覺止，即表示這逐步呈現之約略的位次。

智顯則明生，明生則破惑：破見思惑，破塵沙無知惑，破無明惑。三明（宿命明、天眼明、漏盡明）與十種智力都是這智的直覺之妙用。就宿命智力，欲智力，性智力，而言，即着重在破無知惑。其實三惑之破是相函蘊的。破見思結使盡固已甚好，但三毒習氣未盡，仍然不能有宿命明，如舍利弗，此即示仍不能破無知惑，因而見思惑亦不能盡破，至於根本惑則不必說矣。是以要說破，必全破；有一不破盡，其他亦不能算破。故最後歸於破某位破見惑，某某位破思惑，某某位破塵沙無知惑，實只是暫時作深淺說耳。前說各位次中，於某無明（別教從十地起，圓教從十住起）才算數。是知無明未破，則見思無知之破亦只是淺破，方便說耳。破無知惑，開法眼，成道種智。一切智，道種智，一切種智，此三智實亦只是一智的直覺的妙用耳。

但是智的直覺是無限心底妙用。破無知惑而全幅朗現的直覺之妙用，唯佛能之。是故唯佛始具有真正的全滿的道種智。而真正的全滿的道種智即是一切智。一心三觀同時即是一心三智，而三智一智，一智三智，實亦無三無一，只是一完整的智的直覺之如如的妙用，此即所謂妙覺圓覺。在未成佛以前，於無知惑只是分破，是以其所呈現之道種智不是全盡的道種智，只是一分一分透顯的道種智。因此，此道種智之為智之直覺亦是一分一分透顯的智的直覺，而不是全滿的智的直覺。但是一說智的直覺，此智的直覺

本身不能有全或不全之隱曲。一分一分透顯的智的直覺實不是眞正的智的直覺,而只是智的直覺所透射進來的影子。因破一分無知而透顯一分智,即因此分破分顯的智的直覺,即因此分破分顯的智的直覺所透射進來的影子——透射於分破分顯中而使吾人之知可與智的直覺以局限。即因此局限,遂使分破分顯的智的直覺非眞正的智的直覺,而只是那智的直覺所透射進來的影子。

復此,當說破界內無知惑而成道種智時,此道種智之爲智的直覺,嚴格講,亦不是眞正的智的直覺,而只是智的直覺所投射進來的影子,因界內之限而成影子。它衝破了界內界外之分。但是智的直覺是無限心之妙用。它一旦呈現,它即不能有界內界外之分。它衝破了界內界外之分,只相應無限境中之無限法門而爲智的直覺。今若只限於界內,則其非眞正的智的直覺可知。是以破界內無知惑只是方便說耳。藏通教菩薩位無眞正的道種智。

今就圓教說,自始即無界內界外之分,只相應無限境中之無限法門,自十住起,至等覺止,而爲分破分顯。在此分破分顯中,縱使說爲「分眞」,是「分眞即」中之事,而因爲「分眞」即非眞正的眞,故道種智的直覺仍非眞正的智的直覺。此雖與六根清淨位之「相似即」不同,吾仍視之爲影子——部分的透顯。此乃是外在地與智相似,故連影子亦不能說。只因六根清淨,發得似解,故云「分眞」。此乃是內在地與智的直覺分分透顯,故云「分眞」,所謂「具體而微」者也。「影子」一詞或不甚恰當。此雖如是分顯,故說爲投射進來的影子。只因爲無知惑所蔽,故不能全顯。不因非全顯,本質仍是智的直覺也。只因爲無知惑所蔽,故不能全顯,故分顯者便不是它自己,因此雖如此,但因想到智的直覺一旦呈現,便不能有分全之隱曲,故

遂方便說為是它自己所投射進來的影子。只要知道分顯是內在地與智的直覺相應便可，此即本質上高於「相似」者。「影子」一詞是只就破顯工夫之實得程度說。若自理而言，人人本皆潛有此智的直覺。縱使顯得一分，也是那智的直覺。此是稱體而言也。

以上明破無知所顯之智知之意義。

八之五、界外之見、思、無知如何能盡破而至于佛？

最後第五問題「界外之見、思、無知如何能盡破而至於佛」？此盡破可能否？

如果依西方基督教傳統，無限歸無限，有限歸有限，則不能發生此問題。有限的存在永不能達至無限之境。無限只能視為理想的基型，無限心即在吾人的生命中，吾人可以無限的進程求接近之，而永不能企及之。但依佛教（儒道皆然），無限心即是即九法界而朗現，即萬物一體而朗現。而於即萬物一體而朗現中，而又有同體無明之陰影隨時附隨於其後而為其患累。無明雖是一大海，而終可為理性海所化，轉為智慧海，此如何而可能？無明心是一大海。無明雖是一大海，而終可為理性海所化，轉為智慧海，此如何而可能？曰：如若自分破分顯言，則亦可說是一無限的進程，而永不能至於究竟破，究竟顯。如是，佛只是一理想的基型，吾人可向之而趨，而永不能至。因此，吾人可說佛只是一理想的存在，現實上並不存在。但依佛教，此只是一義。佛是可現實地存在的。一切眾生本有緣因佛性（解脫德）與了因佛性（般若德）緣即依無限心之圓頓地朗現而可能。了二性不是經驗的，乃是超越的，其本身本自圓足，其本身亦具有湧出來的力量。只因在即

・1014・

於物而不捨不壞中湧現，遂有當機之分散地說；而若未至圓熟之境，則在當機之分散的湧現中之每一步湧現必有一無明之陰影隨其後，因此，遂拉成一無限的進程。而若緣了二性本自圓足（非經驗的），則其湧現本亦可圓頓地湧現而全無陰影之累，而同體無明本亦可從根上化除而使之無一毫殘存。如是，吾人之生命即全成爲智慧之生命，而天刑非天刑，乃全成爲圓滿法身之實德。見惑，思惑，無知惑，全被化除，只是一通體透明之具體而眞常的生命。此即是佛——聖人。

是以若自分斷言，則緣了二性之湧現是一無限的進程，而可以說永不能至於全現。（緣了二性是關鍵。緣了現，則正因佛性現。）但此「永不能至」與在基督教傳統下者不同。依基督教傳統，「永不能至」是決定的永不能至，無其他交替可言。此若依佛教詞語說，此亦是一決定的「一闡提」。但依佛教，無決定的永不能至。若說至，則亦可一時頓至。若拉成串系，則是一無限進程。豈但四十一位？將有無窮位！然不因無自願不成佛，即不可頓現。無限進程，縱使已至佛之圓實境，亦可即漸次即頓現，即頓現即漸次，而當下具足也。（此時之漸次不是分破分顯中有惑之漸次）

純從經驗心入者，則永不能至於無限心之朗現。此永不能至是決定的漸次。將無限心歸諸上帝者，亦成決定的永不能至。唯將無限心置於吾人的生命中，視爲吾人生命所本有，則無限進程與一時頓現始不相違，而成佛亦可能，盡破無明亦始可能。此是儒釋道三教所共許之義，亦是東方智慧之圓熟處與殊勝處。在此智慧下，成佛，要說易，亦甚易，但

並非不知難。要說難，亦甚難，但並非不可能。印度人喜說歷阿僧祇劫（無數時）始可成佛，此言其難，但終於成佛，故並非不可能。中國人喜說頓悟成佛，此言其易，但不礙無限進程，故並非不知難。說難說易皆有義理根據，非泛言也。至若禪宗，則稍嫌只取易而不知難，此即成頓悟之小家氣。天台宗之圓頓方是相應圓實佛而成之大家氣象之圓頓。

八之六、通論智者「位居五品兼通六根清淨位」之的義與實義

以上是五問題之說明。此說明已，然後可確知智者大師「位居五品兼通六根清淨位」之真實意義。

夫人之修行位次，只有證者自知。「文章千古事，得失寸心知。」文章猶如此，何況破無明而證真？然客觀地自理上而言之，亦可得一大體之估量。若相應無限境，而破界外惑，真至即天刑而解脫，則誠非易事。若說現實上幾乎無人能至此，亦未嘗不可說。若說唯佛與聖人能至此，然而現實的釋迦與孔子亦未必真能圓實充盡地至乎此，不過以其通透瑩徹之生命，仁者之心量（慈悲安忍之心量），無礙之智慧，亦可說他們是圓佛圓聖底「具體而微者」。「具體」言其真能至乎此境，他們的確具有此意味，「微」是就其爲一現實的存在說。直以釋迦與孔子爲圓佛圓聖，是永不能至者，而是實可以至，不過未必能相應圓佛圓聖而如如地充盡地至之而已。蓋因釋迦與孔子亦是一現實的存在。在主觀境界上，他們可以圓實地即天刑而解脫；但在客觀的存有上，他們不必能圓實而充盡地即天刑

而解脫。自此後者而言，說他們亦能如此，這多少須理想化。此即示存有論的圓具與作用的圓具之間，因「現實存在」一觀念之揷入，而有了一點距離。一個現實的生命而能既作用地圓具又能存有論地圓具，這似是不可能的。現實生命而可存有論地圓具，那是境界義的存有論的圓具，而非實有義者。是則在現實生命上，實有義的存有論的圓具，其外延被減縮。是即未能相應實有義的存有論的圓具而實有地圓具之。其生命之作用地圓具是質同於那理想的基型，而量不同。然而量之不同却亦有影響於質。故說其破無明而至於圓佛圓聖是具體而微者。無量數的存有法門尚未存有地進入其生命中（只意許其進入），則此無量數的存有法門上之三惑即未必眞能破。質的申展可以說已破及，而量之不及亦即是存有論地未破及。是則此處之即天刑而解脫即缺而未備。一個現實生命底強度未能保證在此亦無三惑也。蓋一說強度，即是質的無限，意義性的無限，那多少是理想化了的無限。若說此質的無限即是存有論的圓具之實有義的無限，量的無限，那多少是理想化了的。此即所謂法身遍滿常住也。

如果吾人肯定釋迦與孔子的強度生命之質的無限是決定性的絕對的無限，則他們的現實生命雖是一個強度，然而自其即天刑而得解脫所呈現的「質的無限」之定住，其現實生命雖有限，而在此有限上，其實有義的存有論的圓具之外延雖被減縮，然而理具事造，則凡有所造，皆可即之而無三惑，無煩惱，無煩惱習：在一事上如此即函着在事事上皆如此。如是，其決定性的絕對的質的無限即等同於在實有義的存有論的圓具上之客觀的實有義的無限。如是，則釋迦與孔子能外同時即是在每一法皆可即天刑而解脫，無論此法已造到或未造到。

• 1017 •

即是作為理想基型的圓佛圓聖之體現者。他們就是圓佛圓聖，無所謂具體而微。

依是，吾人考慮釋迦與孔子可有兩態度。一是自生命強度言，有高於此者，此即函着說他們是人倫之至，可以作為吾人之型範。縱使是孔子與釋迦，亦未必真能充盡而圓實地即天刑而解脫，亦是同同一如，亦無所謂過之者。另一是視其質的無限為一決定性的絕對的無限，因此，他們的質的無限生命同時即是具一存有論的圓具而為一實有義的無限生命。如是他們即是圓聖圓佛，而無所謂具體而微。

如果吾人依第二態度視釋迦與孔子，則即天刑破無明，得解脫，而至充盡圓實之境者，唯釋迦與孔子始能之。如再有類乎此者出現，亦無所謂過之者。吾人自人類底立場崇聖尊佛，視釋迦與孔子為人倫之至。

依此而言，則智者大師之位居五品，相似法起，此雖是謙虛，亦是實情。自非聖人，有誰真能破及？伏之而不令其發，已是不易。此是一重要關鍵，不是隨便說說。達至此伏之境界，在現實上，已耗盡人之大半生。實則亦可說只伏不斷，亦可出入於斷，或少分斷，或多分斷，若龍樹、無著、世親等，實亦皆可說只伏不斷，亦可出入於斷，此自有價值，然未可以定知也。然龍樹智慧自高，實只破有限有對範圍內之粗重三惑。至若在無限無對範圍內，即天刑而得解脫，此中之微細無明只伏不破，此自非聖人之境，破界內見思，界內界外無知塵沙」，亦當恰合如此。在相似位中，「伏道轉強，發得似解，破界內見思，界內界外無知塵沙」，乃不卑不亢，自知如此，而客觀言之，亦當恰合如此。在相似位中，「伏道轉強，發得似解，無著世親皆限於一定系統之展示，此未可以定知也。然龍樹智慧自高，說法亦通透。無著世親皆限於一定系統之展示，此自有價值，然不如龍樹之高明。要之，皆可說是大法師，而未必真能至乎即天刑而破無明之境界。所謂大法師者，重點只在誦讀，說法，兼修六度，正修六度，六根清淨，發得似解。達至此程度，試想須要多

第四章 智者大師之「位居五品」

少工夫。豈可輕視？是則說此輩大法師實亦只位居五品，彙通六根清淨，亦非輕視之也。就此層而言，智者大師並不低於他們也。

蓋人之一生，若循一定教軌而修持、開悟，則從誦讀、解義、說法方面說，無論根器大小，總須至五六十歲始漸臻成熟。此種思辨工夫雖是外部的，然却並非容易。一時悟解，可以偶發，所謂儻來一悟，然說到義理精熟，表之於文字，句句合規合度，客觀地站得住，不浮泛，不混亂，規模宏大，終始條理，則非長年積累消化不為功。康德至五六十歲始成其純理批判。智者壽六十歲。荊溪壽七十一歲。知禮壽六十九歲。至若龍樹、無著、世親，年歲不詳，然彼等造如許之論，或能造如此之論，則亦決非短命者所能辦。此種工夫既勞心，又勞力，非略觀大意，不求甚解之自惧者，所可企及。此乃智者所謂「損已利人」之事。損而至五六十歲，門庭開擴，途徑純熟，此後進破無明，亦只是老境收斂耳。言至此，不免令人感傷。

此種「損已利人」之功夫，非靜非專不可。然因為猶屬外部的工夫，故對於界外無明，只能伏而不能斷。相應無限境中之無量法門，此乃是踐履上之最內部的工夫。靜專而造論弘法，損已利人，雖不能說與踐履無關，然究屬思辨工夫多，故於同體無明只伏不破，甚顯然也。縱使六根清淨，有所侵及，亦只是伏，於那同體無明之潛隱深根，根本未能動搖也。又因為既須靜專，則必須少涉世務。如是，則對於同體無明，正是對境即境更不容易觸及。王龍溪所謂「欲根潛藏，非對境則不易發」。即天刑而破無明，又何暇及此？是以同體無明全部搖蕩出，而暴露之於光天化日之下。靜專造論者何能及此，所謂菩薩道者，亦只是嚮往耳。彼等大法師未必眞能至乎此也。故一般大法師皆可說為位居

五品，六根清淨，只相似位耳。(此中自亦有程度高下之別，以是否圓聞圓解圓信爲斷。)對境即境，即天刑而破無明，儒家比較易接近，因爲自道德進路入，不主出家故。故從踐履上，作最內部的工夫，把那同體無明（欲根）徹底搖蕩出，暴露之於光天化日之下，從根上消化之，儒家實比較易觸及。然即使如此，亦談何容易！陸象山云「吾於踐履未能純一，然一念警策，便與天地相似。」此亦是相似位，然却是已觸及同體無明而爲「內在的相應破」之相似，而非只伏不斷，只爲外在的相似也。朱子未至圓聞、圓解、圓信之境，故其至刻苦踐履亦只伏不斷。伊川亦然。明道則已至「內在的相應破」之境，實際上破多少，則難說。濂溪光風霽月，亦至內在的相應破之境。橫渠雖多煙火氣，然已把同體無明徹底搖蕩出，故其(皆須自證自知。華嚴云：「諸地不可說，何況以示人？」茲方便從敎之軌轍略說耳。)王陽明晚年隨時知是知非，隨時無是無非，然亦難說已至聖人之境。然其對境即境，故其至「內在的相應破」亦較眞切耳。王龍溪批評唐荆川有云：

適在堂遣將時，諸將校有所稟呈，辭意未盡，卽與攔截，發揮自己方略，令其依從，此是攪入意見，心便不虛，非眞良知也。

將官將地方事體請問某處該如何設備，某事卻如何追攝，便引證古人做過勾當，某處如此處，某事如此處，自家一點圓明，反覺凝滯，此是攪入典要，機便不神，非眞良知也。

及至議論未合，定著眼睛沉思一回，又與說起，此等處認作沉機研慮，不知此已攪入擬議安排，非眞良知也。

有時奮掉鼓激,厲聲抗言,使若無所容,自以為威嚴不可犯,不知此是攙入氣魄,非真良知也。

有時發人隱過,有時揚人隱行,有時行不測之賞,加非法之罰,自以為得好惡之正,不知自己靈根已為搖動,不免有所作,非真良知也。

他如製木城,造銅面,畜獵犬,不論勢之所便,地之所宜,一一令其如法措置,此是攙入格套,非真良知也。

嘗曰我一一經營,已得勝算,猛將如雲,不如着一病都堂在陣,此是攙入能所,非真良知也。

若是真致良知,只宜虛心應物,使人人各得盡其情,能剛能柔,觸機而應,迎刃而解,更無些子攙入。譬之明鏡當台,妍媸自辨,方是經綸手段。纔有些子才伎倆與之相形,自己光明反為所蔽。口中說得十分明白,紙上寫得十分詳盡,只成播弄精魂,非真受用也。

〔王龍溪語錄卷一、維揚晤語。〕

若以此為準,則只有聖人能之。凡攙入意見,典要,擬議安排,氣魄,有所作,格套,能所,皆非真良知之妙用,亦即皆是同體無明之發作。在即天刑而得解脫中,此皆甚深甚微細之無明。有誰敢說真能從根上化除之,而達通體透明天理流行之境?然要之致良知教總算已把這同體無明徹底翻騰出,而期對之作內在的相應破。至於能破至多少,則全在自證自知。此中工夫真是無窮無盡!

劉蕺山〈人譜中論「證人要旨」云：「一曰凜閒居以體獨。二曰卜動念以知幾。三曰謹威儀以定命。四曰敦大倫以凝道。五曰備百行以考旋。六項下皆略有說明。其論「紀過格」云：「一曰微過，獨知主之。二曰隱過，七情主之。三曰顯過，九容過成過曰微惡。（此爲崇門）。隱過成過曰隱惡。（此爲妖門）。顯過成過曰顯惡。（此爲戾主之。四曰大過，五倫主之。六曰成過，百行主之，以克念終焉。微門）。大過成過曰大惡。（此爲獸門）。諸過成過，還以成過得改地。一進以訟法，立登聖城。」此皆最內在的踐履工夫（此可類比界外見思同體無明）過（以上四者可類比界內見思惑），層層破起，直破至微過，而藏在而後止。微過，劉蕺山解之曰「妄，獨而離其天者是」。此過從叢過、大過、顯過、隱未起念以前。如人元氣偶虛耳。然百邪從此易入。人犯此者，便一生受虧，無病痛可指，如人犯霜之象，微乎微乎！妄根所中日惑：爲利、爲名、爲生死、妄無面目，只一點浮氣所程子曰：无妄之謂誠。誠尙在無妄之後。誠與妄對，妄乃生僞也。妄字最難解，直是無病痛可中。如履霜之象，微乎微乎！妄根所中日惑：爲利、爲名、爲生死，其粗者爲酒色財氣。」此微過即同體無明也，「獨知主之」。然在破此妄根以顯「獨體」時，尤其在即天刑而破之時，眞是無窮無盡。「自非聖人，誰能究竟斷？劉蕺山「從深根寧極中證入」（年譜錄遺中錄當時姚希孟語），「從嚴毅清苦之中發爲光風霽月」（黃梨洲撰蕺山行狀中語）其工夫可謂深矣。然能破至多少，達至何境，只有自知自證。無人敢以聖人自居，然要之，亦能侵及無明者也。

儒家自道德意識入，在即天刑而得解脫中，直透至最深之內聖工夫，故易觸及無明。佛

第四章 智者大師之「位居五品」

家自禪定入,外在風光多,反不易觸及無明。故智者猶只居相似位耳。實則諸大法師亦皆只居相似位耳。

教之從入限之也。西方哲人中惟康德可達位居五品彙六根清淨位。彼道德意識固強,然畢竟重思辨,而內聖工夫缺,又教理未達圓境,固不易觸及無明妄根也。自弘法造論言,儒者不及佛家與西哲之康德。然自內聖工夫破無明妄根言,儒者較更能鞭辟入裡。程度無窮無盡,自不待言。然智者位居五品,未至破無明,而吾說儒者可破至無明,非故意有所軒輊也。教之從入自如此。此非可以權實論也。是以將儒家限於人天乘,視孔子為七地菩薩者,妄也。若論實,儒聖最為圓實。佛猶是偏至型之聖人。天臺宗言圓實是就偏至型之佛而言。然其所言之圓實,究竟落實處反在儒聖。佛總當開道德意識,始能極至於圓實。言至此,總當同同一如也,儘管教之入路有不同。此當參看現象與物自身第七章,此處不論。

吾疏通智者之位居五品,辭繁不殺,至此而止。

• 1023 •

佛性與般若

第三部 天臺宗之性具圓教

第二分 天臺宗之故事

第一章 法登論天臺宗之宗眼兼判禪宗

第一節 論天臺宗之宗眼

第二節 判攝禪宗

第二分 天臺宗之故事

第一章 法登論天臺宗之宗眼兼判禪宗

第一節 論天臺宗之宗眼

對于天臺宗之義理系統既已展示如上，今再述天臺宗之故事。此所謂故事是指荊溪後從知禮開始天臺宗內部所起之波瀾以及此波瀾後之延續。我無意寫天臺宗之全部歷史。天臺宗之成立斷自天臺宗智者大師，即使南岳慧思亦不與焉。故前述義理系統只就智者，荊溪，知禮而論，章安筆錄亦有功焉。智者開宗，異識超曠，規模弘大，自不待言。荊溪精熟通透，知禮謂善紹。知禮中興，亦極熟練，無有乖違。本分所述以知禮中興爲主。知禮而後，雖皆以知禮爲正宗，然無逸才，徒事延續，未免鬆弛。鬆弛之象見于宋四明沙門法登關于天臺宗「宗眼」之討論。本章先就法登所論之「宗眼」以明其浮泛，重新確立天臺宗之綱維。須知浮泛即不切要。不切要即不免鬆弛。雖不能說錯，然主從輕重之間或不免走夫，或至少亦易令人迷失，逐流而忘本也。

法登著有「圓頓宗眼」一卷（見續藏經第一〇一册），中分三章，一曰宗眼，二曰所傳，三曰三觀。是即示以三觀爲宗眼也。宗眼章全文如下：

・佛性與般若・

論云：始鹿苑，中鷲頭，後鶴林，法付摩訶（大）迦葉，此乃明于如來正法眼藏分付迦葉，次第傳授，永永不絕者也。所以付迦葉者，以著年碩德，苦行頭陀，堪紹隆故，亦由緣在彼故。然所付之法為在何處？如何付之？大小若何？請試陳之。

或曰：靈山會上，世尊捻華，迦葉微笑，即其相也。此說于竺典殊無稽據，蓋後人所喻耳。

或曰：般若轉教即是付法。此說亦未見的傳之相。且般若被加，即空生（須菩提）、身子（舍利弗），非迦葉也。

或曰：如來處處付屬，豈局一時一處耶？此說通漫之甚。或說世尊付衣即付法也。或曰世尊入滅，迦葉後來，佛現雙足，即是付法。此二說但可表示而已，豈付法相耶？

然付法之說，苟其相不明，則不知所傳是何法耶？而祖祖相傳如何授受？既不知其要，傳授亦難矣。如是，則但有傳持名，而無其實也。嗚乎！道聽塗說，古人尚且譏之，況都不知其所以哉？且佛祖之道至今光燄特盛，豈無其所以而然耶？

自後人生乎異見，乃有「教外別傳」之說，亦謂拈華而已。且夫學佛者，雖「教」「禪」教之不同（索首「教」字誤或衍），既皆依佛，必以佛法而為標準。佛法者，即迦葉所傳是也。迦葉所傳者，莫不始鹿苑，中鷲頭，後鶴林之法也。又何時更有「別傳」耶？究其端倪，蓋不達其源者，恐教混于禪，故有

・1028・

第一章 法華天台宗之宗眼兼判禪宗

「別傳」之說，殊不知「別」之不可。且如來出現，八音四辯。迦葉所傳，即教法也。此教明其心，達其理，豈有修行證入過于此也？或謂以心傳心。不知因何得知此心可傳？莫非教之詮乎哉？是知禪教皆指靈山分付。迦葉所傳何得背佛祖乎？既不用迦葉所傳，何須言其繼祖也？如此者，並由不知所傳之要故爾。

夫傳法者，乃傳佛心要也。當知其要有總有別。別則一代所說之法；般若加說，備明其相。般若之中，二乘雖領，而未受也。總則法華開權顯實，說佛知佛見，點示諸法本源自性。前之所說無非方便。今顯真實，皆佛知見。初周所說，迦葉聞之，踴躍歡喜，領而受之。良以此佛知見總一切知見，故云「無上正法付與迦葉」。信解品中委領其要。是知付法之相正在靈山。別無他說，但點佛之知見而已。法雖通于大小，至此皆歸一道。經云：「吾今所有皆是子有。付與家業，窮子歡喜。」古人謂之世尊拈華，迦葉微笑，莫喻此耶？

此佛知見，何人不具？何法不然？祖祖相傳，傳此法也。智者大蘇悟，悟此法也；縱懸河辯，說此法也。摩訶止觀不思議一心三觀，照此法也。達摩單傳心印，傳此法也。大哉此法！禪教之源乎？其流雖異，其源必同。要其所歸，亦祇一也。若逐其流而失其源者，則不知所傳之要也。如

• 1029 •

是,則辜負如來出世,其相傳授受之道于茲泯矣。若據此道法,法法全彰,本來現成。佛祖雖出,不增絲髮。燃燈無法與釋迦,釋迦亦無法可說。故云:「若言如來有所說法,則為謗佛。」然不同佛祖(案同上同也),雖此道,何因得知?若知此已,佛祖更無可傳。雖然,佛法無人說,雖慧不能了。若不傳法度眾生,畢竟無能報恩者。則所傳之道不可不明也。

案:法登以佛所傳之法「別在一代所說之法,……總在法華開權顯實,說佛知佛見」。此不錯。天臺宗正是就法華開權顯實,發迹顯本,所說之佛知佛見,唯一佛乘,無二無三,以成立圓教而開宗者。然圓教之所以為圓教則在「性具」,不在「三觀」。此性具圓教即是相應法華佛乘而說者。法既「總在法華開權顯實,說佛知佛見」,則說「祖祖相傳,傳此法也」,亦不錯。但此是籠統地說,不必盡能相應此法而傳也。「智者大蘇悟,悟此法也(言智者大師在大蘇山行法華三昧所悟者即悟此法)」;縱懸河辯,說此法也(言智者大師悟後,慧思預記其為「說法人中最為第一」)。」此尤不錯。此方是正式相應法華而說者。其所說者即法華文義也。圓教之立正在此也。但「龍樹用文字而廣第一義諦,廣此法顯。否則天臺宗何以又異于空宗?說「摩訶止觀不思議一心三觀,照此法也」,此亦不錯。蓋摩訶止觀從修行方面用圓頓止觀攝此法,並證顯此法也。然圓頓止觀之所以為圓頓正由於以性具圓教來定住也。此吾所是以止觀為主,攝所從能也。

第一章 法登天臺宗之宗眼兼禪宗判禪

所傳章首段文如下：

心三觀（此則說之甚易），而忘性具剛骨矣。

見」，此則甚好。及至所傳章，明指「所傳之法不出三觀」，則勁力鬆矣。此見日久只知一小乘外，有誰能不用三觀，故知法登之文開頭說所傳之法「總在法華開權顯實，說佛知佛使禪宗亦不能離三觀，然只是三觀即能盡禪宗之實乎？禪宗未必心服也。以太泛故也。除謂「教外別傳」，實乃「別之不可」。但若尅指法華圓教而言，則達摩之單傳心印未見其真能相應此圓教而傳。若三觀等于「總在法華」之法，同于通教，不同于藏別二至于說「達摩單傳心印，傳此法也」，此若籠統言之，亦可不錯。但若尅指法華圓教而等于佛乘，無異于以觀照軌為乘體矣。（參看前分第三章第六節末）。然則「總在法華」之法，以三觀為宗眼，則三觀車（佛乘），却是以真性軌為乘體，不以觀照軌為乘體，直至道場，證此法也。」此亦不錯。然此寶至于說「乘是寶車（高廣大車即佛乘），眼，為泛而不切矣。此則將天臺宗之勁道全鬆弛矣。即是法華之法（性具圓教）之實乎？若不加層層提升，層層限制，「三觀之道」等于「總在法華」，能盡法華之法（性具圓教）之實乎？若不加層層提升，層層限制，「三觀之道」等于「總在法華」？之法，舉言要之，不出三觀」（所傳章語）。然則「三觀之道」等于「總在法華」？宗骨——性具之綱處。若徒以三觀言之，不必能盡其實也。所傳之法既在此，而又說「所傳以說以性具為綱，以止觀為緯也。而荊溪亦云「以法華為宗骨」。是以若論宗眼，當即在此

佛之一化,從上而下,所傳之法,舉要言之,不出三觀。此三觀法不思議境,即法華甚深境界,點示眾生佛之知見。此佛知見不出三諦,全境發智,返照此境,即名三觀,乃一家所傳妙解妙行。靈山分付,迦葉稟承,祖祖相傳,無出于此。故摩訶止觀搜流尋源,始自大覺世尊敷揚此道,至乎今師承于龍樹,莫不是此三觀之道。此道,體是實相妙理。此理即眾生本心諸法體性(案「眾生本心」即眾生己心)。能照此理,即名為觀。觀成理顯,復此性也。

案：此三觀法本是大乘觀法之通式。其本身只是般若智之妙用,並不能決定宗派系統之何所是。就天臺宗言,此三觀即是圓頓止觀。然圓頓之所以為圓頓者,必須以圓境來決定。圓境即三觀之不可思議境。此不思議境即法華之甚深境界,點示眾生佛之知見者。境為圓境,故觀為圓觀妙行。如此說,是以圓境定圓觀相。然此圓境妙解,自天臺圓教而言,即是性具三千（一念無明法性心即具十法界）,此是天臺宗之所以為天臺宗者。若論天臺宗眼,當從此着眼。故說「此佛知見不出三諦」,則又通泛,與三觀一樣通泛。蓋與三觀相應者即是此圓境。圓境可以三諦概括之,而三諦不必即是此圓境。此三家皆可說三諦,（中論雖只說二諦,然說三諦亦無妨,惟只是中論之三諦耳）,而不必是天臺圓教。故只說三諦為通泛也。

既以法華圓境妙解決定三觀,故法登進而又說「此三觀之道,體是實相妙理,此理即眾生本心諸法體性」。實相妙理即是就圓境妙解而說的中道實相理。此中道實相理亦須以性具

圓境來規定，否則，般若中論俱言實相，不必是圓教之中道實相也。「此理即象生本心諸法體性」，此言此中道實相理即是象生一念心即具三千法這三千法之體性。此體性即「無明無住，無明即法性」之法性也。「體性」之體字是虛意字，不可把法性看成是通常「實有」意義的本體或實體也。（此種字眼最易生誤會，令人以為性起性具皆是通常所謂「實有」意義的本體論。吾只說存有論，存有是就三千法之幻有說。）是則此體性即法之性。法性即法之性，諸法仍是以空如為性也。故中道實相理即此法性理。然天臺宗之中道實相理或法性理必須就一念無明法性心即具十法界這存有論的圓具說，故中為圓中，法性為「圓談法性」之法性也。若不扣緊性具，則三觀，三諦，實相理，皆通泛也。即使圓頓止觀亦通泛，蓋般若之作用的圓亦不同于性具之存有論的圓。法登以三觀為所傳之法，此已不能盡法華甚深境界矣；進而雖以法華甚深境界為觀體，而又只以三諦、實相妙理說此甚深境界，則雖將三觀層層提升，層層限制，始終鬆弛，泛而不切也。此示其于天臺宗之緊要處不能真切，而鬆弛了天臺宗之勁力。知禮常云「只一具字彌顯今宗」。法登是其後學，日久而忘之矣。法登所說本大體不差。吾猶如此抉擇者，蓋有自己的甘苦。初不知何謂天臺宗，人告我曰一心三觀是。吾聞此語，久歷年月，始終未能的知天臺之獨特處。層層比決，層層提升，至「由無住本立一切法」而豁然；由無住本至性具，至性具而益豁然。然後知天臺之勁力與警策處全在性具。而圓教之所以為圓教亦全在性具。故論天臺宗之宗眼只能以性具為綱，以三觀（圓頓止觀）為緯。此方能相應佛所傳之法「總在法華」，而天臺圓教是相應此「總在法華」而立，故以法華為宗骨也。

法登所傳章繼上錄文復云：

禪宗雖不明乎三觀，要且不出其中。彼曰：直指人心，見性成佛。直指非妙解，見性非妙行，成佛非歸源乎？然凡夫博地，昏散流動，故須修止觀。且上達根性，即心是佛，不假思維，豈須滯于境觀耶？曰：既知即心是佛，豈離解行之流？若非妙解，焉知心是？若非妙行，焉證心是？應知降佛已還，修行之者不離三觀之道。

案：凡有修行，皆不離三觀。故三觀為大乘共法。關于禪宗者，詳論見下。法登繼上進而又曰：

故荊溪曰：「設使印度一聖來儀，未若兜率二生垂降。故東陽大士位居等覺，尚以三觀四運而為心要。」乃至云：「況復三觀本宗瓔珞，補處大士金口親承。故知一家教門遠稟佛經，復與大士宛如符契。」故知三觀之道非獨始行之所行也。章安謂智者「說己心中所行法門」，即此法也。

案：荊溪止觀義例「第五心境釋疑例」中設二十問，其十九問云：

有人問云：此土真詮稟承有緒。雖教科開廣，而本味仍存。尋求宗源，自

可會本。何須復立一心三觀,四運推檢,泂我清流?答:滄流本清,撓之未濁。真源體淨,混也詎妨?設使印度一聖來儀,未若兜率二生垂降。故東陽大士位居等覺,尚以三觀四運而為心要。故獨自詩云:「獨自精,其實離聲名。三觀一心融萬品,荊棘叢林何處生?獨自作,問我心中何所著?推檢四運並無生,千端萬累何能縛?」況復三觀本宗瓔珞,補處大士金口親承。故知一家教門遠稟佛經,復與大士宛如符契。況所用義旨,以法華為宗骨,以智論為指南,以大經為扶疏,以大品為觀法,引諸經以增信,引諸論以助成。觀心為經,諸法為緯,織成部帙,不與他同。

案:荊溪此段文已于前分第二章第四節末引過。法登即根據此段文一方證明三觀有所稟承,一方證明禪宗亦不能離乎三觀。「設使印度一聖來儀,未若兜率二生垂降。」前句指達摩東來說,後句指東陽大士說。「東陽大士位居等覺,尚以三觀四運而為心要。」案東陽大士即傅翕,亦稱傅大士。傅大士梁武帝時婺州東陽縣人,故稱東陽大士。傳燈錄卷二十七稱之為善慧大士,說是婺州義烏縣人。縣名有異,恐古今異耳。彼雖非天臺宗祖師,然「位居等覺」,彌勒化身,乃從兜率宮降生。故荊溪引之以證天臺言一心三觀為不孤也。(時或亦列傅大士于天臺宗祖師傅授表中,然此非十七世之正譜系。蓋北齊慧文前多不明故也。荊溪輔行記卷一之一記智者前九師相承云:「若準九師相承所用,第一諱最:多用融心,性融相融,諸法無礙。第三諱嵩:多用本心,三世本無來去,真性不動。第四諱就:多用寂心。第五諱

・佛性與般若・

監：多用了心,能觀一如。第六諱慧：多用踏心,內外中間,心不可得,泯然清淨,五處止心。第七諱文：多用覺心,重觀三昧,滅盡三昧,無間三昧,于一切法心無分別。第八諱思：多用隨自意安樂行。第九諱顗：用次第觀,如次第禪門,用不定觀,如六妙門,用圓頓觀,如大止觀。」慧文前六師,一般多不詳。其中第六諱慧或即善慧即傅大士也。其餘前五俱待查。)

傳燈錄卷二十七記傅大士云：

大士于松山頂繞連理樹行道,感七佛相隨。釋迦引前,維摩接後。唯釋尊數顧共語爲我補處也。

是則傅大士亦補處大士也。凡補處大士皆位在等覺。故荊溪稱傳大士「位居等覺」也。等覺之上即爲妙覺,而妙覺即佛也。傳燈錄又記云：

時有慧集法師聞法悟解,言我師彌勒應身耳。大士恐惑眾,遂呵之。

又記臨滅度時,弟子問云：

諸佛涅槃時皆說功德。師之發迹可得聞乎?曰：我從第四天來。爲度汝等,次補釋迦,及傳普敏文殊,慧集觀音,何昌阿難,同來贊助。故大品經

・1036・

云：「有菩薩從兜率來，諸根猛利，疾與般若相應」。即吾身是也。是則彼自居爲補處菩薩，又是彌勒化身，又從兜率天來，是顯爲等覺位也。彼之再來（二生垂降）是釋迦第二（次補釋迦），並且以傅普敏爲文殊，以何昌爲觀音，以慧集爲觀音，以阿難，同來贊助。夫智者大師猶只五品弟子位，而傅大士竟「位居等覺」，恐亦神話耳。彼娶妻生二子，曰普建，普成。是則作爲文殊之傅普敏蓋亦其子侄輩耳。彼又「唱賣妻子，獲錢五萬，以營法會。」（俱見傳燈錄卷二十七）。此種舉動直妄人耳。荊溪引此人以壯聲勢，對抗達摩東來，大可不必。與此種人「宛如符契」，不見得更能增加「一心三觀」之可信性。只據菩薩瓔珞本業經及大品般若經亦十分足夠也。

「一心三觀」自有所本，並非妄言。荊溪說此，蓋亦釋當時宗達摩者之疑耳。並非即以此爲天臺宗之宗眼也。故于表明「三觀本宗瓔珞，補處大士金口親承」（此補處大士即瓔珞經中之〈敬首菩薩〉）以後，即進而言：「況所用義旨，以法華爲宗骨，以智論爲指南，以大經爲扶疏，以大品爲觀法，引諸經以增信，引諸論以助成，觀心爲經，諸法爲緯，織成部帙，不與他同。」此則方正式綜論天臺義旨也。此中「觀心爲經」，即以觀心不思議境爲經也；心不思議境即一念三千，「總在一念」也。「諸法爲緯」，即「別則色心」，以三千法爲緯也。此若再消融一下，依「以法華爲宗骨」而言，則當說以性具爲經，以圓頓止觀爲緯。故論宗眼，當就性具而言，不當就三觀而言。或至少亦當經緯合言爲宗眼，不當但偏言三觀也。

法登層層提升，層層限制，亦知從境發觀，三觀有其所以。然始終不提性具，則說三觀

之所以亦鬆弛無力，泛而不切。如所傳章最後一段云：

然，若據迦葉所傳，始道樹，終鶴林，一代之法豈獨三觀而已哉？曰：作此疑者，不知三觀之所以也。何者？如來出世，所說法門雖無量，至乎靈山開顯，皆歸佛乘。此之佛乘即是三諦。既指無量法門皆即三諦，故知此三諦理具攝諸法。三觀既即三諦而立，此觀法體具無量法。故荊溪云：「故撮十妙為觀法大體。」且十妙既該括無量法門，此等法門不出三千。即此三千為三觀之體，以顯三觀具無量法。所以然者，橫豎具足。故云：「止觀攝一切教，一切行等」，以顯三觀之體廣大悉備，即是三觀佛性。由此佛性而有三觀，乃至眾生心亦復如是。三千既居一念，即是三觀佛性。所以然者，祇諸法，法法互具，故知三觀攝一切法，罄無不盡。是知三觀與諸法無異途也。若謂不然，苟不明此，徒說傳持。雖禪宗不尚分別，但云單傳直指，要且不離此道。釋迦應有二心，迦葉便分兩派耶？欲識此意，[當]尋宗源。（補「當」字）。逐派隨流，深不可也。

案：據此文，則知三觀漸提升而決定于「性具」矣。然若不正視性具，以性具為首出（為綱為經），則圓教不顯。三觀具無量法門是決定于性具圓教。不言性具，雖無量，亦不必是圓教，蓋別教亦是無量四諦也。是故論宗眼，主從經緯之間不可不知也。若知性具為經為主，則三觀為圓頓三觀一下子便被定住。若以三觀為首出，則須層層提升，層層限制，而後始可

除疑。

以上所論當與前分第二章第四節末合看。

第二節　判攝禪宗

又案法登述圓頓宗眼,旨在籠絡禪宗。如云:「又何時更有別傳耶?」「殊不知別之不可。」又云:「禪宗雖不明乎三觀,要且不出其中。」又云:「彼曰直指人心,見性成佛。……既知即心是佛,豈離解行之流?若非妙解,焉知心是?若非妙行,焉證心是?」茲就法登此意,略論禪宗,看究如何籠絡之?籠絡者,禪教合一之謂也。茲如圭峯宗密所說,則是依華嚴宗說禪教合一。若如法登之意,則是依天臺圓教說禪教合一。看究以何者為順。

I 茲先說「教外別傳」之意。

達摩在印度原屬南天竺一乘宗。就一乘言,禪宗亦不能離法華之「唯有一乘,無二無三」。一乘即佛乘。此是共契之標的。但達此標的,可有不同之途徑,不必盡能相應法華圓教而為圓行,如天臺之所說。就達摩來華之史實言,則初是楞伽傳心。就此而言,則禪宗之來源元是屬于「如來藏自性清淨心」系者,乃是荊溪所謂「唯眞心」也。自五祖六祖重般若經,則偏重在般若之妙用,即不捨不著之妙用。然般若之妙用亦可套于眞常心說,此則便與天臺圓教異。六祖而後,禪宗偏重行證之自得,不立文字,不重教說,因此,有所謂「教外別傳」,此即所謂宗風之特色。就此特色而言,禪宗不但不重視那「總在法華」之「法付伽葉」之客觀說的「無上正法」之辯說,而且甚至亦不重視那原初之「楞伽傳心」。若方便尋

其教相，順元初史實言，則是屬于眞常心系。此所以圭峰宗密依華嚴宗之教相而與禪宗會合，言禪教合一也。如是，則所謂「教外別傳」，乃是教內之「教外別傳」，非空頭冥行，全無教相之軌轍也。其所謂「教外別傳」只是不重教說，專重當下自悟自得，得無所得，洒然之如如呈現而已。是以禪宗追溯宗源，必始自「世尊拈華，迦葉微笑」。此亦胜子所謂的「法付伽葉」。然此種「莫逆于心，相視而笑」之意也。禪宗即以此「拈華、微笑」爲單傳之心印。此是主觀地說「莫逆于心，相視而笑」之輕鬆妙趣乃是各宗共契之境界。始自「燃燈無法與釋迦，釋迦亦無法可說」，即已然。「言語道斷，心行路絕」，乃是大家皆可說的。光搏弄這一妙境，亦無甚意思。六祖以後禪師們專在此等處出精采，如鬪機鋒，打手勢，參話頭，乃至棒喝，種種奇詭的姿態，都無非表示「無法可說」而已。此若對專作文字知解者作一警戒則可。若以此爲獨立一宗以與他宗相對抗，則無意義。此所以禪宗不能獨立地講之故也。

然如法登所說，法華會上，「無上正法付與迦葉」，「迦葉聞之，踴躍歡喜，領而受之」，則所謂「世尊拈華，迦葉微笑」，亦可指此「無上正法」之付而言。若指此而言，則是客觀地說的「法付迦葉」。單傳「心印」，同時亦即單傳「法印」。「大哉此法！禪教一源乎？」此亦可說。圭峯宗密可依華嚴宗以會禪，而言禪教合一。天臺宗人亦可依天臺宗以會禪而言禪教合一。此示「無法可說」之禪境乃共義也。不但在佛教內部爲共義，甚至是儒釋道三教之所共。禪宗獨以此爲宗，以主觀地說的「法付迦葉」爲心印，而又誇大「教外別傳」，則顯得孤矣。法登云：「殊不知別之不可」。此言是也。此本是修行人百尺竿頭進一步，或最高即最低，亦無所百尺竿頭進一步，只是修行人之圓證圓

悟而已。然却截取以爲宗，以與他宗相對抗，此則便成橫列的對立，反顯小矣。禪宗，歷史地觀之，固是中國人所獨創，然就其所發之理境而言，則不是中國人的新發明，乃是靈活透脫的中國心靈喜這一境，亦獨善于這一境，因而沿「無法可說」一義而獨顯光采耳。此在心靈之開闢上，學術之發展上，固有其高度之價值，亦示一高度之智慧，然而就佛教義理而言，則不能獨立也。

如上所說，禪宗既可以華嚴宗會之，亦可以天臺宗會之。然則以何會爲較適宜于惠能以及惠能以後者？曰：天臺宗是。就「楞伽傳心」之史實而言，以華嚴宗會之爲是。然只此一外部史實尚不夠，必有其所以可如此會之義理根據。此根據即在看「即心是佛」一語之如何講。若依神會和尙之講法，便成圭峯宗密之以華嚴宗會禪宗。是則以華嚴宗會禪宗，除「楞伽傳心」這一史實外，其義理根據即在神會之「靈知眞性」也。（圭峯宗密一方宗華嚴，一方私淑于神會。）

法登言：「若非妙解，焉知心是？若非妙行，焉證心是？」妙解之知「心是」，妙行之證「心是」，此所謂「心是」，若依天臺，乃是「一念三千」之「心是」，而一念是刹那心，煩惱心，無明法性心，非清淨眞如心。若依「楞伽傳心」及神會和尙之講法，則「即心是佛」那個心是清淨眞如心。「直指人心，見性成佛」，即直下指此眞心而見空寂性（本來面目）以成佛也。在此，眞心是主觀地說者，空寂性（眞心之眞性如性）是客觀地說者。客觀地說的眞性只有通過無念、無相、無住之靈知眞心始能朗現，亦即被見到或被證到，所謂見性成佛也。心與性是一，而有主客觀說的分際之不同。性雖是客觀說的空寂性，然並非只是觀萬法（緣起法）上的空如理，而是其本身即具有靈知性，即覺

性，因爲此時的空如理（空寂性）是收于清淨眞心上說。心之所以爲清淨爲眞常是因其本性爲空寂，即以空如爲其自性。此所以名曰清淨眞如心，亦曰如來藏自性清淨心。般若智不只是如空宗或《般若經》所表現的只是在「不捨不著」之作用上見，而且亦被收于如來藏自性清淨心上而爲一有所依止的實體性的般若——其所以爲實體性的，是因爲自性清淨心爲一實體性的心故。（此實體性也許只是有實體性意味的一個虛樣子。在還滅時，也可以打散這個虛樣子而有梵我之嫌，皆有其作用與意義。否則如來藏心便有梵我之嫌。佛法發展至此，並非迷失。此見前部〈起信論〉章。）此勉強權說的有實體性意味的自性清淨心（眞常心）亦就是衆生的如來藏性——佛性。達摩所說「深信含生同一眞性」，可能就是這個如來藏性。然如來藏性雖即具有靈知性或覺性，而覺性之所以爲覺性，靈知性之所以爲靈知性，即如世親〈佛性論〉之所說。要必在「無念、無相、無住」之妙用上見，此即是主觀說的般若，亦即主觀說的寂知眞心，此是客觀說的般若（即妙用般若與自性般若）是一。主客觀說的般若（即妙用般若與自性般若）是一。主觀說的般若（妙用般若）而可以收于如來藏性上而爲自性般若，此即而曰空寂心，或眞如心，或法性心。惟性化了的心始可說眞心。反之，如來藏性因主觀說的妙用般若與寂知眞心而見其爲吾人之眞性，則雖性也而亦是心，此亦可說是心化了的性，亦即主觀化了的性，因此而曰心眞如（此不是說生滅心其性空，乃是說心即眞

• 1042 •

如,心即性。)惟心化了的性始即是具體的眞性。結果,心化了的性,此性中之心即是性化了的心。性化了的心,此心中之性即是心化了的性。故「心眞如」即「眞如心」,心與眞如是一也。分別示其相,故有主客觀分際之不同。必須先了解此等分際,然後始了解其所以為一。

依此,如來藏性似可有三種說法:

(一)如來藏自性清淨理,即二空所顯眞如,此即世親佛性論所說之應得因佛性(依此理應可得菩提心及加行等乃至道後法身),亦即理佛性,以無為如理為體之佛性。此是相應阿賴耶系統而說者。

(二)如來藏自性清淨心,在此,眞心與眞性是一,此即以上之所說,此是眞常心系統之如來藏。

(三)一切法趣色趣空趣非色非空,祇點實相為如來藏,即資成軌,如來藏是事法,此是天臺宗性具系統下的如來藏。此如來藏是就解脫斷德(緣因佛性)而言。然而三德圓伊不縱不橫,不一不異,不可思議,故為圓教也。在此圓教下,那有實體性意味的眞心即被打散,而復歸于佛法眞相。

以上所解說的是就此三說中第二個說法來說明禪宗的「即心是佛」,以及「直指人心見性成佛」。如是,禪宗所隱含的教義而不願多所展示者乃是如來藏自性清淨心系之思想。不過他們所著重的乃是就此如來藏眞心即眞性而講直下頓悟以成佛。但是此種禪宗是就神會說

• 1043 •

的。其他禪師是否如此，尚待決定。至少惠能是否如此，亦待決定。神會雖是惠能之弟子，然是否能相應惠能之風格亦不無問題。以下試先看神會。

Ⅱ神會到北方宣揚惠能為得法正宗，即宣揚頓悟成佛也。因此，同一禪宗而有南頓北漸之分。北漸者，在五祖門下為上座之神秀是也。法無頓漸，人有利鈍。利根人直下頓悟，鈍根人則假方便（如看心看淨之類）以漸悟。然而惠能門下則是宣揚頓悟成佛的。頓悟有兩方式：一是超脫了看心、看淨、不動之類的，這就是佛了。另一亦是超脫了看心、看淨、不動之類的方便，直下於語默動靜之間而平正地亦即詭譎地出之以無念無相無住之心，見性成佛。前一路大體是惠能以及惠能後的正宗禪法，後一路則大體是神會的精神。此後一路似猶有一超越的分解在。

神會依般若經之「應無所住而生其心」說法華經之「佛之知見」。法華經方便品云：

諸佛世尊唯以一大事因緣故出現于世。舍利弗！云何名諸佛世尊唯以一大事因緣故出現于世？諸佛世尊欲令眾生開佛知見使得清淨故，出現于世。欲示眾生佛之知見故，出現于世。欲令眾生悟佛之知見故，出現于世。欲令眾生入佛知見道故，出現于世。

案：依次當先說「示眾生佛之知見」，令眾生知佛知見為如何。然後再「令眾生開佛知見，悟佛知見，入佛知見道。」如何能令之開，令之悟，令之入？神會即依此「佛之知見」，從無住心上立「知見」。知見，故能令之開，令之悟，令之入。

《歷代法寶記》有云：

> 神會和上每月作壇場，為人說法，破清淨禪，立如來禪；立知見，立言說為戒定慧，不破言說，云：正說之時即是戒，正說之時即是定，正說之時即是慧。說無念法，立見性。

此所謂「破清淨禪」，即破看心看淨之類的漸教禪也。漸禪即圭峯宗密所謂「息妄修心宗」。「立如來禪」，即立頓悟如來藏性得如來法身也。此即圭峯宗密所謂「直顯心性宗」。「立知見」，即于無住心之空寂之體上立「昭昭靈靈地自知自見這空寂之體」之「本智之用」。本智亦可曰性智，即從無住心之空寂之體上所發的智用。佛知佛見亦就是依這個智用而成的。神會是依這智用（本智之用亦即性智）而「立知見」的。佛之知見本是佛的知見用。神會卻把這知見能力收于無住心之空寂之體上說，因而成為無住心之照用，亦反而照此無住心之自己，此即無住心之自知、自見、自證、自照，而說此無住心為一靈知心也。此即所謂「立知見」，亦所謂「說無念法，立見性」也。標此無住著的心為客觀的法體，故此無住著的心為客觀的法體。但它不只是一個客觀的知之用。說「知見」即是主觀地說這無住心的靈昭性。

《神會集壇語》云：

又說：

心有是非不？答：無。心有來去處不？答：無。心有青黃赤白不？答：無。心有住處不？答：心無住處。和上言：心既無住，知心無住不？答：知。知不知？答：知。

今推到無住處立知，作沒？……無住心不離知，知不離無住心。知心空寂，即是用處。般若經云：「菩薩摩訶薩應如是生清淨心：不應住色生心，不應住聲香味觸法生心，應無所住而生其心。」「無所住」者，今推知識無住心是。「而生其心」者，知心無住是。

依此分解，（案此分解不是般若經語之恰當的表示），「無所住」即是客觀地說的無住心（空寂之體）；「而生其心」即是主觀地說的心之無住著地呈現（知心無住）。即空寂之體之妙用，此亦就是靈知之知見。「心無住處」是客觀地說。「知心無住」之知不從外來，乃即是無住心之自知自照之自知自照。「知心無住」，即無住心之自知自照其自己為空寂無住著也。故云：「今推到無住處便立知。」此作為用處的「知」是「無知而無不知」的知。故問「知不知？」（案此問似當為「知知不？」）。答曰知。「知心無住」之知實是靈靈昭昭之

知也,而亦實是無知相之知也。何以故?所知無住,爲空寂之體,則能知之靈知之用亦應是無住而空寂無相也。亦即無知相之知也。神會爲的要表說這個「知」,故只答曰「知」,而實是「無知而無不知」亦即無知相之知也。

層層推問,此種表說有點繳繞。平說便顯明。神會集中神會答拓拔開府書云:

但莫作意,心自無物。卽無物心,自性空寂。空寂體上,自有本智,謂知以爲照用。故般若經云:「應無所住而生其心。」「應無所住」,本寂之體。「而生其心」,本智之用。

此「本智之用」即靈知也。立知立見即立靈知之知見。知是明徹,見是親自見到,照到,亦即證到。此是將般若經語分成體用(無住心空寂之體與「知心無住」之靈知之用)而所以如此分者,爲的要將靈知之用(本智之用)收于實體性的無住心上即如來藏自性清淨心上而爲依體之用也。而般若經語却只是于無任何住著處生清淨心,此清淨心即般若心也。此並無所謂體用也。而神會這一分體用,便把無住心套入如來藏自性清淨心系統中,所謂「立如來禪」也。而亦因分體用,般若遂成爲實體性的般若而曰自性智,以無住心爲一有實體性意味的心故。有實體性意味的無住心即是空寂之體,故即是性。「自性智」即是從這空寂之體之自性上所發的智用也。由此言頓悟,即所謂「直顯心性」。此雖未始不可說,然與般若經異矣。

圭峯宗密說荷澤宗(神會居洛陽荷澤寺,故稱神會爲荷澤宗)爲「寂知指體,無念爲宗。」又稱之爲「直顯心性宗」。「寂知指體」言空寂之知是指體而說者。分別言之,無住

心自性空寂是體,此體有本智之用是知。此知收于體上說,故曰空寂之知。全體是知用,全知用是體,故此空寂之知即是體也,亦曰「靈知眞性」。神會自說「三十餘年工夫唯在見字」。此見即「立知見」之見,「立見性」之見,即無住心所發之知見也。圭峯宗密已知「直顯心性宗」有二類,說第二類云:

諸法如夢,諸聖同說。故妄念本寂,塵境本空。空寂之心靈知不昧。卽此空寂之心是汝眞性。任迷任悟,心本自知。不藉緣生,不因境起。知之一字衆妙之門。由無始迷之,故妄執身心爲我,起貪瞋等念。若得善友開示,頓悟空寂之知。知且無念無形,誰爲我人相?覺諸相空,心自無念。念起卽覺,覺之卽無。修行妙門唯在此也。故雖備修萬行,唯以無念爲宗。旣了諸相非相,自然無修之修。煩惱盡時,生死卽絕。生滅滅已,寂照現前。應用無窮,名之爲佛。(禪源諸詮集都序卷二。)

此第二類「直顯心性宗」即相應神會禪而言也。(第一類見下)。圭峯宗密所學之禪即神會禪,其所謂禪敎合一,即是以華嚴宗之「顯示眞心即性敎」會神會禪之「直顯心性宗」也。神會集中有云:

但自知本體寂靜,空無所有,亦無住著,等同虛空,無處不遍,卽是諸佛

神會的這種就無住真心立知見，不破言說，言說之時即是戒定慧，戒定慧一時齊等，萬行俱備，這亦可說是妙解妙行。但這妙解妙行是繫于直顯心性。「直顯」即頓悟，「心性」即靈知真性。這乃是荊溪所說的「偏指清淨真如」——「唯真心」。惟偏重在頓悟真心，而不甚重視此真心之「不變隨緣隨緣不變」，即如來藏緣起之教說。此點，圭峯宗密已知之。他在圓覺經大疏鈔卷三之下有云：

圓通見者，必須會前差別取捨等法，同一寂知之性，舉體隨緣，作種種門，方為真見。寂知如鏡之淨明，諸緣如能現影像。荷澤深意本來如此。但為當時漸教大興，頓宗沉廢，務在對治之說，故唯宗無念，不立諸緣。

若如此說，則神會之頓悟禪，如來禪，即同起信論華嚴宗之唯真心。頓悟者，直顯真心之謂也。圓通者，「唯一真心廻轉」之謂也。此一系統必須預設一超越的分解，作為真見。就華嚴圓教說，是別教一乘圓教。就神會之頓悟禪說，是如來禪。但這是否能相應六祖惠能的精神呢？我看不無問題。以下試看惠能禪。

III，當五祖于半夜三更為惠能說金剛經，至「應無所住而生其心」時，「惠能言下大悟：一切萬法不離自性。遂啟祖言：何期自性本自清淨！何期自性本不生滅！何期自性本自

具足!何期自性本無動搖!何期自性能生萬法!祖知悟本性,謂惠能曰:不識本心,學法無益。若識自本心,見自本性,即名丈夫、天人師、佛。」(六祖壇經自序品第一)。此是惠能悟法受法之始。這裡一連串說了六句「何期自性」云云,此可名曰六自性句。這六句是什麼意義呢?我看他于「應無所住而生其心」言下大悟的便很不同于神會之悟解。「自性」即是自己的本性(自體性),即「本來無一物」的空寂性:「菩提本無樹,明鏡亦非臺,本來無一物,何處惹塵埃?」但此空寂性必須通過「無所住而生其心」始能如如地呈現。「無所住而生其心」即是不住著于色聲香味觸法而生其心,即是般若心,清淨心,無念心。般若心呈現,空寂性始呈現。此仍是實相般若也。實相一相,所謂無相,即是如相。惠能並未就無住心把它分解成一個靈知眞性,如神會之所為。無住心即般若心照見空寂性,即所謂實相般若。空寂性體與靈知之用)而成眞心即性。無任何住著之般若心,非是就之分體用(空寂之本來無一物,而「般若非般若斯之謂般若」,則般若亦無一物,即所謂無相,清淨心,無念心。般若心而二,亦可說如如智與如如境。如如智即心,如如境即性。故五祖謂惠能曰:「不識本心,學法無益。若識自本心,見自本性,即名丈夫、天人師、佛。」此中所謂「本心」即無所住的般若心。所謂「本性」即空寂性。「若識自本心,見自本性,即名丈夫、天人師、佛。」必須直就着無念無住著的般若清淨心而無心始能見「本來無一物」的空寂性而成佛。「不識本心,學法無益」。蓋空言性,無益也。「無所住而生其心」即「直指本心,見性成佛」。而性是綱主,心是緯用。故壇經決疑品第三云:是體現那空寂性者。于此,仍有心性之分。

心是地,性是王。王居心地上。性在王在,性去王無。性在,身心存,性

去，身心壞。佛向性中作，莫向身外求。自性迷，即是眾生。自性覺，即是佛。

心是廣博的大地。念念住著即是生滅緣起的萬法。念念不住著，即是般若。而性是主也（性是王）。心地之為生滅法抑為般若智是決定于自性（自己的本性）之或迷或悟。自性若悟（悟到了自己本性空寂），即是佛，而心地即是眾生，心地即是生滅住著之萬法。自性若悟，對迷而言。這不是說靈知真性之起覺，亦就是不捨不著之般若。（「自性覺」即是自性悟，對迷而言。這不是說靈知真性之起覺，或真心即性之本覺，不可誤想。）故云：「佛向性中作，莫向身外求。」此明言性是綱主也。因為性是綱主（性是王），所以「性在，身心存；性去，身心壞。」有空寂性，則般若心呈現，如是，始有身心諸法，不壞假名而說諸法實相也。若無空寂性，則執著心呈現，一切諸法皆壞也。此須依中論「以有空義故，一切法得成」去了解，不可誤解為「性起」。空寂性本無所謂起不起。起者在生滅心也。而般若心亦無所謂起不起，只是不捨不著，不壞假名而呈現其為無心之心耳。此即所謂直就無念心見性而成佛。

然則如何了解「何期自性能生萬法」？此語不可看成是直述的指謂語，乃是本「以有空義故，一切法得成」而來的漫畫式的方便語。不壞假名而說諸法實相，實相豈離萬法而為實相耶？因此，遂漫畫式地說自性含具萬法（自性本具足），因含具而又方便地說為「能生萬法」矣。生者具現之謂也。不離之謂具，「性在身心存」之謂現。因此具現，遂漫畫式地方便說為生，實則其本身實無所謂生也。這不是實體性的靈知真性、真心即性之生起。

《壇經》般若品第二云：

善知識！菩提般若之智，世人本自有之。只緣心迷，不能自悟。須假大善知識，示導見性。（案見性，心不迷，始有不住著之般若見空性。）……

善知識！世人終日口念般若，不識自性般若，猶如說食不飽。口但說空，萬劫不得見性，終無有益。（案「自性般若」意即由見到自己的空寂本性而呈現出的無住著的本有般若智或自性覺即真心本覺，此即名曰「自性般若」。此並非真心系統中的從靈知真性發的自性智或自性覺即真心本覺，如起信論與華嚴宗之所說。詞語相同，而語意來歷不同。極易誤會為「真心本覺」。）

善知識！摩訶般若波羅蜜是梵語，此言大智慧到彼岸。……何名摩訶？摩訶是大。心量廣大，猶如虛空，無有邊畔，亦無方圓大小，亦非青黃赤白，亦無上下長短，亦無瞋無喜，無是無非，無善無惡，無有頭尾。諸佛剎土盡同虛空。世人妙性本空，無有一法可得。（案此指般若空慧說。妙性即般若性。）自性真空亦復如是。（案此指空寂性，即「性是王」之性，而說。）

善知識！莫聞吾說空，便即著空。第一莫著空。若空心靜坐，即著無記空。

善知識！世界虛空，能含萬物色像。日月星宿，山河大地，泉源溪澗，草木叢林，惡人善人，惡法善惡，天堂地獄，一切大海，須彌諸山，總在空中。世人性空，亦復如是。善知識！自性能含萬法是大。萬法在諸人性中。若見一切人，惡之與善，盡皆不取不捨，亦不染著，心如虛空，名之為大，故曰摩訶。

第一章 法登天台宗之宗眼纂判禪宗

善知識！迷人口說，智者心行。又有迷人。空心靜坐，百無所思，自稱為大。此一輩人，不可與語，為邪見故。

善知識！心量廣大，遍周法界。用即了了分明，應用便知一切。一切即一，一即一切。去來自由，心體無滯，即是般若。

善知識！一切般若智皆從自性而生，不從外入，莫錯用意，名為真性自用。一真一切真。心量大事，不行小道。口莫終日說空，心中不修此行。恰似凡人自稱國王，終不可得。非吾弟子。

案：以上說摩訶般若之摩訶義，即大義。般若既即是智慧心，則「大」即是此智慧心之心量廣大，猶如虛空，不為任何相所限定，亦即無一法可得。此即是無相般若。無相般若因見到「自性眞空」而轉現，轉現而為心之無住著；而心之無住著之般若心亦即所以證現那「自性眞空」者。但莫聽說空，便著空。「世界虛空能含萬物色像」。「世人性空亦復如是。自性能含萬法是大。萬法在諸人性中。若見一切人，惡之與善，盡皆不取不捨，亦不染著，心如虛空，名之為大，故曰摩訶。」此並由客觀說的「自性眞空」含具萬法，如虛空之含萬物色像，故般若空慧亦因于一切不取不捨亦不染不取不捨不著不壞而定）。故客觀說的自性眞空含具萬法（不壞假名而說諸法實相，其含具，客觀地說之，是以不取不捨不著而定，主觀地說之，是因般若空慧之不捨不著而定。故客觀說的自性眞空亦含具萬法——其含具，客觀地說之，是以「以有空義故，一切法得成」而定，主觀地說之，是因般若空慧即是自性眞空之主觀地說。自性眞空即是般若空慧之客觀地說。故常混合地于自性

• 1053 •

真空說般若空慧，於般若空慧說自性真空，而於兩者俱說含具萬法。但於般若空慧可說大，而於自性真空則無所謂大小也。「何期自性能生萬法」，即是「自性能含萬法」之轉語，不得有誤解。不但於自性真空不能指謂地說生（生只是漫畫式地方便說），即於般若空慧亦不能指謂地說生。生只是含具義，具現義。如是，才能說「無生法忍」。

同樣，「一切般若智皆從自性而生，不從外入」，此亦莫錯會。此是說一切般若智皆依自己的空寂本性，通過悟而轉現出，不是從外面進來，故屢屢說心行自悟，不自悟，就是迷。迷則作為地之心即是生滅念，而不是般若智，亦即是不見自己的空寂的本性，而此空寂的本性亦不在迷中。迷起本智之用，悟即是佛。故此「般若智從自性生」不可理解為從「靈知真性、真心即性」而生本智之用，如神會之所說。惠能無此分解的展示。他只是教人通過無念，直悟各人自己的本心（清淨般若空慧），見各人自己的空寂本性以成佛。各人皆本有空寂的本性，故亦應本有菩提般若之智。

〈般若品〉說「大」後，進而說般若云：

善知識！何名般若？般若者，唐言智慧也。一切處所，一切時中，念念不愚，常行智慧，即是般若行。一念愚，即般若絕。一念智，即般若生。世人愚迷，不見般若；口說般若，心中常愚。常自言我修般若，念念說空，不識真空。般若無形相，智慧心即是。若作如是解，即名般若智。

何名波羅蜜？此是西國語，唐言到彼岸，解義離生滅。著境、生滅起，如水有波浪，即名為此岸。離境、無生滅，如水常通流，即名為彼岸，故號波羅

第一章 法登論天台宗之宗眼兼判禪宗

蜜。

……

善知識！凡夫即佛，煩惱即菩提。前念迷即凡夫，後念悟即佛。前念著境即煩惱，後念離境即菩提。

善知識！我此法門，從一般若生八萬四千智慧。何以故？為世人有八萬四千塵勞。若無塵勞，智慧常現，不離自性。悟此法者，即是無念，無憶無著，不起誑妄。用自真如性，以智慧觀照，于一切法不取不捨，即是見性成佛道。

善知識！若欲入甚深法界及般若三昧者，須修般若行。持誦金剛般若經，即得見性。當知此經功德無量無邊。經中分明讚歎，莫能具說。此法門是最上乘，為大智人說。小根小智人聞，心生不信。……

善知識！不悟，即佛是眾生。一念悟時，眾生是佛。故知萬法盡在自心。何不從自心中，頓見真如本性？……

善知識！我于忍和尚處，一聞言下便悟，頓見真如本性。是以將此教法流行，令學道者，頓悟菩提，各自觀心，自見本性。……

善知識！智慧觀照，內外明徹，識自本心。若識本心，即本解脫。若得解脫，即是般若三昧。般若三昧即是無念。何名無念？若見一切法，心不染著，是為無念。用即遍一切處，亦不著一切處。但淨本心，使六識出六門，于六塵

1055

・佛性與般若・

中無染無襍,來去自由,通用無滯,即是般若三昧,自在解脫,名無念行。若百物不思,常令念絕,即是法縛,即名邊見。

真如本性。」此最上乘法門即是頓悟自己本有般若菩提之智,頓見自己真如本性(空寂的本性)。佛家凡說萬法皆從心說,以「心如工畫師,造種種五陰」故。心即是萬法,即是生滅,即是緣起。于此萬法念念著境即是迷,心迷,即曰此岸。若于此萬法念念不著境,不執有自性,亦不染不著,如水常通流,便是無念,便是般若淨心,亦曰智慧心,此是順心造而悟,名為彼岸。一悟,智慧心呈現,則原初所造之萬法便為智慧心所含具,以不取不捨故。不捨即含具萬法而不無,不取即無一法可得而不有。不有即是般若空慧,無相般若。故若頓悟自己本智慧心原是清淨,此智依自性真空(真如本性)而起,由無念而實際呈現。即頓見自己真如本性。此即所謂頓悟成佛:直指本心,見性成佛。惠能禪(般若三昧)之精神根本是般若經之精神。他並未就無住心分解成一個靈知真性、真心即性,如神會之所說。神會禪是如來禪,惠能禪即是所謂祖師禪。他既未就無住心分解成一個靈知真性、真心即性,他亦根本無由此真性進而言其舉體隨緣之圓通見,此圓通見是依「隨緣不變不變隨緣」而說者。故如來禪是相應終別教的禪,息妄修心宗之神秀禪是相應始別教的禪,而惠能禪則是相應圓教的禪,雖然他並無興趣展示于教相。依惠能,「萬法盡在自心」,真正生起萬法的是心,生滅心也。是即般若之作用的圓具(「用即遍一切般若含具萬法,因不捨不著故,實無所謂生起也。

案:以上明說依金剛般若經開最上乘法門,並說自己「于忍和尚處,一聞言下便悟,頓見

・1056・

處，亦不著一切處」）。「自性含具萬法」正由般若之含具萬法而證見。說「自性生萬法」是漫畫式的方便語。他的法門實仍是心是萬法，萬法無性，以空為性；而般若空慧則是照見此空性者。這只是將般若經與空宗之精神收于自心上來，轉成存在地實踐地「直指本心見性成佛」之頓悟的祖師禪，非以如來藏真心系統為背景而來的如來禪。如來禪雖亦講頓悟，而不必真能圓，蓋預設一超越的分解故。祖師禪的頓悟方是圓頓悟也。

試看懺悔品第六云：

何名清淨法身佛？世人性本清淨。萬法從自性生。思量一切善事，即生善行。思量一切惡事，即生惡行。如是諸法在自性中。如天常清，日月常明。為浮雲蓋覆，上明下暗。忽遇風吹雲散，上下俱明，萬象皆現。世人性常浮游，如彼天雲。善知識！智如日，慧如月。智慧常明。于外著境，被妄念浮雲蓋覆，自性不得明朗。若遇善知識，聞真正法，自除迷妄，內外明徹，于自性中萬法皆現。見性之人亦復如是。此名清淨法身佛。

案：由此段文中所舉「天常清，日月常明」之喻，即可知「自性真空」、「真如本性」；日月喻智慧與日月被浮雲蓋覆，乃不得映現萬象。此中天喻「自性真空」、「真如本性」；日月喻智慧。「世人性常浮游，如彼天雲」，即是自性在迷，被妄念浮雲蓋覆，不得明朗。自性不明朗，其本有之般若菩提之智之常明亦不得朗現。常明之智不得朗現，自不能見性，而性亦在迷而不得明朗。「性在，身心存；性去，身心壞。」自性真空不得明朗，自然天昏地

• 1057 •

暗，一切皆壞。若智明朗現，自性明朗，則萬象皆現，一切身心諸法皆存而不壞：此即所謂「自性生萬法」，「萬法從自性生」之實意也。「生」者依之而有而現之謂也。其所示之關係只是形式的、非常籠統，可以套入于各種不同的系統，而意義皆不同，如套于儒家，道家，以及耶教，皆不同。而在佛家，則只是「以有空義故，一切法得成」之意。此不得理解自性真空爲一實體或本體，由之而生萬法也。故「自性生萬法」只是漫畫式的辭語，不得著實視之爲直陳的謂述語。故見到惠能此種語句而謂是一種實體性的本體生起論，則誤。天臺宗性具亦復如此。摩訶止觀亦有「蔽起即法性起，蔽息即法性息」之語，此焉得視法性爲一種實體性的本體耶？此則吾已明之于前分。即使如起信論與華嚴宗，甚至再加上神會的如來禪，他們的靈知眞性，眞心即性，雖有實體性的意味，那是因爲將眞如空性吸收于眞心，成爲一條鞭的唯眞心，成爲眞心是王，而然。即使是如此，如要說眞心隨緣起染淨法，亦須加上無明阿賴耶始可能。不過因爲同是心，故說起現爲易耳。此種有實體性意味的眞心緣起論，吾人如果視之爲別教，那亦是一時之權說，終可打散，歸于圓──打散必有其可以打散之故。如果就其爲權說，而不打散，則亦有其作用與意義：就佛教內部說，它固較始別教爲圓滿，亦易凸顯成佛可能底超越根據，就其與其他系統（在佛教立場例如其他外道或被視爲世間道者）相觀摩而言，它亦可與其他實體性的實有之系統相出入而可以相接引（例如楞伽經說佛說如來藏爲的接引彼懼怕談無我者），即不說相接引，亦可以相觀摩，不必以其他系統爲全非。凡此，俱已見于前第二部起信論章末，當覆看。是則即使是起信論與華嚴宗亦不畢竟是一種實體性的本體生起論也。是故中國佛教之發展並未歪曲佛法之精神。此不可顢頇混用時下一般哲學中之詞語而混亂誤解也。

第一章 法登天臺宗之宗眼兼判禪宗

何名千百億化身？若不思萬法，性本如空。一念思量，名為變化。思量惡事，化為地獄。思量善事，化為天堂。毒害化為龍蛇，慈悲化為菩薩。智慧化為上界，愚癡化為下方。自性變化甚多，迷人不能省覺，念念起惡，常行惡道。一念回善，智慧卽生。此名自性化身佛。

案：自性真空，真如本性，本無所謂起不起，生不生。生起變化而成萬法，由于思量，而思量則是心識活動也。心識萬法不離空如（自性真空），以如為相，以如為位，瀠漫畫式地正表為「自性生萬法」，「自性含具萬法」。于此萬法不捨不著，智慧心呈現，則自性明朗，卽為「法身佛」。法身不只是寡頭的空性，乃是含具著不捨不著而無生滅的萬法實相而為功德聚。依自性真空與般若空慧，解心無染，以此萬法為法門而應化眾生，卽為「自性化身佛」。

何名圓滿報身？譬如一燈能除千年暗，一智能滅萬年愚。莫思向前，已過不可得。常思于後，念念圓明，自見本性。善惡雖殊，本性無二。無二之性名為實性。于實性中不染善惡，此名圓滿報身佛。自性起一念惡，滅萬劫善因。自性起一念善，得恆沙惡盡，直至無上菩提。念念自見，不失本念，名為報身。

善知識！從法身思量，卽是化身佛。念念自性自見，卽是報身佛。

· 1059 ·

案：「自性起一念惡，起一念善」，語意當該爲「自性迷，起一念之惡」，「自性悟，起一念善」。並非是自性本身可以起一念善，又可以起一念惡也。此等語句皆是漫畫式的略辭，莫錯解。又，報身即正報與依報。正報是相好，依報是國土（淨土、常寂光土），皆不離般若與自性眞空。

又付囑品第十云：

自性能含萬法，名含藏識。若起思量，即是轉識。生六識，出六門，見六塵，如是一十八界，皆從自性起用。自性若邪，起十八邪。自性若正，起十八正。含惡用即衆生用，含善用即佛用。

案：此又言「自性能含萬法，名含藏識」，即第八識也，「心是地」之心。心生萬法含萬法，是「生」與「含」之實義。心不離空，法不出如。「性是王」故，故以自性眞空作統綱，遂說「自性能含萬法」，或「能生萬法」。在此說生與含是生與含之虛義，生實含只在含藏識，而自性亦即轉名爲含藏識。自性轉名爲含藏識即自性之在迷，而畢竟仍是王，故云「自性含萬法」。此恰似智者所說「點空說法，結四句相。……那得發頭聞般若經「應無所住而生其心」？」（法華玄義卷第五下論別教三法處，前已引過。）惠能先于忍和尙處據阿黎耶出一切法」，言下大悟：「一切萬法不離自性」。此便是先「以不可得空洗蕩封著」，說「自性能生萬法，能含萬法」，即是「點空說法」也。「點空說法」，爲要結四句相。」

說法故，即說「自性名為含藏識」亦無不可，蓋轉名含藏識始能含萬法也。吾人必須在「點空說法」之背景下，始能正確了解「自性能生萬法，能含萬法」這些漫畫式的辭語，始能貫與六祖惠能之精神相應。若孤離地表面地望文生義，把他所說的正表詞「自性」視為一實體字，則大悖。「一十八界皆從自性起用。自性若邪，起十八邪。自性若正，起十八正。含惡用即眾生用。含善用即佛用。」這些漫畫式的辭語皆應依「點空說法」去了解。若看成是對于「實體性的本體」之謂述語句，皆誤。「自性」若看成是實體性的本體，而說其自身有所謂正邪善惡，則它應是中性無記而可正可邪可善可惡之實體乎？此顯是大悖。自性是空，是如，是寂，焉有所謂正邪善惡？然則所謂「自性若邪，起十八邪」，意即自性在歪曲即邪中也。界皆邪用也。自性在迷，自性不能正顯，不能恢復其正用，此即是自性在歪曲即邪中也。「自性若正，起十八正」，意即自性若悟，則十八界皆正用也。自性在悟，則自性明朗。十八界之用，或正或邪，皆依自性之或迷或悟而起。此即所謂「自性正顯而在正中也。正用即善用，此是佛所用。邪用即惡用，此是眾生所用。即是自性正顯而在正中也。正用是「性存身心存」。邪用是「性去身心壞」。實則性無「性是王」，以自性為統綱故。正用是「性存身心存」。邪用是「性去身心壞」。此亦如孟子所謂存去，存去以迷悟而言也。而身心諸法亦無所謂存壞，存壞以正邪而言也。所謂「操則存，舍則亡」，心無所謂存亡，存亡以操舍而言也。

據以上疏解，顯然可以看出：惠能那些粗略的漫畫式的語句，除以天臺圓教規範之，那不可能對之有恰當相應的了解。其所以為粗略，那是因為惠能全靠自悟，並無經院式的訓練，而亦無興趣于法相義理之經院式的分析，亦無興趣于教相之分判，但以有透脫靈活之心靈與悟解，故到說法時，出語雖質直平實，而終不甚嚴格也。然不以辭害意，以漫畫語視

之，則亦可通其意而得其實。故若以天臺圓教範域之，規正之，則可不至于迷失也。依惠能禪而起的「教外別傳」，實只能是教內的「教外別傳」。法登所謂「別之不可」，正謂此也。

以上所說大體是環繞「自性能生萬法」而作簡別。吾以爲這除以天臺圓教「一念心即具十法界」來規範之，說明之，不能有善解。以下試就惠能所說的以無念爲宗，以無住爲本，以無相爲體，來看惠能之精神，更能見出其與天臺圓教相應。

機緣品第七有云：

有僧舉臥輪禪師偈云：

臥輪有伎倆，能斷百思想。對境心不起，菩提日日長。

師聞之曰：此偈未明心地。若依而行之，是加繫縛。因示一偈云：

惠能沒伎倆，不斷百思想。對境心數起，菩提作麼長？

案：此臥輪禪師蓋即看心，看淨，不動之類，屬息妄修心宗。彼自以爲有伎倆，實則爲法所縛。「惠能沒伎倆，不斷百思想」，正是天臺宗所特重之「不斷斷」。于百思想中無住無著，則是思而無思，此即是解脫。何必斷絕百思想，才增長菩提耶？此不但不能增長菩提，反而窒死菩提。此偈與當初對神秀上座而發之偈：「菩提本無樹，明鏡亦非臺。本來無一物，何處惹塵埃？」似相反而實相成，蓋同一精神也。「本來無一物」是一法不可得。「不斷百思想」是不壞假名而說諸法實相，三千宛然即空假中。此兩者是一也。「不斷百思想」

與「不思善，不思惡，自在無礙」（懺悔品）亦無異也。

定慧品第四云：

善知識！于諸境上心不染，曰無念。于自念上，常離諸境，不于境上生心。若只百物不思，念盡除却，一念絕即死，別處受生。是為大錯。學道者思之！若不識法意，自錯猶可，更勸他人！自迷不見，猶謗佛經。所以立無念為宗。

云何立無念為宗？只緣口說見性，迷人於境上有念，念上便起邪見。一切塵勞妄想從此而生。自性本無一法可得。若有所得，妄說禍福，即是塵勞邪見。故此法門立無念為宗。

案：此說「無念」是境界語，工夫語，不是存有論上的有無語。無念不是說「百物不思，念盡除却」。故存有論地說，仍是有念，有思想，不斷念，不斷百思想。若是存有論地「念盡除却」，這並不是清淨解脫，乃是斷見，邪見。「一念絕即死，別處受生」。此仍在生死中，云何得解脫？是以真無念者，乃是于念而無念。「于念」是存有論地有念也。「而無念」者，是工夫上的無執無著也。即所謂「于諸境上心不染」也，「于自念上常離諸境，不于境上而生其心」也。「不于境上生心」即是不于色上生心，不于聲香味觸法上生心，而是「無所住」。「無所住」即是原初所不所住而生其心」，「以不住法住般若」。「而生其心」即是原初所斷之百思想根本無所有，不可得，而被轉化，轉化而為般若清淨心。念佛而于佛境上生心，

即是有所住。有所住即非佛。念佛而不住于佛境,即是無念,凡百思想皆是如此。「對境心數起」而不住于孝境,不住于境上生心,即是于念而無念。對聲色犬馬生孝心,而不住于孝境,不于孝境上生心,即是無念之眞孝。對聲色犬馬生心而不住于聲色犬馬之境,不于聲色犬馬之境上生心,亦是念而無念。即于聲色犬馬得解脫。此即維摩詰經所謂「不斷淫怒痴,亦不與俱。不壞于身,而隨一相。不滅痴愛,起于明脫。以五逆相而得解脫。如是三法中,亦不解不縛。」諸法無行經(亦譯諸法本無經)云:「貪欲即是道,恚痴亦復然。如是三法中,具一切佛法。」亦「不斷斷」之謂也。夫人有生命,有心,焉能滅却而不令其起思想?起而不住著于境,不于境上生心,即是念而無念,不斷斷也。無念本于無住,故復以無住爲本。

定慧品第四解「無住」云:

無住者,人之本性于世間善惡好醜,乃至寃之與親,言語觸刺欺爭之事,並將爲空,不思酬害,念念之中不思前境。若前念今念後念,念念相續不斷,名爲繫縛。于諸法上念念不住,即無縛也。此是以無住爲本。

無念是宗旨,無住是所以實現此無念者。案敦煌本壇經說無住與此所說字面上有相違處,語意亦模稜。解說無念處亦有不同。敦煌本雖古,但不必佳。現行本或是根據敦煌本而修改者。關此,請參看印順中國禪宗史第八章第三節。

無念無住即是無相,故復以「無相」爲體。「無相者于相而無相」。現行本壇經說無相只此一句。敦煌本復有「外離一切相是無相。但能離相,性體清淨,是以無相爲體。」

般若經言「實相一相,所謂無相。」一切法本來空如無相。只因識心染境起執,始有相。故壇經說無相懺悔,無相三歸戒。又說:「何名禪定?外離相為禪,內不亂為定。外若著相,內心即亂。外若離相,心即不亂。本性自淨自定,只為見境思境即亂。若見諸境心不亂者,是真定也。」(妙行品第五)。「真定」即是無相禪。

定慧品第四又云:

善知識!一行三昧者,于一切處,行住坐臥,常行一直心是也。如淨名經云:「直心是道場,直心是淨土。」莫心行諂曲,口但說直,口說一行三昧,不行直心。但行直心,于一切法勿有執著。迷人著法相,執一行三昧,直言「坐不動妄不起」心即是一行三昧。作此解者,即同無情,卻是障道因緣。

善知識!道須通流,何以卻滯?心不住法,道即通流。心若住法,名為自縛。

若言「坐不動」是,只如舍利弗宴坐林中,卻被維摩詰訶。

善知識!又有人教坐,看心,觀淨,不動不起,從此置功。迷人不會,便執成顛。如此者眾。如是相教,故知大錯。

「看心觀淨,不動不起」,即是有相禪。離一切相,不著一切相,直從自性空寂處直心而行,則一切皆還歸于無相:禪、戒、慧、懺悔,一是皆無相。此即是「一行三昧」。只此一行,別無餘行。此即是頓教禪。有相禪乃漸教禪,屬息妄修心宗也。「道須通流,何以卻滯?」心不住法,于相而無相,即通流之禪道也。無念無住是工夫。無相乃直稱空寂性體而言,故以無相法為體。無念無住正所以達此無相如相之自性真空之體也。

• 1065 •

如此無念無住無相,于日常生活中即事而真,當下即是,既不須斷絕,亦不須隔絕,所謂不壞世間而證菩提,亦正是般若經「不壞假名而說諸法實相」,維摩詰經「除病不除法」之精神。推之而言「生死即涅槃,煩惱即菩提」,「通達惡際即是實際」,無離文字說解脫」,「無增上慢者,淫怒痴性即是解脫」,則更為警策壯潤。壇經簡易平直,未說至此。然實已函蘊着般若之作用的圓,而更恰合于天臺宗一念三千之存有論的圓。此種能保證惠能的頓悟禪函着此等理境。圓必函頓,只言頓不必能至于圓也。若依天臺教,則所謂「即是頓悟禪函着般若之作用的圓,而亦更恰合于天臺宗一念三千之存有論的圓。此種佛」,心不是真如心,而是煩惱心。「直指人心,見性成佛」,即直指此煩惱心當下即空假中,呈現真空慧般若,見自性真空以成佛也。荊溪言「唯心之言豈唯真心?」智者大師自言「一念三千」之一念非「一念清淨靈知」之一念,乃一念刹那心煩惱心之一念。一般性具圓教更念無明法性心」,非分解說的真常心也。而神會之如來禪正坐實此解說。此是預設一超越分解地說的真心心傳統,總易想成是真心。由直指此而言頓悟也。此種頓悟使「直指人心見性成佛」成為重沓,以為性(靈知真性),直指真心悟真心,見真心,使「見性」一語為虛設而落空。此恐非壇經屢說蓋真心即性也。「見性」一語之實義。

「見性」一語之實義。

壇經未有如此之分解。如「僧法海……問曰:「即心即佛,願垂指諭。師曰:前念不生即心,後念不滅即佛。成一切相即心,離一切相即佛。」(機緣品)「成一切相即心」,顯是緣識心也。「離一切相即佛」即佛也。此豈以真心為心耶?此亦如荊溪所云:「隨緣不變故為性,不變隨緣故為心。」(止觀大意)。不過一是心佛對言,一

是心性對言。此種對言是分解地平說——平說心佛之意。但尚未顯出「即心即佛」之意。此須進一步更詭譎地示之。「前念不生即心」,「成一切相即心」。今說「前念不生即心」。蓋當體即空,雖有念而直證無生,乃不生之生,此即是心也。此是通過觀行而說的心,心本如幻之心也。「後念不滅即佛」。通常以為寂滅滅度是佛,離一切相即佛。今則說「後念不滅即佛」。離相而不壞相,相相宛然,此即是佛。前念心如幻,雖生而不生,故詭譎地說不生,而不生非常也,即以非常示不生示心。後念心如幻,雖滅而不滅,故詭譎地說不滅,而不滅非常也,即以非常的不滅示佛。滅而不滅,雖佛也而亦心。生而不生,雖心也而亦佛。不生不滅,非斷非常,故云「即心即佛」。此則更為詭譎,更為圓熟,非分解地悟顯真心以為佛也。

妙行品第五云:

此門坐禪元不著心,亦不著淨,亦不是不動。若言著心,心原是妄。知心如幻,故無所著也。若言著淨,人性本淨。由妄念故,蓋覆真如。但無妄想,性自清淨。起心著淨,却是淨妄。妄無處所,著者是妄。淨無形相,却立淨相!言此工夫作此見者,障自本性,却被淨縛。

案:此段文最顯明,最透徹。如是,則「即心即佛」之心非偏指真心明矣。圭峯宗密亦知「直顯心性宗」之禪有二類。其第二類即神會之如來禪,而可以與華嚴宗相會者,此見前錄。其第一類則如下:

即今能語言動作，貪瞋慈念，造善惡受苦樂等，即汝佛性。即此本來是佛，除此無別佛也。了此天真自然，故不可起心修道。道即是心，不可將心還修于心。惡亦是心，不可將心還斷于心。不斷不修，任運自在，方名解脫。性如虛空，不增不減，何假添補？但隨時隨處息業養神，聖胎增長，顯發自然神妙。此即是爲真悟真修真證也。

此第一類蓋即惠能禪，後來所謂祖師禪也。圭峯學禪于神會，故就神會說禪教合一，而以第二類爲最後者，却不就惠能說禪，又只將此第一類列于前，而不知與何教相應。顯然華嚴宗只能與神會禪相應，不能與此第一類相應。然則此第一類直顯心性宗豈不于教方面落空乎？以教方面之唯識宗（密意依性說相教）配禪方面之「息妄修心宗」。以教方面之起信論華嚴宗（密意破相顯性教）配禪方面之「泯絕無寄宗」（顯示真心即性教）配禪方面之「直顯心性宗」之第二類（牛頭禪）（神會禪），而于第一類則落空。彼固以「華嚴、密嚴、圓覺、佛頂、勝鬘、如來藏、法華、涅槃等十五部論，據所顯法體，皆屬此教（顯示真心即性教），全同禪門第三直顯心性之宗。」（禪源諸詮集都序卷二）。此說太籠統。不知天臺宗只宗法華、涅槃，並不宗其他經論如圭峯所列舉者。今皆籠統之以「真心即性教」。于法相疏矣。而以「真心即性教」籠統禪門第三「直顯心性宗」之兩類，而惠能禪（直顯心性宗之第二類），而真正與「真心即性教」相應者却又只是神會禪（直顯心性宗之第一類）則落空矣，蓋此並不與「真心即性教」相應也。是則恰當的比配當如下：

㈠密意依性說相教即始教配息妄修心宗（神秀禪）。
㈡密意破相顯性教即通教配泯絕無寄宗（牛頭禪）。
㈢顯示眞心即性教即終別教配直顯靈知眞性宗（神會禪）。
㈣天臺圓教配惠能禪，即圓悟禪或圓頓禪。

如是，則天臺圓教不籠統渾淪于「眞心即性敎」，而惠能禪亦不落空也。惠能禪蓋實符合于天臺圓教所謂性具（一念三千），以及法性與無明同體依而復即，三道即三德，乃至不斷斷也。以天臺圓教範域之，則惠能禪之精神顯矣，而可不至于迷失，亦不至于有歧解。反之，天臺圓教之簡單化，禪行化，即是惠能禪之言下大悟，「一切萬法不離自性」，直指人心見性成佛。此亦自然之序也。此乃般若與法華合一之簡單化，亦是圓教下的禪教合一。
惠能尊經重教。雖簡而不繁，略而不詳，然不抹殺，惟重在心悟，不徒口誦。彼之簡單化底本領甚大。如機緣品中法達問法華，智通問三身四智，志道問涅槃，彼皆能扼要講述，警策切當。然順其特重心悟，亦開後來所謂宗風。如機緣品中答行思，答懷讓，皆是不落知解言詮之機鋒。（不落階級，說似一物即不中）。故後來青原行思與南嶽懷讓兩系，號稱爲禪宗之正宗者，便專重在「無心爲道」一語之撥弄，亦即專重在「拈華微笑」這一主觀的領受。如是，「即心即佛」是教，「非心非佛」便是禪，「任汝非心非佛，我只管即心即佛」（大梅法常語）亦是禪。「佛之一字永不喜聞」（石頭門下丹霞天然語）亦是禪。隨之而來的揚眉瞬目，擎拳、豎拂，推倒禪床，踢翻淨瓶，畫圓相，撥虛空，棒打，口喝，斬蛇，殺貓，種種奇詭的姿態，都是順「無心爲道」這一語而來。說穿了，即是「作用見性，當下即是」。亦不外老子「正言若反」之一語。根本還是般若經之「不捨不著」。打開傳燈錄一

• 1069 •

看,重重覆覆,盡是這同一格範。多說亦無益,只須如維摩詰之當下默然即可。凡此,本亦是應有之發展。說到眞悟眞修眞證亦函着這一套。然專撥弄這一套以自成宗,以爲這是上上宗乘,是敎外別傳,不立文字,以與其他言敎法者相對抗,這便無意義。這不但不是佛祖之所單傳,且亦不是惠能之精神。是故禪宗不能獨立地講也。彼等既專在種種奇詭的姿態處撥弄,不願說示,則吾人亦不須爲之講說也。故本書判禪宗至此止。(作佛敎史者自可縷述。重敎法義理以及宗敎精神者,則說至此便足夠。其餘盡在不言中也。)

佛性與般若

第三部 天臺宗之性具圓教

第二分 天臺宗之故事

第二章 天台宗之文獻

附論：關于「大乘止觀法門」

第二章 天台宗之文獻

1. 智者：摩訶止觀。（此為圓頓止觀，乃大師于荊州玉泉寺說己心中所行法門。章安記為十卷。）
2. 荊溪：止觀輔行傳弘決。（疏釋摩訶止觀）。
3. 智者：止觀大意。（總釋摩訶止觀之大意者）。
4. 智者：止觀義例。（總釋摩訶止觀立義之通例者）。
5. 智者：釋禪波羅蜜次第法門。（此為漸次止觀，簡稱禪波羅蜜）。
6. 智者：六妙門。（此為不定止觀。以數、隨、止、觀、還、淨、為修禪六門）。
7. 智者：修習止觀坐禪法要。（此為小止觀，亦曰童蒙止觀。）
8. 智者：法華玄義。（亦稱妙玄）。
9. 荊溪：法華玄義釋籤。
10. 智者：法華文句。
11. 荊溪：法華文句記。（亦稱妙樂。蓋因荊溪居常州妙樂寺，人稱妙樂大師，以人名稱書

· 1073 ·

7. 智者：維摩經玄義。（今大藏經爲六卷，題曰玄疏。「疏」字誤，當改爲「義」。因文中只明五重玄義故。宋初遵式列目爲五卷，稱曰玄義，此即爲晉王楊廣而撰之略本玄義也。）

8. 智者：維摩經略疏。（今存于續藏經，題曰維摩經文疏。）

荊溪：維摩經略疏。（此略智者玄疏而成。玄疏共二十八卷，荊溪略爲十卷，當時不入藏。自此以後，廣本罕傳。）

智圓：維摩經玄疏記。（亦稱廣疏記。遵式云：「疏記六卷，猶對廣疏。未暇治定，然師云亡。」然師者荊溪湛然也。略疏行而記廢。今只存上中下三卷，收于續藏。）

9. 智者：維摩經略疏垂裕記。（此爲孤山智圓所作。雖山外家言，然荊溪玄疏記文多引存于此書。）

10. 智者：金光明經玄義。

荊溪：金光明經玄義拾遺記。

智者：金光明經文句。

知禮：金光明經文句記。

11. 智者：觀音玄義。

知禮：觀音玄義記。

智者：觀音義疏。

知禮：觀音義疏記。

12. 智者:「佛說觀無量壽佛經」疏。(此簡稱觀經疏)。
13. 知禮:「佛說觀無量壽佛經疏」妙宗鈔。(此簡稱妙宗鈔)。
14. 智者:四念處。
15. 智者:四教義。

(此書原是大本維摩經玄義中說四教之六卷文。前列⑦維摩經玄義中說四教是攝此大本中者之要而成,故文多相似。蓋智者初撰大本維摩經玄義總有十卷。後為晉王楊廣撰淨名疏(維摩經玄義),即前列之維摩經玄義也。製此略本時,將前大本玄義十卷分為三部:四教六卷,四悉兩卷,三觀兩卷。後人又將四教六卷合為四卷。諦觀撰天台四教儀,文末有云:「淨名玄義中四卷全判教相」。此所謂四卷即合四教六卷為四卷之四卷也。此四教既全判教相,故後人又別題此四卷曰四教義,而四悉兩卷,三觀兩卷,則移于略本玄義中矣。然雖移置,而節略不淨,故此四教義猶存釋淨名玄義之痕迹,明宗、顯用、判教相之略解,其文甚少。蓋此四卷本是大本玄義中之釋名文也。本是六卷,後人合為四卷。今題名曰四教義,又開為十二卷矣。)

15. 諦觀:天台四教儀。
16. 灌頂:天台八教大意。
16. 灌頂:大般涅槃經玄義。
16. 灌頂:大般涅槃經疏。

17. 荊溪：十不二門。（此為法華玄義釋籤中文，知禮特錄出之，並為之作科判。）

18. 知禮：十不二門指要鈔。（此即科判十不二門者。）

19. 荊溪：金剛錍。（此書言「無情有性」）。

20. 知禮：釋「請觀音疏」中消伏三用。（四明尊者教行錄卷第二。請觀音疏，智者作。）

對「闡義鈔」辨三用一十九問。（四明尊者教行錄卷第二。闡義鈔，孤山智圓作。）知禮辯破之，謂其不明理毒性惡。（四明尊者教行錄卷第二。）

21. 天台教與起信論融會章。（四明尊者教行錄卷第三。）

別理隨緣二十問。（四明尊者教行錄卷第三。）

四明十義書。（此為與山外諸家往覆辯難之結集）。

山家義苑。（南宋雲間沙門可觀述）。

竹庵草錄。

圓頓宗眼。

21. 法登：議中興教觀。（南宋四明沙門法登述）。

22. 宗印：北峯教義。（南宋宗印述）。

23. 善月：山家緒餘集。（南宋四明沙門柏庭善月述）。

24. 虎溪：天台傳佛心印記。（元虎溪沙門懷則述）。

25. 傳燈：「天台傳佛心印記」註。（明幽溪沙門傳燈註）

性善惡論。（明傳燈著）。

26. 四教儀註彙補輔宏記。（此書是重重疊疊註釋諦觀天台四教儀者。元末南天竺沙門蒙潤集

• 1076 •

註。輔宏記則失作者名。清比丘示三氏性權彙補輔宏記。清居士錢伊庵則又校訂而備補之，其備補之文列于性權彙補文下。有註，有記，有補，有備，重重叠叠，大抵鈔錄智者荊溪等之文獻。雖無多大價值，亦足示滿清一朝之紹述天台者。讀四教儀而不詳者，覽此可以詳之，亦有取焉。）

附論：關于「大乘止觀法門」

此書載于大藏經，署名爲慧思作，題下記曰「思大禪師曲示心要」。慧思爲智者大師的「受法師」。馮友蘭哲學史即依據此書述天台宗。自此以後，一般坊間流行作品涉及此者亦多如此。但書述天台宗時有注云：陳寅恪先生疑此書爲習華嚴者之所僞託。是則陳寅恪已見到此書不足以代表天台，但未見其詳證。馮書亦只附注如此提到，亦未確信陳氏之見。是則馮氏于天台教義根本無所知也。假定天台文獻無有存者，或稍有存者而不詳，述天台教猶可諒解。今天台文獻既詳且富，俱載大藏經，而猶依據此書述天台，則不可諒也。此見中國學術界之陋。設能稍讀天台文獻，或稍有一點歷史知識，何至以此書代表天台？縱使此書員是慧思所作，則亦應是南嶽教，而非天台教。但慧思自得智顗（智者大師）後，法付智顗，即居南嶽，未聞開宗立教。開宗立教而成爲天台宗者全在智顗一人。故只有天台教，而無南嶽教。而智顗之思路亦完全不同于「大乘止觀法門」。是故此書不足以代表天台宗也。

案此書開頭載有朱頔序云：

嗟夫斯教雖大顯示啓來者，而人世未之普見。流于海外，逮五百年。咸平中，日本國僧寂照以斯教航海而來，復歸聖朝。天禧四年夏四月，靈隱山天竺教主遵式將示。生生之佛種，咸成上上之勝緣。乃俾刻其文，又復以序為請。

朱頎的官銜是「兩浙路勸農使、兼提點刑獄公事、朝奉大夫行尚書度支員外郎、護軍借紫」。又有天竺教主遵式序云：

噫斯文也，歲月遼遠，因韜晦于海外。道將復行也，果咸平三祀，日本國圓通大師寂照，錫背扶桑，杯汎諸夏。（案劉宋時有高僧杯度者，不知其姓名，常乘木杯度水，因以為名。此言「杯汎」即本杯度而言也。）既登鄧嶺，解篋出卷。天竺沙門遵式首而得之。度支外郎朱公頎冠首序，出俸錢模板，廣而行之。

他出資刻文，並作序。

案咸平、天禧、俱宋真宗年號。是則此書是由日僧寂照從日本帶來，先交遵式。遵式復請朱頎出資刻文，遂得流行。宋真宗以前根本無一人得見也。慧思是南北朝陳時人。彼作此書，當時竟無刻本，智者大師又無一字提及，根本對此無所知，此亦怪事年。宋真宗凡五改元。開始于咸平共六年，改元景德共四年，改元大中祥符共九年，改元天禧共五年，最後改元乾興只一年，即入仁宗朝。此書自咸平三年由日僧帶來，至天禧四年始

出版。從咸平三年到天禧四年，相距凡二十年。然而四明尊者知禮撰「十不二門指要鈔」，書成時是在眞宗景德元年。此時此書尚未刻版也。遵式與知禮是師兄弟，俱是寶雲義通之弟子。知禮？即遵式首得之，爲何不交知禮一閱？遵式建靈山法席，式于乾德三年，知禮長遵式五歲。（遵式生于宋太祖乾德三年，終仁宗明道元年，壽六十九。知禮生于宋太祖建隆元年，終仁宗天聖六年，壽亦六十九。太祖建隆共三年，即改元乾德。生，故比知禮少五歲。）知禮主延慶道場，中興天台，時稱四明尊者。遵式建靈山法席，峙立解行，世號天竺懺主（主靈隱寺）。知禮中興天台，是繼祖正宗。其「指要鈔」一方固弘荊溪，一方亦隱斥山外。其「十義書」正是與山外諸家往復辯論之結集。此結集成于景德三年臘月。是則此兩書成時，正是「大乘止觀法門」已由日本歸來而尚未刻文之時。時在盛辯山外，遵式何不交知禮一閱？蓋此書既署爲慧思作，可大有助于山外諸家也。此書以起信論爲底據，而山外諸家亦正以華嚴宗之思路講天台。山外諸家正可藉此書以慧思壓智顗。但遵式似乎亦未將此書交山外諸家閱。遵式未參加知禮與山外諸家間之辯論。但他爲「指要鈔」作序，亦知「指要鈔」之特點與價値。他似並非贊助山外者。他既爲「大乘止觀法門」作序，並不以爲僞託，其態度（如此序爲眞）似是慧思歸慧思，天台歸天台。「大乘止觀法門」于天禧四年刻文出版，此時知禮猶健在，當閱及此書。但知禮此後仍無一語道及，既未駁斥，亦未提及。如果眞有此書忽然自海外歸來，他似亦是持慧思歸慧思天台之態度者。如果知禮與遵式當時皆不以爲僞，則吾人今日似亦不容易逕視之爲僞託之書也。

但此書畢竟難言。吾人今日亦不能逕視之即爲慧思所作。此書文字相當熟練，但輕淺，不古樸；又很有條理，系統整然，初學最易讀，但抒義多不諦當，既不合起信論，亦不合華

·若般與性佛·

嚴宗,根本處似未透徹,引經論多隨意滑轉。以如此系統整然,略具一小規模之敎義,若員爲慧思所作,而智者竟不之知,不曾一語道及,此乃不可思議者。梁陳隋是佛敎鼎盛之時,當時又無法難,而此書若員爲慧思所作,竟未刻文流行,不得使其得意弟子一見,此亦不可思議者。慧思既肯筆之于書,文字顯敎當無秘而不宣之理。當時既無法難,竟不流行于師弟之間,而無端竟潛流于海外,韜晦于日本,此亦不可思議者。據此外迹,不易視爲慧思作也。

關于慧思與智者之關係,章安灌頂記云:「行法華經懺,發陀羅尼,代受法師講金字般若」。(摩訶止觀卷第一上,緣起中語)。荆溪湛然止觀輔行傳弘決卷第一之一疏解此三語云:

「行法華經懺,發陀羅尼」者,習律藏已,詣大賢山持法華經。宿緣所熏,常好禪悅。其地旣是陳齊邊境,兵戈所衝。重法輕生,涉險而去。聞光州大蘇山慧思禪師,遙餐風德,如饑渴矣。思初見,笑曰:「昔共靈山聽法華經,宿緣所追,今復來矣。」即示普賢道場,行法華三昧。經二七日行道,誦經,至藥王品諸佛同讚藥王菩薩言「是眞精進,眞法供養」,豁然入定,照了法華。將證白師,師曰:「非爾不證,非我不識。所發定者,法華三昧前方便也。所證持者,初旋陀羅尼。縱令文字法師千羣萬衆,尋汝之辯不能窮矣,于說法人中最爲第一。」

「代受法師」等者,即指南岳爲「受法師」。南岳造金字大品經(大品般

·1080·

據此，則慧思與智者之關係乃以法華經為樞紐。他們二人前生同在靈山法華會上聽佛說法若經），竟，自開玄義，命令代講。于是，智方日月，辨類懸河。卷舒稱會，有理存焉。唯三三昧（空三昧、無作三昧、無相三昧），三觀智，用以諮審，餘並自裁。思曰：「可謂法付法臣，法王無事者也。」時慧曠律師亦在會坐。思曰：「律師嘗聽賢子講耶？」曠曰：「禪師所生，非曠子也。」思亦無功，法華力耳。」

這是「宿緣」。今生相會仍以「行法華三昧」為入手。此荊溪所謂「以法華為宗骨」也。不但「行法華三昧」，且仍稟承般若之傳統。慧思造金字般若，自開玄義，命智者代講。此荊溪所謂「以大品為觀法」也。「法付法臣，法王無事」。慧思所付之法不過般若與法華，不曾以「大乘止觀法門」付智者也。此後者是以起信論為宗骨，以唯識宗之三性三無性為觀法。（順三性三無性講法門）。此則學脈全異也。章安灌頂是智者大師直接弟子。荊溪是唐初復興天台者。天台宗人智者所有作品，除維摩經玄義為自作外，餘皆章安筆錄。自述其祖師之關係如此，當可憑信。

景德傳燈錄所記與荊溪所述大同小異：

（師）以道俗所施，造金字般若、法華經。時眾請師講二經，隨文發解。復命門人智顗代講。至「一心具萬行」，有疑請決。師曰：「汝所疑，乃大品次第意耳，未是法華圓頓旨也。吾昔于夏中一念頓發，諸法見前。吾既身證，不

・般若與佛性・

勞致疑。顒即諮受法華，行三七日得悟。（傳燈錄卷二十七思禪師）。

據此，則慧思之觀念更切于天台之一念三千。大品般若經之「一心具萬行」尚是「次第意」，法華之百界千如，一念三千，方是「圓頓旨」。此已由慧思所親證。顒之「諮受」，即受此「法華三昧」行也。

傳燈錄同卷又記智顒云：

陳乾明元年謁光州大蘇山慧思禪師。思一見乃謂曰：「昔靈鷲同聽法華經，今復來矣。卽示以普賢道場，說四安樂行。師入觀三七日，身心豁然，定慧融會，宿通潛發，唯自明了。以所悟白思。思曰：「非汝弗證，非我莫識。汝此乃法華三昧前方便，初旋陀羅尼也。縱令文字之師千萬，不能窮汝之辯。汝可傳燈，莫作最後斷佛種人。」

此與荊溪所述大同小異。

關于慧思的著述，傳燈錄記云：「凡有著述，皆口授，無所刪改。撰四十二字門兩卷，無諍行門兩卷，釋論玄，隨自意，安樂行，次第禪要，三智觀門，等五部，各一卷，並行于世。」此中無「大乘止觀法門」。又所云五部各一卷，若照五部說，則「隨自意」，「安樂行」，實則當為一書，即「隨自意安樂行義」。如是不得說五部，但四部耳。傳燈錄所列者，今大藏經中只存有「法華經安樂行義」及「諸法無諍三昧法門」。前者當即傳燈錄

·1082·

所記列的「隨自意安樂行」,後者當即其所列的「無諍行門」。「安樂行」一詞出自法華經安樂行品。荊溪記天台九師亦云「第八辟慧思,多用隨自意安樂行」(止觀輔行傳弘決卷一之一)。智者摩訶止觀亦提到「隨自意」之修禪工夫。(行住坐臥皆無不可,名「隨自意」。隨自意爲形容詞,不得爲獨立一書)。此承其師而言也。關於「次第禪要」,智者亦有次第禪門(釋禪波羅蜜次第法門),此亦師資相承也。關於「三智觀門」,智者摩訶止觀言三智三觀三諦,此是天台宗之基本義,承般若經及龍樹而來也。荊溪記智者「唯三三昧,三觀智,用以諮審,餘並自裁」。是則三智三觀初亦是師資相承也。荊溪記「南嶽造金字大品經竟,自開玄義,命令代講于大智度論(此亦稱釋論)之玄義。是則其著述大體可表出天台宗之師資相承。唯以起信論爲底據則所謂「釋論玄」亦可有也。是則其著述大體可表出天台宗之師資相承。唯以起信論爲底據而具系統性的「大乘止觀法門」却不曾爲智者所承受,亦不爲天台宗人所提及,故不易視爲慧思作也。

慧思亦講如來藏,但此並不表示即能作以起信論爲底據的「大乘止觀法門」。如「法華經安樂行義」云:

其中又有偈云:

一切衆生具足法身藏,與佛一無異。如佛藏經中說三十二相,八十種好,湛然清淨。衆生但以亂心惑障,六情暗濁,法身不現。如鏡塵垢,面像不現。

其中又云：

云何名一乘？謂一切眾生，皆以如來藏、畢竟恒安樂。亦如師子吼、涅槃中問佛世尊：實性義，為一為非一。佛答師子吼：亦一亦非一，非一非非一。云何名為一？謂一切眾生、皆是一乘故。云何名非一？非是數法故（案此句依涅槃經當為「說三乘故」。依智者法華玄義卷第五下言三法妙處所引當為「如是數法故」。）云何非非一？數與及非數、皆不可得故。是名眾生義。

男女等身本從一念無明不了妄念心生。此妄念之心猶如虛空。身如夢如影，如焰如化，亦如空華，求不可得。

此解安樂行亦不是依法華經安樂行品原經語而說。

「諸法無諍三昧法門」卷上云：

若無淨戒禪智慧，如來藏身不可見。如金鑛中有真金，因緣不具金不現。淨戒禪智具六度，清淨法身乃顯現。淨妙眾生雖有如來藏，不修戒定則不見。如來藏金和禪定，法身神通應現住。真金和水銀，能塗世間種種像。如來藏為秘密藏，亦曰法身藏。慧思亦就此法身藏而言「本土」。法華經卷四見寶品塔第十

一有三變土田之說。在三變中，皆有「移諸天人置于他土」之語。如

爾時十方諸佛各告衆菩薩言：善男子！我今應住娑婆世界釋迦牟尼佛所，并供養多寶如來寶塔。時娑婆世界卽變清淨。琉璃爲地，寶樹莊嚴。黃金爲繩以界八道。無諸聚落村營城邑、大海江河山川林藪。燒大寶香。曼陀羅華徧布其地。以寶網慢羅覆其上，懸諸寶鈴，唯留此會衆，移諸天人置于他土。……時釋迦牟尼佛欲容受所分身諸佛故，八方各更變二百萬億那由他國，皆令清淨。無有地獄餓鬼畜生及阿修羅，又移諸天人置于他土。所化之國亦以琉璃爲地，寶樹莊嚴。云云。

釋迦牟尼佛爲諸佛當來坐故，復于八方各更變二百萬億那由他國，皆令清淨。無有地獄餓鬼畜生及阿修羅，又移諸天人置于他土。所化之國亦以琉璃爲地，寶樹莊嚴。云云。

此即所謂三變土田。在此莊嚴淸淨土田中，只有諸佛菩薩（「唯留此會衆」），「無有地獄餓鬼畜生及阿修羅，又移諸天人置于他土」，意即把天人也搬出去，讓他們住于另一地方（他土），不讓他們留住在此。此「他土」是什麼地方，經未明言。

慧思解云：

「他土」之音凡有二義。一者本土，是如來藏。一切衆生不能解故，貪善

惡業，輪迴六趣。二者一切眾生無量劫來，常在六趣，輪迴不離，如己舍宅，亦名本土。（「諸法無諍三昧法門」卷下）。

他把這「他土」解為「本土」，此意解耳。依慧思，本土有二義，一是以如來藏為本土，此是一切眾生之超越的本土，亦可曰純智本土。二是舍宅本土，此如洞窟，此即生死本土，亦可曰感性本土。此解恐不必是經意。經只說把天人也請出去，讓他們住在另一地方，不讓他們住在此所化之莊嚴國土中。天人各如其為眾生之身分亦有其所應有之依報（國土），當其一旦朗現如來藏時，他們亦可居清淨國土。此是其真正之「本土」也。以如來藏為本土，是法、報、化三身合一說。慧思之解乃意解耳。

諸法無諍三昧法門卷下又有云：

　　天人阿修羅等薄福德故，不能感見三變座席（即見寶塔品三變國土），復不感聞本無如敎甚深妙聲。是本無、如、如來如，一如無二如，本末究竟等，唯佛與佛乃能知之。

如來藏，秘密藏，法身藏，乃一般所雅言，不因此即可斷定「大乘止觀法門」為慧思所作也。慧思是陳人。勝鬘夫人經劉宋時即譯出，他自不能不讀。涅槃經亦講如來藏。法華經亦有「秘藏」，「秘密如來之藏」之語。不因講如來藏即能作「大乘止觀法門」也。又，慧思雖講如來藏，但大體據經，而未引及起信論。起信論是梁陳間出品，署名為馬鳴造，梁真諦

• 1086 •

譯，一般公認為偽託。慧思是否及見，亦成問題，即曾見及，是否能運用之如此其熟練，如「大乘止觀法門」之所表現者，亦大成問題。故不因其講如來藏，即謂其能作「大乘止觀法門」也。即開天台宗之智者大師亦非不講如來藏，唯不依「如來藏緣起」以建立系統耳。智者逃古，涉及唯識學方面，只提地論攝論，從未引及起信論。彼于摩訶止觀中言「六即」之「理即」云：

「理即」者一念心即如來藏理。如故即空，藏故即假，理故即中。三智一心中具，不可思議，如上說。三諦一諦，非三非一。一色一香，一切法，一切心，亦復如是。是名理即是菩提心，亦是理即止觀。即寂名止，即照名觀。

此即一念三千之圓教也。「一念心」者一念刹那心、煩惱心也，亦名「一念無明法性心」。此一念心即潛伏着一如來藏。隱名如來藏，顯名法身。理即佛者，一切衆生理上即是佛，特未顯耳。亦可以說只隱伏地具有一佛性。此如來藏佛性理，天台家並不先分解地把它視為如來藏自性清淨心以為一切法之所依止，如起信論及華嚴宗之所為。乃是即就一念無明法性心（煩惱心），依煩惱即菩提之方式，通過圓頓止觀，把它詭譎地朗現之。此一思路完全不同于起信論與華嚴宗。若如後者所為，乃是荊溪所謂「偏指清淨眞如心」，定招「緣理斷九」之譏。此則為別教，非眞圓敎也。 荊溪金剛錍有云：「夫唯心之言豈唯眞心」？故自「一念三千」立圓敎也。此一念心潛伏地即是一如來藏，即所謂「如來藏理」。客觀地言之，（就「理即」而言為客觀地言），「如故即空」，反過來就「即空」說如也。「藏故即假」，反

過來就「即假」說藏也（假即三千世間法）。此即空即假之如來藏同時即是中：中是圓實地說，空假是方便地權說。故即以中代表這「理即」上的如來藏，即成「如來藏理」，亦即是以「中道第一義空」為理也。故云「理故即中」，反過來，就「即中」說理也。此「理」是客觀地實說。「理即」之理則有虛實兩義。「理上即是佛」是理之虛義，意即原則義，或本質義。理上即是佛不是空說，乃客觀地實有其理，此即是中道第一義空理，即作為佛性之中理而說為「理即佛」也。意即依此中理，他原則上皆是佛。實義的理招虛義的理呼應那實義的理。下說「三諦一諦，非三非一」，「三智一心中具，不可思議」，云云，皆是客觀地言之也。故云「是名理即是菩提心，亦是理即止觀」。

天台宗既非「阿賴耶緣起」之系統，亦非「如來藏緣起」之系統。它原則上不走分解的路，而乃是依「法性即無明，法性無住，無明即法性，無明無住」這詭譎的方式，出之也。如此，方為真圓教。凡走分解之路者皆非真圓教也。奘傳唯識是阿賴耶緣起，此為始別教，固非圓教，即言如來藏緣起之起信論亦只是終別教，而非圓教；即依起信論而建立之華嚴宗亦只是別教一乘圓教（此中之別教與起信論為別教之別教不同，其意是專就十佛法身說一乘圓教），非真圓教，此乃「性起」系統，非「性具」系統。何以故？以彼「偏指清淨真如」，「唯真心」，「緣理斷九」故也。

智者《摩訶止觀》破阿賴耶緣起與如來藏緣起云：

〈地人云：一切解惑真妄依持法性，法性持真妄，真妄依法性也。〉《攝大乘》云：

法性不為惑所染，不為真所淨，故法性非依持，言依持者阿黎耶是也。無沒無明盛持一切種子。若從地師，則心具一切法。若從攝師，則緣具一切法。此兩師各據一邊。（此言地師指地論師南道派慧光系主真如依持者而言。北道派道寵系主賴耶依持，此近攝論師。此皆是唯識學之分解地說。賴耶依持者是心理學的分解。真如依持者是超越的分解。前者是阿賴耶緣起，後者是如來藏緣起。）

若法性生一切法者，法性非心非緣，非心故亦應緣生一切法，何得獨持法性耶？若言法性非依持，黎耶是依持，離法性外，別有黎耶依持，則不關法性。若法性不離黎耶，黎耶依持即是法性依持，何得獨言黎耶是依持？又違經。經（大涅槃經）言：「諸法不自生，亦不從他生，不共不無因」（中論）。又違龍樹。龍樹云：「眠法合心故有夢？依眠故有夢？眠心各有夢？眠心離有夢？若依心故有夢？不眠應有夢。若依眠有夢者，死人如眠應有夢！若眠心兩合而有夢者，眠人那有不夢時？又眠心離而有夢者，虛空離二，應常有夢！四句求夢尚不可得，合不應有。云何於眠夢見一切事？心喻法性，夢喻黎耶。云何偏據法性黎耶生一切法？

此即依大經與龍樹立言，不走唯識學之分解的路也。然而三千假名法仍然宛在。此三千法，

既不依阿賴耶說明之，亦不依如來藏清淨心（真如心，法性心）說明之，乃即就一念心之即具三千不說明地說明之。（「不說明地」者不分解地拉成一縱貫系統以明之也。「說明之」者，不從不橫，詭譎地即具明之也。）如云：

夫一心具十法界，一法界又具十法界，百法界即具三千種世間。此三千在一念心。若無心而已。介爾有心，即具三千。亦不言一心在前，一切法在後。亦不言一切法在前，一心在後。例如八相遷物，物在相前，物不被遷；相在物前，亦不被遷。前亦不可，後亦不可。祇物論相遷，祇相遷論物。今心亦如是。若從心生一切法者，此則是縱。若心一時含一切法者，此則是橫。縱亦不可，橫亦不可。祇心是一切法，一切法是心故。非縱非橫，非一非異。玄妙深絕，非識所識，非言所言。所以稱為不可思議境，意在于此。

問：心起必託緣，為心具三千法？為緣具？為共具？為離具？若心具者，心起不用緣。若緣具者，緣具不關心。若共具者，未共各無，共時安有？若離，既離心離緣，那忽心具？四句尚不可得，云何具三千法耶？

（下破〈地人攝人〉，見上錄，略）。

當知四句求心不可得，求三千法亦不可得。既縱橫四句生三千法不可得者，應從「一念心滅」生三千法耶？「心滅」尚不能生一法，云何能生三千法耶？若從「心亦滅亦不滅」生三千法者，「亦滅亦不滅」其性相違，猶如水

火，二俱不立，云何能生三千法耶？若謂「心非滅非不滅」生三千法者，「非滅非不滅」非能非所，云何能所生三千法耶？（意即云何成爲能所生，因而生三千法耶？）亦縱亦橫求三千法不可得，非縱非橫求三千法亦不可得。言語道斷，心行處滅，故名不可思議境。大經云：「生生不可說，生不生不可說，不生生不可說，不生不生不可說。」即此義也。況三千耶？世諦中一心尚具無量法，一法有不？不也。外有不？不也。內外有不？不也。非內非外有不？不也。如佛告德女：無明內如是有。龍樹云：不自不他，不共，不無因生。有因緣故，亦可得說。謂四悉檀因緣也。雖四句冥寂，慈悲憐愍于無名相中假名相說。

「無名相中假名相說」，如是，乃方便權說一念心即具三千法。此雖是方便權說，亦不同于彼方便權說阿賴耶緣起說。一切系統（教言）俱是方便權說，然方便權說之思路亦各異，此所以有判教。依大經「生生不可說，乃至不生不生不可說」，以及龍樹「不自，不他，不共，不無因」之思路，方便權說「一念三千」，乃是圓具系統之圓教權說，而阿賴耶緣起與如來藏緣起之分解地權說則非圓教也。此種判教，獨標圓具，俱是智者所開演，非慧思所預立。此所以慧思預記智者「說法人中最爲第一」，又說「法付法臣，法王無事」也。

然而「大乘止觀法門」却是完全不同之另一思路。如眞爲慧思所作，則是法王並非「無

·1091·

事」，乃是煞有介事；並非「法付法臣」，乃是獨有法教。如眞爲慧思所作，當不是與智者爭勝，因智者爲後起故。縱非爭勝，亦是別有一套尚未付也，而智者亦無緣得聞也。此似不近情理。

「大乘止觀法門」以起信論爲底據，此大體是屬于「如來藏緣起」者。然縱使如此，亦多有不諦處。如起信論言如來藏自性清淨心，由此眞心開二門：一生滅門，二眞如門。生滅門是由阿賴耶識之引進而起現，所謂無明風動，不覺一念，遂憑依此眞心而有生滅流轉（生滅與不生滅和合，不一不異，名爲阿賴耶識），並不言此眞心體備染淨二性，起染淨二事也。而「大乘止觀法門」則言如來藏體備染淨二性，起染淨二事。直言此眞心有兩種性能，能起兩種事用，此大誤也。說得如此死煞，如何可轉染爲淨？雖有種種辯解，總歸繳繞。勝鬘夫人經只說此眞心「不染而染，難可了知」，並不說此眞心具染淨二性也。賢首說此眞心「隨緣不變，不變隨緣」，隨染淨緣起染淨事，並不說此眞心體具染淨二性也。楞伽經說如來藏是善不善因，並未把此因即定死爲染淨二性，能起染淨二事，爲不空也。又，起信論言不空如來藏是就無量無漏清淨功德說，並不說體具染淨二性。然而大乘止觀法門則由「體具染淨二法以明不空」，此又大誤也。（彼解云「具足染法者就中復有二種差別：一明具足染性，二明具足染事」。彼如此說，或可類比天台宗之「性惡」）

「性惡」則言性德上本有此穢惡法門也。然智者說性惡是就「法門不改」說，並不說法性心具穢性起惡事也。三千法門本有淨善法門（如二乘菩薩佛），與穢惡法門（如六道眾生法）。惡是就穢惡法門說。「法門不改」，故成佛乃具九法界而成佛。並不云佛性心具染淨二性起染淨二事也。故知禮云：「圓家斷證迷悟但約染淨論之，不約善惡淨穢說無論是念具三千，或智具三千，善惡法門一不可改。故知禮云：

也」。（十不二門指要鈔釋「一念」處）。「約染淨論之」之染淨是主觀地說者。執即染，不執即淨。執染則迷，不執不染為淨，此即是悟。「善惡淨穢」是客觀地就「法門不改」說。此則分別的甚清楚。故性惡者並非謂解心具惡性起惡事也。「解心無染」，而不妨以穢惡法門度衆生。無明可斷，而法門不可斷也。以不可斷，故云「性德惡」。此亦「去病不去法」之意耳。

是則「大乘止觀法門」兩不着邊，既不合起信論與華嚴宗之「性起」，亦不合天台宗之「性具」，由于根本處未透故也。

或可云慧思所作，試問當屬誰作？若然，則思大禪師根本有問題。吾意慧思不應如此顢頇也。若云非慧思所作，試問當屬誰作？若然，則思大禪師根本有問題。吾意慧思不應如此顢頇也。當不屬于習華嚴宗者之所為。因華嚴宗赫赫顯學，習華嚴宗者，屬華嚴宗而已矣。用不着偽託慧思之名也。抑或偽託之用以模糊天台宗之宗旨者乎？此難定也。又不像是天台宗內山外諸家之所為。因此書從日本歸來而尚未刻文之時，正是知禮與山外諸家早已開始爭辯之時。此時，此書既尚未刻文，山外諸家當不及見。彼等亦未提此書，亦不易在此時造作此書也。此或是于天台華嚴兩不屬，文字相當熟練，而于經論義理不透徹者之所為，為之以融會天台華嚴乎？為之于知禮爭辯之時乎？抑在後乎？抑早已為之乎？遵式為之作序，明言自日本歸來。堂堂遵式不至有誑言也。遵式之序不是假託者乎？種種疑難，難可斷定，亦無從考證。然不能依此書講天台，此則可斷言也。

佛性與般若

第二部 天臺宗之性具圓教

第二分 天臺宗之故事

第三章 天臺宗之衰微與中興

附錄一 知禮：別理隨緣二十問

附錄二 知禮：天臺教與起信論融會章

第三章 天臺宗之衰微與中興

天台宗之傳授如下：

龍樹……→北齊慧文→南岳慧思→天臺智顗→章安灌頂→縉雲智威→東陽慧威→左溪玄朗→荊溪湛然→興道道邃→至行廣修→正定物外→妙說元琇→高論清竦→螺溪義寂→寶雲義通→知禮（賜號法智，稱四明尊者）……共十七世。

據此傳授表，天臺宗自智者開宗，遠紹印度之龍樹，近承本土之慧文與慧思。灌頂而後，歷三世而得荊溪湛然。荊溪是盛唐時人，去智者猶未甚遠。唯識宗，華嚴宗，以及禪宗，俱在初唐盛唐時興起壯大。荊溪疏釋智者之作品，一方弘揚本宗，一方精簡別圓。知禮十不二門指要鈔中有云：「此宗，若非荊溪精簡，圓義永沈。」其精簡別圓者，主要是對華嚴宗而發。荊溪稍後于賢首，而年長于清涼澄觀。澄觀初學于荊溪，後轉而弘華嚴，成爲華

・1097・

嚴宗之四祖。華嚴宗承地論師、攝論師、及起信論，早期之唯識學，以如來藏自性清淨心為中心，對抗玄奘所傳之唯識宗，所謂新法相宗，以阿賴耶為中心，吾亦名之曰後期唯識學。（前後期以中國吸收之經過爲準）。華嚴宗不滿於奘傳之唯識，然而對於天臺却極應尊重。雖名之曰同敎一乘圓敎，名自宗曰別敎一乘圓敎，然而對於天臺却無意貶視；而荆溪之精簡却在指出華嚴宗爲緣理斷九，偏指清淨眞如，此即示並非眞圓。而華嚴宗之所以終爲性起系統，而非性具系統，蓋以其承唯識學而發展，固應有此限制也。故知禮于「天臺敎與起信論融會章」一文中有云：「菩薩弘敎，各逗機宜。蓋是一類之機，宜聞一途之說，未必四依（賢首位繼四依）有不了也。」是則兩家互相尊重，而極圓竟在天臺。是故唯識宗自玄奘開時佛敎界乃居于中國佛學之正宗地位，而天臺復是正宗中之正宗也。奘傳唯識雖亟思復印度原來之舊，亦無法與此二宗相對抗，蓋印度原來之舊不必即爲了義也。是則華嚴與天臺在當之判敎，亦不得謂天臺宗師竟不解唯識之奧秘也。玄奘盛揚唯識，此爲一般所公認。「識」之一字在佛家義理中自居重要之地始，兩傳而衰。荊溪自不能無所聞，然而唯識敎義絲毫不能影響于天臺已有門，實則只是吾所說之始始敎。華嚴亦視之爲始敎。此非故意貶視之，而視之爲界外一途法即龍樹之空宗，天臺亦仍判之屬通敎，華嚴亦判之爲始敎，然而不碍天臺承之而前進。是則華嚴雖判唯識爲始敎，亦不得其承續之而進前。蓋自地論師、攝論師、以及起信論，即已以阿賴耶爲最後依止矣。

至唐末五代時，傳至螺溪義寂，始有復興之機緣。自唯識、華嚴、與天臺衰微後，唯禪者。唯識宗兩傳而衰，華嚴宗五傳至圭峯宗密而衰。而天臺宗自荊溪而後，亦歷世無顯達

宗與大唐共終始,成為時代之顯學。此固由於中國人之好簡易,亦由於吸收佛教吸收至天臺華嚴而極,固不易再有新波瀾。新波瀾者唯在禪宗耳。此其所以獨為時代之寵兒也。然而此仍不礙天臺華嚴為佛教之正宗,而天台又為正宗之正宗也。蓋因禪宗雖自言「教外別傳」,而不知「別之不可」也。

天臺宗于唐末五代時,復興之機緣始于吳越忠懿王之閱永嘉集。高麗僧諦觀撰天臺四教儀。

明萬曆沙門智覺校梓四教儀緣起云:

宋修僧史,僧統(官名)贊寧通惠(法號)錄云:唐末,吳越錢忠懿王治國之暇,究心內典。因閱永嘉集有「同除四住,此處為齊,若伏無明,三藏則劣」之句不曉,問于雲居韶國師。乃云:天臺國清寺有寂法師,善弘教法,必解此語。王召法師至,詰焉。法師曰:此天臺智者大師妙玄中文。時遭安史兵殘,近則會昌焚毀。中國教藏殘闕殆盡。今惟海東高麗闡教方盛,全書在彼。王聞之,慨然卽為遺國書,贊幣使高麗,求取一家章疏。諦觀者報聘,以天臺教部還歸于我。觀旣至,就稟學寂公,于螺溪終焉。大教至是重昌矣。

案此中吳越錢忠懿王即吳越王錢俶後最末一王錢俶也。嗣王位後,稱錢忠懿王。玄覺撰。玄覺精天臺止觀法門,後至曹溪求證于禪宗六祖惠能(見壇經)。「同除四住」語見法華玄義卷第五上(覆看前第一分第四章第七節)。雲居韶國師。即天臺山雲居道場德韶禪師。德韶為禪宗法眼宗清涼文益之法嗣。時為吳越忠懿王之國師,故曰韶國師。德韶乃

・若般與性佛・

禪宗之禪師，自不甚了天臺教義，故介紹寂法師于忠懿王。寂法師者即天臺山螺溪院義寂法師也，後為天臺宗之十五祖。當時中國教藏經會昌（唐武宗年號）法難，殘缺殆盡。天臺章疏亦不能免。幸保全于高麗。義寂言之于忠懿王。王遣使使高麗取天臺章疏，德韶國師與有力焉。

〈傳燈錄〉卷二十五記天臺韶國師有云：

初止白沙時，吳越忠懿王以國王子剌臺州，嚮師之名，延請問道。師謂曰：他日為霸主，無忘佛恩。漢乾祐元年戊申，王嗣國位，遣使迎之，申弟子之禮。有傳天臺智者教義寂者屢言于師曰：智者之教年祀寖遠，慮多散落。今新羅國。自非和尚慈力，其孰能致之乎？師于是聞于忠懿王。王遣使及齎師之書，往彼國繕寫，備足而廻。迄今盛行于世矣。

是則因忠懿王之閱永嘉集，義寂遂敦促德韶國師勸王遣使往高麗求取天臺章疏。高麗則遣僧諦觀來報聘。諦觀來中國後，就稟學于寂公，于螺溪終焉。

吳越忠懿王于五代漢乾祐元年嗣王位・五代漢以前為晉。石晉天福中有僧曰義通已來自高麗，學于義寂，此即寶雲義通也。寶雲即明州之寶雲寺，義通繼承義寂而為天臺宗之十六祖。義通傳弘于明州之寶雲寺，法席大開，得二神足而起家。一曰知禮（宋眞宗賜號法智）二曰遵式（慈雲法師）。知禮即天臺宗之十七祖，號稱四明尊者，中興天臺教者也。是則天臺教之中興，高麗方面頗有重大之關係。文獻取之于彼，義通與諦觀又皆是高麗人。以機

・1100・

緣言，始于五代時錢忠懿王之閱永嘉集；以完成言，則成于北宋初年之知禮。北宋開國，佛教方面即有一大哲人應運而生，所謂「江山代有才人出，各領風騷數百年」，誠不虛也。雖是中興，而非新創，然而重複即創造，此種中興要亦非有精湛學思者不能辦。

知禮之中興天臺有二義：一、盛闡智者與荊溪之原義，二、辯破山外諸家之謬誤。由此遮表二義，天臺教義乃得重明。

所謂辯破山外諸家之謬誤者，蓋因天臺久經衰微，章疏不備。雖由高麗取還中國，而久生難熟，故讀者一時不能明也。因此，當時天臺宗方面，其鑽研弘揚自家教義者，多不自覺襲取華嚴之思路，尤其圭峯宗密之思路，以釋天臺。此在當時被斥爲山外，蓋示非天臺之正宗也。此輩人文獻不熟，義理不精，不能簡別同異，知禮力辯破之，斥之爲「墜陷本宗」。因此，遂有山家山外之爭辯。而因此爭辯，天臺教義得以重明，而知禮亦遂得而成爲正宗焉。

宋法登有「議中興教觀」一文，如下：

　　山家教觀傳來久矣。大小部帙，典型尚在。獨稱四明法師中興者，其故何哉？曰：典型雖在，而迷者異見由乎山外一家妄生穿鑿，禀承舡謬，見解復差，致一家教觀日就陸沈矣。古人所謂道若懸絲而引石，是此之謂與？賴有四明法師而中興之，使一家教觀大概于時，人到于今咸受其賜也。嘗竊疑之，舉世皆謂四明中興天臺教觀，而不知所謂中興也。未審中興之說如何定耶？請試陳之。

或謂四明事理,三千總別,生身尊特,此等莫非中興之說乎?今謂不然。應知四明中興之道,非天竺慈雲法師孰能知之?(案遵式為知禮十不二門指要鈔作序)云:「教門權實今時同昧者,于茲判矣,別理隨緣其類也。大哉天竺之言,斷可信矣。觀道所託連代共迷者,於茲見矣,指要所以其立也。」彼指要序(遵式為知禮住靈隱寺,建靈山法席,峙立解行,時號天竺懺主。)彼指要序立「別理隨緣」,乃中興一家圓頓之教,「立陰觀妄」顯一家境觀之道。只此二說乃中興教觀之主意也。後人不知其要,委有指陳,謂能傳四明中興之道者遠矣。

疑曰:以何義故,以「別理隨緣」之說是中興教耶?以山外一派宗天臺者,咸謂賢首之宗大乘終教所說「隨緣」正同今家圓教隨緣之義,擯陷本宗圓頓之談,齊彼終教。況彼更有頓圓教,則使今宗抗折百家,超過諸說之談,居彼下矣。四明「從明」從而闢之(案「從明」二字疑衍,當刪),以彼大乘終教隨緣正同今家別義,又格彼頓教圓教既不談具,即義不成,亦是今家別義,方顯今家所說圓頓談即談具,超過諸說。四明所謂「只一具字彌顯今宗」,中興其教不在弦乎?

所以中興觀者,亦由山外之宗不曉止觀觀境之旨,却以一念而為所觀,顯于妙理。故曰:「大失宗旨」。所以特立陰妄而為所觀,興其陰境。四明斥云:「指介爾之心為事理解行之要」。豈非中興境觀之說乎?得此意已,方可與論中興教觀之說。其如三諦,事理,三千總別,有相無

相，二境三觀，三身壽量，播在章記，從而可知。寄語學者，宜宗思之。稟承教觀，須識源流，不可望風而已。

案：中興教觀即知禮能重新了解天臺原有之教門權實之理論以及關于觀法之理論，亦即能重新了解天臺教義之真實意義也。關于教門權實之理論，集中于「別理隨緣」而論之。關于觀法之理論，則集中于「一念心」而論之。所謂「一念心」者，意即「一念無明法性心」，即刹那心，煩惱心，以此為所觀之陰境也。所謂「一念心」者，意即別教真如理有隨緣義也；一念心並非真如心也。此後一點原是智者原有之義，摩訶止觀有明文，而山外諸家不解祖典，反以「一念」為真心，此以華嚴宗之真常心（真如心）解「一念」也。知禮指要鈔嚴加駁斥，此所以中興天臺觀法也。關于前一點，智者時華嚴宗尚未出現，亦由于智者對于如來藏緣起與阿賴耶緣起之不同未能正視，彼雖時常駁斥真如依持與賴耶依持，然只就地論師與攝論師之說而依中論之四句觀法作詭譎地責斥，未能分解地正視地論師與攝論師之並無大異，以及真正的如來藏緣起與阿賴耶緣起之確有不同，此或由于此兩系統在當時尚未彰顯，地人攝人之傳述有所不盡以及多所渾淪，起信論尚未大顯于世，或已出世，而彼未能多與正視，然無論如何，彼對此兩系統之差異，未能分解地予以正視，則是事實，因此之故，智者章疏中無「別理隨緣」之簡別。而荊溪時，起信論已大顯，唯識宗之本義已由玄奘之傳述而大明，華嚴宗已成立，而地論師與攝論師以及起信論已合流，其顏色總與唯識宗（新法相宗）有不同，是故賢首盛辨如來藏緣起與阿賴耶緣起兩者之不同，以及凝然真如與隨緣不變之真如之不同。「隨緣不變，不變隨緣」，乃賢首之語。荊溪精簡別圓，主要是對華嚴而

· 1103 ·

發，當無不知「別理隨緣」之理。是則知禮雖明說此語，然並非其新發見，不過能知華嚴判教之實耳。華嚴宗以起信論為其理論之根據。「不變隨緣，隨緣不變」是就真如說。真如心亦即真如理，真如空理與真如常心是一也。此亦曰真實性，此真實性即玄奘所譯之「圓成實性」，然早期真諦即譯曰真實性。在奘傳唯識宗，此真實性（圓成實性）只是真如空理，以如來藏自性清淨心為最後依止，故真如心即真如理，不可說真如心，真心與空理並非是一。華嚴宗即繼承此義而說真實性（真如心）有隨緣與不變二義，故其說真如或真如理時實指此真如心而言也。天臺家如此說之時，遂有「隨緣不變，不變隨緣」之兩語。但起信論，只是真如空理也。在奘傳唯識中，並不能隨染緣淨緣起染淨法，即，並不能言「性起」也。因此，華嚴宗說此種真如只是「凝然真如」。非復唯識宗中之真如空理義，並無隨緣義，即，並不能熏，亦不受熏，因此，只有不變真常不變而又隨染淨緣起染淨法。但華嚴宗既依起信論以真常心為真實性，則自能說此真如實性亦曰性起。然而唯識宗則只講阿賴耶緣起，認為真如空理並不能緣起。因此，華嚴宗判唯識宗為大乘始教，判起信論為大乘終教。終教真實性有隨緣義，而始教真如理並無隨緣義。始教者相當于天臺之通教，但天臺只以空宗為通教，故吾以始別教名之，終教者即天臺之別教，唯識宗仍屬別教。因此，知禮說「別理隨緣」乃謂唯識之真如隨緣乃相當于天臺之別教，此則不解自家祖師之判教。蓋天臺視唯識宗亦為別教故，而起信論之真如隨緣乃相當于天臺之圓教，此可不誤，但大混亂，而且竟以自家之圓教齊彼終教，真所謂「擠陷本宗」也。

天臺則當曰終別教。因此，不解華嚴宗之判教之原義。然而山外諸家既

彼輩或看到荊溪止觀大意有「隨緣不變故為性，不變隨緣故為心」之語，《金剛錍》有「真如是萬法，由隨緣故，萬法是真如，由不變故」之語，遂以為法藏賢首以不變隨緣二義釋「大乘起信論之真常心正同天臺之圓教。殊不知荊溪說不變隨緣，辭語雖借之于賢首，而抒義完全不同于賢首。賢首以之說起信論是終教，而荊溪則借用之說圓教。同一隨緣，而有別圓之不同。故知禮依之說「別理隨緣」也。別理亦可有隨緣義，但不必是圓教。那得一見隨緣便以為是圓教耶？關此，知禮詳駁之于指要鈔中，吾亦有較詳之案語，可覆看。

賢首視起信論為大乘終教，即示彼尚有「別教一乘圓教」，乃高于終教者。然自天臺家觀之，彼之別教一乘圓教「既不談具，亦是今家別義」。賢首說「別教一乘圓教」，此中之「別教」意指固不同于天臺所說之「別教」。天臺說別教是專指菩薩道說，不共小乘，故非通教，曲徑紆迴，故非圓教。賢首說「別教一乘」是專指毗盧遮那佛法身說，不共九界。然自天臺家觀之，「既不談具，即義不成」，亦是今家別義，此雖是高，而未臻圓境，故仍是別教。天臺圓教是「同教一乘圓教」，此乃賢首所明說者。實則真正圓教唯在此「同教一乘」。即，不即九界而為佛，別教一乘之高既不圓，即非真高，乃是權高也。若如山外諸家所解，彼之終教即同天臺圓教，則彼尚有圓教，豈非更高于天臺乎？天臺之圓居彼之下，求與之齊尚不可得，焉能為究竟圓實乎？是故山外諸家既不解天臺之判教，亦不解華嚴宗之判教，彼之終教一乘之高既不圓，即非真高，乃是權高也。

知禮從而關之，使天臺教觀得以復明。法登集中于兩點以明知禮中興天臺宗之思路理以及中興天臺境觀之實，甚為扼要，可使學者得一清楚之眉目。至于其他諸說俱是精解荊溪之原義，可隨原文之順通而得之也。如法登所列舉者，如「三諦、事理，三千總別，有相無

相，二境三觀，三身壽量」等，盡見于〈指要鈔〉與〈妙宗鈔〉，山外諸家多有誤解。三諦是就三千法即空假中而爲三諦，非指眞常心爲空中，以緣起假法爲俗諦，如〈淨覺〉之所說。事理，就事造三千說，理是就理具三千說，非以眞心爲理，以隨緣爲事也。山外諸家大抵以華嚴宗思路去想，故非天臺義也。

知禮，「約理明總別，本具三千爲總，刹那一念爲別。」是則有理具三千，有事造三千。無論理具事造，皆是就三千說別，就一念說總，非以眞（眞常心）爲總，以緣起事爲別也。此後者是山外之說。

「三千總別」是指解荊溪〈十不二門〉之「色心不二門」說。依知禮說寂光有相，而〈淨覺〉說寂光無相。此見〈妙宗鈔〉「知禮之解合荊溪原義。「有相無相」，知禮于〈指要鈔〉中舉譬云：「如器諸淳樸，豈單用槌而無砧耶？故知槌砧自分能所。」即喻不分而分。不分對之不思議境與觀智爲能所，此兩者亦可分而不分。」「槌砧自分能所」即喻不思議境與觀智分而不分對所破之陰境俱爲能所。知禮于〈指要鈔〉中舉譬云：

二重能所是不思議境與觀智分而不分對所破之陰境俱爲能所。此即所謂雙重能所。「一念心」爲所觀破之陰境，此是基層陰境，爲高一層之妙境，與基層陰境不同也。「不思議境對觀智邊不分而分。不分之不思議境與觀智爲能所，此兩者亦可分而不分。」「若望淳樸，若望淳樸，皆屬能也。」即喻不思議境與觀智分而不分對所破之陰境俱爲能所。唯觀陰境是智如不思議境也。三觀者在此二境上俱用三觀觀之也。

外諸家以眞如理釋「一念」，並以眞如理或眞常心爲不思議妙境也。依天臺原義，一念是刹二之一體呈現也。故說「二境三觀」不如說「雙重能所」爲明確。蓋知禮說此義即在對治山

• 1106 •

那心,煩惱心,是陰境,是淳樸,不得以眞如理或眞常心釋之。三觀了達之,一念三千俱爲不思議妙境,非以分解地說的眞如理或眞常心爲不思議妙境也。此雙重能所亦是知禮破山外之重要觀念。今說二境三觀,則泛而不切,顏色不顯。蓋實相觀與唯識觀指要鈔云:「實相觀者,即于識心體其空寂,三千宛然即空假中。唯識觀者,即于識心體變造十界,即空假中。」荆溪止觀義例云:「夫觀心法有理有事。從理,則唯達法性,更無餘途。從事,則專照起心,四性叵得。」此亦是「二境三觀」。此雖與「雙重能所」義相連,俱破山外之以眞常心爲不思議境,然只說「二境三觀」則泛也。人不知究何所指。至于「三身壽量」即「生身尊特」義。依知禮妙宗鈔,佛丈六生身即尊特。即劣顯勝,相相尊特。一相不爲少,無量相不爲多。是以生身與尊特之分依「眞中感應」而辨,不依「相之多少」而分。此是辯破後山外淨覺者,見另章。

附錄一

知禮：別理隨緣二十問（四明尊者教行錄卷第三）

有當宗學者問余曰：仁于指要鈔中立別教真如有隨緣義耶？余曰：然。客曰：且如法藏師著疏釋起信論，專立真如具不變隨緣二義，乃云：「不變即隨緣，隨緣即不變」，仍于彼五教中屬乎終教，亦兼頓教，而對破唯識宗談真如之理唯論不變，不說隨緣。審究唯識正是今家別教。彼終頓二教所明不變隨緣乃是今家圓教之理。仁那云「別理隨緣」耶？

余語曰：藏師約何義判唯識所談真如不隨緣耶？

客曰：起信疏云：「唯識宗只以業相爲諸法生起之本。彼之真如無覺無知，凝然不變，故詮法分齊唯齊業相。」

余曰：灼然！起信疏云：「唯識論云不變，不說隨緣。故詮法分齊唯齊業相。」縱轉成四智，亦唯是有爲，不得即理。既唯頑騃，乃不受熏，則可熏變，乃說隨緣。既不受熏，安能隨緣變造諸法？

余曰：藏師約何義判唯識所談真如不隨緣耶？

客曰：起信疏云：「今家教門所明中道唯有二義：一離斷常，二者佛性。」別教中道既名佛性，佛非覺義耶？若中道頑騃，焉是大覺果人之性？況性以不改爲義。若因無覺義，至果方有，此則改轉，那名性耶？又妙樂云：「凡別教中立佛果者有其三意：

一者以理性為佛界,二者以果上為佛界(案修因得果,果在因之上,故謂為果頭,與果上同,即果佛也),三者以初地去分名佛界。」別教既立佛界,豈有頑駭之佛耶?藏疏既約真如無覺知故凝然,凝然故不隨緣,那不隨緣耶?既非凝然,客遭此詰,兀然失措。余乃語曰:子既不知所以,驗非凝然。既非凝然,安得妄有破立?余既憫其無知,乃立數十問,徵其謬破立者,令少知別理有隨緣義。客曰:願聞。

案智者本亦視唯識宗為別教,不過視之為「界外一途法門,非通方法門」知禮亦知之。據下附錄二天臺教與起信論融會章,知禮說「須知若凝然,若隨緣,但據帶方便義邊,皆屬別教。」是則別教有兩型態。凝然者不隨緣,唯識宗是也。隨緣者唯真心,起信論與華嚴宗是也。山外諸家視別理不隨緣非必定非,蓋指唯識宗而言也。唯不知別理亦有隨緣者,而視隨緣者為圓教,則誤。智者未判及凝然與隨緣,蓋因智者時起信論未大顯故,又因其所理解之唯識學為真諦之所傳,不甚能分別阿賴耶系統與如來藏真心系統之不同。然無論如何,即使是真心隨緣者,彼亦不視之為圓教。是則為山外諸家所不知。後來荊溪說別教大抵皆就隨緣者說。然不隨緣者亦別教也。故吾借用華嚴宗始教終教之始終兩字將別教分為始別教與終別教。如是則清楚矣。

一問

藏疏既云:「唯識宗齊于業相以為諸法生起之本,故彼真如不說隨緣。」荊溪既立別教

「真如在迷,能生九界」,則以真如為生法本,乃永異業相為生法本,安云別理不隨緣耶?〔案山外所以反對「別理隨緣」者,蓋因就唯識宗言別教而以隨緣者為圓教也。其錯誤是在以隨緣為圓教。若點明有兩種別教,則別理有不隨緣者,亦有隨緣者,不須如此兩兩對翻也。〕

二問

藏疏又云:「唯識宗未明業相等與真如同以一心為源,故說真如無覺知,凝然不變,不許隨緣。」荊溪既釋「別教根塵一念為迷解本」,云:「理性如來為善惡本」,豈非業相等與真如同以一心為生法之源耶?既爾,安云別理不隨緣耶?

三問

藏疏既云:「唯識宗但說八識生滅。縱轉成四智,亦唯是有為,不得即理。」荊溪既立別理名為佛性,豈是轉八識成四智耶?別理既是佛性,即隨淨緣成于果佛。那云不隨緣耶?

四問

藏疏五教既皆不立理具三千,但就不變隨緣立終頓圓三教,請子委陳三教之理隨緣之相。若無異相,安立三教?若有異相,便請細說。

五問

藏疏圓教既未談理性本具諸法,與今家圓教得泯齊否?彼圓望今圓尚自天殊,安云終教之理與今圓等?

・1110・

六問

藏疏不談理具諸法，為知而不談，為不知而不談？若知而不談者，則有隱覆深義之過。若元不知者，則不善談圓，安得與今圓同？彼圓尚不同今圓，況終教耶？

七問

藏疏既未談理具諸法，是則一理隨緣變作諸法，則非無作。若不成無作，何得同今圓耶？

八問

藏終教不變隨緣得作此說否？若說事事無礙，乃是彼圓，非終教也。若未得然者，尚望彼圓不及，安齊今圓耶？

九問

彼終教圓教談事事無礙，與金錍所明不變隨緣，同耶異耶？若異，則非今圓。若同，金錍明「真如是萬法，由隨緣故，萬法是真如，由不變故」，約此二義，立無情有佛性也。終教雖立隨緣不變，而云「在有情得名佛性，在無情但名法性，不名佛性」。既分二派，徒云不變，正是變也。既違金錍，那名圓理？須知權教有名無義，以有佛性之言約解約理說故。約解約理，尚未云遍，非權是何？〔案：此問是以無情有性無性來分判兩家「不變隨緣」之不同。實則不須如此說。荊溪於金剛錍中說不變隨緣是依無明法性心之即具而言，終教說不變隨緣是就真心隨染淨緣起現染淨法而說。前者為圓教，後者為別教。只須如此分判即可，不須涉及無情有性無性也。蓋荊溪說「無情有性」是只就三因俱遍而言；而此種「遍」並不真

能建立草木瓦石亦可修行而成佛也。是則其所說草木瓦石亦有佛性,此佛性義與普通所說「一切眾生有佛性」之佛性義不同。如果佛性義不同,則一名之為佛性,一不名之為佛性,亦未嘗不可也。關此,詳見前第一部《涅槃佛性章以及第三部第一分第三章末節。〉

十問

金錍云:「客曰:『何故權教不說緣了二因遍耶?余曰:眾生無始計我我所,從所計示,未應說遍。涅槃經中帶權說實,故得以空譬正,未譬緣了。若教一向權,則三因俱局。如別初心,聞正亦局。藏性理性一切俱然。所以博地聞無情無。依迷示迷,云能造是。(說能造者是佛性)。附權立性,云所造非。(說所造者非佛性)。」(原注:上皆《金錍不移一字。(說能造因不遍,尚云帶權。正局有情,的屬別〔敎〕。(原脫「敎」字,當補。)終敎既爾,那執是圓?

十一問

藏疏明判賴耶為生法之本,故名分敎(案亦曰始敎),則顯真如為生法本,乃名終敎。子今既信「別理無住,能造諸法」,若不隨緣,安能造法耶?〔案對方之信「別理無住,能造諸法」,恐亦不解。見下十五問。〕

十二問

他宗皆不云「無住」。子今曲解所依法性可覆為無住。縱子作此曲解,只如終敎真隨妄轉,造立諸法,是「可覆」義否?若不可覆,所造諸法得云一多相入,事事無礙否?若爾,何異彼圓?若不爾者,非覆是何?豈真如理性不自在耶?當知終敎「但理」,以無住故,不可守佛界之性;為妄扼覆,壓作九界,正當可覆義。禀此敎者,雖信真如變造諸法,未知事事當處圓融,以此敎未詮理性頓具諸法故。若禀今圓者,既知性德本具諸法,雖隨無明變

• 1112 •

造,乃作而無作。以本具故,事既即理故,法法圓常,遍收諸法。終教所詮既其不爾,那得齊今圓教耶?〔案:關於「無住」,請覆看前第一分第二章「從無住本立一切法」。〕

十三問

終教說眞如是本覺,別教說眞如是佛性。性非本耶?佛非覺耶?名義既齊,安得不同?

十四問

唯識宗說:眞如無覺知,故不能迷。終教談眞如有覺知,故能迷。能迷故能悟,故立隨緣。別理既有覺知,那不能爾耶?若能者,那不隨緣?

十五問

子云:「別理無住,能造諸法,只是理能造事,乃偏一之義?」(意言如子所說,這豈非只成有隨緣義無不變義?故有下文之駁斥。)子元不知「不變」則終教分教同詮,「隨緣」則獨在終教。若說隨緣,必有不變,以是眞如性隨緣故。若隨緣時改變,則不名性也。〔案此如唯識宗〕。不知其所說「偏一之義」究是何意。蓋對方原文不存,而觀之,其意似是若說「別理無住能造諸法」,則只成隨緣義,而喪失不變義。此是對方之設難。何以有此設難?蓋因唯識宗之眞如理乃凝然眞如,遂設難云:若如汝(知禮)所說,別理有隨緣義,則「只是理能造事,乃偏一之義。」因此,「偏一」者,即只成隨緣義,而無不變義。何以如此?蓋因唯識宗之眞如理本不能隨緣造諸法。如隨緣造諸法,則雖說理能造事,而此時之理已不是理,而成爲阿賴耶矣。是則

改變其自性，故隨緣而無不變矣。但知禮說分別是就終敎說，本是不變與隨緣兩義俱備者。如就始敎（分敎即唯識宗）說，則本無隨緣義，只有不變義。故云：「不變則終敎分敎同詮，隨緣則獨在終敎。」對方以別敎當分敎，故設難云：你若說這種別理有隨緣義，汝何能說不變隨緣兩義俱備？兩義俱備是今家圓敎，汝何說是別敎？兩方別理所指不同，故有此對方之設難。對方之誤一在以賢首所說之終敎爲天臺之圓敎，一在以賢首所說之分敎爲別敎，而不知終敎雖有不變隨緣兩義，而不即是圓敎也。下十六問即簡之。」

十六問

子云：「別敎云不即，終敎說即，爲不同」者，蓋子迷名，全不究理。以彼不談性具九，乃是但理隨緣作九。若斷無明，九界須壞。若九界即是眞如理者，（原注：大意與止觀皆以是義釋「即」，如云「初心是，後心是」等），何須除九？豈非九界定能障理耶？（案此指終敎說）。若謂不然，終敎還說九界皆是法界，一一遍收否？若說，與彼圓何別？所以若比今圓，不成「即」義。況終敎耶？〔案：此駁斥對方「終敎說即」之語，以明終敎雖有隨緣義，無「即」義，故非今家圓敎。子以爲彼之終敎相當於今家圓敎者誤也。不但彼之終敎無「即」義，即彼圓敎亦不成「即」。至于對方所謂「別敎云不即」，此中之別敎乃指唯識宗而言，非知禮心目中之別敎也。知禮說別敎是就彼之終敎說。〕

十七問

子云：「性具九界，不得云差別」者，蓋未知理中自有「立一切法」義也。故妙樂云：

「理則性德緣了」等。又，若謂「性具諸法，不名差別」者，何故妙經疏（法華經文句卷第七上）云：「若知地具桃李，即識實中有權，解無差別即是差別。若知桃李堅相，即識權中有實，解差別即無差別。」？既以「地具桃李」為權，此權名為差別，豈非性具九界得稱差別耶？

十八問

止觀「別教一念心為迷解本」，引楞伽「理性如來藏為善不善因」。子意謂：「此句若證終教，則是隨緣義，若證別教，則非隨緣義，且引文略。彼經具云：「七識不流轉，不作苦樂因（原注：無明體空）。如來藏為善不善因，若生若滅，受苦樂，與因俱。（原注：眞如成事。）」既能為因，又即生滅，此文如何作不隨緣解耶？若謂不引「生滅」等文，則非隨緣者，且唯識宗中可云眞如為善惡因否？又（止觀次文）以大論池水喻，此如何通？故云：「如大池水，象入則濁，珠入則清。當知池水不隨緣解耶？【案：對方以賢首所說之終今問：池水還隨此二緣為清濁否？若隨者，如何不隨緣解？故云楞伽語「若證終教，則是隨緣義，教為天臺之圓教，以賢首所說之始教為天臺之別教，故引楞伽語。此中之別教若證別教，則非隨緣義。」可是止觀明就「別教一念心為迷解本」而引楞伽語。故知即相當于賢首所說之終教，不會是始教（唯識宗）也，即根本不會引楞伽證唯識宗也。故知禮云：「且唯識宗中可云眞如為善惡因否」？又，賢首所說之終教即不會是天臺所說之圓教。終教雖有隨緣義，的只是別教。對方只以唯識宗，賢首所說之始教（分教）為別教，而不知尚有隨緣者亦別教，故誤。」

十九問

輔行釋別教發心云：「煩惱之中有如來藏。凡夫生盲，常與藏俱，而不知見，故流轉生死，却為藏害。」且別教菩薩既見眾生如是，故發心，豈可云「真如不隨緣」耶？

二十問

子云：「指要為破安國師立問故，特立別理隨緣」者，蓋子不解安國問意，致茲謬說。如彼問云：「別教真如不隨緣，起信真如能隨緣，未審起信為別為圓？若別，文且相違。若圓，乖彼藏疏。」且初云隨緣不隨緣者，蓋為泛學者妄謂別教不談隨緣，故順常情，而為問端。既共知起信談于真如隨緣，故定之曰：「未審此隨緣義是別是圓」？蓋泛學之者不知真如隨緣通于兩教故。茲雙定後，正難云：「若謂起信是別，且違論文。以論文一心攝世出世法及相大，明具無量性功德，是本具千如故；又十住八相是圓是別。以疏不約心具百界為應，是圓位故。若定判屬別，則乖藏疏。攝世出世法，及無量性功德不約性善性惡釋之」；又十住八相不說分員而辨，住，願力神通而作故。若判屬圓，則違疏中此等義故。子今若執安國定判終教是今圓者，何故正難云：「若圓，乖彼藏疏」？藏疏正用終教釋乎起信。順藏疏，那云「若圓乖彼藏疏」耶？

附錄二

知禮：天臺教與起信論融會章（四明尊者教行錄卷第二）

有客忽問余曰：起信論于天臺四教攝屬何耶？

余偶對曰：起信論是唐朝藏法師製疏申通，天臺不見文句解釋。此乃各是一家製作，難可和會。

客乃動容問曰：聞天臺一宗最能融會，如云「以五時八教判釋東流一代聖教，罄無不盡」，此語何為？

余乃立理對曰：只恐不許天臺融會。若信天臺攝屬容有其理，則起信攝屬何難？亦乃自見諸家妍醜。今試為先將教攝論，次為以教會疏且夫此論宗百洛叉經，而首題大乘，則理合通于衍門三教。故天臺淨名玄義云：「佛性唯識等論通申大乘三教。」唯識尙具三教，起信何不具三？況與佛性大同小異。

今且于論初後，攝略教文，以對三教。論以一心為宗，乃云：總攝世出世法。此則正在圓門，亦兼餘二。眞如門有離言依言，空不空義，則三教之理明焉。生滅門明初發心住，能少分見于法身，八相成道。（原注：涅槃云：「十住能少分見法身，見不了。」）天臺判為

圓位。妙樂云：「唯華嚴起信明初住八相最爲顯著。」）豈非圓位耶？次第翻九相，豈非別位耶？八地得無功用道，豈非通教被接之位耶？略引此文，諸可悉例。

客曰：藏師製疏，分齊如何？

對曰：賢首立義，望于天臺，乃是別教一途之說，未是通方別教。何者？別有教道証道，彼則唯論教道。別有四門被機，彼乃只論雙。亦別有自他橫豎，彼乃獨論自行豎入。別有多義，彼所不云。未是別教通方，蓋是一途之說。

客乃難曰：彼疏「隨緣不變」爲宗，天臺亦以隨緣不變證于三因體遍。乃是圓意，何言別耶？

余曰：藏師雖用圓名，而成別義。何者？彼云：「無情唯有法性，而無佛性」。此則名雖在圓，而義成別。

客曰：別明「凝然」爲理，今以「隨緣眞如」而爲別理，此據何文？

余返曰：別理隨緣，其文稍顯。凝然爲理，出自何文？

客曰：此宗講者皆有此言，而未見文疏所出。

余曰：盛將「隨緣」與「凝然」二理簡于性相二宗，此乃出自賢首，天臺未見此文。據「隨緣」未爲圓極。彼宗尚自判終教，未及于圓。豈天臺之圓同彼之終？須知若凝然理，「隨緣」但據帶方便義邊，皆屬別教。

對曰：止觀立別教發心境云：「只觀根塵一念爲迷解本」，記別「如來藏爲善不善因」。

客曰：天臺立別理隨緣，文據如何？

妙樂云：「別教從無住本立一切法」，乃云：「無明覆理，能覆所覆俱名無住」；又云：

「真如在迷,生一切法」;又云:「無明為因,能生九界,必須法性為緣。」文證若此,足可依憑。〔案此種文證所說別教是就以如來藏為最後依止之終別教說,不就以阿賴耶為依止之始別教說。〕

客曰:疏義在別,此則已明。

余曰:儻有微碍,盡望陳述。

客曰:真如門屬理,其三教可然。生滅門論于地、住、修、證,須依一轍:別則始終俱別,圓則初後俱圓。如何三教位次並陳?

對曰:此論宗經,既多明理,是故非一。理既不一,依位修證,如何一途?如華嚴經明圓初住,乃云:「三賢十聖住果報」等。後明地位,却云:「八地得無功用道」。又仁王一偈頌中「初發心時,便成正覺」,在圓;十四般若為別,五忍(仁王經所說菩薩之位)屬通。此一兩經明位尚爾,況此〈論宗百洛叉經〉,豈可止有一翻地位?文中缺于三藏位者,既以大乘標題,只可唯明衍教。

客曰:且如賢首學通性相,因何釋義全下天臺?

余曰:菩薩弘教,各逗機宜。蓋是一類之機,宜聞一途之說。所以作此申通,未必四依有不了也。

客曰:既各擅一美,各逗機宜,何須致問?既令攝屬,對曰:既知二宗各逗機宜,何須致問?既令攝屬,如上所陳。若論被機,不須和會。客乃唯唯而退。

佛性與般若

第三部 天臺宗之性具圓教

第二分 天臺宗之故事

第四章 天臺宗之分為山家與山外

附錄一
知禮：釋「請觀音疏」中消伏三用

附錄二
知禮：對「闡義鈔」辨三用一十九問

第四章 天臺宗之分爲山家與山外

天臺宗山家山外之分乃起于知禮時智者金光明經玄義有廣略二本並行于世。錢唐慈光晤恩製發揮記，專解略本，謂廣本有十法觀心，乃後人擅添爾。彼有二弟子，即錢唐奉先源清與嘉禾靈光洪敏，共構難辭，造二十條，輔成師義，共廢廣本。四明尊者知禮作扶宗釋難（案此文收入續藏經第九十五册、四明仁岳異說叢書）專救廣本十種觀心，彙斥不解發軫揀境之非，觀成歷法之失。錢唐梵天慶昭，孤山瑪碯智圓，皆奉先源清之門學也，乃撰辨訛，而慶昭構五義以答。知禮復作問疑書之責，慶昭稽留逾年而無答。知禮復有覆問書之催答，而慶昭構五義以答。知禮撰問疑書詰之，慶昭有答疑書之復。知禮復有詰難書之徵，慶昭始有最後之釋難，翻成不腆之文矣。（不腆猶不善。禮記郊特牲：「幣必誠，辭無不腆。」）往復各五，餘歷七年。此番辯論，慶昭是失敗者。「前後五番墮負，四番轉計。」墮負即失敗，轉計即一經詰難，便滑轉論點。中間又有逾年而無答。可見其于天臺文獻及義理之不熟。

此番爭論實不單是金光明經玄義十法觀心一段文之有無問題，乃根本是于天臺圓教了解

· 1123 ·

不了解之問題。知禮實得天臺宗之本義，故當屬于「山家」。山家者，經過此番辯論後出現之詞也。此示爲天臺宗之正宗。智者晚年住天台山，故世以天台號其宗。「山家」之山指天台山而言。山家猶言天臺家門之內者也。「山外」者言天臺家門以外者，示其爲天臺宗之外道、異端、或旁門也。宋志磐佛祖統紀卷十于「旁出世家」中慶昭傳云：「四明之學者始指恩、清、昭、圓之學稱爲山外，蓋貶之之辭云。」

知禮將此番辯論中雙方之文攢結成集，立十義以問慶昭，故此攢結之集即名曰十義書。

十義者，

一、不解能觀之法。
二、不識所觀之心。
三、不分內外二境。
四、不辨事理二造。
五、不曉觀法之功。
六、不體心法之難。
七、不知觀心之位。
八、不會觀心之意。
九、不善銷文。
十、不閑究理。

十義乃就往復辯論所涉及之論點而立者。辯論時。須扣緊對方原文而辯，不免支離煩瑣。若非雙方原料全部擺出，一一對應，難知其曲折之詳。今此十義書乃是知禮所攢結，其于對方

論點只是引述，原文已不存，論辯之文又多糾結難解，故吾人亦不須再事董理也。現在只作一歷史性的文獻看亦可。好在其辯駁山外之大意大體不出指要鈔之所說。《指要鈔》雖早于《十義書》二年，亦在辯論後所寫皆隱指山外而言，此則正面辯說，易得眉目也。《指要鈔》成于宋真宗景德元年，《十義書》則成于景德三年臘月。前後五番辯論，綿歷七年，則《指要鈔》爲正式經典性的成熟之作，有代表性，而《十義書》則只是一歷史性的爭辯文件，不必據《十義書》始可知山外之所以爲山外也。

山外之所以爲山外，即在以華嚴宗之思路講天臺，視「介爾一念」爲真心。此是根本差謬處。山外諸家自居爲天臺宗，然不解天臺之基本思路，此其于天臺之基本文獻未讀通也。根本觀念已差，而于一家文獻又不精熟，故于辯論中自有許多差謬處，未能如知禮之絲絲入扣，左右逢源也。其爲「墮負」自甚顯然。

知禮駁斥山外甚嚴，步步窮追，毫不放鬆。蓋以其自居天臺而又不合天臺宗旨，易造成混亂故。彼等若直轉入華嚴，則亦無所謂外。知禮于華嚴，只視之爲別敎，並不駁斥。知禮並無新別圓，自荊溪而已然。謂別敎「緣理斷九」，「偏指清淨真如」，亦荊溪所屢說。知禮並無新說，只能諦解智者與荊溪之本義而印持之耳。山外諸家于此無所知，此甚可怪。如此顯文，能謂不見乎？見之而仍持「一念」，則其不解智者與荊溪之思路與語意蓋甚顯。宗本起信論言真常心，其思路爲分解的，其所成者爲「別敎一乘圓敎」，此爲賢首之所自判。此思路較易把握，通常最易如此思入。山外諸家亦不自覺流入此思路，然以之講天臺則悖。人或謂山外之思路亦非無理。自然有理。山外諸家亦不自覺流入此思路，然以之講天臺則無理。又或謂天臺之義理亦有可以向山外發展者，此則甚非。蓋亦不明山外之差謬根本處即在

以華嚴宗之思路講天臺也。若謂天臺可以發展至華嚴，天臺判圓別，若謂天臺教義可以發展至山外，則是天臺自退而為別教矣。此是「隆陷」，不是發展。若謂華嚴宗再經消化，以即具方式出之，便可進而為天臺，此則其可矣。亦猶就天臺再進而從事禪悟頓現，不立文字，便是所謂拈華微笑以心傳心之禪宗——只此是禪，更無開端別起，另有一教外別傳之禪（別之不可），如此說之，皆合自然之序者。山外諸家于天臺為背離，于華嚴為不徹（稍知之而不詳），兩不著邊，此其所以為外也。其目的果何在乎？將弘天臺乎？將弘華嚴乎？將天臺華嚴一爐而冶之乎？未有鮮明的見也。亦混亂而已矣！

知禮復有弟子曰淨覺仁岳，在知禮門下十餘年，後亦叛之，不解天臺之思路者也。雖在知禮門下十餘年，亦只是學語，其師之義理未能進入其生命中也。

知禮十不二門指要鈔中有「別理隨緣」之義。「永嘉繼齊（梵天慶昭門人）立指濫以難之，謂不變隨緣是今家圓教之理，別理豈有隨緣？師（知禮）乃垂二十問以袪其蔽。天臺元穎復立徵決以代齊師之答，而嘉禾子玄亦立隨緣撲以助齊，穎，立十門折難，總破三師。人謂淨覺（仁岳）禦侮之功居多。」（佛祖統紀卷八知禮紀）。「案淨覺仁岳別理隨緣十門析（釋）難書收入續藏經第九十五冊、四明仁岳異說叢書。」

知禮「述消伏三用章，對孤山智圓闡義鈔不知性惡是理毒義。有咸潤者（亦慶昭門人）述籤疑，以三種消伏俱約圓論。淨覺引疏義歷四教十法界以除三障，述止疑以扶師義。」（同上）。〔案淨覺止疑書亦收入續藏經第九十五冊四明仁岳異說叢書。〕

• 1126 •

第四章 天臺宗之分為山家與山外

知禮復有觀無量壽佛經疏妙宗鈔。「梵天慶昭門人咸潤述指瑕以非妙宗，且固執獨頭之色不具三千等義，蓋昭、圓之餘波也。淨覺爲述抉膜以示色心不二之旨，且評它師昧于究竟蛣蟣六即之義。」（同上）。〔案淨覺抉膜書亦收入續藏經第九十五冊同上。〕

據以上三端，則知淨覺亦曾助師扶持天臺正義。然無眞知，只是學語，故一旦不合，便即背叛。「一日，淨覺與廣智辯觀心觀佛，求決于師。師示以約心觀佛之談，述三身壽量解，並別立難辭，請潛修前鈔（案即妙宗鈔）。淨覺不說而去。既而盡背所宗，乃加料簡十三科以斥之（案此即妙宗鈔末關于生身尊特之十三問答）。淨覺時在天竺（遵式住處）上十諫書，謂父有諍子，則身不陷于不義。師復作解謗，謂錯用權實以判勝劣。師時在疾，令門人讀之，爲之太息。既逼歸寂，遂不復辯。後有希最，即廣智之子，法智（知禮）之孫，述評謗以辨之。淨覺時尙無恙，見之曰：『四明之說其遂行乎？』」（佛祖統紀卷八知禮紀）。〔案淨覺十諫書、知禮解謗書、淨覺雪謗書，俱收入續藏經第九十五冊同上。〕

淨覺仁岳之背叛，名曰後山外。晤恩、源清、慶昭、智圓等則爲前山外。自希最繼承知禮作評謗以後，至南宋雲間沙門可觀有山家義苑二卷，其上卷即破仁岳者。南宋四明沙門柏庭善月有山家緒餘集三卷，亦紹述知禮辨山外諸家者。又南宋四明沙門柏庭善月有山家緒餘集三卷，亦紹述知禮辨山外諸家者。

下屆元虎溪沙門懷則述天臺傳佛心印記，而明末傳燈爲之註，題曰天臺傳佛心印記註。傳燈（天臺山幽谿沙門）本人復著有性善惡論六卷。此皆紹述荆溪與知禮而維繫天臺于不墜

以上所述俱見影印續藏經第一〇一冊。

虎溪天臺傳佛心印記有云：「傳至于四明，荊溪未記者記之，四三昧難行者悉行之。中興此道，如大明在天，不可掩也。」

佛祖統紀知禮紀贊曰：

唐之末造，天下喪亂，臺宗典籍流散海東。當是時爲其學者，至有兼講華嚴，以資說飾。暨宋龍興，此道尚晦。螺溪、寶雲之際，遺文復還。雖講演稍聞，而曲見之士氣習未移。故恩（晤恩）、清（慶昭與智圓）異議于後；齊、潤（繼齊與咸潤）以他黨而外侮，淨覺以吾子而內叛。皆足以涸亂法門。四明法智以上聖之才，當中興之運，東征西伐，爾清敵海。功業之盛，可得而思。是以立陰觀妄，別理隨緣，究竟蛣蜣，理毒性惡，唯色唯心之旨，觀心觀佛之談，三雙之論佛身（權實二理，空中二觀，事業二識，爲三雙），見妙宗鈔論生身專特處，十不二門之指要，十種三法之觀心，判實判權，說修說性，凡章安、荊溪未暇結顯諸深法門，悉表而出之，以爲駕馭羣雄之策，付託諸子之計。自荊溪而來，九世二百年矣。弘法傳道，何世無之？備衆體而集大成，闢異端而隆正統，唯法智一師耳。是宜陪位列祖，稱爲中興，用見後學歸宗之意。今淛（浙）河東西，號爲教黌者，莫不一遵四明之道。回視山外諸師固已無噍類矣。然則法運無窮之

繁,其有在于是乎?

案::當時山外如此之多,其所以爲外者,大體是參雜之以華嚴宗之思路以講天臺。此可見華嚴思路之易入,而天臺思路之難了。知禮東征西伐,一一廓清,其勁力可謂強矣。志磐乃宗天臺者。彼依史記體例作佛祖統紀,護法統亦如爭政統也。

吾人若細讀智者與荆溪之章疏,則知知禮諦解不差。惟此一大系統把握不易,非若華嚴宗之易入。若貫通觀之,則知此一圓教系統實具一特別之勁道,具有深絕之智慧。其消化經教,立言抒義,實爲高一層者,爲其他宗派所不及。勿以爲華嚴宗爲後起,便視之爲最高之綜和;亦勿以爲天臺宗爲先出,便視之爲尙不圓備也。天臺固先出,然亦係最後者。其爲圓教是眞圓教。圓教之所以爲圓,固有其獨特之模式,非隨便說圓便是圓也。天臺智者大師于此得之矣,其他談圓者則未得。故圓教若眞是圓,則只有一,並無二三。是故圓與非圓有一本質之差異,天臺與華嚴有一本質之差異。此即分解的方式與詭譎的方式之差異也。吾人若貫通地論師,攝論師,起信論,以及賢首之一乘教義分齊章,而綜觀之,則知華嚴宗之思路亦甚清楚,此即超越分解之思路。獎傳唯識是經驗分解(心理分解)之思路,此顯然是消化分解而後止。而天臺則不走超越分解之思路,乃是「即具」之詭譎的思路。此必昇至超越一切分解,依一獨特之心靈,而圓成者。如此對顯,則眉目朗然。奈何山外諸家,幾經辯駁仍不醒悟!賢首固自知之,不相濫也,亦不相凌駕。是以若無天臺之勁道,則弘華嚴其可矣。知禮天臺教與起信論融會章有云:「客曰:且如賢首學通性相,位繼四依,因何釋義全下天臺?」余曰:菩薩弘敎,各逗機宜。蓋是一類之機,宜聞一途之說。所以作此申通,未必四依

• 1129 •

有不了也。」此言可謂雅正。機宜既殊,義理隨之。故分解之路走至華嚴而極。若再進圓,則已有天臺,不必再說。賢首至此而止,「未必四依有不了也」,分解之路限之也。當然賢首未必自覺;其于自家「別教一乘」以及天臺之「同教一乘」雖隨文委簡,然于別之與同之殊義究亦未能至乎精簡;其語意似只顯自家之高,而未違正視「同教一乘」之同雖無貶視意,然亦未能盡其實。然既經荊溪之精簡,則說「賢首釋義全下天臺」亦無不可。而吾人今日客觀觀之,亦見出實可如此說。是故吾人可說:由「即具」可前進至于「即具」之詭譎的,然不能說:由「即具」之詭譎的可再向前發展而至于分解的。「即具」的當然預設那些分解的,然而已消化而越過之,是以不能再說由「即具」的向前發展而至于分解的。此即所謂權實之別也。分別看,那些「分解的」是權。消化後而融于圓實中,則即權即實,當處絕對,即實即權,一法不廢:此方是眞圓實。開權顯實,會三歸一,此猶是分解地示之也。賢首固亦說「別教一乘是稱法本教,非逐機末教」,然不由即具而立,乃由分解而示,是即未能至于眞圓實,猶待消化也,故仍是權說。依此而言,吾人可自理上斷定:分解之路走至華嚴而極,若再前進,則已有天臺,不必再說。此是吾人替賢首說自處之道,亦給知禮「未必四依有不了」一語作客觀的解釋,不管賢首自覺或不自覺,願意或不願意。

依此,華嚴別敎一乘圓敎非不可講,但必須知其限制。至若自居天臺,而以華嚴飾說,則是頭腦不清,混亂義法,是故知禮必嚴斥之。搖擺于兩者之間而有取捨或折中以為此是兩者之綜和者,皆兩不明徹之類也。

以上意思復可藉龍樹「無諍」義以表示之。圓敎只有一,無二無三。因此,吾人亦可說

「圓教無諍」。圓教乃實說，非權說。實則無諍。龍樹大智度論第一卷開端明佛說般若波羅蜜經之緣起中，最後有云：

復次，有二種說法，一者諍處，二者不諍處。諍處如餘經中已說。今欲說無諍處故，說般若波羅蜜經。有相無相，有物無物，有依無依，有對無對，有上無上，世界非世界，如是等二種法門亦如是。問曰：佛大慈悲心，但應說無諍法，何以說諍法？答曰：無諍法皆是無相，常寂滅，不可說。今說布施等及無常、苦、空等諸法，皆爲寂滅，無戲論故。利根者知佛意，不起諍。鈍根者不知佛意，取相著心起諍。此般若波羅蜜，諸法畢竟空故，無諍處。若畢竟空可得可諍者，不名畢竟空。畢竟空，有無二事皆滅故，是故般若波羅蜜無諍處。

案：無戲論，故無諍處；畢竟空，故無諍處，無所得，故無諍處。此似只答無諍處，尚未答何以于餘經說諍法。取相執著，則有諍處。佛無執著，何以于餘經亦說諍法？吾人可答曰：凡正面分解地說者皆有可諍處。般若經有一特色，即融通淘汰，皆歸無相。此即是無戲論、畢竟空、不可得之作用的圓。但佛不能不說法立教。凡是分解地有所說有所立者皆可起諍。佛既無執無著，而又必須分解地有所說有所立，則知凡分解地有所說有所立者皆是方便權說，權假施設，藏通別三教皆是方便權說，故皆可起諍。此亦是「行則影從，言則響隨」之意也。消此可諍而歸于無諍有兩方式：一是般若之

・佛性與般若・

融通淘汰皆歸無相。但此是作用的圓，尚不是存有論的圓，是故須有另一方式。此即二、存有論的「即具」之圓，此即是藏通別圓之圓。般若之作用的圓，如龍樹繼上文復云：

復次，餘經中多以三種門說諸法，所謂善門，不善門，無記門。今欲說非善門，非不善門，非無記門，諸法相故，說摩訶般若波羅蜜經。學法，無學法，非學非無學法，見諦斷法，思惟斷法，無斷法，可見有對，不可見有對，不可見無對；上、中、下法；小、大、無量法：如是等三法門亦如是。

復次，餘經中隨聲聞法說四念處。於是比丘觀內身三十六物，除欲貪病。如是觀外身，觀內外身。今欲以異法門說四念處，故說般若波羅蜜經。如所說菩薩觀內身，于身不生覺觀，不得身，以無所得故。如是觀外身，觀內外身，于身不生覺觀，不得身，以無所得故。于身念處中觀身，而不生覺觀，是事甚難。三念處亦如是。四正勤，四如意足，四禪，四諦，如是等種種四法門亦如是。

復次，餘經中佛說五衆無常、苦、空、無我相。今欲以異法門說五衆故，說般若波羅蜜經。如佛告須菩提：菩薩色是常行，不行般若波羅蜜；受想行識是常行，不行般若波羅蜜；色無常行，不行般若波羅蜜；受想行識無常行，不行般若波羅蜜。五受衆，五道，如是等種種五法亦如是。餘六七八等，乃至無量門等種種法門亦如是。

據此，凡分解地以三門說法，或以四門說法，或以六門七門八門，乃至無量門說法，皆有可諍處。惟般若經則以「異法門」說，故無可諍處。所謂「異法門」即是于任何正面分解說的法皆不執不著，亦不捨不壞，一是皆以般若空慧融通而淘汰之。所謂「融通」者，皆會歸為摩訶衍（大乘）是。所謂「淘汰」者，以空慧水蕩其執情是。無所得，無戲論，故不可諍。此即是般若智之作用的圓實也。

不但是三門四門等之分解地說者可以融通淘汰之，即阿賴耶緣起與如來藏緣起之分解地說者亦同樣可以用般若空慧融通淘汰之。因為這些分解的說法同樣有可諍處。不過對此作融通淘汰不見于大般若經，而却見之于智者之摩訶止觀，智者同樣可以用般若無諍之方式融通而淘汰之。此種融通淘汰同樣亦是般若之作用的圓。但在此作用的圓中即含有一存有論的「即具」之圓，因為這是附隨于阿賴耶或如來藏而說故。而此即具之圓既非阿賴耶緣起，亦非如來藏緣起，因為這些都是分解地說故；此乃是詭譎地即具地圓說故。此種即具地圓說者既是般若之作用的圓，亦是存有論的圓。至此圓教，則亦無諍。開權顯實，一切皆實故，一法不可得而又不捨不壞存有論地即具一切法，平等如如，無戲論故。明乎此，則圓教只有一，無二無三。若知此義，則山外之「兼講華嚴以資說飾」，其未得天臺圓教之肯要甚顯。

附錄一

知禮：釋「請觀音疏」中消伏三用（四明尊者教行錄卷第二）

敍

消伏神咒修行要道，功用難思。吾祖發揮，今人受賜。（案智者著有請觀音經疏一卷）。惟冠攝一經，實消伏三用（案請觀音經具云請觀音菩薩消伏毒害陀羅尼咒經）。儻釋之不當，修者何依？今附本宗，略評此義。敢言益物？聊軌自心。時皇宋天禧元年，丁巳歲，十月旣望敍。疏文旣簡，讀者多迷。

疏云：

用卽爲三：一事，二行，三理。事者，虎狼刀劍等也。行者，五住煩惱也。理者，法界無碍，無染而染，卽理性之毒也。

1134

釋曰：

「用即為三」，標三用也。

「一事」等者，列三用也。

「音」等者，中道總持，被十種行者。修之不同，乃成三種消伏之用。觀音分證之法遍于一切眾生之心；隨乎功行親疏，致使力用差別。如起信論明佛菩薩用，並就眾生事識業識辨之。以良醫妙藥，狂子服之，乃彰功用也。應知三種毒害，捨旁從正，受名不同。如普門別行疏分別火難等相：報火至初禪，豈此下諸有全無業、惑，捨「苦報」為正也。業火至有頂，豈三界無「惑報」？以「業」為正也。煩惱火通四教，豈三乘人全無「業報」？以煩惱（惑）為正也。（案惑、業、苦為三道，分別火難等相，捨旁從正，受名不同。有偏就苦報說，有偏就業報說，有偏就惑報說。惑即無明三惑也。煩惱火即就惑言。）

今事毒在欲界，此約果報，故受事名。行毒從色界，盡別教教道，以不即理故，別受行名。理毒唯圓，以談即故也。蓋煩惱中分understand即不異，故名行名理不同。若分別相，從正受名，與彼不異（與彼說火難者不異）。所消毒害既爾，能消三用可知。

疏中「事者」，牒「事消伏用」也。「虎狼刀劍等」者，所消伏毒害也。蓋果報行人，為免現在刀虎等難，多用散心持名誦咒。修因戒善者，亦免未來果報刀等。約此人明能消所消，一往屬事。

「行者」者，牒「行消伏用」也。「五住煩惱」者，所消伏毒害也。雖不出能消之相，應以所消顯之。五住煩惱，非三觀不消。但此三觀攝兩二乘（藏教二乘及通教二乘）及三菩薩（藏教菩薩通教菩薩及別教菩薩）。此等行人，雖能伏斷煩惱，而皆不即法性。如別教道，縱知能造之心體是佛性，而謂無明自住，以不聞本性具惡

法門故，非即理之惑。別人尚爾，前教可知。故此等人所消毒害既當自住，能消之觀全是別修。是則四諦俱非無作，故能消所消皆名爲行也。（案自住他住，請覆看從無住本立一切法。）

「理者」者，牒「理消伏用」也。「法界無礙，無染而染，即理性之毒也」者，所消伏也。雖不出能消之相，應以所消顯之。且明所消者，「法界」是所迷之理，「無礙」是受熏之德。所迷本淨，故「無染」；受熏變造，故「而染」。全三德而成三障，故曰「即理性之毒」。（案法身、般若、解脫爲三德。業障、煩惱障、報障爲三障。）

然即理之談，難得其意。須以具不具簡，方見即不即殊。何者？若所迷法界不具三障，即義不成，不名即理性之毒，亦乃惑染自住，毒害有作。以反本時，三障須破，即義不成故，染依他，毒害無作。以復本時，染、毒宛然，方成即義，是故名爲即理性之毒也。故荊溪釋「無明依他」義云：「此同體依，依而復即。」（維摩經玄疏記）

三障，起三障用，用還依體，、與體不二，此依方即。是即由性惡故，方論即理之毒也。

談具，乃名別教。能消伏用者，所消之毒既即理性，能消之用豈不即理？斯乃理慧、理定、爲能消能伏也。復應了知理消伏用體是性惡，方得初心即修中觀。故荊溪云：「忽都未聞性惡之名，安能信有性德之行？」（法華文句記卷第七下）性德非理耶？行非消伏用耶？欲明理消之用，要知性惡之功。何者？以初心人皆用見思王數爲發觀之始。（案見是見惑，思是思惑，王是見惑思惑之首，數則是其枝末，此類比心王心數而說。心數亦曰心所。）前之三教不談性惡，故

此王數不能即性,既不即性,故須別緣真中二理破此王數。(案此即所謂「緣理斷九」也。)

「真中二理」意謂真如心中空理與中道理也。緣空理破惑王,緣中道理破惑數。)既有能緣所緣,能破所破,故毒害、消伏,俱受行名。若圓頓教,既詮性惡,則見思王數乃即性之毒。毒既即性,故只以此毒爲能消,誰云能破所破?有何能緣所緣?毒害即中,諸法趣毒。遮照相即,言慮莫窮。故荊溪云:「非但所觀無明法性體性不二,能觀觀智即無明是。」(出處待查)。若非理毒,焉即能觀?(自所觀而言,無明即法性,法性即無明。自能觀而言,無明即觀智,觀智即無明。)故一心三觀,圓頓十乘,更非別修,法性觀智,皆理消伏用也。

應知三用,得前前者,不得後後,得後後者,必具前前。且約誦咒爲事辦之。如散心誦者,未修禪慧,則唯得事,不名行,理。若三教人等,如優波斯那,聞六字已,但觀心脈及四大實際,得阿羅漢。此是但修消伏觀行。既不兼口誦,則獨受行名,有不捨口誦而修三教觀法,此乃誦全成觀。雖兼事用,而須從勝,皆名行消伏也,但不名理耳。若圓教人,如釋迦因地聞此章句,即便數息,住首楞嚴,則專理用也。若觀芭蕉幻化以爲助道,則兼行用。雖兼事、行,既約圓聞此句,受持誦讀,則兼事用。若云過去得修,無不即性,故須從勝,皆名理消伏也。

又此三用消伏不定。自有以事消惑,自有以行消報(苦報)。有修事、行,而能悟理有修理用,但消業報。文中但出所消三種之毒,不釋能消三種之用,蓋有對消互消之意,不可卒備。此令說者準義示之。況不獨此中,諸文皆簡。儻迷山家教觀深旨,此〈疏〉敷揚,誠爲不易。今輒解此文,多有疏遺。庶幾達人許爲刊正云耳。

附錄二

知禮：對「闡義鈔」辨三用一十九問（四明尊者教行錄卷第二）

敍

孤山（智圓）法師，吾宗之先覺者也。著闡義鈔解請觀音疏。于中發明消伏三用，義亦詳矣。而于一家教觀大旨尚復差忒，予切陋之。於是設問一十九章，徵問是否，俾諸學者于玆法義不為異端所惑云。天禧紀元十月一日，四明知禮敍。

一問

約事約行，二種毒害，為理性本具隨緣發現耶？為理性本無因迷始有耶？因迷始有，非今圓義。本具隨緣，能隨之體非性惡耶？〔案事上行上二種毒害是一念無明法性心所本具，亦即在迷之法性所本具，但隨緣而起現，因此，作而無作。既「作而無作」，所謂「毒害無作」，則隨緣起現者，其體即是性惡，即是在迷之法性體上所本具之惡法門。此等本具之惡

· 1139 ·

法門，隨緣起現而為虎狼刀劍，成為事毒害，而約事消之，則即成為事消伏用。若起現而為五住煩惱，成為行毒害，而約行消之，則即成為行消伏用。此兩種消伏皆是權說，非圓實說。然其所消伏者其體本亦是性惡也。」

二問 據何顯文，約何了義，理性毒害非性惡耶？〔案從理性上所說的毒害即是理性上所本具之惡法門。此唯約圓說。〕

三問 理性毒害是無明耶？非無明耶？若謂是者，則與約行全同。若謂非者，又非性惡，五住之外別有體耶？〔案理性毒害即是無明，則與約行說者全同，何得復立理消伏用？若說不即是無明，則當即是性惡法門。若云不即是無明，又不即是性惡法門，則理消伏是什麼呢？豈是五住煩惱之外別有一體耶？依天臺，無明無住，即是法性，法性無住，即是無明，非五住煩惱之外別有一自住之體。只是約理言之，即為性惡；約行言之，即為煩惱，諸法趣毒，毒而無毒，荊溪所謂「三千在理同名無明」者是也。理毒既就性惡言，若通達惡際即是實際，即成為理毒。此即成為理毒。既「同名無明」，則不但性惡法門是毒，即性善法門亦是毒也。今說毒害，為易明故，偏就性惡說耳。實則說理毒之基本意義端在「性具」一義耳。〕

四問 行毒理毒若無別相，何故疏家特分三用耶？

・1140・

五問

〈鈔云〉:「修一心三觀,破五住惑,即約行消伏毒害。」至釋理毒,何故復云:「今觀諸法唯心,染體悉淨,即神咒治理性之毒。」?此之二解,能治所治,約行約理,在修在性,異相如何?〔案此問,孤山智圓並答不出。蓋彼所謂唯心是真心。既唯真心,則理為能治,惑染為所治。惑染隨緣起現,主觀之染與客觀之惡法門無別,並非本具,如是,則理之能治治所治與約行說者無以異。既無以異,則全屬于修,而非在性。如是,則無「修性不二」之旨。〕

六問

〈鈔釋〉「無碍,無染而染」云:「法性之與無明,遍造諸法,名之為染,(案此是荊溪染淨不二門語)。染故,即有事中之毒及約行之毒也。」作此解者,無染之染全屬事、行毒害明矣。那釋理性毒害復指此耶?理若不是毒害,性惡法門至果永斷耶?三毒化事自是「作意而有」。〔案依華嚴宗之思路,確是如此,此即所謂「緣理斷九」,三毒化事作意方有耶?智者及荊溪早已明言,而山外諸家始終不明何耶?〕

七問

〈鈔中特陳〉「理毒非性惡」者,為顯思議耶?為顯不思議耶?若謂思議,非今所論。若不思議,一體三用那忽永殊?毒害之義唯屬事、行,理性本無耶?〔案依智圓之解,只成二用,理用徒成虛名,無獨立意義。〕

八問

〈鈔釋理毒何以都不陳理之相,便云〉:「今觀諸法唯心,染體悉淨,即神咒治理毒也」?

・1141・

此語爲釋理性所消伏耶？爲解理性能消伏耶？若解所消，理毒爲指染體耶？爲指染用耶？若指染用，必是五住，自屬約行矣。若指染體，又非性惡，一家所談性惡法門擬指何物耶？

九問

〈鈔曰：「或謂性惡是理毒者，毒義雖成，消義全闕。若許理毒即性惡義，那得復云「消義全闕」？若爾，荊溪何故云：「忽都未聞性之名，安能信有性德之行」耶？然不知理毒即性惡者，何異「都不聞」耶？縱許理毒爲性惡已，那又責云「消義全闕」？此乃雖聞，而不解矣。且荊溪之意唯恐不聞性惡則無德之行，今何反此耶？如斯述作，莫成壞已宗途否？莫成翳人眼目否？若謂不然，恭請三復斯文，探賾大旨，細爲答釋。〔案此問極爲顯豁而猛利。唯「毒義雖成，消義全闕」之疑須予解釋。依智圓，「諸法唯心，染體悉淨，即神咒治理毒」。「染體悉淨」即眞常心也。眞心爲無明所染，即成理性眞心之毒。是則理毒同于五住煩惱，與約行說者無以異，理毒徒成虛設。眞心爲能治，惑染爲所治。既有能治所治，故毒害與消伏俱受行名。此仍是緣理斷九之思路，非圓敎也。依知禮，理毒即性惡。「性德非理行非消伏之用耶？欲明理消之用，要知性惡之功。」（見前附錄一、釋「理消伏用」處）。

然則智圓何以說「性惡是理毒者，毒義雖成，消義全闕」？其意蓋是誰來作消伏呢？能所關係不顯，故有此疑也。依知禮云：「若圓頓敎，既詮性惡，則見思王數乃即毒是性惡。然則「性德之行」如何解釋？知禮云：「性德之行即是理消伏，故理毒即是性惡。既以毒爲能消，誰云能破所破？毒既即性，故只以此毒爲能消伏。」此即是理消伏，何言「消義全闕」？然「只以此毒爲能緣所緣？毒害即中，諸法趣毒。」

為能消伏」，語頗難解，此固非智圓唯真心之思路所能知也。「只以此毒為能消伏」並非以毒攻毒之意，乃是即于毒害之處而以觀達通之，則「毒害即中，諸法趣毒」，亦即「當處絕對」也。「毒害即中」即「一色一香無非中道」之義，亦即「通達惡際即是實際」，遮是遮其迷毒，若非「一心三觀」，焉能「毒害即中」？又焉能「遮照相即，言慮莫窮」？遮是遮其迷毒，是「除病」；照是照其實相，相相宛然，是「不除法」。是以分解示之，真正的「能消伏毒法之如，泯毒法之如而歸智；亦得言智寂三昧，亦得言泯智而歸如之境即如如之智，智即是境。說智及智處，皆名為般若。亦例云：「如諦。是非境為境；非智之智，而言為智。智者四念處有云：「如心三昧，亦是明色三昧。」如是，則能所歸一，即是「當處絕對」，即是「毒害即中，諸法趣毒」。所消伏之毒即是能消伏之用。無明即法性，即是理消伏，是能消伏。如是，則智如不分，全智趣毒法之如，全毒法之如趣智，亦名心寂三昧，亦名色寂三昧，亦是明此。性惡是理毒，「三千在理，同名無明」。是即「理具三千，俱名為體」。「三能。此是在色寂三昧中客觀地就「毒害即中」之實相法體而說也。所消伏在此，能消伏亦在此。性惡是理毒，因無明與法性之體同相即，它本身是所亦就是法性即無明，即是「當處絕對」，即是「毒害即中，諸法趣毒」。所消伏之毒即是能消伏之用。無明即法諦。是非境為境；非智之智，而言為智。說智及智處，皆名為般若。亦例云：「如成性德之行，未曾增加一毫，是即為「理消伏用」，此即「三千果成，咸稱常樂」也。「三千無改，無明即明。三千並常，俱名為用。」（以上俱荊溪語）。是則「三千果成，咸稱常樂」為用（此是智造之淨用，三千（作而無作），俱名為體也。（知禮解語。）（以上俱荊溪語）。是則「三千果成，咸稱常樂」為用（此是智造之淨用，真常心為體也。「三千果成，咸稱常樂」為用（此是智造之淨用，亦可有識造之染用，此即眾生），非以真常心隨緣為用也。如將以上荊溪諸語謹記于心，則知理毒是就性惡言（其實

亦即是就「三千在理」而言）爲不誤也。惟知禮直說「只以此毒爲能消伏」，則語嫌陡截，未能顯出此中之曲折，故有似難解。實則彼言「當處絕對」、「毒害即中」，即已顯出此中之曲折跌宕矣。「以毒爲能消」是詭譎迴環語，非指謂陳述語。故云「雖不出能消之相，應以所消顯之。」是即由所消顯能消也。而「理毒唯圓，以談即故也」，故逐有「只以此毒爲能消伏」之陡截語。能消之觀智既即于此毒，則無二無別也。既無二無別，則毒而無毒矣，此即已消伏矣。是故當說「只以此毒爲能消伏」時，則毒已無毒矣。毒已無毒，則乃即是毒之即于觀智。毒之即于觀智「是非境之境而言爲境，非智之智而言爲智」，始能說「只以此毒爲能消伏」。得此意已，則亦可說一切事毒事消，一切行毒行消，皆是當處絕對，皆是性德之行。此即「不思議一體三用」。惟若分別示之，則「捨傍從正，受名不同」，始有三毒三用之分屬：「事毒在欲界，此約果報，故受事名；行毒從色界，盡別教教道，以不即理故，別受行名；理毒唯圓，以談即故也。」

十問

〈鈔指〉：「約行是約智斷。智即能斷，斷即所斷。五住斷處名消行毒，謂異理毒」者，詰曰：智即能斷，斷即所斷，更無別體，即指五住對能斷智，名行消耶？「斷若無體，此即滅無之斷」（案此兩句爲衍文）。爲此所斷自有常體，指修即性爲所斷惑，名行消耶？斷若無體，行消處還具理性之毒否？若非理毒，指何爲體，行消消伏用所消伏之五住煩惱自無別體，本非本具之性惡，故智斷之斷即是滅無之斷，與小何殊？斷若有體，此即滅無之體，指何爲體，斷即所斷耶？應指別清淨眞如耶？衆生因心但有修惡，無性惡耶？〔案依智圓，行消伏用所消伏之五住煩惱自無別體，本非本具之性惡，因此，修德不通性德，修性不二之旨廢。因此，「衆生因心」但有後天緣修上之惡，並無本具

之性惡，此即因地亦不圓也。若所消伏之五住煩惱本自有體，則行消之修本是性德之行，更無外加，而行毒消處，本還具體理性之毒，即就理毒說圓斷也。今否認理毒即性惡，「指何為體而論圓斷」？「應指別清淨眞如耶」？智圓必答曰：是也。蓋山外諸師本以別教所偏指之清淨眞如為體也。但此種體用非荊溪所說之體用義。正因此處不明，故對于理毒無善解也。是即根本不解山家「性惡」之旨也。〕

十一問

理性若無消伏義者，約敎、行、理、別釋此題。敎行名經，有消伏義。約理名經，必可全廢耶？若可廢者，何名別釋體中理經耶？若不可廢，那忽簡云「毒義雖成，消義全闕」耶？

十二問

理性消伏為約修明？為約性辨？若約修者，不出約行消伏。若約理性，理自消伏。那云「今觀諸法唯心，染體」等耶？「今觀」之言修耶性耶？

十三問

理消伏義，〈鈔自簡云：「是則惑性相待，非關智斷。」今詰曰：理消伏義既云非關約行智斷，為指理境非關智斷耶？為約迷事非關智斷耶？為據性德之行非關智斷耶？為並約四義非關智斷耶？

十四問

理性若無消伏義者。（案此言性起是由性具而起，非華嚴宗之性起。）若然，大師那云：「今原性德種子，若悲心智慧莊嚴，顯出眞身，皆了因爲種子；若慈心福德莊嚴，顯出應身，皆緣因爲種子」？（案此攝智者〈觀音玄義〉卷上釋緣了中語）。今文

約行消義,非悲智莊嚴耶?約行伏義,非慈福莊嚴耶?若無本性種子,如何顯示約行圓修耶?

十五問

鈔云:「惑性相待,名理消毒」者,為約本淨,不染五住,名理消耶?為約觀智,照理忘惑,名理消耶?若云惑性相待,推惑即性,名消理毒者,此即約行推檢入空,顯是修成,悉淨名治理毒」耶?荊溪那云「理則性德緣了」?那云「本自二空即性德義」耶?

十六問

若云「毒義雖成,消義全闕」者,今家應不合云:「原乎因果根本即是性德緣了,此之性德本自有之,非適今也。」案此亦智者《觀音玄義》卷上釋緣了語)。性德了因非〔理〕伏義耶?〔案當補「理」字〕。

十七問

若云「惑性相待,非關智斷行消義」者,此則修性理殊,智斷體別,大師那云:「始則起自了因,終則菩提大智,始則起自緣因,終則涅槃斷德」?(案此亦《觀音玄義》卷上釋緣了語)。如何特陳「惑性相待,名消毒,非關約行智斷義」耶?性德了因非智體耶?性德緣因非斷體耶?

十八問

鈔云:「惑性相待,名消理毒」者,此對惑之性為修德境耶?性德境耶?若云修境,則約所起,對理自具,而為研覈,成消伏義,亦但屬修約行明矣。若云性境,法性自爾,非作

第四章 天臺宗之分為山家山外與山外

所成,此性對惑名消理毒者,能對「性」既云「消義全闕」,應取「但中」之理為能對性耶?應取「清淨真如」為能對性耶?〔案「能對性」猶云能對之性。性為能對,惑為所對。〕

十九問

〈鈔〉云:「或謂性惡是理毒者,毒義雖成,消義全闕。」者,詰曰:若爾,〈輔行〉那云:「又此理具變為修具,一一修具無非理具,空即中」?此之理具既即空中,亦莫破性惡法門耶?大師云:「修德相貌在性德中」,此亦斷性惡耶?理具空中舉修德相貌,豈非今約理消伏義乎?予謂若憑〈鈔〉語,一家所宣性德法門都成無用,圓修智行俱成有作。何哉?以謂理具諸行應破性惡法門故。若言「性惡理毒消義全闕」,則顯同緣了始有,奈何修德非圓融也?夫如是,則修性之說傾矣,圓頓之道廢矣!述作裨贊宗乘,那忽特違大義耶?

佛性與般若

第三部 天臺宗之性具圓教

第二分 天臺宗之故事

第五章 辨後山外之淨覺

第五章 辨後山外之淨覺

知禮十義書是辨破晤恩、源清、慶昭、智圓者。其對闡義鈔辨三用發十九問，是對孤山智圓而發。其別理隨緣二十問是對慶昭門人永嘉繼齊而發。此等山外諸師，吾人名之曰前山外。淨覺仁岳居知禮門下十餘年，當時亦曾助其師辨論別理隨緣問題與消伏三用問題，辨破慶昭門人咸潤之非妙宗鈔，迷色心不二之旨以示之，且評他師昧于究竟蝮蠆六即之義。然彼實不能領納其師之義解，亦只是學語而已。故一旦因與廣智辨觀心觀佛問題，求決於師，師示以約心觀佛之談，便不悅而去。當初爲妙宗鈔辯護，今則請其師「潛修前鈔，不使外聞」。師徒二人遂有十諫、解謗、雪謗之往復辨論。此不只是妙宗鈔中三身壽量問題，乃關乎山家之全部義理。彼初斥他師昧于究竟蝮蠆六即之義，實則咸潤不明色心不二之旨，實則彼之不明亦同于咸潤也。彼初斥他師昧于究竟蝮蠆六即之義，實則彼亦昧而不解也。然則理毒性惡，一念三千，三諦，事理，修性，體用，等義，彼皆未能有諦解也。彼之背叛，其思路仍與前山外同，仍歸于華嚴宗之思路。其作品十諫與雪謗收入續藏經第九十五冊四明仁岳異說叢書。然吾人經由南宋可觀山家義苑及南宋宗印北峯教義之辨破，亦可知其思路之所

· 1151 ·

在。下分三端述之。一、究竟蚖蜓義;二、二鳥雙遊,生身即尊特義;三、一念三千義。

一、究竟蚖蜓

南宋竹庵可觀竹庵草錄卷終附跋六即頌云:

佛許六即辨,蚖蜓何不通?知一不知二,失西還失東。
三千若果成,一切皆常樂。蚖蜓不究竟,諸佛斷性惡。

右六即二頌,乃在昔南屏梵臻法師,親承四明尊者,贊述十六觀疏妙宗鈔,建立圓宗,引用大般涅槃(卷一)聲光召眾五十二類,下至蚖蜓(經原文為蚖蛇蝮蠍),為于諸法趣舉微劣一法,以點示之。與夫荊溪金錍「阿鼻依正全處極聖之自心」,宛得天臺大師摩訶止觀圓觀諸法皆云「六即」親的意旨,已盡之矣。切恐惜乎後裔不聞,輒附草錄,庶幾傳遠。

案:「蚖蜓究竟」乃以「六即」義說蚖蜓微劣之物,與荊溪「無情有性」同其旨趣,亦恰如莊子所謂「道在螻蟻」也。淨覺,當其在知禮門下時,斥他師昧于究竟蝮蠆六即之義,然及其背離時,復又反對蚖蜓蝮蠆並不會自覺地作修行工夫,即,並無緣了二因佛性以自覺地體現其緣了二性之過程。故客觀地就蚖蜓蝮蠆乃至草木瓦石之為個體

物說，說其不可以六即判，亦未嘗不可。故法藏賢首說：于無情只可說法性，不可說佛性。並以爲大智度論（亦稱釋論）有此語，彼引之以爲證也。荊溪則云：委讀智論，並無此語。（詳見金剛錍）。故天臺家自荊溪後皆以爲賢首謬引也。縱使是謬引，客觀地說「無情唯有法性而無佛性」，亦未嘗不可說。無佛性者主要地是無緣了二佛性也。荊溪說「無情有性」，亦只是據「三因體遍」而說圓教，並非客觀地肯斷草木瓦石亦有緣了佛性，能自覺地修證成佛。是則說無情有性不過是說「阿鼻依正全處極聖之自心」，此乃心外無法之意；此亦不過是說我之三因佛性皆遍滿一切一切也：我之了因佛性滿是智德滿，我之智德是帶着三千法而爲智德，是即了因佛性遍及一切也，一切微劣之物亦皆在了因智德中呈現，我之斷德是帶着三千法而爲斷德，是即緣因佛性遍及一切也，一切微劣之物亦皆在緣因斷德中呈現；我之正因佛性滿是法身，我之法身是帶着三千法而爲法身，是即正因佛性遍及一切也，一切微劣之物亦皆在正因佛性之顯爲法身中呈現。然但是此種遍及只是主觀地圓滿境界，亦即使一切皆登一眞法界，亦即三身爲一之法身，是即主觀地圓滿境界，把一切皆帶進三因佛性中，其意是「無情有性」。如是，「無情有性」其意是「一切皆登一眞法界之主觀圓滿境界，於此圓滿境界中不分而分，亦可以說無情有性可，說無情無性亦可。然，雖有此兩可，若必反對「無情有性」之說，是即無異于反對天臺之圓教，而歸于華嚴之別教。無情有性只是說三因滿現而遍及一切一切皆登一眞法界之主觀圓滿境界。于此圓滿境界中不分而分，亦可以說無情有性，言乎無情之物並不能自具緣了修證以成佛也；然分而不分，亦可以說無情有性，言乎無情之物

荊溪即依此義說「無情有性」。如是，「無情有性」，與一般說「一切衆生皆有佛性，皆可成佛」中之佛性，意義並不相同。如是，彼說「無情有性」，此義却並不函着說：此三因佛性亦能客觀地即是草木瓦石之性，彼草木瓦石亦有體現之而成佛。如是，是即無異于反對天臺之圓教，而歸于華嚴之別教。無情有性只是說三因滿現而遍及一切一切皆登一眞法界之主觀圓滿境界。於此圓滿境界中不分而分，亦可以說無情有性，言乎無情之物並不能自具緣了修證以成佛也；然分而不分，亦可以說無情有性，言乎無情之物

· 第五章 後山外之淨覺 ·

· 1153 ·

一起皆登一真法界,皆只是三因佛性之體之所挺立也。無情有性既如此,則蛣蜣究竟亦如此。既一切皆隨吾之三因佛性之體現過程而昇登一真法界,則可依吾之體現過程而以六即判之:直接地是判吾之體現過程,間接地是判彼微劣之物也。吾之體現過程,如開始於「理即」,則蛣蜣亦是「理即位」中之蛣蜣。吾之生命雖是理具三因佛性,實則是全體在迷,吾之生命既全體在迷,則理上之三因佛性之所遍及者亦是在迷中而並未透明也。此即是「理即」之生命體現過程已由「名字即」,而進至「觀行即」與「相似即」,則彼蛣蜣亦隨而在「觀行即」與「相似即」中而逐步透明。如吾之體現過程已由「名字即」,而進至「觀行即」與「相似即」中而逐步透明,逐步歸真,此即「分真即」中而通體透明全部歸真,此即「究竟即」。如吾已進至「究竟即」,則彼之蛣蜣亦隨而在「究竟即」。成佛既即九法界而成佛。既皆登佛界,則彼之蛣蜣亦隨而在如是之成佛中,九法界亦一起皆登佛界。此即三因佛性中,如是,遂方便說為無情亦有性(無情之物亦有佛性佛格)。

南宋宗印撰《北峯教義一卷》,中以十義辨駁淨覺之異見,扶持四明之正說。其中第十「判六即」,亦分四明正說與淨覺異見。文如下:

〔初〕、四明正說,分四:
　初、三千六即。
　二、六即能所。
　三、名義分對。
　四、點會蛣蜣。

初,三千六即。圓人修證,心外無境。三千遍攝,一法不遺。從略,以十界言之。全迷,則十界皆名「理即」。聞名,則十界皆名「名字即」。以至指要、解謗引證「三千在理,同名無明,三千果成,咸稱常樂。」是知十界三千無不「六即」,大體可知。若不如此,乃別教也。

二、六即能所者,四明指要則曰:「凡言諸法即理者,全用即體,方可言即。」又,妙宗云:「六種即名皆是事理體不二義。而迷逆事與其覺理未始暫乖,故名即佛。又,障即佛,其名猶通,以後五人皆云三德即是佛故。」四明之義,以事用諸法為能即,理體諸法為所即。德障言之,三障為能即,三德為所即。並合祖師諸文,今不備引。(案道因自號草庵,佛祖統紀列于雜傳中,南宋初年時人。)

三、名義分對。然六即之義,略明二義:一、通論,事中一念自心為能即,以從近要,易成觀故。二、別論,諸文處處有此兩義,更不引證。而草庵諸師局唯一念,此皆四明宗旨,云云。

三種三千否?答:先達並以「事異故六」對事造三千。今則不然。「即」,約法體是同。「六」,約情智高下六位事用。法體造三千,六位情智迷悟,所見事異,故云「事異故六」,對「理同故即」。乃情智高下,修體即理,故云「理同故即」。六位情智高下是事造所證有差,非關三千法體有異。若以兩種三千所收,却不妨六位高下是事造所是則事理兩種三千是法體,並對「理同故即」。

收，但不可直將兩種三千對「事異故六，理同故卽」也。指要上云：「事異故六，理一故卽」。約事，乃論迷解，真似，因果有殊。（原注：理同故卽）。四明意謂荊溪釋「生死卽涅槃」之流，而云「理同故卽」。蓋由生死之法圓理本具，性不可改，故云「理同故卽」。仍引「三千在理同名無明，三千果成咸稱常樂」。從人說，則迷悟因果隱顯事殊，故云「事異故六」。「三千無改，無明卽明。法體事理雖迷悟因果，俱體俱用。」約法只一三千，迷悟不改，並皆圓常，俱體俱用，證「理同故卽」。是則迷悟緣起事成，三千之體起妙用。「理同故卽」。嘗試料之，約法體凡聖之事理，不改。如妙宗上云：「六種卽名皆是事理體不二義，而事有逆順。五是順修事。此逆順事與本覺理，體皆不二。」約法，事理體同故也。「其逆順名自何而立？以知不二，事皆合理，名之為順。若淺若深，皆知皆順。若初理卽，名字等知者，事皆違理，故名為逆。」從人所見，迷唯逆。四明每云「迷悟體用不二」。指要云：「約事乃論迷解知圓家六卽高下但約迷悟論之，不約事理體用說也。」者，迷則兩種三千，悟則兩種三千，真似因果」，迷則兩種三千，果則兩種三千俱因，果則兩種三千俱在果也。故荊溪云：「染似證兩種三千，如位須辨。」而「衆生有迷中事理，諸佛有悟中事理」焉。淨旣分，如位須辨。

四、點會詰蜣。四明妙宗示十界六即,以至蜣蜋亦皆六即。諸師異見各有章藻,置而不論。今之所見全同草庵錄蜣蜋一篇。不能委示,但陳梗概。須知四明蜣蜋六即者,以圓人修證,了具十界三千故也。若唯于佛以說六即,則不了圓具法界之全體。然又須知蜣蜋六即,正約事論。以事全理具,故事能即。妙宗之文有二段:初、示十界六即相,二、出十界六即義,以論十界皆理性故也。若非理具,如何可即?解謗之文亦然。但自尋之,當自深信正是唯心觀體之說,更不多言。〔案妙宗鈔釋六即文,甚精詳,讀者可參看。解謗之文以及淨覺十諫與雪謗俱收入續藏經第九十五冊四明仁岳異說叢書。〕

〔二〕、淨覺異見。雜編(義學雜編亦稱義編無留存)有三節。

初、分對名義:謂空中之理同,故即也。即假之事異,故六也。假事為能即,空中之理為所即。

評曰:止觀大意云:理同故即,如生死即涅槃之流,必該煩惱即菩提,結業即解脫,乃至三道即三德,何嘗專以空中之理同是所即,俗諦之事異是能即耶?〔案:依天臺本義,一念無明法性心即具三千,此種「即具」亦復理具中道實相理即具三千也;亦曰性具,迷中之法性即具三千也;亦曰圓具,如此之具是圓具也。此示三千法皆本有之法,即此本有而曰性德。從本有或性德而言理具。理具須待事造,事造本乎理具,則作而無作,故事造三千,事造本乎理具,曰事造三千。事造三千,即是理自變現而言,日具而言,自具而言,日理性三千;自變現而言,此即為三千法體無改。依此法體無改而言「理同」,言性三千之任運而現,此即為三千法體無改。〕

•佛性與般若•

不管是理性三千或事造三千，其法體皆同屬本有，一不可改，其為性德之理同也。依此性德之理同，故言「即」。理三千與事三千相即，只是同一性德三千也。自理三千而言性，自事三千而言修，則修性相即，亦不二也。自理三千而言體（理具三千俱名為體），自事三千而言用（變造三千俱名為用），則體用相即，亦不二也。自理三千而言因，自事三千而言果（三千果成咸稱常樂），則因果相即，亦不二也。有此種種相即不二，故言「即」。「六即」之六是就修證者之「情智高下，修證有差」而言，此屬于主觀工夫事，非關客觀法體事。修證工夫亦屬于事。「情智高下，修證有差」，即是修證工夫之事有異。因此等事有差異，故以六位判之，此即所謂「事異故六」也。修證工夫之事雖有差異，然此差異之事既屬事造三千，故于每步差異又皆可說「即」，此即所謂「理同故即」也。如「理即佛」，此是客觀地純自理具三千之在其自己而言也，主觀的自覺尚未參與在內。故對自覺而言，「三千在理同名無明」，亦即全在迷中。然客觀地言之，此即全在迷中之法體與悟後者無殊，故先客觀地就此法體本身說此即是佛，此是從理上說的「即是」，亦即每一眾生皆只聞一佛性名，亦甚好。「名字即佛」，此是主觀自覺開始參與那性德本有者。縱使只聞一佛性名，亦甚好。故「名字即佛」也。至「觀行即佛」，則觀行中一切事法皆是性德本有之法，故觀行即佛也。至「相似即佛」，則六根清淨，肉眼即具天眼、慧眼、

• 1158 •

法眼、佛眼所見之相似法，故「相似即佛」也。「分真即佛」，則破一分無明，證一分清淨本有性德之法，故「分真即佛」也。「究竟即佛」，則「三千果成咸稱常樂」也，即全體在迷之理具三千通體透明而為清淨的事造三千也，此即荊溪所謂「眾生但理，諸佛得事」也。六即位，大抵前五位，主觀地言之，皆有欠缺，然客觀地言之，亦皆因法體理同而能即。至究竟即而後止。此即為主觀圓滿與客觀圓滿之同一。此觀之即所示現的客觀圓滿亦全體朗現，至究竟即，則主觀工夫無欠缺，而客觀之即所示現的客觀圓滿亦全體朗現，由智者一念三千開始，復由荊溪開為主觀圓滿與客觀圓滿之同一。此一即具系統，由分解而顯的真常心為體，為所即，隨緣起現的假名法為事，為能即。此能即之事異故六。以三諦分事理，不但未解天臺把握住。彼以由分解而顯的真常心說的即空即中之真常心為體，以隨緣為用。因此，解「理同故即」，以就真常心說的即體為俗諦。此一思路完全是華嚴宗之思路，山外說事理之分際，且並三諦亦喪失其原意。

諸家大抵皆然。淨覺復流于此也。

二、揀判即具：謂即，約事理體一；具，約體備萬德。

評曰：如此名義，若在四明正宗，用之甚妙。若淨覺以三諦分事理，則違一家諸文，不可承用。評破如前。〔案辭語相似，人多混而不明，實則似之而非。〕

三、徵辨蛣蜣。先徵問。他云：「一家明理即具三千，乃至蛣蜣頓蕾，皆須六即辨其先後。」是義然乎？答：…何謂其然乎？是大不然也！六即之名本為

• 若般與性佛 •

揀濫。蛣蜣蝡蠢，畜趣微物，迷逆之號，固無叨濫，何用六即？良爲他見涅槃四分，立此六即。

評曰：金錍云：「阿鼻依正全處極聖之自心」。豈非四趣究竟即耶？畜趣微物不明六即者，「圓觀諸法，皆云六即」，如何消之？所云四明例涅槃疏四分，立蛣蜣六即者，大不然也。須知涅槃疏列衆，自云：「直三歸者，名無分優婆塞。若一若二，名少分。若三若四，名多分。若具持五，名滿分。」乃至云：「蛣蜣蝡蠢，義復如何？答：夫一善法即有四分，例一惡法亦復如是。未見明文，置而不論。且就權言之。小菩薩所作是無分蛣蜣。初地初住所作，是少分。乃至十地十住等所作，是多分。如來所作，是滿分。是故得有權實之衆。實召權請，故稱召請。」（原注：「疏一十六」。索此注不明。今查此文見涅槃經疏卷第二序品下。）指歸釋曰：例一惡法者，遷記云：若約惡爲四分者，若惡冥伏，名無分。一業作惡，名少分。二業俱作，三業俱作，名惡滿分。今謂：疏文旣約持五戒以明四分，今約惡論，應以破五戒爲四分。所謂五戒俱持，名無分惡。破一，名少分惡。餘例可知。」此蛣蜣對惡之四分，多從權釋，少出實義。與今六即據實，不可會也。妙宗不引，必有深意。凡百敎者，須考本文，不可望聲釋義。自古紛紛之說，只以本文破之。

以上爲北峰敎義「判六即」文，明淨覺之非。又，南宋四明沙門柏庭善月山家緒餘集卷

第五章 後山外之淨覺

中有論「六即餘義」一段,亦善發揮四明宗旨,如下:

六即之義無它難者。唯四明有所謂「究竟蛣蜣」之說,頗形議論,號為難明。蓋其說曰:「蛣蜣名相至究竟者,此明理性具十界也。既皆性具,性必常住,無非法界。」等。又曰:「蛣蜣六即,則約堅明即。」(原注:《妙宗文》旨中有論「六即餘義」)斯說也,言不由乎蹈襲,理特示乎高深,其為一時感耳驚心也宜矣。蓋亦嘗曰:「解一千從」,又曰:「迷一萬惑。」(案此知禮《指要鈔》中語)。則其惑此理者常多,解此理者常少,是無足怪者。逮至于今,習聞其說,雖不以為驚疑,而昧者尚眾。間有一二說者,亦多不得其旨,猶常論而已,又何足以發明其奧旨乎?故今贊者毀之,一皆置之,是不足與謬攄論也,直示其意焉耳。〔案「謬攄」即莊子「謬悠之口」之謬悠。〕

意者在此而不在彼。何謂也?曰:理性十界,此也。蛣蜣名相,彼也。故向文云。又曰:「以論十界皆理性故,無非法界。」又曰:「圓家明理已具三千,而皆性不可變」等。是知蛣蜣名相意在理性十界故也。

夫所謂性具十界者,無別有法,即今世出世間、究竟果覺、三乘、六道、一切假實、依正、色心,皆性所具,亦理性所即,一一當體無非法界。法界無外,不出一性。性必常住,性必不改,必融攝,必周遍,是之謂理性十界,亦曰事理三千。始自理即,終至究竟,雖有迷悟真似因果之殊,莫不即此之

• 1161 •

法。即故,始終不二,無有增減。豈非十界皆論六即,六即皆具十界,則地獄色心皆性具矣。既皆六即,則蛣蜣名相至究竟究竟蛣蜣,理固有之,不為過論也。然而人聞「究竟蛣蜣」,則紛然疑然不信矣。此所謂敬帝釋而慢憍尸迦,甚乎不知類也。又復須知,聞「三千果成咸稱常樂」則信,聞「諸佛不斷性惡」則信,至于聞「圓論諸法皆辨六即」則信,聞「三千界三千皆悟也。一家圓說,不以十界而分迷悟,乃約情智論之。所以迷則俱迷,悟則俱悟,十界三千皆迷也。悟則十界三千皆悟也。討論此法界,且有定迷定悟乎哉?由是言之,迷悟在人,而此法未嘗迷,未嘗悟也。既無迷悟,則無染淨。無染淨故,一性平等。平等故遍攝,遍攝故無礙,無礙則融,融則妙,妙則離四句,絕百非,言語道斷,心行處滅。此究竟蛣蜣之說于是所以得也。「而不在彼」,何也?以昔之論者,不知出此,乃唯彼之求。繞說蛣蜣之名,便向丸糞上計。由是,滯以名相,拘以情見。在我者尚不能虛其情,于彼者又豈能達其道?為是弊故,而革之也。革之云者,非有二法之謂也。遮其情而已矣。其情若亡,則究竟蛣蜣當體全是,亦無彼此可得也。要之,祖文言必有趣。不向言趣意外求之,徒以情想,分別語言文字,而議其道者,是猶適楚而北其轅,豈不愈去而愈遠乎?或曰:南屏二頌發明此旨,其說如何?曰:此據門庭規矩之論盡可,其如遮情絕想,則未敢聞命。或又曰:近代有言曰,如來終日與蛣蜣同,蛣蜣終日與如來異,其說可否?曰:是正坐分別中。若論此旨,不分同異可也。然則事

· 1162 ·

以上是關于「究竟蛣蜣」之文獻，其意實無殊于「無情有性」，而淨覺不解何耶？其所以不解，亦因其依華嚴宗之思路講天台，故凡名義對當皆與山家相違也。可觀、宗印、善月，皆南宋時人，去知禮已近百年。彼等皆稟承知禮之精簡而破淨覺。

異理同，如何？曰：事異理同，正不分同異。若然，今究竟蛣蜣理同耶？事異耶？曰：苟得向意，不勞此問也。雖然，其如文何？文曰：「理性十界」，而又曰：「約豎論卽」，何也？曰：是各據一端爾。合而言之，方盡其旨。或者又曰：「約豎論卽」「究竟蛣蜣」旣聞命矣，「滿分蝡蠢」，義復云何？曰：彼之滿分旣約權行，是如來普現色身也。此之蛣蜣，旣論究竟，卽佛界之性惡也。然性惡本也，普現色身迹也。本迹雖殊，其理同也。故曰：諸佛若斷性惡，普現色身從何而立？蓋其理甚明。因論蛣蜣，故寄或者之問于此。

二、二鳥雙遊：生身卽尊特

南宋竹庵可觀山家義苑卷上雙遊篇論「生身尊特」云：

雙遊本出大經鳥喻品中。疏解難會。諸文遍用以示圓卽。從來講家少有說者。相傳唯永嘉諸前輩多示說之，但少有義章。予嘗苦心斯文，今輒考論，聊分爲二。初辨兩家各據，次明二用元意。初科又開爲二。初敍兩家所說，次評

・若般與性佛・

兩家所見。

初敘者，先敘淨覺于十諫中因四明妙宗云：「一家所判丈六尊特不定約相多少分之，尅就真中感應而辨。」四明既約此辨，生身尊特不須現起高大，只就丈六生身示現尊特，如常所說。淨覺諫云：「應有權實，相有優降。應同居，正用生身。應方便，實報，正用尊特。體即用故，諸相宛然。大師尚說蛣蜣名相至于究竟。圓人了知只一法體起二應用。用卽體故，一相叵得。體卽用故，諸相宛然。常無常二用，二鳥雙遊，如何分別？以生身名相須是尊特，無常生身。對方便、實報，常身尊特。如此相對，方可分別二用。對同居，無常生身。生身卽是尊特，則不可分別也。此是四明所說。

其次，四明于解謗中，引本疏所解云：「事理、中邊、非二中而二中，此之三番收二用盡。」乃至云：「學者應知。若身若土，若人若法。一一無不具足二用，二用雙融。得常用者，二用雙融。得無常，但逐現起身相辨者，則圓妙二用義永沉矣。」四明此意，遍示一切諸法無不具二用之義，此是四明所說。

次評者，只一大經二鳥雙遊，常無常二用，兩家雖建立如矢石相違，然無不引而用之者，良由兩家所見不同，全失二用相卽。今問大經二用，以二鳥雙遊喻之，爲取分別，爲取相卽？本爲明二用相卽，而反取分別者，故知淨覺失意尤甚。縱而言之，分別亦失。何也？雖分別二用，二用當處一體相卽，不同偏取分別。奪而言之，分別可以。若其相卽，正違自所建立。

教。四明生身即尊特,正得二用元意。雙遊正喻相即。須更議論者,如四明生身即尊特,此是無常即常。若常即無常,還可說尊特即生身否?若云可以,不聞此說。況復方便實報所現之身如何倒即同居生身?若云不可相即論之,合作此說何也?生身即尊特,是無常即常。自合常即無常,尊特即生身。又復四明兩種尊特。示現尊特,可以說無常即常。現起尊特,如何可以作相即之說?此似難會,未審如何可以四明之說婉順雙遊相即之義?此義俟下明之。

次明二用元意,又開爲二:初出二用之文,次明二用之義。

初出文者,先出經、疏,後定法、喻。

經文正如釋籤所引大經鳥喻品云:「善男子!鳥有二種,一名迦隣提,二名鴛鴦。遊止共俱,不相捨離。」經中設此喻者,蓋爲答前迦葉所問「云何共聖行」故。(案大經卷三壽命品第一之三迦葉于佛前說偈問曰:「云何共聖行,如娑羅娑鳥,迦隣提,日月,太白與歲星?」鳥喻品是南本大經中所分之品名,北本屬卷八如來性品第四之五。此鳥喻之文與迦葉之偈問相距甚遠。)

又經(鳥喻品)云:「隨有眾生應受化處,如來于中示現受生。雖現受生,而實無生。是故如來明常住法。如迦隣提,鴛鴦。」此乃略出經文。

其次疏文者,亦正如釋籤所引:「今言雙遊者,生死涅槃中俱有常無常。二即中,中即二;非二中而二中。事理相即,在下在高,雙遊並息。」若據本疏,應云:「生死具常無常,涅槃亦義並成。」(案此是荊溪略引)。

•若般與性佛•

爾。在下在高,雙遊並息。即事而理,即理而事。二諦即中,中即二中。非二中而二中。是則雙遊義成,其義既成,名字、觀行,乃至究竟,雙遊皆成。橫豎具足,無有缺減。」(案此是章安經疏原文,見《涅槃經疏》卷第十二〈鳥喻品〉)。已上略出疏文。

其次,喻者,經中能喻是二鳥雙遊之事,所喻之法是「共聖行」。若喻「共聖行」者,是菩薩所修,此則稍局,局所修行。如《四明》所說:「若身若土,若人若法,一一無不具足二用,互遍互相」,此則甚通,通一切法。以「非常非無常」之體,喻共聖行,然而雙遊之義,其義復通,遍攝一切。以「一切法能常能無常」之體,遍攝故。故一切法能常能無常也。

定法,喻、評舊,經中義章有二義。又開為二:初評舊,二明今。

評舊者,如昔人義章有二義。一者生死涅槃相對,二者雙遊並息相對。一義者,以涅槃是事即理,生死是理即事。涅槃理中具乎二用,以雙遊對事,此是約事理相對。其餘中邊、亡照,二義亦然。次,雙遊並息相對者,二用歸體,對理,二即中,及「非二中」。昔人作此說者,略有二失。一者,濫古師所解,對理,二即中,及「非二中」。二者失雙遊元意。

云:「一鳥窮下之生死,一鳥窮高之涅槃。昇沉永乖,雙遊何在?」既指涅槃是理,生死是事,正當一鳥窮高,一鳥窮下。雙遊不成,正為章安所破。既窮高下,遂失雙遊元意?又復安三番並云二用,却以「二諦即中相即」及「非二中」為並息歸體,此當拆二

用，一半歸體，則二用不成。〔索此所謂「昔人」即淨覺之類也。古師已有此解，已爲章安所破。淨覺何不察耶？又生死涅槃相對，正是荊溪所謂異體自住，屬別教義，淨覺何一無所知耶？彼對于其祖師之文獻義理如此不熟，而又曉曉與其師爭辯，真所謂不自量也。〕

其次，明今者又開爲二：初正明，二釋疑。

正明又開五義，如〈疏〉云：初高下，二事理，三遊息，四橫豎，五凡聖。

初義者，如〈疏〉云：「生死具有常無常，涅槃亦爾。在下在高，雙遊並息。」此之生死涅槃如何分之？不出迷悟。如來在悟，所得涅槃爲高。衆生在迷，所有生死爲下。以由經正談三德涅槃乃是如來所得之果。此之所得所證之果，三德妙理，本非別法，全指衆生生死三道當體即是。（索惑、業、苦爲三道，法身、般若、解脫爲三德）。然則生死涅槃既迷悟不同，如何見當體相即？當知所以體即者，良由各具常無常故。以高下明之，乃成三道。悟則見法性證三德，迷則處生死斷三道。迷悟自主觀修證說，三道即三德自客觀法體說。

〔索法性無明體同故即。悟則見法性證三德，本無差別。如此明其高下，始見雙遊最初本體。〕

「圓家迷悟斷證但約染淨論之，不約善惡淨穢說也。」（指要鈔）善惡淨穢指客觀法門說，迷悟斷證是指主觀實踐說。迷爲染，爲情執。悟爲淨，爲智

第二，事理者，如〈疏〉云：「即事而理，即理而事。二諦即中，中即二諦

•若般與性佛•

（空假二諦）。非二中而二中。是則雙遊義成，雌雄亦成。」然此事理如何分之？當知事即「事造三千」，理即「理造三千」。（荊溪止觀輔行傳弘決卷第五之三釋心造云：「心造有二種：一者約理，造即是具；二者約事，即三世變造等。」）旣便是事理二造，如淨名記（荊溪維摩經玄疏記）所示：「事暗非暗，理明非明。雖即事理位殊，亦曰事理不相妨礙。由因雙遊成果雙遊故也。行于非道，理亦如是。故得證向雙遊句已，則三千世間皆名非道，所示痴愛不離空中。明暗理同，方名佛道。」以此文言之，豈非荊溪以二造便是雙遊事理之義？是故當知只一三千，在高在下，雙遊並息。即四明所謂互遍互收，乃成互具。二用即事理二造三千。二造即是三諦，故有次番「二諦即中，中即二諦」。生死涅槃，一切諸法，一一無非即三諦故。一一具故，故有事理二造三千。中邊旣即，一體不二，一亦不立，是故第三一番有亡照也。三諦俱亡，「非二中」。雖亡而照，三諦俱照，故「而二中」。事理後，有此二番者，不出中邊、亡照。雖有三番，只是事理三諦三千。中邊亡照只是釋成事理法體。如此三諦俱亡俱照，便同輔行云：「三諦無形，俱不可見，」此即俱亡，然後俱照云：「然即假法，可寄事辨。即此假法即空即中。空中二體，二無二也。亡泯三千，假立空稱。雖亡而存，假立假號。」此文便同雙遊中「非二中而二中」一番。如此二用，方見即一切法，遍一切處，無法不然，無法不可。何以故？不出三千三諦故。

• 1168 •

第三，遊息者，遊即雙遊，息即並息。如疏云：「在下在高，雙遊並息。」然此事理常無常法如何論于遊息？當知若約事理相對以論相即，于能常能無常點示相即，謂之雙遊，以雙遊只是相即。」又云：「事理相即，義不相妨。」故知雙遊只是相即。在喻謂之雙遊，在法謂之相即。二鳥並息以喻事理一體，故喻之以並息。此約一體而論。二鳥並息以喻事理一體，故喻之以雙遊。約二法論之，故喻之以並息。約二法論之，故喻之以雙遊。雖有二鳥，而遊息未嘗不俱。巧喻事理一體相即，其妙如此。此如章安云：「第一義者，非常無常，故無差別。」是若二鳥雙遊，明其二用。二鳥俱息，明其雙寂。即用而寂，寂滅爲樂。大涅槃文中，既以第一義大涅槃以論雙息，豈非一法而論並息？若得此意，中道之理同名爲用，便自可會。

第四，橫豎者，如疏云：「橫豎具足，無有缺減。」如何辨于橫豎？當知橫則約法也，豎則約人也。以由三番一體相即，生死涅槃更無差別。如何揀之？所以須約橫豎。今家凡論諸大乘經生死即涅槃處，一言即者，不可不破，故須約人。若以六即揀之，如荊溪所謂「豈可障智無明猶存不破，而得名爲明暗相即？」故修觀者，理亦相即，豈可一向推功上人？當知約橫論竪，一一具足。故約豎論橫，無有缺減。如此，則約法橫論，雖乃雙遊並息，約人豎辨，不妨在下在高。又復橫者，只是「理同故即」。豎者，只是「事異故六」。橫豎義不相妨，事理未嘗暫異。故荊溪云：「深符圓旨，永離衆過。」

良由于此。

第五，凡聖者，如疏云：「此中備有凡凡共行，凡聖共行，約人法分別俱成。」然則上約豎明，已屬約位之義，今來何得又約凡聖？當知經中鳥喻，正答「云何共聖行」之問。既約雙遊並息以明共行，所以須論「凡聖共」等。須知此之「非凡非聖」者，即上所謂「理同」。若論凡聖，即上所謂「事異」。凡聖，約迷悟別揀。通揀者，今家通揀諸大乘經「即」義。別揀者，為依經中辨法別揀。辨法者，以經中意，雖凡聖迷悟高下不同，其法體未嘗不同，即大經談常之大綱。

五義不同，總是準《大經本疏》一文，開演涅槃大義如此。

釋疑者，略有五重。初釋「部通餘教」之疑。二釋「應身二用」之疑。三釋「理造為用」之疑。四釋「唯在大經」之疑。五釋「事造無常」之疑。

初重者，今問：一代諸大乘經無不談即，何故二用唯在大經？當知此乃只是文別。所以文別此經者，良由此經正談常故。如荊溪云：「涅槃扶律談常」，又如《妙玄》謂之「談常辨性」。若乃常破無常，即對治法。非第一義。」然今此明「如來無二二用。」譬喻「如來無二二用。」

釋論云：「常與無常是對治法，非第一義。」然今此明「如來無二二用」者，非常非無常，能常能無常，與《法華》部同。若在《法華》，作權實說。若在《大經》，常與無常，作常無常說。雖隨緣不同，所說有異，權之與實，殊途同歸。若常破無常，蓋同出而異名爾。故若第一義，非常非無常，能常能無常，便論其法義，便同《法華》「判」義：無常異于常。

釋第二重疑者，今問：事造若是無常，正如淨覺所破之見。以淨覺正用同法華「開」義。如疏云：「開昔無常即是今常」。如此明之，二用之文，文別大經，不通昔教。何以故？昔教未開顯故。若不約開顯明釋，直約一體相即圓常言之，此義稍通諸大乘經。

此文。何以得知？如義編中引淨名記以三千為非道，空中為佛道，乃云：「寄語後學，熟思此文。」淨名記正以佛道非道是雙遊義。若如此，則事是無常，正合淨覺以三千為所破。今此二用，正顯四明事理一體相即，豈有無常為可破法？今此二用，既一體相即，無常與無常，不動一法，方見二用雙遊並息。若破事顯理，正違此責。須了常與無常，事理三諦，一體相即，在下單輪隻翼，不能飛運，正遭此責。何能盡見他人之非？何在高，法法宛然。若不親見此意，幾遭淨覺僻解所惑，能深明圓即之義？〔紊如上正明五義，第二明事理中引淨名記所說「三千世間皆名非道，所示痴愛不離空中，明暗理同，方名佛道」，此豈但名空中為佛道耶？「三千世間皆名非道」，然而通達其即空即假即中之實相即是佛道，豈是但以三千為非道，但提出淨名記中為佛道耶？「所示痴愛不離空中」，則即空即中之痴愛「雖亡而存，假立假號」，此亦即是「即假」，痴愛之病除，而不痴不愛不染着之法假（假名法之法體）不除也。三千為非道亦復如此。非道者就三千之為識念三千而言也。通達識念之執之惡際即是實際，則三千實相即佛道也。豈以三千為所破之無常之

事，而但提出空中為佛道耶？于以知淨覺流于偏指真常心（清淨真如）為空、為中、為佛道，而以事造三千為隨緣起現之俗諦，此乃緣理斷九之路也。彼令後學熟思荊溪此文，實則彼根本未解荊溪之語脈也。〕

釋第三重疑者，今問：荊溪云：「理體無差，差約事用，」如何今來所明理造並屬于用，若事若理俱名為用？此之一問由來久矣。亦可開作二問：一問理造屬用，二問二用無體。今試為申釋之。此有二意：一約法體示，二約果用示。約法體者，言二用者，猶言二造也。非約事理相對，從理體起事用之義。今此謂之用者，只是造之異名。言二用者，今此二用非約事理相對，從理體起事用之義。今此謂之用者，在《大經》謂之造，在《華嚴》謂之造。若信事理俱造，何疑事理不俱名用？約果用者，良由如來果上得非常非無常一體故，能順眾生或作無常說，或作常說。又開無常即常，乃如來果上所用，並屬之勝用，故名為用。如疏云：「昔用無常，今教遍一切法悉開為常，當知皆是佛之施設，故云二用。」得此二意，方見二用所歸，不迷元意。是故疏中不曾言體，只云二用，良由于此。有人乃謂「並息為體」，又如舊師所說「還指理為體」，二用歸體」，此皆失雙遊元意。事理體一，如向所說。〔案：「理體無差」即「理同故即」。「差約事用」即「事異故六」。〕。天臺宗人凡言理體，皆不指分解說的真常心而言，乃指法體而言。法法當體皆一念無明法性心本具之性德，即此而言「理體無差」。迷悟真似因果有別，即此而言「事約理用」。此對變造三千而言，為理為體，然理具之具其本身即是體，以由無明法性心說具故。具是帶着迷中三千而為具，此三千即為用。若自理具而言，具即是造。此對變造三千而言，為理為體，然理具之具其本身即是體，以由無明法性心說具故。

「從理體起事用」，此理體亦非偏指真常心而言。此迷中之理具，若迷執下去，即全成眾生之事用。此即荊溪所說「眾生但事，諸佛證理。」眾生是「理即佛」並不單指其潛在的真常心而為理即佛，乃是帶着迷中全部事用（理具三千）而為理即佛。此即荊溪所謂「眾生唯有迷中之事理」。故理具亦可說用。若迷中之理具事用經過悟後而為佛果勝用，此便是理具事用，荊溪所謂「諸佛具有悟中之事理」。此但理，諸佛得事」，故亦可屬用，此是荊溪所謂「眾生則差而無差，非常非無常，或云開無常而為常。說兩種三千是事理相對而言。今兩種三千歸一三千，只從理具上說用，有迷悟兩聯，迷中為理用。此即是于事于理皆可說用，亦是事理二用，二用相即、亦不必定非。上文正明遊息中有云「二鳥並息以喻事理一體」。又即（約二法論），並息是二用一體（約一法論）。說事理為用，用即是體，佛果勝用即佛果體也。只是「並息為體」以及「二用歸體」若意解為並息于真常心以為體，則非天臺家事理二用雙遊之意。〕

釋第四重疑者，如金錍云：「若約部通論，一切兼帶。」又如妙玄云：「涅槃猶帶三乘得道」，如何亦得明此雙遊之義？當知如上所明，此約同法華開權而說，即是經初所開常宗。偏小若開，即《大經》既通餘教偏小，如荊溪云：「權知此是經初所開權教，乃暫爾耳。又復當知《大經》用權，自有三教以為蘇息之法，終以此為究竟所歸。雖稟餘教，實不保權以為究竟，」即是此意。又知用權以為究竟，此是追施，為調熟故。為後段者，此是追施，為調熟故。為滅後者，如二意。一為後段，二為滅後。為後段者，此是追施，為調熟故。為滅後者，如

妙玄云：「涅槃臨滅，更扶三教，誡約將來，使末代鈍根不於佛法起斷滅見。」所謂「扶律顯常」不出此之二意。

釋第五重疑者，今問：如上所明二鳥雙遊，所喻之法，如本疏所明三番，莫與本疏所解殊不相干，如何兩家可以引之？不但淨覺，四明，各據以明應身二用，如四明生身即尊特，此自是應身解脫隨機之用。若爾，三番言之，義當事理中屬事三諦中屬假，如何可以直將雙遊證之，成應身二用？當知若依淨覺，但將二用直欲屬對生身尊特云：「常無常二用，二鳥雙遊，如何分別？」此則不可。何也？雙遊之喻本非明應身二用。雙遊二用自是約法橫義，應身二用自是約人竪義，以由應身二用正是能顯究竟果人，佛界二身，此正如荊溪破古，謂之望鏧釋義。〔案此句所承，語意不完足。〕今若依四明所說，正得雙遊元意。一一互具，一一互收故，斥四明不可」句也。然隔的太遠。「此正如」中之「此」字蓋指淨覺之見而說，呼應上「此則特者，雙遊遍一切法，無非事理三諦。所以不同淨覺。豈有一法而有缺減？如向辨兩家各據能證成佛界二身生身尊特一體相即。一一互具，一一互收故，大。一一相好，當處無不即具事理三諦。所以方便實報所現之身（尊特身）居之身，雙遊所以即尊特即生身」。如何向辨兩家各議論，四明所說有「尊特即生身」。不動一法，即具事理三諦故。倒即同能、一一相好，不妨相即。得常用者，二用雙融。」故云：「無不即具事理三諦」。所以若丈六，若高大，一一無有分

• 若般與性佛 •

• 1174 •

齊。四明之宗妙盡于此。〔案此解答本文開首所提出之問題：「還可說尊特即生身否？」〕

五重釋疑，兼前兩意（即「明二用元意」中之開爲二），總是大經二鳥雙遊。

案：以上爲竹庵可觀雙遊篇之全文，釋「雙遊」義以及「生身即尊特」義，皆極恰當。淨覺作分別說，正失天臺宗旨。兼之，事理，三諦（中邊），亡照（非二中而二中），亦皆作偏陂分對解釋（事爲隨緣起現之事，理爲不變眞心；空中爲理，假爲俗諦，亡照亦依此分對作解），不合天臺思路。此蓋示其于天臺所說之「性具」系統根本無有了解，全依華嚴之「性起」作解也。

三、辨淨覺「三千書」之斥四明

可觀山家義苑卷上復有辨岳師三千書一文，玆錄之如下，以見淨覺（仁岳）之思路正是分別說下「偏指清淨眞如」者。

岳師三千書斥四明云：「大師一生所悟法門不出三千世間之謂也。故指要二卷凡四十二紙，有一百五十餘處言乎三千。」熟觀岳師如此品藻，蓋欲貶抑，不意褒揚！何也？四明以三千爲所悟法門，正祖承摩訶止觀不思議境。一

・若般與性佛・

念三千全是天臺己心所行。以十界十如，三種世間，因果諸法，無非三諦，互具互融，卽百界千如，成三千世間。一世間卽三千世間。何妨三千名爲世間？三千世間差卽無差，無差卽差，一體相卽。何以故？法法無非三諦故。豈可聞世間之名便乃怖畏！今試問之，若執世間是差別法，旣而差別，只應成十界百如，何得成百界千如耶？必須十界因果差別處無非三千，只一體故，一一互具互融，故成三千，名不思議境。山家教門圓三諦，不一不異，一互互融，故差與無差不可定分對也。此義易解。但學者不得其門而入之，遂疑之爲難解。指要解十不二門所明十妙所詮因果自他之法，指歸摩訶止觀一念三千，故云「一期縱橫不出一念，三千世間卽空假中」。荊溪明文點示十門法法三千。何怪《指要鈔》「四十二紙有一百五十餘處言乎三千」？正是四明深領荊溪之意，故能作此《指要鈔》也。四明處處點示三千，如處璇璣以觀大運，據會要以觀方來也。

書曰：

以見《輔行》云：「《止觀》正明觀法並以三千而爲指南」，便認實相須存三千，而不知是心性所具俗諦之法。良由法華開權顯實，意在于權。故不談三千，開權不周。不觀三千，照境不遍。必須遍攬因果，自他、依正，觀于己心。指南之意正在此耳。

辨曰：今謂指南者言其要也。三千同一性，故唯一法。唯一法，故具一念。三

第五章 山後外之淨覺辨

千妙境又出法華。摩訶止觀正宗法華。權實正體、正明觀法，乃以此爲終窮究極之說。若云「爲欲遍攬因果、自他、依正，觀于己心」爲指南者，斯乃迷方，指南何在？每歎岳師孤負宗教，欺罔後賢，一至于此！又執「三千是心性所具諦之法」者，俗諦是事造三千卽理造三千。事理一體，卽義方成。具在一心，誰分事理？大都岳師于「卽」字之義不明，故作此僻解，本無他也。予又嘗與學者語，岳師聰明傑出之士，自非顯教，豈應作此僻解？夫何斷送三千是心性所具俗諦一邊！人到于今有乖謬者，尚或傳爲口實，以爲天臺宗教三千三諦須作此說。理無事有，全同別敎。又，如義編消「亡泯三千」云：「亡者無也，泯者滅也。」此約字訓，何足言也？請執卷者，研詳圓頓教旨，凡言無者，無于何法？滅者，豈斷滅之滅，乃寂滅之滅，亦寂二邊偏見而見中道。何得滅三千法，使空無一物，而始謂之空耶？一念三千，離諸見已，任運三諦，事理一體，豈應僻解理無事有？四明觀心雖已明矣，而必須符契祖文三千卽空，三千卽假，三千卽中。又，「三千並常，俱體俱用」。「修性體用，法法三千。」斯乃圓詮諸法，其妙如此。是故四明「除無明有差別」，顯「六卽蛣蜣」，示「四土金寶」（見妙宗鈔）中興天臺，今古絕唱！

書曰：

殊不了三千是所立之法。將所立之法作無住之本，璿師所破。除無明有差別，但有具義，而無卽義。以不說差別法，卽一眞故。誠哉斯言也。

辨曰：原夫四明建立「無住之本有三千法」者，以無住之本具所立之法，所立之法即無住之本故。豈不聞「良由理具，方有事用」？所以據文明白點示，不勞言即者，全體而是，不可作二法相合而說。此義已如指要鈔文明一一即理。凡繁引。然岳師取瑫師所破四明「但有具義而無即義」者，噫！岳師登四明之門一紀，殊不知即具不可異途。當知一法對諸法，示本有體德，故談具也。二法相對，示本妙體同，故談即也。除無明有差別，即具之義已兩全矣。圓教點諸法是差別者，義如法華開權，此權任運已，自與實同體而妙也。如淨名云：「但除其病，而不除法」，豈可不信？〈案如仁岳所解示其對于荊溪所言「從無住本立一切法」以及體同體別，自住他住，等義根本未有了解也。其忽視其祖師之文獻亦甚矣！〉

書曰：

妙樂云：「鏡明，性十界。像生，修十界。」應知此有兩重無住本立法之義。一則約性自辨，鏡喻實相，即無住本也；明喻十界，即所立法也。一則修性對辨，鏡喻十界所立之法故。故十界之法，在修在性，皆是末事。今有稟指要鈔者，謂「三千皆實，相相宛然。修性本末，二俱有相。」何妄想！〈案「三千皆實，相相宛然。修性本末二俱有相」，是仁岳增述語，或是彼所說稟然〉，是知禮語。「修性本末二俱有相」，是仁岳增述語，或是彼所說稟〈指要鈔者之引申而彼引述之。〉

第五章 辨後山外之淨覺

辨曰：今謂全指實相以為鏡明，不妨云鏡明本無十界，以對像故，故有十界。性雖云無，乃無染磔（碍）；以即修故，性本無相，以即修故，故性有相。四明所以本末俱有相者，修性一體，體相即故。以此之法，取鏡為喻，其喻泯齊。四明所以本末俱有相者，修性一體，體相即而說，當知境喻須取同時。明像同時，修性一體。雖「像非明而不現，明非像而無相」，此屬異時。若取異時，非今所用。然此喻，明像同時，不取異時。〔索淨覺仁岳所以不曉，荊溪之詳矣。〕此須從維摩詰經徹底了起，故。知禮工夫深，文獻熟，故能言之精切。只如「鏡明，性十界，」即難會矣。

「理具三千」也。「像生，修十界」，即「事造三千」也。修性不二，俱體俱用。于「性十界」說實相觀，「即于起心體其本寂，三千宛然，即空假中」，于「修十界」說唯識觀，「照于起心變造十界，即空假中」，仍是相相宛然。（括號中語皆知禮指要鈔語。）故荊溪止觀義例云：「夫觀心法有理有事。從理，則唯達法性，更無餘途。從事，則專照起心；明喻十界，四性叵得，即所立法」則是「心性所具俗諦之法」。仁岳說：「鏡喻實相，即無住本；明喻十界，即所立法」。因此，遂反對「除無明有差別偏指清淨真如為實相，故以所立法為末事，亦即是「偏指清淨真如（真常心）

故又云：「以不說差別法，即一真故。」此明是偏指真心，緣理斷九之流也。荊溪處處精簡，言之諄諄，何仁岳曾不一

· 1179 ·

・若般與性佛・

顧！

〈書曰：〉

須解「自行唯在空中，化他三千赴物。」智者云：「第一義中，一法不可得，況三千法？世諦中，一心尚具無量法，況三千耶？」荊溪云：「三千世間皆名非道。不離空中，方名佛道。」如是明文，甚好研詳。

辨曰：四明仁岳各據數文。後學不決，恣情取捨。越百餘年，尚勞分辨。岳師專守如上二文，可以盡見胸中不明。諸一乘經凡言「不可得」者，爲何等語？學者應知是遣著語，豈同灰斷，滅色入空？荊溪以經「非道」是三千者，乃點化法。九界三道卽佛界三德，一一互具互融，成三千法。「三千世間皆名非道」，點卽具也。不知岳師欲以三千置之何地？豈有空中之外，自成三千，猶待卽空卽中耶？諸文凡言三千卽空卽中者，點事理一體相卽也。三千卽空假中者，點境觀一體相卽也。詳夫岳師見解，拆圓三諦，分對有無，初學一往易曉，便于四明之學或歎爲難，或謗爲非。縱專守如上二文，直如何消？且「三千卽空，三千卽假，三千卽中」，又「三千並常，俱體俱用」之文，豈是寡頭修耶？豈是「化他」云：「自行唯在空中，化他三千赴物」。此是分顯自行化他而偏重說耳。[荊溪索]「自行」中只有空中之但理而無假赴物耶？豈是「化他」中只是「三千赴物」而不卽空卽中耶？「三千赴物」豈是作意而現，都非性德本有

・1180・

耶？「如是明文，正好研詳」，而仁岳正未研詳也；或研詳之，而未得其旨也；或于不自覺只依華嚴宗之思路而研詳之耳。」

予于山家一念三千，苦心四明之學二十餘年矣。玆因山居讀岳師與廣智書，又見廣智答書，适（迕）而且疏，輒爲略辨大體而已。岳師更有所涉文義。若得大體，不勞餘力。與我同志者，幸詳覽焉。

以上爲可觀「辨岳師三千書」之全文。讀之可知淨覺是華嚴宗之思路，一往是分解者。凡分解者皆易曉也。然則天臺圓教固有其所以爲圓者。此一獨特模式，天臺得之，華嚴宗並未得之，此其所以終爲別教也。前山外後山外於此始終無覺何耶？淨覺「登四明之門一紀」，而猶如此悖謬，可見其不肖。然則其當初在知禮門下助其師破繼齊、咸潤者，乃只是鸚鵡學語耳，其所學者本未進入其生命中也。一旦自己用心，乃不能入，反不自覺自然流于眞常心之義理間架，而又處處粘附着天臺語句辨說，此其所以爲混亂也。此不但不解四明，且並于天臺全部教義不能入也。須知天臺圓教乃由消化一切權教而透出，本即思議爲不思議，即次第爲不次第，即權而爲實，本不與任何權教爲敵，亦不能了解其語句與思理敎性的特定之說，而依據另一特定之說以與之辨，皆不能得其實。自學習歷程言，本應先自分解入，了解諸法之眞實意義。是故學佛本不能下手即自天臺入。既了解已，然後知反省前次之基本層面上的消化何以說相，了解諸義理，了解層面，了解系統。前次之基本訓練不足，空頭說權，何以了解諸實，何以有如此之判教，淨覺即此類也。若先有充足之分圓不圓，只是囈語，並無實得，日久必生厭，甚之起反動，

• 1181 •

解訓練，則自然流入圓實之教，即使自己不能自然流入，一經點示，亦可自然契入。到此自然覺得灑脫圓足，心安理得。尚何有爭辯之足云，再于此起風波耶？須知圓實教是終窮究極說，亦說而無說。說者只是就思議次第以顯示不思議次次第耳。凡荊溪、知禮之精簡（智者立範）皆是在此「就顯」關係上以生或遮或表之辨說，辨說以顯圓實，而此所顯示之圓實本身則無可說，亦無可爭辯。必于圓實本身有恰當之了悟，有自然之契入，然後始可知那些「就顯」關係上的辨說語句之真實意義。依據另一特定之說而爭辯，則示其不解。不解由于其對于圓實本身無了解，無契入。至此，只應暫置不論，退而勤學可也。故淨覺在知禮門下時，知禮只應督促其先作下學工夫，不宜使其參與權實之爭辯，以虛浮其心志。當然，若有大根器，由圓聞生圓信，由圓信生圓解，亦可豁然貫通，自然契入。然此談何容易！不知經過幾翻出入浮沉始能豁順。亦有終生不豁順者。是故頓悟成佛與歷劫成佛，皆須予以正視。且不要說成佛，即了解亦不易也。

淨覺之背叛完全由于不契妙宗鈔。妙宗鈔是知禮晚年之作品，其中並無若何特別新主張，只不過就智者觀無量壽佛經疏作進一步之闡釋，此種闡釋即名曰妙宗鈔。闡釋之最詳而又富義理趣味者在釋六即。疏文以六即釋佛字，鈔進而對于疏文再作詳釋。六即本天臺章疏所常見，處處皆可見到。知禮之鈔釋亦不過是天臺之舊義，其中各種義理背景皆不出其指要鈔。寂光有相，生身即尊特，諸義，只不過隨解說圓教自然說到，並無甚難解處，而竟成為淨覺仁岳背叛之藉口，豈不可怪？淨覺之背叛實不在其不了解「寂光有相」等三義，乃在其對于天臺教義全部不了解也。是故諸如三千，三諦，事理，權實，體用，互具，別圓，六即，諸基本義理，淨覺所解皆歸于別教之思路，是則乃墜陷，非進昇也，對于

• 1182 •

圓實根本未有了悟也。豈在「寂光有相」等口實乎？自淨覺背叛後，初學天臺者，皆以爲淨覺之說「易曉，于四明之學或歎爲難，或謗爲非」。實則並非四明之學爲難，乃實在天臺教義根本非初學者所能把握也。延續至南宋，將近百餘年，可觀，宗印，善月，始出而正式破淨覺，天臺敎義得以持續而不墜。如上所錄。宗印北峰敎義列十義以對淨覺雜編之十科，（此總曰三千章十科）：一、出本文。二、辨三諦。三、明事理。四、簡權實。五、顯體用。六、述互具。七、譬喻。八、示別圓。九、對四土。十、判六即。凡此十義，一一分四明正說與淨覺異見而對駁之。「判六即」一段已錄于上。其餘九義多瑣碎，文義不甚嚴整，故不錄。然其中如三千，三諦，事理，權實，體用，互具，別圓，諸基本義理，淨覺之異見亦可見于上錄三文中，亦足示其對于天臺敎義根本未有了悟也。

佛性與般若

附錄：分別說與非分別說

分別說與非分別說

一、「諸法無行經」之兩譯與「觀察諸法行經」

大藏經第三十冊，六五〇號，為諸法無行經，上下兩卷，鳩摩羅什譯。此經主要地是說「貪欲是涅槃，恚癡亦如是。如此三事中，有無量佛道。若有人分別貪欲、瞋恚、痴，是人去佛遠，譬如天與地。」此偈語乃為人所喜引者。

此經復有隋天竺三藏闍那崛多之譯本，名曰佛說諸法本無經，開為上中下三卷，大藏經第三十冊列為六五一號。「諸法無行」與「諸法本無」語意不同，而「本無」義似較明確。「諸法本無」者，諸法本自性空，無所有，不可得之謂也。此是從法空立名，無「行」字。經末，羅什譯云：「爾時阿難即從坐起，偏袒右肩，白佛言：世尊！當以何名此經？云何奉持？佛告阿難：是經名為諸法無行。」而隋譯則為：「爾時命者阿難陀白佛言：世尊！云何名此法本？我云何持？佛言：阿難陀！此法本名說諸法不轉，此名當持。」「經」，隋譯為「法本」；「諸法無行」，隋譯為「諸法不轉」。「不轉」即不動轉義，此是就諸法性空本無，不動不轉，而說，雖與「諸法本無」字面不同，而義相順。經中從各方面，如從四

- 1187 -

聖諦、四念處、八聖道分、五根、七菩提分，說諸法無所有，不可得，不應于諸法起分別。列舉地說此義已，復以「不動相」與「種性」（隋譯為「雞羅句與種子句」）為陀羅尼門來說此義。如依此「不動相」陀羅尼而言，則以「諸法不轉」名此經亦符合經旨。如以不動不轉為準來解「無行」，則「諸法無行」意即諸法無流轉轉行布，此即是諸法不動相。

「諸法無行經」外，尙有一觀察諸法行經。大藏經第三十册，六四九號為觀察諸法行經四卷，亦隋天竺三藏闍那崛多譯，此則無羅什譯。此經主要地是說「決定觀察諸法行三摩地」。三摩地即三昧。「決定觀察諸法行」意即決定觀察修習諸法之行，亦即有可習行之法，具足此可習行之法之行也。此經中決定觀察何者當行，何法當行，決定修習當行諸法之行，則諸法無行經即是從實相般若見諸法畢竟空，無所有，不可得之立場說「諸法無行」（諸法不轉）也。此兩經相連，一則分別地說諸惡莫作，衆善奉行，「諸白法行，取而不厭」；一則詭譎地說諸法無所有，不可得，即是修「無」行，不可思議行，不斷斷之斷行，佛所行，亦即是實相無相觀，般若行，以不行行也。此正是兩種精神，一種是不分別地蕩相遣執，皆歸實相，實相一相，即是無相。

如天與地。」若觀察諸法行經則重在不分別說。但諸法無行經即是說：「若有人分別貪欲瞋恚痴，是人去佛遠，譬如天與地。」若觀察諸法行經則重在不分別說。但諸法無行經即是說：「若有人分別貪欲瞋恚痴，是人去佛遠，譬如天與地。」

• 1188 •

二、「觀察諸法行經」之性格

觀察諸法行經卷第三授記品第三之一云：

爾時喜王菩薩摩訶薩白佛言：……世尊！何法具足，菩薩得此三摩地？佛言：喜王！一法具足，菩薩得此三摩地。何者為一？喜王！于中菩薩牢固誓願，住何耨多羅三藐三菩提中。……

喜王！又別二法具足，菩薩得此三摩地。何者為二？如言如作，諸白法行，取而不厭。……

喜王！又別三法具足，菩薩得此三摩地。何者為三？此菩薩三種禁戒成就。何者為三？彼謂身、語、意戒。又無三種煩惱燒熱。何者為三？彼謂貪欲燒熱，瞋恚燒熱，愚癡燒熱。及三界中不依，而行梵行。此三法具足，菩薩得此三摩地。

喜王！又別四法具足，菩薩得此三摩地。何者為四？彼謂知因生法；知彼因已，及知因生法已，即捨其因。彼如是智具足，一法非因生者。彼如是念：若彼法因緣生者，彼空本性不生已，不起諸行，令諸行故，為眾生說法；不起諸行，令滅無明故，為眾生說法；如是乃至不起老死，令超老死故，為眾生說法。喜王！此四法具足，菩薩

得此三摩地。……

喜王!又別五法具足,菩薩得此三摩地。何者為五?喜王!彼謂菩薩知作、知合、知門、知行、知道。于中何者是作?所言作者,若于諸眾生中,等心捨種種想,諸眾生中以一味慈,所作善業廻向菩提,于中亦不觸,此名為合。于中何者是作?于中何者是門?所言門者,空門,又甘露門,于中亦不由他,此名為門。于中何者是行?彼謂空行、獨行、如行,諸法本性普淨之行,此名為行。于中何者是道?所謂離于我作及我所作,聖正見者,此名為道。喜王!此五法具足,菩薩得此三摩地。……

喜王!又別六法具足,菩薩得此三摩地。何者為六?彼謂知眼及知眼自性。彼知眼已,及知眼自性已,于意色不意色中無有著碍,到于等量,此色眼根不燒。如是知耳鼻舌身意,及知意自性。彼知意已,知意自性已,于意意法不意意法中無有著碍,到于等量,此法意根不燒。喜王!此六法具足,菩薩得此三摩地。……

喜王!又別七法具足,菩薩得此三摩地。何者為七?彼謂不諂故,純直故,欲法故,求法故,觀察法故,開法故,行法故。喜王!此七法具足,菩薩得此三摩地。……

喜王!又別八法具足,菩薩得此三摩地。何者為八?彼謂戒聚普淨故,諸愛著遠離故,常出家心故,樂住寂靜處故,不用諸利養故,不惜身心故,高大信解故,于愛不愛等心故。喜王!此八法具足,菩薩得此三摩地。……

案：此即「決定觀察諸法行三摩地」。「諸法行」者即菩薩修行其行具足一法，二法，乃至十法之諸法之行也。如此分別說「諸法行」已，于卷第四授記品第三之二最後復云：

三摩地。……

喜王！又別九法具足，菩薩得此三摩地。何者為九？喜王！彼謂此菩薩捨九瞋事，超九眾生住處，成就九次第定，過八邪倒，離八不閑，證八解脫，知七識住，修七覺分。喜王！此九法具足，菩薩得此三摩地。……

喜王！又別十法具足，菩薩得此三摩地。何者為十？彼謂捨諸所有故，堪忍純直攝取無量流轉故，滿足出世智故，不得諸樂方便善巧故，不用諸眾生而大慈故，普念諸佛故，持諸所聞以多聞故，超諸施設而大悲故，說法依菩提心不羨異乘故，至夢中亦不忘失故。喜王！此十法具足，菩薩得此三摩地。

爾時喜王菩薩摩訶薩白佛言：希有世尊！此三摩地多作利益，乃能與諸菩薩諸功德法，令其轉生。世尊！菩薩欲得此三摩地，何等法應當親近，應當念修，應當多作？何等法應當不親近，應當不念修，應當不多作？甚善世尊！有何等法？無何等法？婆伽婆！願為廣說。修迦多！願為分別菩薩何法有？何法無？

此下，佛即列舉地說了許多菩薩所無之事。「自餘所有不得作者，應當莫作。」進而復列舉

地說了許多「于中何者有可作法」。最後則說，「喜王！略說不善法，諸菩薩無有也。諸行、諸善法，應當說有也。」總之，是諸惡莫作，眾善奉行。此是觀察諸法行經之所決定也。此種決定是正面分別地說諸法。佛不能不先分別地說諸法，以清眉目，建立法相。但有所建立，即隨之有所執著。有執即起諍。是故凡分別說者皆可諍法也。如是，即進而示之以無諍法。無諍法者，實相般若也。以實相般若觀諸法畢竟空，不可得，一相不立。是故實相一相，所謂無相，實相般若蕩相遣執，不壞假名而說諸法實相之精神。無可得，以無得得。無可行，以不行行。因此，無有一法可得可行。此即所謂「不斷斷」，「三道即三德」也。此即是不分別，不戲論，故不起諍也。鳩摩羅什譯此經亦呼應般若經之格範也，同時亦呼應維摩詰經之「不二法門」也。分別說是分解的，不分別說是詭譎的。故此中多非常可怪之論。然却是至于平、實、圓、無戲論之唯一方式。此即所謂「不斷斷」而可以放縱恣肆也。是故必須知分別說者是何事，不分別說者是何事。非可汜濫也。

三、「諸法無行經」之性格

諸法無行經卷上開頭師子遊步菩薩以偈問曰：

世尊大導師，名德稱無量。今此大眾集，願說寂滅法。

・附錄：說別分與非別分說・

邪見諸愛慢，嫉妒瞋恚性，云何即是道？大音方便說。
云何涅槃相，與世法無異？諸法無有二，大悲為演說。
云何諸法性，畢竟無有碍？其性如涅槃，亦同於解脫，
無縛亦無解，亦復如虛空，迦羅頻伽音，大梵清淨聲，
身色喻天金，淨命無量德，演說實相法，畢竟無縛解。
云何此五蓋，而等於菩提？云何是菩提，即同諸業性？
是法是非法，云何同一相？如是畢竟淨，唯願為演說，
無數無非數，諸法畢竟滅。一切種智相，及以菩提道，
二法云何無？惟願為演說。無作無非作，無著無非著；
畢竟無眾生，諸法中無證；無戒無忍辱，亦無有毀戒，
無智亦無慧，亦無非智慧，是法常清淨，惟願為演說。
云何一切法，寂滅如虛空？無心心數法，無見、斷、證、修；
一切諸眾生，同于虛空相；一相法亦無，心行亦叵得，
諸法無生滅，無學無羅漢，亦無求菩薩，亦無碎支佛，
無住無依止，無來亦無去，諸法無動相，常住如須彌，
無相亦無色，色性即是道；色性佛道一，如是法願說。
云何無佛、法，亦無有眾僧？是三寶一相，惟願為演說。
無空、無「無相」，亦無有「無作」；不合亦不散，名相法亦無；
諸法畢竟空，如響無作者，無生無無生，無滅無往來；

佛般若與性

無天、無龍、神，夜叉、緊那等；無人無地獄，無餓鬼畜生；無眾生五道，願說如是法。如導世師人，外道非（邪）見者，其有所演說，云何等無二？諸文字語言，是法皆一相。世尊大慈愍，願開是法門。

佛以偈答曰：

若人欲成佛，勿壞于貪欲。諸法即貪欲，知是則成佛。
貪欲及恚癡，無有能得者。是法皆如空，知是則成佛。
見非見一相，著不著亦然。此無佛無法，知是名大智。
如人于夢中，得道度眾生，無道無眾生，佛、法性亦然。
道場無所得，若得則不有。明無明一相，知是為世尊。
眾生即菩提，菩提即眾生。菩提眾生一，知是為世尊。
譬如巧幻師，幻作種種事。所見無有實，無智數若干。
貪瞋癡如幻，幻不異三毒。凡夫自分別，我貪我瞋恚。
如是愚癡人，則墮三惡道。實相無貪恚，癡亦不可得。
分別如幻法，自性煩惱熱。實相無煩惱，無眾生無佛。
分別無生法，凡夫願作佛。不見諸佛法，亦不見眾生。
知是法相者，疾成眾生尊。若人求菩提，則無有菩提。

· 1194 ·

是人遠菩提,譬如天與地。

……

無分別貪欲,貪欲性是道。煩惱先自無,未來亦無有。能如是信解,便得無生忍。觀好惡音聲,如非音聲性。當入無文字,實相之法門。若能信是法,則無淫怒痴。觀貪欲愚痴,即是無量相。是二無文字,以文字故說。諸有文字處,是皆無有實。一切諸音聲,觀是一音性。佛說及邪說,是皆無分別。法雖以言說,實無法無說。能入一相門,則得無生忍。是忍是非忍,勿作是分別。于欲瞋恚心,勿計其中利。知是二無生,當為世中尊。

佛說偈已,即與諸菩薩問答說長行。分別地從各方面說不應著一切法。一有著便有碍,有業障。

爾時文殊師利法王子白佛言:世尊!如佛所說滅業障罪,云何滅業障罪?

佛告文殊師利:若菩薩見一切法性無業無報,則能畢滅業障之罪。又文殊師利!若菩薩見貪欲際即是真際,見瞋恚際即是真際,則能畢滅業障之罪。又文殊師利!若菩薩能見一切眾生性即是涅槃性,則能畢滅業障之罪。

爾時文殊師利法王子白佛言：世尊！今云何應觀四聖諦？佛告文殊師利：文殊師利！若行者能見一切法不集不起，是名見苦。若能見一切法畢竟滅相，是名證滅。若能見一切法無所有性，是名修道。若能見一切法即是無生性，是名斷集。

文殊師利！若行者能如是見四聖諦，是人不作如是分別：是法善，是法不善，是法應見，是法應斷，是法應證，是法應修，所謂苦應見，集應斷，滅應證，道應修。所以者何？凡夫所行貪欲瞋恚愚癡，是法皆空、無生、無所有，不可分別，但積集虛妄。爾時，於法無所取，無所捨；於三界中，心無所碍；見一切三界畢竟不生，如幻如夢，如影如響如焰。行者見貪欲性即是涅槃性，瞋恚性即是涅槃性，愚癡性即是涅槃性。……

此是就四聖諦言。以下復就四念處，八聖道，五根，七覺分，而言不可得，不應著，不取相。此後文殊師利復要求佛說陀羅尼門，以總持一切法皆如是。佛即以「不動相」與「種性」兩法門爲陀羅尼。

爾時文殊師利法王子白佛言：惟願世尊當說陀羅尼。以是陀羅尼故，令諸菩薩得無碍辯才，于諸音聲無所怖畏，能令諸法皆作佛法，又信解諸法皆是一相。

佛告文殊師利：汝今諦聽！當爲汝說「不動相、種性法門」（隋譯爲「鷄

羅句及種子句」）。諸菩薩得入是法門者，能以智慧光明照一切法，疾得無生法忍。

文殊師利白佛言：世尊！云何名不動處種性法門？

佛告文殊師利：一切眾生其心皆一，是名種性。

世尊！云何是事名為種性？

佛告文殊師利：一切眾生皆無有心，緣性不可得故，是名種性。

世尊！云何是事名為種性？

佛言：一切眾生如虛空量，終歸無障礙，是名種性。文殊師利！一切眾生是一相，畢竟不生，離諸名字。一異不可得故，是名種性。文殊師利！一切眾生皆同一量，是名種性。

世尊！云何事是名種性？

文殊師利！一切眾生皆是一相，畢竟不生，離諸名字。

世尊！云何是事名不動相？

文殊師利！貪欲是不動相。

世尊！云何是事名不動相？

佛言：貪欲是不動相，安住法性中以不住故，是貪欲不可得、性常離故，是名不動相。文殊師利！瞋恚是金剛。

世尊！云何是事名為金剛？

文殊師利！瞋恚不可斷，不可壞，亦如金剛不可斷不可壞。一切法亦如是不可斷不可壞，諸法本不決定故。是名如金剛。

文殊師利！愚癡是智慧性。

世尊！云何是事名智慧性？

文殊師利！一切法離智慧，亦離愚癡。一切法亦如是，無有智慧，亦無愚癡。智慧、愚癡、智可知法，從本已來俱寂滅故。是名愚癡智慧處。

文殊師利！色陰是不動處。

世尊！云何是事名不動處？

文殊師利！如天帝之幢深根安固，不可動搖。一切法亦如是，以不住法故，安住法性中。是法無來處，無去處，無取無捨，安住無處故。是故色名不動相。

此下分別廣說種性與不動相。卷下，文殊師利亦依例廣說不動相。

世尊！一切諸佛皆成就貪欲，名不動相。

文殊師利！云何是事名不動相？

世尊！一切諸佛皆入貪欲平等法中故，遠離諍訟，通達貪欲性故。

世尊！貪欲即是菩提。何以故？知貪欲實性，說名菩提。是故一切諸佛皆成就貪欲名不動相。

世尊！一切諸佛皆成就瞋恚，名不動相。

1198

爾時佛告文殊師利法王子：若有人問汝，斷一切不善法，成就一切善法，名為如來，汝云何答！

文殊師利言：世尊！若有人問我斷一切不善法，成就一切善法，名為如來者，我當如是答：善男子！汝先當親近善知識，修集善道，于法無所合，無所散，勿取勿捨，莫緣莫求，勿舉勿下，然後當知不可思議行處，無行處，斷行處，佛所行處。

佛告文殊師利：汝如是答者，為答何義？

文殊師利言：世尊！我如是答者名為無所答。世尊！如佛坐于道場，頗見法有所生滅不？佛言不也。世尊！若法無生無滅，是法可得說「斷一切不善法，成就一切善法」不？佛言不也。世尊！若法不生不滅，不斷一切不善法，不成就一切善法，是何所見，何所斷，何所證，何所修，何所得？

……

故，是名一切諸佛成就愚痴名不動相。

世尊！一切諸佛能度一切貪著名字眾生，安住愚痴平等性中，通達愚痴性故，是名一切諸佛成就愚痴名不動相。

文殊師利！云何是事名不動相。

世尊！一切諸佛皆成就愚痴名不動相。

名一切諸佛皆成就瞋恚名不動相。

世尊！一切諸佛皆說有為法過罪者安住瞋恚平等性中，通達瞋恚性故，是

文殊師利！云何是事名不動相？

案此即不斷斷,不見見,不證證,不修修,不得得。言至此,可謂美矣。如是,諸天子皆稱讚文殊師利,而作是言:

世尊!文殊師利名為無礙尸利,文殊師利名為不二尸利,名為無餘尸利,名為無所有尸利,名為如尸利,法性尸利,實際尸利,第一尸利,上尸利,無上尸利。

但文殊師利並不接受此種稱讚,語諸天子言:

止止,諸天子!汝等勿取相分別。我不見諸法是上是中是下,如汝所說。

文殊師利言:我者,我是貪欲尸利,瞋恚尸利,愚癡尸利。諸天子!我不出貪欲瞋恚愚癡。凡夫人分別諸法,求過、出、至、到。是故我名文殊師利。

諸菩薩于法無過、無出、無至、無到。

諸天子言:菩薩不到十地,不至佛法耶?

文殊師利言:於諸天子意云何?幻人能到十地,至佛法不?

諸天子:我不出貪欲瞋恚愚癡。

文殊師利言:幻化人尚無住處,何況從此住地至于餘地?

文殊師利言:諸天子!一切法如幻,無去無來,無過無出,無至無到。

諸天子:汝不當得阿耨多羅三藐三菩提耶?

文殊師利言:諸天子!於意云何?凡夫貪欲覆心,能坐道場,得一切智

諸天子言：不也。

諸天子言：文殊師利！汝今貪欲覆心，是凡夫耶？

文殊師利言：如是如是！我是凡夫，從貪欲起，從瞋恚起，從愚癡起！我是外道，是邪行人！

諸天子言：以何故，自言我是凡夫，從貪欲起，瞋恚起，愚癡起？

文殊師利言：是貪欲、瞋恚、愚癡性，十方求之，不可得。我以不住法、住是性中故，說我是凡夫，三毒所覆。

文殊師利！汝云何名外道？

文殊師利言：我終不到外道。諸道性不可得故，我于一切道爲外。

諸天子言：汝云何是邪行人？

文殊師利言：我已知一切法皆是邪，虛妄不實，是故我是邪行人。

說是法時，萬天子得聞是語，皆得無生法忍。各作是言：是諸衆生皆得大利，得聞真正金剛語句。何況聞已，信解受持讀誦，爲人解說，如說修行？當得無碍辯才，一切法中得真慧照明，巧說諸法一相一門，能示衆生一切諸法皆是佛法。

言至此，可謂極談，亦詭譎奇險之至，然却亦是最平最實最圓。最後即是「一切諸法皆是佛法」，不要檢擇，不要分別，不要偏愛。

最後此經復說一故事,即佛令文殊師利說其「先世住初發意地,未入如是諸法相時,爲起何障礙罪」。文殊說他先世時爲勝意比丘,質直端正,不壞威儀,不捨世法。爾時衆生普皆利根,樂聞深論。那時有一菩薩比丘名曰喜根。「時爲法師,讚少欲、知足、細行、獨處,但教衆人諸法實相,所謂一切諸法性即貪欲之性,不稱諸法性,瞋恚性即是諸法性,愚癡性即是諸法性。其喜根法師以是方便教化衆生,衆生所行皆是一相,各不相是非;所行之道心無瞋礙,以無瞋礙因緣故,於佛法中決定不壞。」可是那時勝意比丘即不贊成這種作風。他「護持禁戒,得四禪、四無色定,行十二頭陀。」「是勝意比丘有諸弟子,其心輕動,樂見他過。」他們「說喜根法師過失」。因此,對之「瞋碍,一切諸法皆無障礙。」勝意比丘亦以爲「喜根比丘以妄語惑衆人。」他們「說喜根法師過失」。因此,對之「瞋恚不喜」。文殊表示那時勝意比丘「以不學入音聲法門故,聞佛音聲則喜,聞外道人聲則瞋。以不學入音聲法門故,于梵行音聲則喜,于非梵行音聲則瞋。以不學入音聲法門故,于聖道音聲則喜,于淨音聲則喜,于垢音聲則瞋。以不學入音聲法門故,于樂音聲則喜,于苦音聲則瞋。以不學入音聲法門故,于出家音聲則喜,于在家音聲則瞋。以不學入音聲法門故,于布施則生利想,于慳則生碍想。以不學入音聲法門故,于持戒則生利想,于毀戒則生碍想。……見菩薩,語衆人言:是比丘以虛妄邪見教化衆生,所謂婬欲非障碍,瞋恚非障碍,愚癡非障碍,一切法非障碍。」

「爾時喜根菩薩作是念:是比丘今者必當起于障碍罪業。我今當爲勝意比丘如是滯碍,『一切法非障碍。』

說如是深法,乃至令作修助菩提道法因緣。爾時喜根菩薩于眾僧前說是諸偈:

貪欲是涅槃,恚癡亦如是。如此三事中,有無量佛道。

若有人分別,貪欲瞋恚癡,是人去佛遠,譬如天與地。

菩提與貪欲,是一而非二,皆入一法門,平等無有異。

……

貪欲之實性,即是佛法性,佛法之實性,亦是貪欲性。

是二法一相,所謂是無相。

……

若人無分別,貪欲瞋恚癡,入三毒性故,則為見菩提。

是人近佛道,疾得無生忍。

佛不見佛道,亦不見非佛法。不著諸法故,降魔成佛道。

若欲度眾生,勿分別其性,一切諸處生,皆同于涅槃。

若能如是見,是則得成佛,貪欲性即是,諸佛之功德。

若人欲成佛,莫壞貪欲性。

……

若人求菩提,是人無菩提。若見菩提相,是則遠菩提。

……

菩提非菩提,佛以及非佛,若知是一相,是為世間導。

……

· 1203 ·

喜根菩薩「說是諸偈法時，三萬諸天子得無生法忍，萬八千人漏盡解脫，即時地裂，勝意比丘墮大地獄。以是業障罪因緣故，百千億那由他劫於大地獄受諸苦毒。從地獄出，七十四萬世常被誹謗。若干百千劫，乃至不聞佛之名字。自是已後，還得值佛，出家學道，而無志樂，于六十三萬世常反道入俗。亦以業障餘罪故，于若干百千世諸根闇鈍。世尊！……其勝意比丘，今我身是。世尊！我未入如是法相門時，受如是苦，分別苦，顛倒苦。是故若發菩提心者，若發小乘心者，不欲起如是業障罪，不欲受如是苦惱者，不應拒逆佛法。無有處所可生瞋碍。」

四、諍法與無諍法：
綜述諸大小乘教法不同之關節以及最後的圓教

由以上所錄觀之，兩經恰好相反。一則說何法應當行，何法不應當行；何法當有，何法當無。另一則說一切法皆不應執、著、取、捨；皆本性自空，無所有，不可得，當體即是實相一相所謂無相；無有處所可生瞋碍，貪欲性、菩提性、涅槃性等一無二。若依喜根菩薩觀之，則觀察諸法行經之分別善惡正是勝意比丘之路。縱佛是方便權說，解心無染，不起業障罪，然既如此分別說，則不知佛意者，順此分別，不能不有聲入心通（所謂「不學入音聲法門」），即執心起諍，起瞋恚，起喜愛，因此，便必然有業障罪，墮大地獄，受諸苦毒。然佛既說法，不能不有所分別，以清眉目，故甘願受此

帶累而不辭。言則響從，行則影隨，是必然之理也。此亦莊子所謂「天刑」。故吾順此而言一切聖人皆「天之戮民」也。(孔子自稱曰「天之戮民」)。以是之故，佛分別說已，必須有「異法門」以通化此分別說中之滯碍，令知雖分別權說，而一是皆寂滅無相，不可起執起碍，有所取捨。此「異法門」即般若無諍法門也。凡分別說者是可諍法。抑又不只隨執心而起諍也，即此分別說者之本身即是可諍，並無必然。如觀察諸法行經說菩薩具足一法，二法，乃至十法，可得此三摩地(三昧)，即是分別說之可諍法。如此分別說列舉寧有必然耶？然佛之說此，而且以如此之方式說，本是方便權說。若知其是方便權說，並無必然，則亦不必起諍矣，是則執心即轉化而爲解心，是則是善通佛意者。執心既轉，解心呈現，則必然引至般若之無諍，善滅諸戲論，滅業障罪，得眞解脫。然則凡分別說者皆權迹也。即此權迹而解心無染，不壞不捨，亦不取不著，亦無縛無解，是之謂眞解脫，而「天刑」亦非刑矣，天之戮民即是大覺矣。

吾人必須知此般若之無諍雖與分別說者爲相反，然不與其爲同一層次，即它們不是同層次同一方式者之對反，乃是異層而不同方式者之對反。因爲實相般若之無諍只是順所已分別說者而當體通化之，寂滅之，其本身並無分別說，亦無所建立。因此，所謂異層者，即它是消化層，而非建立層。所謂不同方式(異法門)者，即它非分別說中之分解的方式，而是詭譎地體所已分別說者之實相一相所謂無相而爲詭譎的方式，「般若非般若是之謂般若」之詭譎的方式，以不住法住般若，以不住法住貪欲、瞋恚、愚痴之平等性中之詭譎的方式，以不行行之詭譎的方式，以不斷斷之詭譎的方式，三道即三德、生死即涅槃、煩惱即菩提、業縛即解脫之詭譎的方式。此詭譎方式之異法門目的即在巧示實相一相所謂無

相，當體寂滅，歸于畢竟空，無所有也，歸于「不二法門」也。是之謂般若之妙用。一切般若經皆說此義。諸法無行經亦說此義，故此經亦屬般若部也。

此般若之妙用是大小乘。因為：㈠它是消化層，一切大小乘皆不能背。它可行于一切大小乘中，然它不能決定大小乘之為大小乘。㈡它是詭譎的方式，而它却對于一切法並非一存有論的說明，因為它無所建立，無分解的或非分解的說明故，因而這般若之作用的圓具並無根源的說明。然則負「大小乘為大小乘」之責者，負「一切法之根源的說明」之責者，乃至負「存有論的圓具」之責者，必是在般若外之另一系之概念中。此另一系之概念即悲願與佛性是。

佛性，先由佛格去了解，即佛之性格；次由因性去了解，即三因佛性（正因佛性，緣因佛性，了因佛性），成佛可能之根據，即以此因性佛性規定佛格。㈢它圓具一切成就一切是般若之作用的圓具與成就（即不壞不捨義），而却無因性佛性之觀念。因此，小乘佛是灰斷佛，即化緣已盡，灰身入滅。未能見佛性常住，無有變易。又，只是自度，未能度他，此即悲願不足，以此二故，故為小乘。此非只般若蕩相所能決定者。即使能依般若之精神而至「體法空」，亦不必能是大乘。大乘之所以為大乘之端在悲願大，不捨眾生，以一切眾生得度為條件，因此，佛格佛性以及因性佛性必須遍滿常而達至無限之境。

悲願大，能不捨眾生矣，然若只是功齊界內，智不窮源，即通小乘而與小乘共之之教法，此即天臺宗所說的通教，則亦未真能達至遍滿常之境，因此佛格佛性亦未能至遍滿常之境，同于小乘。且仍無因性佛性之觀念。如中論說佛，仍只是依緣此教法中的佛格仍是灰斷佛，同于小乘。

起性空之立場，說佛是依因待緣修行而成，並無自性。它所說的佛性是自性佛之自性，而自性是一種執。因此，《中論》無因性佛性遍滿常之觀念，而因性佛性之遍滿常並非是自性執也。因此，通教之所以爲大乘只在其悲願之相對地大，相對地不捨衆生，與「體法空」之巧度而已。而體法空之觀法，嚴格講，亦無決定性之作用，故通教之爲大乘只決定於相對大的悲願與無因性佛性遍滿常之觀念這兩點。

所謂「功齊界內」者，即其相對大的悲願所成之兼濟之功只齊限於三界之內，而未能通至界外，即只能解脫分段身，未能至于而且解脫變易身。變易身是不共小乘的菩薩之勝妙果報，所謂「一生補處」（補處大士）之「一生」即是變易身之變易生死也。有生死，有果報，即有無明（思惑）。此無明思惑即是三界之外者，亦類比地說爲界外三界之思惑。故欲達至此變易生死而解脫之，必須徹法之源底而至無限之境始可。所謂「智不窮源」者，即通教之教法，除「體法空」外，順佛格佛性一觀念說，未能至因性佛性之遍滿常，因而亦即未能徹法之源而至乎變易生死，未能徹法之源而達至無限之境。

徹法之源而達至無限之境，由此以立三因佛性之遍滿常，此即所謂「如來藏恒沙佛法佛性」一觀念。此是由絕對而無限的悲願所至者。大悲慈覆，遍滿一切。故佛性必是遍滿常，即以此故，說它是具備著恒沙佛法的佛性。「恒沙佛法佛性」一觀念即是函着「窮法之源」之工作。因爲恒沙佛法（無量數的佛法）只是籠統地說。落實于何處，始能見其爲窮法之源之眞正的存有論的無量數？是以恒沙佛法若追究其落實處，必函着對于那相應于遍滿常之佛性之一切流轉還滅之法有一根源的說明。此一說明工作即是窮法之源。此窮法之源即是存有論

地窮而且決定恒沙佛法為存有論的無量數者。如果遍滿常之三因佛性代表智慧、光明、理性，則理性無限，無明亦無限。以有生死流轉故。窮法之源必窮至此理性無限與無明無限始能算是徹其淵底。此顯然須預設着一個絕對無限的大悲慈覆。絕對無限的大悲引至遍滿無限處始能算是徹其淵底。此顯然須預設着一個絕對無限的大悲慈覆。絕對無限的大悲引至理性無限與無明無限，如是之佛性引至理性無限與無明無限，此三者標識出法之淵底。在此問題上，佛分解地有種種教說，因此，有諸大小乘之分別。

在此，我必須先對於「法」有一個交代。我不想說這個字底字面意義，我只想說「法」具體地落實于何處。法基層上就是緣起法。「緣起」是表示法存在底方式，即，法是依緣起的樣子而存在。然而其落實處就是「心」。心就是緣起心，就是一切法之所在，不，簡單地就是一切法。華嚴經偈云：「心如工畫師，造種種五陰，一切世間中無法而不造。」十二因緣中，無明緣行，行緣識，識緣名色，等等。無明亦根本就是心。若非心，焉能說無明？識亦是心。心造、心變，乃是佛家之通義。故心外無法也。佛家的基本觀念就是心與性（此與儒家同，但意解不同）。心是法，法之性是空。就此空性說如，說理。心是法，而法之性（法性）不是法。因為空是個抒義字，非實體字；它是由抒緣起法之義而說出的。如果我們硬要說它亦是一個法，如說它是一個概念或觀念，那只是第二序上名言意義的法，不是基層上緣生的存在法。此種基本觀念亦是一切緣生的存在法，這亦是心。心變、心變，乃是佛家之通義。故佛說心，就心說一切緣生的存在法。此種基本觀念亦是一切緣生的存在法，而色陰亦是心所變現也。然心亦心初只是劣義，即刹那生滅心，煩惱心。五陰中，心居其四，有清淨義，是故于此說清淨法，亦名曰無漏功德法。此清淨心亦可說生滅有為，如世親說聖智屬依他，亦是生滅有為。但亦可說為他；即使說為智，有時亦說為生滅有為，

無生滅,無爲,此卽所謂眞常心是。心之如此種種紛歧義成功諸大小乘宗派之不同。

如果心識只限于六識,則是藏教(小乘)與通教。如果進至阿陀那(亦曰末那)以及阿賴耶,以阿賴耶種子識(亦曰異熟果報識)爲中心說明一切法之根源,爲一切法之所依止,此則依天臺宗爲別教,依華嚴宗爲始教,吾則重新名之曰「始別教」,即別教之開始一階段也。如果以如來藏自性清淨心(眞常心)爲中心說明一切法之根源,吾重新名之曰終別教,即別教之最後階段也。此則依天臺宗亦仍爲別教,依華嚴宗則爲終教,吾重新名之曰終別教,即別教之最後階段也。

如果以終別教爲支點,相應華嚴經之圓融無礙,圓滿無盡,就毘盧遮那佛法身而說華嚴圓教,視法界緣起爲「唯一眞心廻轉」,此則是華嚴宗之「別教一乘圓教」,依天臺,仍屬別教也。天臺說別教甚寬。始別教,終別教,華嚴圓教,皆屬別教。別者專就菩薩不共小乘而說別教之謂也。此別教菩薩證果成法身,就此佛法身而說圓融無礙圓滿之圓教即是別教之圓教。此示非眞正的圓教。蓋一則「取徑紆廻,所因處拙」;一則「不開權,不發迹,不暢佛之本懷」。光就佛法身而分析地說圓融無礙圓滿無盡,尚非圓教。圓教唯在毘盧遮那佛法身之所以爲圓教也。若依華嚴宗說,終別教是大乘之最後階段,就此佛法身而說圓融無礙圓滿無盡之圓教即是「別教一乘圓教」者,此中之「別教」意指不同,然其義實相通也。如果華嚴宗說自家之圓教爲「別教一乘圓教」,則天臺宗視之爲別教(天臺義的別教)底圓教,非眞正的圓教,亦無誤也,華嚴家亦默認而無辭以對也。

言至此,吾人須少停一停,回顧一下這些分別的教義。佛于般若無諍法外,不能不分別地說法立教義,否則蕩相遣執而歸實相,亦無所施。然一分別地說法立教義,便有許多深

淺、分際、程度、乃至方式之不同，有許多交替的可能。此蓋因對機說法，眾生根器不一，故說法亦異。即使不對機，只說自意語，然若以分解的方式說（分別說），其本質上亦有許多交替的可能。一有交替的可能，即是可諍處，不必待有執心始起諍也。般若無諍法既不能決定諸大小乘之分別，則諸大小乘之分別必決定于分別地說法立教義。此則吾人集中于佛格佛性與因性佛性一觀念。決定大小乘佛性一觀念，則此觀念所函之對于一切法之根源是否有一分解的說明之問題。此是屬于佛性之體段問題，成佛之根據問題，法之存有論的說明問題。此四問題決定諸大小乘以及圓不圓之分別。般若無諍法無此等問題。

緣了二佛性屬後天，性相不融；對于法之存在只說至六識（界內）。小乘與通教只有佛格佛性之觀念，無因性佛性之觀念，對于法之存在只說至阿賴耶識，而正聞熏習是客（屬後天）。始別教有因性佛性之觀念，對于法之存在說至如來藏真心，而法性（在此是真心）與無明異體不即，自行化他俱須斷九（斷滅九界差別法始還滅而成佛）。終別教亦有性佛性之觀念，而三德縱橫，不成圓伊；對于法之存在說至如來藏真心，而法性（在此是真心）與無明異體不即，自行化他俱須斷九（斷滅九界差別法始還滅而成佛）。華嚴圓教專就佛法身法界而爲分析地說，不開權，不發跡，不暢佛之本懷，猶有一隔之權，此別教之圓教猶是分別說也。（分別說或分解說與就佛法身而分析地說圓教中之「分析」意義不同，須注意。「分析」取套套邏輯義。分解或分別是曲折的散說，與「詭譎融即」相對。）

依此，凡分別說者皆是可諍法，有許多交替之可能，皆不能圓。即使是別教之圓教，因是分別說者，故亦非眞圓，蓋「所因處拙」故也，專就佛法身而分析地說其圓融無礙與圓滿無盡，這不能決定圓教之所以爲圓教也。然則眞正圓教必非分別說者，然却亦不只是般若無諍法。然則除般若無諍法外，必尚有一個非分別說的圓教無諍法。此即是天臺宗相應法華開

權顯實,發迹顯本,在三道即三德下,在不斷斷中,所成立之圓教,眞正的圓教,非分別說的圓教,只有一,無二無三,故亦爲無諍。般若無諍與圓教無諍交織爲一,則圓實佛成。是以吾人必須了解天臺圓教與其他分別說的教義爲不同層次。但它又不只是一個般若無諍,它不同于空宗之般若學。決定它的不同者亦是在「如來藏恒沙佛法佛性」一觀念以及法之存在之說明一問題。達至無限的之境的三因佛性本必須是具備着恒沙佛法,而具備又必須是「即具」的具備,它既不是分解地唯眞心是遍滿常始能說是具備着恒沙佛法,復亦不是分解地唯妄心(阿賴耶識)系統之緣起的具備。此後兩系統中的三因佛性皆非圓說,故皆爲權教。

妄心系統中的三因佛性,緣了二佛性是由後天緣起地具備,故純屬後天漸教緣起的具備。正因佛性只是我法二空所顯之眞如,以無爲如理爲體,此即所謂理佛性,它本身既不受熏,亦非能熏,因此,它無隨緣義,此即賢首所謂「凝然眞如」。因此,它本身無所謂具備或不具備恒沙佛法,具備恒沙佛法只在事佛性處之後天緣起地具備,故成佛無必然,(三乘究竟),又是性相不融,而三因佛性非圓伊更不待言。

眞心系統中的三因佛性,正因佛性是眞心即性之空不空但中之理,並不即具恒沙佛法,而是由其不變隨緣而爲性起地具備着恒沙佛法。佛性有縱橫非圓伊,而又必須「緣理斷九」始能滿現而爲佛界。故此兩系統中之三因佛性皆非圓佛性。

圓教中三因佛性,正因佛性中道第一義空,故即下即是遍滿常之「不斷斷」之斷德;緣因佛性般若智德是即具着恒沙佛法而爲智德,故即下即是遍滿常之具有「即空即假即中」三觀三智之智德。此三因佛性圓伊,故即下即是遍滿常之具有「即空即假即中」三觀三智之智德。此三因佛

• 1211 •

性非縱非橫,故為圓伊。緣了二佛性是性亦是修,是修亦是性,全性起修,全修在性,故恒沙佛法性修不二。(由即具說性,由修顯說修。)

既即具恒沙佛法而為三因佛性,則此恒沙佛法之存在即不由阿賴耶緣起說明,亦不由如來藏真心緣起說明,因為這都是分解地說故。它們是由「一念無明法性心」即具十法界(一念三千)而說明。既非分解地說明,故是無說明之說明,故「一念三千」為不思議境也。既為無說明之說明,故此說明之系統亦為無系統相之系統。說明而無說明相,系統而無系統相,故此圓教系統亦為無諍者。一念無明法性心即具十法界,則無明與法性同體依即,無能覆所覆,故為「不斷斷」,三道即三德,而不須「緣理斷九」而為佛。此即是低頭舉手無非佛道,而一切法亦皆一體平鋪,皆圓實常住也。

此種圓實是相應法華開權顯實,發迹顯本,在「三道即三德」下,在「不斷斷」中而說成者。法華經是「決了聲聞法,是諸經之王」。法華會上一切不隔,故其為圓純一無雜,法華經只是開權顯實,發迹顯本,明一切皆受記成佛,皆歸于佛乘。它無分別說的特殊教義,它只是佛教之大綱,一切網目皆置不論。它的問題只是第二序上的開權顯實。開者決了義。十界互融而為佛,此即是低頭舉手無非佛道。一念不執,則無明即法性,十界皆淨,皆圓實常住也。一念不執,則無明即法性,十界皆淨,皆圓實常住也。一念執,法性即無明,則十界皆染,雖佛亦地獄也。

十界互融而為佛,此即是低頭舉手無非佛道,而不須「緣理斷九」而為佛。何況二乘行?何況菩薩行?一念執,法性即無明,則九界而為佛,是即九界而為佛,雖地獄餓鬼亦佛也。

決了一切權教而暢通之,皆歸于實。天臺宗所立的圓教即是相應法華開權顯實皆歸佛乘而立者。因此它要表達這個佛乘圓教,它必須依法華經所說的「決了聲聞法」而決了一切分別說的權教。它決了藏教與通教而暢通之,它不令它滯于六識與界內;它決了阿賴耶而暢通之,它不分解地說阿賴耶緣起(妄心系統);它決了如來藏自性清淨心而暢通之,它不分解地說如

• 1212 •

來藏緣起（真心系統）。它經過這一決定而說出「一念無明法性心」即具十法界。此「一念無明法性心」，從無明方面說，它是煩惱心，陰識心，它當然是妄心，解地唯阿賴耶。從法性方面說，它就是真心，但天臺圓教卻不分解地唯真心。此即所謂由決了一切分別說的權教而成圓教。故一念無明法性心不是與阿賴耶妄心以及如來藏真心為同一層次上隨意提出的另一交替的可能。如為同層次的另一交替可能，則不能無諍，而圓亦是各圓其圓，即非真圓。

此「一念無明法性心」即具十法界，一切緣起法也。心始可緣起。而法不出如，故一念心具即是法性具或如理具。心具是緣起地具，因心始生滅有為故。性具或理具則是即具，本是即具，一切法趣法性趣如理之即具，而非生起地具，因法性如理非生起故。就就法本身說，本是心具。從勝從主說，是性具或理具。六祖壇經說：「心是地，性是王。性在身心存，性亡身心壞。」亦此義也。此本中論「以有空義故，一切法得成」而來也，亦本般若經「一切法趣空，是趣不過」而言也。故性具或理具並非本體論的生起論。此為圓談法性。由「一念無明法性心」即具十法界透出性具或理具之「中道實相理」也。由「一念無明法性心」即具十法界（十法界法）皆是迷中之一切法，而性或理亦是迷中之性具或理具，故凡性具或理具之一切法，即客觀地依法性理而說的佛也。依此而言「理即佛」，即客觀地依法性理而說的佛也。通過觀行，始完備而有「六即」（理即，名字即，觀行即，相似即，分真即，究竟即）。

此一系列之圓說皆是由三因佛性遍滿常以及法之存在之說明而來者。至此圓說之法之存在，則十界法始能被穩定得住，此即佛教式的圓教之存有論。此圓教存有論，以非分別說故，故為真圓。真圓則無諍。以此圓教之無諍為經，織之以般若無諍為緯，則圓實佛成，此

· 1213 ·

是佛之究竟了義。

若以此為準，以之判攝禪宗，則惠能禪屬天臺圓教，神會禪屬華嚴宗之別教圓教。綜述東來一代佛教綱脈關節如此，詳具〈佛性與般若〉全書。吾人以為必如此了解方能盡南北朝隋唐一期佛教發展之實。

國家圖書館出版品預行編目資料

佛性與般若

牟宗三著. – 修訂版. – 臺北市：臺灣學生，2022 印刷
冊；公分

ISBN 978-957-15-0473-5(平裝)

1. 佛教－哲學，原理

220.1   81006503

佛性與般若（全二冊）

著　作　者　牟宗三
出　版　者　臺灣學生書局有限公司
發　行　人　楊雲龍
發　行　所　臺灣學生書局有限公司
地　　　址　臺北市和平東路一段 75 巷 11 號
劃撥帳號　00024668
電　　　話　(02)23928185
傳　　　真　(02)23928105
E - m a i l　student.book@msa.hinet.net
網　　　址　www.studentbook.com.tw
登記證字號　行政院新聞局局版北市業字第玖捌壹號
定　　　價　新臺幣一二〇〇元

一 九 七 七 年 六 月 初 版
二 〇 二 二 年 五 月 修訂版九刷

22002　　　有著作權・侵害必究
　　　　　ISBN 978-957-15-0473-5 (平裝)

牟宗三先生著作目錄

周易的自然哲學與道德函義（重印本）	台北文津出版社
邏輯典範	三十年商務版
認識心之批判（上下）	台灣學生書局
理則學	台北正中書局
道德的理想主義	台灣學生書局
歷史哲學	台灣學生書局
政道與治道	台灣學生書局
中國哲學的特質	台灣學生書局
名家與荀子	台灣學生書局
生命的學問	台北三民書局
五十自述	台北鵝湖出版社
時代與感受	台北鵝湖出版社
中國文化的省察（中英對照）	台北聯經出版公司
才性與玄理	台灣學生書局
佛性與般若（上下）	台灣學生書局

心體與性體（三冊）	台北正中書局
從陸象山到劉蕺山（心體與性體第四冊）	台灣學生書局
智的直覺與中國哲學	台灣商務印書館
現象與物自身	台灣學生書局
圓善論	台灣學生書局
名理論	台灣學生書局
康德的道德哲學	台灣學生書局
康德「純粹理性之批判」（上下）	台灣學生書局
康德「判斷力之批判」（上下）	台灣學生書局
中國哲學十九講	台灣學生書局
中西哲學之會通十四講	台灣學生書局
人文講習錄	台灣學生書局
牟宗三先生的哲學與著作（七十壽慶論文集）	台灣學生書局
牟宗三先生學思年譜	台灣學生書局